CRÓNICA DE UNA DESTRUCCIÓN

Concesión, Nacionalización, Apertura, Constitucionalización,
Desnacionalización, Estatización, Entrega y Degradación de la Industria Petrolera

ALLAN R. BREWER-CARIAS

CRÓNICA DE UNA DESTRUCCIÓN

Concesión, Nacionalización, Apertura,
Constitucionalización, Desnacionalización,
Estatización, Entrega y Degradación
de la Industria Petrolera

Con un APÉNDICE

con los documentos del *Caso del Juicio de nulidad de
la autorización parlamentaria* para los contratos de la
"Apertura Petrolera" (1996-1999)

Notas a manera de Prólogo de:

José Toro Hardy, Francisco Monaldi, Eddie Ramírez,
José Ignacio Hernández, Henry Jiménez Guanipa,
Enrique Viloria Vera y Luis Giusti

COLECCIÓN CENTRO DE ESTUDIOS DE REGULACIÓN
ECONÓMICA-UNIVERSIDAD MONTEÁVILA

N° 3

Universidad Monteávila
Editorial Jurídica Venezolana

Caracas, 2018

Hecho el depósito de Ley
Depósito Legal: DC2018000956
ISBN: 978-980-365-427-6
Editado por Editorial Jurídica Venezolana
Avda. Francisco Solano López, Torre Oasis, P.B., Local 4,
Sabana Grande,
Apartado 17.598 – Caracas, 1015, Venezuela
Teléfono 762.25.53, 762.38.42. Fax. 763.5239
http://www.editorialjuridicavenezolana.com.ve
Email fejv@cantv.net

Impreso por: Lightning Source, an INGRAM Content company
para Editorial Jurídica Venezolana International Inc.
Panamá, República de Panamá.
Email: ejvinternational@gmail.com

Diagramación, composición y montaje
por: Francis Gil, en letra
Times New Roman 11 y 12, Interlineado Exacto 11 y 12,
Mancha 19 x 12.5

SUMARIO

9

APÉNDICE:

PRIMERA PARTE:

SEGUNDA PARTE:

NOTA DEL AUTOR

Una vez concluido el caso del *juicio de nulidad contra la autorización parlamentaria* otorgada en 1995 para la celebración de los Convenios de explotación petrolera con empresas privadas en ejecución de la llamada política de la "Apertura Petrolera," y dictada la sentencia respectiva por la antigua Corte Suprema de Justicia el 17 de agosto de 1999[*] declarando sin lugar la impugnación que dio origen al proceso, tuve entre mis proyectos editoriales inmediatos, rescatar los documentos de ese importante proceso judicial que se desarrolló durante más de tres años (1996-1999), y sacar un libro con ellos.

Lo que estuvo en juego en dicho proceso fue muy importante para que las argumentaciones del caso se perdieran, habiéndose discutido en el juicio, entre otros aspectos, no solo la supuesta constitucionalidad e ilegalidad del Acuerdo del Congreso adoptado en 1995, sino en específico, la validez de las cláusulas arbitrales para la solución de las disputas derivadas de los contratos, la naturaleza de los contratos administrativos, el régimen tributario aplicable a los proyectos que excluía los gravámenes municipales, y el régimen de control del Estado en la conducción de las operaciones en Convenios de Asociación conforme a lo previsto en el artículo 5º de la Ley de Reserva al Estado la Industria y el Comercio de los Hidrocarburos de 1975.

Con el correr del tiempo, y con todos los acontecimientos sucedidos en la industria petrolera con posterioridad a esas fechas, el tratamiento del tema comenzó a ser otro, planteándose la necesidad de analizar desde el punto de vista constitucional y legal todo lo que había comenzado a ocurrir en el manejo de la industria petrolera nacionalizada, lo que me llevó a abandonar la idea inicial de publicar solo los alegatos y argumentos del caso judicial.

De allí el presente volumen, en el cual dichos documentos en realidad solo conforman el *Apéndice* del libro, siendo el texto medular del mismo la *Crónica* legal y constitucional que fui elaborando sobre lo que ahora he llamado *la destrucción de la industria petrolera*, dejando constancia y hacien-

---

[*]   Véase el texto integro de la Sentencia en el *Apéndice* de este libro, páginas 653 y ss.

do el recuento de todo el proceso de metamorfosis de la misma, desde el régimen de concesiones aplicado conforme a la Ley de Hidrocarburos de 1943, pasando por la nacionalización de la industria y el comercio de los hidrocarburos en 1975, la apertura petrolera en 1995, su constitucionalización de 1999, su desnacionalización en 2001, su estatización en 2007, y las primeras y últimas manifestaciones de dicha destrucción desde 2001, y particularmente, en 2017 y 2018.

En todo ese proceso, los documentos del juicio de nulidad desarrollado de 1996 a 1999, constituyen sin embargo una pieza medular, pues para esos años, previos al proceso de asalto al poder efectuado a través de la Asamblea Nacional Constituyente de 1999 en usurpación del poder del pueblo, muchos actores políticos y sectores que se oponían a la participación de capital privado en la industria petrolera nacionalizada, particularmente de capital extranjero, luego pasarían a conducirla.

Reflejo de ello fue que un grupo de personas muy conocidas en el medio universitario y político, intentaron en 1996 sendas acciones de nulidad contra el Acuerdo del Congreso que dio inicio al proceso de la Apertura Petrolera, es decir, a la participación del capital privado en la industria petrolera aprobando las bases de las contrataciones, correspondiendo a muchas de ellas, con posterioridad a 1999, asumir funciones de gobierno en la afectación de la industria, habiéndoles correspondido a muchos de ellos, además, ser protagonistas de su destrucción.

En el proceso judicial, todas las razones jurídicas en las cuales se fundamentaron las demandas fueron desechadas por la Corte Suprema de Justicia, dejando sentados en la sentencia de 1999, entre otros, varios criterios precisos: sobre (i) el régimen de la inmunidad relativa de jurisdicción del Estado Venezolano y sobre la admisión constitucional de las cláusulas de arbitraje para la solución de las controversias que pudieran derivarse de la ejecución de contratos administrativos; (ii) las características de esos contratos aplicados a los Convenios de Asociación; (iii) las llamadas cláusulas exorbitantes en los mismos; y (iv) la potestad tributaria de los municipios y su exclusión respecto de las actividades cuyo régimen y administración correspondía al Poder Nacional, como son las actividades relativas a los hidrocarburos.

A mí me correspondió, junto con el Dr. Román José Duque Corredor, asumir la defensa judicial del Acuerdo del Congreso en dicho proceso judicial desarrollado ante la Corte Suprema, en representación de Petróleos de Venezuela, S.A. (PDVSA). Ello no fue tarea fácil, sobre todo tomando en cuenta que se trataba de contradecir judicialmente el cuestionamiento que se hacía de la que quizás era la más importante decisión de política pública en materia económica y, en especial, de la industria petrolera, después de la nacionalización de la misma.

La Corte Suprema analizó con cuidado todos los argumentos esgrimidos y debatidos, y terminó desechando los que formularon los accionantes, con toda la motivación y fundamentación necesarias, ratificando así la constitucionalidad del Acuerdo del Congreso. En el único Voto Salvado que tuvo la sentencia, firmado por la magistrado Hildegard Rondón de Sansó, ésta, sin embargo, dejando de lado las importantes consideraciones jurídicas envueltas, llegó extrañamente a afirmar simplemente, que "ningún juez en sus cabales podría anular un Acuerdo de la naturaleza del impugnado, cuando a tales alturas una madeja de negociaciones, obligaciones, subcontratos, situaciones de la más variada índole, habían consolidado un estado de hecho de enormes proporciones para el país."

Pero la verdad fue otra. La sentencia analizó los argumentos jurídicos esgrimidos en contra del Acuerdo del Congreso y los desechó jurídicamente, y no por cuestiones de hecho, tomando la decisión incluso en el propio momento en el cual había comenzado a producirse en el país, un evidente proceso de cambio político después de la elección del Presidente Hugo Chávez (1998) y de la instalación de la Asamblea Nacional Constituyente, en el cual participarían, en una forma u otra, como se dijo, muchos de aquéllos que habían impugnado el Acuerdo parlamentario sobre la Apertura Petrolera, quienes de seguidas pasarían a ser, incluso, los administradores directos o indirectos de la industria.

Y así fue como dos de los firmantes de la acción de nulidad intentada contra la Apertura Petrolera, al momento de dictarse la sentencia, ya eran miembros de la Asamblea Nacional Constituyente electos en las listas apoyadas por el Presidente Chávez (Luis Vallenilla y Guillermo García Ponce); y muchos otros de los firmantes pasaron a formar parte del nuevo funcionariado gubernamental, entre ellos, Adina Bastidas quien fue designada Vicepresidente de la República; Alí Rodríguez Araque, quien fue designado, primero, Ministro de Energía y Minas del nuevo gobierno, luego ,Secretario General de la Organización de Países Exportadores de Petróleos (OPEC), y posteriormente, Presidente de PDVSA; Luís Fuenmayor Toro, quien fue Director de la Oficina de Planificación Universitaria en el Ministerio de Educación; y Trino Alcides Díaz y Elías Eljuri, quienes fueron llamados a dirigir el Servicio Nacional de Administración Tributaria.

Sin embargo, luego de dictarse la sentencia, en pleno proceso de funcionamiento de la Asamblea Nacional Constituyente y apenas iniciado el nuevo gobierno, éste lanzó señales contradictorios en la materia, por ejemplo, al aprobar mediante decreto leyes, la Ley Orgánica de Hidrocarburos Gaseosos en 1999 (*Gaceta Oficial* N° 36793 de 23-09-1999) y luego, la Ley Orgánica de Hidrocarburos en 2001 (*Gaceta Oficial* N° 37323 de 13-11-2001), con las cuales se desnacionalizaron aspectos importantes de la industria, en abierta confrontación con lo que incluso se expresaba en los discursos que se oían en la Asamblea. Con estas dos leyes, en efecto, contradictoriamente, se sentaron las bases formales para la posibilidad del inicio de la desnacionaliza-ción petrolera y de una más variada participación de las empresas privadas en el negocio petrolero nacional.

En todo caso, lo cierto fue que los resultados y los beneficios que produjo en sus primeros años el desarrollo del proceso de Apertura Petrolera, quedó en manos de los que se habían opuesto a la adopción de dicha política, al haber pasado a ser sus administradores. Los proyectos, sin embargo, requerían de una enorme inversión, para lo cual no había capacidad interna, pública o privada, y de condiciones gerenciales muy particulares y competitivas. Hacer que los proyectos del proceso de la Apertura Petrolera fueran productivos para el país era la responsabilidad del gobierno. Y así, de manera que en los primeros años del mismo, los proyectos comenzaron a dar sus frutos en inversión, particularmente por el aumento de los precios del petróleo, al punto de que muchas de las antiguas arengas contra la Apertura Petrolera parecían haber quedado en el olvido; lo que sin embargo no duró mucho tiempo.

La forma como se condujo la política petrolera por parte de los funcionarios que asumieron su dirección, particularmente a partir de la protesta laboral de la empresa contra su politización en 2002, del paro petrolero de ese año y del despido masivo e insensato que se hizo de toda la fuerza laboral profesional y técnica de la industria, condujo progresivamente al socavamiento de las bases de la misma, lo que fue evidente a partir de 2004, cuando el Ministro de Energía y Minas asumió la presidencia de Petróleos de Venezuela S.A., lo que condujo en definitiva al desmantelamiento de toda la Apertura Petrolera y de la propia industria petrolera, particularmente a partir de 2007.

El resultado de todo ello, diez años después, ha sido materialmente la quiebra de la industria y de la otrora gran empresa Petróleos de Venezuela S.A., lo que por supuesto no ha sido fruto de los desaciertos del último gobierno que se inició en 2014, sino la consecuencia de las políticas públicas que se comenzaron a implementar a partir de 2002.

En medio de todo ese proceso, en todo caso, se desarrolló el juicio en el cual se discutió sobre la constitucionalidad y legalidad del Acuerdo del Congreso que dio inicio a la Apertura Petrolera, en el cual participé como integrante del *Despacho de Abogados Baumeister & Brewer*, habiendo tenido el privilegio de tener como coapoderado al distinguido colega Román José Duque Corredor. Ambos teníamos el convencimiento pleno de las razones jurídicas que esgrimimos, las cuales en definitiva se impusieron en el debate judicial. Y así resultó de la mencionada sentencia de la Corte Suprema de Justicia de 17 de agosto de 1999.

Por la importancia del proceso en relación con el desarrollo del país, como antes dije, siempre creí necesario que se divulgaran los documentos del juicio, con los argumentos contenidos en los escritos judiciales. Fue por ello que le pedí al Dr. Luís Giusti, quien había dirigido la industria petrolera nacionalizada precisamente cuando se tomó la decisión de dar inicio a la "Apertura Petrolera," que elaborara el Prólogo para el proyectado y nunca publicado libro (a pesar de tener recopilado todo el material documental del mismo). Giusti, además, fue quien como Presidente de la empresa, nos otorgó el poder judicial al Dr. Duque y a mí para representar a PDVSA en el juicio. Aun cuando se trata ahora de otro libro, las palabras del Prólogo original las he incluido en los diversos Escritos que se publican "A manera de Presentación" de este libro.

Debo recordar, en todo caso, que a pesar de las dificultades que en su momento tuvimos para la edición física del libro sobre los documentos del juicio, no impidieron que su texto se divulgara a través de la Biblioteca Virtual de mi página web (www.allanbrewercarias.com), donde desde entonces se han podido consultar los documentos. El texto íntegro de los documentos, además, en más de una ocasión se consignaron como soporte de muchos dictámenes y opiniones jurídicas que a lo largo de la última década se han presentado en muchos procesos de arbitraje internacional en los cuales se debatieron muchos de los argumentos jurídicos ventilados en el proceso judicial que finalizó en 1999, y que lamentablemente para el país se intentaron contra la República y contra PDVSA y sus empresas filiales ante tribunales arbitrales, precisamente por las desacertadas decisiones adoptadas por quienes dirigieron la industria, desmantelando la Apertura Petrolera.

Para esta *Crónica de una destrucción*, y en particular, para documentar los catastróficos efectos de este proceso de desmantelamiento de la industria petrolera desarrollado en Venezuela en los últimos lustros, pensé que era absolutamente necesario poder incorporar un análisis que fuera más allá de las consideraciones institucionales. De allí la idea de estructurar para el inicio de la obra, una parte de *Notas a manera de Presentación*, en la cual publicar estudios escritos por reconocidos expertos en materia petrolera en los cuales han expresado sus opiniones sobre el tema. Y así, tuve el privilegio de haber tenido el acuerdo para incluir en esa sección, estudios de los destacados profesionales José Toro Hardy, Eddie Ramírez, Francisco Monaldi, Henry Jiménez Guanipa y Enrique Viloria Vera. Además, en esas notas de presentación también he incluido el estudio que le pedí elaborara específicamente sobre el tema sobre la Apertura Petrolera a mi distinguido antiguo alumno, el profesor José Ignacio Hernández, considerándola, desde el punto de vista histórico, como la única política pública que, a la fecha, se ha diseñado para mitigar los efectos del pensamiento estatista de los hidrocarburos que se consolidó en el país luego de la nacionalización petrolera.

En todo caso, pasadas casi dos décadas desde que concluyó el Juicio de la Apertura Petrolera, y una década desde que comenzó su destrucción, por lo ocurrido en la industria si bien era obvio que ya no cabía editar un libro sólo con los documentos del Juicio de la Apertura Petrolera, no por ello abandonaba el proyecto de no dejar perder esos documentos, razón por la cual ahora los he incluido como *Apéndice* a este libro, en el cual expongo la *Crónica de la destru*cción de la industria petrolera ocurrida durante los últimos lustros, refiriéndome, sucesivamente, al proceso inicial de las concesiones petroleras; a la nacionalización de la industria; a la apertura petrolera; a las vicisitudes del régimen del arbitraje internacional establecido en los contratos petroleros y para la protección de inversiones; a la constitucionalización de la nacionalización de la industria; a la desnacionalización legal de la misma; a su estatización, a su entrega; y al colapso final de la misma. Como parte importante de esa crónica está el proceso de desmantelamiento la política de Apertura Petrolera, que condujo a la confiscación de los bienes y derechos de las empresas extranjeras participantes en el proceso, la cual originó los procesos y decisiones de tribunales arbitrales condenatorias al Estado y a las empresas nacionales petroleras, con los efectos catastróficos que han producido.

En el libro, además, me refiero a las últimas regulaciones adoptadas, particularmente en 2017, cuando el Tribunal Supremo de Justicia usurpó las funciones de control de la Asamblea Nacional, autorizando sin aprobación parlamentaria la constitución de empresas mixtas petroleras; cuando se estableció por decreto el fin de la transparencia en materia de contratación pública, mediante la inaplicabilidad a la industria petrolera de las normas de selección de contratistas reguladas en la Ley de Contrataciones Públicas; cuando se creó una empresa petrolera militar (nacional) paralela a PDVSA, adscrita al Ministerio de la Defensa, para terminar de acabar con la primera; cuando se dispuso la reorganización de las empresas públicas petroleras al punto de que también por decreto se autorizó al Ministro del Petróleo incluso para eliminar PDVSA, lo que sería inconstitucional; y cuando se pretendió que PDVSA, través de un funcionario incompetente renunciara en forma irrevocable e ilimitada a todos sus derechos litigiosos en determinados procesos judiciales, llegando incluso a someterse todas las disputas que surgieran del inexistente contrato ante una jurisdicción extranjera y a ser resueltas conforme a leyes extranjeras.

De esta Crónica, lo que trágicamente resulta es que mayor incoherencia, mayor irresponsabilidad, y mayor ineptitud es ciertamente difícil de encontrar en cualquier otra experiencia parecida, pero con la consecuencia en este caso de que produjo la destrucción de la que fue hace pocos años, la primera empresa de América Latina; y consecuencialmente, del desmantelamiento de un país entero, cuya recuperación sin duda, requerirá hacia el futuro del trabajo tenaz de varias generaciones.

New York, mayo de 2018

A MANERA DE PRESENTACIÓN

Escritos de José Toro Hardy, Francisco Monaldi, Eddie Ramírez, José Ignacio Hernández, Henry Jiménez Guanipa, Enrique Viloria Vera y Luis Giusti.

SOBRE LA TRAGEDIA DE LA INDUSTRIA PETROLERA

José Toro Hardy

Este libro, que viene a sumarse a la amplia obra del jurista Allan R. Brewer Carías, será fundamental para entender la tragedia que ha venido experimentando la industria petrolera venezolana a raíz de una aventura revolucionaria que se apoderó de un país incauto.

Se recogen en sus páginas las incidencia del juicio de más de tres años que se adelantó en la Corte Suprema de Justicia en donde se discutió sobre la inconstitucionalidad y la ilegalidad del acuerdo mediante el cual el Congreso Nacional, en 1996, abrió las puertas a la participación del capital privado conforme a lo previsto en la Ley que Reserva al Estado la Industria y el Comercio de los Hidrocarburos de 1975. Aquel proceso fue ampliamente conocido como la "Apertura Petrolera". Allan Brewer Carías y Román José Duque Corredor defendieron brillantemente la legalidad del proceso.

Se enfrentaron así a un grupo encabezado por figuras como Luis Vallenilla, Alí Rodríguez Araque, Gustavo Mendoza Potellá y otros que, agrupados en una organización denominada Fundapatria, pretendían que la Corte Suprema de Justicia anulara las actuaciones de la referida Apertura Petrolera.

En aquella ocasión nuestro máximo Tribunal tuvo que darle la razón a los abogados que defendieron el proceso, sencillamente porque PDVSA había cumplido con todos los extremos legales previsibles. En efecto, PDVSA o sus filiales habían comenzado por solicitar a la Corte que fijase los mecanismos que permitiesen la participación de capitales privados sin violar disposiciones legales de la referida Ley que Reserva al Estado la Industria y el Comercio de los Hidrocarburos. El siguiente paso fue pedir al

Congreso Nacional que estableciese las bases mínimas de negociación. Se procedió después a un proceso de licitaciones ejemplarmente transparente y, una vez suscritos los correspondientes contratos se procedió, en los casos en que era necesario, a remitirlos nuevamente al Congreso Nacional para su ratificación.

Frustrada la intención del presidente Chávez de liquidar la Apertura por decisión de la Corte, no por eso cambiaron sus intenciones de acabar con ella. Optó un tiempo después por modificar la Ley de Hidrocarburos obligando a las empresas a aceptarla o a retirarse del país.

Precedió entonces el presidente Chávez, según sus propias palabras pronunciadas con motivo de su Informe Anual y Cuenta ante el Congreso Nacional correspondiente al años 2004, a provocar un paro petrolero que le sirvió de excusa para despedir a 20.000 trabajadores de PDVSA que en promedio tenían 15 años de experiencias y conocimiento con lo cual lanzó al cesto de la basura a más de 300.000 años de experiencia del personal de PDVSA.

Transcurridos ya varios años de aquellos acontecimientos, veamos lo que está ocurriendo hoy en nuestra industria petrolera:

PDVSA parece estar cayendo en el vértigo de una demoledora espiral de destrucción.

De acuerdo con *Petroleum Intelligence Weekly* para 1995 era la segunda mayor empresa petrolera del mundo. Era la mayor empresa de cualquier tipo de la América Latina (hoy ocupa la posición número 59).

Contaba PDVSA con 6 refinerías en Venezuela, dotadas con la más moderna tecnología y procesos de conversión profunda para transformar los crudos de mala calidad venezolanos en derivados de alto valor.

Para 1998 la empresa estaba produciendo 3.600.000 b/d. Éramos el primer abastecedor extranjero de petróleo a los EEUU donde enviábamos 1.800.000 b/d y contábamos con nuestra filial CITGO –100% perteneciente a PDVSA– dueña total o parcial de 7 importantes refinerías.

Esas refinerías estaban diseñadas como un traje a la medida para procesar los crudos ácidos y pesados de Venezuela.

Teníamos oleoductos que atravesaban a los EEUU de sur a norte, 66 terminales y 15,270 estaciones de servicio abanderadas con la marca CITGO. Controlábamos a través de CITGO el 10% del mercado de gasolina más grande del mundo, el de los EEUU.

Habíamos logrado una integración vertical perfecta. Éramos capaces de extraer el crudo de nuestro subsuelo y despacharlo en los tanques de gasolina de los automovilistas americanos, después de transportarlos y procesarlos en instalaciones únicamente venezolanas: pozos, oleoductos, refinerías, puertos, terminales, súper tanqueros, etc.

Durante un tiempo tuvimos limitaciones para repatriar dividendos de CITGO a Venezuela hasta cancelar los financiamientos obtenidos (sin aval del Estado) para comprar y reformar aquella red de refinerías pero, para 1997, PDVSA ya había pagado todas las deudas y podíamos ya repatriar dividendos sin limitaciones a la casa matriz.

También contábamos con cuatro refinerías en Alemania, dos en Suecia, dos en Inglaterra, una en Bélgica, una en Saint Croix y una en Curazao. En total disponíamos de 20 refinerías con capacidad total para refinar 3 millones de b/d.

En Venezuela se adelantaba el proceso de Apertura Petrolera. La Corte Suprema de Justicia había definido, como antes se dijo, los mecanismos que ajustados al artículo 5to de la ley de reversión, permitían la incorporación de capitales privados a la industria petrolera venezolana.

Se procedió a la licitación internacional y transparente de cada uno de los Contratos y, después de suscritos, se enviaron cuando así se requería al Congreso Nacional para su ratificación.

Aquel proceso de Apertura Petrolera implicaba una inversión conjunta de más de 65.000 millones de dólares, gracias a las cuales nuestra producción petrolera ha debido superar los 5 millones de barriles diarios ...

Pero ... llegó la revolución.

Hoy PDVSA está semi destruida, endeudada, en default selectivo. Sólo producimos 1,8 millones de b/d. Hemos perdido o vendido numerosas refinerías, inclusive la de Cienfuegos en Cuba donde se había realizado una cuantiosa inversión, para favorecer a los Castro.

Sólo en los meses de octubre y noviembre de 2017 nuestra producción cayó en 250.000 b/d y apenas operan 40 taladros, contra 120 en 1998. Contando con más del 20% de las reservas probadas mundiales de petróleo aportamos sólo el 2% de la producción. Uno tras otro se vienen perdiendo arbitrajes internacionales por incumplimiento de contratos.

De 40.000 trabajadores PDVSA pasó a tener 150.000. De un sistema de meritocracia pasó a uno de "corruptocracia". La empresa se encuentra sumida en un carnaval de abyectas y asombrosas acusaciones de corrupción.

De ser la empresa que más riqueza creaba en el país, es ahora la que más pobreza genera, ya que el financiamiento inorgánico del déficit de su flujo de caja mediante dinero creado por el BCV es la mayor causa de la hiperinflación en que se ha hundido Venezuela. Nada empobrece más a la gente que la inflación. A la vez los excedentes monetarios provenientes de los auxilios financieros a PDVSA, al no encontrar que comprar en el país, se desvían a la compra de dólares en el mercado paralelo, siendo por tanto responsable de la acelerada devaluación del Bolívar en ese mercado, lo cual por cierto termina retroalimentando una hiperinflación demoledora para el aparato productivo de Venezuela y es causante de incalculables dosis de sufrimiento humano.

Y es que el daño no se limita a la industria petrolera. En cuatro años el Producto Interno Bruto per cápita habrá caído en un 40%. No existen precedentes de una crisis de tal magnitud en el Hemisferio Occidental.

Todo esto hubiera podido evitarse.

@josetorohady

Enero de 2018

EL COLAPSO DE LA INDUSTRIA PETROLERA VENEZOLANA Y SUS CONSECUENCIAS GLOBALES[*]

Francisco Monaldi [**]

El país con una de los mayores dotaciones de recursos energéticos en el planeta, Venezuela, ha sido durante mucho tiempo uno de los principales exportadores de petróleo crudo. En la década de 1990, la Industria Petrolera Venezolana atrajo un gran número de inversiones y contratos, su futuro se veía brillante. Pero, Venezuela no ha estado a la altura de su potencial energético, y desafortunadamente tampoco en otras áreas. Producto de casi veinte años de negligencia y mala gestión, la realidad Venezolana no es lo que el mundo podría haber imaginado hace dos décadas.

Hoy, el país enfrenta una crisis de proporciones severas con repercusiones globales. Durante años, el presidente Nicolás Maduro ha dirigido a Venezuela hacia la autocracia, haciendo caso omiso de las presiones diplomáticas internacionales, presiones económicas, y protestas de la gente. Las tazas de hiperinflación pronosticadas para el 2018 superan los miles, proyectando una sombra sobre Venezuela, siendo los partidarios del gobierno central exprimidos por sus efectos. [1] El orden democrático del país está hecho pedazos, ilustrado por el anuncio de una elección presidencial el 20 de mayo de 2018, que prohíbe la participación a miembros clave de la oposición y carece de garantías electorales básicas.

---

[*] Texto publicado en Francisco Monaldi, *The Collapse of the Venezuelan Oil Industry and Its Global Consequences*, Atlantic Council, Adrienne Arsht Lartin America Center and Global Energy Center, Washington, March 2018, ISBN: 978-1-61977-531-2, 16 pp. Publicado con autorización del autor.

[**] Francisco Monaldi es autor del Atlantic Council e investigador en Energía de América Latina en el Instituto Baker de Políticas Públicas en la Universidad de Rice. Es el director-fundador y profesor del Centro de Energía y Medio Ambiente del Instituto de Estudios Superiores de Administración (IESA) en Caracas, Venezuela. Monaldi es también un investigador no residente en el Centro de Política Energética Global en la Universidad de Columbia. Esta es su segunda publicación en el Atlantic Council. En agosto de 2017, fue coautor de *Venezuela: ¿Cuáles son las sanciones más efectivas de los Estados Unidos?*

La vida cotidiana es cada vez más insostenible - la población continúa enfrentando una paralizante escasez de alimentos y medicinas, llevando a muchos a buscar refugio en los vecinos países de Brasil y Colombia, entre otros. Con las negociaciones entre el gobierno y la oposición terminadas y con la invitación de Venezuela para asistir a la Cumbre de las Américas en Perú anulada, el mundo teme que una solución efectiva y sostenible a la crisis es actualmente inalcanzable.

A medida que la crisis venezolana implosiona, la industria petrolera del país - donde el petróleo crudo representa alrededor del 95 por ciento de las exportaciones totales - está en una espiral de muerte. La producción se derrumba de una manera pocas veces vista en ausencia de una guerra. Hoy, más de la mitad de lo que se produce no genera flujo de efectivo a la empresa petrolera nacional, Petróleos de Venezuela, S.A. (PDVSA). En su lugar, se vende con pérdidas masivas en el mercado interno o se utiliza para pagar préstamos de petróleo, principalmente a Rusia y China. Y los atrasos con los socios y proveedores se han acumulado, lo que ha llevado a las empresas de servicios a reducir su actividad en el país y hacer que las compañías petroleras extranjeras no estén dispuestas a invertir en sus empresas conjuntas con PDVSA.

Sin lugar a dudas, las sanciones individuales y financieras de los Estados Unidos han dificultado que la empresa refinancie su deuda. A fines de 2017, Venezuela se retrasó en los pagos a los tenedores de bonos, y las agencias calificadoras declararon al gobierno en incumplimiento selectivo. En contraposición al tamborileo de las sanciones petroleras de Estados Unidos y con las sanciones de la Unión Europea promulgadas contra los principales miembros del gobierno, la comunidad internacional sigue presionando al presidente Maduro para restablecer el estado de derecho y celebrar elecciones libres y justas. Pero el gobierno no ha mostrado signos de repliegue, claramente ilustrado por el anuncio del líder venezolano de las elecciones de mayo. Estas condiciones indican un escenario desolador para el 2018 y para el futuro inmediato de Venezuela.

Por supuesto, el deterioro de la industria petrolera venezolana no está ocurriendo en un vacío. La caída del sector de la energía tendrá implicaciones importantes para los mercados mundiales del petróleo y la geopolítica mundial, dado el papel clave que, cada vez más, Rusia y China podrían desempeñar en el sector energético venezolano. Además, la difícil situación petrolera del país probablemente profundizará su depresión económica y crisis humanitaria, haciendo que la recuperación sea menos probable en el corto plazo, incluso si los precios del petróleo siguieran aumentando. Con lo que está en juego en su punto más alto, ¿cómo puede sobrevivir la industria petrolera venezolana? ¿Qué significará la entrada de actores extranjeros como Rusia y China para el futuro de la energía Venezolana y la región? ¿Y qué significará esto en el 2018 y más allá?

EL COLAPSO

Venezuela no había visto niveles tan bajos de producción de petróleo desde la década de 1980. Hoy, la producción es menos de la mitad del nivel que prevalecía cuando Hugo Chávez llegó al poder en 1999 (cuando alcanzó los 3,5 millones de barriles por día (b/d)). [2] De acuerdo con el informe de febrero de 2018 de Venezuela a la Organización de Países Exportadores de Petróleo (OPEP), la producción promedio de petróleo disminuyó drásticamente en los últimos dos años, en un 12 por ciento en 2016 y nuevamente en un 13 por ciento en 2017. La producción en diciembre de 2017 fue de 1.63 millones de barriles por día, nada menos que un 29 por ciento menor que un año antes (un declive de unos 650,000 b/d). [3] El colapso de la oferta es cerca de cuatro veces menos del compromiso de reducción de Venezuela bajo el acuerdo de corte de la OPEP de 2016, renovado el año pasado.

El colapso de la industria petrolera ha reforzado el desastre económico de Venezuela. Más del 90 por ciento de las divisas del país se obtienen a través de la exportación de petróleo. Debido al colapso de la producción de petróleo y del flujo de efectivo - a pesar de que el precio promedio de la canasta de exportación de petróleo venezolano aumentó en más de $11 por barril de 2016 a 2017- el país no mejoró su situación de efectivo y las reservas de divisas declinaron a menos de $10 mil millones a fines de 2017, de más de $11 mil millones en 2016 y $16 mil millones en 2015. [4]

El país también está sufriendo la peor depresión económica jamás registrada en América Latina. El Fondo Monetario Internacional (FMI) estima que el Producto Interno Bruto (PIB) se contrajo en un 16.5 por ciento en 2016 y un 12 por ciento en 2017, y pronostica una contracción de un 15 por ciento para 2018. La inflación alcanzó más de 2.600 por ciento en 2017, la más alta del mundo por un amplio margen, y el FMI pronostica un 13,000 por ciento para 2018. [5]

Los problemas actuales de la industria Venezolana del Petróleo, están enraizados en las políticas petroleras implementadas por el presidente Hugo Chávez entre 1999 y 2013. Se destaca más de una situación. Durante una huelga petrolera en 2003, Chávez despidió a cerca de la mitad de la fuerza de trabajo de PDVSA, incluida la mayoría de los altos ejecutivos y el personal técnico. Entre 2005 y 2007, renegoció forzosamente los contratos con las empresas mixtas y los contratos de operación con compañías extranjeras y nacionalizó parcialmente estos proyectos. ExxonMobil y Conoco Phillips se retiraron del país como resultado.

Las políticas de Chávez también llevaron a PDVSA a endeudarse significativamente. La inversión en desarrollo y producción de petróleo disminuyó, incluso durante el boom del precio del petróleo que duró una década y terminó en 2014. Con esto, Venezuela desperdició la oportunidad de aumentar su producción en más de un millón de b/d, para superar los 4 millones de b/d., tal y como se había planeado antes de la presidencia de Chávez y siguió siendo planificado durante su mandato.

SOBRELLEVANDO LA CAÍDA DE LA INDUSTRIA PETROLERA

Después de que el precio del petróleo se redujo de más de $90 por barril en 2014 a menos de la mitad de eso a principios de 2015, los problemas del sector petrolero venezolano se volvieron mucho más graves. La canasta petrolera venezolana - que, en promedio, se mantuvo por encima de $100 en 2011 y 2012 - cayó a $35 en 2016.[6] Desde entonces, la producción de petróleo ha disminuido en más de 1.1 millones b/d [ver Gráfico 1]. Debido al colapso del flujo de caja, PDVSA ha acumulado deudas masivas con proveedores y socios, que exceden los $20 mil millones. En consecuencia, las empresas de servicios comenzaron a reducir su actividad. La cantidad promedio de plataformas petroleras en operación pasó de sesenta y nueve en 2014 a cuarenta y nueve en 2017, una disminución del 29 por ciento.[7] La eficiencia de las plataformas también ha disminuido significativamente, lo que ha llevado a que se perforen menos pozos por plataforma.

Gráfico 1. Producción Petrolera y Plataformas en Operación

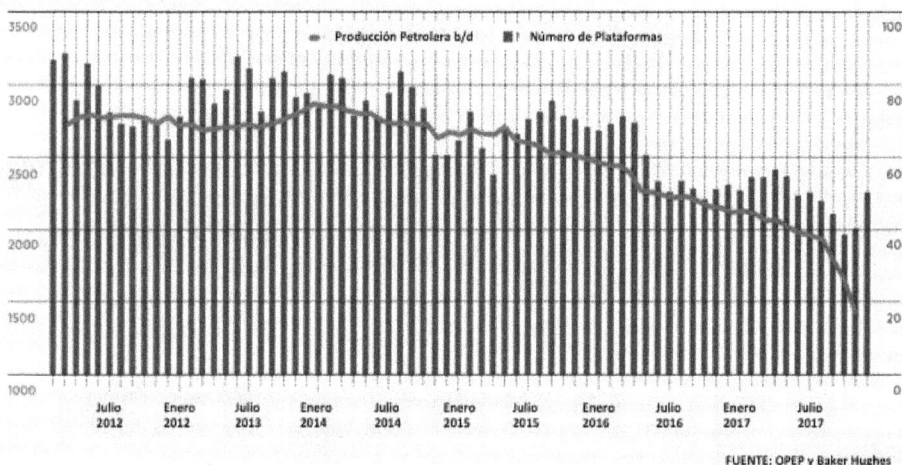

FUENTE: OPEP y Baker Hughes

Adicionalmente, la mayor parte del petróleo que produce PDVSA no genera flujo de caja. De los aproximadamente 1,8 millones de b/d de petróleo que estaba produciendo en noviembre de 2017 (1,9 millones de b/d, incluidos los líquidos de gas), antes de la fuerte caída de diciembre, solo unos 850,000 b/d generaron ingresos para la compañía.[8] Alrededor de 400,000 a 450,000 b/d se consumieron en el mercado interno con una gran pérdida y aproximadamente 500,000 a 600,000 b/d estaban comprometidos para reembolsar préstamos a China, Rusia, así como a socios de empresas conjuntas. De acuerdo con el informe de deuda de PDVSA de fines de 2017, de la deuda financiera (de $3.02 mil millones) con socios de empresas mixtas, Venezuela debía $1,58 mil millones a China National Petroleum Corporation (CNPC), $690 millones a Chevron, $580 millones a Repsol y el resto a otros. Esa cifra no incluye la gran deuda por petróleo con Rosneft (alrededor de $ 5 mil millones).[9] Además, se suministraron alrededor de 50,000 b/d con un gran descuento a los países del Caribe, principalmente a Cuba. Al mismo tiempo, Venezuela importó más de 150,000 b/d de productos refinados y petróleo liviano, en parte, como diluyente para su petróleo extrapesado. [10]

La producción de petróleo de PDVSA se puede dividir en dos categorías: producción operada exclusivamente por PDVSA y producción operada por empresas mixtas con socios extranjeros. La producción operada exclusivamente por PDVSA, sin socios, colapsó mucho más rápidamente que la producción total (en casi tres cuartas partes desde la investidura de Chávez en 1999). Por el contrario, de 2010 a 2015, la producción de las empresas mixtas aumentó en más del 30 por ciento. Desde entonces, la producción de las empresas mixtas ha disminuido, pero a un ritmo menor que el de PDVSA. Como resultado, las empresas mixtas con socios extranjeros hoy en día manejan más de la mitad de la producción de Venezuela, un aumento respecto al 2010 cuando representaba una cuarta.[11]

La producción en campos convencionales ha estado cayendo muy rápidamente. Por el contrario, la producción de crudo extra-pesado en la Faja Petrolífera del Orinoco (FPO) había ido en constante aumento hasta 2016, cuando comenzó a disminuir, pero a un ritmo más lento que la producción total. Como resultado, la canasta venezolana se ha vuelto cada vez más pesada y menos rentable. Además, para aumentar la producción, el país necesita importar más diluyentes, reduciendo aún más sus márgenes de ganancia y requiriendo inversiones significativas en infraestructura adicional.[12]

SANCIONES

En el 2017, el gobierno de los EE. UU. impuso sanciones financieras limitadas a Venezuela y PDVSA, lo que impidió a la empresa obtener crédito a largo plazo en los Estados Unidos y restringió los dividendos de CITGO, la filial de refinación estadounidense de PDVSA. Estados Unidos también impuso sanciones específicas bajo la Orden Ejecutiva 13692 y la Ley para la Designación de Cabecillas Extranjeros del Narcotráfico (Kingpin Act) a más de cuarenta individuos venezolanos, incluido el presidente venezolano Nicolás Maduro y el vicepresidente Tareck Zaidan El Aissami Maddah, considerado responsable de violaciones de derechos humanos, lavado de dinero y otros delitos. [13]

Canadá y la Unión Europea han promulgado sanciones similares. Canadá impuso sanciones a casi veinte venezolanos, incluido el presidente Maduro, y la Unión Europea impuso sanciones que incluyen prohibición de viajar y congelación de activos a los funcionarios a cargo de las fuerzas de seguridad acusados de abusos durante las protestas antigubernamentales de 2017.

Aunque las sanciones todavía no han sido dirigidas a las importaciones o exportaciones de petróleo, existen pruebas de que ambas ya están siendo afectadas. Los compradores están tratando de encontrar fuentes alternativas a los suministros de Venezuela, y los bancos no están dispuestos a dar cartas de crédito a PDVSA. Como resultado, las exportaciones venezolanas a los Estados Unidos, que habían sido relativamente estables durante los últimos cuatro años, colapsaron en 2017, desde un promedio de 24.3 millones de barriles por mes en 2016 (equivalente a 810,000 b/d) a 16,6 millones de barriles por mes (555,000 b/d) en noviembre de 2017 [ver Gráfico 2]. La Administración de Información Energética (EIA) de EE.UU. aún no ha publicado las cifras mensuales de los últimos dos meses, pero según las estimaciones de Reuters, las exportaciones venezolanas a Estados Unidos fueron de 393,000 b/d en diciembre de 2017 y de 477,000 b/d en enero de 2018. [14] Esto tendrá un impacto negativo adicional en PDVSA, ya que el mercado de EE.UU. es el más rentable y genera la mayor parte del flujo de efectivo. Desviar las exportaciones de petróleo a India y China, como ha venido haciendo Venezuela, implica mayores costos de transporte y venta con descuento para capturar los mercados.

GRAFICO 2. Importaciones de Petróleo Crudo y Productos a Estados Unidos desde Venezuela

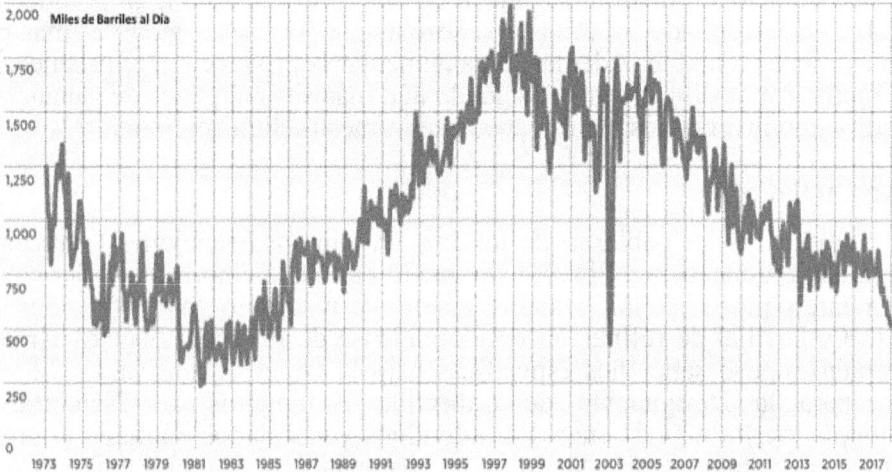

FUENTE: US Energy Information Administration - EIA

INCUMPLIMIENTO DE PAGO (DEFAULT)

Venezuela ha incumplido con el pago de su deuda con muchos acreedores, principalmente con China y Rusia. Sin embargo, hasta fines de 2017, había evitado incumplir con los tenedores de bonos (a quienes debe más de $60 mil millones, incluyendo tanto deuda del Tesoro venezolano como deuda de PDVSA). Pero durante el último trimestre de 2017, el país tardó en hacer algunos pagos por lo que fue declarado en incumplimiento selectivo por las principales agencias de calificación internacionales (Fitch Ratings, Moody's y Standard & Poor's). [15] Y mientras el presidente Maduro, en octubre de 2017, anunció una reestructuración de la deuda de Venezuela, no ha proporcionado detalles sobre cómo lo hará.

En el 2018, el país nuevamente enfrenta pagos de bonos por más de $8 mil millones. En ausencia de un aumento adicional significativo en el precio del petróleo, la probabilidad de un incumplimiento generalizado es muy alta, ya que la combinación de sanciones estadounidenses, la disminución de la producción de petróleo y el agotamiento de los activos externos de Venezuela deja a las autoridades con muy poco margen de maniobra. Las consecuencias del incumplimiento pueden ser muy serias. Los acreedores ya intentaron apoderarse de activos extranjeros de PDVSA, y en enero de 2018 algunos buques de carga fueron incautados en el Caribe por deudas impagas.[16] Los costos para evitar este tipo de acciones por parte de los acreedores afectarían negativamente la situación financiera de PDVSA.

EL PAPEL DE CHINA Y DE RUSIA

Solo China y Rusia pueden proporcionar a Venezuela un salvavidas financiero para evitar un incumplimiento total, pero es poco probable que lo hagan. Aunque China tiene la capacidad, el país parece reacio. El gigante asiático no ha aumentado su exposición crediticia en Venezuela en los últimos años, aunque ha aceptado ser flexible en el pago de la deuda. Venezuela aún le debe a China cerca de $25 mil millones, la mayoría de los cuales deben ser reembolsados con envíos de petróleo. [17] En 2017, Venezuela suministró a China alrededor de 330,000 b/d, pero debido al acuerdo de refinanciamiento, solo una porción de este se utilizó para pagar el préstamos. Otra parte se pagó en efectivo al gobierno venezolano, pero ese dinero generalmente no llegó a PDVSA y el gobierno lo gastó en otro lado. En 2018, el acuerdo de refinanciación debe renovarse, lo que se espera que suceda.

Del mismo modo, aunque los rusos han estado más dispuestos a financiar PDVSA en los últimos años, les resultaría difícil seguir aumentando su exposición a largo plazo. Venezuela le debe cerca de $3 mil millones al gobierno ruso - una deuda que fue refinanciada recientemente con un generoso período de gracia - y más de $5 mil millones al gigante petrolero ruso Rosneft. Por su último préstamo, en 2016, Rosneft recibió como garantía el 49 por ciento de las acciones de CITGO. En 2017, Venezuela suministró a Rosneft alrededor de 220,000 b/d. [18] Rosneft también adquirió recientemente dos licencias de gas costa afuera y ha estado en negociaciones para obtener activos petroleros adicionales (y posiblemente canjear la garantía de acciones CITGO por algunos activos nacionales).

Parece probable que las compañías petroleras rusas y chinas van a tener un papel más importante en el sector petrolero venezolano, especialmente en un escenario de mayores sanciones o incumplimiento de pago masivo. En tales escenarios, estas compañías probablemente comercializarán una porción significativa de las exportaciones de PDVSA y operarán una porción creciente de su producción, garantizando el pago de sus préstamos. Del mismo modo, las compañías chinas de servicios petroleros desempeñarán un papel más destacado que las compañías occidentales tradicionales.

EL PAPEL DE LAS EMPRESAS INTERNACIONALES DE PETRÓLEO

En las circunstancias actuales, las compañías petroleras internacionales deben considerar cuidadosamente cómo reaccionar. Venezuela tiene una de las dotaciones geológicas más abundantes del mundo. Además, debido a su desesperación, el gobierno está ofreciendo ofertas cada vez más atractivas. Sin embargo, los riesgos sobre el terreno (no técnicos) son claramente muy altos. ¿Deberían esas compañías quedarse si empeora la situación económica y política? ¿Deberían firmar nuevas ofertas si son lo suficientemente atractivas?

Dependiendo de la extensión del futuro aislamiento diplomático y financiero de Venezuela de la comunidad internacional, hay escenarios en los que las empresas occidentales -ya sea que se retiren del país o sean expulsadas- sean desplazadas parcial o totalmente por las Compañías Petroleras Nacionales - CPN no occidentales. Un escenario extremo, en el que todas las empresas occidentales abandonen el país, probablemente significaría niveles más bajos de producción de petróleo (por ejemplo, 1,2 millones de b/d), pero eso aún puede ser suficiente para mantener un gobierno autoritario aislado internacionalmente.

Los principales actores occidentales son Chevron, Repsol, Total y ENI, así como Statoil y Shell. En conjunto, las empresas occidentales operan más de la mitad de la producción de las empresas mixtas y más de una cuarta parte de la producción total del país.

En el caso muy poco probable de que Venezuela se aparte del actual modelo autoritario y se levanten las sanciones, algo que podría suceder si se celebran elecciones libres y justas; si un éxodo es negociado exitosamente entre la oposición y el gobierno; si Maduro es expulsado por otros miembros del gobierno; o si los militares toman el control (todos los escenarios poco realistas en el corto plazo), las compañías extranjeras de todo tipo -incluidas muchas que no están operando actualmente en el país - podrían desempeñar un papel muy importante en la recuperación de la industria. La actual situación catastrófica del sector petrolero, combinada con la enorme dotación geológica del país, hace que Venezuela sea un candidato importante para la inversión si se produce un cambio dramático en la situación interna. El éxito de Venezuela en atraer tales inversiones dependerá, por supuesto, del grado de estabilidad política y de la fortaleza y credibilidad del marco institucional. Incluso si tal estabilidad y credibilidad siguen siendo sostenibles solo en un futuro lejano, es importante reconocer que Venezuela tiene el potencial de agregar más de un millón de b/d de producción de petróleo en menos de una década.

OTROS DESARROLLOS EN 2017

Además del colapso en la producción de petróleo, en 2017 se vivió la agitación en la industria petrolera venezolana manifestada de otras maneras. En noviembre, el Ministro de Petróleo Eulogio Del Pino; el CEO de PDVSA Nelson Martínez; el CEO y la junta directiva de CITGO; y más de setenta ejecutivos de PDVSA fueron despedidos y acusados de diversos cargos de corrupción. El poderoso ex ministro y ex presidente ejecutivo de PDVSA, Rafael Ramírez, fue despedido de su cargo de embajador ante las Naciones Unidas y acusado de corrupción.

Esta purga fue ampliamente percibida como motivada políticamente para lograr objetivos múltiples: utilizar a estos ejecutivos como chivos expiatorios por el colapso económico, eliminar a Ramírez como rival político del presidente Maduro y abrir la puerta a la militarización de la industria petrolera.

Un general de la Guardia Nacional, Manuel Quevedo, fue nombrado Ministro de Petróleo y CEO de PDVSA, con el mandato de aumentar la producción y librar a la empresa de la corrupción. Quevedo y su equipo de oficiales militares tienen una experiencia muy limitada en la industria petrolera, por lo que es extremadamente difícil gestionar con éxito los dramáticos desafíos financieros y operativos que enfrenta la compañía.

Los acontecimientos políticos en los dos primeros meses de 2018 - el anuncio de las próximas elecciones y el colapso de las negociaciones entre el gobierno y la oposición en la República Dominicana - han creado un contexto que solo exacerbará el estado ya grave del sector petrolero.

PERSPECTIVAS PARA 2018 Y ESCENARIOS FUTUROS

Las perspectivas para Venezuela de producción de petróleo en 2018 son sombrías. PDVSA continuará enfrentando graves problemas de flujo de efectivo incluso en el mejor escenario de precios. Es probable que la producción disminuya en 250,000 a 350,000 b/d para diciembre, y mucho más en el caso de un incumplimiento total de pagos o de sanciones adicionales.

En la perspectiva ideal, al menos tres cambios importantes tendrían que ocurrir para que la industria de Venezuela se recupere. En el nivel más básico, la macroeconomía debería ponerse en orden, con un programa integral de ajuste que incluiría la reestructuración de la deuda y una tasa de cambio competitiva. Para atraer una significativa inversión extranjera, el marco institucional del petróleo debería ser más flexible y creíble. Finalmente, el país tendría que hacer la transición a un gobierno político democrático y estable, lo que reduciría los riesgos políticos y permitiría levantar las sanciones internacionales. Para reconstruir el sector petrolero y añadir hasta un millón de barriles por día en menos de una década, las inversiones también tendrían que triplicarse a un monto de alrededor de $15 mil millones por año, el número de plataformas petroleras en operación tendría que más que duplicarse, y la eficiencia de las plataformas tendría que mejorar. Por cada 100.000 b/d por año de aumento de producción, se necesitarían aproximadamente $4 mil millones por año en inversión adicional. Debido a que PDVSA no podría aumentar la inversión, más del 75 por ciento de la inversión futura debería provenir de empresas extranjeras.[19]

Desafortunadamente, ninguno de estos cambios es probable que suceda en el 2018 o en un futuro cercano. De hecho, mientras el gobierno actual permanezca en su lugar, no es probable que se produzcan mejoras en la política. Como tal, el escenario más realista es aquel en el que la producción continúa cayendo, el país se vuelve más aislado, las empresas occidentales no pueden aumentar las inversiones, y algunos abandonan el país.

Es mucho más probable que la inversión se mantenga en el nivel actual o disminuya, que la producción en los campos operados por PDVSA continúe disminuyendo y la producción de empresas mixtas se estanque o disminuya lentamente. En este caso, mientras que la producción continuaría disminuyendo en los próximos años, probablemente no colapsaría. Más bien, la producción alcanzaría asintóticamente un nivel (por ejemplo, de 1 a 1.2 millones de b/d) en la que se estancaría. Esto se espera porque la producción restante se concentraría en campos más nuevos, operados por empresas mixtas, y en la zona de la Faja Petrolífera del Orinoco, área en las que la disminución ha sido menos pronunciada.

Un mayor descenso en la producción de Venezuela eliminaría el excedente de la demanda mundial más rápidamente de lo esperado, ejerciendo presión al alza sobre los precios del petróleo. Eventualmente, eso probablemente llevaría a una mayor producción por parte de otros países de la OPEP con capacidad adicional, y por los Estados Unidos. Sin embargo, los descuentos en los precios del petróleo pesado se reducirían, ya que también habría escasez de este tipo de petróleo.

Existe, por supuesto, un riesgo de colapso de la producción mucho más allá de lo previsto aquí, debido a una combinación de eventos como una huelga petrolera, un incumplimiento de pagos total, sanciones internacionales generalizadas o disturbios civiles masivos, todos sucesos posibles. En el caso de sanciones predeterminadas y estrictas, PDVSA dependería en gran medida de las compañías petroleras nacionales chinas y rusas, tanto para comercializar el petróleo, como para limitar el impacto de las sanciones y para operar las empresas conjuntas.

Un escenario intermedio a considerar, aunque poco probable, es aquel en el que se produce un cambio dentro del gobierno, abriendo puertas para reformas económicas limitadas. Tal escenario llevaría a la estabilización en los niveles de producción de petróleo en alrededor de 1.5 a 1.7 millones de b/d. Esta perspectiva requeriría que las empresas occidentales se queden y aumenten ligeramente la inversión, en un entorno de sanciones limitadas, reestructuración de la deuda y algunas reformas macroeconómicas básicas, en un entorno de precios petroleros favorables: una confluencia fortuita de precondiciones que sigue siendo improbable. Exportaciones limitadas de gas natural a Trinidad también ocurrirían en este escenario.

Finalmente, en un escenario de transición exitosa, las compañías occidentales jugarían un papel importante en la recuperación del sector petrolero venezolano, junto con las Compañías Petroleras Nacionales de China, Rusia e India. Como en la mayoría de los países exportadores de petróleo, es probable que PDVSA continúe desempeñando un papel prominente, pero eso requeriría de una reestructuración importante de la empresa, reenfocándola en negocios comerciales de petróleo y gas.

Al final, aumentar la producción de petróleo y gas natural ofrece la mejor oportunidad para que la economía venezolana eventualmente se recupere. Si bien la diversificación económica debe ser una prioridad económica a largo plazo, no existe otro sector que pueda atraer los montos de inversión y generar los ingresos fiscales que los hidrocarburos pueden obtener en el mediano plazo.

Venezuela tiene la dotación de recursos de hidrocarburos más abundante fuera del Medio Oriente; su petróleo y cada vez más, su producción de gas natural deberían ser una parte clave del suministro de energía en las próximas décadas. Hoy, el país enfrenta una crisis de proporciones inimaginables. Solo si Venezuela puede salir de la crisis que hoy la cubre, el mundo una vez más verá florecer su sector petrolero.

REFERENCIAS

1. Andres Oppenheimer. "It's Hard to Believe, But Venezuela's Economic Crisis Will Get Worse In 2018." Miami Herald. December 15, 2017, en http:// www.miamiherald.com/news/local/newscolumns-blogs/andres-oppenheimer/ article190104214.html.

2. Organization of the Petroleum Exporting Countries, "Monthly Oil Market Reports 2017 and January 2018," en http://www.opec.org/opec_web/en/publications/4054.htm.

3. *Ibid.* On February 12, 2018, OPEC reported that production reached 1.6 million b/d in January 2018, according to secondary sources, but that it increased to 1.77 million b/d according to the Venezuelan government.

4. Banco Central de Venezuela, "Reservas Internacionales y Servicio de la Deuda Pública Externa," en http://www.bcv.org.ve/cuadros/2/231.asp?id=32.

5. David Biller, "IMF Projects Venezuela Inflation Will Soar to 13,000 Percent in 2018," Bloomberg, January 25, 2018, en https://www.bloomberg.com/news/articles/2018-0125/imfsees-venezuela-inflation-soaring-to-13-000-percent-in-2018.

6. Ministerio de Petróleo de Venezuela, "Precios del Petróleo," http://www.mpetromin.gob.ve/portalmenpet/secciones.php?option=view&idS=45.

7. Baker Hughes, "International Oil Rig Count," http://phx.corporateir.net/phoenix.zhtml?c=79687&p=irol-rigcountsintl.

8. Estimaciones del autor, basadas en múltiples fuentes, incluidas PDVSA, informes internos, EIA y Reuters Tanker Data.

9. La deuda financiera total de PDVSA es de $ 36.3 mil millones, principalmente en bonos denominados en dólares. La deuda financiera no incluye pagarés (estimados en $ 1.5 mil millones), o atrasos, con compañías de servicios, que podrían superar los $ 10 mil millones.

10. Las estimaciones del autor se basa en múltiples fuentes, incluidos los informes internos de PDVSA, la Agencia de Información de Energía de EE. UU. Y Reuters Tanker Data.

11. Las cifras oficiales para 2017 todavía no están disponibles, pero las propias estimaciones del autor son que PDVSA produce menos de 800 mil b/d y las empresas mixtas más de 850 mil b/d. Para más detalles sobre la evolución del sector petrolero venezolano, ver Igor Hernández y Francisco Monaldi, "Weathering the Collapse: An Assessment of the Financial and Operational Situation of the Venezuelan Oil Industry," (Cambridge, Mass.: Center for International Development at Harvard University, 2016), https://growthlab.cid.harvard.edu/publications/venezuelan-oilassessment.

12. Centro Internacional de Energía y Ambiente, Energía en Cifras 2014-2015 (Caracas Venezuela: IESA, 2016), http://servicios.iesa.edu.ve/portal/ciea/energia_en_cifras_%202014_2015_iesa.pdf.

13. David Mortlock and Francisco Monaldi, Venezuela: What are the Most Effective US Sanctions? (Washington, DC: Atlantic Council, 2017), http://www.publications.atlanticcouncil.org/spotlight-venezuela/.

14. Marianna Párraga, "Venezuela's US Oil Sales Rebound in January, Still Below Year Ago." Reuters. February 6, 2018. https://www.reuters.com/article/us-oil-venezuela-usa/venezuelasu-s-oil-sales-rebound-in-january-still-belowyear-ago-idUSKBN1FQ2YQ.

15. "Venezuela in Selective Default, Says Credit Ratings Agency," BBC, November 14, 2017, http://www.bbc.com/news/world-latinamerica-41982069.

16. "More PDVSA Ships Seized for Unpaid Debts," *Caracas Capital*, January 18, 2018.

17. Francisco Monaldi, "The Death Spiral of Venezuela's Oil Sector and What Can Be Done About It." Forbes. January 24, 2018, https://www.forbes.com/sites/thebakersinstitute/2018/01/24/the-death-spiral-of-venezuelas-oilsector-what-if-anything-can-be-done-aboutit/#760fe2307e60.

18. Marianna Párraga and Alexandra Ulmer, "Special Report: Vladimir's Venezuela—Leveraging Loans to Caracas, Moscow Snaps Up Oil Assets," Reuters, August 11, 2017,https://www.reuters.com/article/us-venezuelarussia-oil-specialreport/special-report-vladimirsvenezuela-leveraging-loans-to-caracasmoscow-snaps-up-oil-assets-idUSKBN1AR14U.

19. Estimaciones del autor.

AÑOS DE DESATINOS (2002-2018)

Eddie A. Ramírez S.

ANTECEDENTES

Nuestro Siglo XX fue un período de grandes oportunidades y de muchos logros, pero finalizó con frustraciones. Los ingresos por concepto de las exportaciones de petróleo y el gran potencial para desarrollar una industria sólida en petroquímica, hierro y aluminio, aunado a la disponibilidad de recursos humanos con buena formación permitían visualizar que podríamos haber alcanzado un desarrollo sustentable. No fue así.

Con la llegada al poder de personas no identificadas con los partidos políticos tradicionales que predicaban un cambio de rumbo, el Siglo XXI se inició entre la esperanza y el miedo. Esperanza de que fuese un punto de inflexión para iniciar una Venezuela sin tanta desigualdad social, en la cual el Estado administrara con tino y honradez los recursos disponibles. Miedo porque se percibía desde un inicio que los recién llegados eran expertos en demoler lo existente, pero poco dados a construir. Además, el teniente coronel Hugo Chávez carecía de formación para dirigir el país y su intento fallido de golpe de Estado evidenciaban que comulgaba con la razón del lobo de la fábula de La Fontaine. Es decir la fuerza. Además, a su alrededor giraban personas de extrema izquierda, algunas con grandes resentimientos, ávidos de venganza y enemigos declarados de la gerencia meritocrática de Pdvsa y filiales. Todos ellos opuestos a la constitución de empresas mixtas con el sector privado, a los convenios operativos, a la adquisición de refine-rías en el exterior, a la Orimulsión y al aumento de la producción.

Quienes trabajábamos en la industria petrolera estábamos conscientes de que se avecinaban vientos de fronda. Petróleos de Venezuela (Pdvsa), era una presa muy codiciada. Hasta ese momento fue relativamente respetada por el sector político, pero para los advenedizos era de vital importancia atraparla para ponerla al servicio de la "revolución". El mismo Chávez lo admitió al declarar que "tenía que tomar esa colina que era Pdvsa". El choque con los trabajadores de Pdvsa y filiales era inevitable.

Inicialmente Chávez designó en febrero de 1999 a Roberto Mandini como presidente de Pdvsa, en sustitución de Luis Giusti. Mandini era un distinguido profesional de larga trayectoria en la industria petrolera. Apenas duró siete meses en el cargo. Cometió el error y la injusticia de jubilar a valiosos profesionales que en su opinión estaban muy identificados con el equipo anterior. Lo sustituyó Héctor Ciavaldini (1999- 2000), quien solo tenía el mérito de ser chavista. De inmediato jubiló a un grupo numeroso de gerentes a los que no les tenía confianza. Sus torpezas en el manejo de los sindicatos obligaron a destituirlo. De inmediato fue designado el general Guaicaipuro Lameda, prestigioso oficial que respetó la meritocracia. Fue sustituido por no plegarse a las arbitrariedades de Chávez. El 8 de febrero del 2002 fue designado presidente el doctor Gastón Parra, profesor universitario de extrema izquierda y sin ninguna experiencia gerencial.

A los pocos días sucedió algo inédito en la historia de nuestra industria petrolera: el 25 de febrero del 2002, el diario *El Nacional* publicó un comunicado titulado ¡Salvaguardemos a Pdvsa!, firmado por 34 ejecutivos del más alto nivel de Pdvsa y filiales, el cual fue apoyado por gran parte de los trabajadores en Caracas y en las áreas operativas. En el mismo se rechazaba los ataques a la empresa y la ruptura de la meritocracia, enfatizando en que no se debía politizar a la misma. Al día siguiente salió la *Gaceta Oficial* con la designación de la nueva directiva que acompañaría a Gastón Parra. El conflicto estaba planteado. Los petroleros no rechazamos a Parra, ni a los directores externos designados, pero sí nos negamos a aceptar a cinco directores internos, provenientes de la propia industria petrolera, pero a quienes no les correspondía por mérito alcanzar esa posición. Era evidente que Chávez había decidido dar el zarpazo a Pdvsa.

El conflicto se fue extendiendo con la decisión de Parra de jubilar a dos ejecutivos y separar de sus cargos a otros cuatro. Ante esta actitud, el 4 de abril de 2002 se produjo algo inédito en la historia de la industria petrolera venezolana: se inició un paro de actividades promovido por personal que ocupaba cargos de vicepresidentes, presidentes de filiales, y directores-gerentes, secundados por personal profesional, secretarias y obreros.

Es de notar que en Venezuela se habían producido anteriormente huelgas petroleras en 1925, 1936 y 1950, por parte de personal obrero para reclamar mejores salarios y condiciones de trabajo a las compañías transnacionales. La de abril del 2002 fue en defensa de la empresa del Estado, para intentar salvaguardarla de la política partidista. Cabe recordar que el 9 de abril se sumaron a la huelga la Confederación de Trabajadores de Venezuela (CTV) y Fedecámaras. El día 11 de abril se produjo la masacre en la avenida Baralt y adyacencias, cuya total responsabilidad es de Hugo Chávez. Como consecuencia, la Fuerza Armada lo obligó a renunciar. Chávez aceptó renunciar, pero exigió ser enviado a Cuba. No hubo acuerdo entre la oficialidad y el nuevo gobierno presidido por Pedro Carmona no tuvo apoyo político. Los militares regresaron a Chávez al poder. Pidió perdón y nos reintegraron a nuestros cargos a quienes habíamos sido despedidos o jubilados. Alí

Rodríguez fue nombrado nuevo presidente de Pdvsa junto con directores que sí cumplían los requisitos de mérito.

El 2 de diciembre de 2002 todos los partidos políticos agrupados en la Coordinadora Democrática, la CTV y Fedecámaras llamaron a un paro cívico para presionar por la realización de un referendo consultivo, solicitar adelanto de las elecciones presidenciales, establecimiento de una Comisión de la Verdad para sentar responsabilidades sobre la masacre del 11 de abril, y apoyar a la Mesa de Negociación y Acuerdos en la que el oficialismo se negaba a que progresara.

Ningún petrolero convocó ese paro. Tampoco la Asociación Civil Gente del Petróleo, ni el sindicato Unapetrol, creados después del conflicto de abril. La primera para lograr una mejor relación entre los petroleros y la sociedad civil y el segundo para velar de que no hubiese persecuciones en contra de los trabajadores. Sin embargo, motu propio y a título individual, miles de trabajadores petroleros se sumaron al paro por entender que había que defender la democracia ante un gobierno autoritario con tendencias totalitarias.

LOS DESPIDOS

Por el deseo de poner a la empresa al servicio del partido de gobierno, Alí Rodríguez Araque cometió un genocidio laboral al despedir ilegalmente a casi 23.000 trabajadores. Los mismos incluyeron a 726 ejecutivos (67% de esa nómina), 12.371 profesionales, técnicos y supervisores (67% de esa nómina), 3.705 operadores y artesanos (29% de esa nómina) y 1.954 operadores y mantenedores (27% de esa nómina), para un total de 18.792, cifra a la que hay que agregar unos 2.500 trabajadores de la empresa mixta Intesa y un número no determinado que no fue notificado, pero a los cuales no se les permitió el ingreso a las instalaciones de la empresa. La edad promedio de los despedidos era de 41 años, con unos 15 años de servicio, perdiéndose una inversión de 21 millones de horas-hombre de adiestramiento, con un costo de unos 2.200 millones de dólares. El 45 % de los despedidos eran de las áreas de producción y refinación, el 79% de exploración, 68% de comercio y suministro, 60% de investigación y 59% de mantenimiento.

CONSECUENCIAS DE LOS DESPIDOS

A la pérdida mencionada de valiosos recursos humanos hay que agregar que muchos fueron sustituidos por directores y gerentes sin méritos para ocupar esos cargos, pero adeptos al partido político del gobierno, así como personal no calificado. Los resultados eran de esperar: disminución de la actividad de exploración, descenso de la producción, incremento de los accidentes, sobre todo en las refinerías, descuido en el mantenimiento y corrupción. El centro de educación y entrenamiento CIED fue eliminado, al igual que la Orimulsión, y el centro de investigación Intevep redujo significativamente la investigación.

Por razones políticas, una misma persona ocupó el cargo de ministerio de Energía y Petróleo y de presidente de Pdvsa. Se vendió nuestra participación en refinerías en Europa y Estados Unidos para adquirir acciones en las de Cuba, Jamaica y República Dominicana.

Empresas importantes con músculo financiero, tecnología y recursos humanos como Exxon- Mobil y Conoco- Phillips fueron presionadas para que se retiraran del país, mientras que se favoreció a empresas que tienen poco que aportar.

Se eliminó la figura exitosa de Convenios Operativos y de las Asociaciones Estratégicas, para constituir numerosas empresas mixtas que complican el funcionamiento de Pdvsa. Se establecieron convenio de suministro de crudo y productos, en condiciones lesivas al interés nacional, con gobiernos amigos o a quienes querían comprometer su voto en los organismos Internacionales.

En el 2016, el *Informe Anual* de Pdvsa reconoce que tuvo que importar 17.817 millones de dólares en petróleo liviano y productos refinados.

Pdvsa pasó de ser una empresa que estaba en el negocio de los hidrocarburos y que ejecutaba programas de responsabilidad social, a una empresa cuya misión es social, que tiene actividades relacionadas con los hidrocarburos.

RECURSOS HUMANOS

La actividad de los hidrocarburos requiere de grandes inversiones, tecnología y recursos humanos calificados. El dinero y la tecnología son relativamente fáciles de obtener, no así los recursos humanos. Con el genocidio laboral iniciado por Ciavaldini, masificado por Alí Rodríguez Araque y continuado por Rafael Ramírez, Pdvsa y filiales fueron heridas de muerte. No solo se despidió personal muy calificado, como se mencionó, sino que ascendieron algunos sin méritos, contrataron activistas políticos y se preocupan poco por adiestrar a los jóvenes que emplearon. La eliminación del Centro Internacional de Educación y Desarrollo (CIED) afectó negativamente la formación de recursos humanos.

Fuerza Laboral de Pdvsa año 2001 en Venezuela: 69.284 trabajadores (40.955 propios y 28.329 contratados).

Fuerza laboral de Pdvsa año 2016 en Venezuela: 164.370 (en actividades petroleras 110.648 propios y 22.679 contratados, además 31.043 en actividades no petroleras

PRODUCCIÓN DE CRUDO

Producción de crudo (barriles por día, b/d)
Annual Statistic Bullein OPEP

2001	2002	2003	2004	2007	2014	2017
2.791.900	2.431.800	2.643.000	3.009.400	2.981.900	2.682.600	1.916.000

En enero del 2018, la producción fue de 1.600.000 barriles por día.

Las cifras citadas son de producción de crudo, por lo que no incluyen condensados, ni líquidos del gas natural. Las correspondientes del 2016 a la fecha fueron tomadas del *Oil Market Report* de la OPEP. En algunos años las cifras estimadas por la OPEP son inferiores a las suministradas por Venezuela a esa organización.

En el 2001, cada trabajador de Pdvsa producía 40 barriles por día. En enero 2018 cada trabajador produce 9,7 b/d. (Considerando que el petróleo es la única actividad de Pdvsa que genera ingresos, para este cálculo se incluyen trabajadores en actividades petroleras y de gas y también los que laboran en áreas no relacionadas con los hidrocarburos).

Exportaciones de crudo b/d
(*Annual Statistic Bulletin* de la OPEP)

2001	2002	2003	2007	2014	2016
1.964.700	1.572.000	1.535.000	2.116.000	1.964.900	1.950.000

La cifra del 2016 corresponde al último *Informe Anual* de Pdvsa.

EL DESATINO DE ELIMINAR LA ORIMULSIÓN

Nuestros crudos extrapesados de la Faja del Orinoco no pueden alimentar las refinerías convencionales. Por ello, la Pdvsa meritocrática realizó asociaciones estratégicas con socios con tecnología para establecer "mejoradores" y poder comercializar ese petróleo. El nuevo gobierno no ha construido nuevos "mejoradores" y, además, no ha mantenido los existentes. Por ello debe importar petróleo liviano para realizar mezclas.

La Pdvsa meritocrática visualizó que podía utilizar la enormes reservas de la Faja Petrolífera del Orinoco en un negocio paralelo fuera de la cuota OPEP, aunque menos rentable. Producto de la investigación del Intevep, la Orimulsión contiene 70% de bitumen o crudo extrapesado y 30% de agua, con la adición de un producto emulsificante. Después de muchas negociaciones, Pdvsa logró acuerdos de suministro para plantas termoeléctricas en Canadá, Guatemala, Lituania, Dinamarca, Italia, Alemania, China y Japón.

A pesar de que las cifras indicaban que era un negocio rentable, Alí Rodríguez Araque y Bernard Mommer decidieron que era mejor eliminar la Orimulsión y mezclar el crudo extrapesado con crudo liviano. Hoy no contamos con este último y Pdvsa debe importarlo con dólares que debían destinarse a otros fines.

REFINACIÓN

En el año 2002, Pdvsa era propietaria o tenía participación accionaria en 19 refinerías en el exterior (incluyendo refinería Isla que es alquilada). Con posterioridad, Pdvsa vendió las refinerías de Paulsboro, Savannah, así como su participación en las de Gelsenkirchen, Schedt, Neustadt, Karlsruhe, Antwerp, Paulsboro, Savannah, Lyondell, Chalmette y Saint Croix, y adquirió participación en las de Jamaica, República Dominicana y Cienfuegos en Cuba, pero el régimen cubano se apropió en el 2017 de nuestras acciones en esta última.

En el 2002 Pdvsa y socios tenían una capacidad de refinación en el exterior de 3.270.000 b/d, de los cuales 1.952.000 b/d correspondían a Pdvsa. Actualmente nuestra participación neta en el exterior es de solo 1.202.000 b/d de capacidad de refinación. Es decir que perdimos 750.000 b/d de capacidad de refinación en el exterior y por lo tanto de colocar nuestro petróleo.

Si consideramos que sería muy factible que hubiésemos podido lograr acuerdos con nuestros socios para suministrar todo el petróleo que requieren esas empresas mixtas, sin duda la conclusión es que al realizar las ventas señaladas, el actual régimen procedió en contra de los intereses del país.

Capacidad refinación 2002	Capacidad refinación 2002	Capacidad refinación 2018
Pdvsa+socios (b/d)	Pdvsa (b/d)	Pdvsa (b/d)
3.270.000	1.952.000	1.202.000

DEUDAS

En el año 2001 la deuda financiera era de 7.500 millones de dólares.

En el año 2016, último *Informe Anual* de Pdvsa, la deuda financiera era de 41.076 millones de dólares. Las cuentas por pagar a proveedores eran de 19.824 millones de dólares.

Además, Pdvsa tiene cuantiosas deudas con el Banco Central de Venezuela, cuya cifra se desconoce. También tiene cuentas por cobrar a varios países que integran el Acuerdo de Cooperación Energética de Caracas, Acuerdo de Cooperación Energética de Petrocaribe, Convenio Integral Cuba-Venezuela y Alianza Bolivariana de los Pueblos (ALBA).

CORRUPCIÓN

Desde el 2003 la corrupción se adueñó de Pdvsa y sus filiales. El contrabando, las adjudicaciones a dedos a empresas no solventes y los sobreprecios han sido vox populi. Distinguidos profesionales como Gustavo Coronel la han denunciado reiteradamente. Recientemente, más por razones políticas que por penalizar la corrupción como tal, se han dictado órdenes de detención en contra de unos 70 altos gerentes acusados de corrupción e inclusive están detenidos dos expresidentes, Eulogio Del Pino y Nelson Martínez y, al parecer, Rafael Ramírez está solicitado a Interpol.

COMENTARIO FINAL

Hasta 2002 Petróleos de Venezuela y sus filiales se manejaron eficientemente como negocio. Aunque puntualmente, en muy pocos casos, se violó la meritocracia, la política era de que los ascensos se realizaban por estricto orden de mérito. Al personal se le evaluaba su potencial y en consecuencia se planificaba el desarrollo de carrera. En algunas oportunidades se registraron casos de corrupción, los cuales eran detectados por la propia corporación.

Siempre existió el peligro latente de la injerencia de la política partidista, pero en general los partidos que ocuparon la presidencia del país, Acción Democrática y Copei, respetaron la meritocracia y no interfirieron en los nombramientos. Desde luego, los presidentes de Pdvsa fueron designados considerando no solo los méritos, sino también la cercanía con el presidente de la República. Hubo presidentes que no procedían de la industria petrolera, pero con intachables méritos y experiencia gerencial, como el general Rafael Alfonzo Ravard, Andrés Sosa Pietri, Gustavo Roossen y el general Guaicaipuro Lameda. Todos ellos realizaron excelente labor. Siempre es conveniente que, de vez en cuando, sea designado alguien de una actividad diferente. Ello enriquece a las empresas y evita los peligros de la consaguinidad.

El futuro de Pdvsa no está claro. Distinguidos expertos opinan que no es recuperable. Otros consideran que tendrá que ser reducida a su mínima expresión y que el crecimiento de la industria petrolera sea a través de las empresas mixtas. Lo que sí es claro es que el Estado no dispone de recursos para realizar las inversiones requeridas para mantener la producción y menos para aumentarla. Tampoco para adecuar las refinerías, las cuales por falta de mantenimiento están muy deterioradas. Han sido muchos años de desatinos, pero contando con los recursos humanos que todavía están en Venezuela y con quienes están en el exterior obligados por estar vetados para trabajar en Venezuela, no me cabe duda de que nuestra industria de los hidrocarburos volverá a florecer.

Febrero 2018

LA APERTURA PETROLERA O EL PRIMER INTENTO POR DESMONTAR EL PENSAMIENTO ESTATISTA PETROLERO EN VENEZUELA

José Ignacio Hernández G.[*]

1. *La Apertura Petrolera en perspectiva histórica*

La apertura petrolera puede considerarse como la única política pública que, a la fecha, se ha diseñado para mitigar los efectos del *pensamiento estatista de los hidrocarburos* que se consolidó entre nosotros luego de la nacionalización petrolera. Abordar brevemente este aspecto, desde una perspectiva histórica, resulta de fundamental interés para poder comprender mejor la obra del profesor Allan R. Brewer-Carías que tengo el privilegio de presentar[1].

El *pensamiento jurídico* de los hidrocarburos en Venezuela, esto es, el conjunto de normas, principios e interpretaciones de la doctrina y jurisprudencia, se formó *luego* del inicio formal de la industria petrolera en Venezuela en 1914[2]. En efecto, las primeras formas de exploración los hidrocarburos se anclaron en las técnicas de intervención del Derecho Minero, en-

---

[*]   Profesor de Derecho Administrativo en la Universidad Central de Venezuela y en la Universidad Católica Andrés Bello. Visiting Fellow, Center for International Development at Harvard. Profesor Visitante. Cátedra Jean Monnet, Universidad Castilla-La Mancha

[1]   Vamos a seguir, en lo fundamental, lo que antes hemos expuesto en Hernández G., José Ignacio, *El pensamiento jurídico en el Derecho de los Hidrocarburos en Venezuela,* Academia de Ciencias Políticas y Sociales, Caracas, 2016, pp. 17 y ss.

[2]   Sobre ello pueden verse las obras colectivas *Venezuela 1914-2014: cien años de industria petrolera*, UCAB-Konrad Adenauer Stiftung, Caracas, 2014 y *Petróleo: bendición o maldición. 100 años del Zumaque 1*, La Hoja del Norte, Caracas, 2014. Una interesante narración de los orígenes de la industria de los hidrocarburos en Venezuela puede verse en Arnold, Ralph et al, *Venezuela petrolera. Primeros pasos. 1911-1916*, Andrés Duarte Vivas Editor, Caracas, 2008. Es igualmente fundamental el trabajo de Kornblith, Miriam, *La participación del Estado en los orígenes de la industria petrolera en Venezuela (1869-1910),* CENDES, 1978, pp. 6 y ss.

tonces, influenciadas por la teoría contractual civilista[3]. Esto quiere decir que a pesar de que el Estado era propietario de los yacimientos –como consecuencia de la recepción, en la nueva República, de los principios jurídicos mineros del orden colonial- el ejercicio de los derechos mineros era confiado a la iniciativa privada a través de un contrato básicamente regulado por el Derecho Civil. Tal fue el esquema imperante en el inicio de la industria petrolera venezolana.

Este sistema lo hemos llamado *patrimonialista,* por cuanto el Estado actuaba como propietario de los yacimientos, pero bajo el principio según el cual se trataba de una nuda propiedad. Es decir, el Estado nunca asumió la propiedad de los yacimientos como una propiedad plena, sino solo como el título que le permitía trasladar derechos mineros –y luego, derechos de hidrocarburos- en *propiedad* a la inversión privada. Más allá de esa asignación –a través del contrato de concesión- y de alguno que otro control administrativo, el Estado no intervenía en el ejercicio de derechos sobre los yacimientos de hidrocarburos.

Con el régimen de Juan Vicente Gómez esta realidad comenzó a cambiar. Gómez asumió como tarea principal organizar centralmente al Estado venezolano, para lo cual comenzó a crear una Administración Pública Central a través de numerosas Leyes administrativas. La función de esa Administración Pública se circunscribió a crear el marco institucional necesario para garantizar el orden público; salvo esa intervención, la Administración Pública fomentó la libre iniciativa económica. Fue precisamente con ese propósito que Gumersindo Torres promovió la primera legislación de hidrocarburos del país y, en tal sentido, organizó nuestra primera Administración Pública petrolera[4]. En todo caso, la intervención administrativa sobre el sector no modificó el pensamiento propietarista: el Estado no intervenía como propietario de los yacimientos, sino simplemente, como garante del orden público.

La oposición política al régimen de Gómez pasó también por la oposición a su política petrolera, caracterizada –como vimos- por el otorgamiento de concesione bajo los principios civilistas de la legislación minera. Fue Rómulo Betancourt, sin duda, quien introdujo el petróleo en el debate político, reclamando lo que podríamos llamar la *venezolanización del petróleo.* El petróleo era considerado como una actividad foránea y para muchos, pasajera, como apuntó Alberto Adriani. Frente a esa realidad, Betancourt exigió una mayor participación del Estado no solo en el control de las actividades petroleras sino también en sus ingresos, en una propuesta que, con matices diversos, fue defendida también por Arturo Uslar Pietri. Entre el pensamien-

---

3   *Cfr:* González-Berti, Luis, *Compendio de Derecho Minero Venezolano, Tomo II.* Legislación sobre Hidrocarburos, Universidad de Los Andes, Mérida, 1960, pp. 7 y ss.

4   *Cfr.:* McBeth, B.S., *Juan Vicente Gómez and the oil companies in Venezuela, 1908-1935,* Cambridge University Press, 1983, pp. 5 y ss.

to propietarista y la exigencia de una mayor responsabilidad del Estado se situó la Ley de Hidrocarburos de 1943[5].

A partir de entonces, y sobre la base económica del peso de los ingresos petroleros en las finanzas políticas[6], las políticas públicas petroleras avanzaron hacia un mayor control del Estado, en especial, a partir de 1945, bajo la conducción política de Betancourt. Retomada la democracia en 1958, el consenso político del momento apuntó a la presencia decisiva del Estado en la economía, no solo como regulador sino también como Estado empresario, en especial, en lo que la Constitución de 1961 llamó "empresas básicas". Fue en este contexto que, en 1975, se adoptó la decisión política de nacionalizar la industria del petróleo, iniciándose así la etapa estatista del pensamiento de los hidrocarburos, bajo la figura del "Estado interventor"[7].

En el pensamiento jurídico estatista, el Estado actúa como propietario pleno de los yacimientos de hidrocarburos, ejerciendo por ello el derecho a explorar y explotar los yacimientos a través de empresas públicas, y capturando por esa vía todo el ingreso petrolero[8]. A tal fin, Petróleos de Venezuela, S.A. (PDVSA) y sus empresas filiales fueron creadas como organizaciones con autonomía técnica, a los fines de asegurar la eficiente implementación de las políticas públicas petroleras definidas desde el Gobierno Nacional, en su condición de administrador de los yacimientos, de la industria y de los ingresos petroleros[9].

---

5 Betancourt, Rómulo, *Venezuela, política y petróleo*, Monteávila Editores, Caracas, 1999, pp. 17 y ss. Véase también a Uslar Pietri, Arturo, *Los venezolanos y el petróleo*, Banco de Venezuela, Caracas, 1990, pp. 23 y ss. En general, vid. Baptista, Asdrúbal y Mommer, Bernard, *El petróleo en el pensamiento económico venezolano,* Ediciones IESA, Caracas, 1987, pp. 16 y ss.

6 Komblith, Miriam y Quintana, Luken, "Gestión fiscal y centralización del poder político en los gobiernos de Cipriano Castro y de Juan Vicente Gómez", en *Revista Politeia* número 10, Caracas, 1976, pp. 143 y ss.

7 Véase el análisis sobre el "Estado interventor" en Bautista Urbaneja, Diego, *La renta y el reclamo,* Editorial Alfa, Caracas, 2013, pp. 109. Igualmente, *vid.* Machado de Acedo, Clemy, "La reforma de la Ley de Hidrocarburos de 1943: un impulso hacia la modernidad", en *Boletín de la Academia de Ciencias Políticas y Sociales* N° 67, Caracas, 1991, pp. 25 y ss.

8 La verdadera base legal de la nacionalización petrolera de 1975 fue la *Ley sobre Bienes Afectos a Reversión en las Concesiones de Hidrocarburos*, de 1971, en el sentido que la Ley de 1975 extinguió las concesiones a partir del 1° de enero de 1976, con lo cual los activos afectos a esas concesiones revirtieron de pleno Derecho al Estado, quien organizó a tales efectos un conjunto de empresas públicas operadoras bajo el control de una empresa pública matriz, a saber, Petróleos de Venezuela., S.A. (PDVSA). Cfr.: González Berti, Luis, *La nacionalización de la industria petrolera,* Editorial Jurídica Venezolana, Caracas, 1982, pp. 25 y ss.

9 Brewer-Carías, Allan, "Aspectos organizativos de la industria petrolera nacional en Venezuela", en *Régimen jurídico de las nacionalizaciones en Venezuela, Tomo 1,* Ins-

Este pensamiento, anclado en el petróleo, se proyectó sobre toda la economía, pues el Estado fue considerado como el actor principal del nuevo modelo de desarrollo caracterizado como *"La Gran Venezuela"*. Esto quiere decir que la nacionalización petrolera contribuyó a proyectar el pensamiento estatista sobre el modelo económico, el cual se ancló en los roles del Estado como planificador, regulador y empresario[10].

Bajo el pensamiento propietarista, por ello, Venezuela terminó de consolidarse como un Petro-Estado. A estos efectos, entendemos por Petro-Estado el conjunto de arreglos institucionales por medios de los cuales el Estado, a través del Ejecutivo Nacional, *(i)* asume en monopolio la realización de actividades petroleras; *(ii)* capta la totalidad del ingreso petrolero, que es la principal fuente de ingresos fiscales, y *(iii)* distribuye los ingresos petroleros[11]. Desde un punto de vista constitucional, el Petro-Estado genera varias consecuencias, a saber, *(i)* promueve el fortalecimiento del Ejecutivo Nacional y por ende el debilitamiento del principio de separación de poderes; *(ii)* promueve el centralismo del Poder Nacional; *(iii)* debilita la democracia, ante los incentivos por desarrollar políticas clientelares ancladas en el ingreso petrolero; *(iv)* promueve la corrupción, ante la creación de rentas y *(v)* debilita la organización social base del modelo republicano, pues la sociedad –en palabras de Diego Bautista Urbaneja- degenera en una sociedad que reclama la renta[12].

No debe confundirse el Petro-Estado con los efectos del petróleo sobre la economía venezolana. Esos efectos han determinado que el petróleo sea la actividad económica más relevante, al punto que la economía depende del ingreso petrolero. Un ingreso derivado de una actividad intensiva de capital –que no tiene, por ello, especiales requerimientos de mano de obra- y que además comercializa un producto el mercado internacional y además, en divisas. El mercado internacional del petróleo marca la predominancia de las exportaciones petroleras, y asimismo, permite al Estado obtener beneficios muy superiores a los costos de operación, signo característico de la *economía rentista*. Asimismo, ese mercado internacional es fuente inestable de divi-

tituto de Derecho Público-Universidad Central de Venezuela, Caracas, 1981, pp. 407 y ss. De igual manera, vid., Brewer-Carías, Allan, "El carácter de Petróleos de Venezuela S.A. como instrumento del Estado en la Industria Petrolera", en *Revista de Derecho Público* N° 23, 1985, pp. 81 y ss.

10   *Cfr.:* Brewer-Carías, Allan, "El derecho de propiedad y la libertad económica. Evolución y situación actual en Venezuela", en *Estudios sobre la Constitución. Libro homenaje a Rafael Caldera, Tomo II*, Facultad de Ciencias Jurídicas y Políticas, Caracas, 1979.

11   Para este concepto, por todos, vid. Karl, Terry Lynn, *The Paradox of Plenty: Oil Booms and Petro-States*, University of California Press, 1997, versión electrónica, pp. 44 y ss.

12   Bautista Urbaneja, Diego, *La renta y el reclamo, cit.,* pp. 274 y ss.

sas, con las consecuentes distorsiones cambiarias. Fuente inestable, señalamos, pues la volatilidad de los precios internacionales del petróleo determinan la volatilidad de los ingresos, todo lo cual propicia desequilibrios macroeconómicos[13].

Esas condiciones económicas no se relacionan con el Petro-estado, pues éste es consecuencia de los arreglos institucionales formalizados con la Ley de 1975. Que la economía venezolana dependa del petróleo no exige que el petróleo dependa del Estado. Con lo cual, en realidad, el Petro-Estado ha subvertido los fundamentos republicados de nuestra Constitución económica, pues al ser el Estado –y en concreto, el Gobierno nacional- el único administrador del ingreso petróleo, la economía –y con ella, la sociedad– termina dependiendo del Estado.

2. El "polémico" artículo 5 de la Ley Orgánica que reserva al Estado la industria y comercio de los hidrocarburos

La *Ley que reserva al Estado la industria y el comercio de los hidrocarburos,* dictada en 1975 y que entró en vigencia en 1976, ordenó jurídicamente la nacionalización petrolera al extinguir las concesiones y, por vía de consecuencia, regular la reversión de los activos de las concesionarias a las empresas públicas operadoras creadas a tales efectos, organizadas como filiales de una empresa pública matriz (PDVSA). Es importante advertir que a pesar de que el modelo imperante fue el del Estado empresario, la intención fue que PDVSA y sus filiales fuesen empresas técnicas, inmunes por ello a la politización. Ello fue considerado una condición necesaria para mantener, en lo posible, la cultura gerencial de las antiguas concesionarias, especialmente ante el reto que implicaba retomar la producción petrolera luego de las consecuencias adversas derivadas de la política de "no más concesiones" y del anuncio de reversión de los activos afectados a las concesiones[14].

El estudio del proceso de elaboración y aprobación de esta Ley permite demostrar el consenso político con el cual ésta fue adoptada. Quizás el único punto polémico del debate se dio en relación con el artículo 5 de esa Ley:

Artículo 5. El Estado ejercerá las actividades señaladas en el artículo 1º de la presente Ley directamente por el Ejecutivo Nacional o por medio de entes de su propiedad, pudiendo celebrar los convenios operativos necesarios para la mejor realización de sus funciones, sin que en

---

13 Baptista, Asdrúbal, *Itinerario por la economía política,* Ediciones IESA, Caracas, 2012, pp. 303 y ss.

14 Duque Corredor, Román, *El Derecho de la nacionalización petrolera,* Editorial Jurídica Venezolana, Caracas, 1978, pp. 71 y ss.

ningún caso estas gestiones afecten la esencia misma de las actividades atribuidas.

En casos especiales y cuando así convenga al interés público, el Ejecutivo Nacional o los referidos entes podrán, en el ejercicio de cualquiera de las señaladas actividades, celebrar convenios de asociación con entes privados, con una participación tal que garantice el control por parte del Estado y con una duración determinada. Para la celebración de tales convenios se requerirá la previa autorización de las Cámaras en sesión conjunta, dentro de las condiciones que fijen, una vez que hayan sido debidamente informadas por el Ejecutivo Nacional de todas las circunstancias pertinentes"

Es el último párrafo de esa norma el que generó especial controversia pues permitía al Estado asociarse con la iniciativa privada para el ejercicio de las actividades reguladas en la Ley. Algunos sostuvieron que esa norma rompía con el propósito de organizar una reserva monolítica, o sea, una reserva absoluta que margina a la iniciativa privada; otros sostuvieron, por el contrario, que esa norma introducía flexibilidad a la nueva regulación, a los fines de permitir –bajo ciertas condiciones- mecanismos de actuación de la inversión privada[15].

La norma en cuestión fue olvidada por largo tiempo, pues el Estado logró gestionar las actividades petroleras asumiendo la totalidad de la inversión necesaria para ello. Pero en la década de los noventa, durante el Gobierno de Rafael Caldera, las condiciones económicas del país, junto a la evolución del mercado petrolero internacional, llevaron a concluir que el Estado requería de fuentes alternas de inversión, que por ello, solo podrían provenir del sector privado. Fue ese el fundamento económico de lo que se conoció como *La apertura petrolera*[16].

La apertura petrolera no implicó, por ello, un cambio en las instituciones formales del sector, pues no se modificó la Ley de 1975. Antes por el contrario, esta política pública se basó en esa Ley para promover la inversión privada, lo que hizo a través de dos mecanismos:

El *primer* mecanismo fue el citado artículo 5, a través de **convenios de asociación** entre el Estado y el sector privado para la gestión conjunta de actividades reservadas al Estado. A tales efectos se diseñaron modelos contractuales que, admitiendo la inversión y participación del sector privado,

---

15   González Berti, Luis, *La nacionalización de la industria petrolera, cit.,* pp. 121 y ss.,

16   Entre otros, *vid.* Boscán de Ruesta, Isabel, "La Administración de la Industria Petrolera Nacionalizada y las formas de participación de personas privadas" y Sánchez, Samantha, "Contratos de servicios bajo la apertura petrolera. Diferencia con los contratos de asociación", ambos en *La apertura petrolera. I Jornadas de Derecho de Oriente*, Fundación Estudios de Derecho Administrativo (FUNEDA), Caracas, 1997, pp. 37 y ss.

sin embargo, aseguraban el control final del Estado sobra la ejecución de los proyectos petroleros.

El *segundo mecanismo* fue a través de contratos basados en el primer párrafo del artículo 5 comentado, esto es, los llamados *convenios operativos*, como contratos de obras, de servicios y otros afines que PDVSA y sus filiales –como cualquier órgano o ente del sector público- podían celebrar con el sector privado[17].

Aun cuando esta política pública no partió de la reforma de la Ley de 1975, sí se inscribió en un cambio en cuanto al pensamiento político de los hidrocarburos. El Estado, que hasta entonces había defendido el pensamiento estatista, reconoció por vez primera que era necesario admitir cierto grado de apertura a tal pensamiento, admitiendo cauces para la participación de la iniciativa privada. Este cambio en el pensamiento político pareció estar muy influenciado en las condiciones económicas a las cuales hicimos referencia. Pero, desde una perspectiva histórica, se trató del primer intento por atemperar el pensamiento jurídico estatista de los hidrocarburos en Venezuela.

3. *El debate judicial de la Apertura Petrolera: un debate en la narrativa petrolera*

La polémica que rodeó la discusión del citado artículo 5 estuvo presente en la implementación de la apertura petrolera, ante críticas que, fundamentadas jurídicamente, encerraban sin embargo una disputa en cuanto a la *narrativa petrolera,* esto es, el conjunto de ideas asociadas al petróleo y a su relación con el Estado[18]. Así, quienes se opusieron a la apertura petrolera alegaron –entre otros argumentos- que los modelos contractuales adoptados violaban la Ley de 1975 pues habían desconocido el necesario control del Estado sobre las actividades petroleras. En el fondo, lo que se defendía era la pervivencia del pensamiento estatista.

Estas críticas se llevaron a la demanda de nulidad presentada ante la Corte Suprema de Justicia en contra del Acuerdo del entonces Congreso que había autorizado un modelo específico de asociación estratégica, en un juicio cuyo contenido hoy es sistematizado en el libro que me honra presen-

---

17   Los convenios de asociación, basados en el último párrafo del citado artículo 5 fueron instrumentados a través de varios modelos. Véase lo que antes hemos explicado en Hernández G., José Ignacio, *Derecho Administrativo y Regulación Económica,* Editorial Jurídica Venezolana, Caracas, 2006, pp. 137 y ss.

18   En el número 8 de la *Revista Nueva Economía* (Academia Nacional de Ciencias Económicas, Caracas), correspondiente al mes de abril de 1997, aparecen diversos artículos críticos sobre el proceso de apertura. Para una revisión crítica, *vid.* Sansó, Hildegard, *El régimen jurídico de los hidrocarburos. El impacto del petróleo en Venezuela,* Caracas, 2008, pp. 297 y ss.

tar[19]. Destaca, en este sentido, el argumento presentado por Alí Rodríguez Araque en el mencionado juicio[20]:

"Nuevamente, aquí se hace imperativa una consideración sobre las graves consecuencias que ya está produciendo el llamado proceso de apertura petrolera. Sistemáticamente, dos de los poderes públicos, el Ejecutivo y el Legislativo, han venido renunciando a la actividad de control que les atribuye la Constitución. Sistemáticamente, esa competencia se viene transfiriendo a una empresa que si bien es una empresa pública, no tiene el carácter de Persona Pública (Sentencia de la Corte Suprema de Justicia de fecha 18 07 85). Pero mucho más grave, esa empresa comienza a compartir la competencia de regir, es decir, controlar las políticas, los planes y las actividades en la producción de hidrocarburos, con particulares extranjeros, nada más y nada menos que para tomar decisiones fundamentales de interés nacional, derivadas de esos convenios".

Asimismo, cuestionó que la apertura petrolera había violentado el carácter excepcional de los convenios de asociación:

"Como lo están demostrando los hechos de manera muy protuberante, tanto las asociaciones con entes privados van cobrando tal magnitud que, día a día, se convierte en la norma y la reserva, en la excepción. Esta es la tendencia inocultable de la apertura en cual, sin excepción, dicho sea de paso, el Estado asume siempre una participación minoritaria. Y esto ocurre bajo la vigencia de una ley destinada a establecer un derecho exclusivo para el Estado o entes de su propiedad".

Frente a esta posición, PDVSA defendió que el modelo contractual autorizado por el Acuerdo impugnado sí se ajustaba a la Ley de 1975, considerando que el artículo 5 había otorgado flexibilidad a la Administración Pública Petrolera al momento de diseñar e implementar esos contratos:

"Abundando en la anterior interpretación, conforme al texto del referido artículo 5° ejusdem, la participación estatal que se requiere debe ser tal que garantice el control del Estado, que como se aclaró, de acuerdo a este mismo texto, comprende, a esos efectos, también a los entes que en su nombre ejercen las actividades reservadas. Es decir, tanto a la

---

19 La demanda de nulidad fue presentada en contra del Acuerdo del entonces Congreso de la República, publicado en la Gaceta Oficial N° 35.754 de 17 de julio de 1995, y por el cual se autorizó la celebración de convenios de asociación para la exploración a riesgo de nuevas áreas y producción de hidrocarburos bajo el esquema de ganancias compartidas.

20 Los escritos de informes fueron presentados el 22 de enero de 1998. Su texto se toma del libro editado por el profesor Brewer-Carías.

República, por órgano del Ejecutivo Nacional como a las empresas públicas nacionales"

La defensa de PDVSA (a cargo de Román Duque Corredor y Allan R. Brewer-Carías) insistió que el Acuerdo autorizatorio del convenio de asociación que había sido impugnado sí aseguraba el control del Estado:

"No cabe duda, pues, que, conforme a los criterios jurisprudenciales, doctrinarios y legislativos anteriores, el control en los convenios de asociación, con una participación tal que garantice su dominio por el Estado, es siempre un control contractual interno o corporativo; o por la vía de la participación económica o financiera mayoritaria en el capital de la empresa o asociación; o también, por la vía de reservarse, en el mismo convenio respectivo, el Ejecutivo Nacional o su ente contratante, según fuere el caso, una intervención decisiva en la conducción y administración de la empresa o asociación (…)"

Tal fue el argumento que, en resumen, acogió la Corte Suprema de Justicia en su sentencia de 17 de agosto de 1999:

"Se inscribe así la promoción de los convenios de asociación autorizados por el Congreso, dentro de las políticas y planificación de la industria petrolera nacional que busca una expansión, para lo cual se apela al capital privado, por lo que puede concluirse que el presente caso, sí se agrupa dentro de esos "casos especiales" que prevé el artículo 5° de la Ley en comento, pues se trata de la ampliación de las capacidades exploratorias y de producción de hidrocarburos, que permita al país la conservación de sus mercados en los próximos años, empresa que requiere, por sus altos costos y riesgos, un esquema que lo haga más viable (…)"

También consideró la Corte lo siguiente:

"El análisis detenido de esta disposición lleva ineludiblemente a concluir que sí están autorizadas las filiales petroleras, empresas "propiedad del Estado", para celebrar este tipo de asociaciones con entes privados con todo lo que ello implica, es decir, incluso, la selección de aquellas empresas que garanticen "la mejor realización", como establece la norma, de las actividades que les son encomendadas. Ello no significa como pretenden hacer ver los impugnantes, que se esté excluyendo al Ejecutivo Nacional de esta actividad e invadiendo su ámbito de atribuciones; por el contrario, la misma disposición trae un ejemplo de cómo, a pesar de estas delegaciones sigue presente esa labor de planificación y dirección sobre la explotación de los recursos de hidrocarburos; así, se infiere de la norma que tales convenios deben estar precedidos de la información que provea el Ejecutivo Nacional de todas las circunstancias pertinentes, lo que es demostrativo de una clara injerencia en todo lo relacionado con la celebración de los Convenios"

Los argumentos jurídicos del debate procesal, y las razones que llevaron a la Corte a adoptar su decisión, pueden consultarse más adelante en este del profesor Brewer-Carías. Pero más allá de tales argumentos, creo importante apuntar que, en el fondo, este debate procesal lo que evidenciaba era un debate en la narrativa petrolera venezolana. Desde esta perspectiva podría decirse que, si bien el debate procesal fue resuelto por la Corte Suprema de Justicia de entonces, el debate narrativo solo sería resuelto tiempo después, bajo el régimen de Hugo Chávez.

En efecto, la narrativa petrolera dominante, para el momento en el cual la apertura petrolera se implementó, se basaba en la asociación entre el estado y el petróleo. Así, esa narrativa enseñaba que *el petróleo es nuestro* pues *Venezuela tiene las reservas más grandes del mundo que deben ser administradas por el Estado*. La venezolanización del petróleo encerraba una peligrosa confusión: entender que el petróleo, para ser venezolano, debía ser del Estado.

La realidad es que el petróleo, luego de la nacionalización, no fue de los venezolanos: fue del Estado, o más en concreto, de la República, pero bajo la administración exclusiva del Poder Ejecutivo. La narrativa estatista del petróleo es, por ende, la narrativa del fortalecimiento del Poder Ejecutivo y su rol centralizador en la economía. Fue ese pensamiento el que esgrimieron quienes se opusieron a la apertura petrolera, al considerar que, con ésta, el petróleo "dejaba de ser de los venezolanos". Y fue esa misma narrativa la que, años después, emplearía el régimen de Chávez para agravar el pensamiento estatista y, con ello, ocasionar el colapso de la industria petrolera.

4. *El inconstitucional desmontaje de la Apertura Petrolera como mecanismo para subordinar la política petrolera al modelo socialista*

No puede analizarse el modelo político del socialismo del siglo XXI sin considerar la relación entre el régimen de Chávez y el petróleo. Así, esa relación se formó en cuatro epatas[21].

La *primera* etapa comenzó a fraguarse en 2002, cuando el régimen de Chávez comprendió que, para poder ejercer el control total del Estado, era necesario aniquilar la autonomía técnica de PDVSA. Bajo el lema "la nueva

---

21 La descripción y justificación jurídica de esta política, en Rondón de Sansó, Hildegard, *El régimen jurídico de los hidrocarburos,* cit., pp. 379 y ss. Estas políticas fueron denominadas también como "Plena Soberanía Petrolera", en el sentido que el Estado asumió el control de actividades gestionadas bajo la iniciativa privada de acuerdo con los contratos suscritos en la apertura petrolera. Véase, para un estudio técnico más detenido, a Carmona, Juan Cristóbal, *Régimen jurídico de la actividad petrolera en Venezuela,* Academia de Ciencias Políticas y Sociales-Asociación Venezolana de Derecho Tributario, Caracas, 2016, pp. 177 y ss.

PDVSA" se implementaron un conjunto de políticas cuyo resultado final fue subordinar políticamente PDVSA al modelo socialista.

La *segunda* etapa fue resultado de una causa extraña: el incremento de los precios del petróleo aumentó considerablemente los ingresos fiscales del Estado. Estos ingresos ampliaron la capacidad distributiva del Gobierno de Chávez y, por ende, generaron incentivos para implementar políticas petroleras y generar rentas que propiciaron la corrupción[22].

Precisamente, la *tercera* etapa viene dada por el uso instrumental y arbitrario de los ingresos petroleros para implementar políticas clientelares. Esos ingresos fueron desviados a fondos extrapresupuestarios –como el FONDEN– a los fines de financiar programas sociales clientelares y opacos. Pero no se trató solo del ingreso petrolero: el aumento del gasto público también se basó en un masivo endeudamiento, en muchos casos, por mecanismos paralelos poco transparentes, como el llamado Fondo Chino[23].

Finalmente, la *cuarta* etapa fue la eliminación de los contratos suscritos bajo la apertura petrolera. Nuevamente para ello se emplearon argumentos jurídicos que escondían la defensa de la narrativa petrolera estatista, pero ahora, completamente distorsionada respecto a su fundamentación originarias[24].

---

22 Salmerón, Víctor, *Petróleo y desmadre*, Editorial Alfa, 2013, pp. 135 y ss.

23 En el caso del llamado Fondo Chino, el endeudamiento –además- se hizo comprometiendo parte de la producción petrolera, afectada además por el cumplimiento de Acuerdos Internacionales de integración económica, especialmente, en el Caribe. Cfr.: Rodríguez, Pedro Luis y Rodríguez, Luis Roberto, *El Petróleo como instrumento de progreso*, IESA, Caracas, 2013, pp. 118 y ss.

24 Respecto de los convenios operativos, en 2006 se dictó la *Ley de Regularización de la Participación Privada en las Actividades Primarias Previstas en el Decreto N° 1.510 con Fuerza de Ley Orgánica de Hidrocarburos*. En 2007, mediante Decreto-Ley, se dictó la *Ley de Migración a Empresas Mixtas de los Convenios de Asociación de la Faja Petrolífera del Orinoco, así como de los Convenios de Exploración a Riesgo y Ganancias Compartidas*, luego complementada por la *Ley sobre los Efectos del Proceso de Migración a Empresas Mixtas de los Convenios de Asociación de la Faja Petrolífera del Orinoco; así como de los Convenios de Exploración a Riesgo y Ganancias Compartidas*, de ese mismo año. Cfr.: Brewer-Carías, Allan, "La terminación anticipada y unilateral mediante Leyes de 2006 y 2007 de los convenios operativos y de asociación petroleros que permitían la participación del capital privado en las actividades primarias suscritos antes de 2002", *Revista de Derecho Público* N° 109, Caracas, 2007. Respecto de la primera Ley, véanse nuestros comentarios en Hernández G., José Ignacio, "Reflexiones en torno a la migración de los convenios operativos al modelo de empresas mixtas", *Venamcham. Trabajos jurídicos II*, Caracas, 2006, pp. 41 y ss. En el libro que presento, el profesor Brewer-Carías analiza, en detalle, este proceso.

En efecto, quienes cuestionaron en su momento la apertura petrolera, desde el régimen de Chávez, promovieron el desconocimiento de esos contratos, mediante Leyes y Decretos-Leyes. Al considerarse que tales contratos habían sido suscritos en violación a la Constitución entonces vigente, el régimen de Chávez decidió extinguirlos de manera unilateral, otorgando a los contratistas solo dos opciones: "migrar" tales contratos al esquema de empresas mixtas de la Ley Orgánica de Hidrocarburos o "ceder" tales contratos al Estado. En realidad, respecto de aquellos contratistas que no aceptaron la migración, lo que sucedió fue que se implementaron inconstitucionales procedimientos expropiatorios, junto con las demás nacionalizaciones, expropiaciones, ocupaciones y demás medidas similares implementadas arbitrariamente luego del 2007, incluso, en el sector de hidrocarburos[25].

Tras esta decisión jurídica, lo que subyacía era la reivindicación de la narrativa petrolera estatista pero ahora degenerada al servicio del modelo socialista, de tendencias totalitarias. En efecto, el pensamiento estatista, a partir de 1976, nunca pretendió socavar las bases republicanas del Estado venezolano, aun cuando el crecimiento del Estado derivado de ese pensamiento terminó siendo incompatible con la democracia constitucional. Pero ahora, lo que el modelo socialista proponía era acudir al pensamiento estatista petrolero para aniquilar las bases republicanas del Estado venezolano, transmutado en un Estado comunal, que es un Estado que absorbe a la sociedad y al individuo y que, por ende, tiene tendencias totalitarias[26].

Por ello, el pensamiento estatista de los hidrocarburos en Venezuela mutó con el régimen de Chávez, pues tal pensamiento fue considerado como un simple instrumento para apalancar el modelo socialista. La "nueva PDVSA", el "Plan Siempre Petrolera" o la "nueva nacionalización" del petróleo, impulsados por el régimen de Chávez, no solo ampliaron el rol del Estado empresario, sino lo que es mucho más grave, subordinaron toda la política petrolera a la construcción del modelo socialista de tendencias totalitarias. En el caso de PDVSA ello fue particularmente evidente, pues PDVSA y sus filiales fueron sobrecargada con tareas ajenas al sector petrolero, con la supuesta intención de "saldar la deuda social" existente.

5. *Las instituciones extractivas que llevaron al colapso de la industria petrolera y de la economía venezolana*

El cambio en el pensamiento estatista petrolero del régimen de Chávez ocasionó el colapso de la industria petrolera y, por vía de consecuencia, de

---

25 En 2008 se dictó la *Ley Orgánica de Reordenamiento del Mercado Interno de los Combustibles Líquidos* y en 2009 se dicta la *Ley Orgánica que reserva al Estado bienes y servicios conexos a las actividades primarias de Hidrocarburos*.

26 Brewer-Carías, Allan, *Estado totalitario y desprecio a la Ley*, Editorial Jurídica Venezolana, Caracas, 2014, pp. 95 y ss.

la economía venezolana. Aun cuando analizar este aspecto en detalle excedería de los límites de esta presentación, sí quisiera esbozar los rasgos más distintivos del colapso, a los fine de evidenciar la causalidad entre la política petrolera implementada por el régimen de Chávez y tal colapso.

Lo *primero* que hay que recordar es que a partir de 2004 Venezuela disfrutó de la bonanza petrolera más larga de su historia[27]. Precisamente a partir de 2004 el régimen de Hugo Chávez decidió radicalizar su modelo económico, en especial, por medio de controles centralizados sobre la economía que hicieron depender la producción de las importaciones controladas por el Gobierno a través del control de cambio iniciado en 2003. Asimismo, a partir de 2004 el régimen de Chávez desarrolló políticas populistas a través de la distribución del ingreso petrolero por medio de programas sociales directamente controlados por la Presidencia, como las llamadas misiones. Fue igualmente en esa época que se consolidó la eliminación de la autonomía del Banco Central de Venezuela y se desviaron ingresos petroleros del presupuesto nacional, en especial, a través del FONDEN[28].

Sin embargo, y en *segundo* lugar, a pesar de la bonanza petrolera Venezuela multiplicó por cinco su deuda externa. Las políticas populistas implementadas por el régimen de Chávez requerían ingresos mayores de aquellos provenientes del petróleo, lo que llevó a un masivo endeudamiento, incluso, por medio de mecanismos poco transparentes, como el llamado Fondo Chino, al cual ya hicimos referencia[29].

El *tercer* elemento está asociado con la llamada "nueva PDVSA". Como vimos, el régimen de Chávez decidió reconducir los cauces de inversión privada al modelo de empresas mixtas bajo el control de PDVSA y además, asignó a ésta tareas más allá del sector petrolero, con el intento de saldar lo que se llamó la "deuda social". PDVSA, en la práctica, se convirtió en un instrumento de soporte financiero del Gobierno Nacional en la ejecución del modelo socialista, quien en consecuencia, eliminó toda su autonomía técnica.

El *cuarto* elemento, derivado del anterior, es que la producción petrolera venezolana declinó desde 2004: de 3,25 millones de barriles por día, para

---

27 Los datos se toman, salvo excepciones, de la presentación de Miguel Angel Santos "Venezuela: ¿Cómo llegamos aquí y qué podemos hacer? (2017), tomada de: http://www.miguelangelsantos.net/ La presentación resume las investigaciones que se han venido realizado desde el Centro Internacional de Desarrollo de Harvard Kennedy School, dirigido por el profesor Ricardo Hausmann.

28 Véase en general a Rachadell, Manuel, *Evolución del Estado venezolano. 1958-2015: de la conciliación de intereses al populismo autoritario*, Editorial Jurídica Venezolana-FUNEDA, Caracas, 2015, pp. 162 y ss., y 321 y ss.

29 El masivo endeudamiento no se limitó a la República, pues en especial, PDVSA, como explica Santos, multiplicó su deuda quince veces.

2015, la producción había caído a 2,77. Como veremos, luego de esa fecha la producción ha continuado su tendencia negativa.

Cabe recordar –como *quinto* elemento- que desde el 2004 el modelo socialista se caracterizó por la imposición de instituciones extractivas que establecieron controles centralizados sobre la economía y que además, derivaron en una arbitraria política de expropiaciones, ocupaciones y demás medidas similares. Estas instituciones crearon limitaciones vinculantes al crecimiento de la producción doméstica, aun cuando los efectos de tales limitaciones fueron en cierta forma simulados por la expansión del gasto público y las políticas populistas, que hicieron depender la economía venezolana de las importaciones.

El *sexto* elemento a considerar es la caída de los precios del petróleo a partir de 2014. Al recortarse drásticamente los ingresos petroleros, condición agravada por la caída de la producción, los efectos de las políticas extractivas quedaron en evidencia. Tal y como han señalado Espinasa y Sucre[30]:

> "Lo que sucedió hasta finales de 2014, quedó parcialmente oculto por el súper ciclo en los precios del petróleo ocurrido entre 2002 y 2014, como analizaremos más adelante, y por la entrada en el tiempo de la producción proveniente de las inversiones de la Apertura Petrolera en la década de los noventa. El precio del petróleo se multiplicó por cinco entre 2002 y 2008, pasando de 20 $/b a 100$/b y mantuvo ese nivel hasta finales de 2014. El deterioro en la infraestructura de producción y la caída de volúmenes se vieron más que compensados con el aumento cuántico en los precios"

El *séptimo* elemento se enlaza con el anterior. Como vimos, la reducción de los precios del petróleo redujo los ingresos petroleros, y por ende, redujo una parte significativa de los ingresos fiscales, como sucede –por lo demás- en cualquier Petro-Estado. Pero junto a ello es preciso agregar el efecto de la caída de la producción petrolera. Así, de acuerdo con Espinasa y Sucre, *"la producción de petróleo entre el primer trimestre de 2012 y el primero de 2017, ha caído en 600 mb/d. Esto es una caída de 25%"*. Esta caída es resultado de múltiples factores, de los cuales destacamos dos: *(i)* la pérdida de la capacidad productiva de PDVSA como resultado de los problemas de gobernanza de esa empresa, cuyo objeto social se amplió –como vimos– a objetivos ajenos al sector, y *(ii)* el declive de la inversión pública en la industria petrolera, pues el gasto –que tuvo que financiarse, en parte, con deuda– fue principalmente orientado a políticas clientelares, en especial, relacionadas con los ciclos electorales.

---

30 Espinasa, Ramón y Sucre, Carlos, *La caída y el colapso de la industria petrolera venezolana,* Agosto de 2017, consultado en original.

El *octavo* elemento a considerar es que la caída de la producción no fue homogénea en todos los proyectos. Según Monaldi y Hernández, el declive en la producción proviene de áreas operadas por PDVSA, que registraron una caída acumulada del 27.5% entre 2010 y 2015, mientras que los proyectos operados por empresas mixtas demostraron un incremento del 42,3%[31]. Esta evidencia apunta a que la caída de la producción es imputable a problemas en la gestión de PDVSA y sus filiales, incluyendo los proyectos que, gestionados bajo los modelos contractuales de la apertura petrolera, fueron arbitrariamente asumidos por el Estado.

El *noveno* y último elemento que debe considerarse es que el efecto acumulado de la caída de los precios del petróleo y la caída de la producción petrolera se tradujeron en un drástico recorte de los ingresos derivados del petróleo. Frente a esa situación, el régimen de Nicolás Maduro optó por recortar la asignación de divisas para la importación, a fin de tratar de mantener, en lo posible, las políticas clientelares, y en especial, a los fines de mantener el servicio de la deuda pública venezolana. Ello se tradujo en una drástica caída de las importaciones y por ende en el recorte de la oferta de bienes y servicios, todo lo cual derivó en desabastecimiento, escasez, inflación y, más recientemente, hiperinflación[32]. La dimensión del *desastre* de la economía venezolana es resumida por Barrios y Santos de la siguiente manera[33]:

"(…) Venezuela habría perdido 29,2% de su actividad económica por habitante en apenas tres años. Solo existe un episodio en la historia de América Latina en el cual un país haya perdido mayor actividad económica en un trienio: Cuba (1991-1993) (…)

En los últimos veinte años, solo se han registrado cuatro trienios de mayor devastación económica a nivel mundial: Libia (-60,5%; entre

---

31 Monaldi, Francisco y Hernández, Igor, *Weathering Collapse: An Assessment of the Financial and Operational Situation of the Venezuelan Oil Industry*, CID Working Paper N° 327, 2016.

32 Sobre la hiperinflación y sus causas en Venezuela, véase, en *Prodavinci: Hiperinflación en Venezuela: causas y soluciones,* en: http://especiales.prodavinci.com/hiperinflacion/ De allí se deriva que la hiperinflación es ocasionada por desequilibrios macroeconómicos derivados de la arbitraria política monetaria del Banco Central de Venezuela, como parte de las instituciones extractivas adoptadas en el modelo socialista. En suma, ante la necesidad de mantener el gasto público en un contexto de caída de los ingresos petroleros, el régimen de Maduro fomentó el financiamiento del Banco Central de Venezuela, en una clara violación a la Constitución.

33 Santos, Miguel Angel y Barrios, Douglas, "¿Cuánto puede tomarle a Venezuela recuperarse del colapso económico y qué debemos hacer?", en *Fragmentos de Venezuela. 20 escritos sobre economía*, Fundación Konrad-Adenauer-Stiftung, Caracas, 2017, pp. 91 y ss. La expresión "desastre" la utilizo en el sentido técnico empleado por esos autores, al describir la caída del producto interno bruto.

2009-2011), Sudán del Sur (-45,9%; entre 2010-2012), Iraq (-36,2%; entre 2001-2003) y la República Centroafricana (-35,5%; entre 2012-2014).5 En todos estos episodios el colapso coincide con conflictos armados de diferente naturaleza, lo que hace del caso venezolano un episodio de ruina verdaderamente excepcional (…)

Más allá de las particularidades de estos episodios, el hecho es que para finales de 2016 Venezuela exhibe una producción por habitante 35,3% menor a la de 1977, y equivalente a la que tenía en 1956. Venezuela, que alguna vez fue considerada una de las experiencias de crecimiento sostenido más exitosas del mundo, se ha convertido en un fracaso monumental (…)

Considerados en su conjunto, estos elementos, que describen al colapso de la industria del petróleo en Venezuela y de la economía venezolana, encuentran como una de sus diversas causas la arbitraria decisión del régimen de Chávez de desmontar los contratos suscritos durante la apertura petrolera. Los estudios citados evidencian que la caída de la producción se ha registrado en proyectos administrados por PDVSA, de lo cual cabe inferir que si los contratos de la apertura petrolera no hubiesen sido desmontados, la situación de la producción petrolera venezolana podría haber sido menos grave.

Lo propio cabe afirmar de las empresas afectadas por la *Ley Orgánica que Reserva al Estado Bienes y Servicios Conexos a las Actividades Primarias de Hidrocarburos*, de 2009. Quizás el mejor ejemplo para explicar ello es el caso de El Furrial, pues luego de la terminación del contrato de inyección de gas a cargo de la inversión privada, PDVSA asumió la prestación de tales servicios. Como resultado, la producción de ese yacimiento se desplomó[34].

Con lo cual, paradójicamente, se cumplió la tragedia a la cual se refirió Hildegard Rondón de Sansó en el voto salvado de la comentada sentencia de la Corte de 17 de agosto de 1999. Allí, Rondón de Sansó advirtió que no era posible revertir los acuerdos de la apertura petrolera, pues ello tendría consecuencias catastróficas:

"Sólo una "revolución" capaz de jugarse el prestigio de la República y su estabilidad misma, sería capaz de echar por tierra el acuerdo como tal".

Eso fue precisamente lo que pasó. El régimen de Chávez, en su afán de consolidar su poder autoritario a través de instituciones económicas extractivas, no solo desconoció los contratos de la apertura petrolera sino que además, subordinó toda la política petrolera a la creación de rentas necesa-

---

34 Véase la explicación de Carlos Bellorín *El Furrial: el espectacular declive de un gigante petrolero,* Prodavinci, 11 de agosto de 2016: http://historico.prodavinci.com/blogs/el-furrial-el-espectacular-declive-de-un-gigante-petrolero-por-carlos-bellorin/

rias para apalancarse en el poder. Fue, así, una revolución que no solo se jugó su "prestigio", sino lo que es más grave, se jugó la estabilidad misma de la República.

6. *Las lecciones de la Apertura Petrolera: hacia una nueva relación entre Estado, petróleo y libertad*

Una de las condiciones para revertir el colapso de la economía venezolana es promover la producción petrolera. Sin embargo, en modo alguno puede considerase que tal condición es suficiente. En realidad, la dimensión del colapso de la economía venezolana hace que el petróleo, en cierta forma, le quede pequeño a Venezuela, lo que quiere decir que la reconstrucción de la economía venezolana no puede depender, únicamente, de los ingresos petroleros. Nuevamente siguiendo a Barrios y Santos:

> "La primera conclusión que se podría derivar de nuestro análisis es la importancia del sector no-petrolero en el proceso de recuperación. Aún en los escenarios donde suponemos que se alcanzan nuestros picos históricos de aumentos de producción, los crecimientos requeridos en el sector no petrolero para promover una recuperación son substanciales, especialmente dado el desempeño no-petrolero de los últimos 30 años.

> El petróleo es la única fuente de divisas con que contará Venezuela en el arranque, y es necesario diseñar una estrategia para sacarle el máximo provecho a esta actividad y sus derivados. Pero la verdad es que el petróleo por sí solo no es una palanca particularmente efectiva para la recuperación. Revisando las experiencias de desastres económicos encontramos que la frecuencia de recuperación en países petroleros no es mayor (31% en los países petroleros, 32% en los no-petroleros). Por lo tanto, promover el crecimiento sostenido, en la intensidad y por el tiempo que hemos analizado aquí, nos exige repensar el país y nuestra visión del desarrollo, y orientar nuestros esfuerzos a crear una economía no-petrolera diversificada, próspera y competitiva, capaz de generar empleos productivos"

Esto significa que el Petro-Estado en Venezuela se encuentra debilitado, pero como consecuencia del colapso de la industria petrolera. En todo caso, este contexto puede facilitar la implementación de las reformas que permitan desmontar los arreglos institucionales formales del Petro-Estado venezolano, y por lo tanto, promover un nuevo acuerdo social que regule la relación entre el Estado, petróleo y libertad. En concreto, hay dos reformas que deben ser comentadas en sus aspectos generales.

La *primera* de ellas es reconocer el derecho de la iniciativa privada a emprender actividades primarias, todo lo cual pasa por derogar la reserva al sector iniciada con la Ley de 1975 y ratificada –en las actividades primarias- con la vigente Ley Orgánica de Hidrocarburos. Ello es una condición necesaria –pero no suficiente- para atraer la inversión privada al sector y, con ella, el financiamiento necesario para recuperar la producción petrolera, al ser ya inviable financiar esa recuperación únicamente desde el sector público. Esto implicaría, además, introducir una reforma genera al sector, a los fines de crear el marco institucional favorable a la inversión privada.

En tal sentido, es preciso apuntar que el esquema de empresas mixtas reconocido en la vigente Ley es insuficiente para atraer la inversión privada pues en el fondo, tales empresas mixtas son en realidad empresas públicas, en las cuales la inversión privada solo tiene una participación accionarial minoritaria. De allí la propuesta de derogar la reserva al Estado sobre las actividades primarias, reconociendo el derecho de la libre iniciativa privada a emprender esas actividades dentro del marco regulador definido por el Estado a partir de los principios de menor intervención y subsidiariedad[35].

La *segunda* reforma consiste en crear mecanismos que limiten el poder de disposición del Gobierno Nacional sobre los ingresos petroleros. Incluso reconociendo el derecho de la iniciativa privada a emprender actividades primarias, el Estado seguía captando ingresos por medio de tributos, regalías y demás conceptos similares, sin contar con la utilidad percibida a través de PDVSA y sus empresas filiales. La captura del ingreso petrolero fortalece al Gobierno Nacional, afectando el principio de separación de poderes y creando incentivos para el populismo. Además, como lo demuestra la experiencia venezolana, el arbitrio manejo de los ingresos petroleros puede afectar la estabilidad macroeconómica. A los fines de lograr este objetivo pueden implementarse diversas alternativas, como, por ejemplo, la creación de fondos soberanos, como es el caso del fondo de estabilización macroeconómica, previsto en la Constitución, pero desarticulado durante el modelo socialista.

En definitiva, de lo que se trata es de superar el pensamiento estatista del sector de los hidrocarburos, y avanzar hacia un pensamiento centrado el rol regulador del Estado sobre el sector de los hidrocarburos, apalancándose en la iniciativa privada para la realización de actividades primarias. De esa manera, la reforma institucional del sector de los hidrocarburos en Venezuela avanzaría en el camino iniciado con la apertura petrolera en Venezuela, cuya historia hoy podemos conocer mucho mejor gracias al trabajo del profesor Allan R. Brewer-Carías.

Boston, enero 2018

---

35 Asunto del todo distinto es la privatización de PDVSA, opción expresamente prohibida en el artículo 303 constitucional. Luego, la reforma propuesta –enmarcada en la Constitución de 1999- se limitaría a reconocer el derecho de la libre iniciativa privada a emprender las actividades del sector. A todo evento, cabe recordar que el citado artículo solo exige que la República mantenga la propiedad de PDVSA, pero excluye de esa regla a sus filiales.

LA DESTRUCCIÓN DE PDVSA Y LA RUINA DE VENEZUELA. ¿CÓMO LLEGAMOS A ESTE PUNTO?

*Henry Jiménez Guanipa**

Introducción

La empresa multinacional ConocoPhillips emprendió acciones contra bienes de PDVSA (mayo 2018), luego de obtener sendas órdenes judiciales a su favor, en un intento por recuperar el dinero perdido por la expropiación forzosa de sus activos en 2007 ejecutada por el gobierno venezolano, en una mal llamada nacionalización.

Esa acción de ConocoPhillips es una de al menos 15 demandas internacionales que han conducido al país a la ruina total, como consecuencia de las erradas políticas que emprendió el expresidente Chávez, quién desafiando el estado derecho pretendió echar de Venezuela a un conjunto de empresas transnacionales que habían constituido con el Estado y PDVSA las Asociaciones Estratégicas de la Faja del Orinoco y los Convenios Operativos, no solo irrespetando las condiciones contractuales establecidas, sino además sin indemnizarlas debidamente de acuerdo con el derecho nacional e internacional.

Ante la magnitud de esta destrucción, surge la pregunta, ¿cómo pudimos llegar a este punto y cómo se originó esta tragedia especialmente en el ámbito petrolero y energético en general?

El proceso ha sido largo pero consistente y al menos 4 grupo de acciones políticas y jurídicas podemos identificar:

---

* Abogado, *Magister Legum* (LL.M) por la Universidad de Heidelberg y doctor en Derecho por la Universidad Ruhr-Bochum de Alemania. Profesor e investigador invitado en instituciones y universidades latinoamericanas y europeas. Investigador visitante del Instituto de Derecho de Minas y de la Energía de la Universidad Ruhr-Bochum y del Instituto Max Planck de Derecho Público Internacional y Derecho Público Comparado de Heidelberg. Profesor y coordinador del Diplomado sobre Energía y Cambio Climático de la Universidad para la Paz de las Naciones Unidas (UNO).

1. Acción de nulidad intentada por ante la extinta Corte Suprema de Justicia en 1996 contra la política de Apertura Petrolera (AP), crea la base argumentativa y aglutina a ciudadanos afectos a Chávez,

2. Eliminación de la Orimulsión, mediante la reforma parcial en 2006, de la Ley Orgánica de Hidrocarburos de 2001,

3. Politización y control de PDVSA y despido masivo de quienes no aceptan la nueva política petrolera, 2002-2003,

4. Obligación de migración a Empresas Mixtas de los Convenios Operativos (CO), 2006 y las Asociaciones Estratégicas (AE), 2007.

Seguidamente haremos referencia a cada uno de los aspectos anteriormente mencionados, como los factores claves, aunque no únicos, que deliberadamente ha implementado el régimen que gobierna Venezuela desde 1999, como herramienta de dominación.

1. *Acción de nulidad por ante la extinta Corte Suprema de Justicia en 1996 contra la política de apertura petrolera*

El 01-10-96 un grupo de ciudadanos intentaron una acción de nulidad por inconstitucionalidad parcial del Acuerdo del Congreso de la República de fecha 4 de julio de 1995 mediante el cual se autorizó la celebración de los Convenios de Asociación para la exploración a riesgo de nuevas áreas y la producción de hidrocarburos bajo el esquema de ganancias compartidas.

Esa acción sin precedentes, dio inicio al llamado "caso de la Apertura Petrolera" (AP), que se extendió por más de tres años y concluyó en 1999 con una declaratoria SIN LUGAR por parte de la extinta Corte Suprema de Justicia (CSJ).

Esa decisión se produjo en un momento histórico, debido al terremoto político que estaba causando la elección como presidente de Venezuela del Teniente Coronel Hugo Chávez en 1998, que convirtió a los impugnantes de la AP, en administradores directos o indirectos de la política energética del país, en virtud de la relación de estos con el presidente electo y su movimiento.

Entre los ciudadanos demandantes se encontraban: Luís Vallenilla y Guillermo García Ponce, miembros de la Asamblea Nacional Constituyente electos en las listas apoyadas por el Presidente Chávez, Adina Bastidas designada Vicepresidente de la República, Alí Rodríguez Araque, Ministro de Energía y Minas del nuevo gobierno hasta que fue designado Secretario General de la OPEP y luego Presidente de PDVSA, Luís Fuenmayor Toro, designado Director de la Oficina de Planificación Universitaria en el Ministerio de Educación, y Trino Alcides Díaz y Elías Eljuri, llamados a dirigir el Servicio Nacional de Administración Tributaria.[1]

Por parte de PDVSA asumieron la defensa los ilustres y reconocidos juristas, Dr. Román José Duque Corredor y el Dr. Allan Brewer Carías.

Es importante también recordar en que consistió la política de AP, para una mejor comprensión de los hechos.

La AP puede definirse como una estrategia económica ejecutada en la década de los 90 que permitió la participación de la inversión privada nacional y extranjera en el negocio de los hidrocarburos, con el objeto de incrementar la producción nacional, en momentos en el que mercado petrolero internacional reclamaba una mayor oferta. En ese marco y con una cesta petrolera de 14,79 $/barril,[2] el Estado a través de PDVSA, una vez reservada las áreas y proyectos más rentables y atractivos, asignó mediante procesos licitatorios a empresas nacionales y extranjeras los proyectos más complejos, que requerían mayor inversión y nuevas tecnologías, por tratarse, bien sobre yacimientos maduros (campos marginales) o sobre la exploración y explotación de hidrocarburos ubicados en la Faja Petrolífera del Orinoco.

La apertura del sector de hidrocarburos a la participación privada, aseguró flujos de capital, tecnología y oportunidades de mercado para los crudos venezolanos. Provocó un cambio de paradigma en la relación petróleo y sociedad, pasando del modelo estatal rentista, a uno de creciente participación del sector privado generando miles de empleos. Por otro lado, produjo una transformación sin precedentes en la empresa nacional PDVSA, convirtiéndola en una corporación eficiente y competitiva a nivel mundial.

Sin embargo, uno de los logros más extraordinarios de la AP fue hacer posible el desarrollo de la Faja Petrolífera del Orinoco (FPO), el más grande yacimiento de hidrocarburos del planeta. La FPO se mantuvo desconocida, al menos su enorme potencial, hasta comienzos de la década de los 90, y prácticamente abandonada, en virtud de que su explotación no era ni viable ni rentable, pero además porque no existía refinería en el mundo que pudiera recibir y procesar los miles de barriles de petróleo pesado y extra pesado que por años guardó celosamente.

De tal manera que los proyectos de exploración y producción desarrollados en la FPO y Costa Afuera, no solo incrementaron las reservas de gas y petróleo, sino que abrieron un horizonte casi ilimitado de producción y co-

---

1   Cfr. Allan R. Brewer-Carias (Compilador), *El Caso de la Apertura Petrolera (Documentos del juicio de nulidad contra la autorización parlamentaria para los convenios de asociación petrolera 1996-1999)*, Caracas, 2001, p. 5. http://www.allanbrewer-carias.com.

2   PODE, Ministerio de Energía y Minas p. 198. http://www.menpet.gob.ve/

locación en los mercados internacionales, que los gobiernos de Chávez y Maduro se han encargado de eclipsar.

En la gráfica siguiente puede apreciarse sin lugar a dudas el éxito de la AP y el estruendoso fracaso de la política petrolera impuesta sin consenso por Chávez y seguida por Maduro.[3]

Gráfica N° 1 Producción petrolera de Venezuela 1955-2018

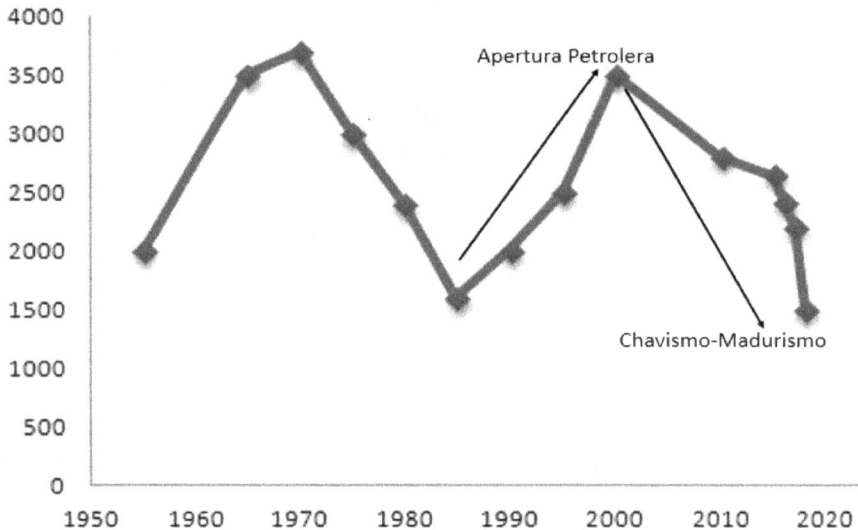

2. *Reforma parcial en 2006 de la Ley Orgánica de Hidrocarburos de 2001, para eliminar el negocio de la Orimulsión.*

La Orimulsión es un combustible líquido para la generación de electricidad, teniendo entre sus propiedades un nivel calórico mayor que el carbón, que ha competido con sus pares como el gas, el fuel oil y el carbón mismo. La palabra Orimulsión, proviene de combinar el nombre de la región de Venezuela donde se produce el bitumen (Orinoco) con la denominación técnica del producto (Emulsión), pero más allá del simple vocablo, la Orimulsión representa la marca comercial dada a un novedoso combustible fósil, hasta ese momento no convencional, altamente energético y no explosivo que resulta de combinar 70% de bitumen y 30% de agua con una mezcla especial de sulfactante (nonyl phenol ethoxylato) que se agrega para evitar que el agua y el bitumen se separen, facilitando su transporte a través de tuberías.

A comienzos de la década de los 80, el problema que enfrentaba la industria petrolera venezolana no era descubrir un nuevo combustible sino

---

3   Datos OPEC, elaboración propia.

resolver de manera económica la dificultad del transporte a través de tuberías de los crudos pesados y bitúmenes ubicados en la cuenca del río Orinoco en el sudeste de Venezuela, hasta los puertos y refinerías en las áreas costeras a 300-400 kilómetros de distancia. Esta era una época de precios elevados del petróleo y cuando la refinación aparecía como la única posibilidad de uso de los crudos pesados y extra pesados. Fue así como se desarrolló la tecnología de emulsión para superar los problemas vinculados al manejo del bitumen desde el pozo hasta el consumidor, constituyéndose este en materia prima para la elaboración de la Orimulsión

Entre 1990 y 2003 las ventas de Orimulsión alcanzaron 50 millones de toneladas métricas que supusieron ingresos acumulados de 950 millardos de bolívares, ganancias de 280 millardos de bolívares y regalías de 20 millardos de bolívares. Sólo entre 2001 y 2002 las ganancias se dispararon de 37 a 60 millardos de bolívares. De haberse continuado el plan de construir módulos a partir de inversión foránea, a Venezuela hubiesen ingresado por exportaciones de este combustible entre 200 y 400 millones de dólares anuales por cada módulo.

En enero de 2002, el Ministerio de Energía y Petróleo (MEP) lanza el programa "Orimulsión en la Formación de un Polo Energético Regional y en el Plan Eléctrico Nacional", donde destaca que dado que Venezuela "posee las mayores reservas aprovechables de bitumen del mundo", entonces en "el campo de la Orimulsión, Venezuela está llamada a construir un desarrollo endogenizante de la energía". También señala, que "por medio del uso de Orimulsión se podrían eliminar los subsidios a los combustibles en el mercado nacional y no se tendría un mayor impacto en las tarifas eléctricas". Igualmente se plantea "la posibilidad de incorporar módulos adicionales en el plan, a fin de atender las crecientes necesidades de fuentes seguras de energía primaria en Venezuela para el sector eléctrico.

Sin embargo, a partir de septiembre de 2003 se dio un giro inesperado. Alí Rodríguez presidente de PDVSA sorprende declarando que "La Orimulsión no rinde ni se coloca remotamente al precio, por ejemplo, del producto sintético, el crudo extrapesado mejorado y ni siquiera del blend", una mezcla de crudos pesados y livianos"[4].

El 22 de diciembre del 2003 el Ing. Rafael Ramírez en su carácter de Ministerio de Energía y Minas, en una entrevista afirmó..." en Venezuela no hay bitumen. El bitumen sólo existe en Canadá. El bitumen se tiene que extraer con palas, con unos paylover, está pegado a la piedra…, es como si estuviéramos sacando hierro"[5].

---

4 Alí Rodríguez, "No rinde la Orimulsion", Marianna Párraga, *El Universal*, 04/10/03, citado en http://www.soberania.org

5 Rafael Ramírez, "Ministro de Energía y Minas de Venezuela", *Entrevista*, 22 de diciembre del 2003. www.rebelion.org/venezuela/031222pdvsa.htm

Hay que destacar que la categoría y característica científicas del bitumen natural y su marcada diferencia con el crudo extra-pesado, fue dictaminado por científicos de numerosos y destacados organismos, tales como: OMC, la en su momento Comisión Económica Europea (CEE), la Sociedad Mundial de Ingenieros Petroleros (SPE), el Congreso Mundial del Petróleo (WPC), Asociación Norteamericana de Geólogos Petroleros (AAPG), la Agencia de Protección Ambiental (USA), el Instituto para el Entrenamiento y las Investigaciones de las Naciones Unidas (UNITAR), AIE, OPEP, API (American Petroleum Institute), además de algunos laboratorios internacionales de Japón, Canadá, Corea, USA y Reino Unido.[6]

Aníbal Martínez, experto petrolero, calificó la aseveración del ministro Rafael Ramírez como "descomunal confusión", pues no es lo mismo hablar de bitumen que de crudo extrapesado y, en todo caso, ambos pueden ser extraídos de la Faja sin agotar los recursos. "Las inversiones que hicieron las plantas eléctricas fueron para recibir Orimulsión. Con esa decisión se olvida el valor geopolítico de la Orimulsión y el prestigio de Venezuela como proveedor"

La aseveración del ministro, en el sentido de que el bitumen no existe en la FPO, es además contraria a las disposiciones legales contenidas en la LOH de 2001 en su artículo 44, segundo párrafo, el cual hace referencia a las regalías sobre proyectos para *mezclas de bitúmenes* procedentes de la Faja Petrolífera del Orinoco.

Sin embargo, ese párrafo del artículo en cuestión fue eliminado por parte de la Asamblea Nacional el 16 de mayo de 2006 con el único propósito de dar soporte jurídico a la decisión de no continuar elaborando ni comercializando la Orimulsión. Del mismo modo es contraria la aseveración del Ministro a lo dispuesto en el artículo 11 de la LISR el cual establece..."Quedan excluidos del régimen previsto en este artículo, las empresas...para la ejecución de proyectos integrados verticalmente en materia de...emulsificación transporte y comercialización de petróleos crudos extrapesados, bitúmenes naturales..." Incluso es contraria al informe presentado por PDVSA ante la Comisión de Valores de EEUU el 7 de octubre 2005, en el cual el bitumen es mencionado como parte de las reservas de hidrocarburos que posee Venezuela como materia prima para elaborar la Orimulsión.[7]

---

6   *V.* Rafael Quiroz S., "Cronología de una coartada numérica", 22-06-2001.

7   Includes proved reserves of heavy, extra-heavy crude oil and bitumen in the Orinoco Belt, estimated to be 35.2 billion barrels at December 31, 2003. See "Item 4.B Business overview—Initiatives Involving Private Sector Participation." p. 34. *V.* Estados financieros de PDVSA y su filial PDVSA Finance, Ltd. Entregados a la Comisión de Valores de Estados Unidos (Securities and Exchange Comission, SEC) correspondientes al año 2003, de conformidad con Principios de Contabilidad de Aceptación General en ese país (US GAAP). www.sec.gov

¿Ante los hechos descritos surge la pregunta, a quién le interesaba terminar el negocio de la Orimulsión?

Según Mommer (asesor de Chávez), la decisión de extraer petróleo superpesado y venderlo a precios de carbón fue parte de una estrategia impulsada por la Agencia Internacional de Energía para que Venezuela quedase en situación de producir más crudo y de esa manera contribuir a inundar el mercado, en detrimento de las políticas de contención de la OPEP. Por el contrario, Víctor Poleo, profesor de economía petrolera en la Universidad Central, estima que" la decisión de abortar la Orimulsión fue gestada en Washington y ejecutada por Caracas", porque Estados Unidos, al igual que Alemania y Gran Bretaña, querían desprenderse de un competidor para sus existencias de carbón. Recuérdese que el 17 de julio de 1996 el Congreso de la República de Venezuela autorizó el primer Convenio de Asociación para el desarrollo de Orimulsión, entre BITOR y las Empresas CONOCO ORINOCO. INC., STATOIL Venezuela A.S y el Consorcio Nacional Inversiones JANDIS, C.A., para llevar a cabo la explotación de campos de bitumen natural. Este proyecto no llegó a funcionar, debido a que fue concebido en función de una central eléctrica en la Florida, "Florida Power & Light", a la cual le fueron negado por el gobierno estadal los permisos ambientales a pesar de que el Juez administrativo de la División de Audiencia Pública del Estado de la Florida había recomendado el uso de la Orimulsión en el mercado estadounidense.

La decisión del Gobernador no pareció contar con apoyo técnico, sino más bien fue el reflejo de las presiones de orden económico y político que se derivaron de los actores involucrados en el proceso. En efecto, la Asociación Americana del Carbón, junto con la compañía de ferrocarriles CSXT, hizo un frente común y desarrollaron una importante campaña en contra del producto venezolano, contando con el apoyo de los grupos ambientalistas.

Lo cierto es que la súbita decisión de terminar con el negocio de la Orimulsión acarreó enormes daños patrimoniales al país, derivados del incumplimiento de los contratos y compromisos contraídos por PDVSA a través de su filial BITOR. La decisión se tomó a puerta cerrada, sin escuchar los contundentes argumentos que consideraron errada la decisión de eliminar la Orimulsión como uno de los negocios más importantes con los que contaba PDVSA, no sólo por razones económicas, sino además estratégicas debido a su valor geopolítico.

3. *Politizar y controlar a PDVSA y despedir o echar a quienes no aceptaran la nueva política petrolera*

La llamada Ley que reserva al Estado la Industria y el Comercio de los Hidrocarburos de 1976 en su artículo 8 estableció que los directivos, administradores, empleados y obreros de las empresas propiedad del Estado, no serían considerados funcionarios o empleados públicos. Esta norma fue excluida deliberadamente de la Ley Orgánica de Hidrocarburos de de 2001, con lo cual los trabajadores de PDVSA y en general de las empresas del Estado, perdieron un fuero de protección para la estabilidad laboral, que a la vez actuaba como un mecanismo que impedía el abuso para la asignación de puestos y la manipulación política.

Con esa norma Chávez despejó el camino para la politización en la Industria Petrolera Nacional (IPN), en contracorriente a la tradición imperante, en la cual la influencia política no sobrepasaba las barreras de PDVSA como Holding. En efecto, las filiales y la gran masa trabajadora de la IPN se mantuvieron al margen de la dinámica política, sujeta exclusivamente a sus propias normas, reglamentos y contratos laborales y guiados por la meritocracia, como único método que premiaba el esfuerzo y la mística para el ascenso en la organización.[8] De modo que la vieja PDVSA no estaba hecha para los planes de Chávez. Con el marco legal preparado solo faltaba activar la siguiente fase en la que se daría inicio a la crisis institucional y de valores que pondría a la IPN en una encrucijada sin precedentes.

Todos recordarán lo que ocurrió entre 2001 y 2002, y como un año después el propio presidente reconoció en la Asamblea Nacional, que él había provocado esa crisis. De sus propias palabras, dijo: "Tenía que tomar esa colina que era PDVSA. Lo de PDVSA era necesario aun cuando nosotros no la generamos, bueno [...] sí la generamos, porque cuando yo agarré el pito aquel, en un *Aló Presidente* y empecé a botar gente, yo estaba provocando la crisis: cuando nombré a Gastón Parra y aquella nueva directiva, pues estábamos provocando la crisis. Era necesaria la crisis".

Este criminal atentado contra la estabilidad de la empresa, con la finalidad de lograr el definitivo control político de toda su estructura, ha venido marcando la ruina de todo el país y de la empresa que una vez fue orgullo de todos los venezolanos.

4. *Obligación de migración a Empresas Mixtas de los Convenios Operativos (CO), 2006 y las Asociaciones Estratégicas (AE), 2007.*

El 18 de abril de 2006 mediante la Ley de Regularización de la Participación Privada en las Actividades Primarias (LRPPAP),[9] previstas en el Decreto N° 1.510 con Fuerza de Ley Orgánica de Hidrocarburos, se declaró la terminación anticipada y unilateral de los Convenios Operativos (CO) existentes y válidamente suscritos. La referida ley se planteó como aspectos fundamentales los siguientes:

---

8   Ramón Espinasa, El auge y el colapso de Pdvsa a los treinta años de la nacionalización. Revista Venezolana de Economía y Ciencias Sociales, versión impresa ISSN 20030507, v.12 n.1 Caracas abr. 2006, pp. 2-6.

9   Decreto Ley N° 1.510 con la Ley Orgánica de Hidrocarburos", *Gaceta Oficial* N° 38.419 del 18 de abril de 2006.

1) Regularizar la participación privada en las actividades primarias previstas en el artículo 9 de la LOH de 2001 (Art. 1).

2) Terminación unilateral anticipada de los CO (Art. 2).

3) Posibilidad de constituir empresas mixtas con personas naturales o jurídicas privadas (art. 3) para actividades primarias como accionista minoritario.

De la misma manera que para los CO, fue aprobado un nuevo marco regulatorio para la extinción de las AE. En efecto el 26 de febrero de 2007 se promulga la Ley de Migración a Empresas Mixtas (LMEE) para la extinción de las AE, las cuales debieron transformarse en empresas mixtas en los términos establecidos en el art. 22 de la LOH.

Se destaca en la LMEE los siguientes aspectos relevantes:

1) terminación unilateral anticipada de los convenios

2) Expropiación de los derechos contractuales de las empresas contratantes.[10]

3) Aplicación retroactiva del art. 22 de la LOH de 2001

4) Participación accionaria de PDVSA en un mínimo de 60% en las EM

5) Transferencia a las EM del derecho al ejercicio de actividades primarias

6) Necesidad de autorización previa de la Asamblea Nacional

7) Determinación de la jurisdicción venezolana en caso de controversias.

Del análisis, tanto de LRPPAP aplicable a los CO, como de la LEEM aplicable a las AE, se extrae como elemento común a ambos instrumentos, la supuesta intención del legislador de armonizar el marco legal para los CO y las AE legalmente vigentes, con las disposiciones de la LOH de 2001, que incluyó la figura de empresas mixtas para actividades primarias y reservadas al Estado. De esta manera y para alcanzar ese fin, se impuso por vía de los mencionados instrumentos legales con efecto retroactivo las nuevas condiciones contractuales en una flagrante violación al marco legal pre-existente. Para dar cumplimiento a dichos mandatos, el 01 de mayo de 2007, PDVSA

---

10 Allan R. Brewer-Carías, "La terminación anticipada y unilateral mediante leyes de 2006 y 2007 de los convenios operativos y de asociación petroleros que permitían la participación del capital privado en las actividades primarias suscritos antes de 2002," en *Revista de Derecho Público*, N° 109, enero-marzo 2007, Editorial Jurídica Venezolana, Caracas 2007.

tomó el control de todas las instalaciones relacionadas con los convenios antes mencionadas.

La aplicación de la LMEE significó para los contratistas que rechazaron los términos unilaterales fijados por el Estado, la expropiación de sus derechos contractuales y el derecho consecuente a ser justamente indemnizados por los daños y perjuicios causados por la Ley, de acuerdo con el art. Artículo 115 de la Constitución el cual establece que " Se garantiza el derecho de propiedad. Toda persona tiene derecho al uso, goce, disfrute y disposición de sus bienes. La propiedad estará sometida a las contribuciones, restricciones y obligaciones que establezca la ley con fines de utilidad pública o de interés general. Sólo por causa de utilidad pública o interés social, mediante sentencia firme y pago oportuno de justa indemnización, podrá ser declarada la expropiación de cualquier clase de bienes".

Para el caso contrario en que el inversionista socio de una AE no objetase la condición de socio minoritario previsto para la nueva EM, sería, como en efecto fue aceptado, sin necesidad de un proceso licitatorio, de conformidad con el art. 6 de la LEEM, en concordancia con el art. 37 de la LOH.

En cuanto a la determinación de la jurisdicción para dirimir las diferencias derivadas de las decisiones contenidas en la LEEM, quedó suficientemente claro que estas se someterán a la jurisdicción venezolana. Sin embargo ello no significó la anulación de las cláusulas contenidas en los convenios para las AE relativas a la resolución de las controversias en una jurisdicción arbitral incluso fuera de Venezuela, que se deriven de la ejecución, cumplimiento e incumplimiento de dichos contratos. En razón de ello, 2 de los 13 socios participantes en la FPO (ConocoPhillips, en Petrozuata, y Exxon- Mobil, en Cerro Negro) decidieron rechazar y exigir por ante el Centro Internacional de Arreglo de Diferencias Relativas a Inversiones (CIADI) una indemnización por las nacionalizaciones de sus activos decretadas por el gobierno venezolano, en ocasión de establecer la nueva estructura de empresas mixtas, en la que las firmas estadounidenses rehusaron participar.

Sin embargo, otras empresas, que también perdieron pequeñas porciones accionarias, demandaron ante el CIADI, como es el caso de la empresa Opic que alega haber sido expropiada de sus acciones en el Golfo de Paria Oeste (6,5% del proyecto Corocoro) y en el Golfo de Paria Este (7,5%) luego de la aprobación y aplicación de la LMEE.[11] Por esa razón son varias las demandas que cursan por ante el CIADI contra Venezuela, situación que aprovechó el gobierno venezolano para denunciar el 24 de enero de 2012 por ante el Banco Mundial la Convención sobre Arreglo de Diferencias Re-

---

11 Para más detalles, véase, caso CIADI N° Arb/11/1, Highbury International AVV y Ramstein Trading Inc. (Demandantes) v. República Bolivariana de Venezuela (Demandada), 23.09.2013, p. 14-15.

lativas a Inversiones entre Estados y Nacionales de otros Estados. De esta manera Venezuela se unió a Ecuador y Bolivia como los únicos países que se han apartado oficialmente del Centro Internacional de Arreglo de Diferencias Relativas a Inversiones (CIADI)[12], sin que esta decisión haya podido parar el brazo de la justicia internacional que hoy permite a ConoPhilips por ejemplo intentar apropiarse de activos de PDVSA para compensar los danos patrimoniales sufridas por la arremetida irracional del gobierno de Chávez cuyas acciones siguen pagando los venezolanos, especialmente los más pobres.

5. *Reflexiones*

La necesidad de un cambio radical en la conducción industria de los hidrocarburos es ya una emergencia impostergable. El estado de deterioro del sector es un hecho inédito en Venezuela. El país fue sorprendido en su buena fe y el desconcierto asombra cada día, ante el modo inescrupuloso en que se maneja la industria petrolera, herida en su orgullo que deviene de sus más de 100 años de tradición y experiencia, incluso como potencia mundial. Gracias al petróleo, Venezuela se convirtió de un país rural y agrícola, a un país urbano y exportador de petróleo. Gracias al petróleo Venezuela construyó un enorme sistema eléctrico para cubrir sus necesidades internas y exportar a Colombia y Brasil su excedente. Hoy día el petróleo y sus derivados han sido profanados y se venden a través de las fronteras y en el caribe al mejor postor. La dimensión de la ruina del país debe hacernos reflexionar para lograr una transformación estructural, que permita recomponer la visión estratégica de la industria petrolera, enfrentando la corrupción, saneando el marco legal y rescatando la meritocracia en beneficio del país.

---

12 La Salida de Venezuela del CIADI: Sus efectos jurídicos desde el punto de vista de la Inversión Extranjera - See more at: http://www.badellgrau.com

CIEN AÑOS DE LA INDUSTRIA PETROLERA VENEZOLANA: DE LAS CONCESIONES A LAS EMPRESAS MIXTAS

Enrique Viloria Vera

INTRODUCCIÓN[1]

El 24 de agosto de 1975 el entonces Congreso de la República de Venezuela sancionó la Ley Orgánica que nacionalizó la industria de los hidrocarburos a fin de que todas las actividades funcionales realizadas por la misma pasaran a manos del Estado a partir del 1º de enero de 1976. Con esta decisión legislativa el Estado tomó el control directo de la más importante industria del país, cuya explotación estaba bajo la responsabilidad de empresas multinacionales bajo la forma de concesiones o de contratos de servicio.

Posteriormente, en 2002, la nueva constitución de la República, ahora Bolivariana de Venezuela, de acuerdo con el artículo 302 dispuso que: "El Estado se reserva, mediante ley orgánica respectiva, y por razones de conveniencia, nacional, la actividad petrolera y otras industrias y explotaciones, servicios o bienes de interés público y de carácter estratégico".

En cumplimiento de este mandato constitucional en la sancionada Ley Orgánica de los Hidrocarburos se estableció la reserva de las denominadas actividades primarias de la industria petrolera, es decir, la exploración, producción, almacenamiento y transporte inicial de hidrocarburos al Estado, que podrá ejercerlas directamente, mediante empresas de su exclusiva propiedad o mediante empresas –denominadas mixtas– en las cuales el Estado o alguna de las empresas de su exclusiva propiedad tenga control , asumiendo una participación accionaria mayor al 50% del capital social de la sociedad anónima establecida con terceros.

1. *El régimen concesionario*

Hace ya cien años, en 1914, *El Zumaque I o MG-1,* el primer *pozo* productor de *petróleo* en territorio *venezolano,* se activó –o *reventó,* en jerga de

---

1   En ocasión de la presentación del libro *Política Petrolera Venezolana* de Brian S. Me Beth editado por la Cátedra Venezuela del CELAUP / UNIMET.

los petroleros de la época–, dando inicio a la producción petrolera en Venezuela. *El Zumaque I,* con una profundidad total de 135 metros (443 pies) inició exitosamente la producción *miocena* del campo *"Mene Grande"* con 264 barriles diarios de producción de un crudo de 18° API, en flujo natural. La perforación utilizó *cabrias* de madera construidas en el sitio y *taladros* de percusión; por esta razón se presentaron graves problemas para dominar la *presión* del yacimiento, lo que ocasionó el súbito y copioso reventón del pozo que concitó el interés de las *siete hermanas* –nombre con el que se conocía a las siete grandes empresas multinacionales que controlaban el negocio en aquel entonces (Gulf, Mobil, Standard Oil of California, Standard Oil of New Jersey, Texaco, British Petroleum, Royal Dutch Shell)– en obtener concesiones en la emergente Venezuela petrolera y la importancia creciente que los hidrocarburos comenzaron a tener en la realidad nacional.

En efecto, entre 1914 y 1943, numerosos hechos testimonian la adquisición de la experiencia y el dominio del recurso petrolero por parte del país: se realizan los primeros trabajos geofísicos por métodos eléctricos; se créala Compañía Venezolana de Petróleo; se experimenta con levantamientos gravimétricos; se publica el primer cuadro de correlación de las operaciones de inyección de gas a yacimientos; se promulga la Ley de Vigilancia para impedir la contaminación de las aguas por el petróleo, entre otras acciones relevantes. En pocos años, Venezuela se convierte en el segundo país productor y en el primer exportador de petróleo en el mundo.

A medida que se adquiere conciencia de la importancia de esta riqueza, se gesta la segunda etapa de su proceso evolutivo, durante la cual se consolida el marco jurídico y fiscal. El marco institucional del período 1922-1943 se limitó a la relación fiscal del Estado, a través del Ministerio de Hacienda, con las compañías concesionarias.

El marco jurídico de la Ley de Hidrocarburos de 1920, y sus posteriores modificaciones, establecieron el carácter contractual de todos los impuestos petroleros. Las primeras leyes de hidrocarburos, así como la legislación minera en general, no hicieron distinción entre los impuestos específicos de hidrocarburos y aquellos de carácter general. El Estado venezolano carecía de instrumentos legales para aumentar su participación en las ganancias del capital extranjero en las concesiones, cuyo contrato estuviera vigente.

Esta situación cambio con la Ley de Hidrocarburos de 1943, en la que se hizo una clara distinción entre la condición del Estado como propietario del recurso y su carácter soberano en la fijación y administración de los impuestos. En su condición de propietario debía recibir pagos por rentas estipuladas contractualmente, el más importante era el de la regalía que se fijó en 16,66% de la producción.

En adelante, el otorgamiento de concesiones relacionadas con la industria de los hidrocarburos se reguló –con mayor detalle– en la Ley de Hidrocarburos de 1943 (reformada en 1965 y en 1967). Según esta ley del 43 el derecho de explorar y explotar exclusivamente, y el de manufacturar y transportar los hidrocarburos podía ejercerse a través de las siguientes modalidades: 1°) directamente por el Ejecutivo Nacional; 2°) por institutos autónomos y empresas del Estado, mediante las asignaciones de áreas que les hubiera efectuado el Ejecutivo, estos organismos podían celebrar convenios y promover empresas mixtas; 3°) finalmente, a través del otorgamiento de concesiones a los particulares que no implicaban la transferencia de la propiedad del yacimiento que de acuerdo con nuestro derecho más ancestral pertenecían al Estado. Las concesiones poseían estas características principales:

En primer lugar, el título de la concesión de explotación confería al concesionario, por el lapso de cuarenta años (renovable por otros cuarenta años), el derecho exclusivo de extraer, dentro de los límites de su parcela de explotación, las sustancias concedidas y podía, en consecuencia, realizar todas las actividades dirigidas a su aprovechamiento (perforaciones, construcción de edificios, campamentos y demás instalaciones). En segundo lugar, en concordancia con este derecho de explotación, el concesionario podía manufacturar y refinar las sustancias de hidrocarburos, así como conducir o transportar dichas sustancias y sus productos derivados de los centros de consumo o a los puertos de embarque. En tercer lugar, los concesionarios debían explotar las respectivas parcelas y no podían dejarlas de explotar durante tres años consecutivos. En cuarto lugar, la Ley establecía que las concesiones se extinguían por vencimiento del término, por caducidad, por incumplimiento de las obligaciones, por renuncia del concesionario y por reducción del área concedida. La ley establecía que en caso de extinción de las concesiones, las parcelas concedidas revertían a la Nación así como las obras y mejoras construidas y las tierras destinadas a su explotación, sin la obligación de pagar indemnización. Finalmente, el concesionario debía pagar a la Nación ciertos impuestos especiales: el de exploración, el superficial, el inicial de explotación, el de explotación o royalty, el de manufactura también llamado de consumo y el de transporte así como el impuesto sobre la renta.

Esta normativa fue complementada con las disposiciones de la Ley sobre bienes afectos a reversión en las concesiones de hidrocarburos. El objetivo básico de esta ley fue el de considerar que todos los bienes corporales e incorporales de los concesionarios se presumían destinados a las concesiones, salvo prueba en contrario declarada suficiente por el Ejecutivo Nacional, a fin de despejar la duda acerca de la extensión de los bienes afectos a las concesiones, ya que las concesionarias sostenían que sólo estaban afectos a las concesiones aquellos bienes situados en las parcelas otorgadas, pretendiendo excluir los bienes situados fuera de las áreas geográficas otorgadas en concesión.

Producto de esta afectación, los concesionarios debían mantener y conservar en buen estado las tierras, obras permanentes, accesorios, equipos y los otros bienes adquiridos con destino a los trabajos de exploración, explotación, manufactura, refinación o transporte en las concesiones de hidrocarburos o al cumplimiento de las obligaciones que de ellas se deriven. A estos fines de conservación y mantenimiento de los bienes afectos a reversión, los concesionarios fueron obligados a constituir un fondo de garantía para asegurar el cumplimiento de sus obligaciones y se les prohibió realizar cualquier acto de disposición sobre los bienes sin la previa autorización del Ejecutivo Nacional.

Es de hacer notar que de acuerdo con la fecha de otorgamiento de las concesiones, las mismas tenían un vencimiento escalonado entre 1983 y 1997, tal como se muestra el siguiente cuadro:

1983	8%
1984	63%
1985	11%
1986	1%
1988	8%
199	2%
1990-1997	7%

En 1958, el Gobierno Nacional adoptó la política de "no otorgar más concesiones", de acuerdo con el Presidente Rómulo Betancourt esta nueva decisión estratégica debía traducirse en la creación de una empresa estatal para actuar en la industria de los hidrocarburos y hacer posible la transformación del régimen concesionario mediante la adopción de la fórmula de los contratos de servicio.

2. La creación de la Corporación Venezolana del Petróleo (C.V.P.) y el régimen de contratos de servicio

Por decreto N° 260 del 19 de abril de 1960 se creó la Corporación Venezolana del Petróleo (C.VP.) bajo la forma de un instituto autónomo adscrito al Ministerio de Minas e Hidrocarburos. Sus objetivos más relevantes fueron: la exploración, la explotación y transporte de hidrocarburos, así como la compraventa y permuta de cualquier forma dentro y fuera del país; la promoción de empresas con el propósito de desarrollar actividades comerciales de hidrocarburos, pudiendo contribuir al capital de dichas empresas con los aportes que estime convenientemente; igualmente podrá suscribir o adquirir acciones, participaciones o cuotas en empresas que persigan el mismo fin. A objeto de que la C.V.P. iniciara sus actividades se le otorgaron lotes de tierras bajo la figura de la asignación, la cual permite a organismos del Estado diferentes de la República explotar los yacimientos pertenecientes a ésta, en otras palabras, la asignación es a los organismos del Estado lo que la concesión es a los particulares.

La reforma parcial de la Ley de Hidrocarburos de 1967 introdujo de manera expresa la figura de los contratos de servicio. La ley contempló: "el derecho de explorar con carácter exclusivo y de explotar, manufacturar o re finar y transportar por vías especiales petróleo, asfalto o gas y demás hidrocarburos, a los institutos autónomos y empresas de la propiedad exclusiva del Estado en las que éste conserve por la Ley el control de las decisiones. A los citados organismos les estará permitido para la realización de tal ejercicio, celebrar convenios y promover empresas mixtas y formar parte de ellas, siempre que los términos y condiciones que se estipulen en los contratos sean más favorables para la Nación que los previstos para las concesiones en la presente ley. Estos convenios no conferirán derechos reales sobre los yacimientos."

De esta forma, la política de no "otorgar más concesiones" se sustituyó por la de los contratos de servicios. Así pues, antes de su nacionalización, las actividades relacionadas con la industria de los hidrocarburos estuvieron sometidas a un doble régimen: el de las concesiones y el de los contratos de servicio. Por ello debe entenderse que con la nacionalización se extinguieron, sin esperar su vencimiento, tanto las concesiones como los contratos de servicio celebrados por la C.V.P.

3. *Antecedentes de la Nacionalización de la Industria de los Hidrocarburos*

La nacionalización en Venezuela fue la culminación de un largo proceso histórico. En efecto, después del otorgamiento de las primeras concesiones, el Estado venezolano adoptó ciertas medidas destinadas a regular la actividad de las empresas multinacionales, además de las comentadas precedentemente. Por razones de espacio nos limitaremos a mencionarlas: La Ley que reserva al Estado la industria del gas natural. La ley que reserva al Estado la explotación del mercado de los productos derivados de los hidrocarburos. El Decreto - Ley 580 mediante el cual el Estado se reservó la industria del hierro a partir del 1° de enero de 1975, declaró extinguidas las concesiones otorgadas, y previo la subrogación de la Corporación Venezolana de Guayana al Estado en todo lo concerniente al rescate de las concesiones y los bienes afectos a ellas, así la autorizó para realizar los convenios que fueren necesarios para lograr la transferencia de la industria del hierro el Estado. La creación de la Comisión Presidencial de la Reversión Petrolera.

4. *La Ley Orgánica que reserva al Estado la industria y el comercio de los hidrocarburos*

Con esta ley orgánica el Estado puso fin al régimen de concesiones y rescindió los contratos de servicio y nacionalizó la industria, es decir, la actividad petrolera en todas sus fases y no el petróleo mismo ya que el mismo es propiedad del Estado desde los tiempos del derecho indiano, confirmado por el decreto dictado en Quito por el Libertador. Esta ley contempló los siguientes aspectos:

- Reserva de la Industria de lo hidrocarburos
- Extinción anticipada de las concesiones
- Declaratoria de utilidad pública
- Reserva y gestión del comercio exterior
- Transferencia de los bienes de las concesionarias al Estado
- Indemnización de los bienes de las concesionarias
- Procedimiento de transferencia de los bienes al Estado
- Régimen transitorio y creación de la Comisión supervisora de la industria y el comercio de los hidrocarburos
- Gestión de la industria nacionalizada
- El principio de no adquisición de pasivos por parte del Estado
- Fondo de garantía y verificación de los bienes transferidos
- Garantías de las prestaciones sociales y de los derechos de los trabajadores de la industria
- Expropiación de los derechos derivados de los contratos de servicio
- Sanciones previstas
- Régimen jurídico del gas y del mercado interno de los derivados de los hidrocarburos
- Derogatoria parcial de la Ley de Hidrocarburos y de la Ley sobre bienes afectos a reversión en las concesiones.

Con la puesta en práctica de esta ley el Estado adquirió el poder pleno de decisión sobre la industria fundamental del país, inaugurando una nueva etapa de nuestra historia petrolera.

En este sentido, es conveniente recordar que al momento de la nacionalización, en el país operaban las siguientes empresas concesionarias:

Nombre	País de Origen
Amoco	Estados Unidos
Caracas*	Reino Unido
Chevron	Estados Unidos
Continental*	Estados Unidos
Coro*	Estados Unidos
Creóle	Estados Unidos
Charter	Estados Unidos

Eastern **	Estados Unidos
International	Estados Unidos
Mene Grande	Estados Unidos
Mito Juan	Venezuela
Mobil	Estados Unidos
S. A. P. Las Mercedes	Venezuela
Shell	Holanda
Sinclair	Estados Unidos
Talón	Venezuela
Texaco	Maracaibo
Texas	Estados Unidos
Vengref ***	Estados Unidos
Vareo *	Estados Unidos
Ven Sun	Estados Unidos

*   No operaban directamente
**   Concesión de Transporte
*** Concesión de refinación

Fuente: Informe Presidencial de la Comisión para la Reversión Petrolera

Como señalado, estas empresas de diferente índole, multinacionales de gran tamaño y pequeñas operadoras, extranjeras y nacionales, desde el momento mismo de la nacionalización se vieron impedidas de continuar realizando las actividades para las cuales el Estado venezolano les había otorgado concesiones.

5. *La Gestión inicial de la industria nacionalizada*

Ahora bien, en lo concerniente a la gestión de la industria, la ley de nacionalización estableció en su artículo 5 que el Estado ejercerá las actividades relacionadas con la industria de los hidrocarburos directamente o a través de entes de su propiedad. Sin embargo, de acuerdo con las propias disposiciones de la ley, se desprende que la intención clara y manifiesta del legislador era la de que el Estado asumiría la gestión de la industria a través de entes de su propiedad, es decir, a través de empresas públicas.

En coherencia con estos criterios y con el objeto de asignarle la gestión de la industria nacionalizada, el Ejecutivo Nacional constituyó una sociedad anónima pública con funciones de casa matriz: De esta forma, por Decreto 1170 se creó Petróleos de Venezuela (PDVSA) para que a través de sus filiales administrase en nombre del Estado venezolano administrase alrededor de 2.5 millones de hectáreas de concesión que englobaban 7.000 pozos de explotación, 10.000 kilómetros de oleoductos y 12 refinerías.

Para gestionar esta riqueza nacional, PDVSA constituyó inicialmente 14 empresas filiales por efecto de los acuerdos obtenidos con las concesionarias en las actas convenio. Posteriormente, la casa matriz emprendió un largo, difícil y complejo proceso de racionalización administrativa de la industria que culminó con la existencia de tres filiales operativas que absorbieron la actividad operacional de las demás, a saber, Lagoven, Maraven y Corpoven. Este esquema privó hasta la adopción de un nuevo esquema organizacional en 2000, producto del denominado *barquisimetazo*.

6. *La Apertura Petrolera*

Para Venezuela, y para Petróleos de Venezuela, el gran reto consistía ahora, en plena década de los noventa, no sólo en abrir la actividad petrolera para permitir la participación de capitales privados extranjeros, sino también en crear las bases de una economía que progresara por la vía de la integración plena de la industria con la sociedad y el sector productivo nacional.

a. *Antecedentes*

La estrategia de internacionalización de PDVSA puede ser considerada como el comienzo formal del proceso de apertura petrolera. El propósito de la internacionalización fue asegurar una salida estable para los volúmenes de crudo y productos venezolanos al exterior, mediante su suministro a refinerías y sistemas de distribución y comercialización adquiridos total o parcialmente por PDVSA.

La internacionalización se inicia en el año 1983, fecha en la que el Congreso de la República aprobó la adquisición, por parte de PDVSA, del 50% de una refinería alemana perteneciente a la compañía Veba Oël. Como consecuencia de esta operación, se creó la empresa mixta Ruhr Oël, constituida con capitales venezolanos y alemanes.

Posteriormente, PDVSA realizó nuevas inversiones y negocios en el exterior, entre los que se cuentan los siguientes:

- Estados Unidos de América: PDVSA adquirió en su totalidad (100%) la empresa Citgo, propietaria y operadora tanto de refinerías como de sistemas de distribución de gasolina. En este país, PDVSA participa en un total de 8 refinerías y posee cerca de 16000 estaciones de servicio.
- *Curazao*: PDVSA arrienda una refinería.
- *Europa:* PDVSA participa en 4 refinerías alemanas, 2 suecas, 2 en el Reino Unido y 1 en Bélgica.

b. *Orígenes de la Apertura Petrolera*

A finales de 1990, PDVSA identificó una estratégica oportunidad de negocios para expandir su capacidad productiva, a objeto de atender y satisfacer una demanda energética creciente a nivel mundial.

PDVSA, en sus escenarios de planificación, pronóstico que la demanda mundial de energía crecería a un ritmo de 2% anual, como resultante de una expansión económica y demográfica moderada, debido a los avances tecnológicos y a una mayor eficiencia en el uso de energía. Esta supuesta realidad implicaría un aumento interanual de la demanda petrolera de 1,5%, que situaría el consumo mundial en 81 MM de barriles diarios para el año 2005. Se calculó que para el año 2005, Venezuela debería satisfacer una demanda cercana a los 5,2 MM de barriles diarios, y debería hacer crecer, en consecuencia, su capacidad de producción.

Esta estrategia de crecimiento se apoyó en una de las principales fortalezas de PDVSA, sus amplias reservas probadas de hidrocarburos:

*   65 mil MM de barriles de petróleo.
*   140 billones de píes cúbicos de gas (equivalentes a 23.100 MM de barriles).
*   270 mil MM de barriles de petróleo pesado recuperable en la Faja del Orinoco.

Igualmente, se consideró como otro factor relevante, la alta capacidad de negociación de PDVSA con otras empresas del sector petrolero internacional. Otro elemento determinante de la estrategia, lo constituyó la existencia en el país de un plantel de empresas nacionales de ingeniería y de bienes y servicios para el sector petrolero. Esta situación permitiría la integración del aparato productivo nacional a su principal industria, mediante la creación de coyunturas favorables para el desarrollo de empresas locales.

Otro factor relevante de la apertura fue la disponibilidad de avances tecnológicos de los potenciales socios nacionales y extranjeros a fin de acometer los objetivos productivos que se planteó PDVSA para atender una eventual demanda creciente de petróleo, como la prevista por sus planificadores.

Adicionalmente, esta estrategia de apertura interna daría continuidad y se apoyaría en la internacionalización iniciada a comienzos de los 80's del siglo XX. A fin de acometer la estrategia planificada, PDVSA contempló entonces la necesidad de incorporar capital privado nacional e internacional mediante diversas modalidades, entre las que destacan: convenios operativos, asociaciones estratégicas para la producción de crudos, convenios de asociación para la exploración y "outsourcing" para actividades de servicio. A esta estrategia se le denominó, el Proceso de la Apertura Petrolera, cuyos inicios se sitúan en el año 1992.

c. *Objetivos de la Apertura Petrolera*

Buscar y atraer la participación del sector privado en todos los segmentos del negocio de PDVSA a fin de compartir los esfuerzos de inversión.

- Aumentar la producción de crudos y gas.
- Disminuir los costos de exploración, extracción y operación de las instalaciones de producción asociadas (pozos, múltiples de producción, estaciones de flujo, plantas compresoras de gas, plantas de inyección de agua y patio de tanques).
- Mejorar y consolidar la información en poder de PDVSA sobre la capacidad y reserva existente en los yacimientos petroleros venezolanos.
- Abrir nuevos mercados y consolidar y mejorar los existentes.
- Promover la incorporación del aparato productivo nacional a la industria petrolera, mediante la creación de situaciones favorables al desarrollo de empresas locales, el ahorro interno y la inversión en actividades productivas.

d. *Marco legal aplicable a la Apertura Petrolera*

La ley Orgánica que Reserva al Estado la Industria el y el Comercio de los Hidrocarburos (o Ley de Nacionalización), fue el marco jurídico sobre el que se asentó legalmente el Proceso de Apertura Petrolera.

A estos efectos, citaremos dos artículos de la prescrita ley de Nacionalización, de alta importancia en relación con el proceso que venimos comentando:

Artículo 1°:

"Se reserva al Estado, por razones de conveniencia nacional, todo lo relativo a la exploración de petróleo, asfalto y demás hidrocarburos; a la explotación de yacimientos de los mismos, a la manufactura o refinación, transporte por vías especiales y almacenamiento; al comercio interior y exterior de las sustancias explotadas y refinadas, y a las obras que su manejo requiera, en los términos señalados por esta ley."

Artículo 5°

"El Estado ejercerá las actividades señaladas en el artículo 1° de la presente Ley directamente por el Ejecutivo Nacional o por medio de entes de su propiedad, pudiendo celebrar los convenios operativos necesarios para la mejor realización de sus funciones, sin que en ningún caso estas gestiones afecten la esencia misma de las actividades atribuidas."

Un aparte del artículo 5° disponía:

"En casos especiales y cuando así convenga al interés público, el Ejecutivo Nacional o los referidos entes podrán en el ejercicio de cualquiera de las señaladas actividades, celebrar convenios de asociación con entes privados, con una participación tal que garantice el control por parte del Estado y con una duración determinada. Para la celebración de tales convenios se requerirá la previa autorización de las Cámaras en sesión conjunta, dentro de las condiciones que fijen, una vez que hayan sido debidamente informadas por el Ejecutivo Nacional de todas las circunstancias pertinentes."

De estos dos artículos se deduce entonces que:

- La ley regulaba las actividades asociadas al petróleo, asfalto y demás hidrocarburos. Excluye productos como el coque, el vanadio, los relacionados con la petroquímica y los servicios (agua, electricidad, actividades contratadas, transporte de productos distinto a los hidrocarburos, etc.)
- El Ejecutivo Nacional podía desarrollar las actividades petroleras directamente o a través de entes de su propiedad, como es el caso de PDVSA y sus filiales.
- Siempre que se le garantice mantener el control, el Estado podía participar, con y sin predominio accionario, en cualquier modalidad de la Apertura Petrolera.
- Los Convenios de Asociación debían contar con la aprobación del Congreso de la República.

e. *Modalidades de la Apertura Petrolera*

PDVSA gestiona cuatro modalidades de actuación enmarcadas dentro del contexto del contexto de la Apertura Petrolera.

• *Convenios Operativos*

Los Convenios Operativos contemplan la operación durante 20 años de campos petroleros inactivos o marginales (campos maduros de baja rentabilidad para PDVSA), por parte de compañías privadas o consorcios, los cuales organizan, por su cuenta y riesgo, la inversión de recursos financieros y ejecutan las actividades de acondicionamiento de yacimientos y construcción de infraestructura para el desarrollo de las áreas, previa aprobación de PDVSA.

Los contratistas reciben de PDVSA una compensación monetaria o estipendio por cada barril de petróleo que le sea entregado; ese monto está acotado por el *Máximum Total Fee,* es decir, por el máximo precio trimestral en US$ por barril, establecido en función de una cesta de productos acordada previamente. Los contratistas deben cancelar al Estado un impuesto del 34%.

La operación de estos campos implica la ejecución de actividades que van desde la extracción hasta el transporte de hidrocarburos a los destinos concertados por PDVSA, los productos son de PDVSA. Los contratos también contemplan la ejecución de exploración fuera del área establecida en los mismos, bajo el total riesgo del contratista, con la autorización de PDVSA.

Los Convenios Operativos se comenzaron a concretar formalmente a partir de 1992.

- *Ganancias compartidas*

El esquema de Ganancias Compartidas comprende las actividades tanto de exploración inicial como de producción posterior de crudos livianos y medianos durante 20 años, extensible a 30, sólo en caso de dificultades como baja rentabilidad, inversiones no recuperadas, limitaciones en la producción, entre otras. Los hidrocarburos producidos se distribuyen entre los miembros del consorcio (empresas privadas y eventualmente PDVSA), para que los comercialice cada uno por su cuenta.

La fase exploratoria inicial está limitada entre 3 y 5 años, con posibilidad de extenderla por un lapso adicional entre 2 y 4 años, en caso de que fuese necesario, a fin de concluir los estudios geológicos. Las compañías privadas asumen los riesgos de exploración y financieros durante esa fase. En caso de descubrimiento de crudo comercial, PDVSA entra a participar en el desarrollo del yacimiento con una proporción accionaría que puede ir desde el 1% hasta el 35% del capital social. El Congreso de la República aprobó que una filial de PDVSA, la Corporación Venezolana del Petróleo (CVP) gestionase esta modalidad.

El ingreso al Estado generado por el esquema de Ganancias Compartidas se enmarca en las siguientes cifras o proporciones:

- 16,67% por concepto de impuesto de explotación o regalía, reducible en el caso de que el yacimiento no sea explotable comercialmente.
- 67,7% por concepto de impuesto sobre la renta.
- Entre 29% y 50% por concepto de participación del Estado en las ganancias (PEG) antes de impuesto.
- Los dividendos que le correspondan a la CVP en relación con su participación accionaria.

Esta modalidad de la Apertura Petrolera fue sometida al Congreso Nacional en 1993 para su aprobación, ésta se produjo finalmente, luego de muchas y arduas posiciones a favor y en contra, el 4 de julio de 1995.

- **Asociaciones Estratégicas**

Las Asociaciones Estratégicas estaban dirigidas a la exploración y producción de crudos pesados y extrapesados de la Faja Petrolífera del Orinoco, durante 30 a 35 años, por parte de compañías privadas en consorcio con PDVSA, que aportaban la inversión de recursos y manejaban el negocio en conjunto con PDVSA. La participación accionaria de PDVSA oscilaba entre el 30 y el 49,9% del capital de la empresa.

7. Las Empresas Mixtas

Como hemos comentado, la Apertura Petrolera generó discusiones y desavenencias, sus opositores argüían que las empresas firmantes de los acuerdos no cumplían a cabalidad con sus obligaciones, en especial, las fiscales, y que el aporte recibido por PDVSA –especialmente por concepto de regalías– en contraprestación de la actividad realizada por terceros no era significativo ni justificable, razón por la cual el Ejecutivo Nacional decidió la migración o transformación de los Convenios Operativos y de las Asociaciones estratégicas a empresas mixtas en las que el Estado tendría la participación mayoritaria a través de la C.V.P.

- **Antecedentes**

El 12 de abril de 2005 el titular del Ministerio de Energía y Petróleo a la Junta Directiva de PDVSA con el fin de que –dentro del Plan Soberanía Petrolera– se iniciara un proceso para que en un lapso de seis meses los convenios operativos migraran a empresas mixtas. Se firmaron sendos Convenios Transitorios hasta el 31 de diciembre del mismo año, y se establecieron los llamados Comités Ejecutivos Transitorios (CETEM) como mecanismo de negociación entre las partes.

El 31 de marzo de 2006, la Asamblea Nacional aprobó un Acuerdo fijando los términos y condiciones generales para la creación y funcionamiento de las empresas mixtas. En esa misma fecha se suscribieron los Memorandos de Entendimiento entre PDVSA; CVP y los representantes de las compañías privadas y públicas nacionales e internacionales, con el fin de establecer el mecanismo jurídico para la transición de los Convenios Operativos a Empresas Mixtas. El 19 de Abril de 2006 la Asamblea Nacional aprobó la Ley de Regularización de la Participación Privada prevista en el Decreto con Fuerza de Ley de Hidrocarburos.

En lo que respecta a las Asociaciones Estratégicas de la Faja del Orinoco y de los Convenios de Exploración a Riesgo y Ganancias Compartidas, el proceso de migración a empresas mixtas se inició un año después del de los Convenios Operativos, resultando más complejo debido a que durante su ejecución el Estado aumentó la Regalía acordada del 1% inicialmente acordado al 16 2/3 %. Igualmente, se eliminaron las Exenciones del ISRL de las que disfrutaban las empresas, y se les obligó a pagar en vez del 34%, el 50%.

Posteriormente a través del Decreto N° 5.200 se reguló el proceso de migración a empresas mixtas de las Asociaciones Estratégicas y de los Convenios de Exploración a riesgo y de Ganancias Compartidas otorgando un plazo perentorio de 4 meses para que los accionistas negociarán con el Estado las condiciones para su transformación en empresas mixtas, so pena de que las operaciones pasaran a manos del Estado, tal como aconteció con la antigua Petrozuata y Cerro Negro, dando origen a sendas reclamaciones internacionales por parte tanto de Exxon - Mobil como de la Conoco Phillips.

Fruto de este proceso, el Estado venezolano, a través de la C.V.P., asumió la mayoría accionaría en 28 Empresas Mixtas, provenientes de los comentados procesos de migración, y aún prosiguen los litigios incoados contra la República en las instancias internacionales de Arbitraje.

- *Régimen Fiscal aplicable*

Por ser el elemento que más relevancia tuvo en las acciones gubernamentales y legislativas adoptadas para desmontar el esquema de la Apertura Petrolera, examinaremos la fiscalidad establecida para las empresas mixtas resultantes de la migración.

En este sentido, se estipula que las empresas mixtas están sujetas al pago de los siguientes impuestos:

- **Los impuestos nacionales** en general, es decir, el ISLR (50%) y el IVA, aunque las empresas están exentas de su pago, con el fin de evitar distorsiones económicas y financieras en la actividad comercial de las mismas.

- **Los impuestos especiales previstos en la LOH**, a saber: a) el superficial equivalente al pago de 100 Unidades Tributarias por cada Km2 de superficie dentro del área asignada, este impuesto es progresivo, un 2% durante los 2 primeros años del inicio de sus actividad y un 5% anual; b) el de consumo propio: un 10% del valor de cada m3 de producidos y consumidos en sus actividades operacionales, c) el de extracción, un tercio del valor de los hidrocarburos extraídos calculado sobre la misma base para el pago de la regalía, la empresa puede deducir los montos pagados en especie o en dinero por concepto de regalías o por concepto de Ventajas Especiales;

d) de registro de importación, un 0,l% del volumen total tomando en cuenta el precio de venta, en caso de que eventualmente exporten su producción; e) Regalía, no es considerada un impuesto por la LOH sino la parte que le corresponde al Estado por ser propietario del recurso, está constituida por el pago al Tesoro Nacional, en especie o en dinero, del 30% del total de los hidrocarburos extraídos, aunque en casos especiales de yacimientos maduros o de la Faja, la regalía se podría reducir a un 20%; f) Ventajas especiales, regalía adicional, equivalente al 3,33%; una contribución para el desarrollo endógeno del 2.2% para los municipios en donde actúan; y un impuesto sombra que asegure que efectivamente la República recibió como ingreso mínimo el 50% del valor de los hidrocarburos extraídos y vendidos por la empresa mixta; g) a las ganancias súbitas, establecido para cualquier mes calendario de acuerdo con tramos que toman en cuenta el precio marcador del crudo Brent en exceso de 70 US dólares, como contribución especial pagadera por las empresas que exporten hidrocarburos líquidos tanto naturales como mejorados, y productos derivados.

CONCLUSIÓN

El ancestral sistema regalista previsto en nuestras constituciones y leyes, ha profundizado -a cien años de la Industria Petrolera Venezolana- la llamada "enfermedad holandesa" para convertirla, en nuestra inaudita realidad, en endémica, fomentando un fiscalista Rentismo Petrolero que ha sustentado un intermitente e ineficiente Capitalismo de Estado; sobrada razón tenía Uslar Pietri cuando advertía:

"Una parte de esa gran riqueza... se ha invertido en crear un Capitalismo de Estado...Ese Capitalismo de Estado tiene consecuencias graves. Si sigue creciendo ilimitadamente, Venezuela va a llegar a ser un país no ya de dependientes del petróleo, sino de dependientes del Estado, y ese capitalismo monstruoso del Estado, llegará fatalmente a convertirse... en una terrible máquina de tiranizar."

Sobre el autor

Abogado por la Universidad Católica "Andrés Bello" (Caracas, 1970), posee una maestría del Instituto Internacional de Administración Pública (Paris, 1972) y un doctorado en Derecho de la Universidad de Paris (1979). Ejerció cargos técnicos, gerenciales y de dirección en la Contraloría General de la República, en la Embajada de Venezuela en Francia, en la Comisión de Administración Pública, en la Corporación Venezolana de Guayana, en Petróleos de Venezuela, especialmente como Gerente de Planificación de Organización, y en el Centro de Adiestramiento de PDVSA (CEPET), donde se desempeñó como Vicepresidente Académico. También ha sido Director Principal del Fondo de Inversiones de Venezuela, de la Financiera Atlántica, de UNISEGUROS y Director Fundador del Servicio Nacional Integrado de Administración Tributaria (SENIAT), donde desempeñó la Dirección del Centro de Estudios Fiscales y Asistencia al Contribuyente, y la Dirección de Relaciones Institucionales. Ha sido también Presidente de la Fábrica Nacional de Tractores (FANATRACTO) y Asesor del Museo de Arte Contemporáneo de Caracas Sofía Imber (MACCSI). Igualmente, ejerció la representación del Centro de Estudios Latinoamericanos de Administración (CLAD) en Europa. En materia docente ha dictado las materias Empresas Multinacionales, Administración Pública, Empresas Públicas, Negocios Internacionales, Globalización y Antiglobalización, Teoría de la Organización, Pensamiento Administrativo Contemporáneo, Desarrollo Económico y Social venezolano, y Pensamiento Medieval Precolombino. Actualmente, en la Universidad Metropolitana de Caracas es Profesor Titular y Coordinador de la Cátedra Venezuela Ricardo Zuloaga. En la UNIMET fue Decano de la Facultad de Ciencias Económicas y Sociales (FACES), y Decano de Estudios de Postgrado, así como Director Fundador del Centro de Estudios Latinoamericanos Arturo Uslar Pietri (CELAUP). Adicionalmente, es Investigador Emérito del Centro de Estudios Ibéricos y Americanos de Salamanca (CEIAS). Fue igualmente titular de la Cátedra Andrés Bello en el Saint Antony's College de la Universidad de Oxford en el Reino Unido y Profesor Invitado por la Université Laval en Canadá. Es autor y coautor de ciento treinta libros sobre temas diversos: derecho, gerencia, administración pública, ciencias políticas, economía, historia, poesía y crítica literaria, artes visuales y humorismo. Ha sido distinguido con el Diploma Tomás de Mercado de Estudios Económicos otorgado por el Centro de Estudios Ibéricos y Americanos de Salamanca, con el Premio Iberoamericano de Ensayo "Alfonso Ortega Carmona" de la Sociedad de Estudios Literarios y Humanísticos de Salamanca, con el Premio Medalla Internacional Lucila Palacios del Círculo de Escritores de Venezuela, con el Premio de la Academia Venezolana de Ciencias Políticas y Sociales, y con Menciones de Honor en el Premio Municipal de Literatura (Mención Poesía) de Caracas y en la Bienal Augusto Padrón del Estado Aragua. Recibió la Orden Andrés Bello (Banda de Honor) y el Gran Cordón de la Ciudad de Caracas. En 1998, la Universidad Metropolitana le otorgó el Premio al Mérito Académico en el área de Ciencias Políticas, Sociales y Administrativas

PRÓLOGO PARA EL PROYECTO DE EDICIÓN DE LOS DOCUMENTOS DEL CASO DE LA APERTURA PETROLERA (2001)

Luis E. Giusti López

"Las puertas de Caracas están abiertas, para todos aquellos que vengan en paz y con buena voluntad, a ayudarnos con su industria y su trabajo a construir una mejor sociedad, independientemente de su origen y su nacionalidad", Simón Bolívar, Cuartel General de Valencia, 29 de marzo de 1813.

Estas palabras, que cobran aun mayor significación, cuando se considera que fueron pronunciadas en medio del fragor de la lucha independista, cuyo objetivo no era otro que el de acabar con la dominación española, reflejan la amplitud y la excepcional visión de El Libertador. Si en aquel tiempo y en aquellas circunstancias, Bolívar vio con cristalina claridad la importancia de abrirse al espacio internacional, resulta entonces inaudito, que en el mundo globalizado de nuestros días, en el cual las fronteras políticas y territoriales se han hecho abiertamente permeables a las transacciones comerciales y a los flujos de capitales y tecnología, muchos integrantes de las clases dirigentes venezolanos, continúen dogmáticamente aferrados a la autarquía heredada de un modelo económico colapsado y con un terrible legado para la región latinoamericana, como lo fue la tristemente famosa "década perdida" de los años '80.

Desde finales de la década de los años '40 y durante más de 35 años, dicha región fue dominada por un modelo económico basado en la "Teoría de la Dependencia". Desde las trincheras de la CEPAL (Comisión Económica para América Latina, dependiente de la ONU), el economista argentino Raúl Prebisch, quien presidio la comisión entre 1948 y 1962, y sus seguidores, rechazaban los beneficios del comercio internacional. Pregonaban que la economía mundial estaba dividida en dos bloques, el "Centro", representado por los Estado Unidos y Europa Occidental, y la "Periferia", la cual agrupaba a aquellas regiones que luchaban por desarrollarse, con base en la exportación de materias primas y minerales. De acuerdo con la teoría, siempre los términos comerciales favorecerían al Centro, en detrimento de la Periferia, con lo cual los ricos se harían mas ricos y los pobres se harían más pobres.

Dentro de esa formulación, el comercio internacional no era una cosa que pudiera contribuir a elevar los niveles de vida en la región, sino una forma de explotación y pillaje, utilizada por las naciones industriales y "sus" empresa multinacionales. Las víctimas serían los pueblos del mundo en desarrollo.

En consecuencia, la Periferia abriría su propio camino. En lugar de exportar materias primas para importar productos terminados, los países de la región irían lo más pronto posible, a una política de industrialización basada en substitución de importaciones. Esto se lograría por medio de tarifas y otras formas de proteccionismo. En el plano doméstico, se establecieron en forma difundida, controles de precios y subsidios y las monedas se sobrevaluaron, con lo cual se abarataron las importaciones requeridas para la industrialización, pero al mismo tiempo se impusieron estrictas limitaciones a cualesquiera otras importaciones que pudieran venir a competir con los productos locales. Una "selva" burocrática, cargada de controles y regulaciones, se fue extendiendo a lo largo y ancho de la economía. Para tener éxito en ese ambiente, las empresas no tenían que ser eficientes y productivas, sino expertas en descifrar el laberinto existente.

Puede considerarse que durante un par de décadas, entre los años '50 y los años '70, el modelo fue exitoso, con un aumento importante del ingreso per cápita en el región. Quizás si ese periodo se hubiera considerado como una transición hacia una integración internacional planificada, la historia habría sido diferente, pero la visión radical y subjetiva que privó en la formulación original del sistema, continuaba siendo prevalente y es así como la miopía hizo que se acentuara aún mas el papel del Estado y se profundizara la política de barreras y controles. En consecuencia, el modelo colapsó estrepitosamente en la década de los años '80. Quizás la mejor manera de explicar el por qué de ese colapso, se encuentra en palabras del Dr. Enrique Iglesias, actual presidente del Banco Interamericano de Desarrollo: "Durante cuarenta años, después de la Gran Depresión y la Segunda Guerra Mundial, acudimos a los gobiernos para encomendarles la tarea de revivir nuestras economías. Le pedimos al Estado que resolviera todos los problemas. Pedimos demasiado durante demasiado tiempo". El balance resultante para nuestros países latinoamericanos fue de déficit fiscal, déficit en las cuentas externas, inflación, recesión económica, fuga de capitales y el inmenso peso de la deuda externa.

La admisión de ese fracaso, llevó a todos los países de la región a abandonar el exagerado estatismo y a reconocer que un crecimiento económico estable se logra, mediante presupuestos racionales, baja inflación, desregulación de mercados y libre comercio. Se iniciaron programas de ajuste macroeconómico y con el apoyo técnico y financiero de la comunidad internacional, los países latinoamericanos reemprendieron el camino del crecimiento. En medio de ciclos de inestabilidad, provocados por debilidades institucionales y con no pocos problemas, los países más importantes se han ido estabilizando y han ido elevando la calidad de vida de sus habitantes. Una parte fundamental de la recuperación y estabilización, es la creciente integración al mundo globalizado, a través de la apertura a la inversión extranjera y la participación creciente en los mercados internacionales, aprovechando sus ventajas. Sin embargo, nadie discutiría que sus ventajas más relevantes están en el sector energético, dada su muy amplia base de recursos naturales, además de la ventaja competitiva representada por un sector petrolero maduro y eficiente. En nuestro país gozan de ventaja indiscutible todas las actividades intensivas en energía, tales como cemento, cerámica, acero, aluminio, petroquímica y naturalmente gas y petróleo. El aprovechamiento a tiempo de esas ventajas, constituye la mejor oportunidad para Venezuela de competir en los mercados globales. Para lograr ese propósito, se requiere un flujo constante de capitales y tecnologías, así como también la apertura progresiva y estable de nuevos mercados.

Las anteriores consideraciones, dieron marco a la iniciativa de apertura petrolera. Una larga lucha política llevada a cabo a partir de 1990, pero con intensificado énfasis a partir de 1994, llevó eventualmente a la aprobación de varios proyectos de asociación en la Faja del Orinoco, además del fallido Cristóbal Colón, todos ellos apoyados en el artículo 5° de la Ley Orgánica que Reserva al Estado la Industria y el Comercio de los Hidrocarburos. Además, se suscribieron los primeros convenios operativos para la explotación de campos antiguos de baja productividad.

En la medida en que se fue consolidando el proceso, se fueron aprobando nuevos proyectos, hasta llegar al proyecto que dio origen al juicio cuyos documentos han dado origen a este libro compilado por el distinguido jurista Allan R. Brewer-Carías: "Convenios de Asociación para la Exploración a riego de Nuevas Áreas y la Producción de Hidrocarburos bajo el Esquema de Ganancias Compartidas".

El proyecto ofrecía a Venezuela ventajas que ningún país productor ha logrado anteriormente, en materia de asociaciones de exploración y producción con empresas petroleras privadas. El riesgo exploratorio correría totalmente por cuenta del socio privado, el cual debía cumplir con un programa mínimo que asegurara que las potencialidades del área en cuestión fueran cabalmente evaluadas. En caso de un descubrimiento, Venezuela tendría una participación en los beneficios que oscilaría entre 75 y 90% dependiendo del área en particular, derivada de la regalía, el impuesto sobre la renta, un factor llamado "Participación del Estado en las Ganancias" (ofrecido por el socio privado durante el proceso de licitación) y el derecho a participar como socio en el eventual desarrollo.

El raudo avance de la Apertura pronto nos llevaría a comprender, que los 40 años de encierro Cepalista no representaron un capítulo ideológico con profundas raíces dogmáticas. Las fuerzas radicales se declararon en campaña para tratar de obstaculizar el proceso. Múltiples iniciativas y movilizaciones, desviadas del contexto de la discusión, llevaron con frecuencia a calumnias y acusaciones en contra de todo aquel que defendiera la apertura. Se utilizaron manipulaciones del arraigado sentimiento dogmático, autárquico y proteccionista, que, a manera de incurable dolencia, se anida todavía en las mentes de muchos venezolanos, quienes aún no digerido el fracaso del modelo estatista.

Conjuradas las amenazas en los planos político, económico y legislativo y aprobado el proyecto, los opositores de la Apertura introdujeron ante la Corte Suprema de Justicia, una demanda de nulidad de la que se trata este libro. El contenido de la demanda y su defensa, brillantemente conducida por los doctores Román José Duque Corredor y Allan R. Brewer-Carías, así como las consideraciones y decisiones del Supremo Tribunal, constituyen la esencia de su texto.

Los argumentos utilizados por los demandantes carecen de fundamento, y afortunadamente para Venezuela, así lo determinó el dictamen judicial definitivo. Un fallo diferente, no solamente hubiera violentado las leyes y la justicia, sino que hubiera sido un golpe brutal y destructivo para las posibilidades de desarrollo del país. Somos una Nación con ventajas en los mercados americanos y una población creciente, que necesita transformar sus abundantes recursos petroleros en riqueza y lograr un crecimiento económico sostenido. La apertura petrolera, la internacionalización y la integración del petróleo a la sociedad son imperativas para lograrlo.

No es mi propósito en este prólogo, el de discutir los proyectos en detalle. Opino que a estas alturas, después de varios años de haberse instaurado la apertura petrolera en diversos frentes en nuestro territorio, sus beneficios son innegables. A los proyectos de exploración y producción, se han sumado iniciativas de *outsourcing* en actividades no modulares, como son los casos de la planta eléctrica de Paraguaná e Intesa, las reformas en mercadeo nacional y petroquímica, duramente luchadas en el Congreso Nacional y que desafortunadamente fueron modificadas con desatino durante las discusiones legislativas, lo cual dificulta su instrumentación, y el diseño y la formalización del marco económico y político que rige las actividades del gas natural, que tanta propaganda ha recibido durante el último año, como si apenas acabara de nacer. El objetivo fundamental detrás de estas iniciativas y muchas otras, es el de ampliar progresivamente la base constituyente del sector petrolero. Actualmente PDVSA tiene más de 150 socios en el país, además de las 4.500 empresas contratistas de servicios, ingeniería y suministro de equipos y materiales, que junto con la eventual democratización de la participación en el negocio a través de SOFIP (Sociedad de Fomento de Inversiones Petroleras), constituyen una plataforma petrolera de gran fortaleza.

En cuanto al proyecto que en este caso no ocupa, vale la pena señalar que las empresas privadas ya han desembolsado cerca de mil millones de dólares en exploración, que de otra manera hubieran tenido que ser financiados por Petróleos de Venezuela. No es por simple casualidad, que países como Kuwait, Libia, Nigeria, Colombia y Brasil, entre otros, estén adelantando programas de apertura, utilizando esquemas similares al venezolano.

El contenido del libro que hoy nos presenta Allan R. Brewer-Carías, no solamente viene a sumarse a la extensa y valiosísima obra que ya acumula este distinguido jurista venezolano, quien goza de un excepcional prestigio que trasciende nuestras fronteras, sino que refleja la profundidad de sus conocimientos y la efectividad de su acción, en el difícil e intrincado mundo de nuestra legislación y sus aristas políticas. Podemos estar seguros, de que este trabajo se constituirá en referencia obligada para todos aquellos estudiosos de la evolución petrolera venezolana y su impacto en la industria petrolera mundial.

2001

INTRODUCCIÓN

El funcionamiento de la industria petrolera en Venezuela ha pasado durante los últimos cien años por diversas etapas[1] institucionales:

La *primera etapa*, que fue la de su desarrollo inicial, se hizo mediante el régimen de concesiones que se consolidó con la Ley de Hidrocarburos de 1943, y que funcionó hasta 1975.

La *segunda etapa*, de la Nacionalización Petrolera, que se inició con la sanción de la Ley Orgánica que reserva al Estado la Industria y Comercio de los Hidrocarburos (Ley de Nacionalización) de 1975.

La *tercera etapa*, la de la Apertura Petrolera, con la aceptación a partir de 1995 de la participación del capital privado en el desarrollo de la industria en aplicación del artículo 5 de la Ley de Nacionalización, al haber sido autorizada por el Congreso la celebración de Convenios de Asociación con empresas privadas. Varias de las bases de contratación fijadas en el Acuerdo del Congreso, fueron impugnadas judicialmente ante la Corte Suprema en 1996, resultando finalmente rechazadas las impugnaciones en 1999. En el Apéndice de este libro, se publican los documentos fundamentales de ese proceso.

En todo caso, durante estas tres primeras etapas, Petróleos de Venezuela S.A. (PDVSA) se consolidó como la segunda empresa petrolera más grande del mundo, y la más grande empresa de la América Latina, con una producción de más de 3,6 millones de barriles de petróleo diarios, y 40.000 empleados.

Esas tres etapas fueron seguidas de dos etapas destructivas: la *tercera etapa*, de la Desnacionalización Petrolera, con la reducción del ámbito de las actividades reservadas al Estado en la industria y comercio de los hidrocarburos, mediante la sanción de la Ley Orgánica de Hidrocarburos de 2001; y la *cuarta etapa*, de la Estatización Petrolera, con la apropiación por parte del

---

1   Sobre estas etapas véase en general Brian S. McBeth, *La política Petrolera venezolana. Una perspectiva histórica 1922/2005*, CELAUP, Universidad Metropolitana, Caracas 2005.

Estado, a partir de 2007 y de 2009, de todas las inversiones privadas en todas las empresas creadas con la Apertura Petrolera, y en las que prestaban servicios conexos con la industria petrolera.

Durante estas dos últimas etapas, Petróleos de Venezuela S.A. pasó a ocupar el lugar 59 en las empresas de América Latina, endeudada y en default selectivo, con una producción de solo 1,8 millones de barriles de petróleo diarios, y 150.000 empleados; y además embargada por las acciones judiciales que intentaron sus antiguos socios en los Convenios de Asociación de la Apertura Petrolera, reclamando la compensación que se les debía por la terminación anticipada de esos contratos y la confiscación de sus bienes.

Esta es la Crónica de los aspectos más resaltantes, desde el punto de vista jurídico institucional, de todo ese proceso de destrucción, que concluye con algunas viejas y nuevas medidas que han contribuido a la misma.

PRIMERA PARTE:

SOBRE EL DESARROLLO DE LA INDUSTRIA PETROLERA BAJO EL RÉGIMEN DE CONCESIONES

El régimen de las actividades económicas depende de la posibilidad de que las mismas puedan o no realizarse libremente por los particulares; es decir, depende, por una parte, de si para su realización existe o no libertad económica; y por la otra, consecuentemente, de si las mismas están o no reservadas al Estado.

Por ello, la gran división que puede hacerse en cualquier parte respecto del régimen jurídico de las actividades económicas, sin que quepan términos medios, es entre actividades reservadas al Estado donde no existe libertad económica, y actividades no reservadas al Estado donde existe libertad económica.[2]

En las primeras, no existiendo libertad económica dada la reserva que el Estado se ha hecho a sí mismo, este puede sin embargo otorgar el derecho de realizarlas a los particulares, generalmente mediante un acto de concesión, que por su carácter constitutivo crea en cabeza del concesionario el derecho que se concede.

En cambio en las segundas, tratándose de actividades no reservadas al Estado, los particulares son libres de ejercerlas conforme a la libertad económica que garantiza la Constitución, aun cuando a limitaciones y restricciones impuestas por el Estado que se manifiestan por ejemplo, a través de actos administrativos declarativos de derechos, como son las autorizaciones (licencias, permisos); actos homologadores de derechos, como las apro-

---

2   Véase José Ignacio Hernández, "Disciplina jurídico-administrativa de la libertad económica. La doctrina actual entre la libertad económica y el Estado Social", en *VII Jornadas Internacionales de Derecho Administrativo Allan R. Brewer-Carías, El principio de legalidad y el ordenamiento jurídico-administrativo de la libertad económica,* 3-5 Noviembre de 2004, Fundación de Estudios de Derecho Administrativo, Caracas 12000, p. 197.

baciones; actos de declaración de certeza de derechos, como las inscripciones y registros; e, incluso, actos extintivos de derechos (ablatorios), como las expropiaciones o decomisos.

En consecuencia, la división fundamental de las actividades económicas en actividades reservadas o no al Estado, condiciona las técnicas de intervención administrativa, concibiéndose la figura de la concesión para la primera, y entre otras, las autorizaciones para las segundas.

Ese carácter reservado de ciertas actividades económicas al Estado puede derivar, ya de una declaratoria legal de reserva al Estado de la actividad económica, o de una declaración legal de determinados bienes como del Estado, o del dominio público.

Esto último, respecto de las actividades de la industria petrolera ha sido una constante, pues la titularidad del Estado sobre las minas, los yacimientos y en general del subsuelo ha sido un principio válido desde siempre, conforme a lo dispuesto en las Ordenanzas de Minería para Nueva España dictadas por Carlos III en Aranjuez el 22 de marzo de 1783, las cuales mediante Real Resolución de 24 de abril de 1784 fueron puestas en vigencia en la Capitanía General de Venezuela, y las cuales posteriormente, ya en la República, el General Presidente Simón Bolívar, mediante decreto dictado en Quito el 24 de octubre de 1829,[3] las puso en vigencia en la entonces República de Colombia que comprendía los territorios de Venezuela. Los principios de esa legislación se recogieron en el primer Código de Minas de 15 de marzo de 1854 y en la legislación sucesiva hasta la Ley de Minas de 1945,[4] y la Ley de Hidrocarburos de 1920 y luego de 1943.[5]

En esta forma, siendo los yacimientos bienes del dominio público, su exploración y explotación, así como el aprovechamiento de los materiales extraídos estuvo siempre reservado al Estado, pudiendo sin embargo conceder esas actividades a empresas y particulares mediante concesiones; a cuyo efecto la Ley de Hidrocarburos de 1943 distinguió cuatro clases de concesiones de hidrocarburos: de exploración y subsiguiente explotación (arts. 12 a 21); de explotación (arts. 22 a 27); de manufactura y refinación (arts. 28 a 31), y de transporte (arts. 32 a 37).

Con base en el desarrollo de la industria petrolera mediante esas concesiones puede decirse que se desarrolló historia político–económica del país hasta la década de los sesenta del siglo pasado, habiendo sido la misma, re-

---

3   Véase en general sobre el tema Isabel Boscán de Ruesta, "La propiedad de los yacimientos de los hidrocarburos. Evolución histórica", en *El Derecho Público a comienzos del siglo XXI. Estudios homenaje al Profesor Allan R. Brewer-Carías,* Tomo III, Instituto de Derecho Público, UCV, Civitas Ediciones, Madrid, 2003, pp. 3061-3105.

4   Véase en *Gaceta Oficial* N° 121 Extra. de 18 de enero de 1945.

5   La última reforma fue la de 29 de agosto de 1967. Véase en *Gaceta Oficial* N° 1149 Extra. de 15 de septiembre de 1967.

almente, la historia de la lucha entre los intereses del Estado y los de las empresas petroleras extranjeras concesionarias y, por tanto, la historia de la progresiva intervención y control del Estado sobre la industria.

En efecto, con motivo de los resultados económicos de la explotación petrolera, se tuvo conciencia de que el problema económico del país, a diferencia del de otros países latinoamericanos, realmente no era iniciar un crecimiento económico, sino mantener ese crecimiento a una tasa elevada;[6] pero logrando, paralelamente, por una parte, la disminución de la dependencia económica mediante la obtención de una mayor participación en los beneficios, en la diversificación y en la operación de la industria petrolera; y por la otra, la reducción de la dependencia de la exportación de un solo producto, mediante la diversificación de la producción, el control y venezolanización de las inversiones extranjeras; todo ello (desarrollo económico) para la realización del desarrollo social y la ordenación del territorio.

En cuanto a la mayor participación en los beneficios de la industria petrolera, y después de finalizar la dictadura de Gómez (1935), las décadas siguientes fueron testigos de la realización de esfuerzos crecientes en tal sentido. Habiendo sido el petróleo y el subsuelo propiedad del Estado y la explotación de hidrocarburos realizada básicamente a través de concesiones, los beneficios de esta industria fundamental revirtieron al país a través de tres renglones de gastos: en primer lugar, los gastos destinados a cubrir los costos corrientes, tales como compras de materiales y pago de sueldos y salarios; en segundo lugar, los gastos destinados a cubrir los impuestos a la industria; y en tercer lugar, los gastos destinados a nuevas inversiones y al pago de las concesiones.[7] Entre estos renglones es evidente que el segundo fue la fuente más importante a través de la cual fluyeron recursos a la economía nacional, y en este campo pudo observarse una creciente participación del Estado en los beneficios de la industria, lo cual convirtió a Venezuela en la nación pionera de esta lucha, entre los países exportadores de petróleo.[8]

---

6   La verdadera tasa de crecimiento de Venezuela en el período de la postguerra fue una de las más elevadas del mundo. Su PTB per cápita en 1975 era más de seis veces el de Asia y África y cerca de tres veces el de la América Latina. *Cfr.* M. F. Hassan *Crecimiento Económico y Problemas de Empleo en Venezuela,* Caracas, 1973, p. 7.

7   Véase M. F. Hassan, *op. cit.,* pp. 15 y ss. Por supuesto que el renglón que más ha contribuido al crecimiento económico, de Venezuela ha sido el segundo. *Cfr.* Armando Córdova y Rector Silva Michelena, *Aspectos Teóricos del Subdesarrollo,* Caracas, 1967, p. 140

8   No hay que olvidar que Venezuela fue la promotora de la Organización de Países Exportadores de Petróleo (OPEP) en 1960. *Cfr.* Eduardo Acosta Hermoso, *Análisis histórico de la OPEP,* Mérida, 1969; Mustafá el Sayed, *L'Organisation des pays exportateurs de pétróle,* París, 1967; y Luis Vallenilla, *Auge, Declinación y Porvenir del Petróleo Venezolano,* Caracas, 1973.

En efecto, a partir de la aprobación de la Ley de Hidrocarburos de 1943[9] se inició un proceso de ampliación de los poderes del gobierno en relación a la industria petrolera, los cuales antes de esa fecha eran casi inexistentes. El paso más significativo en esta materia ocurrió en 1945, cuando la Junta Revolucionaria de Gobierno que presidía Rómulo Betancourt, mediante el Decreto N° 112 del 31 de diciembre, estableció un impuesto extraordinario y adicional para gravar el exceso de utilidades de las empresas petroleras, y en 1946, cuando la Asamblea Nacional Constituyente, elevó el impuesto complementario que gravaba la industria petrolera, previsto en la Ley de Impuesto sobre la Renta en 1942.

A pesar de que la tesis del gobierno en este campo era que "en ningún caso las empresas petroleras llegaran a recibir una participación en las ganancias anuales, superiores a las entradas que percibiera el Estado," en realidad, la denominada fórmula del 50/50 en la distribución de los beneficios de la industria entre el gobierno y las empresas petroleras, sólo fue posteriormente establecida en forma expresa en la modificación de la Ley de Impuesto sobre la Renta aprobada por el Congreso de 1948, doce días antes de que se produjera el golpe militar que derrocó al Presidente Rómulo Gallegos.[10]

Ahora bien, precisamente en este año 1948, se produjo un importante cambio en la situación de la demanda energética mundial, pues los Estados Unidos, en relación a sus requerimientos energéticos, pasó a convertirse en país importador de petróleo y, por ello, pasó a depender progresivamente de fuentes energéticas de otros países.[11] Se comprende, por ello, la política norteamericana evidenciada en esa misma época por controlar y asegurar las fuentes productoras de petróleo para cubrir las exigencias de un consumo interno, lo cual resultó claro de la política que se siguió en el Medio Oriente y en Venezuela. Cualquier manifestación nacionalista de estos países que pudiera comprometer los suministros de petróleo, fue entonces extinguida, y basta señalar como ejemplo, para darse cuenta de ello, el bloqueo a los in-

---

9   Véase las referencias a las vicisitudes de dicha Ley, en Isaías Medina Angarita, *Cuatro Años de Democracia,* Caracas, 1964, pp. 77 y ss.; y Luis Vallenilla, *op. cit.,* pp. 150 y ss.

10 Véase las referencias en R. Betancourt, *Venezuela, Política y Petróleo,* México, 1956, pp. 243 y 246; y en Luis Vallenilla, *op. cit.,* pp. 166 y ss. y 205 y ss. Es de destacar que esta medida que elevó la participación del Estado en los beneficios de la industria petrolera al 50 por ciento, ha sido considerada como el inicio de una larga lucha de los países productores y exportadores de petróleo en el mundo, y que posteriormente en la década de los cincuenta comenzó a ser imitada por los países árabes. Véase Jean Jacques Berreby, "Les Conflicts Pétroliers Contemporains", *Ilevue Francaise de Science Politique,* Vol. XXII; N° 6, 1972, pp. 1.193 y ss.; Denis Bauchard, *Le Jeu Mondial des Pétroliers,* París, 1970, p. 63.

11 Véase Taki Rifai, "La Crise Pétroliere (1970–1971)", *Revue Francaise de Science Politique,* Vol. XXII, N° 6, 1972, pp. 1.214, 1.216 y 1.220.

tentos nacionalistas de Mossadegh, en Irán[12] y la complacencia norteamericana respecto al golpe militar de Venezuela. La benevolencia de la dictadura militar de Pérez Jiménez no sólo estaba asegurada, sino que se manifestó generosamente en 1956 y 1957 con el otorgamiento de nuevas concesiones a las empresas petroleras, en una extensión considerable en relación a todas las existentes para ese momento.[13]

Ahora bien, en el mencionado proceso de obtención de una mayor participación en los beneficios de la industria petrolera que se había iniciado entre 1943 y 1948 y que se vio interrumpido por diez años (1948–1958), debe destacarse una nueva Reforma de la Ley de Impuesto sobre la Renta, decretada esta vez en 1958 por la Junta de Gobierno que asumió el poder a la caída de la dictadura de Pérez Jiménez, elevando la participación del gobierno al 60 por ciento, aproximadamente, de los beneficios de la industria petrolera y de la industria del hierro.[14] Posteriormente, en 1970, en el gobierno del Presidente Rafael Caldera, al promulgar una nueva reforma de la Ley de Impuesto sobre la Renta, que eliminó los antiguos impuestos a la industria, se estableció un impuesto único del 60 por ciento sobre los beneficios de las empresas petroleras y mineras, lo cual elevó la participación total del Estado en 1972, hasta alrededor del 87 por ciento de los beneficios de las empresas petroleras.

En 1974, en una reforma de la misma Ley, el Presidente C.A. Pérez elevó el impuesto único que gravaba el enriquecimiento neto anual de las empresas petroleras al 63 y medio por ciento, y en 1975, otra reforma lo elevó al 72 por ciento, con lo que el Estado en dicho año tenía una participación en las utilidades del negocio petrolero próxima al 98 por ciento.[15] Para-

---

12 Véase Jean–Jacques Berreby, *loc. cit.,* p. 1.194. Es de destacar a modo de ejemplo que en 1973, el Presidente Nixxon se refirió claramente a lo sucedido en 1951 en Irán y a la actitud norteamericana, al amenazar nuevamente a los países árabes, y particularmente a Libia y Arabia Saudita, en relación a cualquier decisión que pudiera comprometer el suministro de petróleo a Estados Unidos: *"Oil without a market –dijo Nixon– as Mr. Mossadegh learned many, many years ago, doesn't do a country much good. The innevitable result* (de las presiones árabes) is *that they will loose their market, and other sources will be developed".* Véase el texto en *Times* (European Edition), September 17, 1978, p. 18. Sobre la nacionalización petrolera en Irán véase G. Neveu, "La Nationalisation de L'industrie Petroliere en Irán" en H. Puget (ed.), *Les Nationalisations en France et à l'Etranger,* Vol. II, París, 1958, pp. 301 y ss.

13 Véase M. F. Hassan, *op. cit.,* p. 23, señala que la extensión de estas concesiones fue casi igual a la otorgada con anterioridad, lo cual evidentemente no es exacto. Véase Luis Vallenilla, *op. cit.,* p. 219.

14 Véase la Ley de Impuesto sobre la Renta dictada por Decreto–Ley de 19 de diciembre de 1958, *Gaceta Oficial* N° 577 Extraordinario, de la misma fecha. Véase las referencias a dicha reforma, en Luis Vallenilla, *op. cit.,* pp. 257 ss.

15 Véase las reformas parciales de la Ley de Impuesto sobre la Renta de 1970, 19,74 y 1975 en *Gaceta Oficial* N° 1.448, Ext. de 18–1–70, N° 1.702 Ext. de 31–10–14, y el

lelamente a estas medidas impositivas, el Estado adoptó en la misma reforma de la Ley de Impuesto sobre la Renta de 1970, medidas de enorme importancia tendientes a contrarrestar, a los efectos fiscales, el deterioro de los precios de exportación del petróleo,[16] provocado por la política de Estados Unidos sobre sus propios precios de producción, lo que en definitiva incidía sobre la determinación, en Venezuela, de la base imponible y sobre el ingreso fiscal por concepto petrolero.[17] En esta forma, desde 1971 el Ejecutivo Nacional fijó unilateralmente los valores de exportación del petróleo con lo que las empresas petroleras debieron pagar un impuesto adicional sobre la diferencia entre los ingresos por ventas de exportación por ellas declaradas a efectos fiscales, y los valores fijados por el Ejecutivo Nacional.[18]

N° 1.720 Ext. 25–1–75. El Art. 58 de la Ley quedó redactado así: "El enriquecimiento global neto anual de toda persona o comunidad determinado de acuerdo con las normas establecidas en el Título III de la presente Ley (empresas mineras o de hidrocarburos) se gravará con una tasa del setenta y dos por ciento (72%). En cuanto al porcentaje fiscal de la participación en los beneficios de la industria, Véase Rafael Caldera, *Habla el Presidente,* Vol. IV, Caracas, 1973, pp. 564 y 569. En 1973 se establecía este beneficio en el 89 por ciento (89%). Véase Cordiplan, *Notas para la evaluación de la Obra el Gobierno* (1969–1973), Caracas, 1973, p. 16. Por su parte, M. F. Hassan, *op. cit.,* p. 24 establece este porcentaje en el setenta y cinco por ciento (75%).

16 Conforme al artículo 41 de la Ley de Impuesto sobre la Renta de 18 de diciembre de 1970, "el Ejecutivo Nacional fijará por períodos sucesivos hasta de tres años cada uno, los valores de los artículos o mercancías exportados en el puerto venezolano de embarque. Cuando el monto resultante de la aplicación de los valores fijados por el Ejecutivo Nacional exceda de los ingresos por ventas de exportación declarados por el contribuyente, se efectuará un pago complementario de impuesto sobre la diferencia". Véase en *Gaceta Oficial* N° 1.448; Extraordinario, de 18 de diciembre de 1970. Véase los comentarios de Luis Vallenilla, *op. cit.,* pp. 502 y ss.

17 Véase Taki Rafai, *loc. cit.,* pp. 1.216 y ss. En este sentido, C. Julien señala que entre 1965 y 1970, el precio del barril del petróleo importado por Estados Unidos desde Venezuela disminuía de 2,47 a 2,30 dólares. Véase *L'Empire Americain,* París, 1962, p. 6. Es de destacar, por ello, que en la reforma a la Ley de Impuesto sobre la Renta de 1966 se iniciaron los esfuerzos por la determinación justa de los precios de exportación del petróleo a los efectos fiscales, pero mediante la figura de los "convenios de precios" celebrados entre el gobierno y las empresas petroleras posteriormente abandonada. En 1993, por ley especial se eliminaron los valores de exportación para la determinación de la renta.

18 En pago a la facultad atribuida al Ejecutivo Nacional, los Ministerios de Minas e Hidrocarburos y de Hacienda establecieron los valores de exportación de los crudos y de los derivados de hidrocarburos. Véase el Informe anexo a Rafael Caldera, *IV Mensaje del Presidente al (Congreso, cit.,* p. 183. En esta forma, por ejemplo, en enero de 1973 se estableció un valor promedio de exportación del petróleo de 3,14 dólares por barril, y en julio de 1973 se elevó a 3,75 dólares por barril. (Véase la información en *El Nacional,* Caracas, 28 de julio de 1973). Posteriormente, en noviembre de 1973, luego de la crisis producida por la cuarta guerra en el Medio Oriente, se elevó el valor promedio de exportación a 7,24 dólares por barril, y en noviembre del mismo año se

Las medidas adoptadas a partir de los años sesenta, sin embargo, no se redujeron a la obtención de una mayor participación en los beneficios de la industria petrolera, sino a lograr una mayor participación en la industria. En este sentido, la política conservacionista del petróleo que condujo al no otorgamiento de nuevas concesiones durante el gobierno del partido Acción Democrática en los años 1945–1948,[19] aun cuando, como se dijo, se suspendió durante el gobierno de Pérez Jiménez, se continuó a partir de 1958. Y como complemento de esta política, en 1960 se creó la Corporación Venezolana de Petróleo como empresa estatal,[20] la cual puede decirse que fue sólo a partir de la reforma de la Ley de Hidrocarburos de 1967,[21] reguladora de la figura de los contratos de servicio como sustitutiva de las concesiones, cuando inició una participación operativa en las actividades de exploración y explotación de hidrocarburos.[22]

Por otra parte, es de destacar que las concesiones de explotación de hidrocarburos otorgadas con anterioridad a la Ley de 1943, conforme a sus disposiciones, debían comenzar a revertir al Estado sin compensación, en 1983, pues la duración de las mismas se había fijado en cuarenta años a partir de dicha fecha.[23] Para garantizar que dicha reversión se produjera en forma tal que asegurara al Estado la posibilidad de la continuación de la explotación, en 1971 se dictó la Ley sobre bienes afectos a reversión en las concesiones de hidrocarburos,[24] la cual aumentó el control del Estado sobre las operaciones de todos los bienes de las empresas afectos a las concesiones.

Debe señalarse, además, que las medidas nacionalistas en el campo de los hidrocarburos y sus derivados, tendientes a lograr una mayor participación directa del Estado en las actividades petroleras y sus derivados, también

---

elevó a 7,74 dólares por barril. Para enero de 1974 dicho valor promedio se estableció en 14,08 dólares por barril (Véase *El Nacional*, Caracas, 29 de diciembre de 1973). Diez años después, en abril de 1984, el valor promedio se estableció en 24,40 dólares por barril (Véase *El Nacional*, Caracas, 20–5–84)

19 Véase R. Betancourt, *op. cit.,* pp. 233 y ss.

20 Véase el Decreto–Ley N° 260 de la Corporación Venezolana del Petróleo de 19 de abril de 1960, *Gaceta Oficial* N° 26.234 de abril de 1960. Véase las referencias a la denominada "Era de Pérez Alfonzo", en Luis Vallenilla, *op. cit.,* pp. 255 y ss.

21 Véase las referencias a dicha Ley, en Luis Vallenilla, *op. cit.,* pp. 832 y ss.

22 En 1973 el promedio diario de producción de petróleo de la CVP (100.000 barriles diarios) quintuplicaba el correspondiente a 1968, Véase Cordiplan, *Notas para la Evaluación de la Obra de Gobierno* (1969–1979), *cit.,* p. 19. En 1972, las utilidades netas de dicha empresa fueron de 56 millones de bolívares, y en 1973 se estimaban en 80 millones de bolívares. *Cfr. El Nacional,* Caracas, 8 de septiembre de 1978, p. C–4.

23 *V.* Art. 29 de la Ley de Hidrocarburos de 1948. *Cfr.* Los comentarios de Luis Vallenilla, *op. cit.,* p. 1566.

24 La Ley fue aprobada en 30 de julio de 1971. Véase *Gaceta Oficial* N° 29.577 del 6 de agosto de 1971.

se manifestaron en la década de los sesenta, con la creación del Instituto Venezolano de Petroquímica,[25] cuyas actividades comenzaron a desarrollarse promisoriamente en los primeros años de la década de los setenta.[26] Estas medidas luego adquirieron importancia considerable en el gobierno del Presidente Caldera, al aprobarse, en 1972, la Ley que reserva al Estado la industria del gas natural[27] y, en 1973, al sancionarse la Ley que reserva al Estado la explotación del mercado interno de los productos derivados del petróleo,[28] que permitieron a la Corporación Venezolana del Petróleo la explotación monopolística del gas natural y la comercialización de la gasolina y demás derivados, del petróleo.[29]

---

25 El IVP fue creado por Decreto–Ley N° 367 de 29 de junio de 1956. ,Véase en *Gaceta Oficial* N° 25.091 de 30 de junio de 1956

26 Desde la fundación del IVP hasta 1968 la inversión en la industria petroquímica fue de 577 millones de bolívares, mientras que de 1969 a 1972 fue de 1.350 millones de bolívares. *Cfr.* Cordiplan. *Notas para la evaluación de la Obra de Gobierno (1969–1973), cit.*, p. 28.

27 Véase la Ley en *Gaceta Oficial* N° 29.594 de 26 de agosto de 1971.

28 Véase la Ley en *Gaceta Oficial* N° 1.591. Extraordinaria, de 22 de junio de 1973.

29 La participación de las ventas de la CVP en el mercado interno de hidrocarburos había pasado del 19 por ciento en 1968 al 35 por ciento en 1973. *Cfr.* Cordiplan, *Notas para la evaluación de la Obra de Gobierno (1969–1973) cit.*, p. 20.

SEGUNDA PARTE

SOBRE EL PROCESO DE NACIONALIZACIÓN DE LA INDUSTRIA PETROLERA

En todo caso, si bien los yacimientos de hidrocarburos siempre fueron en Venezuela del dominio público, las actividades que pudieran realizarse sobre los mismos no estaban reservadas al Estado, pudiendo los particulares realizarlas mediante concesión, habiendo sido solo en 1975 que el Estado decidió reservarse las mismas, excluyendo a los particulares de ellas.

Ello ocurrió mediante la Ley Orgánica que reservó al Estado la industria y el Comercio de los Hidrocarburos de 29 de agosto de 1975,[30] cuando el Estado se reservó por razones de conveniencia nacional, "todo lo relativo a la exploración del territorio nacional en busca del petróleo, asfalto y demás hidrocarburos; a la explotación de yacimientos de los mismos; aja manufactura o refinación, transporte por vías especiales y almacenamiento; al comercio interior y exterior de las sustancias explotadas y refinadas, y a las obras que su manejo requiera."[31]

En esta forma, conforme a lo previsto en el artículo 97 de la Constitución de 1961, puede decirse que se estableció un monopolio de derecho a favor de la Nación sobre la industria petrolera, que debía manejarse por medio de entes de propiedad de la República (art. 5). La consecuencia de la Ley de Reserva fue la extinción de las concesiones de hidrocarburos que para ese

---

30 Véase *Gaceta Oficial* Nº 1.769, Extr., de 29 de agosto de 1975. Véase en general, sobre la nacionalización petrolera de 1975, Allan R. Brewer-Carías (Editor y director), *Régimen Jurídico de las nacionalizaciones en Venezuela. Homenaje del Instituto de Derecho Público al profesor Antonio Moles Caubet, Archivo de Derecho Público y Ciencias de la Administración,* Vol. VIII (1972-1979), Instituto de Derecho Público, Universidad Central de Venezuela, Caracas, 198

31 Artículo 1. Véase R. Duque Corredor, *El derecho de la nacionalización petrolera,* 1978; y además, Instituto de Derecho Público, *Archivo de Derecho Público y Ciencias de la Administración,* Vol. III. *El Régimen Jurídico de las Nacionalizaciones en Venezuela,* 2 Tomos, Caracas, 1981.

entonces existían, y además, la obligación impuesta a las empresas concesionarias que operaban la industria, de transferir al Estado la propiedad de las mismas, para lo cual se establecieron normas especiales relativas al procedimiento expropiatorio (art. 13 y ss.).

La Ley no estableció normas particulares relativas a la organización de la Administración Petrolera Nacional, habilitando al Poder Ejecutivo para organizarla de acuerdo a las siguientes bases: la creación de las empresas que juzgase necesario para el desarrollo regular y eficiente de las actividades reservadas, con las formas jurídicas que considerara conveniente; y la atribución a una de las empresas de las funciones de coordinación, supervisión y control de las actividades de las demás, pudiendo asignarle la propiedad de las acciones de cualesquiera de esas empresas.

Se creó, así, la empresa Petróleos de Venezuela S.A. (PDVSA), a la cual pasaron a depender, como empresas filiales, todas las que se formaron con las antiguas empresas concesionarias.[32] En esa forma, después de más de cincuenta años de explotación petrolera mediante el sistema de concesiones, a partir de 1975 el Estado venezolano comenzó la difícil tarea de dejar su posición de rentista, y asumir la de empresario en una industria por demás compleja. A partir de 1985, en todo caso, consolidada la industria petrolera nacionalizada, Petróleos de Venezuela S.A. (PDVSA), era ya considerada como la empresa líder en América Latina[33].

En el proceso político–económico constitucional venezolano, sin duda, la nacionalización de la industria petrolera realizada en 1975 tuvo una importancia fundamental, al utilizarse para ello la posibilidad que tenía el Estado, conforme al artículo 97 de la Constitución de 1961, de reservarse determinadas actividades económicas, lo que en definitiva fue un proceso de nacionalización,[34] transformando así de manera general en el sector, la propiedad privada de las empresas petroleras en propiedad pública, reestructurando así la economía nacional.

Al día siguiente de la promulgación de la Ley de Nacionalización, en efecto, el Presidente de la República dictó el Decreto Nº 1.123, del 30 de

---

32 Véase Allan R. Brewer–Carías, "Aspectos Organizativos de la Industria Petrolera Nacional en Venezuela" en *Archivo de Derecho Público de Ciencias de la Administración,* IDP–UCV, Vol. III, Tomo 1 (1972–1979), Caracas, 1981, pp. 407–492.

33 Véase la información en *El Universal,* Caracas, 13–12–81, p. 1–13; *El Universal,* Caracas, 15–10–82, p. 1–14; *El Nacional,* Caracas; 13–12–82, p. D–5; *El Diario de Caracas,* Caracas, 9–12–84, p. 28; y *El Nacional,* Caracas, 14–2–85, p. A–l.

34 Véase Allan R. Brewer–Carías, "Aspectos Organizativos de la Industria Petrolera Nacionalizada", en *Archivo de Derecho Público y Ciencias de la Administración,* IDP–UCV, Vol. III, Tomo 1 (1972–1979), Caracas, 1981, pp. 408 y ss.; publicado también en Marcos Kaplan (coordinador). *Petróleo y Desarrollo en México y Venezuela.* UNAM, México, 1981, pp. 333 y ss.

agosto de 1975,[35] mediante el cual se creó la empresa Petróleos de Venezuela S.A. (PDVSA), como "una empresa estatal, bajo la forma de Sociedad Anónima, que cumplirá y ejecutará la política que dicte en materia de hidrocarburos, el Ejecutivo Nacional, por órgano del Ministerio de Minas e Hidrocarburos, en las actividades que le sean encomendadas," dictándose, además, sus estatutos (arts. 1 y 2). La motivación central de la creación de PDVSA fue la consideración de que era "de prioritaria necesidad proceder a la constitución e integración de las empresas estatales que, tendrán a su cargo la continuación y desarrollo de la actividad petrolera reservada al Estado." La empresa se creó con un capital de dos mil quinientos millones de bolívares (Bs. 2.500.000.000,0), representado en cien (100) acciones de la exclusiva propiedad de la República de Venezuela, como única accionista[36] y los estatutos sociales de la misma fueron registrados en el Registro Mercantil respectivo el día 15 de septiembre de 1975.[37]

La Ley de Reserva estableció un período de transición de cuatro meses para hacer efectiva la nacionalización, el cual se extendió hasta el 31 de diciembre de 1975, oportunidad en la cual se hizo efectiva la extinción de las viejas concesiones de hidrocarburos que habían sido otorgadas por el Ejecutivo Nacional (art. 44) y a través de las cuales durante más de sesenta años se había efectuado la explotación petrolera en el país. Durante esos cuatro meses se negoció con las empresas petroleras la indemnización que la ley había acordado cancelarles, y se las hizo constituir sendas empresas en el país, cuyas acciones fueron luego transferidas a Petróleos de Venezuela S.A. A partir del 1° de enero de 1976, así, Venezuela comenzó a regir la industria petrolera nacionalizada, a través de las empresas estatales que fueron creadas para tal fin.

El proceso se reguló con precisión en la Ley Orgánica , estableciéndose en su artículo 12 que el Ejecutivo Nacional, dentro de los 45 días continuos y subsiguientes a la fecha de promulgación de la Ley, es decir, dentro de los 45 días siguientes al 29 de agosto de 1975, y por órgano del Ministerio de Minas e Hidrocarburos, debía hacer a los concesionarios una oferta formal de una indemnización, por todos los derechos que los concesionarios tuvieran sobre los bienes afectos a las concesiones de las cuales eran titulares.

---

35 Véase en *Gaceta Oficial* N° 1.770, Extr., de 30 de agosto de 1975. El decreto de creación de la empresa ha sido modificado por Decreto N° 250, del 23–8–1979, en *Gaceta Oficial* N° 31.810, del 30–8–1979.

36 Cláusulas 4, 5 y 6. El capital, íntegramente suscrito, se pagó en un 40 por ciento al constituirse la empresa, habiéndose pagado el 60 por ciento restante el 2–1–1976. Véase Petróleos de Venezuela, *Informe Anual* 1977. p. 38.

37 La inscripción de los Estatutos se efectuó en el Registro Mercantil de la Circunscripción Judicial del Distrito Federal y Estado Miranda, el día 15 de septiembre de 1975, bajo el N° 23 del Tomo 99–A; y fueron publicados en *Gaceta Municipal del Distrito Federal*, N° 413, Extr., del 25–9–1975.

La indemnización que el Estado debía cancelar a los concesionarios, de acuerdo al artículo 15 de la Ley, correspondía a los derechos sobre los bienes expropiados, y no podía ser superior al valor neto de las propiedades, plantas y equipos, entendiéndose como tal, el valor de adquisición menos el monto acumulado de depreciación y amortización, a la fecha de la solicitud de expropiación, según los libros usados por el respectivo concesionario a los fines del Impuesto sobre la Renta. El mismo artículo 15 de la ley estableció una serie de declaraciones que debían hacerse a dicha indemnización antes de su pago.

De acuerdo a esas normas, el Ministro de Minas e Hidrocarburos presentó a las veintidós (22) empresas concesionarias que existían las ofertas de indemnización, previéndose el pago de acuerdo a dos sistemas: una parte que debía pagarse en efectivo, cancelándose el material existente para el 31 de diciembre; y otra parte que debía pagarse en bonos de la deuda pública para el pago por concepto de equipos e instalaciones, conforme, a lo autorizado por el artículo 16 de la ley.[38] Las empresas concesionarias contestaron la oferta presentada por el Ejecutivo Nacional dentro de los 15 días siguientes, y como consecuencia de ello, se llegó, entre el Ejecutivo Nacional y las empresas concesionarias, a un avenimiento, el cual se hizo constar en las llamadas Actas–Convenios, suscritos por el Procurador General de la República y las empresas concesionarias, conforme a las instrucciones impartidas por el Ejecutivo Nacional por órgano del Ministerio de Minas e Hidrocarburos; Actas de Avenimiento o Convenios cuyos efectos se producirían para la fecha de extinción de las concesiones, es decir, para el 31 de diciembre de 1975.

El día 28 de noviembre de 1975 concluyó la firma de las Actas Convenios entre la, Procuraduría General de la República y las empresas concesionarias.[39] De acuerdo a lo previsto en el artículo 12 de la Ley, el Ejecutivo Nacional, por órgano del Ministro de Minas e Hidrocarburos, sometió las Actas–Convenios a la aprobación y consideración de las Cámaras Legislativas, en sesión conjunta, habiéndose iniciado el debate en el Congreso el día 10 de diciembre.[40] Las Actas Convenios fueron aprobadas y el acuerdo de aprobación respectivo fue publicado el 18 de diciembre de 1975,[41] y de acuerdo a dichas Actas se pagó a las principales empresas concesionarias y participantes, una indemnización estimada para el 31 de diciembre de 1975 que ascendió a la cantidad de cuatro mil trescientos cuarenta y siete millones, novecientos treinta mil trescientos cincuenta y dos bolívares (Bs. 4.347.930.352,00)

---

38 Véase Irene Rodríguez Gallad y Francisco Yánez: *Cronología Ideológica de la Nacionalización Petrolera en Venezuela,* Caracas 1977, p. 403.

39 *Idem,* p. 424.

40 *Ibídem,* p. 430

41 Véase en *Gaceta Oficial* N° 1.784, Extr. de 18 de noviembre de 1975.

La Ley había previsto mecanismos para expropiar a las empresas concesionarias si no se lograba el avenimiento previsto en el artículo 12 de la Ley, pero no fue necesario acudir a dicho procedimiento, ya que se logró el acuerdo necesario.

En la Cláusula Cuarta de Actas Convenios suscritas por la República y algunas de las principales empresas concesionarias, se establecieron las bases para que éstas procedieran a constituir sendas compañías anónimas que progresivamente irían asumiendo la operación integral de la industria; en compañías anónimas, que luego serían trasladadas a la República, al extinguirse las concesiones el 31 de diciembre de 1975, tal como sucedió.

La Ley de Nacionalización, en todo caso, fue mi clara en prever las pautas para estructurar la Administración Petrolera Nacional a través de empresas del Estado (entes o personas estatales) con forma de sociedad mercantil y por tanto con un régimen preponderantemente de derecho privado. La aparente posibilidad de que el Estado pudiera ejercer las actividades reservadas "directamente por el Ejecutivo Nacional" como se indicaba en el artículo 5 de la Ley Orgánica, en cuanto se refería a las actividades que habían venido realizando por empresas privadas concesionarias de capital extranjero y que se nacionalizaban, estaba desvirtuada en la propia Ley (arts. 5, 6 y 7) al "sugerirse" la constitución de empresas o entes de propiedad del Estado, como lo señaló el artículo 5° con forma de sociedad mercantil.[42]

Por ello, como se dijo, conforme a la orientación señalada, el Ejecutivo Nacional, mediante el Decreto N° 1.123 de 30 de agosto de 1975[43], considerando que era "de prioritaria necesidad proceder a la constitución e integración de las empresas estatales que tendrán a su cargo la continuación y desarrollo de la actividad petrolera reservada al Estado," decretó la creación de una empresa estatal, bajo la forma de sociedad anónima, que debía cumplir la política que dictase en materia de hidrocarburos el Ejecutivo Nacional, por órgano del Ministerio de Minas e Hidrocarburos, en las actividades que le fueran encomendadas (art. 1). El decreto de creación de la empresa se registró en el Registro Mercantil de la Circunscripción Judicial del Distrito Federal y Estado Miranda bajo el N° 23, tomo *99–A,* con fecha 15 de septiembre de 1975.[44] No hay duda, por tanto, de que la naturaleza jurídica de Petróleos de Venezuela S.A., fue desde el inicio la de una persona estatal con forma jurídica de derecho privado; es decir, es una "empresa estatal" o empresa del Estado, de propiedad íntegra del mismo y que respondía a las

---

42 Véase Andrés Aguilar M., "Régimen Legal de la Industria y el Comercio de los Hidrocarburos", en *Boletín de la. Academia de Ciencias Políticas y Sociales,* N° 66–67, Caracas, 1976, pp. 13 Y 14.

43 Véase en *Gaceta Oficial* N° 1.770, Extr., de 30-8-1975. El decreto de creación fue modificado mediante Decreto N° 250, del 23–8–1979, en *Gaceta Oficial* N° 31.810 del 30–8–1979.

44 Véase en *Gaceta Municipal* del Distrito Federal N° 413, Extr., de 25-9-1975.

políticas que aquél dictase, y como tal, integrada dentro de la organización general de la Administración del Estado, como ente de la administración descentralizada, pero con forma jurídica de sociedad anónima, es decir, de persona de derecho privado.

En cuanto a las empresas operadoras, resultaba clara la intención del legislador de crearlas con forma de sociedades anónimas, cuyas acciones debían ser tenidas en propiedad por la empresa matriz Petróleos de Venezuela. La propia Ley Orgánica de Reserva había dispuesto la conversión del Instituto Autónomo Corporación Venezolana del Petróleo en sociedad anónima, lo cual se cumplió en diciembre de 1975. En ese mismo mes se constituyeron las restantes trece empresas operadoras iniciales, también con forma societaria.

De esta manera, tanto Petróleos de Venezuela S.A., como las catorce operadoras iniciales se constituyeron, en el ordenamiento jurídico venezolano, como personas jurídicas estatales con forma de derecho privado; y en el ámbito económico, como empresas públicas o, más propiamente, como empresas del Estado. Igual naturaleza jurídico–económica tuvieron todas las filiales de Petróleos de Venezuela S.A. posteriormente establecidas y entre ellas, las cuatro operadoras petroleras que resultaron de la primera reorganización de la industria y que fueron: Lagovén, Maravén, Menevén y Corpovén; la empresa Petroquímica (Pequivén); y la empresa de investigaciones petroleras (INTEVEP).[45]

---

45 Véase Enrique Viloria, *Petróleos de Venezuela,* Caracas, 1983.

TERCERA PARTE:

SOBRE LA APERTURA PETROLERA Y LA PARTICIPACIÓN DEL CAPITAL PRIVADO EN LA INDUSTRIA BAJO LOS CONVENIOS DE ASOCIACIÓN

La Ley de Nacionalización de 1975, como se ha comentado, se dictó en medio de una gran polémica y expectativa, pues se trataba de nacionalizar la principal industria del país; habiendo sido uno de los temas de mayor discusión que se planteó, la decisión de si con la nacionalización se reservaba total y absolutamente al Estado la industria y el comercio de los hidrocarburos, o si se dejaba alguna posibilidad de que en alguna forma el sector privado pudiera participar en las actividades reservadas.

Esa discusión y controversia se centró, en particular, en la redacción del artículo 5° de la Ley Orgánica, el cual en definitiva estableció que:

> *Artículo 5°.* – El Estado ejercerá las actividades señaladas en el artículo 1° de la presente Ley directamente por el Ejecutivo Nacional o por medio de entes de su propiedad, pudiendo celebrar los convenios operativos necesarios para la mejor realización de sus funciones, sin que en ningún caso estas gestiones afecten la esencia misma de las actividades atribuidas.
>
> En casos especiales y cuando así convenga al interés público, el Ejecutivo Nacional o los referidos entes podrán, en el ejercicio de cualquiera de las señaladas actividades, celebrar convenios de asociación con entes privados, con una participación tal que garantice el control por parte del Estado y con una duración determinada. Para la celebración de tales convenios se requerirá la previa autorización de las Cámaras en sesión conjunta, dentro de las condiciones que fijen, una vez que hayan sido debidamente informadas por el Ejecutivo Nacional de todas las circunstancias pertinentes."

Se estableció así una reserva al Estado de carácter exclusivo, pues el derecho a ejercer la actividad no podía otorgarse a los particulares mediante concesiones, aun cuando no totalmente excluyente, al permitir su participación, o las del sector privado en la industria, mediante dos modalidades contractuales: los convenios operativos y los convenios de asociación que se podían establecer con empresas privadas.[46]

Los primeros no afectaban en forma alguna la reserva ni la esencia misma de las actividades atribuidas al Estado, y podían suscribirse todos los que las empresas petroleras nacionalizadas considerasen necesarios para la mejor realización de sus actividades.

Los convenios de asociación, en cambio, permitían al Estado asociarse con particulares para realizar las actividades reservadas, lo que implicaba un régimen jurídico excepcional de asociación o participación del sector privado en las actividades reservadas a través de empresas mixtas sometidas al control estatal, lo que exigía la intervención previa del órgano legislativo para que pudieran suscribirse.

En todo caso, fue sólo a través de los referidos convenios de asociación que en la Ley de Nacionalización que se permitió la participación del capital privado en la industria petrolera nacionalizada, es decir, en la industria y comercio de los hidrocarburos.

Como se dijo, la Ley Orgánica de Nacionalización, al igual que las que se dictaron en los comienzos de los años setenta en relación con la nacionalización de la industria del gas natural (1971), la industria y explotación del mineral de hierro (1975), y el mercado interno de hidrocarburos (1973); se sancionó con base en la previsión del artículo 97 de la Constitución de 1961 que establecía la posibilidad de que el Estado pudiera "reservarse determinadas industrias, explotaciones o servicios de interés público por razones de conveniencia nacional."

Se trataba de una norma fundamental de la Constitución Económica que había adoptado el texto de 1961, de carácter mixto y flexible, que por ello permitía, sin que existiera una rigidez constitucional, es decir, sin necesidad de estar reformando la Constitución al inicio de cada gobierno, ir conformando la política económica del Estado, como efectivamente ocurrió durante las cuatro décadas de vigencia de dicha Constitución.[47] Con esa decisión, quedó excluida del régimen de la industria petrolera, como se dijo, la técnica de las concesiones petroleras que la habían caracterizado desde inicios del Siglo XIX; estableciéndose una reserva excluyente.

---

46 Véase en Isabel Boscán de Ruesta, *La actividad petrolera y la nueva ley Orgánica de Hidrocarburos,* Funeda, Caracas 2002, pp. 127 y ss.

47 Véase lo que expusimos sobre la Constitución económica en el texto de 1961 en Allan R. Brewer-Carías, "Consideraciones sobre la Constitución Económica" en *Estudios sobre la Constitución Española. Homenaje al profesor Eduardo García de Enterría,* Editorial Civitas, Madrid 1991, pp. 3.839-3.853.

Ahora bien, conforme al marco constitucional de 1961, así como se podían nacionalizar industrias por razones de conveniencia nacional como ocurrió con la industria petrolera, en otras circunstancias y otros tiempos, se las podía privatizar. Por ello, así como inicialmente la nacionalización petrolera excluyó de la industria la participación del capital privado al eliminar las concesiones, luego de 20 años de consolidación de la industria nacionalizada, conforme al mencionado artículo 5 de la propia Ley de Nacionalización, a comienzos de la década de los noventa del siglo pasado, en gran parte por las transformaciones ocurridas en el mercado petrolero mundial, se procedió a iniciar la llamada "Apertura Petrolera" que buscó hacer participar en la industria reservada al capital privado mediante Convenios de Asociación con el Estado; e, incluso, se dictó la Ley Orgánica de Apertura del Mercado Interno de la Gasolina y otros Combustibles derivados de los Hidrocarburos para el Uso de Vehículos Automotores de 1998.[48]

En efecto, en 1994, el Ejecutivo Nacional presentó al Congreso para su autorización previa, conforme a lo regulado en el mencionado artículo 5° de la Ley Orgánica de Nacionalización,[49] un Proyecto de Marco de Condiciones a los fines de la celebración de "Convenios de Asociación para la Exploración a Riesgo de nuevas áreas y la producción de Hidrocarburos bajo el Esquema de Ganancias Compartidas."[50] Con los mismos, se buscaba permitir mediante Convenios de Asociación con el capital privado, la exploración y, en consecuencia, el posible descubrimiento de nuevas reservas de hidrocarburos, especialmente de crudos livianos y medianos, particularmente tomando en cuenta que en los 10 años subsiguientes se presentarían oportunidades de mercado que exigían un aumento de la capacidad de producción del país para atender la cuota que le correspondía en el incremento de la demanda petrolera mundial.

En tal sentido, el Ejecutivo Nacional consideró que los nuevos Convenios de Asociación contribuirían a la consolidación y al crecimiento de la industria petrolera nacional, sin menoscabo de la soberanía estatal sobre los recursos energéticos; partiendo del supuesto de que el petróleo había sido y continuaría siendo pilar fundamental y motor del crecimiento y del desarro-

---

48 Véase en *Gaceta Oficial* N° 30.537 de 11 de septiembre de 1998

49 La norma disponía que: "Se requerirá la previa autorización de las Cámaras en sesión conjunta, dentro de las condiciones que fijen, una vez que hayan sido debidamente informadas por el Ejecutivo Nacional de todas las circunstancias pertinentes." Véase en *Gaceta Oficial* N° 1.769 Extra. de 29 de agosto de 1975.

50 Véase Allan R. Brewer-Carías, "El régimen de participación del capital privado en las industrias petrolera y minera: Desnacionalización y regulación a partir de la Constitución de 1999", en *VII Jornadas Internacionales de Derecho Administrativo Allan R. Brewer-Carías, El Principio de Legalidad y el Ordenamiento Jurídico-Administrativo de la Libertad Económica,* Caracas noviembre 2004. Fundación de Estudios de Derecho Administrativo FUNEDA, Caracas Noviembre, 2004 pp. 15-58.

llo económico del país, pero para lo cual se hacía necesario seguir consolidando el sector petrolero tanto público como privado.

I.   EL PRIMER ACUERDO LEGISLATIVO

Las Cámaras Legislativas Nacionales, el 4 de julio de 1995, en consecuencia, autorizaron mediante Acuerdo, la "celebración de los Convenios de Asociación para la *exploración a riesgo de nuevas áreas y la producción de hidrocarburos bajo el esquema de ganancias compartidas,*"[51] conforme a un Marco de Condiciones que se detalló en el artículo 2, bajo las cuales se debían celebrar dichos convenios.

Este Acuerdo del Congreso constituyó un acto parlamentario sin forma pero con rango de ley que tenía su fundamento último en el artículo 126 de la Constitución de 1961 que regulaba dos formas de intervención del Congreso en la contratación administrativa: la intervención previa, autorizatoria de los contratos de interés nacional, y la intervención posterior, aprobatoria de los mismos. Dicho artículo, en cuanto a la modalidad de autorización previa, en efecto, establecía que en ningún caso podía:

> "procederse al otorgamiento de nuevas concesiones de hidrocarburos ni de otros recursos naturales que determine la ley, sin que las Cámaras en sesión conjunta, debidamente informadas por el Ejecutivo Nacional de todas las circunstancias pertinentes, lo autoricen dentro de las condiciones que fijen y sin que ello dispense del cumplimiento de las formalidades legales"

La autorización legislativa previa prevista en el artículo 5º de la Ley Orgánica que Reserva al Estado la Industria y el Comercio de los Hidrocarburos, en consecuencia, participaba de la misma naturaleza jurídica de la consagrada en el artículo 126 de la Constitución de 1961. En ambos casos, se trataba de un Acuerdo del Congreso adoptado por las Cámaras en sesión conjunta, en congruencia con lo dispuesto en la Disposición Transitoria Décima Tercera de la Constitución de 1961, que tenía la forma jurídica de un acto parlamentario sin forma de ley pero con igual rango que la misma.[52]

---

51 Véase en *Gaceta Oficial* N° 35.754 de 17 de julio de 1995

52 Estos acuerdos conforme a lo decidido por la Corte Suprema de Justicia al interpretar el artículo 42.1 de su Ley Orgánica en sentencia de 25 de enero de 1994 (que ratificó la de la Sala Político-Administrativa de 14 de septiembre de 1993), son actos estatales "emitidos por los cuerpos legislativos nacionales, en ejecución directa e inmediata de disposiciones constitucionales, teniendo, por tanto, sin serlo, rango equiparable al de la Ley." Véase en Allan R. Brewer-Carías y Luis Ortíz Alvarez, *Las grandes decisiones de la Jurisprudencia Contencioso-Administrativa 1961-1996*, Caracas 1996, pp. 472-474.

Tendiendo dicho rango, el contenido de los mismos, como lo establecía el artículo 126 de la Constitución de 1961 y el artículo 5° de la Ley de Nacionalización, para el caso de una contratación administrativa específica, es autorizarla antes de su celebración, fijando las condiciones dentro de las cuales los contratos específicos deben celebrarse. Ni la Constitución ni la ley establecían límite o parámetro expreso al Congreso para fijar dichas Condiciones, siendo los límites del ejercicio de la competencia por las Cámaras Legislativas, lo que establece la Constitución respecto de las materias de competencia del Poder Nacional, teniendo dichas condiciones jerarquía igual a la de la Ley (sentencia de la Sala Político Administrativa de 14 de septiembre de 1993).

II. ALGUNAS BASES DE LOS CONVENIOS DE ASOCIACIÓN

Entre las disposiciones del Marco establecido en el Acuerdo se dispuso que el Ejecutivo Nacional debía determinar Áreas geográficas que se describieron en un Anexo en favor de una filial de Petróleos de Venezuela, S.A., "para realizar las actividades relacionadas con la exploración y explotación de yacimientos de hidrocarburos, con el transporte por vías especiales, almacenamiento y comercialización de la producción obtenida en las Áreas, y con las obras que su manejo requiera, todo de conformidad con la dispuesto en la Ley Orgánica que Reserva al Estado la Industria y el Comercio de los Hidrocarburos" (Primera).

A los efectos de la celebración de los Convenios de Asociación, se dispuso que la Filial debía llevar a cabo los procesos de licitación que fueran necesarios para seleccionar a las empresas inversionistas privadas con las cuales celebrarían los Convenios de Asociación para realizar las actividades descritas conforme al artículo 5° de la Ley de Nacionalización (Segunda). Con la firma de cada Convenio por parte de los Inversionistas y la Filial, y de conformidad con los términos y condiciones establecidos, quedaba entonces constituida una asociación para realizar las actividades descritas en cada una de las Áreas correspondientes (Tercera).

Por otra parte, a los efectos de asegurar el control del Estado, se dispuso además que en cada Convenio debía constituirse, antes de dar inicio a las actividades del Convenio, un "Comité de Control," conformado por igual número de miembros designados por los Inversionistas y la Filial, que debía presidir un miembro designado por esta última. Para la validez de las deliberaciones y decisiones del Comité, se precisó que se requería la presencia y el consentimiento de los miembros designados por la Filial, teniendo el Presidente doble voto para resolver los casos de empate (Cuarta).

A fin de implementar el Convenio de Asociación, se dispuso que los inversionistas y la Filial, antes de iniciar las actividades del Convenio, debían constituir una sociedad anónima o Empresa Mixta en Venezuela, en la cual la Filial debía poseer el 35% del capital social y los Inversionistas el 65%.

La Empresa Mixta tenía por finalidad dirigir, coordinar y supervisar las actividades de exploración, producción, transporte y comercialización objeto del Convenio (Quinta). Se dispuso, además, que la Empresa Mixta quedaba facultada para llevar a cabo por sí misma, o por terceros, las operaciones requeridas para cumplir el objeto del Convenio, si así los considerase conveniente.

Dentro de los términos y condiciones de la Asociación pautados en el Convenio, se debía establecer el compromiso de los Inversionistas de llevar a cabo las actividades exploratorias en el Área por su exclusiva cuenta y riesgo, con base a un plan establecido. Cumplido el Plan de Exploración, la continuación del esfuerzo exploratorio debía ser aprobada por el Comité de Control; y con esa aprobación se otorgaba a los Inversionistas el derecho a continuar la exploración por su exclusiva cuenta y riesgo (Sexta).

Si en el curso de cualquier fase del esfuerzo exploratorio se descubrían yacimientos de hidrocarburos dentro del Área, los Inversionistas debían definir las características y comerciabilidad de tales descubrimientos con base a un plan que debía ser aprobado por el Comité de Control. Ejecutado el Plan de Evaluación, los Inversionistas debían definir la viabilidad de la explotación comercial del descubrimiento y someter a la aprobación del Comité de Control un plan para desarrollar la producción. La explotación de los yacimientos de crudos pesados que fuesen descubiertos, estaba supeditada al resultado de los estudios de factibilidad que se debían realizar para determinar su viabilidad comercial y al Plan de Desarrollo correspondiente.

En cuanto a la explotación, uso y comercialización del gas asociado a la producción de crudos en un Área de Desarrollo, se debía efectuar en conformidad con las disposiciones legales aplicables y mediante la utilización de normas y técnicas de general aceptación en la industria petrolera internacional. En caso de que fueran descubiertos yacimientos de gas libre, su evaluación, desarrollo y comercialización estaban sujetos, dentro de la Asociación, a los acuerdos específicos que se establecieran entre las partes, en función de las características de los yacimientos y las circunstancias de su futura explotación. Aprobado el Plan de Desarrollo, los Inversionistas debían entonces desarrollar, conforme al mismo, los descubrimientos del Área de Desarrollo; y en ejecución del Convenio de Asociación, la Filial y los Inversionistas, debían establecer un Consorcio en el cual la Filial, debía adquirir una participación de un 35% para financiar el desarrollo.

La duración del Convenio debía incluir un lapso preestablecido para realizar el esfuerzo exploratorio, de 3 a 5 años, dependiendo de la complejidad del Área, y 20 años de operación comercial a partir de la aprobación del Plan de Desarrollo correspondiente a cada Área de Desarrollo. El plazo de la fase exploratoria podía ser extendido en conformidad con la Condición Sexta, por un lapso entre 2 y 4 años. En ningún caso, sin embargo, el Convenio podía tener una duración que excediera el término de 39 años contados a partir de la entrada en vigencia del Convenio. (Décima primera).

Por último, en la Condición contractual Decima séptima, despúes de definirse el derecho aplicable en el sentido de que "el Convenio se regirá e interpretará de conformidad con las leyes de la República de Venezuela," se dispuso que el modo "de resolver controversias en materias que no fueran de la competencia del Comité de Control y que no pudieran dirimirse por acuerdo entre las partes, sería el arbitraje, el cual se realizaría según las reglas de procedimiento de la Cámara Internacional de Comercio de Nueva York, vigentes al momento de la firma del Convenio." Se reguló así el arbitraje internacional, en sustitución de los tribunales nacionales para resolver las controversias entre las partes con ocasión de la ejecución de los convenios, con la única excepción de las materias competencia del Comité de Control.

Nos referimos a esta materia específica del arbitraje internacional al referirnos a los contratos de la Apertura Petrolera más adelante en este mismo libro.

III. ESPECIAL REFERENCIA AL MARCO DE LOS ASPECTOS IMPOSITIVOS (EL RÉGIMEN DE NO SUJECIÓN A IMPUESTOS MUNICIPALES)

Entre las Condiciones fijadas en el Acuerdo de 4 de julio de 1995, se destaca la Condición Décima, que estableció lo siguiente:

"DÉCIMA: La celebración y ejecución del Convenio quedarán sometidas al régimen establecido en la Ley Orgánica que Reserva al Estado la Industria y el Comercio de los Hidrocarburos, en razón de que su objeto se contrae al ejercicio de las actividades reservadas al Estado, conforme al artículo 1° de dicha Ley. En tal virtud, las referidas actividades, siendo además de la competencia del Poder Nacional, no estarán sometidas al pago de impuestos municipales ni estadales. Sin embargo, y en atención a lo establecido en el artículo 136, Ordinal 10° de la Constitución de la República de Venezuela, el Congreso de la República establecerá un sistema de beneficios económicos especiales con cargo al bono sobre la rentabilidad "PEG" y en favor de los Estados y Municipios en cuyos territorios se realicen las referidas actividades y a otros fines que considere conveniente."

Conforme a esta cláusula, que no era una "exención tributaria"[53] el Congreso dispuso conforme a la competencia expresa establecida en el artículo 136.10 de la Constitución de 1961, el régimen tributario aplicable a las actividades de hidrocarburos a desarrollarse mediante los Convenios de

---

53 Véase Allan R. Brewer-Carías, "El régimen nacional de los hidrocarburos aplicable al proceso de la apertura petrolera en el marco de la reserva al Estado de la Industria Petrolera," en FUNEDA, *La apertura petrolera, I Jornadas de Derecho de Oriente*, Caracas, 1997, pp. 145-172.

Asociación, previendo un régimen de sujeción exclusiva a impuestos nacionales y de no sujeción a impuestos estadales y municipales. En esta forma, en dicho régimen, el Congreso, teniendo presente la reserva que en esta materia corresponde al Poder Nacional, ratificó que los impuestos estadales y municipales no serían aplicables a dichas actividades, con lo cual precisó como parte del régimen nacional, que las mismas sólo estarían sometidas a los impuestos nacionales.

El artículo 136.10 de la Constitución, en efecto, atribuía al Poder Nacional competencia en relación al "régimen y administración de las minas e hidrocarburos". El origen de esta norma estuvo en que siendo las minas propiedad de los Estados desde la Constitución de 1864 (art. 13.16), la Constitución de 1881 atribuyó al gobierno de la Federación "la administración de las minas...con el fin de que las primeras sean regidas por un sistema de explotación uniforme" (art. 13.15), agregándose expresamente a la competencia del Poder Nacional, en la Constitución de 1961, además de la administración de las minas e hidrocarburos, el establecimiento de su régimen.

En consecuencia, era competencia exclusiva del Poder Nacional "el régimen y administración de las minas e hidrocarburos" (art. 136.10), por lo que los órganos del Poder Nacional, dentro de sus respectivas competencias orgánicas, debían establecer dicho régimen. Como parte del mismo, por supuesto, estaba el régimen tributario aplicable a las actividades mineras y de hidrocarburos de manera que sólo los órganos del Poder Nacional podían establecer dicho régimen, dentro de sus respectivas competencias orgánicas.

En este sentido, Federico Araujo Medina y Leonardo Palacios Márquez señalaron lo siguiente al comentar el artículo 136.10 de la Constitución de 1961:

> "Esta reserva general, referida al régimen y administración de los hidrocarburos, debe entenderse como una competencia exclusiva que abarca todo lo relacionado con la legislación, reglamentación y ejecución, con exclusión de cualquier otra instancia o entidad pública de base territorial, las cuales, por tal reserva, se encuentran impedidas de ejercer cualquier tipo de regulación de naturaleza normativa o de control administrativo.
>
> Los vocablos "régimen" y "administración", fueron empleados por el constituyente originario en la redacción del numeral 10° del artículo 136, en todo el sentido y extensión del significado del vocablo "régimen". Ello abarca cualquier tipo de regulación y control administrativo, organizativo y de naturaleza tributaria. (Por "régimen" ha de entenderse el sistema de gobierno. La manera de regir o regirse. Normas o prácticas de una organización cualquiera, desde el Estado a una dependencia o establecimiento particular. Guillermo Cabanellas de Torres, Diccionario Jurídico Elemental, Editorial Heliasta, S.R.L., Buenos Aires, 1979, p. 277).

La Constitución de 1961 establece, en consecuencia, una competencia exclusiva y un régimen de Derecho Administrativo y Tributario en beneficio del Poder Nacional en todo lo atinente a materia de hidrocarburos. De ello resulta una administración definida por referencia al régimen administrativo, que a su vez define como el derecho común a las actividades del Estado y de las personas públicas (territoriales o no) y a un poder impositivo adjudicado al Fisco Nacional, que lleva a que todo tributo (directo o indirecto) que repercuta o incida económicamente en las actividades de explotación, exploración y comercialización de hidrocarburos, estén reservadas al Poder Nacional.

La reserva absoluta, la competencia exclusiva en materia de hidrocarburos prevista en el numeral 10° del artículo 136 -en nuestro criterio- no solamente está referida a Petróleos de Venezuela, S.A. (PDVSA) y sus filiales, sino que, además, incluye a todos los entes económicos o formas empresariales, sean éstas de sociedades mercantiles o no, dedicadas a la ejecución de contratos asociativos o de asociación que llegaran a constituirse, crearse o aprobarse, dentro del contexto referencial de la reserva específica a que se refiere la LOREICH, entre las cuales, por supuesto, se encuentran los convenios de ganancia compartida."[54]

La antigua Corte Suprema de Justicia, por su parte, interpretó en sentido similar la reserva al Poder Nacional en cuanto al régimen en diversas materias, por ejemplo, en el campo de las telecomunicaciones;[55] y de la navegación.[56] Y en relación con las minas e hidrocarburos conforme al artículo 136.10 de la Constitución de 1961, la misma Corte Suprema, en sentencia de 20 de julio de 1971, señaló que:

"El artículo 136 de la Constitución de la República, específicamente determina las materias que son competencia del Poder Federal y dentro de ellas, en sus ordinales 8° y 10°, están incluidos respectivamente, "La organización, recaudación y control de las contribuciones de minas" y "El régimen y administración de las minas". En consecuencia, toda regulación sobre tales materias por los poderes Estadal y Municipal, violan lo previsto en el mencionado artículo 136..."

En el caso bajo análisis, se observa claramente que la Municipalidad del Distrito Lander del Estado Miranda, al regular en la Ordenanza de Arena, Piedras y otras substancias especificadas en su artículo 1°, y

54 Véase Federico Araujo Medina y Leonardo Palacios Márquez, *Análisis constitucional del Poder Tributario en materia de Hidrocarburos*, Caracas 1995, pp. 72-73.

55 Véase sentencia de la antigua Corte Federal de 12 de junio de 1953, *Gaceta Forense* N° 47, 1953.

56 Véase sentencia de la antigua Corte Federal de 22 de febrero de 1960, *Gaceta Forense*, N° 27, Vol. I, 1960, p. 109; y sentencia de la Corte Suprema de Justicia en Corte Plena de 4 de mayo de 1988, *Gaceta Forense*, N° 140, Vol. I, 1988.

estableciendo sanciones por el incumplimiento de sus normas, violentó flagrantemente el ordinal 10° del artículo 136 de la Constitución de la República, por cuanto no está facultada para ejercer tal función conferida con exclusividad al Poder Legislativo Nacional, el cual, en el artículo 7 de la Ley de Minas, reguló tal materia y al efecto establece: "Las piedras de construcción y decoración, o de cualquier otra clase, que no son piedras preciosas, mármol, porfirio, kaolin, magnesita, arenas, lodos, yeso, puzolanas, turbas, y sustancias terrenas y el guano, pertenecen al propietario de la tierra, quien las puede explotar sin especiales formalidades..."

Es idéntica la situación con relación al impuesto de explotación de los referidos minerales, prevista en el artículo 9° de la Ordenanza, el cual, en este caso viola el ordinal 8° del mismo artículo 136 de la Constitución de la República. Ambas violaciones ocasionan la nulidad de dicha Ordenanza de conformidad con el artículo 215, ordinal 4 ejusdem.[57]

La interpretación jurisprudencial de la reserva al Poder Nacional de toda la regulación, incluido el régimen tributario de las materias enumeradas en el artículo 136 de la Constitución de 1961, fue ratificada en sentencia de la Sala Político Administrativa de la antigua Corte Suprema de 16 de julio de 1996, al señalar:

"De lo anterior se desprende una primera conclusión y es que ni la actividad de telecomunicaciones, ni ninguna otra de las comprendidas dentro de las atribuciones del Poder Nacional puede admitir regulación directa o inmediata a través de textos normativos subalternos a la Ley. En otros términos, no pueden ni deben los órganos de la rama ejecutiva del Poder Público Nacional, ni los órganos ejecutivos y legislativos estadales o municipales mediante sus actos típicos y propios invadir tales esferas de actuación por haber sido éstas expresa y precisamente reservadas al órgano legislativo nacional.

...(omissis)...

Ahora bien, estando reservada la actividad antes mencionada al ámbito de la Ley y al Poder Nacional como también lo ratifican los artículos 1° y 4° de la Ley de Telecomunicaciones, resulta incontestable afirmar que toda su regulación, incluyendo la determinación del pago de tributos así como el régimen para su imposición, debe igualmente quedar plasmada en el texto legislativo."

Agregó la misma sentencia que:

"En relación con la consagración a nivel nacional de este tributo, es de advertir además que cualquier invasión del Municipio en la materia

---

57 Consultada en original.

rentística reservada al Poder Nacional -dentro de la cual, obviamente se incluye la presente- se encuentra especialmente prohibida por el texto constitucional. En efecto, el artículo 34 de la norma fundamental hizo extensiva a los entes municipales la imposibilidad de crear impuesto "sobre las demás materias rentísticas de competencia nacional", previstas para los Estados en el artículo 18, ordinal 3°, ejusdem".[58]

Por ello, a la luz de las consideraciones precedentes, Araujo Medina y Palacios Márquez concluyeron en lo siguiente:

"i) Que la atribución de competencia efectuada en materia de régimen y administración de hidrocarburos es una asignación exclusiva, absoluta, en beneficio del Poder Nacional.

ii) Que tal asignación no solamente se refiere al régimen administrativo de control, sino que incluye el régimen tributario.

iii) Que la asignación mediante la técnica de competencia exclusiva, impide a los Municipios y a los Estados incidir o gravar las actividades de hidrocarburos, ya sea mediante las formas estatales descentralizadas de administración pública petrolera o mediante los acuerdos, convenios o sociedades mercantiles que se constituyan o se crearen de conformidad con la reserva específica de la LOREICH.

iv) Que tal prohibición constituye una limitación explícita o directa al ejercicio del Poder Tributario estadal o municipal, que se traduce en un deber de abstención o de no intervención en los asuntos propios del Poder Nacional, como se desprende de los artículos 18 al 34 de la Constitución de la República." [59]

La conclusión de todo lo anteriormente expuesto es que la Constitución reservó a los órganos del Poder Nacional, la determinación del régimen tributario de las minas e hidrocarburos y las actividades que se deriven de su exploración, por lo que éstas estaban sujetas a los impuestos que ese régimen, y que sólo ese régimen establecido por dichos órganos del Poder Nacional, determinase.

En esta forma, las Cámaras Legislativas actuando como cuerpos colegisladores, mediante ley (art. 162 de la Constitución) habían establecido aspectos importantes del régimen tributario de las minas e hidrocarburos, no sólo al regular las contribuciones "de minas e hidrocarburos" en la Ley de Minas y en la Ley de Hidrocarburos conforme al artículo 136.8 de la Constitución; sino al establecer, por ejemplo, en la Ley Orgánica que Reserva al Estado la Industria y el Comercio de los Hidrocarburos, que las empresas de la indus-

---

58 Consultada en original.

59 Véase Federico Araujo Medina y Leonardo Palacios Márquez, *Análisis constitucional del Poder Tributario en materia de Hidrocarburos, op. cit*. pp. 78-79.

tria petrolera nacionalizadas sólo estaban sujetas a impuestos nacionales, al indicar su artículo 7, un régimen de no sujeción a impuestos estadales y municipales, al establecer que las mismas "no estarán sujetas a ninguna clase de impuestos estadales y municipales".

Esta norma, tampoco podía considerarse como una norma establecedora de una "exención tributaria," sino de un régimen de no sujeción impositiva dictado en ejercicio de la competencia que tenían las Cámaras para legislar sobre las materias de competencia del Poder Nacional (art. 139 de la Constitución), entre ellas, para el establecimiento del régimen tributario de las minas e hidrocarburos, y de las actividades relacionadas con las mismas.

En igual forma, en el caso de la Cláusula Décima del artículo 2º del Acuerdo, cuando las Cámaras Legislativas en sesión conjunta y con base en la atribución que le conferían el artículo 126 de la Constitución y el artículo 5º de la Ley de Nacionalización, de fijar las condiciones para la celebración de los Convenios de Asociación; dispusieron como órgano del Poder Nacional que son, dentro de la competencia orgánica que tenían y de acuerdo al artículo 136.10 de la Constitución de 1961, el establecimiento del régimen tributario aplicable a dichos Convenios, previeron también un régimen de sujeción sólo a impuestos nacionales de manera que las actividades que se realizasen mediante los mismos "no estarán sometidos al pago de impuestos municipales ni estadales".

Esta previsión de la Cláusula Décima en el artículo 2º del Acuerdo, no consistía en aplicar a las empresas que resultasen de los convenios de Asociación la previsión del artículo 7º de la Ley de Nacionalización; sino en el establecimiento, por un acto parlamentario sin forma de ley, como órgano del Poder Nacional con competencia constitucional y legal para fijar las condiciones de los Convenios de Asociación que preveía el artículo 5º de la mencionada Ley Orgánica, del régimen de sujeción y de no sujeción tributaria de las empresas que se establecieran por los mismos, para cumplir actividades de hidrocarburos, previéndose un régimen de sujeción a impuestos nacionales exclusivamente, e indicándose que no estarían sujetos a impuestos estadales y municipales.

Esta condición aplicable a los Convenios de Asociación contenida en un acto parlamentario sin forma de ley, era en definitiva, parte del régimen de los hidrocarburos, y del régimen tributario de los mismos, establecido por un órgano del Poder Nacional competente, como era el Congreso, como consecuencia de su poder de fijar las condiciones de los convenios de Asociación previstos en el artículo 5 de la Ley de Nacionalización.

El establecimiento del régimen tributario aplicable a las minas e hidrocarburos por los órganos del Poder Nacional, conforme al artículo 136.10 de la Constitución de 1961, fuera mediante ley (como la Ley que Reserva al Estado la Industria y el Comercio de los Hidrocarburos) o mediante Acuerdos en los que se fijasen las condiciones de Convenios de Asociación; por tanto, en ningún caso podía identificarse con la figura de la exención tributaria. El régimen tributario que se podía establecer por los órganos del Poder Nacional respecto de las minas e hidrocarburos, así como se dispuso en cuanto a los hidrocarburos que no estaban sometidas sus actividades a impuestos estadales o municipales, podía, al contrario, prever expresamente que si estarían sometidas a dichos impuestos, o a alguno de ellos. Regimentar a cuál tributo estaban sometidas dichas actividades y a cuál no, era justamente el objeto de la reserva que constitucionalmente tenían los órganos del Poder Nacional para determinar el régimen tributario que debía regir dichas actividades; lo que en ningún caso podía identificarse con la figura de la exención tributaria

Como consecuencia de lo expuesto, siendo competencia exclusiva de los órganos del Poder Nacional determinar el régimen tributario de las minas e hidrocarburos y de las actividades relacionadas con ellas, cuando esa competencia constitucional la ejercían dichos órganos estableciendo, por ejemplo, la no sujeción a impuestos municipales respecto de las mismas, como lo estableció el Acuerdo del Congreso, ello en ningún caso podía considerarse como una violación de la autonomía municipal consagrada en el artículo 29 de la Constitución de 1961, que implicaba la posibilidad de establecer impuestos a las actividades lucrativas realizadas en la jurisdicción municipal respectiva, denominados patentes de industria y comercio a que se refería el artículo 31.3 de la Constitución, pues este sólo se aplicaba a las actividades de minas e hidrocarburos en la medida en que el régimen de éstas, establecido a nivel nacional, lo permitiera.

En otras palabras, estaba reservado a los órganos del Poder Nacional el establecimiento del régimen tributario de las minas e hidrocarburos y sus actividades, por lo que sólo dichos órganos podían determinar si las mismas sólo estaban sometidas o sujetas a impuestos nacionales o si por el contrario, también estaban sometidas a impuestos estadales y municipales.

En el caso del régimen tributario de sujeción impositiva establecido en la Cláusula Décima del Acuerdo, las Cámaras Legislativas en sesión conjunta, como órgano del Poder Nacional conforme a la competencia que le asignaba la Constitución en el artículo 126 y la Ley de Nacionalización de 1975, en su artículo 5°, habían determinado que las actividades que se desarrollasen mediante los Convenios de Asociación sólo estarían sujetas a los impuestos nacionales, es decir, que no estaban sujetas a impuestos estadales o municipales. En forma alguna esta determinación violaba las normas del artículo 29 y 31.3 de la Constitución de 1961 que establecían la autonomía municipal y el impuesto de patentes de industria y comercio porque, en relación a las minas e hidrocarburos, esas competencias municipales sólo podían ejercerse conforme al régimen que establecieran los órganos del Poder Nacional, y en el caso sometido de la Cláusula Décima del artículo 2° del Acuerdo respecto de las actividades realizadas mediante los Convenios de

Asociación, se determinó que las mismas no estaban sujetas a impuestos municipales.

Por lo demás, y a todo evento, debe señalarse que en el mismo artículo 136.8 de la Constitución se estableció como competencia del Poder Nacional la organización, recaudación y control de las contribuciones "de minas e hidrocarburos," previéndose constitucionalmente una reserva específica al Poder Nacional en materia de contribuciones de minas e hidrocarburos, lo que excluía toda posibilidad por parte de los Estados y Municipios de gravar las actividades económicas en materia de hidrocarburos reservadas al Poder Nacional.

En efecto, establecida la competencia expresa del Poder Nacional en materia de contribuciones de minas e hidrocarburos, entraba en aplicación la norma prohibitiva del artículo 18 de la Constitución de 1961, que establecía que ni los Estados ni los Municipios (conforme al artículo 34 de la Constitución) podían crear impuestos sobre las materias rentísticas de la competencia nacional; razón por la cual las patentes de industria y comercio no podían gravar las minas e hidrocarburos y las actividades económicas que se derivasen de ellas.

Por tanto, en ningún caso, el régimen de no sujeción de las actividades de las empresas de hidrocarburos resultantes de los Convenios de Asociación a los impuestos municipales que establecía el Acuerdo, podía considerarse violatorio de la autonomía municipal y de la potestad tributaria municipal, pues conforme al artículo 136.8 de la Constitución de 1961, las minas e hidrocarburos constituían una materia rentística reservada al Poder Nacional, no sometida, conforme al artículo 18 de la Constitución, ni a impuestos estadales ni a impuestos municipales.

Por otra parte, la reserva al Estado (en este caso, a la República) de la industria y comercio de los hidrocarburos implicaba que el ejercicio de esa actividad no debía, en principio, estar sometida a gravamen tributario en virtud de la inmunidad fiscal de la República quien en definitiva es la que desarrollaba esa actividad, bien directamente, o bien a través de las formas de administración indirecta que le autoriza la Ley Orgánica que Reserva al Estado la Industria y Comercio de los Hidrocarburos.

En efecto, al asumir la República en forma exclusiva -régimen de la reserva- la administración y gestión de la industria y el comercio de los hidrocarburos, estas actividades no podían estar sometidas al pago de impuestos en otros niveles territoriales, esto es, el ejercicio de esas actividades no puede configurar un hecho imponible para los Estados o Municipios porque de ser así la imposición estaría dirigida a la misma República que se las ha reservado.

Las actividades reservadas a la República no pueden ser gravadas tributariamente en razón de que la potestad fiscal, entendida como el "poder coactivo estatal de compeler a las personas para que le entreguen una porción de sus rentas o patrimonios, cuyo destino es el de cubrir las erogaciones que implica el cumplimiento de su finalidad de atender necesidades públicas,"[60] sólo puede ejercerse sobre los particulares de quienes la República obtendrá recursos para cubrir el gasto público y no sobre la República misma, que como personificación nacional del Estado, implicaría una autoimposición.

Las entidades territoriales que conforman el Estado (República, Estados y Municipios) son por naturaleza los acreedores de los tributos, y carecen de capacidad económica que permitan calificarlos como contribuyentes; por otra parte, de constituirse el propio Estado en deudor fiscal operaría una suerte de confusión por reunirse en él mismo las condiciones de acreedor y deudor del tributo. Estas circunstancias determinan la imposibilidad de someter la actividad realizada por los entes territoriales que conforman el Estado al pago de tributos, configurándose la llamada inmunidad fiscal o inmunidad tributaria del Estado.

Así, cuando una actividad contemplada como hecho imponible es realizada por la República, esa inmunidad se manifiesta, no pudiendo atribuírsele tal condición de "hecho imponible," no produciéndose el efecto de colocar el ente que la realiza, en este caso la República, como sujeto pasivo de la relación tributaria. No es que esté exento o exonerado del pago sino que es inmune. Con respecto a la República no nace la obligación tributaria porque la República no está sujeta al deber de contribuir para cubrir el gasto público. La riqueza de la República está destinada, por naturaleza, a ese fin.

En este orden de ideas, cuando una actividad es reservada a la República, es lógico que ella no sea susceptible de ser gravada, esto es, de configurar un hecho imponible, porque la República es la única que la puede realizar y goza de inmunidad tributaria.

Sin embargo, la Ley de Nacionalización, al establecer la reserva, puede prever o autorizar formas de administración indirecta, mediante la creación de empresas del Estado o la asociación con empresas privadas dando lugar a empresas de economía mixta. En uno y otro caso éstas aparecen como instrumentos de gestión, debiendo, en principio, participar de la misma inmunidad fiscal de la que goza la República, salvo que la ley expresamente les retire esa inmunidad, como sucede, por ejemplo, con el impuesto sobre la renta.

Así lo admitió la jurisprudencia de la Sala Político Administrativa de la antigua Corte Suprema en sentencia del 31 de mayo de 1979 en la cual ratificó el criterio anteriormente sostenido en sentencia de 5 de octubre de 1970, de extenderle la inmunidad tributaria de la República a los entes de la Administración Pública Nacional Descentralizada funcionalmente, al señalar lo siguiente:

---

60 Véase Héctor B. Villegas: *Curso de Finanzas. Derecho Financiero y Tributario*, Buenos Aires 1992, p. 186.

"La obligación de "contribuir a los gastos públicos," mediante el pago de impuestos, tasas u otras contribuciones, establecidas en el artículo 56 de la Constitución, no incumbe, en principio, al Estado ni a las demás entidades territoriales que lo componen. La relación de derecho público que supone la obligación tributaria tiene como sujeto activo al fisco (sea nacional, estadal o municipal) y como sujeto pasivo a una persona natural o jurídica. Por tanto, es tan contrario a la lógica que el Congreso grave con impuestos nacionales la actividad que desarrollen los Estados o las Municipalidades por intermedio de sus servicios públicos, como que las Asambleas Legislativas o los Consejos Municipales sometan a tributación, en sus respectivas jurisdicciones, los servicios públicos que en ellos establezca el Gobierno Nacional. Siendo constitucionalmente uno de los fines del Estado «promover el bienestar general» mediante la creación, ampliación y mejoramiento de los servicios públicos a escala nacional, sería un contrasentido admitir la posibilidad de que las actividades que desarrollen con tal fin los diversos órganos de la administración nacional, pueden ser objeto de la contribución establecida en el ordinal 3° del artículo 31 de la Constitución, ni aun cuando ellas puedan constituir "actividades lucrativas" en el caso de que sean realizadas por particulares en ejercicio de la libertad de industria y comercio. Esto es aplicable tanto a los servicios centralizados, es decir, aquellos que no tienen personalidad jurídica propia, como a los servicios descentralizados los cuales en conformidad con las leyes que los rigen, tienen patrimonio propio y una personalidad similar aunque no idéntica, a la que es característica de los entes territoriales de derecho público."[61]

La noción de instrumento del Estado (o de la República) fue expresamente utilizada por aquella misma Corte y Sala para sostener la inmunidad tributaria de los entes descentralizados de la Administración Pública Nacional, en sentencia posterior del 11 de junio de 1981, al afirmar respecto de la Corporación de Desarrollo de la Región Zuliana que es, precisamente, un "instrumento del Estado" para realizar uno de sus "fines" constitucionales: "la promoción del desarrollo económico [...] de toda la región zuliana." En dicha sentencia la Corte hizo referencia a su anterior fallo de 5 de octubre de 1970, cuyos conceptos ratificó señalando:

"En otras palabras, es uno de los "servicios (públicos) descentralizados," que tiene "patrimonio propio y una personalidad similar aunque no idéntica, a la que es característica de los entes territoriales de derecho público". Luego, si -como lo dijo la Corte en aquel fallo, cuyos conceptos ratifica en esta oportunidad-, "la obligación de «contribuir a los gastos públicos», mediante el pago de impuestos, tasas u otras contribuciones, establecida en el artículo 56 de la Constitución, no incumbe, en principio, al Estado, ni a lo demás entes territoriales que lo componen";

---

61 Véase en *Gaceta Forense* N° 104, Caracas 1979, Vol. I, p. 244.

tal "obligación" constitucional, tampoco incumbe a estos entes autónomos, creados por el propio Estado, con "una personalidad similar aunque no idéntica, a la que es característica de los entes territoriales de derecho público". Y tanto es así, que, en virtud de una práctica legislativa, conveniente si se quiere, pero no necesaria ni indispensable, la misma Ley de creación, del referido Instituto Autónomo establece en su artículo 10: "La Corporación de Desarrollo de la Región Zuliana no estará sujeta al pago de impuestos o contribuciones nacionales de ninguna naturaleza o especie...". Por tanto, ya por su propia naturaleza, ya por expresión de la Ley de su creación, el citado Instituto Autónomo no está sujeto a tributación, es decir, goza de inmunidad tributaria, que es atributo del Estado y de los entes territoriales o institucionales que lo componen."[62]

En esta forma, la jurisprudencia de nuestro Máximo Tribunal ha sostenido el criterio de la inmunidad tributaria de los instrumentos de gestión o formas jurídicas utilizadas por la República para la mejor consecución de sus fines o de las actividades que asuma, bajo la política de intervención en la economía del país, tal como es el caso de las actividades de la industria y el comercio de los hidrocarburos, lo que permite afirmar que los entes públicos institucionales, los Institutos Autónomos y las Empresas del Estado, constituidas para desarrollar dichas actividades son instrumentos de la República y participan de su misma inmunidad fiscal, salvo que la ley nacional expresamente los someta a un tratamiento fiscal distinto.

La Ley Orgánica de Nacionalización de 1975 declaró de utilidad pública y de interés social las actividades reservadas, así como las obras, trabajos y servicios que fueren necesarios para realizarlos (artículo 1º), y es en virtud de ello que se declaró la reserva, régimen que no se modificó y se mantuvo con los Convenios de Asociación.

En efecto, la posibilidad de que la República como personificación del Estado Nacional, se asociase con inversionistas privados para la exploración y explotación de yacimientos de hidrocarburos no implica modificación en el régimen de la reserva al Estado (la República) de esa actividad.

La celebración de los Convenios de Asociación fue autorizada precisamente con fundamento en el artículo 5º de la Ley Orgánica de Nacionalización, norma en la cual estaba prevista la celebración de Convenios de Asociación con entes privados, manteniéndose la actividad a desarrollar con los inversionistas privados dentro del marco de la reserva, toda vez que para la ejecución de los Convenios de Asociación, conforme a las condiciones del Acuerdo que dictó el Congreso, específicamente las contenidas en la cláusula tercera y quinta del artículo 2, debía constituirse una sociedad anónima

---

62   Véase en *Revista de Derecho Público,* Nº 7, julio - sep. 1981, Editorial Jurídica Venezolana, Caracas 1981, p. 144.

entre los inversionistas y la filial de Petróleos de Venezuela, como empresa mixta en la que la participación de la Empresa Filial de Petróleos de Venezuela representaba un rol determinante de la dirección y control de la gestión a realizar.

En efecto, dispuso la cláusula quinta del Acuerdo del Congreso que la

"participación de la Filial o la Filial designada se hará mediante acciones doradas, las cuales conferirán prerrogativas a sus representantes en las decisiones sobre materias de trascendencia que, conforme al respectivo Convenio de Asociaciones, deban ser decididas por la Asamblea y la Junta Directiva de la Empresa Mixta. Cuando el ejercicio de la acción dorada haya generado controversias en el seno de la empresa mixta, la Filial Designada tendrá derecho a recurrir al Comité de Control para que éste adopte la decisión final."

Dicho Comité de Control, conforme a la cláusula cuarta del mismo artículo 2 del Acuerdo, estaba conformado por un número igual de miembros designados por los inversionistas y la filial de Petróleos de Venezuela, S.A. pero estaba presidido por uno de los miembros designados por la Filial, y para la validez de las deliberaciones y decisiones del Comité se requería la presencia y el consentimiento de los miembros designados por la Filial, teniendo el Presidente voto doble para resolver los casos de empate.

Estas condiciones aseguraban la intervención decisiva de la República, a través de las Filiales de Petróleos de Venezuela, S.A., en la planificación, coordinación y evaluación de las actividades de exploración de las nuevas áreas geográficas y la explotación de los yacimientos de hidrocarburos, que eran el objeto de los Convenios de Asociación, y hacían que las empresas mixtas que con motivo de estos Convenios se constituyan en empresas públicas, aun cuando la participación accionaria del Estado fuera minoritaria (35%).

En efecto, como señaló Caballero Ortíz:

"el concepto de empresa pública no conlleva una sustracción total de capital privado. Las sociedades de economía mixta deben ser consideradas como empresas públicas en dos casos:

a) Cuando el Estado, otra persona pública, o una sociedad cuyas acciones pertenezcan en su mayoría a personas públicas, tengan la mayoría del capital.

b) Cuando -aun en el caso de que personas públicas o sociedades con participación mayoritaria de personas públicas, no tengan la mayoría del capital- los elementos que se hacen presente en la creación, organización y dirección de la empresa son de tal forma decisivos que aseguran a las personas públicas un papel relevante en la gestión y el control. Tales elementos permiten considerar como empresa pública al Banco de

Desarrollo Agropecuario, en el cual las acciones adquiridas por el Estado no representan sino la mitad del capital del Banco y, sin embargo, la Presidencia del Organismo corresponde siempre al representante del Ejecutivo Nacional.

La propiedad pública mayoritaria de las acciones no es entonces un elemento primordial de la empresa pública, ya que la misma puede ser reemplazada en algunos casos, por determinados elementos que configuran una dirección o control público." [63]

Sin duda las empresas que los inversionistas privados y la Filial de PDVSA constituyeran para la ejecución del Convenio de Asociación, desde el punto de vista tributario, sería un instrumento del Estado que participaría, en principio, de la inmunidad tributaria que beneficia a éste.

Como lo afirmó la Sala Político Administrativa de la antigua Corte Suprema en la sentencia antes citada de 11 de junio de 1981, los instrumentos del Estado "ya por su propia naturaleza, ya por expresión de la Ley de su creación... no están sujeto a tributación, es decir, gozan de inmunidad tributaria, que es atributo del Estado y de los entes territoriales o institucionales que lo componen."[64]

En este orden de ideas, es claro que el Acuerdo del Congreso al disponer que las actividades objeto del Convenio de Asociación quedaban sometidas al régimen de la Ley Orgánica de Nacionalización, y determinar que siendo de la competencia del Poder Nacional, no estaban sometidas al pago de impuestos municipales y estadales, se ajustó a la Constitución entonces vigente de 1961.

Por una parte, la referencia a la competencia del Poder Nacional excluía, como antes quedó expuesto, cualquier intervención del Poder Estadal y Municipal en la regulación en general, y específicamente en lo atinente al régimen tributario. En esa materia, siendo una competencia exclusiva del Poder Nacional, por expresa prohibición de la Constitución, no podían intervenir los Estados ni los Municipios (artículos 18.1, 34 y 136.8).

Pero es que además, tratándose de actividades reservadas a la República, las mismas no podían estar sujetas a gravamen tributario por los Estados ni los Municipios, independientemente que dichas actividades las ejercieran directamente la República o indirectamente a través de sus instrumentos (empresas públicas), porque en uno y otro caso era la República quien en definitiva desarrollaba la actividad, lo que determinaba que la misma no era

---

63 Jesús Caballero Ortíz, *Las Empresas Públicas en el Derecho Venezolano*, Editorial Jurídica Venezolana, Caracas 1982, p. 107.

64 Véase en *Revista de Derecho Público*, N° 7, julio - sep. 1981, Editorial Jurídica Venezolana, Caracas 1981, p. 133.

susceptible de configurar el hecho imponible de impuestos estadales o municipales, en virtud de la inmunidad tributaria de los sujetos que la realizaban.

Por otra parte, en cuanto a la Cláusula Décima del Acuerdo del Congreso y su relación con el artículo 224 de la Constitución y el artículo 4.2 del Código Orgánico Tributario, y consecuencialmente, de los artículos 162 y 177 de la Constitución, sobre tributación, debe señalarse que en ningún caso, la referida Cláusula Décima del artículo 2° del Convenio estableció alguna "exención tributaria" respecto de las actividades derivadas de la ejecución de los Convenios de Asociación, cuyas condiciones de celebración fueron fijadas en el Convenio.

La exención tributaria, en efecto, es una excepción al principio de la generalidad del impuesto, que el legislador establece respecto de determinados sujetos o actividades, por razones de conveniencia fiscal o pública, que aun cuando dada la ordenación general y normal de un tributo están sujetos al mismo, sin embargo, se los exime. Si embargo, como hemos dicho, distinta a la figura de la exención tributaria, es la de la no sujeción, como lo ha analizado Fernando Sainz de Bujanda, al señalar que:

> "quedarán insertos en el ámbito de la no sujeción los hechos que no aparezcan configurados en el ordenamiento como imponibles, es decir, como susceptibles de generar obligaciones de pago. Asimismo, en la esfera subjetiva, el concepto de no sujeción corresponderá a las personas que no se encuentren con los hechos imponibles en la relación prevista por la ley para que les corresponda la posición de sujetos pasivos del gravamen."[65]

La situación de no sujeción, por tanto, aparece cuando los hechos no son considerados como imponibles y por tanto, no generan obligación tributaria y eso, precisamente, es lo que pueden determinar los órganos del Poder Nacional cuando establecen el régimen tributario de las minas e hidrocarburos y determinan, por ejemplo, que sólo estarán sometidas al pago de impuestos nacionales, lo que implica no sujeción a los impuestos estadales y municipales.

Esta determinación del régimen tributario al cual están sometidos las minas e hidrocarburos y las actividades que resulten de los mismos, como se ha dicho, puede establecerse por los órganos del Poder Nacional según su competencia. Ello lo puede establecer el Legislador, actuando como cuerpo legislador al regular mediante Ley, en general, el régimen de los impuestos nacionales, e incluso de minas e hidrocarburos y en particular, el régimen de la industria petrolera nacionalizada; pero también puede establecerse al prever el régimen de sujeción o no sujeción, por el mismo parlamento, al fijar, mediante Acuerdo conforme a sus competencias constitucionales y legales,

---

65 Véase "Teoría Jurídica de la Exención Tributaria" en Fernando Sainz de Bujanda, *Hacienda y Derecho*, Vol. III, Madrid 1963, pp. 428-429.

las condiciones particulares que debían regir la celebración de los Convenios de Asociación.

En tal sentido, ni la determinación del artículo 7 de la Ley Orgánica de Nacionalización, ni la determinación de la Cláusula Décima del Artículo 2 del Acuerdo, podían considerarse como exenciones tributarias, sino como la determinación de un régimen de no sujeción a los tributos estadales y municipales respecto a las actividades de hidrocarburos, que fueran realizadas por las empresas nacionalizadas o con motivo de los Convenios de Asociación. No tratándose de una exención la establecida en dicha Cláusula para las actividades derivadas de los convenios de Asociación, no resultaba aplicable lo previsto en el artículo 224 de la Constitución de 1961 ni en el artículo 4.2 del Código Orgánico Tributario, los cuales, en consecuencia, no podían considerarse violados por el Acuerdo.

En todo caso, como se ha dicho el establecimiento de un régimen de no sujeción a determinado tributo de determinadas actividades, correspondía a las Cámaras Legislativas como órganos del Poder Nacional con competencia para establecerla, fuera como cuerpos colegisladores, mediante ley, o en sesión conjunta respecto a determinadas contrataciones que se autorizasen mediante Acuerdo. En el caso del Acuerdo del Congreso de 4 de julio de 1995 la determinación de la no sujeción de las actividades derivadas de los Convenios de Asociación a los impuestos estadales y municipales, se estableció por un acto parlamentario sin forma de ley, dentro de las condiciones que fijó, conforme al artículo 126 de la Constitución de 1961 y al artículo 5 de la Ley Orgánica que Reserva al Estado la Industria y el Comercio de los Hidrocarburos, para dichos Convenios de Asociación.

Dicho Acuerdo, en definitiva, por tanto, antes que crear exenciones de impuestos, lo que hizo fue precisar los límites de la potestad tributaria estadal y municipal sobre las actividades de hidrocarburos reservadas al Poder Nacional, que fueron objeto de los Convenios de Asociación que se autorizaron por el mismo Acuerdo y que dictaron para permitir su celebración

IV. LOS CONVENIOS DE ASOCIACIÓN (ASOCIACIONES ESTRATÉGICAS) Y SU NATURALEZA COMO CONTRATOS ADMINISTRATIVOS

Conforme al marco aprobado por las Cámaras Legislativas, en los años subsiguientes, entre 1994 y 1997 se celebraron varias rondas de negociaciones para la asignación y la creación de asociaciones, originándose lo que fueron los siguientes Convenios de Asociación:

En primer lugar, las denominadas Asociaciones Estratégicas para las operaciones en la Faja Petrolífera del Orinoco, que fueron las siguientes: Petrozuata, S.A., en asociación con *ConocoPhillips*; Sincrudos de Oriente, S.A.(Sincor, S.A.) en asociación con *Total* y *Statoil*; Petrolera Cerro Negro, S.A., en asociación con *Exxon Mobil* y *British Petroleum;* y Petrolera

Hamaca, C.A. (Petrolera Ameriten) en asociación con *ConocoPhillips* y *Chevron*.

En segundo lugar, las asociaciones constituidas para proyectos de Exploración a Riesgo y Ganancias Compartidas que fueron las siguientes: en el Golfo de Paria Oeste en asociación con *ConocoPhillips, Eni Venezuela B.V* y *OPIC Karimun Corporation*; en el Golfo de Paria Este, en asociación con *ConocoPhillips, Inelectra, Eni y OPIC Karimun Corporation*; y en La Ceiba, en asociación con *Exxon Mobil* y *Petro-Canadá*.

Además debe mencionarse la Asociación Estratégica autorizada en 2001, para la producción de Bitúmen, diseño, construcción y operación de un módulo de producción y emulsificación de bitúmen natural para la elaboración de Orimulsión, que fue Orifuels Sinoven, S.A., (Sinovensa), en asociación con *China National Petroleum Corporation – CNPC Services de Venezuela* y *PetroChina Fuel Oil Company*.

Todas estas asociaciones se constituyeron conforme al marco de los Acuerdos del Congreso, con los cuales, como se dijo, se dio inicio a la denominada *apertura petrolera*. El primero de dichos Acuerdos legislativos, referido a las asociaciones constituidas para proyectos de Exploración a Riesgo y Ganancias Compartidas, sin embargo, fue impugnado por razones de inconstitucionalidad e ilegalidad por ante la Corte Suprema de Justicia en 1995, juicio que concluyó cuatro años después, el 17 de agosto de 1999 (cuyos documentos se recogen en este libro), cuando la Corte Supremo dictó sentencia declarando sin lugar la acción de nulidad que se había intentado.

Este libro, precisamente recoge las incidencias y argumentos fundamentales de ese importante proceso judicial, incluyendo el texto de la sentencia dictada, en la cual fueron de notable interés las consideraciones que hizo la antigua Corte Suprema de Justicia sobre la naturaleza de los Contratos de Asociación con inversionistas privados que habían sido autorizados por el Congreso, los cuales la Corte consideró como impregnados de las características propias que la "contratación administrativa."

La Corte, a tal efecto, en esa sentencia precisó las notas identificatorias de los contratos administrativos y del "régimen especial que regula su tratamiento jurídico", indicando que esas notas esenciales eran "la noción de *"servicio público"* y la consecuente incorporación en su texto -tácita o expresamente- de las *cláusulas exorbitantes."* Sobre estas últimas, dijo la Corte:

> "Estas cláusulas exorbitantes se presentan como disposiciones implícitas en el contrato administrativo, que recogen prerrogativas en favor de la Administración Pública, justificadas por el interés colectivo involucrado en esa contratación, y cuya proporción es de tal magnitud que en una relación contractual común resultan inaceptables.

Son pues las cláusulas exorbitantes, notas consustanciadas con la naturaleza misma de las contrataciones de carácter administrativo. Es precisamente esta desproporción que se patentiza entre los intereses del particular frente a los del colectivo, lo que define las cláusulas exorbitantes. Se trata así, de aquellas disposiciones que un particular no aceptaría insertar en un contrato con otro particular, porque son ellas las que en definitiva ponen de relieve o materializan en el negocio jurídico las potestades administrativas. Potestades no discutidas; y, por el contrario, recibidas por el particular contratante que entiende y acepta que no se trata de un capricho de la voluntad administrativa, sino una herramienta diseñada por el Derecho Público para garantizarle al colectivo, la protección de sus intereses encomendados a la Administración, concretándose con ella, la forma más eficaz de asegurar la salvaguarda del interés general, imposibilitado de controlarlo directamente y permanentemente.

La Corte indicó que estos criterios "han sido aceptados por gran parte de la doctrina extranjera y también venezolana, no obstante que aún existen estudiosos del tema que restan relevancia a la distinción que se hace de los contratos administrativos frente a los de derecho común, y que insisten en que la misma sólo ha obedecido a razones puramente pragmáticas, dirigidas a la determinación del órgano jurisdiccional competente para su conocimiento"[66]. La Corte aceptó, en todo caso, que las cláusulas exorbitantes -insertas expresa o tácitamente en el contrato- en realidad no definen los contratos como tales contratos administrativos, "por ser una consecuencia y no un elemento determinante de éste;" concluyendo entonces con la afirmación de que "la característica que por antonomasia identifica un contrato administrativo es el servicio público que se pretende con él, el interés general o la utilidad pública perseguida."

En cuanto a los Contratos de Asociación autorizados por el Congreso, la Corte expresó que los mismos "contienen *per se* la noción de servicio público, por tratarse de contrataciones que se postulan como aquellas que más claramente revelan su condición de administrativa."

La noción de servicio público expresada por la Corte, en este caso, fue excesivamente lata, identificándola incluso con las nociones de interés general o utilidad pública, lo que es totalmente incorrecto, al punto de vaciarla de todo contenido en derecho, pues tal noción solo abarca las *prestaciones*

---

66 Es la tesis que hemos sostenido desde hace años en "La evolución del concepto de contrato administrativo" en *El Derecho Administrativo en América Latina, Curso Internacional,* Colegio Mayor de Nuestra Señora del Rosario, Bogotá 1978, pp. 143-167; en *Jurisprudencia Argentina,* N° 5.076, Buenos Aires, 13-12-1978, pp. 1-12; en *Libro Homenaje al Profesor Antonio Moles Caubet,* Tomo I, Facultad de Ciencias Jurídicas y Políticas, Universidad Central de Venezuela, Caracas 1981, pp. 41-69; y en Allan R. Brewer-Carías, *Estudios de Derecho Administrativo,* Bogotá, 1986, pp. 61-90.

obligatorias del Estado que tienen por objeto la *satisfacción de necesidades colectivas*, como por ejemplo, lo precisó la Ley Orgánica de Hidrocarburos a partir de 2001 al establecer en su artículo 5 que las actividades relacionadas directa o indirectamente con el transporte y distribución de gases de hidrocarburos *destinados al consumo colectivo*, constituyen un servicio público.

V. EL CONTROL DEL ESTADO EN LA EJECUCIÓN DE LOS CONTRATOS DE ASOCIACIÓN

El artículo 5 de la Ley de Nacionalización no sólo reservó al Estado la industria petrolera, sino que dispuso que al permitir la celebración de Contratos de Asociación con empresas privadas para la realización de las actividades reservadas a la República, debía asegurarse el control del Estado sobre los Convenios.

Sobre ello, la antigua Corte Suprema de Justicia, en sentencia de 23 de abril de 1991, al referirse al control a que se contrae el artículo 5° de la Ley de Nacionalización, había distinguido entre el control sobre los Convenios y el control accionario sobre empresas mixtas, señalando que "lo determinante es el control del convenio, que es una noción más jurídica que económica o patrimonial, y por ello se refiere a "participación" sin calificarla de alguna manera."[67]

En el caso de los Convenios de asociación, por tanto, se trataba siempre un control contractual interno o corporativo; que se manifestaba o por la vía de la participación económica o financiera mayoritaria en el capital de la empresa o asociación; o por la vía de reservarse el Estado, en el mismo convenio, una intervención decisiva en la conducción y administración de la empresa o asociación, como precisamente se previó en el Acuerdo del Congreso con la creación del Comité de Control en relación con "las decisiones fundamentales de interés nacional relacionadas con la ejecución del Convenio;" comité en el cual tenía asegurada la presencia y el consentimiento de los miembros designados por la Filial.

Sobre este tema del control, además, la antigua Corte Suprema en la señalada sentencia del caso de la apertura petrolera de 1999, al analizar las reglas de funcionamiento del señalado Comité de Control, indicó que "garantizan que el control que debe ejercer el Estado directamente o a través de entes de su propiedad (las filiales), está presente en cada Asociación que se pacte"; agregando que:

"las condiciones que marcan la existencia del Comité de Control son reveladoras del estricto control que se pretende de las políticas en materia de hidrocarburos y en la toma de las decisiones fundamentales de la Asociación que repercutan en aquellas políticas. De esta forma, un

_____

67 Véase en Oscar Pierre Tapia, *Jurisprudencia*, abril de 1.991, p. 137.

Comité integrado paritariamente por representación de la filial y del inversionista, presidido por un representante de la filial con derecho a doble voto en casos de empate, son indudable garantía de la presencia del Estado en el destino de estas Asociaciones, no obstante que éste tiene una participación hasta del 35% del capital accionario."

Todo este amplio esquema de reserva al Estado de la industria petrolera en todos sus aspectos, y el régimen de la limitada participación de las empresas privadas en el negocio petrolero sólo mediante Convenios de Asociación sometidos al control del Estado, puede decirse que fue cambiado a partir de la sanción de la Constitución de 1999 y, particularmente, con la nueva legislación relativa a los hidrocarburos que se dictó en 2001, con cuyas normas puede decirse se sentaron las bases para la proceso de desnacionalización de la industria petrolera, lo cual sin embargo no ocurrió en la práctica, hasta más adelante.

VI. LAS CLÁUSULAS DE ARBITRAJE EN LOS CONTRATOS DE ASOCIACIÓN

Conforme a lo autorizado en el artículo 127 de la Constitución de 1961 (equivalente al artículo 151 de la Constitución de 1999), en todos los Convenios de Asociación firmados con ocasión de la política de la Apertura Petrolera, siguiendo lo autorizado en el Acuerdo del Congreso estableciendo las condiciones de contratación para las Asociaciones estratégicas, así como en la mayoría de contratos relativos a servicios conexos con la industria petrolera firmados con empresas extranjeras, siempre de previeron cláusulas arbitrales para la solución de los conflictos que pudieran originarse con ocasión de la ejecución de dichos contratos, sustrayendo el conocimiento de dichos conflictos o disputas del conocimiento de los tribunales nacionales.

El Acuerdo del Congreso el 4 de julio de 1995, que autorizó la celebración de los Convenios de Asociación para la exploración a riesgo de nuevas áreas y la producción de hidrocarburos bajo el esquema de ganancias compartidas,[68] como antes se indicó, estableció en materia de arbitraje la siguiente cláusula:

DECIMA SÉPTIMA: El Convenio se regirá e interpretará de conformidad con las leyes de la República de Venezuela.

Las materias competencia del Comité de Control, no estarán sujetas a arbitraje.

El modo de resolver controversias en materias que no sean de la competencia del Comité de Control y que no puedan dirimirse por acuerdo entre las partes, será el arbitraje, el cual se realizará según las

---

68 Véase en *Gaceta Oficial* N° 35.754 de 17-07-95.

reglas de procedimiento de la Cámara Internacional de Comercio, vigentes al momento de la firma del Convenio.

En consecuencia, en los Convenios de Asociación de la Apertura Petrolera que se suscribieron conforme a estas condiciones, se previó siempre una Cláusula en la cual se dispuso que si bien "Las leyes de la República de Venezuela regirán este Convenio su interpretación se realizará en conformidad con ellas," sin embargo:

"Cualquier controversia que surja de o se relacione con este Convenio en materias que no sean de la competencia del Comité de Control será resuelta exclusiva y finalmente mediante arbitraje. El arbitraje será llevado cabo y finalmente resuelto por tres árbitros de conformidad con las Reglas de Conciliación y Arbitraje de la Cámara Internacional de Comercio."

El arbitraje se previó que sería tramitado ante la Corte Internacional de Arbitraje de la Cámara Internacional de Comercio, en la ciudad de Nueva York, Estados Unidos de América, teniendo el fallo o laudo del tribunal arbitral carácter definitivo vinculante para las partes, pudiendo interponerse el procedimiento requerido para ejecutar cualquier decisión del tribunal arbitral ante cualquier tribunal competente sin que el mismo pudiera revisar los méritos ni los fundamentos del fallo, ni pronunciarse al respecto.

Ello provocó que frente a las expropiaciones que ocurrieron con motivo de la terminación anticipada de los Contratos de Asociación suscritos con motivo de la Apertura petrolera, y de la nacionalización de los servicios conexos con la industria petrolera, en muchos casos la reclamación pertinente por parte de los inversionistas y contratistas extranjeros terminara resolviéndose ante tribunales arbitrales; y que en la mayoría de los casos, si es que no en todos, las empresas del Estado terminaran condenadas al pago de ingentes cantidades de dinero por concepto de indemnización por las confiscaciones efectuadas.

Ahora bien, el tema de la inclusión de esas clausulas de arbitraje en los Convenios de la Apertura petrolera conforme lo autorizó el Congreso, fue sin duda, uno de los principales debatidos en el juicio de la apertura petrolera, al haberse demandado ante la Corte Suprema la inconstitucionalidad de dicha cláusula Décima Séptima del Acuerdo parlamentario, alegándose que la misma era supuestamente contraria a la disposición del artículo 127 de la Constitución, pues siendo los Convenios de Asociación contratos de evidente interés público cuyas controversias, a juicio de los recurrentes "no pueden dirimirse con arreglo a normas de procedimiento distintas a las que establece la Ley Venezolana."

En la defensa que hicimos el Dr. Román José Duque Corredor y quien suscribe, ante esta denuncia formulada por los recurrentes, señalamos que:

"evidentemente los Convenios de Asociación autorizados en el Acuerdo de Congreso de 04-07-95, son contratos de interés público nacional conforme al artículo 127 de la Constitución, a los cuales, sin embargo, por su naturaleza industrial y comercial, se les aplica la excepción contenida en la misma norma respecto al principio de la inmunidad jurisdiccional; razón por la cual mal podría alegarse violación de dicha norma. En efecto, en la Cláusula Décima Séptima si bien se deja claramente sentado el mandato de que "el Convenio *se regirá e interpretará de conformidad con las leyes de la República de Venezuela",* en cuanto a la resolución de *algunas* controversias que deriven del mismo (con exclusión de las materias que sean competencia del Comité de Control), precisamente de acuerdo a lo establecido en el Código de Procedimiento Civil, que es una Ley de la República de Venezuela, se la somete a arbitraje que se realizará según las reglas de procedimiento de la Cámara Internacional de Comercio, vigentes al momento de la firma del Convenio. Este previsión de la Cláusula Décima Séptima del artículo 2° del Acuerdo está, en un todo, conforme con lo establecido en el artículo 127 de la Constitución, por lo que no lo contradice en forma alguna.

En efecto, la cláusula expresada en el artículo 127 de la Constitución, tiene por objeto, *primero* estipular que la interpretación, aplicación y ejecución de los contratos de interés público debe someterse a la Ley Venezolana, y *segundo,* que las controversias y dudas que de ellos surjan, deben también someterse al conocimiento de los Tribunales venezolanos; todo ello, si no fuere improcedente de acuerdo con la naturaleza del contrato de interés público. Este principio, que se deriva de esta cláusula, encuentra también su fundamento en el principio universal del derecho internacional, de la inmunidad de jurisdicción de los Estados extranjeros y de sus instrumentalidades.

El texto del artículo 127 de la Constitución, sin embargo, desde el ángulo de la inmunidad jurisdiccional, se aparta del carácter absoluto tradicional que antes tenía, y encaja dentro de la llamada "inmunidad relativa de jurisdicción". En efecto esa norma prescribe que esa cláusula debe estar presente en todos los contratos de interés público (nacional, estadal o municipal) "si no fuere improcedente de acuerdo con la naturaleza de los mismos". Esto conecta la materia de contratos de interés público, con un tema clásico de derecho internacional, que muestra la evolución que la cláusula ha tenido en el derecho contemporáneo, desde una inmunidad absoluta a la inmunidad relativa de jurisdicción.

El origen de esta cláusula, en el sistema constitucional venezolano, se remonta a la Constitución de 1893, en la cual se estableció lo que puede calificarse como el principio de la inmunidad absoluta. El artículo 149 de ese texto dispuso que:

"...En todo contrato de interés público, se establecerá la cláusula, de que "las dudas y controversias que puedan suscitarse sobre su inteligencia y ejecución, serán decididas por los tribunales venezolanos y conforme a las leyes de la República..."

De acuerdo a esta norma del Texto Fundamental de 1893 la fórmula era distinta al texto vigente: primero, preveía la inmunidad absoluta, y segundo, prescribía la obligación de que en todo contrato se estableciera la cláusula, lo que difiere del sistema actual conforme al cual, en virtud de la Constitución, se entiende incorporada la cláusula a los contratos. En aquél texto sólo se decía que en esos contratos debía incorporarse la cláusula, por lo que la misma tenía neto carácter contractual.

En la Constitución de 1947 cambiaron estos dos elementos: se abandonó el sistema de inmunidad absoluta, sustituyéndose por uno de inmunidad relativa, porque la cláusula se consideraba incorporada en los contratos "si fuera procedente de acuerdo a la naturaleza de los mismos"; y además, se adoptó el esquema actual de considerar incorporada la cláusula aún cuando no estuviera expresa, con lo cual no es necesario que se indique en el texto del contrato que esa cláusula forma parte del mismo, sino que en virtud de la Constitución, ella está incorporada. Este es el esquema que se sigue en el texto de la Constitución actual, que sin embargo, no se siguió en la Constitución de 1953 (vigente hasta 1961), en la cual se volvió al principio de la inmunidad absoluta, pero estableciéndose que la cláusula se consideraba incorporada a los contratos de interés público.

Esta cláusula, tiene una evidente vinculación con el Derecho Internacional, y hoy puede decirse que refleja la situación universalmente aceptada y adoptada en todo el mundo, del principio de la relatividad de la inmunidad de soberanía o de inmunidad jurisdiccional de los Estados.

Por supuesto, ello no implica que también haya unanimidad absoluta en la doctrina en relación a determinar cuándo la *naturaleza* de un contrato implica la renuncia a la inmunidad de jurisdicción. Sobre el particular puede decirse que no hay criterios universalmente aceptados, aún cuando todavía se recurra a la distinción tradicional abandonada en el campo del derecho administrativo, entre los actos de autoridad *(jure imperii)* y los actos de gestión *(jure gestionis)* para la interpretación de los casos en los cuales debe haber inmunidad de jurisdicción. La misma doctrina del Fisco, elaborada también durante el siglo pasado, incluso, tuvo sus repercusiones en el Derecho Internacional en este tema de la inmunidad jurisdiccional.

En todo caso, puede decirse que esas distinciones tradicionales, en el momento actual no tienen valor como tal, porque todo acto del Estado siempre tiene una finalidad pública y no puede decirse que haya actos que el Estado cumple como un particular pura y simplemente, ya que el Estado nunca deja de ser Estado en sus actuaciones.

Sin embargo, la distinción entre actos de autoridad y actos de gestión, con todas sus consecuencias, condicionó la elaboración de un documento, en el ámbito del Derecho Internacional Privado, cuya incidencia en los contratos del Estado fue muy importante en América Latina. Se trata del *Código Bustamante,* es decir, la Convención sobre Derecho Internacional Privado de 1928, que suscribieron casi todos los países de América Latina y, de la cual es parte Venezuela. En esa Convención, puede decirse, se comenzó en el ámbito internacional de América Latina, a abandonar el principio de la inmunidad absoluta de jurisdicción de los Estados.

En efecto, en ese texto se admitió, como principio, que había inmunidad absoluta, pero salvo el caso de que un Estado hubiera admitido una sumisión expresa a la ley extranjera, en cuyo caso habría un consentimiento expreso a someterse a la jurisdicción de Tribunales extranjeros.

En tal sentido, el artículo 333 del Código establece lo siguiente:

> "Art. 333.- Los jueces y Tribunales de cada Estado contratante serán incompetentes para conocer de los asuntos civiles o mercantiles en que sean parte demandada los demás Estados contratantes o sus Jefes, si se ejercita una acción personal, salvo el caso de sumisión expresa o de demandas reconvencionales".

Pero además, en el *Código Bustamante, y* de allí la importancia de este documento en el derecho internacional, también se estableció el principio de que a pesar de la inmunidad establecida, ciertas acciones podían dar origen a la renuncia a la inmunidad de jurisdicción, particularmente las acciones reales vinculadas a la propiedad inmueble y los juicios universales. Sin embargo, para regular esta materia, en 1928, el Código siguió el parámetro de la distinción entre actos de autoridad y actos de gestión.

En efecto, los artículos 334 y 335 del Código establecían lo siguiente:

> "Artículo 334.- En el mismo caso y con la propia excepción, serán incompetentes cuando se ejerciten acciones reales, si el Estado contratante o su Jefe han actuado en el asunto como tales y en su carácter público.
>
> Artículo 335.- Si el Estado contratante o su Jefe han actuado como particulares o personas privadas, serán competentes los jueces o tribunales para conocer de los asuntos en que se ejerciten acciones reales o mixtas, si esta competencia les corresponde conforme a este Código."

Conforme a estas normas, por tanto, si se trata de acciones reales, en asuntos en los cuales el Estado actúa como Poder Público, dictando actos de autoridad, se mantiene el principio la inmunidad absoluta; en cambio, si lo que está envuelto en el asunto, es un acto de gestión en el cual el Estado actúa como particular o persona privada, entonces, puede estar sometido a la jurisdicción de otro Estado.

Es claro, sin embargo, que actualmente esta distinción no puede seguirse sosteniendo, como no se sostiene ya en el Derecho Internacional, sobre todo en virtud de la expansión económica de los Estados, pues ha sido justamente en las últimas décadas que los Estados han venido desarrollando un intenso proceso de intervención en la economía. En este campo de la actuación económica del Estado, ello no puede implicar que en las mismas, los Estados dejen de ser tales Estados soberanos, a pesar de que cumplan actividades comerciales o industriales en cualquier nivel. El tema, se ha discutido en el campo del derecho internacional, llegándose, incluso, a afirmaciones mucho más definidas que las que a veces encontramos en el derecho administrativo interno. Por ejemplo, Ian Sinclair afirma que "es una sobre-simplificación pretender que todas las actividades del Estado en el campo económico -como el manejo estatal de una industria, las compras o ventas del Estado- son necesariamente de naturaleza de "derecho privado" y que cumpliéndolas el Estado actúa como persona privada" (Ian Sinclair, "The Law of Sovereign Immunity: Recent Development", *Recueil des Cours 1980,* Academie International de Droit Comparé, Vol. II, La Haya, 1981, p. 209); y M. Chetien ha sostenido que "El Estado no adopta acto alguno, ni interviene en cualquier relación jurídica, sin que ello esté motivado, directa o indirectamente, por la necesidad de mantener su alta misión gubernamental... si uno va al fondo de las cosas, el Estado no se puede presentar jamás como una persona privada" *(Idem*, p. 209).

Por tanto, el hecho de que el Estado realice actividades comerciales o industriales, no implica que deja de estar sometido al derecho público y que actúe enteramente regido por el derecho privado.

En consecuencia, abandonada la distinción entre actos de autoridad y actos de gestión, o entre Estado Poder Público, y Estado persona, en el derecho internacional, para evaluar las cláusulas de inmunidad de jurisdicción, la discusión se centra en *la naturaleza de la actividad* del Estado más que en su finalidad, que siempre es pública; y la tendencia es a admitir la excepción al principio de la inmunidad basadas en el carácter comercial de las actividades que realice un Estado, sobre todo en el ámbito internacional, lo que ha provocado la admisión del principio de la inmunidad relativa de jurisdicción.

En esta orientación, varios instrumentos jurídicos internacionales han sido adoptados en los últimos años. El primero de ellos es la *Convención Europea sobre Inmunidad de los Estados* del año 1972, en la cual se señalaron los casos en los cuales los Estados no podían invocar la inmunidad de jurisdicción, los cuales son: cuando se trate de contratos de trabajos o laborales que deben ser ejecutados en el Estado del foro;

cuando un Estado tenga oficinas o agencias que realicen actividades industriales, comerciales o financieras, de la misma manera que personas privadas; los procedimientos relativos a patentes, marcas de fábricas y todo lo vinculado al derecho industrial; y las acciones relativas a propiedades inmuebles y sobre sucesiones y donaciones (arts. 5 a 10).

Esta Convención Europea fue seguida, en cuanto al abandono progresivo de la inmunidad absoluta, por una ley muy importante, que fue la *Ley de Inmunidad de Soberanía de los Estados Unidos* de 1976 (*US Foreign Sovereign Immunity Act* 1976), particularmente por tratarse de un Estado en el cual ha habido, históricamente, muchos conflictos y búsqueda de excepciones al sometimiento de los Estados extranjeros a las leyes americanas. En esa Ley se estableció, como principio, que bajo el ámbito del derecho internacional, los Estados no son inmunes en materia de jurisdicción en relación a sus actividades comerciales (art. 1602), las cuales se definen en el mismo estatuto, como las actividades regulares de conducta comercial, o las transacciones particulares de tal carácter comercial. En este texto, además, se precisa que "El carácter comercial de una actividad debe determinarse en relación a la naturaleza de la conducta, la transacción particular o el acto, antes que en referencia a su objetivo o finalidad" (art. 1603,d).

El mismo principio se adoptó en la *Ley de Inmunidad del Estado,* del Reino Unido, de 1978 *(UK State Immunity Act* 1978), la cual fue también muy importante, porque Inglaterra había sostenido siempre el principio de la inmunidad absoluta. Fue a partir de 1978 cuando se abandonó el principio e, incluso, se definieron los casos a los cuales no se podía alegar la inmunidad jurisdiccional, basado en el principio de la naturaleza comercial de la transacción, tales como: suministros de bienes o servicios; préstamos y transacciones que tienen relación con el financiamiento a los países o garantías o indemnizaciones relativas a estos préstamos y financiamiento, así como cualquier otra transacción o actividad, sea comercial, industrial, financiera, profesional o de carácter similar, en las cuales un Estado entra en relación con otro, sin que quede comprometido realmente el ejercicio de su autoridad soberana (Sección 3).

Esta misma orientación la sigue el *Prospecto de Convención Interamericana de Inmunidad de Jurisdicción de los Estados,* aprobado en 1983 por el Comité Jurídico Interamericano, en el cual se plantea también la excepción a la inmunidad jurisdiccional en el caso de actividades mercantiles y comerciales, en los siguientes términos: "la realización de una determinada transacción o acto comercial o mercantil como parte del desarrollo ordinario de su comercio", agregándose también, los asuntos laborales y contratos de trabajo.

El tema ha tenido y tiene gran importancia en Venezuela, porque toca un principio constitucional que es el contenido en esta cláusula obligatoria; obligatoriedad que está, sin embargo, sujeta a la excepción basada en la naturaleza del contrato, en cuyo caso no se aplica el principio de la inmunidad. En todo caso, planteada la discusión en torno al tema de la naturaleza del contrato, no se pueden dar fórmulas universales. Por ello, a la conclusión que se ha llegado, después de interpretaciones contradictorias, es que el criterio debe basarse en la naturaleza práctica del negocio que está en juego, lo cual tuvo particular aplicación a principios de los años ochenta, con motivo de los contratos de empréstitos públicos y obligaciones financieras que asumía el Estado en territorio de Estado Extranjeros.

Por supuesto, en materia de empréstitos públicos el tema de la inmunidad jurisdiccional se ha planteado desde siempre, y ha habido toda una discusión, tanto en el derecho financiero como en el derecho internacional, sobre la naturaleza de los contratos de empréstitos. En todo caso, si se utiliza la distinción entre actos de autoridad y actos de gestión *(jure imperii jure gestione)* nadie podía afirmar que un contrato de empréstito público no sea un acto de autoridad, y no sea un contrato del Estado sometido al derecho público; más público, en cualquier sentido, que un contrato de empréstitos, no habría. Por ello, la solución al problema no se basa en considerar si el Estado suscribe el contrato haciendo uso de su soberanía o de sus poderes públicos, o si son o no contratos administrativos, sino en la naturaleza de las operaciones. En el caso de los empréstitos, sin duda, el Juez que pueda estar llamado a conocer de un problema judicial en relación a ellos, lo que debe conocer en realidad son cuestiones mercantiles y comerciales. Por eso, y con base en la excepción prevista en la Constitución, los contratos de empréstitos no contienen la cláusula de inmunidad de jurisdicción y por tanto, están sometidos en su ejecución que se produce además fuera del país, a las leyes y a Tribunales donde se realiza la operación. Este además, es el principio aceptado en todos los países en el momento actual.

Por último, debe decirse que este principio constitucional se repite en relación a otros contratos en leyes diversas. Por ejemplo, dicha norma se encontraba expresa en la Ley sobre Concesiones de Obras en caso de Obras Viales y de Transporte del año 1983 (art. 10), y, así mismo, la misma exigencia de la cláusula con la misma excepción de la naturaleza del contrato, está en el Decreto 1.821 de 30-8-91 (G.O. N° 34.797 de 12-9-91), que estableció las Condiciones Generales de Contratación en los contratos de obras públicas.

En cuanto a los Convenios de Asociación autorizados en el Acuerdo de 04–07-95, a celebrarse entre una de las empresas de la industria petrolera nacionalizada y una empresa privada, indudablemente que en los mismos, dada la naturaleza industrial y comercial de las actividades envueltas en ellos -que no cambian por el hecho de originarse en la explotación de hidrocarburos, lo que ha sido reservado al Estado por ley-, la inclusión de la mencionada cláusula de inmunidad de jurisdicción no es obligatoria, razón por la cual incluso podría haberse incluido una cláusula que estableciera la excepción tanto en cuanto a que la interpretación, aplicación y ejecución del contrato debía someterse a la Ley Venezolana (quedando exceptuadas siempre la aplicación obligatoria de las normas de orden público), como en cuanto a que las controversias y dudas que de ellos surjan, debían también someterse a conocimiento de los Tribunales de la República.

Ahora bien, esta posición de principio, en cuanto a la excepción respecto de la cláusula de inmunidad de jurisdicción y que existe respecto de contratos de interés público de naturaleza comercial o industrial, puede verse modificada y así ha ocurrido con el Acuerdo, por exigencias expresas de las Cámaras Legislativas, como también ha sucedido con la Ley sobre Construcción, Explotación y Mantenimiento de Obras Viales y de Transporte en Régimen de Concesión de 1983 (G.O. N° 3.247 Extraordinaria de 26-8-83) que estableció que "La concesionaria estará sometida al ordenamiento jurídico venezolano y a la jurisdicción de los Tribunales de la República, cualesquiera sea el origen de sus capitales y el de sus accionistas" (art. 10).

En el mismo sentido, en el sector hidrocarburos, y en cuanto a los contratos para la constitución de empresas mixtas, el artículo 3° (Parágrafo Segundo, literal d), numeral 9) de la Ley de Hidrocarburos, estableció que en dichos contratos se debía insertar la cláusula de inmunidad de jurisdicción, con el siguiente contenido:

"Las dudas y controversias de cualquier naturaleza que puedan suscitarse con motivo de este convenio y que no puedan ser resueltas amigablemente, serán decididas por los Tribunales de Venezuela de conformidad con su leyes, sin que por ningún motivo ni causa puedan ser motivo de reclamaciones extranjeras".

En igual sentido, en la Cláusula Décima Séptima del artículo del Acuerdo se ha establecido que:

"El convenio se regirá e interpretará de conformidad con las leyes de la República de Venezuela"

Ahora bien, establecida la posibilidad constitucional de la excepción al principio de inmunidad de jurisdicción, en relación a los Convenios de Asociación cuyas condiciones se han fijado en el Acuerdo dictado conforme al artículo 126 de la Constitución y al artículo 5° de la Ley Orgánica que Reserva al Estado la Industria y el Comercio de los Hidrocarburos, es indudable que el Acuerdo podía constitucionalmente, como lo hizo, prever que para la solución de determinadas controversias las partes debían recurrir a la figura del arbitramento para su resolución, conforme a lo establecido en el artículo 2° y 608 del Código de Procedimiento Civil.

Esto exige, en todo caso, analizar la posibilidad misma del recurso al arbitramento en los contratos de interés público nacional, sus limitaciones y el ámbito del mismo.

En efecto, puede señalarse que en todos aquellos supuestos de contratos de interés público en los cuales, por su naturaleza, no sea obligatoria la inclusión de la cláusula de inmunidad jurisdiccional, podría plantearse que es posible que se puedan comprometer las controversias a la decisión de árbitros conforme se establece en el Código de Procedimiento Civil.

Debe señalarse, sin embargo, que el problema de la posibilidad misma de que las controversias derivadas de contratos de interés público puedan ser resueltos por vía de arbitramento, ha sido largamente debatido en la doctrina, y las soluciones del Derecho Comparado son diferentes. Por tanto, no puede considerarse que hay unanimidad al respecto. Lamentablemente la jurisprudencia administrativa en Venezuela no ha tenido la oportunidad de pronunciarse sobre la existencia y validez de cláusulas compromisorias en los contratos de interés público. Sin embargo, valiosas opiniones doctrinales se han dado al respecto.

La Procuraduría General de la República, en 1959, sostuvo el criterio de la improcedencia de la Cláusula arbitral en los contratos de interés público, con razón, pues la Constitución vigente para ese momento, que era la Constitución de 1953, en su artículo 49 establecía el principio de la inmunidad de jurisdicción del Estado consagrado en términos absolutos, y no relativos como se establece en la Constitución vigente. La Procuraduría, en todo caso, hacía una distinción respecto de las cuestiones que podían comprometerse, admitiendo el arbitramento solo sobre cuestiones técnicas pero no de derecho (Véase *Informe de la Procuraduría de la Nación al Congreso,* 1959, Caracas 1960, p. 660). Es decir, según la Procuraduría, antes de 1961, era necesario, al hablar del recurso al arbitramento, distinguir claramente qué cuestiones podían someterse válidamente al mismo. Respecto a las cuestiones técnicas, las discrepancias que podían presentarse entre las partes podían ser resueltas por Tribunales arbitrales. Sin embargo, respecto a las cuestiones sobre interpretación y ejecución del contrato, éstas no podían ser sometidas válidamente a arbitramento (Véase *Doctrina de la Procuraduría General de la República* 1967, Caracas 1969, pp. 13 y 15). La Contraloría General de la República, al contrario ha estimado que no procede en los contratos administrativos la cláusula de arbitraje, por ser contraria a lo dispuesto en el artículo 127 de la Constitución. (Véase *Dictámenes de la Consultoría Jurídica,* Tomo III 1938-1968, Caracas 1968, p. 3; y Tomo IV, 1969-1976, Caracas 1976, pp. 20-4-232 y 251. Véase asimismo Luis Brito García, *Régimen Constitucional de los Contratos de Interés Público.* Separata, Contraloría General de la República, pp. 124 y ss.).

Pero incluso bajo la vigencia de la Constitución de 1953, el profesor Antonio Moles Caubet, en 1960, señaló "que no existe en Venezuela prohibición alguna de la cláusula compromisoria y del subsiguiente procedimiento de arbitraje o arbitramento en los contratos de la administración, sea cualquiera su especie, contratos propiamente administrativos o contratos de derecho privado"; para concluir, después de hacer un minucioso examen del problema en el derecho comparado y de la pluralidad de normas que constituyen el ordenamiento jurídico venezolano relacionadas con la materia, que "la Administración tiene poderes para incluir, sea en un pliego de condiciones, sea en el contrato mismo, la cláusula compromisoria que abre entonces el procedimiento de arbitraje" (A. Moles Caubet, "El arbitraje y la contratación administrativa", *Revista de la Facultad de Derecho, UCV,* N° 20, Caracas 1960, pp. 9 y ss).

En todo caso, las soluciones en el derecho comparado no son uniformes, y si bien en 1964, en relación al sistema venezolano, Allan R. Brewer-Carías se inclinaba por no aceptar el recurso al arbitramento en la contratación administrativa, dada la inexistencia de normas expresas que lo autorizara (Véase Allan R. Brewer-Carías, *Las Instituciones Fundamentales del Derecho Administrativo y la Jurisprudencia Venezolana,* Caracas, 1964, p. 219); dicho criterio, luego de la reforma del Código de Procedimiento Civil lo cambió dicho autor, 28 años después, aceptando la figura del arbitramento en los contratos de interés público (Véase *Contratos Administrativos,* Caracas 1992, págs. 262 y sigts.).

En efecto, en la situación actual de nuestro ordenamiento jurídico, con el principio de inmunidad de jurisdicción establecido en forma relativa en la Constitución, y luego de sancionado el nuevo Código de Procedimiento Civil de 1986, puede admitirse que en los casos en que no sea obligatoria la cláusula de inmunidad jurisdiccional, en los contratos de interés público *es admisible recurrir al arbitramento.* En estos casos, por tanto, todas las controversias que se susciten pueden comprometerse en uno o más árbitros, antes o durante el juicio, *"con tal de que no sean cuestiones sobre estado, sobre divorcio o separación de los cónyuges, ni sobre los demás asuntos en los que no cabe transacción"* (art. 608 CPC). Por tanto, tratándose de entes públicos o de instrumentos de la acción de gobierno y de contratos suscritos por éstos, la única limitación legal que tienen en materia de arbitraje se refiere a los asuntos en los *que no cabe transacción* sobre los cuales, incluso, el juez no puede excitar a conciliación (art. 258 CPC). Esto, por tanto, plantea el tema de la posibilidad de la transacción en derecho público.

Tal como ha sido definida por el artículo 1713 del Código Civil "la transacción es un contrato por el cual las partes, mediante recíprocas concesiones, terminan un litigio pendiente y precaven un litigio eventual". Se trata entonces de un contrato sinalagmático, concluido entre partes para, mediante recíprocas concesiones, terminar un litigio o la incertidumbre de las mismas sobre una relación jurídica. Se dan, por tanto, dos especies de transacción: una, extrajudicial, que pone fin a la incertidumbre de las partes sobre una relación jurídica -precave un litigio eventual, según nuestro Código Civil-; otra que pone fin a un litigio pendiente.

Se trata, por tanto, de una institución típicamente de derecho civil. Sin embargo el interés que reviste el arreglo amigable de ciertos litigios o de las incertidumbres de las partes en cierto tipo de relaciones jurídicas en que intervienen entes públicos, hacen que en principio pueda admitirse la transacción en materia administrativa, aún cuando para los entes administrativos las posibilidades de transacciones aparecen más reducidas que para los particulares. De ahí que sea necesario precisar, ante todo, los lineamientos generales de las posibilidades para la Administración de celebrar contratos de transacción con los administrados. Para ello, en todo caso, debemos partir de la normativa del Código Civil, aplicable a la Administración dada la ausencia de un régimen legal especial para la transacción en materia administrativa.

En primer lugar, es requisito esencial de la transacción el de la existencia de concesiones recíprocas entre las partes, al renunciar parcialmente a las posiciones extremas en que se habían situado. En todo caso, queda claro que en las recíprocas concesiones se produce el sacrificio, la renuncia o la disposición parcial de las pretensiones de las partes. Por ello el artículo 1714 del Código Civil exige que "para transigir *se necesita tener capacidad para disponer de las cosas comprendidas en la transacción"*. Por tanto, y ello también queda claro, para que las recíprocas concesiones que caracterizan la transacción puedan llevarse a cabo, es necesario que los derechos sobre que versen o más propiamente, las relaciones jurídicas sobre que versen, sean disponibles por las partes, y que éstas tengan capacidad para disponer de ellos.

Aplicado lo anterior a los entes públicos, no sólo rigen entonces en las transacciones que puedan celebrar, las normas ordinarias sobre *competencia* para la formación de todo contrato de la Administración, sino que también rigen algunas normas especiales sobre competencia. De ahí que el artículo 7 de la Ley Orgánica de la Hacienda Pública Nacional, como simple norma de *derecho adjetivo* (y no de derecho sustantivo) establezca que "en ninguna causa fiscal se podrá celebrar transacciones, *sin la autorización* previa del Ejecutivo Nacional dada por escrito y con intervención del Procurador General de la República. En los asuntos que dependan de la Contraloría General de la Nación, la autorización a que se refiere este artículo será impartida previo informe del Contralor de la Nación". Queda claro, en todo caso, que estos requisitos adjetivos no sólo deben cumplirse en las transacciones judiciales, sino también extrajudiciales, pues el concepto de "causa" que emplea el artículo debe interpretarse en sentido amplio.

De lo anterior resulta, por tanto, que no procediendo la transacción en *relación a la competencia* atribuida a los entes públicos, la misma tampoco puede ser materia de compromiso arbitral.

Pero además de la aplicación de las normas generales sobre la competencia a las transacciones que puedan celebrar los entes públicos, es evidente que en ellas tiene una mayor importancia la necesidad de que los derechos o relaciones jurídicas sobre los cuales se van a hacer las recíprocas concesiones sean disponibles, ya que para transigir válidamente hay que poder disponer libremente de los derechos que sean objeto de la transacción. De ello resulta que una transacción no puede recaer sobre derechos inalienables. En derecho público, este aspecto tiene importancia esencial.

En efecto, en primer lugar, la transacción no puede implicar la renuncia ni el relajamiento de normas en cuyas observancias *están interesados el orden público* o las buenas costumbres (artículo 6°, CC), o más generalmente, en las transacciones que celebre un ente público *no pueden renunciarse ni relajarse las normas de orden público y* entre ellas por ejemplo, las que fijan o atribuyan competencias y las de carácter fiscal, y aquellas así calificadas en la legislación especial, como por ejemplo, la *Ley que reserva al Estado la Industria del Gas Natural* de 1971, que establece en su artículo 14 que "las disposiciones de esta Ley tiene *carácter de orden público...*". Por tanto respecto de estos aspectos, no proceden compromisos arbitrales.

Pero además, y en segundo lugar, la transacción en materia de derecho público no puede versar sobre el ejercicio de una competencia *obligatoria* de la Administración, pues la característica de las llamadas "concesiones recíprocas", que es la base de la transacción, contraría la esencia de la actividad reglada de la Administración, cuando el ejercicio de esos derechos le venga impuesto por el ordenamiento positivo. En otras palabras, la transacción en materia de derecho público nunca puede versar sobre el ejercicio de una facultad reglada o vinculada de la Administración como sería la competencia tributaria y fiscal en general, sino sólo en los supuestos en que exista una potestad discrecional.

En definitiva, y respecto a lo expuesto en último lugar, podríamos concluir señalando que si bien la posibilidad de la transacción es más reducida en materia de derecho público -administrativo o fiscal-, en todo caso sólo podría proceder con respecto del ejercicio de las facultades discrecionales de la Administración -que dependen de su libre apreciación de la oportunidad o conveniencia- y nunca respecto al ejercicio de facultades vinculadas, regladas u obligatorias de la misma. La limitación, también, rige respecto de los compromisos arbitrales.

El tema ha sido objeto de regulación especial en materia tributaria, por lo que partiendo de las premisas indicadas anteriormente, el *Código Orgánico Tributario* ha establecido expresamente la posibilidad del contrato de transacción judicial en materia tributaria, conforme a las siguientes normas:

"Artículo 57. La transacción judicial es admisible en cuanto a la determinación de los hechos y no en cuanto al significado de la norma aplicable.

Artículo 58. El Ejecutivo Nacional, por intermedio del Ministerio de Hacienda, podrá autorizar la transacción, previo pronunciamiento favorable del Consejo de Ministros y oída la opinión del Contralor General de la República.

La transacción podrá celebrarse sin la opinión del mencionado funcionario, cuando hayan transcurrido tres (3) meses sin haberse recibido su respuesta. No será necesario el pronunciamiento del Consejo de Ministros, cuando el asunto sometido a transacción no exceda de un millón de bolívares (Bs. 1.000.000,oo). El Consejo de Ministros podrá elevar este límite hasta cinco millones de bolívares (Bs. 5.000.000,oo). El contrato de transacción será otorgado en nombre de las República, por el Procurador General de la República".

De acuerdo a estas norma, por tanto, la transacción judicial en materia tributaria está limitada a cuestiones de hecho y su determinación, por lo que no se permite en cuestiones de derecho, es decir, en cuanto al significado de la norma aplicable. Esta misma limitación se aplicaría, por tanto, a los compromisos arbitrales.

Pero adicionalmente a las limitaciones al recurso de arbitramento derivadas de lo establecido en el artículo 608 del Código de Procedimiento Civil, para el supuesto de que se recurra a árbitros que deben resolver en el exterior, ello no es posible, conforme al artículo 2° del mismo Código, "cuando se trate de *controversias sobre bienes inmuebles situados en el territorio de la República o sobre otras materias que interesen al orden público o a las buenas costumbres"*. Por tanto, tratándose de contratos de interés público no podrían ser objeto de arbitramento en el exterior controversias sobre bienes inmuebles situados en el territorio de la República o sobre materias que interesen al orden público.

Salvo estos supuestos, todas las otras cuestiones dentro de los límites del artículo 608 del Código de Procedimiento Civil, antes mencionados, en los contratos de interés público, pueden comprometerse las controversias para ser resueltas mediante arbitramento.

Por último, de acuerdo al Código de Procedimiento Civil, tratándose de árbitros de derecho, éstos deben en principio observar el procedimiento legal, y en las sentencias, las disposiciones del Derecho. En el caso de árbitros arbitradores, estos proceden con entera libertad, según les parezca más conveniente al interés de las partes, atendiendo principalmente a la equidad (art. 618).

En todo caso, las partes pueden indicar a los árbitros de derecho, las formas y reglas de procedimiento que deban seguir y someter a los árbitros arbitradores a algunas reglas de procedimiento (Parágrafo Primero, art. 618). Estas reglas de procedimiento que pueden indicar las partes, bien pueden ser las de la Cámara Internacional de Comercio, como lo ha establecido la Cláusula Décima Séptima del artículo 2° del Acuerdo.

En vista de todo lo anteriormente expuesto, pueden establecerse las siguientes conclusiones.

1. El principio de la inmunidad jurisdiccional del Estado que establece el artículo 127 de la Constitución, de carácter relativo, permite cuando la naturaleza del contrato de interés público lo aconseje, excluir respecto del mismo la aplicación de las leyes venezolanas (con excepción de las normas de orden público) y la jurisdicción de los Tribunales venezolanos.

2. Los contratos de interés público, contenidos en los Convenios de Asociación en ejecución del artículo 5° de la Ley Orgánica que Reserva al Estado la Industria y el Comercio de los Hidrocarburos, por su naturaleza industrial y comercial, son de aquellos que están dentro de las excepciones respecto del principio de inmunidad jurisdiccional del Estado. Por ello, en la Cláusula Décima Séptima del artículo 2° del Acuerdo de 04-07-95, y conforme al artículo 127 de la Constitución, si bien se ha previsto expresamente que se regirán e interpretarán de conformidad con las Leyes de la República de Venezuela, se ha dispuesto la excepción respecto de la cláusula de inmunidad jurisdiccional del Estado, prescribiéndose que las partes contratantes, respecto de controversias que no sean de las materias competencia del Comité de Control, deben recurrir al arbitramento para su solución conforme al Código de Procedimiento Civil (arts. 2 y 608 CPC), lo cual es admisible en los contratos de interés público que no tengan que contener obligatoriamente dicha cláusula.

3. Las limitaciones fundamentales en relación al recurso al arbitramento en los contratos de interés público, como los Convenios de Asociación, son las establecidas en el artículo 608 del Código de Procedimiento Civil, en el sentido de que no pueden comprometerse "cuestiones sobre estado, sobre divorcio o separación de los cónyuges, *ni sobre los demás asuntos en los que no cabe transacción"*. En cuanto a la transacción, si bien es admisible en materia de contratos de interés público, no puede conllevar a que las partes transijan sin tener capacidad para disponer de las cosas comprendidas en la transacción. Esto implica, en materia de derecho público, que solo los órganos *competentes* para ello

pueden transigir, y que además, la transacción no puede recaer sobre *derechos inalienables* respecto de los cuales *no se puede disponer. Por tanto, la transacción no puede implicar renuncia ni relajamiento de normas de orden público o las buenas costumbres* (art. 6 CC), y particularmente de aquellas que establecen una *competencia de ejercicio obligatorio* (reglado para el Estado). En consecuencia, *ninguna de estas cuestiones pueden ser objeto de compromiso arbitral.* En materia tributaria, en todo caso, la transacción judicial sólo es admisible en cuanto a la determinación de los hechos y no en cuanto al significado de la norma aplicable, por lo que un arbitramento no podría incidir sobre esto último.

4. El recurso al arbitramento en los contratos de interés público donde no sea obligatoria la inclusión de la cláusula de inmunidad jurisdiccional, puede conducir inclusive a que los árbitros designados resuelvan en el exterior, conforme al artículo 2 del Código de Procedimiento Civil, sometido, el compromiso arbitral, siempre, a las limitaciones antes mencionadas y adicionalmente a las previstas en dicho artículo en el sentido de que los arbitrajes que se resuelvan en el extranjero "no pueden referirse a controversias para *bienes inmuebles situados en el territorio de la República o sobre otras materias que interesen al orden público o a las buenas costumbres".*

5. El recurso al arbitramento, en todo caso, cuando ello es posible, en los contratos de interés público permite a las partes indicar a los árbitros las reglas de procedimiento que deban seguir, conforme al artículo 618 del Código de Procedimiento Civil, las cuales bien podrían ser las de la Cámara Internacional de Comercio, como ha sucedido con la condición fijada por el Acuerdo del Congreso de 04-07-95 en su Cláusula Décima Séptima del artículo 2.°"[69]

En conclusión, indicamos ante la antigua Corte Suprema que la mencionada Cláusula Décima Séptima del artículo 2° del Acuerdo de 4 de julio de 1995 no contradecía, en forma alguna, el artículo 127 de la Constitución de 1961 (equivalente al artículo 151 de la Constitución de 1999), y al contrario, se había adoptado por las Cámaras Legislativas conforme al mismo, razón por la cual concluimos solicitando que se desestimasen los alegatos de supuesta violación de dicha norma que habían formulado por los recurrentes.

La Corte Suprema de Justicia, en su sentencia de 1999, sobre la impugnación de la Cláusula Décima Séptima del Acuerdo del Congreso, la desestimó, argumentando como sigue:

"Se ha alegado como motivo de impugnación de esta cláusula la violación del artículo 127 de la Constitución, que dispone la obligatoriedad

---

69 Véase el texto íntegro de los argumentos formulados en el Juicio de la Apertura petrolera en el Apéndice de este libro.

de incorporar en todo contrato de interés público una cláusula según la cual las dudas y controversias que se susciten con relación a dichos contratos y que no llegaren a resolverse de forma amigable por las partes, serán decididas por los Tribunales de la República. Insistiendo, además, en la naturaleza de contratos de interés público que tienen los Convenios de Asociación, lo cual compromete aspectos esenciales de la Nación venezolana.

En contra del anterior alegato, quienes defienden la constitucionalidad y legalidad de la cláusula Decimoséptima del Acuerdo recurrido, que permite la incorporación del arbitraje en los convenios de asociación estratégica, han sostenido que la disposición constitucional del artículo 127 revela que efectivamente la cláusula que establece la inmunidad de la jurisdicción nacional es de obligatoria incorporación en toda contratación de interés público, pero que siendo ésta la regla, la excepción se produce, cuando "no fuere improcedente de acuerdo con la naturaleza de los mismos."

Para decidir, se observa:

Son tres los aspectos a dilucidar en la presente controversia:

En *primer lugar*, el referido a si los convenios de asociación debe reputárseles como contratos de interés público.

En *segundo término*, lo relacionado con la concepción adoptada por la Constitución de la República en su artículo 127, esto es, si acogió el sistema de inmunidad absoluta de jurisdicción o, por el contrario, el de inmunidad relativa, a través del cual se permitiría, dependiendo de la naturaleza del contrato, incorporar la cláusula arbitral.

Y, *por último*, debe dilucidarse a qué se ha referido el Constituyente de 1961 cuando estableció "si no fuera improcedente, de acuerdo con la naturaleza de los mismos".

Primero: Con relación al interés público del cual están revestidos los Convenios de Asociación a que se refiere el Acuerdo del Congreso impugnado, estima esta Corte que en el punto 4 de la motiva del presente fallo, referido a la Cláusula Sexta, se dejó claramente establecido que su naturaleza jurídica, es la de un contrato administrativo, o de interés público dadas las características allí extensamente analizadas.

Debe además, dejarse sentado en esta oportunidad, visto lo alegado por los recurrentes, que la contratación administrativa aludida se encuentra vinculada al interés público o colectivo, pues, como se ha dicho -y aquí se reitera- es precisamente este elemento el que mueve a la Administración a realizar este tipo de contratación. Así se declara.

Segundo: Por lo que se refiere a la concepción que adoptó el artículo 127 de la Constitución de la República, resulta a todas luces evidente para esta Corte, que la redacción de la citada norma no deja la menor duda de que el Constituyente al incorporar en los contratos de interés público la excepción "si no fuera improcedente de acuerdo con la naturaleza de los mismos" se acogió al sistema de inmunidad relativa que ya había establecido la Constitución de 1947. Sistema que, por lo demás, impera en los países desarrollados, que permanentemente someten sus controversias internacionales a los árbitros que elijan uno y otro Estado, buscando con ello evitar que la jurisdicción interna de alguno de ellos tienda -como pareciera inevitable- a favorecer a su país en la disputa de que se trate.

Ahora bien, resulta para este Alto Tribunal innecesario recalcar el fundamento de las precisiones doctrinarias que innumerables y muy reconocidos juristas nacionales y extranjeros han hecho en relación con la justificación para que los Estados acojan el sistema de inmunidad relativa, pues entiende la Corte, que el eje central de esta controversia no se circunscribe especialmente a este hecho, sino al alegado por los recurrentes en cuanto a que esta excepción que concibe -y así lo aceptan- el artículo 127, se encuentra sólo referida a los contratos celebrados "entre dos Estados soberanos o entre un Estado soberano y los organismos de Derecho Internacional Público", lo que les permite argüir, que el dispositivo constitucional no autoriza el sometimiento a normas distintas de las venezolanas fuera de estos casos.

No comparte la Corte lo expuesto por los impugnantes, toda vez que la redacción de la mencionada norma no permite, ni semántica ni conceptualmente, hacer tal distinción. En efecto, dispone el artículo 127 citado que : "En los contratos de interés público, si no fuere improcedente de acuerdo con la naturaleza de los mismos, se considerará incorporada, aun cuando no estuviere expresa, una cláusula según la cual las dudas y controversias que puedan suscitarse sobre dichos contratos y que no llegaren a ser resueltas amigablemente por las parte contratantes, serán decididas por los Tribunales competentes de la República, en conformidad con sus leyes, sin que por ningún motivo ni causa puedan dar origen a reclamaciones extranjeras". (Resaltado de la Corte). De tal redacción resulta ostensible que el Constituyente no precisó que la excepción allí contenida estuviese referida a los contratos celebrados entre dos Estados soberanos o entre un Estado soberano y los organismos de Derecho Internacional Público, como lo pretenden los recurrentes.

Rebasa el alegato de los demandantes la intención del Constituyente quien no hizo distinción alguna. De lo expuesto, cabe concluir que no se encuentran excluidos por la excepción contenida en el artículo 127 de la Constitución, los contratos de interés público distintos a los señalados por los recurrentes, pues entran en ella todos aquéllos cuya naturaleza haga procedente la incorporación de la cláusula arbitral. Así se declara.

Tercero: Ha quedado establecido tanto el carácter de interés público de los Convenios de Asociación autorizados por el Acuerdo del Congreso como la circunstancia de que la excepción contenida en el artículo 127 constitucional no se limita sólo a aquellos contratos que celebren dos Estados soberanos o un Estado soberano y los organismos de Derecho Internacional Público, y sólo resta por deducir si estos Convenios de Asociación -como lo afirman los opositores al presente recurso de nulidad- tienen la "naturaleza" a la que se refiere el texto constitucional.

En este sentido, son contestes los opositores al recurso en cuanto a que el término "naturaleza" al que alude el texto constitucional no puede estar referido a la esencia jurídica de los contratos, por cuanto queda claramente definida al señalar que se trata de contratos de "interés público", aceptados por la jurisprudencia como contratos administrativos. Por lo que, ha sostenido un sector de la doctrina que se trata del contenido práctico, lo que obligaría a la Administración a incluir la cláusula arbitral, pues sin ella podría no realizarse la operación contractual.

En un sentido más restringido, otros estudiosos del tema (Informe suscrito por el doctor José Melich Orsini, presentado al Consultor Jurídico de PDVSA donde recoge la opinión de reconocidos especialistas en la materia, el cual fue acompañado como documental por la Fiscal del Ministerio Público ante esta Corte y los opositores al recurso sostienen que, esa naturaleza no es más que la comercial o mercantil que identifica las contrataciones, que por razones de interés público, debe realizar la Administración.

Observa la Corte al respecto que, ciertamente la naturaleza determinada constitucionalmente no es la naturaleza jurídica del contrato, no es la que se refiere a los rasgos característicos de la contratación, esto es, no está vinculada a las notas que permitan incluirlo en una determinada clasificación el tipo de contratos, pues ella queda claramente evidenciada del señalamiento "de interés público" que hace la norma, y efectivamente, se trata de la gestión administrativa involucrada en la negociación, la que determinará la posibilidad de la excepción a la inmunidad jurisdiccional.

Considera esta Corte, además, que esa "naturaleza" a la que se refiere el artículo in comento no puede reducírsele única y exclusivamente a la de índole comercial, pues se incurriría en el error de excluir otro tipo de contrataciones que, no siendo de naturaleza mercantil, las circunstancias de la negociación también exijan o recomienden la inclusión de la cláusula arbitral. Esto conlleva a concluir, que la Administración puede y debe estimar la circunstancia específica del caso, y siempre que en ella esté involucrado el interés general, el interés público, en definitiva, la conveniencia del colectivo, la idoneidad del arbitraje como mecanismo que coadyuve al mejor cumplimiento de los fines perseguidos con la contratación, lo que de ninguna manera postula una discrecionalidad en sentido lato, pues, se preserva de ello el artículo 126 de la Constitución, cuando exige la aprobación del Congreso Nacional al tratarse de contratos de interés nacional.

Ahora bien, en cuanto a la cláusula de arbitraje autorizada por el Acuerdo aquí impugnado a fin de ser incorporada en los Convenios de Asociación cabe destacar que conforme a la misma Cláusula Decimoséptima, en el artículo 2 se expresa "El Convenio se regirá e interpretará de conformidad con las leyes de la República de Venezuela"; también establece que las materias sometidas a la competencia del Comité de Control no estarán sujetas a arbitraje. Y es sólo este Comité de Control (cuya mayor representación corresponde a representantes de la empresa filial) el que conocerá de las decisiones fundamentales de interés nacional relacionadas con la ejecución del Convenio, lo que permite deducir que las materias que conocería eventualmente la Comisión Arbitral no serían fundamentales para el interés nacional.

En razón de lo expuesto, estima esta Corte que, en el caso concreto de los Convenios de Asociación autorizados por el Acuerdo del Congreso de fecha 4 de julio de 1995, su naturaleza no solamente comercial sino de trascendencia para la consecución de las medidas económicas adoptadas por la Administración y validadas por el Congreso Nacional, se subsume en el supuesto previsto en la norma constitucional, por lo que al no infringirla debe declararse improcedente el alegato de inconstitucionalidad por esta causa y así se declara."[70]

---

70 Véase el texto íntegro de la sentencia en el Apéndice de este libro.

CUARTA PARTE:

LA PREVISIÓN DEL ARBITRAJE INTERNACIONAL DE INVERSIONES, QUE TAMBIÉN PROTEGIÓ LAS INVERSIONES EFECTUADAS EN EL MARCO DE LA APERTURA PETROLERA, CONFORME A LA PROGRESIVA ACEPTACIÓN DEL ARBITRAJE EN LOS CONTRATOS PÚBLICOS

I. ARBITRAJE INTERNACIONAL Y PROTECCIÓN DE INVERSIONES

Además de las cláusulas de arbitraje incluidas en los Convenios de Asociación de la Apertura Petrolera a ejecutarse conforme a las reglas de la Cámara de Comercio Internacional de Nueva York, desde 1993, Venezuela ya era parte de la *Convención sobre Arreglo de Diferencias Relativas a Inversiones entre Estados y Nacionales de Otros Estados* (CIADI),[71] la cual adoptada en 1965, después de ser ratificada por 20 países, entró en vigencia el 14 de octubre de 1966. Esta Convención se adoptó con el propósito de establecer un Centro para el arreglo de disputas sobre inversiones, a los efectos de procurar la conciliación y arbitramento de controversias sobre inversiones entre los Estados contratantes y los nacionales de otros Estados contratantes.

El gobierno de Venezuela firmó la Convención el 18 de agosto de 1993, habiendo sido aprobada el año siguiente, en 1994, mediante Ley aprobatoria por el Congreso,[72] la cual entró en vigencia el 1º de junio de 1995, después del depósito de la ratificación efectuado el 2 de mayo de 1995.

---

71 Disponible en http://icsid.worldbank.org/ICSID/StaticFiles/basicdoc/partApreamble.htm.

72 Véase Ley Aprobatoria del Convenio sobre Arreglo de Diferencias Relativas a Inversiones entre Estados y Nacionales de otros Estados, en *Gaceta Oficial* Nº 4.832 Extra. de 29 de diciembre de 1994.

Pero la firma de la Convención, en general, no era suficiente para que algún inversionista pudiera reclamar contra el Estado ante el Centro Internacional de Arbitraje para la solución de alguna controversia, por falta de protección de sus inversiones. El artículo 25.1 de la Convención solo extiende la jurisdicción del CIADI a cualquier disputa que surja directamente de una inversión, entre un Estado contratante y un nacional de otro Estado contratante, cuando las partes en la controversia hayan *consentido* por escrito en someterla al Centro. Es decir, para ello, el Estado debe haber dado su consentimiento a someterse al arbitraje internacional, lo que puede ocurrir sea por declaración unilateral del Estado manifestada mediante una *Ley nacional,* o por así preverse en un *Tratado bilateral* con algún otro Estado para la protección de sus inversionistas, o directamente en un contrato público.

Ello implica, como se indica en el Preámbulo de la Convención, que ningún Estado contratante, por el mero hecho de la ratificación, aceptación o aprobación de la misma, está obligado sin su consentimiento a someter ninguna disputa particular a conciliación o arbitraje a la jurisdicción del Centro de arbitraje CIADI, para lo cual adicionalmente a la ratificación de la Convención, el Estado debe haber dado su consentimiento.[73]

Ese consentimiento escrito por parte de los Estados contratantes del CIADI, además de la cláusula expresa que se pueda establecer en un contrato público o estatal, como por ejemplo en los contratos de obra pública, o en un tratado o acuerdo bilateral para la protección de inversiones (BIT) suscrito entre dos Estados, puede verificarse a través de previsiones en su legislación de promoción de inversiones, mediante la cual ofrezca someter controversias resultantes de cierta clase de inversiones a la jurisdicción del Centro, en cuyo caso el inversionista puede dar su consentimiento mediante la aceptación por escrito de la oferta del Estado.

Y este fue precisamente, en nuestro criterio, el caso de Venezuela, donde además de haberse aceptado la jurisdicción del Centro CIADI en una multitud de tratados o convenios bilaterales de protección de inversiones que han permitido que los inversionistas hayan obtenido protección de sus inversiones por el Centro de arbitrajes CIADI, el Estado, además, otorgó su consentimiento expreso de someterse a la jurisdicción del Centro de Arbitrajes CIADI mediante la sanción de la Ley de Promoción y Protección de Inversiones (Ley de Inversiones) dictada por Decreto Ley N° 356 de 13 de

---

73 Véase sobre todo esto, en Allan R. Brewer-Carías, "El consentimiento del Estado al arbitraje internacional en la Ley De Promoción y Protección de Inversiones de 1999 y sus vicisitudes," en Jaime Rodríguez Arana y José Ignacio Hernández (Coordinadores*), El Derecho administrativo global y el arbitraje internacional de inversiones Una perspectiva iberoamericana en el marco del cincuenta aniversario del CIADI*, Instituto Nacional de Administración Pública, INAP, Madrid, 2016, pp. 129-195.

octubre de 1999,[74] derogada posteriormente mediante la Ley de Inversiones Extranjeras de 2014.[75]

En el artículo 22 de aquella Ley, en efecto se dispuso lo siguiente:

"Artículo 22. Las controversias que surjan entre un inversionista internacional, cuyo país de origen tenga vigente con Venezuela un tratado o acuerdo sobre promoción y protección de inversiones, o las controversias respecto de las cuales sean aplicables las disposiciones del Convenio Constitutivo del Organismo Multilateral de Garantía de Inversiones (OMGI – MIGA) o del Convenio sobre Arreglo de Diferencias Relativas a Inversiones entre Estados y Nacionales de Otros Estados (CIADI), serán sometidas al arbitraje internacional en los términos del respectivo tratado o acuerdo, si así éste lo establece, sin perjuicio de la posibilidad de hacer uso, cuando proceda, de las vías contenciosas contempladas en la legislación venezolana vigente."

Pues bien, según expresamos en 2005 en nuestra Ponencia para el *Seminario sobre la Ley de Inversiones*, organizado por la Academia de Ciencias Políticas y Sociales y el Comité de Arbitraje de Venezuela, al analizar el tema de los contratos públicos y la solución de las controversias en materia de inversiones,[76] en esa norma podía considerarse que el Estado había expresado su consentimiento para someter disputas sobre inversiones al arbitraje internacional ante el Centro CIADI, en la forma de una oferta unilateral abierta y escrita formulada a los inversionistas, sujeta a la aceptación -igualmente por escrito- de estos.

En todo caso, alegando dicho consentimiento durante la primera década del siglo XXI se presentaron varios casos ante el Centro de arbitraje internacional CIADI contra Venezuela, por inversionistas que buscaban la protección de sus inversiones, basándose en la oferta de consentimiento expresada en el artículo 22 de la Ley de Inversiones, habiéndose decidido para comienzos de 2012, antes de que Venezuela denunciara la Convención CIADI, los siguientes:

---

74 Véase Ley de promoción y Protección de Inversiones, Decreto ley N° 356 de 13–10–1999, en *Gaceta Oficial* N° 5.300 Extra. de 22–10–1999. La Ley fue derogada, y por tanto, el artículo 22 eliminado, mediante la Ley de Inversiones Extranjeras, dictada mediante Decreto ley N° 1438 de 17 de noviembre de 2014, en *Gaceta Oficial* N° 6154 (Extra) de 18 de noviembre de 2014.

75 Dictada por Decreto ley N° 1438 de 17 de noviembre de 2014, en *Gaceta Oficial* N° 6154 (Extra) de 18 de noviembre de 2014.

76 Véase Allan R. Brewer–Carías, "Algunos comentarios a la Ley de promoción y protección de Inversiones: contratos públicos y jurisdicción", en Irene Valera (Coordinadora), *Arbitraje Comercial Interno e Internacional. Reflexiones teóricas y experiencias prácticas*, Academia de Ciencias Políticas y Sociales, Comité Venezolano de Arbitraje, Caracas 2005, pp. 279–288.

Caso CIADI N° ARB/07/27, *Mobil Corporation, Venezuela Holdings, B.V., Mobil Cerro Negro Holding, Ltd., Mobil Venezuela de Petróleos Holdings, Inc., Mobil Cerro Negro Ltd. and Mobil Venezolana de Petróleos, Inc. vs. República Bolivariana de Venezuela*, decisión en materia de Jurisdicción de 10 de junio de 2010 (Caso Mobil CIADI);[77]

Caso CIADI N° ARB/08/15, *Cemex Caracas Investments B.V. and Cemex Caracas II Investments B.V. vs. República Bolivariana de Venezuela*, decisión en materia de Jurisdicción de 30 de diciembre de 2010 (Caso *Cemex* CIADI);[78] y

Caso CIADI N° ARB/08/3, *Brandes Investment Partners, LP vs. República Bolivariana de Venezuela*, decisión del 2 de agosto de 2011 (Caso *Brandes* CIADI).[79]

En estas tres decisiones, la primera de las cuales se refirió a una de las Asociaciones Estratégicas en el marco de la Apertura Petrolera, los tribunales CIADI concluyeron que si bien el artículo 22 de la Ley de Inversiones efectivamente contenía una obligación condicional impuesta al Estado de someterse a arbitraje internacional, lo que implicaba que en dicha norma el Estado expresó su consentimiento, sin embargo, era posible interpretar gramaticalmente dicha norma en dos formas, ambas válidas; por lo que estimaron que no había suficiente evidencia de la "intención" del Estado de someter las controversias al arbitraje internacional. En definitiva, fue por falta de pruebas o evidencias que los tribunales CIADI declararon que -en dichos casos- no tenían Jurisdicción para conocer de las controversias.

Con posterioridad a estas tres decisiones, el 24 de enero de 2012 el gobierno de Venezuela en todo caso, oficialmente denunció el Convenio CIADI, con lo cual el Estado venezolano se retiró en forma irrevocable del mismo. La consecuencia fue que luego de recibir la notificación escrita, el Banco Mundial como depositario de la Convención notificó el hecho a todos los

---

77 Véase el texto en http://icsid.worldbank.org/ICSID/FrontServlet?re-questType=CasesRH&actionVal=show Doc&docId=DC1510_En&caseId=C256. El texto igualmente en Luisa Estela Morales Lamuño, *Venezuela en el contexto del arbitraje. Jurisprudencia de la Sala Constitucional y Laudos Internacionales relevantes*, Tribunal Supremo de Justicia, Fundación Gaceta Forense, Caracas 2011, pp. 167–225.

78 Disponible en http://icsid.worldbank.org/ICSID/FrontServlet?requestType=CasesRH&actionVal=showDoc&docId=DC1831_En&caseId=C420 el texto igualmente en Luisa Estela Morales Lamuño, *Venezuela en el contexto del arbitraje. Jurisprudencia de la Sala Constitucional y Laudos Internacionales relevantes*, Tribunal Supremo de Justicia, Fundación Gaceta Forense, Caracas 2011, pp. 239–282.

79 Véase en http://italaw.com/documents/BrandesAward.PDF el texto igualmente en Luisa Estela Morales Lamuño, *Venezuela en el contexto del arbitraje. Jurisprudencia de la Sala Constitucional y Laudos Internacionales relevantes*, Tribunal Supremo de Justicia, Fundación Gaceta Forense, Caracas 2011, pp. 347–382.

otros Estados contratantes. De acuerdo con el artículo 71 de la Convención, dicha denuncia comenzó a surtir efectos a los seis meses después de la recepción de la notificación de Venezuela, es decir, el 25 de julio de 2012.

En el *Comunicado oficial* del gobierno de Venezuela "justificando" la decisión del país de salirse del Convenio CIADI,[80] se mencionó que su ratificación en 1993 había sido efectuada por un "gobierno débil" sin legitimidad popular bajo la presión de sectores económicos tradicionales que habían participado en el desmantelamiento de la soberanía nacional de Venezuela, refiriéndose sin duda al Gobierno del Presidente Ramón J. Velásquez (1993–1994).

Al contrario de dicha afirmación, dicho gobierno transitorio del Presidente Ramón J. Velásquez del cual formé parte como Ministro de Estado para la Descentralización, fue uno muy importante, que se configuró por designación del Congreso, luego de que éste en junio de 1993 hubiera resuelto remover de su cargo al entonces Presidente, Carlos Andrés Pérez, con el apoyo de todos los partidos políticos, a los efectos de completar el período constitucional de aquél. Dicho gobierno de transición tuvo la importante misión de asegurar la continuidad del régimen democrático en el país, y particularmente, de la realización exitosa de las elecciones presidenciales que se efectuaron en diciembre de 1993.

Así, dicho gobierno asumió la continuidad de la conducción del Estado en medio de la grave crisis política y económica existente en ese momento, teniendo para ello toda la legitimidad necesaria derivada de la Constitución. Durante el mismo se adoptaron importantes decisiones en muchos campos,[81] al igual que en material de promoción y protección de inversiones, como la firma del Convenio CIADI, de acuerdo con la política general prevaleciente de atraer inversiones internacionales al país.

Por otra parte, en el *Comunicado Oficial* del gobierno de Venezuela del 24 de enero de 2012, a los efectos de justificar la salida de Venezuela de la Convención CIADI, también se expresó que el texto del artículo 151 de la Constitución de 1999[82] supuestamente invalidaba en su espíritu y en sus

---

80 Véase el texto del "Comunicado Oficial" en http://www.noticierodigital.com/2012/01/ramirez–ratifica–salida–de–venezuela–del–ciadi/

81 Véase el libro colectivo: *Ramón J. Velásquez. Estudios sobre una trayectoria al servicio de Venezuela*, Universidad Metropolitana. Universidad de Los Andes–Táchira, Caracas 2003.

82 Véase en *Gaceta Oficial* N° 5.908 Extra. de 2 de febrero de 2009. Véanse en general los comentarios en Allan R. Brewer–Carías, *La Constitución de 1999 y la Enmienda Constitucional N° 1 de 2009*, Editorial Jurídica Venezolana, Caracas 2011; y en *Constitutional Law*. Venezuela, Supplement 97, International Encyclopaedia of Laws, Kluwer, Belguium 2012.

palabras las previsiones de la Convención CIADI, lo que sólo evidenciaba la más completa ignorancia del gobierno en relación con el sentido y significado de dicha previsión constitucional.

En la misma, al contrario, se establece expresamente el principio de la inmunidad relativa de jurisdicción del Estado,[83] siguiendo la tradición constitucional que comenzó en el texto de 1947, y que permite el arbitraje internacional en controversias derivadas de contratos públicos, excepto cuando por la naturaleza de los mismos ello fuera improcedente. Esta restricción, por otra parte, solo se refiere a cláusulas de arbitraje contenidas en contratos públicos, no siendo destinada a regular el arbitraje resultante de una expresión de consentimiento del Estado expresado en una ley nacional.

El referido artículo 151 de la Constitución en efecto establece lo siguiente:

> "En los contratos de interés público, si no fuere improcedente de acuerdo con la naturaleza de los mismos, se considerará incorporada, aun cuando no estuviere expresa, una cláusula según la cual las dudas y controversias que puedan suscitarse sobre dichos contratos y que no llegaren a ser resueltas amigablemente por las partes contratantes, serán decididas por los tribunales competentes de la República, de conformidad con sus leyes, sin que por ningún motivo ni causa puedan dar origen a reclamaciones extranjeras."

Esta disposición básicamente reprodujo el contenido del artículo 127 de la Constitución de 1961, la cual se conservó en la Constitución de 1999, como lo propusimos a la Asamblea Nacional Constituyente,[84] en particular, oponiéndonos a la extraña e inapropiada propuesta formulada, entre otras, por el Presidente H. Chávez a la Asamblea.[85] Entre esas propuestas estaba, primero la completa eliminación del texto de la Constitución de la "Cláusula Calvo;"[86] y segundo, la propuesta de volver al principio de la inmunidad absoluta de jurisdicción pero exclusivamente respecto de contratos públicos a ser suscritos por la "República," eliminando toda restricción jurisdiccional

---

83 Véase en general, Tatiana B. de Maekelt, "Inmunidad de Jurisdicción de los Estados," en *Libro Homenaje a José Melich Orsini*, Vol. 1, Universidad Central de Venezuela, Caracas 1982, pp. 213 ss.

84 Véase sobre nuestra propuesta en relación con el artículo 151 en Allan R. Brewer–Carías, "Propuesta sobre la cláusula de inmunidad relativa de jurisdicción y sobre la cláusula Calvo en los contratos de interés público," en *Debate Constituyente (Aportes a la Asamblea Nacional Constituyente), Vol. I (8–Agosto–8 Septiembre 1999)*, Fundación de Derecho Público/Editorial Jurídica Venezolana, Caracas 1999, pp. 209–23.

85 Véase Hugo Chávez Frías, *Ideas Fundamentales para la Constitución Bolivariana de la V República*, Caracas agosto 1999.

86 Véase sobre la adopción de la Cláusula Calvo en 1893, en Allan R. Brewer–Carías, *Historia Constitucional de Venezuela*, Vol. I, Editorial Alfa, Caracas 2008, pp. 411.

en relación con contratos públicos suscritos por otros entes públicos que en definitiva son los más frecuentes e importantes, como por ejemplo los suscritos por las empresas del Estado en el área minera y de hidrocarburos. Tales propuestas presidenciales, sin duda, eran excesivamente permisivas en relación con el arbitraje internacional en materias de derecho público

El artículo 151 de la Constitución de 1999 (equivalente al artículo 127 de la Constitución de 1961) contiene dos cláusulas que han estado en todos los textos constitucionales desde 1893.[87] La primera se refiere al principio de inmunidad de jurisdicción del Estado en relación con contratos públicos, la cual inicialmente se refirió a los contratos públicos suscritos por la República y los Estados federados; concebida además como una cláusula de una inmunidad absoluta. La misma fue reformada en 1901, extendiendo su alcance inicial para incluir no solo a los contratos nacionales y estadales, sino a los contratos municipales y cualquier otro suscrito por otros órganos del poder público. Posteriormente, en 1947 se cambió el alcance de la inmunidad jurisdiccional, transformando la inmunidad absoluta en inmunidad relativa de jurisdicción, siguiendo las grandes líneas del derecho constitucional comparado.[88]

La propuesta del Presidente Chávez en 1999 en relación con esta cláusula constitucional consistía en restablecer el principio de la inmunidad absoluta de jurisdicción abandonado en 1947, pero limitándolo sólo a algunos contratos públicos "nacionales," los suscritos por la República, eliminando toda clase de restricción en materia jurisdiccional en relación con los contratos celebrados por los estados, los municipios y otros entes públicos, como las empresas del Estado. Dicha propuesta, como se ha dicho y se analiza en detalle más adelante, era excesiva e inconvenientemente permisiva, particularmente por el hecho de que los contratos públicos comúnmente se suscriben por personas jurídicas estatales diferentes de la República, particularmente por los institutos autónomos y las empresas del Estado.[89]

En todo caso, y dejando aparte la fallida propuesta del Presidente de la República en 1999, la forma como la cláusula de inmunidad jurisdiccional se ha establecido desde la Constitución desde 1947, ha sido siguiendo el principio de inmunidad "relativa", que no puede considerarse como algo

---

87   Véanse los textos de las Constituciones en Allan R. Brewer–Carías, *Las Constituciones de Venezuela*, Academia de Ciencias Políticas y Sociales, Caracas 2008, 2 vols.

88   Véase Ian Sinclair, *The Law of Sovereign Immunity. Recent Developments*, Académie International de Droit International, Recueil des Cours 1980, The Hague 1981.

89   Véase en Allan R. Brewer–Carías, "Propuesta sobre la cláusula de inmunidad relativa de jurisdicción y sobre la cláusula Calvo en los contratos de interés público," en *Debate Constituyente (Aportes a la Asamblea Nacional Constituyente), Vol. I (8–Agosto–8 Septiembre 1999)*, Fundación de Derecho Público/Editorial Jurídica Venezolana, Caracas 1999, pp. 209–233.

extraordinario o inusual, particularmente porque sigue el mismo principio prevalente en el mundo contemporáneo.

De acuerdo con esta cláusula, el Estado está autorizado cn la Constitución para someter a arbitraje internacional materias relativas a contratos de interés público, excepto si su naturaleza lo impide, lo que se refiere a materias generalmente conocidas como pertenecientes al *ius imperii*. Es por ello que el argumento del gobierno de Venezuela de retirarse de la Convención CIADI, al igual que la sugerencia plasmada en las decisiones de los tribunales CIADI en los casos *Mobil* y *Cemex*, argumentando que "Venezuela permanece reticente vis–à–vis el arbitraje contractual en la esfera pública, como lo demuestra [...] el artículo 151 de la Constitución de 1999" (Caso *Mobil* ICSID, Párr. 131; 127, 128; Caso *Cemex* ICSID, Párr. 125), simplemente demuestra que no se entendió realmente el contenido de dicha previsión, del cual ninguna reticencia en relación con el arbitraje puede deducirse.

Al contrario, la previsión del artículo 151 constitucional es precisamente la que permite el arbitraje internacional en relación con el Estado venezolano de acuerdo con el principio de la inmunidad relativa de jurisdicción que es el generalmente aceptado en el mundo contemporáneo. En consecuencia, nada en el sistema constitucional y legal venezolano autorizaba al gobierno para señalar que el mencionado artículo 151 de la Constitución supuestamente "invalidaba en su espíritu, y en sus palabras, las previsiones de la Convención CIADI," lo que significó considerar que una expresión de consentimiento para arbitraje internacional como la que contenía el artículo 22 de la Ley de Inversiones sería inconcebible a la luz del artículo 151 de la Constitución. Al contrario, era en conformidad con la orientación establecida en dicho artículo que se autorizaba al Estado a dar su consentimiento al arbitraje internacional.

La segunda cláusula contenida en el artículo 151 de la Constitución, fue incorporada en las Constituciones desde 1893, habiendo permanecido desde entonces inalterada en los textos constitucionales, y es la "Cláusula Calvo," conforme a la cual en Venezuela se excluyen, considerándose inadmisibles, las reclamaciones diplomáticas en relación con contratos públicos suscritos entre los diferentes órganos del Estado y entidades o personas extranjeras. El Presidente de la República en su extraña propuesta de reforma constitucional formulada ante la Asamblea Constituyente de 1999, pretendía eliminar completamente de la Constitución esta centenaria cláusula, y en consecuencia permitir la posibilidad de que en contratos de interés público, su ejecución pudiera dar origen a reclamaciones diplomáticas extranjeras contra la República.[90] De dicha propuesta, en todo caso, es imposible deducir aproximación restrictiva alguna del Presidente de la República hacia el arbitraje internacional. Al contrario, dichas propuestas eran totalmente inadmisibles, en interés del propio Estado.

---

90   *Idem.*

Por último, debe mencionarse que el artículo 151 de la Constitución al establecer el principio de la inmunidad relativa de jurisdicción y además, la cláusula Calvo, se refiere a los casos relativos a los contratos de interés público, esto es, básicamente aquellos suscritos por las tres divisiones territoriales del Estado (la Republica los Estados y los Municipios). La cláusula permite la posibilidad para el Estado de dar su consentimiento en dichos contratos para someter a arbitraje internacional, por ejemplo, disputas relativas a materias comerciales derivadas de tales contratos públicos.

En cambio, en los casos de jurisdicción para arbitraje internacional del Centro CIADI, basada en el consentimiento dado por el Estado mediante una ley, como fue el caso del artículo 22 de la Ley de Inversiones de 1999, los tribunales CIADI no tenían relación con contratos de interés público de los regulados en el artículo 151 de la Constitución. Dichos Tribunales, en ese caso, solo tenían relación con el consentimiento dado por el Estado unilateralmente en una ley nacional (Artículo 22 de la ley de Inversiones) o en un Tratado Bilateral de protección de Inversiones para someter a arbitraje internacional materias relativas a inversiones, que son en general, de naturaleza industrial, comercial o financiera.

En todo caso, la decisión del gobierno de "huir del CIADI,"[91] por supuesto ignoró la importancia de la Convención CIADI para atraer inversionistas internacionales, lo que se evidencia por el hecho de que entre 1993 y 1998 se suscribieron muchos tratados bilaterales de inversión (BITs), específicamente estableciendo el mecanismo de arbitraje internacional, y particularmente la jurisdicción del Centro CIADI.[92]

Dicha importancia también resulta del hecho de que el mismo gobierno que en 2012 rechazó el arbitraje internacional, fue el que en 1999 sancionó mediante Decreto Ley N° 356 de 3 de octubre de 1999 la Ley de Inversiones, incorporando en su artículo 22 el reconocimiento formal de la jurisdicción del CIADI. En dicha Ley, el mismo gobierno de H. Chávez fue aún más allá, y expresó en el mismo artículo 22 de la Ley, el consentimiento escrito de la

---

91 Véase James Otis Rodner, "Huyendo del CIADI,", en *El Universal*, Caracas February 7, 2012, y en http://www.eluniversal.com:80/opinion/120207/huyendo–del–ciadi.

92 La lista de los Tratados bilaterales puede verse en http://www.mre.gov.ve/meta-dot/index.pl?id=4617;isa= Category;op=show ; ICSID Database of Bilateral Investment Treaties at http://icsid.worldbank.org/ICSID/Front Servlet; UNCTAD, Investment Instruments On–line Database, Venezuela Country–List of BITs as of June 2008 at http://www.unctad.org/Templates/ Page.asp?intItemID=2344&lang=1. Véase también en José Antonio Muci Borjas, El derecho administrativo global y los tratados bilaterales de inversión (BITs), Caracas 2007; Tatiana B. de Maekel, "Arbitraje Comercial Internacional en el sistema venezolano," en Allan R. Brewer–Carías (Editor), *Seminario sobre la Ley de Arbitraje Comercial*, Academia de Ciencias Políticas y Sociales, Caracas 1999, pp. 282–283; Francisco Hung Vaillant, *Reflexiones sobre el arbitraje en el sistema venezolano*, Caracas 2001, pp. 104–105.

República de Venezuela como oferta pública abierta, de someter las controversias sobre inversiones al Centro de arbitraje CIADI, conforme al artículo 25.1 de la Convención CIADI. Esta es la realidad histórica, que no puede ser negada con la decisión adoptada de huir del CIADI en 2012.

El artículo 22 de la Ley de Inversiones, en todo caso, no fue una previsión que se hubiera incluido en la Ley adoptada por el gobierno (Decreto Ley) sin saberse su significado e intención, o que hubiera sido incorporado en la ley subrepticiamente "bajo la influencia de las corrientes globalizantes" como se afirmó sin fundamento.[93] Al contrario, en nuestro criterio se trató de una decisión consciente adoptada por el gobierno en un momento en el cual estaba buscando y promoviendo inversión internacional en el país, dando a los inversionistas garantías de seguridad jurídica, como la resolución de controversias por tribunales arbitrales.

Con tal propósito, en el artículo 22 de la Ley de Inversiones de 1999, el Estado dio su consentimiento para someter disputas relativas a inversiones ante el centro CIADI, expresado en la forma de una oferta abierta de arbitraje, sujeta a la aceptación del inversionista demandante en una controversia, el cual a su voluntad, sin embargo, conforme a la misma norma podía optar por acudir a los tribunales nacionales. En tal forma, no sólo la firma de la Convención CIADI en 1993, sino el mismo texto del artículo 22 de la Ley de Inversiones de 1999, reflejaron la tendencia pro arbitraje que existía en Venezuela en dicho tiempo, y que se había desarrollado en las décadas anteriores, cristalizando no sólo en el artículo 258 de la Constitución obligando al Estado a promover el arbitraje, sino en la sanción en paralelo de la Ley de Inversiones de 1999. La misma tendencia se reflejó en muchas otras leyes sancionadas a partir el mismo año 1999.

En los casos CIADI *Mobil* y *Cemex*, los tribunales decidieron que en esos casos en particular, que el artículo 22 de la Ley de Inversiones no les confería jurisdicción. En el caso CIADI *Brandes*, en cambio, el tribunal, sin motivar en forma alguna su apreciación, decidió que el artículo 22 de la Ley de Inversiones no confería en forma general jurisdicción para el arbitraje internacional. Sin embargo, y contrariamente a esas apreciaciones, desde 2005 nuestra opinión ha sido que el artículo 22 de la Ley de Inversiones si confería jurisdicción a los tribunales del Centro CIADI, pues contenía la declaración de consentimiento del Estado venezolano, expresada, como una oferta pública abierta de someter controversias a arbitraje internacional.

Como hemos indicado, el mencionado artículo 22 de la Ley de Promoción y Protección de Inversiones 1999 fue eliminado del ordenamiento, y con ello, el consentimiento del Estado expresado mediante ley en materia de arbitraje internacional, al sustituirse dicha Ley por la Ley de Inversiones

---

93 Véase Hildegard Rondón de Sansó, *Aspectos jurídicos fundamentales del arbitraje internacional de inversión*, Ed. Exlibris, Caracas 2010, p. 132.

Extranjeras de 2014,[94] lo que no impide que destaquemos el sentido que tenía dicha norma y las vicisitudes que se sucedieron en su interpretación, precisamente en relación con reclamaciones originadas por la terminación anticipada de algunos de los Convenios de Asociación de la "Apertura Petrolera," partiendo de la explicación de los antecedentes del tratamiento del arbitraje en Venezuela antes de 1999.

II. LA PROGRESIVA TENDENCIA PRO-ARBITRAJE DEL RÉGIMEN LEGAL VENEZOLANO DURANTE LOS AÑOS ANTERIORES A LA APROBACIÓN DE LA LEY DE INVERSIONES DE 1999

Ahora bien, contrariamente a lo apreciado en las decisiones de los tribunales arbitrales CIADI en los antes comentados casos *Mobil, Cemex* y *Brandes,* y como hemos dicho, en nuestro criterio el Artículo 22 de la Ley de Inversiones de 1999 sí había expresado en su momento el consentimiento por escrito de la República de Venezuela al arbitraje del Centro CIADI, conforme al Artículo 25(1) de la Convención del CIADI. Este consentimiento se expresó en forma de oferta abierta de arbitraje sujeta a la aceptación del inversionista,[95] pudiendo éste a su elección recurrir a los tribunales nacionales.

Esta manifestación contenida en el artículo 22 de la Ley, por lo demás, fue reflejo de la tendencia por arbitraje que se ha había desarrollado en Venezuela durante las últimas décadas, y que se materializó en el Artículo 258 de la Constitución de 1999[96] y en varias leyes.

Por lo tanto, al momento en el que se dictó el decreto ley de la Ley de Inversiones en 1999, la hostilidad tradicional hacia el arbitraje que había resultado de las experiencias de finales del siglo XIX puede decirse que se encontraba superada, pudiendo considerarse dicha Ley como una legislación completamente compatible con sus antecedentes históricos, incluida la rati-

---

94 Dictada por Decreto ley N° 1438 de 17 de noviembre de 2014, en *Gaceta Oficial* N° 6154 (Extra) de 18 de noviembre de 2014.

95 Entre los distintos formularios de consentimiento por escrito de los Estados Contratantes del CIADI, que incluyen la legislación nacional, Véase el "Informe de los directores ejecutivos del Convenio sobre Arreglo de Diferencias Relativas a Inversiones entre Estados y Nacionales de otros Estados" con fecha 18 de marzo de 1965 ("[…] un estado anfitrión puede, en la legislación que promueve las inversiones, ofrecer que las controversias que surgieren de ciertas clases de inversión sean sometidas a la jurisdicción del Centro, y el inversor podrá dar su consentimiento al aceptar la oferta por escrito.".

96 Dicho artículo dispone: "La ley promoverá el arbitraje, la conciliación, la mediación y cualesquiera otros medios alternativos de solución de conflictos." Véase Eugenio Hernández Bretón, Arbitraje y Constitución. El arbitraje como derecho fundamental," en Irene Valera (Coordinadora), *Arbitraje Comercial Interno e Internacional. Reflexiones teóricas y experiencias prácticas*, Academia de Ciencias Políticas y Sociales, Comité Venezolano de Arbitraje, Caracas 2005, p. 27.

ficación por el Estado, entre 1993 y 1998, de muchos tratados bilaterales para la protección y la promoción de las inversiones (que también contribuyeron al arbitraje internacional), además de otras disposiciones legales relacionadas con el arbitraje adoptadas en ese tiempo.

Si se considera el Artículo 22 de la Ley de Inversiones en forma sistemática y desde una perspectiva histórica, tiene sentido decir que el Estado ofreció un consentimiento unilateral al arbitraje como medio para promover la inversión. Esta oferta fue entonces una parte esencial de la razón de ser de la Ley de Inversiones de 1999, que estaba en completa consonancia con el arbitraje internacional existente en 1999. Además, si nos atenemos al elemento teleológico y sociológico de la interpretación de las leyes, la situación económica y social reinante al momento en que fuera emitida por el Poder Ejecutivo el decreto ley de la Ley de Inversiones de 1999 explica que el antiguo Congreso y el Ejecutivo Nacional, en sus funciones de legisladores, pretendían promover la inversión, siendo el consentimiento al arbitraje internacional un medio para lograrlo. La política económica y todo el orden jurídico existente en el año 1999 también tendían a promover la inversión extranjera y el arbitraje internacional.[97] Esta intención general se aprecia claramente reflejada en la Ley de Inversiones de 1999 en su conjunto, la cual tuvo como objetivo principal promover y proteger la inversión extranjera a través de la regulación de las acciones del Estado respecto al tratamiento de dicha inversión. Someter las controversias al arbitraje internacional es precisamente uno de los recursos fundamentales para proteger los inversionistas y las inversiones extranjeras.[98]

---

97 Véase Victorino Tejera Pérez, "Las leyes municipales de inversión, ¿Siempre constituyen una oferta unilateral de arbitraje? La Ley de Inversiones de Venezuela: Un estudio de casos", en Ian A. Laird and Todd J. Weiler (Ed.), *Arbitraje del Tratado de Inversiones y el Derecho Internacional*, Vol. 2, JurisNet LLC 2009, pp. 104–105; Victorino Tejera Pérez, *Arbitraje de Inversiones*, Tesis de maestría, Universidad Central de Venezuela, Caracas 2010, p. 175. Esta tesis fue luego publicada con el título *Arbitraje de inversiones en Venezuela*, Colección Estudios Jurídicos, Editorial Jurídica Venezolana, Caracas 2012. Las citas que se hacen a dicho trabajo corresponden a las páginas de la tesis.

98 Incluso la sentencia N° 1541 del Tribunal Supremo, del año 2008, reconoció que una de las formas en que los Estados atraen las inversiones extranjeras es haciendo una promesa unilateral de someter las diferencias a arbitraje: La Sala expresó: "Resulta imposible ignorar que los Estados que buscan atraer inversiones deben, manteniendo su soberanía, otorgar ciertas garantías a los inversionistas, a fin de concretar esa relación. Dentro de las variables empleadas para lograr estas inversiones, es común incluir un acuerdo de arbitraje que, a juicio de los inversionistas, les brinde seguridad respecto al – ya mencionado – temor de una posible parcialidad de los tribunales del Estado en favor de sus propios ciudadanos."

1. *Los antecedentes históricos en cuestión de arbitraje: de la hostilidad a la aceptación*

Un buen resumen de los antecedentes históricos de la Ley de Inversiones se puede encontrar en lo expuesto por Alfredo Morles Hernández en 2005 en su exposición de apertura del Seminario convocado por la Academia de Ciencias Políticas y Sociales en Caracas, en los que después de analizar las hostilidades precedentes destacó la actitud favorable en ese momento hacia el arbitraje, mencionando, particularmente los efectos de la ratificación durante las últimas décadas de todas las convenciones más importantes, con particular referencia a la Convención del CIADI, a la cual consideró como de "aceptación prácticamente universal." [99]

Otra situación fue la posición del Profesor Morles con respecto a la posibilidad de renuncia a la inmunidad jurisdiccional en los contratos públicos celebrados por la República en materia de empréstito público externo. Desde 1970, Morles había criticado la opinión legal de la Procuraduría General de la República (expresada en 1977), que consideraba aceptable incorporar en los contratos de empréstito público externo cláusulas por las que se renunciaba a la inmunidad jurisdiccional del Estado, y que fueron ampliamente incorporada en los contratos públicos de esos tiempos. [100] Lo cierto, en todo caso, es que particularmente luego de la sanción de la Constitución de 1961 y mucho antes de 1999, la República había aceptado de una manera muy amplia, especialmente en lo relativo a los contratos públicos, la posibilidad de renunciar a la inmunidad jurisdiccional.

2. *La evolución constitucional en cuanto a la inmunidad jurisdiccional del Estado y la cura de viejas heridas diplomáticas*

En dicha materia, en todo caso, todo caso, es útil recordar la evolución de las disposiciones constitucionales en Venezuela en materia de arbitraje internacional y en cuanto a la inmunidad de jurisdicción. En tal sentido, lo cierto fue que durante el siglo XIX y las dos primeras décadas del XX, el arbitraje internacional era la regla general, al punto de que las Constituciones obligaban a establecer en una cláusula que debía incorporarse a todos los tratados internacionales para la solución de toda controversia entre las partes Contratantes. [101] En 1947 se reincorporó una cláusula, aunque con un alcance

---

99   Véase Alfredo Morles Hernández, "Presentación," en Irene Valera (Coord.), *Arbitraje comercial interno e internacional. Reflexiones teóricas y experiencias prácticas*, Academia de Ciencias Políticas y Sociales, Caracas 2005, pp. 12–13.

100   Véase Alfredo Morles Hernández, "La inmunidad de jurisdicción y las operaciones de crédito público," en *Estudios sobre la Constitución, Libro Homenaje a Rafael Caldera*, Universidad Central de Venezuela, Caracas 1979, Vol. III, p. 1717.

101   En las Constituciones de 1864 (Artículo 112), 1874 (Artículo 112), 1881 (Artículo 109), 1891 (Artículo 109), 1893 (Artículo 141), 1901 (Artículo 133), 1904 (Artículo

más amplio, referida a todos los acuerdos internacionales (y no sólo los tratados) y a la solución de controversias por medios pacíficos (y no sólo el arbitraje) reconocidos por el derecho internacional.

Por otra parte, la Constitución incluyó, desde 1893, un importante artículo con tres cláusulas específicas: primero, la prohibición de transferir contratos de interés público a Estados extranjeros; segundo, la cláusula de inmunidad absoluta por jurisdicción que estipulaba la obligación de incorporarla a todos los contratos públicos; y tercero, la llamada "cláusula Calvo", que excluye todo reclamo diplomático en lo concerniente a dichos contratos públicos. Todas estas cláusulas aún permanecen en la Constitución, aun cuando la segunda fue modificada en 1947 y desde 1961 se transformó en una cláusula de inmunidad relativa por jurisdicción. Fue diez años después de la reforma constitucional de 1893, desde 1902, cuando en realidad se desarrolló cierta cultura hostil respecto del arbitraje, particularmente por el bloqueo de los puertos venezolanos por las armadas alemana, británica e italiana que buscaban el cobro forzoso de la deuda pública, lo que derivó en la aplicación en Venezuela de la conocida "doctrina Drago".

Luego de todas las experiencias previas, en particular aquellas ocurridas a comienzos del siglo XX, desde que se adoptó la Constitución de 1961 y, en particular, debido al restablecimiento del principio de inmunidad relativa de la soberanía, basado en una disposición similar incluida en el Artículo 108 de la Constitución de 1947, la introducción de cláusulas obligatorias de arbitraje en contratos públicos se convirtió en una práctica comúnmente aceptada y reconocida como válida.[102] Además, en 1995 Venezuela ratificó

---

120), 1909 (Artículo 138), 1914 (Artículo 120) y 1922 (Artículo 120), se incluyó un Artículo que establecía que en todos los tratados internacionales se debía incluir una cláusula que dijera lo siguiente: "Toda controversia entre las partes contratantes será resuelta, sin recurrir a la guerra, por el arbitraje del Estado o Estados amigos". Véase en Allan R. Brewer–Carías, *Las Constituciones de Venezuela*, Academia de Ciencias Políticas y Sociales, Caracas 2008. Véase J. Eloy Anzola, "El fatigoso camino que transita el arbitraje," en Irene Valera (Coordinadora), *Arbitraje Comercial Interno e Internacional. Reflexiones teóricas y experiencias prácticas*, Academia de Ciencias Políticas y Sociales, Comité Venezolano de Arbitraje, Caracas 2005, p. 410.

102   Véase Allan R. Brewer–Carías, *Contratos Administrativos*, Colección Estudios Jurídicos N° 44, Editorial Jurídica Venezolana, Caracas 1992, pp. 262–265. La posibilidad de incorporar cláusulas de arbitraje en los contratos públicos se estudió por primera vez en Venezuela en 1960, incluso antes de sancionar la Constitución de 1961. Véase Antonio Moles Caubet, "El arbitraje en la contratación administrativa," en la *Revista de la Facultad de Derecho*, N° 20, Universidad Central de Venezuela, Caracas 1960, p. 22. Véase además Alberto Baumeister Toledo, "Algunas consideraciones sobre el procedimiento aplicable en los casos de arbitrajes regidos por la ley de Arbitraje Comercial," en Allan R. Brewer–Carías (Ed.), *Seminario sobre la Ley de Arbitraje Comercial*, Academia de Ciencias Políticas y Sociales, Caracas 1999, pp. 95–98; Allan R. Brewer–Carías, "El arbitraje y los contratos de interés público," en

la Convención del CIADI[103] y entre 1993 y 1998 firmó distintos tratados bilaterales de inversión que estipulaban el arbitraje internacional.

3. *La aceptación general del arbitraje en cuestiones de derecho privado*

En materia de derecho privado, luego de que el arbitraje fuera establecido inicialmente como un derecho constitucional en la Constitución de 1830 (Art. 140),[104] y fuera regulado en el siglo XIX como medio alternativo de resolución de disputas de carácter vinculante en las disposiciones de procedimiento civil, a principios del siglo XX, luego de la reforma del Código de Procedimiento Civil de 1916, el arbitraje pasó a ser establecido solo como método no vinculante de resolución de controversias; no siendo obligatorio (Artículos 502–522). Fue en 1986 cuando el Código de Procedimiento Civil fue modificado para permitir a las partes pudieran celebrar un acuerdo vinculante para someter las controversias a los tribunales arbitrales, y así excluir la jurisdicción de los tribunales ordinarios (Artículos 608–629).[105] Además, a través de leyes especiales se permitió el arbitraje en áreas relacionadas con los derechos de autor, seguros, protección al consumidor, trabajo y reforma agraria.[106]

Allan R. Brewer–Carías (Ed.), *Seminario sobre la Ley de Arbitraje Comercial*, Academia de Ciencias Políticas y Sociales, Caracas 1999, pp. 167–186; Francisco Hung Vaillant, *Reflexiones Sobre el Arbitraje en el Sistema Venezolano*, Editorial Jurídica Venezolana, Caracas 2001, pp. 125–130.

103 Véase *Gaceta Oficial* N° 35.685 del 3 de abril de 1995.

104 Véase J. Eloy Anzola. "Luces desde Venezuela: La administración de justicia no es monopolio exclusivo del Estado," en la *Revista del Club Español de Arbitraje,* N° 4, 2009, p. 62.

105 Para conocer la importancia y el impacto de la reforma del Código de Procedimiento Civil de 1986 en cuestiones de arbitraje, Véase Víctor Hugo Guerra Hernández. "Evolución del arbitraje comercial interno e internacional," en Irene Valera (Coordinadora), *Arbitraje Comercial Interno e Internacional. Reflexiones teóricas y experiencias prácticas*, Academia de Ciencias Políticas y Sociales, Comité Venezolano de Arbitraje, Caracas 2005, pp. 42–44; Arístides Rengel Romberg, "El arbitraje comercial en el Código de Procedimiento Civil y en la nueva Ley de Arbitraje Comercial (1998)," en Allan R. Brewer–Carías (Ed.), *Seminario sobre la Ley de Arbitraje Comercial*, Academia de Ciencias Políticas y Sociales, Caracas 1999; J. Eloy Anzola, "El fatigoso camino que transita el arbitraje," en Irene Valera (Coordinadora), *Arbitraje Comercial Interno e Internacional. Reflexiones teóricas y experiencias prácticas,* Academia de Ciencias Políticas y Sociales, Comité Venezolano de Arbitraje, Caracas 2005, p. 408.

106 Véanse las leyes enumeradas, incluidas la Ley sobre el Derecho de Autor (1993), la Ley de Empresas de Seguro (1994), la Ley de Protección al Consumidor (1995) y la Ley Orgánica del Trabajo (1990) en Francisco Hung Vaillant, *Reflexiones Sobre el Arbitraje en el Sistema Venezolano*, Editorial Jurídica Venezolana, Caracas 2001, pp. 90–101; Paolo Longo F., *Arbitraje y Sistema Constitucional de Justicia*, Edito-

Posteriormente, Venezuela ratificó la Convención Interamericana sobre el Arbitraje Internacional y sobre la Eficacia Extraterritorial de las Sentencias y Laudos Arbitrales Extranjeros de 1979,[107] la Convención Interamericana sobre Arbitraje Comercial Internacional de 1975,[108] y la Convención de las Naciones Unidas sobre el Reconocimiento y la Ejecución de Sentencias Arbitrales Extranjeras de 1958 (Convención de Nueva York).[109] En 1998, Venezuela adoptó la Ley de Arbitraje Comercial,[110] que se basa en la Ley Modelo sobre Arbitraje Comercial Internacional de la UNCITRAL.[111]

Por otra parte, específicamente en materia de inversiones extranjeras, y de conformidad con el régimen existente en esos tiempos, el decreto N° 2095 del 13 de febrero de 1992, que contenía la normativa sobre el "Régimen común de tratamiento a los capitales extranjeros y sobre marcas, patentes, licencias y regalías, aprobada por Sentencias N° 291 y 292 de la Comisión del Acuerdo de Cartagena" estipuló en forma general que "se podía utilizar la resolución de controversias o conflictos derivados de la inversión extranjera directa o de inversionistas subregionales o del traspaso de tecnología extranjera, y los mecanismos de jurisdicción o conciliación y arbitraje estipulados en la ley."[112] Por consiguiente, recurrir al arbitraje para la posible resolución de controversias de inversión se convirtió en una práctica generalizada.

4. **La aceptación general del arbitraje en cuestiones derivadas de contratos públicos y el sentido de las disposiciones del Artículo 4 de la Ley de Arbitraje Comercial y del Artículo 151 de la Constitución**

Específicamente, respecto al amplio uso de los mecanismos de arbitraje de conformidad con la cláusula de inmunidad jurisdiccional relativa de los contratos públicos, la disposición constitucional de la Constitución de 1961 que destacó Morles,[113] como lo señalaran los tribunales del CIADI en los casos *Mobil* y *Cemex*, demuestra que en 1993 "en Venezuela el ambiente era cada vez más favorable para el arbitraje internacional" (Párr. 130; y Párr.

---

rial Frónesis S.A., Caracas, 2004, pp. 52–77; Víctor Hugo Guerra Hernández. "Evolución del arbitraje comercial interno e internacional," *loc. cit.*, pp. 44–46; y en la Sentencia N° 1541 de 2008.

107 Véase *Gaceta Oficial* N° 33.144 del 15 de enero de 1985.

108 Véase *Gaceta Oficial* N° 33.170 del 22 de febrero de 1985.

109 Véase *Gaceta Oficial* (Extra) N° 4832 del 29 de diciembre de 1994.

110 Véase *Gaceta Oficial* N° 36.430 del 7 de abril de 1998.

111 Véase en general, Arístides Rengel Romberg, "El arbitraje comercial en el Código de Procedimiento Civil y en la nueva Ley de Arbitraje Comercial (1998)," *loc. cit.*, pp. 47 ss.

112 Véase *Gaceta Oficial* N° 34930 del 25 de marzo de 1992.

113 Véase Alfredo Morles Hernández, "La inmunidad de jurisdicción y las operaciones de crédito público," *loc. cit.*, p. 1717.

125, respectivamente) en el sentido de que "la hostilidad tradicional hacia el arbitraje internacional se había desvanecido en los 90 para dar lugar a una actitud más positiva" (caso *Mobil*, Párr. 131). Sin embargo, el Tribunal del CIADI en el caso *Mobil* agregó, de manera incomprensible, que: "Sin embargo, Venezuela permanecía reacia con respecto al arbitraje contractual en la esfera pública, como lo demuestra el Artículo 4 de la Ley de Arbitraje de 1998 y el Artículo 151 de la Constitución de 1999" (Párr. 131; 127, 128). Lo mismo se afirmó en la sentencia del caso Cemex (Párr. 125). Estos Tribunales, en mi criterio, no comprendieron realmente el contenido de estas dos disposiciones, de las cuales no puede derivarse ninguna actitud "reacia" hacia el arbitraje.

El Artículo 4 de la Ley de Arbitraje Comercial, en efecto, dispone que:

> "Cuando en un acuerdo de arbitraje al menos una de las partes sea una sociedad en la cual la República, los Estados, los Municipios y los Institutos Autónomos tengan participación igual o superior al cincuenta por ciento (50%) del capital social, o una sociedad en la cual las personas anteriormente citadas tengan participación igual o superior al cincuenta por ciento (50%) del capital social, se requerirá para su validez de la aprobación de todos los miembros de la Junta Directiva de dicha empresa y la autorización por escrito del ministro de tutela. El acuerdo de arbitraje especificará el tipo de arbitraje y el número de árbitros, el cual en ningún caso será menor de tres (3)."

Se trata de una disposición fundamental exclusivamente referida al procedimiento administrativo, que sólo impone que el acuerdo de arbitraje, cuando sea celebrado por entidades descentralizadas del sector público, sea suscrito de conformidad con sus reglamentos, y con la aprobación expresa del Ministro de tutela de la específica entidad descentralizada.[114] Esta disposición, por tanto, sólo establece requisitos propios de los de procedimientos administrativos,[115] por lo que resulta incomprensible que se considere que por ello el Estado pueda "demostrar" una "actitud reacia" hacia el arbitraje, o que dicha disposición estableciera que el país "permanezca reacio" hacia el arbitraje contractual (Caso *Mobil*, Párr. 129, 131; Caso *Cemex*, Párr. 125).

---

114 En la Administración Pública venezolana no existe ningún "Ministerio de Protección Jurídica" como se expresó en una mala traducción de la expresión "Ministerio de tutela" en la sentencia del Tribunal CIADI en el caso *Mobil* (Párr. 128). Véase sobre el sentido del control de tutela, la Ley Orgánica de la Administración Pública, Artículos 78, 97.5, y 120–122. Decreto Ley N° 6217 del 15 de julio de 2008, en el *Gaceta Oficial* N° 5890 Extra. del 31 de julio de 2008. Véanse los comentarios en Allan R. Brewer–Carías et al., *Ley Orgánica de la Administración Pública*, Editorial Jurídica venezolana, Caracas 2008, pp. 77–79.

115 Véanse sobre este Artículo los comentarios en Allan R. Brewer–Carías, "El arbitraje y los contratos de interés nacional," *loc. cit.*, pp. 169–204.

Aún más incomprensible es la referencia en las sentencias al Artículo 151 de la Constitución como supuesta prueba del "rechazo" de Venezuela hacia el arbitraje contractual. Dicha disposición establece todo lo contrario, es decir, como se reconoce por lo general en el derecho internacional, por un lado, el principio de inmunidad relativa de la jurisdicción en cuestiones derivadas de contratos públicos; y por otro lado, el principio que impone que los Estados extranjeros no pueden iniciar procesos diplomáticos contra el Estado venezolano como consecuencia de contratos públicos celebrados con corporaciones extranjeras ("cláusula Calvo").[116] De dicha norma, por tanto, nada extraordinario o fuera de lo común puede encontrarse, y menos que sea reacia hacia el arbitraje.

5. *La política de inclusión de cláusulas de arbitraje en contratos públicos desde la década de los noventa*

Precisamente con base en la norma similar de la Constitución de 1961 (art. 127), debe mencionarse que desde los años noventa se incorporaron expresamente cláusulas sobre arbitraje en muchas leyes. Primero, en 1994, en el Decreto Ley N° 138 del 20 de abril de 1994, que contenía la Ley orgánica sobre concesiones de obras públicas y servicios públicos nacionales.[117]. Esta ley incluyó un artículo que estableció expresamente que el Ejecutivo Nacional y el concesionario podían acordar que las dudas y controversias que pudieran surgir como resultado de la interpretación y ejecución del contrato de concesión serían tratadas por un tribunal arbitral, para el cual las partes determinarían su composición, competencia, procedimiento y ley aplicable" (artículo 10).[118]

Segundo, debe mencionarse que en 1995, el Congreso adoptó el Acuerdo mediante el cual se estableció el marco de Condiciones para los "Convenios de Asociación para la Exploración a Riesgo de Nuevas Áreas y la Producción de Hidrocarburos bajo el Esquema de Ganancias Compartidas" del

---

116   Véase sobre este Artículo nuestra propuesta ante la Asamblea Nacional Constituyente, en Allan R. Brewer–Carías, "Propuesta sobre la cláusula de inmunidad relativa de jurisdicción y sobre la cláusula Calvo en los contratos de interés público," en *Debate Constituyente (Aportes a la Asamblea Nacional Constituyente), Vol. I (8–Agosto–8 Septiembre 1999)*, Fundación de Derecho Público/Editorial Jurídica Venezolana, Caracas 1999, pp. 209–233.

117   Véase *Gaceta Oficial* N° 4719 Extra. del 26 de abril de 1994.

118   En Luis Fraga Pittaluga, "El arbitraje y la transacción como métodos alternativos de Resolución de conflictos administrativos," en las *IV Jornadas Internacionales de Derecho Administrativo Allan Randolph Brewer Carías, La relación jurídico–administrativa y el procedimiento administrativo*, Fundación de Estudios de Derecho Administrativo, FUNEDA, Caracas 1998, p. 178. Este autor consideró en 1998 que "la admisión del arbitraje en el campo administrativo es una tendencia irreversible", *Íd*. p. 177.

día 4 de julio de 1995, [119] en el cual se estableció expresamente una cláusula arbitral para la solución de controversias. La misma fue impugnada por inconstitucionalidad ante la Corte Suprema mediante acción popular interpuesta, entre otros, por diputados al Congreso. La Corte Suprema en 1999 decidió el caso, declarando sin lugar la demanda, ratificando la constitucionalidad del Acuerdo del Congreso, sosteniendo que la incorporación de cláusulas de arbitraje en los contratos públicos de asociación para la explotación petrolera eran válidos en los términos del Artículo 127 de la Constitución de 1961, vigente en ese momento (equivalente al Artículo 151 de la Constitución de 1999).[120] Dicha sentencia de la Corte Suprema de Justicia ha sido considerada como un precedente judicial clave en materia de arbitraje en contratos públicos y sobre el sentido de la cláusula de inmunidad relativa de jurisdicción en el país.[121]

Durante el mismo período de tiempo de finales de los noventa se incorporó el Artículo 4 en la Ley de Arbitraje Comercial de 1998, en el cual se admitió en forma expresa la incorporación de las cláusulas de arbitraje en contratos públicos, sujetos a la aprobación del órgano competente, de conformidad con los reglamentos de la entidad y con la autorización escrita del Ministerio de tutela en los casos de entidades descentralizadas. Se trató, en todo caso, de una disposición que lo que evidencia es la ratificación y aceptación expresa por parte del Congreso de la posibilidad de incorporar cláusu-

---

119   Véase *Gaceta Oficial* N° 35754 del 17 de julio de 1995.

120   La Sala Constitucional del Tribunal Supremo de Justicia confirmó el fallo emitido bajo la Constitución de 1961, que sostenía que el Artículo 151 de la Constitución de 1999 permite la incorporación de normas de arbitraje en contratos de interés público. Véase la Sentencia N° 1541 del 2008 y la Sentencia N° 97 del 11 de febrero de 2009 (Interpretación de los Artículos 1 y 151 de la Constitución. Fermín Toro Jiménez, Luis Brito García et al.). Véanse los comentarios de agosto de 1999 que ratifican la Resolución del Congreso que aprueba el Marco del Convenio de Asociación que realicé al rechazar la propuesta constitucional del Presidente Chávez respecto al Artículo 151 de la Constitución, en Allan R. Brewer–Carías "Propuesta sobre la cláusula de inmunidad relativa de jurisdicción y sobre la cláusula Calvo en los contratos de interés público," en *Debate Constituyente (Aportes a la Asamblea Nacional Constituyente), Vol. I (8– Agosto–8 Septiembre 1999)*, Fundación de Derecho Público/Editorial Jurídica Venezolana, Caracas 1999, pp. 220–229.

121   Véase Juan Carlos Balzán, "El arbitraje en los contratos de interés a la luz de la cláusula de inmunidad de jurisdicción prevista en el artículo 151 de la Constitución," en *VIII Jornadas Internacionales de Derecho Administrativo "Allan Randolph Brewer-Carías," Los contratos administrativos. Contratos del Estado*, Fundación de Estudios de Derecho Administrativo, FUNEDA, Vol. II, Caracas 2006, pp. 349–357; Margot Y. Huen Rivas, "El arbitraje internacional en los contratos administrativos," in *VIII Jornadas Internacionales de Derecho Administrativo "Allan Randolph Brewer-Carías," Los contratos administrativos. Contratos del Estado*, Fundación de Estudios de Derecho Administrativo, FUNEDA, Vol. I, Caracas 2005, pp. 438–39.

las arbitrales en los contratos públicos, estableciendo a tal efecto, reglas de gestión elementales en la Administración pública, como las derivadas del ejercicio del control administrativo.

Por otra parte, la disponibilidad del arbitraje como recurso para la solución de controversias en contratos del Estado fue reconocida en gran número de sentencias judiciales posteriores, varias de las cuales fueron emitidas con anterioridad a la sanción de la Ley de Inversiones de 1999.[122] Por ejemplo, el 15 de junio del mismo año 1998, la Sala Político Administrativa del Tribunal Supremo de Justicia dictó la sentencia del caso *Industrias Metalúrgicas Van Dam, C.A. vs. República de Venezuela. Ministerio de la Defensa*, en la cual reconoció las cláusulas de arbitraje en contratos públicos, que en este caso tenían objeto militar, para la solución de controversias sobre los "aspectos técnicos" del contrato, excluyendo las cuestiones de seguridad y defensa nacional.[123]

De lo anterior resulta que en realidad, en las décadas anteriores a 1999 ya se identificaba una tendencia a superar la otrora actitud histórica que existió en el pasado de "reticencia" respecto de las cláusulas de arbitraje y respecto del tema de la renuncia relativa a la inmunidad de jurisdicción del Estado en los contratos de derecho público, incluso antes de la sanción de la Constitución de 1961 y de la reforma del Código de Procedimiento Civil de 1986. Esta tendencia se consolidó legislativamente, precisamente a partir de 1999.

III. LA POLÍTICA PÚBLICA PRO ARBITRAJE DEFINIDA POR EL ESTADO EN 1999 Y PLASMADA EN LA CONSTITUCIÓN DE 1999

1. *La tendencia pro arbitraje de toda la legislación sancionada en 1999*

En efecto, la sanción de la Ley de Inversiones de 1999 fue el resultado de una política económica definida por el nuevo gobierno que comenzó en febrero de ese año, destinada a atraer inversiones y, particularmente, inversiones extranjeras. Para ello, el Presidente Hugo Chávez, quien fue electo en diciembre de 1998 y asumió su cargo el 2 de febrero de 1999, propuso al

---

122 Véanse los casos citados en Juan Carlos Balzán, "El arbitraje en los contratos de interés a la luz de la cláusula de inmunidad de jurisdicción prevista en el artículo 151 de la Constitución," *loc. cit.*, pp. 333– 335, 349, y en José G. Villafranca, "Precisión jurisprudencial en torno a la inmunidad de jurisdicción en demandas por responsabilidad patrimonial (Comentario a la sentencia de la CSJ–SPA de fecha 30–07–1998)," en *Revista de Derecho Administrativo*, N° 4, Editorial Sherwood, Caracas 1998, p. 347–360.

123 Véase las referencias en Juan Carlos Balzán, "El arbitraje en los contratos de interés a la luz de la cláusula de inmunidad de jurisdicción prevista en el artículo 151 de la Constitución", *loc. cit.*, pp. 349–350.

Congreso la sanción de una Ley orgánica de habilitación legislativa que lo autorizara a sancionar un conjunto de decretos leyes relacionados con la administración, las finanzas, los impuestos y la economía públicas, con particular énfasis, en este último campo para promover, proteger e incentivar las inversiones extranjeras en el país.

Con base en el proyecto presentado por el mismo Ejecutivo Nacional, unas semanas después, en abril de 1999, el Congreso sancionó la Ley Orgánica habilitante de abril de ese año 1999,[124] autorizando al Presidente de la República no sólo para dictar normas legislativas para "fomentar la protección y la promoción de inversiones nacionales y extranjeras, con el fin de establecer un marco legal para las inversiones y para ofrecer mayor seguridad jurídica" (Artículo 1.4.f); sino que además lo autorizó para "reformar el Decreto Ley sobre concesiones de obras públicas y servicios públicos nacionales para estimular las inversiones privadas" para proyectos existentes o futuros (Art. 1.4.h) y para emitir las medidas necesarias para la explotación de gas, modernizando la legislación en el tema (Art. 1.4.i). Fue por tanto el Ejecutivo Nacional el que definió las políticas económicas del país, centrándose en la promoción y protección de las inversiones en general, y en cuestiones de obras y servicios públicos, hidrocarburos, gas y minas, propósito para el cual efectivamente recibió una amplísima y comprensiva autorización legislativa con el fin de sancionar leyes por medio de la legislación delegada. Y fue precisamente a través de esta autorización legislativa que el Poder Ejecutivo emitió el decreto ley contentivo de la Ley de Inversiones de 1999, así como varios otros decretos ley que no fueron emitidos por el Presidente de la República "en el ejercicio del poder conferido a él por la nueva Constitución Política", como se afirmó erróneamente en la sentencia CIADI del caso *Brandes* (Párr. 25). La "nueva" Constitución en realidad fue sancionada luego de que fueran aprobadas la Ley habilitante de abril de 1999 y la Ley de Inversiones de ese mismo año.

Por otra parte, un mes después de que fuera publicada la sentencia de agosto de 1999 de la antigua Corte Suprema de Justicia, por la cual se rechazó la impugnación del Acuerdo del Congreso sobre los Convenios de asociación petroleros, el Presidente de la República procedió a sancionar cuatro decretos ley importantes en ejecución de las disposiciones de la Ley habilitante antes mencionada, relativos a inversiones (Artículos 1.4.f.; 1.4.h; 1.4.i; y 1.4.j), en los cuales, en todos los casos, se establecieron cláusulas de arbitraje como medio de resolución de controversias entre el Estado y los particulares.[125] Entre esos decretos ley se destacan los referentes a los hidro-

---

124 Véase la Ley Orgánica que Autoriza al Presidente de la República para Dictar Medidas Extraordinarias en Materia Económica y Financiera Requeridas por el Interés Público en el *Gaceta Oficial* N° 36.687 del 26 de abril de 1999.

125 Véase *Gaceta Oficial* N° 5382 Extra del 28 de septiembre de 1999.

carburos gaseosos, a la promoción y protección de las inversiones a través de concesiones, y la Ley de Inversiones.

En relación con la Ley de hidrocarburos gaseosos,[126] en la misma se dispuso conforme al Artículo 127 de la Constitución de 1961, que en todas las licencias otorgadas a particulares con el fin de llevar a cabo actividades de exploración y explotación de hidrocarburos gaseosos, se debía considerar incluida una cláusula (aun cuando no estuviese expresada por escrito), que estipulase que "las dudas y controversias de cualquier tipo que pudiesen surgir como resultado de la licencia, y que las partes no pudieran resolver en forma amigable, incluso por arbitraje, serían resueltas por los tribunales competentes de la República, de conformidad con sus leyes, sin la posibilidad de realizar reclamos extranjeros por ningún motivo o causa" (Artículo 25.6.b). En esta forma, se reconoció en forma expresa la posibilidad de someter a arbitraje las controversias sobre cuestiones relacionadas con las licencias otorgadas por el Estado para la exploración y explotación de los hidrocarburos gaseosos.[127]

En la Ley sobre promoción de la inversión privada bajo el régimen de concesiones,[128] el Presidente dispuso que en los contratos de concesiones públicas, las partes: "pueden acordar en el contrato respectivo someter sus controversias a la sentencia del Tribunal Arbitral, del cual las partes determinarán de común acuerdo la composición, competencia, procedimiento y ley aplicable, de conformidad con las normas aplicables en la materia." Esta norma pro arbitraje en un área sensible de los contratos públicos como son las

---

126 Decreto Ley N° 310 del 12 de septiembre de 1999, *Gaceta Oficia*l N° 36.793 del 23 de septiembre de 1999.

127 En igual sentido véase, por ejemplo, J. Eloy Anzola, "El fatigoso camino que transita el arbitraje," en Irene Valera (Coordinadora), *Arbitraje Comercial Interno e Internacional. Reflexiones teóricas y experiencias prácticas*, Academia de Ciencias Políticas y Sociales, Comité Venezolano de Arbitraje, Caracas 2005, p. 419 Expresó: "Debemos suponer que fue realizada con la clara intención de admitir el arbitraje como medio de resolución de conflictos en los contratos de exploración y explotación de conformidad con el texto de la constitución... para incentivar la participación de los particulares, que sin duda se sentirán más cómodos buscando justicia ante un tribunal arbitral, sin la necesidad de recurrir a los tribunales locales".

128 Ley Orgánica sobre promoción de la inversión privada bajo el régimen de concesiones, *Gaceta Oficial* N° 5394 Extra. del 25 de octubre de 1999. Véase Diego Moya–Ocampos Pancera y Maria del Sol Moya–Ocampos Pancera, "Comentarios relativos a la procedencia de las cláusulas arbitrales en los contratos de interés público nacional, en particular: especial las concesiones mineras," en *Revista de Derecho Administrativo*, N° 19, Editorial Sherwood, Caracas 2006, p. 174. Véase en general respecto a esta Ley, Alfredo Romero Mendoza, "Concesiones y otros mecanismos no tradicionales para el financiamiento de obras públicas", en Alfredo Romero Mendoza (Coord.), *Régimen Legal de las Concesiones Públicas. Aspectos Jurídicos, Financieros y Técnicos*, Editorial Jurídica Venezolana, Caracas 2000, pp. 28–29.

concesiones de obras y servicios públicos ha sido reafirmada por un gran número de sentencias dictadas con posterioridad de tribunales venezolanos.[129]

La tercera ley en la cual se estableció la cláusula arbitral sancionada por el Presidente de la República mediante la utilización de los poderes legislativos delegados, fue precisamente el Decreto Ley N° 356 del 13 de octubre de 1999, sobre la Ley de promoción y protección de Inversiones, la cual contiene previsiones expresas sobre arbitraje en varias disposiciones: primero, en el Artículo 21 (arbitraje estado–estado); segundo, en el Artículo 22 (arbitraje internacional o juicio ante tribunales nacionales con un inversionista internacional); y tercero, el Artículo 23 (juicio ante tribunales nacionales o arbitraje con un inversionista nacional o internacional). En los dos últimos casos, el consentimiento del Estado para someter las controversias a arbitraje estaba expreso en la Ley, y la decisión de recurrir al arbitraje o a los tribunales nacionales estaba a cargo del inversionista (como su derecho).

La disposición del Gobierno en 1999 respecto a la resolución de controversias en materia de inversiones fue, sin duda, favorable al arbitraje, como resulta de la legislación antes mencionada, lo que se confirma por la discusión simultánea de la nueva Constitución (de 1999) sobre la cuestión de la obligación del Estado de promover el arbitraje (art. 258).

2. La tendencia pro arbitraje de la Constitución de 1999 y la extraña propuesta presentada ante la Asamblea Constituyente por el Presidente Chávez en 1999

La Constitución de 1999, en efecto, incorporó el arbitraje como un recurso alternativo para la solución de controversias, que es un componente del sistema judicial (Artículo 253), exigiendo al Estado promoverlo en el artículo 258, al disponer que "La ley promoverá el arbitraje, la conciliación, la mediación y cualesquiera otros medios alternativos de solución de conflictos;"[130] garantizando el arbitraje, además, como un derecho fundamental.[131] Es decir, es el mismo texto de la Constitución el que impuso a todos

---

129 Véase, por ejemplo, un resumen en Alfredo Romero Mendoza (Coord.), *Régimen Legal de las Concesiones Públicas. Aspectos Jurídicos, Financieros y Técnicos*, cit. pp. 12, 28, 29, 155.

130 Véase Eugenio Hernández Bretón, "Arbitraje y Constitución. El arbitraje como derecho fundamental", *loc. cit.*, p. 27; Sentencia N° 1541 de 2008; Tribunal Supremo de Justicia, Sala constitucional, Sentencia N° 186 del 14 de febrero de 2001 (Caso: *Impugnación constitucional de los Artículos 17, 22 y 23 de la Ley de Inversiones de 1999, Fermín Toro Jiménez y Luis Brito García*).

131 Para leer sobre el arbitraje como derecho fundamental, Véase. Eugenio Hernández Bretón, "Arbitraje y Constitución. El arbitraje como derecho fundamental", *loc. cit.*, pp. 25, 27–28, quien observó que la Constitución de 1830 estableció que el arbitraje es un derecho fundamental de los ciudadanos. En este mismo sentido, Véase J. Eloy Anzola, "El fatigoso camino que transita el arbitraje," en Irene Valera (Coordinado-

los órganos del Estado la tarea de promover el arbitraje, y establece la posibilidad de someter las disputas a arbitraje, como un derecho constitucional de todos los ciudadanos, lo que confirma que ya en 1999 no existía en el país una "cultura de hostilidad" preponderante hacia el arbitraje. Por el contrario, la Constitución de 1999, las leyes sancionadas por el nuevo Gobierno de 1999, el sistema legal en su totalidad y los instrumentos internacionales de los que Venezuela formaba parte, aceptaban y promovían el arbitraje.[132]

Siguiendo la misma orientación pro arbitraje, aun cuando quizás en exceso permisiva respecto del arbitraje internacional en contratos públicos, el Presidente de la República H. Chávez presentó ante la Asamblea Nacional Constituyente en agosto de 1999, el texto de un artículo para reemplazar al Artículo 127 de la anterior Constitución de 1961(equivalente al artículo 151 de la Constitución de 1999), en el cual sólo establecía el principio de la inmunidad de jurisdicción absoluta para los contratos suscritos por la República (que son realmente escasísimos), dejando sin ninguna restricción la posibilidad de renuncia de jurisdicción en todos los otros contratos suscritos por otros entes públicos (los Estados, los Municipios, los institutos autónomos o las empresas del Estado, por ejemplo, que son la mayoría); propuesta en la cual, además, el Presidente propuso abandonar la cláusula Calvo. Esa fue precisamente la razón por la que como miembro de la Asamblea me opuse fuertemente a dicha propuesta, y más bien propuse incluir en la nueva Constitución el mismo texto del Artículo 127 de la Constitución de 1961.

Afortunadamente, mi propuesta se impuso en el actual Artículo 151 de la Constitución de 1999, y se rechazó la propuesta del Presidente de reducir a sólo y únicamente respecto de la República (no de los estados, las municipalidades, las corporaciones o las empresas públicas), la previsión de que no se someterían "jamás a jurisdicciones extranjeras en un contrato de interés público." Como se dijo, sin embargo, con respecto a los contratos públicos celebrados por otros entes estatales (que comprenden la gran mayoría de los contratos públicos) y con respecto a los tratados o acuerdos internacionales y a las leyes nacionales que establecen el arbitraje internacional, el Presidente propuso eliminar todos los límites al arbitraje, permitiéndolo incluso sin considerar la "naturaleza" del contrato o la cuestión que el mismo comprendiera. Partiendo de esta orientación, que no compartíamos, sin embargo, lo que resultaba claro era que ello era congruente con la intención del gobierno

---

ra), *Arbitraje Comercial Interno e Internacional. Reflexiones teóricas y experiencias prácticas*, Academia de Ciencias Políticas y Sociales, Comité Venezolano de Arbitraje, Caracas 2005, p. 409–410.

132   El arbitraje del CIADI continuó siendo incorporado en los tratados bilaterales para la promoción y protección de las inversiones, firmados y ratificados a partir de 1999. Véase por ejemplo el Tratado bilateral de inversión Venezuela–Francia en el *Gaceta Oficial* N° 37896 del 11 de marzo de 2004.

de incluir una oferta abierta e ilimitada para arbitrar todas sus disputas en un foro como el del CIADI en la Ley de Inversiones dictada por el propio Presidente de la República en esos mismos días.

Por su interés histórico en esta materia, deben destacarse las consecuencias que podría haber provocado la propuesta del Presidente Chávez,[133] de haber sido aprobada si se la compara con el texto del Artículo 127 de la Constitución de 1961 (que se conservó en el Artículo 151 de la Constitución de 1999). En efecto, el Artículo 127 de la Constitución de 1961 disponía

Artículo 127. "En los contratos de interés público, si no fuere improcedente de acuerdo con la naturaleza de los mismos, se considerará incorporada, aun cuando no estuviere expresa, una cláusula según la cual las dudas y controversias que puedan suscitarse sobre dichos contratos y que no llegaren a ser resueltas amigablemente por las partes contratantes serán decididas por los tribunales competentes de la República, de conformidad con sus leyes, sin que por ningún motivo ni causa puedan dar origen a reclamos extranjeros."

Artículo propuesto por el Presidente Chávez: "En los contratos celebrados por la República que sean considerados de interés público, se considerará incorporada, aun cuando no estuviere expresa, una cláusula según la cual las dudas y controversias que puedan suscitarse sobre dichos contratos, serán decididas por los tribunales competentes de la República, de conformidad con las leyes."

Esta propuesta presentada por el Presidente Chávez, sin duda, era extremadamente extraña e inapropiada respecto al principio de inmunidad de jurisdicción del Estado, pues planteaba que en los contratos celebrados por todos los entes públicos o personas jurídicas (excepto la República), tales como los estados, las municipalidades, las instituciones autónomas y otras personas jurídicas del derecho público, así como cualquier otra empresa pública, no debía existir límite alguno en materia de renuncia a la inmunidad de jurisdicción. El Presidente Chávez, por tanto, en realidad proponía que la norma constitucional fuese más liberal que la norma de la Constitución de 1961, al reducir la inmunidad de jurisdicción absoluta sólo respecto de los contratos celebrados por la "República" y no por entidades públicas descentralizadas.

Pero además, la propuesta del Presidente Chávez implicaba eliminar totalmente de la Constitución la llamada "cláusula Calvo," de tradición más que centenaria, al eliminar la prohibición de que los contratos de interés público pudieran originar reclamos diplomáticos extranjeros contra la República. De estas propuestas, sin duda extrañas, sin embargo, lo que no se puede es concluir que el gobierno supuestamente estuviera opuesto en general al arbitraje internacional. Por el contrario, con esta propuesta, como lo

---

133   Véase Hugo Chávez Frías, *Ideas Fundamentales para la Constitución bolivariana de Venezuela*, 5 de agosto de 1999.

sostuve en el debate de la Asamblea General Constituyente en septiembre de 1999,[134] lo que se intentaba era eliminar de la Constitución las restricciones en materia de inmunidad relativa de jurisdicción.

3. *La ratificación de la tendencia pro arbitraje en la legislación sancionada por el Gobierno en 1999*

En todo caso, la tendencia ampliamente favorable hacia el arbitraje generada por los decretos ley emitidos por el Presidente Chávez en 1999 en cuestiones relacionadas con la inversión en general, y en particular, con las inversiones en concesiones administrativas y licencias para obras y servicios públicos, y con el campo de los hidrocarburos gasíferos y minas, fue ratificada dos años más tarde, en 2001, en un nuevo conjunto de leyes que incluyó el reconocimiento general del arbitraje como un medio de resolución de conflictos. Por ejemplo, el Código Orgánico Tributario de octubre de 2001, incluyó un reconocimiento general del arbitraje como recurso para la resolución de controversias entre los contribuyentes y el Estado.[135]

Posteriormente, también en el año 2001, se admitió en forma general el arbitraje al establecerlo como un recurso de resolución de disputas entre el Estado y los particulares en un sector público muy importante y nacionalizado como es el del petróleo, en casos relacionados con la constitución de compañías mixtas para la explotación de actividades primarias de hidrocarburos. El Decreto Ley N° 1510 del 2 de noviembre de 2001, mediante el cual se sancionó la Ley Orgánica de Hidrocarburos[136] en ejecución de una nueva Ley Orgánica Habilitante aprobada por la entonces recién electa Asamblea Nacional en noviembre de 2000,[137] por la cual se ratificó lo dispuesto por el Artículo 151 de la Constitución de 1999. Esta Ley estipuló que en los contratos que celebraran compañías mixtas para la explotación de hidrocarburos debía considerarse incluida, aún sin estar expresa, una cláusula según la cual "las dudas y controversias de cualquier tipo que puedan suscitarse a partir de la ejecución de las actividades y que no llegaren a ser resueltas amigablemente por las partes, incluido el arbitraje," debían ser resueltas por los tribunales (Artículo 34.3.b). Esta norma reconoció en forma expresa por Ley la posibilidad de someter a arbitraje la resolución de dispu-

---

134   Véase Allan R. Brewer–Carías, "Propuesta sobre la cláusula de inmunidad relativa de jurisdicción y sobre la cláusula Calvo en los contratos de interés público," en *Debate Constituyente (Aportes a la Asamblea Nacional Constituyente), Vol. 1 (8– Agosto–8 Septiembre 1999),* Fundación de Derecho Público/Editorial Jurídica Venezolana, Caracas 1999, pp. 209-233.

135   Artículos 312–326. Código Orgánico Tributario, *Gaceta Oficial* N° 37.305 del 17 de octubre de 2001.

136   Ley Orgánica de Hidrocarburos, *Gaceta Oficial* N° 37.323 del 13 de noviembre de 2001.

137   Ley Orgánica Habilitante de noviembre de 2000, *Gaceta Oficial* N° 37076 del 13 de noviembre de 2000.

tas que se suscitasen de actividades del sector de hidrocarburos cuando se formaron las empresas mixtas con inversionistas privados.[138]

Todos estos decretos ley, y leyes sancionadas por la Asamblea Nacional entre 1999 y hasta el 2001, confirman, como lo dijo Balzán, que en Venezuela, "sin duda existía una tendencia legislativa clara hacia la admisión del arbitraje en los contratos relacionados con la actividad comercial en la Administración pública,"[139] de manera que nada era de extrañar que al sancionarse la Ley de Protección de Inversiones de 1999 se expresara el consentimiento del Estado para aceptar la jurisdicción de los tribunales arbitrales del Centro de Arbitrajes CIADI.

IV. EL CONSENTIMIENTO DADO POR ESTADO PARA EL ARBITRAJE INTERNACIONAL MEDIANTE LA LEY DE INVERSIONES DE 1999

1. *El artículo 22 de la Ley de Promoción y Protección de Inversiones de 1999*

Como antes hemos expresado, con ocasión de haber participado en 2005 en un Seminario organizado por la Academia de Ciencias Políticas y Sociales y el Comité de Arbitraje de Venezuela, sobre la Ley de Inversiones, al analizar el tema de los contratos públicos y solución de las controversias en materia de inversiones,[140] nuestra conclusión fue que el artículo 22 de la Ley de Inversiones contenía una manifestación unilateral por escrito del Estado, de consentimiento para el arbitraje internacional expresada como oferta abierta, para que los inversionistas internacionales, si la aceptaban, presentasen las controversias relativas a inversiones a arbitraje internacional, lo que incluía el arbitraje del CIADI.

138　Lo mismo sucedió con la reforma del Estatuto Orgánico para el desarrollo de Guayana, también sancionado por medio del Decreto Ley N° 1531 del 7 de noviembre de 2001, *Gaceta Oficial* N° 5561 Extra. del 28 de noviembre de 2001 y la Ley Orgánica para la prestación de los servicios de agua potable y saneamiento sancionada por la Asamblea Nacional en diciembre de 2001. Véase la Ley Orgánica para la prestación de los servicios de agua potable y de saneamiento, *Gaceta Oficial* N° 5568 Extra. del 31 de diciembre de 2001.

139　Véase Juan Carlos Balzán, "El arbitraje en los contratos de interés a la luz de la cláusula de inmunidad de jurisdicción prevista en el artículo 151 de la Constitución," *loc. cit.*, p. 299.

140　Véase Allan R. Brewer–Carías, "Algunos comentarios a la Ley de promoción y protección de Inversiones: contratos públicos y jurisdicción", en Irene Valera (Coordinadora), *Arbitraje Comercial Interno e Internacional. Reflexiones teóricas y experiencias prácticas*, Academia de Ciencias Políticas y Sociales, Comité Venezolano de Arbitraje, Caracas 2005, pp. 279–288.

En dicha ocasión, analicé el artículo 22 de la Ley de Inversiones de una manera general y desde el punto de vista del derecho administrativo, refiriéndome, en particular, al contenido de la Ley en relación con las diferentes formas reguladas para la solución de controversias y al tema de los contratos públicos. En particular, en aquella ocasión destacamos lo novedoso que era desde el punto de vista del derecho constitucional y administrativo, la cuestión de la expresión de consentimiento del Estado al arbitraje del CIADI a través de una ley nacional, lo cual por lo demás, se había decidido con anterioridad en un solo caso presentado ante un tribunal del CIADI. Se trató del fallo sobre la jurisdicción del CIADI que se emitió en el caso *Southern Pacific Properties (Middle East) Ltd. vs. Arab Republic of Egypt*, en el cual se analizó el artículo 8 de la Ley N° 43 de Egipto, que había establecido en la materia que:

"Las diferencias relativas a inversiones con respecto a la aplicación de las disposiciones de la presente Ley se resolverán de una manera que se convendrá con el inversionista, o en el marco de los acuerdos en vigor entre la República Árabe de Egipto y el país de origen del inversionista, o en el marco del Convenio para el Arreglo de Diferencias Relativas a Inversiones entre el Estado y los ciudadanos de otros países en los que Egipto se ha adherido en virtud de la Ley 90 de 1971, cuando dicho Convenio se aplica."[141]

En dicho caso, el tribunal determinó que dicho artículo 8 de la Ley de Egipto N° 43 constituía "el expreso 'consentimiento por escrito' a la jurisdicción del Centro en el sentido del artículo 25(1) del Convenio de Washington, incluso en aquellos casos en que no hay otro método consensuado de arreglo de diferencias ni tratado bilateral aplicable."[142]

Con base en esa sentencia, tratándose de un supuesto legal similar, estimamos que al tener el artículo 22 de la Ley de Inversiones de Venezuela similitudes con la ley egipcia, el caso del *Southern Pacific* servía de apoyo a la para considerar que en Venezuela también había ocurrido algo similar; en el sentido de que el consentimiento para el arbitraje internacional también lo había expresado el Estado a través de una ley, y no sólo mediante un tratado bilateral de inversión.[143] En nuestra opinión, la última parte de la norma de

---

141 Véase *Southern Pacific Properties (Middle East) Ltd. v. Arab Republic of Egypt*, Caso CIADI N° ARB/84/3, Fallo sobre jurisdicción del 14 de abril de 1988, párr. 71

142 Véase *Southern Pacific Properties (Middle East) Ltd. v. Arab Republic of Egypt*, Caso del CIADI N° ARB/84/3, Fallo sobre jurisdicción del 14 de abril de 1988, párr. 11.

143 En su sentencia sobre la jurisdicción de 14 de abril de 1988, el Tribunal sostuvo que "[e]l sentido corriente gramatical de las palabras en el artículo 8, en conjunto con otras leyes y decretos dictados en Egipto, demostraron que el artículo 8 exigió la presentación de diferencias a los diversos métodos descritos en la misma, en orden jerárquico, cuando dichos métodos fuesen aplicables" y concluyó que "el artículo 8

la ley egipcia era idéntica en su significado a la disposición del artículo 22 de la Ley venezolana sobre "diferencias en las que la disposición [del Convenio del CIADI] es aplicable". Esto significa que, de acuerdo con la jurisprudencia del CIADI, cuando una ley interna cuenta con una disposición que se refiere a la jurisdicción del CIADI, la condición del artículo 25(1) del Convenio del CIADI (relativa al consentimiento) se debe considerar cumplida. Para que el artículo 25(1) sea aplicable, solo se requiere que las diferencias hayan surgido directamente de una inversión entre el Estado Contratante y un ciudadano de otro Estado Contratante en el Convenio y no es necesaria "manifestación adicional o ad hoc alguna de consentimiento de la jurisdicción del Centro."[144]

Aunque en general, el consentimiento de los Estados al arbitraje del CIADI se otorga a través de tratados bilaterales de inversión, y con menor frecuencia por medio de leyes nacionales, el caso del *Southern Pacific* fue un ejemplo destacado de una ley que otorgó dicho consentimiento,[145] de manera que siendo el artículo 22 de la Ley de Inversiones similar al de la ley egipcia, estimamos que en el mismo también se había incluido el consentimiento del Estado; apreciación con la cual, por lo demás, otros autores han estado de acuerdo,[146] aun cuando hay otros que no concuerdan con esta opinión.[147]

---

fue una manifestación legal suficiente de consentimiento por escrito a la jurisdicción del Centro y que no se requería consentimiento escrito ad hoc por separado alguno". *Southern Pacific Properties (Middle East) Ltd. vs. Arab Republic of Egypt,* Caso CIADI N° ARB/84/3, Resumen del fallo sobre jurisdicción del 14 de abril de 1988, 3 informes ICSID 106.

144   Véase Allan R. Brewer–Carías, "Algunos comentarios a la Ley de promoción y protección de Inversiones: contratos públicos y jurisdicción," en Irene Valera (Coord.), *Arbitraje comercial interno e internacional. Reflexiones teóricas y experiencias prácticas*, Academia de Ciencias Políticas y Sociales, Caracas 2005, pp. 286–287.

145   Por lo tanto, no es de extrañar que las legislaciones similares aprobadas en otros Estados hayan "recibido menos atención por parte de profesionales, académicos y organizaciones internacionales encargadas de cuestiones jurídicas y políticas relacionadas con las inversiones extranjeras". Véase Ignacio Suarez Ansorena, "Consentimiento para el arbitraje en las Leyes de Inversiones Extranjeras" en I. Laird and T. Weiler (Eds.), *Arbitraje del Tratado de inversión y el Derecho Internacional*, Vol. 2, JurisNet LLC 2009, p. 63, 79. En Venezuela, el primer debate general académico sobre la Ley de Inversiones de 1999 fue promovido por la Academia Nacional de Ciencias Políticas y Sociales, en el Seminario mencionado anteriormente que se celebró en 2005. Es importante señalar que la constitucionalidad de la ley fue ratificada en 2001 por la Sala Constitucional del Tribunal Supremo de Justicia.

146   Véase, por ejemplo, Andrés A. Mezgravis, "Las inversiones petroleras en Venezuela y el arbitraje ante el CIADI", en Irene Valera (Coordinadora), *Arbitraje Comercial Interno e Internacional. Reflexiones teóricas y experiencias prácticas*, Academia de Ciencias Políticas y Sociales, Comité Venezolano de Arbitraje, Caracas 2005, p. 392. Otros comentaristas también han llegado a la misma conclusión acerca de la similitud entre el artículo 8 de la Ley N° 43 de Egipto y el artículo 22 de la Ley de

Por otra parte, dicha interpretación resultaba específicamente de la redacción concreta que se le dio al artículo 22 de la Ley de Inversiones, teniendo en cuenta y en el marco de la política definida por el Congreso y el Ejecutivo Nacional de Venezuela en 1999, con el fin de promover y proteger las inversiones internacionales. Dicho artículo 22 de la Ley de Inversiones en efecto, como antes lo hemos analizado, expresó el consentimiento del Estado venezolano a someterse a controversias de arbitraje internacional en materia de inversión internacional, de la siguiente manera:

"*Artículo 22*. Las controversias que surjan entre un inversionista internacional, cuyo país de origen tenga vigente con Venezuela un tratado o acuerdo sobre promoción y protección de inversiones, o las controversias respecto de las cuales sean aplicables las disposiciones del Convenio Constitutivo del Organismo Multilateral de Garantía de Inversiones (OMGI – MIGA) o del Convenio sobre Arreglo de Diferencias Relativas a Inversiones entre Estados y Nacionales de Otros Estados (CIADI), serán sometidas al arbitraje internacional en los términos del respectivo tratado o acuerdo, si así éste lo establece, sin perjuicio de la posibilidad de hacer uso, cuando proceda, de las vías contenciosas contempladas en la legislación venezolana vigente."

Inversiones de Venezuela de 1999. Véase, por ejemplo, Victorino Tejera Pérez, "Las leyes municipales de inversión, ¿Siempre constituyen una oferta unilateral de arbitraje? La Ley de Inversiones de Venezuela: Un estudio de casos", en Ian A. Laird and Todd J. Weiler (Ed.), *Arbitraje del Tratado de Inversiones y el Derecho Internacional*, Vol. 2, JurisNet LLC 2009, pp. 104–105; Victorino Tejera Pérez, *Arbitraje de Inversiones*, Tesis de maestría, Universidad Central de Venezuela, Caracas 2010, p. 175. Esta tesis fue luego publicada con el título *Arbitraje de inversiones en Venezuela*, Colección Estudios Jurídicos, Editorial Jurídica Venezolana, Caracas 2012. Las citas que se hacen a dicho trabajo corresponden a las páginas de la tesis, Véase también Gabriela Álvarez Ávila, "Las características del arbitraje del CIADI", en *Anuario Mexicano de Derecho Internacional*, Vol. II 2002, Instituto de Investigaciones Jurídicas, Universidad Nacional Autónoma de México, UNAM, México 2002 (ISSN 1870–4654). http://juridi-cas.unam.mx/publica/rev/derint/cont/2/cm/; Guillaume Lemenez de Kerdelleau, "State Consent to ICSID Arbitration: Article 22 of the Venezuelan Investment Law" en *TDM*, Vol. 4, Issue 3, June 2007; M.D. Nolan and F.G. Sourgens, "The Interplay Between State Consent to ICSID Arbitration and denunciation of the ICSID Convention: The (Possible) Venezuela Case Study" en *TDM*, Provisional Issue, September 2007.

147 Véase por ejemplo, Omar E. García–Bolívar, "El arbitraje en el marco de la ley de promoción y Protección de Inversiones: las posibles interpretaciones" en *Revista de Derecho*, Tribunal Supremo de Justicia, N° 26, Caracas 2008, pp. 313 ss.; y más recientemente, Hildegard Rondón de Sansó, *Aspectos jurídicos fundamentales del arbitraje internacional de inversión*, Ed. Exlibris, Caracas 2010, pp. 123 ss. Sansó, en particular, critica nuestra opinión, pp. 146–148.

Al analizar el texto de esta norma en su totalidad y no solo en sus partes por separado, tomando en cuenta su redacción, la conexión de las palabras utilizadas entre sí, y el sentido que en ese momento tenía la legislación venezolana sancionada simultáneamente por el Gobierno a favor del arbitraje, la única conclusión razonable era que el artículo 22 era una expresión de una oferta general de consentimiento por parte del Estado venezolano de someter las diferencias relativas a inversiones de los inversionistas internacionales a un arbitraje internacional, dando a los inversionistas internacionales, a su voluntad, la opción de recurrir a los tribunales nacionales.

La necesidad de analizar la redacción de una ley en su contexto general es un principio establecido del derecho venezolano, por lo que conforme al artículo 4 del Código Civil, la manifestación del consentimiento al arbitraje internacional contenido en el artículo 22 de la Ley de Inversiones, era el resultado del significado propio de las palabras utilizadas en la disposición, considerada dentro del contexto general de la misma, y no solo de una parte de ella. En esta forma, la frase "serán sometidas al arbitraje internacional" que se utilizó en la disposición es una expresión imperativa o de comando, que refleja el carácter obligatorio del artículo 22. La frase "si así éste lo establece" significa que dicho imperativo del artículo 22 estaba sujeto a una condición en el sentido de que se aplicaba si el respectivo tratado o acuerdo (el artículo 22 se refería a otros tratados junto con el Convenio del CIADI) contenía disposiciones que establecían un marco para el arbitraje internacional, es decir, "establece el arbitraje."[148]

Esta condición del artículo 22 de la Ley, por tanto, se satisfacía por lo que al Convenio del CIADI se refería, en la oferta abierta del consentimiento que se expresó en el artículo 22 la cual se confirmaba en su última frase, que era la aclaratoria de que el inversionista tenía el derecho de aceptar la oferta de arbitraje "sin perjuicio de la posibilidad de hacer uso, cuando proceda, de las vías contenciosas contempladas en la legislación venezolana vigente." La combinación de todos estos factores proporcionaba a los inversionistas internacionales la posibilidad de decidir de manera unilateral, a su voluntad, presentar las controversias particulares a arbitraje internacional o presentarlas ante los tribunales nacionales. Teniendo en cuenta el imperativo incluido en la primera parte del artículo, la opción que tenía el inversor solo podía existir y tener sentido si el Estado ya había dado su consentimiento al arbitraje internacional en virtud de la ratificación por el Estado del Convenio del CIADI.

El artículo 22 de la Ley de Inversiones como expresión de un consentimiento unilateral del Estado de someter las controversias con los inversionistas internacionales ante la jurisdicción de arbitraje del CIADI, en mi cri-

---

148 Véase Victorino Tejera Pérez, "Las leyes de Inversiones Municipales, ¿Siempre constituyen una oferta unilateral de arbitraje? La Ley de Inversiones de Venezuela: Un estudio de casos", *loc. cit.*, pp. 95; Victorino Tejera Pérez, *Arbitraje de Inversiones*, Tesis de maestría, Universidad Central de Venezuela, Caracas 2010, p. 175.

terio fue intencionalmente incluido por el Ejecutivo Nacional, que en este caso actuó como legislador al promulgar el Decreto Ley N.° 356 del 3 de octubre de 1999. Esa intención del Ejecutivo Nacional, por lo demás, también fue coherente con la política general definida por el Gobierno en el momento de su promulgación con el fin de atraer y promover las inversiones internacionales en el país, lo que además condujo, al mismo tiempo, a la redacción del mandato constitucional del artículo 258 de la Constitución de 1999, que impuso a todos los órganos del Estado (no solo a los órganos legislativos, sino también a los judiciales)[149] la tarea de promover el arbitraje, razón por la cual otras leyes, también conforme al principio pro arbitraje, se expidieron en el mismo momento.[150]

Lo que en nuestro criterio es absolutamente claro y resulta de lo mencionado anteriormente, en relación con el contenido del artículo 22 de la Ley de Inversiones, era que la referencia que contenía con respecto al arbitraje internacional del CIADI no era una mera declaración de principios, o una "mera referencia en una ley nacional al CIADI", como lo sugirió la sentencia de la sala Constitucional del Tribunal Supremo de Justicia N° 1541 de 2008.[151] Es decir, el artículo 22 de la Ley de Inversiones no se podía considerar como un simple reconocimiento de la posibilidad de resolución de diferencias mediante arbitraje, sino que más bien equivalía a la una oferta del Estado a favor de la jurisdicción arbitral.

Como se dijo, el arbitraje, como medio de resolución de diferencias, se incluyó en muchas otras leyes adoptadas por el Gobierno en los mismos meses de sanción de la Ley de Inversiones, y en esta misma, además, se incluyeron otras referencias a la posibilidad de arbitraje. En efecto, además del artículo 22, el arbitraje también se contempló en el artículo 18.4 de la Ley respecto a los contratos de estabilidad jurídica. Así, a raíz de las regulaciones de 1998 de la Ley de Arbitraje Comercial, el Estado y un inversionista internacional podían establecer el mecanismo de arbitraje en un acto bilateral (el contrato de estabilidad jurídica) como medio para resolver las controversias contractuales. El arbitraje también se preveía en el artículo 21 de la Ley de Inversiones en relación con la solución de controversias relativas a la ley de inversión que pudieran surgir entre el Estado venezolano y el país de

---

149 Véase Eugenio Hernández Bretón, "Arbitraje y Constitución. El arbitraje como derecho fundamental," en Irene Valera (Coordinadora), *Arbitraje Comercial Interno e Internacional .Reflexiones teóricas y experiencias prácticas*, Academia de Ciencias Políticas y Sociales, Comité Venezolano de Arbitraje, Caracas 2005, p. 27.

150 *Idem.* p. 31. Véase también Francisco Hung Vaillant, *Reflexiones sobre el arbitraje en el derecho venezolano*, Editorial Jurídica Venezolana, Caracas 2001, pp. 66–67.

151 Otros autores han expresado la misma crítica a esta sentencia. Véase, por ejemplo, Eugenio Hernández Bretón, "El arbitraje internacional con entes del Estado venezolano," en *Boletín de la Academia de Ciencias Políticas y Sociales*, N° 147, Caracas 2009, p. 156.

origen del inversionista internacional. Cuando los medios diplomáticos fallaran, la Ley imponía la obligación al Estado de procurar la presentación de las diferencias ante un Tribunal Arbitral, cuya composición, mecanismo de designación, procedimiento y régimen de costo debían negociarse en un acto bilateral con el otro Estado. En estos dos primeros casos, con el fin de proceder con el arbitraje, la Ley establecía claramente la necesidad de un acto bilateral separado que se negociara entre las partes.

Por el contrario, en las otras dos disposiciones de la Ley de Inversiones que preveían el arbitraje, los artículos 22 y 23, el Estado proporcionó su consentimiento para el arbitraje de antemano como una oferta abierta, de la misma manera como se preveía en la mayoría de los tratados bilaterales de inversión. El artículo 22 también utilizó una redacción similar de que las controversias "serán sometidas" a arbitraje internacional, tal como se utilizaba en muchos de los tratados bilaterales de inversión anteriores a 1999. Tanto la Ley de Inversiones como los tratados bilaterales de inversión preveían que los inversionistas, a su voluntad, podían optar de manera unilateral por ir a arbitraje o recurrir a los tribunales nacionales.[152] En el caso del artículo 22, como se mencionó anteriormente, el Estado expresó con antelación, como oferta abierta, su consentimiento para ir a arbitraje internacional sujeto a la única condición de que los tratados, convenios o acuerdos previeran mecanismos arbitrales o un marco para el arbitraje internacional.

Esta interpretación del artículo 22 de la Ley de Inversiones como contentivo de una manifestación unilateral por escrito del consentimiento de la República de Venezuela a presentar las diferencias con los inversionistas internacionales a la jurisdicción de arbitraje del CIADI, por otra parte, fue compartida por la mayoría de los autores venezolanos[153] así como muchos

---

152   Véase al respecto Tatiana B. de Maekelt, "Tratados Bilaterales de Protección de Inversiones. Análisis de las cláusulas arbitrales y su aplicación," en Irene Valera (Coord.), *Arbitraje Comercial Interno e Internacional. Reflexiones teóricas y experiencias prácticas*, Academia de Ciencias Políticas y Sociales, Comité Venezolano de Arbitraje, Caracas 2005, pp. 340–341.

153   Véase por ejemplo Andrés A. Mezgravis, "Las inversiones petroleras en Venezuela y el arbitraje ante el CIADI", en Irene Valera (Coordinadora), *Arbitraje Comercial Interno e Internacional. Reflexiones teóricas y experiencias prácticas*, Academia de Ciencias Políticas y Sociales, Comité Venezolano de Arbitraje, Caracas 2005, p. 388; Eugenio Hernández Bretón, "Protección de inversiones en Venezuela" en *Revista DeCITA, Derecho del Comercio Internacional, Temas de Actualidad, (Inversiones Extranjeras)*, N° 3, Zavalía, 2005, pp. 283–284; José Antonio Muci Borjas, *El Derecho Administrativo Global y los Tratados Bilaterales de Inversión (BITs)*, Caracas 2007, pp. 214–215; José Gregorio Torrealba R, *Promoción y Protección de las Inversiones Extranjeras en Venezuela*, Funeda, Caracas 2008. pp. 56–58, 125–127; Victorino Tejera Pérez, "Las leyes de Inversiones Municipales, ¿Siempre constituyen una oferta unilateral de arbitraje? La Ley de Inversiones de Venezuela: Un estudio de casos", *loc. cit.* pp. 90, 101, 109; Victorino Tejera Pérez, *Arbitraje de Inversiones*, Tesis de maestría, cit. pp. 162, 171, 173, 177, 193. Una excepción a la

autores extranjeros.[154] En tal sentido, por ejemplo, Bracho Ghersi expresó en 2007 que la Ley de Inversiones no dejaba "duda alguna sobre la viabilidad del arbitraje para resolver controversias entre Estados e inversionistas extranjeros.... [ya que] establece de una manera muy clara que el inversor, en caso de controversia, tiene la posibilidad de optar entre recurrir al medio judicial ordinario o al CIADI, siempre que (i) Venezuela y el país del que los inversores son nacionales hayan firmado un tratado sobre promoción y protección de inversiones, o (ii) las disposiciones del Convenio Constitutivo del Organismo Multilateral de Garantía de Inversiones, OMGI (*Multilateral Investment Guarantee Agency*, MIGA) o del Convenio del CIADI sean aplicables, en cuyo caso (en nuestra opinión) el país de nacionalidad del inversor también debe haber firmado y ratificado al menos uno de dichos convenios."[155]

Es cierto, que dos tribunales del CIADI (en los casos CIADI *Mobil* y *Cemex*) decidieron en sentido divergente exclusivamente aplicable a los casos debatidos, pero de los mismos no se podía deducir en general que el artículo 22 de la Ley de Inversiones no constituyera un consentimiento general otorgado por la República para arbitrar las diferencias relativas a inversiones ante el CIADI.

Por otra parte, como el Convenio del CIADI no preveía en sí mismo consentimiento alguno al arbitraje del CIADI, sino que requería un instrumento independiente de consentimiento, la condición que se establecía expresamente en el artículo 22 se cumplía precisamente con la formulación en el mismo de la oferta de arbitraje. Es decir, del artículo 22 se deducía que la condición establecida en el mismo solo se refería a la necesidad de que en los convenios o tratados hubiese previsiones sobre mecanismos de arbitraje, y no a que fuera necesario siempre un consentimiento por separado como se requería, por ejemplo, en el artículo 21 de la misma Ley de Inversiones de 1999. Adoptar una interpretación contraria equivalía a aceptar, de forma

---

opinión mayoritaria la constituye las expresadas por Omar E. García–Bolívar, "El arbitraje en el marco de la ley de promoción y Protección de Inversiones: las posibles interpretaciones" en *Revista de Derecho*, Tribunal Supremo de Justicia, N° 26, Caracas 2008, pp. 313 ss.; y por, Hildegard Rondón de Sansó, *Aspectos jurídicos fundamentales del arbitraje internacional de inversión*, Ed. Exlibris, Caracas 2010, pp. 123 ss. Sansó, en particular, critica nuestra opinión, en pp. 146–148.

154 Véase por ejemplo Gabriela Álvarez Ávila, "Las características del arbitraje del CIADI", en *Anuario Mexicano de Derecho Internacional*, Vol. II 2002, Instituto de Investigaciones Jurídicas, Universidad Nacional Autónoma de México, UNAM, México 2002; Guillaume Lemenez de Kerdelleau, "El consentimiento del Estado al arbitraje del CIADI: el artículo 22 de la Ley de Inversiones de Venezuela" en *TDM*, Vol. 4, N° 3, junio de 2007.

155 Véase Juan C. Bracho Ghersi, "Algunos Aspectos fundamentales del Arbitraje Internacional," en *Cuestiones actuales del Derecho de la empresa en Venezuela*, Grau, García, Hernández, Mónaco, Caracas 2007, pp. 18.

tautológica inadmisible, que el derecho concedido a los inversionistas para optar entre acudir al arbitraje o recurrir ante los órganos jurisdiccionales nacionales, en realidad no era tal derecho y por tanto que no se permitía al inversionista elegir entre dichas opciones, lo que haría que la aclaratoria de la última frase del artículo 22 no tuviera sentido alguno.[156] Dicha aclaratoria, en efecto, otorgaba al inversionista un derecho, como una opción absoluta, a recurrir o no de manera unilateral, a su voluntad, al arbitraje internacional; derecho que únicamente podía otorgarse si la primera parte del artículo era una manifestación unilateral de consentimiento, formulada como una oferta abierta concedida por el Estado. Esto significa que cuando todos los términos del artículo 22 (incluidos los que se utilizan en la última frase del mismo: "sin perjuicio de la posibilidad de hacer uso, cuando proceda, de las vías contenciosas contempladas en la legislación venezolana vigente") se contrastaban con los del artículo 23 de la misma Ley, se constataba que la redacción utilizada en el artículo 22 era mucho más determinante que la del artículo 23, el cual también contenía un consentimiento unilateral al arbitraje por parte de la República.

Tanto el artículo 22 como el artículo 23 daban a los inversionistas la opción de presentar las controversias que surgieran bajo la Ley de Inversiones, a arbitraje. En el caso del artículo 22, al arbitraje internacional o ante los tribunales venezolanos y en el caso del artículo 23, ante los tribunales venezolanos o ante los tribunales arbitrales venezolanos. En ambos casos, la decisión que se tomase dependía de la elección de los inversionistas.

En definitiva, consideramos que el artículo 22 de la Ley de Inversiones contenía una expresión de consentimiento expreso al arbitraje otorgado por el Estado, y eso era precisamente lo que proporcionaba a los inversionistas internacionales la posibilidad de iniciar un arbitraje ante el CIADI o de recurrir a los tribunales venezolanos, de lo que resultaba que el texto no dejaba duda alguna de que Venezuela consintió a que se llevasen las controversias a arbitraje ante el CIADI. Y esto fue precisamente lo más importante de lo resuelto en las sentencias de tres tribunales del CIADI que conocieron y resolvieron sobre el tema, en los casos *Mobil, Cemex* y *Brandes*, en los cuales se consideró que el artículo 22 efectivamente contenía una declaración unilateral del consentimiento otorgado por el Estado venezolano de presentar las diferencias a arbitraje internacional sometida a una condición, aun cuando, como se analiza más adelante, resolvió que en los casos concretos resueltos, no se había comprobado la intención del Estado al expresar dicho consentimiento.

---

156   Véase Victorino Tejera Pérez, Arbitraje de Inversiones, Tesis de maestría, p. 190; Victorino Tejera Pérez, "Las leyes de Inversiones Municipales, ¿Siempre constituyen una oferta unilateral de arbitraje? La Ley de Inversiones de Venezuela: Un estudio de casos", *loc. cit.*, pp. 107. Véase también Eugenio Hernández Bretón, "El arbitraje internacional con entes del Estado venezolano", *loc. cit.* pp. 141–168.

En nuestro criterio, la sanción de la Ley de Inversiones por parte del Gobierno en 1999 tuvo la clara intención de servir como instrumento para el desarrollo y la promoción de la inversión privada (extranjera y nacional) en Venezuela, de conformidad con el mandato incluido en paralelo en la Constitución de 1999 para promover los mecanismos alternativos de resolución de diferencias. Para tal efecto, el artículo 22 de la Ley de Inversiones ofreció la garantía de que la resolución de controversias relativas a inversiones mediante el arbitraje era un medio para su promoción, proporcionándole al inversor la opción de recurrir a un arbitraje internacional o a los tribunales nacionales. Es por ello que el Consejo Nacional de Promoción de Inversiones (CONAPRI), que era una asociación mixta público–privada para la promoción de la inversión privada en el país, constituida por el Procurador General de la República en 1990[157] en su Informe de marzo de 2000 sobre "el Régimen jurídico de las inversiones extranjeras en Venezuela" dedicó un capítulo entero a examinar los distintos tipos de arbitraje establecidos en el sistema jurídico que se ofrecieron a los inversionistas para la resolución de controversias relativas a inversiones, repitiendo los mismos términos y palabras que se utilizaron en la ley.[158]

En este contexto, los tribunales del CIADI en las decisiones de los casos *Mobil* y *Cemex* se pronunciaron sobre si el artículo 22 daba su consentimiento en dichos casos, pero no como una apreciación universal aplicable a todas las circunstancias, habiendo sido la conclusión de los Tribunales que el artículo 22 "no proporciona base alguna para la jurisdicción del Tribunal en el presente caso". En este sentido, el fallo del tribunal del CIADI en el caso Brandes también debe mencionarse ya que, sin razonamiento, argumento o motivación alguna y sin explicar lo que resultaba de "los párrafos" de su sentencia, no solo copió y ratificó la conclusión mencionada anteriormente de los tribunales del CIADI en los casos *Mobil* y *Cemex*, sino que fue más allá, al proclamar de manera general y universal, y no sólo para el "caso presente", que "es evidente que el artículo 22 de la Ley de Promoción y Protección de Inversiones no contiene el consentimiento de la República Bolivariana de Venezuela a la jurisdicción del CIADI" (Párr. 118). Dada la falta de motivación para esta expansión, la sentencia del caso *Brandes* en nuestra opinión, es irrelevante para una interpretación sobre el contenido real de la Ley de Inversiones.

En resumen, luego de haber estudiado el asunto en detalle y desde el punto de vista del derecho público venezolano, y luego de haber leído las sentencias antes mencionadas de los tribunales del CIADI que interpretaron el artículo 22 de la Ley de Inversiones (es decir, los casos *Mobil, Cemex* y *Brandes*), he seguido convencido de mi opinión anterior de 2005 en el sen-

---

157   Decreto N.° 1102 publicado en el *Gaceta Oficial* N° 34.549 de 1990.

158   Véase Consejo Nacional de Promoción de Inversiones (CONAPRI), *Régimen Legal para la Inversión Extranjera en Venezuela*, Caracas marzo 2000, pp. 29–36.

tido de que desde el punto de vista de la ley nacional venezolana, el artículo 22 de la Ley de Inversiones contenía una expresión del consentimiento del Estado que se otorgó como una oferta abierta para presentar las diferencias relativas a inversiones a arbitraje internacional y, en particular, al arbitraje del CIADI, lo que dejaba en manos de los inversionistas internacionales el derecho a decidir de manera unilateral recurrir a un arbitraje o a los tribunales nacionales.

2. Interpretación del artículo 22 de la Ley de Inversiones como declaración unilateral de consentimiento del Estado de acuerdo con los principios de interpretación de la ley

El artículo 22 de la Ley de Inversiones, como se desprendía de su redacción y como lo admitió el tribunal del CIADI en el caso *Mobil*, (Párr. 103), era una previsión "compuesta" que contenía una serie de partes: la primera, relativa a los tratados bilaterales o multilaterales sobre la promoción y protección de las inversiones; la segunda, se ocupaba del Convenio del OMGI; y la tercera, se ocupaba del Convenio del CIADI.[159] Debido a que el artículo 22 se centraba en tres conjuntos diferentes de tratados o acuerdos, contemplándolos a todos al mismo tiempo, debía interpretarse de la misma manera que otras disposiciones legales.

Por su contenido compuesto, en todo caso, no era de extrañar que la norma no siguiera modelo o patrón alguno para expresar consentimiento estatal, como los que se pudieron haber seguido en otras legislaciones nacionales o en previsiones internacionales que se ocupaban solo del consentimiento a la jurisdicción del CIADI. Por ello, en nuestro criterio, no tenía sentido sacar conclusiones a partir de una comparación entre el artículo 22 y las expresiones de consentimiento al arbitraje que pudiera haber en los "tratados bilaterales de inversión ejecutados por Venezuela." Éstos, formulados entre dos partes, eran el producto de un intercambio de propuestas que se negocian entre ellas, por lo que aunque el Estado hubiera sabido formular consentimiento obligatorio al arbitraje internacional en los mismos, nada impedía que hubiera usado otra fórmula para ello en la Ley de Inversiones. Dicha elección no significaba que no hubiera consentimiento alguno, y en todo caso, el artículo 22 de la Ley de Inversiones de 1999 no era un tratado bilateral, ni fue producto de una negociación con otro Estado. Era una parte de la legislación nacional, por lo demás única, ya que fue la primera vez en la historia legislativa reciente de Venezuela que el Estado, en una ley interna, expresó el consentimiento unilateral al arbitraje internacional. En defini-

---

159 Véase las distintas alternativas de aplicación del artículo 22 de la Ley de Inversiones, Victorino Tejera Pérez, "Las leyes de Inversiones Municipales, ¿Siempre constituyen una oferta unilateral de arbitraje? La Ley de Inversiones de Venezuela: Un estudio de casos", *loc. cit.* pp. 92–94; Victorino Tejera Pérez, *Arbitraje de Inversiones*, Tesis de maestría, cit. pp. 166–170.

tiva, bajo dicha perspectiva, la República no tenía experiencia previa en la elaboración de este tipo de ley.

Es por ello que el artículo 22 de la Ley de Inversiones no podía, en principio, interpretarse solo por comparar su contenido con todo tipo de acuerdo bilateral establecido y con cláusulas negociadas para el arbitraje que se incluyeran en los tratados bilaterales de inversión o en "cláusulas modelo" que debían ser negociadas por dos Estados contratantes que se hubieran propuesto internacionalmente como "cláusulas de consentimiento". Sin embargo, debido a que los objetivos expresados en el artículo 1 de la Ley de Inversiones eran "en general comparables a los de los tratados de promoción y protección recíproca de inversiones y se reflejan en el texto de la propia ley" que contenía disposiciones "comparables a aquellas incorporadas a los tratados bilaterales de inversión" (tal como se expresó en la sentencia del caso *Mobil* del CIAD (Párr. 121, 122; y en el caso *Cemex*, Párr. 119), la oferta unilateral abierta de consentimiento por parte del Estado al arbitraje contenida en los tratados bilaterales de inversión y en la Ley de Inversiones eran de suma importancia. Aunque el caso *Mobil* no mencionó este aspecto de la Ley de Inversiones, el artículo 22, sin duda, representaba una expresión de consentimiento que proporcionaba a los inversionistas internacionales la opción de aceptar o rechazar la oferta del Estado.[160]

En el caso *Cemex*, el Tribunal del CIADI observó que en todos los tratados bilaterales de inversión firmados por Venezuela antes de 1999, siempre se incorporó una "cláusula de arbitraje obligatorio" (Párr. 120), pero no comparó dichas soluciones con la que se incluyó en el artículo 22 de la Ley de Inversiones. Por otra parte, tanto la Ley de Inversiones como los tratados bilaterales de inversión también establecían el derecho de los inversionistas internacionales a aceptar unilateralmente la oferta de arbitraje o a recurrir a los tribunales nacionales con el fin de resolver las diferencias relativas a inversiones. Esto era válido en los términos del artículo 4 del Código Civil. Incluso si no se aplicaba la analogía entre los tratados bilaterales de inversión y la Ley de Inversiones, al contrario de lo que se afirmó en los casos *Mobil* y *Cemex* del CIADI, era perfectamente posible, si se usaban las mismas palabras de dichas sentencias (Párr. 123; y Párr. 120, respectivamente), llegar a la conclusión de que a partir de la ley en su conjunto, el artículo 22 debía interpretarse en el sentido de que establecía el consentimiento por parte de Venezuela de presentar las controversias al arbitraje del CIADI, en particular si no se ignoraba la aclaratoria de la última parte del artículo 22

---

160   Como lo indica Tatiana B. de Maekelt, "Tratados Bilaterales de Protección de Inversiones. Análisis de las cláusulas arbitrales y su aplicación," *loc. cit.*, pp. 340–344; Andrés A. Mezgravis, "Las inversiones petroleras en Venezuela y el arbitraje ante el CIADI," *loc cit.*, p. 357; José Gregorio Torrealba, *Promoción y protección de las inversiones extranjeras en Venezuela*, cit. pp. 128–129.

("sin perjuicio de la posibilidad de hacer uso, cuando proceda, de las vías contenciosas contempladas en la legislación venezolana vigente").

Ambos fallos de los tribunales del CIADI, de manera incomprensible, ignoraron esta aclaratoria, lo que equivale a considerarla como carente de sentido. El hecho de que los fallos en los casos *Mobil* y *Cemex* no la hubieran considerado al interpretar el artículo 22, ni le hubieran dado alguna interpretación significativa, en efecto, equivalía a considerar el texto como si no tuviera sentido, lo que no podía aceptarse bajo la ley venezolana.

Por otra parte, el hecho de que otros Estados hubieran redactado leyes nacionales que contenían la expresión de consentimiento de una manera diferente a la forma elegida por la República, no podía significar que la República no hubiera manifestado su consentimiento expreso e inequívoco para someter las controversias a arbitraje en el artículo 22 de la Ley. Es decir, la forma de legislar en otros Estados no puede demostrar nada específico respecto a la forma cómo en Venezuela se redactan las leyes. Con el fin de interpretar correctamente disposiciones compuestas como la del artículo 22 de la Ley de Inversiones, debían utilizarse las normas y los instrumentos que se establecían en el ordenamiento jurídico de Venezuela; y si se quería comparar la Ley de Inversiones con las leyes de otros Estados, lo que podía era identificarse una que en realidad fuera similar a la Ley de Inversiones, como fue el caso de la ley egipcia antes mencionada, y que incluso se analizó en un fallo de un tribunal CIADI, en la cual se consideró que se expresaba unilateralmente el consentimiento del Estado al arbitraje internacional.

En consecuencia, de acuerdo con la legislación venezolana, el artículo 22 no debía interpretarse en función de un patrón o modelo internacional, sino de acuerdo con su propia estructura y términos, teniendo en cuenta su carácter compuesto y el propósito de su promulgación. Además, como todas las leyes, debía interpretarse en armonía o en conformidad con la Constitución,[161] y con la tendencia pro arbitraje existente en Venezuela en 1999, cuando fue promulgada, que el nuevo Gobierno había desarrollado y promovido ampliamente.

Era evidente que debido a que se trataba de un instrumento de la legislación nacional que expresaba el consentimiento del Estado al arbitraje internacional, también podía interpretarse de acuerdo con los convenios internacionales aplicables y con las normas del derecho internacional que regían las declaraciones unilaterales de los Estados. Sin embargo, tratándose de una

---

161 Este es un principio generalmente aceptado en el sistema de revisión judicial venezolano. Véase José Peña Solís, "La interpretación conforme a la Constitución," *Libro Homenaje a Fernando Parra Aranguren*, Tomo II, Universidad Central de Venezuela, Caracas 2001. En cuanto a la aplicación de este principio en materia de arbitraje, Véase Eugenio Hernández Bretón, "Arbitraje y Constitución. El arbitraje como derecho fundamental," *loc. cit.*, pp. 31; Andrés A. Mezgravis, "Las inversiones petroleras en Venezuela y el arbitraje ante el CIADI," *loc. cit.*, p. 390.

ley nacional, básicamente el artículo 22 de la Ley de Inversiones debía interpretarse conforme a las reglas de interpretación y construcción de las leyes del derecho venezolano, particularmente las establecidas en el artículo 4 del Código Civil, debiendo en tal sentido leerse en todo su contenido, teniendo en cuenta su contexto, propósito y la intención del legislador.[162]

El artículo 4 del Código Civil establece en efecto, que el intérprete debe atribuir a la ley el sentido que parece evidente a partir del significado propio de las palabras, de acuerdo con su conexión entre sí y la intención del legislador, precisando luego, que "cuando no existe disposición precisa alguna de la Ley, las disposiciones que regulan casos semejantes o cuestiones análogas deberán tenerse en cuenta; y si las dudas persisten, deberán aplicarse los principios generales de la ley". Estos elementos de interpretación de las leyes, de acuerdo con la sentencia N° 895 del 30 de julio de 2008 de la Sala Político–Administrativa del Tribunal Supremo de Justicia, pueden reducirse a cuatro elementos relevantes, que son los que deben tenerse en cuenta en la interpretación de las disposiciones legales:[163] El primer elemento es el literal, gramatical o filológico, que siempre debe ser el punto de partida de toda interpretación. El segundo elemento de interpretación es el lógico, racional o razonable, que tiene por objeto determinar la razón de ser de la disposición dentro del ordenamiento jurídico. El tercer elemento es el histórico, a través del cual una disposición legal se analizará en el contexto de la situación fáctica y jurídica en el momento de su adopción o modificación y a partir de su evolución histórica. El cuarto elemento es el sistemático, que requiere que el intérprete analice la disposición como una parte integral del sistema en cuestión. La Sala Político–Administrativa señaló que la interpretación de las leyes de acuerdo con el artículo 4 del Código Civil no es una cuestión de elegir entre los cuatro elementos, sino de aplicarlos juntos, aunque no todos los elementos sean de igual importancia.[164] Además, el Tribunal Supremo de

---

162 Como ya se mencionó, el Tribunal del caso Mobil del CIADI interpretó el artículo 22 sobre la base de las "normas del derecho internacional que rigen la interpretación de los actos unilaterales que se formularon en el marco y sobre la base de un tratado" (Párr. 95), aunque consideró que la legislación nacional no debe "ignorarse completamente" ya que tiene que "desempeñar un papel útil" en relación con "la intención de que el Estado haya formulado dichos actos" (Párr. 96) Véase también el caso Cemex del CIADI (Párr. 88, 89) y el caso Brandes del CIADI (Párr. 36).

163 Véase en *Revista de Derecho Público*, N° 115, Editorial Jurídica Venezolana, Caracas 2008, pp. 468 ss.

164 Contrariamente a lo establecido en el artículo 4 del Código Civil de Venezuela y con las normas indicadas por el Tribunal Supremo, el tribunal del CIADI en el caso *Brandes* supuestamente interpretó el artículo 22 de la Ley de Inversiones "de acuerdo con los parámetros establecidos por el sistema legal de la República" (Párr. 36. Sin embargo, el tribunal siguió un enfoque diferente, aplicando lo que se conoce como un "análisis inicial" de los elementos mencionados en el artículo 4 del Código Civil: en primer lugar el "análisis puramente gramatical" y "si este análisis inicial no define claramente el sentido de la disposición, entonces es necesario examinar el

Justicia ha identificado a otros dos elementos para la interpretación: el teleológico (es decir, la necesidad de identificar y comprender los objetivos o propósitos sociales que llevaron a que la ley se aprobara) y el sociológico, que ayuda a comprender la disposición en el contexto de la realidad social, económica, política y cultural donde el texto se aplicará.

3. La obligación de acudir al arbitraje internacional expresada en el artículo 22 de la Ley de Inversiones

Si el texto del artículo 22 se hubiese interpretado de acuerdo con las normas de interpretación establecidas en el artículo 4 del Código Civil, el sentido que evidentemente se desprendía del significado propio de las palabras utilizadas, de acuerdo con su conexión y con la intención del legislador era que dicha norma expresaba el consentimiento unilateral de la República de Venezuela para la presentación de las controversias sobre inversiones ante el Centro de arbitraje del CIADI, lo que proporcionaba a los inversionistas cualificados el derecho a decidir si daban su propio consentimiento aceptando el del Estado o si decidían recurrir ante los tribunales venezolanos.

En la frase "serán sometidas al arbitraje internacional", el tiempo verbal indicaba que se trataba de una expresión imperativa. Dicha frase expresaba el hecho de que el arbitraje internacional de controversias era un sistema obligatorio, en el sentido de que, una vez que ha sido debidamente invocado por la otra parte en una diferencia, la República de Venezuela tenía el deber o la obligación de cumplir con las normas procesales aplicables y atenerse a la sentencia del tribunal arbitral. En definitiva, se trataba de una declaración unilateral expresa de consentimiento al arbitraje del CIADI otorgada libremente con anticipación por la República de Venezuela; o, en palabras del Tribunal del CIADI en el caso *Mobil*, el artículo 22 "crea una obligación condicional" de recurrir al arbitraje (Párr. 102). Por lo demás, ninguno de los otros aspectos del texto o de los otros elementos de interpretación conducían a una conclusión diferente.

---

contenido..." (Párr. 35). Este enfoque no está de acuerdo con los principios de interpretación de la ley que deben aplicarse siempre juntos. En este sentido, la Sala Constitucional del Tribunal Supremo, en una sentencia más reciente, N° 1067 del 3 de noviembre de 2010 (Caso *Astivenca Astilleros de Venezuela C.A.*), se ha pronunciado con respecto a los elementos para la interpretación que se derivan del artículo 4 del Código Civil, y ha manifestado que "los elementos normativos deben armonizarse en su conjunto, en el sentido de que uno no debe ignorar a los otros, sino que todos deben tenerse en cuenta para hacer una correcta valoración del contenido del texto legal" (pp. 39 de 60). Véase el texto de la sentencia en Luisa Estela Morales Lamuño, *Venezuela en el contexto del arbitraje. Jurisprudencia de la Sala Constitucional y Laudos Internacionales relevantes*, Tribunal Supremo de Justicia, Fundación Gaceta Forense, Caracas 2011, pp. 385–457.

La parte del artículo 22 que se refería al Convenio del CIADI terminaba con la frase "si así éste lo establece," la cual interpretada de acuerdo con el significado propio de las palabras utilizadas, de acuerdo con su relación con la totalidad de dicha sección y en línea con la intención del legislador, lo que indicaba era la necesidad de que el "tratado o acuerdo correspondiente" contuviera las disposiciones que establecen el arbitraje internacional[165] a fin de que la orden anterior expresa (que debía presentarse) pudiera ejecutarse; y para que la última parte del artículo que proporcionaba la opción al inversor internacional de decidir recurrir al arbitraje internacional o no, tuviera efectividad. Como el Convenio del CIADI precisamente lo que establecía era un marco o un sistema de arbitraje internacional para el arreglo de controversias relativas a inversiones, la condición "si éste así lo establece" podía considerarse claramente satisfecha en el caso de la parte del artículo 22 que se refería al Convenio del CIADI.

La interpretación formulada por algunos autores[166] en el sentido de considerar que el artículo 22 de la Ley era solo un reconocimiento de la existencia del arbitraje internacional, como el previsto en el Convenio del CIADI, pero sin que ello significase consentimiento del Estado, el cual siempre debía darse en un instrumento por separado, consideramos que era contraria a la redacción del artículo, a la relación de las palabras utilizadas en el mismo, teniendo en cuenta la totalidad de su texto y la intención del Ejecutivo Nacional al promulgar la ley. En particular, interpretar la expresión "si éste así lo dispone" en el artículo 22, en el sentido de "si el tratado o acuerdo correspondiente dispone de acuerdo con sus términos, que la diferencia se debe presentar a arbitraje internacional" significaba hacer caso omiso de la última parte del artículo en la que se le otorgaba un derecho a los inversionistas internacionales de optar unilateralmente por el arbitraje internacional o de recurrir a los tribunales nacionales. Esta aclaratoria de la última frase del artículo no tenía sentido alguno, si la condición establecida en la disposición se refería a la necesidad de que un consentimiento fuera obligatoriamente establecido en el tratado o acuerdo correspondiente. Esto era particularmente cierto debido a que el hecho de interpretar la frase "si éste así lo establece" como equivalente de "si el Convenio del CIADI establece el consentimiento" convertía esta frase en una condición imposible, que no podía cumplirse (ya que la ratificación de dicho Convenio en sí mismo no constituía consentimiento), privando al artículo 22 de todo efecto significativo. Esa interpre-

---

165   En este sentido, Victorino Tejera Pérez considera que la expresión "si éste así lo establece" significa "si éste [el tratado o acuerdo correspondiente] establece el arbitraje". Véase Victorino Tejera Pérez, "Las leyes de Inversiones Municipales, ¿Siempre constituyen una oferta unilateral de arbitraje? La Ley de Inversiones de Venezuela: Un estudio de casos", *loc. cit.* p. 95; Victorino Tejera Pérez, *Arbitraje de Inversiones*, Tesis de maestría, *cit.* p. 170.

166   Véase Hildegard Rondón de Sansó, *Aspectos jurídicos fundamentales del arbitraje internacional de inversión*, Ed. Exlibris, Caracas 2010.

tación, además, era gramaticalmente errónea. Era incorrecto interpretar la frase "si éste así lo establece" como un requisito de que el consentimiento del Estado que se contemplaba en la Ley debía incorporarse en el Convenio del CIADI, ya que "así" no podía referirse a un término ("consentimiento") que no se utilizaba en la frase anterior de la norma que contenía la orden ("serán sometidas al arbitraje internacional en los términos del respectivo tratado o acuerdo"). Además, no era razonable interpretar que el artículo 22 lo que buscaba era que el Convenio del CIADI proporcionase el consentimiento que el mismo artículo 22 otorgaba.

La última parte del artículo 22 ("sin perjuicio de la posibilidad de hacer uso, cuando proceda, de las vías contenciosas contempladas en la legislación venezolana vigente") era una confirmación de que el artículo 22 era una expresión de consentimiento al arbitraje, en el sentido de que tal expresión unilateral de consentimiento del Estado contenida en el artículo 22 no impedía que el inversor pudiera utilizar a su discreción, como su derecho, los recursos de ámbito interno para la solución de controversias. Por el contrario, dicha parte del artículo confirmaba el consentimiento unilateral concedido por el Estado como una oferta abierta que podía ser aceptada o no, a su voluntad, por parte del inversionista. Si el artículo 22 era una mera declaración de la voluntad del Estado de llegar a un acuerdo de arbitraje en un documento separado en lugar de una firme expresión de consentimiento al arbitraje por parte del Estado, no habría habido necesidad de aclarar en su última parte que el artículo 22 no privaba al inversionista de su derecho a recurrir a los recursos internos.

4. *Los esfuerzos realizados desde el año 2000 con el fin de cambiar el sentido del artículo 22 de la Ley de Inversiones por medio de interpretación judicial, sin reformar la ley*

Precisamente por el hecho de que el artículo 22 de la Ley de Inversiones constituía una declaración unilateral de consentimiento del Estado para el arbitraje internacional, desde que el Ejecutivo Nacional sancionó el decreto Ley de la Ley de Inversiones en 1999, comenzaron los intentos desarrollados por interesados opuestos a tal manifestación de voluntad, que eran contrarios a la política pro arbitraje que había definido el Gobierno y que adversaban el principio de inmunidad relativa de jurisdicción en materia de arbitraje,[167] para obtener una interpretación diferente por parte de los tribunales venezolanos. Tras varios esfuerzos fallidos, el propio Gobierno de Venezuela presentó ante la Sala Constitucional del Tribunal Supremo de Justicia un recur-

---

167 Véase por ejemplo, Fermín Toro Jiménez, *Manual de Derecho Internacional Público*, Vol. 1, Universidad Central de Venezuela, Caracas 1982, pp. 324, 437, 438, 441, 443, 444; Luis Brito García, "Régimen constitucional de los contratos de interés público," en *Revista de Control Fiscal y Tecnificación Administrativa*, N° 50, Contraloría General de la República, Caracas 1968, pp. 124–126.

so para la interpretación constitucional del artículo 258 de la Constitución, produciéndose en tiempo récord la sentencia N° 1.541 el 17 de octubre de 2008 de interpretación efectiva del Artículo 22 de la Ley de Inversiones.[168]

Antes, sin embargo, el mismo Tribunal Supremo había dictado otras sentencias previas en relación, precisamente con el Artículo 22 de la Ley de Inversiones de 1999 que deben analizarse.

A. *El primer intento, en 2000, de cambiar el sentido del Artículo 22 de la Ley de Inversiones de 1999 por medio de una acción popular que cuestionaba su constitucionalidad y buscaba su anulación*

El primer caso presentado ante el Tribunal Supremo en conexión con el Artículo 22 de la Ley de Inversiones de 1999 fue una acción de inconstitucionalidad presentada ante la Sala Constitucional por dos reconocidos abogados, impugnando los Artículos 17, 22 y 23 de la Ley de Inversiones de 1999. La Sala Constitucional al decidir la acción mediante sentencia N° 186 del 14 de febrero de 2001, la declaró sin lugar, ratificando la constitucionalidad de las disposiciones cuestionadas.[169]

Tal como se reseñó en el texto de la sentencia de la Sala, los demandantes basaron su solicitud argumentando que el Artículo 22 por ser una disposición de "aplicación vinculante" se oponía a los artículos 157 y 253 de la Constitución, ya que "busca autorizar que los particulares dejen de lado la

---

168 Véase la sentencia de la Sala Constitucional del Tribunal Supremo de Justicia N° 1.541 del 17–10–2008 en http://www.tsj.gov.ve/decisiones/scon/Octubre/1541–171008–08–0763.htm, pp. 10–14.; y en Gaceta Oficial N° 39.055 de 10–11– 2008. Las referencias a las páginas que se hacen en esta parte se refieren al texto publicado en la página web del Tribunal Supremo. Véase el texto igualmente en Luisa Estela Morales Lamuño, *Venezuela en el contexto del arbitraje. Jurisprudencia de la Sala Constitucional y Laudos Internacionales relevantes*, Tribunal Supremo de Justicia, Fundación Gaceta Forense, Caracas 2011, pp. 53–121.

169 Véase Tribunal Supremo de Justicia, Sala Constitucional, Sentencia N.° 186 del 14 de febrero de 2001 (Caso: Impugnación por inconstitucionalidad de los artículos 17, 22 y 23 de la Ley de Inversiones de 1999, Fermín Toro Jiménez, Luis Brito García), en http://www.tsj.gov.ve/decisiones/scon/Febrero/186–140201–00–1438%20.htm.. También en *Revista de Derecho Público* N° 85–88, Editorial Jurídica Venezolana, Caracas 2001, pp. 166–169. Véanse los comentarios sobre esta sentencia en José Gregorio Torrealba, Promoción y protección de las inversiones extranjeras en Venezuela, cit. pp. 123–124; en Eloy Anzola, "El fatigoso camino que transita el arbitraje," en Irene Valera (Coordinadora), *Arbitraje Comercial Interno e Internacional. Reflexiones teóricas y experiencias prácticas*, Academia de Ciencias Políticas y Sociales, Comité Venezolano de Arbitraje, Caracas 2005, p. 413; Diego Moya–Ocampos Pancera y Maria del Sol Moya–Ocampos Pancera, "Comentarios relativos a la procedencia de las cláusulas arbitrales en los contratos de interés público nacional, en particular: especial las concesiones mineras," en *Revista de Derecho Administrativo*, N° 19, Editorial Sherwood, Caracas 2006, p. 173.

aplicación de las disposiciones del derecho público venezolano, a favor de organismos arbitrales que, como es de público conocimiento, aplican criterios de equidad de manera libre sin seguir necesariamente las disposiciones del derecho positivo". (pp. 3, 4, 5,). El recurso intentado también se basó en el hecho de que el Artículo 23 de la Ley de Inversiones también era de "aplicación vinculante", lo que "también resulta inconstitucional ya que busca autorizar que se deje de lado la administración de la justicia, lo que obliga a la aplicación precisa de las disposiciones de orden público, en favor de recurrir a 'Tribunales Arbitrales', que en su condición de árbitros podrían dejar de lado las disposiciones de orden público que son soberanas y no negociables [...]". (pp. 3, 4, 5, 21).

Con base a estas expresiones era evidente que los Demandantes entendían que tanto el Artículo 22 como el Artículo 23 de la Ley eran ofertas abiertas de consentimiento formuladas unilateralmente por el Estado para someter las controversias en materia de inversiones a arbitraje (arbitraje internacional en el caso del Artículo 22 y nacional en el caso del Artículo 23), lo que les brindaba a los inversores el derecho, conforme afirmaron los recurrentes, "a dejar de lado la aplicación de las disposiciones del derecho público venezolano, en favor de organismos arbitrales" o "Tribunales Arbitrales". La única manera de interpretar la demanda de los demandantes respecto de la supuesta inconstitucionalidad de los Artículos 22 y 23, era el hecho de que la Ley les permitía a los "particulares" optar por dejar de lado la aplicación de las disposiciones del derecho público venezolano en favor de organismos arbitrales. Esto resultaba posible solo si el Estado en dichas disposiciones había dado su consentimiento para someter las disputas a arbitraje. Por el contrario, si el Estado no hubiera expresado su consentimiento para someterse a un arbitraje en las disposiciones de "aplicación vinculante," como las calificaron los demandantes, hubiera sido imposible decir que las mismas (de manera unilateral) autorizaban a los particulares a recurrir al arbitraje, que era lo que implicaba "dejar de lado la aplicación de las disposiciones del derecho público venezolano, en favor de organismos arbitrales" o "Tribunales Arbitrales".

La Sala Constitucional, por supuesto, rechazó el recurso de inconstitucionalidad interpuesto, al establecer que estas disposiciones de la Ley coincidían con el derecho constitucional a someterse a un arbitraje como un "medio alternativo de justicia" (p. 22–23). La Sala Constitucional recalcó que el arbitraje, ya sea nacional o internacional, posee una base constitucional en el Artículo 258 de la Constitución de 1999 y en especial concluyó que "la resolución arbitral de disputas, contemplada en los Artículos 22 y 23 impugnados, no entra en conflicto de ninguna manera con el Texto Fundamental". (p. 25). La Sala Constitucional también hizo referencia a la obligación de promover el arbitraje que figura en el Artículo 258 de la Constitución, y señaló las muchas circunstancias bajo las cuales un inversionista podría recurrir al arbitraje (inclusive bajo el Convenio CIADI) con base en la disposición constitucional en el Artículo 259. (p. 24). La Sala Constitucional, al hacer referencia al Artículo 22 de la Ley de Inversiones y al confirmar que el arbitraje formaba "parte integral de los mecanismos" para el arreglo de diferencias relativas a inversiones, mencionó simplemente las "controversias en las que las disposiciones del Convenio CIADI "se pueden aplicar" (p. 24). La sentencia no copió, ni hizo referencia a otras frases de dicho Artículo, de lo que debe deducirse que asumió, con esa afirmación, que el Convenio CIADI se aplicaba en virtud de las mismas disposiciones y, debido al consentimiento prestado por el Estado. La Sala dijo: "Debe dejarse en claro que, de acuerdo con la norma cuestionada, la posibilidad de utilizar los medios contenciosos establecidos en virtud de la legislación venezolana permanece en efecto abierta, cuando se presente la posible disputa y estas vías resulten apropiadas" (p. 24).[170]

En este contexto, en consecuencia, con la sentencia desestimatoria de la inconstitucionalidad denunciada, la Sala Constitucional ratificando la constitucionalidad del Artículo 22, expresó realmente el sentido y alcance de la disposición.

B. *El segundo intento, en 2007, de obtener una interpretación diferente del Artículo 22 de la Ley de Inversiones*

El 6 de febrero de 2007, un grupo de abogados presentó un recurso ante la Sala Constitucional del Tribunal Supremo solicitando la interpretación del artículo 22 de la Ley de Inversiones de 1999, el cual fue rechazado mediante sentencia N° 609 el 9 de abril de 2007, al declarar la Sala que carecía de competencia para conocer de tal recurso.[171] El propósito expreso del recurso era obtener una interpretación judicial de dicha norma "para determinar si [el Artículo 22] estableció o no el consentimiento necesario para permitirles a los inversores extranjeros iniciar arbitrajes internacionales contra el Estado venezolano" (p. 2).

Los demandantes expresaron en su recurso que no buscaban que la Sala Constitucional declarase la inconstitucionalidad del Artículo 22, un asunto, que según explicaron, ya había sido resuelto en la Sentencia N° 186 el 14 de febrero de 2001 antes indicada. En cambio, argumentaban que "una cosa es que el Artículo en discusión sea constitucional y otra cosa muy distinta es que dicho Artículo establezca un consentimiento general y universal para permitir que cualquier inversor extranjero solicite que sus disputas con el Gobierno venezolano se resuelvan por medio de un arbitraje internacional,

---

170   Véanse los comentarios en este mismo sentido en Victorino Tejera Pérez, "Las leyes de Inversión Municipal, ¿Siempre constituyen una oferta unilateral de arbitraje? La Ley de Inversiones venezolana: Un estudio de casos", *loc. cit.,* p. 94; Victorino Tejera Pérez, *Arbitraje de Inversiones*, Tesis de maestría, *cit.* p. 168–169.

171   Véase Tribunal Supremo de Justicia, Sala Constitucional, Sentencia N° 609 del 9 de abril de 2007 (Caso: Interpretación del Artículo 22 de la Ley de Inversiones de 1999), en http://www.tsj.gov.ve/deci-siones/scon/Abril/609–090407–07–0187.htm.

un asunto que no queda claro en el texto del Artículo" (p. 2). Los demandantes formularon ante el Tribunal Supremo las siguientes preguntas específicas:

"¿Contiene el Artículo 22 de la Ley de Promoción y Protección de
Inversiones el consentimiento arbitral por parte del Estado venezolano a
fin de que todas las disputas que puedan surgir con inversores extranjeros se sometan a un arbitraje ante el CIADI?

En caso de [una respuesta] negativa (sic), ¿cuál es el objetivo y aplicación del Artículo 22 de la Ley de Promoción y Protección de las Inversiones?" (p. 2).

En la Sentencia N° 609 del 9 de abril de 2007, la Sala Constitucional
decidió que no tenía competencia para decidir sobre la interpretación del
Artículo 22 de la Ley de Inversiones, competencia que de acuerdo con la
Constitución correspondía a la Sala Político–Administrativa del Tribunal
Supremo (p. 12–13), en consecuencia de lo cual, la Sala Constitucional ordenó que la demanda se remitiese a dicha Sala Político–Administrativa del
mismo Tribunal Supremo de Justicia para su decisión.

C. *El tercer intento, en 2007, de obtener una interpretación diferente
del Artículo 22 de la Ley de Inversiones*

Una vez recibido el expediente en la Sala Político–Administrativa del
Tribunal Supremo, y luego de la tramitación del recurso de interpretación
intentado, la misma decidió en sentencia N° 927 de 5 de junio de 2007[172],
que la solicitud que se había formulado era inadmisible debido a la falta de
legitimación procesal de los solicitantes, considerando que estos no habían
demostrado la existencia de una situación jurídica particular que los afectara
de manera directa y personal que pudiera justificar una sentencia judicial
respecto del alcance y aplicación del Artículo 22 (p. 14).

D. *El cuarto y último intento, en 2008, de obtener una interpretación
diferente del Artículo 22 de la Ley de Inversiones*

Luego de que los fracasados intentos antes mencionados formulados por
parte de varios particulares ante el Tribunal Supremo para lograr una interpretación judicial del artículo 22 de la Ley de Inversiones, que contrariara su
letra y la intención que el Ejecutivo tuvo al sancionarla en 1999 mediante
Decreto–Ley, la República, por sí misma, logró con éxito obtener una sentencia judicial "a la medida" dictada por la Sala Constitucional del Tribunal
Supremo de Justicia, que fue la Sentencia N° 1.541 del 17 de octubre de
2008,[173] dictada, esta vez, en respuesta de un recurso de interpretación, no

---

172   Véase en http://www.tsj.gov./decisiones/spa/Junio/00927-6607-2007-2007-0446.html.

173   Véase   en   http://www.tsj.gov.ve/decisiones/scon/Octubre/1541–171008–08–
        0763.htm; y en Gaceta Oficial N° 39.055 Noviembre 10, 2008. Véase el texto igual-

del artículo 22 de la ley de Inversiones, sino del Artículo 258 de la Constitución, resultando la sentencia sin embargo, en la interpretación del primero.[174]

A tal efecto, el recurso de interpretación "constitucional" fue presentado el 12 de junio de 2008 por los representantes del Procurador General de la República (Hildegard Rondón de Sansó, Álvaro Silva Calderón, Beatrice Sansó de Ramírez *et al.*), la cual fue motivada, como se mencionó en el texto del recurso, por los diversos casos que para esa fecha ya se habían iniciado ante tribunales CIADI contra la República de Venezuela y que estaban pendientes de decisión (p. 10).

Como se dijo, aunque el recurso fue calificado como una solicitud de interpretación constitucional del Artículo 258 de la Constitución, la Sala Constitucional contradijo su propio fallo antes mencionado (sentencia N° 609 el 9 de abril de 2007) y emitió una interpretación del artículo 22 de la Ley de Inversiones de 1999, que la misma Sala Constitucional había decidido que era de la exclusiva competencia de la Sala Político–Administrativa.

La sentencia dictada por la Sala Constitucional en 2008, como decisión vinculante "a la medida" de lo buscado por el representante del Estado, recibió muchas críticas[175] pues en definitiva lo que hizo fue interpretar el artículo 22 de la Ley de Inversiones, pues el artículo 258 de la Constitución, por

---

mente en Luisa Estela Morales Lamuño, *Venezuela en el contexto del arbitraje. Jurisprudencia de la Sala Constitucional y Laudos Internacionales relevantes*, Tribunal Supremo de Justicia, Fundación Gaceta Forense, Caracas 2011, pp. 53–121.

174 Como lo precisó la presidenta de la Sala Constitucional, quien fue ponente de la sentencia: "dicha sentencia fue dictada con ocasión a la interpretación conforme a la Constitución vigente, del artículo 22 de la Ley de promoción y Protección de Inversiones, dada la solicitud formulada por la Procuraduría General de la Republica y de connotados abogados externos, y vista la necesidad de fijar sus efectos para la procedencia o no del arbitraje, como mecanismo válido para disipar diferencias relativas a la inversión entre la república y los inversionistas extranjeros." Véase Luisa Estela Morales Lamuño, *Venezuela en el contexto del arbitraje. Jurisprudencia de la Sala Constitucional y Laudos Internacionales relevantes*, Tribunal Supremo de Justicia, Fundación Gaceta Forense, Caracas 2011, p. 8.

175 Véase por ejemplo, Tatiana B. de Maekelt; Román Duque Corredor; Eugenio Hernández–Bretón, "Comentarios a la sentencia de la Sala Constitucional del Tribunal Supremo de Justicia, de fecha 17 de octubre de 2008, que fija la interpretación vinculante del único aparte del art. 258 de la Constitución de la República," en *Boletín de la Academia de Ciencias Políticas y Sociales*, N.° 147, Caracas 2009, pp. 347–368; Eugenio Hernández Bretón, "El arbitraje internacional con entes del Estado venezolano," en *Boletín de la Academia de Ciencias Políticas y Sociales*, N° 147, Caracas 2009, pp. 148–161; Victorino Tejera Pérez, "Las leyes de Inversiones Municipales, ¿Siempre constituyen una oferta unilateral de arbitraje? La Ley de Inversiones venezolana: Un estudio de casos", *loc. cit.*, p. 92–109; Victorino Tejera Pérez, *Arbitraje de Inversiones*, Tesis de maestría, *cit.* pp. 180–193.

su claridad, no requiere de interpretación alguna, decidiendo al final que dicho artículo no constituía una oferta general del Estado para someter las disputas a arbitraje internacional ante el CIADI," con lo que la Sala Constitucional terminó cambiando el sentido de las disposición, privándola de su contenido, y en definitiva en cierta forma "revocar" la expresión de consentimiento unilateral que el Estado había dado para someterse a un arbitraje internacional que contenía, pero sin que se reformara formalmente la ley.[176] La decisión en efecto, en definitiva, dejó sin sentido la última parte del artículo 22 de la ley de Inversiones, la cual les permitía a los inversionistas optar por someterse a arbitraje o recurrir a un tribunal nacional.

Debe destacarse que en esa sentencia N° 1541 del año 2008[177] el Tribunal Supremo admitió que era posible que un Estado pudiese expresar en una ley su consentimiento para someter la resolución de disputas sobre inversiones a arbitraje internacional (pp. 34–38), pero, al decidir ese proceso judicial específico en el cual solo participó del Gobierno y no alguna otra parte interesada, optó por la opinión del Gobierno de que el Artículo 22 no poseía ese efecto. La Sala Constitucional falló sobre la materia en un inusual abreviado proceso que duró tan solo cuatro meses (que incluyeron 30 días de vacaciones judiciales) y sin audiencias contenciosas. El recurso se presentó el 12 de junio de 2008 y se notificó a la Sala Constitucional el 17 de junio de 2008. Un mes después, el 18 de julio de 2008, la Sala admitió el recurso del Procurador, y luego de omitir la audiencia oral sobre la base de que se trataba de un asunto "de mero derecho," fijó un plazo máximo de 30 días para fallar sobre el caso, que comenzarían a contar cinco días con posterioridad a la publicación de un comunicado en el periódico en el que se les daría a las partes interesadas cinco días para presentar sus escritos. El anuncio en el periódico se publicó el 29 de julio de 2008; el 16 de septiembre de 2008, tres particulares presentaron sus escritos como coadyuvantes, participación que fue denegada por la Sala Constitucional sobre la base de falta de legitimación procesal (pp. 1–4), pasando luego la misma a dictar sentencia el 17 de octubre de 2008.

---

176 Véanse los comentarios sobre la ineficacia de dicha revocación sin reformar la Ley respecto del arbitraje internacional, en Andrés A. Mezgravis, "El estándar de interpretación aplicable al consentimiento y a su revocatoria en el arbitraje de inversiones," en Carlos Alberto Soto Coaguila (Director), *Tratado de Derecho Arbitral*, Universidad Pontificia Javeriana, Instituto peruano de Arbitraje, Bogotá 2011, Vol. II, pp. 858–859.

177 Véanse en general los comentarios sobre esta Sentencia en Tatiana B. de Maekelt; Román Duque Corredor; Eugenio Hernández–Bretón, "Comentarios a la sentencia de la Sala Constitucional del Tribunal Supremo de Justicia, de fecha 17 de octubre de 2008, que fija la interpretación vinculante del único aparte del art. 258 de la Constitución de la República," *loc. cit.*, pp. 347–368

En el sistema de control de la constitucionalidad venezolano, el recurso de interpretación constitucional se estableció aún sin base constitucional en la jurisprudencia de la misma Sala Constitucional, con el objeto de interpretar disposiciones constitucionales confusas, ambiguas e inoperantes. Como se mencionó anteriormente, el Artículo 258 no requería de interpretación alguna, como se puede confirmar de su propio texto en el que no figuran partes confusas, ambiguas o inoperantes. Como lo destacó J. Eloy Anzola en sus comentarios sobre la sentencia, resulta obvio que los representantes de la República al presentar la solicitud de interpretación, "no ocultaron la verdadera intención del recurso" que era obtener "la interpretación de la norma legal en lugar de la constitucional,"[178] en el sentido "que el Artículo 22 de la Ley de Inversiones no prevé dicho consentimiento. Es allí a lo que apunta la sentencia."[179]

La Sala Constitucional en la sentencia N° 1.541 de 2008, para interpretar el Artículo 22 y negar que fuera una expresión del consentimiento del Estado al arbitraje internacional luego de analizar ampliamente el arbitraje internacional en el mundo contemporáneo, en definitiva concluyó considerando, en general, que aceptar dicho consentimiento en una ley sería materialmente "inaceptable" en cualquier ordenamiento jurídico, mostrando de entrada una contradicción interna en la decisión. Así, mientras que por una parte la Sala Constitucional admitió que un Estado puede expresar su consentimiento en forma unilateral y genérica en la legislación sobre inversiones (pp. 31–47), un método de consentimiento que está claramente permitido en el Convenio del CIADI y que está firmemente establecido en la práctica internacional, por la otra, ofreció argumentos que implican la negación de ese mismo punto. En particular, la sentencia No. 1.541 de 2008 argumentó que, si el Artículo 22 era interpretado como una oferta general de consentimiento y esa oferta era aceptada por un inversionista, automáticamente (de pleno derecho) se sometería a arbitraje una amplia gama de asuntos dentro del ámbito de la legislación, sin que el Estado pudiera determinar los beneficios o desventajas del arbitraje en cada caso, en violación de un supuesto principio de consentimiento "informado" (p. 56). Sin embargo, esto es precisamente lo que ocurre, como una consecuencia prevista, cuando un Estado escoge dar su consentimiento al arbitraje, genéricamente, mediante una ley nacional o un tratado. En la misma línea, la sentencia N° 1.541 de 2008 argumentó que interpretar el Artículo 22 como conteniendo una oferta genérica de arbitraje llevaría al "absurdo de considerar que el Estado no puede elegir un foro o jurisdicción de conveniencia o más favorable para sus intereses (*Forum Shopping*)" (pp. 65–67). Esto no es para nada absurdo; es el efecto normal de una expresión genérica de consentimiento, lo cual es uni-

---

178   Véase J. Eloy Anzola, "Luces desde Venezuela: La Administración de la Justicia no es monopolio exclusivo del Estrado," en *Revista del Club Español de Arbitraje*, N° 4, 2009, pp. 64.

179   *Ídem*, pp. 73–74.

formemente aceptado conforme al Convenio del CIADI. Un Estado que da su consentimiento genérico al arbitraje en tratados o en leyes ha cedido su derecho a verificar caso por caso los beneficios o desventajas del arbitraje internacional, a cambio de los beneficios de promoción de inversiones derivados de una oferta genérica de arbitraje internacional a los inversionistas extranjeros.

La sentencia N° 1.541 de 2008 también expresó que interpretar el Artículo 22 como una oferta genérica de consentimiento, de hecho derogaría los tratados bilaterales y multilaterales de inversión que prevén diferentes métodos de resolución de disputas, porque los inversionistas protegidos por esos tratados podrían invocar la cláusula de la nación más favorecida (NMF) contenida en ellos para tomar ventaja del arbitraje CIADI, por ende, evitando los mecanismos de resolución de disputas contemplados en el tratado (pp. 65–69). Este argumento, en nuestro criterio, carecía de fundamento. Asumiendo que un tratado de inversión del cual fuera parte Venezuela hubiera tenido una cláusula de NMF que cubre la resolución de disputas, y asumiendo que el arbitraje CIADI hubiera sido más favorable que el método de resolución de disputas contemplado en ese tratado, un inversionista que reclamase conforme al tratado tenía ya el derecho a invocar el arbitraje CIADI, porque la cláusula de NMF de ese tratado habría incorporado por referencia las disposiciones sobre resolución de disputas de otros tratados de inversión de los cuales fuera parte Venezuela, que contemplaran el arbitraje CIADI. Bajo la lógica de la sentencia N° 1.541 de 2008, el tratado del ejemplo habría sido "derogado" por los demás tratados, independientemente de cómo se interpretara el Artículo 22, una conclusión que muestra que el argumento no probaba nada. Además, el argumento en la sentencia N° 1.541 de 2008 equivalió a afirmar que un Estado no podía dar su consentimiento a la jurisdicción del CIADI mediante la ley si había celebrado tratados de inversión que contemplaban diferentes métodos de resolución de disputas; una conclusión que no tenía base alguna. Adicionalmente, no existía base alguna para el argumento de la sentencia N° 1.541 de 2008 (pp. 69–70,), de que interpretar el Artículo 22 como una oferta abierta de consentimiento, creaba una inconsistencia con los Artículos 5, 7, 8 y 9 de la Ley de Inversiones de 1999. En realidad, no existía contradicción alguna entre la oferta abierta de consentimiento en el Artículo 22 y cualquiera de esas otras disposiciones.

En efecto, el Artículo 5 de la Ley de Inversiones garantizaba que sus disposiciones no afectaban cualquier nivel más alto de protección conforme a tratados o acuerdos internacionales para la promoción y protección de inversiones. Esto significaba la intención de que el nivel de protección establecido conforme a la Ley de Inversiones de 1999 era la base, dejando espacio para niveles más altos de protección conforme a los tratados. El Artículo 5 también disponía que a falta de cualquiera de tales tratados o acuerdos, y a pesar de la cláusula de NMF en la Ley de Inversiones, un inversionista sólo se beneficiaba de la protección establecida en esa Ley hasta el momento en que el inversionista estuviese protegido por un tratado o acuerdo que contuviera una cláusula de NMF (en cuyo caso el inversionista se beneficiaba de ese tratado en particular y de cualquier otro tratamiento más favorable requerido por otros tratados, así como de la propia Ley de Inversiones). El Artículo 5 también requería que el Estado buscase en la negociación de dichos tratados, el mayor nivel de protección para los inversionistas venezolanos y garantizase que, en cualquier caso, dicho nivel de protección no fuera inferior al otorgado a los inversionistas del otro Estado contratante en Venezuela. No había nada en estas disposiciones que contradijeran la posibilidad de dar consentimiento a la jurisdicción del CIADI en el Artículo 22.

El Artículo 7 de la Ley de Inversiones establecía un principio básico de trato nacional, en el sentido de que las inversiones y los inversionistas internacionales debían tener los mismos derechos y obligaciones que las inversiones y los inversionistas nacionales, salvo lo que las leyes especiales y la propia Ley de Inversiones dispusieran en cualquier otro sentido. No existía contradicción entre este principio y la oferta abierta de consentimiento a la jurisdicción del CIADI en el Artículo 22, porque a pesar de que tal oferta necesariamente beneficiaba sólo a los inversionistas extranjeros,[180] dicha oferta de consentimiento era una excepción prevista en la propia Ley de Inversiones.

Por otra parte, el Artículo 8 de la Ley de Inversiones prohibía la discriminación contra inversionistas internacionales en razón del país de origen de sus capitales, sujeto a excepciones derivados de acuerdos de integración económica o de asuntos tributarios. En este caso, tampoco existía contradicción entre esta disposición y la oferta abierta de consentimiento a la jurisdicción del CIADI establecida en el Artículo 22, el cual se aplicaba a los inversionistas extranjeros en general, independientemente del origen de su capital. Cualquier inversionista que fuera nacional de un Estado que fuera parte del CIADI o llegase a serlo podía aceptar la oferta de consentimiento. Si el Artículo 8 hubiera sido inconsistente con el Artículo 22, también hubiera sido inconsistente con el Artículo 5, porque el Artículo 5 presuponía la existencia de diferentes regímenes legales para inversionistas internacionales, dependiendo de si son nacionales de países con tratados o acuerdos para la promoción o protección de inversiones con Venezuela, o sólo estaban protegidos por la Ley de Inversiones de 1999.

En cuanto al artículo 9 de la Ley de Inversiones de 1999, el mismo establecía el principio de que las inversiones y los inversionistas internacionales tendrían derecho al trato más favorable conforme a los Artículos 7 y 8 de la misma Ley. Esto significaba que tenían derecho a lo que fuera mejor entre el

---

180   Conforme al Artículo 25 del Convenio del CIADI, el inversionista debe ser un nacional de un Estado distinto al Estado parte de la diferencia (Venezuela en la situación en cuestión), salvo cuando por estar sometidas a control extranjero las partes "hubieran acordado atribuirle tal carácter, a los efectos de este Convenio."

trato nacional conforme al Artículo 7 o el trato de la nación más favorecida (no discriminación en base al país de origen de su capital) conforme al Artículo 8, con las excepciones autorizadas por esas disposiciones. Ya que, como se dijo anteriormente, dado que la oferta abierta de consentimiento en el Artículo 22 no era inconsistente ni con el Artículo 7 ni con el 8, tampoco podía ser inconsistente con el Artículo 9.

Los dos ejemplos hipotéticos planteados por la sentencia N° 1.541 de 2008 (pp. 70–71) no mostraban contradicción alguna entre la oferta abierta de consentimiento formulada en el Artículo 22 y cualquiera de las demás disposiciones antes analizadas. En el primer ejemplo hipotético, la Sala Constitucional argumentó que si se interpretaba que el Artículo 22 contenía una oferta abierta de consentimiento, un Estado miembro del CIADI que no tuviese un tratado sobre inversiones con Venezuela (y que no ha dado su consentimiento a la jurisdicción del CIADI en su propia ley de inversiones) estaría en una mejor posición vis–à–vis un Estado miembro del CIADI que tuviese un tratado de este tipo, porque el primer Estado no estaría sujeto a los reclamos del CIADI por parte de inversionistas venezolanos, mientras que el segundo Estado sí. Una vez más, este argumento no probaba nada. La Ley de Inversiones de 1999 no garantizaba un trato igual para los Estados; garantizaba ciertos niveles de tratamiento para inversionistas, fundamentalmente inversionistas internacionales. Ninguna disposición de la Ley de Inversiones de 1999 requería reciprocidad, es decir, que los inversionistas venezolanos debían tener derecho a someter controversias ante el CIADI contra Estados cuyos nacionales pudieran beneficiarse de una oferta abierta de consentimiento en el Artículo 22. Dado que el consentimiento a la jurisdicción del CIADI por ley era por naturaleza un acto unilateral, impugnar dicho consentimiento con base en la falta de reciprocidad significaba negar, contrario a la práctica uniforme, la posibilidad de cualquier consentimiento a través de las leyes.

En el segundo ejemplo, la sentencia N° 1.541 de 2008 argumentó que si se interpretaba el Artículo 22 como una expresión unilateral de consentimiento del Estado, un inversionista de un país que fuera parte del Convenio del CIADI pero que no tuviera un tratado sobre inversiones con Venezuela, estaría en mejor posición que un inversionista de un país que no fuera parte del Convenio del CIADI pero que tuviera un tratado con Venezuela que previera el arbitraje no–CIADI. La "mejor posición" resultaría de que el arbitraje CIADI supuestamente sería más favorable para un inversionista que el arbitraje no–CIADI previsto en el tratado. De hecho, el arbitraje CIADI podía o no ser más favorable para un inversionista, que otro régimen de arbitraje que pudiera estar establecido en un tratado. Pero aun asumiendo que en un caso en particular, el arbitraje CIADI fuera más favorable que el régimen de arbitraje en un tratado, la hipótesis no era inconsistente con disposición alguna de la Ley de Inversiones, la cual contemplaba la posibilidad de regímenes paralelos conforme a tratados y conforme a la propia Ley de Inversiones. De acuerdo con la misma lógica, el Estado no podía llegar a ser parte de un tratado que contemplara el arbitraje bajo el CIADI, porque los inversionistas protegidos por dicho tratado recibirían mejor tratamiento que los inversionistas protegidos por un tratado que preveía un régimen de arbitraje diferente.

Además, la sentencia N° 1541 de 2008, no solamente fue defectuosa desde un punto de vista jurídico, sino que como antes indicamos fue internamente contradictoria. Los siguientes ejemplos sirven para ilustrar el punto:

Primero, mientras que la sentencia N° 1541 de 2008 admitió y supuestamente apoyó la proposición de que el derecho internacional se aplica a la interpretación del Artículo 22 (pp. 38–41), luego abogó por una interpretación completamente sustentada en supuestos principios del "ordenamiento jurídico nacional." Luego, la propia decisión fue contra los fundamentos de su propio análisis al establecer que tenía poca utilidad un análisis limitado a consideraciones de "orden interno." (pp. 38–41).

Segundo, como antes hemos indicado, la sentencia N° 1541 de 2008 admitió que un Estado podía expresar su consentimiento al arbitraje unilateralmente y genéricamente a través de legislación de inversiones (pp. 31–38), pero después argumentó que el Artículo 22 no podía ser interpretado como una expresión de consentimiento con base en que ello privaba a la República la posibilidad de analizar las ventajas del arbitraje "en cada caso" (pp. 41–45) y de elegir "un foro o jurisdicción de conveniencia o más favorable para sus intereses (*"Forum Shopping"*)" (pp. 48–50). Dicho de otra manera, para la Sala Constitucional, el problema de interpretar el Artículo 22 como una expresión de consentimiento era que impediría al Estado escoger la jurisdicción caso por caso.

Finalmente, a pesar de que la sentencia N° 1.541 de 2008 dedicó varios párrafos a reiterar la existencia de un mandato constitucional de promover el arbitraje (Artículo 258 de la Constitución) (pp. 7–17), por último llegó a una interpretación del Artículo 22 que no se ajustaba al mandato constitucional.

Como se dijo, la sentencia fue objeto de muchas críticas que coincidieron con que la intención de la República no fue obtener del Tribunal Supremo una interpretación del artículo 258 de la Constitución sino de un artículo de una ley como era el artículo 22 de la Ley de Inversiones.[181] Por ello, el Magistrado Pedro Rafael Rondón Haaz, quien disintió tanto de la decisión de la Sala Constitucional de admitir el recurso, como de la propia sentencia

---

181   Véanse los comentarios críticos en Eugenio Hernández Bretón, "El arbitraje internacional con entes del Estado venezolano," en *Boletín de la Academia de Ciencias Políticas y Sociales*, N° 147, Caracas 2009, pp. 148–161; Victorino Tejera Pérez, "Las leyes de Inversiones Municipales, ¿Siempre constituyen una oferta unilateral de arbitraje? La Ley de Inversiones venezolana: Un estudio de casos", *loc. cit.*, pp. 92–109; Victorino Tejera Pérez, *Arbitraje de Inversiones*, Tesis de maestría, cit. pp. 180–193.

N° 1541 de 2008, destacó en su Voto Salvado que la Sala Constitucional había actuado *ultra–vires* al aceptar la interpretación de la disposición de ley (Artículo 22) (pp. 56–59), reiterando su criterio que se puede resumir en los siguientes puntos: Que el Artículo 258 no daba lugar a duda razonable alguna, ni requería de interpretación aclaratoria, ya que solo contenía un mandato dirigido al Legislador para promover el arbitraje; que el recurso de interpretación presentado tenía como objetivo obtener una "opinión legal" por parte de la Sala Constitucional por medio de un proceso de control de la constitucionalidad *a priori* que no existe en Venezuela; que la sentencia no interpretaba o aclaraba el Artículo 258 de la Constitución ya que ésta clara disposición no daba lugar a duda; que la Sala Constitucional se excedió en su competencia cuando aceptó decidir sobre la interpretación del Artículo 22 de la Ley de Inversiones de 1999, siendo la Sala Político–Administrativa del Tribunal Supremo de Justicia la que tenía la competencia exclusiva para la interpretación de las disposiciones de las leyes; y que la Sala Constitucional contradijo su propia jurisprudencia y se excedió el uso de sus facultades al realizar la interpretación constitucional. El Magistrado Rondón, en su Voto salvado, además, notó de manera correcta que la Sala Constitucional al interpretar el Artículo 22 ejerció una "función legislativa" al establecer, por medio de un procedimiento de control de la constitucionalidad a priori, los pasos que la Legislatura debe seguir en el futuro a fin de expresar el consentimiento del Estado al arbitraje internacional mediante una ley (pp. 56–59).

Por supuesto, dichos efectos de la sentencia se limitaron a los tribunales venezolanos, en el sentido de que no afectaban las facultades de los tribunales del CIADI para interpretar el Artículo 22 de manera independiente al impartir justicia en su propia jurisdicción.

Lamentablemente, este caso lo que puso en evidencia fue el objetivo político que tenía la decisión de la Sala Constitucional, que era en definitiva lo único que podía explicar su arbitrariedad y su falta de análisis jurídico lógico y coherente. Así, la protección de la soberanía y la autodeterminación nacional fueron un tema constante, mencionado en varias declaraciones en esta decisión. Por ejemplo, al sostener que la interpretación de las leyes debía hacerse de conformidad con la Constitución, la Sala explicó que esto significaba "salvaguardar a la Constitución misma de toda desviación de principios y de todo apartamiento del proyecto político que ella encarna por voluntad del pueblo" señalando que "parte de la protección y garantía de la Constitución de la República Bolivariana de Venezuela radica, pues, en una perspectiva política *in fieri*, reacia a la vinculación ideológica con teorías que puedan limitar, so pretexto de valideces universales, la soberanía y la autodeterminación nacional como lo exige el artículo 1° *eiusdem* (…)." (pp. 38–41). Antes, en la misma sentencia N° 1.541 de 2008, la Sala había expresado algo de escepticismo respecto a una percepción generalizada de imparcialidad de la jurisdicción arbitral, indicando que "el desplazamiento, de la jurisdicción de los tribunales estatales hacia los arbitrales, en muchas ocasiones se produce debido a que la resolución de conflictos la realizarán árbitros que en considerables casos se encuentran vinculados y tienden a favorecer los intereses de corporaciones trasnacionales, convirtiéndose en un instrumento adicional de dominación y control de las economías nacionales [...]" añadiendo que "resulta poco realista esgrimir simplemente un argumento de imparcialidad de la justicia arbitral en detrimento de la justicia impartida por los órganos jurisdiccionales del Poder Judicial, para justificar la procedencia de la jurisdicción de los contratos de interés general." (pp. 21–24).

En todo caso, al año siguiente de haber dictado su sentencia, y en "respuesta" a las críticas formuladas por Luis Brito García,[182] a la sentencia de la Sala Constitucional N° 97 del 11 de febrero de 2009, en la que el Tribunal desestimó un recurso para la interpretación de los Artículos 1 y 151 de la Constitución presentada por Fermín Toro Jiménez y el mismo Luis Brito García, la propia Sala Constitucional publicó un *Boletín de Prensa* en su sitio web el 15 de junio de 2009 ("Autor: Prensa TSJ"),[183] en la cual decidió expresar algunas conclusiones sobre el alcance de la sentencia N° 1541 de 2008, sin que nadie lo hubiese solicitado, es decir, sin ningún proceso constitucional o ningún procedimiento en contrario que lo exigiese. Se trató, por tanto, de una "sentencia por medio de Boletín de Prensa,"[184] en la cual el Tribunal Supremo hizo referencia, entre otros temas, precisamente al Artículo 22 de la Ley de Inversiones al "declarar" que: "Las sentencias [del Tribunal Supremo] eliminan el riesgo que implica interpretar el Artículo 22 de la Ley de Inversiones como una oferta abierta o invitación por parte de Venezuela de someterse a la competencia de otros países, como se ha tratado de explicar en el Foro Internacional, por parte de sujetos con intereses contrarios a los de la República Bolivariana de Venezuela, como es el caso de la gran transnacional del sector de la energía". Este *Boletín de Prensa*, por supuesto, no era una sentencia judicial en sí misma y no poseía fuerza de ley.[185]

Estas notas de prensa lo que demostraron fue que la sentencia N° 1.541 de 2008 de la Sala Constitucional, había sido producto de la influencia polí-

---

182   Véase la entrevista de Carlos Díaz con Luis Britto García, "Perdimos el derecho a ser juzgados según nuestras leyes, nunca las juntas arbitrales foráneas han favorecido a nuestro país," *La Razón*, Caracas 14–06–2009, publicado el 20 de junio de 2009 por Luis Britto García en http://luisbrittogarcia.blogspot.com/2009/06/tsj–lesiono–soberania.html.

183   Véase en http://www.tsj.gov.ve/informacion/notasdeprensa/notasde-prensa.asp?codigo=6941.

184   Véase Luis Britto García, "¡Venezuela será condenada y embargada por jueces y árbitros extranjeros!," en http://www.aporrea.org/actualidad/a80479.html. Fecha de la publicación: 21 de junio de 2009.

185   Véase, por ejemplo, Víctor Raúl Díaz Chirino, "El mecanismo de arbitraje en la contratación pública," en Allan R. Brewer–Carías (Coord.), *Ley de Contrataciones Públicas*, 2° ed. Editorial Jurídica Venezolana, Caracas 2011, pp. 356–357.

tica sobre el Poder Judicial ejercida por el Ejecutivo para tratar de reafirmar la posición del Estado en los casos pendientes ante el CIADI. La Sala Constitucional actuó *ultra vires* cuando decidió interpretar el Artículo 22 de la Ley de Inversiones de 1999 ante la solicitud del Gobierno de la República,[186] ya que la Sala Político–Administrativa era la que tenía la competencia exclusiva para interpretar leyes por medio de recursos de interpretación de las mismas; y proceder así a interpretar dicho artículo con la excusa de interpretar el Artículo 258 de la Constitución que no requería interpretación alguna.

5. *La insuficiente interpretación del artículo 22 de la Ley de Inversiones de 1999 efectuada por los tribunales del CIADI en los Casos Mobil y Cemex*

La cuestión de la interpretación del artículo 22 también fue considerada por los tribunales del CIADI en los casos *Mobil* y *Cemex*, en los cuales los mismos en realidad no decidieron que el artículo 22 no constituía un consentimiento general otorgado por la República para someter a arbitraje todas las diferencias relativas a inversiones ante el CIADI. Por el contrario, en el caso *Mobil*, el Tribunal del CIADI decidió que el artículo 22 efectivamente "establece la obligación de acudir al arbitraje", aunque se refiere a ella como "una obligación condicional" (Párr. 102). Esta condición a la que se sometió la obligación de acuerdo con las sentencias fue el resultado de la frase "si así éste lo establece". Los tribunales del CIADI en estos dos casos ignoraron por completo la existencia de la aclaratoria final que se incluía en la última frase del artículo 22, sosteniendo que dicho artículo podía interpretarse de dos maneras, en el sentido de que el tratado, acuerdo o convenio podía: (i) prever "el arbitraje internacional" o (ii) "la presentación obligatoria de las diferencias a arbitraje internacional" (caso *Mobil,* Párr. 109) ("crea una obligación para el Estado de presentar las diferencias ante las obligaciones internacionales", caso *Cemex*, Párr. 101). Los tribunales del CIADI llegaron a la conclusión de que "ambas interpretaciones son gramaticalmente posibles" (Párr. 110; y Párr. 102, respectivamente). Esta afirmación no podía ser correcta, ya que la segunda opción era una negación en sí misma, no solo de la premisa de que el artículo contenía efectivamente una "obligación condicional," sino de la aclaratoria que se incluía en la última frase de la disposición que otorgaba al inversor el derecho de recurrir al arbitraje o a los tribunales nacionales. Es decir, si era cierto que la primera opción implicaba la existencia en el artículo 22 de una "obligación condicional" de recurrir a un arbitraje, que quedaba sujeta únicamente a la condición de que los tratados o acuerdos previeran el arbitraje internacional, la segunda opción negaba la

---

186   Véase Allan R. Brewer–Carías, "La Sala Constitucional vs. La competencia judicial en materia de interpretación de las leyes," en *Revista de Derecho Público*, N.° 123, Editorial Jurídica Venezolana, Caracas 2010, pp. 187–196.

"obligación condicional" en el sentido de exigencia de que el tratado previera, no un mecanismo de arbitraje internacional, sino la "presentación obligatoria" del arbitraje. Esta segunda interpretación daba como resultado una tautología que era gramaticalmente incorrecta.

Como se mencionó anteriormente, los tribunales CIADI también fallaron en su análisis gramatical en relación con la última parte del artículo. Al hacer caso omiso de ella, simplemente borraron la parte del artículo que, precisamente, confirmaba la existencia en el mismo de la "obligación condicional" de recurrir al arbitraje. Esta forma de interpretar era incorrecta en la legislación venezolana, ya que implicaba que la última parte de la disposición se interpretase como "carente de sentido."[187]

Era ciertamente absurdo suponer que el legislador (que en este caso fue el Ejecutivo Nacional) no hubiera intentado usar los términos más precisos y adecuados para expresar la finalidad y el alcance de sus disposiciones, o que deliberadamente hubiera omitido elementos que eran esenciales para la comprensión total de la norma;"[188] lo que significaba, desde el punto de vista del intérprete y de acuerdo con los principios sobre interpretación de las leyes, que se debía suponer que el legislador no había redactado deliberadamente una disposición de un modo ambiguo ni había omitido elementos que eran esenciales para la comprensión completa de la disposición. Por ello, además, el intérprete no podía ignorar las palabras, frases o elementos que el legislador utilizó en la disposición. Además, es otro principio bien establecido de interpretación de la ley el que el intérprete, al interpretar una ley, debe rechazar y evitar todas las interpretaciones absurdas.[189] Como se ha mencionado, cada parte del artículo 22 tenía un significado y propósito, y al interpretarlo, ninguna parte podía ser ignorada, como ocurrió en los fallos citados del Tribunal del CIADI, que ignoraron la última parte del artículo 22. En mi criterio, ante el silencio de los tribunales de los casos *Mobil* y *Cemex* en considerar y dar sentido a una parte crucial del artículo 22 que era esencial para su interpretación, renunciando a interpretar la disposición "de una manera compatible con el efecto que busca" el Estado que redactó la Ley (Párr. 118), estos fallos no interpretaron correctamente la disposición de conformidad con la legislación venezolana o internacional.

---

187 Lo mismo se aplica, por supuesto, a la sentencia del caso Brandes, que tampoco atribuyó significado alguno a la aclaratoria.

188 Como lo ha indicado la Sentencia N° 4 del 15 de noviembre de 2001 (caso *Carmen Cecilia López Lugo v. Miguel Ángel Capriles Ayala et al.*).

189 Véase Tribunal Supremo de Justicia, Sala Constitucional, sentencia N° 1.173 del 15 de junio de 2004 (Caso: *Interpretación del Artículo 72 de la Constitución de la República Bolivariana de Venezuela*) (Exp. 02–3.215), en *Revista de Derecho Público* N° 97–98, Editorial Jurídica Venezolana, Caracas 2004, pp. 429 ss.

6. La ausencia de interpretación del artículo 22 de la Ley de Inversiones de 1999 en la sentencia de Tribunal del CIADI en el caso Brandes

El tribunal del CIADI en la sentencia del caso *Brandes*, de manera sorprendente y en contraste con los casos *Mobil* y *Cemex*, llegó a la misma conclusión que éstos, pero sin hacer esfuerzo alguno para interpretar el artículo 22 de la Ley de Inversiones de 1999, limitándose solamente a referirse a las herramientas y principios para la interpretación de la norma, pero sin aplicarlos al caso. Señaló dicho tribunal en su fallo: (i) que el artículo 22 debía interpretarse a partir de los principios del sistema jurídico venezolano "comenzando por la Constitución política" (Párr. 36, 81) pero también de acuerdo con los principios del derecho internacional (Párr. 36, 81); (ii) que, sin embargo, al aplicar los principios de las leyes venezolanas, los elementos del artículo 4 del Código Civil no se aplicarían en forma conjunta como lo impone dicha norma, sino de una forma lineal, comenzando con el análisis gramatical (Párr. 35); (iii) que el artículo 22 de la Ley de Inversiones debía ser interpretado teniendo en cuenta su relación con "otras normas legales de la República" (Párr. 30, 35, 97); y (iv) que era esencial para el Tribunal a fin de analizar otros artículos de la Ley de Inversiones que constituyen el contexto inmediato del artículo 22 (Párr. 88).

Luego de anunciar todas estas herramientas y principios de interpretación, pero sin aplicar ninguna de ellas al caso, el Tribunal emitió su sentencia sin analizar el texto del artículo, ni las palabras que contenía, ni la relación entre sí de las palabras utilizadas. Asimismo, el Tribunal no estableció la relación necesaria entre las palabras utilizadas en el artículo dentro del contenido de su texto completo, incluida la última frase de la aclaratoria. Es decir, el Tribunal, sin hacer esfuerzo alguno para aplicar siquiera el primer paso anunciado en la sentencia, que se definió como el "análisis puramente gramatical" (Párr. 35) y sin razonamiento o motivación alguna, llegó a la conclusión de que "la redacción del artículo 22 de la Ley de Protección y Promoción de Inversiones, LPPI es confusa e imprecisa, y que no es posible afirmar, a partir de una interpretación gramatical, si contiene o no el consentimiento de la República Bolivariana de Venezuela ante la jurisdicción del CIADI" (Párr. 86). El aspecto más sorprendente de esta conclusión es que el mismo Tribunal concluyó que era "innecesario resumir" el "esfuerzo laborioso y minucioso de las partes para examinar el sentido del artículo 22" (Párr. 85).

Dentro de los parámetros de toda decisión judicial en el sistema jurídico venezolano, esta sería una decisión judicial sin motivos, susceptible de ser anulada. No es posible llegar a una conclusión como la expresada por el tribunal con arreglo a la legislación venezolana, sin explicar qué parte de la disposición es "confusa", qué otra parte es "imprecisa", y como todo tribunal de justicia, al momento de decidir los casos de la justicia, debió hacer su mejor esfuerzo para intentar explicar lo que no era preciso en una disposición y explicar lo que era confuso en la misma. Esta es precisamente la función que tiene todo tribunal, al cual no se le permite solamente emitir una sentencia sin indicar las razones en las que se basa.

El esfuerzo interpretativo de menor importancia e indirecto del Tribunal en la sentencia del caso Brandes, se refirió a considerar el artículo 22 de la Ley de Inversiones en relación con su "contexto" (Párr. 87), limitándose a señalar que la Ley de Inversiones tenía similitudes en su estructura y contenido con muchos tratados bilaterales de inversión (Párr. 89); pero sin hacer referencia a la similitud más importante con el fin de interpretar el artículo 22 de la Ley de Inversiones, que era la oferta abierta, como expresión del consentimiento, que el Estado había hecho en todos los tratados bilaterales de inversión, dejando en manos de los inversionistas internacionales el derecho de recurrir al arbitraje o a los tribunales nacionales. En su lugar, el tribunal del caso *Brandes* se limitó únicamente a preguntarse por qué no se utilizó la fórmula de consentimiento de los tratados bilaterales de inversión (Párr. 90).

Como se explicó antes, una ley que contiene una oferta unilateral como expresión de consentimiento del Estado para recurrir al arbitraje no es un tratado bilateral sobre inversiones, y a pesar de las similitudes en la estructura o contenido de la Ley con los tratados bilaterales de inversión, la Ley debe examinarse e interpretarse como una manifestación unilateral de un Gobierno que procura atraer inversiones sin efectuar negociación alguna con otro Estado (Párr. 94). En esta forma se diferencia la ley, de los tratados bilaterales de inversión que se negocian entre dos partes; y fue esa distinción la que el tribunal del CIADI en el caso *Brandes* no tuvo en cuenta. Es solo debido a que ignoró lo esencial del artículo 22 que era la parte que otorgaba al inversionista la opción de recurrir al arbitraje o a un tribunal venezolano, que el tribunal del CIADI en el caso *Brandes* llegó luego a la conclusión de que a pesar de las similitudes entre el contenido de la Ley de Inversiones y de un tratado bilateral de inversión, "el Tribunal no encuentra en el artículo que ha analizado ni en otro artículo de la Ley de Inversiones, disposición alguna que le permita afirmar que prevé el consentimiento de Venezuela a la jurisdicción del CIADI" (Párr. 92). Por supuesto, el Tribunal no pudo hallar el consentimiento del Estado si ignoró el derecho otorgado a los inversionistas para tomar la decisión de aceptar o no la oferta de arbitraje. La única manera de entender esta conclusión infundada consiste, por lo tanto, en reconocer que el Tribunal, en su sentencia, en realidad no "analizó" en forma alguna el artículo 22 u otros artículos pertinentes de la Ley de Inversiones (como los artículos 21 y 23).

El tribunal del caso *Brandes* también decidió que era "innecesario, con el fin de resolver la diferencia, establecer la función real" que cumplió el funcionario encargado de la redacción de la Ley, así como "su conocimiento del tema en discusión y la relevancia de sus publicaciones sobre este tema" debido a que su opinión "no puede proporcionar la base para considerar que el artículo 22 de la Ley de Inversiones contiene el consentimiento de la República Bolivariana de Venezuela para someterse al arbitraje del CIADI" (Párr. 103). Nuevamente, sorprende el modo en que el tribunal pudo simplemente y de repente llegar a estas "conclusiones," sin razonamiento o análisis alguno y lo que es aún peor, sin expresar razón alguna para descalificar de manera general y universal a una de las dos personas clave involucradas en la redacción de la Ley de Inversiones, a quien se asignó dicha tarea por solicitud y orden del Gobierno.

Finalmente, luego de copiar y enumerar exhaustivamente (sin analizarlos) los "argumentos válidos" de las partes, el Tribunal del CIADI en el caso *Brandes* simplemente llegó a la conclusión, sin tener en cuenta el tema "fundamental" en absoluto, de que "no se ha hallado elemento alguno que pueda conducirlo a apartarse de las conclusiones a las que llegaron dichos tribunales [en los casos *Cemex* y *Mobil*] con respecto a la cuestión concreta que se trata en el presente" (Párr. 114).

En el siguiente párrafo el Tribunal copió la decisión definitiva en los casos (Párr. 115), en los cuales dichos Tribunales concluyeron que el artículo 22 "no proporciona una base para la jurisdicción del Tribunal en el presente caso" (Caso *Mobil,* Párr. 140; Caso *Cemex* Párr. 138), sin la pretensión de impedir u ocasionar perjuicio alguno a otros casos. No obstante, el Tribunal del CIADI en el caso *Brandes* sin razonamiento o argumento alguno y sin explicar los "fallos en los párrafos" de su sentencia, fue más allá y proclamó de manera general y universal y no solo para el "caso presente", que era "obvio que el artículo 22 de la Ley de Promoción y Protección de Inversiones no contiene el consentimiento de la República Bolivariana de Venezuela a la jurisdicción del CIADI" (Párr. 118). Esta sentencia, al menos desde el punto de vista de las reglas generales que rigen las decisiones judiciales en el derecho interno, no indicó los motivos en que se basó; es decir, careció de fundamento.

7. *Algunas consecuencias del consentimiento del Estado para el arbitraje internacional con base en el artículo 22 de la Ley de Inversiones*

Ahora bien, contrariamente a lo resuelto en las sentencias de los casos *Brandes*, *Cemex* y *Mobil,* antes comentados, en nuestro criterio, la tendencia hacia la aceptación del arbitraje en Venezuela en 1999 fue la que se evidenció en la intención de los redactores de la Ley de Inversiones y del Ejecutivo Nacional al considerarla y aprobarla en septiembre de 1999, y que se expresó en el antes mencionado Artículo 22, como una manifestación de consentimiento de la República de someter las disputas en materia de inversiones a arbitraje internacional, en especial ante el CIADI; en la forma de oferta abierta, sujeta solo a la condición de que los respectivos tratados o acuerdos, como el convenio CIADI, establecieran un marco o mecanismo para el arbitraje internacional. La oferta formulada le dio el derecho a los inversionistas de recurrir, de acuerdo a su propia voluntad, al arbitraje internacional o a los tribunales nacionales.

El Decreto Ley sobre la Ley de Inversiones, contrario a la práctica observada en casi todos los decretos ley dictados por el Presidente de la República en aquel momento, sin embargo, no tuvo una Exposición de Motivos, lo que no implica por supuesto, que la Ley en sí misma no tuviera sus "motivos" o finalidades o que el Ejecutivo Nacional no tuviera una intención determinada al dictarla.

La Ley de Inversiones, al contrario, tenía motivos precisos, no solo para promover y proteger las inversiones, sino también para promover el arbitraje, garantizar la resolución arbitral de las disputas, y, en consecuencia, limitar el alcance de la jurisdicción de los tribunales nacionales en esta materia. El objeto de la Ley de Inversiones, que en este sentido se vio expresado en su primer artículo, en el que quedaba claro que sus disposiciones buscaban "regular la actuación del Estado respecto de las inversiones y a los inversionistas, nacionales o extranjeros," es decir, la Ley buscaba regular "la actuación del Estado frente a tales inversiones e inversionistas, con miras a lograr el incremento, la diversificación y la complementación armónica de las inversiones en favor de los objetivos del desarrollo nacional" (Artículo 1).[190] Y esto es lo que la Ley estipuló de manera precisa en su Artículo 22, al limitar, no excluir, la competencia de los tribunales nacionales en materia de inversiones al prever el arbitraje internacional, pero siempre permitiendo que fueran los inversores quienes escogieran la jurisdicción.

En este aspecto, en la ausencia de una "Exposición de Motivos" del Decreto Ley de la Ley de Inversiones, al ser éste producto de un proceso de redacción burocrático y no de un proceso parlamentario con debates realizados en un cuerpo legislativo, la intención de sus redactores es sin duda una fuente válida para determinar el objeto que tuvo el "legislador" al dictarla[191] Esto se aplica particularmente a los borradores o papeles de trabajo del proyecto de Decreto,[192] a cuyo efecto debe tenerse en cuenta, por ser de público

---

190 Véase Eugenio Hernández Bretón, "Protección de Inversiones en Venezuela," en *Boletín de la Academia de Ciencias Políticas y Sociales*, N° 142, Caracas 2004, pp. 221–222.

191 La Sala Constitucional del Tribunal Supremo de Justicia sostiene que la determinación del objeto del Legislador debe "comenzar en la voluntad del redactor de la disposición, tal como surge de los debates previos a su promulgación". Véase Tribunal Supremo de Justicia, Sala Constitucional, Sentencia N° 1.173 del día 15 de junio de 2004 (Caso: *Interpretación del Artículo 72 de la Constitución de la República Bolivariana de Venezuela*) (Exp. 02–3.215), en *Revista de Derecho Público* N° 97–98, Editorial Jurídica Venezolana, Caracas 2004, pp. 429 ss.

192 Es lo que en la Convención de Viena sobre el derecho de los tratados de 1969 se denominó como "medios de interpretación complementarios" que incluye la referen-

conocimiento, que dicho proyecto de Ley de Inversiones de 1999 se redactó bajo la dirección del entonces Embajador Jefe de la Delegación permanente de Venezuela ante la OMC y los organismos de la ONU con sede en Ginebra,[193] quien había tenido una importante función en la formulación de políticas venezolanas en favor de las inversiones, incluyendo las negociaciones de un fallido tratado bilateral de inversiones con los EE. UU. que no llegó a firmarse.[194]

Dicho funcionario tuvo a su cargo la dirección del proceso de redacción de la Ley de Inversiones,[195] a cuyo efecto preparó informes y dictámenes para el Gobierno. Uno de estos informes, de abril de 1999, contenía ideas para el diseño del régimen legal de promoción y protección de inversiones en Venezuela,[196] y en el mismo se explicó que "un régimen aplicable a inversiones extranjeras debe dejar abierta la posibilidad de recurrir al arbitraje internacional, el cual, actualmente, se acepta casi en todos los países del

---

cia a los tratados, su "trabajo preparatorio" y las "circunstancias de su terminación" (Artículo 32).

193 El embajador era el Ing. Werner Corrales–Leal. Véase Eduardo Camel A., "Ley de promoción de Inversiones viola acuerdos suscritos por Venezuela", *El Nacional*, Caracas 15 de septiembre de 1999. El carácter de Corrales como redactor se reconoció de manera oficial, por ejemplo, en un comunicado de prensa del Ministerio de Relaciones Exteriores, Oficina de Comunicaciones y Relaciones Institucionales, "Resumen de Medios nacionales e Internacionales", 29 de abril de 2009, p. 23. Véase también Alberto Cova, "Venezuela incumple Ley de Promoción de Inversiones,' en *El Nacional*, 24 de abril de 2009.

194 Por ejemplo, véase Gioconda Soto, "Cancillería llama a consultas a Corrales y Echeverría," en *El Nacional*, 10 de junio de 1998; Fabiola Zerpa, "Venezuela rechaza presiones para firmar Acuerdo con EEUU," *El Nacional*, Caracas 12 de junio de 1998; Alfredo Carquez Saavedra, "Tratado de inversiones con EE.UU. divide a negociadores venezolanos," en *El Nacional*, Caracas 16 de junio de 1998.

195 En enero de 1999, el Embajador Corrales como Jefe de Representantes Permanentes de Venezuela ante la OMC y la ONU con sede en Ginebra, presentó ante el Gobierno un documento titulado "Formulación de un Anteproyecto de ley de promoción y Protección de Inversiones (Términos de referencia), enero 1999". Este documento se cita en Werner Corrales Leal y Marta Rivera Colomina, "Algunas ideas sobre el Nuevo régimen de promoción y protección de inversiones en Venezuela," y en Luis Tineo y Julia Barragán (Comp.), *La OMC como espacio normativo. Un reto para Venezuela*, Asociación Venezolana de Derecho y Economía, Caracas, p. 195; también en Victorino Tejera Pérez, "Las leyes de Inversiones Municipales, ¿Siempre constituyen una oferta unilateral de arbitraje? La Ley de Inversiones venezolana: Un estudio de casos," *loc. cit.*, p. 116; Victorino Tejera Pérez, Arbitraje de Inversiones, pp. 155–156.

196 Véase Werner Corrales–Leal y Marta Rivera Colomina, "Algunas ideas relativas al diseño de un régimen legal de promoción y protección de inversiones en Venezuela," 30 de abril de 1999. Documento preparado por solicitud del Ministro de CORDIPLAN.

mundo, ya sea por medio del mecanismo que prevé el Convenio sobre Arreglo de Diferencias Relativas a Inversiones entre Estados y Nacionales de otros Estados (CIADI) o por medio de la presentación de la disputa ante un árbitro internacional o un tribunal arbitral ad hoc como el propuesto por UNCITRAL."[197]

Esta opinión expresada en este documento fue expuesta de manera aún más explícita en un ensayo escrito por los mismos autores en el que explicaron "*Algunas ideas sobre el Nuevo régimen de promoción y protección de inversiones en Venezuela*" publicado poco después de que la Ley de Inversiones de 1999 entrara en vigencia. Los autores y corredactores de la Ley de Inversiones en dicho ensayo declararon que "un régimen aplicable a inversiones extranjeras debe mantener la posibilidad de recurrir unilateralmente al arbitraje internacional, el cual, actualmente, se acepta casi en todos los países del mundo, ya sea por medio del mecanismo que prevé el Convenio sobre Arreglo de Diferencias Relativas a Inversiones entre Estados y Nacionales de otros Estados (CIADI) o por medio de la presentación de la disputa ante un árbitro internacional o un tribunal arbitral *ad hoc* como el propuesto por UNCITRAL."[198] La referencia que se hizo de recurrir de manera *unilateral* al arbitraje internacional dejaba en claro, sin duda, la intención de las personas encargadas de redactar la Ley de Inversiones de 1999 en el sentido de que el Artículo 22 expresara el consentimiento del Estado para llevar a cabo arbitrajes ante el CIADI, que era la única forma cómo los inversionistas podían tener la opción de recurrir de manera unilateral a dicho arbitraje internacional o de decidir presentarse ante tribunales nacionales.

Debido a que el Estado por medio del Gobierno (el Ejecutivo) era quien estaba en contacto con los redactores y quien también se encontraba involucrado (mediante el Gabinete Ejecutivo) en aprobar la Ley de Inversiones una vez que fuera redactada, esto implicaba, por tanto, también que esa debía tenerse como la intención del Estado. Dicho de otra manera, permitir recurrir de manera unilateral al arbitraje en relación con la Ley de Inversiones de 1999 presuponía que dicha ley preveía el consentimiento necesario para que el inversor tuviera el derecho de recurrir unilateralmente al arbitraje internacional.

---

197   *Ídem*, pp. 10–11.

198   Véase Werner Corrales–Leal y Marta Rivera Colomina, "Algunas ideas sobre el nuevo régimen de promoción y protección de inversiones en Venezuela," *cit.* p. 185. En la ausencia del "historial legislativo" del Decreto Ley, Victorino Tejera Pérez considera que dicho artículo de Corrales y Rivera "podría ser considerado como un medio complementario de interpretación, como se establece en el Artículo 32 de la Convención de Viena sobre el derecho de los tratados". Véase Victorino Tejera Pérez, *Arbitraje de Inversiones, op. cit.*, p. 187; Victorino Tejera Pérez, "Las leyes de Inversiones Municipales, ¿Siempre constituyen una oferta unilateral de arbitraje? La Ley de Inversiones venezolana: Un estudio de casos", *loc. cit.*, p. 115.

El tribunal del CIADI en sus Sentencias en los casos *Mobil* y *Cemex*, haciendo referencia a estos trabajos contemporáneos de los redactores de la ley, cuando la misma se encontraba en proceso de redacción, expuso que el Embajador encargado "no remarcó que los redactores o el Artículo 22 buscaran prever el consentimiento en los arbitrajes del CIADI en la ausencia de tratados bilaterales de inversión" (Párr. 136; y Párr. 132, respectivamente), lo cual consideramos que fue una forma errónea de interpretar dichos ensayos. Los redactores trabajaron el proyecto en sus propias palabras, y con la autorización de la República para elaborar una Ley de Inversiones, en la cual consideraron necesario, en beneficio de los inversionistas, "dejar abierta la posibilidad de recurrir unilateralmente al arbitraje internacional", siendo esto posible solo si el Estado había previsto en el mismo texto del Artículo 22 de la Ley de Inversiones el consentimiento necesario para el arbitraje del CIADI en la ausencia de tratados bilaterales de inversión.

Como lo destacó de manera correcta el tribunal del CIADI en el caso *Cemex*, "la palabra 'unilateralmente' no apareció en el primer artículo del 30 de abril de 1999. Se agregó en el segundo artículo en 2000" (Párr. 131, Nota al pie 118), precisamente porque el segundo artículo se publicó luego de que se aprobara y publicara la Ley de Inversiones (mientras que el primer artículo se publicó antes de que la Ley de Inversiones fuera aprobada por la República). Al incorporar dicha palabra, los autores y corredactores de la Ley hicieron hincapié en la inclusión de la misma a fin de enfatizar que la única manera que el inversor tenía de "recurrir unilateralmente al arbitraje internacional," era si poseían el derecho, como una opción, de someterse a un arbitraje o de presentarse ante un tribunal nacional. Esto, a su vez, solo podía ocurrir cuando el Estado había expresado su consentimiento de presentarse a un arbitraje, también de manera unilateral, y como una oferta abierta en el mismo texto del Artículo 22. En consecuencia, la única forma de comprender la interpretación errónea efectuada por parte de los tribunales del CIADI en los casos *Mobil* y *Cemex*, es constatar que los tribunales, simplemente ignoraron la aclaratoria de la última frase del artículo 22 de la Ley de Inversiones, la cual ni siquiera se mencionó en el texto de las sentencias.

De todo lo anteriormente analizado, lo cierto es que contrariamente a lo que concluyeron los tribunales del CIADI en los casos *Mobil* y *Cemex*, el historial legislativo conocido del Artículo 22 de la Ley de Inversiones suministró información importante sobre las intenciones de los redactores de la Ley de Inversiones, sobre la preparación de la Ley,[199] y sobre la intención de

---

199   Incluso, Gonzalo Capriles, experto legal contratado por Cordiplan para trabajar conjuntamente con el Embajador Corrales, preparó un Borrador de la "Exposición de Motivos" de la Ley de Inversiones titulado: "Borrador de Exposición de Motivos de la Ley de promoción y protección de Inversiones," 1999. Véase la referencia en Victorino Tejera Pérez, *Arbitraje de Inversiones en Venezuela*, Tesis de maestría, *cit.*, p. 154, Nota al pie 154.

sus redactores en cuanto a la expresión unilateral de consentimiento para el arbitraje dado por el Estado incluido en el Artículo 22 de la Ley, como incluso se ratificó en 2009.[200]

En todo caso, dicho consentimiento expreso unilateral del Estado contenido en la Ley de Inversiones de 1999, fue posteriormente desconocido y rechazado por el Estado en las demandas arbitrales que se intentaron en su contra a partir de 2008 con ocasión de la terminación anticipada de los Convenios de Asociación de la Apertura Petrolera, y erróneamente interpretado por las antes comentadas sentencias de los tribunales CIADI, desconociéndose así el derecho que los inversionistas tenían conforme al artículo 22 de la Ley de Inversiones, en cual posteriormente fue eliminado de la legislación a partir de 2014, desapareciendo del ordenamiento jurídico la posibilidad de solución de conflictos en materia de contratos públicos, contribuyendo a ahuyentar del país a los inversionistas extranjeros.

Ello fue así, en el campo de la industria petrolera, como se explica en la última Parte de este estudio, hasta que en julio de 2017 el Ministro del Petróleo en funciones en ese momento, y quien unos meses después fuera detenido por cargos de corrupción, hubiese firmado un Trust de Litigio establecido conforme a las Leyes del Estado de Nueva York (*PDVSA US Litigation Trust Agreement*), usurpando la representación de PDVSA, mediante el cual cedió irrenunciablemente al mismo Trust que él constituía los eventuales derechos litigiosos de la empresa, renunciando en el contrato a la aplicación de la ley venezolana respecto del Trust, el cual quedó sometido a la ley del Estado de Nueva York, y renunciando también a la competencia de los tribunales venezolanos para resolver las disputas derivadas del Trust, dispo-

---

200 Dicha intención, por lo demás, quedó aclarada en una conferencia que dio el 28 de marzo de 2009 el Embajador Corrales, en un Seminario organizada en Caracas por el Centro Empresarial de Conciliación y Arbitraje (CEDCA) sobre "Arbitraje de Inversión en el Derecho Comparado," en el cual explicó que sobre la cuestión de "si el Artículo 22 de la versión oficial de la Ley de Inversiones realmente incluye una oferta unilateral o abierta para el arbitraje," que desde su punto de vista "la intención era ofrecer la posibilidad de un arbitraje unilateral abierto" lo que podía verificarse en varios artículos sobre la materia que había publicado en revistas internacionales y que también presentó en congresos internacionales. Concluyó Corrales su exposición afirmando que con ello dejaba "en claro que mi objeto como corredactor era ofrecer de la manera más amplia y transparente la posibilidad para los inversores de recurrir al arbitraje internacional como una oferta unilateral hecha por el Estado venezolano... En aquel momento pensamos, y continúo creyendo, que resultaba absolutamente necesario para una política pública que se relaciona fuertemente con promover el desarrollo, como es el caso de una política de inversión, ayudar en las inversiones al actuar en favor del desarrollo y pensábamos, y aún creo, que es absolutamente indispensable que los instrumentos legales protejan las inversiones ante la posibilidad de que el sistema judicial del país que recibe dicha inversión no sea independiente, como sucede lamentablemente hoy en día en Venezuela". Véase en CEDCA, *Business Magazine* (junio de 2009), Informe Legal, Caracas 2009, pp. 77–82.

niendo que las mismas se decidirían mediante arbitraje conforme a las reglas de la Cámara Internacional de Comercio de Nueva York, (ICC), y subsidiariamente por los tribunales del Condado de Nueva York.

Así de simple terminó el supuesto rechazo al arbitramento como policía de Estado en los contratos públicos.

Antes, sin embargo, y no obstante la falta de jurisdicción declarada por los Tribunales arbitrales CIADI en las sentencias antes mencionadas (*Casos Mobile, Cemex, Brandes*) intentadas contra la República con base en lo previsto en el artículo 22 de la Ley de Inversiones, lo cierto fue que a partir de 2008, en el mismo marco del Centro de Arbitrajes CIADI, la República fue objeto de múltiples demandas por parte de muchas empresas extranjeras, y entre ellas, empresas petroleras, que habían invertido en el proceso de la Apertura Petrolera, pero con fundamento en lo previsto en Tratados Bilaterales de Protección de Inversiones (BIT) que en los lustros anteriores había suscrito la República con otros Estados, habiendo resultado condenada la República en muchos casos.

Los casos llevados ante el CIADI (ICSID, antes de que Venezuela denunciara en Convenio CIADI en 2012, fueron los siguientes: tal como se informa en el sitio web oficial del Centro:

ICSID Case N° ARB/11/30, *Hortensia Margarita Shortt v. Bolivarian Republic of Venezuela* (Subject Matter: Maritime transport services) (Concluded);

ICSID Case N° ARB/11/31 *Gambrinus, Corp. v. Bolviarian Republic of Venezuela* (Subject Matter: Fertilizer enterprise) (Concluded);

ICSID Case N° ARB/00/5, *Autopista Concesionada de Venezuela, C.A. v. Bolivarian Republic of Venezuela* (Subject Matter: Contract for the construction of a highway system) (Concluded);

ICSID Case N° ARB/06/4, *Vestey Group Ltd v. Bolivarian Republic of Venezuela* (Subject Matter: Farming enterprise) (Annulment Proceeding Pending);

ICSID Case N° ARB/07/4, *Eni Dación B.V. v. Bolivarian Republic of Venezuela* (Subject Matter: Hydrocarbon rights) (Annulment Proceeding Pending);

ICSID Case N° ARB/10/14, *Opic Karimun Corporation v. Bolivarian Republic of Venezuela* (Subject Matter: Oil exploration and production) (Concluded);

ICSID ABC/14/10 *Highbury International AVV, Compañía Minera de Bajo Caroní AVV, and Ramstein Trading Inc. v. Bolivarian Republic of Venezuela* (Subject Matter: Mining concession) (Concluded).

ICSID Case N° ARB/11/1, *Highbury International AVV and Ramstein Trading Inc. v. Bolivarian Republic of Venezuela* (Subject Matter: Mining concession) (Annulment Proceeding Pending);

ICSID Case N° ARB(AF)/11/1, *Nova Scotia Power Incorporated v. Bolivarian Republic of Venezuela* (Subject Matter: Coal supply agreement) (Concluded);

ICSID Case N° ARB(AF)/11/2, *Crystallex International Corporation v. Bolivarian Republic of Venezuela* (Subject Matter: Mining company) (Concluded);

ICSID Case N° ARB/11/10, *The Williams Companies,* International Holdings B.V., WilPro Energy Services (El Furrial) Limited and WilPro Energy Services (Pigap II) Limited v. Bolivarian Republic of Venezuela (Subject Matter: Gas compression and injection enterprises) (Concluded);

ICSID Case N° ARB/11/25, *OI European Group B.V. v. Bolivarian Republic of Venezuela* (Subject Matter: Industrial plants for production and distribution of glass containers) (Annulment Proceeding Pending);

ICSID Case N° ARB/11/26, *Tenaris S.A. and Talta – Trading e Marketing Sociedade Unipessoal LDA v. Bolivarian Republic of Venezuela* (Subject Matter: Hot briquetted iron production plant) (Annulment Proceeding Pending);

ICSID Case N° ARB/05/4, *I&I Beheer B.V. v. Bolivarian Republic of Venezuela* (Subject Matter: Debt instruments) (Concluded);

ICSID Case N° ARB/07/27, *Venezuela Holdings and others (Mobil Corporation) v. Bolivarian Republic of Venezuela* (Subject Matter: Oil and gas enterprise) (Concluded);

ICSID Case N°. ARB/07/30, *ConocoPhillips Petrozuata B.V., ConocoPhillips Hamaca B.V. and ConocoPhillips Gulf of Paria B.V. v. Bolivarian Republic of Venezuela* (Subject Matter: Oil and gas enterprise) (Pending);

ICSID Case N° ARB/09/3, *Holcim Limited, Holderfin B.V. and Caricement B.V. v. Bolivarian Republic of Venezuela* (Subject Matter: Cement production enterprise) (Pending: Suspension of the proceeding 2010);

ICSID Case N° ARB(AF)/09/1, *Gold Reserve Inc. v. Bolivarian Republic of Venezuela* (Subject Matter: Mining company) (Concluded);

ICSID Case N° ARB/10/19, *Flughafen Zürich A.G. and Gestión e Ingenería IDC S.A. v. Bolivarian Republic of Venezuela* (Subject Matter: Development, operation, and maintenance of an airport) (Annulment Proceeding Pending);

ICSID Case N° ARB/11/5, *Longreef Investments A.V.V. v. Bolivarian Republic of Venezuela* (Subject Matter: Coffee production facilities) (Annulment Proceeding Pending);

ICSID Case N° ARB/11/19, *Koch Minerals Sàrl and Koch Nitrogen International Sàrl v. Bolivarian Republic of Venezuela* (Subject Matter: Construction and operation of fertilizer plant) (Concluded);

ICSID Case N° ARB/00/3, *GRAD Associates, P.A. v. Bolivarian Republic of Venezuela* (Subject Matter: Contract for the construction and modernization of penitentiaries) (Concluded);

ICSID Case N° ARB(AF)/04/6, *Vannessa Ventures Ltd. v. Bolivarian Republic of Venezuela* (Subject Matter: Gold and copper mining project) (Concluded);

ICSID Case N° ARB/08/3, *Brandes Investment Partners, LP v. Bolivarian Republic of Venezuela* (Subject Matter Telecommunication enterprise) (Concluded);

ICSID Case N° ARB/08/15, *CEMEX Caracas Investments B.V. and CEMEX Caracas II Investments B.V. v. Bolivarian Republic of Venezuela* (Subject Matter: Cement production enterprise) (Concluded);

ICSID Case N° ARB/10/5, *Tidewater Inc. and others v. Bolivarian Republic of Venezuela* (Subject Matter: Maritime–support services) (concluded);

ICSID Case N° ARB/10/9, *Universal Compression International Holdings, S.L.U. v. Bolivarian Republic of Venezuela* (Subject Matter: Oil and gas enterprise) (Pending);

ICSID Case N° ARB/96/3, *Fedax N.V. v. Republic of Venezuela* (Subject Matter: Debt instruments) (Concluded) (Concluded);

ICSID Case N° ARB(AF)/18/3, *Kimberly-Clark Dutch Holdings, B.V., Kimberly-Clark S.L.U., and Kimberly-Clark BVBA v. Bolivarian Republic of Venezuela* (Subject Matter: Retail) (Pending);

ICSID Case N° ARB(AF)/17/4 *Venoklim Holding B.V. v. Bolivarian Republic of Venezuela* (Subject Matter: Lubricant production facilities) (Pending);

ICSID Case N° ARB(AF)/17/1, *Air Canada v. Bolivarian Republic of Venezuela* (Subject Matter: Air transportation services) (Pending);

ICSID Case N° ARB/16/40, *Saint Patrick Properties Corporation. v. Bolivarian Republic of Venezuela* (Subject Matter: Marine transport and related services enterprise (Pending);

ICSID Case N° ARB/16/23, *Agroinsumos Ibero-Americanos, S.L. and others v. Bolivarian Republic of Venezuela* (Subject Matter: Agriculture and food products enterprise (Pending);

ICSID Case N° ARB (AF)/16/1, *Luis García Armas v. Bolivarian Republic of Venezuela* (Subject Matter: Food products enterprise (Pending);

ICSID Case N° ARB (AF) /14/1, *Anglo American PLC v. Bolivarian Republic of Venezuela* (Subject Matter: Mining Concession) (Pending);

ICSID Case N° ARB/13/11, *Valores Mundiales, S.L. and Consorcio Andino S.L. v. Bolivarian Republic of Venezuela* (Subject Matter: Food Products Enterprise) (Pending: Annulment Proceeding);

ICSID Case N° ARB/12/24, *Transban Investments Corp. v. Bolivarian Republic of Venezuela* (Subject Matter: (Vehicle Import enterprise) (Concluded);

ICSID Case N° ARB/12/23, *Tenaris S.A. and Talta - Trading e Marketing Sociedade Unipessoal Lda. v. Bolivarian Republic of Venezuela* (Subject Matter: production of hot briquetted iron steel products) (Pending: Annulment Proceeding);

ICSID Case N° ARB/12/22 *Venoklim Holding B.V. v. Bolivarian Republic of Venezuela* (Subject Matter: (Lubricant production facilities) (Pending: Annulment Proceeding);

ICSID Case N° ARB/12/21, *Fábrica de Vidrios Los Andes, C.A. and Owens-Illinois de Venezuela, C.A. v. Bolivarian Republic of Venezuela* (Subject Matter: Glass production Enterprise) (Pending: Annulment Proceeding);

ICSID Case N° ARB/12/20, *Blue Bank International & Trust (Barbados) Ltd. v. Bolivarian Republic of Venezuela* (Subject Matter: Tourism and hospitality facilities) (Pending: Annulment Proceeding);

ICSID Case N° ARB/12/19, *Ternium S.A. and Consorcio Siderurgia Amazonia S.L. v. Bolivarian Republic of Venezuela* (Subject Matter: Steel production facilities) (Concluded);

ICSID Case N° ARB(AF)/12/5, *Rusoro Mining Ltd. v. Bolivarian Republic of Venezuela* (Subject Matter: Gold exploration and exploitation operations) (Concluded);

ICSID Case N° ARB/12/18, *Valle Verde Sociedad Financiera S.L. v. Bolivarian Republic of Venezuela* (Subject Matter: (Banking Enterprise) (Pending);

ICSID Case N° ARB/12/13, *Saint-Gobain Performance Plastics Europe v. Bolivarian Republic of Venezuela* (Subject Matter: (Proppant production) (Pending: Annulment Proceeding).[201]

---

201 Véase la relación de los casos presentados ante el CIADI (ICSID) en: https://icsid.worldbank.org/en/Pages/cases/casedetail.aspx?CaseNo=ARB/14/10 (consultado: 29/4/2018)

Además, como se dijo, muchos otros casos fueron llevados ante el mecanismo de arbitraje de la Cámara Internacional de Comercio de Nueva York (ICC), cuyos tribunales arbitrales conocieron de las respectivas demandas intentadas por empresas petroleras extranjeras, con base en las cláusulas arbitrales incluidas en cada uno de los contratos de la Apertura Petrolera, habiéndose condenado a la República en muchos de dichos casos.

QUINTA PARTE

SOBRE LA REFORMA DEL RÉGIMEN LEGAL DE LOS HIDROCARBUROS DE 2001 Y LAS BASES PARA LA DESNACIONALIZACIÓN DE LA INDUSTRIA PETROLERA EN EL MARCO DE LA CONSTITUCIÓN DE 1999

Los principios generales que se habían incluido en la Constitución de 1961 y que habían dado origen tanto a la nacionalización de la industria como a l desarrollo de la Apertura Petrolera, se recogieron en la Constitución de 1999, en la cual, se declaró formalmente por primera vez a los yacimientos mineros y petroleros, con rango constitucional, como bienes del dominio público; y además se reguló en general el régimen de las concesiones de explotación de recursos naturales; se establecieron regulaciones específicas de protección al ambiente; se estableció la reserva al Estado de la industria petrolera pero sometida a lo dispuesto en la ley orgánica; y se declaró el dominio público sobre las acciones del holding petrolero.

En efecto, en *primer lugar*, el artículo 12 de la Constitución declaró como bienes del dominio público, es decir, que pertenecen a la República, de carácter inalienables e imprescriptibles, a los yacimientos mineros y de hidrocarburos, cualquiera que sea su naturaleza, existentes en el territorio nacional, bajo el lecho del mar territorial, en la zona económica exclusiva y en la plataforma continental.[1]

En *segundo lugar*, en cuanto al régimen de las concesiones, el artículo 113 de la Constitución reguló las concesiones del Estado cuando se trate de explotación de recursos naturales propiedad de la Nación o de la prestación

---

[1]   En esta forma se le dió rango constitucional a lo que estaba previsto en la Ley de Minas (art. 2) (*Gaceta Oficial* N° 5382 de 28-09-99) y en la Ley Orgánica de Hidrocarburos Gaseosos (art. 1°) (*Gaceta Oficial* N° 36.793 de 23-9-99). Véase nuestra propuesta sobre esto en Allan R. Brewer-Carías, *Debate Constituyente (Aportes a la Asamblea nacional Constituyente)*, Tomo II, Fundación de Derecho Público, Editorial Jurídica Venezolana, Caracas 1999, pp. 35 y 39.

de servicios de naturaleza pública, con exclusividad o sin ella, las cuales se pueden otorgar por tiempo determinado, asegurando siempre la existencia de contraprestaciones o contrapartidas adecuadas al interés público.

Además, el artículo 156.16 de la Constitución, al enumerar las competencias del Poder Nacional, incluyó el régimen y administración de las minas e hidrocarburos y el aprovechamiento de los bosques, suelos, aguas y otras riquezas naturales del país, precisando que el "Ejecutivo Nacional no podrá otorgar concesiones mineras por tiempo indefinido".

En *tercer lugar*, en la Constitución se estableció un novedoso Capítulo sobre los derechos ambientales, cuyas regulaciones se aplican en particular en los casos de explotación de recursos naturales como los mineros y de hidrocarburos.[2]

En *cuarto lugar*, el artículo 302 precisó que el Estado "se reserva, mediante la ley orgánica respectiva" la actividad petrolera y otras industrias, explotaciones, servicios y bienes de interés público y de carácter estratégico".

Y en *quinto lugar*, el artículo 303 dispuso que por razones de soberanía económica, política y de estrategia nacional, el Estado conservará la totalidad de las acciones de Petróleos de Venezuela S.A. o del ente creado para el manejo de la industria petrolera, exceptuando la de las filiales, asociaciones estratégicas, empresas y cualquiera otra que se haya constituido o se constituya como consecuencia del desarrollo de negocios de Petróleos de Venezuela S.A.

Debo recordar que durante los debates ante la Asamblea Nacional Constituyente de 1999, ante la propuesta que se formuló de incluir en el proyecto de Constitución de 1999 el texto del artículo 5º de la Ley de Nacionalización de 1975, al referirme al artículo 97 de la Constitución de 1961 señalé, que:

---

2   Véase en general, Fortunato González Cruz, "El ambiente en la nueva Constitución venezolana", en *El Derecho Público a comienzos del siglo XXI. Estudios homenaje al Profesor Allan R. Brewer-Carías,* Tomo III, Instituto de Derecho Público, UCV, Civitas Ediciones, Madrid, 2003, pp. 2917-2923; Germán Acedo Payarez, "La Constitución de la República Bolivariana de Venezuela de 1999 y los denominados 'Derechos Ambientales", en *El Derecho Público a comienzos del siglo XXI. Estudios homenaje al Profesor Allan R. Brewer-Carías,* Tomo III, Instituto de Derecho Público, UCV, Civitas Ediciones, Madrid, 2003, pp. 2925-2978.Alberto Blanco-Uribe Quintero, "El ciudadano frente a la defensa jurídica del ambiente en Venezuela", en *El Derecho Público a comienzos del siglo XXI. Estudios homenaje al Profesor Allan R. Brewer-Carías,* Tomo III, Instituto de Derecho Público, UCV, Civitas Ediciones, Madrid, 2003, pp. 2995-3008; y Véase Luciano Parejo Alfonso, "El derecho al medio ambiente y la actuación de la Administración Pública", en *El Derecho Público a comienzos del siglo XXI. Estudios homenaje al Profesor Allan R. Brewer-Carías,* Tomo III, Instituto de Derecho Público, UCV, Civitas Ediciones, Madrid, 2003, pp. 2979-2994.

"Con una norma constitucional como esta, el Estado se reservó la industria y la comercialización de los hidrocarburos, incluyendo el gas; pero luego ha iniciado la apertura del mercado interno de los hidrocarburos y de los hidrocarburos gaseosos sin necesidad de reformar la Constitución, también por razones de conveniencia nacional que es, por supuesto, cambiante y dinámica. Por ello estimo que no tiene sentido, en el largo plazo, constitucionalizar el texto del artículo 5° de la Ley de Nacionalización Petrolera."[3]

Sin embargo, al final, en la Constitución de 1999, lamentablemente, al tratar algunos constituyentes[4] de constitucionalizar en el mencionado artículo 302 la nacionalización de la industria petrolera, es decir, al tratar de elevar a rango constitucional los textos básicos de la Ley de Nacionalización de 1975 (arts. 1 y 5) sustituyendo al artículo 97 antes mencionado de la Constitución de 1961;[5] lo que lograron fue el efecto contrario, es decir, la incorporación de una norma ,mal redactada e imprecisa,[6] que incluso dejó la definición del ámbito de la reserva a lo establecido "mediante la ley orgánica respectiva."

Dicho artículo 302, en efecto, hay que recordarlo, reza en la materia que:

"El Estado se reserva, mediante la ley orgánica respectiva, y por razones de conveniencia nacional, la actividad petrolera y otras industrias, explotaciones, servicios y bienes de interés público y de carácter estratégico."

Lamentablemente, la búsqueda de rigidizar constitucionalmente la nacionalización de la industria petrolera en la Constitución de 1999, lo que produjo fue el efecto contrario: de abrir la puerta para *la desnacionalización*

---

3   Sesión del día 7 de noviembre de 1999. Véase Allan R, Brewer-Carías, *Debate Constituyente (Aportes a la Asamblea Nacional Constituyente)*, Tomo III, Fundación de Derecho Público, Editorial Jurídica Venezolana, Caracas 1999, pp. 210 y ss.

4   Véase Gastón Parra Luzardo, *La Constituyente. Renacer de una esperanza ¿utopía?*, Caracas, 2002, pp. 45, 109 y ss., y 142 y ss.

5   Por nuestra parte salvamos nuestro voto en relación con el artículo 302 de la Constitución, proponiendo en cambio conservar el texto del artículo 97 de la Constitución de 1961, por considerar que "Las reservas de rango constitucional de determinados bienes y servicios no son convenientes para el régimen constitucional flexible que requiere la economía, lo que debe hacerse por ley. No tiene sentido reservar constitucionalmente la industria petrolera, cuando se está en proceso de desestatizar la relativa al gas". Véase Allan R, Brewer-Carías, *Debate Constituyente (Aportes a la Asamblea Nacional Constituyente)*, Tomo III, *op. cit.*, pp. 121 y ss.; y 210 y ss.

6   Véase las críticas a la norma y los comentarios sobre lo que realmente adquirió rango constitucional en la misma, en Isabel Boscán de Ruesta, *La actividad petrolera y la nueva Ley Orgánica de Hidrocarburos, op. cit.*, pp. 149 y ss.

de la industria petrolera, lo que además ocurrió en la práctica aun cuando encubierta por un discurso anti neoliberal.

Ese proceso, en efecto, comenzó coincidencialmente con los debates ante las Comisiones de la Asamblea Nacional Constituyente, al dictarse el Decreto-Ley Nº 310 de 12 de septiembre de 1999 mediante el cual se sancionó la Ley Orgánica de Hidrocarburos Gaseosos;[7] y continuó un año después, con la emisión de otro Decreto-Ley No 1510 de 2 de noviembre de 2001, mediante el cual se sancionó la Ley Orgánica de Hidrocarburos;[8] la cual, precisamente, derogó la Ley de Nacionalización petrolera de 1975. Además, en 1999 también se sancionó la Ley de Minas mediante Decreto-Ley N° 295 de 5 de septiembre de 1999,[9] la cual en este caso, no varió mayormente el régimen de concesiones, autorizaciones y permisos mineros.

Sin embargo, en materia petrolera, la situación fue distinta, pues años después de la sanción de la Constitución de 1999, la reserva al Estado de actividades en el campo de los hidrocarburos resultó legalmente mucho más reducida a partir de la Ley de 2001; la intervención de la Asamblea Nacional para autorizar la participación el capital privado en dichas actividades fue mucho más limitada; la constitucionalización de la nacionalización petrolera que se concibió en la Asamblea Nacional Constituyente en 1999, no sólo abrió la puerta de la desnacionalización de la industria petrolera, sino que condujo a la previsión expresa en la propia Constitución, de la posibilidad de la venta de las acciones de las empresas filiales de PDVSA, lo que jamás hubiera siquiera podido ser imaginado durante la vigencia de la Ley de Nacionalización petrolera de 1975; y se adoptó la técnica de las "licencias" o "permisos" (autorizaciones), para habilitar a los particulares para la realización de las actividades económicas en materia petrolera, aun cuando de contenido casi idéntico, sin serlo, al de las antiguas "concesiones."

En particular, por lo que respecta al antes mencionado artículo 302 de la Constitución de 1999, con la cual se modificó el texto de lo que era el artículo 97 de la Constitución de 1961, los principios relativos a la reserva de la industria petrolera efectuada mediante la Ley de Nacionalización de 1975, adquirieron rango constitucional,[10] pero formulados en forma completamente flexible, sujeto expresamente a lo que dispusiera la "ley orgánica respectiva," la cual podía ser reformada; reformas que se comenzaron a realizar de inmediato, por

---

7   Véase en *Gaceta Oficial* N° 36.793 de 23-09-1999).

8   Véase en *Gaceta Oficial* N° 37.323 de 13 de noviembre de 2001.

9   Véase en *Gaceta Oficial* N° 5.382 Extraordinario de 28 de septiembre de 1999.

10   Esos principios son, como lo destacó Isabel Boscán de Ruesta, en primer lugar, que la reserva no fue concebida como un monopolio estatal absoluto y excluyente del sector privado; y en segundo lugar, el sistema piramidal estructurado para la administración petrolera nacional. Véase en *La actividad petrolera y la nueva ley Orgánica de Hidrocarburos*, Funeda, Caracas, 2002, p. 149.

ejemplo, al dictarse, mientras se discutía la Constitución, en 1999, la Ley Orgánica de Hidrocarburos Gaseosos; y luego en 2001, la Ley Orgánica de Hidrocarburos.[11]

Y por lo que respecta al artículo 303 de la Constitución, al constitucionalizar la propiedad exclusiva del Estado sobre las acciones de Petróleos de Venezuela S.A., "o del ente creado para el manejo de la industria petrolera," agregó que se exceptuaba de esa reserva, la propiedad de las acciones "de las filiales, asociaciones estratégicas, empresas y cualquier otra que se haya constituido o se constituya como consecuencia del desarrollo de negocios de Petróleos de Venezuela, S.A.," con lo que el efecto logrado fue el contrario al que se pretendía, pues la reserva de la propiedad de las acciones establecida constitucionalmente sólo quedó referida a las de Petróleos de Venezuela SA (PDVSA), es decir, a las del holding petrolero, pero no a las de sus empresas filiales, respecto de las cuales incluso la Constitución "aclaró" que las mismas sí pueden ser enajenadas.[12] Ello podría conducir, incluso, que las acciones de PDVSA en las empresas mixtas que se establezcan para las actividades primarias de hidrocarburos (ahora reservadas), puedan enajenarse, siendo que en realidad son las que realizan todas las actividades operativas en la industria.

En esta forma, puede decirse que fue el propio texto constitucional el que eliminó el principio de la reserva que estaba en la Ley de Nacionalización de 1975, al permitir que las acciones de todas las empresas del Estado operadoras de la industria petrolera nacionalizada puedan ser vendidas al sector privado. Hubiera sido preferible, sin duda, que nada se hubiera regulado sobre el tema de la propiedad de las acciones de PDVSA en la Constitución, a que se constitucionalizara expresamente la posibilidad de la venta de las acciones de las filiales de PDVSA.

En todo caso, las antes analizadas normas constitucionales puede decirse que fueron las que constituyeron el fundamento del proceso de desnacionalización petrolera que se comenzó a producir en el país a comienzos de siglo, al regularse ampliamente conforme al marco constitucional, la participación de empresas privadas en las actividades industriales y comerciales

---

11   Véase en *Gaceta Oficial* N° 37.323 del 13 de noviembre de 2001.

12   En relación con esta norma, salvamos nuestro voto al estimar que no era conveniente permitir la posible venta de acciones de las empresas filiales, lo que en todo caso es materia de política pública, que es cambiante. Véase nuestro voto salvado en segunda discusión del Proyecto de Constitución en Allan R. Brewer-Carías, *Debate Constituyente (Aportes a la Asamblea Nacional Constituyente),* Tomo III, Caracas, 1999, pp. 292-293. El constituyente Parra Luzardo, sin embargo no salvó su voto en relación con esta norma, aún cuando señale posteriormente que "no estuvo de acuerdo con el párrafo" agregado en segunda discusión respecto de la posible venta de acciones de las filiales y otras empresas. Véase Gastón Parra Luzardo, *La Constituyente. Renacer de una esperanza ¿utopía?,* Caracas, 2002, pp. 167.

vinculadas con los hidrocarburos, a través de las antes mencionadas Ley Orgánica de Hidrocarburos (LOH)[13] y de la Ley Orgánica de Hidrocarburos Gaseosos (LOHG),[14] de cuyos textos, por lo demás, desapareció toda referencia a Petróleos de Venezuela S.A., como holding de la industria

Conforme a estas leyes, puede decirse que legalmente se produjo una reducción del ámbito de las actividades de la industria petrolera reservadas al Estado, que quedó concentrada en la Ley Orgánica de Hidrocarburos solo a lo que se refiere a las actividades primarias; a las actividades realizadas en las refinerías existentes al momento de dictarse la Ley Orgánica; a las actividades de comercialización externa e interna de hidrocarburos naturales; y las actividades de comercialización externa e interna sobre los productos derivados cuya comercialización se reserve al Estado mediante Decreto.

I. LA RESERVA DE LAS ACTIVIDADES PRIMARIAS Y LA PARTICIPACIÓN DEL CAPITAL PRIVADO EN LAS MISMAS A TRAVÉS DE EMPRESAS MIXTAS

1. *El ámbito de la reserva*

Las actividades primarias en materia de hidrocarburos conforme a la definición de la Ley Orgánica de Hidrocarburos de 2001, comprenden "la exploración, la extracción de los hidrocarburos en estado natural, su recolección, transporte y almacenamiento inicial, así como, las relativas a las obras que su manejo requiera" (Art. 9). De esta definición se destaca que la reserva se refiere a las mencionadas actividades relativas exclusivamente a los hidrocarburos *en su estado natural*. En consecuencia no se refiere a hidrocarburos procesados o derivados.

Además, en cuanto a las actividades reservadas (recolección, transporte y almacenamiento) sólo se refiere a la recolección, transporte y almacenamiento *inicial*, es decir, el que se realiza primigeniamente luego de la extracción de los hidrocarburos en estado natural, y que se refiere por tanto a los *hidrocarburos en estado natural*.

Estas actividades primarias son las que se reservaron al Estado (Art. 9 LOH), en forma exclusiva, en el sentido de que no son concesibles a los particulares, pero no excluyente, ya que la Ley permite que el derecho a su explotación pueda "transferirse" a empresas públicas; es decir, permite que el desarrollo de las actividades primarias se efectúe sea directamente por el Estado, a través del Ejecutivo Nacional o mediante empresas de la exclusiva propiedad del Estado (Empresas del Estado); o mediante empresas mixtas

---

13   *Gaceta Oficial* N° 37.323 de 13-11-2001.

14   *Gaceta Oficial* N° 36.793 de 23-09-1999. El Reglamento de Ley Orgánica de Hidrocarburos Gaseosos (RLOHG) se publicó en *Gaceta Oficial* Extra. N° 5.471 de 05-06-2000.

con capital del Estado en más del 50 % del capital social (Arts. 22 y 27 al 32 LOH), es decir, en las cuales puede participar el capital privado en menos del 50% del capital social. Por esta última vía, en todo caso, es que se permite la participación del capital privado en las actividades primarias reservadas.

2. La posibilidad de participación del capital privado en las actividades primarias a través de las Empresas Operadoras mixtas

A tal efecto, la Ley Orgánica estableció que las actividades primarias también pueden ser desarrolladas con participación del capital privado a través de empresas mixtas, que son aquellas en las cuales el Estado mantiene una participación mayor del 50% de su capital social, y que están reguladas en los artículos 33 a 37 de la LOH. En consecuencia, las empresas privadas podrían participar en realización de las actividades primarias formando parte –como accionistas– en una empresa mixta, aun cuando la participación accionaria siempre deba ser menor al 50% del capital.

Se destaca de esta previsión que al establecer la Ley Orgánica un porcentaje rígido de participación accionaría en las empresas mixtas para la participación del capital privado en el desarrollo de las actividades primarias (menos del 50% del capital social), con ello se modificó el sentido del control estatal sobre los Convenios de Asociación que regulaba la Ley de Nacionalización derogada, y que permitía que con un capital mayoritario privado, sin embargo el Estado pudiera suscribir Convenios de Asociación manteniendo el control del mismo, como antes se ha analizado. Con la nueva Ley en cambio, si bien se previó que el capital público en las empresas mixtas sea mayor al 50% del capital social, el control podría estar en manos de la participación privada, pues bien es sabido que el control de las empresas no necesariamente depende de la composición accionaria.

Conforme a las disposiciones de la Ley Orgánica, el Ejecutivo Nacional puede transferir a las empresas del Estado o a las antes mencionadas empresas mixtas, que la Ley denomina como "Empresas Operadoras," "el derecho al ejercicio de las actividades primarias," así como "la propiedad u otros derechos sobre bienes muebles o inmuebles del dominio privado de la República, requeridos para el eficiente ejercicio de tales actividades" (Art. 24).

Por otra parte, la nueva Ley Orgánica de Hidrocarburos tenía por objeto en todo caso, restringir la posibilidad de participación del capital privado (no estatal) en las actividades primarias de hidrocarburos imponiendo para ello la forma de las empresas mixtas. Por ello resultó incomprensible que en diciembre de 2001, después de que hubiera sido sancionada mediante Decreto-Ley por el Presidente de la República en Consejo de Ministros y publicado en *Gaceta Oficial* el 13 de noviembre de 2001, pero con entrada en vigencia el día 1° de enero de 2002; precisamente, dentro de ese lapso, el propio Ejecutivo Nacional que dictó la Ley se hubiera apresurado a someter a la

Asamblea Nacional la solicitud de autorización para la celebración de una Asociación (que la nueva Ley prohibía) conforme a los términos de la Ley de Nacionalización de 1975 (Convenios de asociación) que estaba derogando precisamente el mismo Decreto Ley ya publicado pero aún no vigente.[15]

3. *La aprobación parlamentaria*

A los efectos de la constitución de empresas mixtas para participar en actividades primarias de hidrocarburos, la Ley exige la aprobación previa de la Asamblea Nacional, a cuyo efecto, el Ejecutivo Nacional, por órgano del Ministerio de Energía y Minas, debe informarla de todas las condiciones y circunstancias pertinentes a dichas constitución y condiciones, incluidas las ventajas especiales previstas a favor de la República. La Asamblea Nacional puede modificar las condiciones propuestas o establecer las que considere convenientes (Artículo 33 LOH).

4. *La selección de la Empresa Operadora*

Para la selección de las empresas operadoras, el organismo público competente debe promover la concurrencia de diversas ofertas, a cuyo efecto, el Ejecutivo Nacional por órgano del Ministerio de Energía y Minas, debe crear los respectivos comités para fijar las condiciones necesarias y seleccionar a las empresas.

Por otra parte, el Ministerio de Energía y Minas puede suspender el proceso de selección o declararlo desierto, sin que ello genere indemnización alguna por parte de la República (Art. 37 LOH). Sin embargo, dispone la Ley, que por razones de interés público o por circunstancias especiales de las actividades, puede hacerse escogencia directa de las operadoras, previa aprobación del Consejo de Ministros, lo cual desvirtúa la esencia de la selección de contratistas y la necesaria transparencia que se requiere en estos casos.

5. *Las condiciones mínimas*

Entre las condiciones mínimas que deben cumplir las empresas mixtas a ser constituidas, se destaca el hecho de que la duración máxima para la reali-

---

15 El Convenio de Asociación Estratégica la empresa estatal chinas, *China Nacional Oil and Gas Exploration and Development Corporation* como empresa filial de la empresa *China Nacional Petroleum Corporation* y la empresa Bitúmenes Orinoco (BITOR) filial de Petróleos de Venezuela SA PDVSA, para la producción de Bitúmen, diseño, construcción y operación de un módulo de producción y emulsificación de bitúmen natural para la elaboración de Orimulsión; en el cual la empresa BITOR sólo tenía el 30 % de participación en el capital social. Véase el Acuerdo autorizatorio de la Asamblea Nacional en *Gaceta Oficial* N° 37.347 del 17 de diciembre de 2001.

zación de la actividad económica concreta debe ser de 25 años, prorrogable por un lapso a ser acordado por las partes, no mayor de 15 años. Esta prórroga debe ser solicitada después de cumplirse la mitad del período para el cual fue otorgado el derecho a realizar las actividades y antes de los 5 años de su vencimiento (Art. 34 LOH).

Otra condición es la necesaria indicación de la ubicación, orientación, extensión y forma del área donde hayan de realizarse las actividades y las demás especificaciones que establezca el Reglamento.

Además, conforme lo exige la Ley, se deben incluir dentro de las condiciones o, en su defecto, se tendrán como incorporadas en las mismas, las cláusulas siguientes (Artículo 34 LOH):

En *primer lugar*, que las tierras y obras permanentes, incluyendo las instalaciones, accesorios y equipos que formen parte integrante de ellas, así como cualesquiera otros bienes adquiridos con destino a la realización de dichas actividades, sea cual fuere su naturaleza o título de adquisición, deben ser conservados en buen estado para ser entregados en propiedad a la República, libre de gravámenes y sin indemnización alguna, al extinguirse por cualquier causa los derechos otorgados, de manera que se garantice la posibilidad de continuar las actividades, si fuere el caso, o su cesación con el menor daño económico y ambiental.

En *segundo lugar*, y conforme a lo que dispone el artículo 151 de la Constitución, que las dudas y controversias de cualquier naturaleza que puedan suscitarse con motivo de la realización de actividades y que no puedan ser resueltas amigablemente por las partes, incluido el arbitraje en los casos permitidos por la ley que rige la materia, serán decididas por los Tribunales competentes de la República, de conformidad con sus leyes, sin que por ningún motivo ni causa puedan dar origen a reclamaciones extranjeras.

6. *Ley Orgánica de 2001 y la situación de la participación del capital privado en la realización de actividades primarias mediante Convenios de asociación suscritos con anterioridad*

Como ya se ha señalado, la Ley Orgánica de Hidrocarburos de 2001 (LOH), al declarar la reserva al Estado de las actividades primarias en materia de hidrocarburos, y disponer sin embargo la posibilidad de participación del capital privado en las mismas mediante la constitución de empresas mixtas con un capital en el cual la empresa petrolera estatal tuviese más del 50% del capital social; derogó el régimen legal que permitía los Convenios de Asociación que regulaba el artículo 5 de la Ley de Nacionalización y que habían dado origen al proceso de Apertura Petrolera.

La consecuencia de lo anterior fue entonces que a partir del 1 de enero de 2002 no se pudieron suscribir nuevos convenios de asociación, lo que explica, como se dijo, el bizarro apresuramiento que tuvo el propio Ejecutivo Nacional que dictó la nueva Ley de someter a la Asamblea Nacional, incluso luego de publicada la misma en *Gaceta Oficial* el 13 de noviembre dc 2001, pero antes de que entrara en vigencia el día 1º de enero de 2002, una solicitud de autorización para la celebración de un Convenio de Asociación conforme a los términos de la Ley de Nacionalización de 1975 que se estaba derogando, pero que la nueva Ley prohibía, con una empresa filial de la empresa estatal china, *China Nacional Petroleum Corporation* para la producción de bitúmen, y producción de Orimulsión, en la cual la Filial de PDVSA tenía el 30 % de participación en el capital social.[16]

En todo caso, el cambio de régimen de participación del capital privado en la nueva Ley Orgánica de Hidrocarburos de 2001, no podía tener efectos retroactivos, por lo que los Convenios de Asociación que se habían suscrito con anterioridad a su entrada en vigencia, no sólo los resultantes de las rondas de negociaciones de 1993 y 1997, sino el autorizado a última hora en diciembre de 2001, continuaron vigentes en los términos contractuales conforme a los cuales habían sido suscritos, de acuerdo con el Marco autorizado por las Cámaras Legislativas.

II. LA RESERVA DE LAS ACTIVIDADES DE COMERCIALIZACIÓN DE HIDROCARBUROS NATURALES

De acuerdo con la Ley Orgánica de Hidrocarburos también se reservaron al Estado las actividades de comercialización realizadas con hidrocarburos naturales, las cuales sólo pueden ser ejercidas por las empresas del Estado. (Artículos 27 y 57).

Esta reserva es de carácter exclusiva y excluyente, pues en este campo no se permite la constitución de empresas mixtas. Sin embargo, contradictoriamente, como antes se ha señalado, la Constitución (Art. 303) autoriza que las acciones de PDVSA en sus empresas filiales, en general, puedan ser transferidas al sector privado, con lo cual la reserva desaparecería.

III. LA RESERVA AL ESTADO DE LA COMERCIALIZACIÓN DE PRODUCTOS DERIVADOS QUE HAYAN SIDO RESERVADAS MEDIANTE DECRETO

La LOH también reserva al Estado las actividades realizadas respecto de los productos derivados de hidrocarburos cuya comercialización el Estado se haya reservado expresamente mediante Decreto, en cuyo caso también sólo podrán ser ejercidas exclusivamente por las empresas del Estado (Arts. 27 y 57 LOH). El ámbito de estas actividades reservadas, por tanto, es variable, según el decreto que dicte el Ejecutivo Nacional, en el cual se pueden aumentar o disminuir las actividades sobre productos derivados de hidrocarburos que se reservan.

---

16   Véase el Acuerdo autorizatorio de la Asamblea Nacional en *Gaceta Oficial* nº 37.347 del 17 de diciembre de 2001.

Sin embargo, una vez determinados los productos, la reserva en este caso también se concibió en forma absoluta, de manera que el capital privado no podría participar en el desarrollo de las mismas, por ejemplo, mediante empresas mixtas, como en cambio si puede suceder en relación con las actividades primarias. Sin embargo, también en este caso, debe señalarse que contradictoriamente, como antes se destacó, la Constitución (Art. 303) autoriza que las acciones de PDVSA en empresas en general, pueden ser transferidas al sector privado, con lo cual la reserva desaparecería.

IV. LA RESERVA AL ESTADO DE LAS INSTALACIONES DE LAS REFINERÍAS EXISTENTES DE PROPIEDAD PÚBLICA

En relación con las instalaciones destinadas a la actividad de refinación, la Ley Orgánica distingue entre instalaciones existentes al momento de publicarse la Ley, y las nuevas refinerías. (Arts. 10 y 11 LOH). Sobre las primeras, es decir, sobre "las instalaciones y obras existentes, sus ampliaciones y modificaciones, propiedad del Estado o de las empresas de su exclusiva propiedad, dedicadas a las actividades de refinación de hidrocarburos naturales en el país y al transporte principal de productos y gas", dispuso el artículo 10 de la Ley Orgánica que "quedan reservadas al Estado en los términos establecidos en este Decreto Ley" (Art. 10).

La Ley Orgánica, sin embargo, nada más agregó sobre esta "reserva de instalaciones existentes" dedicadas a la refinación de hidrocarburos naturales en el país (se excluyen las que siendo propiedad de PDVSA estaban ubicadas en el exterior) o al "transporte principal de productos y gas." Por ello, en cuanto a las instalaciones de refinación existentes, la disposición de la Ley podría dar origen a dos interpretaciones: en primer lugar, que las refinerías existentes de propiedad pública, como bienes del Estado, deben permanecer siendo de propiedad del Estado, la que estimamos es la interpretación adecuada; o que las actividades de refinación que se realicen en dichas instalaciones existentes de propiedad pública, además, sólo podría realizarlas el Estado, lo que no estaría acorde con el sentido general de las nuevas regulaciones de la Ley.

En el segundo de los sentidos posibles de la norma, en efecto, el resultado sería contradictorio con el postulado general de que las actividades de refinación se pueden realizar tanto por el Estado como por los particulares conjunta y separadamente como lo establece el mismo artículo 10 de la Ley. En consecuencia, la duda interpretativa que puede decirse que existe en relación a si en estas refinerías de propiedad pública que existían en territorio nacional al momento de sancionarse la Ley, el Estado podría asociarse con particulares mediante empresas mixtas para realizar la actividad de refinación o podría otorgar licencias a los particulares para la realización con ellas de actividades de refinación, estimamos que debería resolverse afirmativamente de acuerdo al sentido general que tiene la Ley a favor de la desnacionalización de la industria petrolera.

V. EL RÉGIMEN DE LICENCIAS PARA EL EJERCICIO DE ACTIVIDADES DE HIDROCARBUROS NO RESERVADAS AL ESTADO POR PARTE DE LOS PARTICULARES

Como se ha señalado, en el ámbito de las actividades vinculadas a la industria petrolera, en Venezuela se pasó del régimen general de la reserva general al Estado de la misma, a un régimen de una reserva restringida, como antes se ha definido, y a la consecuente previsión en las demás áreas de la industria no reservadas al Estado, de la libertad económica, es decir, del derecho de los particulares al libre ejercicio de sus actividades económicas, con las limitaciones legales establecidas usualmente en casos similares, a través de las técnicas de actos administrativos declarativos de derechos como son las autorizaciones, denominadas indistintamente en la legislación de hidrocarburos, como licencias y permisos.

1. *La participación del capital privado en las actividades de refinación de hidrocarburos naturales*

Las actividades de refinación comprenden la destilación, purificación y transformación de los *hidrocarburos naturales* objeto de la Ley Orgánica, realizadas con el propósito de añadir valor a dichas sustancias (Art. 10 LOH). Estas actividades pueden ser desarrolladas "por el Estado y los particulares, conjunta o separadamente" (Artículo 10 LOH), mediante la obtención de una licencia. Sin embargo, como se dijo, en cuanto a la refinación en las instalaciones *existentes* al momento de publicarse la Ley y que eran propiedad del Estado, las mismas quedaron reservadas al Estado, disposición que podría interpretarse en el sentido de que no se permite la participación de los particulares en las actividades desarrolladas en las mismas.

Con esta salvedad, en los otros supuestos, la refinación de hidrocarburos naturales es una actividad que pueden realizar los privados mediante licencia del Estado.

A. *La licencia del Ministerio de Energía y Minas*

Para el ejercicio de actividades de refinación de hidrocarburos naturales se debe obtener licencia del Ministerio de Energía y Minas (Art. 12 LOH), para lo cual se debe cumplir con los siguientes requisitos (Artículo 13 LOH):

-Identificación de las empresas y sus representantes.

-Descripción del proyecto, con indicación de la tecnología aplicable y del destino de los productos, así como de los recursos económicos aplicables al proyecto.

-Duración de la empresa o del proyecto, la cual no será superior a veinticinco (25) años, prorrogables por un lapso a ser acordado no mayor de quince (15) años, si se han cumplido los requisitos del proyecto.

-Indicación de las ventajas especiales que se ofrezcan a favor de la República.

En las licencias que se otorguen se debe incluir las siguientes disposiciones, o en su defecto, se tendrán como insertas, en el texto de la licencia (Artículo 15 LOH):

-Las tierras y obras permanentes, incluyendo las instalaciones, accesorios y equipos que formen parte integrante de ellas, cualesquiera otros bienes adquiridos con destino a la realización de dichas actividades, sea cual fuere su naturaleza o título de adquisición, deberán ser conservados en buen estado para ser entregados en propiedad a la República, libre de gravámenes y sin indemnización alguna, al extinguirse por cualquier causa los derechos otorgados, de manera que se garantice la posibilidad de continuar las actividades, si fuere el caso, o su cesación con el menor daño económico y ambiental.

-Las dudas y controversias de cualquier naturaleza que puedan suscitarse con motivo de la realización de actividades y que no puedan ser resueltas amigablemente por las partes, incluido el arbitraje en los casos permitidos por la ley que rige la materia, serán decididas por los Tribunales competentes de la República, de conformidad con sus leyes, sin que por ningún motivo ni causa puedan dar origen a reclamaciones extranjeras.

B. *El registro en el Ministerio de Energía y Minas*

Las personas que se dediquen a las actividades de refinación de hidrocarburos naturales, además, deben inscribir la licencia en el registro que para tal efecto lleve el MEM (art. 14 LOH).

Cualquier cesión o traspaso o gravamen de la licencia debe contar con la aprobación previa del MEM y debe asentarse en el registro que lleva dicho organismo (art. 16 LOH).

Las licencias podrán ser revocadas por el MEM, en los casos previstos en la ley, concretamente, por la ocurrencia de causas de revocatoria establecidas en la propia licencia o por realizarse cesión, gravamen o ejecución sin la autorización de dicho Ministerio. (artículo 17 LOH).

C. *Las instalaciones para la refinación*

Como se dijo, en relación con las instalaciones destinadas para la actividad de refinación, la Ley distingue entre instalaciones existentes y las nuevas refinerías. (Arts. 10 y 11 LOH) Sobre este particular, como se ha dicho, la Ley pauta que las instalaciones y obras existentes, sus ampliaciones y modificaciones, propiedad del Estado o de las empresas de su exclusiva propiedad, dedicadas a las actividades de refinación de hidrocarburos naturales en el país y al transporte principal de productos y gas, quedan reservadas al Estado en los términos establecidos en el Decreto Ley.

Por lo que respecta a las instalaciones nuevas, el artículo 11 dc la ley prevé que éstas deben responder a un plan nacional para su instalación y operación y deben estar vinculadas a proyectos determinados aprobados por el Ejecutivo Nacional por órgano del Ministerio de Energía y Minas. Estas refinerías deben estar dirigidas principalmente, a la modernización de los procesos a ser utilizados y a la obtención de combustibles limpios.

2. *Las actividades de exploración y explotación de hidrocarburos gaseosos no asociados*

A. *Régimen general relativo a los hidrocarburos no gaseosos*

La Ley Orgánica de Hidrocarburos Gaseosos (LOHG) regula todas las actividades vinculadas con los hidrocarburos gaseosos, tanto aquellos asociados con el petróleo u otros fósiles, como aquellos no asociados.

En dicha Ley se establece que tanto el Estado, directamente o mediante entes de su propiedad, como las personas privadas nacionales o extranjeras, con o sin la participación del Estado y mediante permisos o licencias, pueden realizar actividades de exploración en el territorio nacional, bajo el lecho del mar territorial, de la zona marítima contigua y en la plataforma continental, en busca de yacimientos de hidrocarburos gaseosos no asociados y la explotación de tales yacimientos; así como la recolección, almacenamiento y utilización tanto del gas natural no asociado proveniente de dicha explotación, como del gas que se produce asociado con el petróleo u otros fósiles; el procesamiento, industrialización, transporte, distribución, comercio interior y exterior de dichos gases (arts. 1 y 2).

El artículo 22 de la Ley repite el mismo principio general en cuanto a las actividades referentes a la exploración y explotación de hidrocarburos gaseosos *no asociados,* así como las de procesamiento, almacenamiento, transporte, distribución, industrialización, comercialización y exportación, indicando que pueden ser realizadas directamente por el Estado o por entes de su propiedad, o por personas privadas nacionales o extranjeras, con o sin la participación del Estado. La norma agrega que las actividades a ser realizadas por personas privadas nacionales o extranjeras, con o sin la participación del Estado, requerirán licencia o permiso, según el caso, y deberán estar vinculadas con proyectos o destinos determinados, dirigidos al desarrollo nacional, conforme al artículo 3° de la Ley.

Dependiendo de la actividad, las personas privadas nacionales o extranjeras, con o sin la participación del Estado, requerirán licencia o permiso, según el caso, y deberán estar vinculadas con proyectos o destinos determinados, dirigidos al desarrollo nacional. (Artículo 22 LOHG).

B. *La licencia para la realización de actividades de exploración y explotación de hidrocarburos gaseosos no asociados*

Las personas privadas nacionales o extranjeras, con o sin la participación del Estado, que deseen realizar actividades de exploración y explotación de hidrocarburos gaseosos no asociados, deben obtener la licencia correspondiente del Ministerio de Energía y Minas (Artículo 24 LOHG).

Las licencias deben ser otorgadas previo proceso licitatorio que debe efectuar el MEM Sin embargo, el Ejecutivo Nacional, por órgano del MEM y previa la autorización del Consejo de Ministros, pueda otorgar directamente licencias, por razones de interés público o por circunstancias particulares de las actividades, siempre y cuando se cumplan las condiciones que impone la Ley (Artículo 21 del Reglamento).

La licencia otorga a su titular, el derecho exclusivo para realizar las actividades de exploración y explotación en un área geográfica determinada (Art. 20 Reglamento). Estos derechos no son gravables ni ejecutables, pero pueden ser cedidos previa autorización del Ministerio de Energía y Minas (Art. 25, Ley).

C. *Los requisitos para la obtención de las licencias*

Para el otorgamiento de las licencias, se debe cumplir las siguientes condiciones (Artículo 24 LOHG):

-Descripción del proyecto, con indicación del destino de dichos hidrocarburos, conforme al artículo 3° de la Ley. (Dicho artículo señala que las actividades deben estar dirigidas al desarrollo nacional)

-Duración máxima de treinta y cinco (35) años, prorrogable por un lapso a ser acordado entre las partes, no mayor de treinta (30) años. Esta prórroga deberá ser solicitada después de cumplirse la mitad del período para el cual se otorgó la licencia y antes de los cinco (5) años de su vencimiento.

-Plazo máximo de cinco (5) años para la realización de la exploración y cumplimiento de los programas respectivos, incluido dentro del plazo inicial indicado en el numeral anterior, con sujeción a las demás condiciones que indique el Reglamento.

-Indicación de la extensión, forma, ubicación y delimitación técnica del área objeto de la licencia y cualquier otro requisito, que para la mejor determinación de dicha área, señale el Reglamento.

-Indicación de las contraprestaciones especiales que se estipulen a favor de la República.

-En las licencias, aunque no aparezcan expresamente, se tendrán como insertas las cláusulas siguientes:

En *primer lugar*, que las tierras y obras permanentes, incluyendo las instalaciones, accesorios y equipos que formen parte integral de ellas y cualesquiera otros bienes adquiridos con destino al objeto de la licencia, sea cual fuere su naturaleza o título de adquisición, deberán ser conservadas en buen estado para ser entregados en propiedad a la República, libre de gravámenes y sin indemnización alguna, al extinguirse por cualquier causa las respectivas licencias, de manera que se garantice la continuidad de las actividades si fuere el caso o su cesación con el menor daño económico y ambiental.

En *segundo lugar*, que las dudas y controversias de cualquier naturaleza que puedan suscitarse con motivo de la licencia y que no puedan ser resueltas amigablemente por las partes, incluido el arbitraje, serán decididas por los Tribunales competentes de la República, de conformidad con sus leyes, sin que por ningún motivo ni causa puedan dar origen a reclamaciones extranjeras.

D. *La revocación de la licencia*

Las licencias otorgadas son revocables por el Ministerio de Energía y Minas, por las causales siguientes (Artículo 25 LOHG):

-Por incumplimiento de lo previsto en los programas de exploración;

-Por incumplimiento de las condiciones establecidas en el numeral 3 del artículo 24 de la Ley, concretamente, lo relativo al plazo máximo de cinco (5) años para la realización de la exploración y cumplimiento de los programas respectivos. (Ver literal b, A del punto 5, *supra*) y por el incumplimiento de las contraprestaciones que se hayan estipulado a favor de al República;

-Por cederla sin la autorización requerida;

-Por la ocurrencia de las causas de revocatoria establecidas en la propia licencia y en particular las que estuvieren referidas a las condiciones de explotación y a la ejecución del proyecto; y,

-Por la revocatoria prevista en el artículo 21 de la Ley, que se refiere a la posibilidad de revocar las licencias de explotación, para salvaguardar los intereses de la República, para el caso de que un yacimiento se encuentre en zonas limítrofes.

VI. EL RÉGIMEN DE PERMISOS PARA EL EJERCICIO DE ACTIVIDADES DE HIDROCARBUROS NO RESERVADAS AL ESTADO POR PARTE DE LOS PARTICULARES

1. *Las actividades de industrialización de hidrocarburos refinados*

A. *El régimen general*

Las actividades de industrialización de *hidrocarburos refinados* comprenden las de separación, destilación, purificación; conversión, mezcla y transformación de los mismos, realizadas con el propósito de añadir valor a dichas sustancias mediante la obtención de especialidades de petróleo u otros derivados de hidrocarburos. (art. 49 LOH)

Estas actividades de industrialización pueden ser realizadas por el Estado, directamente, a través del Ejecutivo Nacional; por empresas de su exclusiva propiedad; por empresas mixtas, con participación de capital estatal y privado, en cualquier proporción; y por empresas privadas, sea de capital nacional o extranjero (art. 50 LOH), mediante la obtención de permisos.

El Ejecutivo Nacional debe adoptar las medidas necesarias para la industrialización en el país de los hidrocarburos refinados, para lo cual deberá cumplir con las siguientes orientaciones (art. 51 LOH):

1. Estimular la mayor y más profunda transformación de los hidrocarburos refinados.

2. Fomentar las inversiones en proyectos generadores de sustancias que apoyen el desarrollo del sector industrial nacional.

3. Asegurar que las refinerías y plantas procesadoras de hidrocarburos bajo el control del Estado garanticen con carácter prioritario, respecto a la alternativa de exportación, el suministro oportuno para su posterior procesamiento de las sustancias básicas en cantidad y calidad y con esquemas de precios y condiciones comerciales que permitan el desarrollo de empresas competitivas en los mercados internacionales.

4. Desarrollar parques industriales alrededor de las refinerías y en zonas donde se facilite el suministro de hidrocarburos o sus derivados.

5. Que se estimule la creación y participación de entes financieros en la industrialización de los hidrocarburos en el país.

6. Que las empresas que realicen actividades de industrialización de hidrocarburos en el país fomenten a su vez la industrialización, aguas abajo, de los insumos que producen.

7. Cualesquiera otras que señalen los Reglamentos.

Por otra parte, debe señalarse que conforme al artículo 52 LOH, el Ejecutivo Nacional debe dar prioridad a los proyectos de industrialización de hidrocarburos refinados que estimulen la formación de capital nacional y vinculen éste a una "mayor agregación de valor a los insumos procesados y cuyos productos sean competitivos en el mercado exterior".

B. *Los permisos*

Las empresas privadas que pretendan desarrollar actividades de industrialización de hidrocarburos refinados, deben obtener un permiso que debe ser otorgado por el Ministerio de Energía y Minas, previo el cumplimiento de los siguientes requisitos (Art. 53):

-Identificación de las empresas y sus representantes.

-Indicación de la fuente de suministro de la materia prima.

-Definición del proyecto con señalamiento del destino de los productos.

C. *El registro en el MEM*

Quienes se dediquen en el país a las actividades de industrialización de los hidrocarburos refinados, deben inscribir el permiso en el registro que al efecto debe llevar el Ministerio de Energía y Minas. (Artículo 54 LOH).

2. *Las actividades de comercialización de productos derivados de los hidrocarburos*

A. *Régimen general*

Las actividades de comercialización comprenden el comercio interior y el comercio exterior, tanto de los hidrocarburos naturales, como de sus productos derivados. (Artículo 56 LOH). Como se ha señalado, la Ley Orgánica reserva al Estado las siguientes actividades de comercio interno y externo de hidrocarburos: aquellas realizadas con hidrocarburos naturales, las cuales sólo pueden ser ejercidas por las empresas del Estado (Artículo 57); y aquellas realizadas sobre los productos derivados cuya comercialización se reserve al Estado mediante Decreto, en el cual el Ejecutivo Nacional debe identificar el producto expresamente, y las cuales sólo pueden ser ejercidas en exclusividad por las empresas del Estado (Art. 57 LOH), no permitiéndose la participación del capital privado en el desarrollo de las mismas.

Ahora bien, en cuanto a las otras actividades de comercio interno y externo de productos derivados no reservados o no excluidos por el Ejecutivo Nacional, las mismas pueden ser realizadas por el Estado, directamente, a través del Ejecutivo Nacional; por empresas de la exclusiva propiedad del Estado (Empresas del Estado); por empresas mixtas, con participación de capital estatal y privado, en cualquier proporción; y por empresas privadas (Art. 58 LOH) mediante la obtención de permisos.

B. *Las actividades de servicios públicos en relación con los productos derivados y su prestación por los particulares*

Dentro de las actividades relativas al comercio interior de productos derivados de hidrocarburos, el artículo 60 de la Ley declara que "constituyen un servicio público las actividades de suministro, almacenamiento, transporte, distribución y expendio de los productos derivados de los hidrocarburos, señalados por el Ejecutivo Nacional (conforme al artículo 59), destinados al consumo colectivo interno".

La consecuencia de la calificación de estas actividades como servicio público es que los precios de dichos productos deben ser fijados por el Ejecutivo Nacional, por órgano del Ministerio de Energía y Minas. Dichos precios pueden fijarse mediante bandas o cualquier otro sistema que resulte adecuado, a los fines previstos en el Decreto Ley, tomando en cuenta las inversiones y la rentabilidad de las mismas.

Además, el Ministerio debe adoptar medidas para garantizar el suministro, la eficiencia del servicio y evitar su interrupción.

C. *Los permisos para realizar la actividad*

Conforme al artículo 61 de la ley, las personas naturales o jurídicas que deseen ejercer las actividades de suministro, almacenamiento, transporte, distribución y expendio de los productos derivados de hidrocarburos, deben obtener previamente permiso del Ministerio de Energía y Minas. Los permisos están sujetos a las normas establecidas en la Ley Orgánica, su Reglamento y las Resoluciones respectivas; y su cesión o traspaso requiere la autorización previa del Ministerio de Energía y Minas (Artículo 61 LOH).

La Ley Orgánica permite que las personas naturales o jurídicas que ejerzan las actividades antes señaladas, puedan realizar más de una actividad, siempre que exista la separación jurídica y contable entre ellas (Artículo 61 LOH).

Por lo que respecta a la transmisión de derechos sobre expendios de combustibles, el artículo 65 de la Ley reconoce expresamente que se deberá pagar el valor del fondo de comercio perteneciente a quien esté ejerciendo la actividad.

D. *Las autorizaciones para la construcción, modificación o destrucción de obras:*

El artículo 62 de la Ley Orgánica dispone que la construcción, modificación, ampliación, destrucción o desmantelamiento de establecimientos, instalaciones o equipos, destinados al comercio interior de los productos derivados de hidrocarburos, deben ser previamente autorizados por el Ministerio de Energía y Minas.

E. *La revocatoria del permiso*

Por otra parte, el Ministerio de Energía y Minas puede revocar los permisos, cuando el incumplimiento de las disposiciones establecidas en la Ley, su Reglamento o en Resoluciones, comprometan la eficiencia o continuidad del servicio o pongan en peligro la seguridad de personas y bienes. (Artículo 63 LOH).

3. *Las actividades relativas a hidrocarburos gaseosos distintas a la exploración y explotación, mediante permisos*

A. *Las diversas actividades relativas a hidrocarburos gaseosos producidos por otros*

La Ley regula "las actividades distintas a las de exploración y explotación" disponiendo en su artículo 27 que quienes deseen realizar actividades relacionadas con hidrocarburos gaseosos, asociados o no asociados, *producidos por otras personas*, deberán obtener el permiso correspondiente del Ministerio de Energía y Minas, previa definición del proyecto o destino determinado de dichos hidrocarburos, conforme al artículo 3º de la Ley. Estas actividades las regula el Reglamento indicando separadamente las relativas al transporte de gas, la distribución de gas, el procesamiento de los líquidos gas natural (LGN) y la comercialización del Gas licuado del petróleo (GLP).

Según el referido Reglamento, el transporte comprende el diseño, construcción, operación, mantenimiento y administración de los sistemas de transporte, desde los puntos de entrega de los productores o de otros transportistas, hasta los puntos de recepción de los distribuidores, otros transportistas o consumidores mayores. También comprende la gestión comercial para optimizar la capacidad y el uso de los sistemas de transporte. (Artículo 51 del Reglamento).

La distribución comprende el diseño, la construcción, la operación el mantenimiento y la administración de los sistemas de distribución, desde los puntos de entrega de los productores o transportistas, hasta lo puntos de recepción de los consumidores. Igualmente comprende la gestión comercial para optimizar la capacidad y el uso de los sistemas de distribución. (Artículo 52 del Reglamento).

El procesamiento del gas natural abarca los procesos de separación, extracción, fraccionamiento, almacenamiento y comercialización de los líquidos del gas natural y otras sustancias asociadas al gas natural. (Artículo 75 del Reglamento).

Por último, la comercialización del gas licuado del petróleo se refiere al transporte, almacenamiento y distribución del GLP, así como las actividades de intermediación. (Artículo 78 del Reglamento).

B. *Las actividades consideradas como servicio público en relación con el gas*

El artículo 5 de la Ley Orgánica dispone que las actividades relacionadas directa o indirectamente con el transporte y distribución de gases de hidrocarburos destinados al *consumo colectivo*, constituyen un servicio público. En consecuencia, el artículo 8 de la Ley dispone que los almacenadores, los transportistas y los distribuidores de hidrocarburos gaseosos a los cuales se refiere la Ley, tienen la obligación de prestar el servicio en forma continua y de conformidad con las normas legales, reglamentarias y técnicas de eficiencia; calidad y seguridad.

Tratándose de servicios públicos, el artículo 12 de la Ley autoriza al Ministerio de Energía y Minas para determinar los precios de los hidrocarburos gaseosos desde los centros de producción y procesamiento, atendiendo principios de equidad. Además, los Ministerios de Energía y Minas y de la Producción y el Comercio, conjuntamente, deben fijar las tarifas que se aplicarán a los consumidores finales y a los servicios que se presten de conformidad con la Ley.

C. *Las actividades de industrialización*

En cuanto a las actividades de industrialización de los hidrocarburos gaseosos, conforme al artículo 30 de la Ley, también pueden ser realizadas directamente por el Estado, por entes de su propiedad; o por personas privadas nacionales o extranjeras, con o sin la participación del Estado, mediante la obtención de permisos.

A tal efecto, como lo indica el artículo 31 de la Ley, el Ejecutivo Nacional debe dictar la reglamentación necesaria para la industrialización de los hidrocarburos gaseosos en el país, la cual debe contener, entre otras disposiciones, medidas a fin de:

1. Que se desarrollen parques industriales en zonas donde se facilite el suministro de dichos hidrocarburos;

2. Que las refinerías y plantas procesadoras de hidrocarburos gaseosos garanticen el suministro de las materias primas disponibles;

3. Que los precios y condiciones de suministro de las materias primas permitan la formación de empresas eficientes y competitivas;

4. Que se estimule la creación y participación de entes financieros en la industrialización de hidrocarburos gaseosos en el país; y,

5. Que las empresas que realicen actividades de industrialización de hidrocarburos gaseosos en el país, fomenten a su vez la industrialización, aguas abajo, de los insumos que producen.

En todo caso, el Ejecutivo Nacional debe dar prioridad a los proyectos de industrialización de los hidrocarburos gaseosos que propendan a la formación de capital nacional, a una mayor agregación de valor a los insumos procesados y cuyos productos sean competitivos en el mercado exterior (Art. 32). Los proyectos referentes a la industrialización de los hidrocarburos gaseosos, además, deben inscribirse en el Registro que al efecto lleve el Ministerio de Energía y Minas (Art. 33).

D. *Los permisos*

Quienes deseen realizar actividades relacionadas con hidrocarburos gaseosos, asociados o no asociados, producidos por otras personas, deben obtener el permiso correspondiente del Ministerio de Energía y Minas, previa definición del proyecto o destino determinado de dichos hidrocarburos (Artículo 27 de la Ley).

Conforme con el texto del artículo 27, a los permisos se les aplicarán los requisitos y condiciones que ya indicados para las licencias de exploración y explotación, salvo en lo que se refiere al plazo máximo de cinco (5) años para la realización de la actividad, y el relativo a la indicación de la extensión, ubicación y delimitación técnica del área objeto de la licencia y cualquier otro requisito, que señale el Reglamento.

Por lo que respecta a los permisos para actividades relacionadas con el procesamiento de industrialización de los hidrocarburos gaseosos así como a las actividades relacionadas con la comercialización de los gases licuados del petróleo, sin embargo, los siguientes requisitos previstos para las licencia no se les aplican: el término de duración de 35 años; y la cláusula de reversión.

Por lo que respecta a los permisos para el transporte y distribución de gas, el Reglamento pauta que se debe cumplir con lo siguiente (Artículo 63):

-Solicitud al MEM con la documentación que permita identificar al interesado, determinar su capacidad técnica para la operación y su capacidad comercial, administrativa y financiera;

-Definición y descripción del proyecto

-Propuestas de participación nacional según lo pautado en el Reglamento.

En lo atinente a los requisitos para el procesamiento de gas natural y la comercialización del GLP, el reglamento se limita a exigir el permiso previo, sin otras especificaciones.

E. *La revocación del permiso*

Conforme al artículo 28 de la Ley, los permisos pueden ser revocados por el Ministerio de Energía y Minas en caso de que se realizare su cesión o traspaso sin la autorización requerida para ello, o cuando se demuestre el incumplimiento del programa de ejecución del proyecto. Igualmente, cuando se incurra en cualquiera otra causal establecida en el propio permiso y o en el Reglamento de la Ley.

VII. LA RECHAZADA PROPUESTA DE RE-NACIONALIZACIÓN DE LA INDUSTRIA PETROLERA CON LA FALLIDA RE-FORMA CONSTITUCIONAL DE 2007

El artículo 302 de la Constitución que, como hemos dicho, si bien constitucionalizó la reserva de la industria petrolera efectuada mediante la Ley de Nacionalización de 1975, lo hizo de manera flexible, conforme a lo que estableciera la ley orgánica respectiva, y por tanto, sujeto a modificación.

Dicha norma constitucional, sin embargo, se intentó reformar mediante el proyecto de Reforma Constitucional que a propuesta del entonces Presidente Hugo Chávez, la Asamblea Nacional sancionó el 2 de diciembre de 2007,[17] que fue rechazada por el voto popular expresado en el referendo del 2 de diciembre de 2007. Con dicha reforma se buscó cambiar radicalmente la concepción de la regulación antes indicada del artículo 302 de la Constitución, proponiéndose el establecimiento de la reserva al Estado, en la propia Constitución en la siguiente forma:

"por razones de soberanía, desarrollo e interés nacional, [de] las actividades de exploración y explotación de los hidrocarburos líquidos, sólidos y gaseosos, así como su recolección, transporte y almacenamiento iniciales y las obras que estas actividades requieran."

En la norma se buscaba agregar que:

"el Estado promoverá la manufactura nacional procesando las correspondientes materias primas, asimilando, creando e innovando tecnologías nacionales, especialmente en lo que se refiere a la Faja Petrolífera del Orinoco, los cinturones gasíferos tierra adentro y mar afuera y los corredores petroquímicos, con el fin de desarrollar las fuerzas productivas, impulsar el crecimiento económico y lograr la justicia social".

Además, se indicaba en la norma propuesta que "el Estado mediante ley orgánica podrá reservarse cualquier otra actividad relacionada con los hidrocarburos".

Se buscaba agregar en el artículo, además, la previsión de que las actividades reservadas se debían ejercer "por el Ejecutivo Nacional directamen-

---

17   Véase sobre dicha reforma en Allan R. Brewer-Carías, *La reforma constitucional de 2007 (Comentarios al proyecto inconstitucionalmente sancionado por la Asamblea Nacional el 2 de noviembre de 2007)*, Colección Textos Legislativos, Nº 43, Editorial Jurídica Venezolana, Caracas 2007.

te, o por medio de entes o empresas de su exclusiva propiedad, o por medio de empresas mixtas en las cuales tenga el control y la mayoría accionaria", con lo cual se buscaba constitucionalizar el régimen de las empresas mixtas de hidrocarburos, indicándose que "la adecuación al nuevo ordenamiento de los negocios existentes en materia de hidrocarburos gaseosos se hará mediante ley".

Por otra parte, en la rechazada reforma, respecto del artículo 113, se previó también, que el Estado podía reservarse directamente o mediante empresas de su propiedad, la explotación o ejecución de la explotación de recursos naturales o de cualquier otro bien del dominio de la Nación, considerados de carácter estratégico por la Constitución o la ley, así como de la prestación de servicios públicos vitales, considerados como tales por la Constitución o la ley.

En relación con todas las actividades reservadas, también se proponía reformar radicalmente el artículo 303 de la Constitución, estableciéndose una prohibición absoluta de privatizar ninguna actividad reservada al Estado, buscándose eliminar así la posibilidad que había dejado abierta la Constitución de 1999 para que las acciones de la empresas filiales de Petróleos de Venezuela S.A., de las asociaciones estratégicas y de las demás empresas constituidas como consecuencia del desarrollo de los negocios de Petróleos de Venezuela S.A., pudieran ser enajenadas. En la rechazada reforma se proponía establecer, en cambio, que "por razones de soberanía económica, desarrollo e interés nacional, Petróleos de Venezuela S.A. y los entes o empresas de propiedad exclusiva del Estado que desarrollen en el territorio nacional actividades reservadas, no podrán ser privatizados total ni parcialmente." Se buscaba agregar, además, que:

> "el Ejecutivo Nacional, por órgano del ministerio con competencia en la materia, fiscalizará y ejercerá el control sobre las actividades reservadas, así como sobre el transporte de los hidrocarburos y sus derivados en todo el territorio nacional, desde su extracción hasta el consumidor final en el mercado doméstico, o hasta los puertos y puntos de exportación."[18]

Dicha reforma, como se dijo, sin embargo, no se llegó a implementar pues fue rechazada por el pueblo mediante referendo en diciembre de 2007.

---

18   *Idem.*

SEXTA PARTE:

LA "ESTATIZACIÓN" DE LA INDUSTRIA PETROLERA EN 2006-2007 CON LA TERMINACIÓN UNILATERAL Y ANTICIPADA DE LOS CONTRATOS OPERATIVOS Y DE ASOCIACIÓN RESPECTO DE LAS ACTIVIDADES PRIMARIAS DE HIDROCARBUROS

A partir de 2006, el Estado venezolano, después de haber establecido el marco para la desnacionalización de la industria petrolera, comenzó un proceso de "estatización" petrolera mediante la eliminación progresiva, mediante ley, de la participación del capital privado en las actividades de la industria petrolera que se había desarrollado antes de la entrada en vigencia de la Ley Orgánica de Hidrocarburos de 2001.[19]

Como se dijo, para el momento en el cual se dictó esa Ley Orgánica, los particulares podían participar y participaban en la realización de las actividades de hidrocarburos a través de dos modalidades previstas en la legislación anterior: los Convenios Operativos con las empresas del Estado, y los

---

19   Véase sobre este proceso: Allan Brewer-Carías, "La estatización de los convenios de asociación que permitían la participación del capital privado en las actividades primarias de hidrocarburos suscritos antes de 2002, mediante su terminación anticipada y unilateral y la confiscación de los bienes afectos a los mismos", en Víctor Hernández Mendible (Coordinador), Nacionalización, Libertad de Empresa y Asociaciones Mixtas, Editorial Jurídica Venezolana, Caracas 2008, pp. 123-188. Véase también Allan R. Brewer-Carías, "La terminación anticipada y unilateral mediante leyes de 2006 y 2007 de los convenios operativos y de asociaciones petroleros que permitían la participación del capital privado en las actividades primarias suscritos antes de 2002", en *Revista de Derecho Público*, No. 109 (enero–marzo 2007), Editorial Jurídica Venezolana, Caracas 2007, pp. 47-54. Véase también, "The 'Statization' of the Pre 2001 Primary Hydrocarbons Joint Venbure Exploitations: Their Unilateral termination and the Assets' Confiscation of Some of the Former Private parties" en Oil, Gas & Energy Law Intelligence, www.gasandoil.com/ogel/ ISSN: 1875-418X, Issue Vol. 6, Issue 2, (OGEL/TDM Special Issue on Venezuela: The battle of Contract Sanctity vs. Resource Sovereignty, ed. By Elizabeth Eljuri), April 2008.

Convenios de Asociación Estratégicas y de Explotación a Riesgo y Ganancias Compartidas que se habían suscrito bajo la vigencia de la Ley que reserva al Estado la Industria y el Comercio de los Hidrocarburos de 1975, los cuales, dado el principio general de la irretroactividad de las leyes, continuaron en vigencia como contratos válidamente suscritos por el Estado conforme al artículo 5 de aquella Ley, aún después de la entrada en vigencia de la nueva Ley.

El proceso de eliminación de la participación del capital privado en la industria que había sido posible conforme a los contratos suscritos antes de 2001, se verificó mediante tres instrumentos legislativos: el *primero* dispuso la extinción, es decir, la terminación unilateral anticipada de los Convenios Operativos que existían, vía la *Ley de Regularización de la Participación Privada en las Actividades Primarias Previstas, abril 2006*; el *segundo* dispuso la terminación unilateral anticipada de los Convenios de Asociación y de Explotación a Riesgo que existían y que se habían suscrito entre 1993 y 2001, previéndose sin embargo, en este último caso, la posibilidad de que dichos convenios de asociación se pudieran convertir en empresas mixtas con capital del Estado en más del 50% del capital social (Arts. 22 y 27 al 32 LOH), mediante el *Decreto-Ley 5200, Ley de Migración a Empresas Mixtas de los Convenios de Asociación de la Faja Petrolífera del Orinoco, así como de los Convenios de Exploración a Riesgo y Ganancias Compartidas,* febrero 2007; y el *tercero* dispuso la "confiscación" de los intereses, acciones, participación y derechos de las empresas que formaban parte de dichos Convenios y Asociaciones, cuando no hubiesen acordado migrar a las referidas empresas mixtas, mediante la *Ley sobre los Efectos del Proceso de Migración a Empresas Mixtas de los Convenios de Asociación de la Faja Petrolífera del Orinoco; así como de los Convenios de Exploración a Riesgo y Ganancias Compartidas,* octubre 2007.

Conforme a las dos primeras leyes, al extinguirse los contratos administrativos existentes, puede decirse que se dispuso la expropiación de los derechos contractuales que correspondían a las empresas privadas contratantes; expropiación que, sin embargo, se efectuó directamente mediante la Ley, sin seguirse el procedimiento general establecido en la Ley de Expropiación por causa de utilidad pública y social. Ello, sin embargo, conforme al artículo 115 de la Constitución, generaba derechos en cabeza de las empresas contratantes a ser justamente indemnizadas por los daños y perjuicios producidos por dicha terminación anticipada y unilateral de los contratos administrativos válidamente suscritos por el Estado.

Sin embargo, conforme a la última de las leyes mencionadas, lo que podía ser entendido como un proceso de expropiación, por terminación unilateral y anticipada de contratos, se convirtió en una "confiscación" de derechos en el caso de las empresas que no llegaron a un acuerdo con el Estado para seguir operando bajo el esquema de empresas mixtas.

I. LA EXTINCIÓN DE LOS CONVENIOS OPERATIVOS

En efecto, en cuanto a los Convenios Operativos que se habían suscrito conforme a la legislación anterior, entre las filiales de PDVSA y empresas privadas, el 18 de abril de 2006 se dictó la *Ley de Regularización de la Participación Privada en las Actividades Primarias Previstas*[20], cuyo específico objeto que se definió como "regularizar la participación privada en las actividades primarias," condujo a la extinción, mediante Ley, de los Contratos Operativos existentes, dado que el Legislador consideró que su ejercicio había:

"sido desnaturalizado por los Convenios Operativos surgidos de la llamada apertura petrolera, al punto de violar los intereses superiores del Estado y los elementos básicos de la soberanía" (art. 1).

En consecuencia, el artículo 2 de la Ley declaró que el contenido de los referidos Convenios Operativos surgidos de la llamada apertura petrolera, era "incompatible con las reglas establecidas en el régimen de nacionalización petrolera", disponiendo que "*quedarán extinguidos* y no podrá continuarse la ejecución de sus preceptos, a partir de la publicación de esta Ley en la *Gaceta Oficial*" (art. 2).

Es decir, a partir del 18 de abril de 2006, mediante una ley de la Asamblea Nacional se puso fin y se extinguieron los Convenios Operativos que existían, es decir, dándose por terminados en forma unilateral y anticipada a unos contratos administrativos que habían sido válidamente suscritos. No se trató, en este caso, de una rescisión unilateral del contrato por parte de la Administración contratante, que eran las empresas filiales de PDVSA, sino de una terminación anticipada y unilateral de dichos contratos por decisión del órgano legislativo del Estado, a través de una Ley. En estos casos, la responsabilidad del Estado por los daños causados por la terminación unilateral y anticipada de los contratos y el derecho de los cocontratantes a ser indemnizados era incuestionable, conforme al régimen de los contratos administrativos, configurándose como una expropiación de derechos contractuales, así la decisión hubiera sido tomada mediante acto legislativo.

Dicha Ley, además, dispuso hacia el futuro que

"[…] ningún nuevo contrato podrá otorgar participación en las actividades de exploración, explotación, almacenamiento y transporte inicial de hidrocarburos líquidos, o en los beneficios derivados de la producción de dichos hidrocarburos, a persona alguna de naturaleza privada, natural o jurídica, salvo como accionista minoritario en una empresa mixta, constituida de conformidad con la Ley Orgánica de Hidrocarburos en la cual el Estado asegure el control accionario y operacional de la empresa" (Art. 3).

---

20   Véase en *Gaceta Oficial* N° 38.419 de 18 de abril de 2006.

Es decir, se ratificó legislativamente el principio que se había dispuesto en la Ley Orgánica de 2001 de que la participación del capital privado en las actividades primarias sólo podía realizarse mediante la constitución de las empresas mixtas reguladas en la Ley, que era lo que se proponía incluir en la rechazada reforma constitucional de 2007.

La consecuencia de la declaratoria de extinción de los Convenios Operativos existentes, además de la obligación para el Estado de indemnizar a los antiguos contratistas por los daños y perjuicios ocasionados por la terminación anticipada y unilateral de los Convenios y la expropiación de los derechos contractuales, sobre lo cual, sin embargo, nada dispuso el texto de la Ley; fue que conforme se dispuso en su artículo 4:

"[...] la República, directamente o a través de empresas de su exclusiva propiedad, reasumirá el ejercicio de las actividades petroleras desempeñadas por los particulares, a los fines de garantizar su continuidad y en razón de su carácter de utilidad pública e interés social, sin perjuicio de que se establezcan para tal efecto empresas mixtas sujetas a la aprobación de la Asamblea Nacional, previo informe favorable del Ejecutivo Nacional por órgano del Ministerio de Energía y Petróleo y de la Comisión Permanente de Energía y Minas de la Asamblea Nacional".

A tal efecto, la Asamblea Nacional ya había adoptado en marzo de 2006 el "Acuerdo mediante el cual se aprueban los Términos y Condiciones para la creación y funcionamiento de las Empresas Mixtas."[21]

II. LA TERMINACIÓN ANTICIPADA Y UNILATERAL DE LOS CONVENIOS DE ASOCIACIÓN Y DE LOS CONVENIOS DE EXPLORACIÓN A RIESGO Y GANANCIAS COMPARTIDAS Y LA POSIBILIDAD DE SU TRANSFORMACIÓN EN EMPRESAS MIXTAS

A propuesta del Poder Ejecutivo, la Asamblea Nacional sancionó una Ley Habilitante el 1 de febrero de 2007[22] mediante la cual se autorizó al Presidente de la República a dictar normas que permitieran al Estado:

"asumir directamente, o mediante empresas de su exclusiva propiedad, el control de las actividades realizadas por las asociaciones que operan en la Faja Petrolífera del Orinoco, incluyendo mejoradores y las asignaciones de explotación a riesgo y ganancias compartidas, para regularizar y ajustar sus actividades dentro del marco legal que rige a la industria petrolera nacional, a través de la figura de empresas mixtas o de empresas de la exclusiva propiedad del Estado".

---

21   Véase en *Gaceta Oficial* N° 38.410 de 31 de marzo de 2006.

22   Véase en *Gaceta Oficial*. N° 38.617 de 1 de febrero de 2007.

Con esta delegación legislativa se buscaba, en primer lugar, que el Estado asumiera "el control de las actividades realizadas por las asociaciones que operan en la Faja Petrolífera del Orinoco, incluyendo mejoradores y las asignaciones de explotación a riesgo y ganancias compartidas," lo que en sí mismo era innecesario, pues dicho control ya existía conforme al esquema de toma de decisiones regulado en los Convenios de Asociación, aun cuando el Estado tuviera minoría accionaria en los mismos. Pero, además, en segundo lugar, lo que se buscaba con la delegación legislativa era hacer lo que el Legislador con la Ley Orgánica de Hidrocarburos de 2001 no hizo, y no podía hacer, por no poder atribuirle efectos retroactivos a la misma, y era aplicar la Ley Orgánica de 2001 a los Contratos de Asociación que habían sido suscritos válidamente conforme a la legislación anterior. Por ello la habilitación buscó "regularizar y ajustar sus actividades dentro del marco legal que rige a la industria petrolera nacional, a través de la figura de empresas mixtas o de empresas de la exclusiva propiedad del Estado".

En ejecución de tal delegación legislativa, el 26 de febrero de 2007, mediante Decreto Ley No. 5.200, el Ejecutivo Nacional dictó la *Ley de Migración a Empresas Mixtas de los Convenios de Asociación de la Faja Petrolífera del Orinoco, así como de los Convenios de Exploración a Riesgo y Ganancias Compartidas,*[23] con la cual se dispuso la terminación unilateral y anticipada de los convenios de asociación suscritos entre 1993 y 2001, lo que implicaba, para los contratistas que no acordaran los términos unilaterales fijados por el Estado, la expropiación de sus derechos contractuales y el derecho consecuente a ser justamente indemnizados por los daños y perjuicios causados por la ejecución de dicha Ley.

1. *La terminación anticipada de los convenios de asociación y la búsqueda de su migración a empresas mixtas*

En efecto, dicha Ley dispuso que:

"las asociaciones existentes entre filiales de Petróleos de Venezuela, S.A. y el sector privado que operan en la Faja Petrolífera del Orinoco, y en las denominadas de Exploración a Riesgo y Ganancias Compartidas, deberán ser ajustadas al marco legal que rige la industria petrolera nacional, debiendo transformarse en empresas mixtas en los términos establecidos en la Ley Orgánica de Hidrocarburos" (art. 1).

Esto significó, pura y simplemente, darle efectos retroactivos a la Ley Orgánica de Hidrocarburos de 2001, al imponer unilateralmente a los Convenios de Asociación suscritos conforme a la legislación anterior, la obligación de ajustarse a la nueva Ley.

---

23   Véase en *Gaceta Oficial* N° 38.623 de 16 de febrero de 2007.

A tal efecto, en esta Ley, de nuevo, se dispuso la terminación unilateral y anticipada de contratos administrativos que habían sido válidamente celebrados como Convenios de Asociación entre 1993 y 2001, entre las filiales de PDVSA y diversas empresas privadas para la realización de actividades primarias; disponiéndose, además, que las mismas no sólo debían ajustarse al marco legal de la Ley Orgánica de 2001, a la cual *ex post facto* se le dio efectos retroactivos, sino que:

> "todas las actividades ejercidas por asociaciones estratégicas de la Faja Petrolífera del Orinoco, constituidas por las empresas Petrozuata, S.A.; Sincrudos de Oriente, S.A., Sincor, S.A., Petrolera Cerro Negro S.A. y Petrolera Hamaca, C.A; los convenios de Exploración a Riesgo y Ganancias Compartidas de Golfo de Paria Oeste, Golfo de Paria Este y la Ceiba, así como las empresas o consorcios que se hayan constituido en ejecución de los mismos; la empresa Orifuels Sinovensa, S.A, al igual que las filiales de estas empresas que realicen actividades comerciales en la Faja petrolífera del Orinoco, y en toda la cadena productiva, serán transferidas a las nuevas empresas mixtas".

Es decir, no sólo se decidió unilateralmente la terminación anticipada de los contratos, sino que se dispuso que en caso de que los inversionistas privados socios en los Convenios que se extinguían estuviesen de acuerdo con la transferencia de los mismos a las nuevas empresas mixtas, los mismos lo que podían era ser accionistas de las empresas mixtas con menos del 40% del capital social, teniendo como accionista por parte del Estado a la Corporación Venezolana del Petróleo, S.A. u otra filial de Petróleos de Venezuela, S.A., con una participación accionaria mínima del 60% del capital social (art. 2).

En caso de que el inversionista socio de un Convenio de asociación acordase ser accionista minoritario de la nueva empresa mixta, dispuso el artículo 6 de la Ley, que:

> "[...] por tratarse de una circunstancia especial de interés público, y de conformidad con lo dispuesto en el único aparte del artículo 37 de la Ley Orgánica de Hidrocarburos, la escogencia de los socios minoritarios en el proceso de migración de las asociaciones será directa".

La aplicación de esta excepción a la selección mediante concurso competitivo como lo exigía la Ley Orgánica de 2001, por supuesto, sólo hubiera podido ocurrir si la empresa privada que era parte o socio del Convenio de asociación hubiera decidido continuar en la operación, formando parte, como accionista minoritario, de la nueva empresa mixta. De lo contrario, conforme a la Ley Orgánica de Hidrocarburos, si no se trataba de la empresa que era parte de un antiguo Convenio sino de un nuevo accionista privado de la nueva empresa mixta que asumiera la operación de un antiguo Convenio de asociación, la misma tendría que seleccionarse mediante procedimientos competitivos (art. 37).

Para el caso de que las empresas accionistas de los Convenios de Asociación que se terminaban unilateral y anticipadamente mediante esta Ley de Migración, no acordaren con el Ejecutivo Nacional formar parte como accionistas de las nuevas empresas mixtas, el efecto de la Ley fue el de la expropiación de sus derechos contractuales, teniendo las mismas, conforme al artículo 115 de la Constitución derecho a ser justamente indemnizadas por los daños y perjuicios causados por la terminación unilateral y anticipada de los Contratos.

2. *La asunción inmediata de la operación por el Estado*

La decisión legislativa de poner fin unilateral y anticipadamente a los contratos de asociación, implicó la necesidad de asegurar la inmediata asunción por parte del Estado, de la operación industrial concreta de cada Convenio de asociación.

A tal efecto, la Ley dispuso que la empresa estatal accionista de las posibles empresas mixtas fuera la Corporación Venezolana del Petróleo, S.A. o la filial de Petróleos de Venezuela, S.A. que se designase al efecto, la cual debió conformar dentro de los 7 días a partir de la fecha de publicación de Decreto-Ley, es decir, para el 5 de marzo de 2007, "una Comisión de Transición para cada asociación", disponiéndose que la misma se debía incorporar "a la actual directiva de la asociación respectiva, a fin de garantizar *la transferencia a la empresa estatal* el control de todas las actividades que las asociaciones realizan", en un proceso que culminó el 30 de abril de 2007 (art. 3).

A tal efecto, la Ley dispuso que las empresas del sector privado que fueran parte en los convenios de asociación debían cooperar con la Corporación Venezolana del Petróleo, S.A. para efectuar un cambio seguro y ordenado de operadora (art. 3).

Sobre la situación de los trabajadores de la nómina contractual de las asociaciones que debieron ser transformadas, la Ley dispuso que, a partir de la entrada en vigencia de la misma, aquellos gozarían de inamovilidad laboral y estarían amparados por la Convención Colectiva Petrolera que regía para los trabajadores de Petróleos de Venezuela, S.A. (Art 10).

El artículo 2 de la Ley, por otra parte, atribuyó al Ministerio del Poder Popular para la Energía y Petróleo la potestad de determinar unilateralmente, en cada caso,

> "la valoración de la Empresa Mixta, la participación accionaria de la filial de Petróleos de Venezuela, S.A. designada a efecto, y los ajustes económicos y financieros que fueren procedentes" (art. 2).

Es decir, el Estado, unilateralmente, a través del Ministerio respectivo, debía determinar la valoración de la nueva empresa mixta a ser establecida para sustituir a cada Convenio de asociación; el porcentaje de participación accionaria que en cada empresa mixta sustitutiva de cada Convenio de asociación que debía corresponder a la filial de PDVSA que fuese a ser accionista, que en ningún caso podía ser inferior al 60% del capital social; y "los ajustes económicos y financieros que fuere procedentes".

Por otra parte, la Ley dispuso expresamente en su artículo 7, que la infraestructura, los servicios de transporte y mejoramiento de las asociaciones en la Faja Petrolífera del Orinoco y en las denominadas de Exploración a Riesgo y Ganancias Compartidas, serían "de libre utilización de acuerdo con los lineamientos que, mediante Resolución, emita el Ministerio del Poder Popular para la Energía y Petróleo," a cuyo efecto, "los costos derivados de la utilización de tales servicios, serán determinados de mutuo acuerdo por las partes, a falta de lo cual, el Ministerio del Poder Popular para la Energía y Petróleo fijará las condiciones para su prestación."

3. *El plazo para que las empresas privadas decidieran su incorporación a las empresas mixtas*

A pesar de que la Ley dispuso la transferencia inmediata de los Convenios de Asociación al Estado, y la consecuente asunción por la empresa estatal correspondiente de la operación de los Convenios, el artículo 4 de la Ley concedió a las empresas del sector privado que habían sido parte en los extinguidos Convenios de asociación de la Faja Petrolífera del Orinoco, y de las denominadas de Exploración a Riesgo y Ganancias Compartidas, un período de cuatro (4) meses a partir de la fecha de la publicación de la Ley (26-2-2007), es decir, hasta el 26 de junio de 2007, "para acordar los términos y condiciones de su *posible participación* en las nuevas Empresas Mixtas", se entiende, con el Ministerio respectivo, disponiéndose que además, en su caso, se le concederían "dos (2) meses adicionales para someter los señalados términos y condiciones a la Asamblea Nacional a fin de solicitar la autorización correspondiente de conformidad con la Ley Orgánica de Hidrocarburos".

Ahora bien, transcurrido el plazo antes indicado de 4 meses, que venció el 26 de junio de 2007, "sin que se hubiera logrado acuerdo para la constitución y funcionamiento de las Empresas Mixtas", entonces, la República, a través de Petróleos de Venezuela, S.A. o cualquiera de sus filiales, debía *asumir directamente las actividades* ejercidas por las asociaciones a fin de preservar su continuidad, en razón de su carácter de utilidad pública e interés social (Art. 5).

La Ley dispuso, además, que los actos, negocios y acuerdos que se realizasen o suscribieran a los efectos de constituir las Empresas Mixtas dispuestas en la Ley, así como las cesiones, transferencias de bienes y cualesquiera otras operaciones que generasen enriquecimiento o supusieran la enajenación, transmisión o venta de bienes destinados a conformar el patrimonio de dichas empresas, estarían exentos del pago de impuestos, tasas, contribuciones especiales o cualquier otra obligación tributaria creados por el Poder Nacional.

Nada dispuso la Ley de Migración sobre los derechos a ser indemnizadas de las empresas privadas que no hubieran llegado a un acuerdo para continuar como socios de las nuevas empresas mixtas. Sin embargo, como se ha dicho, la consecuencia de la aplicación retroactiva de la Ley de 2001 a los Convenios de Asociación suscritos válidamente con anterioridad a la misma, se configuró como una terminación anticipada y unilateral de los dichos Convenios de Asociación, y como una expropiación, por Ley, de los derechos contractuales de los contratantes en dichos Convenios, lo cual conforme al artículo 115 de la Constitución, les originó el derecho a ser justamente indemnizados por los daños y perjuicios causados.

4. *Los derechos de las nuevas empresas mixtas*

Por otra parte, artículo 8 de la Ley dispuso que el Ejecutivo Nacional, mediante Decreto, debía transferir a las Empresas Mixtas resultantes del proceso de migración "el derecho al ejercicio de sus actividades primarias, pudiendo igualmente adjudicarles la propiedad u otros derechos sobre bienes muebles o inmuebles del dominio privado de la República que sean requeridos para el ejercicio eficiente de tales actividades." Estos derechos, sin embargo, pueden ser revocados, "si las operadoras no dieren cumplimiento a sus obligaciones, en forma tal que impida lograr el objeto para el cual dichos derechos fueron transferidos" (art 8).

Igualmente, mediante Resolución, el Ministerio del Poder Popular para la Energía y Petróleo debía delimitar "las áreas en las cuales las Empresas Mixtas desarrollarán sus actividades primarias, las cuales se dividirán en lotes con una extensión máxima de cien kilómetros cuadrados (100 km^2)" (Art. 9).

5. *El régimen jurídico aplicable y la jurisdicción*

Por último, el artículo 13 de la Ley de Migración dispuso que

"Todos los hechos y actividades vinculados al presente Decreto-Ley se regirán por la Ley Nacional, y las controversias que de los mismos deriven estarán sometidas a la jurisdicción venezolana, en la forma prevista en la Constitución de la República Bolivariana de Venezuela."

En relación con esta norma, por una parte, debe recordarse que todos los efectos que produzca cualquier ley dictada en Venezuela, en virtud del principio de la territorialidad, en principio se rigen por la legislación nacional; de manera que, si nada se dispone expresamente en contrario en el texto de la ley, todas las situaciones jurídicas derivadas de cualquier ley, se rigen por la "Ley Nacional."

Pero, además, la Ley dispuso, aún con redacción deficiente, que las controversias que se derivasen de sus disposiciones estarían sometidas a la jurisdicción venezolana, y de nuevo, ello no podía ser de otra forma, salvo que el legislador renunciase expresamente a la jurisdicción venezolana. Por tanto, las controversias que surgieran con ocasión de la migración de las antiguas Asociaciones a las nuevas empresas mixtas, o los acuerdos que hubieran podido haber llegado los antiguos socios de los Convenios de Asociación al incorporarse, conforme a las previsiones de la Ley, como socios minoritarios de las nuevas empresas mixtas, solo podían ser resueltos por la jurisdicción nacional.

Además, por ejemplo, las controversias derivadas de las decisiones contenidas en el Decreto Ley y su aplicación, sin duda, en principio estaban también sometidas a la jurisdicción venezolana, por ejemplo, en cuanto a la posibilidad de impugnación por razones de inconstitucionalidad de las normas de la Ley de Migración ante la Jurisdicción Constitucional, o de la impugnación de los actos administrativos que conforme a ella dictase el Ejecutivo Nacional, ante la Jurisdicción Contencioso Administrativa.

Pero ello no implicaba, en forma alguna, la anulación de las cláusulas que podían tener los Convenios de Asociación cuya terminación anticipada y unilateral se resolvió por la Ley, por ejemplo, relativas a la sumisión de las controversias que derivasen de la ejecución, cumplimiento e incumplimiento de los Convenios de Asociación, a la jurisdicción arbitral de la Cámara Internacional de Comercio de Nueva York, fuera de Venezuela, como lo autorizaba el artículo 151 de la Constitución. Es decir, los contratistas, en esos casos, tenían derecho a que las controversias que se derivasen de la ejecución, cumplimiento, incumplimiento y terminación anticipada y unilateral de aquellos Contratos de asociación, como contratos administrativos que eran, en caso de contener cláusulas arbitrales o de aplicación de la legislación o de una jurisdicción extranjera, fueran resueltas en la forma dispuesta en los mismos. De lo contrario se trataría de darle efectos retroactivos a la Ley de Migración, lo cual estaba y está prohibido en el artículo 24 de la Constitución que prohíbe que se den a las disposiciones legislativas efectos retroactivos.

El artículo 13 de la Ley de 2007, por tanto, no podía interpretarse, como una normativa que pudiera significar la "anulación" de las propias cláusulas contractuales anteriores relativas a la solución de controversias establecidas en los Convenios de Asociación que se dieron por terminados, derivadas precisamente, por ejemplo, del incumplimiento de los Convenios por parte del Estado, como el que resulta de su terminación anticipada.

III LA "CONFISCACIÓN" DE LOS INTERESES, ACCIONES, PARTICIPACIONES Y DERECHOS DE LAS EMPRESAS QUE NO LLEGARON A UN ACUERDO CON EL ESTADO DE MIGRAR HACIA EMPRESAS MIXTAS

1. *La extinción definitiva de los antiguos Convenios y Asociaciones*

De acuerdo con lo antes expuesto, conforme a la *Ley de Migración a Empresas Mixtas de los Convenios de Asociación de la Faja Petrolífera del Orinoco, así como de los Convenios de Exploración a Riesgo y Ganancias Compartidas* (Decreto Ley 5200) de febrero de 2007, en relación con las actividades que ejercieron las antiguas asociaciones estratégicas de la Faja Petrolífera del Orinoco, constituidas por las empresas Petrozuata, S.A.; Sincrudos de Oriente, S.A., Sincor, S.A., Petrolera Cerro Negro S.A y Petrolera Hamaca, C.A; los convenios de Exploración a Riesgo y Ganancias Compartidas de Golfo de Paria Oeste, Golfo de Paria Este y la Ceiba, así como las empresas o consorcios que se hubieran constituido en ejecución de los mismos; la empresa Orifuels Sinovensa, S.A, al igual que las filiales de estas empresas que realizaban actividades comerciales en la Faja petrolífera del Orinoco, y en toda la cadena productiva, que se ordenó que fueran transferidas a nuevas empresas mixtas; resultó la constitución de algunas de dichas empresas mixtas, en las cuales participó el capital privado.

En estos casos, conforme a la *Ley sobre los Efectos del Proceso de Migración a Empresas Mixtas de los Convenios de Asociación de la Faja Petrolífera del Orinoco; así como de los Convenios de Exploración a Riesgo y Ganancias Compartidas* de 5 de octubre de 2007,[24] los convenios que habían dado origen a las asociaciones a las que se refirió la Ley de Migración a Empresas Mixtas de los Convenios de Asociación de la Faja Petrolífera del Orinoco, así como de los Convenios de Exploración a Riesgo y Ganancias Compartidas, "quedaron extinguidos" a partir de la fecha de publicación del "decreto que dispuso la transferencia del derecho a ejercer actividades primarias a las empresas mixtas que constituyeron conforme con lo previsto en dicha Ley" en la *Gaceta Oficial* de la República (art. 1).

En cuanto a los convenios en los que, conforme a la misma *Ley de Migración a Empresas Mixtas de los Convenios de Asociación de la Faja Petrolífera del Orinoco, así como de los Convenios de Exploración a Riesgo y Ganancias Compartidas* (Decreto Ley 5200) de febrero de 2007, ninguna de las empresas privadas que fueran parte en las asociaciones correspondientes, hubiera alcanzado un acuerdo de migración a empresa mixta dentro del plazo establecido en el Artículo 4 de dicha Ley, conforme a lo dispuesto en la *Ley sobre los Efectos del Proceso de Migración a Empresas Mixtas de los Convenios de Asociación de la Faja Petrolífera del Orinoco; así como de los Convenios de Exploración a Riesgo y Ganancias Compartidas* de 5 de

---

24   Véase en *Gaceta Oficial* N° 38.785 del 8 de octubre de 2007.

octubre de 2007, dichos convenios quedaron extinguidos "a partir de la fecha de publicación" de dicha Ley en la Gaceta Oficial de la República (art. 1).

Como se dijo, la *Ley de Migración* (Decreto Ley 5.200) nada indicó sobre los derechos a indemnización y compensación de las empresas privadas que no hubieran llegado a un acuerdo para continuar como socios de las nuevas empresas mixtas, en virtud de la terminación anticipada y unilateral de los Convenios y Asociaciones, que tenían de acuerdo con lo dispuesto en el artículo 115 de la Constitución. Sin duda, se trataba de una expropiación realizada por ley especial al margen de la Ley general de expropiación, que implicaba, de acuerdo con la Constitución, el derecho de las empresas privadas a ser indemnizadas.

Sin embargo, en lugar de procederse a ello, el Estado optó por definitivamente "confiscar" dichos derechos, al declarar pura y simplemente extinguidos los convenios a partir de la publicación de la *Ley sobre los Efectos del Proceso de Migración a Empresas Mixtas de los Convenios de Asociación de la Faja Petrolífera del Orinoco; así como de los Convenios de Exploración a Riesgo y Ganancias Compartidas* de 5 de octubre de 2007.

2. La confiscación de derechos de las empresas privadas que habían participado en los Convenios y Asociaciones apelando al principio de la "reversión"

A los efectos de materializar dicha confiscación, el artículo 2 de la *Ley sobre los Efectos del Proceso de Migración,* dispuso expresamente que "los intereses, acciones y participaciones" en las asociaciones referidas en el Artículo 1 de la Ley de Migración en las sociedades constituidas para desarrollar los proyectos correspondientes, y en "los activos utilizados para la realización de las actividades de tales asociaciones, incluyendo derechos de propiedad, derechos contractuales y de otra naturaleza," que hasta el día 26 de junio de 2007 (conforme al plazo establecido en el Artículo 4 de la referida Ley):

> "correspondían a las empresas parte del sector privado con las cuales no se logró un acuerdo de migración a empresa mixta, quedan transferidos, con base en el principio de reversión, sin necesidad de acción o instrumento adicional, a las nuevas empresas mixtas constituidas como resultado de la migración de las asociaciones respectivas, salvo lo previsto en el Artículo 3 de la presente Ley".

Esta disposición, de acuerdo con el régimen constitucional venezolano comportó una confiscación de dichos bienes lo cual está prohibido en la Constitución (art. 115).

Es decir, el Estado, mediante Ley, ordenó la trasferencia forzada de bienes de propiedad privada a las nuevas empresas mixtas constituidas sin indemnización ni proceso, en todos los casos en los cuales *algunas* de las otras empresas privadas del respectivo convenio o asociación hubieran acordado formar parte de las empresas mixtas. En el artículo 4 de la Ley se aclaró, que en esos casos, "las transferencias de intereses, acciones, participaciones y derechos" en ella previstas, "no generarán obligaciones tributarias en la República Bolivariana de Venezuela para ninguna persona o entidad".

Por otra parte, conforme al artículo 3 de la *Ley sobre los Efectos del Proceso de Migración*, en los casos en que "*ninguna* de las empresas que constituían la parte privada del convenio de asociación hubiera alcanzado un acuerdo de migración a empresa mixta dentro del plazo establecido," "los intereses, acciones, participaciones y derechos" de las mismas se ordenó que debían mantenerse "en propiedad de la filial de Petróleos de Venezuela, S.A. que hubiera asumido las actividades de la asociación de que se trate, hasta que el Ejecutivo Nacional determine la filial que en definitiva deberá asumir tales actividades".

Se trató, en todo caso, como se dijo, de una transferencia forzada de bienes de propiedad privada al Estado decretada por el Legislador, sin indemnización ni proceso algunos, lo que se configuró como una *confiscación* prohibida en el artículo 113 de la Constitución, y la cual en forma alguna podía justificarse recurriéndose al "principio de la reversión," figura que era totalmente inaplicable en esos casos, y que está esencialmente asociada a la figura de las "concesiones" administrativas que ya no existían en materia de hidrocarburos.

En efecto, uno de los principios más clásicos del derecho administrativo en relación con concesiones de servicios públicos, de construcción y uso de obras públicas y de explotación de bienes del dominio público, ha sido el de la necesaria reversión del servicio o de la obra construida, a la Administración concedente, una vez extinguida la concesión. Se trató de un principio que buscaba asegurar la continuidad en la prestación del servicio, del uso de una obra pública o de una explotación de bienes públicos, independientemente de la participación del concesionario, una vez extinguida la concesión.

Sin embargo, al tratarse de un medio de extinción de la propiedad privada del concesionario sobre los bienes afectos al servicio o de las obras construidas, la garantía de la propiedad y de la reserva legal imponen la necesidad de que el principio de la reversión tenga que estar establecido en texto legal expreso.[25] En materia de concesiones de hidrocarburos, por ejemplo, el principio estaba establecido en la propia Constitución de 1961 (art. 103) y en la vieja Ley de Hidrocarburos (art. 80), conforme a las cuales, por ejemplo, se dictó la "Ley sobre bienes afectos a reversión en las conce-

---

25 Incluso, en ese sentido, fue que la Constitución de 1961 estableció el principio de la concesión en materia de concesiones de hidrocarburos, en relación con las tierras (inmuebles) afectados a las mismas.

siones de hidrocarburos" de 1971.[26] En ausencia de texto legal expreso, por tanto, la reversión sólo podía proceder si se la había regulado expresamente en el contrato de concesión.[27]

Esta, por lo demás, es la orientación que se siguió en la Ley Orgánica sobre Promoción de la Inversión Privada bajo el régimen de Concesiones,[28] al disponer en el artículo 48 relativo a la "reversión de obras y servicios" que es el respectivo *contrato* el que debe establecer, entre otros elementos, "los bienes que por estar afectos a la obra o al servicio de que se trate revertirán al ente concedente, a menos que no hubieren podido ser totalmente amortizadas durante el mencionado plazo." A tal efecto, la norma también dispuso que durante un período prudencial anterior a la terminación del contrato, el ente concedente debía adoptar las disposiciones encaminadas a que la entrega de los bienes a ser revertidos, se verificase en las *condiciones convenidas* en el contrato. Igualmente, dicha norma dispuso que el contrato debía expresar "las obras, instalaciones o bienes que hubiere de realizar el concesionario *no sujetas* a reversión, las cuales, de considerarse de utilidad o interés público, podrán ser objeto de reversión previo pago de su precio al concesionario."

En consecuencia, si no hay una disposición legal que establezca la reversión de bienes en concesiones de servicios públicos, de obras públicas o de uso o explotación de bienes del dominio público, o si dicha reversión no está prevista en el contrato de concesión, al terminar la concesión, el concesionario no está obligado a revertir a la Administración ningún bien que se haya adquirido o construido o que haya estado afecto a la concesión, ni puede la Administración pretender apropiarse o tomar posesión de los mismos. Solo podría hacerlo mediante expropiación, conforme a la Constitución y la Ley. De lo contrario se trataría de una confiscación prohibida en la Constitución, como fue la que se decretó en la *Ley sobre los Efectos del Proceso de Migración*, la cual, por lo demás no se refería a "concesiones de hidrocarburos," las cuales habían desaparecido del ordenamiento jurídico desde hace décadas.[29]

---

26   Véase en *Gaceta Oficial* N° 29.577 de 6 de agosto de 1971.

27   Como lo han dicho E. García de Enterría y T.R. Fernández, la reversión, bajo esta perspectiva, "pierde su antiguo carácter de elemento esencial de toda concesión y pasa a ser considerada como un elemento accidental del negocio, esto es, procedente únicamente en caso de pacto expreso, como una pieza más, allí donde esté concebida de ese modo, de la fórmula económica en que toda concesión consiste", en su *Curso de Derecho Administrativo. I.*, Decimotercera Edición, Thomson-Civitas 2006, p. 763.

28   Véase en *Gaceta Oficial* N° 5394 Extra. de 25 de octubre de 1999

29   En la sentencia de la antigua Corte Suprema de Justicia de 3 de diciembre de 1974 (Caso: *impugnación de la Ley de Bienes afectos a reversión en las concesiones petroleras*), al referirse a la reversión establecida en el artículo 103 de la Constitución y 80 de la Ley de Hidrocarburos, la Corte dijo que "ambas leyes contemplan el tras-

3. El régimen jurídico aplicable y la jurisdicción

Al igual que lo que dispuso la *Ley de Migración* (art. 13), el artículo 5 de la *Ley sobre Efectos del proceso de Migración* dispuso también que "todos los hechos y actividades objeto de la normativa" que contenía, "se regirán por las leyes de la República Bolivariana de Venezuela, y las controversias que de los mismos deriven estarán sometidas a su jurisdicción, en la forma prevista en la Constitución de la República Bolivariana de Venezuela."

En relación con esta norma, como ya se indicó, todos los efectos que produzca cualquier ley dictada en Venezuela, en virtud del principio de la territorialidad, en principio se rigen por la legislación nacional; de manera que, si nada se dispone expresamente en contrario en el texto de la ley, todas las situaciones jurídicas derivadas de cualquier ley, se rigen por la "Ley Nacional."

Pero, además, esta Ley también dispuso con redacción deficiente, que las controversias que se derivasen de sus disposiciones estarían sometidas a la jurisdicción venezolana, y de nuevo, ello no podía ser de otra forma, salvo que el legislador renunciase expresamente a la jurisdicción venezolana. Por tanto, las controversias que surgieran con ocasión de la migración de las antiguas Asociaciones a las nuevas empresas mixtas, o los acuerdos que pudieran haber llegado los antiguos socios de los Convenios de Asociación al incorporarse, conforme a las previsiones de la Ley, como socios minoritarios de las nuevas empresas mixtas, solo podían ser resueltos por la jurisdicción nacional.

Además, por ejemplo, las controversias derivadas de las decisiones contenidas en Ley y su aplicación, sin duda, en principio estaban también sometidas a la jurisdicción venezolana, por ejemplo, en cuanto a la posibilidad de impugnación por razones de inconstitucionalidad de las normas de la Ley de Efectos del proceso de Migración ante la Jurisdicción Constitucional, o de la impugnación de los actos administrativos que conforme a ella dictase el Ejecutivo Nacional, ante la Jurisdicción Contencioso Administrativa.

Pero ello no implicaba, en forma alguna, la anulación de las cláusulas que pudieran tener los Convenios de Asociación cuya terminación anticipada y unilateral condujo a disponer la transferencia forzada de bienes de propiedad privada al Estado, por ejemplo, relativas a la sumisión de las contro-

---

paso de los bienes al Estado sin indemnización alguna al extinguirse la concesión, y es evidente también que tanto la confiscación por la cual se incautan determinados bienes de una persona sin indemnización alguna, como la expropiación, que supone un procedimiento especial mediante indemnización, son figuras distintas a la reversión, en virtud de la cual los bienes pertenecientes al concedente, como los del concesionario, afectos a la concesión, vuelven a manos de aquél cuando por cualquier causa la concesión llega a su fin". Véase en *Gaceta Oficial* N° 1718 Extraordinaria, de 20 de enero de 1975, pp. 22-23.

versias que derivasen de la ejecución, cumplimiento e incumplimiento de los Convenios de Asociación, a la jurisdicción arbitral de la cámara de Comercio Internacional de Nueva York, fuera de Venezuela, como lo autorizaba el artículo 151 de la Constitución. Es decir, los contratistas, en esos casos, tenían derecho a que las controversias que se derivasen de la ejecución, cumplimiento, incumplimiento y terminación anticipada y unilateral de aquellos Contratos de asociación, como contratos administrativos que eran, en caso de contener cláusulas arbitrales o de aplicación de la legislación o de una jurisdicción extranjera, fueran resueltas en la forma dispuesta en los mismos. De lo contrario se trataría de darle efectos retroactivos a la Ley sobre Efectos del proceso de Migración, lo cual está prohibido en el artículo 24 de la Constitución que prohíbe que se den a las disposiciones legislativas efectos retroactivos.

El artículo 5 de la Ley de Efectos de 2007, por tanto, tampoco podía interpretarse, como una normativa que pudiera significar la "anulación" de las propias cláusulas contractuales anteriores relativas a la solución de controversias establecidas en los Convenios de Asociación cuyos derechos privados se confiscaron, derivadas precisamente, por ejemplo, del incumplimiento de los Convenios por parte del Estado, como el que resulta de esa confiscación.

Y por ello, precisamente, en muchos casos, los antiguos socios privados en los Convenios de Asociación de la Apertura Petrolera acudieron en reclamo de sus derechos ante la jurisdicción de los tribunales arbitrales de la Cámara de Comercio Internacional de Nueva York, como estaba previsto en los contratos, siendo de destacar, entre otras, las decisiones adoptadas en los casos:

ICC Arbitration Case No. 15416/Jrf/Ca (Dec. 2011), *Mobil Cerro Negro Ltd. V. Petroleos de Venezuela S.A.*;[30] y,

ICC Arbitration Case 20549/ASM/JPA (C-20550/ASM), *Phillips Petroleum Company Venezuela Limited Conocophillips Petrozuata B.V. v. Petróleos de Venezuela, S.A., Corpoguanipa, S.A., Pdvsa Petróleo, S.A.* (24 April 2018).

Las catastróficas consecuencias de estas condenas arbitrales contra PDVSA, por la irresponsabilidad de quienes tomaron las decisiones que condujeron a los procesos arbitrales, las cuales, por lo demás aceleraron el colapso de la industria petrolera, se pueden apreciar de la siguiente información que apareció en el diario *El País*, de Madrid, el 11 de mayo de 2018, en la cual se resume la grave situación en la cual para ese momento se encontraba la empresa, por las demandas intentadas por las empresas *Phillips Petroleum Company Venezuela Limited Conocophillips Petrozuata B.V,* en

---

30   Véase en https://arbitrationlaw.com/sites/default/files/free_pdfs/mobil_cerro_negro_ltd._v._petroleos_de_venezuela_sa_award_icc_arbitration_case_no._15416.pdf.

ejecución del fallo arbitral antes indicado, emitido en contra de *Petróleos de Venezuela, S.A., Corpoguanipa, S.A., Pdvsa Petróleo* el 24 de abril de 2018:

"Conoco Phillips pone a Venezuela contra la pared

Un tribunal internacional obliga a PDVSA a pagar 2.000 millones de dólares por perjuicios y contempla embargos a activos y crudo venezolano

Conoco Phillips pone a Petróleos de Venezuela (PDVSA) en una situación crítica. La victoria de la tercera mayor petrolera estadounidense por la demanda interpuesta ante la Cámara Internacional de Comercio obliga a la firma estatal venezolana a pagarle 2.040 millones de dólares por los daños producidos tras la nacionalización unilateral. Una de sus consecuencias inmediatas del fallo reviste una enorme gravedad para el Gobierno de Nicolás Maduro: la sentencia abre las compuertas para la confiscación de crudo y el embargo de activos internacionales pertenecientes a esta nación, colocando, como mínimo, retardos en la comercialización de su petróleo.

La bajada en los bombeos venezolanos de crudo –en su nivel más bajo en 70 años– como consecuencia de la corrupción, y las enormes deudas que acumula PDVSA –que han triturado su otrora posición de solvencia– se suman a este revés judicial y sitúan al régimen venezolano, dependiente como nunca de sus ingresos petroleros, frente a un potencial problema de flujo de dinero en el corto y el mediano plazo.

De momento, el triunfo de la ConocoPhillips en el arbitraje ha servido para que PDVSA no pueda operar con normalidad en el abastecimiento de sus buques en los terminales de la estatal venezolana en las islas de Bonaire y San Eustaquio (limítrofes con Venezuela, pertenecientes a la Corona holandesa). Tampoco podrá hacerlo en la estratégica Refinería Isla (en Curazao), a través de la cual PDVSA atiende despachos enviados a naciones como China y la India. En Caracas temen que lo mismo pueda ocurrir con las propiedades de PDVSA en Aruba, a través de su filial Citgo. PDVSA ha desviado las rutas de sus buques con destino a Curazao como medida de último minuto para impedir su confiscación. Si Petróleos de Venezuela no acata lo que el tribunal determina, no se puede descartar, incluso, la toma de buques con crudo venezolano en alta mar.

El potencial embargo de activos venezolanos internacionales se produce en un contexto de enorme desorden financiero que ha evidenciado la administración de Maduro, cuyo Ejecutivo tiene vencidos pagos de onerosos préstamos por otros conceptos, y que colocaron a Venezuela en una situación de *default* técnico desde finales del año pasado.

Conoco Phillips también demandó al estado venezolano ante el CIADI (el Centro Internacional de Arreglo de Diferencias sobre Inversiones, dependiente del Banco Mundial), por violaciones al tratado bilateral de Inversiones firmado entre Venezuela y Holanda. En ese proceso ya se determinó que el país latinoamericano incurrió en faltas por la expropiación de dos activos de Conoco Phillips –las instalaciones de Petropiar y Petrozuata, en la faja petrolífera del Orinoco– y que está a la espera de que se determine el monto de la indemnización.

El Ministerio de Energía y Petróleo de Venezuela emitió un ambiguo comunicado, en el cual protesta por la decisión del tribunal y enjuicia los motivos de la multinacional petrolera con sede en Houston para la demanda, pero se compromete "a resolver de forma legal y pacífica las controversias haciendo uso de las instancias destinadas para tales fines". La reacción oficial incluyó un pronunciamiento adicional de PDVSA a través de la cuenta de Twitter de la compañía, en la cual se afirma que la nación honrará sus compromisos. Para sorpresa de muchos, sin embargo, estos tuits fueron borrados poco después de haber sido publicados.

El motivo del contencioso judicial encuentra su raíz en el proceso de nacionalización de activos en la Faja Petrolífera del Orinoco, decretado por Hugo Chávez en 2007, con ocasión de la creación de la nueva ley de Hidrocarburos. Eran otros tiempos: los márgenes de rentabilidad de la industria venezolana eran todavía apreciables, con el precio del petróleo por encima de los 100 dólares por barril, y la nación estaba embriagada por una ola de nacionalismo económico.

"Goodbye, good luck, and thank you very much" ("Adiós, buena suerte y muchas gracias"). Con esas palabras, en una cadena de televisión del año 2007, el entonces presidente Chávez decidió dar por terminados los contratos de operación que justificaban la presencia de esta y otras multinacionales en los yacimientos de la faja del Orinoco, que fueron promovidos, sobre todo, durante el mandato de Rafael Caldera (1994-1999), en el marco de un proceso conocido como la Apertura Petrolera, que fue muy criticado por la dirigencia chavista por "entreguista"

Para seguir operando en la explotación de los cuantiosos crudos extrapesados de la faja del Orinoco, estas compañías fueron obligadas a migrar a un sistema de empresas mixtas, en las cuales podrían seguir en el país, pero tuteladas con la mayoría accionaria de PDVSA. Algunas de las principales multinacionales del sector – Chevron, British Petroleum (BP), Statoil y Total –, aceptaron los términos operativos dispuestos por el Gobierno chavista, pero Conoco, y Exxon Mobil, permanecieron renuentes.

Aunque PDVSA ha prometido que pagará, los analistas ven con enorme cautela que esto ocurra en lo inmediato, en virtud del pronunciado deterioro financiero y operativo de la corporación y el estado de quiebra del país.

De hecho, desde que nació la diferencia, en época de vacas gordas, el Ejecutivo de Chávez se mostró dispuesto a cancelar algún acuerdo, que llegó a ejecutar con otras compañías expropiadas durante su mandato, que en esta ocasión no pudo llegar a concretarse por discrepancias en los montos. Los observadores no descartan que ambos factores intenten concretar una modalidad pactada."[31]

Sobre lo que significaba esta situación, Juan Carlos Zapata, escribió el 11 de mayo de 2018 una columna titulada "La crisis ya pasó: Ahora lo que viene es la hecatombe," en la cual expresó, entre otras cosas, lo siguiente:

"Si la caída de la producción petrolera ya es un problema mayor que se manifiesta de manera paulatina pero que en el tiempo se acelera, el embargo de activos por parte de esta multinacional es de impacto de corto plazo sobre las exportaciones y las cuentas. Es de tal magnitud que la respuesta del Gobierno ha sido cautelosa. Sabe que confronta una situación que lo desborda, que le afecta casi el 20% de las exportaciones, y este porcentaje pesa en un entorno de escasez de divisas. Conoco no desmayará hasta hacer efectivo el cobro de los 2.000 millones de dólares del laudo arbitral que le dio la razón. ¡2.000 millones de dólares para un Gobierno en problemas! Y aún después del cobro, quedarán las secuelas. Un aviso para otras empresas en conflicto con PDVSA y Venezuela, y un aviso para que el Gobierno, ya cercado, tome precauciones. Las precauciones se traducen en problemas. En trancas previsibles.

Un experto petrolero resumió la situación así: "Muy grave. Las exportaciones hacia China e India se verán afectadas el ser bloqueada la capacidad de almacenamiento de PDVSA en Bonaire, Curazao y San Estaquio. Allí es donde cargan los grandes tanqueros. Aunque lo de China es amortizar deuda, lo de India sí son ventas en efectivo."

Pero es que las exportaciones ya venían cayendo. Con menos producción hay menos crudo que vender. Según cálculos, en abril se redujeron las ventas en un 20% en comparación con 2017. Habrá que esperar mayo. Tal vez sea un 25% o un poco más. El profesor Francisco Monaldi declaró a una agencia internacional que "La situación de Conoco, tal y como está, con Venezuela inhabilitada para utilizar sus tanques de almacenamiento en el Caribe, es peor que las sanciones nor-

---

31   Véase el texto del reportaje de Alonso Moleiro y Florantonia Singer, "Conoco Phillips pone a Venezuela contra la pared," en *El País*, 11 de mayo de 2018, enhttps://elpais.com/internacional/2018/05/11/america/1526069049_337653.html.
Véase además, Lucia Kassai, "PDVSA Learns That Conoco Pain May Be Worse Than U.S. Sanctions," en *Bloomberg*, 10 de mayuo de 2018, en https://www.bloomberg.com/news/articles/2018-05-10/pdvsa-learns-that-conoco-pain-may-be-worse-than-u-s-sanctions; "Corte de Curazao autoriza a Conoco Phillips embargar activos de Pdvsa," en La Patilla.com, 12 de mayo de 2018, en https://www.lapatilla.com/site/2018/05/12/corte-curazao-autoriza-a-conoco-phillips-embargar-activos-de-pdvsa/

teamericanas."[32]

En fin, las catastróficas consecuencias del desmantelamiento de la Apertura petrolera en 2007, sin apego a la Constitución, a la ley y a los Convenios de Asociación, como lo ha resumido José Guerra:

"una deuda que Pdvsa debe y tiene que pagar se ha transformado en un problema mayúsculo que está estrangulando buena parte de las exportaciones petroleras que se embarcan desde esas islas.

Se enfrenta así Venezuela y Pdvsa al siguiente dilema: si no pagan a Conoco Phillips, ésta compañía con seguridad va a embargar las refinerías y se va a apoderar de los tanqueros de Pdvsa o cualquier otro activo. Si paga, como ha dicho que está dispuesto hacerlo, ello va a motivar que todos los acreedores sigan el ejemplo de Conoco Philliops para cobrar lo adeudado. Ello es importante por la cantidad de litigios pendientes por más de US$ 10.000 millones en juicios pendientes y por los pagos atrasados de bonos tanto de la estatal petrolera como la República por más de US$ 2.000 millones.

El punto crítico es que hoy Venezuela no tiene cómo pagar por la irresponsabilidad con la cual se actuó en 2007 y durante el festival de endeudamiento externo que sufrió la nación entre 2007 y 2011 y que tiene hipotecado al país. Chávez murió, pero los que azuzaron para que se expropiaran las empresas petroleras y endeudaron al país, están vivos y van a tener que responder ante el tribunal de la historia, que tarde llega pero llega.

Allí están los videos cuando desde las instalaciones de la Faja del Orinoco se expropiaron las empresas y todos le aplaudían a Chávez aquellas acciones insensatas sin que nadie se atreviera a alertarlo o contradecirlo sobre su inconveniencia. El problema no es Conoco Phillips sino quienes, en aquellos tiempos de locura, nos llevaron a esta situación de quiebra y ruina nacional."[33]

---

32   Véase en KonZapata.com., 11 de mayo de 2018, en https://konza-pata.com/2018/05/la-crisis-ya-paso-ahora-lo-que-viene-es-la-hecatombe/

33   Véase José Guerra, "El Caso Conoco Phillips," en La patilla.com, 13 de mayo de 2018, en https://www.lapatilla.com/site/2018/05/13/jose-guerra-el-caso-conoco-phillips; y en *Venezuela Unida*, 13 de mayo de 2018, en https://venezuela-unida.com/jose-guerra-el-caso-conoco-phillips/

SÉPTIMA PARTE:

LA NACIONALIZACIÓN DE LOS BIENES Y SERVICIOS CONEXOS CON LAS ACTIVIDADES PRIMARIAS DE HIDROCARBUROS DECRETADA EN 2009 Y SU INCONSTITUCIONAL PRIVATIZACIÓN EN 2018

I. LA CONTRATACIÓN DE SERVICIOS AUXILIARES Y CONEXOS CON EMPRESAS PRIVADAS

Conforme a la Ley Orgánica de Nacionalización petrolera de 1975, y posteriormente, conforme a la Ley Orgánica de Hidrocarburos de 2001, además de la participación de las empresas privadas en las actividades reservadas de la industria y el comercio de hidrocarburos mediante los convenios operativos y los convenios de asociación que fueron terminados en 2007,[34] los particulares y empresas privadas también participaban y siguieron participando en las actividades no reservadas de la industria y el comercio de los hidrocarburos, particularmente prestando servicios o realizando obras mediante contratos celebrados con las empresas del Estado.

Ese fue el caso de las empresas que suscribieron mediante procesos licitatorios llevados a cabo incluso antes de la entrada en vigencia de la Ley Orgánica de Hidrocarburos, contratos con la empresa PDVSA Petróleo y

---

34   Véase la Ley de Migración a Empresas Mixtas de los Convenios de Asociación de la Faja Petrolífera del Orinoco, así como de los Convenios de Exploración a Riesgo y Ganancias Compartidas (*Gaceta Oficial* N° 38.623 de 26-2-2007). Ley sobre los Efectos del Proceso de Migración a Empresas Mixtas de los Convenios de Asociación de la Faja Petrolífera del Orinoco; así como de los Convenios de Exploración a Riesgo y Ganancias Compartidas de 5 de octubre de 2007 (*Gaceta Oficial* N° 38.785 del 08-10-2007). Sobre estas leyes véase, Allan R. Brewer-Carías, "La estatización de los convenios de asociación que permitían la participación del capital privado en las actividades primarias de hidrocarburos suscritos antes de 2002, mediante su terminación anticipada y unilateral y la confiscación de los bienes afectos a los mismos", en Víctor Hernández Mendible (Coordinador), *Nacionalización, Libertad de Empresa y Asociaciones Mixtas*, Editorial Jurídica Venezolana, Caracas 2008, pp. 123-188.

Gas S.A. (luego PDVSA Petróleo. S.A.) para la prestación a PDVSA, por ejemplo, de los servicios de inyección de agua, de vapor o de gas, y de compresión de gas; y de los servicios vinculados a las actividades petroleras desarrolladas en particular, en el Lago de Maracaibo, como los servicios de lanchas para el transporte de personal, buzos y mantenimiento; los servicios de barcazas con grúa para transporte de materiales, diesel, agua industrial y otros insumos; los servicios de remolcadores; los servicios de gabarras planas, boyeras, grúas, de ripio, de tendido o reemplazo de tuberías y cables subacuáticos; los servicios de mantenimiento de buques en talleres, muelles y diques.

En esos casos, la empresa petrolera nacional encomendó a empresas privadas, generalmente a consorcios que agrupaban a empresas extranjeras con nacionales, la realización de actividades que entonces no estaban reservadas al Estado, ni estaban destinadas a satisfacer necesidades colectivas, y que sólo estaban destinadas a prestar servicios eminentemente técnicos a una sola empresa para la realización de sus actividades, como era el caso de PDVSA Petróleo y Gas S.A. Las actividades que constituían el objeto de los contratos celebrados con empresas privadas o consorcios, por otra parte, a pesar de tratarse de actividades conexas con las actividades primarias de hidrocarburos que estaban a cargo de PDVSA, no sólo no eran actividades reservadas al Estado, sino que no constituían en sí mismas actividades de explotación petrolera.

II LA NACIONALIZACIÓN DE 2009

En mayo de 2009, sin embargo, todos esos servicios fueron nacionalizados, sancionándose a tal efecto la "Ley Orgánica que reserva al Estado bienes y servicios conexos a las actividades primarias de Hidrocarburos"[35] (Ley de Reserva de 2009). Dicha Ley, en efecto, por su "carácter estratégico," reservó al Estado "los bienes y servicios, conexos a la realización de las actividades primarias previstas en la Ley Orgánica de Hidrocarburos" (Art. 1), los cuales, con anterioridad, se afirmó en la Ley, habían sido "realizadas directamente por Petróleos de Venezuela, S.A., (PDVSA) y sus filiales, y que fueron tercerizadas, siendo esenciales para el desarrollo de sus actividades" (Art. 2).

En consecuencia, los bienes y servicios y sus obras que se reservaron al Estado, o se nacionalizaron en 2009, conforme a la enumeración del artículo 2 de la Ley Orgánica, fueron precisamente:

"1. Los servicios de inyección de agua, de vapor o de gas, que permitan incrementar la energía de los yacimientos y mejorar el factor de recobro;

---

35   Véase en *Gaceta Oficial* N° 39.173 del 7 de mayo de 2009.

2. Los servicios de compresión de gas; y

3. Los servicios vinculados a las actividades en el Lago de Maracaibo, como los servicios de lanchas para el transporte de personal, buzos y mantenimiento; de barcazas con grúa para transporte de materiales, diesel, agua industrial y otros insumos; de remolcadores; de gabarras planas, boyeras, grúas, de ripio, de tendido o reemplazo de tuberías y cables subacuáticos; de mantenimiento de buques en talleres, muelles y diques de cualquier naturaleza."

La Ley dispuso que a partir de su entrada en vigencia, las actividades reservadas pasarían a ser ejecutadas, "directamente por la República; por Petróleos de Venezuela, S.A. (PDVSA) o de la filial que ésta designe al efecto; o, a través de empresas mixtas, bajo el control de Petróleos de Venezuela, S.A., (PDVSA) o sus filiales." (Art. 1).

A los efectos de materializar la nacionalización que ello implicó, el artículo 3 de la Ley de Reserva de 2009, atribuyó al Ministerio con competencia en materia petrolera, la facultad de determinar mediante Resolución, los bienes y servicios de empresas o sectores que se encontraban dentro de las previsiones de sus artículos 1 y 2. Se dispuso además, que al dictarse dichas Resoluciones ministeriales, los contratos que se hubieran celebrado entre las empresas petroleras estatales y empresas privadas para la realización de las actividades que con la ley se reservaban al Estado, "se extinguirán de pleno derecho en virtud de la presente Ley" (Art. 3).

III ORDEN PÚBLICO, SERVICIO PÚBLICO, Y CONTRATACIÓN ADMINISTRATIVA

La Ley de Reserva de 2009, además, en su artículo 7, declaró a sus disposiciones como "de orden público" indicando que "se aplicarán con preferencia a cualquier otra disposición legal vigente en la materia;" y además, declaró a dichos bienes y servicios, y sus obras nacionalizados (Art. 5) como "servicio público y de interés público y social."

El legislador, en dicha norma del artículo 7, en todo caso, fue claro en utilizar dos conceptos y distinguir entre actividades de "interés público" y de "servicio público," que son dos términos que en el derecho administrativo y en la legislación de hidrocarburos, tiene distinto significado; y procedió a darle a los bienes y servicios regulados, ambas calificaciones: como de interés público y como servicio público. Y por último, la Ley de Reserva de 2009, adicionalmente, en su artículo 3 "reconoció" que los contratos que se habían suscrito entre PDVSA Petróleos S.A. y empresas o consorcios privados para la prestación de los servicios conexos que se reservaron al Estado, eran "contratos administrativos."

Con estas previsiones se confirmó, por supuesto, que antes de la entrada en vigencia de la Ley de Reserva de 2009, no sólo las actividades que reguló no eran actividades "reservadas" al Estado, ni en la industria petrolera podían ser consideradas como "servicios públicos" (calificación reservada sólo a las actividades destinadas a satisfacer necesidades colectivas conforme al artículo. 60 de la LOH y en al artículo 5 de la LOHG), sino que los contratos celebrados por PDVSA y sus filiales con empresas y consorcios particulares respecto de las mismas, no eran ni podían considerarse en absoluto como "contratos administrativos," sino contratos de derecho privado de la Administración.

Fue por tanto, con la Ley de Reserva de 2009, a partir de la misma y a sus solos efectos, que las referidas actividades en cambio comenzaron a ser consideradas como "actividades reservadas," que además comenzaron a ser consideradas como "servicios públicos", y que, adicionalmente, los contratos relativos a las mismas comenzaron a ser "reconocidos" como "contratos administrativos."

IV. LA CONFISCACIÓN INMEDIATA

La reserva al Estado decidida en la Ley de Reserva de 2009, a diferencia de otras leyes anteriores que reservaron actividades al Estado, en este caso tuvo efectos inmediatos, de manera que el artículo 4 de la Ley precisó que a partir de su publicación, "Petróleos de Venezuela S.A., (PDVSA) o la filial que ésta designe, tomará posesión de los bienes, y control de las operaciones referidas a las actividades reservadas," lo que efectivamente ocurrió. Este constituyó, de acuerdo con la Exposición de Motivos de la Ley, un:

> "mecanismo expedito, acorde a las necesidades de la industria petrolera, que permitirá a Petróleos de Venezuela o la filial que ésta designe, tomar posesión de los bienes, y control de las operaciones referidas a las actividades reservadas, como paso previo al inicio del proceso Expropiatorio."

A tal efecto la Ley autorizó al Ministerio con competencia en materia petrolera, para asumir "las medidas necesarias para garantizar la continuidad de las actividades objeto de la Ley," estando facultada para "solicitar el apoyo de cualquier órgano o ente del Estado." En este caso, fue la Guardia Nacional la utilizada.

Además, se impuso en la ley a "las personas naturales o jurídicas vinculadas a la materia, colaborar en la entrega pacífica y ordenada de las operaciones, instalaciones, documentación, bienes y equipos afectos a las actividades a las que se refiere la Ley, so pena de la aplicación de las sanciones administrativas y penales que pudieran corresponder, de conformidad con el ordenamiento jurídico." (Art. 4).

Para asegurar la transferencia de todos los bienes y servicios, además, el artículo 8 de la Ley dispuso que todos "los permisos, certificaciones, autorizaciones y registros vigentes, pertenecientes a los operadores de las actividades reservadas, o que recaigan sobre bienes utilizados por las mismas, pasarán de pleno derecho, a la titularidad de Petróleos de Venezuela S.A., (PDVSA) o a la filial que ésta designe."

Igualmente, para asegurar la transferencia al Estado, la Ley estableció que "los actos, negocios y acuerdos que se realicen, suscriban o ejecuten en cumplimiento de la Ley Orgánica, así como las cesiones, transferencias de bienes y cualesquiera otras operaciones, quedan exentos de los tributos nacionales" (Art. 9).

La nacionalización de los mencionados bienes y servicios conexos y la asunción inmediata de los mismos por parte de PDVSA, implicaba la obligación para el Estado de compensar a los accionistas privados de las empresas, a cuyo efecto dispuso la Ley de Reserva de 2009 que el Ejecutivo Nacional podrá "decretar la expropiación, total o parcial de las acciones o bienes de las empresas que realizan los servicios referidos" de conformidad con lo previsto en la Ley de Expropiación por Causa de Utilidad Pública o Social, en cuyo caso "el ente expropiante será Petróleos de Venezuela S.A., (PDVSA) o la filial que ésta designe"(Art. 6).

Al día siguiente de dictarse la Ley de Reserva de 2009, conforme a sus previsiones, el Ministerio del Poder Popular para la Energía y Petróleo dictó la Resolución N° 051 de 8 de mayo de 2009,[36] en la cual enumeró una larga lista de servicios de empresas o sectores y bienes "afectadas por las medidas de toma de posesión," (Art. 1), instruyéndose a Petróleos de Venezuela, S.A. o la filial que ésta designe, "a tomar el control de las operaciones y posesión inmediata de las instalaciones, documentación, bienes y equipos" mencionados (Art 2). En la Resolución, además, el Ministerio del Poder Popular para la Energía y Petróleo se reservó la aplicación de las medidas que considerase necesarias, para garantizar la continuidad de las actividades afectadas; y además, se reservó el derecho de determinar otros bienes, servicios de empresas o sectores y empresas afectadas por la Ley de Reserva de 2009 (Art 3).

Posteriormente, mediante Resolución No. 54 de 13 de mayo de 2009,[37] el mismo Ministerio del Poder Popular para la Energía y Petróleo enunció una serie de empresas que prestaban servicios y poseían bienes esenciales (compresión de gas) que eran conexos con la realización de las actividades primarias previstas en la LOH, y que consideró se "subsumían" en las indicadas en el artículo 2 de la Ley de Reserva de 2009, con la advertencia de que "las enunciaciones en cuestión no tienen carácter taxativo sino meramente enunciativo" (Art. 1).

---

36   Véase en *Gaceta Oficial* N° 39.174 del 8 de mayo de 2009

37   Véase en *Gaceta Oficial* N° 39.177 del 13 de mayo de 2009.

A los efectos de implementar la nacionalización decretada, en el artículo 2 de la Resolución se instruyó a Petróleos de Venezuela, S.A. o la filial que ésta designase, "a tomar el control de las operaciones y posesión inmediata de las instalaciones, documentación, bienes y equipos, afectos a las actividades" de dichas empresas, a cuyo efecto, debía dejarse asentada la información específica de las instalaciones, bienes y equipos afectados, mediante evaluación y levantamiento de acta a ser suscrita entre representantes de Petróleos de Venezuela, S.A. o de la filial designada y de las empresas afectadas; o mediante el mecanismos de levantamiento de un acta de inspección judicial o acta notarial, en un plazo no mayor de quince (15) días hábiles. Dejó a salvo la Resolución que "[e]n todo caso, si de la referida evaluación se determinase que no existe interés en la toma de posesión de los Servicios de Empresa o Sectores y Bienes enunciados anteriormente quedará sin efecto su afectación por parte de esta Resolución." El Ministerio del Poder Popular para la Energía y Petróleo, además, se reservó la aplicación de las medidas que considerase necesarias, para garantizar la continuidad de las actividades afectadas por dicha Resolución; y asimismo, también se reservó el derecho de determinar otros bienes, servicios de empresas o sectores y empresas afectadas por la Ley Orgánica que Reserva al Estado Bienes y Servicios Conexos a las Actividades Primarias de Hidrocarburos (Art. 3).

V. LA NACIONALIZACIÓN Y LA DECLARACIÓN EX POST FACTO DE LOS CONTRATOS DE PRESTACIÓN COMO CONTRATOS ADMINISTRATIVOS

Como consecuencia, todos los bienes y servicios conexos con la industria petrolera como los de inyección de agua, de vapor o de gas, de compresión de gas; y los servicios vinculados a las actividades petroleras desarrolladas en el Lago de Maracaibo (lanchas, barcazas, remolcadores; gabarras, mantenimiento de buques) fueron nacionalizados en la Ley de Reserva de 2009, Por tanto, y ello resulta del texto de la propia Ley de Reserva de 2009, las actividades de dichos servicios ni conforme a la Ley de Nacionalización Petrolera de 1975 ni a la Ley Orgánica de Hidrocarburos de 2001, podían considerarse como actividades que hubiesen estado reservadas al Estado. Se trataba de actividades "conexas con la industria petrolera," pero que en si mismas no eran actividad reservadas al Estado, ni eran actividades que fueran parte de la explotación de hidrocarburos, ni eran consideradas en forma alguna como "servicios públicos." Los contratos suscritos por PDVSA Petróleos S.A. para la prestación de dichos servicios, además, ni por la persona estatal que los suscribió - ni por su objeto ni por su contenido - tenían en modo alguno el carácter de "contratos administrativos."

En cambio, fue precisamente a partir del 7 de mayo de 2009 con motivo de la publicación de la Ley de Reserva de 2009, que en la misma ley, expresamente y con vigencia a partir de entonces, la actividad que habían venido realizando empresas o consorcios particulares mediante contratos en relación con servicios conexos con la industria petrolera, comenzaron a ser actividades "reservadas por el Estado" (Art. 1), que además, se las declaró y comenzaron a ser consideradas en virtud de ley como "servicio público" (Art. 5), y que los contratos celebrados para su prestación por empresas privadas o consorcios fueron "reconocidos" *ex post facto* como "contratos administrativos" (Art. 3). Todo ello, por supuesto, con vigencia a partir de la publicación de la Ley y sin posibilidad constitucional alguna de que su articulado pudiera tener efecto retroactivo por prohibirlo el artículo 24 de la Constitución.

VI. LA INCONSTITUCIONAL DESNACIONALIZACIÓN Y LA PRIVATIZACIÓN "OBLICUA" DE LOS SERVICIOS CONEXOS Y AUXILIARES DE LA INDUSTRIA PETROLERA EN 2018

Los efectos desastrosos de la nacionalización de los servicios auxiliares y conexos de la industria petrolera, se manifestaron con gran crudeza en las explotaciones del Lago de Maracaibo, donde tuvieron un gran impacto por el desmantelamiento y abandono total de una de las principales actividades que antes se desarrollaban en el mismo, y le habían dado por décadas vida económica durante tantos años.

Esos efectos desastrosos fueron incluso reconocidos siete años después por el Ministro del Petróleo, Eulogio Del Pino, quien a su vez en ese momento era también el Presidente de PDVSA, en una exposición pública que hizo ante la a la XXXVIII Asamblea General Ordinaria de la Cámara Petrolera de Venezuela (CPV) en julio de 2016, en la cual admitió que "hubo un error en las estatizaciones" que se hicieron en 2009, refiriéndose en particular a las empresas de servicios de la Costa Oriental del Lago de Maracaibo; agregando que:

> "debemos ir a nuevo modelo con mayoría del sector privado y eso pasa por un reconocimiento de errores. Creo que lo que se hizo en el Lago de Maracaibo tuvo muchos errores, debemos reconocerlo y hemos ido a un esquema en el cual a todos aquellos empresarios, que aún quieran continuar, vamos a devolverle sus actividades."

El funcionario hizo referencia como ejemplo a seguir, al hecho de que "En la Faja del Orinoco, tenemos firmados acuerdos con 20 empresas mixtas con una modalidad donde la parte privada tiene 80% y PDVSA el 20%."[38]

---

38   Véase la reseña: "Eulogio Del Pino: Fue un error lo que se hizo con empresas del lago de Maracaibo," en Petrigui@, 27 de julio de 2016, en http://www.petro-guia.com/pub/article/eulogio-del-pino-fue-un-error-lo-que-se-hizo-con-empresas-del-lago-de-maracaibo. Igualmente la reseña: "Del Pino: Expropiaciones en el Lago fueron un error. *El ministro extendió la mano a los privados y dijo que podían trabajar con 80% y 20% Pdvsa,"* en *Quepasa*, 28 de julio, 2016, en http://www.que-

Para proceder a corregir los "errores cometidos," sin embargo, en este caso, debía derogarse la Ley Orgánica que reservó al Estado los bienes y servicios conexos a las actividades primarias de hidrocarburos de 2009, y por supuesto, indemnizarse a las empresas que fueron expoliadas.

Sin embargo, ello no se hizo, y lo que se ha hecho es pretender a privatizar las actividades y servicios conexos con las actividades primarias en forma torcida, mediante un decreto ejecutivo, por supuesto totalmente inconstitucional, dictado en abril de 2018, en supuesta ejecución de una inconstitucional "Ley Constitucional contra la guerra económica para la racionalidad y uniformidad en la adquisición de bienes, servicios y obras públicas,"[39] dictada por la inconstitucional y fraudulenta Asamblea Nacional Constituyente[40] en enero de 2018.

Mediante esta Ley Constitucional – categoría que, por supuesto, no existe en el ordenamiento constitucional venezolano –, contrariamente a lo que se expresa en las frases vacías contenidas a lo largo de su texto, no sólo se reformó parcial y tácitamente la Ley de Contrataciones Públicas de 2014, sino que se eliminó totalmente el proceso transparente de selección de contratistas en la contratación pública mediante licitación, particularmente en la industria petrolera nacional, y precisamente respecto de todos los servicios que habían sido nacionalizados en 2009, con lo cual puede decirse que se contribuyó a institucionalizar la cleptocracia en el país.[41]

El objeto de la reforma fue supuestamente establecer "normas básicas de conducta para la Administración Pública, en todos sus niveles, que promuevan la honestidad, participación, celeridad, eficiencia y transparencia en

pasa.com.ve/economia/del-pino-expropiaciones-en-el-lago-fueron-un-error/. Ante ello, el ex Ministro del Petróleo y expresidente de PDVSA, Rafael Ramírez, indicó que: "Ante unas declaraciones que dio, pidiendo disculpas y asumiendo "errores" por la nacionalización que hicimos de las operaciones acuáticas, viajé a Caracas y lo visité a su Despacho. Le dije, "mira, no te vayas a convertir en el entreguista de nuestra política petrolera" no escuchó, hoy está preso." Véase Rafael Ramírez Carreño, "El problema de PDVSA está en Miraflores," en aporrea.org, 22 de abril de 2018, en https://www.aporrea.org/energia/a262147.html

39   Véase *Gaceta Oficial* N° 41.318 del 11 de enero de 2018.

40   Véase Allan R. Brewer-Carías, *Usurpación Constituyente, 1999, 2017. La historia se repite: una vez como comedia y la otra como tragedia*, Editorial Jurídica Venezolana International, 2018.

41   Véase los comentarios en Allan R. Brewer-Carías, "La institucionalización de la cleptocracia en Venezuela: la inconstitucional reforma tácita del régimen de contrataciones públicas, y la inconstitucional eliminación, por decreto, de la licitación para la selección de contratistas en la industria petrolera, y de la nacionalización de las actividades auxiliares o conexas con la industria," New York, 18 de abril de 2018, en   http://allanbrewercarias.com/wp-content/uploads/2018/04/182.-Brewer.-doc.-Institucionalizaci%C3%B3n-Cleptocracia.PDVSA_.pdf

los procesos de adquisición y contratación de bienes, servicios y obras públicas. Facilite los mecanismos de control de tales procesos, y estimule la participación equilibrada de todos los agentes económicos en la inversión y justa distribución de recursos destinados las compras públicas" (art. 1). Pero todo ello no es más que una nueva y gran mentira cuando se analiza el sentido y efecto de lo regulado,[42] lo cual contrariamente asegura la ausencia honestidad, transparencia y control en la contratación pública, pero encubierta con previsiones llenas de galimatías, y declaraciones rimbombantes.

Si bien el sentido de la Ley Constitucional no es fácil de ser identificado a cabalidad, el resultado inmediato de la misma fue, primero, que la Ley de Contrataciones Públicas quedó relegada como ley supletoria en materia de contratación pública, al disponer la "Ley Constitucional" que sus disposiciones debían ser "aplicadas de forma preferente por la administración pública nacional, estadal y municipal" (art. 2), quedando así la vigencia plena de Ley de Contrataciones Públicas relegada a la discreción interpretativa de cualquier funcionario; y segundo, además, que los principios de la licitación en la selección de contratistas podían ser eliminados, como efectivamente ocurrió respecto de las contrataciones en las empresas de la industria petrolera, que es la más importante industria del país, a pesar de su deterioro, eliminándose formalmente toda idea de trasparencia en el manejo de las compras y adquisiciones por parte de las empresas del Estado de la misma.

En efecto, entre las disposiciones de la "Ley Constitucional" en materia de contrataciones públicas por parte de "entes del Estado con fines empresariales" estableció que salvo en lo relativo a "concesiones," (las cuales, por lo demás dejaron de existir hace lustros en el país), las mismas debían ser:

> "objeto de regulación especial, en términos tales que otorguen a dichos entes la agilidad y eficiencia suficientes, sin menoscabo de la

---

42 Como lo observó Sergio Sáez: "De la lectura [de esta norma] se puede inferir, que transcurridos dieciocho (18) años de éste régimen, visto los nefastos resultados y el desastre al cual ha conducido al país, *después de haber dilapidado más de millón y medio de millones de dólares* de ingresos petroleros, y la inmensa deuda que adquirieron, la carencia de recursos financieros e la imposibilidad de conseguir financiamiento externo que sobrepasa los *doscientos mil millones de dólares*, reconoce el régimen que la grosera corrupción los sobrepasó, y debe buscar limpiar la negra imagen y retornar a la honestidad, participación, celeridad, eficiencia y transparencia en los procesos de adquisición y contratación de bienes, servicios y obras públicas; y lo más grave, que reconocen la ausencia de los controles derivados de los equilibrios de los poderes públicos (Contraloría General de la República y Comisiones de Finanzas y de Contraloría de la Asamblea Nacional)." En Sergio Sáez, Auditor Social, "¿Qué hay detrás de la Ley Constitucional Contra la Guerra Económica para la Racionalidad y Uniformidad de la Adquisición de Bienes, Servicios y Obras Públicas?, Abril 04 de 2018 (Consultado en original).

transparencia de los procesos de contratación y del ejercicio de las funciones de control de los órganos competentes" (art. 19).

Aparentemente, a pesar de la redacción de la norma, se trata de un régimen de exclusión total de la aplicación a las contrataciones pública por parte de las empresas del Estado, de las disposiciones de la misma "Ley Constitucional," salvo respecto de las concesiones las cuales, sin embargo, a pesar de su inexistencia en la práctica, sí estarían sujetas a la "Ley Constitucional."

Para tales efectos, el régimen aplicable a las empresas del Estado debía estar regulado en una "regulación especial," siendo la primera de ellas, la contenida en el confuso decreto dictado por el Presidente de la República N° 3.368 de 12 de abril de 2018, contentivo, a su vez, de otro decreto N° 44 dictado en el marco Excepción y Emergencia Económica (Decreto N° 3.239 de 9 de enero de 2018),[43] en el cual, en ejecución de la "Ley Constitucional" comentada (art. 19), se estableció un "régimen especial y transitorio para la gestión operativa y administrativa de la industria petrolera nacional," con una "vigencia hasta el 31 de diciembre de 2018, prorrogable por un (1) año" (art. 12), para que "contribuya de manera definitiva al aumento de las capacidades productivas de Petróleos de Venezuela S.A., PDVSA, sus empresas filiales, y la industria petrolera nacional en general" (art. 1), como si ello pudiera "decretarse."

En todo caso, para ello, se reguló un régimen excepcional en el manejo de las empresas del Estado en la industria petrolera nacional, mediante el cual, en primer lugar, se procedió a ampliar los poderes del Ministerio de Petróleos en relación con la organización, gestión y funcionamiento de las empresas de la industria petrolera; y a tal efecto, el artículo 2 del decreto, atribuyó al Ministro del Poder Popular de Petróleo, "además de las facultades de control y tutela establecidas en el ordenamiento jurídico," es decir, en la Ley Orgánica de la Administración Pública y en la Ley Orgánica de Hidrocarburos, "las más amplias facultades de organización, gestión y administración de las empresas de la industria petrolera del sector público, en especial Petróleos de Venezuela S.A., PDVSA, y sus empresas filiales, en los términos expuestos en este decreto," detallando al efecto numerosas competencias para ello (art. 3).

En ejercicio de esas competencias puede decirse que se autorizó al Ministro del Petróleo para hacer materialmente lo que le viniera en ganas con

---

43   Véase en *Gaceta Oficial* N° 41.376 de 12 de abril de 2018. En cuanto a basarse en el régimen de Estado de Excepción y emergencia económica, debe recodarse que de acuerdo con el artículo 338 de la Constitución, el mismo sólo puede durar 120 días, aun cuando el decretado ya tiene más de dos años, y sin siquiera haber sido aprobado por la Asamblea Nacional.

las empresas de la industria petrolera nacional, incluso "suprimir" a Petróleos de Venezuela S.A. lo que no sólo es un soberano disparate, sino que sería violatorio de la Constitución (art. 303).

Como parte del régimen especial, se eliminó el proceso de la licitación en la contratación pública por parte de las empresas de la industria petrolera, y con ello, se produjo la derogación "oblicua" de la Ley Orgánica que reservó al Estado bienes y servicios conexos a las actividades primarias de hidrocarburos de 2009.

En efecto, para ello, entre las decisiones adoptadas en dicho decreto No. 3.368 de 12 de abril de 2018, estuvo nada más ni nada menos que la de la eliminación para las contrataciones por parte de Petróleos de Venezuela, S.A., y sus empresas filiales, de toda forma de licitación pública, es decir, en la industria petrolera se eliminó toda modalidad de control o selección de contratistas basada en principios de transparencia,[44] estableciendo en cambio solo dos modalidades de contratación: la consulta de precios y la adjudicación directa.

Y fue precisamente con la previsión de los casos de contratación mediante adjudicación directa que puede decirse que se produjo la privatización de los servicios y bienes conexos a las actividades primarias de la industria petrolera que habían sido nacionalizados en 2009, pero sin que dicha Ley se hubiese derogado o modificado, lo que es absolutamente inconstitucional, pues mediante un decreto no se puede reformar una ley orgánica.

Dicha autorización para que Petróleos de Venezuela, S.A. y sus empresas filiales procedieran a la compra, adquisición y ejecución de obras mediante la modalidad de *contratación directa*, conforme al artículo 5 del decreto, se refirió a los siguientes casos:

"1. La compra de materiales y productos químicos, repuestos y equipos relacionados a la actividades de la industria petrolera de: perforación, servicios a pozos, instalaciones de bombeo, estaciones de producción, plantas compresoras y sistemas eléctricos, oleoductos, gasoductos y poliductos que permitan la operatividad de la industria, quími-

---

44 Como lo observó el antiguo Ministro del petróleo y Presidente de PDVSA, Rafael Ramírez, responsable directo de la debacle de la industria petrolera la cual no ocurrió solo en los últimos años: Maduro emite un decreto ilegal, donde le da al ministro Quevedo potestades de modificar los contratos de las Empresas Mixtas con los socios privados. Contratos aprobados por la Asamblea Nacional, de interés público, que deben ser del conocimiento, de la discusión de los ciudadanos. Pero no, ya no será así, los modificaran las transnacionales de acuerdo a sus intereses. Por otra parte, el Decreto instruye saltarse, así a la torera, ¡todos los procedimientos de control establecidos en la Administración Pública!". Véase en Rafael Ramírez Carreño, "El problema de PDVSA está en Miraflores," en *aporrea.org,* 22 de abril de 2018, en https://www.aporrea.org/energia/a262147.html.

cos y catalizadores, aceites, lubricantes, bases lubricantes y aditivos, equipos y repuestos de la flota vehicular terrestre (liviana y pesada) marítima y aérea, sistemas de generación eléctrica, turbo generadores, turbo compresores, moto compresores y sistemas de control, macollas de producción, fabricación de equipos y sus accesorios.

2. La ejecución de obras de infraestructura necesarias para la industria petrolera.

3. La adquisición de servicios integrales de perforación, mantenimiento de pozos, limpieza, estimulación, cañoneo, completación, mantenimiento de instalaciones, plantas compresoras, estaciones de producción, macollas de producción, líneas de gas y crudos, oleoductos, gasoductos y poliductos, servicios a mejoradores, sistemas de generación eléctrica, pateo de almacenamientos, terminal de almacenaje y embalaje, adquisición y mantenimiento de servicio a las monoboyas, terminales marinos, muelles, plataformas de producción costa afuera, plataformas de carga y descarga de buques, plantas de procesamiento de gas, plantas de extracción y fraccionamiento del LGN, plantas de inyección de gas, sistemas de transporte manejo y distribución de gas, servicios industriales de vapor agua y electricidad, mantenimiento de las plantas intermedias del sistema de refinación nacional, mantenimiento de la unidades de craqueo catalítica, mantenimiento de las unidades de destilación, mantenimiento de trenes de procesos, mantenimiento de unidades profundas del circuito de conversión. En fin, todos los servicios de mantenimiento, sistemas, equipos, dispositivos y operación infraestructura de la petrolera."

Con esta autorización, en efecto, al poder proceder las empresas de la industria petrolera a contratar mediante adjudicación directa todos dichos servicios enumerados en la norma, lo que se hizo fue mediante el decreto 3.368 de 12 de abril de 2018, derogar la Ley Orgánica que reserva al Estado bienes y servicios conexos a las actividades primarias de Hidrocarburos,[45] la cual por su "carácter estratégico" como se ha dicho, en su momento había reservado al Estado "los bienes y servicios, conexos a la realización de las actividades primarias previstas en la Ley Orgánica de Hidrocarburos" (Art. 1).

Esos bienes y servicios y sus obras que se reservaron al Estado o se nacionalizaron conforme a la enumeración del artículo 2 de la Ley Orgánica, fueron precisamente los siguientes, que ahora coinciden con los que la industria puede contratar con particulares mediante adjudicación directa:

"1. Los servicios de inyección de agua, de vapor o de gas, que permitan incrementar la energía de los yacimientos y mejorar el factor de recobro;

---

45   Véase en *Gaceta Oficial* N° 39.173 del 7 de mayo de 2009.

2. Los servicios de compresión de gas; y

3. Los servicios vinculados a las actividades en el Lago de Maracaibo, como los servicios de lanchas para el transporte de personal, buzos y mantenimiento; de barcazas con grúa para transporte de materiales, diesel, agua industrial y otros insumos; de remolcadores; de gabarras planas, boyeras, grúas, de ripio, de tendido o reemplazo de tuberías y cables subacuáticos; de mantenimiento de buques en talleres, muelles y diques de cualquier naturaleza."

Al redactor del decreto N° 3.368 de 12 de abril de 2018, por lo visto, se le "olvidó" que a partir de la entrada en vigencia de la Ley Orgánica de reserva de 2009, las actividades auxiliares y conexas reservadas solo podían ser ejecutadas "directamente por la República; por Petróleos de Venezuela, S.A. (PDVSA) o de la filial que ésta designe al efecto; o, a través de empresas mixtas, bajo el control de Petróleos de Venezuela, S.A., (PDVSA) o sus filiales," (Art. 1), excluyendo la posibilidad de que puedan ser ejecutadas por empresas privadas.

Por ello, al establecerse mediante decreto 3.368 normas para la contratación por adjudicación directa con contratistas privados algunos de dichos servicios auxiliares y conexos, las mismas derogaron tácitamente, y por decreto, la Ley Orgánica de reserva de 2009, lo cual por supuesto es inconstitucional.

OCTAVA PARTE

LAS PRIMERAS Y ÚLTIMAS REGULACIONES, INCONSTITUCIONALES E INCONGRUENTES, QUE HAN AFECTADO A LA INDUSTRIA PETROLERA

I. LA ENTREGA INCONTROLADA DE PETRÓLEO A CUBA A PARTIR DE 2001: EL CONVENIO INTEGRAL DE COOPERACIÓN CON CUBA DE 2000 Y EL INCONSTITUCIONAL COMPROMISO PETROLERO SUSCRITO SIN APROBACIÓN DE LA ASAMBLEA NACIONAL

Apenas Hugo Chávez fue electo Presidente de la República después de la entrada en vigencia de la Constitución de 1999, firmó en Caracas el 30 de octubre de 2000, como "Presidente de Venezuela," con el "Comandante en Jefe Fidel Castro," como Presidente de la República de Cuba, un Convenio Integral de Cooperación,[1] con el "interés común por promover y fomentar el progreso de sus respectivas economías," mediante el cual las Partes se comprometieron "a elaborar de común acuerdo, programas y proyectos de cooperación," para cuya ejecución se debía considerar "la participación de organismos y entidades de los sectores públicos y privados de ambos países y, cuando sea necesario, de las universidades, organismos de investigación y de organizaciones no gubernamentales" (art. 1).

Dicho Convenio no solo no fue nunca publicado en *Gaceta Oficial* de la República de Venezuela, sino que violando la Constitución, nunca fue sometido a la aprobación por parte de la Asamblea Nacional como lo exigía el artículo 154 de la misma. Por ello, en 2001, el conocido experto petrolero Leonardo Montiel Ortega formuló una petición ante la Fiscalía General de la República, requiriendo la "revisión de la vigencia" del Convenio Integral de Cooperación, precisamente porque el mismo no había sido sometido a la aprobación de la Asamblea Nacional. Sin embargo, la Consultoría Jurídica

---

[1]   Véase en *http://www.embajadacuba.com.ve/cuba-venezuela/convenio-colaboracion/ ; y en:http://www.cubadebate.cu/especiales/2010/11/07/convenio-integral-de-coopera-cion-venezuela-cuba/#.Wtysb61DnMU.*

del Ministerio Público mediante memorándum de 7 de octubre de 2000,[2] argumentó que la obligación de someter los tratados celebrados por la República a la aprobación por la Asamblea Nacional antes de su ratificación por el Presidente de la República, conforme al artículo 154, está exceptuada respecto de aquellos tratados mediante los cuales "se trate de ejecutar o perfeccionar obligaciones preexistentes de la República."

Con base en ello, dicho Consultor Jurídico "inventó," por su cuenta, ya que el texto del Convenio Integral de Cooperación de 2000 nada dice al respecto, que el mismo "tiene como antecedente el Convenio Básico de Cooperación Técnica suscrito entre ambos gobiernos, el 6 de noviembre de 1992, publicado en *Gaceta Oficial* 4506 Extraordinario del 23 de diciembre de 1992, en vigor a partir del 26 de marzo de 1993," indicando que el mismo:

"contempla como objetivo, promover el desarrollo reciproco de la cooperación técnica entre las Partes, a través de la formulación de programas y proyectos específicos en áreas y sectores de interés mutuo, relacionados con el desarrollo económico y social de ambos países" (art. 1).

Agregando además, que el articulo 2 de aquél Convenio de 1992,

"establece que la cooperación técnica, podría comprender la realización conjunta o coordinada de programas de investigación, desarrollo y capacitación; la organización de seminarios, conferencias y cursos de postgrado; el intercambio de información, documentación y publicacio-

técnica y científica acordada entre las partes."

Igualmente, el artículo 3 del viejo Convenio disponía que las Partes podrían hacer uso de diferentes medios para ejecutar las formas de cooperación, entre los cuales estaba "el intercambio de investigadores y personal especializado para la prestación de servicios de consultoría y asesoramiento dentro de proyectos específicos y de adiestramiento; el envió o intercambio de equipos y materiales para la ejecución de programas o proyectos de cooperación técnica y cientí
las partes."

Era claro y evidente, en todo caso, que se trataba de cooperación técnica y científica, y por supuesto no podía sustentar un convenio por ejemplo en el cual la República se comprometiera, por ejemplo, a vender petróleo, a determinados precios, como es precisamente una de las obligaciones asumió Venezuela en el Convenio de Cooperación de 2000.

---

2   Véase Memorándum: *Ministerio Público MP Nº DCJ-11-20-785-2001 FECHA:20010710,* en http://catalogo.mp.gob.ve/min-publico/doctrina/bases/doctri/texto/2001/350-2001.pdf.

Sin embargo, el Consultor Jurídico del Ministerio Público, afirmó falsamente que lo que se hizo con el Convenio Integral de Cooperación suscrito con la República de Cuba, el 30 de octubre de 2000, fue desarrollar los "objetivos" de aquél Convenio de 21992, que sí había sido publicado en Gaceta Oficial, concluyendo que era posible afirmar:

> "que el Convenio Integral de Cooperación con la República de Cuba no requería aprobación por parte de la Asamblea Nacional, ya que mediante el mismo se ejecutan o perfeccionan las obligaciones contraídas por los Gobiernos de Venezuela y Cuba en el Convenio Básico de Cooperación Técnica de 1992."

Para ello, el Consultor Jurídico se basó en la afirmación de Fermín Toro (Manual de Derecho Internacional Público), que no es aplicable al caso, de que "Es innecesario aprobar dos veces una misma obligación u obligaciones que versen sobre lo mismo y se complementan. En otras palabras, la aprobación no es requerida porque ya ha sido concedida con anterioridad." Lo cual evidentemente es falaz porque lo que se aprobó en 1992 no es lo mismo que lo que se contrató en 2000.[3]

El Convenio Integral de Cooperación suscrito entre la República Bolivariana de Venezuela y la República de Cuba, por tanto, contrariamente a lo afirmado por el Consultor Jurídico del Ministerio Público, no cumplió con los requisitos consagrados en el ordenamiento jurídico, pudiendo considerárselo inconstitucional.[4]

Sin embargo, el Convenio Integral de Cooperación ha estado en aplicación desde 2000.

Conforme al mismo, por una parte,

> "la República de Cuba prestará los servicios y suministrará las tecnologías y productos que estén a su alcance para apoyar el amplio programa de desarrollo económico y social de la República Bolivariana de Venezuela, de los cuales esta no disponga y previa solicitud de acuerdo con el listado contenido en el Anexo I, que se entenderá como parte integrante de este convenio."[5]

---

3   Véase el texto en *Informe FGR, 2001, T.III.,* pp. 125-128.

4   Véase el texto en *Informe FGR, 2001, T.III.*, pp. 125-128.

5   El listado comprende una extensa gama de actividades, que puede consultarse en la publicación del Convenio hecha por la Organización de Estados Americanos, en https://www.oas.org/juridico/mla/private/rexcor/rexcor_resp_ven9.pdf.

En relación con dicho listado que abarca: "1. Agroindustria Azucarera y sus derivados; 2. Turismo; 3. Agricultura y Alimentación; 4. Venta de Productos; 5. Productos para Plagas; 6. Venta de otros productos seleccionados; 7. Transporte; 8. Educación; 9. Deportes; 10. Servicios de Salud y Formación de Personal en Cuba," se previó que "los bienes y servicios serán definidos cada año, según el acuerdo de ambas partes, precisando el monto monetario, las especificaciones, regulaciones y modalidades en que serán entregados. Estos bienes y servicios serán pagados por la República Bolivariana de Venezuela, en el valor equivalente a precio de mercado mundial, en petróleo y sus derivados" (art. 2).

Por la otra parte, conforme al artículo 3 del Convenio, República Bolivariana de Venezuela se comprometió:

"a proveer a la República de Cuba a solicitud de ésta y como parte de este Convenio Integral de Cooperación, bienes y servicios que comprenden asistencia y asesorías técnicas provenientes de entes públicos y privados, así como el suministro de crudos y derivados de petróleo, hasta por un total de cincuenta y tres mil (53.000) barriles diarios. Estos volúmenes serán presentados en un programa de nominaciones, de carácter trimestral y anualizado por las empresas CUPET y CUBAMETALES a PDVSA en las cantidades y condiciones que se establecerán anualmente entre Las Partes, tomando como referencia las bases del Acuerdo Energético de Cooperación de Caracas."

En este caso, los precios debían ser "determinados por el mercado en base a las fórmulas aplicables," y las venas debían ser: "sobre las bases de un esquema de financiamiento mixto de corto y largo plazo, utilizándose las escalas aplicables al Acuerdo Energético de Caracas" (art. 3).

Por su parte, conforme al artículo 4 del Convenio, la República de Cuba ofreció:

"gratuitamente a la República Bolivariana de Venezuela los servicios médicos, especialistas y técnicos de la salud para prestar servicios en lugares donde no se disponga de ese personal. Los médicos especialistas y técnicos cubanos en la prestación de sus servicios en la República Bolivariana de Venezuela ofrecerán gratuitamente entrenamiento al personal venezolano de diversos niveles que las autoridades soliciten."

Sin embargo, se previó que "la parte venezolana cubrirá los gastos de alojamiento, alimentación, transportación interna," garantizando el gobierno de Cuba "a todos los galenos y demás técnicos sus salarios y la atención adecuada a los respectivos familiares en la Isla.

El Convenio Integral de Cooperación, se ha desarrollado a través de múltiples contratos de interés nacional,[6] los cuales tampoco nunca fueron sometidos a la aprobación por parte de la Asamblea Nacional, todo en violación de lo que exige el artículo 150 de la Constitución.

Como consecuencia de estos Convenios, en definitiva, Venezuela, mediante los mismos, aceptó entre otras cosas, dejarse invadir por personas y funcionarios cubanos, y entregar al Estado cubano el control de muchas áreas y servicios de la Administración del Estado venezolano, para lo cual además pagó en petróleo, con consecuencias catastróficas como las que se han conocido recientemente: la propia pérdida de la inversión venezolana en la refinería ubicada en Cienfuegos, que por deudas, pasó a ser adquirida totalmente por Cuba; y la compra por parte del Estado Venezolano de petróleo en el mercado internacional para ser envido a Cuba, cuando en el país no sólo disminuyó la producción sino que hay déficit en el abastecimiento interno.

Ambas situaciones fueron reseñadas por la prensa internacional, por lo que para darse cuenta de ello, ante el secreto que en el país ha tenido todo lo que se refiere al Convenio Integral, basta recurrir a lo expresado en las noticias internacionales en la siguiente forma:

En cuanto a la Refinería Camilo Cienfuegos se trataba una empresa mixta constituida en abril de 2006 entre la empresa cubana Cuvenpetrol S.A. y PDVSA, en el marco de la Alianza Bolivariana para los Pueblos de Nuestra América (ALBA), en la cual PDVSA tenía el 49 % de las acciones. Sin embargo, ese porcentaje accionario según anunció el diario *Granma*, citado por *Reuters*, lo perdió PDVSA desde agosto de 2017, comenzando la Refinería a operar como entidad estatal plenamente cubana, bajo la égida de Unión Cuba Petróleo (CUPET), para "saldar deudas ante el incumplimiento de compromisos por parte de Venezuela" con Cuba por "servicios profesionales" no pagados que habría recibido y por el "alquiler de tanqueros."[7]

---

6   Véase por ejemplo el Convenio de prestación de servicios tecnológicos integrales para la transformación y modernización del sistema de identificación, migración y extranjería suscrito entre la república de Venezuela y entre otros la Sociedad mercantil Albert Ingeniería y Sistema, constituida en La Habana, y por el cual Venezuela pagó más de 172 millones de dólares. Véase el texto en http://www.elnuevoherald.com/ultimas-noticias/article1553516.ece/BINARY/EXCLUSIVO:%20Contrato%20confidencial%20entre%20Cuba%20y%20Venezuela%20para%20transformaci%C3%B3n%20del%20sistema%20de%20identificaci%C3%B3n.

7   Véase las reseñas de Sarah Marsh y Marianna Parraga, "Cuba takes over Venezuela stake in refinery joint venture," en Reuters, 14 de diciembre de 2017, en https://www.reuters.com/article/cuba-venezuela/cuba-takes-over-venezuela-stake-in-refinery-joint-venture-idUSL8N1OE79H; y de Sabrina Martín, "Cuba le arrebata a Venezuela refinería de PDVSA tras impago de "servicios prestados," en PanAmPost,

En cuanto a la compra de petróleo en el mercado internacional por PDVSA para ser enviado a Cuba, según se reportó en la prensa internacional, entre 2017 y los primeros meses de 2018, PDVSA compró "cerca de 440 millones de dólares en crudo extranjero y lo ha enviado directamente a Cuba en condiciones flexibles de crédito, que a menudo implicaron pérdidas, según documentos internos de la empresa a los que Reuters tuvo acceso." El reportaje agregó:

"Los envíos constituyen la primera evidencia documentada de que el país miembro de la OPEP adquiere crudo para abastecer a sus aliados regionales en lugar de venderles petróleo de sus propias reservas.

Venezuela realizó las entregas con descuentos, que no se habían informado anteriormente, pese a su gran necesidad de divisas para sostener su economía e importar alimentos y medicinas en medio de una escasez generalizada.

Las compras de petróleo en el mercado abierto para subsidiar a Cuba, uno de los pocos aliados políticos que le quedan a Venezuela, revelan el profundo deterioro de su sector energético bajo el gobierno del presidente Nicolás Maduro.

Las compras se produjeron luego de que la producción de crudo de Venezuela tocó un mínimo de 33 años en el primer trimestre, una baja de 28 por ciento en 12 meses. Las refinerías de la nación operaron en ese lapso a un tercio de su capacidad y los trabajadores han renunciado por miles en meses recientes.

PDVSA compró el crudo hasta 12 dólares por barril más caro de lo que facturaba cuando enviaba el mismo petróleo a Cuba, según precios en documentos internos revisados por Reuters.

Pero es posible que Cuba nunca pague en efectivo por los cargamentos, ya que Venezuela siempre ha aceptado bienes y servicios de la isla a cambio de petróleo bajo un pacto firmado en el 2000 por los difuntos líderes Hugo Chávez y Fidel Castro." [8]

---

15 de diciembre de 2017, en https://es.panampost.com/sabrina-martin/2017/12/15/cuba-arrebata-vzla-refineria-pdvsa/amp/?__twitter_impression=true.

8   Véase la reseña de Marianna Parraga y Jeanne Liendo/Reuters, "Exclusive: As Venezuelans suffer, Maduro buys foreign oil to subsidize Cuba," en *Reuters*, 15 de mayo de 2017, en https://ca.reuters.com/article/idCAKCN1IG1TO-OCABS?utmsource=34553&utm_medium=partner; y "Mientras los venezolanos sufren, gobierno de Maduro compra petróleo extranjero para subsidiar a Cuba," en *Lapatilla.com*, 15 de mayo de 2018, en https://www.lapatilla.com/site/2018/05/15/insolito-venezuela-compro-petroleo-extranjero-para-subsidiar-a-cuba-en-medio-de-crisis-interna/.

II. LA DEGRADACIÓN PROGRESIVA DE PDVSA Y LA INCONVENIENTE "FUSIÓN" EN UNA SOLA PERSONA DE LOS CARGOS DE MINISTRO DE ENERGÍA Y PETRÓLEO (ÓRGANO CONTROLADOR) Y DE PRESIDENTE DE PETRÓLEOS DE VENEZUELA S.A. (ÓRGANO CONTROLADO) DESDE 2004

1. *La nacionalización y la organización de la "Administración Petrolera nacional"*

Luego de la nacionalización de la industria petrolera a partir de 1975,[9] el Estado venezolano procuró organizar la Administración Petrolera Nacional,[10] de manera de no mezclar la conducción política del sector hidrocarburos, con la gerencia de la empresa petrolera nacional. Para ello, al día siguiente de la promulgación de la Ley de Nacionalización, el Presidente de la República dictó el Decreto N° 1.123, del 30 de agosto de 1975, [11] mediante el cual se creó la empresa Petróleos de Venezuela, S. A., como "una empresa estatal, bajo la forma de sociedad anónima, que cumplirá y ejecutará la política que dicte en materia de hidrocarburos el Ejecutivo Nacional, por órgano del Ministerio de Minas e Hidrocarburos, en las actividades que le sean encomendadas," dictándose, además, sus estatutos (arts. 1,2).

La motivación central de la creación de Petróleos de Venezuela, S.A., conforme al Decreto, fue la consideración de que era "de prioritaria necesidad proceder a la constitución e integración de las empresas estatales, que tendrán a su cargo la continuación y desarrollo de la actividad petrolera reservada al Estado." La empresa se creó con la República, como única accionista (Cláusulas 4ª, 5ª y 6ª), y sus estatutos sociales fueron registrados en el Registro Mercantil respectivo el día 15 de septiembre de 1975. [12]

La extinción de las antiguas concesiones petroleras que se habían otorgado décadas antes a diversas empresas extranjeras (art. 1) se produjo cuatro meses después (31 de diciembre de 1975), tiempo durante el cual el Ejecutivo Nacional negoció con las mismas la indemnización acordada en la Ley, constituyendo las antiguas concesionarias sendas empresas en el país, cuyas acciones se transfirieron a Petróleos de Venezuela, S.A., integrándose al holding de empresas públicas que ésta comenzó a gerenciar.

---

9   Véase en *Gacela Oficial*, N° 1.769, Extr. de 29 de agosto de 1975.

10   Véase en general, Allan R. Brewer-Carías, "El proceso jurídico–organizativo de la industria petrolera nacionalizada en Venezuela," en *Revista de la Facultad de Ciencias Jurídicas y Políticas*, N° 58, Universidad Central de Venezuela, Caracas 1976, pp. 53–88.

11   Véase en *Gacela Oficial*, N° 1.770, Extr. de 30 de agosto de 1975.

12   La inscripción de los Estatutos se efectuó en el Registro Mercantil de la Circunscripción Judicial del Distrito Federal y Estado Miranda, el día 15 de septiembre de 1975, bajo el N° 2° del tomo 99–A; y fueron publicados en *Gaceta Municipal* del Distrito Federal, N° 413, Extr. del 25 de septiembre de 1975.

En esa forma, desde su creación Petróleos de Venezuela, S. A., no sólo fue la empresa más grande de Venezuela, sino de toda la América Latina, ocupando para aquél tiempo la posición N° 12 en el índice de las 500 corporaciones industriales más grandes del mundo. Petróleos de Venezuela, S.A., además, nació como la segunda de las empresas de las naciones en vías de desarrollo sólo superada en esa fecha por la Compañía Nacional de Petróleos de Irán. [13]

Al producirse la nacionalización, conforme a lo proyectado en el Informe presentado por la "Comisión Presidencial de la Reversión Petrolera" que se había instalado en 1974, se optó por un modelo para la organización empresarial de la industria en manos del Estado, detallándose los aspectos organizativos y administrativos de lo que se llamó la "Administración Petrolera Nacional" (APN), para atender su cometido de mantener a la industria petrolera en su capacidad de producción. Para ello se previó que la misma debía tener una organización integrada verticalmente, multi-empresarial y dirigida por una Casa Matriz, de manera que tuviera "máxima autonomía administrativa y plena flexibilidad de acción, dentro de la adhesión que deberá guardar con respecto a las pautas y estrategias de la planificación nacional," actuando conforme a principios de sana administración empresarial, y dotada de "un régimen propio de administración de personal, independiente de la Administración Pública," garantizando que "los obreros, empleados, supervisores, gerentes y directores de la APN no serán considerados empleados públicos; y mantener las condiciones económicas, sociales, asistenciales y de cualquier otro orden logradas en la industria petrolera." Como se afirmó en el Informe: "Lo que se desea es mantener a la APN al margen de normas y prácticas burocráticas concebidas, fundamentalmente, para organismos públicos y no para entidades modernas y complejas dedicadas a la producción en gran escala con destino a transacciones cuantiosas y frecuentes." [14]

A tal fin, se propuso dotar a la APN de un cuerpo gerencial de prestigio y competencia, considerándose indispensable "integrar la Junta Directiva de la Casa Matriz con personas de vasta y reconocida experiencia petrolera o empresarial, pública o privada," e "integrar las organizaciones de apoyo funcional de la Casa Matriz con profesionales y técnicos especializados de alta calificación," y "las juntas directivas de las empresas operadoras con personas de larga experiencia técnica y administrativa en la industria petrolera, pública o privada."

La empresa matriz de la industria petrolera, por otra parte, conforme a lo que sugirió en su momento el Contralor General de la República, quedó

---

13   Véase las informaciones de la Revista *Fortune* en *El Nacional*, Caracas, 15 de agosto de 1978, p. D–11.

14   Véase: Comisión Presidencial de la Reversión Petrolera, Informe, Caracas, 1974, p. 51.

adscrita al Ministerio de Minas e Hidrocarburos, [15] correspondiéndole al Ministro formular las directivas políticas ejerciendo la representación de las acciones de la República en la Asamblea de accionistas, y así, el control accionarial sobre la industria petrolera nacionalizada.

El artículo 7° de la Ley de Nacionalización, en todo caso, precisó que las empresas petroleras estatales "se regirán por la presente ley y sus reglamentos, por sus propios estatutos, por las disposiciones que dicte el Ejecutivo Nacional y por las del derecho común que les fueren aplicables;" y en cuanto al estatuto del personal, su artículo 8° dispuso que "los directivos, administradores, empleados y obreros de las empresas a que se refiere el artículo 6° de la presente ley, inclusive los de la CVP, una vez convertida en sociedad mercantil, no serán considerados funcionarios o empleados públicos." De acuerdo a estas normas no hay duda en que la intención del legislador fue estructurar la Administración Petrolera Nacional a través de empresas del Estado (entes o personas estatales) con forma de sociedad mercantil y por tanto con un régimen preponderantemente de derecho privado. [16]

2. La naturaleza jurídica de Petróleos de Venezuela S.A. y las peculiaridades de su régimen jurídico

Como se dijo, conforme a la orientación señalada, el Ejecutivo Nacional, mediante el Decreto N° 1.123, de 30 de agosto de 1975 [17] considerando que era "de prioritaria necesidad proceder a la constitución e integración de las empresas estatales que tendrán a su cargo la confirmación y desarrollo de la actividad petrolera reservada al Estado," decretó la creación de Petróleos de Venezuela S.A. como empresa estatal, bajo la forma de sociedad anónima, para cumplir con la política que dicte en materia de hidrocarburos el Ejecutivo Nacional, por órgano del Ministerio de Minas e Hidrocarburos (art. 1). Dicho Decreto de creación de la empresa como antes se dijo, se registró en el Registro Mercantil de la Circunscripción Judicial del Distrito Federal y Estado Miranda.

Se trató, por tanto, de una persona estatal con forma jurídica de derecho privado (sociedad anónima), es decir, de una empresa estatal o empresa del

---

15   Véase "Opinión del Contralor General de la República sobre el artículo del Proyecto de Ley Orgánica que reserva al Estado la Industria y el Comercio de los Hidrocarburos," en *Separata. Informe al Congreso*, 1975, pp. 25 y 27. Véase, además, los comentarios a dicho Informe del Contralor en C. R. Chávez, "La Autoridad Petrolera Nacional" en *El Universal*, Caracas, 20 de abril de 1975, pp. 2–23.

16   Véase Andrés Aguilar M., "Régimen Legal de la Industria y el Comercio de los Hidrocarburos," Conferencia en la Academia de Ciencias Políticas y Sociales, Caracas 26–5–76, multigrafiado, pp. 13 y 14, publicada, además, en *Boletín de la Academia de Ciencias Políticas y Sociales*. N° 66–67, Caracas 1976, pp. 179 ss.

17   Véase en *Gaceta Oficial*. N° 1.770, Extr. de 30–8–76.

Estado, de propiedad íntegra del mismo, la cual debe responder a las políticas que aquél dicte, y que como tal, está integrada dentro de la organización general de la Administración del Estado, como ente de la administración pública descentralizada.[18]

La consecuencia de ello, es que el régimen jurídico aplicable a Petróleos de Venezuela S.A. ha sido preponderantemente de derecho privado, debido a su forma, aun cuando, por supuesto, no exclusivamente, pues por su carácter estatal está sometida también a un régimen de derecho público, lo que precisó el artículo 7º de la Ley de Nacionalización de 1975 al establecer que "se regirá por la presente Ley y sus reglamentos, por sus propios estatutos, por las disposiciones que dicte el Ejecutivo Nacional y por las del derecho común que les fueren aplicables." Además, la Cláusula Tercera de los Estatutos de la empresa, expresamente lo ratificó al indicar que:

"la sociedad se regirá por la Ley Orgánica que Reseña al Estado la Industria y el Comercio de los Hidrocarburos, por los reglamentos de ella, por estos Estatutos, por las disposiciones que dicte el Ejecutivo Nacional y por las del derecho común que le fueren aplicables".

Por otra parte, Petróleos de Venezuela S.A. hasta 2002, estuvo sometida, en cuanto le fueran aplicables, a las normas respecto a las concesiones de hidrocarburos previstas en la Ley de Hidrocarburos de 1943, contenidas en "las leyes, reglamentos, decretos, resoluciones, ordenanzas y circulares" dictados por las autoridades públicas competentes (art. 7º de la Ley Orgánica).

Conforme a estas disposiciones, ciertamente, Petróleos de Venezuela S.A. se constituyó con "un régimen legal que permite diferenciarla claramente, no sólo de la Administración Pública centralizada y de los institutos autónomos, sino también de otras empresas del Estado"; para ello basta tener en cuenta no sólo que es la única empresa del Estado regulada directamente en la Constitución (art. 303), sino una de las muy pocas empresas del Estado que están sometidas, irrestrictamente, a "las disposiciones que dicte el Ejecutivo Nacional," lo cual abre un amplio margen a la aplicación de normas de derecho público a la empresa, por vía de actos administrativos unilaterales, sin necesidad de acudir a las fórmulas societarias como la Asamblea, por ejemplo.

Por otra parte, Petróleos de Venezuela S.A., como sociedad anónima, tiene un patrimonio propio distinto del patrimonio de la República; pero las acciones de la empresa, son de la exclusiva propiedad del Estado Venezolano, como único accionista (art. 6º, base primera de la Ley Orgánica); y las mismas no sólo estatutariamente "no podrán ser enajenadas ni gravadas en

---

18   Véase Allan R. Brewer-Carías, "Consideraciones sobre el régimen jurídico–administrativo de Petróleos de Venezuela S.A.," en *Revista de Hacienda*, Nº 67, Caracas 1977, pp. 79 a 99.

forma alguna" (Cláusula Sexta de los Estatutos), sino que incluso la Constitución de 1999 así lo establece (art. 303).

En cuanto a su actividad patrimonial, Petróleos de Venezuela está sujeta "al pago de los impuestos y contribuciones nacionales establecidos para las concesiones de hidrocarburos," pero no está sujeta "a ninguna clase de impuestos estadales ni municipales" (artículo 7° de la Ley Orgánica).

De acuerdo a la Ley Orgánica, por otra parte, Petróleos de Venezuela S.A., como empresa matriz de la industria tiene por objeto fundamental la "coordinación, supervisión y control de las actividades de las demás" empresas (art. 6°, base Segunda) y tal como lo precisa la Cláusula Segunda de sus Estatutos:

> "la sociedad tendrá por objeto planificar, coordinar y supervisar la acción de las sociedades de su propiedad, así como controlar que estas últimas en sus actividades de exploración, explotación, transporte, manufactura, refinación, almacenamiento, comercialización o cualquiera otra de su competencia en materia de petróleo y demás hidrocarburos, ejecuten sus operaciones de manera regular y eficiente."

En la realización de dicho objeto, en todo caso, la empresa está sometida a "las disposiciones que dicte el Ejecutivo Nacional" como se dijo, además de toda la otra normativa que le es aplicable.

En cuanto a la forma societaria de la empresa, la Asamblea de Accionistas, presidida por el Ministro de Minas e Hidrocarburos (Energía y Minas o del Petróleo) (Cláusula Undécima), tiene "la suprema dirección y administración de la sociedad" (Cláusula Séptima), y la integran, el Ministro de Minas e Hidrocarburos y los demás Ministros que oportunamente pueda designar el Presidente de la República (Cláusula Undécima). Por tanto, es a través del mecanismo societario de la Asamblea que el Ejecutivo Nacional ejerce indirectamente el más amplio control accionario sobre la empresa. En todo caso, dado que se trata de una empresa con un único accionista, en la práctica, la Asamblea como tal es una ficción, pues puede ser una sola persona: el Ministro de Energía y Minas, y en realidad cuando ejerce los derechos accionarios de la República puede manifestar una voluntad unilateral de ésta, a través de un acto administrativo.

Por otra parte, al contrario de lo que normalmente sucede en las sociedades anónimas, la Asamblea como tal no designa a los miembros de la Junta Directiva de Petróleos de Venezuela S.A., quienes son designados mediante Decreto por el Presidente de la República junto con sus suplentes (Cláusula Décima Séptima).

Por otra parte, como persona jurídica estatal, Petróleos de Venezuela S.A. está sometida a un régimen de control por parte de diversas instancias estatales; y goza además de una serie de prerrogativas.

Aparte del control parlamentario y del control fiscal a los cuales está sometida, la empresa está sometida al control por parte del Poder Ejecutivo, para lo cual, conforme se indicó en el art. 1° del Decreto N° 1123 de 30 de agosto de 1975, desde su creación, Petróleos de Venezuela S.A. debe cumplir y ejecutar "la política que dicte en materia de hidrocarburos el Ejecutivo Nacional, por órgano del Ministerio de Minas e Hidrocarburos, en las actividades que le sean encomendadas." Esta definición de política no se realiza sólo por medio de las formas societarias –es decir, mediante la Asamblea –, sino por decisiones unilaterales del Ejecutivo Nacional.

Por otra parte, Petróleos de Venezuela se rige, además de por la Ley Orgánica de Hidrocarburos, por los reglamentos de ella, por sus Estatutos, y por las disposiciones del derecho común que le sean aplicables; "por las disposiciones que dicte el Ejecutivo Nacional" (Cláusula Tercera de los Estatutos), con lo que se abre un campo muy amplio para el ejercicio de un control administrativo de parte del Ejecutivo Nacional sobre la empresa. En ejercicio de esta potestad del Ejecutivo, inclusive de carácter estatutario, éste puede determinar las modalidades y formas como Petróleos de Venezuela S. A. deba realizar determinadas funciones.

Años después de la creación, de la empresa, en la reforma de sus Estatutos de Petróleos de Venezuela C.A. formulada por el Decreto N° 250 del 23 de agosto de 1979, se aclaró y definió expresamente el ámbito del control político–administrativo sobre la empresa, al agregarse a la Cláusula Segunda que se refiere al objeto de la sociedad, lo siguiente:

"El cumplimiento del objeto social deberá llevarse a cabo por la sociedad bajo los lineamientos y las políticas que el Ejecutivo Nacional a través del Ministerio de Energía y Minas establezca o acuerde en conformidad con las facultades que le confiere la Ley.

Las actividades que realice la empresa a tal fin estarán sujetas a las normas de control que establezca dicho Ministerio en ejercicio de la competencia que le confiere el artículo de la Ley Orgánica que Reserva al Estado la Industria y el Comercio de los Hidrocarburos."

Por tanto, a partir de la reforma estatutaria de agosto de 1979 no había duda respecto de las facultades de control del Ministerio de Energía y Minas sobre la empresa. Por una parte, mediante un control previo general de establecimiento de los lineamientos y políticas que debían guiar la acción de la empresa en la realización de su objeto social; y por la otra, la posibilidad de establecer diversos mecanismos de control posterior o concomitante respecto de las actividades que realice la empresa.

3. El carácter de Petróleos de Venezuela, S.A. como instrumento del Estado en la industria petrolera y su degradación en los últimos lustros

A partir de la reforma estatutaria antes mencionada de agosto de 1979, Petróleos de Venezuela S.A. podía identificarse como un instrumento o instrumentalidad del Estado para el desarrollo de la política petrolera definida por el Ejecutivo Nacional,[19] lo que implicaba que el Ministro de Energía y Minas tenía facultades de dirección y de control sobre la empresa: por una parte, potestades de dirección previa general, mediante el establecimiento de los lineamientos y políticas que decían guiar la acción de la empresa en la realización de su objeto social; y por la otra, la posibilidad de establecer diversos mecanismos de control posterior o concomitante respecto de las actividades que realizase la empresa.

De lo anterior resulta claro, en consecuencia, que el Ejecutivo Nacional, a través del Ministerio de Energía y Minas, ha tenido legal y estatutariamente, las más amplias facultades de dirección y control sobre Petróleos de Venezuela, S.A., poderes que sin embargo, normalmente, antes de 2002, usó de manera de no entorpecer la actividad comercial de la empresa.

Estas potestades del Ministerio de Energía y Minas, por otra parte, se corroboraron a partir de la Ley Orgánica de la Administración Central de 1976,[20] al enumerarse entre las atribuciones y deberes comunes de los Ministros, incluso el de Energía y Minas, las siguientes (art. 20):

1. Orientar, dirigir, coordinar, supervisar y controlar las actividades del Ministerio; y

12. Ejercer la representación de las acciones pertenecientes a la República en las Corporaciones Sectoriales de Empresas del Estado que se les asigne.

En cuanto al Ministerio de Energía y Minas, de acuerdo al artículo 35 de dicha Ley Orgánica, se le atribuyó ampliamente competencia para "la planificación y la realización de las actividades del Ejecutivo Nacional en materia de minas, hidrocarburos y energía en general, que comprende lo relativo al desarrollo, aprovechamiento y control de los recursos naturales no renovables y de otros recursos energéticos, así como de las industrias minera, petrolera y petroquímica," enumerándose una larga lista de atribuciones. De ello resultó que el Ministerio de Energía y Minas ha tenido los más amplios poderes de decisión en relación al desarrollo de la industria petrolera que se realiza a través de Petróleos de Venezuela, S.A., en relación a la cual puede adoptar sus decisiones en la más variada forma: una Resolución Ministerial,

---

19   Véase Allan R. Brewer-Carías, "El carácter de Petróleos de Venezuela S.A. como instrumento del Estado en la Industria Petrolera," en *Revista de Derecho Público*, N° 23, Editorial Jurídica Venezolana, Caracas, julio–septiembre 1985, pp. 77–86.

20   Véase *Gaceta Oficial* N° 1.932 Extr. de 28 de diciembre de 1976.

una instrucción, una circular, y en general una orden o providencia administrativa que no requiere de forma jurídica precisa alguna.

Por otra parte, conforme a la propia Ley Orgánica de Hidrocarburos de 2002:

"Artículo 8. Corresponde al Ministerio de Energía y Minas la formulación, regulación y seguimiento de las políticas y la planificación, realización y fiscalización de las actividades en materia de hidrocarburos, lo cual comprende lo relativo al desarrollo, conservación, aprovechamiento y control de dichos recursos; así como al estudio de mercados, al análisis y fijación de precios de los hidrocarburos y de sus productos. En tal sentido, el Ministerio de Energía y Minas es el órgano nacional competente en todo lo relacionado con la administración de los hidrocarburos y en consecuencia tiene la facultad de inspeccionar los trabajos y actividades inherentes a los mismos, así como las de fiscalizar las operaciones que causen los impuestos, tasas o contribuciones establecidos en este Decreto Ley y revisar las contabilidades respectivas.

En el régimen de la Administración Pública, todas estas atribuciones del Ministerio de Energía y Minas se fueron acrecentando, ya en vigencia la Constitución de 1999, a partir de la sanción de la Ley Orgánica de la Administración Pública,[21] reformada en 2008 (Decreto Ley N° 6.217 de 15 de julio de 2008),[22] hasta la última reforma de 2014[23] en la cual se precisa claramente que los Ministerios son los órganos del Ejecutivo Nacional encargados de la formulación, adopción, seguimiento y evaluación de las políticas, estrategias, planes generales, programas y proyectos en las materias de su competencia y sobre las cuales ejercen su rectoría de conformidad con la planificación centralizada (art. 60).

Al referirse a las atribuciones comunes de los Ministerios, el artículo 63 de la Ley precisó que les corresponde "la planificación y coordinación estratégicas del ministerio y la rectoría de las políticas públicas del sector cuya competencia les esté atribuida," y en particular, en lo que puede referirse a la relación entre los Ministerios y las empresas públicas que le están adscritas, se destacan las siguientes atribuciones previstas en el artículo 77 de la Ley Orgánica:

---

21   Véase *Gaceta Oficial* N° 37.305 de 17 de octubre de 2001. Esta Ley Orgánica sólo derogó expresamente la Ley Orgánica de la Administración Central, cuya última reforma había sido la hecha mediante Decreto-Ley N° 369 de 14 de septiembre de 1999, en *Gaceta Oficial* N° 36.850 de 14 de diciembre de 1999.

22   Véase *Gaceta Oficial* Extra N° 5.890 de 31 de julio de 2008.

23   Véase *Gaceta Oficial* Extra N° 6.147 de fecha 17 de noviembre de 2014.

1. Dirigir la formulación, el seguimiento y la evaluación de las políticas sectoriales que les correspondan [...]

13. Ejercer la rectoría de las políticas públicas que deben desarrollar los entes descentralizados funcionalmente adscritos a sus despachos, así como las funciones de coordinación y control que le correspondan conforme al presente Ley Orgánica, y a los demás instrumentos jurídicos respectivos.

14. Ejercer la representación de las acciones pertenecientes a la República en las empresas del Estado que se les asigne, así como el correspondiente control accionario."

Conforme a estas previsiones, en consecuencia, las empresas públicas, como Petróleos de Venezuela S.A., progresivamente se fueron configurando como instrumentalidades del Estado para el desarrollo de las actividades del sector, conservando sin embargo, relativa autonomía para ejercerlas, conforme a la forma societaria de la empresa y la relación de control que se produjera entre el Ministerio de adscripción y la empresa.

En el caso de Petróleos de Venezuela S.A., esa separación orgánica incluso estaba expresamente establecida en el Estatuto de la empresa, en la cual se prohibía que los Ministros pudieran ser designados como miembros de la Junta Directiva de la empresa (Cláusula 29); lo que permitía distinguir la función de control sobre la empresa, respecto de la gerencia misma de la empresa.

4. *La catastrófica fusión entre el cargo de Ministro de Energía y Petróleos y el cargo de Presidente de Petróleos de Venezuela S.A.*

Esta previsión de los Estatutos, sin embargo, fue expresamente modificada en 2004,[24] con el deliberado propósito de designar a partir de ese mismo año, al propio Ministro de Energía y Minas (órgano de control) como Presidente de Petróleos de Venezuela S.A.[25] (órgano controlado), con lo cual se originó una perversa simbiosis organizativa que convirtió a la otrora más importante empresa petrolera del Continente, en una entidad que sirvió no sólo de "caja chica" del Ejecutivo para la atención y financiamiento de toda suerte de programas sociales y de importaciones de bienes de la más diversa índole, que multiplicó por cuatro en diez años el número de empleados, sino en la empresa peor gerenciada del Continente, que dejó de invertir en el negocio petrolero.

---

24   Véase en *Gaceta Oficial* N° 38.381 de 7 de diciembre de 2004.

25   Véase Decreto N° 3264 de 11 de noviembre de 2004, en *Gaceta Oficial* N° 38.381 de 7 de diciembre de 2004.

En ese esquema organizativo, en el sector de la industria petrolera nacionalizada, Petróleos de Venezuela S.A., pasó a ser un apéndice de la Administración Central, desapareciendo en su funcionamiento todos los objetivos y propósitos definidos en 1975, cuando se creó; todo ello con efectos catastróficos para su funcionamiento y misión.

Esa simbiosis organizativa perversa, incluso, por la imposibilidad que existe de poder escindir cuándo el Ministro de Energía y Minas actuó como tal (controlando), y cuando actuó como Presidente de Petróleos de Venezuela S.A. (controlado), pues desde 2004 comenzó a actuar con ambos roles, puso en gravísimo riesgo la responsabilidad del Estado venezolano con motivo de la confiscación que se decretó mediante el Decreto Ley No. 5200 de 2007 (Ley de Migración a Empresas Mixtas de los Convenios de Asociación de la Faja Petrolífera del Orinoco, así como de los Convenios de Exploración a Riesgo y Ganancias Compartidas),[26] el cual fue aprobado por el Presidente en Consejo de Ministros con la participación activa, por supuesto, del Ministro de Energía y Minas (quien a la vez era, al mismo tiempo, Presidente de Petróleos de Venezuela S.A.), lo que afectó a las empresas que participaban en los Convenios de Asociación Petrolera para la explotación, entre otros, de crudo pesado la Faja Petrolífera del Orinoco que habían sido suscritos en los años noventa. Ello originó que las mismas empresas participantes en los Convenios, pudieran demandar en responsabilidad no ya solo al Estado venezolano sino a la propia empresa Petróleos de Venezuela S.A., cuyo Presidente, actuando a la vez como Ministro, sin duda había tenido el rol protagónico en el diseño, redacción y presentación del decreto-ley ante Gabinete Ejecutivo, y posteriormente, en su ejecución, lo que sin duda hacía muy difícil escindir sus roles, y considerar que el Presidente de Petróleos de Venezuela S.A. solo había cumplido órdenes que él mismo había contribuido a adoptar, pero actuando como Ministro de tutela de la propia empresa que dirigía.

---

26   Véase *Gaceta Oficial*. N° 38.623 de 16–2–2007. Véase Allan R. Brewer-Carías, "La terminación anticipada y unilateral mediante leyes de 2006 y 2007 de los convenios operativos y de asociaciones petroleros que permitían la participación del capital privado en las actividades primarias suscritos antes de 2002," en *Revista de Derecho Público*, N° 109 (enero–marzo 2007), Editorial Jurídica Venezolana, Caracas 2007, pp. 47–54; y "La estatización de los convenios de asociación que permitían la participación del capital privado en las actividades primarias de hidrocarburos suscritos antes de 2002, mediante su terminación anticipada y unilateral y la confiscación de los bienes afectos a los mismos," en Víctor Hernández Mendible (Coordinador), *Nacionalización, Libertad de Empresa y Asociaciones Mixtas*, Editorial Jurídica Venezolana, Caracas 2008, pp. 123–188.

III. LA INCONSTITUCIONAL ELIMINACIÓN DEL CONTROL PARLAMENTARIO SOBRE LOS CONTRATOS DE CONSTITUCIÓN DE EMPRESAS MIXTAS PARA DESARROLLO DE ACTIVIDADES PRIMARIAS EN MATERIA DE HIDROCARBURO EN 2017

1. *El control parlamentario sobre la participación de capital privado en las actividades primarias de la industria petrolera y su eliminación por el Juez Constitucional*

El artículo 33 de la Ley Orgánica de Hidrocarburos, que sustituyó el artículo 5 de la Ley de Nacionalización Petrolera de 1975, en una forma clara y precisa regula la intervención de la Asamblea Nacional en el proceso de constitución de empresas mixtas en el sector de hidrocarburos, en la siguiente forma:

"Artículo 33. La constitución de empresas mixtas y las condiciones que regirán la realización de las actividades primarias, requerirán la aprobación previa de la Asamblea Nacional, a cuyo efecto el Ejecutivo Nacional, por órgano del Ministerio de Energía y Petróleo, deberá informarla de todas las circunstancias pertinentes a dicha constitución y condiciones, incluidas las ventajas especiales previstas a favor de la República. La Asamblea Nacional podrá modificar las condiciones propuestas o establecer las que considere convenientes. Cualquier modificación posterior de dichas condiciones deberá también ser aprobada por la Asamblea Nacional, previo informe favorable del Ministerio de Energía y Petróleo y de la Comisión Permanente de Energía y Petróleo. Las empresas mixtas se regirán por la presente Ley y, en cada caso particular, por los términos y condiciones establecidos en el Acuerdo que conforme a la ley dicte la Asamblea Nacional, basado en el informe que emita la Comisión Permanente de Energía y Petróleo, mediante el cual apruebe la creación de la respectiva empresa mixta en casos especiales y cuando así convenga al interés nacional. Supletoriamente se aplicarán las normas del Código de Comercio y las demás leyes que le fueran aplicables."

Dicha norma, y basta leerla para darse cuenta de ello, no adolece de oscuridad ni ambigüedad alguna. Sin embargo, por razones que nada tienen que ver con la inteligencia de la norma, los apoderados de la Corporación Venezolana del Petróleo, SA (CVP), empresa filial de Petróleos de Venezuela, S.A. PDVSA, el día 28 de marzo de 2017 presentaron ante la Sala Constitucional del Tribunal Supremo de Justicia un recurso de interpretación referido específicamente a dicho artículo 33 de la Ley Orgánica de Hidrocarburos, el cual fue decidido mediante sentencia N° 156 de fecha 29 de marzo de 2017,[27] luego de un proceso judicial desarrollado *en un solo día* -en el tiempo más corto en la historia de la Justicia Constitucional en Venezuela -.

En la sentencia, la Sala Constitucional, en definitiva, consideró que cómo la Asamblea Nacional no podía funcionar por estar la mayoría de los diputados que la componen en situación de desacato de sus sentencias anteriores, lo cual en criterio de la Sala constituía una supuesta *omisión inconstitucional legislativa*, la Asamblea no podía entonces ejercer *de facto* las facultades previstas en dicha norma de la Ley Orgánica de Hidrocarburos.

En consecuencia, la Sala Constitucional, en su sentencia, dando sin duda un golpe de Estado, resolvió que "mientras persista la situación de desacato y de invalidez de las actuaciones de la Asamblea Nacional," la misma Sala procedía entonces a asumir "de pleno derecho," inconstitucionalmente, la totalidad de las competencias de la Asamblea Nacional, y en consecuencia, a *ejercer directamente* todas las competencias parlamentarias de la misma, auto-atribuyéndose incluso la potestad de "delegar" el ejercicio de las mismas en "el órgano que ella disponga," irónicamente "para velar por el Estado de Derecho" cuyos remanentes cimientos pulverizó con la decisión

En cuanto a la potestad legislativa específicamente respecto de dicha Ley Orgánica de Hidrocarburos, la Sala resolvió, también inconstitucionalmente, atribuirla al Poder Ejecutivo, "sobre la base del estado de excepción" que ella misma había decretado en sentencia publicada un día antes No 155 del 27 de marzo de 2017, [28] indicando que "el Jefe de Estado podrá modificar, mediante reforma, la norma objeto de interpretación."

En fin, con esta sentencia se procedió a realizar un nuevo y definitivo vaciamiento de las competencias de la Asamblea Nacional, por parte de la Sala Constitucional del Tribunal Supremo.

2. *El objeto del proceso de interpretación legal y la constatación del desacato por parte de la Asamblea Nacional de decisiones del Poder Judicial*

Los representantes de la CVP al interponer ante la Sala Constitucional el mencionado recurso de interpretación "sobre el contenido y alcance de la disposición normativa contenida en el artículo 187, numeral 24 de la Constitución de la República Bolivariana de Venezuela, en concatenación con el artículo 33 de la Ley Orgánica de Hidrocarburos," expresaron que la cuestión que pretendían dilucidar era, en sus palabras:

---

27 Véase en http://historico.tsj.gob.ve/decisiones/scon/marzo/197364-156-29317-2017-17-0325.HTML.

28 Véase en http://historico.tsj.gob.ve/decisiones/scon/marzo/197285-155-28317-2017-17-0323.HTML

"cómo debe interpretarse tal norma, ante la actuación de desacato en la que se encuentra la Asamblea Nacional y, de ser el caso, ante nuevas omisiones parlamentarias derivadas del mismo; circunstancia que requiere un pronunciamiento interpretativo que esclarezca, qué debería hacerse ante tal situación, respecto de la regla aludida, para permitir el funcionamiento del Estado y del sistema delineado en aquella ley (la Ley de Hidrocarburos)."

Es decir, la pretensión interpretativa en realidad no se refirió a norma constitucional alguna, sino a la operatividad del artículo 33 de la Ley de Hidrocarburos frente a la situación definida por los solicitantes y declarada en anteriores sentencias por la propia Sala Constitucional. En tal sentido, simplemente, la Sala Constitucional no tenía competencia para conocer de ese recurso de interpretación presentado.

En efecto, el artículo 266.6 de la Constitución le asigna a todas las Salas del Tribunal Supremo de Justicia la competencia para "conocer de los recursos de interpretación sobre el contenido y alcance de los textos legales, en los términos contemplados en la ley," lo que repite en el artículo 31.5 de la Ley Orgánica del Tribunal Supremo de Justicia le asigna a todas las Salas competencia para "conocer las demandas de interpretación acerca del alcance e inteligencia de los textos legales." La misma Ley, adicionalmente, en su artículo 25.17 le asigna específicamente a la Sala Constitucional competencia para "conocer la demanda de interpretación de normas y principios que integran el sistema constitucional," y en su artículo 26.21 le atribuye de manera específica a la Sala Político Administrativa, la competencia para conocer de "los recursos de interpretación de leyes de contenido administrativo".

Es decir, de acuerdo con la Constitución y la ley, y según ha reconocido la propia Sala Constitucional, existe una diferencia entre el recurso de interpretación constitucional y el recurso de interpretación de leyes,[29] correspondiendo de acuerdo con la Constitución y la Ley, el primero a la Sala Constitucional del Tribunal Supremo; y el segundo, respecto de leyes admi-

---

29   Conforme a lo ha resuelto la Sala Constitucional del Tribunal Supremo: "el recurso de interpretación constitucional es un mecanismo procesal destinado a la comprensión del texto constitucional, en supuestos determinados que pudieren generar dudas en cuanto al alcance de sus normas, y cuyo conocimiento corresponde exclusivamente a esta Sala, como máximo órgano de la jurisdicción constitucional; distinguiéndola de la acción de interpretación de ley a que se refieren los artículos 266.6 constitucional y 5.52 de la Ley Orgánica del Tribunal Supremo de Justicia, cuya competencia se encuentra distribuida entre las distintas Salas que conforman este Máximo Tribunal, en atención a la materia sobre la cual verse el texto legal a ser interpretado." Véase sentencia N° 1077 de 22 de septiembre de 2000 (caso: *Servio Tulio León*), en http://historico.tsj.gob.ve/decisiones/scon/septiembre/1077-220900-00-1289.HTM; reiterada entre otras en la sentencia N° 601 de 9 de abril de 2007 (caso: *Instituto Autónomo Cuerpo de Bomberos del Estado Miranda*). en http://historico.tsj.gob.ve/decisiones/scon/abril/609-090407-07-0187.HTM.

nistrativas como es la Ley Orgánica de Hidrocarburos, a la Sala Político Administrativa del mismo Tribunal. Por tanto, la competencia para conocer de un recurso de interpretación interpuesto ,como el resuelto por la Sala Constitucional a través de la sentencia antes mencionada, correspondía de manera exclusiva a la Sala Político Administrativa del Tribunal Supremo de Justicia. [30]

Sin embargo, a pesar de ello, y de su evidente incompetencia por haberse solicitado la interpretación del artículo 33 de la Ley Orgánica de Hidrocarburos, la Sala Constitucional pasó a declarar en el caso su competencia, fundamentándose en que la interpretación solicitada se hacía "en relación con el artículo 187, numeral 24 de la Constitución" así como en "la trascendencia del presente asunto y su vinculación con el desacato que persiste en la Asamblea Nacional, aunado a las omisiones parlamentarias que genera (art. 336.7 *eiusdem*) y en el marco del vigente Estado de Excepción (art. 339)."

Sin embargo, como resulta del propio texto del artículo 187.24 de la Constitución, nada de ambiguo u obscuro contenía el mencionado artículo 33 de la Ley Orgánica de Hidrocarburos que ameritase ser interpretado, pues lo que disponía era simplemente que *"Corresponde a la Asamblea Nacional: 24. Todo lo demás que le señalen esta Constitución y la ley."*

En cuanto al artículo 33 de la Ley Orgánica de Hidrocarburos, que sustituyó el artículo 5 de la Ley de Nacionalización petrolera de 1975, como antes se indicó, el mismo tampoco contenía ambigüedad ni oscuridad alguna que requiriera interpretación, limitándose a regular la intervención de la Asamblea Nacional en el proceso de constitución de empresas mixtas en el sector de hidrocarburos.

Dada la claridad de la norma, en realidad, lo que solicitaron los recurrentes ante la Sala Constitucional, al haber declarado en desacato a la Asamblea Nacional en relación con decisiones judiciales anteriores, que copiaron en el recurso, fue que determinara cómo debía aplicarse esa norma, en el sentido de si "en el contexto actual" y "ante nuevas omisiones parlamentarias derivadas" del desacato, se requería o no la aprobación previa de la Asamblea Nacional para la constitución de empresas mixtas y para determinar las condiciones que debían regir la realización de las actividades primarias, y que en consecuencia qué debía hacer el Ejecutivo ante tales circunstancias; y si la Asamblea Nacional podía o no modificar las condiciones propuestas o establecer las que considerase convenientes.

---

30 Así lo estableció la propia Sala Constitucional al rechazar, por ejemplo, un recurso de interpretación de la Ley de Promoción y Protección de Inversiones en 2007. Véase sentencia N° 609 de 9 de abril de 2007, en http://historico.tsj.gob.ve/decisiones/scon/abril/609-090407-07-0187.HTM.

El asunto, por supuesto, fue declarado de inmediato como de mero derecho para poder ser resuelto en un día, particularmente "en atención a la gravedad y urgencia de los señalamientos que subyacen en la solicitud de nulidad (sic) presentada, los cuales se vinculan a la actual situación existente en la República Bolivariana de Venezuela, con incidencia directa en todo el Pueblo venezolano." entrando "a decidir sin más trámites el presente asunto. Así se decide."

Para ello, la Sala dedicó buena parte de su sentencia a constatar la supuesta situación de omisión constitucional legislativa de facto por desacato de parte de la Asamblea Nacional respecto de las múltiples decisiones del Tribunal Supremo, todas coartando las funciones legislativas y de control de la Asamblea dictadas desde 2016, indicando que ello que era "público, notorio y comunicacional" y que "se mantiene de forma ininterrumpida hasta la presente fecha,"[31] concluyendo con la afirmación de que todo ello *"incapacita al Poder Legislativo para ejercer sus atribuciones constitucionales de control político de gestión."*

Luego la Sala pasó de nuevo a constatar con base en una reseña de prensa, que el 5 de enero de 2017, la Asamblea Nacional había iniciado su Segundo período de sesiones, "en desacato frente al Poder Judicial" considerando que ello constituía una "conducta contumaz de la mayoría de sus miembros, lo que vicia de nulidad absoluta sus actuaciones y, por ende, genera una situación al margen del Estado de Derecho que le impide ejercer sus atribuciones; circunstancia que coloca a la Asamblea Nacional en situación de Omisión Inconstitucional parlamentaria (art. 336.7 del Texto Fundamental), que esta Sala declara en este mismo acto."

3. *La inconstitucional consecuencia de la omisión inconstitucional legislativa: la usurpación de todas las funciones de la Asamblea Nacional por parte de la Sala Constitucional y su reparto como despojos*

Esta declaración de situación de Omisión Inconstitucional parlamentaria efectuada conforme al artículo 336.7 de la Constitución, lejos de llevar a la Sala conforme lo indicado en dicha norma que es que una vez declarada la omisión, la misma debe fijarle un plazo al ente omiso para que cumpla la acción omitida, "y, de ser necesario, los lineamientos de su corrección," la Sala Constitucional del Tribunal Supremo, en una evidente usurpación de funciones legislativas, que hace nulas sus propias actuaciones, decidió *"asumir de pleno derecho"* el *"ejercicio de la atribución constitucional contenida en el artículo 187, numeral 24"* de la Constitución," que establece, como antes se dijo, que:

---

31   Véase sobre todas las sentencias Allan R. Brewer-Carías, *Dictadura Judicial y perversión del Estado de derecho*, Segunda Edición, (Presentaciones de Asdrúbal Aguiar, José Ignacio Hernández y Jesús María Alvarado), N° 13, Editorial Jurídica Venezolana, 2016.

"Corresponde a la Asamblea Nacional: 24. Todo lo demás que le señalen esta Constitución y la ley. "

Es decir, de un plumazo, como de la nada, la Sala Constitucional del Tribunal Supremo de Justicia, como Jurisdicción Constitucional, *decidió asumir, in toto, de pleno derecho, todas las competencias de la Asamblea Nacional,* para lo cual no tiene competencia en forma alguna, y constituyó una usurpación de funciones en los términos del artículo 138 de la Constitución; pasando como si detentara el poder absoluto del Estado, a resolver "la interpretación solicitada" del artículo 33 de la Ley Orgánica de Hidrocarburos, disponiendo con "carácter vinculante y valor *erga omnes*." lo siguiente:

Primero, que a pesar del texto mismo de dicha Ley en contrario, "no existe impedimento alguno para que el Ejecutivo Nacional constituya empresas mixtas en el espíritu que establece el artículo 33 de la Ley Orgánica de Hidrocarburos," pero con la diferencia en relación con lo que dispone dicha norma, que en lugar de que debe solicitarse la aprobación previa de la Asamblea Nacional:

> "el Ejecutivo Nacional, por órgano del Ministerio de Energía y Petróleo, deberá informar a esta Sala de todas las circunstancias pertinentes a dicha constitución y condiciones, incluidas las ventajas especiales previstas a favor de la República. Cualquier modificación posterior de las condiciones deberá ser informada a esta Sala, previo informe favorable del Ministerio de Energía y Petróleo."

Segundo, como consecuencia de esta "interpretación" la Sala Constitucional fue más allá y le prohibió a la Asamblea Nacional que "actuando *de facto*," pudiera hacer alguna modificación a "las condiciones propuestas ni pretender el establecimiento de otras condiciones."

Tercero, la Sala Constitucional, de nuevo actuando como si detentara el poder absoluto del Estado, pasó a "atribuirle" o sea delegarle la potestad de legislar al Poder Ejecutivo, en esta ocasión solo en las materias de la Ley de Hidrocarburos, disponiendo que:

> "sobre la base del estado de excepción, el Jefe de Estado podrá modificar, mediante reforma, la norma objeto de interpretación, en correspondencia con la jurisprudencia de este Máximo Tribunal (ver sentencia n.° 155 del 28 de marzo de 2017)." [32]

Cuarto, finalmente, la Sala Constitucional, de forma general advirtió, de nuevo en el marco de los supuestos poderes absolutos que decidió asumir, que:

---

32   Véase en http://historico.tsj.gob.ve/decisiones/scon/marzo/197285-155-28317-2017-17-0323.HTML.

"mientras persista la situación de desacato y de invalidez de las actuaciones de la Asamblea Nacional, esta Sala Constitucional garantizará que las competencias parlamentarias sean ejercidas directamente por esta Sala o por el órgano que ella disponga, para velar por el Estado de Derecho."

Es decir, en este caso, sin referencia alguna a la materia de hidrocarburos, la Sala Constitucional ratificó, irónicamente que "para velar por el Estado de Derecho" cuyos remanentes cimientos fueron pulverizados con la misma sentencia, que todas las competencias que la Constitución y las leyes atribuyen a la Asamblea Nacional, serán ejercidas directamente por la Sala Constitucional; y no sólo eso, también "por el órgano que ella disponga," auto-atribuyéndose un poder universal de delegar y disponer de las funciones legislativas de la Asamblea, y decidir a su arbitrio cuál órgano del Estado va a legislar en algún caso, o cuál órgano va a controlar, en otro.

4. La ilegal exhortación ejecutiva para la revisión de la sentencia por la Sala Constitucional

La sentencia, sin duda, fue ni más ni menos que un golpe de Estado, [33] dictada con alguna intención precisa vinculada sin duda al sector hidrocarburos, [34] habiendo sido celebrada por el Presidente de la República como una "sentencia histórica," para cuya ejecución, según informó la prensa, pediría "sugerencias a la Procuraduría General de la República y a la Sala Constitucional para cumplir con las órdenes dictadas por el máximo órgano judicial," [35] como si ésta última fuera un órgano asesor del Ejecutivo.

---

33   Véase en Allan R. Brewer-Carías, "El golpe de Estado judicial continuado, la no creíble defensa de la Constitución por parte de quien la despreció desde siempre, y el anuncio de una bizarra "revisión y corrección" de sentencias por el Juez Constitucional por órdenes del Poder Ejecutivo (secuelas de las sentencias no. 155 y 15 6 de 27 y 29 de marzo de 2017)," en http://allanbrewercarias.net/site/wp-content/uploads/2017/04/150.-doc.-BREWER.-EL-GOLPE-DE-ESTADO-Y-LA-BIZARRA-REFORMA-DE-SENTENCIAS.-2-4-2017.pdf.

34   Recurso que según se indicó por la ONG Acceso a la Justicia, tuvo su motivación en que el Poder Ejecutivo había ofrecido "a la petrolera rusa Rosneft una participación en la empresa mixta Petropiar a cambio de ayuda para pagar bonos de la deuda que están próximos a vencerse, pero para concretar el acuerdo se requiere la aprobación de la Asamblea Nacional según la Ley de Hidrocarburos." Véase en "TSJ: no aclares que oscureces. *Las verdaderas repercusiones de las aclaratorias de las sentencias del TSJ," Acceso a la Justicia, Caraca 1 de abril de 2017,* en http://www.accesoalajusticia.org/wp/infojusticia/noticias/tsj-no-aclares-que-oscureces/.

35   Véase la reseña: "Nicolás Maduro: El TSJ ha dictado una sentencia histórica. Durante el Consejo de Ministros, el jefe de Estado señaló que además pedirá sugerencias a la Procuraduría General de la República para cumplir con las órdenes dictadas por el máximo órgano judicial," en El nacional, 28 de marzo de 2017, en http://www.el-

La sentencia motivó a la Fiscal General de la República a expresar públicamente que de dicha sentencia se evidenciaban "varias violaciones del orden constitucional y desconocimiento del modelo de Estado consagrado en nuestra Constitución," considerando que ello constituía "una ruptura del orden constitucional." [36] Ello provocó por parte del Presidente de la República, que convocara una reunión del Consejo de Defensa de la Nación que es solo un órgano consultivo para la planificación y asesoramiento del Poder Público en los asuntos relacionados con la defensa integral de la Nación, integrado por los titulares de todos los Poderes Públicos y algunos Ministros, confiando que en el mismo se harían "las aclaratorias respectivas, las aclaratorias necesarias, en el marco de la autonomía y la constitucionalidad de cada poder, para despejar cualquier tensión y cualquier duda,, y que así pudiera ser superado el "impase" creado con la declaración de la Fiscal General. [37]

El Consejo se reunió el 31 de marzo de 2017, sin la asistencia de los titulares del Poder Legislativo, del Poder Ciudadano, ni del Poder Judicial, adoptando una decisión mediante la cual exhortó al Tribunal Supremo de Justicia para que cometiera abiertamente una ilegalidad, es decir, proceder:

"a revisar las decisiones 155 y 156 con el propósito de mantener la estabilidad constitucional y el equilibrio de poderes mediante los recursos contemplados en el ordenamiento jurídico venezolano." [38]

Como es bien sabido, el artículo 252 del Código de Procedimiento Civil prescribe que "después de pronunciada la sentencia definitiva o la interlocutoria sujeta a apelación, no podrá revocarla ni reformarla el Tribunal que la haya pronunciado," razón por la cual no era sino una ilegalidad infame que los funcionarios del Poder Ejecutivo que participaron en la reunión del Consejo, le hubieran solicitado a la Sala Constitucional que "revisara" sus sentencias, lo que no le es permitido hacer; de manera que incluso si lo hacía lo

---

nacional.com/noticias/gobierno/nicolas-maduro-tsj-dictado-una-sentencia-historica_87784.

36 Véase el texto en la reseña "Fiscal general de Venezuela, Luisa Ortega Díaz, dice que sentencias del Tribunal Supremo sobre la Asamblea Nacional violan el orden constitucional," en Redacción BBC Mundo, *BBC Mundo*, 31 de marzo de 2017, en http://www.bbc.com/mundo/noticias-america-latina-39459905 Véase el video del acto en https://www.youtube.com/watch?v=GohPIrveXFE.

37 Véase la reseña "Maduro, tras instalar Consejo de Defensa de la Nación: Tengo fe de que se harán las aclaratorias necesarias," Noticiero digital, 31 Marzo, 2017, en http://www.noti-cierodigital.com/2017/03/maduro-tengo-fe-absoluta-de-que-este-consejo-hara-las-acla-ratorias-necesarias/.

38 Véase su texto en "Consejo de Defensa Nacional exhorta al TSJ a revisar sentencias 155 y 156 // #MonitorProDaVinci,'1 de abril de 2017, en http://prodavinci.com/2017/04/01/ac-tualidad/consejo-de-defensa-nacional-exhorta-al-tsj-a-revisar-sentencias-155-y-156-monitorprodavinci/.

que iba a evidenciar es que carecía totalmente de autonomía e independencia, como efectivamente ocurrió.

Sin embargo, acatando el exhorto, la Sala Constitucional del Tribunal Supremo en la madrugada del día 1 de abril de 2017 hizo montar en la página web del Tribunal Supremo la información de que se había dictado la N° 158 mediante las se "aclaró de Oficio" la sentencia N° 156 de fecha 29 de marzo de 2017, en lo "que respecta al punto 4.4 del dispositivo cuyo contenido está referido a que la Sala Constitucional garantizará que las competencias parlamentarias sean ejercidas directamente por ésta o por el órgano que ella disponga, para velar por el Estado de Derecho, el cual se suprime."

Y a renglón seguido, como si se tratase de un juego inocente, el Sr. Maduro, Presidente de la República, en vista de este anuncio, afirmó que después de haber enfrentado "una situación compleja" informaba que "en pocas horas, activando los mecanismos de la Constitución, fue superada exitosamente la controversia que surgió entre dos poderes," comentando que:

> "me tocó como Jefe de Estado actuar. Actué rápido, sin dilación, sin demoras y ya en la madrugada de hoy 1 de abril habíamos superado absolutamente la controversia que había surgido."[39]

5. *La ilegal revisión de la sentencia por la Sala Constitucional y el mantenimiento de la decisión de aprobación de los contratos de empresas mixtas del sector hidrocarburos por la propia Sala Constitucional en sustitución de la Asamblea Nacional*

En todo caso, como la Sala Constitucional lo había anunciado en su página web el día 1 de abril de 2017, a solicitud del Presidente de la República a través de una reunión de un Consejo consultivo de Defensa de la Nación,[40] procedió de oficio a *reformar y revocar* parcialmente su sentencia y 156[41] de 29 de marzo de 2017, dictando para ello la N° 158[42] de fecha 1 de

---

39 Véase la reseña: "Maduro: Actué rápido y pudimos superar exitosamente la controversia entre el TSJ y el MP," en *Noticiero Digital*, 1 de abril de 2017, en http://www.noticierodi-gital.com/2017/04/maduro-actue-rapido-y-pudimos-superar-exitosamente-la-controversia-entre-el-tsj-y-el-mp/.

40 La propia Sala confesó en un Comunicado de 3 de abril de 2017 publicado en *Gaceta Oficial* que "El Tribunal Supremo de Justicia en consideración al exhorto efectuado por el Consejo de Defensa de la Nación ha procedido a revisar las decisiones 155 y 156, mediante los recursos contemplados en el ordenamiento jurídico venezolano, y en tal sentido, hoy son públicas y notorias sendas sentencias aclaratorias que permiten sumar en lo didáctico y expresar cabalmente el espíritu democrático constitucional que sirve de fundamento a las decisiones de este Máximo Tribunal." Véase en la *Gaceta Oficial* N° 41.127 de 3 de abril de 2017.

41 Véase la sentencia N° 156 de 29 de marzo de 2017 en http://historico.tsj.gob.ve/decisiones/scon/marzo/197364-156-29317-2017-17-0325.HTML. Véase los comentarios a dicha

abril de 2017, en violación de los principios más elementales del debido proceso en Venezuela; irónicamente invocando como motivación fundamental, la "garantía de la tutela judicial efectiva consagrada en el artículo 26 constitucional."

La sentencia fue dictada por la Sala *actuando de oficio*, basándose solo en el hecho de que "el Tribunal Supremo de Justicia, por convocatoria del Presidente de la República, había asistido a una reunión extraordinaria del Consejo de Defensa de la Nación," y que dicho Consejo había "exhortado" al Tribunal Supremo a "aclarar el alcance" de la decisión N° 156, dictadas el 29 de marzo de 2017, "con el propósito de mantener la estabilidad institucional y el equilibrio de poderes, mediante los recursos contemplados en el ordenamiento jurídico venezolano."

Y luego, después de recordar que en la sentencia N° 156 de 29 de marzo de 2017 había decidido que en relación con el artículo 33 de la Ley de Hidrocarburos, no existía "impedimento alguno para que el Ejecutivo Nacional constituya empresas mixtas en el sector" sustituyendo a la Asamblea para conocer de las circunstancias de las contrataciones, en sustitución de la Asamblea Nacional; procedió a "aclarar" dicha sentencia mutando su naturaleza definitiva, transformándola en una "medida cautelar;" y sin motivación alguna, revocando parcialmente las decisiones mediante las cuales había usurpado las referidas potestades de la Asamblea Nacional, resolvió "en ejercicio de la potestad que para este caso corresponde y con base en el artículo 252 del Código de Procedimiento Civil," dejar incólumes todas las otras decisiones contenidas en la sentencia N° 156, entre ellas, precisamente la que usurpó la función de control por parte de la Asamblea Nacional sobre la creación de empresas mixtas, al permitir al Gobierno crearlas en el sector hidrocarburos bajo el control de la Sala. En la nueva sentencia No 158, además, la Sala Constitucional ratificó que la Asamblea Nacional no podía ejercer sus funciones constitucionales por encontrarse en "desacato" y la Sala mantiene su criterio de la usurpación de funciones de la Asamblea Nacional, impidiéndole ejercer sus funciones.

---

sentencia en Allan. Brewer-Carías: "La consolidación de la dictadura judicial: la Sala Constitucional, en un juicio sin proceso, usurpó todos los poderes del Estado, decretó inconstitucionalmente un estado de excepción y eliminó la inmunidad parlamentaria (sentencia N° 156 de la Sala Constitucional), 29 de Marzo de 2017, en http://diarioconstitucional.cl/noticias/actualidad-internacional/2017/03/31/opinion-acerca-de-la-usurpacion-de-funciones-por-el-tribunal-supremo-de-venezuela-y-la-consolidacion-de-una-dictadura-judicial/.

42   Véase   en   http://Historico.Tsj.Gob.Ve/Decisiones/Scon/Abril/197400-158-1417-2017-17-0325.Html.

6. *La ilegal autorización para la constitución de una empresa mixta denominada Petrosur S.A., autorizada por la Sala Constitucional del Tribunal Supremo, y no por la Asamblea nacional.*

El 6 de julio de 2017, el Secretario Permanente del Consejo de Ministros, alegando actuar "de conformidad con lo establecido en la antes mencionada sentencia N° 158 del 1 de abril de 2017, de la Sala Constitucional del Tribunal Supremo de Justicia," acudió ante dicha Sala solicitando "la autorización y aprobación" a la constitución de la Empresa Mixta Petrosur S.A., de Producción, Mejoramiento y Comercialización de Petróleo Crudo Pesado y extra Pesado en el Área Denominada Junín 10 de la faja Petrolífera del Orinoco, entre la Corporación Venezolana de Petróleo, S.A (CVP) y Stichting Administratiekantoor Inversiones Petroleras Iberoamericanas, remitiendo a la Sala la documentación necesaria.

La Sala decidió sobre la petición, como si se tratase de un "proceso judicial" y de una "sentencia," precisamente dictando la sentencia N° 533 de 10 de julio de 2017, [43] en la cual, haciendo referencia a la antes mencionada sentencia N° 156 de fecha 29 de marzo de 2017, expresamente dispuso que:

> "no existe impedimento alguno para que el Ejecutivo Nacional constituya empresas mixtas en el espíritu que establece el artículo 33 de la Ley Orgánica de Hidrocarburos, a cuyo efecto el Ejecutivo Nacional, por órgano del Ministerio de Energía y Petróleo, deberá informar a esta Sala de todas las circunstancias pertinentes a dicha constitución y condiciones, incluidas las ventajas especiales previstas a favor de la República."

En virtud de ello, y al estimar la Sala que se mantenía "el desacato en el cual permanece la mayoría de los miembros de la Asamblea Nacional frente a las decisiones de este Máximo Tribunal," agregando que ello "ha incidido en la deslegitimación para ejercer constitucional y legalmente sus funciones mientras dure tal circunstancia," resolvió, sin más, que ella "la competente para dar respuesta a dicha petición, y así se establece."

Y así, la Sala Constitucional, violando la Constitución y la Ley de Hidrocarburos, usurpando las funciones de control que corresponden a la Asamblea Nacional, pasó a examinar los recaudos entre los cuales estaba la aprobación por la Junta Directiva de PDVSA en fecha 22 de marzo de 2017 de la constitución de la empresa mixta, conforme al Memorándum de Entendimiento que había sido suscrito por los potenciales accionistas, y la propuesta de aprobación presentada al Presidente de la República el 26 mayo de 2017, y aprobación por el Consejo de Ministros con fecha 13 de junio de 2017; indicando la Sala haber examinado el "Acuerdo de Estudio Conjunto para el Campo Junín Sur de la Faja Petrolífera del Orinoco, constante de trece cláusulas, suscrito por el ciudadano Orlando Chacín Vicepresidente de

---

43   Véase en http://historico.tsj.gob.ve/decisiones/scon/julio/200937-533-10717-2017-17-0731.HTML

PDVSA, y por el Consejero Delegado ciudadano José Ramón Blanco de Inversiones Petroleras Iberoamericanas, en cuyas cláusulas séptima y octava referidas a la resolución de conflictos y ley aplicable," se daba "estricto cumplimiento a lo dispuesto en el artículo 151 constitucional," pero sin indicarse si se trataba o no de una cláusula arbitral y a cuál ley se sometía el contrato; indicando además, que el contrato contaba con la aprobación del Procurador General de la República.

De todo ello, la Sala concluyó "administrando justicia, en nombre de la República por autoridad de la ley," como si se tratase de una sentencia dictada en algún proceso, "y en atención a lo dispuesto previsto en la sentencia N° 156 de fecha 29 de marzo de 2017," declarar "procedente la autorización y aprobación a la constitución de la Empresa Mixta Petrosur, S.A." citando el artículo 236.14 de la Constitución como si se tratase de un contrato de interés público nacional a ser suscrito por el Presidente de la República, lo cual no sucedió.

Lo que hizo el Presidente de la República en "ejecución" de la sentencia, fue dictar un Decreto N° 3.038 de 22 de agosto de 2017,[44] mediante el cual, de nuevo, lo que hizo fue "autorizar" la creación de la referida empresa mixta mediante contrato a ser suscrito por las partes contratantes mencionadas, la Corporación Venezuela del Petróleo S.A. con 60 % del capital social y la empresa Stichting Administratiekantoor Inversiones Petroleras Iberoamericanas con el 40 % del capital social.

Esta empresa, co-contratante de la empresa estatal, la cual fue seleccionada "a dedo," sin proceso de licitación alguno,[45] habría sido constituida en La Haya, solo unos meses antes, en abril de 2017, como empresa "Financiële holdings"[46] y, por tanto, sin experiencia alguna en materia petrolera. Sin embargo, según se anunció en la prensa española, el Sr. José Ramón Blanco, citado como representante de la empresa en la sentencia aprobatoria del con-

---

44   Véase en *Gaceta Oficial* N° 41.219 de 22 de agosto de 2017.

45   Véase lo expuesto por Elías Matta, diputado y vicepresidente de la Comisión de Energía y Minas de la Asamblea Nacional, en la reseña "Elías Matta: Asignación por Petrosur a inversiones petroleras iberoamericanas viola la Constitución,' en *Primicias 24.com*, 21 de septiembre de 2017, en . https://www.primicias24.com/primicias-nacionales/elias-matta-asignacion-por-petrosur-a-inversiones-petroleras-iberoamericanas-viola-la-constitucion/.

46   Véase la referencia al registro el 19 de abril de 2017, en https://drimble.nl/bedrijf/den-haag/k68585209/stichting-administratiekantoor-inversiones-petroleras-iberoamericanas.htmln . Véase la reseña de Ascensión Reyes: "Gobierno entregó bloque Junín 10 a empresa creada hace 4 meses en Holanda. Inversiones Petroleras Iberoamericanas fue constituida en abril y su consejero, José Ramón Blanco Balín, es investigado por un caso de corrupción en España," en *El Nacional*, Caracas 11 de agosto de 2017, en http://www.el-nacional.com/noticias/econo-mia/gobierno-entrego-bloque-junin-empresa-creada-hace-meses-holanda_198133.

trato dictada por el Tribunal Supremo de Justicia, habría sido directivo de la empresa Repsol.[47]

IV. EL VACIAMIENTO DE PDVSA COMO HOLDING DE LA IN-DUSTRIA PETROLERA A PARTIR DE 2017, CON LA CREA-CIÓN EN PARALELO DE UNA "INDUSTRIA PETROLERA MILITAR," EXCLUIDA ADEMÁS DEL RÉGIMEN NACIONAL DEL CONTROL FISCAL

Conforme a la Ley Orgánica que reserva al Estado la industria y el comercio de los hidrocarburos de 1975, al producirse la nacionalización de la industria petrolera se dispuso que el Ejecutivo nacional, a los efectos de la organización, administración y gestión de las actividades reservadas, atribuiría a "una de las empresas las funciones de coordinación, supervisión y control de las actividades de las demás, pudiendo asignarle la propiedad de las acciones de cualquiera de esas empresas," (art. 6). Y así precisamente se creó a Petróleos de Venezuela S.A., la cual pasó en 1999 a ser la única empresa del Estado de rango constitucional (art. 303), funcionando como holding de la industria petrolera, adscrita al Ministro para el Petróleo.

Ese esquema se rompió formalmente a partir de 2016, al crearse en paralelo a PDVSA, otra empresa petrolera, pero militar, adscrita al Ministerio para la Defensa y, por tanto, desvinculada, en el marco de la organización de la Administración Pública, del sector de energía y petróleo.

En efecto, con fecha 10 de febrero de 2016, y mediante decreto N° 2.231 de 10 de febrero de 2016,[48] el Presidente de la República en Consejo de Ministros, en uso de las atribuciones establecidas en la Ley Orgánica de la Administración Pública para crear empresas del Estado, procedió a crear la Compañía Anónima Militar de Industrias Mineras, Petrolíferas y de Gas (CAMIMPEG), indicando como motivación para ello, que se trataba de una empresa que respondería a un "nuevo modelo de gestión" de acuerdo a "Revolución Bolivariana," y a un "modelo económico productivo ecosocialista" para "desarrollar tecnologías propias de nuestra industria militar," quedando adscrita dicha empresa, por tanto, al Ministerio para la Defensa. (art. 1).

---

47   Véase la reseña de Mariza Recuero, "Nicolás Maduro adjudica a un imputado en 'Gürtel' un negocio petrolero," en *El Mundo*, 9 de agosto de 2017, en http://www.elmundo.es/espana/2017/08/09/598a0afc22601d58478b457e.html. Véase además la información "Maduro adjudicó contrato petrolero en la Faja a imputado en caso de corrupción en España," en CCD, Cuentas Claras contra la delincuencia organizada, 9 de agosto de 2017, en https://www.cuentasclarasdigital.org/2017/08/maduro-adjudico-contrato-petrolero-en-la-faja-a-imputado-en-caso-de-corrupcion-en-espana/ Véase además,

48   Véase en *Gaceta Oficial* N° 40.845, de 10 de febrero de 2016.

De acuerdo al decreto, el objeto social de la empresa abarca absolutamente todos los aspectos imaginables tanto de la industria petrolera, como de la industria del gas y de la industria minera, siendo en materia petrolera aún más amplió que lo previsto como objeto social en los estatutos de la propia PDVSA. En efecto, el artículo 3 del decreto de creación de CAMIMPEG enumera este objeto social, efectuar:

1. Todo lo relativo a las actividades lícitas de Servicios Petroleros, de Gas y Explotación Minera en general, sin que esto implique limitación alguna;

2. Se empleará en el área de rehabilitación y mantenimiento de pozos petroleros, reparación, mantenimiento y administración de taladros de perforación, fabricación, reparación y mantenimiento de las estaciones de flujo, bombeo, y plantas compresoras en áreas terrestres o marinas; servicios de reparaciones de bombas;

3 Contratación de personal obrero calificado para la industria de minería e hidrocarburos.

4. Prestará servicios de apoyo logístico a las instalaciones; servicios generales a las empresas en todos sus variantes.

5. Efectuará la importación, exportación, distribución, comercialización, compra venta de productos químicos para la industria minera, petroquímica, petrolera y gasífera, tales como desengrasantes, solventes aromáticos, disolventes, surfactantes, inhibidor de corrección, productos biodegradables para el medio ambiente.

6. Servicio de transporte a nivel nacional e internacional, en las áreas de transporte lacustre, marítimo y terrestre a nivel nacional e internacional, mediante el suministro de lanchas, remolcadores, barcos, barcazas, gabarras, transporte privado, camiones plataformas, grúas, tractores, transporte público y privado, servicio de apoyo logístico a las industrias, fletamentos lacustres, aéreos, transporte aéreo comercial.

7. Construcción de obras civiles en general, suministro, instalación y mantenimiento de refractarios, mantenimiento civil, de hornos industriales y mecánico de obras, suministro e instalación de anclajes mecánicos de andamios, construcción civil, mecánica, petrolera y eléctrica, construcción y mantenimiento de carreteras, mantenimiento de obras eléctricas, gasíferas, mineras; diseño, asesoraría, consultoría, inspección, elaboración y ejecución de proyectos de arquitectura e ingeniería, suministro de asistencia técnica mediante transferencia de personal, avalúos, servicios, procesamientos e informaciones y especificaciones técnicas.

8. Plan de derrames de hidrocarburos, construcciones para desechos de hidrocarburos, transporte y manejo de desechos de perforación.

9. Descontaminación, purificación, oxigenación, ozonificación de las aguas, lagunas, lagos, mares, embalses, hidrológicos, remoción de las algas y recolección de todo tipo de desechos derivados de la minería, del petróleo y del gas.

10. Mantenimiento, protección, funcionamiento, y descontaminación del medio ambiente, tratamiento de desechos peligrosos y no peligrosos generados de las actividades mineras, petroleras, petroquímicas y gasíferas en las aguas y destino final, instalación de plantas de tratamientos a los fines de cumplir con los parámetros establecidos en las leyes ambientales;

11. Monitoreo, supervisión, vigilancia del ecosistema acuático, en todos sus ámbitos, extracción de tuberías chatarras, desperdicios embarcaciones en desuso; importación y exportación de materiales, equipos y programas que permitan la ejecución de las actividades mencionadas y efectuar todo tipo de actividades afines y conexas con las indicadas;

12. Todo lo relacionado a las actividades licitas de explotación y servicios mineros en general, la importación, producción, exportación, alquiler de materiales, equipos y programas que permitan la ejecución de las actividades mencionadas, sin que esto implique limitación alguna, en el desarrollo de actividades referentes a la comercialización y distribución de productos, mercancías y materia prima, dentro y fuera del territorio nacional y, en particular, la asistencia técnica relativa a la exportación, importación, distribución y venta de productos, equipos, maquinarias, repuestos, materias primas y cualquier otra clase de bienes; relativa al despacho y transporte de tales bienes; asistencia técnica relativa al estudio, análisis y cotizaciones para efectuar las recomendaciones en selección de proveedores;

13. Asistencia técnica en actividades para la promoción de venta, investigación de mercado y transferencia tecnológica;

14. Servicios de telecomunicaciones, asesoría técnica integral y dotación de elementos y equipos relacionados con el ramo;

15. Agenciamiento naviero, agenciamiento aduanal, almacenaje temporal o "in bond" y en general el almacenaje o depósito de toda clase de mercancías en proceso de nacionalización;

16. Ejecución de los actos y negocios jurídicos que guarden relación con el objeto descrito.

17. Ejecución de obras civiles, eléctricas y mecánicas; mantenimiento y limpieza en general de áreas industriales y urbanas;

18. Representaciones, importaciones y exportaciones, compra y venta de productos nacionales e internacionales,

19. Prestación de servicios básicos y de ingeniería, suministro de mano de obra especializada, implementos de seguridad, transporte pesado y liviano,

20. Compra venta, representación y distribución de equipos, materiales, repuestos y accesorios requeridos para la industria; importación y exportación de dichos materiales,

21. La prestación de servicios y mantenimiento en las áreas de electricidad, mecánica, pintura, plomería, áreas verdes, impermeabilización, fumigación, tabiquería, herrería, fabricación, reparación, montaje de equipos industriales, electromecánico y estructuras metálicas.

22. Alineación y montaje de equipos rotativos;

23. Así como cualquier otra actividad mercantil lícita, relacionada con el objeto de la sociedad mercantil.

Esta empresa, por tanto, tiene todas las competencias no solo de PDVSA, sino de todas sus empresas filiales como Corpoven, S.A, PDVSA Petróleo, S.A., y Bariven, S.A, y con ello, el riesgo de que posiblemente se producirá el vaciamiento progresivo de todas estas empresas, las cuales es posible que queden como cascarones vacíos.

Y todo ello, además, con el agravante de que además, la nueva industria petrolera militar ha quedado por obra de la dictadura judicial, fuera del marco de control fiscal que ejerce la contraloría General de la República.

En efecto, la Sala Político Administrativa del Tribunal Supremo de Justicia, en sentencia de 14 de diciembre de 2016, [49] dictada con motivo de un recurso de interpretación formulado por los propios abogados del Estado, es decir, la Procuraduría General de la República, insólitamente excluyó a la empresa a propia Compañía Anónima Militar de Industrias Mineras, Petrolíferas y de Gas (CAMIMPEG), del ámbito de control fiscal por parte de la Contraloría General de la República, por ser una "empresa militar,"

Los representantes de la Procuraduría, en efecto solicitaron del Tribunal Supremo la interpretación del artículo 43 de la Ley Orgánica de la Contraloría General de la República y del Sistema Nacional de Control Fiscal, en concordancia con normas de la Ley Orgánica de la Fuerza Armada Nacional Bolivariana, a los fines de que se resolviera si las empresas adscritas al Ministerio de la defensa, aún cuando nada tenían que ver con el componente militar, estaban sometidas al control externo de la Contraloría General de la Fuerza Armada Nacional Bolivariana; y por tanto si dicha Contraloría General de la Fuerza Armada Nacional Bolivariana conforme al artículo 291 de la Constitución, le correspondía ejercer el control, fiscalización y vigilancia de

---

49   http://historico.tsj.gob.ve/decisiones/spa/diciembre/194202-01421-151216-2016-2011-0044.HTML.

los ingresos, gastos y bienes públicos, afectos a la Fuerza Armada Nacional Bolivariana, en sus cuatro componentes militares, y al Ministerio del Poder Popular para la Defensa, por lo que se refería a sus operaciones relativas al Sector Defensa.

Para ello, sobre las nociones clave antes mencionadas, la Sala Político Administrativa consideró que "la Fuerza Armada es la organización militar encargada de la defensa integral del Estado, el Ministerio del Poder Popular para la Defensa es el máximo órgano administrativo en dicha materia, y el Sector Defensa viene a ser una noción más amplia, pues comprende tanto a la Fuerza Armada como al Ministerio y sus órganos internos, desconcentrados y entes adscritos;" concluyendo en definitiva con la interpretación de que:

"4. La Contraloría General de la Fuerza Armada Nacional Bolivariana ejerce un control fiscal externo sui generis sobre las Unidades de Auditoría Interna de los entes descentralizados funcionalmente adscritos al Ministerio del Poder Popular para la Defensa.

5. La Contraloría General de la Fuerza Armada Nacional Bolivariana debe actuar en coordinación con las mencionadas Unidades de Auditoría Interna y con la Contraloría General de la República.

6. La Contraloría General de la Fuerza Armada Nacional Bolivariana ejercerá sus funciones sin perjuicio de las competencias constitucional y legalmente atribuidas a la Contraloría General de la República, por ser esta el órgano rector del Sistema Nacional de Control Fiscal. Así se decide."

Con ello, la función de la Contraloría General de la República quedó relegada a un segundo plano respecto del control externo de los entes descentralizados adscritos al Ministerio para la Defensa, aún cuando los mismos nada tengan que ver con el sector defensa, y se trata de empresas que corresponden al sector industrial o de energía como es precisamente la Compañía Anónima Militar de Industrias Mineras, Petrolíferas y de Gas (CAMIMPEG).

V. LA ILEGAL REORGANIZACIÓN DE LA INDUSTRIA PETRO-LERA DISPUESTA POR DECRETO DE 2018, LA FINAL DE-GRADACIÓN DEL HOLDING PETROLERO, Y EL FIN DE LA TRANSPARENCIA EN MATERIA DE CONTRATACIÓN EN LA INDUSTRIA PETROLERA

Como ya ha asido señalado en enero de 2018, la inconstitucional y fraudulenta Asamblea Nacional Constituyente[50] dictó una inconstitucional "Ley Constitucional contra la guerra económica para la racionalidad y uniformi-

---

50 Véase Allan R. Brewer-Carías, *Usurpación Constituyente, 1999, 2017. La historia se repite: una vez como comedia y la otra como tragedia*, Editorial Jurídica Venezolana International, 2018.

dad en la adquisición de bienes, servicios y obras públicas,"[51] mediante la cual reformó parcial y tácitamente la Ley de Contrataciones Públicas de 2014, eliminando totalmente el proceso transparente de selección de contratistas, con efectos principales en la industria petrolera nacional, en la cual se eliminó todo proceso de licitación.[52]

El objeto de la reforma fue supuestamente establecer:

"normas básicas de conducta para la Administración Pública, en todos sus niveles, que promuevan la honestidad, participación, celeridad, eficiencia y transparencia en los procesos de adquisición y contratación de bienes, servicios y obras públicas. Facilite los mecanismos de control de tales procesos, y estimule la participación equilibrada de todos los agentes económicos en la inversión y justa distribución de recursos destinados las compras públicas" (art. 1).

Pero todo ello no fue más que una gran mentira cuando se analiza el sentido y efecto de lo regulado, lo cual, contrariamente, lo que asegura es la ausencia honestidad, transparencia y control en la contratación pública, previendo la posibilidad de eliminación de los principios de la licitación en la selección de contratistas, como efectivamente ocurrió respecto de las contrataciones en las empresas de la industria petrolera.

Para ello, se estableció en la Ley Constitucional que el régimen aplicable a las empresas del Estado debía estar regulado en una "regulación especial," el cual se previó para las empresas de la industria petrolera mediante el Decreto N° 3.368 de 12 de abril de 2018,[53] estableciéndose un "régimen especial y transitorio para la gestión operativa y administrativa de la industria petrolera nacional," con una "vigencia hasta el 31 de diciembre de 2018, prorrogable por un (1) año" (art. 12), para que "contribuya de manera definitiva al aumento de las capacidades productivas de Petróleos de Venezuela S.A., PDVSA, sus empresas filiales, y la industria petrolera nacional en general" (art. 1).

---

51   Véase *Gaceta Oficial* N° 41.318 del 11 de enero de 2018.

52   Véase los comentarios en Allan R. Brewer-Carías, "La institucionalización de la cleptocracia en Venezuela: la inconstitucional reforma tácita del régimen de contrataciones públicas, y la inconstitucional eliminación, por decreto, de la licitación para la selección de contratistas en la industria petrolera, y de la nacionalización de las actividades auxiliares o conexas con la industria," New York, 18 de abril de 2018, en   http://allanbrewercarias.com/wp-content/uploads/2018/04/182.-Brewer.-doc.-Institucionalizaci%C3%B3n-Cleptocracia.PDVSA_.pdf.

53   Véase en *Gaceta Oficial* N° 41.376 de 12 de abril de 2018. En cuanto a basarse en el régimen de Estado de Excepción y emergencia económica, debe recodarse que de acuerdo con el artículo 338 de la Constitución, el mismo sólo puede durar 120 días, aun cuando el decretado ya tiene más de dos años, y sin siquiera haber sido aprobado por la Asamblea Nacional.

La ilusión de los gobernantes del Estado forajido que hemos padecido los venezolanos ha sido que, con el solo texto de las leyes, los decretos y las resoluciones que dictan, creen que pueden cambiar la realidad; y esa ilusión parece no tener límites; y lo peor es que algunos efectivamente creen que la realidad cambió con solo "decretarla;" solo porque así lo dice la ley o el decreto!!

La realidad en todo caso es otra, que es la que existe a pesar de la letra de los textos legales; y trágicamente, como es bien sabido, es que la industria petrolera venezolana en 2018 ya estaba en un estado de deterioro como nunca antes se había visto, de manera que de haber sido veinte años antes la empresa más importante de toda América Latina, en 2018 había quedado en la ruina, con una producción disminuida, altamente burocratizada e ineficiente, con refinerías cerradas, con una deuda pública astronómica,[54] y minada por una corrupción rampante, al punto de que sus últimos directivos desde 2017 al dictarse el decreto ya estaban todos detenidos o escapados, acusados todos de corrupción.[55]

Por ello, como bien lo observó José Ignacio Hernández:

"el decreto no corrige ninguna de las causas que llevaron a ese colapso. Así, nada dispone el decreto sobre cómo se obtendrán las inversiones necesarias para la reconstrucción de la industria petrolera, ni tampoco resuelve la crisis de la deuda pública de PDVSA. Tampoco hay en el decreto ninguna medida que incentive a la inversión privada, limitándose a reducir el alcance de los procedimientos de procura pública (pero sin explicar con qué recursos se pagarán los contratos que serán adjudicados por mecanismos poco transparentes)."[56]

---

54 Véase sobre ello, entre los comentarios expertos más recientes de Francisco Monaldi e Igor Hernández, *Weathering Collapse: An Assessment of the Financial and Operational Situation of the Venezuelan Oil Industry*, CID Working Paper N° 327, 2016; Ramón Espinasa, y Carlos Sucre, *La caída y el colapso de la industria petrolera venezolana*, Agosto de 2017 (consultado en original); Carlos Bellorín *El Furrial: el espectacular declive de un gigante petrolero*, Prodavinci, 11 de agosto de 2016: http://historico.prodavinci.com/blogs/el-furrial-el-espectacular-declive-de-un-gigante-petrolero-por-carlos-bellorin/.

55 Véase la reseña: "Fiscal general de Venezuela anuncia la detención de expresidentes de Pdvsa," donde se indica: "El fiscal general de Venezuela, Tarek William Saab, anunció este jueves la detención del exministro para la Energía y Petróleo, Eulogio del Pino, y del expresidente de Petróleos de Venezuela (Pdvsa), Nelson Martínez, por su presunta vinculación con hechos de corrupción en la estatal petrolera." Véase en *Telesur*, 30 de noviembre de 2017, en https://www.telesurtv.net/news/Fiscal-general-de-Venezuela-anuncia-la-detencion-de-expresidentes-de-Pdvsa-20171130-0033.html.

56 Véase José Ignacio Hernández, "¿De qué se tratan las medidas excepcionales que tomó el gobierno sobre PDVSA?," en *Prodavinci*, 17 de abril de 2018, en

Por ello, concluyó Hernández con razón, que "en realidad, las medidas adoptadas en el decreto N° 44, además de inconstitucionales, no resuelven ninguno de los problemas de fondo que han llevado al colapso de la industria petrolera. Por el contrario, esas medidas pudieran comprometer, todavía más, la ya mermada capacidad de producción de las empresas públicas operadoras."[57]

En todo caso, y por lo visto, creyendo en la magia de las palabras de un decreto, con el fin mencionado de supuestamente aumentar la capacidad productiva "de Petróleos de Venezuela S.A., PDVSA, sus empresas filiales, y la industria petrolera nacional en general," se reguló un régimen excepcional en el manejo de las empresas del Estado en la industria petrolera nacional atribuyéndosele en el artículo 2 del decreto, al Ministro del Poder Popular de Petróleo, "además de las facultades de control y tutela establecidas en el ordenamiento jurídico," es decir, en la Ley Orgánica de la Administración Pública y en la Ley Orgánica de Hidrocarburos, "las más amplias facultades de organización, gestión y administración de las empresas de la industria petrolera del sector público, en especial Petróleos de Venezuela S.A., PDVSA, y sus empresas filiales, en los términos expuestos en este decreto."

A tal efecto, el artículo 3 del decreto la atribuyó específicamente al Ministro del Petróleo, competencia para:

"1. Crear, suprimir o efectuar modificaciones a las empresas del sector público industrial petrolero, incluida Petróleos de Venezuela S.A., y sus empresas filiales.

2. Crear, suprimir, modificar o centralizar órganos de dirección, administración y gestión de dichas empresas.

3. Conformar y regular uno o varios conglomerados de empresas del sector público petrolero, con vista en las necesidades de incremento de la eficiencia del sector y de conformidad con la legislación especializada en la materia.

4. Fijar, suprimir, modificar o centralizar atribuciones, gestiones o procedimientos en determinadas empresas, o efectuar su estandarización para un grupo de ellas.

5. Establecer normas generales para el cumplimiento de todas las empresas públicas del sector petrolero, o grupos de ellas.

6. Crear, suprimir, modificar o centralizar comisiones de contratación,

---

https://proda-vinci.com/de-que-se-tratan-las-medidas-excepcionales-que-tomo-el-gobierno-sobre-pdvsa/?platform=hootsuite

57   *Idem.*

a partir de criterios de categorización basados en las especificidades del procedimiento, de los bienes o servicios requeridos, o de características propias de los mercados nacionales o internacionales de determinados productos.

7. Establecer normas y procedimientos de registro, inscripción, contratación y suspensión de clientes y proveedores; o proceder directamente a la suspensión del registro o inscripción mediante acto motivado, cuando de los resultados de la evaluación del cliente o proveedor, o la continuidad de su contratación suponga un riesgo al patrimonio de la empresa, o a su operatividad.

8. Establecer normas y procedimientos especiales de contratación por categoría de productos, bienes o servicios.

9. Ordenar la modificación de los estatutos sociales de las empresas públicas del sector petrolero, sus manuales de procedimientos, normativa interna y demás instrumentos de gobierno interno vigentes. Los representantes, directivas, directivos o responsables de las empresas de la industria petrolera nacional, del sector público, estarán en la obligación de gestionar lo conducente a los fines de materializar las modificaciones que deban realizarse de conformidad con lo dispuesto en este artículo, y en atención a las instrucciones impartidas por el Ministro del Poder Popular de Petróleo."

Es decir, con este decreto incluso se autorizó al Ministro del Petróleo para "suprimir" a Petróleos de Venezuela S.A. lo que no sólo es un soberano disparate, sino que sería violatorio de la Constitución (art. 303).

Con ello, se eliminó de hecho el rol que al menos estatutariamente correspondía a Petróleos de Venezuela S.A., como holding de la industria petrolera, perdiendo materialmente toda la relativa autonomía que podía tener como empresa del Estado en su relación con el órgano de tutela, que ya en buena parte se había perdido con el ejercicio simultáneo por la misma persona del cargo de Ministro de Energía y Petróleo y Presidente de PDVSA.

En todo caso, lo único que hasta cierta forma protege la poca racionalidad que se pueda requerir en materias tan delicadas, es que en el ejercicio de todas esas atribuciones, las decisiones del Ministro en relación a la organización, gestión y funcionamiento de las empresas de la industria petrolera, en ningún caso podrían surtir efectos de inmediato, sino que necesariamente deberían reflejarse en reformas formales de los estatutos de las empresas. Para ello, el artículo 3 del decreto termina indicando que:

"las gestiones relativas a la inscripción y registro de documentos relacionados con dichas modificaciones son obligatorias para los responsables respecto de cada una de las empresas involucradas."

Pero la aparente racionalidad derivada de la exigencia de reformas estatutarias se perdió con lo previsto al final de la misma norma al proclamar que:

"Las reformas normativas o estatutarias que se efectúen de conformidad con lo dispuesto en este artículo podrán modificar lo dispuesto en los respectivos decretos de creación de las empresas del sector público petrolero."

Ello significa que irresponsablemente, un decreto presidencial autorizó a un Ministro a modificar mediante resoluciones lo dispuesto en actos administrativos de rango superior como son los decretos de creación de las empresas. El insensato redactor de tal norma, incluso ignoró que la Ley Orgánica de Procedimientos Administrativos dispone imperativamente que en Venezuela:

"Ningún acto administrativo podrá violar lo establecido en otro de superior jerarquía; ni los de carácter particular vulnerar lo establecido en una disposición administrativa de carácter general, aun cuando fueren dictados por autoridad igual o superior a la que dicto la disposición general" (art. 13).

Por otra parte, como antes se observó, el Decreto No. 3.368 de 12 de abril de 2018, eliminó para las contrataciones por parte de Petróleos de Venezuela, S.A., y sus empresas filiales, de toda forma de licitación pública, estableciendo en cambio solo dos modalidades de contratación: la consulta de precios y la adjudicación directa. Con ello, como lo observó José Ignacio Hernández, sin duda se "aceleran los procedimientos de procura de PDVSA y sus empresas filiales, pero reducen los controles que previenen la corrupción y la gestión ineficiente del gasto público, sin que el decreto prevea medidas concretas para atender esos riesgos."[58]

Con el régimen de adjudicación directa de bienes y servicios conexos con las actividades primarias de hidrocarburos, como se explicó anteriormente, se derogó por vía indirecta la reserva que en 2009 se hizo de las actividades y bienes conexos con dichas actividades primarias; y con la contratación mediante la consulta de precios, el artículo 3 del Decreto estableció que Petróleos de Venezuela, S.A., y sus empresas filiales debían siempre proceder "a contratar a través de la modalidad de *consulta de precios*, independientemente del monto la compra de bienes, adquisición de servicios o ejecución de obras," específicamente en las siguientes categorías de productos:

---

58   Véase José Ignacio Hernández, "¿De qué se tratan las medidas excepcionales que tomó el gobierno sobre PDVSA?," en *Prodavinci*, 17 de abril de 2018, en https://prodavinci.com/de-que-se-tratan-las-medidas-excepcionales-que-tomo-el-gobierno-sobre-pdvsa/?platform=hootsuite.

"1. La compra de hidrocarburos y sus derivados, diluentes, gas, liquido de gas natural (LGN), petroquímica, insumos para la producción de combustibles y bases lubricantes, para la producción de combustibles y bases lubricantes, materiales para empaque y envasado de productos.

2. La ejecución de obras de infraestructura complementarias para la prestación de servicios, traslados para la industria petrolera.

3. Adquisición y suministro de servicios de alimentos, transporte, fletamento de buques para crudo, gasolina, gas y asfalteros, sistemas de comunicación, sistemas, equipos y licencias informáticas, sistemas y equipos de protección integral, sistemas y equipos de protección contra incendios."

Y en cuanto a la modalidad de contratación mediante adjudicación directa, como antes se ha argumentado, la misma conforme a lo indicado en el artículo 5 del decreto,[59] se refiere a servicios y bienes que antes habían sido nacionalizados mediante la Ley Orgánica de 2009, sobre reserva de bienes y servicios conexos con las actividades primarias,[60] con lo que de hecho y sin

---

[59]   El artículo 5 del decreto, autorizó a Petróleos de Venezuela, S.A., y sus empresas filiales a proceder a la compra, adquisición y ejecución de obras mediante la modalidad de *contratación directa*, en los siguientes casos: "1. La compra de materiales y productos químicos, repuestos y equipos relacionados a la actividades de la industria petrolera de: perforación, servicios a pozos, instalaciones de bombeo, estaciones de producción, plantas compresoras y sistemas eléctricos, oleoductos, gasoductos y poliductos que permitan la operatividad de la industria, químicos y catalizadores, aceites, lubricantes, bases lubricantes y aditivos, equipos y repuestos de la flota vehicular terrestre (liviana y pesada) marítima y aérea, sistemas de generación eléctrica, turbo generadores, turbo compresores, moto compresores y sistemas de control, macollas de producción, fabricación de equipos y sus accesorios. 2. La ejecución de obras de infraestructura necesarias para la industria petrolera. 3. La adquisición de servicios integrales de perforación, mantenimiento de pozos, limpieza, estimulación, cañoneo, completación, mantenimiento de instalaciones, plantas compresoras, estaciones de producción, macollas de producción, líneas de gas y crudos, oleoductos, gasoductos y poliductos, servicios a mejoradores, sistemas de generación eléctrica, pateo de almacenamientos, terminal de almacenaje y embalaje, adquisición y mantenimiento de servicio a las monoboyas, terminales marinos, muelles, plataformas de producción costa afuera, plataformas de carga y descarga de buques, plantas de procesamiento de gas, plantas de extracción y fraccionamiento del LGN, plantas de inyección de gas, sistemas de transporte manejo y distribución de gas, servicios industriales de vapor agua y electricidad, mantenimiento de las plantas intermedias del sistema de refinación nacional, mantenimiento de la unidades de craqueo catalítica, mantenimiento de las unidades de destilación, mantenimiento de trenes de procesos, mantenimiento de unidades profundas del circuito de conversión. En fin, todos los servicios de mantenimiento, sistemas, equipos, dispositivos y operación infraestructura de la petrolera."

[60]   A partir de 2009, los bienes y servicios y sus obras que se reservaron al Estado o se nacionalizaron conforme a la enumeración del artículo 2 de la Ley Orgánica, fueron

derogar dicha Ley, puede decirse que se produjo la privatización de los servicios y bienes conexos a las actividades primarias de la industria petrolera lo que es absolutamente inconstitucional, pues mediante un decreto no se puede reformar una ley orgánica.

En todo caso, los efectos de la aplicación del decreto no fueron claros. Basta hacer referencia a la noticia que salió publicada el 24 de abril de 2018 por Reuters, que se explicaba por sí sola y daba una idea de lo que había comenzado a ocurrir:

"HOUSTON/CARACAS, 23 abr (Reuters) - Dos empleados de la compañía petrolera estadounidense Chevron, que están detenidos en Venezuela, podrían enfrentar cargos de traición a la patria tras haberse negado a firmar un contrato de un emprendimiento conjunto como solicitó su socia local PDVSA, dijeron dos fuentes conocedoras del caso.

Los arrestos, ejecutados por agentes del servicio de inteligencia venezolano la semana pasada, son los primeros que involucran a ejecutivos de una firma petrolera estadounidense y representan una dramática escalada de las tensiones entre la estatal Petróleos de Venezuela (PDVSA) y sus socias privadas, dijeron las fuentes a Reuters.

La creciente disputa por el control de los contratos de suministro en las empresas mixtas de PDVSA con sus socias podría empeorar el caos operativo que ha provocado un desplome de la producción petrolera local.

"Estos arrestos van a acelerar la crisis operacional", dijo a Reuters una tercera fuente con conocimiento de las operaciones de Chevron. "La procura podría terminar en una parálisis si nadie quiere correr el riesgo de firmar o autorizar nada".

Las acusaciones de traición a la patria, que de acuerdo a las fuentes fueron vistas por abogados de Chevron la semana pasada, han generado preocupación en la petrolera, que teme quedar atrapada en el fuego diplomático cruzado entre Washington y Caracas. [...]

Los dos empleados de Chevron habrían sido encarcelados cuando se negaron a firmar un contrato de suministro preparado por ejecutivos de PDVSA en virtud de un decreto de emergencia que permite contratar sin

---

precisamente: "1. Los servicios de inyección de agua, de vapor o de gas, que permitan incrementar la energía de los yacimientos y mejorar el factor de recobro; 2. Los servicios de compresión de gas; y 3. Los servicios vinculados a las actividades en el Lago de Maracaibo, como los servicios de lanchas para el transporte de personal, buzos y mantenimiento; de barcazas con grúa para transporte de materiales, diesel, agua industrial y otros insumos; de remolcadores; de gabarras planas, boyeras, grúas, de ripio, de tendido o reemplazo de tuberías y cables subacuáticos; de mantenimiento de buques en talleres, muelles y diques de cualquier naturaleza."

pasar por un proceso de licitación, indicaron media docena de fuentes familiarizadas con el caso.

PURGA Y DETENCIONES

Algunos fiscales en Venezuela sostienen que con ese tipo de decretos en el pasado se produjeron cobros de sobornos en medio de una trama de corrupción que investigan en PDVSA.

Los empleados de Chevron se resistieron a la firma del contrato de varios millones de dólares al cotizarse unos refractarios para un horno de mejorador a más del doble del precio del mercado, dijo una de las fuentes consultadas.

Los trabajadores supervisaban las operaciones y la procura en la empresa mixta Petropiar, un proyecto de producción y mejoramiento de petróleo extrapesado para la exportación propiedad de PDVSA y Chevron.

La detención de estos empleados de Chevron se da tras una purga en la que han sido arrestados 80 ejecutivos de PDVSA y sus proveedores, acusados por la fiscalía local de formar parte de una trama de corrupción.

Las tensiones entre PDVSA y las compañías petroleras extranjeras han aumentado constantemente desde que el general Manuel Quevedo se hizo cargo en noviembre del Ministerio de Petróleo y nombró en puestos claves a oficiales militares que tenían poca o ninguna experiencia en la industria petrolera, aseguraron fuentes del sector.

Quevedo busca imponer su autoridad en el sector y recuperar la declinante producción de crudo con un decreto que le otorgó "amplias facultades" para efectuar cambios en la industria y proceder a contrataciones.

Las firmas extranjeras han presionado por una mayor participación en las adquisiciones para combatir las ineficiencias y los sobornos, agregaron las fuentes. Pero las disputas sobre los estándares de gobernabilidad han provocado retrasos operacionales.

En febrero, el mejorador de Petropiar se detuvo temporalmente debido a problemas para programar sus exportaciones. Ejecutivos de PDVSA estaban preocupados de que pudieran verse obligados a sacarlo nuevamente de servicio debido a la falta de repuestos, dijo una de las fuentes.

PDVSA responsabilizó a los dos empleados de Chevron por las demoras en la importación de las piezas, dijeron las fuentes.

Los cargos contra los empleados de Chevron aún no se han formalizado y podrían cambiar, agregaron las fuentes, que agregaron que abogados de la petrolera estadounidense asumieron su defensa. Un portavoz de Chevron se negó a comentar sobre este tema.

El delito de traición a la patria prevé un castigo de hasta 30 años de prisión bajo las leyes venezolanas. (Reporte de Marianna Párraga y Alexandra Ulmer. Escrito por Corina Pons, editado por Javier Leira)"[61]

VI. LA CESIÓN EN FORMA IRREVERSIBLE E ILIMITADA DE DERECHOS LITIGIOSOS DE PDVSA, A UN "TRUST DE LITIGIO" (*PDVSA US LITIGATION TRUST*) CONSTITUIDO EN NUEVA YORK EN 2017, POR UN FUNCIONARIO SIN COMPETENCIA ALGUNA PARA REPRESENTAR Y COMPROMETER A PDVSA

En marzo de 2018 se conoció a través de la prensa internacional, que una entidad con el nombre de *"PDVSA US Litigation Trust"*[62] que había sido constituida el año anterior de 2017, con el objeto de litigar en los Estados Unidos contra un universo determinado de personas jurídicas e individuos que habrían intervenido en operaciones de compra y venta de petróleo; había intentado una demanda ante la *United States District Court, S.D. Florida, Miami Division* en los Estados Unidos, contra un grupo de dichas empresas (caso: *PDVSA US Litigation Trust, v. Lukoil Pan Americas LLC, et al.*).[63]

Entre los documentos presentados con la demanda y que se hicieron públicos a raíz de su presentación, estuvo el del *Trust* demandante, el cual según se indicó en su texto, se había constituido por el Sr. Nelson Martínez, el día 27 de julio de 2017, en su carácter de Ministro del Poder Popular del Petróleo de Venezuela (quien fue detenido unos meses después de esa fecha con cargos de corrupción), manifestando en el texto del contrato que supuestamente actuaba "en representación" de Petróleos de Venezuela. S.A. (PDVSA), con el objeto de cederle a dicho Trust, en forma irrevocable, todos los derechos, títulos e intereses de PDVSA en los casos litigiosos mencionados en el mismo. El contrato de Trust estableció que solo el 34% de lo recuperado sería transferido a PDVSA quedando el 66% en manos del Trust y particularmente de los abogados que llevaran las demandas, configurándo-

---

61 Véase el reportaje de Marianna Párraga y Alexandra Ulmer, "Exclusiva: Dos empleados Chevron arrestados Venezuela enfrentarían cargos traición a la patria," 23 de abril de 2018, en *Reuters,* en https://lta.reuters.com/article/compa-ny-News/idLTAL-1N1S01GU?rpc=401&.

62 Véase el texto del documento constitutivo del Trust en http://info-dio.com/docs/pdvsa-us-litigation-trust-agreement.pdf.

63 Véase la información sobre la demanda intentada ante una Corte Federal del Estado de la Florida, USA, con fecha 5 de marzo de 2018, en https://www.leagle.com/decision/infdco20180309d20.

se con ello un contrato de honorarios profesionales de abogado que violaba el Código de Ética del abogado venezolano, que en Venezuela no permite pacto de honorarios basado en los resultados de las demandas (*Contingent Fees*).

En el mismo texto del documento de constitución del Trust, el Ministro firmante designó un funcionario, de un grupo de tres personas, que serían su propia contraparte en el Trust que constituía (*Litigation Trustees*), siendo las dos otras personas nombradas por los abogados que organizaron la operación.

En el contrato de Trust, el Ministro firmante, en relación con todas las posibles disputas derivadas del Trust, renunció expresamente tanto a la aplicación del derecho venezolano, optando en cambio por la ley del Estado de Nueva York, como a la jurisdicción de los tribunales venezolanos, optando por un tribunal arbitral constituido en Nueva York, y subsidiariamente, por los tribunales del Condado de Nueva York.

El documento de constitución del Trust, firmado por dicho ciudadano Nelson Martínez, como Ministro del Petróleo, no fue autenticado, ni se indicó en el texto del mismo dónde fue otorgado, si en Nueva York o en otra parte del mundo, y sólo se indicó que había sido elaborado conforme a las leyes del Estado de Nueva York, USA.

De la lectura del primer párrafo del contrato de constitución del Trust, se puede apreciar que el mismo simplemente no puede tener existencia jurídica, pues a pesar de que en su texto se indicó que el contrato fue formado y suscrito entre PDVSA y los *Litigation Trustees*, el mismo no fue firmado por dicha empresa, ni fue autorizado por la Junta Directiva de PDVSA, no siendo la persona que lo firmó, el Sr. Nelson Martínez en su carácter de Ministro del Petróleo, funcionario de PDVSA, ni persona legal o estatutariamente autorizada para representar a PDVSA en la celebración de contratos.

El contrato de Trust, en consecuencia, al no haber sido firmado por PDVSA, se tiene que tener como inexistente como fuente de obligaciones para PDVSA, debiendo el mismo considerarse nulo de nulidad absoluta. Ello implicaba que PDVSA, debió haber desconocido el mencionado Trust de inmediato, y a ello estaba obligada conforme a sus estatutos y a las leyes que la rigen, considerando como falsa la afirmación contenida en el documento de que habría sido otorgado en representación suya.

Todo ello resulta de la sola lectura del primer párrafo del documento de constitución del Trust,[64] el cual comienza indicando que:

---

64   Véase el texto del documento constitutivo del Trust en http://infodio.com/docs/pdvsa-us-litigation-trust-agreement.pdf.

"Este *PDVSA US Litigation Trust Agreement* (el *Litigation Trust Agreement*" o "*Agreement*"), hecho este 27 de julio de 2017, por y entre: a) Petróleos de Venezuela S.A. (con sus afiliadas, subsidiarias, sucesores y asignadas, "PDVSA"), actuando en este asunto a través del Ministro del Poder Popular del Petróleo, como su representante debidamente autorizado para actuar en nombre de PDVSA, en virtud del numeral 14 del artículo 78 del Decreto con Rango, Valor y Fuerza de Ley Orgánica de la Administración Pública, más recientemente publicada y promulgada en la Gaceta Oficial de la República Bolivariana de Venezuela N° 6147 Extraordinaria fecha da el 17 de noviembre de 2014, y del artículo 8 de la Ley Orgánica de Hidrocarburos, más recientemente publicada y promulgada en la Gaceta Oficial de la República Bolivariana de Venezuela N° 38.493 fecha día el 4 de agosto de 2006; [...]

En este párrafo inicial del Trust, en ausencia de mención alguna respecto de cualquier otro documento en el cual pudiera basarse el Ministro Nelson Martínez para actuar supuestamente en representación de PDVSA, él mismo hizo mención, como "base legal" de su actuación o competencia para actuar en nombre y representación de PDVSA, a que ello era "en virtud del artículo 78.14 de la Ley Orgánica de la Administración Pública de 2014," lo cual no es cierto.

Dicha norma del artículo 78.14, en efecto, incorporada en la sección de dicha Ley Orgánica relativa a las "competencias comunes a todos los Ministros," dispone que:

"Artículo 78. Son competencias comunes de las ministras o ministros con despacho: [...]

14. Ejercer la representación de las acciones pertenecientes a la República en las empresas del Estado que se les asigne, así como el correspondiente control accionario."

Basta la lectura del texto de la norma para concluir que la misma no le otorga en absoluto a los Ministros del Ejecutivo poder alguno para actuar o para contratar representado a las empresas del Estado que le estén adscritas, y comprometerlas. Lo que dispone la norma resulta del sentido evidente de las palabras empleadas en ella, y es que, como las empresas del Estado deben estar adscritas a los diversos ministros según su competencia (arts. 118, 119), cada uno de los ministros tiene a su cargo "ejercer la representación de las acciones de la República" como accionista, "*en* las empresas que le sean adscritas" (no *de* las empresas mismas). Tal representación del accionista, por tanto, es sólo para ejercerla en el seno de las empresas, por ejemplo, en la asamblea de accionistas, que es el mecanismo normal que le permite al tenedor de las acciones en una compañía anónima para en tal carácter ejercer el "control accionario" sobre las empresas.

Es decir, teniendo las empresas del Estado la forma de compañías anónimas, la representación de las acciones de las empresas del Estado que corresponde ejercer a los ministros, se materializa particularmente en las respectivas asamblea de accionistas, que es donde los mismos pueden actuar en general conforme a las disposiciones del Código de Comercio y a lo previsto en los estatutos de las empresas. Igualmente, como representantes de las acciones de la República en las empresas, y particularmente, en sus órganos societarios, los ministros pueden ejercer el control accionario sobre las empresas en todas las formas cómo se regule en sus estatutos.

Pero conforme a esa norma citada por el propio Ministro del Petróleo en el texto del Trust, que le otorga competencia para ejercer la representación de las acciones de la República "*en las* empresas del Estado que se les asigne," en el caso de PDVSA no podía implicar que el Ministro pudiera usurpar la representación de PDVSA para entrar en relaciones contractuales con terceros "en su representación," ni para ceder o transferir los derechos, acciones o intereses de la empresa.

El Ministro del Poder Popular del Petróleo, como todos los ministros y funcionarios públicos, está regido en su actuación por las previsiones de la Ley Orgánica de la Administración Pública, lo que implica que solo puede actuar en ejercicio de competencias que tienen que estar previstas en texto legal expreso, y en los términos previstos en la misma, es decir, en las "condiciones, límites y procedimientos" establecidos en la ley.

Como lo indican, entre otros, los artículos 4 y 26 de la Ley Orgánica de la Administración Pública (Ley que se citó en el texto del Trust):

> "Artículo 4. La Administración Pública se organiza y actúa de conformidad con el principio de legalidad, por el cual la asignación, distribución y ejercicio de sus competencias se sujeta a lo establecido en la Constitución de la República Bolivariana de Venezuela, las leyes y los actos administrativos de carácter normativo dictados formal y previamente conforme a la ley, en garantía y protección de las libertades públicas que consagra el régimen democrático, participativo y protagónico.

> Artículo 26. Toda competencia atribuida a los órganos y entes de la Administración Pública será de obligatorio cumplimiento y ejercida bajo las condiciones, límites y procedimientos establecidos; será irrenunciable, indelegable, improrrogable y no podrá ser relajada por convención alguna, salvo los casos expresamente previstos en las leyes y demás actos normativos. Toda actividad realizada por un órgano o ente manifiestamente incompetente, o usurpada por quien carece de autoridad pública, es nula y sus efectos se tendrán por inexistentes. Quienes dicten dichos actos, serán responsables conforme a la ley, sin que les sirva de excusa órdenes superiores."

Ahora bien, en el ordenamiento jurídico venezolano no hay ley alguna que le atribuya al Ministro del Petróleo competencia alguna para firmar documentos, y específicamente, para firmar contratos "en representación de PDVSA." Por ello, al haber firmado el Ministro el mencionado Trust, supuestamente en representación de dicha empresa, lo que hizo fue usurpar funciones que sólo corresponden a los órganos estatutarios de la misma, en particular a su Junta Directiva; lo que significa en los términos del artículo 26 de la Ley Orgánica de la Administración Pública, que al firmar el Trust, su actuación quedó viciada de "incompetencia manifiesta" debiendo considerarse la constitución del Trust como nula, y sus efectos como "inexistentes."

El vicio de incompetencia manifiesta que afectó la actuación del Ministro, que no es convalidable, se refuerza, además, con la invocación que el Ministro hizo en el mismo texto del Trust de otro supuesto "fundamento legal" de su actuación, que fue lo dispuesto en el artículo 8 de la Ley Orgánica de Hidrocarburos de 2006 (incluido en el Capítulo "de la competencia"), el cual se dispone que:

"Artículo 8. Corresponde al Ministerio de Energía y Minas la formulación, regulación y seguimiento de las políticas y la planificación, realización y fiscalización de las actividades en materia de hidrocarburos, lo cual comprende lo relativo al desarrollo, conservación, aprovechamiento y control de dichos recursos; así como al estudio de mercados, al análisis y fijación de precios de los hidrocarburos y de sus productos. En tal sentido, el Ministerio de Energía y Minas es el órgano nacional competente en todo lo relacionado con la administración de los hidrocarburos y en consecuencia tiene la facultad de inspeccionar los trabajos y actividades inherentes a los mismos, así como las de fiscalizar las operaciones que causen los impuestos, tasas o contribuciones establecidos en este Decreto Ley y revisar las contabilidades respectivas.

El Ministerio de Energía y Minas realizará la función de planificación a que se refiere este artículo, en concordancia con el Plan Nacional de Desarrollo. A los fines del cumplimiento de estas funciones, el Ejecutivo Nacional proveerá los recursos necesarios conforme a las normas legales pertinentes.

Los funcionarios y particulares prestarán a los empleados nacionales que realicen las anteriores funciones, las más amplias facilidades para el cabal desempeño de las mismas."

Esta norma de la Ley Orgánica también expresa con claridad, en qué consiste la competencia específica del Ministro del Poder Popular del Petróleo (antes Ministro de Energía y Minas) que regula para servir de órgano del Ejecutivo Nacional en la conducción de la política en materia de hidrocarburos. Para ello, la Ley Orgánica le asigna al Ministro en dicha normas las mencionadas competencias específicas para (i) formular, regular y hacer el seguimiento de dicha política; (ii) planificar, realizar y fiscalizar las actividades en materia de hidrocarburos (lo cual comprende lo relativo al desarrollo, conservación, aprovechamiento y control de dichos recursos); (iii) hacer estudios de mercados (iv) analizar y fijar precios de los hidrocarburos y de sus productos; (v) administrar los hidrocarburos e inspeccionar los trabajos y actividades inherentes a los mismos; (vi) fiscalizar las operaciones que causen los impuestos, tasas o contribuciones establecidos en la Ley Orgánica y revisar las contabilidades respectivas; y en fin (vii), planificar el desarrollo de la política en materia de hidrocarburos, en concordancia con el Plan Nacional de Desarrollo.

De esta competencia asignada legalmente al Ministro del Petróleo, es sencillamente imposible deducir jurídicamente que el Ministro pueda proceder a contratar "en representación de PDVSA," y disponer, ceder o transferir en forma irrevocable en nombre de la empresa todos los derechos, acciones e intereses litigiosos de la misma contra un universo de personas jurídicas e individuos que habrían intervenido en operaciones de compra y venta de petróleo. La norma, además, en forma alguna le da competencia al Ministro para renunciar expresamente tanto a la aplicación del derecho venezolano respecto del mencionado contrato, optando por la ley del Estado de Nueva York (Cláusula 9.3), como para renunciar a la jurisdicción de los tribunales venezolanos, optando por un tribunal arbitral constituido en Nueva York (Cláusula 9.4), y subsidiariamente a los tribunales federales y estadales en el Condado de Nueva York (Cláusula 9.5).

Y lo más grave de toda esta violación flagrante de las normas más elementales de funcionamiento de la Administración Pública y de las empresas del Estado, fue que el Trust firmado por el Ministro del Petróleo, usurpando la representación de PDVSA, que no tenía, fue "visado" en cada página, con su sello y media firma, por el Procurador General de la República, a quien en el texto del Trust, sin ser parte del mismo, se le asignan funciones de ser consultado en caso de que los *Litigation Trustees* puedan poden fin a alguno de los juicios que intenten, (Cláusula 3.3), y de autorizar la eventual distribución de los fondos que pudieran ser recuperados en las demandas (Cláusula 3.6) a favor de PDVSA, pero partiendo del supuesto, en todo caso, que de acuerdo al texto del contrato del Trust, el 66% de lo que se recuperase con las demandas pertenecí a los abogados litigantes de los casos (Cláusula 3.5.d), y solo el 34% de lo recuperado sería lo que supuestamente se distribuiría a PDVSA.

El "visado" del documento de Trust por parte del Procurador General de la República aceptando la manifiesta incompetencia del Ministro firmante para actuar en representación de PDVSA, vició la propia actuación del Procurador General de la República, quien igualmente carecía de competencia alguna para "autorizar" el contrato, y con ello, aceptar como buena las supuestas garantías otorgadas por el propio Ministro incompetente: (i) sobre su propia supuesta "autoridad para suscribir el contrato en representación de PDVSA;" (ii) sobre que el contrato supuestamente había sido debidamente "autorizado y suscrito por PDVSA o en su representación, y que era un contrato válido y vinculante u obligatorio, que podía ejecutarse contra PDVSA en los términos del contrato;" (iii) sobre que supuestamente "la ejecución, entrega y cumplimiento del contrato de Trust no contravenía ni constituía una falta conforme a cualquier ley o reglamento aplicable, o a sus propios estatutos, o cualquier contrato u otro instrumento obligatorio para PDVSA o cualquiera de sus subsidiarias y bienes, o cualquier sentencia, orden o decreto de cualquier órgano gubernamental, agencia, funcionario, o corte con jurisdicción en relación con el mismo;" y (iv) sobre que supuestamente el contrato habría recibido "todas las aprobaciones y autorizaciones necesarias de parte de cualquier organismo gubernamental, agencia, funcionarios, organizaciones autoridades regulatorias, o cortes u otros tribunales, sean extranjeras o domésticas."

Todo eso lo garantizó un funcionario, el Ministro de Petróleo, quién sin competencia alguna firmó el contrato en representación de PDVSA, en un contrato que "visó" y autorizó el abogado del Estado, el Procurador General de la República, igualmente sin tener competencia alguna para ello.

Al margen de lo que pueda estar en el trasfondo de la constitución del extraño Trust, lo cierto es que es difícil encontrar tantas ilegalidades juntas en un solo documento del Estado, y más grave aún, en medio de los estertores de una industria como la petrolera, que en pocos lustros había llegado al punto de su destrucción final.

APÉNDICE

DOCUMENTOS DEL JUICIO DE NULIDAD CONTRA LA AUTORIZACIÓN PARLAMENTARIA PARA LOS CONVENIOS DE ASOCIACIÓN PETROLERA 1996-1999

INTRODUCCIÓN

La Ley que Reserva al Estado la Industria y el Comercio de los Hidrocarburos de 1975, (*Gaceta Oficial* Nº 35.754 de 17-07-95), tuvo por objeto la nacionalización de la industria y el comercio de los hidrocarburos, pero no del petróleo en si mismo, el cual siempre ha sido del Estado como titular del dominio público sobre el subsuelo, como ahora, incluso, la Constitución de 1999 lo declara expresamente (art. 12).

Dicha Ley, como decisión política, se dictó en medio de una gran polémica y expectativa, pues se trataba de nacionalizar la principal industria del país. Con anterioridad se había nacionalizado la industria del gas natural (1971), la industria y explotación del mineral de hierro (1975), y el mercado interno de hidrocarburos (1973), procesos que sin embargo no tuvieron tanta discusión, compromiso y controversia políticas como el de la nacionalización petrolera.

Uno de los temas de mayor discusión, en todo caso, fue el de si la nacionalización reservaba total y absolutamente al Estado la industria y el comercio de los hidrocarburos, o si se dejaba alguna posibilidad de que en alguna forma el sector privado pudiera participar en las actividades reservadas.

Esa discusión y controversias se centro, así, en la redacción del artículo 5º de la Ley Orgánica, el cual en definitiva estableció que:

Artículo 5°. – El Estado ejercerá las actividades señaladas en el artículo 1° de la presente Ley directamente por el Ejecutivo Nacional o por medio de entes de su propiedad, pudiendo celebrar los convenios operativos necesarios para la mejor realización de sus funciones, sin que en ningún caso estas gestiones afecten la esencia misma de las actividades atribuidas.

En casos especiales y cuando así convenga al interés público, el Ejecutivo Nacional o los referidos entes podrán, en el ejercicio de cualquiera de las señaladas actividades, celebrar convenios de asociación con entes privados, con una participación tal que garantice el control por parte del Estado y con una duración determinada. Para la celebración de tales convenios se requerirá la previa autorización de las Cámaras en sesión conjunta, dentro de las condiciones que fijen, una vez que hayan sido debidamente informadas por el Ejecutivo Nacional de todas las circunstancias pertinentes. (G.O. N° 1769 Extraordinario de 29 de Agosto 1975).

Esta norma permitía la *apertura petrolera,* es decir, la posibilidad de que el Estado asociase en la industria y comercio de los hidrocarburos al capital privado. Tuvieron que pasar veinte años, sin embargo, para que encontrara aplicación en una situación mundial del mercado petrolero muy distinta a la que imperaba en 1975. En tal contexto, en 1994, el Ejecutivo Nacional presentó al Congreso para su autorización previa, conforme a lo regulado en dicho artículo 5° de la Ley Orgánica, un Proyecto de Marco de Condiciones a los fines de la celebración de "Convenios de Asociación para la Exploración a Riesgo de nuevas áreas y la producción de Hidrocarburos bajo el Esquema de Ganancias Compartidas".

El Ejecutivo Nacional consideró que tales Convenios de Asociación con el Capital privado permitirían la exploración y, en consecuencia, el posible descubrimiento de nuevas reservas de hidrocarburos, especialmente de crudos livianos y medianos, particularmente tomando en cuenta que en los 10 años subsiguientes se presentarían oportunidades de mercado que exigirían un aumento de la capacidad de producción de nuestro país para atender la cuota que nos corresponde en el incremento de la demanda petrolera mundial.

En tal sentido, el Ejecutivo Nacional consideró que los nuevos Convenios de Asociación contribuirían a la consolidación y al crecimiento de la industria petrolera nacional, sin menoscabo de la soberanía estatal sobre tan fundamental recurso energético; partiendo del supuesto que el petróleo había sido y continuaría siendo pilar fundamental y motor del crecimiento y del desarrollo económico del país, para lo cual se hacía necesario seguir consolidando el sector petrolero tanto público como privado para el impulso y fortalecimiento de la economía nacional.

Estudiado el Proyecto por la Comisión Bicameral de Energía y Minas, la cual realizó un detenido análisis del marco de condiciones que se habían propuesto para los Convenios de Asociación, de acuerdo con el artículo 5° de la Ley Orgánica que Reserva al Estado la Industria y el Comercio de los Hidrocarburos, las Cámaras Legislativas Nacionales reunidas en sesión conjunta el 4-07-95, autorizaron tanto el Marco de Condiciones como los textos de los convenios de asociación, mediante un Acuerdo, que con el siguiente texto fue publicado en *Gaceta Oficial* N° 35.754 de 17-07-95:

"Artículo 1°. Autorizar la celebración de los Convenios de Asociación para la EXPLORACIÓN A RIESGO DE NUEVAS ÁREAS Y LA PRODUCCIÓN DE HIDROCARBUROS BAJO EL ESQUEMA DE GANANCIAS COMPARTIDAS, conforme al Marco de Condiciones que se señala en el artículo siguiente:

Artículo 2°. Cláusulas del Marco de Condiciones:

PRIMERA. El Ejecutivo Nacional, por órgano del Ministerio de Energía y Minas, en uso de sus atribuciones legales, determinará las Áreas geográficas descritas en el Anexo "B" (en lo adelante las "Áreas") en favor de una filial de Petróleos de Venezuela, S.A. (en lo adelante la "Filial"), para realizar las actividades relacionadas con la exploración y explotación de yacimientos de hidrocarburos, con el transporte por vías especiales, almacenamiento y comercialización de la producción obtenida en las Áreas, y con las obras que su manejo requiera, todo de conformidad con la dispuesto en la Ley Orgánica que Reserva al Estado la Industria y el Comercio de los Hidrocarburos.

SEGUNDA: La Filial llevará a cabo los procesos de licitación que sean necesarios para seleccionar a las empresas inversionistas privadas con las cuales celebrará Convenios de Asociación para realizar las actividades descritas en la Condición Primera, conforme al artículo 5° de la Ley Orgánica que Reserva al Estado la Industria y el Comercio de los Hidrocarburos.

Con base en los resultados de cada proceso de licitación, la Filial celebrará un Convenio de Asociación (en lo adelante el "Convenio") con la o las empresas inversionistas que resulten favorecidas (en lo adelante los "Inversionistas").

Los Inversionistas podrán ofertar en relación con las actividades referidas en la Condición Primera, en todas las Áreas, pero sólo podrán ser seleccionadas, según los resultados del proceso de licitación llevado a cabo por la Filial, para celebrar Convenios hasta en un máximo de cinco (5) Áreas, dependiendo de la clasificación de los Inversionistas.

TERCERA: Con la firma de cada Convenio por parte de los Inversionistas y la Filial (en lo adelante las "Partes"), y de conformidad con los términos y condiciones allí establecidos, quedará constituida una asociación (en lo adelante la "Asociación") para realizar las actividades descritas en la Condición Primera en cada una de las Áreas correspondientes.

CUARTA: En cada Convenio las Partes constituirán, antes de dar inicio a las actividades del Convenio, un comité (en lo adelante "Comité de Control"), conformado por igual número de miembros designados por los Inversionistas y la Filial, que presidirá un miembro designado por esta última. Para la validez de sus deliberaciones y decisiones se requerirá la presencia y el consentimiento de los miembros designados por la Filial, teniendo el Presidente doble voto para resolver los casos de empate.

Las Partes someterán a la aprobación del Comité de Control las decisiones fundamentales de interés nacional relacionadas con la ejecución del Convenio.

Estas decisiones estarán descritas en el Convenio e incluirán, entre otras, la aprobación de los planes de exploración, evaluación y desarrollo, así como de cualquier modificación a tales planes, incluyendo la extensión de los lapsos de exploración y explotación, y la ejecución de reducciones en la producción de acuerdo con los compromisos internacionales de la República de Venezuela. A estos fines, se le informará al Comité de Control sobre todas las materias de importancia en la vida de la Asociación y se le someterán los recaudos y cuentas necesarios para poder realizar la fiscalización y auditoria por parte de los entes que el Comité de Control designe.

QUINTA: Los Inversionistas y la Filial, o una Filial designada por ella para cada Convenio (en lo adelante la "Filial Designada"), constituirán, antes de iniciar las actividades del Convenio, una sociedad anónima en Venezuela (en lo adelante la "Empresa Mixta"), en la cual la Filial o la Filial Designada poseerá el 35% del capital social y los Inversionistas el 65%. La Empresa Mixta tendrá por finalidad dirigir, coordinar y supervisar las actividades de exploración, producción, transporte y comercialización objeto del Convenio, asegurándose un óptimo nivel de producción comercial y aplicando al efecto la normativa establecida en la legislación vigente y los criterios técnicos y comerciales comúnmente reconocidos por la industria petrolera internacional. Dicha dirección, coordinación y supervisión se llevarán a cabo de la manera estipulada en el Convenio, sin menoscabo de las atribuciones del Comité de Control. Esta participación de la Filial o la Filial Designada se hará mediante acciones doradas, las cuales conferirán prerrogativas a sus representantes en las decisiones sobre materias de trascendencia que, conforme al respectivo Convenio de Asociación, deban ser decididos por la Asamblea y la Junta Directiva de la Empresa Mixta. Cuando el ejercicio de la acción dorada haya generado controversias en el seno de la Empresa Mixta, la Filial o la Filial Designada tendrá el derecho de recurrir al Comité de Control para que éste adopte la decisión final.

La Empresa Mixta quedará igualmente facultada para llevar a cabo por sí misma, o hacer realizar por terceros, las operaciones requeridas para cumplir el objeto del Convenio, si así los considerase conveniente.

SEXTA: Dentro de los términos y condiciones de la Asociación pautados en el Convenio, se establecerá el compromiso de los Inversionistas de llevar a cabo las actividades exploratorias en el Área por su exclusiva cuenta y riesgo, con base a un plan allí establecido (en lo adelante el "Plan de Exploración"). Cada Área estará dividida en sectores geográficos de igual superficie (cada sector un "Bloque"). Cumplido el Plan de Exploración, la continuación del esfuerzo exploratorio deberá ser aprobada por el Comité de Control. Esta aprobación otorgará a los Inversionistas el derecho a continuar la exploración por su exclusiva cuenta y riesgo en un número de Bloques determinado, en proporción al esfuerzo adicional propuesto por los Inversionistas. Aquellos Bloques que no estén incluidos en el esfuerzo exploratorio adicional que fuese aprobado, o en un Área de Desarrollo (un Bloque o grupos de Bloques en el Área para el cual se apruebe un Plan de Desarrollo), quedarán excluidos del objeto del Convenio. Igualmente, al culminar el esfuerzo exploratorio adicional, quedarán excluidos de las previsiones del Convenio los Bloques que no sean objeto de un Área de Desarrollo. Los Bloques que queden excluidos del Convenio volverán a la Filial para su administración directa. La aprobación por parte del Comité de Control estará supeditada al cumplimiento de ciertas condiciones que aseguren la idoneidad, racionalidad y eficiencia del esfuerzo adicional a ser ejecutados por los Inversionistas, a la luz de los objetivos perseguidos mediante el Convenio.

SÉPTIMA: Si en el curso de cualquier fase del esfuerzo exploratorio se descubren yacimientos de hidrocarburos dentro del Área, los Inversionistas deberán definir las características y comercialidad de tales descubrimientos con base a un plan (en lo adelante el "Plan de Evaluación"), el cual se someterá a la aprobación del Comité de Control para establecer su idoneidad técnica y su compatibilidad con los objetivos del Convenio.

Ejecutado el Plan de Evaluación, los Inversionistas deberán definir la viabilidad de la explotación comercial del descubrimiento y someter a la aprobación del Comité de Control un plan para desarrollar la producción (en lo adelante el "Plan de Desarrollo").

La explotación de los yacimientos de crudos pesados que fuesen descubiertos, estará supeditada al resultado de los estudios de factibilidad que se realicen para determinar su viabilidad comercial y al Plan de Desarrollo correspondiente.

La explotación, uso y comercialización del gas asociado a la producción de crudos en un Área de Desarrollo, se efectuará en conformidad con las disposiciones legales aplicables y mediante la utilización de normas y técnicas de general aceptación en la industria petrolera internacional.

En caso de que sean descubiertos yacimientos de gas libre, su evaluación, desarrollo y comercialización estarán sujetos, dentro de la Asociación, a los acuerdos específicos que se conciernen entre las partes, en función de las características de los yacimientos y las circunstancias de su futura explotación.

Aprobado el Plan de Desarrollo, los Inversionistas desarrollarán, conforme al mismo, los descubrimientos del Área de Desarrollo. En ejecución del Convenio de Asociación la Filial o la Filial Designada y los Inversionistas, establecerán un Consorcio (en lo adelante el "Consorcio", cada uno de sus integrantes un "Consorciado"), en el cual la Filial, o en su defecto, la Filial Designada adquirirá una participación de un 35% para financiar el desarrollo. Con el fin de preservar un manejo óptimo de su cartera de proyectos y dependiendo del atractivo comercial del descubrimiento, la Filial o la Filial Designada tendrá la opción de reducir la participación hasta el 1%. La decisión de inversión por parte de la Filial o la Filial Designada se consultará con el Ministerio de Energía y Minas, por los mecanismos ordinarios a través de Petróleos de Venezuela, S.A. En todo caso, cualquiera que fuese la participación de la Filial o la Filial Designada en el Consorcio, serán preservadas indemnes las prerrogativas que, conforme al Convenio de Asociación, tendrán sus representantes para garantizar el ejercicio del control por parte del Estado en cada Asociación, a través de la participación mayoritaria en el Comité de Control y las acciones doradas en la Empresa Mixta.

Se establecerán lapsos determinados para la ejecución de los planes de evaluación y de desarrollo de los descubrimientos. En el caso de que los Inversionistas incurran en incumplimiento sustancial no justificado de dichos lapsos, la Filial o la Filial Designada podrá ejecutar, por su propia cuenta, la evaluación y el desarrollo del descubrimiento respectivo.

OCTAVA: Dentro de los términos y condiciones de la Asociación pautados en el Convenio, la producción resultante de la ejecución del Plan de Desarrollo será comercializada por los Inversionistas y la Filial o la Filial Designada en proporción a su participación en el Consorcio en los mercados internacionales, a precios de exportación y en las mejores condiciones obtenibles en ese mercado. Los Consorciados conservarán el derecho preferente de adquirir la producción mediante un mecanismo que maximice los ingresos de los Consorciados.

Lo anterior no será óbice para colocar toda o parte de esa producción dentro del territorio nacional, siempre que ello no represente un perjuicio para los mejores intereses de los Consorciados.

La comercialización se supeditará a un plan y a una normativa de fiscalización y control que asegure su ejecución en los términos más favorables posibles para la Filial y los Consorciados.

NOVENA: La Filial recibirá una cuota parte en los beneficios que resulten de la venta o mercadeo de la producción proveniente de cada Área de Desarrollo, esto es, después de deducir de los ingresos brutos los costos operativos permitidos por el Convenio (excluidos los costos financieros), la depreciación y los impuestos aplicables respecto de dicha producción. La cuota parte de la Filial, consistente en un bono sobre la rentabilidad neta del proyecto denominado "PEG", se calculará aplicando al total de los beneficios así calculados y antes del impuesto sobre la renta el porcentaje ofrecido por los Inversionistas en el respectivo proceso de licitación. Este porcentaje se mantendrá fijo durante los primeros un mil millones de dólares de los Estados Unidos de Norteamérica de ingresos brutos provenientes de la venta de la producción de cada Área de Desarrollo. Posteriormente, dicho porcentaje variará en función de la rentabilidad, medida de acuerdo al retorno sobre activos fijos de los Consorciados. Dicho porcentaje tendrá como límite mínimo el valor licitado por los Inversionistas, y como límite máximo el 50%.

A efectos del cálculo del bono sobre la rentabilidad "PEG", se define "retorno sobre activos fijos", como el cuociente de las ganancias antes del impuesto sobre la renta dividido entre el valor en libros actualizado de los activos fijos despreciables.

La Filial percibirá el bono sobre la rentabilidad "PEG" y lo transferirá al Estado, previa deducción de sus gastos, como retribución al interés patrimonial del Estado por los derechos que conforme a la Condición Primera otorga a la Filial para ejercer en asociación las actividades objeto del Convenio.

El remanente en las ganancias de cada Consorcio después del pago del bono sobre la rentabilidad "PEG" será distribuido a los Consorciados, cada uno de los cuales será responsable por el pago de su correspondiente impuesto sobre la renta.

DÉCIMA: La celebración y ejecución del Convenio quedarán sometidas al régimen establecido en la Ley Orgánica que Reserva al Estado la Industria y el Comercio de los Hidrocarburos, en razón de que su objeto se contrae al ejercicio de las actividades reservadas al Estado, conforme al artículo 1° de dicha Ley. En tal virtud, las referidas actividades, siendo además de la competencia del Poder Nacional, no estarán sometidas al pago de impuestos municipales ni estadales. Sin embargo, y en atención a lo establecido en el artículo 136, Ordinal 10° de la Constitución de la República de Venezuela, el Congreso de la República establecerá un sistema de beneficios económicos especiales con cargo al bono sobre la rentabilidad "PEG" y en favor de los Estados y Municipios en cuyos territorios se realicen las referidas actividades y a otros fines que considere conveniente.

DÉCIMA PRIMERA: La duración del Convenio incluirá un lapso preestablecido para realizar el esfuerzo exploratorio, de 3 a 5 años, dependiendo de la complejidad del Área, y 20 años de operación comercial a partir de la aprobación del Plan de Desarrollo correspondiente a cada Área de Desarrollo. El plazo de la fase exploratoria podrá ser extendido en conformidad con la Condición Sexta, por un lapso entre 2 y 4 años.

En ningún caso, el Convenio tendrá una duración que exceda el término de 39 años contados a partir de la entrada en vigencia del Convenio.

DECIMASEGUNDA: En caso de que a Consorciados se les requiera reducir la producción como resultado de compromisos internacionales de la República de Venezuela, tal disminución no excederá el porcentaje de reducción de la producción aplicable a la industria petrolera nacional como un todo. Este porcentaje será calculado con base a la capacidad disponible de producción. Asimismo, el plazo del Convenio podrá ser extendido para permitirle a los Consorciados producir el volumen acumulado dejado de producir por la reducción impuesta, en el entendido que tal extensión no podrá exceder el plazo máximo de duración aludido en la Condición anterior.

DECIMATERCERA: En cualquier caso de terminación del Convenio, todos los bienes propiedad del Inversionista, de cualquier naturaleza, así como todos los demás derechos y acciones adquiridos con destino al cumplimiento del objeto del Convenio, deberán ser debidamente conservados y entregados en propiedad, libres de todo gravamen, a la Filial o a la Filial Designada, según corresponda.

Si la terminación del Convenio ocurre por el vencimiento de su plazo, la transferencia se producirá sin pago alguno. El Convenio incluirá previsiones que establezcan y regulen las formas de su terminación, distintas a su vencimiento natural por la llegada del término pautado al efecto. En dichas previsiones se velará por la protección de los intereses comerciales y derechos, en general, de la Filial o la Filial Designada.

DECIMACUARTA: Los bienes y servicios afectos al cumplimiento del objeto del Convenio, serán contratados atendiendo a principios de transparencia y competitividad. En caso de existir oferta nacional comparable a ofertas internacionales en costo, calidad y tiempo de entrega, se dará preferencia a la oferta nacional. Esta disposición se instrumentará a través de los respectivos Convenios.

El Convenio establecerá condiciones para maximizar el uso de mano de obra nacional y de servicios prestados por empresas venezolanas, entre otros, servicios técnicos, de ingeniería y de consultoría. De igual manera, se preverán estipulaciones tendientes a la capacitación y adiestramiento de personal nacional en las especialidades en que fuere menester y al logro de una eficaz transferencia de tecnología foránea.

DECIMAQUINTA: La Filial arbitrará tan pronto como sea factible, mecanismos que hagan posible la participación de Ahorristas e Inversionistas en el país, en la cuota que corresponda a la Filial o la Filial Designada, en los resultados de la explotación comercial de las Áreas de Desarrollo, todo ello sin perjuicio de la obligación financiera originalmente asumida por la Filial o la Filial Designada.

DECIMASEXTA: Los Inversionistas, en la medida que reciban o administren divisas como consecuencia de la operación del Convenio, podrán mantener en el exterior cuentas en institutos bancarios o de similar naturaleza, en las cuales depositarán dichas divisas, incluyendo las recibidas por el producto de cualesquiera ventas o por concepto de fondos pagados o aportados por los Inversionistas o por instituciones crediticias, con el fin de efectuar los pagos y desembolsos que corresponda realizar fuera de Venezuela.

DECIMASÉPTIMA: El Convenio se regirá e interpretará de conformidad con las leyes de la República de Venezuela.

Las materias competencia del Comité de Control, no estarán sujetas a arbitraje.

El modo de resolver controversias en materias que no sean de la competencia del Comité de Control y que no puedan dirimirse por acuerdo entre las partes, será el arbitraje, el cual se realizará según las reglas de procedimiento de la Cámara Internacional de Comercio, vigentes al momento de la firma del Convenio.

DECIMAOCTAVA: Sin perjuicio de las demás condiciones que se establezcan para su calificación a los fines licitatorios conforme a la Condición Segunda, los Inversionistas deberán poseer sólida capacidad financiera para asegurar el cabal cumplimiento de las obligaciones que asuman conforme al Convenio. Igualmente, deberán garantizar, a satisfacción de la Filial, todas las obligaciones que para ellos se deriven de acuerdo con el Convenio.

DECIMANOVENA: El Convenio, así como todas las actividades y operaciones que de aquel se deriven, en ningún caso comprometen la responsabilidad de la República de Venezuela ni menoscaban sus derechos soberanos, cuyo ejercicio, en ningún caso, podrá dar lugar a reclamaciones de otros Estados ni de potencias extranjeras, cualquiera que fuese la naturaleza o características de éstas.

VIGÉSIMA: La Filial, o en su defecto la Filial Designada, tendrá pleno acceso a toda la información, datos y recaudos que se produzcan por o para los Inversionistas con ocasión de las actividades amparadas por el Convenio.

VIGÉSIMA PRIMERA: El Ejecutivo Nacional podrá establecer un régimen que permita ajustar el impuesto establecido en el artículo 41 de la Ley de Hidrocarburos, cuando se le demuestre, en cualquier momento, que no es posible alcanzar los márgenes mínimos de rentabilidad para la explotación comercial de una o más Áreas de Desarrollo durante la ejecución del Convenio. A tales efectos, la Filial realizará las correspondientes comprobaciones de costos de producción por ante el Ministerio de Energía y Minas.

VIGÉSIMA SEGUNDA: El Convenio establecerá condiciones destinadas a la preservación y conservación ambientales, sin perjuicio de lo establecido en las disposiciones legales aplicables.

VIGÉSIMA TERCERA: Para la celebración de cada Convenio, la Filial enviará su forma final al Ministerio de Energía y Minas, a fin de que éste, en un lapso de ocho (8) días consecutivos, lo someta a la consideración de las Cámaras Legislativas Nacionales, para que éstas procedan a su autorización previa con carácter prioritario.

Este acuerdo del Congreso, que daba inicio a la denominada *apertura petrolera*, fue impugnado de nulidad ante la Corte Suprema de Justicia, mediante libelo de fecha 14-12-95 por un grupo de personas, encabezadas entre otros, por el entonces Rector de la Universidad Central de Venezuela, Dr. Simón Muñoz Armas; por el ex-Rector de la Universidad Central de Venezuela, Dr. Luis Delfín Fuenmayor Toro, por quien luego también fue Rector de la misma Universidad, Economista Trino Alcides Díaz, por el quien luego fue Ministro de Energía y Minas, Dr. Alí Rodríguez Araque; por el Periodista Guillermo García Ponce, quien luego fue miembro de la Asamblea Nacional Constituyente, y por la economista Adina Bastidas Castillo, quien luego fue Vice Presidente de la República.

Se trataba de una acción de nulidad por inconstitucionalidad contra un acto privativo del Congreso, siendo el Tribunal competente la Corte Suprema de Justicia, en Corte Plena, como Tribunal Constitucional. La acción, como toda acción de inconstitucionalidad era una acción popular intentada por un grupo de ciudadanos asistidos por los abogados Agustín Calzadilla, Freddy Bermúdez Machado y Miguel Díaz Zárraga, quienes además actuaron en nombre propio, como accionantes. Los mismos accionantes acompañados de otros ciudadanos entre ellos el Dr. Juan Liscano y Douglas Bravo intentaron, además, otra acción de nulidad por ilegalidad contra el mismo Acuerdo del Congreso, pero ante la Sala Político Administrativa. La Sala se declaró incompetente mediante auto de fecha 27-2-96, remitiendo el escrito de la acción a la Sala Plena, donde se acumuló a la acción de nulidad por inconstitucionalidad.

El texto del auto de la Sala Político Administrativa es el siguiente:

REPUBLICA DE VENEZUELA
CORTE SUPREMA DE JUSTICIA
SALA POLÍTICO-ADMINISTRATIVA
JUZGADO DE SUSTANCIACIÓN

"Por escrito de fecha 23-01-96, los ciudadanos *Simón Muñoz Armas, José María Cadenas, Elías Eljuri Abraham, Alix García, Juan Liscano, Trino Alcides Díaz, Alí Rodríguez Araque, Luis Delfín Fuenmayor Toro, Francisco López Mieres, Adina Bastillas Castillo, Ricardo Menéndez, Italo Santa Romita, Francisco Madera, Luis Francisco Marcano González, Josefina Baldó Ayala, Alfredo Castañeda Giral, Camilo Felipe Arcaya Arcaya, Guillermo García Ponce, Carlos Ramón Mendoza Potella, Gonzalo Ramírez Cubillán, José Marrero Hidalgo, Luis Emilio Morín, Jesús Gazo, Dolores Hernández, Luis Manuel Rodríguez, Angela Sánchez, Gladys Martínez, Douglas Bravo, Francisco Prada Barazarte, Carmen Irene Ribero, Jesús Armando López García, Luis Cova Pereira y Grisel Marroquí,* asistidos de abogados, solicitaron la nulidad del Acuerdo suscrito por el Congreso de la República en fecha 04-07-95, publicado en la Gaceta Oficial N° 35.754 de fecha 17-07-95.

Este Juzgado para pronunciarse acerca de su admisión, observa:

Se ha solicitado la nulidad de un acto emanado del Congreso de la República, a través del cual se autoriza la celebración de los Convenios de Asociación para la *EXPLORACIÓN A RIESGO DE NUEVAS ÁREAS Y LA PRODUCCIÓN DE HIDROCARBUROS BAJO EL ESQUEMA DE GANANCIAS COMPARTIDAS;* en el cual se establece un marco normativo que condiciona su realización. Se trata de un acto que aún no teniendo forma de ley, tiene su rango; un acto dictado por el Congreso Nacional, que carece, por tanto, de naturaleza administrativa.

Establecido así que, en el caso de autos, no estamos en presencia de un acto administrativo, cuyo control correspondería a esta Sala Político Administrativa, de conformidad con lo dispuesto en el artículo 206 y 215, ordinal 7° de la Constitución; sino que, las características señaladas, ubican el acuerdo impugnado en al categoría de los "demás actos" del Congreso -conforme a reiterado criterio de este

Corte (ver decisión de esta Sala del 14-09-93, caso: Carlos Andrés Pérez y Acuerdo de la Corte Suprema de Justicia en Pleno del 25-01-94)-; resulta forzoso concluir entonces, en la incompetencia de esta Sala para su conocimiento, pues le corresponde a la Corte Suprema de Justicia en Pleno, por tener atribuido, en nuestro país, el control concentrado de la constitucionalidad de las leyes y otros actos de similar jerarquía del Poder Público.

Con base a las consideraciones previas, este Juzgado declara la incompetencia de la Sala para conocer del presente asunto, de conformidad con lo dispuesto en los artículos 215 ordinal 3°, y 216 de la Constitución, en concordancia con los artículos 42 ordinal 1° y 43 de la Ley Orgánica de la Corte Suprema de Justicia. En consecuencia, ordena remitir las presentes actuaciones a la Corte en Pleno. Líbrese oficio.

La Juez   La Secretaría Interina

María Luisa Acuña   Eira Torres Castro

Durante el curso del procedimiento se adhirieron a la acción de nulidad diversas personas y entre ellas, el Dr. Luis Vallenilla Meneses, quien también fue Miembro de la Asamblea Nacional Constituyente, en su carácter de Presidente de la Fundación Pro-Defensa del Patrimonio Nacional "FUNDAPATRIA".

El escrito respectivo, de fecha 01-10-96, tiene el contenido siguiente:

Ciudadanos
Presidente y demás Honorables Magistrados
Corte Suprema de Justicia en Sala Plena
Sus Despachos

Quienes suscribimos, Luís Vallenilla Meneses, abogado; Juan Liscano y Manuel Díaz Punceles, venezolanos, domiciliados en Caracas, titulares de las Cédulas de Identidad Nos. 91.315, 41.365 y 1.743.898, respectivamente, actuando en nuestros caracteres de Presidente, Vicepresidente y Secretario, respectivamente, y Armando Córdova, titular de la cédula de identidad No. 922.772, Trino Alcides Díaz, titular de la cédula de identidad No. 953.164, Pedro Díaz Seijas, titular de la cédula de identidad No. 90.352, Luis Hernández Solís, titular de la cédula de identidad No. 94.375, Tobías Lasser, titular de la cédula de identidad No. 37.285, Ernesto Mayz Vallenilla, titular de la cédula de identidad No. 86.978, Domingo F. Maza Zavala, titular de la cédula de identidad No. 932.980, Hernán Méndez Castellano, titular de la cédula de identidad No. 64.665, Simón Muñoz Armas, titular de la cédula de identidad No. 245.735, Gonzálo Rodríguez Corro, titular de la cédula de identidad No. 338.981, Román Rojas Cabot, titular de la cédula de identidad No. 984.367, Isbelia Sequera Tamayo, titular de la cédula de Identidad No. 277.946, y Fruto Vivas, titular de la cédula de Identidad No. 47.801, en nuestro carácter de Miembros Principales del Consejo Directivo de la Fundación Pro-Defensa del Patrimonio Nacional "FUNDAPATRIA", sociedad civil sin fines de lucro cuya Acta Constitutiva-Estatutos cursa registrada el 9 de agosto de 1996 por ante la Oficina Subalterna del Segundo Circuito del Municipio Libertador del Distrito Federal bajo el N° 32, Tomo 19, Protocolo 1ro. cuyos Estatutos se hallan agregados al Cuaderno de Comprobantes respectivo bajo el N° 392, folios 1.048 al 1.953, Tercer Trimestre de 1996, asistidos en este acto por el Dr. José Alejo Urdaneta Fuenmayor, abogado, titular de la cédula de identidad No. 2.942.922 e inscrito en el Instituto de Previsión Social del Abogado según matricula No. 3.111, debidamente facultados para este acto según Resolución del Consejo Directivo adoptada el 16 de agosto de 1996, ante Ud. respetuosamente comparecemos, y con la venia de estilo exponemos:

Según consta del artículo 5° del Documento Constitutivo de la Fundación Pro-Defensa del Patrimonio Nacional "FUNDAPATRIA", «La Fundación es una entidad sin fines de lucro destinada a la preservación y la consolidación del patrimonio de la nación, en sus valores esenciales: a) nuestra industria de hidrocarburos, incluyendo su capital humano, sus reservas probadas, probables y aún por detectar y descubrir; sus instalaciones situadas dentro y fuera del territorio nacional y en general todos los haberes relativos a esa industria, los cuales pertenecen por igual a todos los venezolanos de las presentes y futuras generaciones y constituyen el instrumento esencial para la sobrevivencia, recuperación, soberanía y futuro de Venezuela; la divulgación a todos los sectores del país de la situación de esa magna industria; el análisis de la política que sobre la misma adelanta el gobierno nacional, señalando sus ventajas, desventajas y en peligros; y el planteamiento de políticas alternativas que a juicio de FUNDAPATRIA respondan a los mejores intereses de todos los venezolanos y, por ende, de la nación; b) la minería y demás recursos naturales; c) la integridad territorial; la cultura e identidad nacionales y, e) los valores éticos».

El Congreso de la República acordó el 4 de Julio de 1995, según consta de la Gaceta Oficial de la República de Venezuela N° 35.754 de fecha 17 de Julio de 1995 «Autorizar la celebración de los Convenios de Asociación para la *EXPLORACION A RIESGO DE NUEVAS AREAS Y LA PRODUCCION DE HIDROCARBUROS BAJO EL ESQUEMA DE GANANCIAS COMPARTIDAS*, conforme al marco de Condiciones que se señala en el artículo siguiente». Seguidamente, en el indicado artículo se enumeran del uno (1) al veinte y tres (23) las «Cláusulas del Marco de Condiciones».

El Congreso de la República acordó el 19 de Junio de 1996, según consta de la Gaceta Oficial de la República de Venezuela N° 35.988 de fecha 26 de Junio de 1996, según el artículo 1° de dicho Acuerdo, «Autorizar que se celebren los siguientes Convenios de Asociación para la Exploración a Riesgo de nuevas Areas y la Producción de Hidrocarburos bajo el Esquema de Ganancias Compartidas en ocho (8) de las áreas determinadas por el Ministerio de Energía y Minas en la citada Resolución N° 0002 del 16 de enero de 1996, entre las partes que se indican a continuación:». Dichas partes son la Corporación Venezolana del Petróleo y sendas sociedades mercantiles extranjeras e Inelectra, C.A., sociedad mercantil venezolana.

Cursa en el Expediente de esta Honorable Corte Suprema de Justicia en Sala Plena N° 809 demanda por inconstitucionalidad parcial del Acuerdo del Congreso de la República aprobado en fecha 4 de julio de 1995, publicado en la Gaceta Oficial de la República de Venezuela N° 35.754 de fecha 17 de Julio de 1996 que autorizó la celebración de los *CONVENIOS DE ASOCIACION PARA LA EXPLORACION A RIESGO DE NUEVAS AREAS Y LA PRODUCCION DE HIDROCARBUROS BAJO EL ESQUEMA DE GANANCIAS COMPARTIDAS*, del Artículo 2°, EN SUS CLAUSULAS DECIMA, DECIMO SEPTIMA, SEGUNDA Y

CUARTA. Cursa igualmente en el Expediente de esta Honorable Corte Suprema de Justicia en Sala Plena N° 828 demanda de nulidad por ilegalidad del Congreso de fecha 4 de Julio de 1995, del Artículo 2° en sus Cláusulas Primera (la) por violar lo dispuesto en el 5° de la Ley Orgánica que Reserva al Estado la Industria y el Comercio de los Hidrocarburos; de la Cláusula Segunda (2a), por violar lo dispuesto en el Ordinal 5° del Artículo 35 de la Ley Orgánica de la Administración Central; de la Cláusula Cuarta (4a), por violar el artículo 5° de la Ley Orgánica que reserva al Estado la Industria y el Comercio de los Hidrocarburos en concordancia con lo dispuesto en el artículo 35 de la Ley Orgánica de la Administración Central, de la Cláusula Sexta (6a), por violar el artículo 1.664 del Código Civil, y de la Cláusula Vigésima Primera (21°), por violar el artículo 41 de la vigente Ley de Hidrocarburos.

Esos dos juicios por inconstitucionalidad e ilegalidad fueron acumulados según decisión de esta Honorable Corte Suprema de Justicia en Sala Plena según auto de fecha 2 de Julio de 1996, en cuya oportunidad fue declarado de urgencia dicho acumulado proceso, encontrándose el mismo en estado de pruebas aún cuando Petróleos de Venezuela, S. A., que se adhirió al mismo, solicitó se declarara como acción de mero derecho.

Visto el objeto de este acumulado proceso relativo a la principal riqueza nacional, la Fundación Pro-Defensa del Patrimonio Nacional "FUNDAPATRIA" en ejercicio del derecho establecido en el Ordinal 3° del artículo 370 del Código de Procedimiento Civil se adhiere sin limitación alguna a ambas acciones por inconstitucionalidad e ilegalidades en todos y cada uno de sus alegatos que nuestra representada considera jurídicamente acertados, haciéndolos, entonces suyos con la solicitud que sean ambas acciones declaradas con lugar.

Actúa nuestra representada de esta manera porque no se puede ser indiferente ante el hecho que el Congreso de la República representante máximo del pueblo de Venezuela incurra en inconstitucionalidades como si le fuera indiferente y no sometido a la Carta Magna de la Nación y estuviere en un nivel superior a nuestra Constitución Nacional, y contraviene nuestra legislación, alterando el estado de derecho de cuyas existencia y estabilidad estamos celosos sin distinción todos los venezolanos.

Además, siendo el petróleo la principal riqueza nacional, y nacionalizada la Industria y comercialización del mismo, el celebrar respecto del mismo contratos de "asociación para la exploración a riesgo" con vicios inconstitucionalidades e ilegalidades que los afectan de nulidades absolutas, es deber de la Fundación Pro Defensa del Patrimonio Nacional "FUNDAPATRIA" adherirse a los venezolanos actores y hacer fila común con ellos en protección de los intereses de la Nación venezolana, lo cual es el fin y propósito de nuestra representada.

Rogamos a esta Corte Suprema de Justicia en Sala Plena admita la presente intervención de nuestra representada y ordene agregarla a los Expedientes acumulados 0812-0829.

Es Justicia. Caracas, a la fecha de su presentación

Luís Vallenilla Meneses, C.I. N° 91.315; Juan Liscano, C.I. N° 41.365; Manuel Díaz Punceles, C.I. N° 1.743.898; Armando Córdova, C.I. N° 922.772; Trino Alcides Díaz, C.I. N° 953.164; Pedro Díaz Seijas, C.I. N° 90.352; Luis Hernández

Solis, C.I. N° 90.375; Tobias Lasser, C.I. N° 37.285; Ernesto Mayz Vallenilla, C.I. N° 86.978; Domingo F. Maza Zavala, C.I. N° 932.980; Hernán Méndez Castellano, C.I. N° 64.665; Simón Muñoz Armas, C.I. N° 245.735; Román Rojas Cabot, C.I. N° 984.367; Isbelia Sequera Tamayo, C.I. N° 277.946; Fruto Vivas, C.I. N° 47.801; Gonzalo Rodríguez Corro, C.I. N° 338.981; José Alejo Urdaneta Fuenmayor, C.I. N° 2.942.922.

Otro sí: Marta Teresa Castillo, titular de la cédula de identidad N° 234.445 y Romelia Arias, titular de la cédula de identidad N° 74.364, suscriben íntegramente, es decir, en todas y cada una de sus partes, el presente escrito de adhesión de la Fundación para la Defensa del Patrimonio Nacional FUNDAPATRIA, antes identificada, a las acciones Judiciales intentadas por ciudadanos venezolanos por inconstitucionalidad parcial e ilegalidades, hoy acumuladas por esta Corte Suprema de Justicia en Sala Plena en auto de fecha 2 de Julio de 1996 y ratificamos todos los alegatos expuestos en este escrito de adhesión. No expusieron más y conformes firman junto con todos los demás firmantes de este escrito.

Se deja constancia que quienes suscriben el presente otrosí a este escrito de adhesión proceden y actúan en su carácter de miembros del Consejo Directivo de la Fundación pro-defensa del patrimonio nacional FUNDAPATRIA.

María Teresa Castillo, C.I. N° 234.445; Romelia Arias, C.I. N° 73.364.

Este escrito ha sido presentado por su firmante ciudadano Luis Vallenilla Meneses, Cédula de Identidad N° 91.315, asistido por el Doctor José Alejo Urdaneta Fuenmayor, Cédula de Identidad N° 2.942.922, inscrito en INPRE bajo el N° 3111, hoy martes primero de octubre de mil novecientos noventa y seis, a la una y cuarenta de cinco (1:45 pm) minutos de la tarde, constante de tres (3) folios útiles y anexos en dieciocho (18) folios útiles.

El Secretario,

(firma)

Por su parte, Petróleos de Venezuela, S.A., que es la empresa estatal que tiene a su cargo la industria petrolera nacionalizada, se hizo parte en el proceso para defender la constitucionalidad y legalidad del Acuerdo del Congreso, considerando como una pieza clave para el desarrollo de la industria petrolera, y la misma fue asistida por los abogados Dr. Román Duque Corredor y Dr. Allan R. Brewer-Carías.

Este libro, recoge los documentos esenciales del proceso que se desarrolló ante la Corte Suprema de Justicia, el cual concluyó con la sentencia dictada el día 17-08-99, mediante la cual se declaró *sin lugar* la acción de nulidad, y en consecuencia quedó establecida la constitucionalidad y legalidad del Acuerdo del Congreso.

PRIMERA PARTE

DE LAS ACCIONES DE NULIDAD POR INCONSTITUCIONALIDAD E ILEGALIDAD INTENTADAS CONTRA EL ACUERDO DEL CONGRESO SOBRE LA APERTURA PETROLERA

I. LA ACCIÓN DE NULIDAD POR INCONSTITUCIONALIDAD

La acción de nulidad por inconstitucionalidad parcial intentada ante la Corte Suprema de Justicia en Corte Plena contra el Acuerdo del Congreso de 04-07-95 que autorizó la celebración de los *CONVENIOS DE ASOCIACIÓN PARA LA EXPLORACIÓN A RIESGO DE NUEVAS ÁREAS Y LA PRODUC-CIÓN DE HIDROCARBUROS BAJO EL ESQUEMA DE GANANCIAS COM-PARTIDAS*, se refirió al Artículo 2° del mismo en sus CLÁUSULAS DÉCI-MA, DECIMOSÉPTIMA, SEGUNDA y CUARTA.

Dicha acción la fundamentaron los accionantes en las disposiciones de los artículos 215 ordinal 3° y 216 de la Constitución y de los artículos 112 y 42, Ordinal 1° de la Ley Orgánica de la Corte Suprema de Justicia.

El texto del libelo de la acción fue el siguiente:

CIUDADANO PRESIDENTE Y DEMAS
MIEMBROS DE LA
CORTE SUPREMA DE JUSTICIA
SUS DESPACHOS

Nosotros, SIMÓN MUÑOZ ARMAS, Médico-Cirujano, titular de la Cédula de Identidad 245.735; ELIAS ELJURI ABRAHAM, Estadístico, Cédula de Identidad N° 742.990; TRINO ALCIDES DIAZ, Economista, titular de la Cédula N° 953.164; ALI RODRIGUEZ ARAQUE, abogado, titular de la Cédula de Identidad N° 1.270.756; LUIS DELFIN FUENMAYOR TORO; Médico-Cirujano, titular de la Cédula de Identidad N° 2.158.566; FRANCISCO LOPEZ MIERES, Economista, titular de la Cédula de Identidad N° 83.903; ADINA BASTIDAS CASTILLO, Economista, titular de la Cédula de Identidad N° 3.229.545; RICARDO MENÉN-DEZ, titular de la Cédula de Identidad N° 10.333.821; ITALO SANTAROMITA, Economista, titular de la Cédula de Identidad N° 668.946; FRANCISCO MADE-RA, Economista, titular de la Cédula de Identidad N° 4.082.549; LUIS FRAN-CISCO MARCANO GONZÁLEZ, Arquitecto, titular de la Cédula de Identidad N° 3.404.273; JOSEFINA BALDO AYALA, Arquitecto, titular de la Cédula de Identidad N° 2.143.573; ALFREDO CASTAÑEDA GIRAL; Oficial de la Armada, titular de la Cédula de Identidad N° 4.114.102; CAMILO FELIPE ARCAYA ARCAYA, Filósofo, titular de la Cédula de Identidad N° 2.149.042; GUILLERMO GARCIA PONCE, Periodista, titular de la Cédula de Identidad N° 10.804; CARLOS RAMÓN MENDOZA POTELLA, Economista, titular de la Cédula de Identidad N° 2.118.229; GONZALO RAMÍREZ CUBILLAN, Economista, titular de la Cédula de Identidad N° 969.260; JOSÉ MARRERO HIDALGO, Licenciado en Educación, titular de la Cédula de Identidad N° 1.536.614; y LUIS EMILIO MORIN, Contabilista, titular de la Cédula de Identidad N° 1.846.293; JESUS PAZO, sacerdote, titular de la Cédula de Identidad N° 1.717.808; LOLOLA HERNÁNDEZ, Internacionalista, titular de la Cédula de Identidad N° 3.174.970; LUIS MANUEL RODRIGUEZ, Economista, titular de la Cédula de Identidad N° 1.304.316; ANGELA SÁNCHEZ, Economista, titular de la Cédula de Identidad N° 1.624.892 y GLADYS MARTINEZ, Educadora, titular de la Cédula de Identidad N° 4.431.036 todos venezolanos, mayores de edad, domiciliados en Caracas, asistidos por los abogados, AGUSTIN CALZADILLA, FREDDY BERMUDEZ MACHADO y MIGUEL DIAZ ZARRAGA, de este domicilio e inscritos en el IPSA bajo los números 5.064, 682, 34.011 y titulares de las Cédulas de Identidad personales N° 2.137.339, 2.117.118 y, respectivamente, procediendo en nuestro propio nombre y en nuestra condición de ciudadanos venezolanos, en ejercicio de derechos constitucionales y en defensa del Principio de la Supremacía de la Constitución, ante Ustedes, respetuosamente ocurrimos para interponer acción por inconstitucionalidad parcial del Acuerdo del Congreso de la República aprobado en fecha 04 de julio de 1995, publicado en la Gaceta Oficial de la República de Venezuela N° 35.754 de fecha 17 de julio de 1995, que acompañamos marcado con la letra "A", que autorizó la celebración de los CONVENIOS DE ASOCIACIÓN PARA LA EXPLORACIÓN A RIESGO DE NUEVAS AREAS Y LA PRODUCCION DE HIDROCARBUROS BAJO EL ESQUEMA DE GANANCIAS COMPARTIDAS, Artículo 2°, en sus CLAÚSULAS DÉCIMA, DECIMO SÉPTIMA, SEGUNDA Y CUARTA.

Esta acción la fundamentamos en las disposiciones de los artículos 215 ordinal 3° y 216 de la Constitución de la República y de los artículos 112 y 42, Ordinal 1° de la Ley Orgánica de la Corte Suprema de Justicia.

El texto del libelo de la acción es el siguiente:

I

CUESTIONES PREVIAS

1. DE LA COMPETENCIA DE LA CORTE

De conformidad con el artículo 215 ordinal 3° y 216 de la Constitución, son atribuciones de la Corte Suprema de Justicia: ...3° Declarar la nulidad total o parcial de las leyes nacionales y demás actos de los cuerpos legislativos que colidan con esta Constitución". (Negrillas nuestras).

Por su parte el artículo 216 *ejusdem* dispone que las atribuciones señaladas en los ordinales 1° al 6° del artículo 215, las ejercerá la Corte en Pleno.

De las normas constitucionales transcritas, se desprende con toda claridad que la Corte Suprema de Justicia en *Sala Plena* es competente para declarar la nulidad de las leyes y *demás actos de los cuerpos legislativos nacionales que colidan con la Constitución.* Nuestra Carta Magna no hace distinciones de ninguna especie o naturaleza, sino que otorga competencia a la Sala Plena de la Corte Suprema de Justicia para conocer de los recursos de nulidad por inconstitucionalidad ejercidos *contra todos los actos emanados del Congreso Nacional* en los cuales haya sido violada la Constitución.

En el mismo orden de ideas, los artículos 42, numeral 1°, 43 y 112 de la Ley Orgánica de la Corte Suprema de Justicia, establecen que es competencia de esa Corte en Sala Plena, declarar la nulidad total o parcial de las leyes y demás actos generales de los cuerpos legislativos nacionales por razones de inconstitucionalidad.

Ahora bien, el acto impugnado es un acto legislativo sin forma de ley, es decir, un Acuerdo de las Cámaras en sesión conjunta reunidas "en los casos señalados por esta Constitución y las leyes" (artículo 138 de la Constitución). Es evidente que se trata de un acto legislativo que, como todo Acuerdo del Congreso, tiene rango de ley y se asimila a los actos generales. Así lo estableció este Alto Tribunal en Sala Plena-Sentencia del 25 de enero de 1994- en la que fijó el alcance del artículo 42 Ordinal 1° de la Ley Orgánica que la rige, en concordancia con el artículo 215 Ordinal 3° de la Constitución.

A todo evento y para el caso de que se planteara el argumento de que la competencia de la Corte para conocer del presente recurso no está prevista expresamente en el artículo 42 de la Ley Orgánica que la rige, solicitamos a este Máximo Tribunal su admisión conforme a lo previsto en el artículo 42 ordinal 34° de la misma Ley Orgánica y de acuerdo a lo previsto en el artículo 20 del Código de Procedimiento Civil, aplique preferentemente la Constitución en sus artículos 215 ordinal 3° y 216.

Es forzoso concluir que nuestro sistema constitucional no admite la posibilidad de actos estatales excluidos del control de la constitucionalidad.

De conformidad con la Constitución y la Ley Orgánica que rige al Máximo Tribunal, éste tiene la competencia para resolver, en Sala Plena, las violaciones planteadas.

2. CUESTIONES PROCESALES

A todo evento, en el supuesto de que se alegase que no está previsto un procedimiento especial para la impugnación de un acto legislativo sin forma de Ley, solicitamos a esta Honorable Corte que, de acuerdo con el artículo 102 de la Ley Orgánica que la rige, aplique el procedimiento que juzgue más conveniente de acuerdo con la naturaleza del caso; este debería ser el establecido en el Titulo V, Capitulo II, Sección Segunda, destinado a los juicios de nulidad de los actos de efectos generales.

De esta forma, las condiciones procesales de admisibilidad del presente recurso, se encuentran cumplidas así:

2.1. LEGITIMACIÓN ACTIVA para intentar el recurso, porque estamos afectados en nuestros derechos e intereses por el acto impugnado como ciudadanos venezolanos y, porque además, es un deber de todo ciudadano defender la Majestad y Supremacía de la Constitución. Invocamos en este sentido el artículo 106 del Texto Fundamental que dispone que la explotación de los recursos naturales estará dirigida "primordialmente al beneficio colectivo de los venezolanos"; y el artículo 51 *ejusdem,* que establece el deber de los venezolanos de resguardar y proteger los intereses de la Nación. La reiterada jurisprudencia de la Corte fijó el significado y alcance del artículo 112, de la Ley Orgánica de la Corte Suprema de Justicia, señalando que se presume la legitimación activa de toda persona plenamente capaz, afectada en sus derechos e intereses por un acto que sea objeto de impugnación de nulidad por inconstitucionalidad.

2.2. LA COMPETENCIA en el conocimiento de este recurso de nulidad por inconstitucionalidad sólo corresponde a esta Corte Suprema en Sala Plena, a tenor de lo previsto en el artículo 215, Ordinal 3 y del artículo 216, ambos del Texto Fundamental, en concordancia con lo dispuesto en el artículo 42, Ordinal 1°, y el artículo 43 de Ley Orgánica de la Corte Suprema de Justicia; en consecuencia, ningún otro Tribunal tiene la competencia.

2.3. El lapso de CADUCIDAD del presente recurso no está vencido por cuanto la Ley Orgánica de la Corte Suprema de Justicia dispone que "puede intentarse en cualquier tiempo" (artículo 134); sin embargo, a todo evento, la fecha del acto legislativo autorizatorio es 04 de julio de 1995, publicado en Gaceta Oficial el 17 de julio del mismo año.

2.4. Ninguna norma constitucional o legal PROHIBE la admisibilidad del presente recurso, que se basa en la inconstitucionalidad, que a continuación pasamos a fundamentar desde el punto de vista jurídico.

II

FUNDAMENTOS DEL RECURSO DE NULIDADES
POR INCONSTITUCIONALIDAD

A

La Cláusula DÉCIMA del mencionado Acuerdo, establece: *"La celebración y ejecución del Convenio quedarán sometidas al régimen establecido en la Ley Orgánica que Reserva al Estado la Industria y el Comercio de los Hidrocarburos, en razón de que su objeto se contrae al ejercicio de las actividades reservadas al Estado, conforme al Artículo 1° de dicha Ley. En tal virtud, las referidas actividades siendo además de la competencia del Poder Nacional, no estarán sometidas al pago de los impuestos municipales ni estadales. Sin embargo, y en atención a lo establecido en el artículo 136, ordinal 10° de la Constitución de la República de Venezuela, el Congreso de la República establecerá un sistema de beneficios económicos especiales con cargo al bono sobre la rentabilidad "PEG" y en favor de los Estados y Municipios en cuyos territorios se realicen las referidas actividades y a otros fines que considere conveniente"* (Cursivas y negrillas nuestras).

Esta Cláusula contraviene los artículos 29 y 31 de la Constitución en materia de tributación municipal. En efecto, el artículo 29, establece: *"La autonomía del*

Municipio comprende: ...3°.- La creación, recaudación e inversión de sus ingresos" (Cursivas y negrillas nuestras).

En consecuencia, la creación y recaudación de ingresos, es parte consustancial a la autonomía municipal. Sin tal potestad, dicha autonomía sería inexistente.

En concordancia con el mencionado artículo 29, el artículo 31 de la Carta Magna en su Ordinal 3°, establece: "Los Municipios tendrán los siguientes ingresos... Las patentes sobre industria, comercio y vehículos y los impuestos sobre inmuebles urbanos y espectáculos públicos".

Es de presumir que la exención tributaria que establece la Cláusula Décima del Acuerdo, trata de sustentarse en el artículo 7°, último párrafo, de la Ley Orgánica que Reserva al Estado la Industria y el Comercio de los Hidrocarburos (en lo adelante LOREICH) que reza así: *"Las empresas a que se refiere el artículo anterior...". .. "No estarán sujetas a ninguna clase de impuestos estadales ni municipales".*

Ahora bien, según el artículo 6° ejusdem, "...el Ejecutivo Nacional organizará la administración y gestión de las actividades reservadas... Estas empresas serán de la propiedad del Estado...." (Cursivas y negrillas nuestras).

Sin embargo, las nuevas empresas que se crearán como resultado de los Convenios de Asociación no serán propiedad del Estado; en consecuencia, el Ejecutivo Nacional no organizará su administración, ni su gestión. Obviamente, las empresas que se creen conforme a los convenios de asociación, tal cual están concebidos, de ninguna manera pueden ser beneficiarias de esta exención tributaria, toda vez que no están comprendidas dentro de la figura del citado artículo 6°, esto es, como empresas propiedad del Estado.

El mandato constitucional de ninguna manera puede sustituirse con un sucedáneo. La participación en el "PEG" o "Bono de Rentabilidad" por parte de los Estados y Municipios, es perfectamente procedente de conformidad con el Ordinal 10° del artículo 136 de la Constitución Nacional que establece"...un sistema de asignaciones económicas especiales en beneficio de los Estados en cuyo territorio se encuentren situados los bienes que se mencionan en este ordinal, sin perjuicio de que también puedan establecerse asignaciones especiales en beneficio de otros Estados. En todo caso, dichas asignaciones estarán sujetas a las normas de coordinación previstas en el artículo 229 de esta Constitución". Sin embargo, de aprobarse tal Ley de Asignaciones Especiales, ella simplemente co-existiría con las disposiciones constitucionales que mantienen su plena vigencia y no pueden ser vulneradas por el Acuerdo del Congreso de fecha 04 de Julio de 1995, cuya Cláusula DÉCIMA estamos impugnando por inconstitucional y, en consecuencia, por ser nula de nulidad absoluta.

La Cláusula Décima del Acuerdo en cuestión, viola además de manera directa y flagrante, y así pedimos respetuosamente que lo declare esta Corte, la reserva legal establecida en el artículo 224 de la Constitución que, a la letra, dispone: *"No podrá cobrarse ningún impuesto u otra contribución que no estén establecidos por ley, ni concederse exenciones, ni exoneraciones de los mismos sino en los casos por ella previstos".* Así mismo, vale agregar que sólo pueden entenderse por ley, los actos que sancionan las Cámaras como cuerpos co-legisladores (artículo 162 de la Constitución). Por su parte, el artículo 177 *ejusdem* dispone que *"las leyes sólo se derogan por otras leyes"* (cursivas y negrillas nuestras).

En consecuencia de lo aquí expuesto, la Cláusula del Acuerdo aprobado por el Congreso de la República en fecha 04- 07-95, viola los artículos 29, 31, ordinal 3°, 224, 162 y 177 de la Constitución por lo cual pedimos respetuosamente a esta honorable Corte que así lo declare conjuntamente con su nulidad.

B

La Cláusula DECIMOSÉPTIMA del Acuerdo, cuya nulidad venimos a demandar, establece en su segundo aparte: *"El modo de resolver controversias en materias que no sean de la competencia del Comité de Control y que no puedan dirimirse por acuerdo entre las partes, será el arbitraje, el cual se realizará según las reglas de procedimiento de la Cámara Internacional de Comercio, vigentes al momento de la firma del Convenio"* (Cursivas y negrillas nuestras). Esta disposición contradice de manera flagrante el artículo 127 de la Constitución que dice: *"En los contratos de interés público, si no fuere improcedente, de acuerdo con la naturaleza de los mismos, se considerará incorporada aun cuando no estuviere expresa, una cláusula según la cual las dudas y controversias que puedan suscitarse sobre dichos contratos y que no llegaren a ser resueltas amigablemente por las partes contratantes, serán decididas por los Tribunales competentes de la República, en conformidad con sus leyes, sin que por ningún motivo ni causa puedan dar origen a reclamaciones extranjeras"* (Cursivas nuestras).

La única excepción que establece al citado artículo, se refiere a los contratos celebrados entre dos Estados soberanos o entre un Estado soberano y los organismos de Derecho Internacional Público.

Así que la redacción del texto citado es suficientemente clara y categórica. En efecto, estamos frente a contratos o convenios de asociación que revisten un incontrovertible interés publico, tanto que, aún en el texto de la reforma de la Ley de Hidrocarburos de 1.967, se estableció: Artículo 3, Numeral 9: *"En los convenios se insertará la siguiente cláusula: Las dudas y controversias de cualquier naturaleza que puedan suscitarse con motivo de este convenio y que no puedan ser resueltas amigablemente, serán decididas por los Tribunales competentes de Venezuela, de conformidad con sus Leyes, sin que por ningún motivo ni causa puedan ser origen de reclamaciones extranjeras"* (Cursivas nuestras).

La Jurisprudencia acerca de los contratos de interés público no es muy abundante. Sin embargo, existe una decisión de la Corte Federal y de Casación del 05-12-44 que establece: *"En la ejecución de los contratos de interés público, se aplican reglas especiales de Derecho Público por la naturaleza de los mismos"*. (Constitución de la República de Venezuela, Mariano Arcaya, T.2, p.221).

En adición, es inocultable que los convenios versan sobre recursos naturales que se encuentran, por mandato constitucional, bajo el régimen y administración del Poder Nacional), esto es, del Estado (artículo 136, Ordinal 10). De manera que la naturaleza de los mismos reviste, insistimos, un nítido interés público que compromete intereses esenciales a la nación venezolana. Así pues, las controversias, de no resolverse amigablemente, no pueden dirimirse con arreglo a normas de procedimiento distintas a las que establece la ley venezolana.

No es ocioso llamar la atención en torno a las competencias las que se le atribuyen en la Cláusula Cuarta del Acuerdo, al llamado "Comité de Control", integrado por representantes de una filial, subsidiaria de Petróleos de Venezuela, S.A. que es una empresa de naturaleza comercial y por particulares inversionistas que participan en los convenios de asociación. En efecto, es sencillamente absurdo que particulares, nacionales o extranjeros, tengan potestad para participar en asuntos de interés público, en contravención de lo pautado por la Constitución y las leyes.

Para mayor abundamiento, es obvio que los yacimientos petroleros son bienes inmuebles de la República y cuya explotación, de acuerdo con las leyes vigentes, se otorga bajo la forma de asignaciones, toda vez que la vieja figura de concesión fue derogada por la LOREICH.

A todo lo expuesto cabe agregar algunas consideraciones doctrinales: Así, Enrico Redenti expresa: *"respecto de las decisiones de los jueces, se tiene a priori la certeza presunción legal irrefragable de que serán conformes a los resultados procesales y al derecho, pero no se puede tener, (ni se tienen el mismo grado) esa misma certeza cuando el pronunciamiento emane de árbitros. Por eso el negocio con que las partes encomiendan la decisión a los árbitros, se considera acto de disposición y no puede consentírselo allí donde las partes no tengan el derecho o la legitimación (posibilidad-facultad-poder) a disponer de él libremente.* (Derecho Procesal, traducción de Santiago Sentís Melendo y Marino Ayerra Redín, Ediciones Jurídicas Europa América, Buenos Aires 1.957, T. III. Pág. 100 y 101).

En consecuencia de lo aquí expuesto, solicitamos respetuosamente de esta honorable Corte, la declaratoria de nulidad de la Cláusula Decimoséptima del Artículo 2° del Acuerdo del Congreso por establecer:.. *"El modo de resolver controversias en materias que no sean de la competencia del Comité de Control y que no puedan dirimirse por acuerdo entre las partes, será el arbitraje, el cual se realizará según las reglas de procedimiento de la Cámara Internacional de Comercio, vigentes al momento de la firma del Convenio".* Tal disposición es, una contravención flagrante del artículo 127 de la Constitución que no autoriza el sometimiento a normas jurídicas distintas a las venezolana, y así pedimos respetuosamente que se declare.

C

El Acuerdo que estamos denunciando establece en la Cláusula SEGUNDA de su Artículo 2°: *"La filial llevará a cabo los procesos de licitación que sean necesarios para seleccionar a las empresas inversionistas privadas con las cuales celebrará convenios de asociación para realizar las actividades descritas en la Condición Primera...",* esto es, *"...las actividades relacionadas con la exploración y explotación de yacimientos de hidrocarburos...* "Ahora bien, el artículo 136, Ordinal 10° de la Constitución, establece que es de la competencia del Poder Nacional:...*"El Régimen y administración de la minas e hidrocarburos, salinas, tierras baldías y ostrales de perlas; la conservación, fomento y aprovechamiento de los montes, aguas y otras riquezas naturales del país".*

Por otro lado, el artículo 139 de la misma Carta Magna, dispone: *"Corresponde al Congreso legislar sobre las materias de la competencia nacional...".*

A su vez, la misma Carta Fundamental, señala en su artículo 190, Ordinal 15° que: *"Son atribuciones y deberes del Presidente de la República,... celebrar los contratos de interés nacional permitidos por esta Constitución y las leyes... "*; y su artículo 193, en su último párrafo, establece: *"Los Ministros son órganos directos del Presidente de la República.... La ley orgánica determinará el número y organización de los Ministerios y su respectiva competencia... "*. En su único aparte: *"Las leyes que se dicten en materias reguladas por leyes orgánicas se someterán a las normas de éstas"*. En concordancia con dicho mandato constitucional, el artículo 35 de la Ley Orgánica de la Administración Central, establece:

"Corresponde al Ministerio de Energía y Minas la planificación y realización de las actividades del Ejecutivo Nacional en materia de minas, hidrocarburos y energía en general, que comprende lo relativo al desarrollo, aprovechamiento y control de los recursos naturales no renovables y de otros recursos energéticos, así como de las industrias mineras, petroleras y petroquímicas, y en particular, las siguientes actividades:

1° La fijación y ejecución de la política de investigación, desarrollo, fiscalización, control y conservación de los recursos energéticos, así como las industrias petrolera, petroquímica y minera...

5° El control de la administración de las explotaciones establecidas y que estableciere el Estado sobre yacimientos o industrias conexas con la minería o los hidrocarburos. Concertar los arreglos con el capital privado cuyo concurso sea necesario para dichas explotaciones". (Cursivas y negrillas nuestras).

Por las razones aquí expuesta denunciamos la violación de los principios constitucionales de especificidad y de lex superior que establece el artículo 163 de la Constitución para las leyes que se dictan en materias reguladas por leyes orgánicas. En efecto, la Ley Orgánica de la Administración Central tiene tal rango por mandato del artículo 193 de la misma Constitución.

La competencia que establece el artículo 136, Ordinal 10° de la Constitución, corresponde a la República que, como persona pública territorial, se expresa a través de sus órganos legislativo y ejecutivo; concretamente, es una competencia legislativa que remite a la Ley Orgánica de la Administración Central, en los ya señalados artículos, cuya jerarquía debemos interpretar de acuerdo a lo sancionado en el artículo 163, por tratarse de una Ley Orgánica. De manera pues, que la dirección política en materia de hidrocarburos corresponde al Ministerio de Energía y Minas como órgano directo del Presidente de la República.

No obstante la meridiana claridad de los artículos 136, Ordinal 10°, y 163 de la Constitución con los cuales concuerda el artículo 35 de la Ley Orgánica de la Administración Central, el Acuerdo del Congreso, que tiene rango de ley (artículo 215, Ordinal 3° de la Constitución), pretende poner en manos de la "Filial Designada", la dirección de la política de hidrocarburos, así como actos que son el resultado del ejercicio de tal dirección, según lo que se desprende de la redacción de la Cláusula Segunda aquí denunciada.

Para una mejor ilustración de la inconstitucionalidad que estamos denunciando, recordemos que con fecha 30 de Agosto de 1975, se dictó el Decreto 1.123 cuyo artículo 1° expresa: *"Se crea una empresa estatal, bajo la forma de Sociedad anónima, que cumplirá y ejecutará la política que le dicte en materia de hidro-*

carburos el *Ejecutivo Nacional, por órgano del Ministerio de Minas e Hidrocarburos, en las actividades que le sean encomendadas"*. (Negrillas y cursivas nuestras).

Posteriormente, en fecha 23 de Agosto de 1979, mediante Decreto N° 250, Gaceta Oficial N° 31.810, fue reformada la Cláusula Segunda de los Estatutos de PDVSA, para hacer aún más claro y vigoroso el carácter de la empresa agregando que: *"El cumplimiento del objeto social deberá llevarse a cabo bajo los lineamientos y las políticas que el Ejecutivo Nacional a través del Ministerio de Energía y Minas establezca o acuerde en conformidad con las facultades que le confiere la Ley.*

Las actividades que realice la empresa a tal fin estarán sujetas a las normas de control que establezca dicho Ministerio en ejercicio de la competencia que le confiere el artículo 7°..." de la LOREICH (Cursivas y negrillas nuestras).

Un nuevo Decreto de reforma, el N° 855 de fecha 24 de Septiembre de 1985, mantuvo la disposición citada.

A tenor de todo lo anteriormente expuesto, cabe preguntarse ¿Puede una Filial de Petróleos de Venezuela, S.A. (En lo adelante PDVSA), realizar actos de licitación para el ejercicio de derechos sobre áreas que le han sido determinadas por el Ministerio de Energía y Minas para la exploración y explotación de hidrocarburos?.

Según la opinión del Dr. Tomás Polanco Alcántara: "La *dirección política implica la adopción de las decisiones fundamentales que habrán de regir la actividad reservada al Estado, así como la coordinación de las mismas con las otras actividades y cometidos estatales"*. Esta facultad, *continúa diciendo el autor citado, "es una derivación inmediata de la condición del Presidente de la República como Jefe del Poder Ejecutivo Nacional, que debe ser ejercida por medio del Ministro correspondiente* (en este caso, el de Energía y Minas señalado en la Ley orgánica), *que el Presidente no puede ceder ni delegar y de cuyo ejercicio debe dar informe al Congreso en su mensaje anual"* (Tomás Polanco Alcántara: "Tres Angulos del Derecho, Academia de Ciencias Políticas y Sociales, N° 5, Serie Estudios, pág. 29, Caracas, 1982. Paréntesis del autor, negrillas nuestras).

En conclusión: la Constitución de la República, establece claramente las competencias del Poder Nacional, en su artículo 136. Por mandato de la misma Constitución, el régimen y administración de las minas e hidrocarburos, corresponden al Poder Nacional. El artículo 193 de la misma Constitución establece que los Ministros son los órganos directos del Presidente de la República, estableciendo igualmente que sus competencias se determine por una ley orgánica en concordancia con el artículo 163. Este último artículo, establece claramente, que "La leyes que se dicten en materias reguladas por leyes orgánicas se someterán a las normas de éstas". Finalmente, el Acuerdo tantas veces aquí citado, aun cuando no tenga la forma de ley, tiene el mismo rango de una ley y, en consecuencia, por acatamiento a los principios constitucionales ya mencionados de lex superior y de especificidad, debe sujetarse a la correspondiente Ley Orgánica de la Administración Central, artículo 35, Ordinales 1° y 5°.

Como ha sido expuesto, la Cláusula Segunda del Artículo 2° del Acuerdo del Congreso de la República de fecha 04-07-95, viola tales principios al transferir competencias que son exclusivas y excluyentes del Ministerio de Energía y Minas, al una Filial de PDVSA. Tal es el caso de la competencia para licitar los derechos a ejercer actividades que le han sido previamente otorgados por dicho Ministerio. Insistimos, es al Ministerio de Energía y Minas a quien corresponde la competencia para: 1°) La fijación y ejecución de la política de las industrias petroleras, y 2°) Concertar los arreglos con el capital privado cuyo concurso sea necesario para dichas explotaciones.

En consecuencia, cualquier contrato, convenio o asociación que se estableciere con particulares sin la intervención directa del Ministerio de Energía y Minas, es nulo de nulidad absoluta por colidir abiertamente con lo dispuesto en los artículos 163, 193 y 136, Ordinal 10° de la Constitución de la República y el artículo 35, Ordinales 1° y 5° de la Ley Orgánica de la Administración Central por lo que pedimos de esta Corte que así se declare.

D

El Acuerdo tantas veces citado, establece en su Artículo 2°, Cláusula *Cuarta:* *"En cada Convenio las Partes constituirán, antes de dar inicio a las actividades del Convenio, un Comité (en lo adelante 'Comité de Control'), conformado por igual número de miembros designados por los inversionistas y la Filial, que presidirá un miembro designado por esta última. Para la validez de sus deliberaciones y decisiones, se requerirá la presencia y el consentimiento de los miembros designados por la Filial, teniendo el Presidente doble voto para resolver los casos de empate.*

Las Partes someterán a la aprobación del Comité de Control las decisiones fundamentales de interés nacional relacionadas con la ejecución del Convenio". (Cursivas y negrillas nuestras).

Una vez más, nos encontramos con que esta Cláusula, viola las disposiciones del artículo, 163, 193 y 136, ordinal 10° de la Constitución de la República y del artículo 35, ordinales 1° y 5° de la Ley Orgánica de la Administración Central, así como el artículo 5° de la LOREICH al vulnerar los principios constitucionales de lex superior y de especificidad.

Como ya fue expuesto en el punto C), nuestra Constitución define de manera indubitable, las competencias del Poder Nacional. Del mismo modo, le confiere el carácter de leyes orgánicas, a aquellas en las cuales se determinan tales competencias, en concordancia con el artículo 163. En lo que corresponde al artículo 136, su ordinal 10° define las competencias del Ministerio de Energía y Minas. Estas competencias, por el dispositivo constitucional, están claramente definidas en el artículo 5° de la LOREICH establece: "En casos especiales y cuando así convenga al interés público, el Ejecutivo Nacional o los referidos entes podrán, en el ejercicio de cualquiera de las señaladas actividades, celebrar convenios de asociación con entes privados, con una participación tal que garantice el control por parte del Estado..."(Cursivas y negrillas nuestras).

Por su lado, la Ley Orgánica de la Administración Central, en su artículo 35 establece: *"Corresponde al Ministerio de Energía y Minas... ordinal 1°.- La fijación y ejecución de la política de investigación, desarrollo, fiscalización, control y conservación de los recursos energéticos, así como de las industrias petrolera, petroquímica y minera... 3°.- La planificación y control de la producción, distri-*

bución y consumo de las distintas clases de energía...ordinal 5º,- El control de la administración de las explotaciones establecidas o que estableciere el Estado sobre yacimientos o industrias conexas con la minería o los hidrocarburos..." (Cursivas y negrillas nuestras).

De todo lo expresado resulta irrefutable que la competencia para ejercer las distintas formas de control sobre las actividades relacionadas con los hidrocarburos, corresponde de manera exclusiva y excluyente, al Ministerio de Energía y Minas, como órgano del Poder Nacional.

En este sentido, el Dr. Allan R. Brewer Carías, nos indica que *"... no hay duda respecto de las facultades de control del Ministro de Energía y Minas sobre la empresa: por una parte, un control previo general de establecimiento de los lineamientos y políticas que deben guiar la acción de la empresa en la realización de su objeto social; y por la otra, la posibilidad de establecer diversos mecanismos de control posterior o concomitante respecto de las actividades que realice la empresa". (*Brewer-Carías, en Archivo de Derecho Público, "Régimen Jurídico de la Nacionalizaciones", T.1, V. III, U.C.V., pp. 461 y 462, Caracas, 1981).

Una simple revisión de lo que ha sido nuestra política petrolera y nuestra tradición legal nos lleva a una conclusión: el control ha sido siempre un instrumento directo de política estatal para cumplir varios propósitos. A saber: 1) Influir, a través de los volúmenes de producción, en los precios de mercado y, en consecuencia, incrementar los ingresos. Esta fué la razón fundamental para la fundación de la OPEP como lo demuestra su Resolución I.1 en cuya redacción tuvo participación decisiva la representación venezolana; 2) Está en el interés fundamental del Estado, como administrador del recurso hidrocarburos, garantizar su explotación racional a fin de evitar su agotamiento precoz y en protección de lo que es el interés fundamental del inversionista, esto es, recuperar su inversión en el menor tiempo posible produciendo los mayores volúmenes sin atender al agotamiento, tal cual ocurrió en nuestra propia experiencia; 3) El Estado, además, tiene el mayor interés en controlar las actividades a fin de garantizar que se cumplan fiel y exactamente las contribuciones contractuales y legales a las cuales está obligado el inversionista. Razones éstas más que poderosas para instituir y mantener tal instrumento de eminente política económica. Y razones éstas por las cuales la función del control, por mandato constitucional, recogido en las leyes orgánicas, resulta absolutamente intransferible, mucho menos cuando se trata de "decisiones fundamentales de interés nacional", como lo pretende la Cláusula Cuarta que aquí denunciamos por inconstitucional, toda vez que viola los principios constitucionales de lex superior y de especificidad consagrados en el artículo 163 de la Constitución de la República, y así pedimos respetuosamente a esta Corte que se declare.

En virtud de todas las razones y alegatos antes expuestos, con la venia de los ciudadanos Magistrados de esa Corte Suprema de Justicia en Sala Plena, respetuosamente solicitamos: PRIMERO: Que declare la nulidad absoluta de la Cláusula Décima del Acuerdo aprobado por el Congreso de la República en fecha 4 de julio del corriente año, publicado en la Gaceta Oficial N° 35.754 de fecha 17 de julio de 1995, por violar los artículos 29, 31, Ordinal 3°, 224, 162 y 177, todos de la Constitución de la República; SEGUNDO: Que declare la nulidad de la Cláusula Decimoséptima del Acuerdo antes dicho, por violar el artículo 127 de nuestro Texto Fundamental; TERCERO: Que declare la nulidad absoluta de las Cláusula Segunda y Cuarta del mismo Acuerdo, por violar los principios constitucionales de lex superior y de especificidad consagrados en el artículo 163 de la Constitución en los términos antes expuestos.

Ciudadano Presidente, Ciudadanos Magistrados: las nulidades que aquí estamos demandando, versan sobre asuntos de vital importancia para nuestra soberanía y economía nacionales. No existe duda alguna en cuanto a la importancia decisiva de la cuestión petrolera para nuestra Nación, más aún en momentos de grave crisis como los que vive la sociedad venezolana. Es de una gravedad inocultable, que nuestro principal negocio y los procesos apertura que se plantean en torno al mismo, se plasmen en abierta violación de nuestra Carta Magna. Quienes planteamos la presente demanda, somos ciudadanos plenamente conscientes de la importancia que tiene para la superación de la crisis, el definir y aplicar una nueva política petrolera, en acuerdo con los cambios que se han venido suscitando en nuestro país y en el mundo. Pero tal política y las acciones que se emprendan en correspondencia con la misma, deben ajustarse plenamente a nuestro ordenamiento jurídico y, en primer lugar, a la Constitución de la República. Es Justicia, en Caracas a la fecha de su presentación.

La motivación jurídica y política de la acción de nulidad puede considerarse resumida en un comunicado publicado por los accionantes en la prensa nacional el día 07-01-96 con el siguiente texto:

NULIDAD POR VICIOS CONSTITUCIONALES Y LEGALES CARACTERIZAN EL ACUERDO DEL CONGRESO SOBRE LOS CONVENIOS PETROLEROS BAJO EL ESQUEMA DE "GANANCIAS COMPARTIDAS"

Con fecha 4/7/1995 el Congreso Nacional aprobó un ACUERDO autorizando a PDVSA para celebrar convenios con "inversionistas" (obviamente empresas extranjeras) sobre los mejores y más conocidos yacimientos de hidrocarburos del país. Este ACUERDO significa una deformación del esquema de concesiones que imperaba hace más de medio siglo y contraría flagrantemente la Constitución Nacional y varias leyes de la República.

El 14 de diciembre de 1995 se introdujo ante la Corte Suprema de Justicia una primera demanda de nulidad por evidentes violaciones a nuestra Constitución de las siguientes cláusulas del ACUERDO del Congreso: 1) EL ACUERDO no puede eximir del pago de los impuestos municipales y estadales a las actividades petroleras, tal como prevé su Cláusula DECIMA. 2) EL ACUERDO no puede trasladar la solución de controversias al arbitraje internacional, ya que la Constitución de la República establece la jurisdicción obligatoria de los tribunales nacionales en estos casos. 3) EL ACUERDO no puede otorgar facultades a una filial de PDVSA para llevar a cabo procesos de licitación para el otorgamiento de áreas de exploración y explotación de hidrocarburos a inversionistas privados, pues, ésto constitucionalmente es competencia del Poder Nacional, ni tampoco transferir las funciones de control estatal a un comité paritario con participación de particulares.

Es esta ocasión introdujimos ante la Corte Suprema una segunda demanda por ilegalidad, que lo vicia de nulidad. En efecto, el ACUERDO del Congreso de la República no identifica en ninguna parte las diez áreas del territorio nacional en las cuales se efectuarían las actividades de exploración y explotación a licitar. Ello puede comprobarse en la Gaceta Oficial de publicación del ACUERDO donde no aparecen ni linderos, ni coordenadas geográficas, ni planos de ninguna especie, que permitan alguna identificación posible de las valiosísima áreas que se quieren otorgar. Esta disposición viola la Ley de Nacionalización que prevé los convenios de asociación "en casos especiales", es decir, como excepción. La ausencia de objeto hace carecer de eficacia y validez a todas las cláusulas que sustentarían la licitación y subsiguiente celebración de los convenios por parte de PDVSA y/o la filial, ya que son estipulaciones vacías que no se refieren a ningún objeto inmueble tangible e identificable.

Además, en este nuevo libelo se plantean asimismo las siguientes violaciones legales del ACUERDO del Congreso: 1°) La Cláusula SEGUNDA es ilegal por contravenir lo dispuesto en el Ordinal 5 de la Ley Orgánica de la Administración Central, que atribuye competencia exclusiva y excluyente al Ministerio de Minas e Hidrocarburos, para "concertar los arreglos con el capital privado" en la explotación de hidrocarburos. Por lo tanto, no se puede autorizar a una filial de Petróleos de Venezuela para que abra procesos de licitación en áreas de hidrocarburos, pues se trata de actos de administración de bienes nacionales, para lo cual carece de competencia dicha Corporación. Es al Ministerio de Energía y Minas a quien corresponde realizar esta función de licitación. 2°) La Cláusula CUARTA contraviene, adicionalmente, lo dispuesto en el Artículo 35, Ordinal 5, de la Ley Orgánica de la Administración Central, que atribuye al Ministerio de Energía y Minas la administración y el control de la explotación de los hidrocarburos, así como la concertación de los arreglos con el capital privado, "cuyo concurso sea necesario para dicha explotación". Por lo tanto, la función de control no puede ser ejercida por PDVSA, ni por un Comité de Control, si no por el Ministerio de Energía y Minas. 3°) La Cláusula SEXTA del ACUERDO del Congreso comporta el riesgo de eventuales demandas de los inversionistas privados contra el Estado venezolano, al contravenir el artículo 1.664 del Código de Civil, según el cual es nula la cláusula "leonina", es decir, aquella que aplique a uno solo de los socios la totalidad de los beneficios, o que lo exima de las pérdidas. 4°) La Cláusula VIGESIMA PRIMERA es ilegal por contravenir lo dispuesto en el Ordinal 11 del artículo 41 de la Ley de Hidrocarburos, en virtud de que en cualquier convenio o convención referente a la explotación de hidrocarburos, la República de Venezuela tiene siempre derecho al pago de 16 2/3 por ciento del crudo extraído.

La Nación venezolana debe entender que se la quiere confundir con una campaña destinada a hacernos creer que la llamada Apertura Petrolera es la alternativa "para salir de la crisis" y que el esquema de Ganancias Compartidas, "generaría inversiones por 11 mil millones de dólares en 7 años". Tal campaña pretende, además, ejercer un chantaje contra aquellos venezolanos que hemos señalado los vicios legales y los inconvenientes para Venezuela de tales decisiones. Informamos a la opinión pública, que las compañías extranjeras, en el supuesto caso que llegasen a explotar las diez áreas no identificadas que se pretende licitarles, tendrían hasta 39 años para realizar las labores de exploración y explotación, por lo que el ingreso de recursos financieros no será de la magnitud señalada.

PDVSA obtuvo en 1993 la exoneración del impuesto denominado Valor Fiscal de Exportación, lo cual le producirá, en los próximos 5 a 7 años, unos 11 mil millones de dólares, recursos que, unidos a los provenientes del aumento de la gasolina y de otros productos en el mercado interno y en el externo también, le permitirán continuar desarrollando las actividades que viene realizando. Una apertura al sector privado solo tiene sentido si contempla en primer lugar la participación indubitable en todas las fases, de los venezolanos.

La alternativa de que PDVSA emprenda directamente el desarrollo de nuestros mejores crudos -livianos y medianos- que son los más valiosos y escasos, puede llevarse a cabo con los fondos mencionados, más una participación racional, complementaria, de la inversión extranjera.

Advertimos asimismo que, a espaldas de la opinión pública, comenzó en 1989, acompañado de una intensa campaña publicitaria y de maniobras con apariencia legal, el proceso destinado a vender a PDVSA a intereses extranjeros, a través de la llamada, "privatización de PDVSA". Esto convertiría a Venezuela en una República de 4ª categoría.

La opinión pública venezolana no ha sido informada, en cambio, que es en la Faja Petrolera del Orinoco, donde se encuentran las inmensas reservas de crudos extra-pesados, hacia donde deben orientarse y promoverse prioritariamente las inversiones y tecnología extranjeras, en un campo donde muy poco ha hecho PDVSA.

Hacemos un LLAMADO a la juventud venezolana y en general a todos los ciudadanos interesados en el genuino porvenir de Venezuela, a adherirse a nuestros libelos de demanda.

Así comunicarlo a: el Vicerrectorado Administrativo de la Universidad Central de Venezuela por los teléfonos 662 95 92 y 662 56 90, atención Profesoras Adina Bastidas C., y Gladys Martínez.

FIRMANTES

-SIMON MUÑOZ ARMAS, MEDICO CIRUJANO, CI: 245.735 - JUAN LISCANO V., ESCRITOR, CI: 41.365 - ELIAS ELJURI ABRAHAM, ESTADISTICO, CI: 742.990 - TRINO ALCIDES DIAZ, ECONOMISTA, CI: 953.164 - ALI RODRIGUEZ ARAQUE, ABOGADO, CI: 1.270.756 - LUIS DELFIN FUENMAYOR TORO, MEDICO CIRUJANO, CI: 2.158.566 - FRANCISCO LOPEZ MIERES, ECONOMISTA, CI: 83.903 - ADINA BASTIDAS CASTILLO, ECONOMISTA, CI: 3.229.545 - RICARDO MENENDEZ, CI: 10.333.821, - ITALO SANTAROMITA, ECONOMISTA, CI: 66.894, FRANCISCO MADERA, ECONOMISTA, CI: 4.082.549 - LUIS FRANCISCO MARCANO G., ARQUITECTO, CI: 3.404.273 - JOSEFINA BALDO AYALA, ARQUITECTO, CI: 2.143.573 - ALFREDO CASTAÑEDA GIRAL, OFICIAL DE LA ARMADA, CI: 4.114.102 - CAMILO FELIPE ARCAYA ARCAYA, FILOSOFO, CI: 2.149.042 - GUILLERMO GARCIA PONCE, PERIODISTA, CI: 10.804 - CARLOS RAMON MENDOZA POTELLA, ECONOMISTA, CI: 2.118.229 - GONZALO RAMIREZ CUBILLAN, ECONOMISTA, CI: 969.260 - JOSE MARRERO HIDALGO, LICENCIADO EN EDUCACION, CI: 1.563.614 - LUIS EMILIO MORIN, CONTABILISTA, CI: 1.846.293 - JESUS GAZO, SACERDOTE, CI: 1.717.808 - LOLOLA HERNADEZ, INTERNACIONALISTA, CI: 3.174.970 - LUIS MANUEL RODRIGUEZ, ECONOMISTA, CI: 1.304.316 - ANGELA SANCHEZ, ECONOMISTA, CI: 1.624.892 - GLADYS MARTINEZ, EDUCADORA, CI: 4.431.036.

II. LA ACCIÓN DE NULIDAD POR ILEGALIDAD

Como se dijo, además de la acción de nulidad por inconstitucionalidad contra el Acuerdo de Congreso, intentada ante la Corte Plena, los accionantes intentaron contra el mismo Acuerdo una acción contencioso-administrativa por ilegalidad ante la Sala Político Administrativa de la Corte Suprema de Justicia en fecha 23-01-96, para cuyo conocimiento, como ya se indicó, esta Sala se declaró incompetente, remitiéndola a la Corte Plena, acumulándose a la acción de inconstitucionalidad.

El texto de la acción por razones de ilegalidad contra el Acuerdo del Congreso, fue el siguiente:

CIUDADANOS
PRESIDENTE Y DEMAS MIEMBROS DE LA
CORTE SUPREMA DE JUSTICIA
SALA POLITICO-ADMINISTRATIVA
SUS DESPACHOS

Nosotros, SIMÓN MUÑOZ ARMAS, médico-cirujano, Cédula de Identidad 245.735; JUAN LISCANO, escritor, titular de la Cédula de Identidad N° 41.365; ALI RODRÍGUEZ ARAQUE, abogado, Cédula de Identidad N° 1.270.756; JOSÉ MARIA CADENAS, psicólogo, titular de la Cédula de Identidad -----; ELÍAS ELJURI ABRAHAM, estadístico, Cédula de Identidad N° 742.990; TRINO ALCIDES DÍAZ, economista, Cédula de Identidad N° 953.164; LUIS DELFÍN FUENMAYOR TORO, médico-cirujano, Cédula de Identidad N° 2.158.566; FRANCISCO LÓPEZ MIERES, economista, Cédula de Identidad N° 83.903; ADINA BASTIDAS CASTILLO, economista, Cédula de Identidad N° 3.229.545; RICARDO MÉNDEZ, estudiante, Cédula de Identidad N° 10.333.821; ITALO SANTAROMITA, economista, Cédula de identidad N° 668.946; FRANCISCO MADERA, economista, Cédula de Identidad N° 4.082.549; LUIS FRANCISCO MARCANO GONZÁLEZ, arquitecto, titular de la Cédula de Identidad N° 3.404.273; JOSEFINA BALDO AYALA, arquitecto, titular de la Cédula de Identidad N° 2.143.573; ALFREDO CASTAÑEDA GIRAL, Oficial de la Armada, Cédula de Identidad N° 4.114.102; CAMILO FELIPE ARCAYA ARCAYA, filósofo, Cédula de Identidad N° 2.149.042; GUILLERMO GARCÍA PONCE, periodista, Cédula de Identidad N° 10.804; CARLOS RAMÓN MENDOZA POTELLA, economista, Cédula de Identidad N° 2.118.229; GONZALO RAMÍREZ CUBILLAN, economista, Cédula de Identidad N° 969.260; JOSÉ MARRERO HIDALGO, licenciado en educación, Cédula de Identidad 1.536.614 y LUIS EMILIO MORIN, contabilista, Cédula de Identidad N° 1.846.293; JESÚS GAZO, sacerdote, titular de la Cédula de identidad N° 1.717.808; LOLOLA HERNÁNDEZ, internacionalista, Cédula de Identidad N° 3.174.970; LUIS MANUEL RODRÍGUEZ, economista, Cédula de Identidad N° 1.304.316; ÁNGELA SÁNCHEZ, economista, Cédula de Identidad N° 1.624.892; GLADYS MARTINEZ, educadora, Cédula de Identidad N° 4.431.036, todos venezolanos, mayores de edad, domiciliados en Caracas, asistidos por los abogados AGUSTÍN CALZADILLA, JESÚS SOTILLO y ALFREDO BERMÚDEZ, de este domicilio, titulares de la Cédula de Identidad Nos. 2.137.339, 2.775.842 y 2.117.118, e inscritos en el I.P.S.A. bajo los

Nos. 5.064; 15.877 y 682, respectivamente, procediendo en nuestro propio nombre y en nuestra condición de ciudadanos venezolanos, con plena capacidad, ante Ustedes respetuosamente, ocurrimos de conformidad con el Artículo 112 de la Ley Orgánica de la Corte Suprema de Justicia, con el objeto de interponer acción de nulidad por ilegalidad del Acuerdo aprobado por el Congreso de la República en fecha 04 de julio de 1995, publicado en la Gaceta Oficial de la República de Venezuela N° 35.754 de fecha 17 de Julio de 1995, que acompañamos marcado con la letra "A", que autorizó con modificaciones la celebración de los CONVENIOS DE ASOCIACIÓN PARA LA EXPLORACIÓN A RIESGO DE NUEVAS ÁREAS Y LA PRODUCCIÓN DE HIDROCARBUROS BAJO EL ESQUEMA DE GANANCIAS COMPARTIDAS, en sus CLÁUSULAS SEGUNDA, CUARTA, SEXTA, DÉCIMA Y VIGÉSIMA PRIMERA DEL MARCO DE CONDICIONES A QUE SE REFIERE EL ARTICULO 2° DE DICHO ACUERDO. Todo lo anterior conforme a lo dispuesto en el artículo 42, numeral 9 y 43 de la Ley Orgánica de la Corte Suprema de Justicia.

CUESTIONES PREVIAS

1. DE LA COMPETENCIA DE LA CORTE SUPREMA DE JUSTICIA PARA CONOCER Y DECIDIR ESTA ACCIÓN

Disponen los artículos 42, numeral 9, y 43 de la Ley Orgánica de la Corte Suprema de Justicia, que es competencia de dicha Corte en Sala Político-Administrativa: "Declarar la nulidad, cuando sea procedente por razones de ilegalidad, de los actos generales de los órganos unipersonales o colegiados del Poder Público, salvo en los casos previstos en las disposiciones transitorias".

El acto impugnado por ilegalidad es un acuerdo de las Cámaras en sesión conjunta, reunidas "en los casos señalados por esta Constitución y las leyes", en este caso, por mandato del artículo 5° de la Ley Orgánica que Reserva al Estado la Industria y el Comercio de los Hidrocarburos (En lo adelante LOREICH).

El Acuerdo de marras es un acto de efectos generales porque está dirigido a un número indeterminado de personas. Así se desprende indubitablemente de los CONSIDERANDO y de los artículos 1° y 2° de dicho Acuerdo.

El Acuerdo habla de un marco de condiciones, es decir, circunstancias generales para celebrar los convenios de asociación con el capital privado. Si analizamos la Cláusula SEGUNDA, podemos precisar que se trata de un *acto de efectos generales.* En efecto, cuando tal Cláusula dice que: "*La Filial llevará a cabo los procesos de licitación que sean necesarios para seleccionar a las empresas inversionistas privadas con las cuales celebrará Convenios de Asociación...*", es evidente que esos procesos de licitación están dirigidos a un numero indeterminado de inversionistas privados. ¿Acaso pueden determinarse *ab initio* cuáles son los inversionistas privados con los cuales se celebrarán *Convenios de Asociación*"?. La respuesta lógica tiene que ser negativa. En consecuencia, estamos impugnado un acto de los denominados por la doctrina y la jurisprudencia *de efectos generales.*

A todo evento, y para el supuesto de que la Corte califique el Acuerdo como un acto de efectos individuales, a los fines de su impugnación tiene que asimilarse a los actos de efectos generales, porque estamos en presencia de un acto legislativo sin forma de ley emanado de uno de los órganos del Poder Público de máxima jerarquía e importancia: el Congreso de la República de Venezuela.

El artículo 138 de la Constitución dispone: "El poder legislativo se ejerce por el Congreso...

...el Senado y la Cámara de Diputados, se reunirán en sesión conjunta en los casos señalados por esta Constitución y las leyes..."

Dentro del marco de una sana lógica jurídica, la Constitución permite a los ciudadanos venezolanos ejercer el control de la legalidad de todos los actos del Poder Público, más aún cuando son sus órganos supremos. Por estas razones, el constituyente previó la siguiente disposición: "*La Constitución y las leyes definen las atribuciones del Poder Público y a ellas debe sujetarse su ejercicio*" (artículo 117). Y ello es así porque no puede hablarse de Estado de Derecho en un sistema jurídico en el cual los ciudadanos no puedan impugnar la ilegalidad de las cláusulas de un acuerdo del Congreso tan decisivo para la nación venezolana como este acto en el cual las Cámaras, en sesión conjunta, autorizan la exploración y explotación de hidrocarburos bajo el esquema llamado de "Ganancias Compartidas". No estaba pues en la mente del constituyente, exigir un interés personal, legítimo y directo para controlar los actos del Poder Legislativo, como si se tratara de simples actos administrativos, definidos con precisión en la Ley Orgánica de Procedimientos Administrativos en su artículo 7 como actos *emanados de la administración pública.*

Las razones antes expuestas son más que ostensibles y tienen una validez que, de ninguna manera, escaparán al criterio de esa Corte.

2. CUESTIONES PROCESALES

Las condiciones procesales de admisibilidad del presente recurso se encuentran cumplidas así:

2.1 Tenemos *LEGITIMACIÓN ACTIVA* para intentar el presente recurso por ilegalidad, porque estamos afectados en nuestros derechos e intereses por el acto impugnado como ciudadanos venezolanos plenamente capaces, ya que se trata de un acto de efectos generales o asimilado a él. Invocamos en este sentido el artículo 106 del Texto Fundamental que dispone: que la explotación de los recursos naturales estará dirigida "primordialmente al beneficio colectivo de los venezolanos"; y el artículo 51 *ejusdem,* establece el deber de los venezolanos de resguardar y proteger, conforme a derecho, los intereses de la República de Venezuela. Es, precisamente, lo que hacemos en consecuencia.

Nuestra legitimación activa deriva directamente del artículo 112 de la Ley Orgánica de la Corte Suprema de Justicia que dispone: "Toda persona natural o jurídica, plenamente capaz que sea afectada en sus derechos o intereses por Ley, reglamento, ordenanzas *u otros actos de efectos generales, emanado de alguno de los cuerpos deliberantes nacionales...* puede demandar la nulidad del mismo ante la Corte por razones de inconstitucionalidad *o de ilegalidad".* Somos naturales venezolanos y plenamente capaces en derecho, formamos parte de esta Nación y en tal condición, como cualquiera otro venezolano, somos afectados, tanto individual como colectivamente por tales actos.

La jurisprudencia de la Corte ha sido reiterada en sostener que se presume la legitimación activa de toda persona capaz afectada en sus derechos e intereses por un acto que sea objeto de impugnación por ilegalidad, como ocurre con el presente caso.

2.2 La competencia en el conocimiento de este recurso de nulidad por ilegalidad sólo corresponde a esta Corte Suprema en Sala Político-Administrativa a tenor de lo previsto en los artículos 42, numeral 9 y 43 de la Ley Orgánica de la Corte Suprema de Justicia.

2.3 El lapso de caducidad del presente recurso no está vencido por cuanto la Ley Orgánica de la Corte dispone que "puede intentarse en cualquier tiempo" (artículo 134).

2.4 Ninguna norma constitucional o legal prohibe la admisibilidad del presente recurso por ilegalidad de las precitadas Cláusulas del Acuerdo, recurso éste que fundamentamos en los términos que siguen a continuación.

I

La Cláusula PRIMERA del Acuerdo, establece que: "El Ejecutivo Nacional, por órgano del Ministerio de Energía y Minas, en uso de sus atribuciones legales, *determinará las áreas geográficas descritas en el Anexo "B"* (en lo adelante las "Areas") en favor de una filial de Petróleos de Venezuela, S.A. (en los adelante "Filial"), *para realizar las actividades relacionadas con la exploración de yacimientos de hidrocarburos, con el transporte por vías especiales, almacenamiento y comercialización de la producción obtenida en las Areas...*"

Tal y como fue aprobada dicha Cláusula, se trata de asignar derechos genéricos para realizar la más amplia gama de actividades que comprende exploración, explotación, transporte, almacenamiento y comercialización de hidrocarburos, esto es, crudos medianos, livianos, pesados, extrapesados, gas natural asociado o libre, en áreas indeterminadas, toda vez que el Acuerdo publicado en la Gaceta Oficial N° 35.754 de fecha 17 de Julio de 1995, si bien menciona un "Anexo B", no lo incorpora como parte constitutiva del mismo tal y como se hizo siempre desde la época concesionaria, hasta los Contratos de Servicio. En consecuencia, nos encontramos ante un caso muy general como lo es el otorgamiento de derechos amplísimos en áreas no definidas.

Ahora bien, el artículo 5°, primer aparte de la LOREICH, establece de manera clara e indubitable: "*En casos especiales* y cuando así convenga al interés público, el Ejecutivo Nacional o los referidos entes podrán, en el ejercicio de cualquiera de las señaladas actividades, celebrar convenios de asociación con entes privados..." Tal redacción establece un carácter eminentemente excepcional, restrictivo, a la *celebración de convenios de asociación con entes privados*. Hecho éste de elemental lógica toda vez que dicha Ley se dicta, precisamente, a fin de establecer el monopolio exclusivo del Estado para realizar las mencionadas actividades directamente o a través de entes de su propiedad. De tal manera que, si existe un monopolio exclusivo del Estado, es decir, que cierra la participación del sector privado en estas actividades, tal posibilidad sólo puede admitirse por excepción: "en casos especiales".

Tal y como lo señala acertadamente el jurista Alvaro Silva Calderón, en el Informe de fecha 05-05-95 dirigido a la Comisión Permanente de la Comisión de

Energía y Minas de la Cámara de Diputados: "No se pueden, pues, celebrar negociaciones en actividades que son objeto normal y ordinario de los entes petroleros propiedad del Estado. Ni mucho menos, hacerlo en forma global, amplia, general o comprensiva de una pluralidad de casos. La ley exige la especificidad y especialidad de los casos al establecer que para la celebración del convenio de asociación, se obtenga la previa aprobación de la Cámaras en sesión conjunta..."

La Cláusula Primera que aquí estamos impugnando, otorga derechos para una pluralidad de actividades, sobre toda la variedad de hidrocarburos y sobre áreas indeterminadas.

Cabe observar que, con fecha 21 de Julio de 1995, PDVSA presentó en el Hotel Hilton de Caracas, ante un numeroso grupo de inversionistas interesados, una amplia información documental bajo el título *"Venezuela, Exploración y Producción en Areas Nuevas, 1995, Documento Informativo Inicial"*. La misma contiene mapas, cuadros y materiales destinados a la asistencia y conveniencia de las empresas interesadas. En ellas se señalan, bajo el número 2.2 "Descripción de las Areas", 10 Areas con sus correspondiente localización, tamaño, número de bloques, lapsos, programas de trabajo y estimado de costos del programa.

Pues bien, aún en el caso negado de que se dieran como válidas legalmente, áreas licitadas por una filial de PDVSA, tal y como se desprende de los trámites en marcha, se trata de áreas que abarcan aproximadamente UN MILLÓN OCHOCIENTAS MIL HECTÁREAS, divididas en diez grandes bloques que literalmente jalonan todo el territorio nacional, desde Catatumbo en el Estado Zulia, hasta Punta Pescador en el Estado Delta Amacuro. Obviamente, bajo ningún pretexto podría entenderse, a la luz del artículo 5° de la LOREICH, que nos encontramos ante la figura de los *casos especiales*. Estamos, sí, ante un caso muy *general, plural e indeterminado*.

Para mayor abundamiento, el artículo 1.142 del Código Civil, establece como un requisito esencial a la existencia de los contratos, la definición del objeto. Mas este Acuerdo del Congreso de la República de fecha 4 de Julio de 1995, autoriza la realización de convenios cuyo objeto resulta indeterminado e indeterminable. De tal circunstancia se sigue que los Convenios a celebrarse en el futuro, carecerían igualmente de objeto, requisito éste esencial a la existencia de los mismos. Tal hecho los viciaría de nulidad absoluta. En efecto, todo convenio es un acuerdo de voluntades para crear, reglar, modificar o extinguir entre ellas, un vínculo jurídico. Ahora bien, ¿cómo podría establecerse tal acuerdo de voluntades sin definición de su objeto?. El objeto, en este caso, consiste en una clara definición de las Áreas atribuidas a la Filial de PDVSA dentro de las cuales se van a realizar las actividades de exploración, explotación, almacenaje, transporte y comercialización de hidrocarburos. Surge así un nuevo conflicto: ¿Como podrían tener validez convenios de asociación establecidos conforme a una autorización cuyo objeto no ha sido determinado, ni tampoco es determinable? ¿Podría la filial de PDVSA allanar válidamente en los convenios las omisiones del Congreso de la República que se evidencian en el Acuerdo aquí impugnado? La respuesta, obviamente, es negativa. Al no aparecer publicadas y determinadas en el Acuerdo del Congreso de la República, las áreas en las cuales se irían a realizar las actividades autorizadas, la definición del objeto de los convenios es de imposible realización.

Por las razones expuestas se concluye, y así demandamos respetuosamente que sea declarado por la Sala Político-Administrativa de la Corte Suprema de Justicia, que la Cláusula PRIMERA del Acuerdo del Congreso de la República aprobado el 04-07-95 y publicado en la *Gaceta Oficial* N° 35.754 de fecha 17-07-95, es nula de nulidad absoluta por contradecir de manera flagrante lo dispuesto en primer aparte del artículo 5° de la LOREICH y las disposiciones del artículo 1.142 del Código Civil.

II

Establece la Cláusula SEGUNDA (2ª) del citado Artículo 2° del Acuerdo, lo siguiente:

"SEGUNDA: La Filial llevará a cabo los procesos de licitación que sean necesarios para seleccionar a las empresas inversionistas privadas con las cuales celebrará Convenios de ASOCIACION para realizar las actividades descritas en la Condición Primera, conforme al Artículo 5° de la Ley Orgánica que Reserva al Estado la Industria y el Comercio de los Hidrocarburos.

Con base en los resultados de cada proceso de licitación, la Filial celebrara un Convenio de ASOCIACION (en lo adelante el "Convenio") con la o las empresas inversionistas que resulten favorecidas (en lo adelante los "Inversionistas").

Los Inversionistas podrán ofertar en relación con las actividades referidas en la Condición Primera, en todas las áreas, pero sólo podrán ser seleccionadas, según los resultados del proceso de licitación llevados a cabo por la Filial, para celebrar Convenios hasta un máximo de cinco (5) Areas, dependiendo de la clasificación de los Inversionistas".

Por su parte, el Ordinal 5° del Artículo 35 de la Administración Central dispone lo siguiente:

"Artículo 35. Corresponde al Ministerio de Energía y Minas la planificación y la realización de las actividades del Ejecutivo Nacional en materia de minas, hidrocarburos y Energía en general, *que comprende lo relativo al desarrollo, aprovechamiento y control de los recursos naturales no renovables* y de otros recursos no energéticos, así como *de las industrias mineras, petroleras* y petroquímicas, y en particular, las siguientes actividades:

5° El control de la Administración de las explotaciones establecidas o que estableciere el Estado sobre yacimientos o industrias conexas con la minería y los hidrocarburos. *Concertar los arreglos con el capital privado cuyo concurso sea necesario para dichas explotaciones"*.

Así pues, conforme a las estipulaciones (Condiciones) establecidas en el Acuerdo del Congreso de la República de fecha 4 de julio de 1995, se autoriza a la Filial Petróleos de Venezuela, S.A. para que, de las áreas que le fueron "determinadas" por el Ejecutivo Nacional, *abra procesos de licitación para la exploración y explotación.* Todo ese proceso de licitación, obviamente, comporta actos de administración sobre bienes nacionales y ello da lugar a preguntarse si la Filial Petróleos de Venezuela, S.A. tiene competencia para ejercer tales potestades.

Pues bien, ni PDVSA, ni sus filiales, pueden ejercer tales funciones que son de la competencia exclusiva y excluyente del Ejecutivo Nacional tal y como lo establece el artículo 35 Ordinal 5° de la Ley Orgánica de Administración Central. El encabezamiento del artículo 6° de la LOREICH establece: "A los fines indicados en el artículo anterior, *el Ejecutivo Nacional organizará la administración y gestión de las actividades reservadas...".* Es, pues, el Ministerio de Energía y Minas el que puede concertar los arreglos con el capital privado cuyo concurso sea necesario para dichas explotaciones. Pero es el caso que, de acuerdo con esta Cláusula SEGUNDA, sería una Filial de PDVSA quien concertaría tales acuerdos a través de una licitación –tal y como lo ha venido haciendo la Filial CVP– en base a cuyos resultados celebraría los Convenios de Asociación.

No olvidemos que la Ley Orgánica de la Administración Central fue de posterior promulgación a la LOREICH y que, por principio general del Derecho, *posterior prioribus derogant* (las disposiciones posteriores derogan las anteriores). La Ley Orgánica de la Administración Central fue promulgada el 30 de diciembre de 1986, y, como ya sabemos, la LOREICH fue sancionada el 21 de agosto de 1975 con vigencia a partir del 1° de enero de 1976, cuando quedaron extinguidas las concesiones otorgadas por el Ejecutivo Nacional. De acuerdo con el orden de aplicación de las leyes, obviamente es de preferente aplicación la Ley Orgánica de la Administración Central. Debido a ello, no cabe la menor duda que la administración de los hidrocarburos es de la competencia exclusiva del Poder Nacional a través del Ministerio de Energía y Minas y no a través de la matriz filial Petróleos de Venezuela, S.A. (PDVSA) o de las filiales de ésta, todas creadas en cumplimiento de normativa contenida en la LOREICH.

De todas las disposiciones legales citadas, se desprende de manera incontrovertible que es al Ministerio de Energía y Minas a quien corresponde los arreglos con el capital privado, cuyo concurso sea necesario para las actividades a las cuales se contrae el Acuerdo del Congreso tantas veces citado, lo cual comprende los actos de licitación.

De todo lo anterior se sigue que la Condición SEGUNDA del Acuerdo del Congreso Nacional de fecha 04-07-95 autorizando los Convenios de Asociación contraviene con rango de ilegalidad lo dispuesto en el mencionado Ordinal 5° del Artículo 35 de la Ley Orgánica de la Administración Central, y así pedimos respetuosamente de esa Sala Político-Administrativa que sea declarado.

III

Establece la Cláusula CUARTA del artículo 2° del Acuerdo del Congreso de la República de fecha 4 de julio de 1995:

"En cada Convenio las Partes constituirán, antes de dar inicio a las actividades del Convenio, un comité (en lo adelante "Comité de Control"), conformado por igual número de miembros *designados por los inversionistas y la Filial...".*

"Las partes someterán a la aprobación del Comité de Control *las decisiones fundamentales de interés nacional* relacionadas con la ejecución del Convenio.

Estas decisiones estarán descritas en el Convenio o incluirán, entre otras, la aprobación de los planes de exploración, evaluación y desarrollo; así como de cualquier modificación a tales planos, *incluyendo la extensión de los lapsos de exploración y explotación, y la ejecución de reducciones en la producción de acuerdo con los compromisos internacionales de la República de Venezuela.* A estos fines, se le informará al Comité de Control sobre todas las materias de importancia en la vida de la Asociación y se le someterán los recaudos y cuentas necesarios para poder realizar la fiscalización y auditoría por parte de los entes que el Comité de Control designe".

Ahora bien, el artículo 5° de la LOREICH, dispone que en casos especiales, podrán celebrarse los mencionados convenios de asociación, *"...con una participación tal que garantice el control por parte del Estado...".* No define, sin embargo, los mecanismos a través de los *cuales se realizará el mencionado control.*

Por su parte, el Ordinal 5° del Artículo 35 de la Ley Orgánica de la Administración Central, dispone lo siguiente:

"Artículo 35. Corresponde al Ministerio de Energía y Minas la planificación y realización de las actividades del Ejecutivo Nacional en materia de minas, hidrocarburos y Energía en general, que comprende lo relativo al desarrollo, aprovechamiento y control de los recursos naturales no renovables y de otros recursos energéticos, así como de las industrias mineras petroleras y petroquímicas, y en particular, las siguientes actividades:

5°. *El control de la Administración de las explotaciones establecidas o que estableciere el Estado sobre yacimientos o industrias conexas con la minería o los hidrocarburos.* Concertar los arreglos con el capital privado cuyo concurso sea necesario para dichas explotaciones".

Queda así absolutamente claro que el control del Estado se realizará directamente a través del Ministerio de Energía y Minas.

De manera que ninguna empresa o sociedad mercantil, como la Filial Petróleos de Venezuela, S.A. o cualquiera de sus filiales, puede ejercer la función del Control de las actividades a las cuales se contrae la Cláusula PRIMERA del Acuerdo aquí impugnado parcialmente. Mucho menos puede ejercerlo un Comité de Control con participación de particulares, totalmente ajenos a las funciones definidas para el Estado en la forma que lo pretende la Cláusula Cuarta del artículo 2° del Acuerdo del Congreso de la República de fecha 4 de julio de 1995.

No está demás preguntarse ¿Para qué se estableció la figura del control? En nuestra legislación petrolera se halla instituida la figura del control estatal, en virtud de la estrategia nacional en materia de hidrocarburos desde que se iniciaron las explotaciones petroleras, más nítidamente desde la reforma de 1943. La misma ha estado orientada siempre a lograr la mayor participación por parte del Estado a través de "precios justos". Así lo expresa la Resolución I.1 del Acta Constitutiva de la Organización de los Países Exportadores de Petróleo (OPEP) de la cual es fundadora nuestra República. Dicha política siempre ha estado orientada a incrementar los precios e ingresos a través de los controles de producción.

El control, obviamente, es en primer lugar un instrumento de política económica del Estado. Si al Estado le interesa obtener mayores ingresos a través del incremento de los volúmenes de producción, su control le servirá precisamente para incrementar esos volúmenes de producción. Si ocurre lo contrario, como ha sido ya tradicional en los diversos Acuerdos de la OPEP, se establecerán cuotas de producción, y, en consecuencia, se regularán los volúmenes de producción para cada uno de los Países Miembros de la misma. El control sirve precisamente para bajar la producción o para mantener la producción en determinados niveles. Pero además, el control es un Instrumento del Estado para: *primero,* lograr una explotación racional de la producción, de manera que no se agoten las reservas precozmente y se garantice el óptimo aprovechamiento de las mismas, así como los precios en el mercado; *segundo,* para la Nación venezolana y para el Estado venezolano el interés prioritario estará siempre en obtener el máximo aprovechamiento de los pozos petroleros, en tanto que para el o los inversionistas, el interés prioritario radica en obtener la mayor producción en el menor tiempo posible y, así, recuperar la inversión sin atender demasiado a un posible agotamiento precoz de los yacimientos; y *tercero,* porque el control representa el poder para garantizar las contribuciones establecidas tanto legal como contractualmente a favor del Estado de manera que éstas no pueden ser evadidas, lo que significa un control fiscal en la actividad de los hidrocarburos. Como puede observar esa Sala Político-Administrativa, el control se estableció y debe mantenerse como un instrumento del Estado para actuar en todos los asuntos de *"interés nacional",* relacionados con la actividad de hidrocarburos.

A mayor abundamiento, debe recordarse que antes de la promulgación en 1975 de la LOREICH, existía el régimen de las concesiones, y a quien correspondía el control sobre esas concesiones era al Estado, el cual lo ejercía a través del Ministerio de Minas e Hidrocarburos, hoy Ministerio de Energía y Minas.

Ahora bien, cuando se nacionalizaron los hidrocarburos en 1975, el control Estatal no cambió, no fue modificado: al contrario, se fortaleció. Se creó Petróleos de Venezuela, S.A. y las demás compañías filiales, pero no se eliminó ninguno de los mecanismos de control. Así, la LOREICH lo deja claramente establecido en su artículo 5°. Posteriormente la Ley Orgánica de la Administración Central, sancionada con fecha 11 de diciembre de 1986 definió más claramente el ejercicio del control estatal a través del Ministerio de Energía y Minas.

Es de observar que, de acuerdo con lo establecido en la última reforma de la Ley de Hidrocarburos en julio de 1967, las exploraciones y explotaciones de hidrocarburos podían efectuarse bajo tres formas: a) bajo la participación directa del Estado; b) a través de la figura de las asignaciones, esto es por entes Estatales o por entes mixtos en los cuales tuviera participación mayoritaria el Estado; y c) a través de la figura de las concesiones.

Debe recordarse que en derecho existen diferencias substanciales entre la figura jurídica de la concesión y la naturaleza jurídica de la asignación. La concesión es un derecho real inmueble, enajenable y gravable, es decir, hipotecable, y es susceptible de ejecución. En cambio, a diferencia de la concesión, la asignación comprende siempre una participación por parte del Estado y no es susceptible ni de transmisión ni de enajenación, ni tampoco puede ser gravada con hipoteca, ni tampoco, por último puede ser ejecutada judicialmente; se trata de un derecho personal y no de un derecho real.

Así mismo, la LOREICH, sancionada el 30 de agosto de 1975, extinguió el régimen de concesiones. En consecuencia quedan en plena vigencia dos figuras jurídicas, a saber: la asignación y la asociación, conservando siempre el Estado el estricto control, tal como lo dispone en el caso de las asociaciones el artículo 5° de la LOREICH y, en concordancia con el mismo, el artículo 35, Ordinal 5° de la Ley Orgánica de la Administración Central.

Para mayor abundamiento, tómese en cuenta el Decreto N° 1.123 de fecha 30-08-75, mediante el cual se creó PDVSA, cuyo artículo 2°, establece: "Se crea una empresa estatal, bajo la forma de Sociedad Anónima, que cumplirá y ejecutará la política que dicte en materia de hidrocarburos el Ejecutivo Nacional...". Por su parte, el Decreto N° 250 del 23-08-79, reforma el anterior para establecer en su *Cláusula Segunda* que: "...las actividades que realice la empresa a tal fin estarán sujetas a las actividades de control que establezca dicho Ministerio en ejercicio de la competencia que le confiere el artículo 7° de la Ley Orgánica que Reserva al Estado la Industria y el Comercio de los Hidrocarburos".

No existe pues, ni el menor asomo, en ninguna de las disposiciones de nuestra vigente normativa en materia de hidrocarburos, que le otorgue potestad alguna a PDVSA o a alguna de sus filiales, para ejercer el control sobre las actividades. Muchísimo menos puede el Congreso de la República, autorizar un control con participación de particulares.

En conclusión, la Cláusula CUARTA del Acuerdo, viola los artículos 5° de la LOREICH y Ordinal 5° del Artículo 35 de la Ley Orgánica de la Administración Central así como los Decretos Constitutivos y Estatutarios de PDVSA, previstos en la misma LOREICH, al atribuirle la potestad de ejercer el control a un comité integrado por particulares y miembros de una Filial de PDVSA, hechos estos que la vician de nulidad absoluta y así pedimos respetuosamente que lo declare esta Corte en Sala Político-Administrativa.

IV

Establece la Cláusula SEXTA del artículo 2° del Acuerdo del Congreso, lo siguiente:

"SEXTA: Dentro de los términos y condiciones de la ASOCIACIÓN pautados en el Convenio, se establecerá el compromiso de los Inversionistas de llevar a cabo las actividades exploratorias en el Area por su exclusiva cuenta y riesgo, con base a un plan allí establecido (en lo adelante el "Plan de EXPLORACIÓN"). Cada Area estará dividida en sectores geográficos de igual superficie (cada sector un Bloque"). Cumplido el Plan de EXPLORACIÓN, la continuación del esfuerzo exploratorio deberá ser aprobado por el Comité de Control. Esta aprobación otorgará a los Inversionistas el derecho a continuar la EXPLORACIÓN por su exclusiva cuenta y riesgo en un número de Bloques determinado, en proporción al esfuerzo adicional propuesto por los Inversionistas. Aquellos Bloques que no estén incluidos en el esfuerzo exploratorio adicional que fuese aprobado, o en un Area de Desarrollo (un Bloque o grupos de Bloques en el Area para el cual se apruebe un Plan de Desarrollo), quedaran excluidos del objeto del Convenio. Igualmente al culminar el esfuerzo exploratorio adicional, quedarán excluidos de las previsiones del Convenio los Bloques que no sean objeto de un Area de Desarrollo. Los Bloques que queden excluidos del Convenio volverán a la Filial para su Administración directa. La aprobación por parte del Comité de Control estará supeditada al cumplimiento de ciertas condiciones que aseguren la idoneidad, racionalidad y eficiencia del esfuerzo adicional a ser ejecutados por los Inversionistas, a la luz de los objetivos perseguidos mediante el Convenio".

En negación de tal posibilidad, el artículo 1.664 del Código Civil dispone que:

"*Es nula la cláusula que aplique a uno solo de los socios la totalidad de los beneficios, también la que exima de toda parte de las pérdidas la cantidad o cosas aportadas por una o más socios.* El socio que no ha aportado sino su industria, puede ser exonerado de toda contribución en las pérdidas."

Esta norma es aplicable incluso en las sociedades denominadas de "Cuentas en Participación" establecidas en el Código de Comercio. En efecto, aparte del punto referente a la creación de un patrimonio independiente del patrimonio de los asociados, una convención no puede dar lugar a una sociedad o asociación en participación, sino cuando en ella se encuentran reunidas las condiciones indispensables para la constitución de una sociedad ordinaria. De ello se desprende que una sociedad civil o mercantil, incluyendo las asociaciones en participación supone esencialmente no sólo que las partes se proponen realizar u obtener utilidades a repartirse sino también participar en las pérdidas, como toda sociedad en general. Uno de los caracteres esenciales de la sociedad, bien sea civil o mercantil e incluso la asociación de cuentas en participación, es la obligación para cada uno de sus miembros de contribuir también a las pérdidas.

Es principio rector y esencial en cualquier contrato de asociación o sociedad que todos los socios que participen en los beneficios y pérdidas sociales; ello significa que se prohiben en el derecho venezolano la existencia de las sociedades llamadas "Leoninas". El autor patrio Dr. José Luis Aguilar (Contratos y Garantías, Universidad Católica Andrés Bello, Caracas, 1968, pág. 398) señala que "propiamente hablando, la sociedad leonina es aquella donde se atribuye a uno solo de los socios todos los beneficios; pero, por extensión, se considera igualmente leonina la sociedad en la cual se priva totalmente a un socio de los beneficios o se le exime totalmente de la participación en las pérdidas". Por su parte, Guillermo Cabanellas (Diccionario de Derecho Usual, 4ª., edic., Buenos Aires, 1962) define a la sociedad leonina así: "Aquella en la cual se pacta o practica que uno de los socios quede exento de las pérdidas,..." y define también el mismo autor que "Cláusula leonina" es "la que atribuye sólo beneficios o libera de todos los riesgos."

Los tratadistas belgas, Henri De Page y René Dekkers (*Traité Élémentaire de Droit Civil Belge,* Tomo 5°, 2ª, edición, N° 69, pág. 90) expresan lo siguiente:

"Es de la esencia de la sociedad que todos los asociados participen, en principio, en los beneficios y las pérdidas (art. 1832 y 1855 combinados). Un asociado quien, de una manera absoluta (ver y comparar *infra,* N° 71) fuese excluido de los beneficios o no participara a las pérdidas, no sería un "asociado". La sociedad implica necesariamente un aporte en común, con repartición en común correlativa de las probabilidades afortunadas o desafortunadas. Solas, las modalidades de esta repartición pueden ser objeto de convenciones particulares. El principio de la repartición debe subsistir en cabeza de cada asociado, porque ello es de la esencia de la sociedad.

Un contrato de sociedad que liberara completamente a uno de los asociados de toda pérdida no podría tener valor frente a él sino como una donación encubierta, y no como contrato de sociedad".

En el Número siguiente (N° 70, Ibid., pág. 91), dichos tratadistas agregan lo siguiente:

"Se da el nombre de "sociedad leonina" (alusión a la fábula del león quien, habiendo hecho una sociedad con otros animales para ir a la caza, se apoderó solo de toda la presa) al contrato en virtud del cual uno de los asociados se atribuye la totalidad de los beneficios (art. 1185, inciso 11). Ocurre lo mismo, por extensión de las palabras, del contrato en virtud del cual uno o varios de los asociados serán eximidos de todas las contribuciones a las pérdidas. Se observa inmediatamente que existe una tercera clase de "sociedad leonina" *lato sensu,* que es aquella que priva a uno de los asociados de toda participación a los beneficios. La idea fundamental es la precisada en el número anterior.

La sanción de las cláusulas de esta clase es la nulidad de la sociedad en sí misma, y no solo de la CLÁUSULA ilícita. El contrato se encuentra viciado en su misma esencia, y se encuentra afectado, por esta razón, de un vicio irremediable. No hay lugar a distinguir si la CLÁUSULA ha sido, o no, la consideración esencial del contrato a los ojos de los co-contratantes. La nulidad es de orden público.

El Artículo 1855, no va demasiado lejos? Que una sociedad leonina no sea una sociedad, de acuerdo. Pero por qué no valdría ella como una donación indirecta, si las condiciones de similar liberalidad se encuentran reunidas (ejemplo: Código Civil, art. 854)?".

Por su parte, los tratadistas Marcel Planiol y George Ripert en su reconocida obra *Traité pratique de Droit Civil Francais* (2ª edición, Tomo XI, Librairie Générale de Droit et de Jurisprudence, París, 1954, N° 1043, pág. 318) expresan lo siguiente:

"Una regla esencial es que cada asociado tenga derecho a una parte de las ganancias. El Artículo 1855 prohibe convenir que uno de los asociados tome para él solo la totalidad de los beneficios. Esto sería una "sociedad leonina", por alusión a la fábula del león quien, habiendo ido a la caza con otros animales, tomó para sí toda la presa. La denominación remonta a la antigüedad.

En sentido inverso, sería también así contrario al espíritu del contrato de eximir íntegramente a un asociado de todos los riesgos de la pérdida. La práctica califica igualmente de "leonina" la sociedad que incluye semejante CLÁUSULA, que el artículo 1.855, inciso 2, prohibe, por otra parte, formalmente el uso. De hecho mucha gente consentirían en ingresar en una sociedad si se les pudiere asegurar contra todo riesgo de pérdida, y los otros asociados, para procurarse el concurso de ellos, consentirían voluntariamente".

Ahora bien en el Acuerdo del Congreso de la República de fecha 4 de julio de 1994, se establece que en la fase exploratoria el inversionista asume la totalidad de las posibles pérdidas (Condición Sexta: "Dentro de los términos y condiciones de la Asociación pautados en el Convenio, se establecerá el compromiso de los inversionistas de llevar a cabo las actividades exploratorias en el Area *por su exclusiva cuenta y riesgo,* con base a un plan allí establecido (en lo adelante el "Plan de Exploración"). Cumplido el Plan Exploratorio, la continuación del esfuerzo exploratorio deberá ser aprobada por el Comité de Control. Esta aprobación otorgará a los inversionistas el derecho a continuar la exploración por su exclusiva cuenta y riesgo en un número de Bloques determinado, en proporción al esfuerzo adicional propuesto por los inversionistas.

Tal estipulación o cláusula, que no es más que una Cláusula Leonina, como antes fue definida por Guillermo Cabanellas, y comentada por los tratadistas Henri De Page, René Dekkers, Marcel Planiol y Georges Ripert, siendo ella nula, podría dar lugar a que, de conformidad con lo dispuesto en el artículo 1.664 del Código Civil antes transcrito, el inversionista pudiera solicitar la nulidad de dicha cláusula y a exigir a la Nación venezolana que participe en las pérdidas sufridas por el inversionista en sus labores de exploración. El citado Dr. José Luis Aguilar G. al respecto agrega (Loc. cit., pág. 399) "debe observarse que la sanción de la sociedad leonina, es la nulidad de la cláusula correspondiente y no la de la totalidad del contrato".

En virtud de todo lo aquí expuesto, pedimos a esta Corte Suprema de Justicia en Sala Político-Administrativa, declare nula, por ilegalidad, la Cláusula Sexta del Acuerdo del Congreso Nacional de fecha 4 de julio de 1995 publicado en la *Gaceta Oficial de la República de Venezuela* N° 35.704 de fecha 17 de julio de 1995, por tratarse de una cláusula leonina, conforme a lo dispuesto en el artículo 1.664 del Código Civil y dada la posibilidad de que la República sea objeto de demandas por parte de los inversionistas que hayan tenido pérdidas en la exploración.

V

Establece la Cláusula DÉCIMA del Acuerdo que estamos impugnando parcialmente que: "La celebración y ejecución del Convenio quedarán sometidas al régimen establecido en la Ley Orgánica que Reserva al Estado la Industria y el Comercio de los Hidrocarburos... En tal virtud, las referidas actividades, siendo además de la competencia del Poder Nacional, *no estarán sometidas al pago de impuestos municipales ni estadales...*"

Tal Cláusula viola la reserva legal consagrada en el artículo 4°, Ordinal 2° del Código Orgánico Tributario que a la letra, dispone: "Sólo a la ley corresponde regular con sujeción a las normas generales de este Código las siguientes materias:

1° ...

2°. *Otorgar exenciones y rebajas de impuestos...*"

Como puede observarse, la Cláusula Décima que aquí estamos impugnando contraviene flagrantemente, el mandato legal al establecer una exención en materia tributaria, mediante un Acuerdo que no cumple los requisitos de ley formal que exige el artículo 162 de la Constitución, razón ésta por la cual demandamos por ilegalidad esta Cláusula DÉCIMA del Acuerdo del Congreso de fecha 04-07-95, por violar de manera flagrante, el artículo 4°, Ordinal 2°, del Código Orgánico Tributario.

VI

Estipula la Cláusula VIGESIMAPRIMERA del artículo 2° del Acuerdo del Congreso, lo siguiente:

"VIGESIMAPRIMERA: El Ejecutivo Nacional podrá establecer un régimen que permita ajustar el impuesto establecido en el Artículo 41 de la Ley de Hidrocarburos, cuando se le demuestre, *en cualquier momento,* que no es posible alcanzar los márgenes mínimos de rentabilidad para la explotación comercial de una o más Áreas de Desarrollo durante la ejecución del Convenio. A tales efectos, la Filial realizará las correspondientes comprobaciones de costos de PRODUCCIÓN por ante el Ministerio de Energía y Minas".

Dispone, por su parte, el Ordinal 1°, artículo 41 de la Ley de Hidrocarburos vigente, lo que sigue:

"Artículo 41.- Todos los concesionarios indicados en el artículo 39 pagarán además:

1. El impuesto de explotación que será igual al 16 2/3% medido en el campo de producción.

PARÁGRAFO ÚNICO. Con el fin de prolongar la explotación económica de determinadas concesiones queda facultado el Ejecutivo Federal para rebajar el impuesto de explotación a que se refiere este Ordinal *en aquellos casos en que se demuestre a su satisfacción que el costo creciente de producción incluido en éste el monto de los impuestos haya llegado al límite que no permita la explotación comercial.* Puede también el Ejecutivo Nacional elevar de nuevo el impuesto de explotación ya rebajado hasta restablecerlo en su monto original, cuando a su juicio se hayan modificado las causas que motivaron la rebaja".

Es claro, según la excepción contenida en la primera norma contenida en el Parágrafo ÚNICO antes transcrito Artículo 41 de la vigente Ley de Hidrocarburos, que la misma se refiere a un posible y lógico incremento de los costos de producción por agotamiento en los procesos de explotación del yacimiento. Esto significa que por razones de agotamiento del yacimiento, el costo de producción se haya elevado tanto que convierta en no comercial esa explotación. En tal caso, y por vía de excepción, el Ejecutivo puede establecer porcentajes inferiores a ese 16 2/3%. En cambio, en franca *violación* de lo estipulado en el citado Ordinal 1° del artículo 41 de la Ley de Hidrocarburos vigente, en el Acuerdo del Congreso de la República de fecha 4 de julio de 1995 se establece la posibilidad de que esa regalía se reduzca desde el mismo momento en que se inicia la explotación del yacimiento cuando se considera que el yacimiento en cuestión no es comercial.

La recta aplicación de la Ley conduce a que, si el inversionista no tiene interés en explotar el yacimiento descubierto, éste pase a incrementar el acervo de reservas probadas de la Nación que las podrá explotar directamente u otorgar bajo nuevos convenios, según su mejor criterio, tal y como fue la práctica de todos los gobiernos hasta los días de la nacionalización.

En virtud de lo aquí expuesto y razonado, es evidente que la Cláusula VIGESIMAPRIMERA del artículo 2° del Acuerdo aquí tantas veces señalado, es nula por violar lo dispuesto en el artículo 41 de la vigente Ley de Hidrocarburos y así solicitamos que sea declarado por esa honorable Corte en su Sala Político-Administrativa.

PETITORIO

Por fuerza y en razón de todo lo expuesto a lo largo de este escrito, solicitamos respetuosamente de esa Corte la declaratoria de nulidad por ilegalidad de las Cláusulas PRIMERA: Por violar lo dispuesto en el artículo 5° de la Ley Orgánica que Reserva al Estado la Industria y el Comercio de los Hidrocarburos; SEGUNDA: por violar lo dispuesto en el Ordinal 5° del artículo 35 de la Ley Orgánica de la Administración Central; CUARTA, por violar el artículo 5° de la Ley Orgánica que Reserva al Estado la Industria y el Comercio de los Hidrocarburos en concordancia con lo dispuesto en el artículo 35, Ordinal 5° de la Ley Orgánica de la Administración Central y los Decretos 1.123 del 30-08-75 y 250 del 23-08-79; SEXTA, por violar el artículo 1.664 del Código Civil; DÉCIMA, por violar el artículo 4°, numeral 2 del Código Orgánico Tributario; y VIGESIMAPRIMERA, por violar el artículo 41 de la vigente Ley de Hidrocarburos.

Ciudadanos Magistrados: estamos absolutamente conscientes de la responsabilidad que aquí asumimos ante nuestro país. No escapa a nuestra comprensión que, al haberse emprendido un conjunto de iniciativas por parte de la empresa PDVSA con arreglo a la autorización del Congreso de la República, pudiesen surgir algunas perturbaciones en lo hasta ahora ejecutado en virtud de las acciones que aquí proponemos. Sin embargo, los daños futuros, particularmente los que se derivan de violar nuestro ordenamiento jurídico, acarrearían daños por ahora imponderables. Si el Congreso de la República ha querido definir y aplicar una nueva política de hidrocarburos a través de los instrumentos legales, ha debido proceder a su reforma, mas no a violar la normativa vigente, como es el caso que estamos denunciando.

Anima esta acción, nuestro interés como venezolanos y estamos seguros que interpretamos a la inmensa mayoría de nuestra Nación que ha sido totalmente ignorada a la hora de aprobar el Acuerdo aquí impugnado. Para una relación transparente con los inversionistas privados, que se afirme hacia el futuro, nada mejor que hacerlo con arreglo a nuestro vigente sistema legal. A su conocimiento de los principios y normas de derecho y a su conciencia como juristas venezolanos, encomendamos la decisión final que muy bien puede abrir un cauce democrático a través del cual nuestra Nación pueda emprender un rumbo claramente definido, seguro y promisor, con arreglo a políticas y esquemas jurídicos que, respetando y salvaguardando los derechos de quienes ven en nuestro país una posibilidad de hacer inversiones rentables, asegure igualmente los intereses y derechos de nuestra Nación. Es justicia, en Caracas, a la fecha de su presentación.

La acción de nulidad por ilegalidad, en todo caso, fue admitida por la Corte Plena mediante auto de fecha 02-07-96.

SEGUNDA PARTE

LA ADMISIÓN DE LA ACCIÓN Y LOS ARGUMENTOS DE PETRÓLEOS DE VENEZUELA, S.A. SOBRE LA INADMISIBILIDAD DE LA MISMA

I. LOS ARGUMENTOS DE PDVSA SOBRE LA INADMISIBILIDAD DE LA ACCIÓN

El 11 de enero de 1996, el Consultor Jurídico de Petróleos de Venezuela, S.A., Dr. Carlos Eduardo Padrón Amaré envió una comunicación al Fiscal General de la República, a los efectos de exponerle los argumentos de la Industria Petrolera Nacional sobre la inadmisibilidad de las denuncias de inconstitucionalidad contenidas en la acción de nulidad intentada contra el Acuerdo del Congreso que había autorizado la *apertura* petrolera.

El Consultor Jurídico y Representante Judicial de PDVSA, además, instó al Fiscal General de la República para que solicitara al Juzgado de Sustanciación de la Corte Suprema de Justicia la declaratoria de inadmisibilidad de la acción.

El texto de dicha comunicación, fue el siguiente

Caracas, 11 de enero de 1996

Ciudadano
Fiscal General de la República
Su Despacho.

El día inmediato anterior al comienzo de las vacaciones en la Corte Suprema de Justicia, un grupo de ciudadanos encabezado por el médico Simón Muñoz Armas, titular de la cédula de identidad N° 245.735, introdujo ante dicha Corte Suprema de Justicia, en Sala Plena, una demanda, copia anexa, marcada 1, de nulidad de las Condiciones Segunda, Cuarta, Décima y Decimaséptima del Acuerdo adoptado en sesión conjunta por las Cámaras del Congreso de la República, en fecha 4 de julio de 1995, publicado en la Gaceta Oficial N° 35.754 de fecha 17 de julio de 1995, copia anexa marcada 2. Mediante este Acuerdo se autorizó a una filial de Petróleos de Venezuela, S.A., en la especie la Corporación Venezolana del Petróleo (CVP), reactivada a tal fin para que llevase a cabo un proceso de licitación sobre diez (10) áreas, previamente determinadas por el Ministerio de Energía y Minas, para la Exploración a Riesgo de Nuevas Areas y la Producción de Hidrocarburos bajo el Esquema de Ganancias Compartidas, y celebrar con las empresas proponentes que hubieren resultado ganadoras los Convenios de Asociación correspondientes.

Toda vez que la Corte Suprema de Justicia entró de inmediato en vacaciones, la tramitación de dicha demanda de nulidad ha quedado a la espera del inicio del Año Judicial, para que se de cuenta en Sala y se pase al respectivo Juzgado de Sustanciación, el cual deberá, dentro de los tres (3) días de despacho subsiguientes, pronunciarse sobre la admisibilidad o inadmisibilidad de la demanda en cuestión.

Al respecto, en mi condición de Consultor Jurídico y Representante Judicial Estatutario de Petróleos de Venezuela, S.A., siguiendo expresas instrucciones de la Presidencia de esta Casa Matriz, he considerado imprescindible remitirle la presente, contentiva de una apretada síntesis de los argumentos de la Industria Petrolera Nacional sobre la inadmisibilidad de la referida demanda, así como sobre la improcedencia de las denuncias de inconstitucionalidad, todas ellas sin fundamento alguno en Derecho, en nuestro criterio y en criterio de reputados profesionales del Derecho, especialistas en sus áreas, cuyos dictámenes anexo, a los fines consiguientes:

I

DE LA INADMISIBILIDAD DE LA DEMANDA

Naturaleza Jurídica del Acuerdo impugnado: Acto de efectos particulares.

El determinar el carácter o naturaleza de los actos de los poderes públicos, según los efectos que produzcan, es una cuestión fundamental, pues tal determinación incide en el tipo de acción judicial que puede ejercerse contra ellos, y en general en el proceso de impugnación, el cual es diferente según la naturaleza del acto impugnado.

En sentencias tanto de la Corte Suprema de Justicia como de la Corte Primera de lo Contencioso-Administrativo, que tratan sobre la distinción entre los actos de efectos generales y de efectos particulares, se ha establecido lo siguiente:

"La circunstancia de que la situación jurídica creada por el acto cuya validez se discute esté dirigida a más de una persona, en virtud del número de ellas, no modifica su individualidad, motivo por el cual continúa siendo un acto administrativo de efectos particulares" (Sentencia de la Corte Suprema de Justicia, Sala Político-Administrativa del 2-11-67, en G.F. N° 58, pp. 38-39).

En sentencia de fecha 244-80, también de la Sala Político-Administrativa, se sostuvo el criterio de que la distinción se basa en el contenido normativo del acto general *que afecta a la ciudadanía* (actos de efectos generales) y el de su afectación a un solo individuo o un número determinado o identificable de personas (acto de efectos particulares?. (Subrayado nuestro).

"Se ha ejercido en el caso de autos la acción de nulidad prevista en el artículo 112, Sección Segunda, Capitulo II del Título V de la Ley Orgánica de la Corte Suprema de Justicia, Esta acción es procedente contra actos como el impugnado por el Fiscal General de la República que, por ser de carácter normativo, *sus efectos son generales. es decir. afectan a toda la ciudadanía,* y por ello tienen pautado un procedimiento especial de impugnación en sede jurisdiccional, cuyas características más resultantes estriban en la imprescriptibilidad de la acción de nulidad (Art. 134 LOCSJ) y la cualidad genérica de cualquier ciudadano para intentar la (acción popular). (Subrayado nuestro).

Frente a esta acción de nulidad, el propio texto orgánico de este Supremo Tribunal consagra un medio específico impugnación de los actos administrativos de efectos particulares: el recurso contencioso- de anulación previsto en el artículo 121, Sección Tercera del mismo Capitulo II, Título V. De la naturaleza particular de estos actos, es decir, de su afectación a un solo individuo a un número determinado o identificable de personas, deriva precisamente la exigencia contenida en la Ley, de un interés personal, legitimo y directo en impugnar el acto que se trate (Art, 121) y un lapso de caducidad de seis meses para intentar el recurso (Art. 134)..."

La Corte Primera de lo Contencioso Administrativo también se ha pronunciado sobre el tema, señalando que los actos de efectos generales son aquellos o bien de contenido normativo o bien dirigidos a un número indeterminado o indeterminable de destinatarios (Sentencia de fecha 1-6-82).

"La Ley Orgánica de la Corte Suprema de Justicia distingue solamente en lo que atañe al recurso de nulidad por ilegalidad, entre los que se destinan a los actos de efectos generales y los que se destinan a los actos de efectos particulares, por lo cual es menester determinar, de acuerdo con dicho texto, a cuál de las categorías corresponde el caso presente.

La doctrina venezolana imperante, al interpretar la normativa citada opina que actos de efectos generales son tan sólo aquellos de contenido normativo. Los actos de efectos particulares son los que carecen por el contrario de dicho contenido, aun cuando puedan estar dirigidos a un grupo numeroso de sujetos. Brewer-Carías distingue así en esta segunda categoría entre los actos generales de efectos particulares que son los dirigidos a un grupo determinado o determinable de personas y los actos individuales de efectos particulares dirigidos a un sujeto especifico de derecho (El Control Jurisdiccional de los Poderes Públicos en Venezuela, U.C.V., página 172 y siguiente). Otra opinión expresa que actos de efectos generales es una noción análoga a la de actos generales, esto es, aquel que crea, modifica o extingue situaciones subjetivas o realiza declaraciones de certeza legal respecto a una colectividad indeterminada de personas. El acto de efectos individuales, o acto particular, realiza los mismos efectos pero en relación con una o más personas determinadas o determinables (véase opinión del Fiscal General de la República expuesta en el expediente N° 79-573 de este Tribunal, páginas 212 y siguientes). De todo lo anterior se evidencia que el carácter de acto de efectos generales implica para la doctrina o bien el carácter normativo contenido en el mismo, o bien el carácter indeterminado de los destinatarios".

En el caso concreto de la anterior decisión se trataba de actos emanados de la Federación Médica Venezolana, cuyo objeto era dictar una serie de medidas tales como: "solicitar la renuncia de todos los médicos del IPASME"; ordenar "la suspensión inmediata y total de actividades médico-asistenciales y médico administrativas en los servicios médicos del IPASME".

Dicha sentencia calificó a este acto de efectos individuales por estar la Federación como ente corporativo limitada "su atara de administración activa, a actuar sobre los sujetos colegiados".

En sentencia de fecha 15-11-90, la Sala Político-Administrativa de la Corte Suprema de Justicia se pronunció sobre el carácter general de un acto administrativo por ser de contenido normativo *y estar dirigido a un número indeterminado de destinatarios:*

"En decisión de fecha 14-08-90, esta Sala calificó al Decreto N° 6 del 16-04-90 del Alcalde del Municipio Libertador, que dispuso cancelar licencias y patentes de industria y comercio de los expendios cercanos a institutos educacionales, "de acto de carácter general" por presentar en su contenido una indiscriminación respecto de sus destinatarios (...) sin que puedan precisarse de alguna manera (...)" (Caso Alves, Viera y Cía. vs. Alcalde del Municipio Libertador, Exp. 7509). Tal calificación cabe igualmente hacer respecto del Decreto N° 2 del 10-1-90, que constituye el objetivo del presente recurso de anulación, puesto que el horario para la venta al detal de bebidas alcohólicas que dicho Decreto establece, está referido indiscriminadamente a los beneficiarios de patentes de industria y comercio que expendan tales bebidas en jurisdicción del referido Municipio. Igual calificación es aplicable al Reglamento N° 1 del mencionado Decreto, de fecha 26-01-90, puesto que el horario en cuestión se dirige a cantinas, bares anexos, fuentes de soda, clubes nocturnos, salas de espectáculos, discotecas o similares; restaurantes, tascas y otros lugares de expendio de comidas al público; hoteles con distinta clasificación y clubes sociales. Puede observarse que tampoco es posible determinar quiénes son sus destinatarios. En otras palabras, que el mencionado Reglamento, como el instrumento que le sirve de base, es decir, el Decreto N° 2 del 10-1-90, son actos de efectos generales. A la anterior consideración se agrega su contenido normativo, representado por sus normas, que refuerza la naturaleza general de tales actos. (Revista de Derecho Público N° 44, pág. 123)". (Subrayado nuestro).

En otra sentencia de fecha 9-5-91, la misma Sala Político-Administrativa admite la existencia de actos de efectos generales de contenido normativo:

"El acto impugnado a un acto administrativo de efectos generales, pero carece de contenido normativo, en razón de que sus disposiciones contienen normas jurídicas abstractas, sino técnicas, relativas a la fijación de las remuneraciones de los funcionarios públicos nacionales. Tratase, por tanto, de actos de ejecución de normas legales, y no de su reglamentación. En consecuencia, dado el tipo de acto, la acción de amparo ejercida en su contra es la contemplada en el encabezamiento del artículo 5° de la Ley Orgánica de Amparo sobre Derechos y Garantías Constitucionales, a decir, la acción autónoma de amparo, que puede interponerse "contra todo acto administrativo (...) que violen o amenacen violar un derecho o una garantía constitucional (...)", donde caben las acciones de este tipo contra los actos administrativos de efectos generales, que carezcan de contenido normativo; porque de tener ate contenido la acción pertinente es la contemplada en el artículo 3° de dicha Ley, es decir, de amparo autónomo contra normas (actos normativos)".

"Por otro lado, el acto de efectos generales, impugnado mediante la acción de amparo, emana del Presidente de la República, pero por no tener carácter normativo y por presuntamente violar derechos constitucionales, como los denunciados, también aplicables en el vínculo de empleo público, afín con la materia de derecho administrativo, que a propia de su competencia, esta Sala, y no la Corte en Pleno, resulta competente para conocer de dicha acción, conforme a lo dispuesto en el artículo 8° de la ya mencionada Ley de la materia. Así se declara (Revista de Derecho Público N° 46, pág. 106)".

Es constante pacífica y reiterada la Jurisprudencia de la Corte respecto a la existencia y definición de los actos administrativos generales de efectos particulares que como tales se encuentran sometidos a la jurisdicción de la Sala Político-Administrativa. Dichos actos se definen como de efectos particulares por afectar personas específicas, perfectamente identificables en la medida de que se encuentren en el supuesto de hecho del acto administrativo en cuestión (Ver sentencia SPA de fecha 22 de noviembre de 1990, caso Enrique Luis Fuente Madrid y otros y sentencia de la Sala Plena del 1 de diciembre de 1992, caso Alcalde del Municipio Libertador entre otras)". Sala Político-Administrativa de la Corte Suprema de Justicia. 19-8-93 Ponente: Alfredo Ducharne Alonzo Caso: Varios vs. República (Ministerio de Educación y Ministerio de Fomento) Ver *Revista de Derecho Público* N° 55-56 Julio-Diciembre 1993, Pág. 211.

"...Son actos administrativos generales de efectos particulares por estar dirigidos a un número de sujetos determinados y determinables, relacionados con el servicio de correos, mediante contrato de concesión, denominado contrato de Habilitación Postal. Celebrado con el Instituto Postal Telegráfico de Venezuela. En efecto, aunque las mencionadas resoluciones tienen una vocación normativa y general, sus efectos, indiscutiblemente van dirigidos a los concesionarios de la habilitación postal y en este contexto son de efectos particulares. Por otra parte estos mismos actos pueden presentarse como de efectos generales pero sólo para las personas que a futuro quieran obtener la precitada concesión. No obstante, circunscrita como está la acción conjunta a los recurrentes quienes se definen como concesionarios del servicio, no hay duda alguna de que ellos son los recipiendarios de los actos impugnados cuyos efectos inciden en las esferas de sus intereses y derechos que se derivan de los contratos celebrados con anterioridad a las referidas resoluciones. En este sentido esa Sala Político-Administrativa ha señalado:

"... que un acto formalmente general puede tener efectos particulares en la medida en que personas específicas se encuentren en el supuesto de hecho que establece el acto, más aún si el contenido particular del acto está representado por una carga, obligación o sanción para los administrador (CSJ-SPA. Sent de 16-11-89, ratificada por sentencia de 22-11-90, 12-05-92 y 11-03-93 y sentencia de la Sala de Casación Civil de fecha 16 de febrero de 1994, entre otras)". NOTA: hay votos salvados de Humberto J. La Roche e Hildegard Rondón de Sansó. Sala Político-Administrativa de la Corte Suprema de Justicia (3-8-95) Ponente: Alfredo Ducharne Alonzo, Caso: DHL Fletes Aéreos, C.A. y otras Sent N° 587. Ver *Repertorio Mensual de Jurisprudencia de la Corte Suprema de Justicia* del Dr. Óscar Pierre Tapia.

Conforme a esta jurisprudencia los actos generales son aquellos de contenido normativo o no normativo pero destinados a un número indeterminado de sujetos, mientras que los de efectos particulares son aquellos que afectan a un solo individuo o un número determinado o identificable de personas.

Aplicando estos criterios jurisprudenciales al acto impugnado la conclusión es que es un acto de efectos particulares puesto que se trata de una autorización otorgada a una filial de Petróleos de Venezuela, S.A., en la especie la Corporación Venezolana del Petróleo (CVP), reactivada a estos fines y en todo caso a un número limitado de personas perfectamente identificables, como lo son las personas jurídicas que en la actualidad participan en el proceso de licitación selectiva (no general) que culminará con la selección de quienes suscriban con la filial de Petróleos de Venezuela, los contratos de Asociación a que se refiere el Acuerdo impugnado. Obsérvese que la licitación en cuestión no es ni siquiera una licitación general, es una licitación selectiva, a la cual se invita a un número limitado de proponentes por los elevados requerimientos técnicos y financieros necesarios para poder participar.

Determinada la naturaleza de acto administrativo de efectos particulares del acto impugnado, corresponde señalar que el artículo 121 de la Ley Orgánica de la Corte Suprema de Justicia establece lo siguiente:

"La nulidad de actos administrativos de efectos particulares podría ser solicitada, sólo por quienes tengan interés personal, legítimo y directo en impugnar el acto de que se trate".

A diferencia de la llamada acción popular que puede ejercerse para impugnar los actos generales de los poderes públicos y para cuyo ejercicio, según recientes precedentes jurisprudenciales, sólo se exige el alegar la no conformidad con *disposiciones constitucionales del acto impugnado*, la acción de nulidad por inconstitucionalidad o ilegalidad contra los actos administrativos de efectos particulares, sólo corresponde a quien ostente un interés personal, legítimo y directo en impugnar el acto de que se trate, de conformidad con lo previsto en el Artículo 121 anteriormente citado.

El diferente tratamiento respecto de los dos tipos de actos, es, como lo ha destacado la doctrina, evitar la posibilidad de que pueda ponerse en marcha la complicada y costosa maquinaria procesal, obligando a unos tribunales sobrecargados de trabajo a dedicar su atención al examen de cuestiones planteadas por quienes ningún beneficio obtendrían de una sentencia estimatoria de la pretensión. Por ello la exigencia de que el recurrente señale en qué lo perjudica el acto impugnado.

En el caso de autos, los recurrentes alegan estar afectados en sus derechos e intereses por el acto impugnado "y, porque además es un deber de todo ciudadano defender la Majestad y Supremacía de la Constitución".

No existe explicación alguna de cómo el acto los afecta en sus derechos o intereses, y el alegato de actuar para defender la supremacía constitucional, es propio de la acción popular la cual no es reconocida para impugnar actos de efectos particulares.

De manera que la acción intentada debe ser declarada inadmisible por el Juzgado de Sustanciación de la Corte en Pleno, por ser el acto impugnado de efectos particulares, y en consecuencia, por ser manifiesta la falta de cualidad o interés del recurrente, con fundamento en el artículo 124 ordinal 1° *ejusdem.*

II
DE LA IMPROCEDENCIA DE LAS DENUNCIAS DE INCONSTITUCIONALIDAD DE LAS CONDICIONES SEGUNDA, CUARTA, DECIMA Y DECIMASEPTIMA FIJADAS POR EL CONGRESO DE LA REPUBLICA EL 4-7-95

1. Denuncia respecto de las Condiciones Segunda y Cuarta:

El acuerdo del Congreso de la República establece en su artículo 2°, Cláusula Segunda, lo siguiente:

"La filial llevará a cabo los procesos de licitación que sean necesarios para seleccionar a las empresas inversionistas privadas con las cuales celebrará convenios de asociación para realizar las actividades descritas en la Condición Primera...., esto es, "...las actividades relacionadas con la exploración y explotación de yacimientos de hidrocarburos..."

A esta disposición se le imputa inconstitucionalidad por violación de los artículos 163, 193 y 136, ordinal 10° de la Constitución, en concordancia con el artículo 35, ordinales 1° y 5° de la Ley Orgánica de la Administración Central.

a. El artículo 163 de la Constitución establece:

"Artículo 163.- Son leyes orgánicas las que así denomina esta Constitución y las que sean investidas con tal carácter por la mayoría absoluta de los miembros de cada Cámara al iniciarse en ellas el respectivo proyecto de ley.

Las leyes que se dicten en materias reguladas por leyes orgánicas se someterán a las normas de éstas.

La denuncia de violación de este artículo exige que se demuestre que una ley general contradice lo establecido en una ley orgánica, lo cual es absolutamente descartado en el caso concreto. En efecto, el Congreso, mediante el acuerdo impugnado, no ha pretendido legislar contrariando lo establecido en una ley orgánica, sino que mediante un acto parlamentario sin forma de ley, ha ejercido la potestad que le confiere una ley orgánica como lo es la Ley Orgánica que Reserva al Estado la Industria y el Comercio de los Hidrocarburos, la cual en su artículo 5 prevé expresamente que el "Estado ejercerá las actividades señaladas en el artículo 1° de la presente Ley directamente por el Ejecutivo Nacional o POR MEDIO DE ENTES DE SU PROPIEDAD" (mayúsculas nuestras) y la posibilidad de celebrar asociaciones con particulares en materia petrolera y asigna al Congreso la competencia para fijar condiciones para la celebración de tales convenios.

De manera que el acuerdo impugnado no viola Ley Orgánica alguna, sino que, por el contrario, constituye el cumplimiento de una obligación que le establece la Ley Orgánica de Nacionalización.

El desconocimiento de la normativa que regula la materia petrolera contenida en la mencionada Ley Orgánica, induce a los demandantes a considerar que el acuerdo impugnado viola disposiciones de la Ley Orgánica de la Administración Central, lo cual también evidencia desconocimiento de la naturaleza de dicha Ley, tantas veces clarificada por la Corte Suprema de Justicia.

En efecto, en reiterada Jurisprudencia ha establecido nuestro máximo Tribunal que las normas que integran esta ley son "meramente distributivas y especificativas de la competencia administrativa del Estado", que: "sólo atribuyen competencia formales a los diversos despachos, y no competencias materiales, pues éstas provienen de los ordenamientos regulares de los diferentes asuntos encomendados por la norma organizativa a cada uno de aquellos Despachos". (Sentencia de la Corte Suprema de Justicia en Pleno de fecha 7-10-92).

La aplicación de este criterio a la materia de los hidrocarburos conduce a precisar que las facultades que otorga el artículo 35 de la Ley Orgánica de la Administración Central al Ministerio de Energía y Minas no pueden ser interpretadas sino como potestades para cumplir con los cometidos que las leyes orgánicas de reserva asignan al Ejecutivo Nacional en la materia, básicamente el establecimiento de la política de hidrocarburos y el control para que los lineamientos se cumplan conforme son establecidos. La interpretación literal de este artículo y no como lo ha establecido la Corte, conducirían a sostener, como parece ser el criterio de los demandantes, que el Ministerio de Energía y Minas es quien debe desarrollar por ejemplo la industria petrolera y no las empresas creadas conforme a la Ley Orgánica de Nacionalización; a controlar todos los proyectos y contratos de las operadoras y no la Casa Matriz creada precisamente para la coordinación, supervisión y control de esas empresas. En definitiva conduciría a desconocer todo el sistema de administración de la industria petrolera nacionalizada previsto en la Ley Orgánica de Nacionalización que, como ley especial y orgánica, priva sobre cualquier otra.

b. El artículo 136, ordinal 10° cuya violación también se denuncia establece que:

"Artículo 136.- Es de la competencia del Poder Nacional:

...10°. El régimen y administración de las minas e hidrocarburos, salinas, tierras baldías y ostrales de perlas; la conservación, fomento y aprovechamiento de los montes, aguas y otras riquezas naturales del país. El Ejecutivo Nacional podrá, en conformidad con la ley, vender, arrendar o dar en adjudicación gratuita los terrenos baldíos; pero no podrá enajenar las salinas, ni otorgar concesiones mineras por tiempo indefinido.

La ley establecerá un sistema de asignaciones económicas especiales en beneficio de los Estados en cuyo territorio se encuentren situados los bienes que se mencionan en este ordinal; sin perjuicio de que también puedan establecerse asignaciones especiales en beneficio de otros Estados. En todo caso, dichas asignaciones estarán sujetas a las normas de coordinación previstas en el artículo 229 de esta Constitución.

Los baldíos existentes en las islas marítimas, fluviales o lacustres no podrán enajenarse, y su aprovechamiento sólo podrá concederse en forma que no envuelva, directa ni indirectamente, la transferencia de la propiedad de la tierra".

La disposición constitucional transcrita reserva al *Poder Nacional* el establecimiento del régimen y administración de los hidrocarburos. La violación de este artículo exige demostrar que un acto del poder estadal o municipal, por ejemplo, regula aspectos de las materias que la Constitución asigna al Poder Nacional, lo cual en medida alguna es aplicable al acuerdo impugnado. Por el contrario, en ejercicio de esta disposición constitucional en concordancia con el artículo 139 de la misma Carta Magna, que establece que corresponde al Congreso legislar sobre las materias de la Competencia Nacional, el Congreso estableció el régimen regulatorio *de la Industria Petrolera,* olerá, mediante la Ley Orgánica de Nacionalización, la cual prevé en su artículo S° que el "Estado ejercerá las actividades señaladas en el artículo 1° directamente por el Ejecutivo Nacional o por MEDIO DE ENTES DE SU PROPIEDAD..." (mayúsculas nuestras) y la celebración de convenios de asociación con particulares conforme a las condiciones que fije el Congreso, que es justamente la materia del acuerdo impugnado, lo que revela lo infundado de los vicios que los demandantes imputan a dicho acuerdo.

La misma contusión de conceptos y el absoluto desconocimiento del régimen establecido en la Ley Orgánica de Nacionalización induce a los demandantes a considerar que el acuerdo también viola los mencionados artículos, al establecer en la Cláusula Cuarta del mismo artículo 2° lo siguiente:

"En cada Convenio las Partes constituirán, antes de dar inicio a las actividades del Convenio, un Comité (en lo adelante "Comité de Control"), conformado por igual número de miembros designados por los inversionistas y la Filial, que presidirá un miembro designado por esta última. Para la validez de sus deliberaciones y decisiones, se requerirá la presencia y el consentimiento de los miembros designados por la Filial, teniendo el Presidente doble voto para resolver los casos de empate.

Las Partes someterán a la aprobación del Comité de Control las decisiones fundamentales de interés nacional relacionadas con la ejecución del Convenio".

Además de que a los argumentos esgrimidos para fundamentar sus alegatos corresponde aplicarle los mismos conceptos antes emitidos, es de señalar que los controles especiales establecidos en este artículo, bajo ningún respecto pueden considerarse que sustituyen a los controles que conforme a las leyes corresponde ejercer tanto al Ministerio de Energía y Minas como a otros órganos del Estado en las materias que cada una de esas leyes regula, por lo que también por este respecto, resulta infundada la demanda.

2. Denuncia respecto de la Condición Décima:

La demanda de nulidad bajo examen pretende la nulidad de la Cláusula Décima, por considerar que dicha Cláusula contraviene los Artículos 29 y 31 de la Constitución Nacional, en materia de tributación municipal. Al respecto, en dicha demanda se lee: "En efecto, el artículo 29, establece "la autonomía del municipio comprende: ...3° La creación, recaudación e inversión de sus ingresos. En consecuencia, la creación y recaudación de ingresos, es poder consustancial a la autonomía municipal. Sin tal potestad dicha autonomía sería inexistente. En concordancia con el mencionado Artículo 29, el Artículo 31 de la Carta Magna en su Ordinal 3°, establece: "Los Municipios tendrán los siguientes ingresos... las patentes sobre industria, comercio y vehículos y los impuestos sobre inmuebles urbanos y espectáculos públicos".

La referida denuncia de inconstitucionalidad, por supuesta violación de los Artículos 29 y 31 de la Constitución Nacional, no tiene en realidad fundamento alguno. Dicha denuncia de nulidad olvida flagrantemente lo dispuesto en el Artículo 136, Ordinal Décimo de la Constitución Nacional, conforme al cual "Es de *la competencia del poder nacional:* 10°: *El régimen y administración de las minas e hidrocarburos*, salinas, tierras baldías y ostrales de perlas y la conservación, fomento y aprovechamiento de los montes, aguas y otras riquezas naturales del país".

Es evidente, de toda evidencia, que el régimen y administración de los hidrocarburos y, por ende, la tributación en materia de hidrocarburos, es de la competencia del Poder Nacional y no del Poder Municipal. En materia de tributación De hidrocarburos, bienes y actividades, la misma Constitución Nacional impone una restricción "rationes materiae" al Poder de Imposición de los Municipios.

En consecuencia, no puede ni debe el Pode Municipal pretender interferir en la competencia *tributaria constitucional del* Poder Nacional, en materia de hidrocarburos. Anexa, distinguida con el N° 3, se acompaña copia de un dictamen del Escritorio Torres, Plaz & Araujo, expertos en materia tributaria.

A todo evento, consideramos de interés desarrollar *la teoría de la no sujeción*, estrechamente vinculada a la teoría de los "instrumentos de acción de gobierno", teorías éstas elaboradas en profundidad y con gran brillantez por el Maestro Florencio Contreras Quintero (ver copia de dictamen anexa distinguida con el N° 4). En efecto, como bien explica el Maestro Contreras Quintero, siguiendo a reputados tratadistas internacionales, la no sujeción a tributos de otros entes territoriales *emerge de la naturaleza de las cosas, de la racionalidad* y de la sana inteligencia de la Constitución y de la dogmática tributaria. Se trata, pues, de una limitación implícita del ejercicio del poder de imposición o de la potestad tributaria de que es titular un ente público territorial respecto de los "instrumentos, medios y operaciones de otro ente público territorial". Y es que, como bien ha señalado el Maestro Rafael Bielsa, la *no sujeción o la inmunidad del Estado en el orden* fiscal es consecuencia natural de su carácter político y jurídico, "pues no es un organismo económico"; y que, "además, en el Estado no se produce el hecho imponible como acrecentamiento de riqueza o expresión de capacidad económica." (Rafael Bielsa, Estudios de Derecho Público, II Derecho Fiscal, Buenos Aires, 1952, Pág. 109 y ss).

En el mismo sentido, el Maestro Dino Jarach, en su obra "El Hecho Imponible (Teoría General del Derecho Tributario Sustantivo)", asevera: "La inmunidad fiscal del Estado y de las entidades públicas, con o sin personería jurídica propia, constituye un dogma jurídico Tributario, en relación a la misma naturaleza del hecho imponible, que por su causa, no es, sin contradicción lógica atribuible a esa clase de sujetos". (*op. cit.,* pág. 200).

Dentro de ese mismo orden de ideas, y como bien afirmara nuestro brillante colega, hoy desafortunadamente fallecido, Florencio Contreras Quintero, las "empresas del Estado, o empresas públicas, aún cuando vertidas en los moldes de las Compañías Anónimas, como ocurre precisamente con las empresas mediante las cuales el Estado ejerce en Venezuela la industria y el comercio de los hidrocarburos, que él mismo, por acto de soberanía se ha reservado, son, en la gran mayoría de los casos, "instrumentos de acción de Gobierno" para la realización de los "fines del Estado". En nuestra opinión -según afirmara Contreras Quintero, "se corresponden, en verdad totalmente con el concepto clásico, difundido universalmente, de las "instrumentalities", reconocidas, desde 1819, por la jurisprudencia de la Suprema Corte de Justicia de los Estados Unidos de América".

Al respecto, en el famoso caso M. Culloch vs. The State of Maryland, el ilustre Presidente de la Corte Suprema de los Estados Unidos, John Marshall, afirmó: "Que el poda de imponer envuelve el poder de destruir; que el poder de destruir puede anular y volver inútil el poder de crear; ... constituyen proposiciones que no pueden ser negadas ; "Si los Estados (de la Unión) pueden gravar un instrumento empleado por el Gobierno (Federal) en la ejecución de sus poderes, pueden gravar todo y cualquier otro instrumento hasta un exceso que podría anular todos los fines del Gobierno (Federal). Esto no se lo propuso el pueblo americano. No fue su designio hacer a su Gobierno dependiente de los Estados (y nosotros agregaríamos de las Municipalidades). "La cuestión es, en verdad, una cuestión de supremacía -añade-; si se admite el derecho de los Estados para gravar con impuestos los medios empleados, por el gobierno general, la declaración de que la Constitución y las leyes dictadas en su consecuencia, serán la suprema ley del país, es una declaración vacía y sin significado". Y terminaba Marshall, según cita del Maestro Contreras Quintero, "La Corte ha conferido a este asunto su más deliberada consideración. El resultado es la convicción que los Estados no tienen poder, por imposición o de otra manera, para retardar, impedir, cargar, o en cualquier otra manera controlar la acción de las leyes constitucionales sancionadas por el Congreso para llevar a efecto los poderes investidos en el Gobierno General. Esta es, pensamos, una inevitable consecuencia de la supremacía que la Constitución ha declarado".

En ese mismo orden de ideas, recordemos que el artículo 5° de la denominada Ley Orgánica de Nacionalización establece claramente que el Estado "ejercerá las actividades (reservadas) señaladas en el artículo 1° de la presente Ley directamente por el Ejecutivo Nacional o por medio de entes de su propiedad, pudiendo en ambos casos, es decir, el Ejecutivo Nacional directamente o por medio de entes de su propiedad, *como es el caso de Petróleos de Venezuela y sus filiales*, celebrar en casos especiales y cuando así convenga al interés público, convenios de asociación. Per es claro, toda claridad, que en el supuesto del ejercicio de las actividades reservadas por la Ley de Nacionalización, directamente por el Ejecutivo Nacional o por medio de entes de su propiedad, empleando recursos propios o bien convenios de asociación, es el Ejecutivo Nacional o los entes de su propiedad los que están ejerciendo esa actividad reservada; y, en consecuencia, no puede pretenderse que el Poder Municipal grave o peche la actividad reservada ejercida por el Poder Nacional, trátese, como quedo dicho. Por medio de una actividad directa del Ejecutivo Nacional o por medio de entes de su propiedad, empleando a tales fines la figura de convenios de asociación, controlados por el Ejecutivo Nacional o entes de su propiedad de conformidad con la Ley.

Ese parecer, desarrollado con gran claridad y profundidad en el notable dictamen anteriormente referido del Maestro Tributarista Florencio Contreras Quintero se reflejó en la Condición Décima autorizada por el Congreso de la República el 1 de julio de 1995, como un precepto didáctico, en palabras del Dr. Contreras Quintero, con la única finalidad de resaltar la competencia tributaria del Poder Nacional en lo atinente al régimen y administración de los hidrocarburos en Venezuela, a tenor de lo consagrado en el Ordinal 10° del Artículo 136 de la Constitución Nacional Por consiguiente, la demanda de nulidad de la mencionada Cláusula Décima carece de todo fundamento en Derecho.

A todo evento, en la citada Condición Décima se prevé, en conformidad con lo preceptuado en el mismo Ordinal 10° del Artículo 136 de la Constitución Nacional, que por medio de una ley especial se establezca un sistema de asignaciones económicas, con cargo al bono de rentabilidad, en beneficio de los Estados (y Municipios de esos Estados) en cuyo territorio se realice la actividad de hidrocarburos en cuestión.

3. Denuncia respecto de la Condición Decimaséptima:

En la demanda bajo examen se pretende impugnar la constitucionalidad de la Cláusula Decimaséptima, en la cual se establece: "El modo de resolver controversias en materias que no sean de la competencia del Comité de Control y que no puedan dirimirse por acuerdo entre las partes, será el arbitraje, el cual se realizará según las reglas de procedimiento de la Cámara Internacional de Comercio, vigentes al momento de la firma del Convenio".

Esta disposición, en criterio de los demandantes, contradice de manera flagrante el artículo 127 de la Constitución Nacional. Olvidan los demandantes el sentido y alcance de la llamada excepción de comercialidad, reconocida universalmente en materia de Derecho Internacional y consagrado expresamente en el citado artículo 127 Constitucional.

En efecto, la Constitución Nacional, en su artículo 127, establece el principio de la inmunidad de jurisdicción del Estado, pero con una excepción que es la llamada excepción de comercialidad. En virtud de esta excepción el Estado no podría invocar la inmunidad de jurisdicción cuando realice actividades de naturaleza comercial. Precisamente la ejecución de estos proyectos es eminentemente de naturaleza comercial y en consecuencia el arbitraje comercial internacional es perfectamente aceptable.

Por otro lado, el uso del arbitraje comercial internacional en los negocios de esta naturaleza, como mecanismo de resolución de controversias o disputas que puedan surgir de transacciones o negocios jurídicos de naturaleza mercantil, constituye una práctica generalizada dentro de la comunidad internacional, toda vez que es un mecanismo eficiente y rápido de solución de diferencias sin someterse a la jurisdicción de tribunales de otros países.

La figura del arbitraje tiene plena acogida en nuestro ordenamiento jurídico. Es así como los artículos 2 y 608 al 679 del Código de Procedimiento Civil prevén y desarrollan dicha figura.

Resulta igualmente significativo resaltar que Venezuela viene de ratificar recientemente la Convención de las Naciones Unidas para el Reconocimiento y Ejecución de Laudos Arbitrales de 1958, mejor conocida como Convención de Nueva York. Igualmente Venezuela es parte de la Convención Interamericana sobre Arbitraje Comercial Internacional, según ley aprobatoria de fecha 13-11-84 y, además, parte de la Convención Interamericana sobre Eficacia Extraterritorial de las Sentencias y Laudos Arbitrales Extranjeros aprobada por el Congreso el 14-11-84; de la Convención Internacional para el Arreglo de Diferencias relativas a inversiones entre Estados y nacionales de otros Estados, celebrada en 1965 bajos los auspicios del Banco Mundial. Asimismo, recientemente se promulgó la Ley Aprobatoria del Convenio para el Estimulo y Protección Recíproca de Inversiones entre Venezuela y el Reino de los Países Bajos (*Gaceta Oficial* 35.269 del 6-8-93), en donde se prevé igualmente el arbitraje internacional.

Por último, es importante resaltar que por uso y costumbre en el ámbito comercial ha sido práctica de Petróleos de Venezuela, S.A. y sus filiales prever en sus contratos de venta de petróleo y de fletamento de banqueros, la posibilidad de acudir al arbitraje internacional. La práctica ha demostrado que este arbitraje ha servido para proteger eficazmente los intereses de PDVSA y sus filiales y hasta el presente la experiencia ha sido altamente positiva a los intereses de la Industria.

A todo evento, es de resaltar que las decisiones del Comité de Control en materia de interés nacional no son arbitrables en ningún caso. En el supuesto de diferencias entre las partes sobre estas materias de interés nacional, se tendrían que someter a los tribunales venezolanos.

La procedencia del arbitraje comercial internacional ha sido avalada por prestigiosos juristas, entre quienes están los Dres. José Melich Orsini, José Guillermo Andueza y Román José Duque Corredor. (Véase copia de sus correspondientes dictámenes distinguidos 5, 6 y 7).

III

CONCLUSIONES:

1. Es pública y notoria la necesidad que tiene el país en la celebración de estos contratos, expresada en forma soberana por el Congreso de la República y por el Ejecutivo Nacional, ambos en ejercicio de las facultades que les confieren la Constitución y las Leyes de la República.

2. Con los argumentos expuestos anteriormente en este mismo escrito y con fundamento en opiniones de destacados juristas del país, queda demostrado que las pretensiones de los demandantes carecen de fundamento jurídico.

3. Ajenamente a las razones de fondo que evidencien la improcedencia de la solicitud de los demandantes, hemos expuesto que existe, además, en nuestra opinión, una causal de inadmisibilidad de la demanda propuesta, por carecer los demandantes de la legitimación activa que se requiere para intentar dicha demanda.

4. Considerando que las causales de inadmisibilidad consagradas en la Ley Orgánica de la Corte Suprema de Justicia, tienen por fundamento desembarazar ab. initio a la Corte Suprema de Justicia de una serie de asuntos que no merecen una larga tramitación que conduciría en definitiva a la declaratoria de su rechazo, lo cual

es coincidente con la atribución constitucional que tiene esa Fiscalía General de la República, a su digno cargo, de velar por la celeridad y buena marcha de la administración de justicia y además de velar igualmente por la exacta observancia de la Constitución y de las Leyes de la República.

IV

PETITORIO:

Por las razones antes expuestas, sugerimos que esa Fiscalía General de la República, a su digno cargo y en ejercicio de las atribuciones constitucionales y legales que le corresponden, solicite ante el Juzgado de Sustanciación de la Corte Suprema de Justicia en Pleno' la declaratoria de inadmisibilidad de la demanda planteada en contra de las condiciones Décima, Decimaséptima, Segunda y Cuarta del Acuerdo del Congreso de la República, tomado el 4-7-95, con fundamento en lo previsto en el ordinal 1° del artículo 84 de la Ley Orgánica de la Corte Suprema de Justicia, en concordancia con lo establecido en los artículos 115 y 121 ejusdem. Y finalmente, y en caso de ser necesario, exponer las razones de fondo que evidencien la improcedencia de la acción intentada.

II. LA ADMISIÓN DE LA ACCIÓN

El Juzgado de Sustanciación de la Corte Suprema de Justicia, mediante auto de fecha 23 de enero de 1999, admitió la acción interpuesta.

El texto de dicho auto fue el siguiente:

Visto el escrito presentado en fecha 14 de diciembre de 1995 por los ciudadanos SIMON MUÑOZ ARMAS, ELIAS ELJURI ABRAHAM, TRINO ALCIDES DIAZ, ALI RODRIGUEZ ARAQUE, LUIS DELFIN FUENMAYOR TORO, y otros, asistidos por Abogados, mediante el cual demandan la nulidad por razones de inconstitucionalidad del artículo 2°, Cláusulas Décima, Decimaséptima, Segunda y Cuarta del Acuerdo del Congreso de la República por el cual se autorizó la celebración de los CONVENIOS DE ASOCIACION PARA LA EXPLORACION A RIESGO DE NUEVAS AREAS Y LA PRODUCCION DE HIDROCARBUROS BAJO EL ESQUEMA DE GANANCIAS COMPARTIDAS, aprobado en fecha 4 de julio de 1995, publicado en la Gaceta Oficial de la República de Venezuela N° 35.754 de fecha 17 de julio del mismo año, se admite en cuanto ha lugar en derecho.

De conformidad con lo establecido en el artículo 116 de la Ley Orgánica de la Corte Suprema de Justicia, se dispone notificar por oficio a los ciudadanos Presidente del Congreso de la República y Fiscal General de la República, y por ser procedente en este caso al ciudadano Procurador General de la República. A tales fines, remítase a los citados funcionarios copia del libelo de la demanda, de la documentación pertinente acompañada al mismo y del presente auto de admisión.

Emplácese a los interesados mediante Cartel, el cual deberá publicarse en uno de los diarios de mayor circulación de la ciudad de Caracas, para que concurran a darse por citados en el presente juicio dentro de los cuatro (4) días de Despacho siguientes a la fecha de su publicación.

Admitida la acción, Petróleos de Venezuela, S.A. mediante escrito de fecha 06-02-96 presentado por el Consultor Jurídico de la empresa, Dr. Carlos Eduardo Padrón Amaré, se hizo parte en el proceso, con el siguiente texto:

Ciudadano

Presidente de la Corte Suprema de Justicia

Su Despacho

Yo, CARLOS EDUARDO PADRÓN AMARE, venezolano, jurídicamente capaz, abogado, casado, de este domicilio, portador de la Cédula de Identidad número 2.086.789 e inscrito por ante el Instituto de Previsión Social del Abogado bajo el número 1.694, en fecha 14 de julio de 1967, actuando en mi condición de Representante Judicial Estatutario de Petróleos de Venezuela, S.A., Empresa del Estado Venezolano constituida como compañía anónima en acatamiento a lo previsto en el Artículo 6° de la Ley Orgánica que Reserva al Estado, la Industria y el Comercio de los Hidrocarburos, conforme a Decreto Ejecutivo N° 1123, de fecha 30 de agosto de 1975, publicado en el N° 1770, Extraordinario, de la Gaceta Oficial de la República de Venezuela, de igual fecha, e inscripción por ante el Registro Mercantil de la Circunscripción Judicial del Distrito Federal y Estado Miranda, el 15 de septiembre de 1975, bajo el N° 23, del Tomo 99-A, modificado por Decreto N° 250 de fecha 23 de agosto de 1979, publicado en la *Gaceta Oficial* N° 31810 del 30 de agosto de 1979 y por Decreto N° 855 de fecha 24 de septiembre 1985, publicado en el ejemplar N° 33321 de la Gaceta Oficial de la República de Venezuela correspondiente al 3 de octubre de 1985, representación judicial estatutaria ésta que se evidencia de copia certificada del Acta de Asamblea de Accionistas de esta Casa Matriz de fecha 1° de septiembre de 1983, expedida por el Secretario del Directorio y de la Asamblea de Petróleos de Venezuela, S.A., con fecha 1° de febrero de 1996, que se acompaña marcada I, ante Ud., con el acatamiento debido y como mejor sea procedente en Derecho, muy respetuosamente ocurro en tiempo útil, habida cuenta de la publicación del cartel correspondiente en la edición del diario El Globo de fecha 31 de enero de 1996, cuya página 12 donde aparece dicho cartel se acompaña marcada II, para darme por citado, en nombre de mi representada, Petróleos de Venezuela, S.A., en el juicio de nulidad, a que se contrae el Expediente N° 0812, que por alegatos de inconstitucionalidad intentaron los ciudadanos SIMÓN MUÑOZ ARMAS, ELÍAS ELJURI ABRAHAM, TRINO ALCIDES DÍAZ, ALI RODRÍGUEZ ARAQUE, LUIS DELFÍN FUENMAYOR TORO y otros, respecto del artículo 2°, Cláusulas Décima, Decimaséptima, Segunda y Cuarta del Acuerdo del Congreso de la República por el cual se autorizó la celebración de los CONVENIOS DE ASOCIACIÓN PARA LA EXPLORACIÓN A RIESGO DE NUEVAS ÁREAS Y LA PRODUCCIÓN DE HIDROCARBUROS BAJO EL ESQUEMA DE GANANCIAS COMPARTIDAS, aprobado el 4 de julio de 1995, publicado en la Gaceta Oficial de la República de Venezuela N° 35.754 de fecha 17 de julio del mismo año. El interés de mi representada en darse por citada para intervenir en este juicio es evidente, ya que es la Casa Matriz de la Industria Petrolera Nacional y como tal y en virtud de lo establecido en el artículo 1° del referido Decreto Ejecutivo N° 1123, de fecha 30 de agosto de 1975, es la empresa estatal llamada a cumplir y ejecutar la política que dicte en materia de hidrocarburos el Ejecutivo Nacional, por órgano del Ministerio de Energía y Minas, inclusive LA POLÍTICA DE ASOCIACIONES PARA LA EXPLORACIÓN A RIESGO DE NUEVAS ÁREAS Y LA PRODUCCIÓN BAJO EL ESQUEMA

DE GANANCIAS COMPARTIDAS, y en particular es asimismo la Matriz de la Corporación Venezolana del Petróleo, S.A. (CVP), empresa filial designada por mi representada para celebrar los Convenios de Asociación a que se refiere el acuerdo impugnado parcialmente por los demandantes. Dentro de este mismo orden de ideas, debe resaltarse que de conformidad con la Cláusula Segunda del Acta Constitutiva-Estatutos de Petróleos de Venezuela, S.A., mi representada tiene por objeto planificar, coordinar y supervisar las acciones de las sociedades de su propiedad, así como controlar que estas últimas en sus actividades de exploración, explotación, transporte, manufactura, refinación, almacenamiento, comercialización o cualquiera otra de su competencia en materia de petróleo y demás hidrocarburos, ejecuten sus operaciones de manera regular y eficiente... Es justicia: Caracas 6 de febrero de mil novecientos noventa y seis.

III. LA DISCUSIÓN SOBRE EL CARÁCTER DE URGENCIA Y DE MERO DERECHO DEL JUICIO

Mediante diligencia de 13-02-96, los apoderados de Petróleos de Venezuela, S.A., Román Duque Corredor y Allan R. Brewer-Carías, comparecieron ante la Corte Suprema para consignar el poder respectivo y solicitar se declarase de *urgencia* el procedimiento y se resolviese el asunto como de *mero derecho*. El texto de la diligencia fue el siguiente:

En horas de Despacho del día de hoy, trece (13) de febrero de 1996, comparecen los abogados Román J. Duque Corredor y Allan R. Brewer-Carías, inscritos en el Inpreabogado bajo los Nos. 466 y 3005 y exponen: "Consignamos en cinco (5) folios útiles el poder que nos ha sido conferido por la empresa Petróleos de Venezuela, S.A. (PDVSA) por ante la Notaría Pública Vigésima Quinta de Caracas, el 12 de febrero de 1996 y que quedó anotado bajo el N° 85, Tomo 6 de los Libros de Autenticaciones que lleva esa Notaria, para actuar en representación de la empresa en el presente juicio de nulidad por inconstitucionalidad. En tal carácter, conforme al artículo 135 de la Ley Orgánica de la Corte Suprema de Justicia, le solicitamos que declare la urgencia del caso, así como que el asunto es de mero derecho y en consecuencia, proceda a reducir los plazos establecidos para el trámite del presente proceso y proceda a fijar la oportunidad del acto de informes y después que éste se realice, proceda a sentenciar sin mas trámites. Además, conforme a los artículos 51 y 52 del Código de Procedimiento Civil aplicable supletoriamente a este proceso en virtud de lo previsto en el artículo 88 de la Ley Orgánica de la Corte Suprema de Justicia, solicitamos que esta Corte Plena solicite de la Sala Político-Administrativa el Expediente N° 12.348 que contiene la demanda de nulidad por ilegalidad intentada por los mismos accionantes ciudadanos Simón Muñoz Armas, Elías Eljuri Abraham, Trino Alcides Díaz, Alí Rodríguez Araque, Luis Delfín Fuenmayor Toro y otros, la cual fue intentada en fecha 23 de enero de 1996, contra el mismo Acuerdo del Congreso de la República al cual se refiere el presente juicio, y con fundamento en los mismos motivos aún cuando en aquél se haga énfasis en razones de ilegalidad; a los efectos de que se acumule la referida demanda al presente juicio en razón de su continencia o conexión y a los efectos de evitar que se puedan producir sentencias contradictorias; y dado que esta Corte Plena ha prevenido, al haber admitido esta acción por auto dictado el mismo día 23 de enero de 1996, en el cual fue presentado la demanda ante la Sala Político Administrativa. Adjuntamos copia de la referida acción. Es todo".

Los accionantes, mediante escritos de 18-03-96, se opusieron a la declaratoria de urgencia del juicio y como de mero derecho, mediante escrito que tuvo el texto siguiente:

CIUDADANOS
PRESIDENTE Y DEMÁS MIEMBROS DE LA
CORTE SUPREMA DE JUSTICIA
SALA POLÍTICO-ADMINISTRATIVA
SUS DESPACHOS

Nosotros, SIMÓN MUÑOZ ARMAS, médico-cirujano, Cédula de Identidad 245.735; JOSÉ MARIA CADENAS, psicólogo, titular de la Cédula de Identidad N° 1.267.234; ELÍAS ELJURI ABRAHAM, estadístico, Cédula de Identidad N° 742.990; JUAN LISCANO, escritor, Cédula de Identidad N° 413.600; TRINO ALCIDES DÍAZ, economista, Cédula de Identidad N° 953.164; ALI RODRÍGUEZ ARAQUE, Abogado, Cédula de Identidad N° 1.270.756; LUIS DELFÍN FUENMAYOR TORO, médico-cirujano, Cédula de Identidad N° 2.158.566; FRANCISCO LÓPEZ MIERES, economista, Cédula de Identidad N° 83.903, ADINA BASTIDAS CASTILLO, economista, Cédula de Identidad N° 3.229.545; RICARDO MENDEZ, estudiante, Cédula de Identidad N° 10.333.821; ITALO SANTAROMITA, economista, Cédula de Identidad N° 668.946; FRANCISCO MADERA, economista, Cédula de Identidad N° 4.082.549; LUIS FRANCISCO MARCANO GONZALEZ, arquitecto, titular de la Cédula de Identidad N° 3.404.273; JOSEFINA BALDO AYALA, arquitecto, titular de la Cédula de Identidad N° 2.143.573; ALFREDO CASTAÑEDA GIRAL, Oficial de la Armada, Cédula de Identidad N° 4.114.102; CAMILO FELIPE ARCAYA, filósofo, Cédula de Identidad N° 2.143.573; ALFREDO CASTAÑEDA GIRAL, Oficial de la Armada, Cédula de Identidad N° 4.114.102; CAMILO ARCAYA ARCAYA, filósofo, Cédula de Identidad N° 2.149.042; GUILLERMO GARCÍA PONCE, periodista, Cédula de Identidad N° 10.804; CARLOS RAMÓN MENDOZA POTELLA, economista, Cédula de Identidad N° 2.118.229; GONZALO RAMÍREZ CUBILLAN, economista, Cédula de Identidad N° 969.260; JOSÉ MARRERO HILDALGO, licenciado en educación, Cédula de Identidad N° 1.536.614 y LUIS EMILIO MORIN, contabilista, Cédula de Identidad N° 1.717.808; LOLOLA HERNÁNDEZ, internacionalista, Cédula de Identidad N° 3.174.970; LUIS MANUEL RODRÍGUEZ, economista, Cédula de Identidad N° 1.304.326; ANGELA SÁNCHEZ, economista, Cédula de Identidad N° 1.624.892; GLAYDS MARTÍNEZ, educadora, Cédula de Identidad N° 4.431.036, ALEXIS TOLEDO, educador, Cédula de Identidad N° 3.253.693; PRADA BARAZARTE, Cédula de Identidad N° 1.003.181; CARMEN IRENE RIBERO, Cédula de Identidad N° 3.516.780; JESÚS ARMANDO LÓPEZ GARCÍA, Cédula de Identidad N° 3.734.753; LUIS COA PEREIRA, administrador, Cédula de Identidad N° 2.135.432; GRISEL MARROQUI, periodista, Cédula de Identidad N° 3.921.137; todos venezolanos, mayores de edad, asistidos en este acto por lo abogados AGUSTIN CALZADILLA, Cédula de Identidad N° 2.137.339 e inscrito en I.P.S.A. bajo el N° 5.064, RAFAEL GONZÁLEZ ARIAS, inscrito en I.P.S.A. bajo el N° 28.006, JESÚS SOTILLO, titular de la Cédula de Identidad N° 2.775.842 e inscrito en I.P.SA. bajo el N° 15877, en nuestro carácter de demandantes en el Presente Juicio de Nulidad por Inconstitucionalidad de las cláusulas segunda, cuarta, décima y decimoséptima, Artículo 2° del Acuerdo del

Congreso de la República que autorizó la celebración de los Convenios de Asociación para la explotación y la producción de hidrocarburos bajo el esquema de ganancias compartidas, ante Uds., ocurrimos para exponer:

La estrategia procesal por PDVSA ha pretendido, desde el primer momento, cortar el debate judicial en la materia que discutimos que no vacilamos en calificarla como del más alto interés de la Nación. En este sentido, ciudadanos Magistrados, queremos puntualizar los siguientes elementos:

1° El Representante legal de PDVSA por intermedio del Fiscal General de la República se opuso a la admisión de la demanda, alegando el carácter de acto administrativo de la autorización de marras (ver comunicación de fecha 15-01-96, fol. 28 del expediente) ¿Cual es la base legal de este procedimiento? No obstante la Corte admitió nuestro Recurso, ello era perfectamente lógico y conforme a derecho, pues estamos en presencia de un acto de control de una de las ramas del Poder Público: El Congreso. Mal puede entonces exigirse interés personal, legítimo y directo para impugnarlo como su se tratara de simples actos administrativos que emanan de la Administración Pública (Artículo 7° de la Ley Orgánica de Procedimientos Administrativos).

2° Los apoderados de la Casa Matriz de la Industria Petrolera están solicitando que el asunto objeto del debate sea declarado materia de urgencia o subsidiariamente cuestión de mero derecho y citan el Artículo 135 de la Ley Orgánica de la Corte. Sobre este particular cabe observar lo siguiente:

PDVSA se toma atribuciones que Constitucionalmente corresponden al Procurador General de la República: "Representar y Defender Judicialmente y extrajudicialmente los intereses patrimoniales de la República" (Ord. 1° del art. 202 de la Constitución).

En segundo término, es competencia Constitucional del Ministerio Público... "velar por la exacta observancia de la Constitución y las Leyes"... (Art. 218). Si estamos impugnando la Constitucionalidad del Acuerdo del Congreso obviamente, no puede omitirse la autorizada opinión del Fiscal.

Por último, en relación al Artículo 135 de la Ley Orgánica en concordancia el 116 ejusdem, el Máximo Tribunal en Sala Plena estableció el criterio de que una vez realizadas las notificaciones previstas en el Art. 116, NO PUEDE PRESINDIRSE DEL ACTO DE INFORMES. (Sentencia de fecha 25 de noviembre de 1992). En el caso que nos ocupa, consta en el expediente que fueron notificados el Presidente del Congreso, el Fiscal General de la República y el Procurador General de la República.

En atención a lo anteriormente expuesto pedimos a esta honorable Corte que desestime la solicitud de los apoderados de PDVSA, por ser improcedente jurídicamente.

Es Justicia, Caracas a la fecha de su presentación.

Demandantes

Simón Muñoz, Rector; José M. Cadenas, Vicerrector Académico; Elías Eljuri A., Vicerretor Administrativo; Juan Liscano, Escritor; Trino A. Díaz, Economista; Alí Rodríguez Araque, Abogado; Luis D. Fuenmayor T., Médico-Cirujano; Francisco López Mieres, Economista; Adina Bastidas Economista; Ricardo Menéndez, Estudiante; Alfredo Castañeda, G. Oficial de la Armada; Camilo F. Arcaya A., Filósofo; Guillermo García P., Periodista; Carlos R. Mendoza Potella, Economista; Gonzalo Ramírez C., Economista; José Marrero H., Lic. Educación; Luis E. Morín, Contabilista; Jesús Gazo, Sacerdote; Dolores Hernández, Internacionalista; Luis Manuel Rodríguez, Economista; Ángela Sánchez, Economista; Gladys Martínez, Educadora; Alexis Toledo, Educador; Douglas Bravo, Francisco Prada Barazarte, Jesús Sotillo, Abogado; Francisco Madera, Economista; Rafael González.

En el mismo sentido del escrito anterior, los accionantes presentaron ante la Sala Político Administrativa el siguiente escrito.

CIUDADANOS
PRESIDENTE Y DEMÁS MIEMBROS DE LA
CORTE SUPREMA DE JUSTICIA
SALA POLÍTICO-ADMINISTRATIVA
SUS DESPACHOS

Nosotros, SIMÓN MUÑOZ ARMAS, médico-cirujano, Cédula de Identidad 245.735; JOSÉ MARIA CADENAS, psicólogo, titular de la Cédula de Identidad N° 1.267.234; ELÍAS ELJURI ABRAHAM, estadístico, Cédula de Identidad N° 742.990; JUAN LISCANO, escritor, Cédula de Identidad N° 413.600; TRINO ALCIDES DÍAZ, economista, Cédula de Identidad N° 953.164; ALI RODRÍGUEZ ARAQUE, Abogado, Cédula de Identidad N° 1.270.756; LUIS DELFÍN FUENMAYOR TORO, médico-cirujano, Cédula de Identidad N° 2.158.566; FRANCISCO LÓPEZ MIERES, economista, Cédula de Identidad N° 83.903, ADINA BASTIDAS CASTILLO, economista, Cédula de Identidad N° 3.229.545; RICARDO MÉNDEZ, estudiante, Cédula de Identidad N° 10.333.821; ITALO SANTAROMITA, economista, Cédula de Identidad N° 668.946; FRANCISCO MADERA, economista, Cédula de Identidad N° 4.082.549; LUIS FRANCISCO MARCANO GONZÁLEZ, arquitecto, titular de la Cédula de Identidad N° 3.404.273; JOSEFINA BALDO AYALA, arquitecto, titular de la Cédula de Identidad N° 2.143.573; ALFREDO CASTAÑEDA GIRAL, Oficial de la Armada, Cédula de Identidad N° 4.114.102; CAMILO FELIPE ARCAYA, filósofo, Cédula de Identidad N° 2.143.573; ALFREDO CASTAÑEDA GIRAL, Oficial de la Armada, Cédula de Identidad N° 4.114.102; CAMILO ARCAYA ARCAYA, filósofo, Cédula de Identidad N° 2.149.042; GUILLERMO GARCÍA PONCE, periodista, Cédula de Identidad N° 10.804; CARLOS RAMÓN MENDOZA POTELLA, economista, Cédula de Identidad N° 2.118.229; GONZALO RAMÍREZ CUBILLAN, economista, Cédula de Identidad N° 969.260; JOSÉ MARRERO HILDALGO, licenciado en educación, Cédula de Identidad N° 1.536.614 y LUIS EMILIO MORIN, contabilista, Cédula de Identidad N° 1.717.808; LOLOLA HERNÁNDEZ, internacionalista, Cédula de Identidad N° 3.174.970; LUIS MANUEL RODRÍGUEZ, economista, Cédula de Identidad N° 1.304.326; ÁNGELA SÁNCHEZ, economista, Cédula de Identidad N° 1.624.892; GLAYDS MARTÍNEZ, educadora, Cédula de Identidad N° 4.431.036, ALEXIS TOLEDO, educador, Cédula de Identidad N° 3.253.693; PRADA BARAZARTE, Cédula de Identidad N° 1.003.181; CARMEN IRENE RIBERO, Cédula de Identidad N° 3.516.780; JESÚS ARMANDO LÓPEZ GARCÍA, Cédula de Identidad N° 3.734.753; LUIS

COA PEREIRA, administrador, Cédula de Identidad N° 2.135.432; GRISEL MA-RROQUI, periodista, Cédula de Identidad N° 3.921.137; todos venezolanos, mayores de edad, asistidos en este acto por lo abogados AGUSTÍN CALZADILLA, Cédula de Identidad N° 2.137.339 e inscrito en I.P.S.A. bajo el N° 5.064, RAFAEL GONZÁLEZ ARIAS, inscrito en I.P.S.A. bajo el N° 28.006, JESÚS SOTILLO, titular de la Cédula de Identidad N° 2.775.842 e inscrito en I.P.SA. bajo el N° 15877, en nuestro carácter de demandantes en el Presente Juicio de Nulidad por Inconstitucionalidad de las cláusulas segunda, cuarta, décima y decimoséptima, Artículo 2° del Acuerdo del Congreso de la República que autorizó la celebración de los Convenios de Asociación para la explotación y la producción de hidrocarburos bajo el esquema de ganancias compartidas, ante Uds., ocurrimos para exponer:

Los representantes judiciales de la empresa Petróleos de Venezuela, Sociedad Anónima (PDVSA), solicitaron esta instancia judicial que el juicio de nulidad por inconstitucionalidad del Acuerdo del Congreso de la República que autoriza la celebración de los Convenios de Asociación para la Exploración a Riesgo de Nuevas Arcas y la Producción de Hidrocarburos bajo el Esquema de ganancias Compartidas, sea declarada materia de urgencia y asunto de "mero derecho".

Según al artículo 135° de la Ley Orgánica de la Corte Suprema de Justicia los efectos procesales de la declaratoria con lugar de la referida solicitud, en el primero de los casos, es la reducción de los plazos procesales y el pronunciamiento de la sentencia sin más trámites; y en el segundo, se produce, la supresión de la relación de la causa y del acto de informes.

Ciudadanos magistrados, la Sala Político Administrativa de esta Corte Suprema de Justicia, con Ponencia de la Dra. Hildegard Rondón de Sanso, se pronunció sobre esta materia en sentencia de fecha 10 de febrero de 1994, en ella señala lo siguiente:

"Ahora bien, salvo la consideración legal según la cual la declaración de urgencia debe producirse en los casos en que se susciten conflictos, entre funcionarios y órganos del Poder Público, la Ley Orgánica de la Corte Suprema de Justicia no desarrolló ni definió las condiciones de hecho que deban producirse para la materia objeto del proceso pueda considerarse como de urgente decisión. Este vacío legal ha sido llenado por la Jurisprudencia de los Tribunales Contencioso-Administrativos que ha dejado asentado que para que proceda la declaratoria de urgencia en los juicios de nulidad se requiere que del propio asunto planteado se derive la necesidad de no aplicar la tramitación ordinaria establecida en la norma, por afectar los hechos sometidos a la Litis, intereses colectivos, o que constituyan los mismos amenaza, sobre bienes o intereses particulares, o que produzcan daños por el transcurso del tiempo, de difícil o imposible reparación o cuando se amenacen servicios imprescindibles". (Negrillas nuestras).

Del texto de la citada decisión se desprende que, con excepción del caso previsto en el mismo artículo 135°, es a la Corte Suprema de Justicia que corresponde en cada caso, determinar si la materia objeto del proceso tiene alguna de las cuatro (4) características señaladas en ella como causal que amerite que la misma sea declarada como urgente.

En nuestra opinión sólo la causal que se refiere a la afectación de intereses colectivos pudiera ser considerada por esta Corte Suprema de Justicia para una eventual declaratoria de urgencia de los hechos sometidos a su estudio en el presente caso.

Sin embargo, es también nuestra opinión que cuando estamos en presencia de hechos que afectan intereses colectivos, los mismos en algunos casos, pueden ameritar que sobre ellos recaiga decisión sin el cumplimiento de los normales trámites procesales, pero en otros casos una adecuada sustanciación del expediente respectivo es lo más aconsejable.

Por lo tanto, con todo el respeto que esta Corte Suprema de Justicia se merece, consideramos que cuando nos encontramos ante hechos que afectan intereses colectivos, es menester, para su mejor satisfacción, precisar si tal objetivo se consigue pronunciando la sentencia sin trámite procesal alguno, o si por el contrario se impone una exigente sustanciación del caso, para que la Corte Suprema de Justicia luego de formarse un claro criterio, proceda a sentenciar.

La selección de una u otras depende, indudablemente, de los particulares hechos sometidos en cada oportunidad al conocimiento de este máximo tribunal de la República.

En lo que respecta al presente caso, en el libelo de la demanda señalamos lo siguiente:

"Sin embargo, los daños futuros, particularmente los que se derivan de violar nuestro ordenamiento jurídico, *acarrearían daños por ahora imponderables*".

Sobre estos daños citaremos algunas opiniones emitidas en la Declaración Final del Juicio sobre la Apertura Petrolera realizado del 18 al 27 de julio de 1995 en la Universidad Central de Venezuela. En dicha declaración se expresa:

"La permisividad Fiscal y Carencia de Control de Costo, más la evasión o subsidio por Internacionalista, indican que el modelo tributario que persigue PDVSA es el británico que permite a las empresas petroleras pagar impuestos al nivel de cualquier otra; lo cual comportaría en descalabro fiscal gigantesco… La penuria fiscal causada por los planes de PDVSA recae sobre la economía y la sociedad como gravísimo factor de estancamiento y decadencia como deterioro y déficit de los servicios públicos, incluida la educación superior…"

Esta cita nos ilustra los gravísimos hechos que se encuentran ligados a la política de excepción de impuestos que en materia petrolera PDVSA impulsa a través del acuerdo del Congreso de la República cuya nulidad demandamos.

Otros hechos, no menos graves, se generan del escamoteo del control que sobre la industria de los hidrocarburos, hacen los inversionistas privados y una filial de PDVSA al Poder Nacional de la República de Venezuela.

Sobre este particular citaremos la misma fuente:

"…Ello ha conducido a un desmantelamiento y deterioro gravísimo en el MEM, que se ha mostrado incapaz de decidir efectivamente sobre los planes, los costos y los resultados financieros de PDVSA, y ha estado al margen del caudal de reformas legales, reglamentarias y operativas propuestas estos años.

Tan graves anomalías que vulneran la esencia misma del Estado venezolano deben ser severamente corregidas, por medio de la reasunción por parte de los Poderes Públicos de su autoridad sobre la política, la Legislación y la administración superior de los hidrocarburos, pues las condiciones planteadas para la Apertura tienden a empeorar el proceso orientado a la privatización.

De los aspectos, referidos: Política Tributaria y Control de la industria Petrolera se desprende con toda claridad que nuestro máximo Tribunal requiere conocer a fondo los graves hechos económicos y sociales que afectan, muy negativamente, a todo el pueblo venezolano de mantenerse en pie el acto del Poder Público cuya nulidad hemos demandado.

De allí se desprende, igualmente con mucha claridad que el asunto subjudice, no es de mero derecho.

Como parte actora en el presente juicio e interesados, por el bien del país, en ilustrar debidamente a este honorable Tribunal sobre la materia sometida a su estudio y decisión, nos proponemos presentar pruebas documentales y de otros tipos, así como Informes en el presente procedimiento.

Por todo lo anterior, solicitamos a esta Corte Suprema de Justicia desestime el petitorio hecho por los representantes judiciales de PDVSA en cuanto a declarar la materia del juicio de urgente decisión y de tratarse de un asunto de mero derecho.

Es justicia, Caracas, en la fecha de su presentación.

Este escrito ha sido presentado personalmente por sus firmantes Simón Muñoz, Elías Eljuri, Adina Bastidas, Angela Sánchez, Gladys Martínez, Francisco Madera.

La Corte Suprema de Justicia, mediante sentencia de 02 de julio de 1996 declaró parcialmente con lugar la petición que formulamos los apoderados de PDVSA, en cuanto al carácter urgente del juicio. Declaró improcedente considerarlo como de mero derecho y acumuló las acciones de inconstitucionalidad e ilegalidad que se habían intentado.

La decisión de la Corte, con ponencia de la Magistrado Josefina Calcaño de Temeltas, tuvo el siguiente texto:

LA CORTE SUPREMA DE JUSTICIA

Corte en Pleno Accidental

Magistrada Ponente: Josefina Calcaño de Temeltas

Por escrito de fecha 13 de febrero del año en curso, los abogados Román J. Duque Corredor y Allan R. Brewer-Carías, actuando con el carácter de apoderados judiciales de la empresa PETRÓLEOS DE VENEZUELA, S.A., la cual se hizo parte en la acción de nulidad por inconstitucionalidad de las cláusulas segunda, cuarta, décima y decimoséptima, Artículo 2° del Acuerdo del Congreso de la República de fecha 4 de julio de 1995 que autorizó la celebración de los CONVENIOS DE ASOCIACIÓN PARA LA EXPLORACIÓN Y PRODUCCIÓN DE

HIDROCARBUROS BAJO EL ESQUEMA DE GANANCIAS COMPARTIDAS, solicitan que conforme al artículo 135 de la Ley Orgánica de la Corte Suprema de Justicia, la Corte declare la urgencia del caso, "así como que el asunto es de mero derecho y en consecuencia, proceda a fijar la oportunidad del acto de informes y después que éste se realice, proceda a sentenciar sin más trámites" y "Además, conforme a los artículos 51 y 52 del Código de Procedimiento Civil aplicable supletoriamente a este proceso en virtud de lo previsto en el artículo 88 de la Ley Orgánica de la Corte Suprema de Justicia, solicitamos que esta Corte Plena solicite de la Sala Político Administrativa el expediente N° 12. 348 que contiene la demanda de nulidad intentada por los mismos accionantes ciudadanos Simón Muñoz Armas, Elías Eljuri Abraham y otros, la cual fue intentada en fecha 23 de enero de 1996, contra el mismo Acuerdo del Congreso de la República al cual se refiere el presente juicio, y con fundamento en los mismos motivos aun cuando en aquél se haga énfasis en razones de ilegalidad; a los efectos de que se acumule la referida demanda al presente juicio en razón de su continencia o conexión y a los efectos de evitar que se puedan producir sentencias contradictorias; y dado que esta Corte Plena ha prevenido al haber admitido esta acción por auto dictado el mismo día 23 de enero de 1996 en el cual fué presentada la demanda ante la Sala Político-Administrativa".

Del anterior escrito se dio cuenta en Sala Plena el 15 de febrero de 1996 y en la misma fecha fue designada Ponente la Magistrada Josefina Calcaño de Temeltas a objeto del pronunciamiento correspondiente sobre los pedimentos en él contenidos.

Producida la inhibición de los Magistrados Humberto J. La Roche y Héctor Grisanti Luciani en esta causa y declaradas éstas procedentes, fueron convocadas los respectivos suplentes y constituida la Sala Plena Accidental.

Pasa esta Corte a decidir sobre lo solicitado y, a tal efecto, observa:

I

En el escrito presentado por los apoderados de PETRÓLEOS DE VENE-ZUELA, S.A., se plantean dos pedimentos: 1.- Que el asunto se acumule al expediente N° 12.348 que cursa ante la Sala Político-Administrativa, en razón de su conexión o continencia con el presente asunto; y 2.- Que se declare la urgencia del caso, así como que el asunto es de mero derecho y se disponga su trámite con la subsiguiente reducción de lapsos procesales.

II

1.- En cuanto al primer pedimento, la Corte aprecia que efectivamente existe conexión entre el presente asunto y el contenido en el expediente N° 0829.

En efecto, de la lectura de los escritos correspondientes se desprende que, en ambos casos, son los mismos accionantes quienes demandan la nulidad de algunas cláusulas contenidas en el artículo 2 del Acuerdo suscrito por el Congreso de la República el 4 de julio de 1995, publicado en la Gaceta Oficial N° 35.754 del mismo mes y año, aunque se aduzcan razones de ilegalidad en aquel y de inconstitucionalidad en el presente caso; por lo que, a tenor de lo previsto en los artículos 52, 80 y 81 del Código de Procedimiento Civil, resulta procedente acordar su acumulación, y así se decide.

Ahora bien, realizada la acumulación, encuentra la Corte que ya en este expediente N° 0812, se efectuó la publicación del Cartel ordenada de conformidad con el artículo 116, de la Ley Orgánica de la Corte Suprema de Justicia, por el auto de admisión del 23 de enero de 1996, e igualmente que ya se han cumplido las notificaciones a los ciudadanos Presidente del Congreso de la República, Fiscal General de la República y al Procurador General de la República; por lo que, conforme al artículo 79 del Código de Procedimiento Civil, se suspende el curso de la causa contenida en el expediente más adelantado hasta que la otra se encuentre en el mismo estado, cumplido lo cual continuará el procedimiento con arreglo a lo dispuesto en la presente sentencia. Así se decide.

2. En relación con las solicitudes de declaratoria de mero derecho y de urgencia esta Corte observa:

El artículo 135 de la Ley Orgánica de la Corte Suprema de Justicia establece que:

"A solicitud de parte y aun de oficio, la Corte podrá reducir los plazos establecidos en las dos secciones anteriores, si lo exige la urgencia del caso, y procederá a sentenciar sin más trámites.

Se considerarán de urgente decisión los conflictos que se susciten entre funcionarios u órganos del Poder Público.

La Corte podrá dictar sentencia definitiva, sin relación ni informes, cuando el asunto fuere de mero derecho. De igual modo se procederá en el caso a que se refiere el ordinal 6° del artículo 42 de esta Ley".

La norma transcrita prevé dos situaciones excepcionales en la tramitación de recursos de anulación, tanto contra actos de efectos generales como de efectos particulares: la reducción de lapsos procesales, previa declaratoria de urgencia del caso y la declaratoria de la causa como de mero derecho. Se trata, pues, de dos situaciones distintas que no deben confundirse, por cuanto procediendo una pudiera no serlo la otra, siendo diferentes los supuestos para acordarla y la justificación de su existencia.

Precisado lo anterior, respecto al presente caso, la Corte observa:

a.- La declaratoria de mero derecho ocasiona una variación en el procedimiento judicial ordinariamente establecido en la Ley Orgánica de la Corte Suprema de Justicia, que encuentra su fundamento en que en la causa, al no haber discusión sobre hechos, no se requiere la apertura de lapso probatorio sino que basta el estudio del acto y su comparación con las normas que se dicen éste vulnera, a fin de que, concluida la labor de interpretación jurídica que debe hacer el juez, se declare su conformidad o no a derecho.

En el caso de autos se plantea la nulidad por inconstitucionalidad e ilegalidad del artículo 2°, Cláusulas segunda, cuarta, décima y decimaséptima del Acuerdo del Congreso de la República por el cual se autorizó la celebración de los CONVENIOS DE ASOCIACIÓN PARA LA EXPLORACIÓN A RIESGO DE NUEVAS AREAS Y LA PRODUCCIÓN DE HIDROCARBUROS BAJO EL ESQUEMA DE GANANCIAS COMPARTIDAS, aprobado en fecha 4 de julio de 1995. Ahora bien, observa la Corte que los accionantes en el escrito presentado ante la Sala Político Administrativa, ahora acumulado a la presente causa, cuestionan en el punto referido a la nulidad de la Cláusula Segunda del Acuerdo en la cual se menciona un Anexo "B" -contentivo de la descripción de las áreas geográficas a que se refiere la mencionada cláusula- la existencia misma de tal Anexo. De dicho alegato de inexistencia del mencionado instrumento para el momento de la firma del Acuerdo impugnado deriva este Supremo Tribunal la presencia de hechos controvertidos que deben demostrarse en juicio. Esta conclusión se corrobora con el escrito consignado por los accionantes el 18 de marzo de 1996 en el cual, al oponerse a la solicitud de declaratoria del asunto como de mero derecho sostienen la existencia de "gravísimos hechos que se encuentran ligados a la política de exención de impuestos que en materia petrolera PDVSA impulsa a través del acuerdo del Congreso de la República cuya nulidad demandamos. Otros hechos no menos graves, se generan del escamoteo del control que sobre la industria de los hidrocarburos, hacen los inversionistas privados y una filial de PDVSA al Poder Nacional de la República de Venezuela. De los aspectos referidos: Política Tributaria y Control de la Industria Petrolera se desprende con toda claridad que nuestro máximo tribunal requiere conocer a fondo los graves hechos económicos y sociales que afectan, muy negativamente, a todo el pueblo venezolano de mantenerse en pie el acto del Poder Público cuya nulidad hemos demandado... Como parte actora en el presente juicio e interesados, por el bien del país, en ilustrar debidamente a este honorable Tribunal sobre la materia sometida a su estudio y decisión, nos proponemos presentar pruebas documentales y de otros tipos, así como informes en el presente procedimiento".

De ahí que para esta Corte resulte improcedente la solicitud de declaratoria del presente asunto como de mero derecho y así se declara.

b.- Por lo que respecta a la solicitud de declaratoria de urgencia, a la que los accionantes también se oponen sosteniendo "...cuando nos encontramos ante hechos que afectan intereses colectivos, es menester, para su mejor satisfacción, precisar si tal objetivo se consigue pronunciando la sentencia sin trámite procesal alguno, o si por el contrario se impone una exigente sustanciación del caso, para que la Corte Suprema de Justicia luego de formarse un claro criterio, proceda a sentenciar". Sobre ese particular, esta Corte ratifica su criterio reiteradamente expresado en anteriores decisiones, en el sentido de que la excepcionalidad de la medida que se invoca, dado que implica un grave trastorno al procedimiento pautado en defensa de las partes intervinientes en juicio, amerita la demostración de su urgencia, lo cual, en el asunto de autos, resulta patente si se atiende al carácter de eminente interés público que reviste un Acuerdo de la trascendencia del impugnado, y ello, antes que constituir un obstáculo como sostienen los oponentes, es precisamente uno de los presupuestos que justifican y aconsejan su adopción, no "sin trámite procesal alguno" sino ajustándolos en la medida que no perjudiquen la correcta sustanciación, a la urgencia que requiere el caso.

En consecuencia, se acuerda eliminar la primera etapa de la relación y reducir la segunda a diez (10) audiencias, concluida la cual, en el primer día hábil, a la hora que fije este Alto Tribunal, tendrá lugar el acto de informes. Así se decide.

III

Por los razonamientos expuestos, la Corte Suprema de Justicia en Pleno, administrando justicia en nombre de la República y por autoridad de la Ley, declara

PARCIALMENTE CON LUGAR la solicitud formulada por los apoderados de la empresa PETRÓLEOS DE VENEZUELA, S.A., y en consecuencia:

1. PROCEDENTE acumular a la causa contenida en este expediente N° 0812, la que se sigue y tramita en el expediente N° 0829. En tal virtud, se suspende el curso de la primera en el estado en que se encuentra -comenzar la primera etapa de relación- y continuar en la otra las demás diligencias de sustanciación a que hubiere lugar, concluida la cual se devolverán a la Corte los dos expedientes ya acumulados, y se procederá a la designación de Ponente.

2. IMPROCEDENTE la solicitud de declaratoria de las causas como de mero derecho.

3. PROCEDENTE la solicitud de declaración del asunto como de urgencia y la consecuente reducción de los lapsos procesales, que deberán cumplirse conforme a lo dispuesto en este fallo.

Publíquese, comuníquese y regístrese. Cúmplase lo ordenado

Dada, firmada y sellada en el Salón de Despacho de la Sala Plena de la Corte Suprema de Justicia, en Caracas, a los dos (2) días del mes de julio de mil novecientos noventa y seis. Años 186° de la Independencia y 137° de la Federación.

Magistrados: Cecilia Gómez, Ismael Rodríguez Salazar, Anibal Rueda, Josefina Calcaño de Temeltas, Alfredo Ducharne Alonzo, Hildegard Rondón de Sansó, Alirio Abre Burelli, Rafael Alfonzo Guzmán, Luis Manuel Palis Rauseo, Reinaldo Chalbaud Zerpa, Cesar Bustamante Pulido, Nelsón Rodríguez García, José Luís Bonnemaison. Secretario: Enrique Sánchez Risso.

En dos de julio de mil novecientos noventa y seis, a las doce (12:00 m) del mediodía, se público el fallo que antecede, el cual no aparece suscrito por los Magistrados Doctores Alirio Abreu Burelli y Rafael J. Alfonzo Guzmán, quienes no asistieron a la sesión por motivos justificados.

TERCERA PARTE

LA CONTROVERSIA SOBRE LAS PRUEBAS DEL JUICIO

I.   LOS ESCRITOS DE PROMOCIÓN DE PRUEBAS

En virtud de que la Corte Suprema no consideró procedente nuestro alegato del tratamiento del juicio como de mero derecho, el mismo se abrió a pruebas.

El economista Carlos Ramón Mendoza, quien era uno de los accionantes, promovió pruebas mediante escrito de 24-09-96, con el siguiente texto:

Ciudadano

Presidente y demás Miembros Principales

Corte Suprema de Justicia

Tribunal de Sustanciación

Sus Despachos

Yo, CARLOS RAMÓN MENDOZA P., mayor de edad, economista, domiciliado en Caracas, titular de la cédula de identidad N° 2.118.229, procediendo en mi propio nombre y en mi carácter de codemandante en el juicio por nulidad por inconstitucionalidad parcial contra el Acuerdo del Congreso de la República de Venezuela de fecha 4 de julio de 1995, publicado en la Gaceta Oficial de la República de Venezuela N° 35.754 de fecha 17 de julio de 1995, que autorizó la celebración de los CONVENIOS DE ASOCIACIÓN PARA LA EXPLORACIÓN Y PRODUCCIÓN DE HIDROCARBUROS BAJO EL ESQUEMA DE GANANCIAS COMPARTIDAS a la cual fue acumulada la acción por ilegalidades intentada el 23 de enero de 1996 contra el mismo Acuerdo del Congreso de la República que se tramita en el Expediente N° 0829 conforme a decisión de esta Corte Suprema de Justicia en decisión de fecha 2 de julio de 1996, asistido por el Dr. José Alejo Urdaneta Fuenmayor, abogado, domiciliado en Caracas, titular de la Cédula de Identidad N° 2.942.922 e inscrito en el Instituto de Previsión Social del Abogado según Matrícula N° 3.111, estando dentro del lapso establecido por esta Corte Suprema de Justicia en Auto de fecha 2 de julio de 1996, ante Uds. con el debido acatamiento y respeto ocurro para PROMOVER las siguientes pruebas:

I

Reproduzco el mérito favorable de los autos y en particular el ejemplar de la Gaceta Oficial de la República de Venezuela N° 35.754 de fecha 17 de julio de

403

1995 donde fue publicado el Acuerdo del Congreso de la República de fecha 4 de julio de 1995 que autorizó la celebración de los CONVENIOS DE ASOCIACIÓN PARA LA EXPLORACIÓN Y PRODUCCIÓN DE HIDROCARBUROS BAJO EL ESQUEMA DE GANANCIAS COMPARTIDAS.

II

PRUEBA DOCUMENTAL

A. Ratifico la prueba documental consistente en el ejemplar de la Gaceta Oficial de la República de Venezuela N° 35.754 de fecha 17 de julio de 1995 donde fue publicado el Acuerdo del Congreso de la República que autorizó la celebración de los Convenios de Asociación para Exploración y Producción de Hidrocarburos bajo el esquema de ganancias compartidas en cuya Cláusula PRIMERA del artículo 2° a unas áreas geográficas descritas en el Anexo "B" sin que haya sido publicado en dicha Gaceta Oficial N° 35.754 de fecha 17 de julio de 1995 ese dicho "ANEXO B" por lo cual las correspondientes áreas geográficas carecen de linderamientos según la Rosa de los Vientos (Norte, Sur, Este y Oeste).

B. Promuevo la Gaceta Oficial de los Estados Unidos de Venezuela N° 83 Extraordinario de fecha 30 de junio de 1944, páginas en sus Setecientas cuarenta y ocho (748) páginas donde aparecen publicados los *Nuevos títulos de hidrocarburos expedidos a favor de la Creole Petroleum Corporation, Pantepec Oil Company of Venezuela, C.A., Coro Petroleum Company, Venezuela Atlantic Refining Company, Mene Grande Oil Company, C.A. y Compañía Española de Petróleos, S.A.* en donde consta:

1° que las concesiones sobre lotes de terreno están identificadas con sus respectivos linderos conforme a la Rosa de los Vientos (Norte, Sur, Este y Oeste); y

2° y donde se establece que las dudas y controversias de cualquier naturaleza que puedan suscitarse con motivos de esta concesión que no puedan ser resueltas amigablemente, serán decididas por los Tribunales competentes de Venezuela, de conformidad con sus leyes, sin que por ningún motivo ni causa puedan ser origen de reclamaciones extranjeras.

C. Promuevo la Gaceta Oficial de los Estados Unidos de Venezuela N° 3823 Extraordinario de fecha 11 de junio de 1986, donde fue publicada Resolución N° 248-249 del Ministerio de Desarrollo Urbano cuyo artículo 12 reza así: "Forma parte del Plan Rector de Desarrollo Urbano de Clarines EL PLAN ANEXO A LA PRESENTE RESOLUCION" (las mayúsculas son nuestras).

En virtud de que las Gacetas Oficiales de la República de Venezuela son documentos públicos conforme a lo dispuesto en el artículo 14 de la Ley de Publicaciones Oficiales de fecha 2 de julio de 1941, vigente, solicito que ejemplares de dichos números de Gaceta Oficiales sean requeridas directamente para cursar en este proceso al ciudadano Ministro de Relaciones Interiores, de quien depende la Imprenta Nacional.

D. Ejemplar de Publicación en castellano N° 447 (ISBN 92-842-3068-3) de la Cámara de Comercio Internacional con sede en París, Francia, del REGLAMENTO DE CONCILIACION Y DE ARBITRAJE DE LA CCI (Nuevo Reglamento de

Conciliación y Reglamento de Arbitraje modificado y en vigor a partir del 1° de enero de 1988), en cuyas páginas 12 a 26 se encuentra el articulado del Reglamento de Arbitraje de la Cámara de Comercio Internacional a que hace referencia el último inciso de la Cláusula Décima Séptima del Marco de Condiciones contenido en el artículo 2 del Acuerdo del Congreso de la República de fecha 4 de julio de 1995, publicado en la Gaceta Oficial Número 35.754 de fecha 17 de julio de 1996 que ha sido impugnado en este proceso por parciales inconstitucionalidad e ilegalidades, acumuladas según decisión de fecha 2 de julio de 1996.

E. Traducción por Intérprete Público del artículo «300 compañías asistieron al otorgamiento de Licitaciones. EN VENEZUELA LOS GANADORES DE LA LICITACION SE DISPONEN A TRABAJAR» publicado en el ejemplar correspondiente al mes de agosto de 1996 de la publicación denominada EXPLORER (Explorador), publicación de la AAPG American Association of Petroleum Geologists, an International Organization (Asociación Americana de Geologistas de Petróleo, una Organización Internacional) y que aparece en las páginas 42, 43 y 55 referente a las diez (10) Areas ofertadas para la celebración de Convenios de Asociación conforme al Acuerdo del Congreso Nacional de fecha 4 de julio de 1995.

F. Página 4 del ejemplar del Diario EL UNIVERSAL publicado en esta ciudad de Caracas, correspondiente a su edición de fecha 14 de septiembre de 1996, en cuya página 1-4 aparece artículo titulado BLINDAR CON LA CONSTITUCION cuyo autor es el Dr. Jesús Petit Dacosta, quien es actualmente Procurador General de la República, en el cual expresa su personal opinión sobre la vigencia del artículo 127 de la Constitución Nacional referente a la jurisdicción de los Tribunales de la República de Venezuela en caso de controversias que puedan suscitarse sobre contratos de interés público.

III

PRUEBA DE EXHIBICION DE DOCUMENTOS

A. De conformidad con lo dispuesto en el artículo 436 del Código de Procedimiento Civil promuevo la prueba de exhibición del PAQUETE DE INFORMACION a que se refiere la Sección 5 de la publicación del Ministerio de Minas e Hidrocarburos (MEM) y PDVSA titulada VENEZUELA EXPLORACIÓN Y PRODUCCIÓN EN ÁREAS NUEVAS 1995 DOCUMENTO INFORMATIVO en la página 16 que incluye toda la información disponible dentro de cada área y alguna información fuere de ella el cual se encuentra disponible según se señala en esa página 16 refiriéndose a la Sección 11 donde se indica la dirección de Petróleos de Venezuela, S.A. en Caracas, quien se ha hecho parte de este proceso según consta en autos.

A los efectos de lo establecido en el artículo 436 del Código de Procedimiento Civil y como presunción grave de que dicho PAQUETE DE INFORMACION se encuentra en Poder de Petróleos de Venezuela, S.A. (PDVSA) acompaño a la presente un ejemplar de la mencionada publicación titulada VENEZUELA EXPLORACION Y PRODUCCION EN AREAS NUEVAS 1995 DOCUMENTO INFORMATIVO.

B. De conformidad con lo dispuesto en el artículo 436 del Código de Procedimiento Civil promuevo la exhibición de los documentos, registros o escritos técnicos de los pozos perforados en el Area denominada "LA CEIBA", recientemente licitada, y en particular los concernientes al Pozo denominado "LA CEIBA 1 X" que se encuentran en la Oficina Técnica de Hidrocarburos del Ministerio de Energía y Minas.

A los efectos de la presente prueba, ruego a esta Honorable Corte Suprema de Justicia en la Sala Plena que a través de su Tribunal de Sustanciación dirija requerimiento al Ciudadano Ministro de Energía y Minas a fin de que remita a esta Corte Suprema de Justicia en Sala Plena los mencionados documentos, registros o escritos técnicos de los pozos perforados en el Area denominada "LA CEIBA", recientemente licitada, y en particular los concernientes al Pozo denominado "LA CEIBA 1 X" que se encuentran en la Oficina Técnica de Hidrocarburos del Ministerio de Energía y Minas a fin de que éstos sean agregados a los autos.

IV

PRUEBA DE INFORMES

De conformidad con lo previsto en el artículo 433 del Código de Procedimiento Civil solicito que esta Corte Suprema de Justicia se dirija:

a) Al Congreso Nacional y requiera le sea remitido copia certificada del Oficio N° 864 de fecha 07 de diciembre de 1994 que le enviara el Ciudadano Ministro de Energía y Minas al ciudadano Diputado Carmelo Lauría L., Vice-Presidente del Congreso de la República, anexo al cual le remitió documento base para la Consolidación del Desarrollo del Sector Petrolero Venezolano, aprobado por el Ciudadano Presidente de la República en Consejo de Ministros en su sesión ordinaria N° 55, celebrada hoy 7 de diciembre de 1994, el cual contiene la propuesta de iniciar un proceso de apertura de las actividades de exploración y producción de nuevas áreas a la participación de capitales privados, como parte integral de la estrategia bajo el esquema de Ganancias Compartidas, todo de acuerdo con lo dispuesto en el Artículo 5° de la Ley Orgánica que Reserva al Estado la Industria y el Comercio de los Hidrocarburos lo cual incluye: 1. Certificación de la Resolución del Ciudadano Presidente de la República adoptada en Consejo de Ministros autorizando dicha propuesta, la cual se adjunta marcada con la letra A, 2. Documento Base (Circunstancias Pertinentes), el cual se adjunta marcado con la letra B; y 3. Propuesta del Marco de Condiciones, el cual se adjunta marcado con la letra C.

b) al Ministerio de Energía y Minas y requiera le sea remitido las formas finales de ocho (8) Convenios de Asociación para la Exploración a Riesgo de Nuevas Areas y la Producción de Hidrocarburos bajo el Esquema de Ganancias Compartidas enviadas al Congreso de la República mediante Oficios N° 245 y 246, ambos de fecha 8 de marzo de 1996;

c) al Congreso de la República y requiera le sea remitido ejemplar del Diario de Debate de las Cámaras del Congreso de la República en su sesión conjunta celebrada el 4 de julio de 1995, ello con el objeto que esa Honorable Corte Suprema de Justicia pueda constatar la superficialidad de las discusiones y debates del mencionado Cuerpo en materia de transcendencia fundamental para el futuro del país;

d) a la Asesoría Jurídica del Congreso Nacional y requiera le sea remitido copia certificada del Dictamen sobre los proyectos de Convenios de Asociación para la EXPLORACIÓN A RIESGO DE NUEVAS ÁREAS Y LA PRODUCCIÓN DE HIDROCARBUROS BAJO EL ESQUEMA DE GANANCIAS COMPARTIDAS;

e) al Ministerio de Energía y Minas y requiera que la Oficina Técnica de Hidrocarburos de ese Ministerio de Energía y Minas que le sea remitido a esta Corte Suprema de Justicia en Sala Plena los documentos, registros o escritos que se encuentran en los archivos o registros de los pozos perforados en el Area denominada "La Ceiba", recientemente licitada, en especial los corrientes al pozo denominado "La Ceiba 1 X".

La presente prueba se promueve de nuevo, habiéndola promovido con anterioridad en el Capítulo III de este mismo escrito de promoción de pruebas como prueba de exhibición de documentos, en razón de que la acción intentada es una acción popular por inconstitucionalidad e ilegalidades y que en caso que no proceda por vía de exhibición de documentos por no existir contra parte, sea admitida por vía de Informes en virtud de hacer conocer procesalmente a la Corte Suprema de Justicia en Sala Plena la magnitud de los yacimientos de petróleo técnicamente detectados en el Area conocida con el nombre de "La Ceiba", situada al Sur del Lago de Maracaibo.

V

PRUEBA DE EXPERTICIA DE GEOLOGIA PETROLERA

De conformidad con lo dispuesto en el artículo 1.422 y siguientes del Código Civil en concordancia con lo dispuesto en los artículos 451 y siguientes del Código de Procedimiento Civil promuevo prueba de experticia sobre el Paquete de Información preparado por Petróleos de Venezuela, S.A., referido en el del Documento Normativo Inicial del punto 5, PAQUETES DE INFORMACION, el cual fue entregado a los interesados en Acto Público en un hotel capitalino, en cuya página 16 se alude a:

a)   Mapas de ubicación;

b)   Informe general: Marco geológico y reserva técnica antecedentes, logística, infraestructura, condiciones ambientales y costos;

c)   Registros y archivos de pozos;

d)   Información sísmica: Todo lo disponible en el Area y dentro de los 4 Km. alrededor del Area;

e)   Información aeromagnética y gravimétrica: Todo lo disponible en el Area y dentro de los 10 Km. alrededor del Area;

f)   Otra información geológica.

Ese Paquete de Información sobre el cual se practique la Experticia técnica por geólogos calificados se encuentra en Petróleos de Venezuela, S.A., Edificio PDVSA, Av. Libertador, La Campiña, Caracas 1010-A; Paquete de Información que se promueve como prueba de exhibición en el Capítulo III de este escrito de Promoción de Pruebas de conformidad con el artículo 436 del Código de Procedimiento Civil. En el caso que dicha Petróleos de Venezuela, S.A. (PDVSA) si niegue a exhibirlo a los efectos de practicarse la presente promovida prueba de experticia técnica de carácter geológico sea requerido por esta Corte Suprema de Justicia en Sala Plena.

La presente prueba de experticia técnica de carácter geológico se promueve a fin de que el o los expertos designados dictaminen la magnitud y alcance de la información técnica contenida en ese Paquete de Información, a fin de que tal o tales expertos señalen en su Informe Pericial *si es procedente aplicar la calificación de alto riesgo a todas las áreas en cuestión,* con exclusión de las Áreas Catatumbo y El Sombrero que no recibieron ofertas durante el proceso licitatorio del pasado mes de enero de 1996; y así mismo dictaminen el grado de riesgo que pueda existir en la prospección de petróleo en las ocho Áreas licitadas, para las cuales el Congreso de la República con fecha 19 de junio de 1996, autorizó la celebración de Convenios de Asociación para la Exploración a Riesgo de Nuevas Áreas y la Producción de Hidrocarburos bajo el Esquema de Ganancias Compartidas cuyo Acuerdo del Congreso de la República aparece en la Gaceta Oficial de la República de Venezuela N° 35.988 de fecha 26 de junio de 1996.

A los efectos de demostrar la existencia de ese Paquete de Información sobre el cual versará la presente prueba de experticia acompañamos folleto titulado VENEZUELA Exploración y Producción en las Áreas Nuevos 1995. DOCUMENTO INFORMATIVO INICIAL el cual fue publicado con los logotipos Ministerio de Energía y Minas (MEM) y PDVSA.

De conformidad con lo dispuesto en el artículo 452 del Código de Procedimiento Civil ruego a esta Honorable Corte Suprema de Justicia fije oportunidad y hora para el nombramiento de los expertos.

VI

PRUEBA DE EXPERTICIA ECONOMICA SOBRE LAS VARIACIONES DE LOS MONTOS PERCIBIDOS POR CONCEPTO DE IMPUESTO DE EXPLOTACION (REGALIA) EN LOS CONVENIOS DE ASOCIACION PARA LA EXPLORACION Y PRODUCCION EN AREAS NUEVAS BAJO EL ESQUEMA DE GANANCIAS COMPARTIDAS, PRODUCIDAS POR LA APLICACION DE UN REGIMEN ESPECIAL DE AJUSTE DE LA REGALIA PARA DESARROLLOS DE BAJA RENTABILIDAD

De conformidad con lo dispuesto en el artículo 1422 y siguiente del Código Civil en concordancia con lo dispuesto en los artículos 451 y siguientes del Código de Procedimiento Civil promuevo prueba de experticia sobre las variaciones de la tasa de regalía (impuesto de explotación) debido a la existencia de un régimen especial establecido mediante Convenio entre el Ministerio de Energía y Minas y la filial designada por PDVSA para la suscripción de estos convenios de asociación, la Corporación Venezolana del Petróleo, S. A., de ajuste de la regalía para desarrollos de baja rentabilidad, de acuerdo con lo establecido en la Cláusula Vigésima Primera (21°) del Marco de Condiciones establecido en el Acuerdo del Congreso de la República de fecha 4 de julio de 1995, publicado en la Gaceta Oficial de la República de Venezuela N° 35.754 de fecha 17 de julio de 1995.

La pertinencia de la presente prueba de experticia a practicarse mediante expertos economistas en materia de economía petrolera consiste en comprobar la existencia de un régimen especial que permite ajustar la tasa de Regalía en función de la variación de la rentabilidad de aquellos proyectos que tienen una baja rentabilidad, medida ésta según la Tasa Interna de Retorno (TIR, o lo que es igual, la tasa de descuento que hace el Valor Presente Neto del Proyecto igual a cero) del plan del desarrollo aprobado por el Comité de Control para la Declaración de Comercialidad e incluido en la Memoria descriptiva que deberá aprobar el Ministerio de Energía y Minas. Los mencionados expertos economistas deberán comprobar, además, que según los términos de ese régimen especial, establecido mediante Convenio entre el Ministerio de Energía y Minas y la filial designada por PDVSA para la suscripción de estos convenios de asociación, la Corporación Venezolana del Petróleo, S.A., la tasa de Regalía será de 1% para proyectos cuya Tasa Interna de Retorno sea menor de 12%, de 16,67% para proyectos cuya TIR sea mayor o igual al 20% y variará entre el 1% y 16,67% para proyectos cuya TIR se encuentren entre el 12% y 20%.

A los efectos de demostrar la existencia de ese régimen especial sobre el cual versará la presente prueba de experticia, acompañamos fotocopia del documento "Convenios de Asociación Exploración/Producción Areas Nuevas, REGALIA, Consideración de la Fórmula de Ajuste para Desarrollos de Baja Rentabilidad" contentivo de una descripción de ese régimen especial y cuyos originales se encuentran en Petróleos de Venezuela, S.A., y en el Ministerio de Energía y Minas, al igual que el Convenio, suscrito en concordancia con esta propuesta, entre la República de Venezuela, por órgano del Ministerio de Energía y Minas y la Corporación Venezolana del Petróleo, Sociedad Anónima, filial de Petróleos de Venezuela.

VII

PRUEBA DE EXPERTICIA ECONOMICA SOBRE LAS VARIACIONES DE LOS MONTOS PERCIBIDOS POR CONCEPTO DE IMPUESTO DE EXPLOTACION (REGALIA) EN LOS CONVENIOS DE ASOCIACION PARA LA EXPLORACION Y PRODUCCION EN AREAS NUEVAS BAJO EL ESQUEMA DE GANANCIAS COMPARTIDAS, PRODUCIDAS POR LA APLICACION DE UN FACTOR FISCAL INFERIOR A LA UNIDAD PARA PONDERAR LA REGALIA BASICA DE 16 2/3% DEL PETROLEO EXTRAIDO Y MEDIDO EN EL CAMPO DE PRODUCCION

De conformidad con lo dispuesto en el artículo 1.422 y siguiente del Código Civil en concordancia con lo dispuesto en los artículos 451 y siguientes del Código de Procedimiento Civil promuevo prueba de experticia sobre las variaciones de la tasa de regalía (impuesto de explotación) debido a la existencia de un método de ajuste variable de la regalía mediante la determinación de un factor fiscal inferior a la unidad para el cálculo de dicha tasa, aplicable sobre el valor mercantil del petróleo extraído por las empresas en cuyo nombre se efectúan las operaciones de Explotación correspondientes en cada proyecto de desarrollo del programa de Exploración y Producción en Nuevas Áreas, de acuerdo con lo establecido en el Artículo 41 de la Ley de Hidrocarburos, y en la autorización y el Marco de Condiciones establecido en el Acuerdo del Congreso de la República de fecha 4 de julio de 1995 publicado en la Gaceta Oficial de la República de Venezuela N° 35.754 de fecha 17 de julio de 1995, para que filiales de Petróleos de Venezuela, S.A., lleven a cabo en asociación el "Programa de Exploración y Producción en Nuevas Áreas".

La pertinencia de la presente prueba de experticia a practicarse mediante expertos economistas en materia de economía petrolera consiste en comprobar la existencia de ese método de ajuste variable de la tasa de regalía mediante la determinación de un factor fiscal por zonas geográficas, inferior a la unidad, para el cálculo de los valores mercantiles del petróleo a ser extraído en las Areas comprendidas en el Programa de Exploración y Producción en Nuevas Áreas. Los mencionados expertos economistas deberán comprobar, además, que según los términos de ese método de ajuste, establecido mediante Convenio entre el Ministerio de Energía y Minas y la filial designada por PDVSA para la suscripción de estos convenios de asociación, la Corporación Venezolana del Petróleo, S.A., los factores fiscales aplicables a la tasa de Regalía serán de 0,793 para la Zona Geográfica de Occidente que comprende el Area denominada La Ceiba, de 0,852 para la Zona Geográfica Centro-Occidente que comprende las Areas denominadas Punta Pescador, Golfo de Paria Este, Golfo de Paria Oeste, Guarapiche y Delta Centro. De la misma manera, los mencionados expertos deberán comprobar si, como resultado de la aplicación de esos factores fiscales se produce una reducción de la tasa de regalía aplicable a las producciones de petróleo crudo extraído de las mencionadas áreas, desde el 16 2/3% establecido por la Ley de Hidrocarburos hasta el 13,21931% para el Area denominada La Ceiba, el 14,20284% para las Áreas denominadas Guanare y San Carlos y el 12,71921% para las Áreas denominadas Punta Pescador, Golfo de Paria Este, Golfo de Paria Oeste, Guarapiche y Delta Centro.

A los efectos de demostrar la existencia de ese método de ajuste variable de la tasa de Regalía sobre el cual versará la presente prueba de experticia acompañamos fotocopia del documento "Convenios de Asociación Exploración/Producción Areas Nuevas, REGALIA, Determinación de un factor fiscal por área para el cálculo del valor mercantil" contentivo de una descripción de ese método de ajuste y cuyos originales se encuentran en Petróleos de Venezuela, S.A. y en el Ministerio de Energía y Minas al igual que el Convenio, suscrito en concordancia con esta propuesta, entre la República de Venezuela, por órgano del Ministerio de Energía y Minas y la Corporación Venezolana del Petróleo, Sociedad Anónima, filial de Petróleos de Venezuela.

Ruego a esta Honorable Corte Suprema de Justicia admita todas y cada una de las presentes pruebas, ordene su evacuación y las aprecie en la definitiva.

Es Justicia.

Por su parte, el profesor Luis Manuel Rodríguez, quien también había sido uno de los accionistas, presentó el 26-09-96 el siguiente escrito de promoción de pruebas.

Ciudadano
Presidente y demás Miembros Principales
Corte Suprema de Justicia
Tribunal de Sustanciación
Sus Despachos

Yo, LUIS MANUEL RODRIGUEZ, venezolano, mayor de edad, profesor regular de la UNIVERSIDAD CENTRAL DE VENEZUELA, domiciliado en Caracas, portador de la Cédula de Identidad Personal N° V-1.304.316, procediendo en mi nombre y en mi carácter de codemandante en el Juicio por Nulidad por Inconstitucionalidad Parcial contra al Acuerdo del Congreso de la República de Venezuela de fecha 17 de julio de 1995, que autorizó la celebración de los CONVENIOS DE ASOCIACION PARA LA EXPLORACION Y PRODUCCION DE HIDROCARBUROS BAJO ES ESQUEMA DE GANANCIAS COMPARTIDAS a la cual fue acumulada la acción por ilegalidades intentada el 23 de enero de 1996 contra el mismo Acuerdo del Congreso de la República, que se tramita en el Expediente N° 0829, conforme a decisión de esta Corte Suprema de Justicia, en decisión de fecha 2 de julio de 1996, asistido por el Dr. ALFREDO BERMUDEZ MACHADO, Abogado y Profesor Universitario, domiciliado en Caracas, titular de la Cédula de Identidad N° V-2.117.118 e Inscrito en el Instituto de Previsión Social del Abogado según Matricula N° 682, dentro del lapso legal establecido por esa Corte Suprema de Justicia en auto de fecha 2 de julio de 1996, para la promoción de pruebas en el presente juicio, ante Ud., con el debido respeto paso a promover las a tenor de los siguientes términos:

CAPITULO I

Reproduzco el mérito favorable de los autos y en particular el ejemplar de la Gaceta de la República de Venezuela N° 35.754, de fecha 17 de julio de 1995, donde fue publicado el Acuerdo del Congreso de la República, de fecha 4 de julio de 1995, que autorizó la celebración de los CONVENIOS DE ASOCIACION PARA LA EXPLORACION Y PRODUCCION DE HIDROCARBUROS BAJO ES ESQUEMA DE GANANCIAS COMPARTIDAS.

CAPITULO II

PRUEBA DEL ESCRITO

A. Ratifico instrumento o prueba documental consistente en el ejemplar de la Gaceta Oficial de la República de Venezuela N° 35.754, de fecha 17 de julio de fecha 17 de julio de 1995, donde fue publicado el Acuerdo del Congreso de la República que autorizó la celebración de los Convenios de Asociación para la Exploración y Producción de Hidrocarburos bajo el Esquema de Ganancias Compartidas, en cuya CLAUSULA PRIMERA del Artículo 2° refiere áreas geográficas determinadas en ANEXO "B" sin que éste hubiere sido publicado en esa Gaceta Oficial N° 35.754 de fecha 17 de julio de 1995, por lo cual las referidas y correspondientes áreas geográficas carecen de linderos, necesarios para su determinación según práctica usual y universalmente aceptada, y en Venezuela, bajo el Sistema Elipsoide Internacional de Hayford 1924 o Mecator Universal, ni menos según la Rosa de los Vientos (Norte, Sur, Este y Oeste).

B. Promuevo Gaceta Oficial de Venezuela N° 35.881 de fecha 17 de Enero de 1996, en sus páginas números uno, dos y tres (1, 2 y 3), donde consta y aparece resolución N° 0002, de fecha 16 de enero de 1996 emanada del Ministerio de Energía y Minas y aparece también de conformidad con el Artículo 21 de la Ley Orgánica que Reserva al Estado la Industria y el Comercio de los Hidrocarburos la correcta determinación de las áreas geográficas.

C. Promuevo la Gaceta Oficial de los Estados Unidos de Venezuela N° 83 Extraordinaria, de fecha 30 de junio de 1944 en sus setecientos cuarenta y ocho (748) páginas donde aparecen publicados los Nuevos Títulos de Hidrocarburos expedidos a favor de la Creole Petroleum Corporation, Pantepec Oil Company of de Venezuela, C.A., Coro Petroleum Company, Venezuela Atlantic Refening Company, Mene Grande Oil Company, C.A. y Compañía Española de Petróleos, S.A., en donde consta:

1° que las concesiones sobre lotes de terreno están identificadas con sus respectivos linderos conforme a la Rosa de los Vientos (Norte, Sur, Este y Oeste); y

2° donde se establece que las dudas y controversias de cualquier naturaleza que puedan suscitarse con motivos de estas concesiones que no puedan ser resueltas amigablemente, serán decididas por los Tribunales Competentes de Venezuela, de conformidad con sus Leyes, sin que por ningún motivo ni causa puedan ser origen de reclamaciones extranjeras.

D.- Promuevo la Gaceta Oficial de los Estados Unidos de Venezuela N° 3823 Extraordinario de fecha 11 de junio de 1986, donde fue publicada Resolución N° 248-249 del Ministerio de Desarrollo Urbano CUYO Artículo 12 reza así: "Forma parte del Plan Rector de Desarrollo Urbano de Clarines EL PLAN ANEXO A LA PRESENTE RESOLUCION" (Las Mayúsculas son nuestras).

En virtud de que las Gacetas oficiales de la República de Venezuela son Documentos Públicos conforme lo dispuesto en el Artículo 14 de la Ley de Publicaciones Oficiales de fecha 2 de julio de 1941, vigente, solicito que ejemplares de dicho números de Gacetas Oficiales sea requeridas Oficialmente para que cursen en este proceso, al Ciudadano Ministro de Relaciones Interiores, de quien depende la Imprenta Nacional.

E.- Ratificó Ejemplar de Publicaciones en Castellano N° 447 (ISBN 92-842-3068-3) DE LA Cámara de Comercio Internacional con sede en parís, Francia, del REGLAMENTO DE CONCILIACION Y ARBITRAJE DE LA CCI (Nuevo Reglamento de Conciliación y Reglamento de Arbitraje Modificado y en vigor del 1° de enero de 1988) en cuyas páginas 12 al 26 se encuentra el ARTICULADO DEL REGLAMENTO DE ARBITRAJE DE LA CAMARA DE COMERCIO INTERNACIONAL al cual hace referencia en último inciso de la Cláusula Décima Séptima del Marco de Condiciones contenido en el Artículo 2 del Acuerdo del Congreso de la República de fecha 4 de julio de 1995. Publicado en la Gaceta Oficial N° 35.754 de fecha 17 de julio de 1996, producido y cursa en autos, que a sido impugnado parcialmente en estos procesos por inconstitucionalidad e ilegalidad acumulados, según decisión de fecha 2 de julio de 1996.

F.- Ratifico traducción efectuada por interprete público titulado "300 Compañías Asistieron al otorgamiento de Licitaciones. EN VENEZUELA LOS GANADORES DE LA LICITACION SE DISPONN A TRABAJAR" que cursa en autos, publicado en el ejemplar del mes de agosto de 1996, de la publicación denominada EXPLORERE (EXPLORADOR) publicación de la AAPG AMERICAN ASSOCIATION OF PETROLEUM GEOLIGISTS, AN INTERNACTIONAL ORGANIZATION (Asociación Americana de Geologistas de Petróleo, una Organización Internacional) y que aparece en las páginas 42, 43 y 55 referente a las diez (10) áreas ofertadas para la celebración de Convenios de Asociación conforme al acuerdo de Asociación Nacional de fecha 4 de julio de 1995.

G.- Ratifico página 4 del ejemplar Diario El Universal publicado en la Ciudad de Caracas correspondiente a su edición de fecha 14 de septiembre de 1996, en cuya página 1-4 aparece Articulo Titulado BLINDAR LA CONSTITUCIÓN, el cual cursa en autos, cuyo autor es el Dr. JESUS PETIT DA COSTA, quien es actualmente Procurador General de la República, y expresa su personal opinión sobre la vigencia del Artículo 127 de la Constitución Nacional referente a la Jurisdicción de los Tribunales de la República de Venezuela para el caso de controversias que puedan suscitarse sobre contrato de interés público.

CAPITULO III

PRUEBA DE EXHIBICION DE DOCUMENTOS

A. De conformidad con lo dispuesto por los Artículos 436 y 437 del Código de Procedimiento Civil promuevo la prueba de exhibición del PAQUETE DE INFORMACION a los cual se refiere la sección 5 de la publicación del Ministerio de Minas e Hidrocarburos (MEN) y PDVSA titulada VENEZUELA EXPLORACIÓN Y PRODUCCIÓN EN ÁREAS NUEVAS 1995 DOCUMENTO INFORMATIVO, en su página 16 que incluye toda la información disponible en cada área y alguna información fuera de ellas disponible según se señala en la página 16 refiriéndose a la Sección 11, donde se indica la dirección de PETRÓLEOS DE VENEZUELA, S.A., en Caracas, QUIEN SE HA HECHO PARTE EN ESTE PROCESO SEGUN CONSTA DE AUTOS.

A los efectos de lo establecido en el Artículo 436 del Código de Procedimiento Civil y como presunción grave de dicho PAQUETE DE INFORMACIÓN de que se encuentra en poder de Petróleos de Venezuela, S.A. (PDVSA) , ratifico en esta oportunidad ejemplar que cursa en autos de la mencionada publicación titulada VENEZUELA EXPLORACION Y PRODUCCION EN AREAS NUEVAS 1995 DOCUMENTO INFORMATIVO.

B. De conformidad con lo dispuesto en el Artículo 436 del Código de Procedimiento Civil promuevo la exhibición de los documentos, registros o escritos técnicos de pozos perforados en el área denominada "LA CEIBA", recientemente licitada, y en particular lo concerniente al pozo denominado "LA CEIBA 1 X" que se encuentra en la Oficina Técnica de Hidrocarburos del Ministerio de Energía y Minas.

A los efectos de la presente prueba, solicito a esta Honorable Corte Suprema de Justicia en Sala Plena, que a través de su Tribunal de Sustanciación dirija requerimiento al Ciudadano Ministro de Energía y Minas a fin de que permita a ésta Corte en Sala Plena los mencionados documentos, registros o escritos técnicos de Hidrocarburos del Ministerio de Energía y Minas a fin de que sean agregados a los autos.

CAPITULO IV

PRUEBA DE INFORMES

De conformidad con lo previsto en el Artículo 433 del Código de Procedimiento Civil solicito de esta Corte Suprema de Justicia se dirija:

Al Congreso Nacional de la República de Venezuela y requiera le sea remitida copia certificada N° 864 de fecha 7 de diciembre de 1994, que le enviara el Ciudadano Ministro de Energía y Minas al Ciudadano Diputado CARMELO LAURIA, Vicepresidente del Congreso de la República, anexo al cual se remitió documento base para La Consolidación del Desarrollo del Sector Petrolero Venezolano aprobado por el Ciudadano Presidente de la República en Consejo de Ministros en ella Sesión Ordinaria N° 55 celebrada el día 7 de diciembre de 1994 la cual contiene la propuesta de iniciar un proceso de apertura a las actividades de exploración y producción de nuevas áreas a la participación de capitales privados, como parte integral de la estrategia bajo el ESQUEMA DE GANANCIAS COMPARTIDAS, todo de acuerdo a lo dispuesto al Artículo 5 de la Ley Orgánica que Reserva al Estado, la Industria y el Comercio de los Hidrocarburos, lo cual incluye: 1. Certificación de la Resolución del Ciudadano Presidente de la República adoptada en Consejo de Ministros autorizando dicha propuesta, la cual consta en autos. 2. Documento base (Circunstancias Pertinentes) el cual cursa en autos y 3. Propuesta de Marco de Condiciones el cual igualmente consta en autos y ratifico.

B. Al Ministro de Energía y Minas, y requiera le sea remitido las formas finales de ocho (8) CONVENIOS DE ASOCIACIÓN PARA LA EXPLORACION A RIESGO DE NUEVAS AREAS Y LA PRODUCCION DE HIDROCARBUROS BAJO EL ESQUEMA DE GANANCIAS COMPARTIDAS enviadas al Congreso de la República mediante Oficios Nos. 245 y 246, ambos de fecha 8 de marzo de 1996.

C. Al Congreso de la República y requiera le sea remitido ejemplar del Diario de Debates de las Cámaras del Congreso de la República en su sesión conjunta celebradas el día 4 de julio de 1995, ello con el objeto de que esa Honorable Corte de Justicia pueda constar la superficialidad de las decisiones y debates del mencionado Cuerpo en materia de tanta trascendencia y fundamental para el futuro del país.

D. A la Asesoría Jurídica del Congreso Nacional de la República y requiera le sea remitido copia certificada de su Dictamen sobre los Proyectos de Convenios de Asociación para la Exploración de Riesgo al pozo denominado "La Ceiba 1 X".

La presente prueba se promueve de nuevo, habiéndola promovido con anterioridad en este mismo escrito de promoción de pruebas, como prueba de exhibición de documentos, en razón de que la acción intentada es una acción popular por inconstitucionalidad e ilegalidad e en el caso de que no proceda por vía de exhibición de documentos por no existir contraparte, sea admitida por vía de Informes en virtud de hacer conocer procesalmente a la Corte Suprema de Justicia en Sala Plena, la magnitud de los yacimientos de petróleos técnicamente detectados en el área conocido como "La Ceiba" situada al Sur del Lago de Maracaibo.

CAPITULO V

PRUEBA DE TESTIGOS

En conformidad con lo dispuesto en el Artículo 482 del Código de Procedimiento Civil, promuevo prueba de testigos y presentamos a esta ilustre Corte Suprema de Justicia lista de los mismos para que declaren previo el cumplimiento de todos y cada uno de los requisitos legales al efecto, a saber; Dr. RAFAEL CALDERA RODRIGUEZ, domiciliado en La Casona, Urbanización Santa Cecilia, Distrito Sucre del Estado Miranda; Dr. JESÚS PETIT DA COSTA; Dr. HUGO

PEREZ LA SALVIA, Dr. CRUZ AGUILERA, Dr. GUSTAVO ROSSEN, Dr. ALBERTO QUIROZ, Dr. LUIS VALLENILLA, Dr. JUAN ZABO, Dr. HECTOR MALAVE MATA, Dr. LUIS SOSA PIETRI, Dr. EZEQUIEL MONSALVE CASADO, Dr. PEDRO BERROETA, Dr. LUIS GUISTI, Dr. THOMAS CARRILLO BATALLA, todos y cada uno de este mismo domicilio, es decir la ciudad de Caracas. Solicito se fijen las oportunidades correspondientes para sus declaraciones y se cumplan las formalidades que el Código de Procedimiento Civil establece para el Presidente de la República y al Dr. JESUS PETIT DA COSTA, además, para que comparezca a ratificar la opinión en la prensa nacional, a lo cual se refiere el Capítulo II del presente escrito de pruebas.

CAPITULO VI

PRUEBA DE EXPERTICIA DE GEOLOGÍA PETROLERA

De conformidad con el Artículo 1.422 y siguientes del Código Civil en concordancia con el Artículo 451 y siguientes del Código de Procedimiento Civil, promuevo prueba de experticia sobre el Paquete de Información preparado por Petróleos de Venezuela, S.A. referido anteriormente (PAQUETE DE INFORMACIÓN) el cual fue entregado a los interesados en acto público en un hotel capitalino, a fin que los expertos designados dictaminen sobre la magnitud y alcance de la información técnica contenida en dicho Paquete de Información y si es procedente, aplicar la calificación de alto riesgo a todas las áreas en cuestión.

Promuevo a esa Honorable Corte Suprema de Justicia, el Presente Escrito de Prueba a objeto de que se tenga como base de la promoción de las mismas en estos juicios acumulados y en su defecto como complementarias de algunas u otras promovidas formalmente. Solicitamos sean admitidas todas y cada una de las pruebas promovidas se ordene su evacuación y sean apreciadas en todo su valor en la definitiva. En Caracas, en la fecha de su presentación.

II. LA OPOSICIÓN A LAS PRUEBAS

El apoderado de Petróleos de Venezuela, S.A., Román José Duque Corredor, mediante escrito de fecha 1-10-96 se opuso a la admisión de las pruebas promovidas por los accionantes, con el siguiente texto:

Ciudadana

Presidente y demás Magistrados de la Corte en Pleno

Juzgado de Sustanciación

Su Despacho.

ROMÁN J. DUQUE CORREDOR, abogado en ejercicio, de este domicilio, inscrito en el Inpreabogado bajo el N° 466 e identificado con la Cédula de Identidad N° 2.455.372, actuando en su condición de apoderado judicial de PETRÓLEOS DE VENEZUELA S.A., parte opositora en el presente proceso de nulidad del Acuerdo del Congreso de fecha 4 de julio de 1.995, que autorizó la celebración de convenios de asociación para la exploración a riesgo y para la producción de hidrocarburos bajo el esquema de ganancias compartidas, como consta de autos, ante su competente autoridad, de conformidad con lo dispuesto en el artículo 397 del Código de Procedimiento Civil, aplicable supletoriamente por mandato del artículo 88 de la Ley Orgánica de la Corte Suprema de Justicia, ante su competente autoridad, con el respeto y la consideración debidos y de rigor, en nombre de mi representada, comparezco para oponerme a la admisión de las pruebas promovidas por el ciudadano CARLOS RAMÓN MENDOZA P, uno de los recurrentes en este mismo proceso. Oposición que fundamento en las siguientes razones:

I

Como lo ha asentado la jurisprudencia de nuestros tribunales la ratificación del mérito favorable de los autos no constituye un medio de prueba que deba ser promovido, por lo que su proposición como tal no ha de ser providenciada al no requerirse su evacuación, en consecuencia, las denominadas pruebas documentales de reproducción del mérito favorable de los autos, y de ratificación del ejemplar de la Gaceta donde aparece el acto impugnado, a que se contraen el Capítulo I y la Letra "A" del Capítulo II, del escrito de promoción de pruebas presentado por el prenombrado recurrente en fecha 24 de septiembre de 1.996, por ser una prueba carente de objeto, debe ser declarada inadmisible por su manifiesta ilegalidad e impertinencia, conforme lo dispone el artículo 398 del Código de Procedimiento Civil.

II

La prueba documental a que se refiere la Letra "B" del Capítulo II del indicado escrito de promoción, no guarda relación con los hechos controvertidos, ya que se refiere a contratos de concesiones celebrados con terceros extraños, regidos por una ley de hidrocarburos que no es la vigente y celebrados bajo una Constitución derogada, y que tienen objeto contratos distintos a la materia del presente proceso de nulidad. Por tanto, la manifiesta impertinencia de tal prueba documental es evidente y por ende debe ser declarada inadmisible por ese Juzgado de Sustanciación en atención a lo dispuesto en el artículo 398 eiusdem. Igual consideración cabe formular a la denominada prueba documental distinguida con la Letra "C" del Capítulo II de dicho escrito de promoción de pruebas, en razón de que el contenido de la Resolución N° 248-249 del Ministerio de Desarrollo Urbano, que aparece en la Gaceta Oficial N° 38.823 de fecha 11 de junio de 1.986, cual es el Plan Rector de Desarrollo de Clarines, es totalmente ajena a la materia que constituye el mérito del presente juicio de nulidad, por lo que su promoción resulta ser ostensiblemente impertinente y así debe ser declarado por ese mismo Juzgado de Sustanciación.

Pero es que además, la forma bajo la cual se promovieron las anteriores pruebas documentales, resulta ser contraria a las reglas procesales que rigen la promoción de las pruebas documentales en los procesos. En efecto, conforme a lo previsto en el artículo 429 del Código de Procedimiento Civil, los instrumentos públicos o los privados dotados de autenticidad, se producen en juicio, como tales pruebas instrumentales, mediante la presentación de sus originales o de sus copias certificadas expedidas por los funcionarios competentes, o mediante sus copias o reproducciones fotográficas, fotostáticas o de cualquier otro medio mecánico inteligible. El promovente, por el contrario, en lugar de acudir a uno de esos medios de proposición de las pruebas documentales, solicita del Juzgado de Sustanciación se requieran del Ministro de Relaciones Interiores, confundiendo la prueba instrumental con la de informes, lo cual determina la ilegalidad de la promoción de dichas pruebas, en razón de que efectuó una mixtura de dichas pruebas para su promoción, contrariando lo dispuesto en el artículo 395 eiusdem, que no permite la desnaturalización de las pruebas cuyo régimen esté regulado en la ley. Por tanto, ese Juzgado debe declarar inadmisibles las anteriores pruebas documentales por ser manifiestamente ilegales e impertinentes, según lo dispuesto en el artículo 398, ya citado.

III

La prueba documental a que se contrae la Letra "D" del Capítulo II del escrito de promoción, resulta ser inadmisible en razón de que carece de autenticidad, y además porque la vigencia, validez o interpretación del Reglamento de Conciliación y de Arbitraje de la Cámara de Comercio Internacional, a que se refiere tal denominada prueba documental, no es objeto de la materia debatida. En consecuencia, dicha prueba debe ser declarada inadmisible por su manifiesta ilegalidad e impertinencia, de acuerdo a lo previsto en los artículos 429 y 398, ambos del referido Código Procesal.

IV

La denominada prueba instrumental a que se refiere la Letra "E" del Capitulo II del mencionado escrito de promoción referente a los trabajos de las empresas relacionadas en el proceso de licitación de los convenios de asociación, resulta ser un instrumento simple, sin valor auténtico, siendo una publicación no dispuesta por ley alguna y sin que su objeto forme parte de la materia debatida, por lo que debe ser declarada inadmisible por ser manifiestamente ilegal, en razón de lo dispuesto en el artículo 398 eiusdem.

V

El ejemplar del Diario "El Universal" a que se contrae el Literal F" del Capítulo II del escrito de promoción de pruebas, carece de valor probatorio como prueba instrumental, y además, porque tratándose de un artículo de opinión, la misma no representa la posición de la Procuraduría General de la República en el presente proceso, puesto que no se trata del dictamen que en estos juicios ha de presentar el Procurador General de la República conforme a lo previsto en el artículo 116 de la Ley Orgánica de la Corte Suprema de Justicia. No siendo, pues, un documento auténtico emanado de la Procuraduría General de la República la promoción de dicho ejemplar de periódico resulta ser manifiestamente ilegal, conforme se desprende del artículo 429 y 432 del mencionado Código, y así debe ser declarado por ese Juzgado de Sustanciación con fundamento en el artículo 398 eiusdem.

VI

La prueba de exhibición promovida en el Literal "A" del Capítulo III del escrito de promoción de pruebas resulta manifiestamente impertinente por la indefinición de su objeto y por su inoportunidad. En efecto, en primer término, el promovente, que califica al instrumento promovido de PAQUETE DE INFORMACION, no señala cuál es el objeto de la prueba, porque inclusive afirma que en la publicación "Venezuela Exploración y Producción en Areas Nuevas 1.995 Documento Informativo", que es la promovida, se " *incluye toda la información disponible dentro de cada área y alguna información fuera de élla* (…) ". Pues bien, es imposible establecer la coincidencia de los hechos objeto de la prueba con la materia debatida, para el momento en que se anuncia la proposición del medio probatorio. Se trata, por tanto, de una prueba indefinida porque es imposible saber cuál es su objeto y convierte, entonces, a esa Corte en un investigador sobre cuales hechos ha de versar la exhibición. Además, en segundo término, según lo previsto en el artículo 436 del Código de Procedimiento Civil, la evacuación de la prueba de exhibición requiere que el Tribunal intime al adversario para que en la oportunidad que fije entregue el documento bajo apercibimiento, como lo ordena el artículo 436, segundo aparte, eiusdem. Por tanto, por el estado en que se encuentra el proceso, de vencerse muy próximamente el lapso único probatorio a que se refiere el artículo 117 de la Ley Orgánica de la Corte Suprema de Justicia, que según los términos del último aparte de este mismo artículo, no puede prorrogarse porque a su vencimiento deben devolverse de inmediato los autos a la Corte, la evacuación de la prueba de exhibición resulta imposible, y por ende, su promoción, también por esta última razón, es manifiestamente impertinente.

En este orden de ideas, ese Máximo Tribunal, ha establecido coma doctrina jurisprudencial que en los casos en que las articulaciones probatorias deben cumplirse perentoriamente en un lapso fijo, sin la posibilidad de posponer las fases subsiguientes, porque éstas están fijadas imperativamente por la ley, entre ellas la de la sentencia, la promoción de pruebas a la conclusión de tales articulaciones, de modo que su práctica dilaten el curso del procedimiento y pospongan para oportunidades distintas los actos subsiguientes, resulta ser ilegal e impertinente (Vid, sentencias de la Sala de Casación Civil de fechas 21.03.73 y 21.11.79, en Martínez Ledezma Juana, "Código de Procedimiento Civil", (Artículos 446-802), Imprenta de la UCV, Marzo de 1.983, pág. 297; y sentencias de fecha 11.06.75; G.F. N° 88, pág. 763 y de fecha 21.02.73, G.F. No. 79, pág. 625). Pues bien, en los procesos de nulidad de los actos de efectos generales en los casos en que existan hechos que probar, los medios de prueba legales y pertinentes deben promoverse en el lapso único de sesenta días continuos a que se contrae el artículo 117 de la Ley Orgánica de la Corte Suprema de Justicia, vencido el cual necesariamente han de pasarse los autos a la Corte para que ésta, al recibo del expediente designe Ponente y proceda con la relación de la causa y fije el acto de informes. Es decir, que la promoción de pruebas al estar por concluir dicho lapso, implica una violación del artículo 117, antes señalado, y de admitirse a las partes las pruebas promovidas inoportunamente por haber dejado éstas hasta los últimos días del lapso probatorio para su promoción, se estaría permitiendo que se subviertan las reglas procedimentales antes dichas. Por esta razón, la prueba de exhibición promovida en el Literal "A" del Capítulo III del escrito de promoción de pruebas debe ser declarada inadmisible por ser manifiestamente ilegal e impertinente, de acuerdo a lo previsto en los artículos 398 del Código de Procedimiento Civil, y 117 de la Ley Orgánica que rige ese Máximo Tribunal. A este respecto la doctrina nacional, sobre las pruebas que pretenden demorar el proceso, ha asentado lo siguiente: *"La prueba prejuiciosa parece moverse en el terreno de nadie, ya que pesar de lo lejano de su conexión con los hechos litigiosos, puede no resultar manifiestamente impertinente, ya que una relación aunque remota tiene con el litigio. Es una cuestión casuística, pero nos inclinamos porque la prueba cuya finalidad objetiva luzca prejuiciosa, a pesar de su indirecta conexión con los hechos, puede ser objetada y desechada por impertinente"* (Vid, CABRERA ROMERO, JESÚS EDUARDO, "Contradicción y Control de la Prueba Legal y Libre", Editorial Jurídica ALVA, Caracas, 1.989, Tomo I, pág. 80).

VII

Por la misma razón de su inoportunidad, antes alegada, y por el hecho últimamente señalado, de que en casos como el presente de fijación de lapsos probatorios únicos e inmodificables, las pruebas que requieran evacuación, promovidas al último momento, resultan ilegales e impertinentes, en nombre de mi representada me opongo a la admisión de las pruebas de informes y de experticias promovidas en los Capítulos IV, V, VI y VII del escrito de promoción de pruebas del recurrente, y solicito se declaren inadmisibles por su manifiesta ilegalidad e impertinencia. En todo caso, según el principio implícito contemplado en el artículo 214 del Código de Procedimiento Civil, las partes no puede alegar en su favor su error, su torpeza, o su falta de diligencia o interés, para obligar al Tribunal a cumplir determinados actos procesales, que sólo a ellas correspondía cumplir.

VIII

Aparte de la razón anteriormente alegada respecto de su inoportunidad, la prueba de informes a que se refiere el Capítulo IV resulta ser impertinente porque lo referente a la propuesta del Ejecutivo Nacional de iniciar un proceso de apertura petrolera y la decisión del Consejo de Ministros de llevarla a cabo de fecha 07.12.94, cuya remisión se solicita, no forma parte de la materia debatida, así como tampoco la consideración particular de cada uno de los ocho (8) convenios de asociación celebrados con posterioridad al acto impugnado o la supuesta superficialidad de las discusiones parlamentarias, que no siquiera se mencionan en los recursos de anulación. Igual razón cabe respecto de la solicitud de informes sobre el dictamen de la Asesoría Jurídica del Congreso sobre los proyectos de convenios de asociación porque estos convenios no forman parte del objeto del presente proceso sobre la legalidad y constitucionalidad del Acuerdo del Congreso de fecha 04.07.95 y que, por otra parte, a los cuales ni siquiera se hace mención en tales recursos. Resulta, pues, patente, la manifiesta impertinencia de la prueba de informes promovida en el Capítulo IV del escrito de promoción y así solicito lo declare ese Juzgado de Sustanciación conforme lo previsto en el artículo 398 del Código de Procedimiento Civil.

IX

Aparte de su inoportunidad, que hace que por sí resulte una prueba inadmisible por ilegal e impertinente, la prueba de experticia de geología petrolera promovida en el Capitulo V del escrito de promoción de pruebas es también impertinente por cuanto su objeto, como lo es que los expertos que se designen dictaminen sobre la magnitud y alcance de la información técnica contenida en el denominado Paquete de Información, no forma parte de la materia debatida y ni siquiera es mencionada en los recursos de anulación como fundamentos de hecho de las demandas de inconstitucionalidad o de ilegalidad del Acuerdo impugnado. Por tanto, por esta otra razón la prueba de experticia antes mencionada debe ser declarada inadmisible por su manifiesta impertinencia, a tenor de lo dispuesto en el artículo 398 del Código de Procedimiento Civil.

X

Igualmente, además de su inoportunidad, que hace que se trate de pruebas ilegales e impertinentes, las experticias económicas promovidas en los Capítulos VI y

VII del escrito de promoción de pruebas son manifiestamente impertinentes porque el aspecto debatido respecto de la rebaja del denominado impuesto de explotación o regalía es la legalidad de la cláusula correspondiente del Acuerdo del Congreso de fecha 04-07-96, y no, como se pretende a través de dichas experticias, demostrar cuestiones económicas referentes a tal impuesto y tampoco la existencia o no de un régimen especial de dicho ajuste celebrado entre PDVSA y el Ministerio de Energía y Minas o entre este Ministerio y la Corporación Venezolana del Petróleo S.A.; así como tampoco la existencia de un método de ajuste variable de las tasas de regalía mediante la determinación de un factor fiscal por zonas geográficas. Cuestiones económicas y técnicas éstas últimas que no constituyen fundamentos de hechos de los respectivos recursos. Por tanto, las experticias económicas promovidas por el recurrente resultan ser manifiestamente impertinentes, y así debe declararlo ese Juzgado conforme a lo previsto en el artículo 398 del Código de Procedimiento Civil.

PETITORIO

Por las razones antes expuestas, y por cuanto se ha evidenciado la inadmisibilidad de las pruebas propuestas por el correcurrente Carlos Ramón Mendoza P, por ser manifiestamente ilegales e impertinentes, solicito del Juzgado de Sustanciación de esa Corte en Pleno que las declare inadmisibles, de acuerdo a lo previsto en el artículo 398 del Código de Procedimiento Civil.

Es Justicia, que solicito en Caracas en la misma fecha de presentación del presente escrito.

III. LA DECISIÓN DEL JUZGADO DE SUSTANCIACIÓN DE LA CORTE SUPREMA DE JUSTICIA SOBRE LA ADMISIÓN DE PRUEBAS

Mediante auto del 22-10-96, el Juzgado de Sustanciación de la Corte Suprema procedió a resolver sobre la admisión parcial de las pruebas promovidas.

El texto del auto fue el siguiente:

Caracas, 22 de octubre de 1996

186° y 137°

En el juicio de nulidad por razones de inconstitucionalidad e ilegalidad contra el Acuerdo del Congreso de la República de fecha 4 de julio de 1995, publicado en la Gaceta Oficial de la República de Venezuela del 17 de julio del mismo año, que autorizó la celebración de CONVENIOS DE ASOCIACIÓN PARA LA EXPLORACIÓN Y PRODUCCIÓN DE HIDROCARBUROS BAJO EL ESQUEMA DE GANANCIAS COMPARTIDAS, intentado por el Dr. Simón Muñoz Armas y otros, se han promovido las siguientes pruebas:

PRIMERO:

En escrito de fecha 24 de septiembre de 1996, el economista CARLOS RAMÓN MENDOZA POTELLA, asistido por el abogado Alejo Urdaneta Fuenmayor, promovió:

1° En el Capítulo I, reproduce el mérito favorable de los autos y en particular el ejemplar de la Gaceta Oficial de la República de Venezuela N° 35.754 de fecha 17 de julio de 1995, en la cual aparece publicado el Acuerdo del Congreso de la República de fecha 4 de julio de 1995, que autorizó la celebración de los Convenios de Asociación para la Exploración y Producción de Hidrocarburos bajo el Esquema de Ganancias Compartidas.

2° En el Capítulo II, Pruebas Documentales:

A)   Ratifica la prueba documental consistente en el ejemplar de la *Gaceta Oficial* de la República de Venezuela N° 35.754 de fecha 17 de julio de 1995.

B) *Gaceta Oficial* de los Estados Unidos de Venezuela N° 83 Extraordinario de fecha 30 de junio de 1944.

C) *Gaceta Oficial* de la República de Venezuela N° 3.823 Extraordinario de fecha 11 de junio de 1986.

D) Un ejemplar de la publicación en castellano N° 447, contentivo del Reglamento de Conciliación y Arbitraje de la Cámara de Comercio Internacional con sede en la República Francesa, y posteriormente, mediante escrito de fecha 17 de octubre de 1996, consignó otro ejemplar del mismo, certificado por el Secretario General de la Cámara de Comercio Internacional y debidamente autenticado por las autoridades consulares de la República de Venezuela en la República Francesa.

E) Un ejemplar y documento contentivo de la traducción al español, hecha por intérprete público, del reportaje publicado en la revista AAPG Explorer (Explorador), "En Venezuela los Ganadores de la licitación se disponen a trabajar" y "...áreas afectadas para la celebración de Convenios de Asociación conforme al Acuerdo del Congreso Nacional de fecha 4 de julio de 1995".

F) Un ejemplar de artículo publicado en la página 1-4 del Diario El Universal en su edición del día 14 de septiembre de 1996, intitulado "Blindar con la Constitución", cuyo autor es el Dr. Jesús Petit da Costa.

3° En el Capítulo III, Prueba de Exhibición de Documentos: conforme a lo dispuesto en el artículo 436 del Código de Procedimiento Civil, promueve la exhibición de los siguientes documentos por parte del ciudadano Ministro de Energía y Minas:

A) Publicación del Ministerio de Energía y Minas y la empresa Petróleos de Venezuela, S.A., intitulada "Venezuela Exploración y Producción de áreas nuevas 1995. Documento Informativo".

B) La exhibición de los documentos, registros o escritos técnicos de los pozos perforados en el área denominada "La Ceiba", recientemente licitada, y en particular los concernientes al pozo denominado "La Ceiba 1X".

4° En el Capítulo IV, Pruebas de Informes: de conformidad con lo establecido en el artículo 433 del Código de Procedimiento Civil, promueve las siguientes:

a) Se requiera del Congreso de la República copia certificada del oficio N° 864 de fecha 7 de diciembre de 1994, que le enviara el ciudadano Ministro de Energía y Minas al ciudadano Vicepresidente del Congreso de la República, anexo al cual le remitió el documento base para la Consolidación y Desarrollo del Sector Petrolero Venezolano, aprobado por el ciudadano Presidente de la República en Consejo de Ministros en su Sesión N° 55 de la misma fecha, "...el cual contiene la propuesta de iniciar un proceso de apertura de las actividades de exploración y producción de nuevas áreas a la participación de capitales privados, como parte integral de la estrategia bajo el esquema de Ganancias Compartidas..."

b) Se requiera del Ministerio de Energía y Minas las formas finales de los ocho (8) Convenios de Asociación enviados al Congreso de la República mediante oficios N° 245 y 246 ambos de fecha 8 de marzo de 1996.

c) Se requiera del Congreso de la República copia del Diario de Debates de la Sesión Conjunta de fecha 4 de julio de 1995.

d) Se requiera de la Oficina de Asesoría Jurídica del Congreso de la República, copia certificada del dictamen sobre los proyectos de Convenio para Exploración a Riesgo de Nuevas Areas y la Producción de Hidrocarburos Bajo el Esquema de Ganancias Compartidas.

e) Se requiera del Ministerio de Energía y Minas, a través de su Oficina Técnica de Hidrocarburos, los documentos, registros o escritos que se encuentran en los archivos de los pozos perforados en el área denominada "La Ceiba", recientemente licitada, en especial los correspondientes al pozo denominado "La Ceiba 1X".

5° En el Capítulo V, Prueba de Experticia: de conformidad con lo establecido en el artículo 1.422 y siguientes del Código Civil, en concordancia con lo establecido en los artículos 451 y siguientes del Código de Procedimiento Civil, promueve prueba de experticia sobre el Paquete de Información preparado por la empresa Petróleos de Venezuela, S.A., "...el cual fue entregado a los interesados en Acto Público en un hotel capitalino...".

6° En el Capítulo VI, Prueba de Experticia: promueve prueba de experticia "...sobre las variaciones de los montos percibidos por concepto de explotación (Regalía) en los Convenios de Asociación para la Exploración y Producción en Áreas Nuevas Bajo el Esquema de Ganancias Compartidas, producidas por la aplicación de un régimen especial de ajuste de la regalía para desarrollos de baja rentabilidad...", "...régimen especial establecido mediante Convenio entre el Ministerio de Energía y Minas y la filial de PDVSA designada para la suscripción de estos convenios de asociación, la Corporación Venezolana del Petróleo, S.A..."

7° En el Capítulo VII, Prueba de Experticia: conforme a lo dispuesto en el artículo 1.422 del Código Civil, en concordancia con los artículos 451 y siguientes del Código de Procedimiento Civil, promueve prueba de experticia sobre las variaciones de los montos percibidos por concepto impuesto de explotación (Regalía) en los Convenios de Asociación para la exploración y producción en áreas nuevas bajo el esquema de ganancias compartidas, producidas por la aplicación de un factor fiscal inferior a la unidad para ponderar la regalía básica de 16 2/3% del petróleo extraído y medido en el campo de producción, cuyos documentos originales se encuentran en el Ministerio de Energía y Minas y en la empresa Petróleos de Venezuela, S.A.

SEGUNDO:

Por escrito presentado el 1° de octubre de 1996 el abogado Román José Duque Corredor, Apoderado Judicial de la empresa PETROLEOS DE VENEZUELA, S.A., se opone a la admisión de las pruebas promovidas en fecha 24 de septiembre de 1996, por el economista Carlos Ramón Mendoza Potella, y fundamenta su oposición alegando la ilegalidad e impertinencia de las mismas, en virtud de que no guardan relación con el asunto debatido en este juicio.

TERCERO:

A los fines de proveer lo conducente sobre la admisibilidad de las pruebas antes reseñadas, conviene transcribir los respectivos petitorios tanto de inconstitucionalidad como de ilegalidad de las disposiciones impugnadas, así como el texto de ellas:

En lo referente a la demanda de nulidad por razones de inconstitucionalidad, su petitorio es el siguiente:

"...PRIMERO: Que declare la nulidad absoluta de la Cláusula Décima del Acuerdo aprobado por el Congreso de la República en fecha 4 de julio del corriente año, publicado en la Gaceta Oficial N° 35.754 de fecha 17 de julio de 1995, por violar los artículos 29, 31 ordinal 3°, 224, 162 y 177, todos de la Constitución de la República; SEGUNDO: Que se declare la nulidad de la Cláusula Decimoséptima del Acuerdo antes dicho, por violar el artículo 127 de nuestro Texto Fundamental; TERCERO: Que se declare la nulidad absoluta de las Cláusulas Segunda y Cuarta del mismo Acuerdo, por violar los principios constitucionales de lex superior y especificidad consagrados en el artículo 163 de la Constitución en los términos antes expuestos...

En lo referente al petitorio en la demanda por ilegalidad, acumulada, se formuló en los siguientes términos:

"...solicitamos respetuosamente de esa Corte la declaratoria de nulidad por ilegalidad de las Cláusulas PRIMERA: Por violar lo dispuesto en el artículo 5° de la Ley de Reserva al Estado la Industria y el Comercio de los Hidrocarburos; SEGUNDA: por violar lo dispuesto en el ordinal 5° del artículo 35 de la Ley Orgánica de la Administración Central; CUARTA, por violar el artículo 5° de la Ley que Reserva al Estado la Industria y el Comercio de los Hidrocarburos en concordancia con lo dispuesto en el artículo 35, ordinal 5° de la Ley Orgánica de la Administración Central y los Decretos 1.123 del 30-08-75 y 250 del 23-08-79; SEXTA, por violar el artículo 1.164 del Código Civil; DECIMA, por violar el artículo 4°, numeral 2 del Código Orgánica Tributario; y VIGESIMAPRIMERA, por violar el artículo 41 de la vigente Ley de Hidrocarburos...".

Las Cláusulas de expediente acumulado impugnadas tanto por inconstitucionalidad como por ilegalidad son las siguientes:

"DECIMA: La celebración y ejecución del Convenio quedarán sometidas al régimen establecido en la Ley Orgánica que Reserva al Estado la Industria y el Comercio de los Hidrocarburos, en razón de que su objeto se contrae al ejercicio de las actividades reservadas al Estado, conforme al artículo 1° de dicha Ley. En tal virtud, las referidas actividades, siendo además de la competencia del Poder Nacional, no estarán sometidas al pago de impuestos municipales ni estadales. Sin embargo, y en atención a lo establecido en el artículo 136, ordinal 10° de la Constitución de la República de Venezuela, el Congreso de la República establecerá un sistema de beneficios económicos especiales con cargo al bono sobre la rentabilidad "PEG" y en favor de los Estados y Municipios en cuyos territorios se realicen las referidas actividades y a otros fines que considere conveniente".

"DECIMOSEPTIMA: El Convenio se regirá e interpretará de conformidad con las leyes de la República de Venezuela.

Las materias competencia del Comité de Control no estarán sujetas al arbitraje.

El modo de resolver las controversias en materias que no sean de la competencia del Comité de Control y que no puedan dirimirse por acuerdo entre las partes, será el arbitraje, el cual se realizará según las reglas de procedimiento de la Cámara Internacional de Comercio, vigentes al momento de la firma del Convenio".

"SEGUNDA: La Filial llevará a cabo los procesos de licitación que sean necesarios para seleccionar a las empresas inversionistas privadas con las cuales celebrará Convenios de Asociación para realizar las actividades descritas en la Condición Primera, conforme al artículo 5° de la Ley que Reserva al Estado la Industria y el Comercio de los Hidrocarburos.

Con base en los resultados de cada proceso de licitación, la Filial celebrará un Convenio de Asociación (en lo adelante el "Convenio") con la o las empresas inversionistas que resulten favorecidas (en lo adelante "Inversionistas"). Los Inversionistas podrán ofertar en relación con las actividades referidas en la condición primera, en todas las Áreas, pero solo podrán ser seleccionadas, según los resultados del proceso de licitación llevado a cabo por la Filial, para celebrar Convenios hasta en un máximo de cinco (5) Areas, dependiendo de la clasificación de los inversionistas".

"CUARTA: En cada Convenio las Partes constituirán, antes de dar inicio a las actividades del Convenio, un comité (en lo adelante "Comité de Control"), conformado por igual número de miembros designados por los Inversionistas y la Filial, que presidirá un miembro designado por esta última. Para la validez de sus deliberaciones y decisiones, se requerirá la presencia y el consentimiento de los miembros designados por la Filial, teniendo el Presidente doble voto para resolver los casos de empate.

Las Partes someterán a la aprobación del Comité de Control las decisiones fundamentales de interés nacional relacionadas con la ejecución del Convenio.

Estas decisiones estarán descritas en el Convenio e incluirán, entre otras, la aprobación de los planes de exploración, evaluación y desarrollo, así como de cualquier modificación a tales planes, incluyendo la extensión de los lapsos de exploración y explotación, y la ejecución de reducciones en la producción

424

de acuerdo con los compromisos internacionales de la República de Venezuela. A estos fines, se le informará al Comité de Control sobre todas las materias de importancia en la vida de la Asociación y se les someterán los recaudos y cuentas necesarias para poder realizar la fiscalización y auditoria por parte de los entes que el Comité de Control designe".

Cláusulas denunciadas por ilegalidad:

"PRIMERA: El Ejecutivo Nacional, por órgano del Ministerio de Energía y Minas, en uso de sus atribuciones legales, determinará las Areas geográficas descritas en el anexo "B" (en lo adelante las "Areas") en favor de una filial de Petróleos de Venezuela, S.A. (en lo adelante la "Filial"), para realizar actividades relacionadas con la exploración y explotación de yacimientos de hidrocarburos, con el transporte por vías especiales, almacenamiento y comercialización de la producción obtenida en las Areas, y con las obras que su manejo requiera, todo de conformidad con lo dispuesto en la Ley Orgánica que Reserva al Estado la Industria y el Comercio de los Hidrocarburos".

Igualmente impugnan por ilegalidad las Cláusulas Segunda y Cuarta del referido Acuerdo.

CUARTO:

A) Con referencia a las documentales indicadas en los capítulos I y II (literal "A"), cuya ratificación, a los efectos de su mérito, invoca el promovente, el apoderado de la empresa Petróleos de Venezuela, S.A. formula oposición a las pruebas del ciudadano Carlos Mendoza Potella, señalando que se trata de pruebas carentes de objeto, los que las convierte –en su criterio– en ilegales e impertinentes.

Al respecto se observa, que el oponente no fundamenta sus alegatos en la violación manifiesta de la ley ni en que los elementos probatorios que invoca el promovente en los referidos capítulos se aparten ostensiblemente de lo debatido en el proceso; sino que, dicha oposición atiende mas bien al valor que de dichas actas procesales pudiera darse; y, como quiera que el mérito o valor que pudiere desprenderse de las mismas será resuelto por la Corte en la sentencia definitiva, se declara resuelto por la Corte en la sentencia definitiva, se declara improcedente la referida oposición y así se decide.

B) Se opone, además, a la admisión de las pruebas documentales, contenidas en los literales B y C del capítulo II, del escrito mencionado, estimando que:

"no guarda relación con los hechos controvertidos, ya que se refiere a contratos de concesiones celebrados con terceros extraños regidos por una ley de hidrocarburos que no es la vigente y celebrados bajo una Constitución derogada, y ...distintos a la materia del presente proceso de nulidad".

Con relación a lo expuesto, estima este Juzgado de Sustanciación de la Corte en Pleno, que dado que el presente juicio se refiere a la nulidad por inconstitucionalidad parcial del Acuerdo del Congreso de la República que autorizó la celebración de los Convenios de Asociación para la exploración a riesgo de nuevas áreas y la producción de hidrocarburos bajo el esquema de ganancias compartidas, se considera que los elementos aportados por el promovente a través de dichos documentales podrían tener alguna vinculación con el objeto de la presente solicitud de nulidad; no siendo por tanto manifiestamente impertinente, impide a este Juzgado de Sustanciación de la Corte en Pleno y en esta oportunidad desecharla, y, en consecuencia, se declara improcedente la oposición formulada y, así se decide.

Por otra parte, aduce el oponente que las anteriores pruebas son ilegales en cuanto a su promoción, considerando que el promovente confundió la prueba instrumental con la informes.

A este respecto, se observa que el medio probatorio distinguido como "prueba de informes" está previsto en la Sección 1° del Capítulo V, que regula la prueba instrumental; la cual, puede ser producida en juicio con la consignación de las mismas o por su obtención, a través de los informes que de ellas se requieran a las oficinas u organismos en cuyos archivos reposen; en razón de lo cual se desestima la oposición en los términos expuestos. Así se declara.

C) En cuanto a la oposición formulada a la prueba contenida en el capítulo II, literal "D", del escrito de promoción, ratificada mediante escrito de fecha 17 de octubre de 1996, "la vigencia, validez o interpretación del Reglamento de Conciliación y de Arbitraje de la Cámara de Comercio Internacional" a que se refiere dicha documental, no es –en su criterio– objeto de la materia debatida.

En este sentido, de la revisión de las actas, se observa, que los recurrentes expresan en su libelo (folio doce (12) del expediente 0812), como fundamento de la nulidad de la cláusula decimaséptima del artículo N° 2 del Acuerdo del Congreso de la República que autorizó la celebración de los Convenios de Asociación para la exploración a riesgo de nuevas áreas y la producción de hidrocarburos bajo el esquema de ganancias compartidas, que se refiere a que "el modo de resolver las controversias en materia que no sean de competencia del Comité de Control... será el arbitraje el cual se realizará según las reglas de procedimiento de la Cámara Internacional de Comercio..."

Lo expuesto, evidencia la conexión de la documental promovida con los alegatos presentados por los recurrentes en su libelo; en cuya virtud se declara improcedente la referida oposición y, así se decide.

Asimismo, en lo atinente a la oposición formulada a las documentales promovidas en los literales "E" y "F" del capítulo II, por cuanto considera el apoderado de PDVSA, que se trata de instrumentos simples, sin valor auténtico..., sin que su objeto forme parte de la materia debatida y, en el segundo de los casos, opinión de prensa que no representa la posición de la Procuraduría General de la República. Estima este Juzgado al respecto, que el fundamento utilizado por el oponente se refiere al valor que se conceda a las mencionadas pruebas, lo cual no es facultad del Juez Sustanciador, ni es la oportunidad procesal en que deba producirse; por tanto, se declara improcedente dicha oposición, y así se decide.

D) Con respecto a la prueba de exhibición promovida por el recurrente en el capítulo III (literal A), y a las pruebas promovidas en los capítulos IV, V, VI y VII, a las cuales se opone el apoderado de PDVSA, por la indefinición de su objeto y por su inoportunidad. En lo que se refiere a las exhibiciones promovidas en los literales A y B del capítulo III, los informes contenidos en los literales b) y d) del capítulo IV y las pruebas de experticia contenidas en los capítulos V, VI y VII, este Juzgado observa que con la promoción de estas pruebas no se obtendrían resultados vinculados con el objeto del presente juicio de nulidad, que se contrae única y exclusivamente a revisar la ilegalidad e inconstitucionalidad de las cláusulas del convenio transcritas en esta decisión. En los términos expuestos, se declara procedente la oposición formulada y en consecuencia inadmisibles las pruebas señaladas.

En relación a las demás pruebas este Juzgado de Sustanciación pasa a pronunciarse en cuanto a su admisibilidad en los siguientes términos: se admiten en cuanto ha lugar en derecho salvo la apreciación o no que haga este Supremo Tribunal en la sentencia definitiva, las siguientes pruebas promovidas por el economista Carlos Ramón Mendoza Potella: la documentales contenidas en los literales A, B, C, D, E y F, contenidas en el capítulo II, así como las de informe, contenidas en los literales a y c del capítulo IV.

QUINTO:

En escrito presentado en fecha 26 de septiembre de 1996, el codemandante economista LUIS MANUEL RODRIGUEZ asistido por el abogado Alfredo Bermúdez Machado.

1° En el Capítulo I, reproduce el mérito favorable de los autos y en particular la Gaceta Oficial de la República de Venezuela N° 35.754 de fecha 17 de julio de 1995, en la cual aparece publicado el Acuerdo del Congreso de la República de fecha 4 de julio de 1995, que autorizó la celebración de los Convenios de Asociación para la Exploración y Producción de Hidrocarburos bajo el Esquema de Ganancias Compartidas.

2° En el Capítulo II, Pruebas Documentales:

A) Ratifica la prueba documental consistente en el ejemplar de la *Gaceta Oficial* de la República de Venezuela N° 35.754 de fecha 17 de julio de 1995.

B) *Gaceta Oficial* de la República de Venezuela N° 35.881 de fecha 17 de enero de 1996.

C) Un ejemplar de la *Gaceta Oficial* de los Estados Unidos de Venezuela N° 83 Extraordinario de fecha 30 de junio de 1944.

D) Un ejemplar de la *Gaceta Oficial* de la República de Venezuela N° 3.823 Extraordinario de fecha 11 de junio de 1986.

E) Ratifica el ejemplar de la publicación en castellano N° 447, contentivo del Reglamento de Conciliación y Arbitraje de la Cámara de Comercio Internacional con sede en la República Francesa.

F) Ratifica la traducción al español, hecha por interprete público, del reportaje publicado en la revista AAPG Explorer (Explorador) intitulado "300 Compañías asistieron al otorgamiento de licitaciones. En Venezuela los Ganadores de la Licitación se Disponen a Trabajar".

G) Ratifica el artículo publicado en la página 1-4 del Diario El Universal en su edición del día 14 de septiembre de 1996 intitulado "Blindar con la Constitución".

3° En el Capítulo III. Prueba de Exhibición de Documentos: conforme a lo dispuesto en el artículo 436 y 437 del Código de Procedimiento Civil, promueve prueba de exhibición por parte del ciudadano Ministro de Energía y Minas de los siguientes documentos:

A) Publicación del Ministerio de Energía y Minas y la empresa Petróleo de Venezuela, S.A. intitulada "Venezuela Exploración y Producción de Nuevas Areas 1995. Documento Informativo".

B) La exhibición de los documentos, registros o escritos técnicos de los pozos perforados en el área denominada "La Ceiba", recientemente licitada, y en particular lo concerniente al pozo denominado "La Ceiba 1X".

4° En el Capítulo IV, Prueba de Informes: de conformidad con lo dispuesto en el artículo 433 del Código de Procedimiento Civil, promueve las siguientes pruebas de informes:

A) Se requiera del Congreso de la República, copia certificada del oficio N° 864 de fecha 7 de diciembre de 1994, que le enviara el ciudadano Ministro de Energía y Minas al ciudadano Vicepresidente del Congreso de la República, anexo al cual le remitió el documento base para la Consolidación y Desarrollo del Sector Petrolero Venezolano, aprobado por el ciudadano Presidente de la República en Consejo de Ministros en la misma fecha, el cual contiene "...la propuesta de iniciar un proceso de apertura a las actividades de exploración y producción de nuevas áreas a la participación de capitales privados, como parte integral de la estrategia bajo el ESQUEMA DE GANANCIAS COMPARTIDAS..."

B) Se requiera del ciudadano Ministro de Energía y Minas, las formas finales de los ocho (8) Convenios de Asociación enviados al Congreso de la República mediante oficios N° 245 y 246, ambos de fecha 8 de marzo de 1996.

C) Se requiera del Congreso de la República, copia del Diario de Debates de la Sesión Conjunta de fecha 43 de julio de 1995.

D) Se requiera de la Oficina de Asesoría Jurídica del Congreso de la República, copia certificada del dictamen sobre los proyectos de Convenios de Asociación para la Explotación a Riesgo del pozo denominado "La Ceiba 1X".

5° En el Capítulo V, Prueba Testimonial: de conformidad con lo establecido en el artículo 482 del Código de Procedimiento Civil, promueve los siguientes testigos: ciudadanos Rafael Caldera Rodríguez, Jesús Petit Da Costa, Hugo Pérez La Salvia, Cruz Aguilera, Gustavo Rossen, Alberto Quiróz, Luís Vallenilla, Juan Zabo, Héctor Malavé Mata, Luís Sosa Pietri, Ezequiel Monsalve Casado, Pedro Berroeta, Luís Giusti y Tomás Carrillo Batalla, y solicita se fije la oportunidad para que rindan sus respectivas declaraciones.

6° En el Capítulo VI. Prueba de Experticia: de conformidad con lo dispuesto en el artículo 1.422 del Código Civil, en concordancia con lo establecido en el artículo 451 del Código de procedimiento Civil, promueve prueba de experticia sobre el Paquete de Información preparado por la empresa Petróleos de Venezuela, S.A., el cual fue entregado a los interesados en participar en el proceso licitatorio.

SEXTO:

En fecha 17 de octubre de 1996 el abogado de la empresa PETRÓLEOS DE VENEZUELA, S.A., presentó escrito de oposición da las pruebas promovidas por el economista Luís Manuel Rodríguez, y fundamenta su oposición en la ilegalidad e impertinencia de las pruebas promovidas.

Ahora bien, este Juzgado de Sustanciación observa que como quiera que el fundamento de la referida oposición es el mismo formulado contra el escrito de promoción del economista Carlos Ramón Mendoza Potella, esto es, que se refiere al mérito que las mismas produzcan, lo cual en la oportunidad de sentencia, en cuya virtud se debe declarar improcedente la referida oposición, y así se decide.

En lo que se refiere a las exhibiciones, contenidas en los literales A y B del capítulo III; los informes, contenidos en los literales B y D del capítulo IV; las de testigos, contenidas en el capítulo V; y la de experticia, contenida en capítulo VI, este Juzgado de Sustanciación observa que con su promoción no se obtendrían resultados vinculados con el objeto del presente juicio de nulidad, que se contrae única y exclusivamente a revisar la ilegalidad e inconstitucionalidad de las cláusulas transcritas en esta decisión, en virtud de lo cual se declaran inadmisibles las pruebas señaladas.

En relación a las demás pruebas promovidas por el economista Luís Manuel Rodríguez, este Juzgado de Sustanciación admite en cuanto ha lugar en derecho, salvo la apreciación o no que de las mismas se haga en la sentencia definitiva las siguientes pruebas: las documentales promovidas en los literales A, B, C, D, E, F y G, contenidas en el capítulo II; y las de informe, contenidas en los literales a y c, del capítulo IV de su escrito de promoción.

SÉPTIMO:

En escrito de fecha 26 de septiembre de 1996, el Apoderado Judicial de la Empresa PETRÓLEOS DE VENEZUELA, S.A. (PDVSA), abogado Román José Duque Corredor, mediante el cual, conforme a lo establecido en el artículo 117 de la Ley Orgánica de la Corte Suprema de Justicia y 429 del Código de Procedimiento Civil, promueve las siguientes pruebas:

1° En el Capítulo I, ratifica el mérito favorable de los autos en favor de su mandante.

2° En su Capítulo II, Prueba Documental: de conformidad con lo establecido en el artículo 429 del Código de Procedimiento Civil, promueve prueba documental contentiva de copia certificada del Informe de la Comisión Bicameral de Energía y Minas del Congreso de la República, denominado "Convenios de Asociación para la Exploración a Riesgo de Nuevas Áreas de Producción de Hidrocarburos bajo el esquema de Ganancias compartidas" la cual se admite en cuanto ha lugar en derecho, salvo la apreciación o no que la Corte haga en la sentencia definitiva.

OCTAVO:

En relación a las pruebas documentales admitidas, se acuerda agregarlas a los autos, y en lo referente a las pruebas de informe igualmente admitidas, se acuerda librar los correspondientes Despachos de Prueba, concediéndole a sus destinatarios un lapso de cinco (5) días de Despacho, contados a partir de la fecha de su recibo, para su devolución a este Supremo Tribunal, mas el término de la distancia.

Líbrense los correspondientes Despachos de Prueba.

CECILIA SOSA GÓMEZ, Presidente; ENRIQUE SÁNCHEZ RISSO, Secretario.

El auto anterior fue apelado por el accionante Carlos Ramón Mendoza, mediante escrito de 30-10-96, con el siguiente texto:

Ciudadanos

Presidente y demás Miembros de la

Corte Suprema de Justicia

Tribunal de Sustanciación

Sus Despachos

Yo, Carlos Ramón Mendoza P., mayor de edad, economista, domiciliado en Caracas, titular de la cédula de identidad N° 2.118.229, procediendo en mi propio nombre y, en mi carácter de codemandante en el juicio de nulidad por inconstitucionalidad parcial contra el Acuerdo del Congreso de la República de Venezuela de fecha 4 de julio de 1995, publicado en la Gaceta Oficial de la República de Venezuela N° 35.754 de fecha 17 de julio de 1995, que autorizó la celebración de los CONVENIOS DE ASOCIACIÓN PARA LA EXPLORACIÓN Y PRODUCCIÓN DE HIDROCARBUROS BAJO EL ESQUEMA DE GANANCIAS COMPARTIDAS a la cual fue acumulada la acción por ilegalidades intentada el 23 de enero de 1996 contra el mismo Acuerdo del Congreso de la República que se tramita en el Expediente N° 0829 conforme a decisión de esta Corte Suprema de Justicia en decisión de fecha 2 de julio de 1996, asistido por la Dra. Carmen María Trenard, abogado, domiciliado en Caracas, titular de la cédula de identidad N° 4.269.422 e inscrito en el Instituto de Precisión Social del Abogado según matrícula N° 23.144, estando dentro del lapso establecido por esta Corte Suprema de Justicia en Auto de fecha 2 de Julio de 1996, ante Uds., con el debido acatamiento y respeto ocurro para APELAR, como efectivamente APELO del auto de este Tribunal de fecha 22 de octubre de 1996 de admisión de pruebas, en los términos siguientes.

Dentro del término establecido en el artículo 298 del Código de Procedimiento Civil y en concordancia con lo dispuesto en los artículos 397 y 402 *ejusdem,* apelo ante este Tribunal de Substanciación de fecha 22 de abril de 1996 en lo que concierne a que este Tribunal en el capítulo III (Prueba de Exhibición), literales b), d) y e) del capítulo IV (Prueba de Informes), capítulo V (Prueba de Experticia de Geología Petrolera), capítulo VI (Prueba de Experticia Económica sobre las variaciones de los montos percibidos por concepto de explotación (regalías) en los Convenios de Asociación...) y capítulo VII (Prueba de Experticia económica sobre las variaciones de los montos percibidos por concepto de impuesto de explotación (regalías) en los Convenios de Asociación... producidas por la aplicación de un factor fiscal inferior a la unidad para ponderar la regalía básica de 16 2/3% del petróleo extraído y medido en el campo de producción, de dicho escrito de promoción de pruebas presentado por mi en fecha 24 de septiembre de 1996.

El presente escrito es presentado en esta fecha 30 de octubre de 1996 en virtud de que cuando fue presentado el pasado lunes 28 de octubre de 1996 el mismo no fue recibido por el funcionario que se encontraba de turno en la Sala Plena de la Corte Suprema de Justicia alegando que no había ninguna actividad en la Sala Plena porque Corte Suprema de Justicia en Pleno se encontraba sesionando en Cumaná donde se encontraba el Secretario de la Sala Plena de la Corte Suprema de Justicia, Dr. Enrique Sánchez Risso. El funcionario en cuestión trató de ponerse en contacto por vía telefónica con el Dr. Enrique Sánchez Risso para recabar instrucciones mediante el teléfono celular de dicho Dr. Sánchez Risso, pero ello no se logró. Además, durante el día martes 29 de octubre de 1996, tampoco pudo presentarse este escrito de apelación en virtud de que, según INFORMACIÓN afichada lugares, la Sala Plena de la Corte Suprema de Justicia no dio ni Despacho ni Secretaría ese día 29 de octubre de 1996.

En virtud de todo lo anterior, de conformidad con lo dispuesto en el artículo 200 del Código de Procedimiento Civil, en esta fecha presento el presente escrito de apelación contra el auto de admisión de pruebas de fecha 22 de octubre de 1996 del Juzgado de Substanciación de la Corte Suprema de Justicia en Sala Plena, todo en los términos siguientes:

PUNTO PREVIO

VIOLACIÓN DE LA IGUALDAD DE LAS PARTES EN EL PROCESO Y BENEFICIO PROCESAL CONCEDIDO EN PARTICULAR A PETROLEROS DE VENEZUELA, S.A. (PDVSA)

Es principio procesal consagrado en nuestro Código Civil que las pruebas promovidas durante el período probatorio permanecen secretas a la otra parte en poder del Tribunal hasta tanto el respectivo lapso de promoción de pruebas haya concluido. Sólo, de conformidad con lo dispuesto en el artículo 397 del Código de Procedimiento Civil, "pueden también las partes, dentro del lapso mencionado (dentro de los tres días siguientes al término de promoción…), oponerse a la admisión de las pruebas de la contraparte que aparezcan manifiestamente ilegales o impertinentes". Añade el artículo 398 del Código de Procedimiento Civil que "Dentro de los tres días siguientes al vencimiento del término fijado en el artículo anterior, el juez providenciará los escritos de pruebas, admitiendo las que sean legales y procedentes y desechando las que aparezcan manifiestamente ilegales o impertinentes…".

Ahora bien, el 24 de septiembre de 1996 presenté ante este Tribunal de Substanciación escrito de prueba encontrándome dentro del lapso legal establecido en el artículo 117 de la Ley Orgánica de la Corte Suprema de Justicia. Según los cálculos efectuados por mí, ya que a esa fecha esta Corte Suprema de Justicia no se había pronunciado sobre el cómputo del lapso probatorio en este proceso en razón de que el auto de fecha 22 de julio de 1996 la acción de inconstitucionalidad parcial y por ilegalidades fueron acumuladas, el lapso probatorio estaba próximo a vencerse. Esta Suprema Corte de Justicia no se pronunció inmediatamente sobre la admisión o rechazo de las pruebas por mí promovidas. Las pruebas debían permanecer entonces secretas sin acceso a ellas por ninguna persona hasta tanto el término probatorio no terminara haciéndose entonces públicas.

Para mi sorpresa, el Dr. Román Duque Corredor, actuando en su carácter de apoderado de Petróleos de Venezuela, S.A. (PDVSA) presentó escrito de oposición a las pruebas presentadas por mí el 24 de septiembre de 1996. Desconozco cómo Petróleos de Venezuela, S.A. (PDVSA) pudo conocer las pruebas que yo promoví el 24 de septiembre de 1996, ya que no habían sido admitidas ni rechazadas, y por ello ellas debían ser secretas hasta tanto llegara a vencer el lapso de promoción de pruebas. Por lo demás ellas no se encontraban agregadas a los autos ya que las mismas fueron agregadas justamente en fecha 22 de octubre de 1996 cuando fueron admitidas unas y desechando otras, teniendo en consideración los alegatos de la oponente Petróleos de Venezuela, S.A. (PDVSA), había esta yo vigilante revisando con asiduidad los Expedientes Nos. 812 y 829 que cursan en el Tribunal de Substanciación de esta Sala Plena de la Corte Suprema de Justicia observando que las pruebas no habían sido agregadas al expediente o la expedientes dando por supuesto que dichas pruebas se encontraban secretas y me encontré inquietado por el hecho que la Corte Suprema de Justicia sólo se pronunció sobre el cómputo del lapso probatorio en estos acumulados tan sólo el 8 de octubre de 1996 cuando se pronunció que para esa fecha, inclusive , habían transcurrido tan sólo 47 días continuos del lapso de pruebas establecido en el artículo 117 de la Ley Orgánica de la Corte Supremo de Justicia.

El hecho que el Tribunal de Substanciación de esta Corte Suprema de Justicia señale en su auto de fecha 22 de octubre de 1996 que yo presenté escrito de promoción de pruebas el 24 de septiembre de 1996 y que Petróleos de Venezuela, S.A. (PDVSA) se opuso a mis pruebas en fecha 1° de octubre de 1996, cuando mis pruebas debían permanecer secretas hasta tanto se declaran públicas al día siguiente del vencimiento del lapso probatorio o antes, lo cual no ocurrió, es a todas luces evidente que esta Honorable Corte Suprema de Justicia en Sala Plena no ha mantenido a las partes de este proceso en igualdad de condiciones violando lo dispuesto en el artículo 15 del Código de Procedimiento Civil que reza lo siguiente: "Artículo 15. Los Jueces garantizarán el derecho a la defensa y *mantendrán a las partes en los derechos y facultades comunes a ellas, sin preferencia ni desigualdades y en los privativos de cada una, las mantendrán respectivamente, según lo acuerde la Ley a la diversa condición que tengan en el juicio, sin que puedan permitir ni permitirse ellos extralimitaciones.*

II

IMPROCEDENCIA POR ERROR DEL AUTO DE FECHA 22 DE OCTUBRE 1996 DEL RECHAZO DE LA PRUEBA DE EXHIBICIÓN DE DOCUMENTOS PROMOVIDA EN EL CAPÍTULO III DEL ESCRITO DE PROMOCIÓN DE PRUEBAS PRESENTADO EL 24 DE SEPTIEMBRE DE 1996

En mi escrito de promoción de pruebas presentado el 24 de septiembre de 1996 en su capítulo III promoví "PRUEBA DE EXHIBICIÓN DE DOCUMENTOS" en los términos siguientes:

"De conformidad con lo dispuesto en el artículo 436 del Código de Procedimiento Civil promuevo la prueba de exhibición del "PAQUETE DE INFORMACIÓN" a que se refiere la Sección 5 de la publicación del ministerio de Minas e Hidrocarburos (MEM) y PDVSA titulada *"VENEZUELA EXPLORACIÓN Y PRODUCCIÓN EN ÁREAS NUEVAS 1995 DOCUMENTO INFORMATIVO"* en la página 16 que "incluye toda la información disponible dentro de cada área y alguna información fuera de ella" el cual se encuentra disponible según se señala en esa página 16 refiriéndose a la Sección II donde se indica la dirección de Petróleos de Venezuela, S.A. en Caracas, quien se ha hecho parte de este proceso según consta en autos.

A los efectos de lo establecido en el artículo 436 del Código de Procedimiento Civil y como presunción grave de que dicho "PAQUETE DE INFORMACIÓN" se encuentra en Poder de Petróleos de Venezuela, S.A. (PDVSA) acompaño a la presente un ejemplar de la mencionada publicación titulada "VENEZUELA EXPLORA-

CIÓN Y PRODUCCIÓN EN ÁREAS NUEVAS 1995 DOCUMENTO INFOR-
MATIVO".

De acuerdo con lo anterior esa prueba de exhibición no fue promovida refiriéndose a dicha publicación titulada "VENEZUELA EXPLORACIÓN Y PRO-
DUCCIÓN EN ÁREAS NUEVAS 1995 DOCUMENTO INFORMATIVO" se
promovió la prueba de exhibición del paquete de información a que se refiere la
Sección V, página 16 de dicha publicación, paquete en el cual están referidos y
discriminados hechos pertinentes al proceso por ilegalidad del Acuerdo del Congreso de la República de fecha 4 de julio de 1996 por contravenir o violar la disposición contenida en el artículo 5 de la Ley Orgánica que reserva al Estado la industria y el comercio de los hidrocarburos publicada en la Gaceta Oficial de la República de Venezuela N° 1.769 Extraordinario de fecha 29 de agosto de 1975 en
cuyo inciso único dispone que " *En casos especiales y* así cuando convenga al interés
público, el Ejecutivo Nacional o los referidos entes podrán ... celebrar convenios de
asociación con entes privados".

Eduardo Couture en su obra "Fundamentos del Derecho Procesal" (Reimpre-
sión inalterada, Ediciones Depalma Buenos Aires, 1981, número 151, pág. 238)
expresa lo siguiente "Prueba pertinente es aquella que versa sobre las proposiciones y hechos que son verdaderamente objeto de prueba. Prueba impertinente es,
por el contrario, aquella que no versa sobre las proposiciones y hechos que son
objeto de demostración. Una prueba sobre un hecho no articulado a la demanda o
en la réplica por el actos, o en la contestación y en la duplica por el demandado, es
prueba impertinente. También lo es la que versa sobre hechos que han sido aceptados por el adversario. Se trata, como se ve, de la aplicación apropiada de los principios del objeto de la prueba, que acaban de exponerse: "Al inicio del citado
número 151 de dicha obra (pág. 236) expresa lo siguiente "La teoría del objeto de
la prueba procura, como se ha visto, señalar cuáles son las proposiciones de las
partes que deben probarse y cuáles no requieren demostración".

Por su parte, Luis Muñoz Sabate en su obra "TECNICA PROBATORIA. Estudios sobre las dificultades de prueba en el proceso" (Editorial Praxis, S.A. 2da.
edic. corregida y aumentada, Barcelona, 1983, pág. 76) expresa lo siguiente: "La
pertinencia implica siempre, según NOKES, un juicio de relación, la relación de
afinidad existente entre dos hechos, uno de los cuales sirve de base para deducir la
existencia del otro. La pertinencia de la prueba comporte, pues, una estimación
sobre su necesidad y utilidad, en vista al thema probandum. Se trata aquí, como
diría SATTA, de una mera valoración preventiva sobre influencia".

Ese "PAQUETE DE INFORMACIÓN" referido en su página 16 , sección 5,
de la publicación titulada "VENEZUELA EXPLORACIÓN Y PRODUCCIÓN EN
ÁREAS NUEVAS 1995 DOCUMENTO INFORMATIVO", fue vendido a las
empresas licitantes a razón de US$ 50.000,oo para cada una de las diez áreas lici-
tadas, y contiene información que demuestra que dichas áreas NO SON DE ALTO
RIESGO EXPLORATORIO, sino por el contrario, que en ellas existen diversos
niveles de *certidumbre* en cuanto a la presente a la presencia de hidrocarburos,
desde pruebas de producción, como en el caso del Area de la Ceiba, hasta indicios
geoquímicos de la existencia de petróleo y gas en otras áreas. Debido a esas características, la explotación de esas áreas no son "casos especiales" como dispone el
artículo 5 de la Ley Orgánica que reserva al Estado la Industria y el Comercio de
los Hidrocarburos (Ley de Nacionalización) de 1975 por lo cual la autorización

para celebrar convenios establecidos en el Acuerdo del Congreso de la República de fecha 4 de julio de 1996 es ilegal y por tanto la prueba promovida a que se refiere este capítulo es pertinente, y así pido sea declarado.

III

IMPROCEDENCIA DEL RECHAZO "POR IMPERTINENTES" DE LAS PRUEBAS A) DE PRUEBA DE EXPERTICIA DE GEOLOGÍA PETROLERA, B) PRUEBA DE EXPERTICIA DE ECONOMÍA SOBRE LAS VARIACIONES DE LOS MONTOS PERCIBIDOS POR CONCEPTO DE IMPUESTO DE EXPLOTACIÓN (REGALÍA) EN LOS CONVENIOS DE ASOCIACIÓN... PRODUCIDAS POR LA APLICACIÓN DE UN FACTOR FISCAL INFERIOR A LA UNIDAD PARA PONDERAR LA REGALÍA BÁSICA DE 16 2/3% DEL PETRÓLEO EXTRAÍDO Y MEDIDO EN EL CAMPO DE PRODUCCIÓN DE LOS CAPÍTULOS V, VI Y VII DEL ESCRITO DE PROMOCIÓN DE PRUEBAS PRESENTADO EL 24 DE SEPTIEMBRE DE 1996

Señala el Tribunal de Substanciación de esta Corte Suprema de Justicia en Sala Plena en su auto de fecha 22 de octubre de 1996 (pág. 13) que "D) Con respecto a las pruebas de experticia contenidas en los Capítulos V, VI y VII, este Juzgado observa que con la promoción de estas pruebas no se obtendrán resultados vinculados con el objeto del presente juicio de nulidad, que se contrae única y exclusivamente a revisar la ilegalidad e inconstitucionalidad de las cláusulas del convenio transcritas en esta decisión. En los términos expuestos, se declara procedente la oposición formulada y, en consecuencia inadmisibles las pruebas señaladas".

El análisis pericial del PAQUETE DE INFORMACION a que se refiere el Capítulo V de mi escrito de promoción de pruebas presentado ante esta Corte Suprema de Justicia en Sala Plena (Prueba de Experticia Geológica Petrolera) daría a esta Corte Suprema de Justicia en Sala Plena los elementos necesarios para determinar si realmente esos lotes esos lotes son de ALTO RIESGO y por lo tanto pueden ser tipificados dentro de los CASOS ESPECIALES que prevé el artículo 5° de la Ley Orgánica que Reserva al Estado la Industria y el Comercio de los Hidrocarburos para permitir Convenios de asociación con entes privados como los que estamos impugnando por ilegalidad. De no ser así, ello demostraría la pertinencia de nuestra impugnación. Siendo ese uno de nuestros principales argumentos, la no admisión de estas pruebas tanto de Exhibición como de Experticia constituiría una *denegación de justicia.*

Las experticias económicas en cuanto a la perversión de los pagos del impuesto de explotación «la regalía» fueron promovidas porque su realización demostraría la inconveniencia nacional de los convenios de asociación con entes privados que estamos impugnando, los cuales, según el ya citado infringido artículo 5° de la Ley Orgánica que Reserva al Estado la Industria y el Comercio de los Hidrocarburos, sólo son permisibles *cuando ello convenga al interés nacional.*

Petróleos de Venezuela, S.A. (PDVSA) se ha constituido en parte en este juicio de acción popular y se opuso a la admisión de la mencionada prueba de experticia tanto geológica como económica. Se supone que el interés que la anima es demostrar la constitucionalidad y legalidad de los Convenios en concordancia con el Acuerdo del Congreso de la República de fecha 4 de julio de 1995; pero es inadmisible que intente, con alegatos y argumentos de reducida técnica legal, impedir la evacuación de pruebas que pueden demostrar la inconstitucionalidad e ilegalidad de tales Convenios ya que con tal posición no hace más que atentar contra el interés nacional, contra el bien común, no actuando con patriotismo. La posición procesal-jurídica de Petróleos de Venezuela, S.A. (PDVSA) en este proceso acumulado es la de *"contraparte"* incitando o arguyendo alegatos en pro de violaciones de la Constitución y de Leyes Orgánicas de la República.

El objeto de esa prueba de experticia geológica, concorde con la prueba, *que sí fue admitida demostrando este Tribunal de Sustanciación ligereza en su auto de fecha 22 de octubre de 1996,* contenida en el Literal E del Capítulo II de mi escrito de promoción de pruebas presentado el 24 de septiembre de 1996, a saber el artículo traducido por Intérprete Público titulado "300 compañías asistieron al otorgamiento de Licitación. EN VENEZUELA LOS GANADORES DE LA LICITACIÓN SE DISPONEN A TRABAJAR" publicado en el ejemplar correspondiente al mes de agosto de 1996 en la publicación denominada "Explorer" (Explorador), publicación de la APPG American Association of Petroleum Geologists an International Organization (Asociación Americana de Geologistas de Petróleos de Venezuela, S.A. (PDVSA) asignó a los lotes escogidos para dar inicio a las asociaciones bajo el esquema de "ganancias compartidas" no son áreas de *alto riesgo,* en consecuencia tampoco son "casos especiales" conforme dispone el artículo 5° de la Ley Orgánica que Reserva al Estado la Industria y el Comercio de los Hidrocarburos, tratando de justificar legalmente las asociaciones con el capital privado, previstas restrictivamente en dicho artículo.

Las excelentes condiciones prospectivas de dichas áreas no permitían ni permiten justificar la realización de los convenios de asociación con entes privados según lo prevé el infringido artículo 5° de la Ley Orgánica que Reserva al Estado la Industria y el Comercio de los Hidrocarburos, sólo para casos especiales, cuando ello convenga a los intereses nacionales y, además siempre que se garantice el control del Estado.

Con la experticia geológica se proyecta probar en este proceso que los diez lotes licitados (de los cuales ocho (8) fueron adjudicados a los consorcios licitantes) son, precisamente, "las áreas más prospectivas", y así lo confirman luego los materiales que se entregaron a las más de trescientos (300) empresas interesadas en la licitación, contentivos de auspiciosos registros sísmicos y columnas estratigráficas.

En concordancia con los expuesto en este escrito de apelación en el Capítulo anterior referente al rechazo como prueba de exhibición del "PAQUETE DE INFORMACION" indicado en su página 16, Sección 5 de la publicación titulada "VENEZUELA EXPLORACION Y PRODUCCION EN AREAS NUEVAS 1995 DOCUMENTO INFORMATIVO", a las 85 compañías precalificadas se les entregó, por la cantidad de US$ 50.000,00 por área, una costosísima y valiosísima información, descrita por la propia Petróleos de Venezuela, S.A. (PDVSA) en la página 16 de su Documento Normativo Inicial, de la siguiente manera: "Un paquete de información ha sido preparado para cada Area, el cual incluye toda la información disponible dentro de cada Area y alguna información fuera de ella. El tipo, cantidad y calidad de los datos variará entre las Areas; sin embargo, el contenido general para cada Area estará conformado por los siguientes aspectos: *Mapas de ubicación, Información general, Marco geológico y reserva técnica (antecedentes, logística, infraestructura, condiciones ambientales y costos). Registros y archivos de pozos. Información sísmica. Todo lo disponible en el Area y dentro de los 4 Km. alrededor del Area. Información magnética y gravimétrica. Todo lo disponible en el Area y dentro de los 10 Km. alrededor del Area. Otra conformación geológica".*

El conocimiento por parte de los Honorables Magistrados de la Corte Suprema de Justicia en Sala Plena mediante la evacuación de la promovida prueba de experticia geológica a través del correspondiente Informe Pericial en cuanto a la certeza de la existencia de grandes acumulaciones de hidrocarburos en los ocho (8) áreas adjudicadas, será en verdad la prueba definitiva requerida para confirmar nuestra denuncia de violación del artículo 5° de la Ley Orgánica que Reserva al Estado la Industria y el Comercio de los Hidrocarburos en cuanto a la inexistencia de "alto riesgo" proclamado por Petróleos de Venezuela, S.A: (PDVSA) para dar el *carácter especial,* condición esencial «repetimos » requerida en dicho Artículo 5° de dicha Ley Orgánica que Reserva al Estado la Industria y el Comercio de los Hidrocarburos, para permitir la participación de capitales privados en las actividades petroleras reservadas al Estado.

CONCLUSION

En virtud de todas las razones antes expuestas, ruego a esa Honorable Corte Suprema de Justicia en Sala Plena declare con lugar en todas sus partes esta apelación, admita las pruebas de Exhibición de Documentos, Capítulo III, Prueba de Informe literales b), d) y e), Capítulo IV, Prueba de Experticia Geológica Petrolera, Capítulo V, Prueba de Experticia Económica sobre las variaciones de los montos percibidos por concepto de impuesto de explotación (Regalía) en los Convenios de Asociación para la Exploración y Producción en *Areas Nuevas* bajo el esquema de ganancias compartidas, producidas por la aplicación de un régimen especial de ajuste de la regalía para desarrollos de baja rentabilidad, Capítulo VI y Prueba de experticia económica sobre las variaciones de los montos percibidos por concepto de impuesto de explotación (Regalía) en los Convenios de Asociación para la exploración y producción en Areas nuevas bajo el esquema de ganancias compartidas, producidas por la aplicación de un factor fiscal inferior a la unidad para ponderar la regalía básica de 16 2/3% del petróleo extraído y medido en el campo de producción, Capítulo VII, de mi escrito de promoción de pruebas presentado ante esta Honorable Corte Suprema de Justicia en Sala Plena el 24 de septiembre de 1996, y ordene su evacuación, a cuyo efecto con la venia de estilo, solicito se fije el lapso de evacuación de pruebas correspondiente.

Por lo demás, de conformidad con lo dispuesto en el artículo 117, en concordancia con los artículos 94 y 95 de la Ley Orgánica de la Corte Suprema de Justicia, ruego a esta Honorable Corte Suprema de Justicia que a través de su Tribunal de Sustanciación fije la oportunidad legal, después de vencido el lapso de evacuación de pruebas solicitado, cuando deberá tener lugar el Acto de Informes en este proceso acumulado por inconstitucionalidad parcial o ilegalidades.

Es Justicia,

Caracas, 29 de octubre de 1996

La anterior apelación junto con otras intentadas fue resuelta por la Sala Plena de la Corte, mediante sentencia de agosto de 1997, con el siguiente texto:

LA CORTE SUPREMA DE JUSTICIA EN PLENO

Ponencia del Magistrado Dr. César Bustamante Pulido

En fecha 6 de noviembre de 1996, el Juzgado de Sustanciación de la Corte Suprema de Justicia en Pleno admitió en ambos efectos las *apelaciones interpuestas*, una el 24 de octubre de 1996, por el economista LUIS MANUEL RODRIGUEZ y el abogado ALFREDO BERMÚDEZ MACHADO, este último actuando en nombre propio y como asistente judicial del primero; y otra, el 30 de octubre de 1996, por el economista CARLOS RAMÓN MENDOZA POTELLA, asistido por la abogada Carmen María Trenard, contra el auto de admisión de pruebas dictado por ese Juzgado de Sustanciación en fecha 22 de octubre de 1996, en la acción de nulidad por inconstitucionalidad de las cláusulas segunda, cuarta, décima y décimo séptima, artículo 2° del Acuerdo del Congreso de la República de fecha 4 de julio de 1995 que autorizo la celebración de los CONVENIOS DE ASOCIACIÓN PARA LA EXPLORACIÓN A RIESGO DE NUEVAS ÁREAS Y PRODUCCIÓN DE HIDROCARBUROS BAJO EL ESQUEMA DE GANANCIAS COMPARTIDAS, propuesta por los ciudadanos SIMÓN MUÑOZ ARMAS, ELÍAS ELJURI ABRAHAM, TRINO ALCIDES DÍAZ y otros, judicialmente asistidos por los abogados Agustín Calzadilla, Alfredo Bermúdez Machado y Miguel Díaz Zárraga; demanda ésta a la que se acumuló por decisión de la Corte en Pleno de fecha 02 de julio de 1996, el recurso de nulidad por ilegalidad planteado por los ciudadanos SIMÓN MUÑOZ ARMAS, JOSÉ MARÍA CADENAS, ELÍAS ELJURI ABRAHAM y otros, judicialmente asistidos por los abogados Agustín Calzadilla, Alfredo Bermúdez Machado y Jesús Sotillo, contra las cláusulas primera, segunda, cuarta, sexta, décima y vigésima primera, artículo 2° del referido Acuerdo. Las cláusulas impugnadas son del tenor siguiente:

"PRIMERA: El Ejecutivo Nacional, por órgano del Ministerio de Energía y Minas, en uso de sus atribuciones legales, determinará las Areas geográficas descritas en el anexo "B" (en lo adelante las "Áreas") en favor de un filial de Petróleos de Venezuela, S.A. (en lo adelante la "Filial"), para realizar actividades relacionadas con la exploración y explotación de yacimientos de hidrocarburos, con el transporte por vías especiales, almacenamiento y comercialización de la producción obtenida en las Áreas, y con la obras que su manejo requiera, todo de conformidad con lo dispuesto en la Ley Orgánica que Reserva al Estado la Industria y el Comercio de los Hidrocarburos."

"SEGUNDA: La Filial llevará a cabo los procesos de licitación que sean necesarios para seleccionar a las empresas sin inversionistas privadas con las cuales celebrará Convenios de Asociación para realizar las actividades descritas en la Condición Primera, conforme al artículo 5° de la Ley que Reserva al Estado la Industria y Comercio de los Hidrocarburos".

Con base en los resultados de cada proceso de licitación, la Filial celebrará un Convenio de Asociación (en lo adelante el "Convenio") con la o las empresas inversionistas que resulten favorecidas (en lo adelante los "Inversionistas").

"Los Inversionistas podrán ofertar en relación con las actividades referidas en la condición primera, en todas las Areas, pero solo podrán ser seleccionadas, según los resultados del proceso de licitación llevado a cabo por la Filial, para celebrar Convenios hasta en un máximo de cinco (5) Areas, dependiendo de la clasificación de los inversionistas."

"CUARTA: En cada Convenio las Partes constituirán, antes de dar inicio a las actividades del Convenio, un Comité (en lo adelante "Comité de Control"), conformado por igual número de miembros designados por los Inversionistas y la Filial, que presidirá un miembro designado por esta última.

Para la validez de sus deliberaciones y decisiones, se requerirá la presencia y el consentimiento de los miembros designados por la Filial, teniendo el Presidente doble voto para resolver los casos de empate".

"Las Partes someterán a la aprobación del Comité de Control las decisiones fundamentales de interés nacional relacionadas con la ejecución del Convenio".

"Esta decisiones estarán descritas en el Convenio e incluirán, entre otras, la aprobación de los planes de exploración, evaluación y desarrollo, así como de cualquier modificación a tales planes, incluyendo la extensión de los lapsos de exploración y explotación, y la ejecución de reducciones en la producción de acuerdo con los compromisos internacionales de la República de Venezuela. A estos fines, se le informará al Comité de Control sobre todas las materias de importancia en la vida de la Asociación y se le someterán los recaudos y cuentas necesarios para poder realizar la fiscalización y auditoría por parte de los entes que el Comité de Control designe".

"SEXTA: Dentro de los términos y condiciones de la Asociación pautados en el Convenio, se establecerá el compromiso de los Inversionistas de llevar a cabo las actividades exploratorias en el Area por su exclusiva cuenta y riesgo, con base a un plan allí establecido. Cada Area estará dividida en sectores geográficos de igual superficie (cada sector un "Bloques"). Cumplido el Plan de Exploración, la continuación del esfuerzo exploratorio deberá ser aprobado por el Comité de Control. Esta aprobación otorgará a los Inversionistas el derecho a continuar la exploración por su exclusiva cuenta y riesgo en un número de Bloques determinados, en proporción al esfuerzo adicional propuesto por los Inversionistas. Aquellos Bloques que no estén incluidos en el esfuerzo exploratorio adicional que fuese aprobado, o en un Area de desarrollo (un Bloque o grupos de Bloques en el Area para el cual se apruebe un Plan de Desarrollo), quedarán excluídos del objeto del Convenio. Igualmente, al culminar el esfuerzo exploratorio adicional, quedarán excluídos de las previsiones del Convenio los Bloques que no sean objeto de un Area de Desarrollo. Los Bloques que queden excluídos del Convenio volverán a la Filial para su administración directa. La aprobación por parte del Comité de Control estará supeditada al cumplimiento de ciertas condiciones que aseguren la idoneidad, racionalidad y eficiencia del esfuerzo adicional a ser ejecutados por los Inversionistas, a la luz de los objetivos perseguidos mediante el Convenio".

"DECIMA: La celebración y ejecución del Convenio quedarán sometidas al régimen establecido en la Ley Orgánica que Reserva al Estado la Industria y el Comercio de los Hidrocarburos, en razón de que su objeto se contrae al ejercicio de las actividades reservadas al Estado, conforme al artículo 1° de dicha Ley. En tal virtud, las referidas actividades, siendo además de la competencia del Poder Nacional, no estarán sometidas al pago de impuestos municipales ni estadales. Sin embargo, y en atención a lo establecido en el artículo 136° Ordinal 10° de la Constitución de la República de Venezuela, el Congreso de la República establecerá un sistema de beneficios económicos especiales con cargo al bono sobre la rentabilidad "PEG" y en favor de los Estados y Municipios en cuyos territorios se realicen las referidas actividades y a otros fines que considere conveniente".

"DECIMOSEPTIMA: El Convenio se regirá e interpretará de conformidad con las leyes de la República de Venezuela."

"Las materias competencia del Comité de Control, no estarán sujetas a arbitraje".

"El modo de resolver controversias en materias que no sean de la competencia del Comité de Control y que no puedan dirimirse por acuerdo entre las partes, será el arbitraje, el cual se realizará según las reglas de procedimiento de la Cámara Internacional de Comercio, vigentes al momento de la firma del Convenio."

"VIGESIMAPRIMERA. El Ejecutivo Nacional podrá establecer un régimen que permita ajustar el impuesto establecido en el artículo 41 de la Ley de Hidrocarburos, cuando se le demuestre, en cualquier momento, que no es posible alcanzar los márgenes mínimos de rentabilidad para la explotación comercial de una o más Areas de Desarrollo durante la ejecución del Convenio. A tales efectos, la Filial realizará las correspondientes comprobaciones de costos de producción por ante el Ministerio de Energía y Minas".

En este procedimiento se hizo parte la empresa PETRÓLEOS DE VENEZUELA, S.A., judicialmente representada por el abogado Román José Duque Corredor. También se hicieron parte los ciudadanos RONALD DEL SOCORRO ROMERO, RAMÓN ANTONIO YÉPEZ COVA, JONY ERNESTO RODRÍGUEZ, GERARDO ALFREDO ZAMBRANO, CARLOS ARCILA, ALEJANDRO JOSÉ PEREIRA, JOSÉ NICOLÁS PEREIRA, ALEXIS CAMPOS, EDITH MORAIMA FRANCO BARRIOS, FAVIOLA ELENA LUGO, JUAN ASCANIO, JESÚS MIGUEL RONDÓN GÓMEZ e ISRAEL A. SOTILLO INFANTE, este último actuando en su propio nombre y como abogado asistente de los restantes; el abogado ALFREDO BERMÚDEZ MACHADO; el ciudadano LUIS VALLENILLA MENESES y la Fundación Pro Defensa del Patrimonio Nacional (FUNDAPATRIA), ambos asistidos por el abogado José Alejo Urdaneta Fuenmayor.

Recibido el expediente por esta Corte en Pleno, se dio cuenta mediante auto de fecha 20 de noviembre de 1996, y se designó ponente al Magistrado Dr. César Bustamante Pulido para la decisión de las apelaciones formuladas.

En fecha 28 de noviembre de 1996, el apelante CARLOS MENDOZA POTELLA, asistido por el abogado José Alejo Urdaneta Fuenmayor, presentó escrito de informes.

Siendo la oportunidad legal para ello, procede esta Corte en Pleno a emitir su pronunciamiento con base en las consideraciones siguientes.

PUNTOS PREVIOS

I

En escrito de fecha 30 de octubre de 1996, el apelante Carlos Ramón Mendoza Potella, alega que el Juzgado de Sustanciación de esta Corte en Pleno quebrantó el principio de igualdad de las partes establecido en el artículo 15 del Código de Procedimiento Civil, al permitir que la representación judicial de PETRÓLEOS DE VENEZUELA, S.A., tuviera acceso antes de la oportunidad legal, a las pruebas promovidas por él mediante escrito de fecha 24 de septiembre de 1996, porque el 26 de septiembre de 1996, PETRÓLEOS DE VENEZUELA, S.A. se opuso a la admisión de varias de las pruebas promovidas, lo cual deja ver que estuvo en conocimiento del contenido de su escrito de promoción, que debía permanecer reservado en poder del tribunal hasta tanto venciera el lapso de promoción de pruebas.

El co-apelante ALFREDO BERMÚDEZ MACHADO, en escrito de fecha 5 de noviembre de 1996, solicitó un pronunciamiento de la Corte en Pleno sobre "...la procedencia o valor del secreto o confidencialidad de los escritos de promoción de pruebas antes de la decisión del Tribunal de su admisión o pertinencia y publicación para el caso de autos..."

A este respecto, es menester hacer las siguientes consideraciones:

El artículo 68 de la Constitución ordena a los jueces garantizar el derecho de defensa de las partes en todo estado y grado del proceso. Esta garantía constitucional encuentra eco en el artículo 15 del Código de Procedimiento Civil, que prevé el principio de igualdad de las partes en el proceso.

En ejercicio de su derecho de defensa todo ciudadano que acude ante los órganos de justicia, tiene la posibilidad de formular y probar sus respectivas afirmaciones de hecho, lo que en contrapartida genera para las otras partes el derecho de contradicción. En garantía de su derecho de defensa, el litigante tiene la posibilidad de contradecir cualquier petición que se formule en el proceso.

En materia probatoria, el derecho de defensa se concreta en el principio de contradicción y el de control de la prueba. Gracias al primero, asiste a cada parte la facultad de oponerse o impugnar las pruebas aportadas al juicio por las demás. En virtud del segundo principio, los litigantes pueden conocer cuáles son los medios probatorios promovidos y la oportunidad para su recepción, con el objeto de participar en su evacuación y ejercer sus derechos. Ello para garantizar una cabal incorporación a la causa de los hechos que se pretende demostrar con las pruebas.

Mediante la oposición, las partes persiguen impedir la admisión de las pruebas promovidas, por motivos de ilegalidad o impertinencia. Como la promoción de pruebas implícitamente constituye una petición de admisión de aquellas, la oportunidad para oponerse es posterior a la promoción y anterior a la admisión.

Este derecho de oposición a las pruebas, como una dimanación del derecho de defensa, debe ser garantizado por el juez en todo estado y grado de la causa.

Si bien en la mayoría de los procedimientos, el lapso probatorio está conformado por sucesivas y preclusivas etapas de promoción, oposición, admisión y evacuación, hay procedimientos especiales en los que dicho lapso es único para el despliegue de todas estas actividades. No hay división en etapas. Así está previsto en el procedimiento de nulidad por inconstitucionalidad de los actos de efectos generales. Los artículos 112 y siguientes de la Ley Orgánica de la Corte Suprema de Justicia, establecen un lapso probatorio de sesenta días, durante el cual, indistintamente, deben darse todas las etapas del trámite para la comprobación de los hechos alegados.

Ese lapso probatorio único para promover y evacuar pruebas, no puede excluir la posibilidad de contradicción y control de las pruebas promovidas, con merma del derecho de defensa de los litigantes. Por ello, interpretación en línea con los principios constitucionales rectores de todo procedimiento, determina que aun cuando el lapso probatorio sea común o indistinto para la promoción y evacuación de las pruebas, debe dársele a las partes la posibilidad de oposición, y debe existir por parte del juez que conoce de la causa un pronunciamiento en respuesta a la petición de admisión que lleva implícita la promoción de toda prueba.

Por esta razón, la regla de mantener en secreto la prueba promovida hasta tanto venza el lapso de promoción, no tiene cabida en los procedimientos de lapso probatorio indiviso; sin definidas etapas para promover, oponer, admitir y evacuar pruebas. Por el contrario, en resguardo del derecho de defensa de las partes, es necesario entender que en tales procedimientos una vez promovida la prueba, ésta debe publicarse agregándola al expediente.

Con base en el razonamiento expuesto concluye esta Corte en Pleno que el Juzgado de Sustanciación no quebrantó el principio de igualdad de las partes ni afectó el deber de reserva de las pruebas promovidas, y cuando una vez presentadas, las incorporó al expediente y permitió el acceso a las mismas. Así se establece.

II

El apelante CARLOS MENDOZA POTELLA, en su escrito de informes presentado en fecha 28 de noviembre de 1996, alega la falta de cualidad e interés de la empresa PETRÓLEOS DE VENEZUELA, S.A., para oponerse a las pruebas por él promovidas, pues en el procedimiento de nulidad por inconstitucionalidad de actos de efectos generales, no existen partes propiamente dichas, por cuanto la relación jurídico procesal se establece entre el accionante y el acto impugnado, mas no respecto de los otros intervinientes, por lo que en ausencia de intereses contrapuestos entre ellos, no existe posibilidad de oposición respecto de las pruebas promovidas en el proceso.

No comparte esta Corte en Pleno el razonamiento expuesto. Aunque se acepte la naturaleza objetiva de la acción de nulidad contra actos de efectos generales, en tanto se propone contra un acto y su objeto lo constituye la nulidad de aquél, el artículo 116 de la Ley Orgánica de la Corte Suprema de Justicia, ordena la notificación necesaria del funcionario que dictó el acto impugnado y del Fiscal General de la República; y la notificación del Procurador General de la República cuando se encuentren afectados intereses patrimoniales de la República. Finalmente, se puede llamar mediante cartel, a cualquier interesado.

Cada uno de ellos intervendrá en el proceso con un interés distinto: el funcionario del que emanó el acto, en defensa del mismo. El Fiscal General, en cumplimiento de su función de velar por la exacta observancia de la Constitución y las leyes, puede intervenir en defensa o en contra del acto recurrido. Igualmente el Procurador General, atendiendo a los intereses patrimoniales de la República, puede actuar en defensa o en contra del acto. Finalmente los terceros intervinientes puede tener interés en la defensa o bien en la nulidad del acto recurrido. Es evidente pues, que los intervinientes en el proceso pueden perseguir intereses distintos, en favor o en contra del acto impugnado. Cada uno de ellos tiene la posibilidad de alegar y probar en beneficio de su pretensión.

Cada uno de estos intervinientes tiene el carácter de parte en el proceso, con la salvedad hecha respecto de los terceros, quienes de conformidad con lo previsto en el artículo 370 del Código de Procedimiento Civil, aplicable a los procedimientos que cursan ante la Corte por disposición del artículo 88 de la Ley Orgánica de la Corte Suprema de Justicia, pueden intervenir como parte o como tercero adhesivo simple.

En consecuencia, no puede negarse la existencia de partes en el proceso de nulidad por inconstitucionalidad e ilegalidad contra actos de efectos generales, ni tampoco la posibilidad de que los intervinientes tengan pretensiones distintas y aun contradictorias, por lo que cada uno de ellos tiene el derecho de alegar y probar en defensa del interés que persigue, lo que incluye el derecho de oposición en materia probatoria. Así se establece.

CAPITULO I

DEL ACTO DE ADMISIÓN DE PRUEBAS

Con las dos apelaciones propuestas se trae al examen por esta Corte en Pleno el pronunciamiento del Juzgado de Sustanciación de fecha 22 de octubre de 1996, que declaró inadmisibles varias de las pruebas promovidas por los recurrentes.

En este punto la pauta a seguir es, según establece el artículo 398 del Código de Procedimiento Civil, que toda prueba promovida por las partes en el proceso debe ser admitida salvo cuando sea manifiestamente ilegal o impertinente.

El acto de admisión de las pruebas constituye, hasta cierto grado, un juicio apriorístico sobre la eficacia e idoneidad de las mismas para dar vida dentro del proceso a los hechos sobre los cuales se va a construir la sentencia, porque no vincula al juez para su apreciación en la decisión definitiva, pues será entonces cuando el sentenciador hará juicio -esta vez final y vinculante- para establecer cuáles hechos quedaron demostrados y mediante qué pruebas.

Por eso la norma exige que sólo pueden descartarse en la oportunidad de la admisión, aquellos medios probatorios o pruebas manifiestamente ilegales o impertinentes. Una vez desechados, ya nunca serán apreciados, ni entonces ni en la sentencia definitiva. Mientras la admisión de pruebas se perfila como un juicio provisional acerca de su utilidad y eficacia para la comprobación de los hechos del litigio, por el contrario, la inadmisión es un juicio definitivo que les cierra las puertas del proceso con carácter terminante. De aquí que únicamente se permita descalificar en esta actuación, la pruebas que sean manifiesta, ostensible, clara e irrefutablemente ilegales o impertinentes.

La manifiesta ilegalidad por fuerza ha de fundarse ora en norma expresa de la ley que restrinja los medios probatorios en atención a la naturaleza de la causa, ora en la palpable y evidente prescindencia de requisitos necesarios para promover la prueba.

La manifiesta impertinencia, según se ha encargado de decantar la doctrina y la jurisprudencia, atañe a la falta de conexión, notoria y fácilmente reconocible de los medios probatorios –y más exactamente, de los hechos que con ellos se pretende demostrar- con lo debatido en el litigio, aunque un sector de la doctrina incorporar en el concepto de prueba impertinente, la inútil, la irrelevante, la carente de objeto y la indefinida.

Asentadas estas precisiones, la Corte en Pleno procede a examinar la declaratoria de inadmisibilidad de las pruebas promovidas en el presente proceso. Por razones de orden, se analizará por separado cada una de las apelaciones ejercidas.

CAPITULO II

APELACION PROPUESTA POR EL CIUDADANO
CARLOS RAMÓN MENDOZA POTELLA

En escrito de fecha 30 de octubre de 1996, el recurrente indica que apela contra el auto del juzgado de Sustanciación de fecha 22 de octubre de 1996, en lo que concierne a la negativa de admisión de las siguientes pruebas:

1) Exhibición del paquete de información a que se refiere la sección 5° de la publicación del MINISTERIO DE ENERGÍA Y MINAS y la empresa PETRÓLEOS DE VENEZUELA, S.A., intitulada "Venezuela-Exploración y Producción de Nuevas Áreas 1995. Documento Normativo Inicial", solicitada en el capítulo III, literal A, del escrito de promoción.

2) Exhibición de los documentos, registros o escritos técnicos de los pozos perforados en el área denominada "La Ceiba", recientemente licitada, y en particular los concernientes al pozo denominado "La Ceiba IX", solicitada en el capítulo III, literal B, del escrito de promoción.

3) Prueba de informes con el objeto de que el ciudadano Ministro de Energía y Minas, remita copia de las formas finales de los ocho (08) Convenios de Asociación para la Exploración a Riesgo de Nuevas Aéreas y la Producción de Hidrocarburos bajo el Esquema de Ganancias Compartidas, enviados al Congreso de la República mediante oficios N° 245 y 246, ambos de fecha 8 de marzo de 1996, solicitada en el capítulo IV, literal b, del escrito de promoción.

4) Prueba de informes para requerir a la Asesoría Jurídica del Congreso de la República, copia certificada del dictamen sobre los proyectos de Convenios de Asociación para la Exploración a Riesgo de Nuevas Areas y la Producción de Hidrocarburos bajo el Esquema de Ganancias Compartidas, solicitada en el capítulo IV, literal d, del escrito de promoción.

5) Prueba de informes para requerir a la Oficina Técnica de Hidrocarburos del Ministerio de Energía y Minas, copias de los documentos, registros o escritos que se encuentran en los archivos o registros de los pozos perforados en el área denominada "La Ceiba", recientemente licitada, en especial los relativos al pozo denominado "La Ceiba IX", solicitada en el Capítulo IV, literal e, del escrito de promoción.

6) Prueba de experticia sobre el Paquete de Información preparado por la empresa PETRÓLEOS DE VENEZUELA, S.A., el cual fue entregado a los interesados en acto público en un hotel capitalino, a fin de que los expertos designados dictaminen sobre la magnitud u alcance de la información técnica contenida en dicho Paque-

te de Información, y si es procedente aplicar la calificación de alto riesgo a todas las áreas en cuestión, solicitada en el capítulo V del escrito de promoción.

7) La prueba de experticia sobre las variaciones de los montos percibidos por concepto de explotación (Regalía) en los Convenios de Asociación para la Explotación y Producción en Áreas Nuevas bajo el Esquema de Ganancias Compartidas, producidas por aplicación de un régimen especial de ajuste de la regalía para desarrollos de baja rentabilidad, régimen especial establecido mediante convenio entre el MINISTERIO DE ENERGÍA Y MINAS y la filial de PDVSA designada para la suscripción de estos convenios de asociación, la CORPORACIÓN VENEZOLANA DE PETRÓLEO S.A., solicitada en el capítulo VI, del escrito de promoción de pruebas.

8) La prueba de experticia sobre las variaciones de los montos percibidos por concepto de impuesto de explotación (regalías) en los Convenios de Asociación para la Exploración y Producción en Áreas Nuevas bajo el Esquema de Ganancias Compartidas, producidas por la aplicación de un factor fiscal inferior a la unidad para ponderar la regalía básica de 16 2/3% del petróleo extraído y medido en el campo de producción, cuyos documentos generales se encuentran en el MINISTERIO DE ENERGÍA Y MINAS y en la empresa PETRÓLEOS DE VENEZUELA, S.A., solicitada en el capítulo VII del escrito de promoción.

Estas pruebas fueron declaradas inadmisibles por el Juzgado de Sustanciación con el fundamento global de que "...con su promoción no se obtendrían resultados vinculados con el objeto del presente juicio de nulidad, que se contrae única y exclusivamente a revisar la ilegalidad e inconstitucionalidad de las cláusulas transcritas en esta decisión..."

Ahora bien, con el objeto de analizar la certeza de dicho pronunciamiento, esta Corte en Pleno observa:

1) En relación con la prueba de exhibición del paquete de información a que se refiere la sección 5° de la publicación del MINISTERIO DE ENERGÍA Y MINAS y la empresa PETRÓLEOS DE VENEZUELA, S.A., intitulada "Venezuela-Exploración y Producción de Nuevas Áreas 1995. Documento Normativo Inicial", solicitada en el capítulo III, literal A, del escrito de promoción, el abogado Román José Duque Corredor, actuando en representación judicial de PETRÓLEOS DE VENEZUELA, S.A., se opuso a su admisión con base en que "resulta manifiestamente impertinente por la indefinición de su objeto y su inoportunidad". Considera que "…es imposible establecer la coincidencia de los hechos objeto de la prueba con la materia debatida, para el momento en que se anuncia la proposición del medio probatorio...", siendo por ello una prueba indefinida, ya que no es posible determinar su objeto, lo que implica para esta Corte investigar los hechos sobre los que ha de versar la exhibición. De otra parte, afirma que es inoportuna, pues la articulación probatoria debe cumplirse dentro del lapso perentorio de sesenta días, sin que exista posibilidad de posponer las fases subsiguientes, de modo que su práctica dilate el curso del procedimiento y, por consiguiente, concluye que esta prueba es inoportuna por haber dejado la parte hasta los últimos días del lapso probatorio para su promoción.

Respecto del primer alegato, observa la Corte que el mecanismo de exhibición de documentos está previsto en el artículo 91 de la Ley Orgánica de la Corte Suprema de Justicia, que prevé:

"Podrá solicitarse y acordarse la exhibición de documentos pertinentes al caso, sin menoscabo de lo dispuesto en leyes especiales. Si el documento cuya exhibición se solicite no fuere por su naturaleza de carácter reservado, el Jefe de la Oficina donde estuviere archivado cumplirá la orden judicial, por órgano de la Procuraduría General de la República. Del acto de exhibición se levantará un acta, en la cual se dejará constancia, a solicitud de la parte a quien interese, de cualquier circunstancia relacionada con el estado o contenido del documento de cuya exhibición se trate. También podrá dejarse copia certificada o fotostática debidamente autenticada, del documento íntegro. Cumplidas estas diligencias, se devolverá el documento al archivo a que corresponda, por órgano del representante de la República que lo haya exhibido".

La norma transcrita faculta a las partes para solicitar la exhibición de documentos pertinentes al caso, pero no determina cómo ha de efectuarse dicha solicitud. Esta Corte estima que por la remisión al Código de Procedimiento Civil contenida en el artículo 88 de la Ley Orgánica de la Corte Suprema de Justicia, son aplicables los requisitos previstos en el artículo 436 del mencionado código: a la solicitud de exhibición debe acompañarse una copia del documento, o en su defecto, el solicitante debe afirmar los datos que conozca acerca de su contenido y un medio de prueba que constituya por lo menos presunción grave de que el instrumento se halla o se ha hallado en poder del adversario. La copia del documento o los datos que se aporten sobre su contenido, según el caso, permite al juez de la causa determinar la pertinencia de los hechos cuya prueba se pretende con aquellos controvertidos en el proceso.

Los datos que se exigen al solicitante cuando no presenta la copia del documento, deben ser afirmados por él. El solicitante tiene la carga procesal de especificar en su solicitud los datos necesarios. No se puede aportar otro documento para que el juzgador indague o extraiga de allá los datos exigidos. Tampoco éstos pueden ser vagos o generales, sino precisos y específicos sobre el contenido del documento, y de ser varios los documentos, el solicitante debe indicar el contenido de cada uno de ellos.

En el caso concreto, el solicitante no acompañó una copia del documento cuya exhibición pretende. Se limitó a afirmar que la sección 5°, página 16, de la publicación intitulada "Venezuela-Exploración y Producción de Nuevas Áreas 1995. Documento Normativo Inicial", incluye toda la información disponible dentro de cada área y alguna fuera de ella, y consignó un ejemplar de la referida publicación para constituir presunción grave de que el instrumento promovido, que califica como PAQUETE DE INFORMACIÓN, se halla en poder del adversario.

En otras palabras, el solicitante aportó un documento que remite a otros, que son en definitiva los que pide exhibir y cuyo contenido no precisa.

Como ciertamente sostiene el oponente, la sola afirmación del solicitante no permite a la Corte establecer la pertinencia de los hechos cuya prueba se pretende con aquéllos controvertidos en el proceso. Más aún, examinada la sección 5° de la referida publicación, se observa que no se menciona un sólo paquete de información como refiere el solicitante, sino varios paquetes de información preparados para cada área, y no se especifica el contenido de cada uno de éstos, sino un índice general a desarrollar en cada paquete de información.

Por consiguiente, estima la Corte incumplidos los requisitos exigidos en el artículo 436 del Código de Procedimiento Civil, lo que determina la inadmisibilidad de la presente solicitud de exhibición de documentos por ser manifiestamente ilegal. Así se establece.

Por último, respecto de la pretendida inoportunidad, cabe advertir que no distingue el legislador dentro del lapso probatorio de sesenta días establecido en el artículo 117 de la Ley Orgánica de la Corte Suprema de Justicia, qué días se conceden para promover y cuáles para evacuar, razón por la cual no le es dable establecer una distinción no prevista en la ley, lo que permite concluir que cualquiera de los sesenta días comprendidos en el lapso probatorio es apto para desplegar cualquiera de estas actividades probatorias. La promoción demorada pero dentro de lapso, en procedimientos como éste, de período probatorio indiviso, no determina la extemporaneidad de la prueba, por más que corra el riesgo de no lograrse la evacuación de ésta, con el sólo perjuicio para el promovente que no podrá aprovecharse de ésta para hacer valer sus pretensiones.

2) En relación con la prueba de exhibición de los documentos, registros o escritos técnicos de pozos perforados en el área denominada "La Ceiba", recientemente licitada, y en particular lo concerniente al pozo denominado "La Ceiba IX", contenida en el capítulo III, literal B, del escrito de promoción, el abogado Román José Duque Corredor, en representación de PETRÓLEOS DE VENEZUELA, S.A., se opuso con igual fundamento que la anterior, por la inoportunidad e impertinencia de la prueba al haberse promovido en los últimos días del lapso probatorio, motivo por el cual esta Corte da por reproducidas las consideraciones hechas precedentemente.

No obstante, se observa que el promovente no acompañó copia del documento cuya exhibición solicita, ni aportó los datos sobre su contenido, ni acompañó medio de prueba que constituya presunción grave de que el documento se halla en poder de la otra parte, por lo que incumplidos los requisitos exigidos para su promoción en el artículo 436 del Código de Procedimiento Civil, esta prueba es inadmisible por ser manifiestamente ilegal. Así se establece.

3) En relación con la prueba de informes cuyo objeto es requerir al ciudadano Ministro de Energía y Minas, copia de las formas finales de los ocho (8) Convenios de Asociación enviados al Congreso de la República mediante oficios N° 245 y 246, ambos de fecha 08 de marzo de 1996, solicitada en el capítulo IV, literal b, del escrito de promoción, la judicial de PETRÓLEOS DE VENEZUELA, S.A., se opuso representación por ser inoportuna. Asimismo, alega que esta prueba es manifiestamente impertinente dado que la consideración particular de cada uno de los ocho (8) convenios de asociación celebrados con posterioridad al acto impugnado no forma parte de la materia debatida.

No comparte esta Corte en Pleno el razonamiento del oponente. Respecto de la inoportunidad alegada reitera el criterio expuesto precedentemente, y no encuentra que la prueba bajo análisis sea manifiestamente impertinente. Por consiguiente, en ausencia de un motivo legal que lo impida, esta prueba se admite, y así se establece.

4) Respecto de la prueba de informes cuyo objeto es requerir a la Oficina de Asesoría Jurídica del Congreso de la República, copia certificada del dictamen sobre

los proyectos de Convenios de Asociación para la Exploración a Riesgo de Nuevas Areas y la Producción de Hidrocarburos bajo el Esquema de Ganancias Compartidas, solicitada en el capítulo IV, literal d, del escrito de promoción, la representación judicial de PETRÓLEOS DE VENEZUELA, S.A., se opuso a su admisión con base en su inoportunidad y manifiesta impertinencia, ésto último con base en que "...estos convenios no forman parte del objeto del presente proceso sobre la legalidad y constitucionalidad del Acuerdo del Congreso de fecha 04–07–95 y que, por otra parte, a los cuales ni siquiera se hace mención en tales recursos..."

No comparte la Corte en Pleno el criterio expuesto por el oponente respecto de la alegada inoportunidad, por las razones ya indicadas. Ahora bien, el propósito de toda prueba es aportar los hechos que deberán ser apreciados para la aplicación del derecho. Con la prueba de informes promovida no se pretende traer al juicio una demostración o comprobación fáctica, sino la opinión que sobre un cierto aspecto de la cuestión debatida sostiene o sostuvo la Oficina de Asesoría Jurídica del Congreso de la República, la cual por lo demás no es vinculante para la decisión del máximo cuerpo legislativo nacional. Al estar vaciado de contenido fáctico, y no adecuarse a su más aparente propósito de incorporar al proceso una opinión calificada, mas adecuado a otra especie de probanza o actuación, el medio probatorio carece de uno de sus elementos indispensables, lo cual lo vuelve ilegal y por fuerza inadmisible. Así se establece.

5) En relación con la prueba de informes para requerir a la Oficina Técnica de Hidrocarburos del Ministerio de Energía y Minas, copias de los documentos, registros o escritos que se encuentran en los archivos o registros de los pozos perforados en el área denominada "La Ceiba", recientemente licitada, en especial los corrientes al pozo denominado "La Ceiba IX", solicitada en el Capítulo IV, literal e, del escrito de promoción. El oponente alegó la inoportunidad de la prueba, argumento éste que se desestima por las razones indicadas.

Constituye carga del promovente especificar qué documentos pretende incorporar en el expediente mediante la prueba de informes. No es permisible la promoción general e indeterminada de los documentos, registros o escritos que se encuentran en los archivos o registros de los pozos perforados en el área denominada "La Ceiba", sin especificar a qué documentos se refiere, por lo que esta Corte en Pleno niega la solicitud de la prueba de informes por ser manifiestamente legal. Así se establece.

6) En cuanto a la prueba de experticia sobre el paquete de información a que se refiere la sección 5° de la publicación del MINISTERIO DE ENERGÍA Y MINAS y la empresa PETRÓLEOS DE VENEZUELA, S.A., intitulada "Venezuela-Exploración y Producción de Nuevas Áreas 1995. Documento Normativo Inicial", que fue entregado a los interesados en particular en el proceso licitatorio, solicitada en el capítulo V del escrito de promoción, el abogado Román José Duque Corredor, en representación de PETRÓLEOS DE VENEZUELA, S.A., se opuso con fundamento en su inoportunidad y manifiesta impertinencia, esto último con base en que "...su objeto, como lo es que los expertos dictaminen sobre la magnitud y alcance de la información técnica contenida en el denominado "Paquete de Información", no forma parte de la materia debatida y ni siquiera es mencionada en los recursos de anulación como fundamentos de hecho de las demandas de inconstitucionalidad o de ilegalidad del Acuerdo impugnado..."

Respecto de la inoportunidad alegada se reitera el criterio precedentemente expuesto. De otra parte, se observa que la sección 5° de la referida publicación, no menciona un sólo paquete de información, sino varios paquetes de información, los cuales no fueron consignados ni promovidos en el expediente. Ha sido negada por esta Corte en Pleno la exhibición del "Paquete de Información" como lo califica el solicitante, por no cumplir con las exigencias previstas en el artículo 436 del Código de Procedimiento Civil. Por consiguiente, al no constar en autos la documentación sobre la cual se solicita practicar la experticia, este Alto Tribunal niega por ilegal dicha prueba. Así se establece.

7) De igual forma, en cuanto a las experticias económicas solicitadas en los capítulos VI y VII del escrito de promoción, este Alto Tribunal las niega por ser manifiestamente ilegales, pues los documentos sobre los que se pretende practicar la experticia no fueron consignados ni promovidos en el proceso. Así se establece.

CAPITULO III

APELACIÓN PROPUESTA POR LOS CIUDADANOS
LUIS MANUEL RODRÍGUEZ Y ALFREDO BERMÚDEZ MACHADO

En diligencia de fecha 24 de octubre de 1996, los recurrentes sostienen que apelan " ... de la declaratoria de inadmisibilidad de las pruebas por nosotros promovidas en fecha 26 de septiembre del año en curso...", las cuales consisten en:

1) Exhibición del paquete de información a que se refiere la sección 5° de la publicación del MINISTERIO DE ENERGÍA Y MINAS y la empresa PETRÓLEOS DE VENEZUELA, S.A., intitulada "Venezuela-Exploración y Producción de Nuevas Áreas 1995. Documento Normativo Inicial", solicitada en el capítulo III, literal A, del escrito de promoción.

2) Exhibición de los documentos, registros o escritos técnicos de pozos perforados en el área denominada "La Ceiba", recientemente licitada, y en particular lo concerniente al pozo denominado "La Ceiba IX", solicitada en el capítulo III, literal B, del escrito de promoción.

3) Prueba de informes con el objeto de que el ciudadano Ministro de Energía y Minas, remita copia de las formas finales de los ocho (8) Convenios de Asociación para la Exploración a Riesgo de Nuevas Áreas y la Producción de Hidrocarburos bajo el Esquema de Ganancias Compartidas, enviados al Congreso de la República mediante oficios N° 245 y 246, ambos de fecha 08 de marzo de 1996, solicitada en el capítulo IV, literal B, del escrito de promoción.

4) Prueba de informes para requerir a la Oficina de Asesoría Jurídica del Congreso de la República, copia certificada del dictamen sobre los proyectos de Convenios de Asociación para la Exploración a Riesgo del pozo denominado "La Ceiba IX", solicitada en el capítulo IV, literal D, del escrito de promoción.

5) Prueba testimonial de los ciudadanos "...Dr. RAFAEL CALDERA RODRÍGUEZ... Dr. JESÚS PETIT DA COSTA, Dr. HUGO PÉREZ LA SALVIA, Dr. CRUZ AGUILERA, Dr. GUSTAVO ROSSEN, Dr. ALBERTO QUIROZ, Dr. LUIS VALLENILLA, Dr. JUAN ZABO, Dr. HECTOR MALAVÉ MATA, Dr. LUIS SOSA PIETRI, Dr. EZEQUIEL MONSALVE CASADO, Dr. PEDRO BERROETA,

Dr. LUIS GUISTI; Dr. THOMAS CARRILLO BATALLA..." (sic), solicitadas en el capítulo V del escrito de promoción.

6) Prueba de experticia de geología petrolera sobre "...el Paquete de Información preparado por la empresa Petróleos de Venezuela, S.A...." el cual fue entregado a los interesados en acto público en un hotel capitalino, a fin que (sic) los expertos designados dictaminen sobre la magnitud y alcance de la información técnica contenida en dicho Paquete de Información y si es procedente, la calificación de alto riesgo a todas las áreas en cuestión...", solicitada en el Capítulo VI del escrito de promoción.

Estas pruebas fueron declaradas inadmisibles por el Juzgado de Sustanciación con el fundamento global de que " ...con su promoción no se obtendrían resultados vinculados con el objeto del presente juicio de nulidad, que se contrae única y exclusivamente a revisar la ilegalidad e inconstitucionalidad de las cláusulas transcritas en esta decisión..."

Para decidir, esta Corte observa que respecto a la exhibición pedida en el Capítulo III, literales A y B; el informe solicitado en el capítulo IV, literal B; y la prueba de experticia de geología petrolera promovida en el capítulo VI, el ciudadano LUIS MANUEL RODRÍGUEZ se limitó a reproducir el contenido del escrito de promoción presentado previamente por el ciudadano CARLOS MENDOZA POTELLA. De igual forma, la representación judicial de la empresa PETRÓLEOS DE VENEZUELA, S.A., advertida esta circunstancia y tratándose de las mismas pruebas, se limitó a ratificar los alegatos expuestos en su escrito de oposición a las pruebas promovidas por el ciudadano CARLOS MENDOZA POTELLA.

Por lo tanto, esta Corte en Pleno da por reproducidas las consideraciones expuestas en el capítulo precedente respecto de las mencionadas pruebas y ADMITE la prueba de informes solicitada en el capítulo IV literal B; y niega la exhibición pedida en el capítulo III, literales A y B; y la prueba de experticia de geología petrolera promovida en el capítulo VI. Así se establezca.

Por otra parte, en relación con la prueba de informes cuyo objeto es requerir a la Oficina de Asesoría Jurídica del Congreso de la República, copia certificada del dictamen sobre los proyectos de Convenios de Asociación para la Exploración a Riesgo de Nuevas Áreas y la Producción de Hidrocarburos bajo el Esquema de Ganancias Compartidas, solicitada en el capítulo IV, literal D, del escrito de promoción, la Corte observa que el propósito de toda prueba es aportar los hechos que deberán ser apreciados para la aplicación del derecho. Con la prueba de informes promovida no se pretende traer al juicio una demostración o comprobación fáctica, sino la opinión que sobre un cierto aspecto de la cuestión debatida sostiene o sostuvo la Oficina de Asesoría Jurídica del Congreso de la República, la cual por lo demás no es vinculante para la decisión del máximo cuerpo legislativo nacional. Al estar vaciado de contenido fáctico, y no adecuarse a su mas aparente propósito de incorporar al proceso una opinión calificada, mas adecuado a otra especie de probanzas o actuación, el medio probatorio carece de uno de sus elementos indispensables, lo cual lo vuelve ¡legal y por fuerza inadmisible. Así se establece.

Y finalmente, respecto de las pruebas testimoniales promovidas se observa:

El vigente Código de Procedimiento Civil, a diferencia del derogado, no exige a la parte promovente acompañar el cuestionario de preguntas sobre las que versará el interrogatorio, por lo que no es posible establecer a priori la pertinencia de los hechos que se pretende probar con aquellos que forman parte del tema a decidir. Por esta razón, el control de la prueba es posterior a la promoción y simultáneo con su evacuación, oportunidad en la cual la parte podrá oponerse a la pregunta formulada por ser ésta impertinente. De conformidad con lo establecido en el artículo 482 del Código de Procedimiento Civil, sólo se exige que el promovente presente la lista de las personas que deban declarar, con expresión del domicilio de cada uno de ellas.

En el caso concreto, el promovente solicitó la prueba testimonial de los ciudadanos: "...Dr. RAFAEL CALDERA RODRÍGUEZ... Dr. JESÚS PETIT DA COSTA, Dr. HUGO PÉREZ LA SALVIA, Dr. CRUZ AGUILERA, Dr. GUSTAVO ROSSEN, Dr. ALBERTO QUIROZ, Dr. LUIS VALLENILLA, Dr. JUAN ZABO, Dr. HÉCTOR MALAVÉ MATA, Dr. LUIS SOSA PIETRI, Dr. EZEQUIEL MONSALVE CASADO, Dr. PEDRO BERROETA, Dr. LUIS GUISTI; Dr. THOMAS CARRILLO BATALLA..." (sic). De igual forma, indicó que todos ellos están domiciliados en la ciudad de Caracas.

La representación judicial de PETRÓLEOS DE VENEZUELA, S.A., se opuso a las testimoniales promovidas con base en que no constituyen una prueba idónea, por cuanto la demanda esta fundamentada en la inconstitucionalidad e ilegalidad de determinadas cláusulas del Acuerdo del Congreso; y particularmente, se opone a la prueba testimonial del Dr. RAFAEL CALDERA, pues de conformidad con lo previsto en el artículo 495 del Código de Procedimiento Civil, no puede ser promovido como testigo; a la prueba testimonial del ciudadano JESÚS PETIT DA COSTA, debido a que el promovente solicita la ratificación de su opinión emitida en la prensa nacional, lo que resulta "inadmisible conforme a lo previsto en el artículo 431 eiusdem, por cuanto los ejemplares de la prensa nacional no son los documentos privados emanados de terceros, que no son partes en el juicio, a que se contrae dicho artículo, ya que no son instrumentos originales, y tampoco en ellos se encuentra firma autógrafa cuyo reconocimiento pueda exigido..."; y finalmente a la prueba testimonial del ciudadano LUIS VALLENILLA, por ser éste parte en el proceso.

Advierte esta Corte en Pleno que en los procedimientos de nulidad de actos de efectos generales por inconstitucionalidad e ilegalidad no siempre basta la mera contratación del acto con la norma, cuyo quebrantamiento se acusa, como en principio pudiera parecer. Al menos el legislador no lo concibió así desde que instauró como regla de estos juicios un lapso probatorio y como excepción de esa regla, la prescindencia de ese lapso en las causas en que así se declare de conformidad con el artículo 135 de la Ley Orgánica de la Corte Suprema de Justicia. Las pruebas producidas en causas semejantes, aparte de comprobar la existencia del acto normativo contra el cual se recurre, pueden demostrar cómo su ejecución conduce necesariamente a violaciones constitucionales o legales, más allá de lo que la simple contrastación de textos podría revelar.

Los límites a la actividad probatoria de las partes deben estar establecidos en la ley. En particular, respecto de la prueba de testigos no existe limitación alguna. Por consiguiente, considera esta Corte en Pleno que las partes pueden hacer uso de este medio probatorio en defensa de sus alegatos.

En el caso concreto, el fundamento de la demanda de nulidad se encuentra estrechamente conectado con hechos controvertidos que requieren de pruebas, como lo estableció esta Corte en Pleno en su decisión interlocutoria de fecha 2 de julio de 1996, en la que negó la declaratoria de mero derecho de la presente causa. Para la prueba de estos hechos las partes pueden valerse de cualquier medio de prueba no prohibido en la ley. En particular, no existe limitación alguna respecto de la prueba de testigos.

Por consiguiente, se aparta la Corte del alegato del oponente respecto a la falta de idoneidad de la prueba de testigos en el presente procedimiento. Se reitera la imposibilidad de establecer en esta oportunidad la pertinencia o no de esta prueba, así como la identidad, idoneidad o adecuación de este medio probatorio con los hechos que se pretenden probar, pues los puntos sobre los que ha de versar el interrogatorios sólo son conocidos simultáneamente con la respectiva evacuación.

Ahora bien, respecto de la prueba testimonial del Presidente de la República Dr. RAFAEL CALDERA, se observa:

De conformidad con lo previsto en el artículo 495 del Código de Procedimiento Civil, el Presidente de la República está eximido del deber de comparecer a testificar en el tribunal que conoce de la causa. En estos casos las partes están facultadas para pedir que conteste por oficio o escrito dirigido al tribunal, los puntos del interrogatorio y las preguntas escritas que presentare la parte promovente, o bien que rinda declaración en su morada, debiendo entonces éste responder a las preguntas que le haga la otra parte.

Esta norma no establece la imposibilidad de promover al Presidente de la República en calidad de testigo, lo que consagra es una excepción del deber de comparecer al tribunal para rendir testimonio como una prerrogativa procesal por su investidura.

Por otra parte, en esta hipótesis de excepción, el solicitante sí tiene la carga de presentar junto con la promoción el interrogatorio respectivo, como lo exige expresamente el citado artículo 395 del Código de Procedimiento Civil, requisito este que no fue cumplido en el presente caso. Por consiguiente, se declara inadmisible por ser manifiestamente ilegal la prueba testimonial del Presidente RAFAEL CALDERA. Así se establece.

En relación con la prueba testimonial del ciudadano JESÚS PETIT DA COSTA, se observa:

El promovente solicita además de que se tome declaración testimonial al ciudadano JESÚS PETIT DA COSTA, que se le pida la ratificación de la opinión emitida en la prensa nacional. Alega el oponente que esto último es "Inadmisible conforme a lo previsto en el artículo 431 eiusdem, por cuanto los ejemplares de la prensa nacional no son los documentos privados emanados de terceros, que no son partes en el juicio, a que se contrae dicho artículo, ya que no son instrumentos originales, y tampoco en ellos se encuentra firma autógrafa cuyo reconocimiento puede ser exigido..."

Al respecto se observa que el propósito de toda prueba es aportar los hechos que deberán ser apreciados para la aplicación del derecho. Pretende el promovente obtener mediante testimonio la ratificación de la opinión que sobre un cierto aspecto de la cuestión debatida sostuvo el ciudadano JESÚS PETIT DA COSTA en un artículo de prensa. Al estar vaciado de contenido fáctico, y no adecuarse a su más aparente propósito de incorporar al proceso una opinión calificada, más adecuada a otra especie de probanza o actuación, no puede admitirse la pretendida ratificación mediante prueba testimonial.

Por consiguiente, se admite la prueba testimonial del ciudadano JESÚS PETIT DA COSTA, con el sólo objeto de que sea preguntado y repreguntado sobre los hechos debatidos, mas no para ratificación alguna.

En relación con la prueba testimonial del ciudadano LUIS VALLENILLA, se observa:

De conformidad con lo previsto en el artículo 478 del Código de Procedimiento Civil, no puede testificar el que tenga interés aunque sea indirecto en las resultas del juicio. Por consiguiente, esta prueba se declara inadmisible por ser manifiestamente ilegal, pues el ciudadano LUIS VALLENILLA es parte en el presente procedimiento de lo que deriva su interés en las resultas del proceso.

De igual forma, no se admite la prueba testimonial del ciudadano LUIS GIUSTI, pues consta de los folios 49 al 52 del expediente N° 829, que fue acumulado al expediente N° 812, su condición de Presidente de PETRÓLEOS DE VENEZUELA, S.A., que es parte en el presente procedimiento, lo que pone de manifiesto su interés en las resultas del juicio.

Y, en relación con las pruebas testimoniales de los ciudadanos HUGO PEREZ LA SALVIA, CRUZ AGUILERA, GUSTAVO ROSSEN, ALBERTO QUIROZ, JUAN ZABO, HECTOR MALAVE MATA, LUIS SOSA PIETRI, EZEQUIEL MONSALVE CASADO, PEDRO BERROETA y TOMÁS CARRILLO BATA-LLA, esta Corte en Pleno las admite por cuanto las mismas no son manifiestamente ilegales. Como se dejó apuntado no puede esta Corte en Pleno pronunciarse en esta oportunidad sobre la pertinencia o no de estas pruebas. Así se establece.

DECISION

En fuerza de lo expuesto esta Corte Suprema de Justicia en Pleno, administrando justicia en nombre de la República y por autoridad de la Ley, declara:

1° PARCIALMENTE CON LUGAR la apelación propuesta por el ciudadano Carlos Mendoza Potella, contra el auto dictado en fecha 22 de octubre de 1996, por el Juzgado de Sustanciación de la Corte en Pleno, y en consecuencia ADMITE, salvo su apreciación en la definitiva, la prueba de informe solicitada en el capítulo IV, literal b, del escrito de promoción; y NIEGA la exhibición de documentos solicitadas en el capítulo III, literales A y B, del escrito de promoción; la prueba de informes solicitada en el Capítulo IV, literales d y e, del escrito de promoción; y la prueba de experticia solicitada en los capítulos V, VI y VII del escrito de promoción de pruebas.

2° PARCIALMENTE CON LUGAR la apelación propuesta por los ciudadanos Luis Manuel Rodríguez y Alfredo Bermúdez Machado, contra el auto dictado en fecha 22 de octubre de 1996, por el juzgado de Sustanciación de la Corte en Pleno, y en consecuencia ADMITE, salvo su apreciación en la definitiva, la prueba de informes solicitada en el capítulo IV, literal B, del escrito de promoción; y las testimoniales de los ciudadanos JESÚS PETIT DA COSTA, HUGO PÉREZ LA SALVIA, CRUZ AGUILERA, GUSTAVO ROSSEN, ALBERTO QUIROZ, JUAN ZABO, HÉCTOR MALAVÉ MATA, LUIS SOSA PIETRI, EZEQUIEL MONSALVE CASADO, PEDRO BERROETA y TOMÁS CARRILLO BATALLA, solicitadas en el capítulo V del escrito de promoción; y NIEGA la exhibición de documentos solicitada en el capítulo III, literales A y B, del escrito de promoción; la prueba de informes solicitada en el capítulo IV, literal D, del escrito de promoción; las testimoniales del Presidente de la República Dr. RAFAEL CALDERA, y de los ciudadanos LUIS VALLENILLA y LUIS GIUSTI, solicitadas en el capítulo V del escrito de promoción; y la prueba de expertica solicitada en el capítulo VI del escrito de promoción.

Publíquese. Regístrese y cúmplase lo ordenado. Remítase el expediente al juzgado de Sustanciación.

Dada, firmada y sellada en el Salón de Despacho de la Corte Suprema de justicia en Pleno, en Caracas, a los cinco (5) días del mes de agosto de mil novecientos noventa y siete. Años 187° de la Independencia y 138° de la Federación.

Magistrado: Ismael Rodríguez Salazar, Anibal José Rueda, Cesar Bustamante Pulido, Josefina Calcaño de Temeltas, Alfredo Ducharne Alonzo, Hildegard Rondón de Sansó, Alirio Abreu Burelli, José J. Salcedo Cardenas, Luis Manuel Palis Rauseo,Reinaldo Chalbaud Zerpa, José Luis Bonnemaison W., Nelsón Rodríguez García, Herman Petzold Pernía, José Antonio Ramos M., Secretario: Enrique Sánchez Risso.

CUARTA PARTE

LOS ARGUMENTOS DE LAS PARTES
EN EL ACTO DE INFORMES

El **22 de enero de 1998** tuvo lugar el acto de informes en el juicio, en el cual participaron y consignaron escritos los accionantes, Dr. Alí Rodríguez Araque, Dr. Alfredo Bermúdez Machado y Carlos Mendoza Potella; los apoderados de PDVSA, Dr. Román José Duque Corredor y Allan R. Brewer-Carías; el abogado Humberto Briceño León, en nombre propio; los abogados Carlos Leañez Sievert y Jesús María Casal, en representación del Congreso; y los abogados Leopoldo Martínez Nucete y Leonardo Palaciones en representación de un grupo de parlamentarios. Además, el abogado Carlos Mendoza P., presentó informes con posterioridad al acto público.

I. INFORMES DE LOS ACCIONANTES

1. *Informe de Alí Rodríguez Araque*

Ciudadana
Presidenta de la Corte Suprema de Justicia
Su Despacho

Alí Rodríguez Araque, actuando en mi carácter acreditado en autos, siendo la oportunidad para presentar los informes y conclusiones en el presente juicio de nulidad parcial por inconstitucionalidad e ilegalidad del Acuerdo del Congreso de la República de Venezuela de fecha 04-07-95 y publicado en la Gaceta Oficial de la República de Venezuela N° 35.754 de fecha 17-07-95 mediante el cual se autorizó la celebración de los así llamados *CONVENIOS DE ASOCIACION PARA LA EXPLORACIÓN A RIESGO DE NUEVAS ÁREAS Y LA PRODUCCIÓN DE HIDROCARBUROS BAJO EL ESQUEMA DE GANANCIAS COMPARTIDAS, artículo 2°,* respetuosamente acudo ante esa Corte a fin de hacerlo en los siguientes términos:

I

DE LA INCONSTITUCIONALIDAD DE LAS CLÁUSULAS DÉCIMA, DECIMOSÉPTIMA, SEGUNDA Y CUARTA

Tal y como fue alegado en la solicitud de nulidad interpuesta, las referidas cláusulas contradicen disposiciones expresas de la Constitución sin que los alegatos opuestos hayan podido negar los fundamentos y razón, tanto de lógica jurídica como de justicia. Veamos cada una de las Cláusulas cuya nulidad hemos alegado oportunamente:

CLÁUSULA DÉCIMA. Ciertamente, como lo afirma esta misma Cláusula este tipo de convenios, dada la naturaleza de su objeto, quedan sometidos al régimen establecido en la Ley Orgánica que Reserva al Estado la Industria y el Comercio de los Hidrocarburos (en adelante, LOREICH). Es obvio que no sólo a esta Ley, sino a la Constitución y leyes aplicables. Es igualmente obvio que, en virtud de lo dispuesto en el Ordinal 8° del Artículo 136 de la Constitución, es competencia del Poder Nacional, *la organización, recaudación y control de los impuestos a la renta (omissis) que recaigan sobre la producción y consumo de bienes que total o parcialmente la Ley reserva al Poder Nacional, talas como (omissis) las de minas e hidrocarburos y los demás impuestos, tasas, rentas no atribuidos a los Estados a los Municipios, que con carácter de contribuciones nacionales creare la ley.*

La redacción misma de esta disposición, ha dado origen a un debate doctrinario bien conocido y que ya ha tenido algunas expresiones en nuestra jurisprudencia. Así pues, como se ha hecho históricamente antes y después de la nacionalización, las empresas dedicadas a las actividades de hidrocarburos, han pagado sus contribuciones al fisco nacional, por concepto de regalías, de impuesto sobre la renta y, durante un tiempo, bajo la fijación de un *precio de referencia fiscal,* forma peculiar de lo que alguna vez propuso Juan Pablo Pérez Alfonzo como impuesto adicional a las ganancias excesivas. Pero nunca jamás se ha discutido si tales empresas pagaban, o no, patentes sobre vehículos o los impuestos sobre inmuebles urbanos y espectáculos públicos. La redacción de la Cláusula Décima impugnada establece una exención tan genérica que comprende este tipo de contribuciones tributarias a los municipios.

Ahora bien, en lo referente a las patentes de industria y comercio, la misma redacción de la disposición constitucional, deja un ámbito que la Corte deberá despejar. Así ¿pueden concurrir la competencia de los Municipios para establecer patentes de industria y comercio en las actividades de hidrocarburos cuando las mismas no son realizadas por los entes comprendidos dentro del artículo 6 de la LOREICH?. La redacción del artículo 7 *ejusdem* así lo indica cuando establece taxativamente la exención de los tributos municipales cuando se trata de empresas *de la propiedad del Estado,* mas no cuando se trata de los entes privados contemplados en su artículo 5°. Si el legislador así lo hubiese querido, habría establecido una exención genérica para todo ente que ejerciera derechos en las explotaciones de hidrocarburos. Pero más aún, el Acuerdo del Congreso autoriza convenios en los cuales el Estado tiene, *siempre, sin excepción, una participación minoritaria.* En consecuencia, bajo cualquier visión racional, no puede considerarse ninguno de los convenios de asociación autorizados como empresas públicas de conformidad con lo que establece nuestra normativa legal en la materia. De manera que si el Ejecutivo Nacional y el Congreso de la República querían extremar la magnanimidad tributaria con los consorcios extranjeros -magnanimidad nunca presente cuando se trata de los venezolanos- sencillamente han debido seguir el camino que claramente establece la Constitución, esto es, reformar la misma Carta Magna y dictar las leyes correspondientes.

Colocados frente a esta situación, es imperativo llamar la atención de los ilustrados Magistrados de la Corte. Estas exenciones son tan solo una parte de una reducción factual de todo el marco tributario que siempre mantuvo el Estado venezolano en las explotaciones de hidrocarburos, como lo reflejan las reducciones *ab inicio* los impuestos de explotación, desfigurándolos, como lo hemos demostrado y lo ampliaremos más adelante. En adición, resulta extremadamente curioso que las dudas que tienen los asesores de los consorcios extranjeros en esta materia, no la tengan algunos venezolanos que han redactado y aprobado en el Ejecutivo y en el legislativo. Tales dudas las expresó el Señor R.I. Wilson, alto ejecutivo de la *Mobil Venezolana de Petróleos INC,* en comunicación de fecha 16-02-96, dirigida al Dr. Luis Giusti, Presidente de PDVSA al reconocer *las buenas intenciones* de esta última y solicitar *mejoras sustantivas adicionales* sobre las ya obtenidas dentro de las cuales pide la *Reforma de la Ley de Nacionalización para aclarar que las compañías comprendidas en el artículo 5°, están exentas del pago de impuestos municipales. Las recientes demandas resaltan la necesidad de esta clasificación.* (Anexo copia fotostática de dicha comunicación leída en sesión de la Cámara de Diputados y nunca desmentida ni por el remitente ni por el destinatarios de la misma).

De todo lo cual se sigue que, tal como está redactada esta Cláusula, viola flagrantemente las disposiciones contempladas en los artículos 29, 31 -ordinal 3°–, 224, 162 y 177 de la Constitución y así insisto respetuosamente que sea declarado por esta Corte.

Cláusula Decimoséptima. Se insiste en este Acuerdo en someter *sine jure,* una disposición que se ha mantenido en todo el proceso de la mal llamada *apertura petrolera,* esto es, que siempre, las dudas y controversias se someterán a arbitraje, con aplicación de las normas de la Cámara de Comercio Internacional de París. Así, se llega al extremo de establecer en algunas *Asociaciones Estratégicas* que se renuncia incondicionalmente a alegar la inmunidad de jurisdicción, declarando arbitrariamente que tales formas contractuales son de mera naturaleza comercial estableciendo, siempre, que tal arbitraje se realizará en el extranjero.

Ahora bien, como ya fue alegado oportunamente, el articulo 127 de la Constitución no deja el más lejano lugar a la duda al establecer nítidamente que, en los *contratos de interés público, las dudas y controversias serán decididas por los Tribunales competentes de la República, en conformidad con* sus *leyes.* Esta es una norma que se ha aplicado, sin excepción, en todas las controversias que ocurrieron antes de la nacionalización. Nunca ocurrió reclamo alguno por parte de las empresas extranjeras.

¿A cuento de cual arbitraria razón se va a violentar una disposición tan explícita de nuestra Constitución? ¿Es que acaso el otorgar derechos de exploración, producción, transporte, almacenamiento y comercialización del recurso natural hidrocarburos, propiedad común de los venezolanos, ha perdido ya su naturaleza pública? ¿Cuál es la razón por la cual el Poder Nacional renuncia a el mandamiento constitucional de regir y administrar las minas e hidrocarburos?

Nos encontramos acá, respetados magistrados, con una de las mayores y más tristes irrisiones de nuestro lamentable presente como nación: el soberano abdica a su condición de tal y deja en manos privadas la solución de dudas y controversias en materia de contratos indiscutiblemente *públicos,* como si se tratara de un simple pleito entre particulares sobre un asunto puramente comercial. Esto que por lo evidente no requiere mayor exégesis jurídica, nos obliga, sin embargo, a cumplir las formalidades lógicas en estos procesos. Independientemente de diferencias no substanciales en la doctrina, se entiende que un contrato es de interés *público* cuando uno de los sujetos es la República con la excepción de aquellos contratos que versan sobre el dominio privado de la misma (Lares Martínez), o también cuando es celebrado por un Instituto Autónomo (Farías Mata) o por la Administración Centralizada o Descentralizada (Brito García). En este caso se trata de actividades declaradas expresamente como de *interés público,* tanto por la Ley de Hidrocarburos como por la misma LOREICH.

Todos en Venezuela, comenzando por valiosos jueces, reconocemos la crisis de nuestro sistema judicial. Este es el argumento que subyace en esta *Cláusula Decimoséptima.* Pero entonces, si hacemos valer el principio de la igualdad ante la ley, todas las dudas y controversias deberían sustraerse del ámbito de nuestro poder judicial. En otras palabras: privaticemos también la administración de justicia.

Conscientes de esta realidad, pero sometiéndonos siempre a la Constitución, le propusimos insistentemente, tanto a la dirección de PDVSA, como al Ejecutivo y al mismo Congreso, establecer dos formas de contrato: una de carácter público mediante la cual el Poder Nacional, por intermedio del Ministerio de Energía y Minas otorgaba los derechos de explorar y producir, transportar y comercializar petróleo, otra de carácter privado en la cual los particulares se asociaban para realizar la actividad comercial. La primera se acogía al artículo 127, la segunda podía optar en toda la gama de posibilidades que establece el derecho privado. Esta sencilla formula ignorada. Se optó por lo que ya he calificado como una *abdicación* de los fueros de uno de los poderes del Estado: el Judicial, desafuero que esta Corte debe corregir, ya no sólo por razón jurídica, sino por el más elemental sentido de la dignidad nacional, tan ironizada en estos tiempos. Razones suficientes como para ratificar en esta oportunidad nuestro pedimento de declarar la nulidad absoluta de la *Cláusula Decimoséptima* del Acuerdo del Congreso impugnado en este juicio.

Cláusula Decimosegunda. No deja de causar asombro la absoluta incoherencia entre las distintas Cláusulas del Acuerdo impugnado. Así, en tanto que para establecer las exenciones en materia de tributación Municipal se destaca la competencia del Poder Nacional, cuando se trata de resolver la solución de dudas y controversias o de un acto administrativo como lo es la licitación para la selección de las *empresas inversionistas privadas,* el poder nacional desaparece como en un acto de prestidigitación. Es lo que ocurre con esta Cláusula cuando remite a una filial de PDVSA, *los procesos de licitación.* Se ignora y se violenta la lógica concatenación que existe entre los artículos 136, ordinal 10°;139;190, ordinal 15°;193 de la Constitución y del artículo 35, ordinales 1° y 5° de la vigente Ley Orgánica de la Administración Central (en adelante, LOAC). Esta última establece con extrema claridad que *corresponde al Ministerio de Energía y Minas la planificación y realización de las actividades del Ejecutivo Nacional en materia de minas, hidrocarburos... y,* muy concretamente, <u>*concertar los arreglos con el capital privado cupo concurso sea necesario para dichas explotaciones.*</u> De manera que los actos administración -como lo es una licitación para seleccionar empresas a las cuales se les otorgan derechos de exploración y producción- comprendidos en el artículo 136 de la Constitución, sólo pueden ser realizados directamente por el Presidente de la República o por órgano del Ministerio de Energía y Minas. Tal competencia, por su declarado carácter de interés nacional, es intransferible. Es de destacar, ciudadanos Magistrados, que la promulgación de esta última ley es de fecha posterior a la promulgación de la LOREICH, vale decir que es de preferente aplicación. De tal manera, resulta inaplicable la disposición del articulo 5° de la LOREICH, según el cual *el Ejecutivo Nacional o los referidos entes podrán ..(Omissis) celebrar convenios de asociación con entes privados. Si* el legislador, ya transcurridos diez años de la LOREICH, hubiese tenido el propósito de mantener dicha disposición, la hubiese mantenido como una excepción en la LOAC. Así pido que se declare.

En consecuencia de lo expuesto en el libelo generador de este proceso y de los razonamientos aquí expuestos, es evidente la violación de los principios de especificidad y de lex superior que establece el articulo 163 de la Constitución. Ese carácter de la LOAC deriva directamente de lo dispuesto en el articulo 193 de la Constitución, tal como fue igualmente alegado en su oportunidad, destacando la naturaleza jurídica de PDVSA y, en consecuencia, de sus filiales. La naturaleza de las mismas, está definida en su acto constitución, esto es, en el Decreto N° 1.123, es decir, una empresa estatal bajo la forma de sociedad anónima *que cumplirá u ejecutará la política que le dicte en materia de hidrocarburos el Ejecutivo Nacional,* por órgano del Ministerio de Minas e Hidrocarburos. De allí que insistamos, coincidiendo con el Dr. Tomás Polanco Alcántara, en que la dirección política implica decisiones fundamentales que habrán de regir la actividad reservada al Estado, facultad ésta que se deriva de la condición del Presidente de la República como Jefe del Poder del Ejecutivo Nacional, que debe ser ejercida por el Ministro correspondiente, *que el Presidente no puede ceder ni delegar u de cuño ejercicio debe dar informe al Congreso en su mensaje anual.*

De todo lo expuesto se desprende una sola conclusión: las competencias que le atribuyen los artículos 136 ordinal 10° y 190 numeral 15 de la Constitución al Presidente de la República, no pueden ejercerse por órgano distinto al Ministerio de Energía y Minas (artículos 193 y 163 ejusdem y 35, ordinales 1° y 5° de la LOAC). En adición, el articulo 65 de la LOAC establece claramente que "Los contratos celebrados en contravención de lo dispuesto en los artículos anteriores serán nulos, de nulidad absoluta...". Ciertamente, no hemos solicitado la nulidad de ninguno de los contratos derivados de la autorización y posterior aprobación del Congreso de la República. Sin embargo, si advertimos insistentemente, para entonces en nuestra condición de Vice-Presidente de la Comisión Bicameral a la cual se sometió el análisis de los Acuerdos y de los Convenios, sobre el peligro de provocar serios trastornos en una actividad tan determinante para la economía y el conjunto de la sociedad venezolana cuando PDVSA, el Ejecutivo Nacional y el mismo Congreso, ignoran y contravienen disposiciones mil veces citadas y explicadas.

Por tales razones, vengo a ratificar la solicitud de declarar la nulidad de la *Cláusula Segunda del articulo 2° de Acuerdo del Congreso de la República* impugnado en este proceso, por violación de los principios de especificidad y *lex* superior consagrados en nuestra Constitución, en los términos expuestos, tanto en el libelo original como en este escrito y así mismo pido que se declare por esta Corte.

Cláusula Cuarta. Como ha quedado expresado en las actas de este proceso, esta Cláusula establece un *Comité de Control* integrado paritariamente por dos miembros designados por los inversionistas y dos por la Filial, presidido por un miembro designado por ésta. (Posteriormente a las solicitudes de nulidad, en el

Acuerdo aprobatorio del Congreso, se estableció que la Filial designara como Presidente del Comité de Control a un miembro postulado por el Ministerio de Energía y Minas).

Los alegatos formulados para fundamentar la nulidad de la *Cláusula Segunda*, tienen la misma fuerza para sustentar la nulidad de esta *Cláusula Cuarta* toda vez que el control no es otra cosa que el ejercicio del gobierno, de la dirección que le atribuyen, de manera exclusiva y excluyente, al Presidente de la República y al Ministerio de Energía y Minas, los ya citados artículos 136, ordinal 10° *(Es competencia del Poder Nacional...el régimen...de los hidrocarburos)*; 190, numeral quince *(Son atribuciones y deberes del Presidente de la República...celebrar los contratos de interés nacional)*; 193 *(Los Ministros son los órganos directos del Presidente de la República...La ley orgánica determinará el número y organización de los Ministros y su respectiva competencia...)*; 163 (Son leyes orgánicas las que así denomina esta Constitución... *Las leyes que se dicten en materias reguladas por leyes orgánicas se someterán a las normas de éstas*), todos de la Constitución y el tantas veces citado articulo 35 de la LOAC. Así, pues, ni PDVSA, ni sus filiales y mucho menos, un Comité de Control en el cual participan particulares extranjeros, tienen competencia alguna para ejercer atribuciones exclusivas y excluyentes del Presidente de la República y del Ministerio de Energía y Minas.

Nuevamente, aquí se hace imperativa una consideración sobre las graves consecuencias que ya está produciendo el llamado *proceso de apertura petrolera*. Sistemáticamente, dos de los poderes públicos, el Ejecutivo y el Legislativo, han venido renunciando a la actividad de control que les atribuye la Constitución. Sistemáticamente, esa competencia se viene transfiriendo a una empresa que si bien es una empresa pública, no tiene el carácter de *Persona Pública* (Sentencia de la Corte Suprema de Justicia de fecha 18-07-85). Pero mucho más grave, esa empresa comienza a compartir la competencia de *regir*, es decir, *controlar* las políticas, los planes y las actividades en la producción de hidrocarburos, con particulares extranjeros, nada más y nada menos que para tomar *decisiones fundamentales de interés nacional*, derivadas de esos convenios. Como bien lo deben conocer los honorables miembros de la Corte Suprema de Justicia, el mismo Presidente de Petróleos de Venezuela, Dr. Luis Giusti, ha declarado al menos en dos ocasiones, en foros públicos, *la* conveniencia de vender acciones de PDVSA. Esto, desde luego, pasaría por la reforma de la LOREICH. La consecuencia sería que, contra todas las declaraciones oficiales, finalmente la administración y control de los hidrocarburos quedarían en manos de particulares extranjeros, toda vez que el curso seguido, tanto en el proceso de nacionalización como en el de apertura, han bloqueado la posibilidad de desarrollar un fuerte empresariado venezolano. Las consecuencias ulteriores no pueden escapar al entendimiento más elemental de cualquier venezolano que se detenga a meditar un momento sobre cuanto está ocurriendo en el mundo y en el país con los avasallantes procesos de globalización donde, desde los tiempos del impero romano, siempre han existido globalizantes y globalizados.

Como conclusión, existen fundamentos políticos (como razón de Estado y de nación) así como evidentes fundamentos de orden legal como para declarar la nulidad absoluta del esta *Cláusula Cuarta del Artículo 2° del Acuerdo del Congreso de la República* impugnado por violación, una vez más, de los principios de *especificidad* y de *lex superior*, consagrados en los artículos 136,190,193 y 163 de la Constitución de la República y así venimos a insistir respetuosamente sea declarado por esta honorable Corte restableciendo los fueros del Poder Nacional, allí donde el Ejecutivo y el Legislativo han hecho dejación.

LA NULIDAD POR ILEGALIDAD DE LAS CLÁUSULAS PRIMERA, SEGUNDA CUARTA, SEXTA, DÉCIMA Y VIGÉSIMA PRIMERA DEL ARTÍCULO 2° DEL ACUERDO AUTORIZATORIO DEL CONGRESO DE LA REPÚBLICA

Ciudadanos magistrados: la nulidades solicitadas no se limitan a las violaciones constitucionales antes alegadas. La simple lectura de las Cláusulas del Acuerdo de martas y su simple cotejo con disposiciones en materia de hidrocarburos, ponen en evidencia un nutrido almáciga de violaciones de carácter legal ya señaladas en el libelo interpuesto por ante la Sala Político-Administrativa y acumulado al interpuesto ante la Sala Plena. Veamos.

Cláusula Primera. Esta Cláusula autoriza al Ejecutivo Nacional, por órgano del Ministerio de Energía y Minas para que éste *determine* -según la incorrecta redacción de la LOREICH- *las áreas descritas en el Anexo "B"....en favor de una filial de Petróleos de Venezuela, S.A. para realizar actividades relacionadas con la exploración de yacimientos de hidrocarburos..."* Autorización ésta absolutamente innecesaria por redundante toda vez que el articulo la LOREICH ya estableció desde 1975 tal atribución para el Ministerio de Energía y Minas. Ahora bien, como ha quedado demostrado, el mencionado *Anexo "B"* no apareció nunca como parte constitutiva del Acuerdo por lo que el Congreso otorgó una autorización genérica, sin una clara especificación de los linderos o coordenadas que permitieran precisar la cabida de las áreas correspondientes. Más aún, la autorización se refiere a un conglomerado de actividades para la explotación, también genérica, de *hidrocarburos* en una extensión total superior al millón ochocientas mil hectáreas.

Pues bien, el articulo 5°, como forma excepcional, establece que los convenios asociación podrán establecerse *En casos especiales.* Brota así una pregunta ¿acaso constituye un caso *especial,* explorar, producir, transportar, almacenar y comercializar la producción obtenido en tal extensión y sin una clara determinación de las áreas? El carácter claramente excepcional de los convenios de asociación es evidente, toda vez que la LOREICH no es otra cosa que el ejercicio de un acto soberano que realiza el Estado en ejercicio de una facultad constitucional para reservarse la industria y el comercio de los hidrocarburos. Como lo están demostrando los hechos de manera muy protuberante, tanto las asociaciones con entes privados va cobrando tal magnitud que, día a día, se convierte en la norma y la reserva, en la excepción. Esta es la tendencia inocultable de la *apertura* en cual, sin excepción, dicho sea de paso, el Estado asume siempre una participación minoritaria. Y esto ocurre bajo la vigencia de una ley destinada a establecer un derecho exclusivo para el Estado o entes de su propiedad.

De lo cual se desprende una sistemática violación del articulo 5° de la LOREICH que aquí hemos denunciado y que ratificamos solicitando la declaratoria de nulidad de esta *Cláusula Primera* por flagrante violación del articulo 5° de la LOREICH

Cláusula Segunda. Como ya ha sido expuesto en el capítulo I de estos Informes y Conclusiones, mediante esta Cláusula se le están transfiriendo a una filial de

PDVSA, que no es persona pública, competencias que en ningún caso le están permitidas por la ley. La licitación en un acto administrativo. Por mandato del artículo 35, ordinal 5° de la LOAC, tales actos sólo pueden realizarse por órgano del Ministerio de Energía y Minas a quien se otorga la facultad para *concertar* los acuerdos con entes privados cuyo concurso fuere necesario para las explotaciones de hidrocarburos. Así, pues, el Congreso de la República viola esta disposición al autorizar a un ente sin competencia para licitar la selección de empresas con las cuales ha de establecer los referidos convenios de asociación . Razón ésta suficiente para ratificar nuestra solicitud de esta Corte, de la declaratoria de nulidad de esta *Cláusula Segunda,* por violar el articulo 5° de la LOAC y en aplicación del articulo 65 *ejusdem.*

Cláusula Cuarta. Como ha sido alegado, esta Cláusula no sólo viola principios consagrados en nuestra Constitución Viola igualmente el articulo 5° de la LOREICH en concordancia con el artículo 35, ordinales 1° y 5° de la LOAC toda vez que viola el principio según el cual, el control corresponde al Estado el cual lo ejercerá por órgano del Ministerio de Energía y Minas. Así, tal competencia no puede atribuirse ni a PDVSA, ni a sus filiales y mucho menos ser compartida con particulares, ni nacionales, ni extranjeros. Razón por la cual venimos a ratificar nuestra solicitud de declarar la nulidad absoluta de esta *Cláusula Cuarta* del Acuerdo autorizatorio del Congreso de la República impugnado en este proceso.

Cláusula Sexta. Estos Convenios de *Exploración a Riesgo* autorizados por el Acuerdo del Congreso, establecen que en la fase de exploración todos los gastos corren por cuenta del inversionista, sin que la filial de PDVSA tenga participación alguna en los mismos. Se ignora que, por sentencia de la Corte Suprema de Justicia, cuyo ponente fue curiosamente uno de los actuales apoderados de PDVSA, se derogó todo el artículo 3° de la Ley de Hidrocarburos de 1967 el cual establecía, junto a la explotación directa por el Estado y la figura de la empresas mixtas, la antigua figura de las concesiones. El mismo ponente, Dr. Duque Corredor, ha sostenido que la nacionalización, derogó la figura de la concesión, estableciendo en su lugar, la figura de la asignación que, como tal, sería no enajenable, no transferible, no ejecutable y sin tiempo determinado, todo lo contrario de la concesión. En ésta, el concesionario asumía la totalidad del riesgo, sin ninguna posibilidad de reclamo ante la República.

Ahora bien, cuando se trata de una figura asociativa, entramos el ámbito de aplicación del articulo 1.664 del Código Civil que declara la nulidad de aquellos contratos en los cuales una de las partes se sustrae de las pérdidas y se beneficia de las ganancias. Tal disposición coloca en manos de los inversionistas un mecanismo que puede provocar grandes perturbaciones a la República toda vez que bien podrían solicitar la aplicación de la misma. Razones políticas y jurídicas que nos llevan a ratificar igualmente nuestra respetuosa solicitud ante esta Corte de la Cláusula del Acuerdo impugnado en este proceso.

Cláusula Décima. Como fue expuesto en el Capítulo I de este escrito, esta Cláusula establece una exención tributaria genérica en contra de los municipios y privilegiando a los inversionistas. Se viola así la Constitución pero, además, se viola el articulo Código Orgánico Tributario que consagra la reserva legal según la cual sólo a la ley corresponde regular, con sujeción a las normas generales del mismo entre otras materias. *Otorgar exenciones y rebajas de impuesto.* Asi pues, esta *Cláusula Décima* es de nulidad absoluta por violación de lo dispuesto en el articulo 4, ordinal 2° del Código Orgánico Tributario y así solicito que lo declare esta Corte.

Cláusula Vigésimoprimera. Como ha sido expuesto en las actas constitutivas de este proceso, esta Cláusula introduce un desnaturalización del impuesto de explotación o regalía, consagrado en el articulo 41 de la Ley de Hidrocarburos vigente. En efecto, la regalía es una remuneración patrimonial que establece el propietario o administrador de un recurso natural por el acceso al mismo, más aún si el mismo es agotable, como el caso de los hidrocarburos. En consecuencia, la relación se establece no en razón de las ganancias que obtenga el inversionista por la explotación de los hidrocarburos, sino en razón de los volúmenes extraídos. Razón por la cual, sabiamente, el legislador de 1943 mantuvo en el articulo 41 la figura de la regalía, al establecer que los concesionarios pagarían un 16 2/3% medido en el campo de producción. Es decir, que por cada barril extraído, 1/6 corresponde a la República.

Ahora bien, esta Cláusula Vigésimo primera, rompe la relación sobre volúmenes para establecerla con los márgenes de rentabilidad en una errónea e ilegal aplicación de la excepción consagrada en el Parágrafo ÚNICO del aquí citado artículo que, también, de manera muy sabia, busca prolongar la vida útil del yacimiento reduciendo el porcentaje de participación citado cuando el costo por agotamiento lo hace no rentable. Esa sabiduría se demuestra igualmente al dar flexibilidad a esta excepción cuando autoriza al Ejecutivo a restablecer el sexto de regalía *cuando a su juicio se hayan modificado las causas que motivaron la rebaja.*

El Acuerdo del Congreso, en cambio, establece una reducción de la regalía desde el momento mismo del descubrimiento, *en cualquier momento,* cuando se considere que el mismo no es comercial. En la tradición petrolera del Estado venezolano, cuando un concesionario encontraba que un yacimiento no era comercial, podía renunciar a su explotación y el mismo se integraba a las reservas nacionales, pudiendo otorgarse con ventajas para la República al surgir condiciones favorables.

De tal manera, esta Cláusula Vigésimo primera es nula de nulidad absoluta por violar el articulo 41 de la vigente Ley de hidrocarburos, tal como se ha solicitado en el libelo correspondiente.

CONCLUSIONES

Honorables Magistrados: reposa en sus manos una responsabilidad que no vacilo en calificar como *histórica.* Se trata, como ha quedado expuesto, de reducir, aunque sea parcialmente, las graves consecuencias que en el mediano y largo plazo, anuncia la aplicación de la llamada *apertura petrolera.* Esta, en el orden económico, apunta hacia una total inversión de lo que ha sido una aspiración ancestral de los venezolanos: que la enorme riqueza petrolera del país sirva para una vasto desarrollo productivo del país. Esto nunca será posible sin un enérgico proceso de capital venezolano, público y privado. Ello no excluye la participación del capital extranjero, concebido dentro de una correcta relación, mutuamente beneficiosa. El caso es que, como lo están demostrando los hechos de manera inexcusable, la apertura se transforma en una creciente transferencia de las actividades productivas de nuestro principal sector económico, a manos foráneas. Así no se construye una sociedad verdaderamente productiva.

Tal política, se impone, además, con una normativa que ancestralmente estuvo orientada a lograr la mayor participación del Estado, no sólo en los proventos petroleros, sino también en la producción. Es decir, tener un Estado no sólo rentista, sino también *productor*. ¿Los contrastes y las violaciones de la normativa vigente con una política como la que se ha puesto en marcha, es, obviamente inevitable. Las leyes en materia económica, como bien se sabe, no son sólo normas reguladoras de las relaciones. Son también instrumentos de política económica en manos del Estado. Así, si se quería desarrollar una política de signo distinto, lo correcto era comenzar por definir los nuevos objetivos y proceder a realizar las reformas legales correspondientes. En lugar de redactar y aprobar nuevas leyes, se ha optado por violar las existentes. Comenzando por la Constitución. El principio del equilibrio de poderes funcionará en la misma medida en que Uds., como máximo Tribunal de la República, no sólo apliquen las normas vigentes, sino que participen activamente con el legislativo y el ejecutivo, en trazar un nuevo rumbo y resolver las adecuaciones legales que el mismo reclama.

En el orden estrictamente jurídico, englobando los alegatos ya expuestos, podemos concluir en que el Acuerdo de fecha de 4 de Julio de 1995, adolece de flagrantes disposiciones de la Constitución y leyes de la República.

1°) Al transferir las competencias de *regir y administrar* los enormes recursos de hidrocarburos, a un ente de carácter comercial como lo es PDVSA quien, a su vez, comienza a compartirlo con particulares extranjeros, violando los artículos 190,193, 163 de la Constitución y los artículos 5° de la LOREICH y 35 de la LOAC.

2°) Al establecer privilegios tributarios lesivos al fisco municipal y nacional en abierta violación de los artículos 29 y 31 de la Constitución, 4 del Código Orgánico Tributario y 41 de la Ley de Hidrocarburos.

Finalmente, ciudadanos Magistrado, solicito que estos Informes y Conclusiones, sean procesados conforme a derecho con toda su fuerza legal, política y ética, en la delicada y trascendente decisión que Uds. finalmente habrán de tomar. En Caracas, en la fecha de su presentación.

2. *Informe de Carlos Mendoza P.*

Honorables Ciudadanos
Presidente y demás Magistrados
Corte Suprema de Justicia en Sala Plena
Sus Despachos

Yo, CARLOS MENDOZA P., venezolano, mayor de edad, Economista, domiciliado en Caracas, y titular de la Cédula de Identidad N° 2.118, actuando en este acto en mi carácter de codemandante en la acción que por inconstitucionalidad e ilegalidades cursan acumuladas ante esta Honorable Corte Suprema de Justicia en Sala Plena contra el Acuerdo del Congreso de la República de fecha 4 de julio de 1995 autorizando la celebración de Convenios de Asociación para la Exploración y

Producción de Hidrocarburos bajo el Esquema de Ganancias Compartidas, publicado en Gaceta Oficial de la República de Venezuela N° 35.754 correspondiente a su edición de fecha 17 de julio de 1995, asistido en este acto por el Dr. José Alejo Urdaneta, venezolano, mayor de edad, abogado, domiciliado en Caracas, titular de la Cédula de Identidad N° 2.942.922 e inscrito por ante el Instituto de Previsión Social del Abogado según Matrícula N° 3.111, encontrándome del lapso relativo a sentencias interlocutorias establecido en el artículo 517 del Código de Procedimiento Civil, aplicable a la presente incidencia de apelación oída a doble efecto contra el auto de admisión parcial de pruebas de fecha 22 de octubre de 1996 del Tribunal de Substanciación de esta Honorable Corte Suprema de Justicia en Sala Plena, aplicable en virtud de no estar previsto ningún procedimiento en la Ley Orgánica de la Corte Suprema de Justicia, conforme a lo dispuesto en el artículo 81 de dicha Ley Orgánica de la Corte Suprema de Justicia, ante Uds., con la venia que solicito se me conceda, comparezco para presentar Informes en los términos de las presentes Conclusiones escritas:

I

LAS PRUEBAS PROMOVIDAS POR MI PERSONA Y NO ADMITIDAS POR EL JUZGADO DE SUSTANCIACIÓN DE ESTA CORTE SUPREMA DE JUSTICIA EN SALA PLENA Y ALEGATOS DE OPOSICIÓN A DICHAS PRUEBAS INTERPUESTA POR PETRÓLEOS DE VENEZUELA, S.A. (PDVSA) ACOGIDOS POR DICHO TRIBUNAL DE SUSTANCIACIÓN

A. Por auto del Tribunal de Sustanciación de esta Honorable Corte Suprema de Justicia de fecha 22 de octubre de 1996 de las pruebas promovidas por mi persona en escrito de promoción de prueba presentado ante dicho Tribunal de Sustanciación en fecha 24 de septiembre de 1996 no fueron admitidas las siguientes pruebas:

1. La prueba de exhibición de documentos promovida en los literales A del Capítulo III del escrito de promoción de pruebas; OBSERVACIÓN: Petróleos de Venezuela, S.A. (PDVSA) no se opuso a la prueba de exhibición promovida en el literal b del Capítulo III de mi escritorio de promoción de pruebas.

Esta Honorable Corte Suprema de Justicia en Sala Plena en el auto de fecha 22 de octubre de 1996 declaró "procedente la oposición formulada" respecto de la prueba de exhibición promovida en dicho literal A del Capítulo III de mi escrito de promoción de pruebas *pero no hizo ningún pronunciamiento acerca de admisibilidad o inadmisibilidad de la también prueba de exhibición promovida en el literal B de dicho Capítulo III de mi escrito de promoción de pruebas.*

2. La prueba de Informes promovida en el Capítulo IV de dicho escrito de promoción de pruebas;

3. La prueba de Experticia Geológica Petrolera promovida en el Capítulo V de dicho escrito de promoción de pruebas;

4. La prueba de Experticia Económica sobre las Variaciones de los Montos percibidos por Concepto de Impuesto de Explotación (Regalía) en los Convenios de Asociación para la Exploración y Producción en Áreas Nuevas bajo el Esquema de Ganancias Compartidas, Producidas por la Aplicación de un Régimen Especial de

Ajuste de la Regalía para Desarrollos de bajo Rentabilidad promovida en el Capítulo VI de dicho escrito de promoción de pruebas:

5. La prueba de Experticia Económica sobre las variaciones de los montos percibidos por concepto de impuesto de exploración (Regalía) en los Convenios de Asociación para la Exploración y Producción en Áreas Nuevas bajo el Esquema de Ganancias Compartidas, Producidas por la Aplicación de un Régimen Especial de Ajuste de la Regalía para Desarrollos de baja Rentabilidad promovida en el Capítulo VI de dicho escrito de promoción de pruebas;

6. La prueba de Experticia Económica sobre las variaciones de los montos percibidos por concepto de impuesto de explotación (Regalía) en los Convenios de Asociación para la Exploración y Producción en Áreas Nuevas bajo el Esquema de Ganancias Compartidas, producidas por la aplicación de un factor fiscal inferior a la unidad para ponderar la regalía Básica de 16 2/3% de Petróleo extraído y medido en el campo de producción, promovida en el Capítulo VI de dicho escrito de promoción de pruebas.

B. Habiendo mi persona presentado en la mencionada fecha 24 de septiembre de 1996 escrito de promoción de pruebas, PETRÓLEOS DE VENEZUELA, S.A. (PDVSA), y aun cuando dichas pruebas no habían sido hechas públicas a los efectos que cualquier interesado, teniendo conocimiento de ellas, pudiera oponerse a la admisión de las pruebas promovidas por mi, presentó ante el Tribunal de Sustanciación de esta Corte Suprema de Justicia en Sala Plena, escrito de oposición a la admisión de esas pruebas, alegando contra las pruebas enumeradas en el literal A anterior, respectivamente, lo siguiente, que a los efectos de hacer más sencillo el análisis de los mismos por cada uno de los Honorables Magistrados, transcribimos literalmente:

1. Contra la prueba de exhibición de documentos a que se refiere el numeral 1 del literal A anterior, lo siguiente:

"La prueba de exhibición promovida en el literal "A" del Capítulo III del escrito de promoción de pruebas resulta manifiestamente impertinente por la indefinición de su objeto y por su inoportunidad. En efecto, en primer término, el promovente, que califica al instrumento promovido de PAQUETE DE INFORMACION, no señala cuál es el objeto de la prueba, porque inclusive afirma que en la publicación "Venezuela Exploración y Producción en Areas Nuevas 1995 Documento Informativo", que es la promovida, se "incluye toda la información disponible dentro de cada área y alguna información fuera de ella (...)". Pues bien, es imposible establecer la coincidencia de los hechos objeto de la prueba con la materia debatida, para el momento en que se anuncia la proposición del medio probatorio. Se trata, por tanto, de una prueba indefinida porque es imposible saber cuál es su objeto y convierte, entonces, a esa Corte en un investigador sobre cuáles hechos ha de versar la exhibición. Además, en segundo término, según lo previsto en el artículo 436 del Código de Procedimiento Civil, la evacuación de la prueba de exhibición requiere que el Tribunal intime al adversario para que en la oportunidad que fije entregue el documento bajo apercibimiento, como lo ordena el artículo 436, segundo aparte, *eiusdem*. Por tanto, por el estado en que se encuentra el proceso, de vencerse muy próximamente el lapso único probatorio a que se refiere el artículo 117 de la Ley Orgánica de la Corte Suprema de Justicia, que según los términos del último aparte de este mismo artículo, no puede prorrogarse porque a su vencimiento deben devolverse de inmediato los autos a la Corte, la evacuación de la prueba de exhibición resulta imposible, y por ende, su promoción, también por esta última razón, es manifiestamente impertinente.

En este orden de ideas, ese Máximo Tribunal, ha establecido como doctrina jurisprudencial que en los casos en que las articulaciones probatorias deben cumplirse perentoriamente en un lapso fijo, sin la posibilidad de posponer las fases subsiguientes, porque éstas están fijadas imperativamente por la ley, entre ellas la de la sentencia, la promoción de pruebas a la conclusión de tales articulaciones, de modo que su práctica dilaten el curso del procedimiento y pospongan para oportunidades distintas los actos subsiguientes, resulta ilegal e impertinente (Vid. sentencia de la Sala de Casación Civil de fecha 21-03-73 y 21-11-79, en Martínez Ledezma Juana, "Código de Procedimiento Civil", (artículos 446-802), Imprenta de la UCV, Marzo de 1983, pág. 297; y sentencia de fecha 11-06-75; G.F. N° 88, pág. 763 y de fecha 21-02-73, G.F. N° 79, pág. 625). Pues bien, en los procesos de nulidad de los actos de efectos generales en los casos en que existan hechos que probar, los medios de prueba legales y pertinentes deben promoverse en el lapso único de sesenta días continuos a que se contrae el artículo 117 de la Ley Orgánica de la Corte Suprema de Justicia, vencido el cual necesariamente han de pasarse los autos a la Corte para que ésta, al recibo del expediente designe Ponente y proceda con la relación de la causa y fije el acto de informes. Es decir, que la promoción de pruebas al estar por concluir dicho lapso, implica una violación de artículo 117, antes señalado, y de admitirse a las partes las pruebas promovidas inoportunamente por haber dejado estas hasta los últimos días del lapso probatorio para su promoción, se estaría permitiendo que se subviertan las reglas procedimentales antes dichas. Por esta razón, la prueba de exhibición promovida en el literal "A" del Capítulo III del escrito de promoción de pruebas debe ser declarada inadmisible por ser manifiestamente ilegal e impertinente, de acuerdo a lo previsto en los artículos 398 del Código de Procedimiento Civil, y 117 de la Ley Orgánica que rige ese Máximo Tribunal. A este respecto la doctrina nacional, sobre las pruebas que pretenden demorar el proceso, ha asentado lo siguiente: "La prueba prejuiciosa parece moverse en el terreno de nadie, ya que a pesar de lo lejano de su conexión con los hechos litigiosos, puede no resultar manifiestamente impertinente, ya que una relación aunque remota tiene con el litigio. Es una cuestión casuística, pero nos inclinamos porque la prueba cuya finalidad objetiva luzca prejuiciosa, a pesar de su indirecta conexión con los hechos, puede ser objeta y desechada por impertinente" (Vid. CABRERA ROMERO, JESUS EDUARDO, "Contradicción y Control de la Prueba Legal y Libre", Editorial Jurídica ALVA, Caracas, 1989, Tomo I, pág. 80).

2. Contra la prueba a que se refiere el numeral 2 del literal A anterior, incluida dentro del Capítulo IV de mi escrito de promoción de pruebas, lo siguiente:

"Aparte de la razón anteriormente alegada respecto de su inoportunidad, la prueba de informes a que se refiere el Capítulo IV resulta ser impertinente porque lo referente a la propuesta del Ejecutivo Nacional de iniciar un proceso de apertura petrolera y la decisión del Consejo de Ministros de llevarla a cabo de fecha 7-12-94, cuya remisión se solicita, no forma parte de la materia debatida, así como tampoco la consideración particular de cada uno de los ocho (8) convenios de asociación celebrados con posterioridad al acto impugnado o la supuesta superficialidad de las discusiones parlamentarias, que ni siquiera se mencionan en los recursos de anulación. Igual razón cabe respecto de la solicitud de informes sobre el dictamen de la Asesoría Jurídica del Congreso sobre los proyectos de convenios de asociación porque estos convenios no forman parte del objeto del presente proceso sobre la legalidad y constitucionalidad del Acuerdo del Congreso de fecha 04-07-95 y que, por otra parte, a los cuales ni siquiera se hace mención en tales recursos. Resulta, pues, patente, la manifiesta impertinencia de las pruebas de informes promovida en el Capítulo IV del escrito de promoción y así solicito lo declare ese Juzgado de Sustanciación conforme lo previsto en el artículo 398 del Código de Procedimiento Civil";

3. Contra la prueba a que se refiere el numeral 3 del literal A anterior, lo siguiente:

"Aparte su inoportunidad, que hace que por sí resulte una prueba inadmisible por ilegal e impertinente, la prueba de experticia de geología petrolera promovida en el Capítulo V del escrito de promoción de pruebas es también impertinente por cuanto su objeto, como lo es que los expertos que se designen dictaminen sobre la magnitud y alcance de la información técnica contenida en el denominado Paquete de Información, no forma parte de la materia debatida y ni siquiera es mencionado en los recursos de anulación como fundamentos de hecho de las demandas de inconstitucionalidad o de ilegalidad del Acuerdo impugnado, tanto, por esta otra razón la prueba de experticia antes mencionada debe ser declarada inadmisible por su manifiesta impertinencia, a tenor de lo dispuesto en el artículo 398 del Código de Procedimiento Civil";

4. Contra las pruebas a que se refieren los numerales 5 y 6 del literal A anterior, lo siguiente:

"Igualmente, además de su inoportunidad, que hace que se trate de pruebas ilegales e impertinentes, las experticias económicas promovidas en los Capítulos VI y VII del escrito de promoción de pruebas son manifiestamente impertinentes porque el aspecto debatido respecto de la rebaja del denominado impuesto de explotación o regalía es la legalidad de la cláusula correspondiente del Acuerdo del Congreso de fecha 04-07-95, y no, como se pretende a través de dichas experticias, demostrar cuestiones económicas referentes a tal impuesto y tampoco la existencia o no de un régimen especial de dicho ajuste celebrado entre PDVSA y el Ministerio de Energía y Minas o entre este Ministerio y la Corporación Venezolana del Petróleo, S.A.; así como tampoco la existencia de un método de ajuste variable de las tasas de regalías mediante la determinación de un factor fiscal por zonas geográficas. Cuestiones económicas y técnicas éstas últimas que no constituyen fundamento de hecho de los respectivos recursos. Por tanto, las experticias económicas promovidas por el recurrente resultan ser manifiestamente impertinentes, y así debe declararlo ese Juzgado conforme a lo previsto en el artículo 398 del Código de Procedimiento Civil".

II

FALTA DE CUALIDAD E INTERÉS POR PARTE DE PETRÓLEOS DE VENEZUELA, S.A. (PDVSA) PARA INTERPONER OPOSICIÓN A LAS PRUEBAS PROMOVIDAS EN EL PRESENTE PROCESO DE INCONSTITUCIONALIDAD E ILEGALIDADES

Señala José Guillermo Andueza en su monografía *"La Jurisdicción Constitucional en el Derecho Venezolano"* (Universidad Central de Venezuela, Facultad de Derecho, Sección de Publicaciones, Caracas, 1955, pág. 36) que "La acción de inconstitucionalidad es un recurso objetivo que tiene por objeto hacer constar las irregularidades constitucionales que vician un acto estatal y en consecuencia, hacer que el órgano jurisdiccional (La Corte Federal) pronuncie la nulidad. La acción, pues, es un medio jurídico puesto a disposición de los gobernados, para garantizar la intangibilidad de la Constitución. Por eso hemos dicho que es un recurso objetivo".

Añade Andueza, (ibid. Pág. 37) "Una de las características del procedimiento de inconstitucionalidad que venimos estudiando, es el de no poderse retirar o desistir del recurso, una vez intentado. La Corte ha justificado esta jurisprudencia en razones de orden público. Son "de acción pública las demandas en referencia, procediendo, por tanto, su consideración y determinación aún de oficio . (S. 2 julio 1940, M 1941)".

Señala igualmente Andueza (ibid. Pág. 94) que "la sentencia de la Corte Federal declarando la nulidad de un acto estatal por ser contrario a la Constitución es siempre constitutiva, ya que ella realiza una modificación de los efectos del acto estatal. Es decir, la sentencia hace ineficaz un acto que antes era válido. Para hacer más clara la explicación, descompongamos la operación jurisdiccional en sus dos etapas: la declarativa y la constitutiva. En la primera etapa el juez compara el acto impugnado con la Constitución y declara si tiene algún vicio (efecto declarativo). Pero el juez no se limita en esta investigación a constatar los defectos del acto, él va más allá. Pronuncia la nulidad que equivale a un cambio jurídico. El acto estatal hasta entonces vigente deja de serlo (efecto constitutivo)".

Humberto Briceño León (La acción de Inconstitucionalidad en Venezuela, Editorial Jurídica Venezolana, Caracas, 1989, págs. 132 y 133) expresa lo siguiente:

"Para nuestro caso, se busca con la solicitud de inconstitucionalidad en cuanto acción, una sentencia definitiva y esclarecedora de la expresión cierta de la Constitución, obteniéndose con ella el imperio de la norma fundamental. Así, la acción de inconstitucionalidad tiene por objetivo fundamental la exclusión del mundo jurídico de actos provenientes del sector público de irregular formación.

De igual modo, esta acción es de naturaleza objetiva. Produce como consecuencia inmediata la revisión de un acto concreto del poder público, y no la revisión o control de una relación entre sujetos; es por ello la confrontación entre una norma formalizada por el Constituyente y un acto también formal proveniente de un órgano del poder público, a partir del cual se pretende su extinción del mundo jurídico. Tiene por finalidad directa la aclaratoria de dicha extinción a través del sistema de confrontación anotado, lo cual excluye de su finalidad el estudio de relaciones subjetivas o intersubjetivas. Tal afirmación resulta de interés para diferenciar esta acción de otras formas o medios también judiciales, que tienen un fin distinto al de la acción directa. En esa forma, es en tanto acción, un medio para imponer al estado el ejercicio de esta novedosa y contemporánea facultad de intervenir, a través de esta también nueva obligación histórica, de tutelar y vigilar a través de uno de sus órganos, el Judicial, la vigencia y respeto a la Constitución. En esa forma, el órgano revisor y contralor es sujeto de una obligación procesal frente a la cual debe emitir una declaración. Es una obligación procesal del órgano contralor, en este caso de los tribunales competentes, por cuanto existe envuelto un interés general de los ciudadanos en la vigencia y apego a la Constitución, es decir, en su realización objetiva.

La acción de inconstitucionalidad a través de una interpretación metódica, concluye en la existencia de la contradicción entre un acto y una norma constitucional, o la niega. Revela, por ello, un ejercicio a través del cual se aspira la vigencia de la norma original, lleva implícito la exigencia de un proceso sujeto a normas determinadas. Por su objeto requiere de una sentencia productora de efectos, por cuanto que con motivo de la acción y ulterior decisión, se agrega o excluye del panorama jurídico de un nuevo elemento, agrega ya que sienta una definitiva y obligante expresión en cuanto a la constitucionalidad de un determinado acto. "(Lo subrayado es nuestro)".

Por su parte, Allan R. Brewer-Carías (El Control Concentrado de la Constitucionalidad de las Leyes) (Estudio de Derecho Comparado), Editorial Jurídica Venezolana, Caracas, 1994, págs., 31 y 32) expresa, a su vez, lo siguiente:

"El quinto aspecto de la racionalidad del sistema concentrado de control de la constitucionalidad se refiere a los efectos de las decisiones dictadas por la Corte Suprema o por la Corte Constitucional relativas a la inconstitucionalidad de la ley, sea que la cuestión constitucional haya sido planteada mediante una acción o de manera incidental, por remisión de un tribunal inferior. Este aspecto de los efectos de la decisión judicial responde a dos preguntas: primero, ¿a quién afecta la decisión?, y segundo, ¿cuándo comienzan los efectos de la decisión?

En lo que a la primera pregunta se refiere, la racionalidad del sistema concentrado de control de la constitución implica que la decisión dictada por la Corte Suprema o por la Corte Constitucional, actuando como juez constitucional, tiene efectos generales erga omnes. Esto sucede cuando el control de la constitucionalidad se ejerce mediante una acción directa interpuesta por ante la Corte Constitucional o Corte Suprema, sin conexión con algún caso concreto contencioso. En este caso, cuando se interpone una acción directa por ante un juez constitucional, la relación procesal no se establece entre un demandante y un demandado, sino más bien, fundamentalmente, entre un recurrente y una ley cuya constitucionalidad está cuestionada. En este caso, el objeto de la decisión acerca de la constitucionalidad de la ley es su anulación, y los efectos de la decisión son necesariamente erga omnes. Nunca podrían ser inter partes, particularmente debido a la ausencia de las partes propiamente dichas, en el procedimiento".

De acuerdo con todo lo anterior, el hacerse parte cualquier ciudadano o persona jurídica, no es para proteger un interés particular o privado sino para colaborar con un interés colectivo, nacional, de hacer que impere la aplicación de nuestra Constitución, o sea que el interés que puede mover al accionante o a quien quiera que sea haga parte del proceso, es un interés colectivo.

Es necesario destacar conforma a la doctrina nacional antes acotada, que las partes en el caso de una acción directa y objetiva por inconstitucionalidad, no tiene intereses contrapuestos, y por ello mal pueden "oponerse" mutua o recíprocamente a sus respectivos alegatos o pruebas. Puede cualquiera de las partes expresar a la Corte Suprema de Justicia en Sala Plena su desacuerdo con los alegatos de una de los accionantes (no contraparte) y expresar su desavenencia con las pruebas promovidas por alguno de esos accionantes, y será del criterio bien sea de la Procuraduría General de la República o de la Propia Corte Suprema de Justicia estar de acuerdo o en desacuerdo con los argumentos esgrimidos. El estar de acuerdo o en desacuerdo con lo expresado en autos por alguna de las partes no significa ni la admisión ni el rechazo de esas argumentaciones concediendo lo rechazando derechos subjetivos privados o particulares a quien lo esgrimió.

En efecto es de la soberanía propia y plena de la Corte Suprema de Justicia el admitir las pruebas promovidas, considerando ella si son o no son manifiestamente ilegales o impertinentes. La prudencia propia por epiqueya, es decir por interpretación moderada y práctica de las pruebas promovidas es la que debe inspirar a los Magistrados en su admisión de todas las pruebas. Es por epiqueya que es usual que nuestros jueces que ante pruebas que no son manifiestamente ni ilegales ni impertinentes, las admitan todas *"salvo su apreciación en la definitiva".* Por lo demás el artículo 509 del Código de Procedimiento Civil dispone que "Los Jueces deben analizar y juzgar todas cuantas pruebas se hayan producido, aun aquellas que a su juicio no fueren idóneas para ofrecer algún elemento de convicción, expresándose siempre cuál sea el criterio del Juez respecto de ellas".

III

LA PRUEBA DE EXHIBICIÓN DE DOCUMENTOS PROMOVIDA EN LOS LITERALES A DEL CAPITULO III DEL ESCRITO DE PROMOCIÓN DE PRUEBAS PRESENTADO EL 24 DE SEPTIEMBRE DE 1996

En el auto del Juzgado de Sustanciación de esta Honorable Corte Suprema de Justicia en Sala Plena de fecha 22 de octubre de 1996 en el literal D) de su punto CUARTO (pág. 10) se asienta lo siguiente:

"Con respecto a la prueba de exhibición promovida por el recurrente en el Capítulo III (literal A), y a las pruebas promovidas en los Capítulos IV, V, VI y VII, a las cuales se opone el apoderado de PDVSA, por la indefinición de su objeto y por su inoportunidad. En lo que se refiere a la exhibición promovidas en los literales A y B del capítulo III, los informes contenidos en los literales b) y d) del capítulo IV y las pruebas de experticia contenidas en los capítulos V, VI y VII, este Juzgado observa que con la promoción de estas pruebas no se obtendrían resultados vinculados con el objeto del presente juicio de nulidad, que se contrae única y exclusivamente a revisar la ilegalidad e inconstitucionalidad de las cláusulas del convenio transcritas en esta decisión. En los términos expuestos se declara procedente la oposición formulada y, en consecuencia inadmisibles las pruebas señaladas".

Tal como lo dejamos sentado en nuestro escrito de apelación de la identificada sentencia de fecha 22 de octubre de 1996 del Juzgado de Sustanciación de esta Corte Suprema de Justicia en Sala Plena que la prueba de Exhibición de Documentos promovida no se refiere, tal como lo afirma el apoderado de PDVSA Dr. Román José Duque Corredor (que no puede ser considerada como *"contraparte"* puesto que en este proceso no existen "partes" procesalmente hablando según la doctrina nacional como antes se acotó) en el Capítulo VI de su mal denominado procesalmente hablando escrito de oposición y como lo recoge luego la sentencia que estamos apelando, a la publicación del Ministerio de Energía y Minas - Petróleos de Venezuela S.A. intitulada *"Venezuela Exploración..."* sino al "PAQUETE DE INFORMACIÓN" al que se refiere dicha publicación.

Respecto a este literal y de las pruebas promovidas en los Capítulos IV, V, VI y VII, el Juzgado de Sustanciación observa "que con la promoción de estas pruebas no se obtendrían resultados vinculados con el objeto del presente juicio de nulidad, que se contrae única y exclusivamente a revisar la ilegalidad e inconstitucionalidad e las cláusulas del convenio transcritas en esta decisión".

Por el contrario, consideramos que el PAQUETE DE INFORMACIÓN referido constituye una de las pruebas definitivas de que las Areas para cuya adjudicación se aprobó el Acuerdo impugnado del Congreso de la República no son de "alto riesgo exploratorio", tal cual afirman Petróleos de Venezuela, S.A., y el Ministerio de Energía y Minas inicialmente, y recoge luego el Acuerdo del Congreso de la República que estamos impugnando para justificar la especialidad prevista en el artículo 5° de la Ley Orgánica que Reserva al Estado la Industria y el Comercio de los Hidrocarburos. En ese PAQUETE DE INFORMACIÓN se encuentran los registros de los pozos perforados en esas áreas. Pozos que permiten verificar la existencia de hidrocarburos, en diversos grados de calidad, en todas ellas, y la cuantificación, en dos de ellas, "La Ceiba" y "Punta de Paria Este", de las reservas probadas, calculadas como ciertamente recuperables en esas áreas. Es decir, la determinación del porcentaje estimado que podrá ser extraído de manera rentable, del Petróleo Originalmente en Sitio, magnitud esta última establecida a partir de las pruebas de producción y los estudios técnicos multidisciplinarios de los yacimientos identificados en esas áreas. El conocimiento de ese PAQUETE DE INFORMACIÓN, elaborado a partir de datos recabados en varias décadas de labores de exploración, por parte de los Honorables Magistrados de esta Corte Suprema de Justicia en Sala Plena permitirá conformar la certeza de los indicios que sobre la verdadera condición de las Áreas licitadas hemos venido recabando en el transcurso de este proceso judicial para demostrar que no son áreas de "alto riesgo exploratorio" y por ello, carecen de la cualidad "especial" que requiere la Ley Orgánica que Reserva al Estado la Industria y el Comercio de los Hidrocarburos para permitir la participación de capital privado en el desarrollo de las actividades reservadas por ella al Estado venezolano.

Una relación de esos indicios, y de la argumentación con la cual sustentamos el objeto, la pertinencia y la oportunidad de esa prueba promovida, así como de las otras que fueron declaradas inadmisibles por el Juzgado de Sustanciación de esta Corte Suprema de Justicia en Sala Plena en su auto de fecha 22 de octubre de 1996, es la siguiente:

Partiendo de las bases mismas de la propuesta de "apertura", enfocamos la atención en los atributos de áreas de ALTO RIESGO que se asignó a los lotes escogidos para dar inicio a las asociaciones bajo el esquema de "ganancias compartidas", para así ubicarlos dentro de la categoría de los *casos especiales* previstos por el Artículo 5° de la Ley que Reserva al Estado la Industria y el Comercio de los Hidrocarburos, y poder, por lo tanto, justifica legalmente la asociaciones con el capital privado. En efecto, señalan los proponentes que "La especialidad del caso se evidencia, de manera específica, en las circunstancias siguientes: 1. La existencia de un escenario de mercado especialmente favorable,...2. La existencia de un compás de oportunidades para el país de atraer tecnología e inversiones foráneas en condiciones competitivas, ...3. *La existencia de riesgos exploratorios en la prospección de áreas de alto costo, en circunstancias en las cuales los recursos económicos del país son necesarios para atender otros programas o planes prioritarios de carácter nacional"*. (Ministerio de Energía y Minas - Petróleos de Venezuela, S.A., "Consolidación del Sector Petrolero Venezolano", pág. 14, subrayado nuestro).

Por el contrario, y tal como estamos alegando ante esta Honorable Corte Suprema de Justicia en Sala Plena, las excelentes condiciones prospectivas de dichas áreas no permitían, ni permiten, justificar la realización de convenios con el sector privado, según lo prevé el citado artículo 5° de la Ley Orgánica que Reserva al Estado la Industria y el Comercio de los Hidrocarburos, conocida como Ley de Nacionalización de la Industria Petrolera, sólo para casos especiales y cuando ello convenga a los intereses nacionales y, además, siempre que se garantice el control del Estado.

En verdad, los diez lotes licitados (de los cuales ocho fueron adjudicados a los consorcios licitantes) son áreas de desarrollo de las más promisorias que le quedan a la República de Venezuela en materia de crudos medianos y livianos, y así lo confirman luego los materiales que se entregaron, por la módica suma de CINCUENTA MIL DÓLARES DE LOS ESTADOS UNIDOS DE AMÉRICA (US$ 50.000,00) por área, a las ochenta y cinco (85) compañías precalificadas. Es esta una costosísima y valiosísima información, descrita por la propia Petróleos de Venezuela, S.A. en las páginas 16 y 17 de su Documento Normativo Inicial de la siguiente manera: "Un paquete de información ha sido preparado para cada Área, el cual incluye toda la información disponible dentro de cada Área y alguna información fuera de ella. El tipo, cantidad y calidad de los datos variará entre las Áreas; sin embargo, el contenido general para cada Área estará conformado por los siguientes aspectos: *"Mapas de ubicación. Información general. Marco geológico y reseña técnica (antecedentes, logística, infraestructura, condiciones ambientales y costos). Registros y archivos de pozos. Información sísmica. Todo lo disponible en el Área y dentro de los 4 Km. alrededor del Área. Información magnética y gravimetría. Todo lo disponible en el Área y dentro de los 10 Km alrededor del Área, Otra información geológica"* Ministerio de Energía y Minas «Petróleos de Venezuela, S.A., *"Venezuela Exploración y Producción en Áreas Nuevas 1995. Documento Normativo Inicial"* (pág. 16)". Adicionalmente, estará disponible un estudio geofísico y geológico global sobre Venezuela, preparado por Petróleos de Venezuela, S.A., por un costo adicional de US$ 125,000,00. (loc. cit., pág. 17).

Pero esto no fue todo, a los adjudicatarios de las ocho (8) de las diez (10) áreas licitadas se les hizo entrega -previo el pago de escasos QUINIENTOS MIL DÓLARES (US$ 500.000,00)- de otros paquetes, mucho más detallados, con los resultados completos de varias décadas de actividad exploratoria.

Para ilustrar en torno a la calidad de la información disponible, acumulada por largas décadas de intenso esfuerzo exploratorio por parte de las concesionarias primero, y luego por Petróleos de Venezuela, S.A. misma, la cual se entregó en forma casi gratuita a los consorcios, pero que no era conocida ni por los miembros del Congreso de la República que aprobaron los contratos correspondientes, ni por los miembros del Consejo de Ministros que originalmente aprobó las bases de este nuevo esquema de "apertura petrolera", ni, por supuesto, por la opinión pública, citamos informaciones aparecidas con posterioridad a la ronda licitatoria: "Menegrande y Maraven grabaron en La Ceiba, con expectativas de reservas por 791 millones de barriles, 1.061 kilómetros de líneas sísmicas 2D (bidimensional)", diario "El Nacional" publicado en la ciudad de Caracas, Ana Díaz.

El "Comunicado de Prensa" emitido por conjuntamente por Ministerio de Energía y Minas - Petróleos de Venezuela, S.A.- Corporación Venezolana del Petróleo, S.A., señalaba, además de lo recogido por la mencionada periodista, lo siguiente: "El área ha tenido cierta actividad exploratoria en los últimos 50 años. 1000 km. de sísmica 2D han sido grabados y se han perforado 10 pozos. El más reciente, La Ceiba -1X perforado en 1992, probó hidrocarburos en las arenas del Eoceno de la Formación Misoa." (MEM, PDVSA, CVP, "Ronda de Exploración 1995, Conferencia de Licitación", Caracas 22 al 26 de enero de 1996. *Comunicado de Prensa*, mañana del lunes 22 de enero de 1996).

Posteriormente han aparecido confirmaciones adicionales de esa *inexistencia de riesgo exploratorio*. Es así como se constata que en ellas, no sólo hay una certeza genérica y preliminar de la existencia de hidrocarburos, sino también reservas probadas, lo cual revela que ya se llegó al estadio final de la etapa exploratoria y sólo procede el inicio del desarrollo y producción de las reservas ya cuantificadas. Así lo reveló el pasado 25 de abril de 1996, Juan Szabo, Coordinador de Exploración y Producción de Petróleos de Venezuela, S.A., en carta al Senador Virgilio Avila Vivas, Presidente de la Comisión de Energía y Minas del Senado: "...en el caso de las áreas La Ceiba y El Golfo de Paria Este, presentan también una diferencia con el resto de los Convenios, por cuanto en ambas Áreas existen reservas probadas por actividades realizadas con anterioridad" (las negrillas son nuestras).

Estas circunstancias ya son del dominio público internacional, tal como lo revela la Revista "AAPG Explorer, publicación de la Asociación Americana de Geólogos Petroleros, en su edición de agosto de 1996 dedicada de manera muy destacada a Venezuela, promovida en este proceso por mí con traducción por intérprete público, como prueba documental en el literal "E" del Capítulo II de mi escrito de promoción de pruebas presentado ante esta Honorable Corte Suprema de Justicia en Sala Plena el 24 de septiembre de 1996 y admitida en el identificado auto de fecha 22 de octubre de 1996 del Juzgado de Sustanciación de esta Honorable Corte Suprema de Justicia en Sala Plena. En ese número especial se hacen auspiciosas descripciones de las áreas concedidas y se confirman datos tales como el del pozo

La Ceiba 1X "completado a una profundidad total de 21.769 pies, después de pruebas de 912 barriles diarios".

El 23 de septiembre de esta año 1996, el Vicepresidente de Petróleos de Venezuela, S.A. (PDVSA), ciudadano Klaus Graff anuncia que "El bloque de La Ceiba producirá 120 mil barriles diarios de crudo"... "Todas las zonas escogidas que conforman los ocho bloques son muy buenas. La Ceiba, por ejemplo, es de las primeras, ya que el consorcio que ganó esta *concesión* dio un bono muy importante. Allí aspiramos una producción diaria de ciento veinte mil barriles diarios. También las zonas de Guarapiche y Delta Centro son sectores tradicionalmente petroleros. Sin embargo, existen fajas de mucho riesgo, algo difíciles, como San Carlos y Guanare". (diario "El Universal" publicado en Caracas en fecha 23 de septiembre de 1996, pág. 2-10, subrayado y negrillas nuestro). Podrían los Honorables Magistrados de esta Honorable Corte Suprema de Justicia en Sala Plena preguntar al ciudadano Vicepresidente de Petróleos de Venezuela, S.A. (PDVSA) sobre la calidad de datos a partir de los cuales pronostica una cifra de producción tan elevada y precisa?

El cúmulo de indicios enumerados en los párrafos precedentes constituyen la pertinencia del aludido literal "B" de nuestro escrito de promoción de pruebas, por cuanto en el área de La Ceiba tal multiplicidad convierte a esos indicios en prueba plena de nuestra aseveración sobre inexistencia de riesgo exploratorio. La importancia de esta prueba en este proceso por inconstitucionalidad e ilegalidades del Acuerdo del Congreso de la República de fecha 4 de julio de 1996, en cuanto a la certidumbre de nuestras afirmaciones, nos condujo a promoverla en el Capítulo IV, literal e) por vía de Informes, en virtud de hacer conocer procesalmente a esta Honorable Corte Suprema de Justicia en Sala Plena la magnitud de los yacimientos de petróleo técnicamente detectados en el área conocida con el nombre de La Ceiba.

Lo mismo podemos alegar con la prueba del PAQUETE DE INFORMACIÓN declarado inadmisible respecto del área de Guarapiche. En ella se encuentra ubicado *Guanoco, con el lago de asfalto más grande del mundo*, en donde se perforó, en 1913, el primer pozo petrolero venezolano descubierto de petróleo en este siglo, el Bababuy N° 1, y en cuyos límites dos de las empresas del consorcio licitante triunfador para este lote, British Petroleum y Maxus, han venido operando desde hace varios años los "impropia e intencionalmente llamados "campos marginales" de Pedernales y Quiriquire, los cuales contienen reservas superiores a 1.000 millones de barriles de crudos medianos y livianos. Pero, más importante aún: muy cerca de esas áreas las operadoras de Petróleos Venezolanos, S.A. (PDVSA) han hecho los grandes descubrimientos de Muzipán y el Furrial, áreas de las cuales Guarapiche puede ser una proyección, tal como lo informara la prensa de esos días:

El consorcio British Petroleum, Amoco y Maxus ganó ayer el área Gurapiche (Lagoven) considerada la más promisoria del programa de licitación petrolera al ofertar un bono especial de 109 millones de dólares ...*el área ganada puede ser, geológicamente, una proyección de El Furrial, el último campo gigante detectado en Venezuela y del cual se encuentra bastante próximo.*" (Economía Hoy, diario publicado en Caracas en su edición de fecha 25 de enero de 1996, primera página; el subrayado es nuestro).

En El Furrial se acaban de completar, muy recientemente, dos pozos, cuyas pruebas de producción registraron niveles de 14.000 y 8.000 barriles diarios, respectivamente.

En el diario "El Universal" publicado en esta ciudad de Caracas en su edición del 25 de enero de 1996 apareció la siguiente noticia atribuida a C.R. Chávez: "A esta área de Guarapiche los expertos de PDVSA les estiman conservadoramente no menos de 1.000 millones de barriles."

Incluso las explicaciones dadas por el Presidente de la Corporación Venezolana del Petróleo, S.A. , Juan Szabo, sobre por qué quedaron desiertas las áreas de El Sombrero y Catatumbo, son reveladoras del nivel de información manejado por los aspirantes en todas las áreas: "En el caso de El Sombrero se ha dicho que tiene tendencia a contener más gas que hidrocarburo líquido, lo cual hizo que no fueran de interés de las empresas. Entretanto, en Catatumbo, la cual consideramos que era un área, no muy interesante, probablemente el hecho de que sea muy profunda y *poco conocida geológicamente,* haya influido notablemente en el interés." (José Enrique Arrioja, "Con dos áreas desiertas PDVSA cierra licitación petrolera", diario publicado en esta ciudad de Caracas, "Economía Hoy" en su edición de fecha 30 enero de 1996, pág. 5; el subrayado es nuestro).

Es válido inferior, entonces, *que las ocho áreas que sí fueron requeridas* en esa licitación son *muy conocidas geológicamente;* en un nivel de conocimiento tal, que va mucho más allá del saber en qué proporciones existen el gas y los hidrocarburos líquidos, como se evidencia que es el caso de la rechazada área de El Sombrero. Pero la ratificación definitiva de la inexistencia de "altos riesgos", la aporta la Comisión Bicameral de Energía y Minas del Congreso de la República, cuando en su informe "Convenios de asociación para la exploración a riesgo de nuevas áreas y la producción de hidrocarburos bajo el esquema de ganancias compartidas", remitido a la Presidencia del Congreso de la República el 21 de junio de 1995, fundamenta la *especialidad del caso,* curiosamente, en los mismos argumentos nuestros para negar esa especialidad: "La posibilidad de encontrar nuevas reservas, en el orden de 40 mil millones de barriles de petróleo liviano y mediano. Según ha indicado PDVSA, esta oportunidad ha surgido de *estudios geológicos realizados recientemente en áreas no exploradas y a profundidades a las cuales no había sido posible llegar por las tecnologías disponibles en el pasado".* (loc. cit., pág. 6, subrayado nuestro). Es decir esas áreas ya han sido perforadas y probadas; se sabe de la existencia de hidrocarburos y se ha estimado el volumen recuperable. En algunos casos, ya se ha establecido la existencia de reservas probadas con toda precisión y en otros, sólo hace falta una campaña de perforación exploratoria de *bajo riesgo,* para definir los límites de los yacimientos y establecer los volúmenes y calidades de hidrocarburos identificados y establecer, en consecuencia, el plan de desarrollo de los mismos. Puede pues concluirse, en este aspecto *que no existe especialidad en cuanto al nivel de riesgo* y ello lo podemos probar con la prueba del PAQUETE DE INFORMACIÓN que ha sido declarada inadmisible por el Juzgado de Sustanciación de la Corte Suprema de Justicia en Sala Plena en su auto de fecha 22 de octubre de 1996. Por el contrario, como se puede observar mediante dicha prueba, que solicitamos sea admitida, se trata de una gratuita dejación de los auspiciosos resultados de años de exploración, una muy costosa actividad, cuya recuperación y generación de rendimientos económicos ya no será aprovechada por el único accionista de Petróleo de Venezuela, S.A. (PDVSA), la República de Venezuela, que adelantó esos *auténticos capitales de riesgo*, sino que son prácticamente echados a fondo perdido al entregar concesiones disfrazadas de convenios de asociación, por 39 años, al mismo capital extranjero que antes sometió a depredación a los antiguos recursos petroleros del país.

A nuestro entender, y por ello lo estamos probando con el PAQUETE DE INFORMACIÓN declarado inadmisible como prueba por el Juzgado de Sustanciación de esta Corte Suprema de Justicia en Sala Plena mediante su auto de fecha 22 de octubre de 1996, la situación escrita tipifica como una clara inconveniencia para el interés nacional de estos convenios y, por ende, la ilegalidad del Acuerdo del Congreso de la República de fecha 4 julio de 1996 que los autorizó.

Con todo lo anterior hemos querido sustentar la pertinencia de las pruebas de exhibición promovidas en los Literales "A" y "B" del Capítulo III de nuestro escrito de promoción de pruebas y el literal "E" del mismo, pertinentes en cuanto ellas conducirán ciertamente, a demostrar la ilegalidad del Acuerdo del Congreso de la República de fecha 4 de julio de 1995 impugnado, por violatorio del artículo 5° de la Ley Orgánica que Reserva al Estado la Industria y el Comercio de los Hidrocarburos.

IV

LA PRUEBA DE EXPERTICIA DE GEOLOGÍA PETROLERA PROMOVIDA EN EL CAPITULO V DEL ESCRITO DE PROMOCIÓN DE PRUEBAS PRESENTADO EL 24 DE SEPTIEMBRE DE 1996

La misma argumentación debemos utilizar para demostrar la pertinencia de la prueba de Experticia de Geología Petrolera, promovida en el Capítulo V del mencionado escrito de promoción de pruebas presentado el 24 de septiembre de 1996, por cuanto ella se contrae al estudio, por parte de expertos geólogos e ingenieros petroleros, de los datos contenidos en el PAQUETE DE INFORMACIÓN al cual hemos hecho referencia en el citado literal "A" del Capítulo III de dicho escrito de promoción de pruebas.

Tal experticia daría a esta Honorable Corte Suprema de Justicia en Sala Plena los elementos necesarios para determinar si realmente esos lotes concedidos son de ALTO RIESGO y, por lo tanto, pueden ser tipificados dentro de los CASOS ESPECIALES que prevé el artículo 5° de la Ley que reserva al Estado la Industria y el Comercio de los Hidrocarburos para permitir Convenios de Asociación como los que estamos impugnando. De no ser así, ello demostraría la pertinencia de nuestra impugnación. Siendo ese uno de nuestros principales argumentos, la no admisión de estas pruebas de Exhibición y Experticia constituiría una *denegación de justicia*.

Al respecto, y a la luz de los argumentos ya esgrimidos en estas Conclusiones Escritas consideramos suficientemente claros los términos iniciales de nuestro escrito de promoción de prueba de esa experticia de geología petrolera y en razón de ello, así los transcribimos:

V

PRUEBA DE EXPERTICIA DE GEOLOGÍA PETROLERA

De conformidad con lo dispuesto en el artículo 1.422 y siguientes del Código Civil en concordancia con lo dispuesto en los artículos 451 y siguientes del Código de Procedimiento Civil promuevo prueba de experticia sobre el "Paquete de Información" preparado por Petróleos de Venezuela, S.A. referido en el del «Documento Normativo Inicial» del punto 5, «PAQUETES DE INFORMACIÓN» pág. 16, a saber:

a) Mapas de ubicación;

b) Informe general: Marco geológico y reseña técnica (antecedentes, logística, infraestructura, condiciones ambientales y costos);

c) Registros y archivos de pozos;

d) Información sísmica: Todo lo disponible en el Area y dentro de los 4 Km. alrededor del Area;

e) Información aeromagnética y gravimétrica: Todo lo disponible en el Area y dentro de los 10 Km. alrededor del Area;

f) Otra información geológica.

Ese «Paquete de Información» sobre el cual se practique la Experticia técnica por geólogos calificados se encuentra en Petróleos de Venezuela, S.A., Edificio PDVSA, Av. Libertador, La Campiña, Caracas 1010-A; "Paquete de Información" que se promueve como prueba de exhibición de conformidad con el artículo 436 del Código de Procedimiento Civil. En el caso que dicha Petróleos de Venezuela, S.A. (PDVSA) si niegue a exhibirlo a los efectos de practicarse la presente promovida prueba de experticia técnica de carácter geológico sea requerido por esta Corte Suprema de Justicia en Sala Plena.

La presente prueba de experticia técnica de carácter geológico se promueve a fin de que el o los expertos designados dictaminen la magnitud y alcance de la información técnica contenida en ese Paquete de Información, a fin de que tal o tales expertos señalen en su Informe Pericial si es procedente aplicar la calificación de alto riesgo a todas las áreas en cuestión, con exclusión de las Areas Catatumbo y El Sombrero que no recibieron ofertas durante el proceso licitatorio del pasado mes de enero de 1996; y así mismo dictaminen el grado de riesgo que pueda existir en la prospección de petróleo en las ocho Areas licitadas, para las cuales el Congreso de la República con fecha 19 de junio de 1996, autorizó la celebración de "Convenios de Asociación para la Exploración a Riesgo de Nuevas Areas y la Producción de Hidrocarburos bajo el Esquema de Ganancias Compartidas" cuyo Acuerdo del Congreso de la República aparece en la Gaceta Oficial de la República de Venezuela N° 35.988 de fecha 26 de junio de 1996.

A los efectos de demostrar la existencia de ese «Paquete de Información» sobre el cual versará la presente prueba de experticia acompañamos folleto titulado "VENEZUELA Exploración y Producción en las Areas Nuevos 1995. DOCUMENTO INFORMATIVO INICIAL el cual fue publicado con los logotipos" Ministerio de Energía y Minas (MEM) y PDVSA.

De conformidad con lo dispuesto en el artículo 452 del Código de Procedimiento Civil ruego a esta Honorable Corte Suprema de Justicia fije oportunidad y hora para el nombramiento de los expertos."

VI

PRUEBA DE EXPERTICIAS ECONÓMICAS PROMOVIDAS EN LOS CAPÍTULOS VI Y VII DEL ESCRITO DE PROMOCIÓN DE PRUEBAS PRESENTADO EL 24 DE SEPTIEMBRE DE 1996

Una de las condiciones establecidas en el vulnerado artículo 5° de la Ley Orgánica que Reserva al Estado la Industria y el Comercio de los Hidrocarburos para permitir la suscripción de convenios de asociación con capitales privados para el desarrollo de las actividades reservadas al Estado venezolano consiste, como ya lo hemos mencionado, en la consideración de que tal asociación convenga al interés nacional. Esa conveniencia debe ser muy bien sustentada y no, como ha sucedido, surgir de una cierta evaluación o "rating" publicitario, como el producto de campañas propagandísticas y de ablandamiento de la opinión publica movidas por el interés y afán de lucro desmedido de sectores nacionales y extranjeros perfectamente identificados y minoritarios en la sociedad venezolana. Esa convicción de conveniencia no puede ser impuesta, de manera chantajista, aprovechando la situación desesperada en que ha sido colocado el país en materia económica, con el ofrecimiento de ilusorias panaceas y tablas de salvación si se admite el envilecimiento y degradación de nuestro Estado de Derecho y se derriban todas las barreras constitucionales y legales que protegen nuestra soberanía en esta materia.

Por contrario imperio, si se demuestra la inconveniencia de tales convenios, también se estará demostrando la ilegalidad, por violación del referido artículo 5° del Acuerdo del Congreso de la República que los autorizó. Tal es la justificación y el objeto de las pruebas de experticias económicas promovidas en los Capítulos VI y VII del escrito de promoción de pruebas presentado por mí en mi carácter de recurrente el 24 de septiembre de 1996.

A la demostración de la inconveniencia para el interés nacional de los términos económicos de los convenios suscritos en virtud del Acuerdo del Congreso de la República de fecha 4 de julio de 1995 que hemos impugnado se contrae este Capítulo de estas Conclusiones Escritas.

Uno de los ejes centrales de la denominada "apertura" es el esquema de ganancias compartidas. A nuestro entender, y como trataremos de sustentar seguidamente, ese sistema es ampliamente inconveniente para los intereses nacionales y comporta un ilegal e inconstitucional otorgamiento de concesiones, con el agravante de hacerlo en peores condiciones que las prevalecientes desde 1920 y hasta el 31 de diciembre de 1975.

De manera específica, al analizar las cláusulas económicas del mencionado esquema, tal y como ellas fueron aprobadas por el Congreso Nacional para cada uno de los 8 lotes entregados a las transnacionales, se puede observar que la mayor proporción de participación del Estado en el ingreso petrolero se obtiene, teóricamente, a partir de los pagos de impuesto de Explotación (Regalía) y la Participación del Estado en las Ganancias (en adelante PEG), disminuyendo la significación del Impuesto Sobre la Renta, el cual llegaría a niveles marginales, dentro de un escenario de altos costos. (Justamente para prevenir esto existía el eliminado Valor Fiscal de Exportación).

En cuanto al PEG, el mismo va a aplicarse, de acuerdo a las proporciones contratadas en cada lote, al saldo entre el ingreso bruto y los costos más la regalía. Esas proporciones alcanzan un máximo de 50% en los lotes La Ceiba, Guarapiche, Golfo de Paria Oeste, Guanare y Punto Pescador, 41% en Delta Centro, 40% en San Carlos y un mínimo de 29% en Golfo de Paria Este.

El rendimiento porcentual de este instrumento respecto al ingreso bruto en ventas podría escenificarse de la siguiente manera: con unos costos moderados, parecidos a los declarados por PDVSA para fines fiscales en los últimos años, del orden de 50% del ingreso bruto y con la tasa PEG máxima de 50%, sería de un 17,84%. Pero si consideramos un escenario de costos superiores, supongamos de un 70%, y una tasa PEG de 29% (Golfo de Paria Este), ese rendimiento se limitaría a 4,54% del referido ingreso bruto.

Esta alternativa de costos -70%- y aún otras de mayores niveles en ese rubro son mucho mas factibles que la primera referida a los costos históricos de PDVSA, por tratarse de nuevas inversiones y por haberse acordado en los convenios en referencia un sistema de depreciación acelerada y de reconocimiento de gastos de exploración otorgados a la producción inicial. De tal manera que, de arrancada, el monto de PEG percibido por el Fisco Nacional podría caer por debajo de un 4% del ingreso bruto y minimizarse, tendiendo, sin exageraciones, a cero, durante los primeros años de operación del sistema.

En realidad, el verdadero sentido del esquema de Participación del Estado en las Ganancias (PEG) estriba en que con una combinación de cláusulas y disposiciones económicas de diversa índole, puede lograrse la *minimización* de esa participación.

Dos instrumentos muy importantes para este cometido lo constituyen los convenios que se suscriben entre el MEM y PDVSA para determinar niveles diferenciales en el Impuesto de Explotación (Regalía). Las experticias económicas promovidas ante esa Corte versaban sobre el análisis de estos instrumentos y los daños inferidos por los mismos al patrimonio nacional.

El primero de ellos, de tradicional aunque no menos irregular aplicación, es el convenio para la determinación de un "factor fiscal para el cálculo de valor mercantil de la producción a los fines de liquidar la Regalía". Por virtud de este factor, para reconocer costos de recolección y transporte, la regalía no se calcula directamente sobre la base tradicional del 16 2/3% del precio de realización en boca de pozo, tal como establece la Ley de Hidrocarburos vigente, sino que, previamente, a este precio se le aplica una ponderación inferior a la unidad, la cual, para 1994, se determinó en promedio como 0,86079. Con este mecanismo, el impuesto de explotación o regalía para ese año fue en realidad de 14,34%, y no 16,67%.

En lo que se refiere específicamente a las ocho áreas otorgadas bajo el esquema de "ganancias compartidas", existen solicitudes, hechas por PDVSA al MEM, de reducción del ya mencionado factor fiscal aplicable a la regalía que se genere en dichas áreas, para llevarlo hasta niveles de 0,763 -en el caso de los lotes orientales- y, el segundo de los instrumentos referidos, una fórmula de ajuste del mismo impuesto de explotación en los desarrollos de baja rentabilidad. *Convenios Aso-*

ciación Exploración/Producción Areas Nuevas, Regalía. "Determinación de un Factor Fiscal por Area para el cálculo del Valor Mercantil". Propuesta para suscribir un convenio con el MEM" y Consideración de la Fórmula de Ajuste para desarrollos de baja rentabilidad", -Solicitud de aprobación del MEM para su inclusión en los Convenios). Ambos documentos fueron consignados por nosotros en nuestro escrito de promoción de pruebas.

En cuanto a la primera de estas dos solicitudes, debemos remitirnos a la revisión de los sitios donde se encuentran los lotes que se entregarán a las compañías extranjeras, para verificar que los mismos se encuentran muy cerca, tal vez a mayor profundidad, pero en todo caso *debajo* de las estructuras de almacenamiento y transporte de crudo y productos existente en el país. Sin embargo, a pesar de esta evidencia, con el instrumento del "factor fiscal" inferior a la unidad para la ponderación de la regalía se estable un sistema excepcional de ajuste variable de este impuesto para "reconocer costos de recolección de los crudos producidos".

Dicho factor fiscal se establece de acuerdo a inexplicables criterios diferenciales por zona geográfica -cuyos resultados hacen pensar que el petróleo venezolano sale todo por La Guaira- y así los factores fiscales aplicables a la tasa de Regalía serán de 0,793 para la Zona de Occidente, de 0,852 para la Zona Centro-Occidente y de 0,763 en la Zona Oriente.

Como resultado de la aplicación de esos factores fiscales se produce una reducción de la tasa de regalía aplicable a las producciones de petróleo crudo extraído de las mencionadas áreas, desde el 16 2/3% establecido por la Ley de Hidrocarburos vigente hasta el 13,22% para el Area La Ceiba, el 14,20% para las Areas de Guanare y San Carlos y el 12,72% para las Areas Punta Pescador, Golfo de Paria Este, Golfo de Paria Oeste, Guarapiche y Delta Centro. Esto representa, en el caso de estas Areas orientales, una reducción de la regalía del orden del 23,7% respecto al 16,67% legal.

Pues bien, el caso es que, ni aunque se encontraran en el corazón del amazonas incurrirían en costos de transporte que justificaran una reducción de la regalía de semejantes proporciones, las cuales, al precio de realización promedio de los crudos venezolanos en lo que ha transcurrido de 1996, (17,5 dólares por barril) comportarían un sacrificio fiscal unitario de 2,23 dólares por barril de crudo. Y ello es así, en primer lugar, porque el transporte de crudo y productos no se hace en camiones cisternas, ni embotellado, sino que se usa el sistema de bombas y oleoductos, que no tiene nada que ver con condiciones del terreno distintas a las de sus pendientes, las cuales son mínimas en Venezuela, porque tanto los campos de producción, como los puertos y las refinerías se encuentran dentro de los límites de las mismas cuencas sedimentarias que contienen al petróleo. En otras palabras, desde Anaco, San Tomé, El Furrial o Guarapiche, Punta Pescador, etc. , hasta Guaraguao, (el principal puerto de embarque oriental), hasta Caripito (que puede volver a ser un puerto petrolero importante) o hasta la refinería de Puerto La Cruz; desde Guanare y San Carlos hasta el Palito, Morón y Puerto Cabello; desde el campo de La Ceiba hasta el puerto de La Ceiba y desde Bachaquero, Catatumbo o Lagunillas hasta Puerto Miranda, Amuay o Cardón, no hay que atravesar cadenas montañosas ni salvar grandes elevaciones.

Pero, en segundo lugar y por encima de todo, en ese "factor fiscal" se materializa una *continuada ilegalidad*, por cuanto la Ley de Hidrocarburos vigente establece que el Impuesto de Explotación debe ser liquidado en boca de pozo y sobre el mismo no cabe tal nivel de deducción o rebaja. Reconocer costos de recolección de las magnitudes que resultan de la aplicación de este "factor fiscal" equivale a liquidar la regalía en los patios de almacenamiento de las refinerías o en los del puerto de embarque. Si se sigue por este camino, podría llegarse hasta financiar parcialmente el flete marítimo de tales crudos hasta los puertos de los países consumidores.

Respecto al segundo de los instrumentos mencionados, ("Fórmula de Ajuste para Desarrollos de Baja Rentabilidad") consideramos que hablar de desarrollos de baja rentabilidad es prácticamente tentar al demonio, porque si alguna habilidad demostraron las concesionarias extranjeras durante siete décadas en Venezuela, fue esa de hacer aparecer como ínfimas sus descomunales ganancias.

Pues bien, según ese instrumento, que ha sido incluido expresamente en cada uno de los 8 convenios de asociación, se establece un régimen especial que permite ajustar la tasa de la Regalía en función de la variación de la rentabilidad de aquellos proyectos que tienen una baja rentabilidad, medida ésta según la Tasa Interna de Retorno (TIR) del plan de desarrollo aprobado por el Comité de Control para la declaración de comercialidad e incluido en la Memoria descriptiva que deberá aprobar el Ministerio de Energía y Minas. Según los términos de ese régimen especial, establecido mediante Convenio entre el Ministerio de Energía y Minas y la filial designada por PDVSA para la suscripción de estos convenios de asociación, la Corporación Venezolana del Petróleo S.A., la tasa de Regalía será del 1% para proyectos cuya Tasa Interna de Retorno sea menor de 12%, de 16,67% para proyectos cuya TIR sea mayor o igual al 20% y variará entre el 1% y el 16,67% para proyectos cuya TIR se encuentren entre el 12% y 20%.

Aplicando ese sistema, es dable predecir, con un gran nivel de certeza, que la regalía quedará reducida a un 1% durante por lo menos los 10 años posteriores al inicio de actividades de producción en las "nuevas áreas"; lapso en el. cual las "asociadas" harán efectivo su derecho a una depreciación acelerada de sus activos y a imputar, a cada barril producido, un a pesada alícuota para la recuperación de sus costos exploratorios. Pero aún más, conocidas las referidas habilidades de las corporaciones extranjeras de mimetizar ingresos y magnificar costos y teniendo en cuenta la inexistencia de un efectivo control fiscal, este instrumento servirá para extender esa merma de la participación nacional por muchos años más, repitiendo, en peores circunstancias, la experiencia de elusión fiscal de las antiguas concesionarias de hidrocarburos cuyos detalles históricos han sido ampliamente referidos en la bibliografía de autores venezolanos de la talla de Gumersindo Torres, Rómulo Betancourt, Salvador de la Plaza y Juan Pablo Pérez Alfonzo.

Es en este punto donde se encuentra la mayor evidencia de la inconveniencia del referido esquema: Desmontado completamente, como ha sido el sistema de control y participación fiscal que se estableció trabajosamente en el país a partir de 1920, volveremos a la época en que las concesionarias se despachaban a placer. Ese desmontaje, que se inició también tempranamente, con el planteamiento de permanentes conflictos de competencia entre PDVSA y el Ministerio de Energía y Minas, llegó a momentos culminantes con la salida de varios centenares de funcionarios profesionales y técnicos de ese Ministerio, -de manera acentuada durante la gestión ministerial de Humberto Calderón Berti- con lo cual se liquidó de hecho la capacidad fiscalizadora de ese despacho y absurdamente, se transfirieron a PDVSA muchas de sus anteriores funciones de control. El control deja de ser tal en esta circunstancia pues nadie puede ser ejecutor y contralor simultáneamente.

La evidencia de que la capacidad fiscalizadora del MEM ha desaparecido -o es eludida muy eficientemente por PDVSA y lo será sin duda mejor aún por sus maestros en la materia, los consorcios petroleros internacionales- se encuentra en las propias estadísticas oficiales, según las cuales, a partir de 1990 se ha producido una explosión de costos que va mucho más allá de los incrementos naturales derivados de la declinación de los yacimientos y que ha determinado que, por ejemplo, en el año 1995 se alcanzarán las *cifras máximas de producción y mínimas de participación fiscal de los últimos 20 años.*

Finalmente, es oportuno hacer mención de una situación sumamente grave e inusitada en nuestra economía petrolera que se derivaría de estas nuevas concesiones y asociaciones en el vigente Plan de Negocios de PDVSA, se prevé que, de la producción petrolera, estimada en 6 millones de barriles por día para el año 2005, *una tercera parte (1 millón 900 mil barriles por día)* corresponderá al "esfuerzo con terceros", o sea, con las empresas multinacionales petroleras.

Mientras tanto, *PDVSA se reserva las áreas, convencionales en proceso de agotamiento* y los crudos extrapesados de difícil y costoso desarrollo, mientras concede lo que comprobadamente constituyen las más promisorias zonas prospectivas y de menor esfuerzo de desarrollo, tal como lo revelan sus propias expectativas de producir en dichas zonas casi 2 millones de barriles diarios dentro de 10 años.

Para tener una idea de las proporciones implícitas en esta cifra de producción, considérese que, en su conjunto, las 10 áreas licitadas ocupan una superficie total de 17.955 Km^2, o sea 137 Km^2 más que el prolífico Emirato de Kuwait. Nada más y nada menos, tales son las expectativas que generan los datos que maneja PDVSA y ahora comparten sus nuevos socios: ¡en esas áreas -y concretamente en las ocho adjudicadas, que ocupan 13.766 Km^2- se encontraría un nuevo Kuwait!.

VII

CONCLUSION

Por todas las razones antes alegadas, tanto de hecho como de derecho, ruego a esta Honorable Corte Suprema de justicia en Sala Plena declare con lugar la apelación interpuesta por mi persona contra el auto del Tribunal de Sustanciación de fecha 22 de octubre de 1996 y, en consecuencia, ordene sean admitas tanto la prueba de exhibición como las pruebas de experticias de geología petrolera y económicas, todas promovidas, y ordene sus respectivas evacuaciones.

En virtud de lo anterior ruego a esta Honorable Corte Suprema de Justicia en Sala Plena se sirva fijar tanto el plazo con apercibimiento de la exhibición conforme a lo dispuesto en el artículo 436 del Código de Procedimiento Civil, como la oportunidad cuando deban ser designados los Expertos y el tiempo que los expertos necesiten para desempeñar el cargo conforme dispuesto en el artículo 460 del Código de Procedimiento Civil.

Es justicia,

Caracas, 28 de Noviembre de 1996

3. *Informe de Alfredo Bermúdez Machado*

Corte Suprema de Justicia

Sala Plena

Su Despacho.-

Yo, ALFREDO BERMUDEZ MACHADO, profesor universitario, abogado en ejercicio, inscrito en el Instituto de Previsión Social del Abogado bajo la matrícula N° 682, procediendo en mi condición de recurrente y debidamente identificado en autos, en la oportunidad legal para que tenga lugar el ACTO DE INFORMES en el juicio de nulidad por inconstitucionalidad e ilegalidad del ACUERDO DEL CONGRESO DE LA REPUBLICA QUE AUTORIZO LA CELEBRACION DE LOS CONVENIOS DE ASOCIACIÓN PARA LA EXPLORACION DE NUEVAS AREAS Y LA PRODUCCIÓN DE HIDROCARBUROS BAJO ESQUEMA DE GANANCIAS COMPARTIDAS, juicio que cursa por ante esa ilustre Corte Suprema distinguido con el N° 812-829, paso a continuación a explanarlos en los términos siguientes:

CAPITULO I

ANTECEDENTES:

Este juicio tiene su asiento en la crisis económica que sufría y sufre nuestra nación, un agobiante e impagable Servicio de la Deuda Externa y las presiones del FONDO MONETARIO INTERNACIONAL, entre otras, por cobrarla, lo condujo al diseño por parte del ejecutivo nacional, de un plan financiero, mejor conocido como AGENDA VENEZUELA que pervierte nuestra primera fuente de ingresos y prepara la enajenación de nuestra primera industria.

Crisis económica o mal eterno de nuestro país, justificada en buena parte por el papel que nos asignan en el proceso globalizador como nación subdesarrollada en el orden económico internacional. Política petrolera del gobierno de turno, representado en esta ocasión por el ciudadano Presidente de la República, Dr. RAFAEL CALDERA, padre de la misma bien conocida con el nombre de APERTURA PETROLERA, que no es otra cosa, que permitir la participación del capital privado en la actividad petrolera en toda sus fases, es decir revertir completamente el proceso nacionalizador hasta llegar incluso a la privatización de la industria, en menoscabo abierto del poder soberano que la nación debe ejercer en el control de sus recursos.

"La Política Petrolera de Apertura que se iniciara en 1992, entro en su fase decisiva al introducir el Ejecutivo en el Congreso Nacional su propuesta de convenios de asociación en crudos livianos y medianos. Ya no se trata de contratos operativos de reactivación de campos marginales o inactivos, ni de proyectos que requieren volúmenes de inversión excepcionales y de nuevas tecnologías como la liquefacción del gas natural o el mejoramiento de crudos extrapesados; se trata ahora de nuevas áreas para la exploración y subsiguiente explotación de crudos convencionales. *Con ello se llegó al corazón del sector.* De allí la trascendencia del marco de condiciones que fije el Congreso Nacional para los convenios. Inevitablemente, sentarán precedentes políticos, económicos y jurídicos de máxima importancia para el desenvolvimiento futuro del sector.

Bernard Mommer, Asesor Comisión Permanente de Energía y Minas. Cámara de Diputados. 30 de enero de 1995.

El día 4 de julio de ese mismo año 1955, el Congreso Nacional según ACUERDO AUTORIZÓ LA CELEBRACIÓN DE CONVENIOS DE ASOCIACIÓN PARA LA EXPLORACIÓN DE NUEVAS ÁREAS Y LA PRODUCCIÓN DE HIDROCARBUROS BAJO EL ESQUEMA DE GANANCIAS COMPARTIDAS.

El día 14 de diciembre de 1995, los profesores, Dr. SIMÓN MUÑOZ ARMAS, rector de esa Casa de Estudios para ese entonces, JOSÉ MARÍA CADENAS, FRANCISCO LÓPEZ MIERES, TRINO ALCIDES DÍAZ, ADINA BASTIDAS, entre otros, ante esta Corte Suprema, ocurrimos para interponer acción de inconstitucionalidad y posteriormente acción por ilegalidad de dicho Acuerdo del Congreso de la República, posteriormente acumuladas, como consecuencia, de siete (7) largas jornadas de reflexión o JUICIO SOBRE LA APERTURA PETROLERA, promovida y organizada por la UNIVERSIDAD CENTRAL DE VENEZUELA, contando con la participación de personalidades de expertos petroleros entre los cuales figuraron: Dr. ERWIN ARRIETA, actual Ministro de Energía y Minas, Ingeniero LEO FIGARELLA, representante de Petróleos de Venezuela, S.A. (PDVSA), Diputado TEODORO PETKOFF, Diputado ALI RODRIGUEZ ARAQUE, Presidente de la Comisión de Energía y Minas de la Cámara de Diputados, Dr. ALVARO SILVA CALDERON, reputado experto petrolero venezolano, Dr. IVAN PULIDO MORA, Ex Ministro de Hacienda, senador FREDDY MUÑOZ, Dr. LEONARDO MONTIEL ORTEGA, artistas, filósofos entre otros venezolanos preocupados seriamente por los destinos de este país. Jornadas que concluyeron en Plenaria y una declaración final que incluía la designación de una Comisión de Juristas que presentara ante esta Alta Corte de Justicia, formal impugnación al proceso de Apertura Petrolera por ser ilegal y lesivo a los mas caros intereses de la nación.

Por tales circunstancias y consideraciones presentamos estas acciones ante este Alto Tribunal de la cual esperamos realmente la justicia que reclama el país, la reivindicación de su primera fuente de ingresos y base fundamental de su futuro desarrollo.

CAPITULO II

RELACIÓN DE HECHOS PROBADOS DE AUTOS:

PRIMERO: Existe en auto prueba fehaciente del hecho o existencia del ACUERDO DEL CONGRESO DE LA REPÚBLICA QUE AUTORIZÓ LA CELEBRACIÓN DE LOS CONVENIOS DE ASOCIACIÓN PARA LA EXPLOTACIÓN DE NUEVAS ÁREAS Y LA PRODUCCIÓN DE HIDROCARBUROS BAJO EL ESQUEMA DE GANANCIAS COMPARTIDAS, mediante ejemplar consignado de la Gaceta de la República de Venezuela N° 35.754, de fecha 17 de julio de 1995.

SEGUNDO: Existe en autos prueba fehaciente de la inexistencia del ANEXO "B" que expresa la precitada Gaceta de la República de Venezuela N° 35.754 de fecha 17 de julio de 1995, es decir NO FUE PUBLICADO el mencionado ANEXO

"B", por lo cual las referidas áreas geográficas objeto de dichos contratos o convenios carecen de linderos o determinación, circunstancias que los hace inexistentes, por carencia de objeto como elemento de validez, los vicia y los configura como contratos de imposible realización, a tenor de lo consagrado por el Artículo 1142 del Código Civil.

TERCERO: A mayor abundamiento está fehacientemente probado la manera usual y técnica utilizada por el MINISTERIO DE ENERGÍA Y MINAS de conformidad con el Artículo 21 de la Ley Orgánica que Reserva al Estado la Industria y el Comercio de los Hidrocarburos, la correcta determinación de las áreas geográficas, con la consignación en autos de la Gaceta Oficial de Venezuela N° 35.881, de fecha 17 de enero de 1996, en sus páginas uno, dos y tres (1, 2, y 3), en Resolución N° 0002, de fecha 16 de enero de 1996, emanada del Ministerio de Energía y Minas. Ello mismo queda corroborado nuevamente según Gaceta de los Estados Unidos de Venezuela N° 83, de fecha 30 de junio de 1944, en 748 páginas la forma y manera de determinar los lotes de terreno identificadas con sus respectivos linderos conforme a la llamada Rosa de los Vientos (Norte, Sur, Este y Oeste).

CUARTO. Ha quedado plenamente comprobado el hecho de la existencia del REGLAMENTO DE CONCILIACIÓN Y ARBITRAJE DE LA CÁMARA DE COMERCIO INTERNACIONAL (Nuevo Reglamento de Conciliación y Reglamento de Arbitraje, en vigor desde el día 1° de enero de 1988) en cuyas páginas que van del 12 al 26, se encuentra el articulado del REGLAMENTO DE ARBITRAJE DE LA CÁMARA DE COMERCIO INTERNACIONAL. Reglamento al cual hace referencia el último inciso de la Cláusula Décimo Séptima del ACUERDO o MARCO DE CONDICIONES DEL CONGRESO DE LA REPÚBLICA, impugnado, publicado como ya quedó dicho en la Gaceta Oficial N° 35745 de fecha 17 de julio de 1996. En primer lugar hay que dejar bien sentado que nuestro país, Venezuela no es miembro de dicha Cámara de Comercio Internacional. que Venezuela es un país digno y soberano como todo estado moderno que tienen establecido como máxima general que para los casos de controversia, como el caso de autos, en donde esté envuelto el interés nacional y se susciten controversias en atención a tales contratos las mismas serán resueltas por los tribunales competentes de la República, aunque no exista cláusula expresa al respecto. Articulo 127 de la Constitución Nacional.

No es aceptable como excusa para lo contrario el desprestigio que pueda estar sufriendo nuestro poder judicial, como suelen esgrimirse.

QUINTO: Está plenamente comprobado en autos, el conocimiento amplio e internacional que existía previamente a la aprobación del Acuerdo del Congreso de República de la bondadosa prospectiva de las áreas ofertadas como lo demuestra la publicación denominada EXPLORER (EXPLORADOR), publicación de la AAPG AMERICAN ASSOCIATION OF PETROLEUM GEOLOGISTS AN INTERNATIONAL ORGANIZATION (Asociación Americana de Geologistas de Petróleo, una organización internacional en la cual aparecen las diez (10) áreas ofertadas y recomendaciones de sus atractivos económicos, y sus favorables condiciones.

CONSIDERACIONES FINALES:

LA ACTITUD DE PETRÓLEOS DE VENEZUELA, S.A. (PDVSA). Esta empresa de los venezolanos, definida por el Decreto que le dio origen para servir a los mejores interés del país, desde el inicio mismo de las acciones propuestas no vio mejor camino de participar, que adhiriéndose a dichas demandas. Es menester recordar que estamos en medio de una acción popular que procura la preservación de la Constitución Nacional, las leyes del país y ordenamiento jurídico venezolano. No es que se pretenda que exista un solo criterio respecto de la materia petrolera, el nuestro, pero sí consideramos que el mejor empeño como juristas debe estar dirigido al establecimiento de la verdad, de los valores sociales e intereses de la nación recogidos en el texto constitucional.

La actitud de PETRÓLEOS DE VENEZUELA, S.A., fue siempre, obstructiva de la debida marcha del proceso. Se opuso a la admisión de las demandas. Procuró en todo momento privarnos de la promoción de pruebas fundamentales, como las pruebas geológicas y la prueba económica necesarias e imprescindibles para llevar al conocimiento de los magistrados el contenido envilecedor del proceso de Apertura Petrolera, tal como fue concebido en Venezuela. No nos oponemos al mismo, sino a la forma como ha sido instrumentado que acomete en contra de los sagrados intereses de la nación como lo señala expeditamente el Artículo 106 de la Constitución Nacional… A estas alturas del proceso aun estamos solicitando sean evacuadas a través de un auto para mejor proveer que deberá ser dictado en aras de la imparcialidad y el verdadero sentido del mismo. Ello tuvo como premio las declaraciones ofrecidas por la prensa nacional y reconocidas en toda su extensión de la magistrada Dra. CECILIA SOSA GÓMEZ, Presidente de esta Corte Suprema de Justicia y motivo nuestra recusación en dos oportunidades por emitir opinión adelantada de las resultas del juicio y patrocinio a favor de una de las partes, PETRÓLEOS DE VENEZUELA, S.A. (PDVSA).

Una de tales decisiones de dichas recusaciones, no conocíamos hasta ayer en horas de la tarde.

Finalmente en la convicción que estamos en presencia de un evento por demás significativo a los intereses del país y quisiéramos como venezolanos que ello justificara nuestras acciones, no podemos menos que esperar de los ilustres magistrados que componen e integran esta Sala Plena, un pronunciamiento reinvindicativo conforme a la naturaleza que nos ha distinguido como pueblo.

II. INFORME DE LOS APODERADOS DE PDVSA, ROMÁN JOSÉ DUQUE CORREDOR Y ALLAN R. BREWER-CARÍAS

Ciudadano

Presidente y demás Magistrados

de la Corte Suprema de Justicia en Corte en Pleno

Su Despacho.

Nosotros, ALLAN BREWER-CARÍAS y ROMÁN J. DUQUE CORREDOR, abogados en ejercicio, de este domicilio, inscritos en el Inpreabogado bajo los Nos. 3.005 y 466, e identificados con las Cédulas de Identidad Nos. 1.861.982 y 2.245.372, respectivamente, en nuestra condición de apoderados judiciales de PETRÓLEOS DE VENEZUELA S.A., sociedad mercantil, de este domicilio, propiedad de la REPÚBLICA DE VENEZUELA, constituida según documento inscrito en el Registro Mercantil de la Circunscripción Judicial del Distrito Federal y Estado Miranda, el 15 de Septiembre de 1.975, bajo el N° 23, Tomo 99-A, objeto de varias reformas, la última de las cuales consta en el Decreto No. 885 del 24 de Septiembre de 1.985, publicado en la Gaceta Oficial No. 33.321 de fecha 3 de Octubre del mismo año; condición la nuestra que consta de instrumento de poder que se encuentra agregado a los autos; siendo la oportunidad legal ante su competente autoridad acudimos para presentar *Informes,* en nombre y representación de nuestra poderdante, y para ratificar su oposición al recurso de nulidad que por inconstitucionalidad, en contra del Acuerdo del Congreso de la República de fecha 4 de Julio de 1.995, que autorizó la celebración de los Convenios para la Exploración a Riesgo de Nuevas Areas y la Producción de Hidrocarburos bajo el Esquema de Ganancias Compartidas, presentaron por ante esta Corte los ciudadanos SIMÓN MUÑOZ ARMAS, ELIAS ELJURI ABRAHAM, TRINO ALCIDES DÍAZ y otros, en fecha 14 de Diciembre de 1.995, a la cual se adhirieron otros ciudadanos; así como al recurso que por ilegalidad en contra del mismo Acuerdo, presentaron los prenombrados ciudadanos y otros, en fecha 23 de Enero de 1.996, por ante la Sala Político Administrativa de este Máximo Tribunal, y que cursa por ante esta misma Corte en Pleno, en virtud de la acumulación acordada en sentencia de fecha 02-07-96 de la Corte en Pleno Accidental.

Fundamentamos el presente escrito de Informes, y de ratificación de la oposición de los recursos de nulidad antes señalados, en los siguientes razonamientos:

CAPITULO I

EL ACTO IMPUGNADO

El acto impugnado es el Acuerdo del Congreso de la República dictado con fundamento en el artículo 5° de la Ley Orgánica que Reserva al Estado la Industria y el Comercio de los Hidrocarburos, el cual estipula que para la celebración de los Convenios de Asociación con entes privados en ella regulados,

"Se requerirá la previa autorización de las Cámaras en sesión conjunta, dentro *de las condiciones que fijen,* una vez que hayan sido debidamente informadas por el Ejecutivo Nacional de todas las circunstancias pertinentes"

Este Acuerdo del Congreso constituye un acto parlamentario sin forma pero con rango de ley que tiene su fundamento último en el artículo 126 de la Constitución que regula dos formas de intervención del Congreso en la contratación administrativa: la intervención previa, autorizatoria de los contratos de interés nacional, y la intervención posterior, aprobatoria de los mismos. Dicho artículo, en cuanto a la modalidad de autorización previa, en efecto, establece que en ningún caso puede:

"procederse al otorgamiento de nuevas concesiones de hidrocarburos ni de otros recursos naturales que determine la ley, sin que las Cámaras en sesión conjunta, debidamente informadas por el Ejecutivo Nacional de todas las circunstancias pertinentes, lo autoricen *dentro de las condiciones que fijen y* sin que ello dispense del cumplimiento de las formalidades legales"

La autorización legislativa previa prevista en el artículo 5° de la Ley Orgánica que Reserva al Estado la Industria y el Comercio de los Hidrocarburos, en consecuencia, participa de la misma naturaleza jurídica de la consagrada en el artículo 126 de la Constitución. En ambos casos, se trata de un Acuerdo del Congreso adoptado por las Cámaras en sesión conjunta, en congruencia con lo dispuesto en la Disposición Transitoria Décima Tercera de la Constitución, que tiene la forma jurídica de un acto parlamentario sin forma pero con rango de ley que, según lo decidido por la Corte Suprema de Justicia al dictar el Acuerdo de interpretación del artículo 42, ordinal 1° de su Ley Orgánica en sentencia de 25-1-94 (que ratifica la de la Sala Político-Administrativa de 14-9-93), son actos estatales:

> "emitidos por los cuerpos legislativos nacionales, en ejecución directa e inmediata de disposiciones constitucionales, teniendo por tanto, sin serlo, rango equiparable al de la Ley" (Véase en Allan R. Brewer-Carías y Luis Ortíz Alvarez, *Las grandes decisiones de la Jurisprudencia Contencioso-Administrativa 1961-1996,* Caracas 1996, pp. 472-474)

Siendo estos Acuerdos actos parlamentarios sin forma pero con rango de ley, el contenido de los mismos, como lo dice el artículo 126 de la Constitución y 5° de la Ley Orgánica que Reserva al Estado la Industria y el Comercio de los Hidrocarburos, para el caso de una contratación administrativa específica, es el de autorizarla antes de su celebración *fijando las condiciones* dentro de las cuales los contratos específicos deben celebrarse. Ni la Constitución ni la ley establecen límite o parámetro expreso al Congreso para fijar dichas condiciones, siendo los límites del ejercicio de la competencia por las Cámaras Legislativas, lo que establecen la Constitución y las leyes, de manera que dicha decisión no puede ser inconstitucional ni ilegal, teniendo dichas condiciones jerarquía igual a la de la Ley (Sentencia de la Sala Político Administrativa de 14-09-93).

Precisamente por ello, es que carecen de fundamento los impugnantes, quienes partiendo de erradas apreciaciones y falsos supuestos sostienen que las Cláusulas Segunda, Cuarta, Décima y Décima Séptima violarían normas constitucionales; y que las Cláusulas Primera, Segunda, Cuarta, Sexta, Décima y Vigésima Primera violarían diversas normas legales.

A continuación pasamos a contradecir los alegatos y argumentaciones esgrimidos por los recurrentes.

CAPITULO II

IMPROCEDENCIA DE LA DENUNCIA DE INCONSTITUCIONALIDAD E ILEGALIDAD DE LA CLÁUSULA SEGUNDA DEL ARTÍCULO 2° DEL ACUERDO DEL CONGRESO QUE ESTABLECIÓ EL MARCO DE CONDICIONES DE LA AUTORIZACIÓN PARA LA CELEBRACIÓN DE LOS CONVENIOS DE ASOCIACIÓN

Denuncian los recurrentes la supuesta inconstitucionalidad de la Cláusula mencionada, porque en su criterio, el establecer que la Filial designada de PETRÓLEOS DE VENEZUELA S.A., - en adelante PDVSA -, **llevará a cabo los procesos de licitación que sean necesarios para seleccionar a las empresas inversionistas privadas con las cuales celebrará Convenios de Asociación para realizar las actividades descritas en la Condición Primera, conforme al artículo 5° de la Ley Orgánica que Reserva al Estado la Industria y el Comercio de los Hidrocarburos**, constituye una transferencia de competencias exclusivas y excluyentes del Ministerio de Energía y Minas a dicha Filial, y que por ello, la Cláusula denunciada infringe lo dispuesto en los artículos 163, 193, 136, ordinal 10° y 190, ordinal 15°, todos de la Constitución, así como el artículo 35, ordinales 1° y 5°, de la Ley Orgánica de la Administración Central. En resumen, los recurrentes, en apoyo a su alegato, sostienen que el artículo 136, ordinal 10°, de la Constitución atribuye al Poder Nacional el régimen y administración de las minas e hidrocarburos, y que por otra parte, el artículo 193 del mismo Texto Fundamental, determina que los Ministros son los órganos directos del Presidente de la República, cuyas competencias se fijan en una Ley Orgánica, en concreto la Ley Orgánica de la Administración Central, que en su artículo 35, ordinales 1° y 2°, define las competencias correspondientes al Ministerio de Energía y Minas, que según el artículo 163, también de la Constitución, no puede ser desconocida por actos con rango de ley ordinaria, en este caso el Acuerdo del Congreso cuya nulidad se solicita parcialmente. Por último, los recurrentes, no obstante asentar que la competencia exclusiva y excluyente para celebrar los convenios de asociación corresponde al mencionado Despacho Ministerial, sin embargo, contradictoriamente también ostentan que la competencia es del Presidente de la República, en razón de lo dispuesto en el ordinal 15 del artículo 190 del Texto Fundamental, que señala: que es una atribución del Presidente de la República "(…) celebrar los contratos de interés nacional permitidos por esta Constitución y las leyes (…)".

En este orden de ideas, los recurrentes afirman, que " (Omissis), la Cláusula Segunda del Artículo 2° del Acuerdo del Congreso de la República de fecha 04.07.95, viola tales principios al transferir competencias que son exclusivas y excluyentes del Ministerio de Energía y Minas al (Sic.) una Filial de PDVSA. Tal es el caso de la competencia para licitar los derechos a ejercer actividades que le han sido previamente otorgados por dicho Ministerio. Insistimos, es al Ministerio de Energía y Minas a quien corresponde la competencia para: 1°) La fijación y ejecución de la política de las industrias petroleras, y 2°) Concertar los arreglos con el capital privado cuyo concurso sea necesario para dichas explotaciones". Y concluyen, afirmando que, "En consecuencia, cualquier contrato, convenio o asociación que se estableciere con particulares sin la intervención directa del Ministerio de Energía y Minas, es nulo de nulidad absoluta por colidir abiertamente con lo dispuesto en los artículos 163, 193 y 136, Ordinal 10° de la Constitución de la República y el artículo 35, Ordinales 1° y 5° de la Ley Orgánica de la Administración Central por lo que pedimos de esta Corte que así se declare".

Ahora bien, los anteriores argumentos resultan improcedentes en razón de que no es cierto que la Cláusula denunciada infrinja las normas citadas, como demostraremos de seguidas:

En efecto, en primer término, en razón de la forma federal del Estado venezolano (art. 2° de la Constitución), y de la existencia de entidades territoriales autónomas (arts. 16 y 25, del mismo Texto Fundamental), una de sus consecuencias es la separación entre el Poder Público Nacional, Estadal y Municipal, razón por la cual la Constitución delimita las áreas de competencia de cada uno de los niveles territoriales del Poder Público del Estado (art. 117 ejusdem). Es así, como cada uno de estos niveles tiene atribuido en la misma Constitución las materias propias sobre las que ejerce su respectiva competencia (Arts. 17, 29, 30 y 136). Por ello, el artículo 136 ejusdem, determina las materias sobre las cuales el Poder Nacional puede legislar, según el ordinal 24 del mismo artículo citado. En otras palabras, que el indicado artículo 136 define la competencia del Poder Público Nacional frente a los Poderes Públicos Estadal y Municipal. Por ello, sus ordinales sólo podrían ser violados por los Estados y los Municipios, si en el ejercicio de la función de legislar de sus respectivos Poderes Legislativos locales sobre las materias que les son asignadas, en el ordinal 1º del artículo 20 y en el ordinal 2º del artículo 28 ejusdem, respectivamente, legislan sobre las materias que han sido atribuidas al Poder Nacional según el ya varias veces citado artículo 136. En concreto, que el Congreso de la República no podría nunca violar el artículo 136, ya citado, al estarle atribuida precisamente, en el artículo 139 ejusdem, la función de legislar sobre todas y cada una de las materias que por esa misma norma corresponden al Poder Nacional. Por el contrario, serían las Asambleas Legislativas de los Estados o los Concejos Municipales al ejercer sus respectivas funciones legislativas quiénes podrían infringir el artículo 136 citado, al legislar sobre alguna de las materias que aparecen atribuidas al Poder Nacional y que no les hubiera sido asignada en virtud del proceso de descentralización a que se contrae el artículo 137 de la Constitución.

Pero, es que además, en segundo término, en el caso de autos, en concreto, no existe violación del ordinal 10º del artículo 136 de la Constitución, por lo que los recurrentes llaman "transferencia de competencias exclusivas y excluyentes del Ministerio de Energía y Minas a una Filial de PDVSA". En efecto, de acuerdo con lo anteriormente expuesto, el mencionado artículo 136, lo que trata es de establecer un reparto de competencias entre el Poder Nacional, el Poder Estadal y el Poder Municipal, pero no específicamente de algún órgano dentro del Poder Nacional. Ello corresponde a la propia Constitución o a las leyes que dicte el Congreso. Por lo demás, si una materia en concreto es inequívocamente atribuida al Poder Nacional, y por ello es de su competencia exclusiva, su Poder Legislativo tiene absoluta libertad de regularla señalando específicamente cuál órgano u órganos habrán de desempeñarla dentro de dicho Poder Nacional. Además, esa asignación de competencias la desarrolla el Poder Legislativo, en ejercicio de la función constituyente, parte en la Constitución, en las normas constitucionales atributivas de competencias directas o específicas, por ejemplo, dentro del Poder Nacional, lo referente al Presidente y a los Ministros; o en ejercicio de la función legislativa, en las respectivas leyes de organización de los órganos de los Poderes Públicos al distribuir dentro de éstos las funciones que les corresponden. Es decir, que no basta con denunciar la violación de los ordinales del artículo 136 del Texto Fundamental, sino que es necesario también denunciar conjuntamente la violación de las normas constitucionales y legales que regulan y desarrollan en concreto esas competencias genéricas del Poder Nacional, a que se contrae el mismo artículo 136, mediante la asignación específica de dichas competencias a sus diversos órganos, en atención igualmente a la repartición administrativa de funciones en cada órgano. Así, del análisis de las normas constitucionales y legales, que en el caso concreto regulan la competencia del Presidente de la República y del Ministerio de Energía y Minas, en lo atinente a la celebración de contratos de interés público, que se denuncian como infringidas, para sustentar la denuncia de inconstitucionalidad de la Cláusula Segunda del artículo 2º del Acuerdo impugnado, así como del análisis de las normas de la Ley Orgánica que Reserva al Estado la Industria y el Comercio de los Hidrocarburos, que asignan al Ejecutivo Nacional y a sus empresas petroleras la gestión y el ejercicio de las actividades de hidrocarburos reservadas, se llega a la conclusión de que, el Congreso de la República no infringió en forma alguna las disposiciones constitucionales denunciadas como infringidas por los recurrentes.

En efecto, si bien es cierto que el Presidente de la República es el Jefe del Ejecutivo Nacional y por ende ejerce el Poder Ejecutivo Nacional (art. 181 ejusdem), su competencia para concluir los contratos de la Administración, dentro de las materias atribuidas al Poder Nacional por el referido artículo 136, no resulta ser exclusiva ni excluyente, porque se refiere a aquellos contratos que no estén atribuidos por Ley expresamente a otros funcionarios (art. 190, ord. 15°, en concordancia con el artículo 181, ambos del mismo Texto Fundamental) (Vid, en este sentido, LARES MARTINEZ. ELOY, *"Manual de Derecho Administrativo"*, 5a. Ed., UCV, Caracas, 1.983, pág. 507, quien aclara que la atribución a que se contrae el ordinal 15° del artículo 190 de la Constitución, no es exclusiva del Presidente). En este orden de ideas se tiene que en el propio artículo 126 de la Constitución se habla de contratos de interés nacional celebrados por "la Administración Pública", en general, para su normal desarrollo, lo que da una idea de que, en materia de celebración de este tipo de contratos, no existen competencias exclusivas y excluyentes ni del Presidente, ni de los Ministros. En concreto, por lo que respecta a los Ministros, por ser éstos órganos directos del Presidente de la República, que ejercen junto con éste el Poder Ejecutivo Nacional (arts. 181, ya mencionado, y 193, ejusdem), también pueden concluir y celebrar contratos administrativos o de interés público, cuando no haya sido atribuida por ley, a otros funcionarios, esta competencia (art. 193, in fine). En otras palabras, que en principio, al Ministro al que está atribuida la materia del contrato, corresponde la competencia para su respectivo otorgamiento (art. 20, ordinal 17, de la Ley Orgánica de la Administración Central), salvo que, expresamente, corresponda a otro ente administrativo de su sector, en cuyo caso no podría hablarse de competencias exclusivas y excluyentes. Así, por ejemplo, los Institutos Autónomos y las empresas del Estado adscritos o bajo la tutela de los respectivos Ministerios, conforme a las leyes especiales que los rigen, pueden celebrar y concluir contratos de interés público nacional aunque al Ministerio al cual pertenecen esté atribuida en general la materia de los contratos (Vid, CABALLERO ORTIZ, JESUS, *"Los Institutos Autónomos"*, Ed. Jurídica Venezolana, Fundación Estudios de Derecho Administrativo, Tomo I, 3a. ed., Caracas, 1.995, págs. 206 a 208. E igualmente del mismo autor, *"Las Empresas Públicas en el Derecho Venezolano"*, Ed. Jurídica Venezolana, Caracas, 1.982, pp. 333 a 335). Se trata, en consecuencia, de una competencia residual en el sentido de que a los Ministerios corresponde, a falta de una atribución directa y expresa, las materias que no hayan sido atribuidas, en la misma forma, a otras dependencias de su organización, o a sus entes descentralizados, como los Institutos Autónomos que le están adscritos o a las empresas estatales que están bajo su tutela.

Por otro lado, los recurrentes sostienen que el Congreso infringió el artículo 163 de la Constitución, cuando en la Cláusula 2a del artículo 2° del Acuerdo objeto del presente juicio, estableció que los procesos de licitación de los Convenios de Asociación los llevaría a cabo la Filial de PDVSA designada, porque siendo un acto legislativo de rango inferior a una ley orgánica, desconoció, en criterio de los mismos recurrentes, que los ordinales 1° y 5°, del artículo 35 de la Ley Orgánica de la Administración Central, atribuyen una competencia exclusiva y excluyente al Ministerio de Energía y Minas para la celebración de tales convenios. A este respecto, rechazamos que estos ordinales contemplen una competencia con la característica que le atribuyen los recurrentes. En efecto, sobre la naturaleza de las normas atributivas de competencia contenidas en la Ley Orgánica señalada, este Máximo Tribunal ha asentado que sólo representan una delimitación formal de las competencias entre los diferentes Ministerios, pero que no representan competencias materiales. En efecto, la Sala Político Administrativa de esta Corte Suprema, respecto de las atribuciones del Ministerio de Energía y Minas, afirmó lo siguiente:

"Ahora bien, el objeto de aquél Estatuto Orgánico, como el de esta Ley Orgánica, es la *"organización"* de la administración central del Estado, a través de los Ministerios y demás órganos que la integran, para lo cual se atribuye, a cada uno de esos Despachos, la gestión de determinadas materias, es decir, un sector de múltiple actividad estatal. De modo que las normas de aquellos textos son meramente distributivas y especificativas de la competencia administrativa del Estado; esto es que si al Ministerio de Energía y Minas se atribuye la gestión de la "minería"*,* tal atribución de competencia debe entenderse en oposición a la atribuida a los demás Ministerios, a los cuales se la excluye. En otras palabras, estas normas organizativas sólo atribuyen competencias formales a los Diversos Despachos, y no competencias materiales; pues éstas provienen de los ordenamientos reguladores de los diferentes asuntos encomendados por la norma organizativa a cada uno de aquellos Despachos. Considerar lo contrario es un error común en la Administración Pública venezolana" (Vid, sentencia de fecha 07.07.81, Caso " C.A. Industrial Táchira", "Jurisprudencia Venezolana, Ramírez & Garay, Tomo LXXIV, 1.981, 3er Trimestre, pág. 511).

Y sobre el mismo tema, en la sentencia citada, concluyó este Máximo Tribunal afirmando lo siguiente:

"Por tanto, cuando el artículo 30 del Estatuto Orgánico de Ministerios atribuía al Ministerio de Minas e Hidrocarburos "todo lo referente a la intervención, inspección, fiscalización y fomento de la minería"*,* sólo estaba determinando o especificando los asuntos que a dicho Despacho correspondían en la organización estatal; pero no atribuyéndole una competencia material general y abstracta, por así decirlo, en el sentido de que el referido Ministerio pudiera gestionar aquellos asuntos según su leal saber y entender la gestión de esos asuntos continuaba y continúa realizándose de acuerdo con los ordenamientos jurídicos reguladores de cada uno de ellos" (Ibídem, pág. 511).

En consecuencia, las competencias atribuidas al Ministerio de Energía y Minas en los ordinales 1° y 5° del artículo 35 de la Ley Orgánica de la Administración Central, respectivamente, referentes a "(…) las industrias petrolera, petroquímica y minera (…) y al "control de la administración de las explotaciones establecidas y que estableciere el Estado sobre yacimientos o industrias conexas con la minería o los hidrocarburos", y finalmente, y en concreto, la competencia para "Concertar los arreglos con el capital privado cuyo concurso sea necesario para dichas explotaciones", no pueden ejercerse con fundamento en aquellas disposiciones, sino conforme al ordenamiento concreto regulador de la actividad de hidrocarburos en Venezuela, y específicamente, conforme a la Ley Orgánica que Reserva al Estado la Industria y el Comercio de los Hidrocarburos. Este ordenamiento, como se ha demostrado, faculta expresamente tanto a las empresas creadas por el Ejecutivo Nacional como a éste mismo, para gestionar las actividades reservadas de hidrocarburos; y en ejercicio de esa competencia en consecuencia, dichas empresas pueden celebrar y concluir directamente los convenios de asociación.

En efecto, el artículo 5° de la Ley Orgánica últimamente citada, reza así:

"El Estado ejercerá las actividades señaladas en el artículo 1° de la presente Ley directamente por el Ejecutivo Nacional o por medio de entes de su propiedad, pudiendo celebrar los convenios operativos necesarios para la mejor realización de sus funciones, sin que en ningún caso estas gestiones afecten la esencia misma de las actividades atribuidas".

"En casos especiales y cuando así convenga al interés público, el Ejecutivo Nacional o los referidos entes podrán en el ejercicio de cualquiera de las señaladas actividades, celebrar convenios de asociación con entes privados, con una participación tal que garantice el control por parte del Estado y con una duración determinada. Para la celebración de tales convenios se requerirá la previa autorización de las Cámaras en sesión conjunta, dentro de las condiciones que fijen, una vez que hayan sido debidamente informadas por el Ejecutivo Nacional de todas las circunstancias pertinentes".

La interpretación literal, y racional del anterior texto, y su integración con los referidos ordinales 1° y 5°, del artículo 35 de la Ley Orgánica de la Administración Central, siguiendo las reglas de la hermenéutica jurídica contempladas en el artículo 4° del Código Civil, permiten meridianamente concluir que la celebración de los convenios operativos o de asociación a los efectos del ejercicio de las actividades de hidrocarburos reservadas al Estado, es de la competencia del Ejecutivo Nacional, y dentro de éste, por ende del Ministerio de Energía y Minas, cuando tales actividades se ejecuten directamente por el Ejecutivo Nacional, pero igualmente, que también es de la competencia de las empresas de su propiedad, la celebración de dichos contratos, bajo los términos y condiciones previstos en el mencionado artículo 5° de la Ley Orgánica que Reserva al Estado la Industria y el Comercio de los Hidrocarburos, cuando el Ejecutivo Nacional, como ocurre en el caso de autos - hecho éste que no se controvierte ni discute - al organizar la administración y gestión de las referidas actividades reservadas, crea las empresas que juzgue necesario para el desarrollo regular y eficiente de esas actividades, y resuelve "atribuirles el ejercicio de una o más de éstas, como lo prevé el artículo 6° ejusdem. En este sentido, esta Corte en Pleno, consagró jurisprudencialmente esa interpretación, cuando asentó, en sentencia de fecha 23.04.91 (Caso "LAGOVEN"), que el artículo 5° de la Ley Orgánica citada últimamente, "(...) regula también de una manera general los convenios que pueden celebrar los entes propiedad del Ejecutivo Nacional con los particulares en el ejercicio de la atribución que aquél les haga de las actividades reservadas (...)" (Vid, *Pierre Tapia, Oscar* "Jurisprudencia de la Corte Suprema de Justicia", abril, 1.991, págs. 137 y 138).

Aún más, la interpretación auténtica del texto del artículo 5°, antes citado, confirma la anterior interpretación gramatical y lógica, teniendo presente sus antecedentes parlamentarios, en concreto la Exposición de Motivos del Proyecto de Ley Orgánica que Reserva al Estado la Industria y el Comercio de los Hidrocarburos, presentado por el Ejecutivo Nacional en fecha 11 de marzo de 1.975, que al justificar dicho texto, que es idéntico al de la Ley vigente, señalaba que, "En razón de la importancia que la industria de los hidrocarburos tiene para el desarrollo presente y futuro del país, el Proyecto no elimina la posibilidad de que, en casos especiales y cuando así se justifique en razón de los más altos intereses nacionales, *puedan el Ejecutivo Nacional o los entes estatales, según fuere el caso,* celebrar

494

convenios de asociación con entes privados, por tiempo determinado, respecto de cualquiera de las actividades atribuidas, (…)".

No cabe duda, pues, que conforme al texto del artículo 5°, anteriormente transcrito, y a la interpretación gramatical, y lógica-racional, integradora y auténtica del mismo, no sólo el Ejecutivo Nacional sino también las empresas que éste hubiere creado para la gestión de las actividades reservadas, en el presente caso las Filiales de PDVSA, tienen capacidad contractual para celebrar, en otras palabras, conducir procesos de licitación para seleccionar las empresas inversionistas privadas con las cuales suscribir convenios de asociación, así como para concluirlos, es decir, perfeccionarlos mediante su firma. Por ello, la Cláusula 2° del artículo 2° del Acuerdo del Congreso de fecha 4 de Julio de 1.995, no desconoce ninguna competencia exclusiva y excluyente del Presidente de la República, ni del Ministerio de Energía y Minas, en materia de celebración de contratos de interés nacional o de asociación para la realización de actividades petroleras, respectivamente, cuando estableció que la Filial de PDVSA designada lleve a cabo dichos procesos de licitación.

Por lo demás, la capacidad contractual de los entes creados por el Ejecutivo Nacional para celebrar y concluir directamente los convenios operativos y los convenios de asociación con entes privados, ha sido reconocida unánimemente por la doctrina nacional especializada. Así, por ejemplo, LUIS GONZALEZ BERTI, teniendo presente el texto del citado artículo 5°, de una manera general considera que los entes de la propiedad del Ejecutivo Nacional creados para ejercer las actividades inherentes a la reserva, pueden celebrar directamente los convenios operativos necesarios para la mejor realización de sus funciones, así como los convenios de asociación (Vid, "La Nacionalización de la Industria Petrolera Venezolana", Ed. Jurídica Venezolana, Caracas, 1.982, págs. 172 y 173). Por su parte, ENRIQUE VILORIA V., afirma, al referirse a la gestión de la industria petrolera nacionalizada por parte del Estado, que: "En el artículo 5 de la Ley de Nacionalización se afirma que el Estado ejercerá las actividades relacionadas con la industria de los hidrocarburos directamente o a través de entes de su propiedad. Sin embargo, según lo que se desprende del conjunto de disposiciones de la Ley, forzoso es concluir que el Estado asumirá las gestión de la industria a través de entes de su propiedad, es decir, de empresas públicas. En otras palabras, la Ley prefirió que la gestión de la industria nacionalizada no fuese realizada directamente por el Ejecutivo Nacional. Así pues, se puede pensar que la expresión según la cual, el Ejecutivo Nacional ejercerá directamente la industria, fue incluida en la Ley para preservar, de acuerdo con la Exposición de Motivos, "la forma tradicional mantenida en nuestras Leyes de Hidrocarburos". (Vid. "Petróleos de Venezuela", Editorial Jurídica Venezolana, Colección Estudios Jurídicos No. 21, Caracas, 1.982, pág 70). En ese mismo orden de ideas se manifiesta GUILLERMO ALTUVE WILIAMS, cuando considera que la forma como el Estado ejerce la reserva de los hidrocarburos se encuentra definida en la Ley al señalar que puede realizarse a través de entes de su propiedad a los cuales se faculta para celebrar los convenios que son necesarios para llevar a cabo tal ejercicio (Vid, "Carta Semanal del Ministerio de Minas e Hidrocarburos", No. 19, abril 1.974).

Las argumentaciones doctrinarias anteriores que interpretan auténticamente el texto referido del artículo 5° ejusdem, en el sentido de reconocer a las empresas propiedad del Ejecutivo Nacional, que ejercen las actividades reservadas en su nombre, plena competencia para celebrar directamente los convenios operativos, y de asociación, tienen el apoyo de la doctrina que inspiró a los proyectistas que elaboraron el respectivo Proyecto de Ley, que en definitiva se convirtió en la Ley vigente que reservó al Estado la industria y el comercio de los hidrocarburos. En efecto, según la Comisión Presidencial de Reversión, en donde se originó el Anteproyecto de dicha Ley, la organización de la industria petrolera nacionalizada debe descansar fundamentalmente en "la aptitud para actuar con entera eficiencia en el campo mercantil", para lo cual es determinante "su personalidad jurídica y patrimonio propio y distinto del Fisco Nacional", de manera que las empresas de la Administración Petrolera Nacionalizada, "tomadas en conjunto (...), deberán caracterizarse por disponer de autonomía administrativa, autosuficiencia económica, y capacidad propia para la renovación de sus cuadros gerenciales. Siendo así, la Administración Petrolera Nacionalizada, representará una entidad independiente y distinta de la administración pública venezolana" (Vid, "Informe de la Comisión Presidencial de Reversión, en "Nacionalización del Petróleo en Venezuela: Textos y Documentos Fundamentales", Ed. Centauro, Caracas, 1.977, pág. V-50). Y precisamente las empresas del Estado que integran esa Administración Petrolera Nacionalizada, de acuerdo con la indicada Comisión, constituyen "el aparato administrativo del Estado", es decir, concretamente "la organización empresarial del Estado venezolano para manejar la industria petrolera del país una vez nacionalizada dicha industria", para lo cual se insistía que "deberán tener la forma de sociedades aptas para actuar con entera eficiencia en el campo mercantil" (Informe citado, págs. V-107 a V-110). Por estas consideraciones, la doctrina especializada, en atención al contenido de los artículos 5° y 6° ejusdem, llega a la conclusión que no existe una competencia exclusiva y excluyente del Ejecutivo Nacional para gestionar las actividades reservadas, cuando conforme a dichas normas, afirma que "no hay dada en que la intención del legislador fue estructurar la Administración Petrolera Nacional a través de empresas del Estado (entes o personas estatales) con forma de sociedad mercantil (....)", y por ello, la "aparente posibilidad de que el Estado pudiera ejercer las actividades reservadas *directamente por el Ejecutivo Nacional* " (art. 5°) en cuanto se refiere a las actividades que se venían realizando por empresas privadas de capital extranjero y que se nacionalizaban, estaba desvirtuada en la propia Ley (arts. 6, 7 y 8) al *sugerir* " la constitución de empresas (entes de propiedad del Estado, como lo señala el art. 5) con forma de sociedad mercantil" (Vid, *BREWER-CARÍAS, ALLAN* y *VILORIA V., ENRIQUE,* "El Holding Público", Ed. Jurídica Venezolana- SIVENSA, Caracas, 1.986, pág. 152).

En ese mismo orden de ideas, de destacar el espíritu del legislador en apoyo de la interpretación literal y lógica-racional de que las empresas Filiales de PDVSA, son entes creados por el Ejecutivo Nacional con plena competencia para la gestión de las actividades reservadas, y por ende para celebrar contratos, se sostiene, que, "En definitiva, la intención del *Informe de la Comisión Presidencial de la Reversión* fue la de estructurar la Administración Petrolera Nacional, como una organización administrativa del Estado separada de la Administración Central, con autonomía e independencia administrativa, y por tanto, formando parte de la Administración Descentralizada, pero sujeta a sus propias normas inclusive en materia de personal; se trataba, en todo caso, de estructurar personas jurídicas estatales pero con forma de sociedades anónimas, es decir, con forma de derecho privado. Las empresas de la Administración Petrolera Nacionalizada y la Casa Matriz debían ser, entonces, personas estatales con forma jurídica de derecho privado" (Brewer Carías, A, y Viloria V., E., Op. Cit., págs. 150 y 152). Fue así, entonces, como conforme al sentido y propósito de la Ley, continúa afirmando la doctrina especializada que: "tanto Petróleos de Venezuela S.A., como las catorce operadoras iniciales se constituyeron en el ordenamiento jurídico venezolano, como personal jurídicas estatales con forma de derecho privado; y en el ámbito económico, como empresas públicas o, más propiamente, como empresas del Estado. En la actualidad, igual naturaleza jurídico-económica tienen las filiales de Petróleos de Venezuela; las cuatro operadoras petroleras (Lagoven, Maraven, Meneven y Corpoven) (ibídem, pág. 153). Y la doctrina en cuestión, al resaltar esa característica de empresas públicas de las Filiales de PDVSA, pone de relieve su capacidad y competencia contractual respecto de la celebración de los convenios necesarios para ello, al asentar,

> "(…), el hecho de que la empresa Petróleos de Venezuela S.A. - al igual que sus Filiales agregamos nosotros - tenga una personalidad jurídica propia y distinta de la República y de los otros entes territoriales, la convierte en un centro autónomo de imputación de intereses, lo que da origen a un régimen jurídico propio desde el punto de vista patrimonial, de la responsabilidad, de orden tributario, de carácter contractual, etc., distinto del de la República." (Ibídem, pág. 155).

En apoyo de la competencia y capacidad contractual de las Filiales de PDVSA, debe recordarse que, precisamente el actual texto del artículo 5° de la Ley vigente, se incorporó para permitir a las empresas del Estado, creadas a los fines de la ejecución de las actividades reservadas, la realización de los convenios de asociación, requeridos para ello. En efecto, en el Mensaje al Congreso de fecha 12-03-75, el Presidente de la República decía, que en tal artículo se incorporó, la figura de los convenios de asociación, "para que los entes estatales, con la previa autorización del Congreso, puedan ir más allá de los convenios operativos con entidades privadas cuando así convenga al interés publico". En este orden de ideas debe recordarse, que en la evolución que el concepto de contrato de interés nacional ha tenido en la legislación, la doctrina en la actualidad ha admitido dentro de estos contratos los celebrados no sólo por los entes del Estado de derecho público, sino también por sus entes de derecho privado como lo son las empresas estatales. En efecto, en atención al texto del artículo 126 de la Constitución, no se distingue a los efectos de su aprobación por el Congreso, si el ente del Estado contratante es de derecho publico o de derecho privado, sino que en el género "contrato de interés nacional", caben también los celebrados por personas jurídica nacionales, de derecho público (la República o un instituto autónomo) o de derecho privado (empresa del Estado) (Vid, *BREWER-CARÍAS, ALLAN*, "CONTRATOS ADMINISTRATIVOS", Ed. Jurídica Venezolana, Caracas, 1.992, págs. 28 - 31). E igualmente, la jurisprudencia del Máximo Tribunal no ha vacilado en calificar de interés público los contratos celebrados por las Filiales de PDVSA (Sentencia de la SPA de fecha 06.08.92, Caso "Asfapetrol").

Dentro del mismo orden de ideas expuesto anteriormente, la intención de dar plena capacidad y competencia contractual a las empresas del Estado a quiénes se encargue la gestión de las actividades reservadas, aparece ratificada en el Anteproyecto de Ley Orgánica de Hidrocarburos, elaborado por la Comisión de Juristas designada mediante Resolución No. 204 del Ministerio de Energía y Minas de fecha 25 de febrero de 1.976, "para estudiar los cambios que sea necesario introducir en la legislación de hidrocarburos y su reglamentación, y presentar al Ejecutivo Nacional, por órgano de este Ministerio, el informe correspondiente, incluyendo los proyectos legales y reglamentarios a que hubiere lugar". Pues bien, la señalada Comisión, integrada por los juristas MANUEL R. EGAÑA, GUILLERMO ALTUVE WILIAMS, ALVARO SILVA CALDERON y FLORENCIO CONTRERAS QUINTERO, en el mencionado Anteproyecto proponían en cuanto a la competencia de las empresas del Estado, las siguientes normas:

"Artículo 7°.- El Ejecutivo nacional podrá encomendar cualquiera de las actividades reservadas a Empresas del Estado, determinar áreas geográficas para el ejercicio de dichas actividades y transferirles, a cualquier título, los bienes muebles o inmuebles del dominio privado de la Nación que se requieran para el eficiente ejercicio de las actividades encomendadas."

"Artículo 9°.- Las Empresas del Estado podrán celebrar los contratos que fueren necesarios para el normal desenvolvimiento de la administración que se les confió, cuidando que en ningún caso, llegue a ser afectada la esencia de la reserva atribuida" (Vid, "Anteproyecto de Ley de Hidrocarburos", Colección Justitia et Jus, ULA, Mérida, 1.981, págs. 35 y 36).

Queda evidenciada pues la interpretación auténtica del artículo 5° de la llamada Ley de Nacionalización, a que hemos hecho referencia, al demostrar con el análisis de sus precedentes legislativos y las precisiones doctrinarias y jurisprudenciales citadas, que en el espíritu del legislador estuvo siempre la intención de que las empresas del Estado a quiénes se atribuya la gestión de la reserva de la industria y el comercio de los hidrocarburos tuvieran plena competencia contractual, tanto para celebrar como para concluir los contratos de operación así como los convenios de asociación.

Los recurrentes, en su demanda de nulidad por ilegalidad presentada por ante la Sala Político Administrativa de la Corte Suprema de Justicia, y que se acumuló al recurso de inconstitucionalidad, sostienen además que, "No olvidemos que la Ley Orgánica de la Administración Central fue de posterior promulgación a la LOREICH y que, por principio general del Derecho, posterior prioribus derogant (disposiciones posteriores derogan las anteriores). La Ley Orgánica de la Administración Central fue promulgada el 30 de diciembre de 1.986, y, como ya sabemos, la LOREICH fue sancionada el 21 de agosto de 1.975 con vigencia a partir del 1° de enero de 1.976, cuando quedaron extinguidas las concesiones otorgadas por el Ejecutivo Nacional. De acuerdo con el orden de aplicación de las leyes, obviamente es de preferente aplicación la Ley Orgánica de la Administración Central. Debido a ello, no cabe la menor duda que la administración de los hidrocarburos es de la competencia exclusiva del Poder Nacional y no a través de la matriz filial (Sic) Petróleos de Venezuela, S.A. o de las filiales de ésta, todas creadas en cumplimiento de normativa contenida en la LOREICH".

No obstante, cuando de una materia especial se trata, como es la referente a la nacionalización y a la forma de gestionar las actividades de hidrocarburos, y en concreto, lo relativo a los contratos que pueden celebrar el Ejecutivo Nacional o las empresas de su propiedad, las normas que rigen esa materia especial, reguladas también por leyes especiales, en concreto por la Ley Orgánica que Reserva al Estado la Industria y el Comercio de los Hidrocarburos, no quedan derogadas por otras leyes generales posteriores, aún siendo también orgánicas, como lo es la Ley Orgánica de la Administración Central, que no tienen que ver con competencias específicas de otros entes del Estado. De aceptar esa interpretación, tendría que llegarse al absurdo que, cada vez que se reforme la citada Ley Orgánica quedarían derogadas todas las normas de las leyes especiales que regulan el funcionamiento de los Institutos Autónomos o de las diversas empresas del Estado, que se encuentra previsto en leyes especiales. En todo caso, como lo ha aclarado la jurisprudencia de esta Corte, la preeminencia de las leyes orgánicas sobre las leyes ordinarias "debe entenderse sólo en el caso de que una regula a la otra (…)"; porque si la materia regulada por la ley ordinaria, y por supuesto también si es calificada de orgánica, "es una materia especialísima (…), - como ocurre con la materia de la reserva o nacionalización de los hidrocarburos - lógicamente tendrá preferente aplicación esta última norma legal, pues el carácter singular de ella, así lo exige (Vid sentencia de la S.P.A. de fecha 02.08.72, Caso "A. Socorro vs. MAC"). E igualmente, ha asentado esa Corte, que la prevalencia de las leyes orgánicas sobre las leyes ordinarias "no puede interpretarse en forma tal que cualquier materia ajena a dicha reserva - la que constitucionalmente corresponden a las leyes orgánicas -, por el hecho de estar incluida en una Ley Orgánica, haya de gozar definitivamente del efecto de la congelación de rango (…)" (Vid, sentencia de la S.C.C. de fecha 29.11.89, Caso "E, Blanco vs. Agropecuaria Los Molinos").

En ese mismo orden de ideas, la doctrina nacional sostiene que, "la ley orgánica no es como tal, una norma de rango absolutamente preeminente frente a cualquier otra ley que no ostente tal calificativo, ya que dicha preeminencia se limita a las disposiciones legislativas posteriores que desarrollan los principios que ella pauta". Y más concretamente, que "Las leyes orgánicas sólo tienen fuerza derogatoria de las disposiciones de otras leyes posteriores que regulan materias específicas que ella proyecta en sus principios fundamentales. De allí que no pueda mantenerse como regla absoluta que la ley orgánica sea derogatoria de la ley especial, no pudiéndose extender su esfera de aplicación a cualquier esfera que sea tratada en la misma. Su preeminencia sólo abarca a las ramas específicas que ella regula, no extendiéndose a todas las cuestiones y disciplinas incidentalmente aludidas en su texto (…). La relación de preeminencia está así limitada a la existente entre la ley orgánica y la ley o leyes de ejecución de la palmera. No puede hacerse una interpretación distinta de la norma, cuando ella claramente dice *"las legas que se dicten en materias reguladas por legas orgánicas "*, esto es, cuando exige que se de la consecuencia que establece, que se trate de las mismas mateéras de las leyes orgánicas; no de otras. Si la intención del constituyente hubiese sido otorgarle en todo caso preeminencia a las leyes orgánicas, se habría limitado a señalarlo en forma expresa indicando que las leyes orgánicas prevalecen sobre las leyes especiales. La letra de la disposición no puede ser ignorada, sobre todo si se tiene en cuenta las graves consecuencias que se producirían" (Vid, *RONDÓN DE SANSÓ, HILDEGARD*, en "Ley Orgánica de Procedimientos Administrativos", Ed. Jurídica Venezolana, Caracas, 1.981, págs. 11 y 12). En otras palabras, que el principio de la especialidad de la materia sigue rigiendo entre las leyes orgánicas y las leyes ordinarias, en lo que se refiere a los asuntos que constituyen la materia específica de las leyes especiales.

Principio este que también se aplica cuando se trata de conflictos entre leyes orgánicas, que como en el presente caso pretenden configurar los recurrentes. En efecto, ha dicho otra autorizada opinión: "No indica la Constitución la forma de resolver el problema de la colisión de normas pertenecientes a *diferentes legas orgánicas;* pero creemos que en tal caso, debe aplicarse la regla, parcialmente expresada en el artículo 14 del Código Civil, de que la ley especial priva sobre la ley general en la materia de su especialidad, ya que éste no es un simple precepto civil, sino un principio general de Derecho para resolver la colisión de normas jurídicas del mismo rango" (Vid, *AGUILAR GORRONDONA, JOSÉ LUÍS,* "Las Leyes Orgánicas en la Constitución de 1.961", la Obra Homenaje a Rafáel Caldera, Tomo III, págs. 1.971 y 1.972).

No es cierto, pues, que la referida Ley Orgánica de la Administración Central hubiese derogado la competencia de las empresas filiales de PDVSA para celebrar directamente los convenios de asociación con entes privados, en razón de que, como se ha demostrado, el contenido especial de la Ley Orgánica que Reserva al Estado la Industria y el Comercio de los Hidrocarburos priva sobre el contenido general de la Ley Orgánica de la Administración Central, que por otro lado, como también se demostró, sólo atiende a la repartición formal y delimitación de las competencias generales entre los diferentes Ministerios.

Por todas las razones expuestas en este Capítulo, debe desestimarse la denuncia de inconstitucionalidad e ilegalidad de la Cláusula Segunda del Artículo 2° del Acuerdo del Congreso de fecha 04-07-95.

CAPITULO III

IMPROCEDENCIA DE LA DENUNCIA DE INCONSTITUCIONALIDAD E ILEGALIDAD DE LA CLÁUSULA CUARTA DEL ARTÍCULO 2° DEL ACUERDO DEL CONGRESO DE FECHA 04-07-95

Denuncian los recurrentes, que la Cláusula Cuarta del ya citado artículo 20. del Acuerdo cuya nulidad parcial solicitan, debe ser anulada por ser violatoria del ya mencionado artículo 35, ords. 1° y 5°, de la Ley Orgánica de la Administración Central, porque en su criterio, la Cláusula en cuestión transfiere competencias de control del Ministerio de Energía y Minas sobre materias de interés nacional, lo cual además, infringe el artículo 163 de la Constitución que consagra el carácter preeminente de las leyes orgánicas, así como, por la misma razón alegada, los artículos 193 y 136, ordinal 10° todos del mismo Texto Fundamental. Asimismo, denuncian los recurrentes, la violación por parte del Congreso, del artículo 5° de la Ley Orgánica que Reserva al Estado la Industria y el Comercio de los Hidrocarburos. Alegan los recurrentes, en el recurso de inconstitucionalidad, que la Constitución define las competencias del Poder Nacional y del mismo modo las leyes orgánicas determinan esas competencias, y en concreto, las del Ministerio de Energía y Minas, y por ello, el control de los convenios de asociación a que se refiere el Acuerdo impugnado es absolutamente intransferible, como se pretende con lo previsto en la referida Cláusula Cuarta.

Igualmente, en el recurso de nulidad por ilegalidad en contra de la misma Cláusula, los recurrentes sostienen, que el control del Estado a que se refiere el artículo 5° de la Ley Orgánica que Reserva al Estado la Industria y el Comercio de los Hidrocarburos, sólo corresponde al Ministerio de Energía y Minas y en ninguna manera puede ejercerlo la Filial de PDVSA designada, puesto que, a su juicio, el control sobre las actividades reservadas de hidrocarburos es únicamente de la competencia de dicho Despacho. Y que mucho menos puede ejercerlo un Comité de Control con participación de particulares. Finalmente, alegan los recurrentes que, de acuerdo con lo establecido en el Decreto No. 1.123 de fecha 30-08-75, mediante el cual se creó PDVSA, en su artículo 2°, la política en materia de hidrocarburos la dicta el Ejecutivo Nacional; y que por su parte, el Decreto No. 250 de fecha 23-08-79, que reformó el anterior Decreto, determina que las actividades que realice PDVSA, estarán sujetas al control que establezca el Ministerio de Energía y Minas, conforme lo señala el artículo 7° de la Ley Orgánica primeramente citada. Y concluyen afirmando, que la Cláusula Cuarta viola el artículo 5° ejusdem, y el ordinal 5° del artículo 35 de la Ley Orgánica de la Administración Central, así como los Decretos señalados, al atribuirse a un Comité el control de los convenios de asociación, integrados por la Filial de PDVSA y por particulares.

En cuanto a la presente denuncia, en nombre de nuestra representada, rechazamos su argumentación y sostenemos su improcedencia, con fundamento en las siguientes razones:

En primer término, ratificamos la improcedencia de la denuncia de violación del ordinal 10° del artículo 136 de la Constitución, por el razonamiento expuesto en el Capítulo anterior, en razón de que dicha norma no es sino una delimitación de la competencia del Poder Nacional frente a las competencias que los artículos 17, 20, 29 y 30, atribuyen a los Estados y a los Municipios, respectivamente. Y que, como también se sostuvo, la violación del mencionado artículo 136 sólo puede provenir de leyes estadales o de ordenanzas municipales. En segundo término, también ratificamos la argumentación expuesta respecto de la naturaleza de ley distributiva de competencias formales entre los diferentes Ministerios, y no de ley de asignación de competencias materiales específicas, que tiene la Ley Orgánica de la Administración Central, por lo que no puede ser infringida en forma directa.

Aparte de lo anterior, en último término sostenemos que, conforme a la mejor hermenéutica jurídica, el control del Convenio de Asociación a que se contrae el artículo 5° de la Ley Orgánica que Reserva al Estado la Industria y el Comercio de los Hidrocarburos, no es un control externo por parte del Ministerio de Energía y Minas, como lo sostienen los recurrentes, sino un control interno del respectivo convenio, por el ente del Estado contratante, que se establece sobre la base de la participación concertada entre las partes del correspondiente convenio de asociación. En efecto, ello se deduce del texto del último aparte del citado artículo que reza así: " En casos especiales y cuando así convenga al interés nacional, El Ejecutivo Nacional o los referidos entes podrán en el ejercicio de cualquiera de las señaladas actividades, celebrar convenios de asociación con entes privados, con una participación tal que garantice el control por parte del Estado y con una duración determinada. Para la celebración de tales convenios se requerirá la previa autorización de las Cámaras en sesión conjunta, dentro de las condiciones que fijen, una vez que hayan sido debidamente informadas por el Ejecutivo Nacional de todas las circunstancias pertinentes".

Puede observarse que es la forma de **participación** del Ejecutivo Nacional, o en su caso de la empresa del Estado, en el convenio, la que debe determinar el control estatal, dentro de un concepto amplio; y que en el caso específico, ha de entenderse por "Estado", conforme al mismo encabezamiento del referido artículo 5°, tanto a la República por órgano del Ejecutivo Nacional como a los entes de su propiedad, que ejerce en nombre de aquél las actividades reservadas por el artículo

1° ejusdem. En efecto, este artículo, por un lado, "reserva al Estado" todas las actividades de hidrocarburos en el territorio nacional, y por otro lado, el encabezamiento del mencionado artículo 5°, entiende por **Estado,** a los efectos del ejercicio de esas actividades reservadas a la República, por órgano del Ejecutivo Nacional y a los entes de la propiedad de ésta, cuando crea estos entes para que por medio de ellos se lleven a cabo tales actividades. En este mismo orden de ideas, la Exposición de Motivos del Proyecto de Ley Orgánica que Reserva al Estado la Industria y el Comercio de los Hidrocarburos, precisa la noción de control, al señalar, "En razón de la importancia que la industria de los hidrocarburos tiene para el desarrollo presente y futuro del país, el proyecto no elimina la posibilidad de que, (…), puedan el Ejecutivo Nacional o los entes estatales, según fuere el caso, celebrar convenios de asociación con entes privados, (…), en forma tal que, de acuerdo con su participación mayoritaria, el Estado conserve en todo caso, el control de las decisiones que se adopten conforme al convenio en cuestión (…). "En otras palabras, que cuando se refiere al control de las decisiones respecto del convenio de asociación basado precisamente en la participación predominante de la República por órgano del Ejecutivo Nacional o de sus entes, se entiende éste como un control contractual, es decir, interno del respectivo convenio, y no de naturaleza administrativa, como el que ejerce el Ministerio de Energía y Minas, de una manera general, sobre las industrias petroleras, mineras y petroquímicas, o en concreto, sobre las explotaciones establecidas o que estableciere el Estado sobre yacimientos o industrias conexas con la minería o los hidrocarburos, a que se contraen los ordinales 1° y 5°, del Artículo 35 de la Ley Orgánica de la Administración Central. Por ello no puede negarse en forma absoluta como lo hacen los recurrentes, que las Filiales de PDVSA no pueden ejercer el control de las decisiones en los convenios de asociación en que sea parte en nombre del Estado.

Abundando en la anterior interpretación, conforme al texto del referido artículo 5° ejusdem, la participación estatal que se requiere debe ser tal que garantice el control del Estado, que como se aclaró, de acuerdo a este mismo texto, comprende, a esos efectos, también a los entes que en su nombre ejercen las actividades reservadas. Es decir, tanto a la República, por órgano del Ejecutivo Nacional como a las empresas públicas nacionales. Ahora bien, etimológicamente, "control" es dominio, que en este caso por referirse a las decisiones, se trata de un dominio o control de "lo que se decide o resuelve". Vale decir, para "tomar o hacer tomar una decisión". En otras palabras, un control "determinante". En este sentido, el control como "participación decisiva", lo ha definido la jurisprudencia en repetidas oportunidades a los efectos de precisar lo que ha de entenderse por control o dominio del Estado sobre un ente societario, a que se refieren los artículos 42, ord. 15; 182, ord. 2° y 183, ordinal 16, todos de la Ley Orgánica que rige a este Máximo Tribunal. En efecto, ha dicho esta Corte, que en un supuesto, existe "participación decisiva" "cada vez que la participación económica o financiera del Estado sea mayoritaria, por razón de que en esa situación, la participación mayoritaria, de acuerdo a nuestro sistema, atribuye normalmente a ese participante, la posibilidad cierta de influir determinantemente en la conducción de la empresa" . Y en otro supuesto, "que puede ocurrir que no obstante el interés del Estado en mantener el control en el funcionamiento de la empresa desde su fundación, lo cual viene normalmente determinado por la naturaleza de los negocios y objetivos del ente y conforme a los fines del Estado, para tal supuesto, por no disponer el Estado transitoriamente, de los arbitrios fiscales necesarios para la participación económica o financiera mayoritaria o por otras razones de política administrativa, el Estado conviene en que su participación sea minoritaria, pero se reserva su intervención decisiva en cuanto a la conducción y administración de la empresa, garantizándose así, por ese medio, la tuición de los intereses colectivos en juego dentro del ente empresarial; entonces el requisito de la participación decisiva del Estado también se cumple" (Vid, sentencia de la S.C.C. de fecha 23.11.83, en *Pierre Tapia, Oscar*, "Jurisprudencia de la Corte Suprema de Justicia", No. 11, Noviembre 1.983, pág. 185. Y sentencia de fecha 19-01-84, en Gaceta Forense No. 122, Vol. II, pág. 377). Y la Corte en Pleno, en sentencia de fecha 23-04-91, al referirse al control a que se contrae el artículo 5° de la Ley Orgánica que Reserva al Estado la Industria y el Comercio de los Hidrocarburos, observó: que dicho artículo "se refiere, (…), de una manera general a "convenios de asociación con entes privados, con una participación tal que garantice el control por parte del Estado y con una duración determinada", en lugar de "empresas mixtas", que es una especie de asociación, pero no la única, y donde tradicionalmente su control se obtiene por la vía accionaria. Mientras que de acuerdo con el artículo 5°, de la Ley Orgánica citada, lo determinante es el control del convenio, que es una noción más jurídica que económica o patrimonial, y por ello se refiere a "participación" sin calificarla de alguna manera" (Vid, *Pierre Tapia, Oscar, Op. Cit.*, abril de 1.991, pág. 137).

También desde el punto de vista legislativo, otro antecedente, además de los señalados que han sido debidamente interpretados por esta Corte, lo constituye el artículo 1° de la Decisión No. 220 del Acuerdo de Cartagena, sustituida por la Decisión N° 291 de abril de 1991, que forma parte de la legislación nacional, que a los efectos de definir lo que debe entenderse por **"capacidad determinante"** en las decisiones de una empresa por parte del Estado, establecía que es la anuencia o aceptación obligatorias de los representantes de los entes estatales en las decisiones fundamentales para la marcha de determinada empresa.

No cabe duda, pues, que, conforme a los criterios jurisprudenciales, doctrinarios y legislativos anteriores, el control en los convenios de asociación, con una participación tal que garantice su dominio por el Estado, es siempre un control contractual interno o corporativo; o por la vía de la participación económica o financiera mayoritaria en el capital de la empresa o asociación; o también, por la vía de reservarse, en el mismo convenio respectivo, el Ejecutivo Nacional o su ente contratante, según fuere el caso, una intervención decisiva en la conducción y administración de la empresa o asociación, como lo previó el Congreso en la Cláusula Cuarta del artículo 2° del Acuerdo de fecha 04-07-95. En efecto, en esta Cláusula, para "las decisiones fundamentales de interés nacional relacionadas con la ejecución del Convenio", las partes en cada convenio respectivo, acuerdan constituir, antes del inicio de las actividades a que se refiere el convenio, un Comité, denominado "Comité de Control", conformado por igual número de miembros designados por los inversionistas y la Filial de PDVSA, pero que será presidido por un miembro designado por esta última. Ahora bien, para asegurar el control según la Cláusula citada, se requerirá la presencia y el consentimiento de los miembros designados por la Filial, para la validez de las deliberaciones y decisiones, y su Presidente tiene doble voto para resolver los casos de empate. Puede observarse, que no son los particulares quiénes dominan en el referido Comité, ni corresponde a ellos la capacidad determinante en las decisiones fundamentales, sino a los representantes del ente estatal. En efecto, es necesaria su presencia, anuencia o aceptación para que el Comité de Control pueda tomar o no una decisión que, como se expresó anteriormente, se apega al criterio jurídico para calificar a una participación estatal, sin ser financiera ni económicamente mayoritaria, como decisiva o determinante para asegurar el control de la empresa o de la asociación de que se trate.

Tal fue la intención que tuvo el Congreso al incluir en el Acuerdo cuya nulidad se solicita, una Cláusula como la señalada. En efecto, en el Informe de fecha 21-06-95 de la Comisión Bicameral de Energía y Minas, designada para examinar la conveniencia de la celebración de Convenios de Asociación entre entes privados y filiales de PDVSA, para la exploración a riesgo de nuevas áreas y la producción de hidrocarburos bajo el esquema de ganancias compartidas, que propuso al Congreso el proyecto de autorización de dichos convenios y que corre en autos, se expresó lo siguiente:

"La garantía del Control por parte del Estado es uno de los aspectos más importantes de los Convenios de Asociación. Tal afirmación resalta no sólo del análisis exhaustivo de la Ley de Nacionalización, sino que además, fue uno de los aspectos más debatidos y cuestionados de la solicitud del Ejecutivo a lo largo de las sesiones convocadas por la Comisión Bicameral.

Efectivamente, en tal solicitud, los mecanismos de control estaban en manos de un Comité de Control con representación paritaria de los representantes del ente estatal y de los inversionistas. Si bien la Presidencia de dicho Comité estaba en manos de uno de los representantes del ente estatal, no quedaba claramente establecido la solución de las decisiones del Comité en casos de empate, salvo el hecho de que había un poder de veto por parte de los representantes del Estado.

Sin embargo, tanto en las deliberaciones de la Comisión, como en opinión expresada por la Oficina de Investigación y Asesoría Jurídica del Congreso de la República en su informe de fecha 15 de junio de 1.995, fue concluyente la determinación de establecer un esquema que permitiera ejercer el control de una manera positiva, no solamente impidiendo que se tomen acciones en contra del interés nacional, sino también imponiendo los objetivos del Convenio y la posición del Estado en dichos asuntos de interés nacional. A tal efecto, se han redefinido las instancias de control dentro del esquema original propuesto por el Ejecutivo Nacional, de una forma tal que permita la participación decisiva del Estado en la orientación, dirección y administración de todos los aspectos claves del convenio, y así cumplir cabalmente con lo establecido en la Ley de Nacionalización" (República de Venezuela, Congreso de la República, Secretaría, "Informe sobre Convenios de Asociación para la Exploración a Riesgo de Nuevas Áreas y la Producción de Hidrocarburos bajo el Esquema de Ganancias Compartidas", Caracas, 22 de Junio de 1.995, pág. 9).

Ese control decisivo, por lo demás, está garantizado, tal como se desprende del Acuerdo Legislativo de fecha 19-06-96, publicado en la *Gaceta Oficial* N° 35.988 de 26-06-96, por el que se autorizaron los Convenios de Asociación, que anexamos marcado "A", por cuanto el Presidente del mencionado Comité de Control ha de ser la persona que postule por escrito el Ministerio de Energía y Minas (art. 2°). De esta forma queda confirmado el control decisivo y determinante del Convenio de Asociación, como lo exige el artículo 5° de la Ley Orgánica que Reserva al Estado la Industria y el Comercio de los Hidrocarburos, y la Cláusula Cuarta del Acuerdo Legislativo de fecha 04-07-95.

No puede afirmarse, pues, teniendo presente todo el análisis anterior, fundado en la interpretación integral del artículo 5° de la Ley Orgánica que Reserva al Estado la Industria y el Comercio de los Hidrocarburos, como lo sostienen los recurrentes, que se hubiere arrebatado al Ministerio de Energía y Minas sus competencias en materia del control externo de las actividades de hidrocarburos y mucho menos su atribución de dirigir la política de hidrocarburos nacional, puesto que de lo que se trata es de definir el control o dominio, que con base en su participación dentro de la asociación, ha de tener el ente estatal contratante, en este caso la Filial de PDVSA, por medio de la cual el Ejecutivo Nacional, ejerce las actividades reservadas, que por no tratarse de una participación ni financiera, ni económicamente mayoritaria, se traduce, para asegurar el control interno de los convenios, en una participación decisiva en la dirección y administración de la asociación surgida del mismo Convenio, es decir, determinante de su capacidad jurídica.

Por todo lo expuesto, la denuncia de inconstitucionalidad y de ilegalidad a que se contrae este Capítulo, debe ser desestimada por resultar improcedente.

CAPITULO IV

IMPROCEDENCIA DE LA DENUNCIA DE INCONSTITUCIONALIDAD E ILEGALIDAD DE LA CLÁUSULA DÉCIMA DEL ARTÍCULO 2 DEL ACUERDO DEL CONGRESO DE FECHA 04-07-95

Los recurrentes, en la demanda de nulidad presentada ante esta Corte Plena así como en la demanda de nulidad presentada por ante la Sala Político Administrativa de este Máximo Tribunal, acumulada a la demanda que cursa ante esta Corte, denuncian la supuesta inconstitucionalidad e ilegalidad de la Cláusula Décima del artículo 2° del Acuerdo, porque en su criterio, al establecer que las actividades que son objeto de los Convenios de Asociación *"siendo además competencia del Poder Nacional, no estarán sometidas al pago de los impuestos municipales ni estadales"*, ello viola los artículos 29, 31, ordinal 3, 162, 177 y 224 de la Constitución, así como del artículo 4, ordinal 2 del Código Orgánico Tributario.

En resumen, lo recurrentes, en apoyo de su alegato y en cuanto a los supuestos vicios de inconstitucionalidad, señalan que dicha cláusula contravendría los artículos 29 y 31 de la Constitución en materia de tributación municipal, pues en la Cláusula se habría establecido una "exención tributaria" que trataría de sustentarse en el artículo 7° de la Ley que Reserva al Estado la Industria y el Comercio de los Hidrocarburos y que no se aplica a las nuevas empresas que se crearían como resultado de los Convenios de Asociación; y contravendría los artículos 162, 177 y 224 de la Constitución, pues violaría el principio de la reserva legal establecida en la última norma, que reserva a la ley la concesión de "exenciones". En cuanto a los vicios de ilegalidad alegados, los recurrentes denuncian la violación por la Cláusula citada del Acuerdo, del artículo 4, ordinal 2°, del Código Orgánico Tributario que reserva a la ley el otorgamiento de "exenciones y rebajas de impuestos".

Los anteriores argumentos y denuncias de supuestas violaciones de normas constitucionales y legales son totalmente improcedentes, en razón de que no es cierto que la Cláusula denunciada haya establecido una "exención tributaria" sino que, conforme a la competencia expresa establecida en el artículo 136, ordinal 10, en dicho Acuerdo el Congreso, como órgano del Poder Nacional, estableció el régimen tributario aplicable a las actividades de hidrocarburos a desarrollarse mediante los Convenios de Asociación, previendo un régimen de sujeción exclusiva a impuestos nacionales y de *no sujeción* a impuestos estadales y municipales. En esta forma, en dicho régimen, el Congreso teniendo presente la reserva que en esta materia corresponde al Poder Nacional, ratificó que los impuestos estadales y municipales no son aplicables a dichas actividades, con lo cual precisó que las mismas, sólo estarían sometidas a los impuestos nacionales.

En efecto, el artículo 136, ordinal 10 de la Constitución atribuye al Poder Nacional competencia en relación al "régimen y administración de las minas e hidrocarburos". El de esta norma está en que siendo las minas propiedad de los Estados desde la Constitución de 1864 (art. 13, ord. 16), a partir de la Constitución de 1881 se atribuyó al gobierno de la Federación "la administración de las minas (…) con el fin de que las primeras sean regidas por un sistema de explotación uniforme" (art. 13, ord. 15), agregándose expresamente a la competencia del Poder Nacional, en la Constitución vigente de 1961, además de *la administración* de las minas e hidrocarburos, el establecimiento de su *régimen.*

En consecuencia, es competencia exclusiva del Poder Nacional "el *régimen y administración* de las minas e hidrocarburos" (art. 136, ord. 10), por lo que los órganos del Poder Nacional, dentro de sus respectivas competencias orgánicas, pueden establecer o definir dicho régimen. Como parte del mismo, por supuesto, está el *régimen tributario* aplicable a las actividades mineras y de hidrocarburos de manera que *sólo los órganos del Poder Nacional pueden precisar dicho régimen,* dentro de sus respectivas competencias orgánicas.

En este sentido, Federico Araujo Medina y Leonardo Palacios Márquez han señalado lo siguiente al comentar el artículo 136, ordinal 10 de la Constitución:

> "Esta reserva general, referida al *régimen y administración* de los hidrocarburos, debe entenderse como una competencia *exclusiva que abarca todo lo relacionado con la legislación, reglamentación y ejecución,* con exclusión de cualquier otra instancia o entidad pública de base territorial, las cuales, por tal reserva, se encuentren impedidas de ejercer cualquier tipo de regulación de naturaleza normativa o de control administrativo.

> Los vocablos "régimen" y "administración", fueron empleados por el constituyente originario en la redacción del numeral 10° del artículo 136, *en todo el sentido y extensión del significado del vocablo "régimen".* Ello abarca *cualquier tipo de regulación y control administrativo, organizativo y de naturaleza tributaria.* (Por "régimen" ha de entenderse el sistema de gobierno. La manera de regir o regirse. Normas o prácticas de una organización cualquiera, desde el Estado a una dependencia o establecimiento particular. Guillermo Cabanellas de Torres, *Diccionario Jurídico Elemental,* Editorial Heliasta, S.R.L., Buenos Aires, 1979, p. 277).

La Constitución de 1961 establece, en consecuencia, una competencia exclusiva y un régimen de Derecho Administrativo y Tributario en beneficio del Poder Nacional en todo lo atinente a materia de hidrocarburos. De ello resulta una administración definida por referencia al régimen administrativo, que a su vez define como el derecho común a las actividades del Estado y de las personas públicas (territoriales o no) y a un poder impositivo adjudicado al Fisco Nacional, que lleva a que todo tributo (directo o indirecto) que repercuta o incida económicamente en las actividades de explotación, exploración y comercialización de hidrocarburos, estén reservadas al Poder Nacional.

La *reserva absoluta,* la competencia exclusiva en materia de hidrocarburos prevista en el numeral 10° del artículo 136 -en nuestro criterio- no solamente está referida a Petróleos de Venezuela, S.A. (PDVSA) y sus filiales, sino que, además, incluye a *todos los entes económicos o formas empresariales, sean éstas de sociedades mercantiles o no, dedicadas a la ejecución de contratos asociativos o de asociación que llegaran a constituirse,* crearse o aprobarse, dentro del contexto referencial de la reserva específica a que se refiere la LOREICH, entre las cuales, por supuesto, se encuentran los convenios de ganancia compartida" *(Análisis constitucional del Poder Tributario en materia de Hidrocarburos,* Caracas 1995, pp. 72-73).

La Corte Suprema de Justicia ha interpretado en sentido similar, la reserva al Poder Nacional en cuanto *al régimen* en diversas materias, por ejemplo, en el campo de las telecomunicaciones (sentencia de la antigua Corte Federal de 12-6-53, *Gaceta Forense* N° 47, 1953); y de la navegación (sentencia de la antigua Corte Federal de 22-2-60, *Gaceta Forense,* N° 27, Vol. I, 1960, p. 109; y sentencia de la Corte Suprema de Justicia en Corte Plena de 4-5-88, *Gaceta Forense,* N° 140, Vol. I, 1988). Y en relación a las minas e hidrocarburos conforme al artículo 136, ordinal 10 de la Constitución, la Corte Suprema de Justicia en Sala Político Administrativa en sentencia de 20-7-71, ha señalado que:

"El artículo 136 de la Constitución de la República, específicamente determina las materias que son competencia del Poder Federal y dentro de ellas, en sus ordinales 8° y 10°, están incluidos respectivamente, "La organización, recaudación y control de las contribuciones de minas" y *"El régimen y administración de las minas".* En consecuencia, *toda regulación sobre tales materias por los poderes Estadal y Municipal, violan lo previsto en el mencionado artículo 136..."*

En el caso bajo análisis, se observa claramente que la Municipalidad del Distrito Lander del Estado Miranda, al regular en la Ordenanza de Arena, Piedras y otras sustancias especificadas en su artículo 1°, y estableciendo sanciones por el incumplimiento de sus normas, violentó flagrantemente el ordinal 10° del artículo 136 de la Constitución de la República, por cuanto *no está facultada para ejercer tal función conferida con exclusividad al Poder Legislativo Nacional,* el cual, en el artículo 7 de la Ley de Minas, reguló tal materia y al efecto establece: "Las piedras de construcción y decoración, o de cualquier otra clase, que no son piedras preciosas, mármol, porfirio, kaolin, magnesita, arenas, lodos, yeso, puzolanas, turbas, y sustancias terrenas y el guano, pertenecen al propietario de la tierra, quien las puede explotar sin especiales formalidades..."

Es idéntica la situación con relación al impuesto de explotación de los referidos minerales, prevista en el artículo 9° de la Ordenanza, el cual, en este caso viola el ordinal 8° del mismo artículo 136 de la Constitución de la República. Ambas violaciones ocasionan la nulidad de dicha Ordenanza de conformidad con el artículo 215, ordinal 4 ejusdem. (Consultada en original).

La interpretación jurisprudencial de la reserva al Poder Nacional de toda la regulación incluido el régimen tributario de las materias enumeradas en el artículo 136 de la Constitución ha sido ratificada en sentencia reciente de la Sala Político Administrativa del 16-7-96, al señalar:

"De lo anterior se desprende una primera conclusión y es que ni la actividad de telecomunicaciones, *ni ninguna otra de las comprendidas dentro de las atribuciones del Poder Nacional puede admitir regulación directa o inmediata a través de textos normativos subalternos a la Ley.* En otros términos, no pueden ni deben los órganos de la rama ejecutiva del Poder Público Nacional, ni los órganos ejecutivos y legislativos estadales o municipales mediante sus actos típicos y propios invadir tales esferas de actuación por haber sido éstas expresa y precisamente reservadas al órgano legislativo nacional.

...(omissis)...

Ahora bien, estando reservada la actividad antes mencionada al ámbito de la Ley y al Poder Nacional como también lo ratifican los artículos 1° y 4° de la Ley de Telecomunicaciones, resulta incontestable afirmar que *toda su regulación, incluyendo la determinación del pago de tributos así como el régimen para su imposición,* debe igualmente quedar plasmada en el texto legislativo.

Agrega la misma sentencia que:

"En relación con la consagración a nivel nacional de este tributo, es de advertir además que cualquier invasión del Municipio en la materia rentística reservada al Poder Nacional -dentro de la cual, obviamente se incluye la presente- se encuentra especialmente prohibida por el texto constitucional. En efecto, el artículo 34 de la norma fundamental hizo extensiva a los entes municipales la imposibilidad de crear impuesto "sobre las demás materias rentísticas de competencia nacional", previstas para los Estados en el artículo 18, ordinal 3°, ejusdem", (consultado en original).

Por ello, a la luz de las consideraciones precedentes, Araujo Medina y Palacios Márquez concluyen en lo siguiente:

"i) Que la atribución de competencia efectuada en materia de régimen y administración de hidrocarburos es una asignación exclusiva, absoluta, en beneficio del Poder Nacional.

ii) Que tal asignación no solamente se refiere al régimen administrativo de control, sino que incluye el régimen tributario.

iii) Que la asignación mediante la técnica de competencia exclusiva, *impide a los Municipios y a los Estados incidir o gravar las actividades de hidrocarburos,* ya sea mediante las formas estatales descentralizadas de administración pública petrolera o mediante los acuerdos, convenios o sociedades mercantiles que se constituyan o se crearen de conformidad con la reserva específica de la LOREICH.

iv) que tal prohibición constituye una *limitación explícita o directa al ejercicio del Poder Tributario estadal o municipal,* que se traduce en un deber de *abstención o de no intervención* en los asuntos propios del Poder Nacional, como se desprende de los artículos 18 al 34 de la Constitución de la República" *(Op. cit.* págs. 78-79).

La conclusión de todo lo anteriormente expuesto es que la Constitución reserva a los órganos del Poder Nacional, la determinación del régimen tributario de las minas e hidrocarburos y las actividades que se deriven de su exploración, por lo que éstas estarán sujetas a los impuestos que ese régimen, y que sólo ese régimen establecido por dichos órganos del Poder Nacional, determine.

En esta forma, las Cámaras Legislativas actuando como cuerpos colegisladores, mediante ley (art. 162 de la Constitución) han establecido aspectos importantes del régimen tributario de las minas e hidrocarburos, no sólo al regular las contribuciones "de minas e hidrocarburos" en la Ley de Minas y la Ley de Hidrocarburos conforme al ordinal 8° del artículo 136 de la Constitución; sino al establecer y ratificar, por ejemplo, en la Ley Orgánica que Reserva al Estado la Industria y el Comercio de los Hidrocarburos, que las empresas de la industria petrolera nacionalizadas sólo están sujetas a impuestos nacionales, al indicar su artículo 7 un régimen de no sujeción a impuestos estadales y municipales, al aclarar que las mismas "no estarán sujetas a ninguna clase de impuestos estadales y municipales".

Esta norma, tampoco puede considerarse como una norma establecedora de una "exención tributaria", sino de definición y de ratificación de un régimen de *no sujeción* impositiva dictado en ejercicio de la competencia que tienen las Cámaras para legislar sobre las materias de competencia del Poder Nacional (art. 139 de la Constitución), entre ellas, para el establecimiento y definición del régimen tributario de las minas e hidrocarburos, y de las actividades relacionadas con las mismas.

En igual forma, en el caso de la Cláusula Décima del artículo 2° del Acuerdo, cuando las Cámaras Legislativas en sesión conjunta y con base en la atribución que le confiere el artículo 126 de la Constitución y el artículo 5° de la Ley Orgánica que Reserva al Estado la Industria y el Comercio de los Hidrocarburos, de fijar las condiciones para la celebración de los Convenios de Asociación; han dispuesto y ratificado, como órgano del Poder Nacional que son, dentro de la competencia orgánica que tienen y de acuerdo al artículo 136, ordinal 10° de la Constitución, el establecimiento del régimen tributario aplicable a dichos Convenios, previendo también un *régimen de sujeción* sólo a impuestos nacionales de manera que las actividades que se realicen mediante los mismos "no estarán sometidos al pago de impuestos municipales ni estadales".

Esta previsión de la Cláusula Décima el artículo 2° del Acuerdo, no consiste en aplicar a las empresas que resulten de los convenios de Asociación la previsión del artículo 7° de la Ley Orgánica que Reserva al Estado la Industria y el Comercio de los Hidrocarburos, como indebidamente lo señalan los recurrentes; sino en el establecimiento y ratificación, por un acto parlamentario sin forma de ley, como órgano del Poder Nacional con competencia constitucional y legal para *fijar las condiciones* de los Convenios de Asociación previstos en el artículo 5° de la mencionada Ley Orgánica, del régimen de sujeción y de no sujeción tributaria de las empresas que se establezcan por los mismos, para cumplir actividades de hidrocarburos, el cual previó un régimen de sujeción a impuestos nacionales exclusivamente, indicando que no estarían sujetos a impuestos estadales y municipales.

Esta condición aplicable a los Convenios de Asociación contenida en un acto parlamentario sin forma de ley, es en definitiva, parte del régimen de los hidrocarburos, y del régimen tributario de los mismos, establecido por un órgano del Poder Nacional competente, como es el Congreso como consecuencia de su poder de *fijar las condiciones* de los convenios de Asociación previstos en el artículo 5 de la Ley que Reserva al Estado la Industria y el Comercio de los Hidrocarburos.

El establecimiento del régimen tributario aplicable a las minas e hidrocarburos por los órganos del Poder Nacional, conforme al artículo 136, ordinal 10 de la Constitución, sea mediante ley (como la Ley que Reserva al Estado la Industria y el Comercio de los Hidrocarburos) o mediante Acuerdos en los que se *fijen las condiciones* de Convenios de Asociación; por tanto, en ningún caso puede identificarse con la figura de la exención tributaria. El régimen tributario que se puede establecer por los órganos del Poder Nacional respecto de las minas e hidrocarburos, así como actualmente dispone en cuanto a los hidrocarburos que no están sometidas sus actividades a impuestos estadales o municipales, podría, al contrario, prever expresamente que si estarían sometidas a dichos impuestos, o a alguno de ellos. Regimentar a cuál tributo estarán sometidas a dichas actividades y a cuál no, es justamente el objeto de la reserva que constitucionalmente tienen los órganos del Poder Nacional para determinar el *régimen tributario* que regirá dichas actividades; lo que en ningún caso puede identificarse con la figura de la exención tributaria.

Como consecuencia de lo expuesto, siendo competencia exclusiva de los órganos del Poder Nacional determinar el *régimen tributario* de las minas e hidrocarburos y de las actividades relacionadas con ellas, cuando esa competencia constitucional la ejercen dichos órganos estableciendo, por ejemplo, la no sujeción a impuestos municipales respecto de las mismas, como lo ha establecido el Acuerdo del Congreso, ello en ningún caso puede considerarse como una violación de la autonomía municipal consagrada en el artículo 29 de la Constitución, que implica la posibilidad de establecer impuestos a las actividades lucrativas realizadas en la jurisdicción municipal respectiva, denominados patentes de industria y comercio a que se refiere el artículo 31, ordinal 3° de la Constitución, pues este sólo se aplicaría a las actividades de minas e hidrocarburos en la medida en que el régimen de éstas, establecido a nivel nacional, lo permitiera. En otras palabras, está reservado a los órganos del Poder Nacional el establecimiento del régimen tributario de las minas e hidrocarburos y sus actividades, por lo que sólo dichos órganos pueden determinar si las mismas sólo están sometidas o sujetas a impuestos nacionales o si por el contrario, también estarían sometidas a impuestos estadales y municipales.

En el caso del régimen tributario de sujeción impositiva establecido en la Cláusula Décima del Acuerdo, las Cámaras Legislativas en sesión conjunta, como órgano del Poder Nacional conforme a la competencia que le asigna la Constitución en el artículo 126 y la Ley que Reserva al Estado la Industria y el Comercio de los Hidrocarburos, en su artículo 5°, han determinado que las actividades que se desarrollen mediante los Convenios de Asociación sólo estarán sujetas a los impuestos nacionales, es decir, que no estarán sujetas a impuestos estadales o municipales. En forma alguna esta determinación viola las normas de los artículos 29 y 31, ordinal 3° de la Constitución que establecen la autonomía municipal y el impuesto de patentes de industria y comercio porque, en relación a las minas e hidrocarburos, esas competencias municipales sólo pueden ejercerse *conforme al régimen* que establezcan los órganos del Poder Nacional, y en el caso sometido a la consideración de esta Corte, dicho régimen establecido en la Cláusula Décima del artículo 2° del Acuerdo respecto de las actividades realizadas mediante los Convenios de Asociación, se ha determinado que las mismas no están sujetas a impuestos municipales.

Por lo demás, y a todo evento, debe señalarse que la Constitución en el mismo artículo 136, ordinal 8° establece como competencia del Poder Nacional la organización, recaudación y control de las contribuciones "de minas e hidrocarburos", mediante lo cual se previó constitucionalmente una reserva específica al Poder Nacional en materia de contribuciones de minas e hidrocarburos, lo que excluye toda posibilidad por parte de los Estados y Municipios de gravar las actividades económicas en materia de hidrocarburos reservadas al Poder Nacional.

En efecto, establecida la competencia expresa del Poder Nacional en materia de contribuciones de minas e hidrocarburos entra en aplicación la norma prohibitiva del artículo 18 de la Constitución, que establece que ni los Estados ni los Municipios (conforme al artículo 34 de la Constitución) podrán crear impuestos sobre las materias rentísticas de la competencia nacional; razón por la cual las patentes de industria y comercio no pueden gravar las minas e hidrocarburos y las actividades económicas que se deriven de ellas.

Por tanto, en ningún caso, el régimen de no sujeción de las actividades de las empresas de hidrocarburos resultantes de los Convenios de Asociación a los impuestos municipales que establece el Acuerdo impugnado, puede considerarse violatorio de la autonomía municipal y de la potestad tributaria municipal, pues conforme al artículo 136, ordinal 8°, las minas e hidrocarburos constituyen una materia rentística reservada al Poder Nacional, no sometida, conforme al artículo 18 de la Constitución, ni a impuestos estadales ni a impuestos municipales.

Por otra parte, la reserva al Estado (en este caso, a la República) de la industria y comercio de los hidrocarburos implica que el ejercicio de esa actividad no debe, en principio, estar sometida a gravamen tributario en virtud de la inmunidad fiscal de la República quien en definitiva es la que desarrolla esa actividad, bien directamente, o bien a través de las formas de administración indirecta que le autorice la Ley Orgánica que Reserva al Estado la Industria y Comercio de los Hidrocarburos. En efecto, al asumir la República en forma exclusiva -régimen de la reserva- la administración y gestión de la industria y el comercio de los hidrocarburos, estas actividades no pueden estar sometidas al pago de impuestos, esto es, el ejercicio de esas actividades no pueden configurar un hecho imponible para otras actividades político territoriales porque de ser así la imposición estaría dirigida a la misma República que se las ha reservado.

Las actividades reservadas a la República no puede ser gravadas tributariamente en razón de que la potestad fiscal, entendida como el "poder coactivo estatal de compeler a las personas para que le entreguen una porción de sus rentas o patrimonios, cuyo destino es el de cubrir las erogaciones que implica el cumplimiento de su finalidad de atender necesidades públicas" (Hector B. Villegas: *Cur-*

so de Finanzas. Derecho Financiero y Tributario, Buenos Aires, 1992, p. 186) sólo pueden ejercerse sobre los particulares de quienes la República obtendrá recursos para cubrir el gasto público y no sobre la República misma, que como personificación nacional del Estado, implicaría una autoimposición.

Las entidades territoriales que conforman el Estado (República, Estados y Municipios) son por naturaleza los acreedores de los tributos, y carecen de capacidad económica que permitan calificarlos como contribuyentes; por otra parte, de constituirse el propio Estado en deudor fiscal operaria una suerte de confusión por reunirse en él mismo las condiciones de acreedor y deudor del tributo. Estas circunstancias determinan la imposibilidad de someter la actividad realizada por los entes territoriales que conforman el Estado al pago de tributos, configurándose la llamada inmunidad fiscal o inmunidad tributaria del Estado.

Así, cuando una actividad contemplada como hecho imponible es realizada por la República, se manifiesta esa inmunidad no pudiendo atribuírsele a ésta el hecho imponible y, en consecuencia, no se produce el efecto de colocar el ente que la realiza, en este caso la República, como sujeto pasivo de la relación tributaria. No es que esté exento o exonerado del pago sino que es inmune porque no le es atribuible el hecho que determina el impuesto. Con respecto a la República no nace la obligación tributaria porque la República no está sujeta al deber de contribuir para cubrir el gasto público. La riqueza de la República esta destinada por naturaleza a ese fin.

En este orden de ideas, cuando una actividad es reservada a la República, es lógico que ella no sea susceptible de ser gravada, esto es, de configurar un hecho imponible, porque la República es el único que la puede realizar y él goza de inmunidad tributaria.

Sin embargo, la Ley al establecer la reserva puede prever o autorizar formas de administración indirecta, mediante la creación de empresas del Estado o la asociación con empresas privadas dando lugar a empresas de economía mixta. En uno y otro caso éstas aparecen como instrumentos de gestión, debiendo, en principio, participar de la misma inmunidad fiscal de la que goza la República, salvo que la ley expresamente les retire esa inmunidad, como sucede, por ejemplo, con el impuesto sobre la renta.

Así lo ha admitido la jurisprudencia de la Sala Político Administrativa de este Supremo Tribunal en sentencia del 31 de mayo de 1979 en la cual ratifica el criterio anteriormente sostenido en sentencia de 5 de octubre de 1970, de extenderle la inmunidad tributaria de la República a los entes de la Administración Pública Nacional Descentralizada funcionalmente, al señalar lo siguiente:

"La obligación de "«contribuir a los gastos públicos»", mediante el pago de impuestos, tasas u otras contribuciones, establecidas en el artículo 56 de la Constitución, no incumbe, en principio, al Estado ni a las demás entidades territoriales que lo componen. La relación de derecho público que supone la obligación tributaria tiene como sujeto activo al fisco (sea nacional, estadal o municipal) y como sujeto pasivo a una persona natural o jurídica. Por tanto, es tan contrario a la lógica que el Congreso grave con impuesto nacionales la actividad que desarrollen los Estados o las Municipalidades por intermedio de sus servicios públicos, como que las Asambleas Legislativas o los Concejos

Municipales sometan tributación, en sus respectivas jurisdicciones, los servicios públicos que en ellos establezca el Gobierno Nacional. Siendo constitucionalmente uno de los fines del Estado "«promover el bienestar general»" mediante la creación, ampliación y mejoramiento de los servicios públicos a escala nacional, *seria un contrasentido admitir la posibilidad de que las* actividades *que desarrollen con tal fin los diversos órganos de la administración nacional, pueden ser objeto de la contribución* establecida en el ordinal 3° del artículo 31 de la Constitución, ni aún cuando ellas puedan constituir "«actividades lucrativas»" en el caso de que sean realizadas por particulares en ejercicio de la libertad de industria y comercio.

Esto es aplicable tanto a los servicios centralizados, es decir, aquellos que no tienen personalidad jurídica propia, como a los servicios descentralizados los cuales en conformidad con las legas que los rigen, tienen patrimonio propio y una personalidad similar aunque no idéntica, a la que es característica de los entes territoriales de derecho público" (Gaceta Forense N° 104, 1979, Vol. I, p. 244).

La noción de instrumento del Estado (o de la República) fue expresamente utilizada por esa misma Sala para sostener la inmunidad tributaria de los entes descentralizados de la Administración Pública Nacional, en sentencia posterior del 11 de junio de 1981, al afirmar que:

"...el mencionado Instituto Autónomo es, precisamente, un *« instrumento del Estado»* para realizar uno de sus «fines» constitucionales: «la promoción del desarrollo económico»...«de toda la región zuliana». En otras palabras, es uno de los «servicios (públicos) descentralizados», que tiene «patrimonio propio y una personalidad similar aunque no idéntica, a la que es característica de los entes territoriales de derecho público». Luego, si -como lo dijo la Corte en aquél fallo (la Sala se refiere al de 5-10-70), cuyos conceptos ratifica en esta oportunidad-, «la obligación de contribuir a los gastos públicos», mediante el pago de impuestos, tasas u otras contribuciones, establecidas en el artículo 56 de la Constitución, no incumbe, en principio, al Estado, ni a los demás entes territoriales que los componen, tal "«obligación» constitucional tampoco incumbe a estos entes autónomos, creados por el propio Estado" (Revista de Derecho Público N° 7, julio-sep. 1981, p. 142).

En esta forma la jurisprudencia de este Máximo Tribunal ha sostenido el criterio de la inmunidad tributaria de los instrumentos de gestión o formas jurídicas utilizadas por la República para la mejor consecución de sus fines o de las actividades que asuma, bajo la política de intervención en la economía del país, tal como es el caso de las actividades de la industria y el comercio de los hidrocarburos, lo que permite afirmar que los entes públicos institucionales, Institutos Autónomos y Empresas del Estado, constituidas para desarrollar dichas actividades son instrumentos de la República y participan de su misma inmunidad fiscal, salvo que la ley expresamente los someta a un tratamiento fiscal distinto.

La Ley Orgánica que Reserva al Estado la Industria y el Comercio de los Hidrocarburos, declara de utilidad pública y de interés social las actividades reservadas, así como las obras, trabajos y servicios que fueren necesarios para realizarlos (artículo 1°), y es en virtud de ello que se declara la reserva, régimen que no ha sido modificado y que se mantiene con los Convenios de Asociación.

La posibilidad de que la República como personificación del Estado Nacional o sus entes, se asocie con inversionistas privados para la exploración y explotación de yacimientos de hidrocarburos no implica modificación en el régimen de la reserva al Estado (la República) de esa actividad.

La celebración de los Convenios de Asociación ha sido autorizada precisamente con fundamento en el artículo 5° de la Ley Orgánica que Reserva al Estado la Industria y el Comercio de los Hidrocarburos, norma en la cual esta prevista la celebración de Convenios de Asociación, de la República o de los entes de su propiedad, con entes privados, manteniéndose la actividad a desarrollar con los inversionista privados dentro del marco de la reserva, toda vez que para la ejecución de los Convenios de Asociación, conforme a las condiciones del Acuerdo, específicamente las contenidas en la cláusula tercera y quinta del artículo 2, debe constituirse una sociedad anónima entre los inversionistas y la filial de Petróleos de Venezuela, empresa mixta en la que la participación de la Empresa Filial de Petróleos de Venezuela representa un rol determinante de la dirección y control de la gestión a realizar.

En efecto, dispone la cláusula quinta del Acuerdo que la "participación de la Filial o la Filial designada se hará mediante acciones doradas, las cuales conferirán prerrogativas a sus representantes en las decisiones sobre materias de trascendencia que, conforme al respectivo Convenio de Asociaciones, deban ser decididas por la Asamblea y la Junta Directiva de la Empresa Mixta. Cuando el ejercicio de la acción dorada haya generado controversias en el seno de la empresa mixta, la Filial Designada tendrá derecho a recurrir al Comité de Control para que éste adopte la decisión final".

Dicho Comité de Control, conforme a la cláusula cuarta del mismo artículo 2 del Acuerdo, está conformado por un número igual de miembros designados por los inversionistas y la filial de Petróleos de Venezuela, S.A. pero está presidido por uno de los miembros designados por la Filial, y para la validez de las deliberaciones y decisiones del Comité se requiere la *presencia y el consentimiento* de los miembros designados por la Filial, teniendo el Presidente voto doble para resolver los casos de empate. El carácter de instrumento del Estado de la empresa que surja de los convenios de asociación, ha sido ratificado mediante el Acuerdo de las Cámaras Legislativas de fecha 19-06-96 (G.O. N° 35.988 de 22-06-96, que se anexa marcado "A", al precisar que el Presidente de tal Comité ha de ser la persona que postule por escrito al Ministerio de Energía y Minas. (Art. 2°).

Estas condiciones aseguran la intervención decisiva de la República, a través de las Filiales de Petróleos de Venezuela, S.A., en la planificación, coordinación y evaluación de las actividades explotación de los yacimientos de hidrocarburos, actividades objeto de exploración de las nuevas áreas geográficas y la de los Convenios de Asociación, y hacen a las empresas mixtas que con motivo de estos Convenios se constituyen en empresas públicas, aun cuando la participación accionaria del Estado sea minoritaria (35%).

En efecto, como señala Caballero Ortíz:

"el concepto de empresa pública no conlleva una sustracción total de capital privado.

Las sociedades de economía mixta deben ser consideradas como empresas públicas en dos casos:

a) Cuando el Estado, otra persona pública, o una sociedad cuyas acciones pertenezcan en su mayoría a personas públicas, tengan la mayoría del capital.

b) Cuando -aún en el caso de que personas públicas o sociedades con participación mayoritaria de personas públicas, *no tengan la mayoría del capital los elementos que se hacen presente en la creación, organización y dirección de la empresa son de tal forma decisivos que aseguran a las personas públicas un papel relevante en la gestión y el control. Tales elementos permiten considerar como empresa pública* al Banco de Desarrollo Agropecuario, en el cual las acciones adquiridas por el Estado no representan sino la mitad del capital del Banco y, sin embargo, la Presidencia del Organismo corresponde siempre al representante del Ejecutivo Nacional.

La propiedad pública mayoritaria de las acciones no es entonces un elemento primordial de la empresa pública, ya que la misma puede ser reemplazada en algunos casos, por determinados elementos que configuran una dirección o control público" (Jesús Caballero Ortíz: Las Empresas Públicas en el Derecho Venezolano, EJV, Caracas 1982, p. 107).

Sin duda las empresas que los inversionistas privados y la Filial de PDVSA constituyan para la ejecución del Convenio de Asociación, desde el punto de vista tributario por la participación decisiva de los entes de la República, será un instrumento del Estado que participará, en principio, de la inmunidad tributaria que beneficia a éste.

Como lo afirmó la Sala Político Administrativa de este Supremo Tribunal en la sentencia antes citada de 11-6-81, los instrumentos del Estado "ya por su propia naturaleza, ya por expresión de la Ley de su creación... *no está sujeto a tributación, es decir, goza de inmunidad tributaria, que es atributo del Estado y de los entes territoriales o institucionales que lo* componen" (en: RDP, N° 7, julio-sept. 1981, p. 133).

En este orden de ideas, es claro que el Acuerdo del Congreso al disponer que las actividades objeto del Convenio de Asociación quedaban sometidas al régimen de la Ley Orgánica que Reserva al Estado la Industria y Comercio de los Hidrocarburos, actividades que siendo además de la competencia del Poder Nacional, no estarían sometidas al pago de impuestos municipales y estadales, actuó en un todo conforme a la Constitución.

Por una parte, la referencia a la competencia del Poder Nacional excluye, como quedó expuesto antes en este mismo Capítulo, cualquier intervención del poder estadal y municipal en la regulación en general, y específicamente en lo atinente al régimen tributario. En esa materia, por ser competencia exclusiva del Poder Nacional, por expresa prohibición de la Constitución, no pueden intervenir los Estados ni los Municipios (artículos 18, ordinal 1°, 34 y 136, ordinal 8°).

Pero es que además, tratándose de actividades reservadas a la República, conforme al artículo 97 de la Constitución, las mismas no pueden estar sujeta a gravamen tributario por los Estados ni los Municipios, independientemente que dichas actividades las ejerza directamente la República o indirectamente a través de sus instrumentos (Empresas Públicas), porque en uno y otro caso es la República quien en definitiva desarrolla la actividad, lo que determina que la misma no sea susceptible de configurar el hecho imponible de impuestos estadales o municipales en virtud de la inmunidad tributaria de los sujetos que la realizan.

Por todas las consideraciones antes expuestas solicitamos de esta Suprema Corte, desestime las denuncias de violación de los artículos 29 y 31, ordinal 3° de la Constitución, alegadas por los recurrentes, por parte de la citada Cláusula Décima del artículo 2° del Acuerdo del Congreso.

En cuanto a las denuncias de supuesta violación por dicha Cláusula de los artículos 224 de la Constitución y 4° ordinal 2, del Código Orgánico Tributario, y consecuencialmente, de los artículos 162 y 177 de la Constitución, también solicitamos sean desestimadas por esta Corte Suprema, pues como se ha dicho, en ningún caso, la referida Cláusula Décima del artículo 2° del Convenio ha establecido una "exención tributaria" respecto de las actividades derivadas de la ejecución de los Convenios de Asociación, cuyas condiciones de celebración han sido fijadas en el Convenio.

La exención tributaria, en efecto, es una excepción al principio de la generalidad del impuesto, que el legislador establece respecto de determinados sujetos o actividades, por razones de conveniencia fiscal o pública, que, aún cuando dada la ordenación general y normal de un tributo están sujetos al mismo, sin embargo, se los exime. Distinta a la figura de la exención tributaria, es la de la *no sujeción,* como lo ha analizado el maestro tributarista de siempre, Fernando Sainz de Bujanda, al señalar que:

> "quedarán insertos en el ámbito de la no sujeción los hechos que no aparezcan configurados en el ordenamiento como imponibles, es decir, como susceptibles de generar obligaciones de pago. Asimismo, en la esfera subjetiva, el concepto de no sujeción corresponderá a las personas que no se encuentren con los hechos imponibles en la relación prevista por la ley para que les corresponda la posición de sujetos pasivos del gravamen" ("Teoría Jurídica de la Exención Tributaria" en *Hacienda y Derecho,* Vol. III, Madrid, 1963, pp. 428-429).

La situación de no sujeción, por tanto, aparece cuando los hechos no son considerados como imponibles y por tanto, no generan obligación tributaria y eso, precisamente, es lo que pueden determinar los órganos del Poder Nacional cuando establecen el régimen tributario de las minas e hidrocarburos y ratifican, por ejemplo, que sólo estarán sometidas al pago de impuestos nacionales, lo que implica *no sujeción* a los impuestos estadales y municipales.

Esta determinación del régimen tributario al cual están sometidos las minas e hidrocarburos y las actividades que resulten de los mismos, como se ha dicho, puede establecerse por los órganos del Poder Nacional según su competencia. Ello lo puede establecer el Legislador, conforme a las competencias de las Cámaras Legislativas actuando como cuerpos colegisladores al regular mediante Ley, en general, el régimen de los impuestos nacionales, e incluso de minas e hidrocarburos y en particular, el régimen de la industria petrolera nacionalizada; pero también puede establecerse al prever el régimen de sujeción o no sujeción, por las mismas Cámaras Legislativas actuando en sesión conjunta, al fijar, mediante Acuerdo conforme a sus competencias constitucionales y legales, las particulares que deben regir la celebración de los Convenios de Asociación.

En tal sentido, ni la determinación del artículo 7 de la Ley Orgánica que Reserva al Estado la Industria y el Comercio de los Hidrocarburos ni la determinación de la Cláusula Décima del Artículo 2 del Acuerdo, pueden considerarse como exenciones tributarias, sino como la determinación de un régimen de no sujeción a los tributos estadales y municipales respecto a las actividades de hidrocarburos, sea las realizadas por las empresas nacionalizadas o con motivo de los Convenios de Asociación. No tratándose de una exención la establecida en dicha Cláusula para las actividades derivadas de los Convenios de Asociación, no resulta aplicable lo previsto en el artículo 224 de la Constitución ni en el artículo 4, ordinal 2 del Código Orgánico Tributario, los cuales, en consecuencia, no pueden considerarse violados por el Acuerdo, como expresamente solicitamos así se decida por esta Suprema Corte.

En todo caso, como se ha dicho el establecimiento de un régimen de no sujeción a determinado tributo de determinadas actividades, corresponde a las Cámaras Legislativas como órganos del Poder Nacional con competencia para establecerla, sea como cuerpos colegisladores, mediante ley, o en sesión conjunta respecto a determinadas contrataciones que se autoricen, mediante Acuerdo. En el caso sometido a consideración de esta Suprema Corte, la determinación de la no sujeción de las actividades derivadas de los Convenios de Asociación a los impuestos estadales y municipales, se ha establecido por un acto parlamentario sin forma de ley que es el Acuerdo impugnado, dentro de las condiciones que fijó, de acuerdo al artículo 126 de la Constitución y 5 de la Ley Orgánica de Reserva al Estado de la Industria y el Comercio de los Hidrocarburos, para dichos Convenios de Asociación.

Por tanto, incluso extrapolando la argumentación de los recurrentes respecto a la supuesta violación de lo previsto en el artículo 224 de la Constitución (conjuntamente con los artículos 162 y 177) y en el artículo 4, ordinal 2 del Código Orgánico Tributario, debe señalarse que no sólo dichas normas resultan inaplicables al caso regulado en la Cláusula Décima del artículo 2° del Acuerdo, por no tratarse de una exención tributaria, por lo que no podrían ser violadas; sino que el régimen de no sujeción respecto de las minas e hidrocarburos que se atribuye al Poder Nacional en el artículo 136, ordinal 10 de la Constitución, no requiere de una Ley (art. 162 de la Constitución), cuando las Cámaras Legislativas lo establecen al fijar las condiciones específicas y particularizadas de celebración de los Convenios de Asociación, conforme a sus competencias constitucionales y legales, como ha sucedido en este caso; de manera que mal podría alegarse violación del principio de legalidad tributaria regulado en los artículos 224 de la Constitución y 4, ordinal 2 del Código Orgánico Tributario.

En todo caso, en particular damos aquí por reproducidos todos los argumentos expuestos por el Consultor Jurídico de Petróleos de Venezuela, S.A. ante el Fiscal General de la República en comunicación de 11-1-96 que anexamos al presente escrito, sobre el tema de la no sujeción impositiva prevista en la mencionada Cláusula Décima del artículo 2 del Acuerdo; y particularmente en el anexo 4 de dicho escrito contentivo del dictamen del Profesor Florencio Contreras Quintero sobre "La industria nacionalizada del petróleo ante la tributación municipal y su incidencia" (1981), y que trata de la no sujeción tributaria a los instrumentos de la acción de gobierno como son las empresas nacionalizadas y a las que estas constituyan mediante los Convenios de Asociación autorizados en el Acuerdo.

Y para el supuesto negado que se desestimase la anterior argumentación respecto de la inaplicabilidad del artículo 224 de la Constitución y del artículo 4°, ordinal 2° del Código Orgánico Tributario, a todo evento, puede aún sostenerse que, en todo caso, que las Cámaras Legislativas en el artículo 2°, en su Cláusula Décima, del Acuerdo del 04-07-95, al contemplar la no sujeción de las actividades de hidrocarburos reservadas, que sean respecto de los Convenios de Asociación, a los impuestos estadales y municipales, no han hecho otra cosa, mediante dicho Acuerdo, que ratificar con espíritu interpretativo y de aclaración, lo que establece el ordinal 8° del artículo 136 de la Constitución, de que por estar la materia tributaria minera y petrolera atribuida al Poder Nacional y de que por ende, conforme a lo previsto en el artículo 18 del mismo Texto Fundamental, les está prohibido a los Estados y Municipios crear tributos sobre esa misma materia. De modo, que más que crear a través del referido Acuerdo, exenciones de lo que se trata es de aclarar y precisar los límites de la potestad tributaria estadal y municipal sobre las actividades de hidrocarburos reservadas, que son objeto de los Convenios de Asociación que se autorizan por el mismo Acuerdo que dictaron para permitir su celebración.

En consecuencia, por todas las razones expuestas en este Capítulo, deben desestimarse las denuncias de inconstitucionalidad e ilegalidad de la Cláusula Décima del artículo 2° del Acuerdo del Congreso de fecha 04-07–95.

CAPITULO V

LA IMPROCEDENCIA DE LA DENUNCIA DE INCONSTITUCIONALIDAD DE LA CLÁUSULA DÉCIMA SÉPTIMA DEL ARTÍCULO 2 DEL ACUERDO DEL CONGRESO DE FECHA 04-07-95

Los recurrentes también denuncian la supuesta inconstitucionalidad de la Cláusula Décima Séptima del artículo 2° del Acuerdo, que establece que *"El modo de resolver controversias en materias que no sean competencia del Comité de Control y que no puedan dirimirse por acuerdo entre las partes, será el arbitraje, el cual se realizará según las reglas de procedimiento de la Cámara Internacional de Comercio, vigentes al momento de la firma del Convenio";* lo que a juicio de los recurrentes sería contrario a la disposición del artículo 127 de la Constitución, pues los Convenios de Asociación cuyas condiciones de celebración fija el Acuerdo, son contratos de evidente interés público cuyas controversias, a juicio de los recurrentes "no pueden dirimirse con arreglo a normas de procedimiento distintas a las que establece la Ley Venezolana".

En cuanto a la denuncia formulada por los recurrentes debe señalarse, ante todo, que evidentemente los Convenios de Asociación autorizados en el Acuerdo de Congreso de 04-07-95, son contratos de interés público nacional conforme al artículo 127 de la Constitución, a los cuales, sin embargo, por su naturaleza industrial y comercial, se les aplica la excepción contenida en la misma norma respecto al principio de la inmunidad jurisdiccional; razón por la cual mal podría alegarse violación de dicha norma. En efecto, en la Cláusula Décima Séptima si bien se deja claramente sentado el mandato de que "el Convenio *se regirá e interpretará de conformidad con las leyes de la República de Venezuela",* en cuanto a la resolución de *algunas* controversias que deriven del mismo (con exclusión de las materias que sean competencia del Comité de Control), precisamente de acuerdo a lo establecido en el Código de Procedimiento Civil, que es una Ley de la República de Venezuela, se la somete a arbitraje que se realizará según las reglas de procedimiento de la Cámara Internacional de Comercio, vigentes al momento de la firma del Convenio. Este previsión de la Cláusula Décima Séptima del artículo 2° del Acuerdo está, en un todo, conforme con lo establecido en el artículo 127 de la Constitución, por lo que no lo contradice en forma alguna .

En efecto, la cláusula expresada en el artículo 127 de la Constitución, tiene por objeto, *primero* estipular que la interpretación, aplicación y ejecución de los contratos de interés público debe someterse a la Ley Venezolana, y *segundo,* que las controversias y dudas que de ellos surjan, deben también someterse al conocimiento de los Tribunales venezolanos; todo ello, si no fuere improcedente de acuerdo con la naturaleza del contrato de interés público. Este principio, que se deriva de esta cláusula, encuentra también su fundamento en el principio universal del derecho internacional, de la inmunidad de jurisdicción de los Estados extranjeros y de sus instrumentalidades.

El texto del artículo 127 de la Constitución, sin embargo, desde el ángulo de la inmunidad jurisdiccional, se aparta del carácter absoluto tradicional que antes tenía, y encaja dentro de la llamada "inmunidad relativa de jurisdicción". En efecto esa norma prescribe que esa cláusula debe estar presente en todos los contratos de interés público (nacional, estadal o municipal) "si no fuere improcedente de acuerdo con la naturaleza de los mismos". Esto conecta la materia de contratos de interés público, con un tema clásico de derecho internacional, que muestra la evolución que la cláusula ha tenido en el derecho contemporáneo, desde una inmunidad absoluta a la inmunidad relativa de jurisdicción.

E1 origen de esta cláusula, en el sistema constitucional venezolano, se remonta a la Constitución de 1893, en la cual se estableció lo que puede calificarse como el principio de la inmunidad absoluta. El artículo 149 de ese texto dispuso que:

> "...En todo contrato de interés público, se establecerá la cláusula, de que "las dudas y controversias que puedan suscitarse sobre su inteligencia y ejecución, serán decididas por los tribunales venezolanos y conforme a las leyes de la República... "

De acuerdo a esta norma del Texto Fundamental de 1893 la fórmula era distinta al texto vigente: primero, preveía la inmunidad absoluta, y segundo, prescribía la obligación de que en todo contrato se estableciera la cláusula, lo que difiere del sistema actual conforme al cual, en virtud de la Constitución, se entiende incorporada la cláusula a los contratos. En aquél texto sólo se decía que en esos contratos debía incorporarse la cláusula, por lo que la misma tenía neto carácter contractual.

En la Constitución de 1947 cambiaron estos dos elementos: se abandonó el sistema de inmunidad absoluta, sustituyéndose por uno de inmunidad relativa, porque la cláusula se consideraba incorporada en los contratos "si fuera procedente de acuerdo a la naturaleza de los mismos"; y además, se adoptó el esquema actual de considerar incorporada la cláusula aún cuando no estuviera expresa, con lo cual no es necesario que se indique en el texto del contrato que esa cláusula forma parte del mismo, sino que en virtud de la Constitución, ella está incorporada. Este es el esquema que se sigue en el texto de la Constitución actual, que sin embargo, no se siguió en la Constitución de 1953 (vigente hasta 1961), en la cual se volvió al principio de la inmunidad absoluta, pero estableciéndose que la cláusula se consideraba incorporada a los contratos de interés público.

Esta cláusula, tiene una evidente vinculación con el Derecho Internacional, y hoy puede decirse que refleja la situación universalmente aceptada y adoptada en todo el mundo, del principio de la relatividad de la inmunidad de soberanía o de inmunidad jurisdiccional de los Estados.

Por supuesto, ello no implica que también haya unanimidad absoluta en la doctrina en relación a determinar cuándo la *naturaleza* de un contrato implica la renuncia a la inmunidad de jurisdicción. Sobre el particular puede decirse que no hay criterios universalmente aceptados, aún cuando todavía se recurra a la distinción tradicional abandonada en el campo del derecho administrativo, entre los actos de autoridad *(jure imperii)* y los actos de gestión *(jure gestionis)* para la interpretación de los casos en los cuales debe haber inmunidad de jurisdicción. La misma doctrina del Fisco, elaborada también durante el siglo pasado, incluso, tuvo sus repercusiones en el Derecho Internacional en este tema de la inmunidad jurisdiccional.

En todo caso, puede decirse que esas distinciones tradicionales, en el momento actual no tienen valor como tal, porque todo acto del Estado siempre tiene una finalidad pública y no puede decirse que haya actos que el Estado cumple como un particular pura y simplemente, ya que el Estado nunca deja de ser Estado en sus actuaciones.

Sin embargo, la distinción entre actos de autoridad y actos de gestión, con todas sus consecuencias, condicionó la elaboración de un documento, en el ámbito del Derecho Internacional Privado, cuya incidencia en los contratos del Estado fue muy importante en América Latina. Se trata del *Código Bustamante,* es decir, la Convención sobre Derecho Internacional Privado de 1928, que suscribieron casi todos los países de América Latina y, de la cual es parte Venezuela. En esa Convención, puede decirse, se comenzó en el ámbito internacional de América Latina, a abandonar el principio de la inmunidad absoluta de jurisdicción de los Estados.

En efecto, en ese texto se admitió, como principio, que había inmunidad absoluta, pero salvo el caso de que un Estado hubiera admitido una sumisión expresa a la ley extranjera, en cuyo caso habría un consentimiento expreso a someterse a la jurisdicción de Tribunales extranjeros.

En tal sentido, el artículo 333 del Código establece lo siguiente:

"Art. 333.- Los jueces y Tribunales de cada Estado contratante serán incompetentes para conocer de los asuntos civiles o mercantiles en que sean parte demandada los demás Estados contratantes o sus Jefes, si se ejercita una acción personal, salvo el caso de sumisión expresa o de demandas reconvencionales".

Pero además, en el *Código Bustamante, y* de allí la importancia de este documento en el derecho internacional, también se estableció el principio de que a pesar de la inmunidad establecida, ciertas acciones podían dar origen a la renuncia a la inmunidad de jurisdicción, particularmente las acciones reales vinculadas a la propiedad inmueble y los juicios universales. Sin embargo, para regular esta materia, en 1928, el Código siguió el parámetro de la distinción entre actos de autoridad y actos de gestión.

En efecto, los artículos 334 y 335 del Código establecían lo siguiente:

"Artículo 334.- En el mismo caso y con la propia excepción, serán incompetentes cuando se ejerciten acciones reales, si el Estado contratante o su Jefe han actuado en el asunto como tales y en su carácter público.

Artículo 335.- Si el Estado contratante o su Jefe han actuado como particulares o personas privadas, serán competentes los jueces o tribunales para conocer de los asuntos en que se ejerciten acciones reales o mixtas, si esta competencia les corresponde conforme a este Código."

Conforme a estas normas, por tanto, si se trata de acciones reales, en asuntos en los cuales el Estado actúa como Poder Público, dictando actos de autoridad, se mantiene el principio la inmunidad absoluta; en cambio, si lo que está envuelto en el asunto, es un acto de gestión en el cual el Estado actúa como particular o persona privada, entonces, puede estar sometido a la jurisdicción de otro Estado.

Es claro, sin embargo, que actualmente esta distinción no puede seguirse sosteniendo, como no se sostiene ya en el Derecho Internacional, sobre todo en virtud de la expansión económica de los Estados, pues ha sido justamente en las últimas décadas que los Estados han venido desarrollando un intenso proceso de intervención en la economía. En este campo de la actuación económica del Estado, ello no puede implicar que en las mismas, los Estados dejen de ser tales Estados soberanos, a pesar de que cumplan actividades comerciales o industriales en cualquier nivel. El tema, se ha discutido en el campo del derecho internacional, llegándose, incluso, a afirmaciones mucho más definidas que las que a veces encontramos en el derecho administrativo interno. Por ejemplo, Ian Sinclair afirma que "es una sobre-simplificación pretender que todas las actividades del Estado en el campo económico -como el manejo estatal de una industria, las compras o ventas del Estado- son necesariamente de naturaleza de "derecho privado" y que cumpliéndolas el Estado actúa como persona privada" (Ian Sinclair, "The Law of Sovereign Immunity: Recent Development", *Recueil des Cours 1980,* Academie International de Droit Comparé, Vol. II, La Haya, 1981, p. 209); y M. Chetien ha sostenido que "El Estado no adopta acto alguno, ni interviene en cualquier relación jurídica, sin que ello esté motivado, directa o indirectamente, por la necesidad de mantener su alta misión gubernamental... si uno va al fondo de las cosas, el Estado no se puede presentar jamás como una persona privada" *(Idem, p.* 209).

Por tanto, el hecho de que el Estado realice actividades comerciales o industriales, no implica que deja de estar sometido al derecho público y que actúe enteramente regido por el derecho privado.

En consecuencia, abandonada la distinción entre actos de autoridad y actos de gestión, o entre Estado Poder Público, y Estado persona, en el derecho internacional, para evaluar las cláusulas de inmunidad de jurisdicción, la discusión se centra en *la naturaleza de la actividad* del Estado más que en su finalidad, que siempre es pública; y la tendencia es a admitir la excepción al principio de la inmunidad basadas en el carácter comercial de las actividades que realice un Estado, sobre todo en el ámbito internacional, lo que ha provocado la admisión del principio de la inmunidad relativa de jurisdicción.

En esta orientación, varios instrumentos jurídicos internacionales han sido adoptados en los últimos años. El primero de ellos es la *Convención Europea sobre Inmunidad de los Estados* del año 1972, en la cual se señalaron los casos en los cuales los Estados no podían invocar la inmunidad de jurisdicción, los cuales son: cuando se trate de contratos de trabajos o laborales que deben ser ejecutados en el Estado del foro; cuando un Estado tenga oficinas o agencias que realicen actividades industriales, comerciales o financieras, de la misma manera que personas privadas; los procedimientos relativos a patentes, marcas de fábricas y todo lo vinculado al derecho industrial; y las acciones relativas a propiedades inmuebles y sobre sucesiones y donaciones (arts. 5 a 10).

Esta Convención Europea fue seguida, en cuanto al abandono progresivo de la inmunidad absoluta, por una ley muy importante, que fue la *Ley de Inmunidad de Soberanía de los Estados Unidos* de 1976 (US *Foreign Sovereign Immunity Act* 1976), particularmente por tratarse de un Estado en el cual ha habido, históricamente, muchos conflictos y búsqueda de excepciones al sometimiento de los Estados extranjeros a las leyes americanas. En esa Ley se estableció, como principio, que bajo el ámbito del derecho internacional, los Estados no son inmunes en materia de jurisdicción en relación a sus actividades comerciales (art. 1602), las cuales se definen en el mismo estatuto, como las actividades regulares de conducta comercial, o las transacciones particulares de tal carácter comercial. En este texto, además, se precisa que "El carácter comercial de una actividad debe determinarse en relación a la naturaleza de la conducta, la transacción particular o el acto, antes que en referencia a su objetivo o finalidad" (art. 1603,d).

El mismo principio se adoptó en la *Ley de Inmunidad del Estado,* del Reino Unido, de 1978 *(UK State Immunity Act* 1978), la cual fue también muy importante, porque Inglaterra había sostenido siempre el principio de la inmunidad absoluta. Fue a partir de 1978 cuando se abandonó el principio e, incluso, se definieron los casos a los cuales no se podía alegar la inmunidad jurisdiccional, basado en el principio de la naturaleza comercial de la transacción, tales como: suministros de bienes o servicios; préstamos y transacciones que tienen relación con el financiamiento a los países o garantías o indemnizaciones relativas a estos préstamos y financiamiento, así como cualquier otra transacción o actividad, sea comercial, industrial, financiera, profesional o de carácter similar, en las cuales un Estado entra en relación con otro, sin que quede comprometido realmente el ejercicio de su autoridad soberana (Sección 3).

Esta misma orientación la sigue el *Prospecto de Convención Interamericana de Inmunidad de Jurisdicción de los Estados,* aprobado en 1983 por el Comité Jurídico Interamericano, en el cual se plantea también la excepción a la inmunidad jurisdiccional en el caso de actividades mercantiles y comerciales, en los siguientes términos: "la realización de una determinada transacción o acto comercial o mercantil como parte del desarrollo ordinario de su comercio", agregándose también, los asuntos laborales y contratos de trabajo.

El tema ha tenido y tiene gran importancia en Venezuela, porque toca un principio constitucional que es el contenido en esta cláusula obligatoria; obligatoriedad que está, sin embargo, sujeta a la excepción basada en la naturaleza del contrato, en cuyo caso no se aplica el principio de la inmunidad. En todo caso, planteada la discusión en torno al tema de la naturaleza del contrato, no se pueden dar fórmulas universales. Por ello, a la conclusión que se ha llegado, después de interpretaciones contradictorias, es que el criterio debe basarse en la naturaleza práctica del negocio que está en juego, lo cual tuvo particular aplicación a principios de los años ochenta, con motivo de los contratos de empréstitos públicos y obligaciones financieras que asumía el Estado en territorio de Estado Extranjeros.

Por supuesto, en materia de empréstitos públicos el tema de la inmunidad jurisdiccional se ha planteado desde siempre, y ha habido toda una discusión, tanto en el derecho financiero como en el derecho internacional, sobre la naturaleza de los contratos de empréstitos. En todo caso, si se utiliza la distinción entre actos de autoridad y actos de gestión *(jure imperii jure gestione)* nadie podía afirmar que un contrato de empréstito público no sea un acto de autoridad, y no sea un contrato del Estado sometido al derecho público; más público, en cualquier sentido, que un contrato de empréstitos, no habría. Por ello, la solución al problema no se basa en considerar si el Estado suscribe el contrato haciendo uso de su soberanía o de sus poderes públicos, o si son o no contratos administrativos, sino en la naturaleza de las operaciones. En el caso de los empréstitos, sin duda, el Juez que pueda estar llamado a conocer de un problema judicial en relación a ellos, lo que debe conocer en realidad son cuestiones mercantiles y comerciales. Por eso, y con base en la excepción prevista en la Constitución, los contratos de empréstitos no contienen la cláusula de inmunidad de jurisdicción y por tanto, están sometidos en su ejecución que se produce además fuera del país, a las leyes y a Tribunales donde se realiza la operación. Este además, es el principio aceptado en todos los países en el momento actual.

Por último, debe decirse que este principio constitucional se repite en relación a otros contratos en leyes diversas. Por ejemplo, dicha norma se encontraba expresa en la Ley sobre Concesiones de Obras en caso de Obras Viales y de Transporte del año 1983 (art. 10), y, así mismo, la misma exigencia de la cláusula con la misma excepción de la naturaleza del contrato, está en el Decreto 1.821 de 30-8-91 (G.O. N° 34.797 de 12-9-91), que estableció las Condiciones Generales de Contratación en los contratos de obras públicas.

En cuanto a los Convenios de Asociación autorizados en el Acuerdo de 04-07-95, a celebrarse entre una de las empresas de la industria petrolera nacionalizada y una empresa privada, indudablemente que en los mismos, dada la naturaleza industrial y comercial de las actividades envueltas en ellos -que no cambian por el hecho de originarse en la explotación de hidrocarburos, lo que ha sido reservado al Estado por ley-, la inclusión de la mencionada cláusula de inmunidad de jurisdicción no es obligatoria, razón por la cual incluso podría haberse incluido una cláusula que estableciera la excepción tanto en cuanto a que la interpretación, aplicación y ejecución del contrato debía someterse a la Ley Venezolana (quedando exceptuadas siempre la aplicación obligatoria de las normas de orden público), como en cuanto a que las controversias y dudas que de ellos surjan, debían también someterse a conocimiento de los Tribunales de la República.

Ahora bien, esta posición de principio, en cuanto a la excepción respecto de la cláusula de inmunidad de jurisdicción y que existe respecto de contratos de interés público de naturaleza comercial o industrial, puede verse modificada y así ha ocurrido con el Acuerdo, por exigencias expresas de las Cámaras Legislativas, como también ha sucedido con la Ley sobre Construcción, Explotación y Mantenimiento de Obras Viales y de Transporte en Régimen de Concesión de 1983 (G.O. N° 3.247 Extraordinaria de 26-8-83) que estableció que "La concesionaria estará sometida al ordenamiento jurídico venezolano y a la jurisdicción de los Tribunales de la República, cualesquiera sea el origen de sus capitales y el de sus accionistas" (art. 10).

En el mismo sentido, en el sector hidrocarburos, y en cuanto a los contratos para la constitución de empresas mixtas, el artículo 3° (Parágrafo Segundo, literal d), numeral 9) de la Ley de Hidrocarburos, estableció que en dichos contratos se debía insertar la cláusula de inmunidad de jurisdicción, con el siguiente contenido:

"Las dudas y controversias de cualquier naturaleza que puedan suscitarse con motivo de este convenio y que no puedan ser resueltas amigablemente, serán decididas por los Tribunales de Venezuela de conformidad con su leyes, sin que por ningún motivo ni causa puedan ser motivo de reclamaciones extranjeras".

En igual sentido, en la Cláusula Décima Séptima del artículo del Acuerdo se ha establecido que:

"El convenio se regirá e interpretará de conformidad con las leyes de la República de Venezuela"

Ahora bien, establecida la posibilidad constitucional de la excepción al principio de inmunidad de jurisdicción, en relación a los Convenios de Asociación cuyas condiciones se han fijado en el Acuerdo dictado conforme al artículo 126 de la Constitución y al artículo 5° de la Ley Orgánica que Reserva al Estado la Industria y el Comercio de los Hidrocarburos, es indudable que el Acuerdo podía constitucionalmente, como lo hizo, prever que para la solución de determinadas controversias las partes debían recurrir a la figura del arbitramento para su resolución, conforme a lo establecido en el artículo 2° y 608 del Código de Procedimiento Civil.

Esto exige, en todo caso, analizar la posibilidad misma del recurso al arbitramento en los contratos de interés público nacional, sus limitaciones y el ámbito del mismo.

En efecto, puede señalarse que en todos aquellos supuestos de contratos de interés público en los cuales, por su naturaleza, no sea obligatoria la inclusión de la cláusula de inmunidad jurisdiccional, podría plantearse que es posible que se puedan comprometer las controversias a la decisión de árbitros conforme se establece en el Código de Procedimiento Civil.

Debe señalarse, sin embargo, que el problema de la posibilidad misma de que las controversias derivadas de contratos de interés público puedan ser resueltos por vía de arbitramento, ha sido largamente debatido en la doctrina, y las soluciones del Derecho Comparado son diferentes. Por tanto, no puede considerarse que hay unanimidad al respecto. Lamentablemente la jurisprudencia administrativa en Venezuela no ha tenido la oportunidad de pronunciarse sobre la existencia y validez de cláusulas compromisorias en los contratos de interés público. Sin embargo, valiosas opiniones doctrinales se han dado al respecto.

La Procuraduría General de la República, en 1959, sostuvo el criterio de la improcedencia de la Cláusula arbitral en los contratos de interés público, con razón, pues la Constitución vigente para ese momento, que era la Constitución de 1953, en su artículo 49 establecía el principio de la inmunidad de jurisdicción del Estado consagrado en términos absolutos, y no relativos como se establece en la Constitución vigente. La Procuraduría, en todo caso, hacía una distinción respecto de las cuestiones que podían comprometerse, admitiendo el arbitramento solo sobre cuestiones técnicas pero no de derecho (Véase *Informe de la Procuraduría de la Nación al Congreso,* 1959, Caracas 1960, p. 660). Es decir, según la Procuraduría, antes de 1961, era necesario, al hablar del recurso al arbitramento, distinguir claramente qué cuestiones podían someterse válidamente al mismo. Respecto a las cuestiones técnicas, las discrepancias que podían presentarse entre las partes podían ser resueltas por Tribunales arbitrales. Sin embargo, respecto a las cuestiones sobre interpretación y ejecución del contrato, éstas no podían ser sometidas válidamente a arbitramento (Véase *Doctrina de la Procuraduría General de la República* 1967, Caracas 1969, pp. 13 y 15). La Contraloría General de la República, al contrario ha estimado que no procede en los contratos administrativos la cláusula de arbitraje, por ser contraria a lo dispuesto en el artículo 127 de la Constitución. (Véase *Dictámenes de la Consultoría Jurídica,* Tomo III 1938-1968, Caracas 1968, p. 3; y Tomo IV, 1969-1976, Caracas 1976, pp. 20-4-232 y 251. Véase asimismo Luis Brito García, *Régimen Constitucional de los Contratos de Interés Público.* Separata, Contraloría General de la República, pp. 124 y ss.).

Pero incluso bajo la vigencia de la Constitución de 1953, el profesor Antonio Moles Caubet, en 1960, señaló "que no existe en Venezuela prohibición alguna de la cláusula compromisoria y del subsiguiente procedimiento de arbitraje o arbitramento en los contratos de la administración, sea cualquiera su especie, contratos propiamente administrativos o contratos de derecho privado"; para concluir, después de hacer un minucioso examen del problema en el derecho comparado y de la pluralidad de normas que constituyen el ordenamiento jurídico venezolano relacionadas con la materia, que "la Administración tiene poderes para incluir, sea en un pliego de condiciones, sea en el contrato mismo, la cláusula compromisoria que abre entonces el procedimiento de arbitraje" (A. Moles Caubet, "El arbitraje y la contratación administrativa", *Revista de la Facultad de Derecho, UCV,* N° 20, Caracas 1960, pp. 9 y ss.).

En todo caso, las soluciones en el derecho comparado no son uniformes, y si bien en 1964, en relación al sistema venezolano, Allan R. Brewer-Carías se inclinaba por no aceptar el recurso al arbitramento en la contratación administrativa, dada la inexistencia de normas expresas que lo autorizara (Véase Allan R. Brewer-Carías, *Las Instituciones Fundamentales del Derecho Administrativo y la Jurisprudencia Venezolana,* Caracas, 1964, p. 219); dicho criterio, luego de la reforma del Código de Procedimiento Civil lo cambió dicho autor, 28 años después, aceptando la figura del arbitramento en los contratos de interés público (Véase *Contratos Administrativos,* Caracas 1992, págs. 262 y sigts.).

En efecto, en la situación actual de nuestro ordenamiento jurídico, con el principio de inmunidad de jurisdicción establecido en forma relativa en la Constitución, y luego de sancionado el nuevo Código de Procedimiento Civil de 1986, puede admitirse que en los casos en que no sea obligatoria la cláusula de inmunidad jurisdiccional, en los contratos de interés público *es admisible recurrir al ar-*

bitramento. En estos casos, por tanto, todas las controversias que se susciten pueden comprometerse en uno o más árbitros, antes o durante el juicio, *"con tal de que no sean cuestiones sobre estado, sobre divorcio o separación de los cónyuges, ni sobre los demás asuntos en los que no cabe transacción"* (art. 608 CPC). Por tanto, tratándose de entes públicos o de instrumentos de la acción de gobierno y de contratos suscritos por éstos, la única limitación legal que tienen en materia de arbitraje se refiere a los asuntos en los *que no cabe transacción* sobre los cuales, incluso, el juez no puede excitar a conciliación (art. 258 CPC). Esto, por tanto, plantea el tema de la posibilidad de la transacción en derecho público.

Tal como ha sido definida por el artículo 1713 del Código Civil "la transacción es un contrato por el cual las partes, mediante recíprocas concesiones, terminan un litigio pendiente y precaven un litigio eventual". Se trata entonces de un contrato sinalagmático, concluido entre partes para, mediante recíprocas concesiones, terminar un litigio o la incertidumbre de las mismas sobre una relación jurídica. Se dan, por tanto, dos especies de transacción: una, extrajudicial, que pone fin a la incertidumbre de las partes sobre una relación jurídica -precave un litigio eventual, según nuestro Código Civil-; otra que pone fin a un litigio pendiente.

Se trata, por tanto, de una institución típicamente de derecho civil. Sin embargo el interés que reviste el arreglo amigable de ciertos litigios o de las incertidumbres de las partes en cierto tipo de relaciones jurídicas en que intervienen entes públicos, hacen que en principio pueda admitirse la transacción en materia administrativa, aún cuando para los entes administrativos las posibilidades de transacciones aparecen más reducidas que para los particulares. De ahí que sea necesario precisar, ante todo, los lineamientos generales de las posibilidades para la Administración de celebrar contratos de transacción con los administrados. Para ello, en todo caso, debemos partir de la normativa del Código Civil, aplicable a la Administración dada la ausencia de un régimen legal especial para la transacción en materia administrativa.

En primer lugar, es requisito esencial de la transacción el de la existencia de concesiones recíprocas entre las partes, al renunciar parcialmente a las posiciones extremas en que se habían situado. En todo caso, queda claro que en las recíprocas concesiones se produce el sacrificio, la renuncia o la disposición parcial de las pretensiones de las partes. Por ello el artículo 1714 del Código Civil exige que "para transigir *se necesita tener capacidad para disponer de las cosas comprendidas en la transacción"*. Por tanto, y ello también queda claro, para que las recíprocas concesiones que caracterizan la transacción puedan llevarse a cabo, es necesario que los derechos sobre que versen o más propiamente, las relaciones jurídicas sobre que versen, sean disponibles por las partes, y que éstas tengan capacidad para disponer de ellos.

Aplicado lo anterior a los entes públicos, no sólo rigen entonces en las transacciones que puedan celebrar, las normas ordinarias sobre *competencia* para la formación de todo contrato de la Administración, sino que también rigen algunas normas especiales sobre competencia. De ahí que el artículo 7 de la Ley Orgánica de la Hacienda Pública Nacional, como simple norma de *derecho adjetivo* (y no de derecho sustantivo) establezca que "en ninguna causa fiscal se podrá celebrar transacciones, *sin la autorización* previa del Ejecutivo Nacional dada por escrito y con intervención del Procurador General de la República. En los asuntos que dependan de la Contraloría General de la Nación, la autorización a que se refiere este artículo será impartida previo informe del Contralor de la Nación". Queda claro, en todo caso, que estos requisitos adjetivos no sólo deben cumplirse en las transacciones judiciales, sino también extrajudiciales, pues el concepto de "causa" que emplea el artículo debe interpretarse en sentido amplio.

De lo anterior resulta, por tanto, que no procediendo la transacción en *relación a la competencia* atribuida a los entes públicos, la misma tampoco puede ser materia de compromiso arbitral.

Pero además de la aplicación de las normas generales sobre la competencia a las transacciones que puedan celebrar los entes públicos, es evidente que en ellas tiene una mayor importancia la necesidad de que los derechos o relaciones jurídicas sobre los cuales se van a hacer las recíprocas concesiones sean disponibles, ya que para transigir válidamente hay que poder disponer libremente de los derechos que sean objeto de la transacción. De ello resulta que una transacción no puede recaer sobre derechos inalienables. En derecho público, este aspecto tiene importancia esencial.

En efecto, en primer lugar, la transacción no puede implicar la renuncia ni el relajamiento de normas en cuyas observancias *están interesados el orden público* o las buenas costumbres (artículo 6°, CC), o más generalmente, en las transacciones que celebre un ente público *no pueden renunciarse ni relajarse las normas de orden público y* entre ellas por ejemplo, las que fijan o atribuyan competencias y las de carácter fiscal, y aquellas así calificadas en la legislación especial, como por ejemplo, la *Ley que reserva al Estado la Industria del Gas Natural* de 1971, que establece en su artículo 14 que "las disposiciones de esta Ley tiene *carácter de orden público..."*. Por tanto respecto de estos aspectos, no proceden compromisos arbitrales.

Pero además, y en segundo lugar, la transacción en materia de derecho público no puede versar sobre el ejercicio de una competencia *obligatoria* de la Administración, pues la característica de las llamadas "concesiones recíprocas", que es la base de la transacción, contraría la esencia de la actividad reglada de la Administración, cuando el ejercicio de esos derechos le venga impuesto por el ordenamiento positivo. En otras palabras, la transacción en materia de derecho público nunca puede versar sobre el ejercicio de una facultad reglada o vinculada de la Administración como sería la competencia tributaria y fiscal en general, sino sólo en los supuestos en que exista una potestad discrecional.

En definitiva, y respecto a lo expuesto en último lugar, podríamos concluir señalando que si bien la posibilidad de la transacción es más reducida en materia de derecho público -administrativo o fiscal-, en todo caso sólo podría proceder con respecto del ejercicio de las facultades discrecionales de la Administración -que dependen de su libre apreciación de la oportunidad o conveniencia- y nunca respecto al ejercicio de facultades vinculadas, regladas u obligatorias de la misma. La limitación, también, rige respecto de los compromisos arbitrales.

El tema ha sido objeto de regulación especial en materia tributaria, por lo que partiendo de las premisas indicadas anteriormente, el *Código Orgánico Tributario* ha establecido expresamente la posibilidad del contrato de transacción judicial en materia tributaria, conforme a las siguientes normas:

"Artículo 57. La transacción judicial es admisible en cuanto a la determinación de los hechos y no en cuanto al significado de la norma aplicable.

Artículo 58. El Ejecutivo Nacional, por intermedio del Ministerio de Hacienda, podrá autorizar la transacción, previo pronunciamiento favorable del Consejo de Ministros y oída la opinión del Contralor General de la República.

La transacción podrá celebrarse sin la opinión del mencionado funcionario, cuando hayan transcurrido tres (3) meses sin haberse recibido su respuesta. No será necesario el pronunciamiento del Consejo de Ministros, cuando el asunto sometido a transacción no exceda de un millón de bolívares (Bs. 1.000.000,oo). El Consejo de Ministros podrá elevar este límite hasta cinco millones de bolívares (Bs. 5.000.000,oo). El contrato de transacción será otorgado en nombre de las República, por el Procurador General de la República".

De acuerdo a estas norma, por tanto, la transacción judicial en materia tributaria está limitada a cuestiones de hecho y su determinación, por lo que no se permite en cuestiones de derecho, es decir, en cuanto al significado de la norma aplicable. Esta misma limitación se aplicaría, por tanto, a los compromisos arbitrales.

Pero adicionalmente a las limitaciones al recurso de arbitramento derivadas de lo establecido en el artículo 608 del Código de Procedimiento Civil, para el supuesto de que se recurra a árbitros que deben resolver en el exterior, ello no es posible, conforme al artículo 2° del mismo Código, "cuando se trate de *controversias sobre bienes inmuebles situados en el territorio de la República o sobre otras materias que interesen al orden público o a las buenas costumbres"*. Por tanto, tratándose de contratos de interés público no podrían ser objeto de arbitramento en el exterior controversias sobre bienes inmuebles situados en el territorio de la República o sobre materias que interesen al orden público.

Salvo estos supuestos, todas las otras cuestiones dentro de los límites del artículo 608 del Código de Procedimiento Civil, antes mencionados, en los contratos de interés público, pueden comprometerse las controversias para ser resueltas mediante arbitramento.

Por último, de acuerdo al Código de Procedimiento Civil, tratándose de árbitros de derecho, éstos deben en principio observar el procedimiento legal, y en las sentencias, las disposiciones del Derecho. En el caso de árbitros arbitradores, estos proceden con entera libertad, según les parezca más conveniente al interés de las partes, atendiendo principalmente a la equidad (art. 618).

En todo caso, las partes pueden indicar a los árbitros de derecho, las formas y reglas de procedimiento que deban seguir y someter a los árbitros arbitradores a algunas reglas de procedimiento (Parágrafo Primero, art. 618). Estas reglas de procedimiento que pueden indicar las partes, bien pueden ser las de la Cámara Internacional de Comercio, como lo ha establecido la Cláusula Décima Séptima del artículo 2° del Acuerdo.

En vista de todo lo anteriormente expuesto, pueden establecerse las siguientes conclusiones.

1. El principio de la inmunidad jurisdiccional del Estado que establece el artículo 127 de la Constitución, de carácter relativo, permite cuando la naturaleza del

contrato de interés público lo aconseje, excluir respecto del mismo la aplicación de las leyes venezolanas (con excepción de las normas de orden público) y la jurisdicción de los Tribunales venezolanos.

2. Los contratos de interés público, contenidos en los Convenios de Asociación en ejecución del artículo 5° de la Ley Orgánica que Reserva al Estado la Industria y el Comercio de los Hidrocarburos, por su naturaleza industrial y comercial, son de aquellos que están dentro de las excepciones respecto del principio de inmunidad jurisdiccional del Estado. Por ello, en la Cláusula Décima Séptima del artículo 2° del Acuerdo de 04-07-95, y conforme al artículo 127 de la Constitución, si bien se ha previsto expresamente que se regirán e interpretarán de conformidad con las Leyes de la República de Venezuela, se ha dispuesto la excepción respecto de la cláusula de inmunidad jurisdiccional del Estado, prescribiéndose que las partes contratantes, respecto de controversias que no sean de las materias competencia del Comité de Control, deben recurrir al arbitramento para su solución conforme al Código de Procedimiento Civil (arts. 2 y 608 CPC), lo cual es admisible en los contratos de interés público que no tengan que contener obligatoriamente dicha cláusula.

3. Las limitaciones fundamentales en relación al recurso al arbitramento en los contratos de interés público, como los Convenios de Asociación, son las establecidas en el artículo 608 del Código de Procedimiento Civil, en el sentido de que no pueden comprometerse "cuestiones sobre estado, sobre divorcio o separación de los cónyuges, *ni sobre los demás asuntos en los que no cabe transacción".* En cuanto a la transacción, si bien es admisible en materia de contratos de interés público, no puede conllevar a que las partes transijan sin tener capacidad para disponer de las cosas comprendidas en la transacción. Esto implica, en materia de derecho público, que solo los órganos *competentes* para ello pueden transigir, y que además, la transacción no puede recaer sobre *derechos inalienables* respecto de los cuales *no se puede disponer. Por tanto, la transacción no puede implicar renuncia ni relajamiento de normas de orden público o las buenas costumbres* (art. 6 CC), y particularmente de aquellas que establecen una *competencia de ejercicio obligatorio* (reglado para el Estado). En consecuencia, *ninguna de estas cuestiones pueden ser objeto de compromiso arbitral.* En materia tributaria, en todo caso, la transacción judicial sólo es admisible en cuanto a la determinación de los hechos y no en cuanto al significado de la norma aplicable, por lo que un arbitramento no podría incidir sobre esto último.

4. El recurso al arbitramento en los contratos de interés público donde no sea obligatoria la inclusión de la cláusula de inmunidad jurisdiccional, puede conducir inclusive a que los árbitros designados resuelvan en el exterior, conforme al artículo 2 del Código de Procedimiento Civil, sometido, el compromiso arbitral, siempre, a las limitaciones antes mencionadas y adicionalmente a las previstas en dicho artículo en el sentido de que los arbitrajes que se resuelvan en el extranjero "no pueden referirse a controversias para *bienes inmuebles situados en el territorio de la República o sobre otras materias que interesen al orden público o a las buenas costumbres".*

5. El recurso al arbitramento, en todo caso, cuando ello es posible, en los contratos de interés público permite a las partes indicar a los árbitros las reglas de procedimiento que deban seguir, conforme al artículo 618 del Código de Procedimiento Civil, las cuales bien podrían ser las de la Cámara Internacional de Comer-

cio, como ha sucedido con la condición fijada por el Acuerdo del Congreso de 04-07-95 en su Cláusula Décima Séptima del artículo 2°.

En consecuencia, la mencionada Cláusula Décima Séptima del artículo 2° del Acuerdo de 04-07-95 no contradice, en forma alguna, el artículo 127 de la Constitución, y al contrario, se ha adoptado por las Cámaras Legislativas conforme al mismo, razón por la cual solicitamos de esta Suprema Corte desestime los alegatos de supuesta violación de dicha norma formulados por los recurrentes.

CAPÍTULO VI

IMPROCEDENCIA LA DENUNCIA DE ILEGALIDAD DE LA CLÁUSULA PRIMERA DEL ARTICULO 2° DEL ACUERDO DEL CONGRESO DE FECHA 04-07-95

Los recurrentes, en la demanda de nulidad presentada por ante la Sala Política Administrativa de ese Máximo Tribunal, acumulada a la demanda que cursa por ante esta Corte en Pleno, denuncian la violación por parte de la citada Cláusula del Acuerdo mencionado del artículo 5° de la Ley Orgánica que Reserva al Estado la Industria y el Comercio de los Hidrocarburos, porque en su criterio según dicha Cláusula se permite asignar a las Filiales de PDVSA "derechos genéricos para realizar la más amplia gama de actividades que comprende exploración, explotación, transporte, almacenamiento y comercialización de hidrocarburos, esto es, crudos medianos, livianos, pesados, extrapesados, gas natural asociado o libre, en **áreas indeterminadas,** toda vez que el Acuerdo publicado en la Gaceta Oficial No. 35.754 de fecha 14 de Julio de 1.995, si bien menciona un "Anexo B", no lo incorpora como parte constitutiva del mismo tal y como se hizo siempre desde la época concesionaria, hasta los Contratos de Servicios". Y que, "En consecuencia, nos encontramos ante un caso muy general como lo es el otorgamiento de derechos amplísimos en áreas no definidas". Y agregan que según el Artículo 5°, primer aparte, de la Ley Orgánica que Reserva al Estado la Industria y el Comercio de los Hidrocarburos, sólo pueden celebrarse por excepción los convenios de asociación, porque son de carácter restrictivo, y que por ello, no pueden celebrarse en actividades que son objeto normal y ordinario de los entes petroleros propiedad del Estado venezolano, y mucho menos hacerlo en forma global, amplia, general o comprensiva de una pluralidad de casos, y que la norma citada exige especificidad y especialidad de los casos para que pueden celebrarse convenios de asociación. Y concluyen que el Congreso, en virtud de lo establecido en la Cláusula Primera antes citada, permite la celebración de dichos convenios no en casos especiales sino en casos generales, plurales e indeterminados.

En nombre de nuestra representada, rechazamos la anterior denuncia de los recurrentes por no considerarla fundada, en atención a los siguientes razonamientos:

En primer término, el propio texto de la Cláusula en cuestión, contradice la aseveración de los recurrentes de que se trata de una autorización para celebrar Convenios de Asociación en áreas indeterminadas. En efecto, la Cláusula en cuestión reza textualmente así:

"PRIMERA: El Ejecutivo Nacional, por órgano del Ministerio de Energía y Minas, en uso de sus atribuciones legales, determinará las *Áreas geográficas descritas en el Anexo 'B'"* (en lo adelante las "Áreas") en favor de una filial de

Petróleos de Venezuela S.A. (en lo adelante la "Filial"), para realizar las actividades relacionadas con la exploración y explotación de yacimientos de hidrocarburos, con el transporte por vías especiales, almacenamiento y comercialización de la producción obtenida en las Áreas, y con las obras que su manejo requiera, todo de conformidad con lo dispuesto en la *Ley Orgánica que Reserva al Estado la Industria y el Comercio de los Hidrocarburos"*.

Como puede observarse del texto anteriormente transcrito, el Congreso señala que la asignación de Áreas Geográficas a la "Filial" de PDVSA, para la realización de las actividades reservadas, debe ser "determinada" por el Ejecutivo Nacional, término este que deriva del verbo "determinar", que significa lexicográficamente "Fijar los términos de una cosa", o "Señalar, fijar una cosa para algún efecto". De allí, que el Ejecutivo Nacional fija o señala los límites de los espacios en donde la respectiva Filial efectuará en su nombre las actividades indicadas y sobre los cuales celebrará los correspondientes Convenios de Asociación. En otras palabras, que la autorización dada por el Congreso se refiere a extensiones del territorio nacional definidas y precisas, sobre las cuales, según la Cláusula Tercera del artículo 2° del referido Acuerdo, es donde la asociación que quedará constituida con la firma de cada convenio, puede realizar las actividades descritas en la Cláusula Primera.

En efecto, conforme el propio texto de esta última Cláusula, se trata de "Áreas Geográficas descritas en el Anexo "B", es decir, reseñadas como en efecto lo fueron en Anexo "B" del "Informe sobre Convenios de Asociación para la Exploración a Riesgo de Nuevas Áreas y la Producción de Hidrocarburos bajo el Esquema de Ganancias Compartidas", elaborado por la Comisión Bicameral de Energía y Minas del Congreso el 21-06-96, que se promovió en los autos y que sirvió de base al Congreso para dictar su Acuerdo de fecha 04-07-95.

En efecto, el Anexo en cuestión fue considerado por el Congreso para producir el citado Acuerdo, y que por lo demás formó parte de la información pertinente que el Ejecutivo Nacional envió al Congreso para que éste autorizara el Marco de Condiciones de las Cláusulas de los Convenios de Asociación, como lo pauta el ya mencionado artículo 5°. En concreto, que el Anexo "B" al cual se refiere la cláusula primera del artículo 2° del Acuerdo en cuestión, es el del Informe de la mencionada Comisión Bicameral, que se tuvo en cuenta por las Cámaras Legislativas al considerar el proyecto de Acuerdo, que con base a ese informe le propuso aquella misma Comisión.

Esta circunstancia se reconoce en el Considerando Quinto del referido Acuerdo, cuando se expresa que la citada Comisión efectuó "un detenido análisis del marco de condiciones que se ha propuesto para los Convenios de Asociación".

No autoriza, pues, esta Cláusula Primera al Ejecutivo Nacional para que asigne a la respectiva Filial de PDVSA áreas indeterminadas, como lo sugieren los recurrentes. Por lo demás, la no trascripción del mencionado Anexo en la correspondiente publicación de la Gaceta Oficial, -que por lo demás no es determinante del contenido normativo del Acuerdo, sino que forma parte del Informe que le sirvió de fundamento-, en razón del texto de la mencionada Cláusula, no permite deducir que, en todo caso, en ella se consagra una autorización discrecional al Ejecutivo Nacional para que asigne a la Filial de PDVSA áreas no definidas o indeterminadas. Y es que el texto referido además de disponer obligatoriamente que el Ejecutivo Nacional "determinará", es decir, fijará los términos de las Áreas geográficas precisamente a los efectos de la autorización otorgada por el Congreso para celebrar los Convenios de Asociación, señala también que ello ha de hacerlo el Ejecutivo Nacional, "en uso de sus atribuciones legales", y "todo de conformidad con lo dispuesto en la Ley Orgánica que Reserva al Estado la Industria y el Comercio de los Hidrocarburos". En otras palabras, no se trata de una habilitación discrecional para asignar tales áreas en forma indefinida por el Ejecutivo Nacional, sino reglada, sometida a la legislación que regula esa atribución de otorgar áreas geográficas concretas a las empresas filiales de PDVSA para que efectúen las actividades reservadas; y que por lo que se refiere al caso concreto su determinación fue considerada por el Congreso como se explicó anteriormente.

Es así, que el artículo 6° ejusdem, por un lado, faculta al Ejecutivo Nacional, para crear "las empresas que juzgue necesario para el desarrollo regular y eficiente de tales actividades, pudiendo transferirles el ejercicio de una o más de éstas (…)", y por otro lado, el artículo 21 ejusdem complementa la disposición citada, agregando, que "el Ejecutivo Nacional por órgano del Ministerio de Minas e Hidrocarburos -hoy de Energía y Minas- , determinará las áreas geográficas en las cuales realizarán sus actividades las empresas que se crearen de conformidad con lo previsto en el artículo 6°, y les adscribirá o transferirá los bienes recibidos del Estado, incluidos aquellos que sean bienes inmuebles del dominio privado de la Nación". De manera, que conjugando estos textos a los cuales remite la Cláusula Primera del artículo 2° del Acuerdo del Congreso, con el propio Texto de esta misma Cláusula, y con la motivación que aparece en el Considerando Quinto del mismo Acuerdo, y teniendo presente el fundamento material que tuvo en cuenta el Congreso como lo fue la información pertinente que le suministró el Ejecutivo Nacional y el citado Informe de la Comisión Bicameral de Energía y Minas, antes citado que le sirvió de apoyo, se concluye que no es cierto que se hubiere contemplado una autorización genérica al Ejecutivo Nacional para asignar áreas indeterminadas o también derechos genéricos a la respectiva Filial de PDVSA para que ésta celebre sobre ellas convenios de asociación. Sino que por el contrario se trata de áreas determinadas y definidas a esos efectos, cuya reseña superficial y alinderamiento aparecerán en los contratos en concreto que se lleguen a celebrar, sobre la base de las Resoluciones del Ministerio de Energía y Minas que fije sus términos especiales. Como en efecto así ocurrió en la Resolución N° 002 de fecha 16.01.96, publicada en la Gaceta Oficial N° 35.881 de 17.01.96, que anexamos marcada "B", y en el Acuerdo por el cual se aprobaron los Convenios de Asociación, emitido por el Congreso en fecha 19.06.96, publicado en la Gaceta Oficial N° 35.988 de fecha 26.06.96, que anexamos anteriormente marcado "A".

En segundo término, tampoco resulta fundada la denuncia de ilegalidad sobre la supuesta autorización para celebrar, bajo la figura de convenios de asociación, negociaciones que son objeto normal y ordinario de los entes petroleros del Estado, y de que la autorización del Congreso se trata de una autorización para celebrar tales convenios en forma global, amplia, general y comprensiva de una pluralidad de casos, como lo sostienen los recurrentes en esta misma denuncia. En efecto, al respecto rechazamos tal alegato con fundamento en la siguiente argumentación:

En primer lugar, como lo señala el propio Acuerdo, en su Considerando, Primero, que es uno de sus supuestos no controvertido, la autorización a que se contrae el artículo 1° ejusdem, se refiere a *proyectos específicos* de "*Convenios de*

Asociación para la Exploración a Riesgo de nuevas áreas y la producción de Hidrocarburos bajo el esquema de Ganancias Compartidas" y no en general para cualesquiera tipo de asociación y para cualquier proyecto. Además de referirse el citado Acuerdo a un Proyecto específico, dichos Convenios se diferencian sustancialmente, por su objeto, de los convenios normales que celebran las filiales de PDVSA; y que hace que en verdad se trate de los *"casos especiales "*, a que se refiere el artículo 5° de la Ley Orgánica que Reserva al Estado la Industria y el Comercio de los Hidrocarburos y que se exige como condición para que el Congreso pueda otorgar la autorización respectiva para que el Ejecutivo Nacional o sus empresas petroleras, según el caso, puedan celebrar convenios de asociación en el ejercicio de las actividades reservadas.

En efecto, por un lado, como se asienta en el segundo Considerando del Acuerdo del Congreso, se trata de una asociación con el capital privado para la exploración y descubrimiento, desarrollo y comercialización de nuevas reservas de hidrocarburos, y especialmente de crudos livianos y medianos, es decir, para la realización de proyectos integrales; lo cual de por sí diferencia la asociación de un convenio normal donde no existe tal asociación y tales actividades integradas. Pero es que además, las características de estos convenios permiten calificarlos de especiales.

En efecto, los convenios se caracterizan, en primer término, por el compromiso de los inversionistas de llevar a cabo las actividades exploratorias en el Área por su exclusiva cuenta y riesgo, en base a un Plan de Exploración, aprobado por un Comité de Control dominado mayoritariamente por la Filial de PDVSA, con la finalidad de participar en el desarrollo de los descubrimientos de dicha Área, bajo un Plan, aprobado por el mismo Comité, conforme la figura de un Consorcio que se obligan a constituir los inversionistas con la Filial para financiar dichos desarrollos, en base a un esquema de participación financiera de ambas partes. En segundo término, los convenios en cuestión se distinguen por la aceptación por estas partes de que la producción obtenida en la ejecución de este último Plan, será comercializada por cada una de ellas en proporción a su participación en el Consorcio; así como que las ganancias del Consorcio se distribuirá entre los consorciados, después de deducidos los costos e impuestos. Y en tercer término, los convenios se caracterizan por la aceptación de los inversionistas privados de pagar a la Filial un bono de rentabilidad neta, para que ésta deduzca de ésta sus gastos y para que la pague al Estado en retribución a su interés patrimonial por los derechos que otorgó a la Filial para ejercer en asociación las actividades objeto del Convenio. Estas características otorgan a este tipo de contratos elementos tan especiales que los separan y diferencian de cualesquiera otro contrato que normalmente celebran las filiales de PDVSA. En efecto, este tipo de convenios que permiten incorporar capital privado de grandes empresas de otras regiones desarrolladas del mundo, y cuya finalidad es compartir esfuerzos de investigación y de desarrollo para producir y comercializar productos de países menos desarrollados, y que integran a través de proyectos, las actividades productivas de las empresas participantes en diferentes fases o permiten sus operaciones en actividades relacionadas, en el derecho económico internacional se denominan *"asociaciones comerciales de cooperación estratégica "*, que difieren sustancialmente de los tradicionales contratos de compra-venta o de servicios (Vid, al respecto, *LOYOLA ALARCON, J. ANTONIO,* "Estrategias empresariales frente la Globalización Económica", pág. 459).

Aparte de la caracterización especial de los convenios a los cuales se refiere el Acuerdo, legalmente, el sentido y significado del calificativo de **especiales** que el artículo 5° ejusdem atribuye a los casos en que pueden celebrarse los convenios de asociación, permite señalar que son todos aquellos casos en los cuales por razones técnicas, económicas y financieras resulta conveniente la asociación para obtener los fines perseguidos por el contrato, como en el presente caso la ejecución de proyectos integrales, y que por ello los convenios operativos o de servicios no resultan adecuados. En este orden de ideas, debe recordarse que en su Mensaje del 12 de Marzo de 1.975, un día después de haber sido presentado al Congreso el respectivo Proyecto de Ley, el Presidente de la República al referirse a la modificación efectuada por el Ejecutivo Nacional al Anteproyecto elaborado por la Comisión Presidencial de Reversión que no contemplaba los convenios de asociación, justificó la incorporación de estos convenios al Proyecto, en estos términos: *"Sólo una modificación de fondo contiene el Prospecto y sobre ella asumo particular responsabilidad . Me refiero al Artículo 5°, donde se establece la posibilidad de que los entes estatales, con la previa autorización del Congreso, puedan ir más allá de los convenios operativos con entidades privadas cuando así convenga al interés público "*. E igualmente, en la Exposición de Motivos del referido Proyecto presentado al Congreso en fecha 11 de Marzo de 1.975, el Ejecutivo Nacional justificó el agregado de los convenios de asociación, precisamente, "En razón de la importancia que la industria de los hidrocarburos tiene para el *desarrollo presente y futuro* del país (…), por lo cual "el proyecto no elimina la posibilidad de que, en *casos especiales y* cuando así se justifique razón de los más altos intereses estatales, según fuere el caso, celebrar convenios de asociación con entes privados (…)".

Por su parte, la Comisión Bicameral de Energía y Minas del Congreso, en su Informe de fecha 21 de Junio de 1.995 sobre los Convenios de Asociación para la Exploración a Riesgo de Nuevas Áreas y la Producción de Hidrocarburos bajo el Esquema de Ganancias Compartidas, al proponer a las Cámaras Legislativas el proyecto de Acuerdo, que en definitiva resultó aprobado (Anexo "B") al interpretar el requisito de la especialidad del caso para poder celebrar los convenios de asociación, precisó su concepto en los siguientes términos:

"Para calificar un caso como *especial* se requiere analizar sus características, objetivos y circunstancias en las cuales será ejecutado, dentro del amplio contexto del interés nacional y de la industria petrolera en el largo plazo, a fin de precisar si *se diferencia* de las actividades y proyectos que comúnmente desarrolla dicha industria. Asimismo, la conveniencia al interés público está supeditada a la determinación de que el proyecto específico rinde utilidad, beneficia o preserva al conjunto social" (Vid, Informe, ya citado, pág. 4).

Y en cuanto a la especialidad del caso en los convenios autorizados por el Acuerdo cuya nulidad parcial se pretende, y que hace que no se trate de negocios normales, la referida Comisión precisó lo siguiente:

"La determinación de la *especialidad* del caso en estos Convenios se basa en las siguientes afirmaciones:

Las oportunidades de vender más en los mercados mundiales de hidrocarburos, basadas en una demanda que se está incrementando en el orden de 2%

anual. Efectivamente, las únicas fuentes de generación de energía cuya demanda ha aumentado en los años recientes son el petróleo y el gas. Los planes de crecimiento de nuestra industria petrolera buscan capturar parte importante de esta demanda incremental; sin embargo, la capacidad de lograrlos por cuenta propia está por debajo de las posibilidades de mercado. En consecuencia, un máximo de aprovechamiento de esas oportunidades en los mercados internacionales pasa por la incorporación de capitales privados que, en sociedad con la industria nacional, incorporen volúmenes adicionales de hidrocarburos venezolanos a dichos mercados."

"La posibilidad de encontrar nuevas reservas, en el orden de 40 mil millones de barriles de petróleo liviano y mediano. Según ha indicado PDVSA, esta posibilidad ha surgido de estudios geológicos realizados recientemente en áreas no exploradas y a profundidades a las cuales no había sido posible llegar por las tecnologías en el pasado".

"La necesidad de acelerar la actividad exploratoria para precisar si esas reservas existen o no y, sobre una base más sólida desarrollar las estrategias de producción petrolera. Esta actividad podría ser completada por PDVSA en unos 35 años si lo hace por su cuenta, lapso que podría reducirse a unos 8 a 10 años con el aporte de socios".

"La conveniencia de importar tecnologías de avanzada, que permitan explorar y producir petróleo a menores costos y con la mayor eficiencia posible, lo cual permitirá a nuestro país mantener una privilegiada posición en el mercado petrolero mundial como un productor de bajos costos. Este logro es el que ha permitido el incremento de la producción en zonas que originalmente eran de altos costos, como es el caso del Mar del Norte; por otra parte, las perspectivas de los precios petroleros en los mercados internacionales, que se vislumbran a niveles similares a los actuales, obligan a mejorar consistentemente los costos de producción en base a esos adelantos tecnológicos. Esta situación de precios moderados ha sido, por otra parte, la base de las directrices que ha impartido el Ejecutivo Nacional a los planes de desarrollo de la industria petrolera, los cuales se sustentan en el aumento de los ingresos a la Nación por la vía de mayores niveles de producción".

"La coyuntura favorable para captar inversiones privadas, comparativamente con otros países petroleros que buscan atraer a las empresas internacionales para aumentar su producción. Esta ventaja no es permanente, y se puede ver afectada con los anuncios de apertura en Irán, Irak y Kuwait. De hecho ya Venezuela compite con una gran cantidad de países que buscan desarrollar sus recursos en el corto y mediano plazo."

"La necesidad de atraer divisas para la inversión en Venezuela, a fin de equilibrar las cuentas económicas del país. La difícil situación de nuestra economía hace resaltar la importancia de convertir a Venezuela en un sitio atractivo para la inversión privada. Siendo el petróleo nuestra principal fuente de ventajas comparativas y competitivas, luce el sector llamado a propiciar un sendero de recuperación económica, tan necesario para lograr una mejoría de las condiciones de nuestra población" (Informe citado, págs. 5 a 7).

Y en cuanto al otro requisito de la conveniencia para el interés público de los Convenios de Asociación, exigido por el artículo 5° ejusdem, la citada Comisión con relación a los Convenios cuya celebración autorizó, concluyó

"Las consideraciones anteriores resaltan la *conveniencia al interés público de los Convenios de Asociación* propuestos por el Ejecutivo Nacional. En la medida que estos Convenios propicien la atracción de capitales nacionales y extranjeros para la inversión en Venezuela, y que promuevan una mayor actividad económica en el país, con sus beneficios directos en el fortalecimiento del sector productivo nacional, la transferencia de tecnologías, la generación de empleos y la formación de personal capacitado venezolano, así como la creación de nuevas fuentes de ingresos, efectivamente se estará dotando al país de una vía para resolver buena parte de los problemas económicos que nos agobian". (Vid, Informe mencionado, pág. 7).

Adicionalmente a todo lo anteriormente expuesto, debe señalarse que en atención al texto del artículo 6° de la Ley Orgánica que Reserva al Estado la Industria y el Comercio de los Hidrocarburos, en concordancia con sus artículos 5° y 21°, no existe límite alguno en cuanto a la superficie de las áreas que el Ejecutivo Nacional puede asignar y respecto de la atribución de actividades reservadas de hidrocarburos a las empresas que hubiere creado el mismo Ejecutivo Nacional; y en lo atinente al tipo de actividades; puesto que conforme a las normas citadas, a dichas empresas les pueden ser asignadas determinadas áreas geográficas para que en ellas realicen cualesquiera actividades; y si se dan los otros requisitos exigidos por el artículo 5°., ya mencionado, para que también puedan celebrar convenios de asociación, con la aprobación del Congreso; si ello es necesario y conveniente para la ejecución de todas y cada una de tales actividades. En otras palabras, que a aquellas empresas les pueden ser atribuidas ampliamente por el Ejecutivo Nacional la ejecución de todas las actividades reservadas, o algunas de ellas, en las áreas geográficas que determine al efecto, según lo considere conveniente en cada caso el Ejecutivo Nacional, y por ende, el Congreso puede autorizar igualmente, en la forma como lo hizo en el presente caso, la celebración de asociaciones para todas las actividades en cuestión, en tales áreas determinadas, sin que pueda impugnarse esta autorización, como lo han hecho los recurrentes, alegando su supuesto carácter indeterminado o genérico.

Por último, en esta misma denuncia y vinculada a su argumentación relativa a la supuesta ilegalidad por la supuesta asignación de derechos genéricos a la Filial de PDVSA designada, los recurrentes sostiene la nulidad de la Cláusula Primera del Acuerdo del Congreso de fecha 04-07-95, por considerar que infringe el artículo 1.142 del Código Civil -(debe ser el artículo 1.141 ejusdem, aclaramos nosotros)-, porque estiman los recurrentes que la Cláusula en cuestión "autoriza la realización de convenios cuyo objeto resulta indeterminado e indeterminable", y concluyen afirmando, que de tal circunstancia se sigue que los convenios a celebrarse en el futuro carecerían igualmente de objeto. Para sostener este alegato sostienen los recurrentes que al no aparecer publicadas "las áreas en las cuales se irían a realizar las actividades autorizadas, la definición del objeto es de imposible realización"(Sic.).

Rechazamos la anterior denuncia con fundamento en la siguiente argumentación:

En primer término, como se demostró, lo cual ratificamos en esta oportunidad, la Cláusula cuya nulidad se pretende no faculta al Ejecutivo Nacional para que asigne a la Filial de PDVSA el ejercicio de actividades reservadas en áreas indeterminadas o indefinidas, sino en áreas cuyos términos a los efectos de los Convenios de Asociación han de ser determinadas por el mismo Ejecutivo Nacional por estar referidas a áreas geográficas que se encuentran descritas en el Proyecto de Marco de Condiciones que el propio Ejecutivo Nacional presentó al Congreso el 7 de diciembre de 1.994, como se desprende del primer considerando del Acuerdo del Congreso. En segundo término, el Ejecutivo Nacional determinó tales áreas mediante un acto posterior, que define claramente los términos de estas áreas, tal como consta de la Resolución N° 002 del 16-01-96 del Ministerio de Energía y Minas, publicada en la Gaceta Oficial N° 35.881 de fecha 17.01.96, que anexamos marcada "B", que fue ratificado por el Congreso en su Acuerdo de fecha 19.06.96, antes referido (Anexo "A"), al autorizar la celebración de Convenios de Asociación en las ocho (8) áreas perfectamente determinadas en la citada Resolución N° 002 de fecha 16-01-96, actos éstos que precisamente complementan el dispositivo legal contenido en la Cláusula Primera del artículo 2° del Acuerdo del Congreso de 04.07.96.

Y en tercer término, en todo caso, no se configura en el presente supuesto el motivo de nulidad de los contratos contemplado en el artículo 1.141 del Código Civil -(no en el artículo 1.142 ejusdem, como equivocadamente señalan los recurrentes)-, puesto que tal supuesto sólo ocurre cuando en un contrato concreto su objeto no es posible o resulta indeterminado o no determinable, según lo precisa el artículo 1.155 ejusdem.

En efecto, como es fácil de entender, el Acuerdo dictado por el Congreso no es ningún contrato, sino como se aclara en su Artículo 2°, su contenido son un conjunto de Cláusulas del Marco de Condiciones. En otras palabras, un acto contentivo de preceptos generales de derecho regulatorios de los Convenios de Asociación para la exploración a riesgo de nuevas áreas y la producción de hidrocarburos bajo el esquema de ganancias compartidas, que llegue a celebrar la Filial de PDVSA designada. Por esta sola circunstancia la denuncia debería ser desestimada por ser inaplicable el artículo 1.141 cuya infracción se pretende delatar ante esa Corte en Pleno. Pero, a mayor abundamiento, en el supuesto negado y no probado de que fuere aplicable, tampoco se configura el motivo de nulidad absoluta de falta de objeto de los contratos a que hacen referencia el artículo 1.141 ejusdem ordinal 2°, y el artículo 1.155 ejusdem. En efecto, conforme a la mejor doctrina civilista, el objeto de dichos Convenios es susceptible de obtenerse o conseguirse en la realidad, por lo que se trata de un objeto *posible;* y además, porque en todo caso en la Cláusula Primera del artículo 2° del Acuerdo del Congreso de 04-07-95 y en los artículos 6° y 21 de la Ley Orgánica que Reserva al Estado la Industria y el Comercio de los Hidrocarburos, existen los elementos necesarios para su determinación, o se encuentran las circunstancias futuras capaces de determinarlo al momento de celebración del contrato respectivo, se trata también de un objeto *determinado o determinable* (Vid, en este orden de ideas, *MADURO LUYANDO, ELOY*, **"Curso de Obligaciones Derecho Civil III"**, UCAB, 1.993, págs. 433 y 434). Circunstancia esta que ya ocurrió al dictar el Ministerio de Energía y Minas su Resolución N° 002 de fecha 16-01-96, que determinó el objeto de los futuros contratos. No existe, pues, el motivo de nulidad denunciado por ser inaplicable, o en todo caso, por resultar improcedente.

CAPÍTULO VII

IMPROCEDENCIA DE LA DENUNCIA DE ILEGALIDAD DE LA CLÁUSULA SEXTA DEL ARTÍCULO 2° DEL ACUERDO DEL CONGRESO DE FECHA 04.07.95

Denuncian los recurrentes en la demanda de nulidad presentada por ante la Sala Político Administrativa de ese Máximo Tribunal, y que también conoce esa Corte en Pleno, la nulidad de la mencionada Cláusula porque consideran que al establecer que en la fase exploratoria el inversionista asume la totalidad de las posibles perdidas, porque actúa a su exclusiva cuenta y riesgo, resulta ser una *cláusula leonina* del Convenio de Asociación, conforme a lo previsto en el artículo 1.664 del Código Civil, lo cual permitiría, según lo alegan los recurrentes, que la República pueda ser objeto de demandas por parte de los inversionistas que hayan obtenido pérdidas en la exploración, y por ello solicitan de esa Corte declare su nulidad.

Rechazamos la anterior denuncia, por considerarla improcedente, con fundamento en los siguientes razonamientos:

El motivo de nulidad denunciado por los recurrentes resulta aplicable a los verdaderos contratos de sociedad, conforme se deduce del texto del citado artículo 1.664, que aparece bajo el **Título X** del Libro Tercero del Código Civil, que se denomina "De La Sociedad", esgrimido en apoyo de su alegato por los recurrentes. En efecto, dicho texto reza textualmente:

> "Es nula la cláusula que aplique a uno de los *socios* la totalidad de los beneficios, y también la que exima de toda parte en las perdidas la cantidad o cosas aportadas por uno o más socios. El socio que no ha aportado sino su industria, puede ser exonerado de toda contribución en las perdidas".

Ahora bien, los Convenios de Asociación cuyo Marco de Condiciones estableció el Congreso en su Acuerdo de fecha 04-07-95, no constituyen una sociedad, en los estrictos términos como se define este contrato en el artículo 1.649 ejusdem, en el sentido de que, "El contrato de sociedad es aquél por el cual dos o más personas convienen en contribuir, cada una con la propiedad o el uso de las cosas, o con su propia industria, a la realización de un fin económico común". Por el contrario, en virtud de sus principales elementos y características los Convenios de Asociación regulados en el referido Acuerdo, constituyen contratos especiales que si bien tienen por finalidad la concurrencia de capitales entre los inversionistas y la Filial de PDVSA, para la realización de actividades relacionadas con la exploración y explotación de yacimientos de hidrocarburos, con el transporte por vías especiales, almacenamiento y comercialización obtenido en las áreas asignadas a la Filial, su celebración per se no dé origen a una sociedad estrictamente hablando. Por el contrario, según la Cláusula Quinta del Acuerdo del Congreso, mediante la suscripción del Convenio de Asociación los inversionistas y la Filial contratante, o inclusive otra filial de PDVSA distinta designada por la primera, se comprometen precisamente a constituir posteriormente, mediante otro contrato, una sociedad anónima en Venezuela, en la cual la Filial contratante será accionista de un 35% del capital social y los inversionistas del 65%, con un objeto social especifico diferente al del convenio matriz de dónde surgió. En efecto, esta sociedad anónima tendrá como finalidad únicamente la de dirigir, coordinar y supervisar las actividades de exploración, producción, transporte y comercialización, que a su vez constituyen el objeto concreto del Convenio de Asociación. Aparte de este compromiso, si bien es verdad que los inversionistas se comprometen de llevar a cabo las actividades exploratorias en las áreas por su exclusiva cuenta y riesgo, ello es a cambio de los compromisos de la Filial de PDVSA, o de la filial que se designe, de participar en un 35% junto con los inversionistas en un Consorcio para financiar el desarrollo comercial de los descubrimientos que encuentren los inversionistas, y de darle una participación a los mismos inversionistas en la producción comercial resultante de la ejecución de los planes de desarrollo de las áreas, cuyos derechos reales de extracción seguirán siendo de la Filial contratante, en proporción a las participaciones de las partes en dicho Consorcio. También la actividad de los inversionistas es a cambio del compromiso mutuo de reconocerse un derecho preferente de adquisición de toda la producción e igualmente a cambio del compromiso de la Filial de repartirse los beneficios económicos resultantes de la venta o mercadeo de la producción proveniente de cada área de desarrollo, conforme a un esquema pre-establecido de límites mínimos y máximos de repartición. Es decir, que el "riesgo exploratorio" se asume a cambio de contraprestaciones de la otra parte contratante, es decir, la filial de PDVSA.

En otras palabras, como se expresa en el Informe de la Comisión Bicameral de Energía y Minas del Congreso, antes citado;

> *"Los Convenios de Asociación para la exploración a riesgo de nuevas áreas y la producción de hidrocarburos bajo el esquema de ganancias compartidas representan un caso de <u>asociación muy particular</u> por las características del llamado riesgo exploratorio, el cual se desea que sea asumido por el inversionista privado para que, luego de encontrado un yacimiento con posibilidades de desarrollo comercial, la filial que PDVSA designe decida su participación en el desarrollo específico, con fundamento en su particular criterio estratégico e interés comercial".* (*Informe citado*, pág. 7).

Ahora bien, el compromiso de ambas partes de constituir una sociedad anónima, con una participación financiera de la Filial de PDVSA contratante, o de otra designada al efecto, de un 35% del capital social, precisamente para dirigir, coordinar y supervisar todas las actividades del Convenio de Asociación, y por ende, las de exploración, y de compartir entre ambas el negocio, con base a un esquema de repartición de beneficios, no obstante que una de Ellas, los inversionistas, asume el riesgo exploratorio, permite sostener que en dichos Convenios se mantienen las bases esenciales del verdadero ánimo asociativo de participación. En efecto, para los inversionistas, la contrapartida de la asunción por su sola cuenta de los costos del financiamiento del riesgo exploratorio es, por un lado, que la Filial participará con él en la actividad exploratoria, a través de la responsabilidad compartida de constituir una sociedad anónima, con aportes económicos de ambos, precisamente para dirigir, coordinar y supervisar, entre otras principales, esta actividad exploratoria. Y por el otro lado, también su contrapartida, es la participación en el negocio que le reconoce la Filial sobre un esquema de participación entre un mínimo y un máximo. En concreto, que, según los términos de la Cláusula Sexta del Acuerdo del Congreso, el hecho de que la Filial contratante no asuma el financiamiento del riesgo exploratorio, sino los inversionistas, no la exime de participar totalmente en esa actividad, inclusive financieramente, sólo que esta participación se limita a las labores de dirección, coordinación y de supervisión de esa misma actividad exploratoria, y además, por otro lado, que el riesgo exploratorio de los inversionistas tiene como contrapartida, además de la participación económica de la Filial en la sociedad anónima que va a realizar los trabajos directivos, de coordinación y supervisorios de esa actividad, el compartir con aquella Filial el negocio en si mismo de la producción y comercialización de los hidrocarburos.

Por otro lado, estos contratos mediante los cuales inversionistas internacionales se asocian a productores nacionales de bienes o materias primas, que no cuentan con los recursos económicos suficientes para ejecutar proyectos completos de producción y comercialización, para alcanzar los principales mercados mundiales, tienen, como ya señalamos, reconocimiento, como contratos especiales, en el derecho económico internacional. En efecto, en las relaciones comerciales entre los inversionistas de países industrializados y los países productores de materias primas, que no cuentan con recursos para colocar esos productos a nivel mundial, han surgido las llamadas *"asociaciones comerciales de cooperación estratégica"*, cuya finalidad es atraer capitales privados para compartir esfuerzos en materia de investigación y de desarrollo para comercializar un producto o servicio; efectuar transferencias de tecnología; o producir de manera conjunta; mediante acuerdos informales o formales, que pueden entrañar o no formas societarias, o de copropiedad, total o parcial. E igualmente, pueden celebrarse esas asociaciones para integrar actividades productivas de las empresas participantes ampliándolas a diferentes fases (asociaciones verticales); o para permitir su operación en actividades relacionadas (asociaciones horizontales); o para incluir un grupo de productos, tecnologías o servicios (asociaciones de conglomerados) (Vid, *LOYOLA, ALARCON J. ANTONIO,* "Estrategias empresariales frente a la Globalización Económica", págs. 459 y 460).

En concreto, no obstante la advertencia que se hizo de que no se está en presencia de un verdadero contrato de sociedad, sino de un convenio de asociación, y que por ello es inaplicable el artículo 1.664 del Código Civil, sin embargo, a mayor abundamiento, para esclarecimiento de la verdad, puede concluirse que en estos Convenios, existen los elementos definitorios de una verdadera *asociación*. En efecto, la regulación entre las partes del Convenio de Asociación de la asunción del riesgo exploratorio para una sola de ellas, como un compromiso para que ambas se obliguen a constituir fondos o patrimonios comunes para participar conjuntamente económica y financieramente, primeramente, en las labores directivas, de coordinación y supervisorias de la exploración; y posteriormente, en la producción y la comercialización de los hidrocarburos obtenidos en las áreas objeto del Convenio de Asociación; así como para repartirse las ganancias o beneficios obtenidos del negocio de la venta de los hidrocarburos producidos en conjunto (Cláusulas Quinta, Sexta, Séptima Octava y Novena del artículo 2° del Acuerdo del Congreso), elimina toda calificación de *leonina* que se pretenda atribuir a dichos Convenios. Los elementos anteriormente descritos configuran claramente la voluntad de las partes de cooperar y de colaboración, sin que ninguna de ellas, como participantes o asociados, resulte totalmente beneficiado o totalmente perjudicado.

Además, de lo anterior, que por sí permite desestimar por improcedente la presente denuncia en contra de la validez de la Cláusula Sexta del Acuerdo del Congreso de fecha 04-07-95, en el supuesto negado y no probado que el artículo 1.664 del Código Civil resultara aplicable a los Convenios de Asociación, ocurre que no siendo los recurrentes partes de Convenio alguno de este tipo, carecen de la legitimidad procesal necesaria para alegar la nulidad de dicha Cláusula, en razón de que por tratarse de un motivo de nulidad relativa, en todo caso, procesalmente sólo podría demandarla quien ostente la condición de socio, o de llegar a admitirse la aplicación de dicha norma, de asociado, pero no los terceros extraños. Aún más, tampoco existe un interés actual por parte de los recurrentes, que legitime su pretensión de nulidad de dicha Cláusula por fundarse en hechos hipotéticos, como lo es la "posibilidad de que la República sea objeto de demandas por parte de los inversionistas que hayan tenido perdidas en la exploración". Por ello, por esta otra razón eminentemente procesal la denuncia a que se refiere este Capitulo debe ser desestimada.

Por todas las razones expuestas, la denuncia de ilegalidad por el supuesto carácter leonino de la Cláusula Sexta del Acuerdo del Congreso de fecha 04.07.95, debe ser declarada sin lugar.

CAPÍTULO VIII

IMPROCEDENCIA DE LA DENUNCIA DE ILEGALIDAD DE LA CLÁUSULA VIGÉSIMA PRIMERA DEL ARTÍCULO 2° DEL ACUERDO DEL CONGRESO DE FECHA 04-07-95

Sostienen los recurrentes que la Cláusula citada contraviene lo dispuesto en el Parágrafo Único del artículo 41 de la Ley de Hidrocarburos, al establecer la posibilidad que la regalía petrolera, denominada impuesto de explotación, pueda ser reducida por el Ejecutivo Nacional desde el mismo momento en que se inicia la explotación cuando se considere que el yacimiento en cuestión no es comercial. Alegan los recurrentes que la rebaja a que se contrae el referido Parágrafo Único sólo procede al incrementarse los costos de producción por agotamiento en los procesos de explotación del yacimiento, pero no en cualquier momento como se prevé en la Cláusula indicada.

Nuestra representada rechaza tal alegato por resultar improcedente conforme a la siguiente argumentación:

La Cláusula Vigésima primera del artículo 2° del mencionado Acuerdo, reza textualmente:

"El Ejecutivo Nacional podrá establecer un régimen que permita ajustar impuesto establecido en el artículo 41 de la Ley de Hidrocarburos, cuando se le demuestre, en cualquier momento, que no es posible alcanzar los márgenes mínimos de rentabilidad para la explotación comercial de una o más Áreas de Desarrollo durante la ejecución del Convenio. A tales efectos, la Filial realizará las correspondientes comprobaciones de costos de producción por ante el Ministerio de Energía y Minas".

En el anterior texto, aparece claramente una remisión directa al artículo 41 de la Ley de Hidrocarburos, el cual, como se sabe rige para las empresas propiedad del Ejecutivo Nacional a las cuales se les hubiere encomendado el ejercicio de las actividades reservadas, como se desprende de la aplicación a dichas empresas del anterior régimen concesionario en materia de impuestos y contribuciones nacionales en atención al contenido del artículo 6° de la Ley Orgánica que Reserva al Estado la Industria y el Comercio de los Hidrocarburos. Ahora bien, dentro de ese régimen se halla el llamado "impuesto de explotación" conocido como "regalía petrolera", que conforme al ordinal 1° del artículo 41, antes citado, consiste en el pago del 16 y 2/3 por ciento del petróleo crudo extraído, medido en las instalaciones en que se efectúe la fiscalización. El impuesto señalado, según el mencionado ordinal 1° del artículo 41, también citado, puede pagarse "total o parcialmente, en especie o en efectivo, a elección del Ejecutivo Federal". Ahora bien, el artículo 41, en comento, prevé rebajas del señalado porcentaje o participación, en el supuesto contemplado en el Parágrafo Único del ordinal 1° de dicho artículo, "Con el fin de prolongar la explotación económica de determinadas concesiones, (…)" y para ello, "queda facultado el Ejecutivo Federal para rebajar el impuesto a que se refiere este ordinal en aquellos casos en que se demuestre a satisfacción que el costo creciente de producción, incluido en éste el monto de los impuestos, haya llegado al límite que no permita la explotación comercial, (…). En este supuesto, por la utilización del término "prolongar", uno de cuyos significados es "extender una cosa a lo largo" o "hacer que dure una cosa más tiempo de lo regular", cabe, tanto la rebaja para cuando iniciada la explotación comercial y estando en ejecución, no llegue a paralizarse por no ser rentable; como también la rebaja para cuando la no comerciabilidad de la explotación impide iniciarla; e igualmente para cuando la no rentabilidad también impida el reinició de la explotación comercial ya iniciada. De manera, que las rebajas, en cuestión, pueden ser solicitadas en cualesquiera de esos momentos, es decir, desde el inicio del periodo de explotación, precisamente para permitir que comience y durante su ejecución para que no se paralice o se pueda reiniciar, y no como asientan los recurrentes solamente después de iniciada la explotación. Y el Ejecutivo Nacional, por tanto, está facultado para así acordarlo. en cualquiera de esos supuestos.

En este orden de ideas, en la Exposición de Motivos del Proyecto de Ley de Hidrocarburos de 1.943, se señalaba que la facultad de rebajar el impuesto de explotación que se reconoce al Ejecutivo Nacional, se justifica para impedir que la riqueza del subsuelo quede inexplorada, por la suspensión de los trabajos de producción, lo que puede suceder porque no se inicien o porque después de iniciados se paralicen (Vid. *BENDAHÁN, DANIEL*, "La Legislación Venezolana sobre Hidrocarburos", Ediciones de la Bolsa de Comercio de Caracas, 1.969, Empresa El Cojo, págs. 114 y 115). Y aún más, en base a ese criterio, es por lo que en el Anteproyecto de Ley Orgánica de Hidrocarburos, elaborado por la Comisión designada mediante Resolución No. 204 de 25.02.76 del Ministerio de Energía y Minas, se recogió la interpretación de que el Ejecutivo Nacional queda facultado para *"rebajar en la proporción que juzgue adecuada, cuando sea conveniente al interés del Estado, la participación sobre los hidrocarburos extraídos (…) 1. Estas rebajas podrán llegar hasta la total eliminación de los ingresos referidos"* (Art. 15, Parágrafo Segundo), (Vid. *EGAÑA MANUEL R.*, "Anteproyecto de Ley Orgánica de Hidrocarburos", Colección Justitia et Jus, ULA, Mérida, 1.981, págs. 51 y 73). Lo importante, es pues, la facultad del Ejecutivo Nacional de valorar si la rebaja es o no conveniente al interés nacional, lo cual solo puede ser ponderada por el mismo Ejecutivo Nacional. Por tanto, la Cláusula Vigésimo Primera del artículo 2° del Acuerdo del Congreso, en lugar de contradecir el citado artículo 41 de la Ley de Hidrocarburos, resulta conforme a su disposición referente a las rebajas en materia del impuesto de explotación de los hidrocarburos.

Aparte de lo anterior, que como se ha demostrado resulta conforme con la mejor interpretación auténtica y lógica-racional del texto del mencionado artículo 41 de la Ley de Hidrocarburos, la previsión de la referida Cláusula Vigésimo Primera de permitir al Ejecutivo Nacional establecer un régimen de rebajas para el pago del impuesto de explotación, bien puede ser dispuesta por el Congreso en la regulación que dicte de la explotación realizada por las empresas filiales de PDVSA, mediante Convenios de Asociación, como sucede en el presente caso, en razón de la amplia facultad que le otorgó el legislador en el artículo 5° de la Ley Orgánica que Reserva al Estado la Industria y el Comercio de los Hidrocarburos, de fijar las condiciones bajo las cuales han de celebrarse dichos Convenios, para así poder ser autorizados por las Cámaras Legislativas. Regulación esta que ha de estar comprendida en el respectivo Acuerdo Legislativo, de las Cámaras Legislativas, que conforme a lo previsto en los artículos 126 y 138, primer aparte, de la Constitución, en concordancia con el artículo 139 y con la Disposición Transitoria Decimatercera del mismo Texto Fundamental, tiene jerárquicamente el rango de una ley ordinaria, como lo ha reconocido esa Corte en sentencias de fechas 25.01.94 y su Sala Político Administrativa en sentencia de fecha 14.09.93, citadas en el Capítulo I de este escrito. Por ende, a través de ese Acuerdo el Congreso puede definir un régimen legal para los impuestos de hidrocarburos, en atención a lo dispuesto en los ordinales 8° y 10°, del artículo 136 de la Constitución, en concordancia con el artículo 139 ejusdem, ya citado, y con la Disposición Transitoria Decimatercera del mismo Texto Fundamental, también citada, y con el artículo 5° de la Ley Orgánica mencionada, como demostramos en el Capítulo IV de este mismo escrito. De allí, que si alguna contradicción pudiera existir entre la Cláusula Vigésimo Primera del artículo 2° del Acuerdo del Congreso y el mencionado artículo 41 de la Ley de Hidrocarburos, -supuesto negado y no probado-, aquélla sería la aplicable y no éste último artículo. Sin embargo, como demostramos anteriormente, no existe contradicción alguna entre ambos dispositivos legales.

Es más, a mayor abundamiento, y para reforzar la argumentación referida a los amplios poderes regulatorios de los Convenios de Asociación por el Congreso para fijar las condiciones para su celebración, incluido los aspectos impositivos, conforme al artículo 5° de la Ley Orgánica que Reserva al Estado la Industria y el Comercio de los Hidrocarburos, en concordancia con los artículos 126 y 136, ordinal 10°, de la Constitución, y con su Disposición Transitoria Décima Tercera; debe recordarse que dada la naturaleza del impuesto de explotación de tratarse de una participación que corresponde al Estado en la producción a cambio de la asignación de los derechos de explotación en sus yacimientos que el Ejecutivo Nacional confiere a un tercero, sujeta a la condición aleatoria de que se encuentre el yacimiento de hidrocarburos y de que se explote, y que por cuanto además se puede pagar en especie y no solo en dinero, se ha estimado que el referido impuesto de explotación no es un verdadero impuesto sino una renta o ingreso derivado de un bien propio de la República (Vid, en este orden de ideas, *GONZÁLEZ MIRANDA, RUFINO*, "Estudios acerca del Régimen Legal del Petróleo en Venezuela", UCV, 1.958, págs. 360, 376, 378, 379 y 384. *DUQUE SÁNCHEZ, JOSÉ ROMÁN*, "Manual de Derecho Minero Venezolano", 3a. ed., UCAB, Caracas, 1.974, pág. 312. *BENDAHAN, DANIEL*, Op. Cit., pág. 73. y, *FARIÑAS, GUILLERMO*. "Temas de Finanzas Públicas. Derecho Tributario. El Impuesto sobre la Renta", EDIME, Caracas, 1.978, pág. 230). Por esta razón, se ha afirmado por un destacado especialista, que si ello era antes así," Abolido el sistema de concesiones y recuperado por el Estado el derecho de explotar los yacimientos de hidrocarburos, los cuales son bienes suyos, los proventos que el Estado derive de esa explotación se alejan de la figura impositiva y se acercan a los "ingresos del dominio público territorial del

Estado", "ingresos originarios " o "ingresos de Derecho Privado ", en la clasificación tradicional o clásica de los ingresos estatales". Y que por ello, al analizar la naturaleza del referido proyecto, se llega a la conclusión, que "Desde un punto de vista rigurosamente jurídico, la determinación del monto de la participación económico-financiera del Estado en la industria petrolera nacionalizada no está sujeta, al principio de la legalidad tributaria, consagrado en el articulo 224 de la Constitución, en razón, precisamente, de que no se está en presencia de "tributos ", jurídica y técnicamente entendidos (...)" (Vid, *EGAÑA, MANUEL R.*, " Anteproyecto de Ley Orgánica de Hidrocarburos", Colección Justitia et Jus, UIA, Mérida, 1.981, ya citada, págs. 47 y 48).

La anterior conclusión, basada en la interpretación lógica del texto del artículo 41 de la Ley de Hidrocarburos, con fundamento en su racionalidad, conduce a admitir que para que proceda la rebaja de la regalía no es necesario que el yacimiento esté en explotación, lo cual se confirma con su elemento histórico, al analizarse sus precedentes, como también se explicó. Ahora bien, si se ahonda en la interpretación etimológica y gramatical del término "prolongar", referido a la explotación económica de las concesiones, que es la finalidad perseguida con la rebaja, la anterior interpretación racional resulta congruente con su sentido gramatical. En efecto, "prolongar", es "hacer que una cosa dure más tiempo de lo regular", para lo cual, como se deduce de tal significado, no es necesario que esa cosa exista con anterioridad, sino que también en la realidad pueda existir. En ese sentido, en el caso que nos ocupa, para que la explotación económica pueda mantenerse en el tiempo o prolongarse, basta con que se demuestre el motivo que la justifique, es decir, "el costo creciente de producción", que incluyendo el monto de los impuestos, represente el límite que no permite la explotación comercial; sin que los términos que contemplan tal rebaja permitan presuponer que es condición necesaria que esa explotación exista con anterioridad.

Por otra parte, la finalidad de la rebaja tiene como fundamento económico el ordenamiento de la producción mediante un estímulo a las inversiones, que es la contrapartida a ese sacrificio fiscal (Vid, en este sentido Gerloff & Nenmork, Editorial Ateneo, Buenos Aires, pág. 220). En efecto, la rebaja de la regalía o impuesto de explotación, tiene como objetivo la extensión de la actividad de producción de hidrocarburos para que pueda generar riqueza y empleo en el país y para que pueda mantenerse como fuente generadora de recursos para la economía y para el Fisco Nacional, mediante la aplicación de los otros tributos que le resultan aplicables. Por tanto, si nos encontramos con un caso donde una explotación determinada no resulta viable desde el punto de vista económico sin la aplicación desde sus inicios de la rebaja prevista en la disposición comentada, la exigencia de que dicha actividad comience para después otorgar la rebaja, estaría contradiciendo objetivos fundamentales del Estado en tal materia. En efecto, si en ausencia de la rebaja, la explotación carece de viabilidad desde el punto de vista comercial, quienes pudieran tener interés en la misma, en la medida en que actúen como entes racionales, deberían abstenerse de participar en ésta hasta tanto no se establezca la referida ventaja fiscal.

Esta conclusión es fundamental para determinar, por interpretación a contrario, la intención del Legislador en esta materia. En tal sentido, sería inadmisible asumir que la intención del Legislador es imposibilitar la realización de las explotaciones previstas en la disposición comentada. Con ello, dicho sea de paso, tanto la función recaudatoria como la función de ordenamiento, que corresponden al Estado en materia fiscal, quedarían frustradas.

Las consideraciones anteriores nos conducen al examen de los principios de hermenéutica, comúnmente admitidos en nuestro Derecho. Así, es principio aceptado de interpretación rectificadora, de la oscuridad de los textos legales, aquél según el cual se supone que el Legislador es razonable y que no hubiera admitido una interpretación de la Ley que conduzca a consecuencias ilógicas o inicuas, es decir, el "argumento a fortiori". Evidentemente, la interpretación conforme a la cual el otorgamiento de la rebaja presupone la realización efectiva de la explotación, al tener como efecto imposibilitar la realización de actividades económicas que el Estado está llamado a incentivas, contradice los objetivos que tuvo el Estado para crear la propia rebaja del impuesto de explotación. Y ello porque con tal rebaja se pretende incentiva la realización de una actividad económica determinada. En efecto, con mayor razón esa finalidad se justifica cuando, aún antes de iniciarse la explotación, se conoce que por su costo creciente no va a ser posible la explotación comercial. Se impone, pues, la interpretación de que no es necesaria una explotación previa para que pueda alcanzarse la finalidad que persigue la norma.

Por otro lado, en el caso de que se perciban antinomias o contradicciones internas en la norma, también por la regla de hermenéutica del "argumento a contrario", se establece que el intérprete debe inclinarse hacia aquella interpretación que permita cumplir la finalidad de la Ley y por ende, es forzoso concluir que, por el carácter ilógico de la interpretación que presupone la existencia de la explotación para otorgar la rebaja de impuesto, la misma debe ser descartada.

En resguardo de la coherencia necesaria que debe tener la interpretación de la disposición bajo estudio, cuando más adelante en la misma se establece como condición para el otorgamiento de la rebaja que se compruebe ante el Ejecutivo Nacional que "...el costo creciente de producción, incluido en éste el monto de los impuestos, haya llegado al límite que no permita la explotación comercial...", esta expresión debe entenderse, para el caso de explotaciones no iniciadas, en el sentido de que el contribuyente debe demostrar el costo hipotético de producción, incluyendo los impuestos que deberían pagarse, para así determinar la viabilidad comercial de la explotación respectiva.

En razón de los argumentos expuestos, debe concluirse que la rebaja del impuesto de explotación prevista en el aparte único del artículo 41 de la Ley de Hidrocarburos, puede ser otorgada incluso a aquellas explotaciones que no se hayan iniciado, y cuya viabilidad comercial depende del goce del beneficio allí establecido.

Por último, ratificamos, como oposición a la demanda de nulidad, el texto del Oficio N° JDG-96/0024 de 11-1-96 del Dr. Carlos E. Padrón Amaré, representante judicial de Petróleos de Venezuela, S.A., dirigido al Fiscal General de la República, así como los anexos que lo acompañan con dictámenes y estudios del Escritorio "Torres, Plaz y Araujo" y de los Doctores Florencio Contreras Quintero, José Melich Orsini, José Guillermo Andueza y Román J. Duque Corredor.

Por las razones expuestas, la presente denuncia de ilegalidad debe ser desechada por improcedente.

PETITORIO

Por lo expuesto respecto de la improcedencia y de lo infundado de las denuncias de inconstitucionalidad e ilegalidad alegadas en contra del Acuerdo del Congreso de fecha 04.07.95, contenidas en las demandas antes señaladas, presentadas por los ciudadanos SIMÓN MUÑOZ ARMAS, ELÍAS ELJURI ABRAHAM, TRINO ALCIDES DÍAZ y otros, por ante esta Corte en Pleno, en fecha 14 de diciembre de 1.995, y por ante la Sala Político Administrativa de ese Máximo Tribunal, en fecha 23 de Enero de 1.996, que conoce conjuntamente la Corte en Pleno, solicitamos en nombre de nuestra representada PETRÓLEOS DE VENEZUELA S.A., antes identificada por sus datos de constitución y de registro, que se declaren sin lugar las anteriores demandas y se confirme la validez de las disposiciones impugnadas, y que así se disponga publicar en la Gaceta Oficial de la República de Venezuela.

Es Justicia, que solicitamos en Caracas en la misma fecha de presentación del presente escrito.

Román José Duque Corredor   Allan R. Brewer-Carías

III. INFORME DEL FISCAL GENERAL DE LA REPUBLICA

Ciudadano
Presidente y demás Magistrados de la
Corte Suprema de Justicia, en Pleno
Sus Despacho

Iván Darío Badell González, venezolano, casado, mayor de edad, abogado (Inpreabogado N° 9616), titular de la cédula de identidad personal N° 1962904, y de este domicilio, actuando en este acto en mi carácter de Fiscal General de la República, según consta en Gacetas Oficiales Nos. 35.450 y 35.452, de fechas 29 de abril y 3 de mayo de 1994, respectivamente, las cuales anexo en copias fotostáticas marcadas "A" y "B", y garante como soy de la Constitución y de las leyes, de acuerdo con el artículo 218 de la Constitución de la República, en concordancia con los artículos 1° y 6° de la Ley Orgánica del Ministerio Público, ocurro ante ustedes, para consignar la opinión del Ministerio Público, en los recursos de nulidad incoados, en fechas 14 de diciembre de 1995 y 23 de enero de 1996, por los ciudadanos Simón Muñoz Armas, Elías Eljuri Abraham, Trino Alcides Díaz y otros, contra el Acuerdo del Congreso de la República, de fecha 4 de julio de 1995, publicado en Gaceta Oficial N° 35.754, del 17-07-95, que autorizó la "Celebración de los Convenios para la Explotación a Riesgo de Nuevas Áreas y la Producción de Hidrocarburos bajo el Esquema de Ganancias Compartidas".

La Corte, en Pleno, por auto de fecha 2 de julio de 1996, admitió, en cuanto ha lugar en derecho, la acción de nulidad incoada, en virtud de la declinatoria realizada por el Juzgado de Sustanciación de la Sala Político-Administrativa de la Corte Suprema de Justicia, en fecha 27 de febrero de 1996.

1. *Antecedentes*

En fecha 14 de diciembre de 1995, acudieron por ante la Corte Suprema de Justicia, en Pleno, los ciudadanos Simón Muñoz Armas, Elías Eljuri Abraham, Trino Alcides Díaz y otros, para demandar la nulidad, por inconstitucionalidad, del Acuerdo del Congreso de la República, de fecha 4 de julio de 1995, publicado en Gaceta Oficial N° 35.754 del 17 de julio de 1995, que autorizó la celebración de los Convenios para la Explotación a Riesgo de Nuevas Áreas y la Producción de Hidrocarburos bajo el Esquema de Ganancias Compartidas.

Posteriormente, en fecha 23 de enero de 1996, los prenombrados ciudadanos y otros, introdujeron ante la Sala Político-Administrativa de la Corte Suprema de Justicia, recurso de nulidad, por ilegalidad, en contra del mismo Acuerdo, el cual cursa por ante la Corte en Pleno, en virtud de la acumulación acordada en sentencia, de fecha 02-07-96, de la Corte en Pleno Accidental, bajo la Ponencia de la Dra. Josefina Calcaño de Temeltas.

En la referida sentencia, se declaró improcedente la declaratoria de la causa como de mero derecho y procedente la declaratoria como de urgencia, con la consecuente reducción de los lapsos procesales.

2. *Fundamento del Recurso*

Los recurrentes solicitan la nulidad de las Cláusulas Segunda, Cuarta, Décima y Decimaséptima, por razones de inconstitucionalidad, y de las Cláusulas Primera, Segunda, Cuarta, Sexta, Décima y Vigésima Primera, por razones de ilegalidad, contenidas en el artículo 2 del Acuerdo del Congreso, de fecha 4 de julio de 1995, en base a los siguientes argumentos:

1. Para mejor comprensión del caso, se relacionan las Cláusulas en orden numérico. Aducen los peticionantes, en ambos escritos, con respecto a la Cláusula Primera del Acuerdo, que ésta viola el artículo 5° de la Ley Orgánica que Reserva al Estado la Industria y el Comercio de los Hidrocarburos, por cuanto se permite asignar a las filiales de Petróleos de Venezuela, S.A., derechos genéricos, para realizar la más amplia gama de actividades que comprende exploración, explotación, transporte, almacenamiento y comercialización de hidrocarburos, esto es, crudo mediano, liviano, pesado, extrapesado, gas natural asociado o libre, en áreas indeterminadas. Toda vez que dicho Acuerdo, publicado en *Gaceta Oficial* N° 35.754, si bien menciona un Anexo "B", no lo incorpora como parte constitutiva del mismo, tal y como se hizo siempre desde la época concesionaria hasta los Contratos de Servicios. "En consecuencia, nos encontramos ante un caso muy general como lo es el otorgamiento de derechos amplísimos en áreas no definidas".

Continúan alegando los recurrentes, que según el primer aparte del artículo 5° de la Ley Orgánica que Reserva al Estado la Industria y el Comercio de los Hidrocarburos, sólo pueden elaborarse por excepción los Convenios de Asociación, porque son de carácter restrictivo, no pueden celebrarse en actividades que son objeto normal y ordinario de los entes petroleros propiedad del Estado Venezolano, y mucho menos hacerlo en forma global, amplia, general o comprensiva de una pluralidad de casos, en virtud que la norma citada exige especificidad y especialidad de los casos para que puedan celebrarse Convenios de Asociación.

Asimismo, alegan que el congreso en virtud de lo establecido en la Cláusula Primera del Acuerdo, permite la celebración de dichos convenios, no en casos específicos sino en casos generales, plurales e indeterminados.

2. Estiman los recurrentes, que la Cláusula Segunda contiene vicios de inconstitucionalidad e ilegalidad, al transferirse la competencia exclusiva y excluyente del Ministerio de Energía y Minas, a las filiales de Petróleos de Venezuela, S.A., para llevar a cabo los procesos de licitación con las empresas inversionistas y con los cuales celebrarán Convenios de Asociación.

En efecto, estiman, se violan los artículos 163, 193, 136, ordinal 10, y 190, ordinal 15, de la Constitución, así como el artículo 35, ordinales 1° y 5°, de la Ley Orgánica de la Administración Central, que definen claramente a quien corresponde realizar actos de esta naturaleza, en virtud de ser una actividad reservada al Ejecutivo Nacional, ejecutada por el Ministerio de Energía y Minas.

Además de ser la Ley Orgánica de Administración Central, posterior a la Ley Orgánica que Reserva al Estado la Industria y el Comercio de los Hidrocarburos, que, de acuerdo con la aplicación de las leyes, es de preferente aplicación a éste último. En consecuencia, al corresponder la fijación y ejecución de la política petrolera al Ministro de Energía y Minas, las actuaciones que realicen las filiales en ese sentido, son nulas de nulidad absoluta, por colidir abiertamente con los artículos precedentemente señalados.

3. En relación a los alegatos de inconstitucionalidad, de la Cláusula Cuarta, aducen los recurrentes, que ésta infringe los artículos 163, 193 y 136, ordinal 10, de la Constitución, que consagra el carácter preeminente de las leyes orgánicas, y de especificidad, al vulnerar los principios del Texto Fundamental.

Es así que "nuestra Constitución define de manera indubitable, las competencias del Poder Nacional. Del mismo modo, le confiere el carácter de leyes orgánicas, a aquellas en las cuales se determinan tales competencias, en concordancia con el artículo 163. En lo que corresponde al artículo 136, su ordinal 10° define las competencias del Ministerio de Energía y Minas. Estas competencias, por el dispositivo constitucional, están claramente definidas en el artículo 5° de la LO-REICH".

4. Seguidamente, señalan los recurrentes, que el Comité de Control creado en la Cláusula Cuarta, del artículo 2 del Acuerdo, con participación de particulares, no puede estar en manos de las filiales, ni mucho menos de particulares ajenos a las funciones inherentes del Estado, ya que ese control corresponde al Ministerio de Energía y Minas, quien está facultado expresamente por el artículo 35 de la Ley Orgánica de la Administración Central, y 5° de la Ley de Nacionalización, estableciendo, este último, "con una participación tal que garantice el control por parte del Estado". Razón por lo cual, solicitan la nulidad parcial de la Cláusula impugnada, por infringir los artículos 35, ordinales 1° y 5°, de la Ley Orgánica de la Administración Central, asimismo, el artículo 5° de la Ley de Nacionalización.

5. En cuanto a la Cláusula Sexta, a criterio de los recurrentes, ésta resulta "leonina y perjudicial" a los intereses del Estado, pues no establece que en la fase exploratoria, el inversionista asuma la totalidad de las posibles pérdidas cumplido el plan exploratorio, la continuación del esfuerzo deberá ser aprobado por el Comité de Control. A su juicio, tal estipulación podría dar lugar a que el inversionista

pudiere solicitar la nulidad de dicha Cláusula, conforme a lo dispuesto en el artículo 1.664 del Código Civil, exigiendo que la Nación participe en la pérdida sufrida por el inversionista.

6. En cuanto a la Cláusula Décima, alegan los recurrentes vicios de inconstitucionalidad, visto que, dicha cláusula, contraviene los artículos 29 y 31 de la Constitución en materia tributaria municipal, pues, en esta cláusula se ha establecido una exención tributaria que trataría de sustentarse en el artículo 7 de la Ley que Reserva al Estado la Industria y el Comercio de los Hidrocarburos, y que no se aplica a las nuevas empresas, resultado de los Convenios de Asociación, lo cual contraviene, igualmente, los artículos 162, 177 y 224 de la Constitución, al violar el principio de la reserva legal establecido en el artículo 224, que reserva a la ley la concesión de las "exenciones".

Igualmente, estiman los peticionantes, que la Cláusula Décima del artículo 2 del Acuerdo impugnado, viola la reserva legal consagrada en el artículo 4°, ordinal 2°, del Código Orgánico Tributario, en virtud de que, dicha Cláusula, contraviene flagrantemente el mandato legal, al establecer una exención en materia tributaria, mediante un acuerdo que no cumple con los requisitos de la ley formal que exige el artículo 162 de la Constitución.

7. Denuncian los recurrentes, la inconstitucionalidad de la Cláusula Décima Séptima del Acuerdo, que establece que "el modo de resolver controversias en materias que no sean competencia del Comité de Control y que no puedan dirimirse por acuerdo entre las partes, será el arbitraje, el cual se realizará según las reglas del procedimiento de la Cámara Internacional de Comercio", esto, a criterio de los recurrentes, sería contrario a la disposición del artículo 127 de la Constitución, visto que, los Convenios de Asociación cuyas condiciones de celebración, fija el Acuerdo, son contratos de interés público, cuyas controversias, según los recurrentes, no puede dirimirse con arreglo a normas de procedimiento distintos a las que establece la Ley venezolana.

8. Por último, consideran los impugnantes, que la Cláusula Vigésima Primera, es ilegal, pues, infringe lo establecido en el Parágrafo Único del artículo 41 de la Ley de Hidrocarburos, el contemplar una rebaja del impuesto de explotación desde el mismo momento en que ésta se inicia, cuando la excepción se refiere a un posible y lógico incremento de los costos de producción por agotamiento del proceso.

3. *Opinión del Ministerio Público*

A partir de los cambios económicos y sociales, finalizada la segunda Guerra Mundial, el Petróleo representa, a nivel mundial, uno de los recursos más codiciados por el hombre, ya que su existencia es vital en todos los aspectos del desarrollo de las naciones. El privilegio de aquellos países que lo poseen en grandes proporciones, los hace vulnerables ante los Estados más industrializados, quienes, en busca de un mejor bienestar económico que les proporcione suficiente libertad con respecto al dominio de otra potencia, establecieron alianzas comerciales a través de la figura de Concesión para explotar ese recurso tan valioso.

Es así, que empresas transnacionales se constituyeron en nuestro país a los fines de mantener su crecimiento económico. Los años transcurridos bajo la figura de la concesión a las cuales se les da un nuevo tratamiento en la Ley de Hidrocarburos de 1943, demostraron las limitaciones de los poderes del Estados con respecto a su recurso primordial, pues, era obvio, la injusta participación en los beneficios de la industria petrolera.

Esto llevó a sembrar, en el ánimo del sector político y de las fuerzas vivas del país, la necesidad de asumir, por cuenta y riesgo, la explotación directa de los hidrocarburos. Este avance significativo se debe, en gran parte, a las bases sentadas por la Organización de Países Exportadores de Petróleo (OPEP), quienes estimaron, al inicio de sus reuniones, que por estar la explotación del Petróleo en manos de compañías multinacionales, las modificaciones que, en su beneficio efectuaban.

Otras circunstancias que lo propiciaron, fue la evolución del desarrollo económico en otras latitudes productoras de este recurso y el acercamiento de la reversión de las concesiones unificadas en la Ley de Hidrocarburos, que obligaba a tomar una serie de medidas, a los fines de competir en el comercio internacional, dado que la mayoría de divisas generadas por esa actividad pasaban a engrosar las arcas internacionales.

Es pues, que la reflexión sobre tales aspectos, trajo consigo la sanción, en el año 1975, de la Ley Orgánica que Reserva al Estado la Industria y el Comercio de los Hidrocarburos (Ley de Nacionalización), que nacionalizó la actividad petrolera, dejando de ser país administrador de concesiones, para pasar a ser un país negociador de su propio recurso.

El derecho a explotar directamente su recurso petrolero se consolida en esta Ley. Aspecto que había sido tratado por la Organización de las Naciones Unidas, llamado "derecho de autoconservación", al declarar que "el derecho de los pueblos a usar y explotar libremente sus riquezas y recursos naturales, es inherente a su soberanía y está de acuerdo con los propósitos y principios de la Carta de las Naciones Unidas".

Puesta en marcha la nacionalización representada por la empresa matriz, creada al efecto, "Petróleos de Venezuela, C.A.", y las filiales asumidas por el Estado, éstas, en fechas recientes, consideraron oportuno, con el consentimiento del Ejecutivo Nacional, recurrir a la norma establecida en el artículo 5 de la Ley de Nacionalización, ya no con fines de orden operativo, sino con fines de asociación con particulares en las actividades reservadas por el Estado en el artículo 1° de dicha Ley, y a lo que se ha denominado "Apertura Petrolera".

La justificación que se ha hecho del asunto, por las autoridades representativas del organismo petrolero y del Ejecutivo Nacional, ha sido la creciente demanda mundial de energía, a raíz de la Guerra del Golfo Pérsico, lo que originó que Venezuela pasara a ser uno de los países más importantes productores de hidrocarburos. Esta posición de liderazgo, de acuerdo con los voceros oficiales, los ha obligado a abrir las puertas a los inversionistas privados.

A pesar que, en su formación los Convenios Operativos y los de Asociación, son distintos, se veía venir este acercamiento al capital privado, pues, en años recientes (1992), se utiliza por primera vez, desde que estaba nacionalizada la actividad petrolera, los convenios de tipo operativo, con el objeto de atender a campos inactivos.

Los Convenios de Asociación, presentan unas características especiales, ya que, conforme al artículo 5 de la Ley de Nacionalización, se suscriben en casos especiales y cuando así convenga al interés público…", con tal conceptuación, escapan de las inmediatas propuestas en la gestión ordinaria de tipo operacional. La razón tenida, es que entra en juego el "interés público", revestido de formalidades o solemnidades especiales, en virtud que ese interés abarca los intereses del Estado en su más amplia concepción, el cual ya no está únicamente en manos del Ejecutivo Nacional para decidir su conveniencia, sino que requiere la participación de otros organismos y, por lo tanto, debe ser demostrada.

Dada la relevancia del tema y las implicaciones que estas asociaciones pudieran ocasionar en el desarrollo político, social y económico del país, es comprensible y justificable que un grupo de venezolanos se preocupen por la preservación de la mayor fuente de riqueza del Estado Venezolano, a lo cual no escapan las instituciones, incluyéndose este organismo.

En esa orientación, el Ministerio Público, como órgano con autonomía e independencia en el pronunciamiento de sus opiniones, tendrá por norte la objetividad requerida, conforme se lo ordenan la Constitución y las leyes de la República. Al respecto observa:

Los ciudadanos Simón Muñoz Armas, Elías Eljuri Abraham, Trino Alcides Díaz, Alí Rodríguez Araque y otros, acuden en dos oportunidades a la Corte Suprema de Justicia, para solicitar la nulidad del ACUERDO DEL CONGRESO DE LA REPÚBLICA DE VENEZUELA, de fecha 4 de julio de 1995, publicado en Gaceta Oficial de la República de Venezuela N° 35.754, del 17 de julio del mismo año, que autorizó la celebración de los "Convenios de Asociación para la Explotación a Riesgo de Nuevas Áreas y la Producción de Hidrocarburos bajo el Esquema de Ganancias Compartidas".

En la primera oportunidad (14-12-95), se alegaron razones de inconstitucionalidad de las Cláusulas Segunda, Cuarta, Décima y Décima Séptima, contenidas en el artículo 2 del Acuerdo, a la cual se adhirieron otros ciudadanos. En la segunda oportunidad (23-01-96), se alegaron razones de ilegalidad de las Cláusulas Primera, Segunda, Cuarta, Sexta, Décima y Vigésima Primera, contenidas en el mismo artículo del referido Acuerdo.

El tema obliga al Ministerio Público, a plantearse varios aspectos previos:

Primero, el aspecto formal de la autorización legislativa; segundo, el control del acto autorizatorio y su conformidad con las normas jurídicas; y, tercero, la justificación del Convenio de Asociación.

a. *Aspecto formal de la autorización legislativa.*

La autorización per-se constituye un acto material o jurídico que remueve la restricción de un límite previamente establecido por la ley para el ejercicio de un derecho, en el segundo supuesto, subordina ese derecho en defensa de la seguridad pública, examinando los casos en que se presenta y resolver sobre la conveniencia de autorizar o no su ejercicio, y se le dará la eficacia jurídica que requiere.

El acto autorizado tiene determinado fin: controlar la legitimidad y su conveniencia, previniendo así el daño que pudiera originar. Esta fórmula, se entiende fue la adoptada en el Acuerdo autorizatorio del Congreso, atendiendo al fin propuesto en el artículo 5 de la Ley de Nacionalización, el cual ha sido denominado, por la Doctrina, Acto Parlamentario con Fuerza de Ley.

En el caso en especie, el acto impugnado, si bien en su totalidad no reviste las características de un Convenio Internacional suscrito entre la República y otro Estado, que deba ser aprobado mediante ley especial, como lo señala el artículo 128 de la Constitución, por las connotaciones de la materia jurídica que trata, fue supeditado para su eficacia a la Autorización previa del Órgano Legislativo. Es así, que el artículo 5 de la Ley Orgánica que Reserva al Estado la Industria y el Comercio de los Hidrocarburos (Ley de Nacionalización), estableció, como requisito esencial, la autorización de las Cámaras en sesión conjunta de este tipo de acto.

En consecuencia, esta autorización comporta para las partes que establecen la relación jurídica, la seguridad de que no habrá interrupción en la actividad propuesta, en la que prevalecerán efectos jurídicos válidos, bajo el amparo del ordenamiento jurídico existente.

b. *El control del acto autorizatorio y su conformidad con las normas jurídicas.*

El Control del Acto, lo realiza, en primer lugar, el Congreso, al analizar las condiciones bajo las cuales se asociará el ente asignado para llevar a efecto el negocio, y esto lo hace en base a una doble función: primero, como órgano representativo y tutelar de los intereses de la República; y, segundo, como órgano contralor de los actos que celebre el Ejecutivo Nacional, directamente o a través de sus entes. Así se desprende de los artículos 126 y 139 de la Constitución, el primero, en cuanto a la invalidez del acto en materia de hidrocarburos u otros recursos naturales, que no estén autorizados por el Congreso, y, el segundo, en cuanto al legítimo control sobre la Administración Pública Nacional.

De igual manera, el control que le atribuye el artículo 5 de la Ley de Nacionalización, al establecer la previa autorización de las Cámaras dentro de las condiciones que fijen una vez informados por el Ejecutivo, es de suponer, que las condiciones son las que establezca el órgano Legislativo, lo que se traduce en una derivación directa e inmediata de la Constitución, en virtud de la competencia especial atribuida en el numeral 10 del artículo 136 ejusdem, a fin de salvaguardar esos recursos del Estado. Por otra parte, deviene un segundo control que es el jurisdiccional, que ejerce el Máximo Tribunal de la República, de acuerdo con lo prescrito en el ordinal 3 del artículo 215 de la Constitución, en su función de declarar la nulidad de aquel acto dictado por el órgano legislativo, si no se corresponde con las reglas de derecho preestablecidas, cuando fuere objeto de impugnación.

En ese ejercicio de control de la legalidad de los actos en las diferentes oportunidades en que actúan las instituciones antes mencionadas, surge otra institución encargada también de velar de que en ese acto se observen las normas constitucionales y legales previamente señaladas en el ordenamiento jurídico venezolano, este órgano es el Ministerio Público, en cabeza del Fiscal General de la República, a quien, tanto la Constitución como la Ley Orgánica de la Corte Suprema de Justicia, le señalan tal atribución, desde una óptica diferente, como parte de buena fe en la defensa del Estado de Derecho (artículo 218 de la Constitución y 38 de la Ley Orgánica de la Corte Suprema de Justicia).

Su opinión, en estos juicios, resulta de gran importancia frente a los demás poderes y a la opinión nacional, lo cual debe estar desprovisto de toda influencia interesada en el acto impugnado, en virtud de la alta misión conferida constitucionalmente y del llamado de conciencia colectivo.

Al margen de estos tipos de control, se encuentra el control fiscal externo, que realiza la Contraloría General de la República, que se menciona aún cuando esto no sea el objeto de este punto.

c. *Justificación del Convenio de Asociación*

Los distintos planteamientos, hechos por los solicitantes en su pedimento de nulidad, de una manera o de otra, plantean la ilegalidad del Convenio de Asociación, autorizado por el Congreso de la República. Para resolver el controvertido problema, es preciso examinar si existen razones que justifican el Convenio de Asociación.

A raíz del Proyecto de la Ley Orgánica que Reserva al Estado la Industria y el Comercio de los Hidrocarburos (Ley de Nacionalización), se suscitaron en el seno de las Cámaras Legislativas y a nivel de la opinión pública nacional, discrepancias en cuanto al contenido del artículo 5 de la misma, el cual, por una parte, reservaba al Estado las actividades señaladas en el artículo 1° de la Ley, en razón de la importancia que la industria de los hidrocarburos tenía para el desarrollo del país; y, por otra, permitía la intervención de terceros en la actividad reservada, bajo ciertas condiciones, considerado por algunos como una "concesión disfrazada", por lo tanto, no existía restricción absoluta conforme lo dispone el primer aparte del artículo 97 de la Constitución, que reza: "El Estado podrá reservarse determinadas industrias, explotaciones o servicios de interés público por razones de conveniencia nacional, y propenderá a la creación y desarrollo de una industria básica pesada bajo su control...". Sin embargo, para resolver el problema, se establecieron limitaciones para asociarse el Ejecutivo y las empresas que al efecto se creceren en las actividades que en ella se determinen.

Así se desprende de la Exposición de Motivos del Proyecto de la Ley de Nacionalización presentado por el Ejecutivo Nacional, a saber:

> "...En razón de la importancia que la industria de los hidrocarburos tiene para el desarrollo presente y futuro del país, el proyecto no elimina la posibilidad de que, en casos especiales y cuando así se justifique en razón de los más altos intereses nacionales, puedan el Ejecutivo Nacional o los entes estatales, según fuere el caso, celebrar convenios de asociación con entes privados, por tiempo determinado, respecto a cualquiera de las actividades atribuidas, en forma tal que, de acuerdo con su participación mayoritaria, el Estado conserve en todo caso, el control de la decisiones que se adopten conforme al convenio en cuestión. Desde luego que en su preocupación por revestir tales casos excepcionales de la mayor seguridad jurídica y de extremo control, dichos convenios de asociación requerirán para su validez la aprobación de las Cámaras en sesión conjunta, dentro de las condiciones que éstas fijen, una vez que el Ejecutivo Nacional las haya informado suficientemente de todo lo relativo a la negociación que se trata ..."

Al respecto, la Comisión Permanente de Minas e Hidrocarburos de la Cámara de Diputados, para el momento, fijó su opinión en la forma siguiente:

"...A nuestro juicio, es válida la tesis de que la reserva debe perseguir, por una parte, que el Ejecutivo Nacional ejerza efectivamente la industria reservada y que, por otra, cuando por razones de conveniencia nacional, el Estado deba entrar en asociación con particulares, sólo, podrá hacerlo con la intervención del Congreso de la República y conservando siempre el control de las decisiones ..."

De esa manera, fue recogido en el artículo 5, lo expuesto por el Ejecutivo en el Proyecto de Ley en cuanto a la celebración de Convenios de Asociación, es decir, que a pesar de la polémica surgida, el texto quedó, en definitiva, aceptado en la forma que originalmente fue presentado.

En nuestro criterio, bajo el análisis de los precedentes de la norma, se deja a juicio del Ejecutivo Nacional o los entes de su propiedad, manifestar la conveniencia del interés público para asociarse; asimismo, determinarán las actividades que puedan ser objeto del convenio; la ley permite que esta asociación pueda hacerse con participación privada; el control que ejerza el Estado se hará con una participación mayoritaria en la toma de decisiones, y que su duración esté claramente fijada. Dependiendo ésta asociación, de la autorización previa de un órgano externo, en este caso el Congreso de la República, defensor por excelencia de los intereses del Estado, quien no está limitado a una mera apreciación de conveniencia, pues su intervención va más allá de analizar los términos del Convenio, tomando en cuenta las circunstancias políticas que lo envuelven, las razones aducidas en cuanto al beneficio económico y la estructura jurídica que se adoptará.

En el informe presentado por la empresa petrolera al Congreso de la República, denominado "Consolidación del Desarrollo. Sector Petrolero Venezolano", Anexo "B", se justifica la apertura para la exploración y producción en el esquema de Ganancias Compartidas, en que el ritmo actual de inversiones en la actividad exploratoria le tomaría a Petróleos de Venezuela, S.A., unos 35 años para definir si esos recursos existen, y, además, le costaría alrededor de ocho mil millones de dólares, llevar a cabo tal actividad. Además afirman, que con la creación de empresas mixtas, el Estado evita la ejecución de actividades a riesgo y no está obligado a efectuar inversiones de capital para participar en los beneficios y decisiones del negocio. Por otra parte, la participación del capital privado contribuirá al proceso de consolidación y crecimiento económico, al aumentar el ingreso de divisas, mediante el incremento de las exportaciones en aquellos renglones donde puede convertir las ventajas comparativas en ventajas competitivas.

Estas, entre otras razones, son las que, a juicio del Ministerio Público, evaluó el órgano legislativo, quien hizo algunas modificaciones antes de otorgar la autorización.

Los considerandos expresados en el Acuerdo, hacen presumir que el Congreso analizó tales circunstancias y consideró que la asociación con entes privados, constituía un instrumento de desarrollo social y económico de nuestra industria petrolera, sin menoscabo de la soberanía del Estado. Sobre el particular, añade el Ministerio Público, que la preservación de la soberanía es inatacable a fin de salvaguardar esos recursos.

Es pertinente hacer notar que, las consideraciones anteriores, no prejuzgan sobre la validez de las condiciones establecidas en las Cláusulas del Convenio de

Asociación para la exploración a Riesgo de Nuevas Áreas y la Producción de Hidrocarburos Bajo el Esquema de Ganancias Compartidas.

Para mejor comprensión del caso, se agruparan las denuncias de inconstitucionalidad e ilegalidad, en el orden correspondiente de cada Cláusula, contenida en el artículo 2 del Convenio de Asociación, al efecto:

1. CLÁUSULA PRIMERA

Los impugnantes alegan que esta Cláusula otorga a las filiales de Petróleos de Venezuela, S.A., derechos amplísimos en áreas no definidas, con el añadido de que, conforme al artículo 5 de la Ley de Nacionalización, sólo pueden celebrarse por excepción Convenios de Asociación, es decir, en casos especiales; y, en el Convenio se asignan derechos genéricos para realizar la más amplia gama de actividades sobre toda la variedad de hidrocarburos y sobre áreas indeterminadas. Esta indefinición en el Convenio, cuyo objeto resulta indeterminado, lo vicia de nulidad absoluta, visto que, de acuerdo al artículo 1.141 del Código Civil, (erróneamente mencionado el artículo 1.142), es un requisito esencial en la existencia de los contratos, la definición del objeto, y, como consecuencia, se contradice lo dispuesto en el artículo 5 de la Ley de Nacionalización, al estar indeterminado el espacio de la actividad a desarrollar.

La Cláusula, textualmente expresa:

"...PRIMERA: El Ejecutivo Nacional, por órgano del Ministerio de Energía y Minas, en uso de sus atribuciones legales, determinara las Áreas Geográficas descritas en el anexo "B" (en lo adelante las "Áreas") en favor de una filial de Petróleos de Venezuela, S.A. (en lo adelante "Filial"), para realizar las actividades relacionadas con la exploración y explotación de yacimientos de hidrocarburos, con el transporte por vías especiales, almacenamiento y comercialización de la producción obtenida en las Áreas, y con las obras que su manejo requiera, todo de conformidad con lo dispuesto en la Ley Orgánica que Reserva al Estado la Industria y el Comercio de los Hidrocarburos..."

Por su parte, el artículo 5 de la Ley Orgánica que Reserva al Estado la Industria y el Comercio de los Hidrocarburos (Ley de Nacionalización), dispone:

"...El Estado ejercerá las actividades señaladas en el artículo 1° de la presente Ley directamente por el Ejecutivo Nacional o por medio de entes de su propiedad, pudiendo celebrar convenios operativos necesarios para la mejor realización de sus funciones, sin que en ningún caso estas gestiones afecten la esencia misma de las actividades atribuidas..."/ "...En casos especiales y cuando así convenga al interés público, el Ejecutivo Nacional o los referidos entes podrán, en ejercicio de cualquiera de las señaladas actividades, celebrar convenios de asociación con entes privados, con una participación tal que garantice el control por parte del Estado y con una duración determinada. Para la celebración de tales convenios se requerirá la previa autorización de las Cámaras en sesión conjunta, dentro de las condiciones que fijen, una vez que hayan sido debidamente informadas por el Ejecutivo Nacional de todas las circunstancias pertinentes...".

A su vez, el artículo 1.141 del Código Civil, establece:

"...Las condiciones requeridas para la existencia del contrato son..."/ ... "1°.- Consentimiento de las partes; 2°.- Objeto que pueda ser materia de contrato; y 3° Causa lícita...".

De la lectura de la Cláusula, se desprende que, la asignación de las áreas, será determinada por el Ejecutivo Nacional por órgano del Ministerio de Energía y Minas a la Filial correspondiente, áreas que están descritas en el anexo "B", el cual fue presentado para su estudio al Congreso. Ahora bien, si el Ministerio es el órgano que determinará el área geográfica de la cual tiene previamente conocimiento, no podría argumentarse que la misma no está definida o determinada por éste. Entendemos que no es a capricho de la Filial o de Petróleos de Venezuela, S.A., que se otorgará a los inversionistas el área a explorar, ni que éstas, sin ningún tipo de estudio estratégico, entreguen áreas en forma indiscriminada, valiéndose del poder conferido.

No podemos olvidar, que Petróleos de Venezuela y sus Filiales son los agentes directos de la política petrolera y están al servicio de los intereses del país y no de potencias o inversionistas extranjeros. Su actuación a lo largo de los años responde a una buena gerencia en la conducción de esta materia y esto ha sido reconocido fuera de nuestras fronteras.

Ubicadas a nivel internacional en una posición privilegiada, no podría pensarse que tras la ardua labor desarrollada, perdieran la credibilidad de su eficiencia, ni que el Ejecutivo lo aceptara sin reservas.

Es de resaltar, que el Decreto de creación de Petróleos de Venezuela, N° 1123, de fecha 30-08-75, estableció sus funciones, entre ellas, la planificación, coordinación y supervisión de los actos que realicen la Filiales de su propiedad, por lo que, aún en el supuesto de que éstas tengan derechos amplísimos para la asignación de las áreas, siempre serán objeto de control por parte del ente matriz - Petróleos de Venezuela, S.A.-, quien cumple y ejecuta la política que en materia de hidrocarburos dicta el Ejecutivo Nacional, a través del Ministerio de Energía y Minas.

En consecuencia, hablar sobre derechos amplísimos de las filiales para realizar las actividades señaladas en la Cláusula Primera, no se corresponde con lo expresado en el Acuerdo sobre Convenios de Asociación, ni mucho menos, con las normas contenidas en el Decreto de creación, a las cuales están sometidas, aparte de las previsiones de la Ley de Nacionalización.

Es oportuno, referirse a lo expresado por el jurista Tomás Polanco Alcántara," ...En esa potestad de señalar a las empresas filiales cuáles son las actividades que deben desempeñar, está la esencia de las actividades controladoras de Petróleos de Venezuela...", la función de control está atribuida al Directorio (número 5, cláusula vigésima séptima) unida a la de supervisar las actividades de las empresas filiales y en especial "vigilar que cumplan sus decisiones". (Esquema interpretativo de las Normas Venezolanas sobre Nacionalización de Industria Extractiva del Hierro y de los Hidrocarburos. Libro Homenaje al Profesor Moles Caubet. Tomo I, Pág. 507).

Por otra parte, señalan los recurrentes, la asignación de derechos genéricos para realizar la más amplia gama de actividades sobre la variedad de hidrocarburos, que vicia por igual el artículo 5 de la Ley de Nacionalización y, por ende, el artículo 1. 141 del Código Civil.

El encabezamiento del artículo 5 de la citada ley, expresa que el Ejecutivo o los entes de su propiedad ejercerán las actividades señaladas en el artículo 1° de la misma, éstas son: "...exploración del territorio nacional en busca de petróleo, asfalto y demás hidrocarburos; a la explotación de yacimientos de los mismos, a la manufactura o refinación, transporte por vías especiales y almacenamiento; al comercio interior y exterior de las sustancias explotadas y refinadas y a las obras que su manejo requiera...". En el siguiente párrafo, establece los Convenios de Asociación que celebrará el Ejecutivo o sus referidos entes, ejerciéndola en cualquiera de las señaladas actividades.

Observa el Ministerio Público, que, en este segundo párrafo, no se limita a tales organismos las actividades reservadas en el articulo 1°, ni en ella se hace limitación alguna en cuanto a los Convenios de Asociación; si ello hubiese sido así, la Exposición de Motivos del Proyecto de Ley, lo hubiese contemplado, el cual no fue objeto de modificación en ese sentido por el Congreso.

La aplicación del artículo 1.141 del Código Civil en este tipo de negocios, resulta incompatible con el régimen monopólico de la actividad reservada, por cuanto ésta seguirá siendo del Estado y no podría ser objeto de negociación alguna.

2. CLÁUSULA SEGUNDA

Al parecer de los recurrentes, ésta contiene vicios de inconstitucionalidad e ilegalidad, al transferirse la competencia exclusiva y excluyente del Ministerio de Energía y Minas, a las filiales de Petróleos de Venezuela, S.A., para llevar a cabo los procesos de licitación con las empresas inversionistas y con las cuales celebrarán Convenios de Asociación. Al respecto, aducen, se obvian los artículo 163, 193, 136, ordinal 10, y 190, ordinal 15, de la Constitución, así como el artículo 35, ordinales 1 y 5, de la Ley Orgánica de Administración Central, que definen claramente a quien corresponde realizar actos de esta naturaleza, en virtud de ser una actividad reservada al Ejecutivo Nacional ejecutada por el Ministerio de Energía y Minas.

Además alegan, ser la Ley Orgánica de Administración Central, posterior a la Ley Orgánica que Reserva al Estado la Industria y el Comercio de los Hidrocarburos, que, de acuerdo con la aplicación de las leyes, es de preferente aplicación a ésta última. En consecuencia, al corresponder la fijación y ejecución de la política petrolera al Ministro de Energía y Minas, las actuaciones que realicen las filiales en ese sentido, son nulas de nulidad absoluta, por colidir abiertamente con los artículos precedentemente señalados.

La Cláusula, textualmente expresa:

"SEGUNDA: La Filial llevará a cabo los procesos de licitación que sean necesarios para seleccionar a las empresas inversionistas privadas con las cuales celebrará Convenios de Asociación para realizar las actividades descritas en la Condición Primera, conforme al artículo 5° de la Ley que Reserva al Estado la Industria y el Comercio de los Hidrocarburos..."/"... Con base en los resultados de cada proceso de licitación, la Filial celebrará un Convenio de

Asociación (en lo adelante "Convenio") con la o las empresas inversionistas que resulten favorecidas (en lo adelante "Inversionistas")... "/"...Los inversionistas podrán ofertar en relación con las actividades referidas en la Condición Primera en todas las Áreas, pero sólo podrán ser seleccionadas, según los resultados del proceso de licitación llevado a cabo por la Filial, para celebrar Convenios hasta en un máximo de cinco (5) Áreas, dependiendo de la clasificación de los Inversionistas")...∕ "...Los inversionistas podrán ofertar en relación con las actividades referidas en la Condición Primera, en todas las Áreas, pero sólo podrán ser seleccionas, según los resultados del proceso de licitación llevado a cabo por la Filial, para celebrar Convenios hasta en un máximo de cinco (5) Áreas, dependiendo de la clasificación de los Inversionistas...".

La denuncia de los artículos arriba señalados, tiene como propósito evidenciar la incompetencia de las Filiales para realizar la celebración de los Convenios de Asociación.

El artículo 163 de la Constitución, establece la prioridad de las leyes orgánicas con respecto a otras normas; el artículo 193 y 190, ordinal 15, ejusdem, la competencia del Ejecutivo para celebrar contratos de interés nacional y la ejecución por los Ministros de tales actos; el artículo 136, ordinal 10, se refiere a la competencia del Poder Nacional en materia de hidrocarburos; y, por último, los ordinales 1 y 5 del artículo 35 de la Ley Orgánica de la Administración Central, están relacionados con la competencia asignada al Ministro de Energía y Minas en cuanto a las actividades de hidrocarburos.

Las normas referidas, están vinculadas a que la materia de hidrocarburos es competencia del Poder Ejecutivo, quien la realiza a través del Ministerio de Energía y Minas. Estima el Ministerio Público que la competencia directa de estos funcionarios es indiscutible en cuanto a la orientación de la política petrolera del país. No obstante, los medios de acción para ejercer esa política la hace a través de los entes, que el efecto creó, como es Petróleos de Venezuela y sus Filiales. Así se establece en el artículo 6 de la Ley de Nacionalización, la cual está en perfecta armonía con la Constitución y la Ley Orgánica de la Administración Central, y quienes se someten a los lineamientos que dicte el Ejecutivo por órgano del Ministro.

La empresa Petróleos de Venezuela, se constituyó bajo la forma de Sociedad Anónima, teniendo como único accionario al Estado, según el Decreto mencionado No 1.123, ella forma parte de las empresas del Estado y de igual manera sus filiales, dado que las actividades que realizan y el servicio que prestan ha sido declarado, por el artículo 1° de la Ley de Nacionalización, de utilidad pública y de interés social.

El reconocido jurista, Dr. José Muci-Abraham, aprecia en ese sentido lo siguiente:

"...El hecho de que el Estado pueda optar entre ejercer las actividades reservadas por propia cuenta o por medio de entes, creados por él y de su exclusiva propiedad, no puede acarrear la consecuencia de que se desconozca que estos entes, en el fondo, son el Estado mismo, revestido de una forma peculiar, para poder obrar de manera adecuada a la naturaleza de las actividades que le han sido reservadas. La figura de los entes -creados y poseídos por el Estado-

no puede por si sola sepultar la presencia del Estado en el ejercicio de las actividades reservadas. Entes de esas características, son, en fin de cuentas, el Estado mismo, con un ropaje que le permite moverse elásticamente en el campo de las actividades reservadas..." (CONSIDERACIONES SOBRE LA APLICABILIDAD A PETRÓLEOS DE VENEZUELA, S.A. Y A SUS EMPRESAS FILIALES, DE LAS DISPOSICIONES DEL CÓDIGO DE COMERCIO RELATIVAS A LA QUIEBRA". Revista de Derecho Público N° 49, Pág. 65).

A la luz de estos comentarios, consideramos que no se arrebata la competencia al Ministerio de Energía y Minas, pues, como órgano directo del Ejecutivo Nacional, es claro que su actuación está dirigida fundamentalmente a que la política petrolera, conforme a los lineamientos del máximo jerarca, sea realizada por las empresas estatales en la forma programada en el marco establecido por éste.

Tal aspecto, supone que la actuación del Ministro se concreta a la formulación de los planes previstos por el Poder Ejecutivo y al respectivo seguimiento de esa política, dejando la instrumentación los de mismos a Petróleos de Venezuela, S.A., y las filiales estructuradas para tal fin. En ese sentido, fue concebido en la Ley de Nacionalización.

En cuanto a la colisión de la Ley de Nacionalización con la Ley Orgánica de la Administración Central, visto que la última prevalece sobre la primera, observa el Ministerio Público, que ha sido reiterado por la Doctrina Universal y la Jurisprudencia, que ante dos leyes orgánicas, prevalecerá aquélla que contenga la materia especial que la regula. No se atiende al contenido orgánico estructural, sino al contenido específico de la actividad.

En sentencia de la Sala Político-Administrativa de la Corte Suprema de Justicia, de fecha 2 de agosto de 1972, se expresó lo siguiente:

"...Cierto es también que las leyes orgánicas tienen preeminencia sobre las que no son, por mandato de la Constitución Nacional (art. 163). Sin embargo, tal preeminencia debe entenderse sólo en el caso de que una regule a la otra, como sería, por ejemplo, la Ley de Presupuesto con respecto a la Ley Orgánica de la Hacienda Pública Nacional. Por el contrario, la Ley de la Carrera Administrativa no se refiere a la organización de la Procuraduría ni a sus facultades ni funciones, que serían materias en las cuales su Ley Orgánica sí tendría preeminencia. Por consiguiente, si una ley «orgánica» (en este caso la Ley Orgánica de la Procuraduría General de la República), se establece una norma general para regular la forma en que debe citarse a determinado funcionario (el Procurador General de la República), y posteriormente, mediante otra ley que regulará una materia especialísima (la Ley de la Carrera Administrativa) se prescribe una forma diferente de efectuar ese mismo acto, lógicamente tendría preferente aplicación esta última norma legal, pues el carácter singular de ella así lo exige..." (Libro Homenaje a Rafael Caldera. Tomo III.)

En el presente caso, la Ley Orgánica de la Administración Central, establece la organización y competencia de los órganos que integran el Poder Ejecutivo. En el caso, de la materia de Hidrocarburos, se atribuye al Ministerio de Energía y Minas, la política de las mismas, pero la implementación de la Política Petrolera está contenida especialmente en la Ley de Nacionalización y a ella le corresponde la preeminencia, aún cuando sea la Ley Orgánica de Administración Central, posterior en el tiempo.

En razón de lo expuesto, considera el Ministerio Público, que no existe incompetencia de las filiales, para celebrar los Convenios de Asociación con entes privados. Y, por otra parte, la Ley que la rige se aplica preferentemente, por ser la que trata, en esencia, la materia.

3. CLÁUSULA CUARTA

A juicio de los impugnantes, el Comité de Control creado en dicha Cláusula con participación de particulares, no puede estar en manos de las filiales ni mucho menos de particulares ajenos a las funciones inherentes del Estado, ya que ese control corresponde al Ministerio de Energía y Minas, quien está facultado expresamente por la Ley Orgánica de la Administración Central, conforme al artículo 35 y al artículo 5 de la Ley de Nacionalización, estableciendo este último "con una participación tal que garantice el control por parte del Estado". Razón por la cual solicitan la nulidad parcial de la Cláusula, al infringir los artículos 163, 193 y 136, ordinal 10, de la Constitución, y artículo 35, ordinales 1 y 5, de la Ley Orgánica de la Administración Central, asimismo, el artículo 5 de la Ley de Nacionalización.

La Cláusula, textualmente expresa:

"...CUARTA: En cada Convenio las Partes constituirán, antes de dar inicio a las actividades del Convenio; un comité (en lo adelante "Comité de Control"), conformado por igual número de miembros designados por los inversionistas y la Filial, que presidirá un miembro designado por esta última. Para la validez de sus deliberaciones y decisiones, se requerirá la presencia y el consentimiento de los miembros designados por la Filial, teniendo el Presidente doble voto para resolver los casos de empate..."/"...Las partes someterán a la aprobación del Comité de Control las decisiones fundamentales de interés nacional relacionadas con la ejecución del Convenio..."/ "...Estas decisiones estarán descritas en el Convenio e incluirán, entre otras, la aprobación de los planes de exploración, evaluación y desarrollo, así como de cualquier modificación a tales planes, incluyendo la extensión de los lapsos de exploración y explotación, y la ejecución de reducciones en la producción de acuerdo con los compromisos internacionales de la República de Venezuela. A estos fines, se le informará al Comité de Control sobre todas las materias de importancia en la vida de la Asociación y se le someterán los recaudos y cuentas necesarias para poder realizar la fiscalización y auditoria por parte de los entes que el Comité de Control designe...".

Los artículos mencionados, ya fueron objeto de comentario en el punto anterior, basados en la competencia del Ministro de Energía y Minas, para realizar este tipo de Convenios.

Al respecto, el Ministerio Público, observa:

El Estado jamás podría desprenderse del control de los entes estatales, desde el punto de vista legal y desde el punto de vista de la soberanía que ejerce sobre sus recursos naturales. Esa fue la intención del Legislador, cuando aprobó la Ley de Nacionalización de los Hidrocarburos, al establecer que "El Estado conserva en todo caso, el control de las decisiones que se adopten, conforme al Convenio en cuestión".

De manera pues, que de acuerdo con el artículo 5 de dicha Ley, el Ejecutivo, a través de los entes estatales (Petróleos de Venezuela, S.A., y sus Filiales), siempre retiene sobre la materia el control de la actividad que éstas desarrollan.

La creación del Comité de Control, se origina vista la forma jurídica adoptada para la realización de la actividad, pero su conformación no incide en las facultades que tiene el Ejecutivo en la actividad reservada por el Estado, quien mantiene el derecho de control para asegurar que la negociación se ejerza estrictamente de acuerdo con los objetivos políticos propuestos en el Convenio de Asociación.

Tal tarea la deberá realizar Petróleos de Venezuela, S.A., y sus filiales, que como ya se dijo, forman parte del Estado y cuyas decisiones están basadas en el principio fundamental de prevalencia del interés público sobre el interés privado.

Tanto Petróleos de Venezuela, S.A., como sus filiales, no pueden concebirse como entes aislados distintos a los intereses públicos. Las decisiones del Comité de Control no podrían ser ajenas ni desconocidas por el órgano rector de la política de ejecución en materia petrolera. Así pues, ésta siempre mantendrá la debida supervisión de las filiales, de acuerdo con la Ley de Nacionalización y del Decreto que le dio existencia.

Al decir del autor Jesús Nogera, "En Estados Unidos de América, hay una doctrina legal que establece que un organismo que ha sido dotado con poderes especiales para fines públicos no debe permitir se inhabilite así mismo para el ejercicio de esos poderes, ya que tal proceder desnaturaliza el propósito para el cual fue creado y para el logro del cual se le confirieron privilegios especiales". (NATURALEZA JURÍDICA DE LOS CONTRATOS DE CONCESIONES PETROLERAS EN LOS PAÍSES ÁRABES MIEMBROS DE LA OPEP). Libro Homenaje al Profesor Antonio Moles Caubet. Tomo I, Pág. 430.)

Según lo indica Petróleos de Venezuela, S.A., en el Documento de Consolidación de Desarrollo, el sector Petrolero Venezolano, anexo "B", Circunstancias pertinentes, Diciembre de 1994", con la creación de empresas mixtas, se prevé la intervención decisiva mediante la participación de representantes del ente estatal en la toma de decisiones fundamentales; de igual manera, mediante la incorporación de mecanismos corporativos dentro de la sociedad mercantil que se constituya.

De acuerdo con lo expuesto por Petróleos de Venezuela, el fin es mantener control sobre estas empresas a través de la filial correspondiente, quienes deberán rendir cuenta de su gestión, en estas empresas que se crearen, a Petróleos de Venezuela, S.A., en virtud de su función fiscalizadora como organismo ejecutor de los lineamientos preestablecidos por el Ejecutivo Nacional. Además, cabe añadir que no podrían proceder, ajenas a estos procedimientos, las empresas del Estado.

Es de vital importancia que se tenga presente, la Cláusula Vigésima Tercera, contenida en el acto impugnado, que señala un control más, sobre los convenios celebrados, a saber:

"...VIGÉSIMA TERCERA: Para la celebración de cada convenio la Filial enviará una forma final al Ministerio de Energía y Minas, a fin de que este, en un lapso de ocho (8) días consecutivos lo someta a la consideración de la Cámaras Legislativas Nacionales, para que estas procedan a su autorización previa con carácter prioritario..."

Sobre el particular, nada obsta ni incide en el Convenio, que el Congreso, sin infringir el Convenio Marco sobre la "Explotación a Riesgo de Nuevas Áreas y la Producción de Hidrocarburos bajo el Esquema de Ganancias Compartidas", implemente medidas de control que hagan más transparentes las decisiones que al efecto adopte el Comité de Control.

Conviene señalar, que la Contraloría General de la República, en su papel de fiscalizador de los recursos del Estado, lo cual se hace extensible a las empresas mixtas en las que el Estado tiene participación, ejerza el control sobre las mismas, como lo efectúa en Petróleos de Venezuela y sus Filiales.

En consecuencia, considera el Ministerio Público, que el Comité de Control creado al efecto, no obstaculiza las labores de Control que tiene atribuido Petróleos de Venezuela, S.A., el Ministerio de Energía y Minas, el Congreso y la Contraloría General de la República.

4. CLÁUSULA SEXTA

En criterio de los recurrentes, esta cláusula resulta "leonina y perjudicial" a los intereses del Estado, pues no establece que, en la fase exploratoria, el inversionista asuma la totalidad de las posibles pérdidas, cumplido el plan exploratorio, la continuación del esfuerzo deberá ser aprobado por el Comité de Control. A juicio de ellos, tal estipulación podría dar lugar a que el inversionista pudiera solicitar la nulidad de dicha Cláusula, conforme a lo dispuesto en el artículo 1.664 del Código Civil, exigiendo a la Nación participe en la pérdida sufrida por el inversionista.

La Cláusula, textualmente expresa:

"...SEXTA: Dentro de los términos y condiciones de la Asociación pautados en el Convenio, se establecerá el compromiso de los inversionistas de llevar a cabo las actividades exploratorias en el Área por su exclusiva cuenta y riesgo, con base a un plan allí establecido (en lo adelante el "Plan de Exploración"). Cada Área estará dividida en sectores geográficos de igual superficie (cada sector un "Bloque"). Cumplido el Plan de Exploración, la continuación del esfuerzo exploratorio deberá ser aprobada por el Comité de Control. Esta aprobación otorgará a los inversionistas el derecho a continuar la exploración por su exclusiva cuenta y riesgo en un número de bloques determinados, en proporción al esfuerzo adicional propuesto por los inversionistas. Aquellos Bloques que no estén incluidos en el esfuerzo exploratorio adicional a que fuese aprobado, o a un Área de Desarrollo (un Bloque o grupos de Bloques en el Área para el cual se apruebe un Plan de Desarrollo), quedarán excluidos del objeto del Convenio. Igualmente, al culminar el esfuerzo exploratorio adicional, quedarán excluidos de las previsiones del Convenio los Bloques que no sean objeto de un Área de Desarrollo. Los Bloques que queden excluidos del Convenio volverán a la Filial para su administración directa. La aprobación por parte del Comité de Control estará supeditada al cumplimiento de ciertas condiciones que aseguren idoneidad, racionalidad y eficiencia del esfuerzo adicional a ser ejecutados por los inversionistas, a la luz de los objetivos perseguidos mediante el Convenio...".

Los denunciantes consideran que esta Cláusula es "leonina", al establecer riesgos para una sola de las partes, pudiendo salir perjudicado el Estado, de ser impugnada la misma, en base a lo dispuesto en el artículo 1.664 del Código Civil, el cual señala:

"...Es nula la cláusula que aplique a uno solo de los socios la totalidad de los beneficios, y también la exima de toda parte en las pérdidas la cantidad o cosas aportadas por uno o más socios..."

Conforme al artículo 1.146 del Código Civil, puede pedir la nulidad del contrato "aquél cuyo consentimiento haya sido dado a consecuencia de un error excusable, o arrancado por violencia o sorprendido por dolo..."

En el presente caso, ninguno de esos supuestos se dan, toda vez que el Convenio de Asociación revestido de las formalidades de un documento público, fue objeto de conocimiento en la esfera nacional e internacional, en virtud de la importancia económica que representa a nivel mundial los hidrocarburos como recurso energético.

Una vez sentadas las bases legales del mismo, se convocó públicamente a todo aquel interesado en participar en la Apertura Petrolera, haciendo de su conocimiento las condiciones del Convenio, en cuanto al riesgo en la exploración y del capital necesario para invertir. Todo ello se desprende del Documento -Anexo B- presentado a consideración del Congreso.

Al efecto, en su contenido expresa:

"...una vez ejecutado en su totalidad el referido plan mínimo exploratorio, los inversionistas, a través de la Empresa Inversora, pueden optar no continuar explorando y por lo tanto terminar el contrato de asociación si creen que más esfuerzo exploratorio no se justifica) o continuar con la segunda fase del esfuerzo, exploratorio..."/"...En el primer caso, los inversionistas no incurrirán en ninguna sanción o penalidad como resultado de dicha decisión" En el segundo caso, los inversionistas, a través de la Empresa Inversora, se comprometen a llevar a cabo la segunda fase del esfuerzo exploratorio (Fase II) ... Una vez ejecutados en su totalidad el plan exploratorio de la segunda fase, los inversionistas a través de la Empresa Inversora, podrán optar por no continuar explorando y por lo tanto terminar el Contrato de Asociación, o continuar el esfuerzo de exploración..." (Tomado del Estudio La Apertura Petrolera. Un peligroso retorno al pasado. Luis Vallenilla, pág. 95).

Ante las circunstancias comentadas, mal podrían estos inversionistas solicitar la nulidad del Contrato, pues no existe la voluntad de engañar para inducir a error.

6. CLÁUSULA DÉCIMA

"...DÉCIMA: La celebración y ejecución del Convenio quedarán sometidas al régimen establecido en la Ley Orgánica que Reserva al Estado la Industria y el Comercio de los Hidrocarburos, en razón de que su objeto se contrae al ejercicio de las actividades reservadas al Estado, conforme al artículo 1° de dicha Ley. En tal virtud, las referidas actividades, siendo además de la competencia del Poder Nacional, no estarán sometidas al pago de impuestos municipales ni estadales. Sin embargo, y en atención a lo establecido en el artículo 136, ordinal 10° de la Constitución de la República de Venezuela, el Congreso de la República establecerá un sistema de beneficios económicos especiales con cargo al bono sobre la rentabilidad "PEG" y en favor de los Estados y Municipios en cuyos territorios se realicen las referidas actividades y a otros fines que considere conveniente...".

A juicio de los peticionantes, tal cláusula, viola los artículos 29, 31, ordinal 3 y 162, 177 y 224 de la Constitución, así como el artículo 4, ordinal 2, del Código Orgánico Tributario, pues en ella se establece una exención tributaria a las nuevas empresas que se crearen como resultado de los convenios de Asociación, sustentándose en el artículo 7 de la Ley de Nacionalización.

Los dos primeros artículos de la Constitución, guardan relación con la materia impositiva que corresponde a los Municipios y a los Estados, y, de acuerdo con el artículo 224 ejusdem, la figura de la exención tributaria debe estar establecida por Ley, conforme a las formalidades prescritas en los artículos 162 y 177 del Texto Fundamental.

Al respecto, conviene señalar expresamente el texto del artículo 7 de la Ley de Nacionalización, que sirvió de fundamento a la Cláusula antes transcrita:

"...Las empresas a que se refiere el artículo anterior se regirán por la presente ley y sus reglamentos, por sus propios estatutos, por las disposiciones que dicte el Ejecutivo Nacional y por las del derecho común que les fueren aplicables. Además, quedarán sujetas al pago de los impuestos y contribuciones nacionales establecidos para las concesiones de hidrocarburos, así como, en cuanto les sean aplicables, a las otras normas que respecto a éstas contengan las leyes, reglamentos, decretos, resoluciones, ordenanzas y circulares y a los convenios celebrados por los concesionarios con el Ejecutivo Nacional. No estarán sujetos a ninguna clase de impuestos estadales ni municipales..." (Subrayado del Fiscal).

Como hemos observado con anterioridad, la figura de la nacionalización, no implica un carácter absoluto de ésta, ya que se permite la participación de particulares en el desarrollo y consolidación de la industria petrolera, esto trae, como consecuencia, que se revista al particular de ciertas condiciones especiales de modo que resulten atractivas para éste.

La base legal del artículo 7, deviene de lo consagrado en el ordinal 8 del artículo 136 de la Constitución, al señalar:

"...La organización, recaudación y control de los impuestos a la renta al capital y a las sucesiones y donaciones (omissis) y consumo de bienes que total o parcialmente la ley reserva al Poder Nacional, tales como las de alcoholes, licores, cigarrillos, fósforos y salinas; las de minas e hidrocarburos y los demás impuestos, tasas y rentas no atribuidos a los Estados y a los Municipios, que con carácter de contribuciones nacionales creare la Ley..."

Es pues, la propia Constitución quien atribuye competencia al Poder Nacional para regular la materia de hidrocarburos, que se manifiesta en el presente caso, en la Ley Orgánica que Reserva al Estado la Industria y el Comercio de los Hidrocarburos, en la cual, el Legislador, exceptuó de impuestos estadales y municipales al sector petrolero.

Ahora bien, la conformación de empresas mixtas por parte del Ejecutivo en el Convenio de Asociación, no constituye un acto arbitrario, conforme se evidencia de la exposición de la Cámara, al discutirse en su seno el segundo párrafo del artículo 5 de la Ley de Nacionalización, al efecto se observa:

> "...En el trabajo realizado por la Comisión ha quedado perfectamente claro, y así lo hace del conocimiento de la Honorable Cámara de Diputados, que el término "Convenios de Asociación" de que habla el proyecto, lejos de significar necesariamente la figura de la empresa mixta -según la cual entes privados podrían participar en el capital social y en los activos de la empresas o compañía respectiva-, es suficientemente amplio como para incluir toda una gama de contratos, mediante los cuales, cuando así lo aconseje la conveniencia nacional, el Estado pueda obtener la asistencia tecnológica o de cualquiera otra índole requerida para asegurar la sana marcha de la industria. El nuevo panorama que se le abre al país ante la nacionalización conllevará la implementación y la creación de nuevas fórmulas de comercialización que conduzcan o que conduzcan o que persigan que el Estado Venezolano coloque sus productos en la forma más conveniente posible, dentro de un concepto de mutuo entendimiento y de cooperación internacional, y que, como contrapartida, garantice al país el suministro de tecnología y de bienes indispensables para nuestro desarrollo...".

Tal intención legislativa, conlleva a considerar que la creación de estas empresas mixtas con capital privado, le otorga ciertas ventajas especiales, por la importancia de la gestión en la exploración de bienes propiedad del Estado, la mezcla de intereses públicos con la gestión particular, la desvincula en algunos aspectos del derecho privado.

Comentando esta norma, el Dr. Tomás Polanco, afirma:

> "...No parece lógico, a primera vista, que empresas del Estado, que van a suplir al mismo la fuente principal de sus ingresos, estén sujetas a impuestos. El impuesto supone que quien lo paga no es el propia Estado sino todo lo contrario, que se paga al Estado. Las empresas que se habla son "medios" del Estado y sólo el Estado puede realizar, como lo son las industrias nacionalizadas" (estudio citado, pág. 503).

Esta apreciación, estimamos se extiende a las empresas mixtas que al efecto se crearen, pues existiendo participación del Estado, y considerándose a las mismas como empresas públicas, como ya fue analizado, y, además, ser materia reservada al Poder Nacional, la aplicación del artículo también les es propia.

En la era de las concesiones petroleras, se revestía de características especiales al concesionario, en virtud que la actividad desarrollada estaba intrínsecamente vinculada al interés público. En opinión del Profesor Ezequiel Monsalve Casado, el interés superior del Estado está por encima de otros intereses, es así que expone, en su libro "Apuntes Sobre Petróleo", lo siguiente:

"...Ha faltado hasta el presente o sólo se ha manifestado tímidamente en forma aislada, la consideración suprema del interés público de la Nación. Este exige algo mucho más amplio que el interés fiscal y la aplicación posterior de los ingresistas, la formación de bienes que reemplacen la riqueza arrancada de la tierra; comprende la facultad que tiene la Nación de establecer formas de explotación, y obligaciones sustanciales y complementarias, procedimientos y de modificarlos o derogarlos. Cuando ese interés supremo de la Nación así lo reclame, busca el beneficio público que debe reportar la industria, traducido en mayor empuje económico nacional; estabilidad y saneamiento de las economías privadas, mayores injerencias y responsabilidad del ciudadano en la formación de la riqueza y prosperidad pública..." (Recopilación del Ministerio Público. Tomo I, pág. 403).

Si bien, aquí no se trata de concesiones, por cuanto el Estado se reservó la actividad petrolera, las razones de asociarse con capital privado para explorar ciertas áreas del territorio, vienen siendo las mismas, es decir, "el proceso de consolidación y crecimiento económico del país".

Ahondando en el tema de las empresas mixtas, doctrinariamente, ha sido reconocido que el régimen de estas empresas presenta características particulares, en la medida en que las mismas integran el aparato estatal, y con relación a los fines perseguidos, están sometidas al derecho público y ejercen las prerrogativas propias de éste, aún cuando el régimen jurídico adoptado sea el de una sociedad mercantil. "Tratándose de actividades industriales y comerciales, los contratos que se celebren estarán regulados, en principio por el derecho privado, y no estarán sometidos a los requisitos que la ley exige para los de la Nación. No obstante, por disposición legal se prevé que, respecto de ciertos contratos, las empresas deberán someterse a los requisitos de celebración previstos para la Nación y que en ellos deben pactarse las prerrogativas y cláusulas exorbitantes propia de los contratos de la Nación, en tanto que en otros, dicha inclusión es facultativa". (*RÉGIMEN JURÍDICO DE LAS EMPRESAS PUBLICAS EN EL DERECHO LATINOAMERICANO. Jorge Silva Cencio. El Derecho Administrativo en Latinoamérica, INSTITUTO INTERNACIONAL DE DERECHO ADMINISTRATIVO LATINO*; Bogotá, Colombia. pág. 317).

La doctrina nacional, por su parte, las considera empresas públicas, cuando el Estado tiene una participación mayoritaria, o cuando aún sin tenerla, los elementos que se hacen presente en la creación, organización y dirección de la empresa son de tal forma decisivos que aseguran a las personas públicas un papel relevante en la gestión y el control". (*LAS EMPRESAS PUBLICAS EN EL DERECHO VENEZOLANO. Jesús Caballero Ortíz. Colección de estudios Jurídicos N° 13, Pág. 107*).

En base a estas consideraciones, tomando en cuenta que la Ley de Nacionalización, le dio el carácter de Ley Orgánica a la materia de Hidrocarburos, que ésta materializa la intención del legislador de aplicar solamente los impuestos nacionales, sustrayendo de ellos los estatales y municipales, no podría considerarse que el propio legislador a quien está reservada la materia tributaria, contradiga en el

Acuerdo impugnado, los principios que orientan esta materia, previstos en la Constitución y el Código Orgánico Tributario.

7. CLÁUSULA DÉCIMA SÉPTIMA

De acuerdo con los recurrentes, ésta Cláusula contraría el espíritu del artículo 127 de la Constitución, al establecer que el modo de resolver las controversias que no sean competencias del Comité de Control, será el arbitraje, el cual se realizará según las reglas de procedimiento de la Cámara Internacional de Comercio, visto que los Contratos de Asociación, son contratos de evidente interés público y éstos "no pueden dirimirse con arreglo a normas de procedimientos distintas a las que establece la Ley Venezolana".

La Cláusula, reza textualmente:

"...DÉCIMA SÉPTIMA: El Convenio se regirá e interpretará de conformidad con las leyes de la República de Venezuela..."/ "...Las materias competencia del Comité de Control, no estarán sujetas a arbitraje..."/ "...El modo de resolver controversias en materias que no sean de la competencia del Comité de Control y que no puedan dirimirse por acuerdo entre las partes, *será el arbitraje, el cual se realizará según las reglas de procedimiento de la Cámara Internacional del Comercio, vigentes al momento de la firma del Convenio...*"

Por su parte, el artículo 127 de la Constitución, señala:

"...En los contratos de interés público, si no fuere improcedente de acuerdo con la naturaleza de los mismos, se considerará incorporada, aún cuando no estuviera expresa, una cláusula según la cual las dudas y controversias que puedan suscitarse sobre dichos contratos y que no llegaren a ser resueltas amigablemente por las partes contratantes, serán decididas por los Tribunales competentes de la República, en conformidad con sus leyes, sin que por ningún motivo ni causa puedan dar origen a reclamaciones extranjeras...

Las reservas de recursos esenciales, es obvio que sean objeto de control, no solamente por las instituciones del Estado como tal, sino por los ciudadanos que forman de ese Estado. Opiniones respetables temen que con la "Apertura Petrolera" puedan comprometerse la independencia y soberanía de Venezuela, al estar involucrado capital de inversionistas extranjeros. Sin embargo, el artículo 5 de la Ley de Nacionalización estableció esa posibilidad al no discriminar a este tipo de inversionistas.

Por otra parte, se observa, que la Cláusula Décima Séptima, estableció un régimen de protección de la jurisdicción de la República de Venezuela, a quien, por lo demás, eximió de responsabilidad alguna conforme se desprende de la Cláusula Décimo Novena, la cual reza:

"...DÉCIMA NOVENA: El Convenio, así como todas las actividades y operaciones que de aquél se deriven, en ningún caso comprometen la responsabilidad de la República de Venezuela ni menoscaban sus derechos soberanos, cuyo ejercicio, en ningún caso, podrá dar lugar a reclamaciones de otros Estados ni de potencias extranjeras, cualquiera que fuese la naturaleza o características de éstas..."

Es muy interesante, hacer resaltar que la Comisión redactadora del Proyecto de la Constitución de 1961, luego de varios debates sobre la inmunidad de la jurisdicción relativa, propugnada por la Cancillería Venezolana, se llegó a conciliar ambas propuestas, añadiendo al texto fundamental, "Si no fuere improcedente de acuerdo con la naturaleza de los mismos", y, en la Exposición de Motivos del artículo 127, se plasmó la intención del constituyente:

> "...En cuanto a las cláusulas de interés nacional que han de dejar a salvo la soberanía y la seguridad de la República y que son ordenadas en las Constituciones anteriores, la redacción de los artículos respectivos se ha adaptado a la índole de los documentos, para no desconocer variedades surgidas con la evolución del Derecho Internacional ..."

En un estudio realizado por la Profesora Isabel Boscán de Ruesta, sobre "La Inmunidad de Jurisdicción en los Contratos de Interés Público", se cita la opinión que le merece al eminente constitucionalista Gustavo Planchart M., el referido artículo, opinión que, a juicio del Ministerio Público, refleja claramente la realidad de lo que constituye un Contrato de Interés Público, en el cual intervenga un extranjero, a saber, "...al referirse a este asunto en su conferencia de ayer, opinó que la expresión "naturaleza del contrato" contenida en el artículo 127 para excluir la cláusula de reserva, no se refería a la naturaleza jurídica del contrato, sino a la naturaleza práctica del negocio". "Al respecto, señaló que la administración celebra contratos, que incluso no puede dejar de celebrar, pero que si se exigiera la inclusión de la Cláusula, el negocio probablemente no se celebraría. Que ante esta realidad la fórmula incluida en la norma, tiene como propósito que la República no se vea imposibilitada, a celebrar contratos de interés público, por causa de una norma rígida".

Bajo estas consideraciones, es factible que el inversionista extranjero recurra a órganos internacionales cuando no encuentre garantía del derecho lesionado. No obstante, en el caso en estudio, no se ha arrebatado la jurisdicción a los Tribunales de Venezuela, pues los Convenios de Asociación "se regirán e interpretarán de conformidad con las Leyes de la República de Venezuela". En el caso, concluimos, que podrían someterse solamente al arbitraje las materias propias del Convenio, es decir, la ejecución del mismo, que no puedan dirimirse por acuerdo de las partes, y que no estén sometidas a la competencia del Comité de Control. De igual manera, deducimos que no entran en estas consideraciones de arbitraje, materias propias de la actividad jurisdiccional al no tratarse de un organismo con esta características, sino más bien de orden administrativo, como se concibe universalmente a una Cámara de Comercio.

8. CLÁUSULA VIGÉSIMA PRIMERA

Según los impugnantes, esta cláusula infringe lo establecido en el Parágrafo Único del artículo 41 de la Ley de Hidrocarburos, al contemplar una rebaja del impuesto de explotación, desde el mismo momento en que ésta se inicia, cuando la excepción se refiere a un posible y lógico incremento de los costos de producción por agotamiento del proceso.

La Cláusula, en su contexto, expresa:

"VIGÉSIMA PRIMERA. EL Ejecutivo Nacional podrá establecer un régimen que permita ajusta el impuesto establecido en el artículo 41 de la Ley de Hidrocarburos, cuando se le demuestre, en cualquier momento, que no es posible alcanzar los márgenes mínimos de rentabilidad para la explotación comercial de una o más Áreas de Desarrollo durante la ejecución del Convenio, a tales efectos, la Filial realizará las correspondientes comprobaciones de costos de producción por ante el Ministerio de Energía y Minas..."

A su vez, el artículo 41 de la Ley de Hidrocarburos, dispone:

"...Artículo 41.- Todos los concesionarios indicados en el artículo 39 pagarán además..."/ "...1°. El impuesto de explotación, que será igual al 16 2/3 por ciento del petróleo crudo extraído, medido en el campo de producción, en las instalaciones en que se efectúe la fiscalización. Este impuesto se pagará total o parcialmente, en especie o en efectivo, a elección del Ejecutivo Nacional..."/"...Único.- Con el fin de prolongar la explotación económica de determinadas concesiones queda facultado el Ejecutivo Nacional para rebajar el impuesto de explotación a que se refiere este ordinal en aquellos casos en que se demuestre a su satisfacción que el costo creciente de producción, incluido en éste el monto de los impuestos, haya llegado al límite que no permita la explotación comercial. Puede también el Ejecutivo Nacional elevar de nuevo el impuesto de explotación ya rebajado hasta restablecerlo en su monto original, cuando a su juicio se hayan modificado las causas que motivaron la rebaja..."/ "...2° El impuesto de explotación, que será igual a 16 2/3 por ciento del asfalto natural extraído, medido en el campo de producción. El impuesto se pagará, total o parcialmente, en especies o en efectivo a elección del Ejecutivo Nacional..."/ ".. 1° Cuando el Ejecutivo Nacional decida recibir una parte o el total de dicho impuesto en efectivo, lo liquidará a razón del valor mercantil del asfalto natural en el campo de producción. Queda autorizado el Ejecutivo Nacional, a tal efecto, para celebrar convenios especiales con el concesionario con el objeto de fijar el valor de esta sustancia..."/ "... 2°) Con el fin de fomentar o prolongar la explotación económica de determinadas concesiones, queda también facultado el Ejecutivo Nacional para rebajar este Impuesto en aquellos casos en que se demuestre a su satisfacción que el costo de producción, incluido en éste el monto de los impuestos, impide emprender la explotación comercial de dicha sustancia o que el costo creciente de producción haya llegado al límite que no permita la explotación comercial. Puede también el Ejecutivo Nacional elevar de nuevo el impuesto ya rebajado, hasta restablecerlo en su monto original, cuando a su juicio hayan cesado las causas que motivaron la rebaja..."/ "... 3°) El impuesto de 16 2/3 por ciento sobre el valor del gas natural enajenado o utilizado como combustible. Cuando el gas sea tratado en plantas de gasolina natural o destinado a otros tratamientos industriales, se celebrarán convenios especiales entre el Ministro de Minas e Hidrocarburos y el concesionario, por un término fijo no mayor de quince años, para determinar la participación que corresponda a la Nación..." / "...Es potestativo del Ejecutivo Nacional recibir en especie el impuesto sobre el gas natural, en el campo de producción o en alguna de las instalaciones adecuadas que tenga establecidas el concesionario..."/ "... 1°) No causará impuesto el gas devuelto al yacimiento o utilizado en cualquier procedimiento cuyo objeto sea estimular la producción del petróleo ni el gas no aprovechable, el cual no deberá quemarse en mecheros apropiados..." / "...2°) Queda autorizado el Ejecutivo Nacional para exonerar todo o en parte el impuesto establecido en este ordinal, cuando el gas se emplee en el abastecimiento de poblaciones o para otros fines que considere de interés público..."

Si observamos la razones aducidas en el Anexo "B", del documento presentado por Petróleos de Venezuela, S.A., encontraremos las razones que motivan esta Cláusula: "una vez ejecutados en su totalidad, el referido plan mínimo exploratorio, los inversionistas, a través de la Empresa Inversora, pueden optar por continuar explorando y por lo tanto terminar el contrato de asociación (si creen que más esfuerzo exploratorio no se justifica), o continuar con la segunda fase del esfuerzo exploratorio ..."

Dado el riesgo que representa la búsqueda de hidrocarburos, en la cual se han invertido capital, tecnología y mano de obra, es lógico suponer que deben lograrse condiciones mínimas de garantía para desarrollar tal actividad.

La existencia de las empresas mixtas, que actúan en ejercicio de una función del Estado, actividad propia de la nacionalización, tratan de obtener una relación justa y equilibrada, que les permita cumplir, desde el inicio, los cometidos propuestos en un régimen bajo riesgo. Por lo tanto, requieren se les otorgue flexibilidad en la tasa impositiva aplicable, como la que rige para Petróleos de Venezuela y sus Filiales.

En el caso que se establezca esa regalía, la misma ha de ser objeto de análisis, tomando en cuenta la conveniencia y el interés del Estado en que se prolongue esa exploración. Tal facultad del Ejecutivo, tiene que estar justificada plenamente, como se lo exige la Cláusula. El alivio de una carga financiera, representa un estímulo más para los inversionistas nacionales o extranjeros, lo cual no lleva consigo en exoneración de la carga tributaria a las empresas que al efecto se crearen, pues éstas siempre serán objeto pasivo de imposición fiscal.

CONCLUSIÓN

En razón de las anteriores consideraciones, el Ministerio Público opina, consciente de su papel en la observancia de la Constitución y las leyes, que el presente recurso de nulidad debe ser declarado SIN LUGAR, en virtud que el acuerdo contentivo de la Autorización de los "Convenios de Asociación para la Explotación a Riesgo de Nuevas Áreas y la Producción de Hidrocarburos bajo el Esquema de Ganancias Compartidas", está conforme a la Constitución y las leyes que rigen la materia. No obstante, vista la protección de nuestro más importante recurso natural, advierte que el Congreso de la República tiene una gran responsabilidad política en las autorizaciones que posteriormente otorgue en la celebración de cada Convenio que se realice, de acuerdo a lo previsto en la Cláusula Vigésimo Tercera del Convenio Marco.

Es Justicia, en Caracas, a los dieciocho (18) días del mes de noviembre de mil novecientos noventa y siete (1997).

Iván Darío Badell González, Fiscal General de la República

Expedientes. N° 812 y 829.-

IV. OTROS INFORMES EN DEFENSA DE LA CONSTITUCIONALIDAD Y LEGALIDAD DEL ACUERDO

1. *Informes de Humberto Briceño León*

Ciudadana
Presidenta y demás Magistrados
de la Corte Suprema de Justicia
en Sala Plena
Su Despacho.-

Yo, HUMBERTO BRICEÑO LEÓN, venezolano, mayor de edad, abogado en ejercicio, de este domicilio, titular de la cédula de identidad N° 3.967.563 e inscrito en el Instituto de Previsión Social del Abogado bajo el N° 13.946, procediendo en este acto en mi carácter de abogado de la República, respetuosamente ocurro ante esta Sala Plena de la Corte Suprema de Justicia, de conformidad con lo establecido en el Artículo 19 de la Ley de Abogados, para presentar escrito de INFORMES en el presente juicio iniciado con motivo del recurso de nulidad por inconstitucionalidad ejercido por los ciudadanos SIMÓN MUÑOZ ARMAS, ELÍAS ELJURI ABRAHAM, TRINO ALCIDES DÍAZ y otros (en lo adelante los, "Accionantes") en fecha 14 de diciembre de 1995 contra el Acuerdo del Congreso de la República aprobado en fecha 4 de julio de 1995, publicado en la Gaceta Oficial de la República de Venezuela N° 35.754 de fecha 17 de julio de 1995 (en lo adelante el "Acuerdo del Congreso"), que autorizó la celebración de los CONVENIOS DE ASOCIACIÓN PARA LA EXPLORACIÓN A RIESGO DE NUEVAS ÁREAS Y LA PRODUCCIÓN DE HIDROCARBUROS BAJO EL ESQUEMA DE GANANCIAS COMPARTIDAS (en lo adelante los "Convenios de Asociación"), que cursa inserto en el Expediente N° 812, al cual se acumuló, por decisión de esta Corte en Pleno de fecha 2 de julio de 1996, el recurso que por ilegalidad ejercieron los Accionantes contra el Acuerdo del Congreso en fecha 23 de enero de 1996, que cursa inserto en el Expediente N° 829.

I
LEGITIMACIÓN PARA PRESENTAR EL PRESENTE ESCRITO

En mi condición de abogado de la República acudo a informar en este proceso judicial en defensa de la constitucionalidad y legalidad del Acuerdo del Congreso que autorizó la celebración de los Convenios de Asociación. La cualidad de interesado me la confiere mi condición de abogado y venezolano preocupado por la pretensión de los Accionistas de obtener un pronunciamiento de esta Corte que declare la nulidad del Acuerdo del Congreso. Al Artículo 19 de la Ley de Abogados establece la facultad de todo abogado de la República para informar y presentar conclusiones escritas en cualquier causa, en la forma que a continuación se expresa:

"Es función propia del abogado, informar y presentar conclusiones escritas en cualquier causa sin necesidad de poder especial ni de que la parte por quien abogue esté presente o se lo exija, a menos que exista oposición de ésta. Esta actuación no causará honorarios, salvo pacto en contrario".

Por lo anterior, solicito respetuosamente que el presente escrito sea admitido y sustanciado conforme a derecho.

II

ANTECEDENTES

En fecha 14 de diciembre de 1995, los Accionantes ejercieron por ante esta Corte Suprema de Justicia en Sala Plena acción de inconstitucionalidad parcial del Artículo 2°, Cláusulas Segunda, Cuarta, Décima y Decimoséptima del Acuerdo del Congreso. Asimismo, en fecha 23 de enero de 1996, los Accionantes interpusieron por ante la Sala Político Administrativa de esta Corte acción de nulidad por ilegalidad del Artículo 2°, Cláusulas Primera, Segunda, Cuarta, Sexta, Décima y Vigésima primera del Acuerdo del Congreso.

En fecha 27 de febrero de 1996, el Juzgado de Sustanciación de la Sala Político Administrativa de la Corte declaró la incompetencia de esa Sala para conocer de la demanda de nulidad por ilegalidad interpuesta, declinando el conocimiento del asunto en la Sala Plena de esta Corte. En fecha 2 de julio de 1996, la Sala Plena aceptó la declinatoria de competencia formulada y admitió la acción de nulidad incoada.

La demanda de inconstitucionalidad interpuesta fue admitida por esta Sala Plena por auto de fecha 23 de enero de 1996, el cual, además, ordenó la publicación del cartel previsto en el Artículo 116 de la Ley Orgánica de la Corte Suprema de Justicia y la notificación a los ciudadanos Presidente del Congreso de la República, Fiscal General de la República y Procurador General de la República.

En fecha 2 de julio de 1996, vista la solicitud formulada por los apoderados de Petróleos de Venezuela S.A. (PDVSA), empresa que se hizo parte en la acción de nulidad por inconstitucionalidad referida, la Sala Plena acordó la acumulación de ese expediente con el contentivo de la acción por ilegalidad. En consecuencia, ordenó suspender el curso de la demanda de inconstitucionalidad en el estado en que se encontraba (comienzo de la primera etapa de la relación) y continuar en el juicio de nulidad por ilegalidad las demás diligencias de sustanciación a que hubiere lugar. Igualmente, la Corte declaró procedente la solicitud de declaración del asunto como de urgencia y la consecuente reducción de los lapsos procesales. En este sentido, se acordó eliminar la primera etapa de la relación y reducir la segunda a diez audiencias, concluida la cual, en el primer día hábil, tendría lugar el acto de informes.

III

INFORMES IMPROCEDENCIA DE LA DENUNCIA DE NULIDAD DE LA CLÁUSULA DÉCIMA DEL ARTÍCULO 2° DEL ACUERDO DEL CONGRESO

Los Accionantes solicitan la nulidad de la Cláusula Décima del Artículo 2° del Acuerdo del Congreso, cuyo texto es del tenor que sigue:

"La celebración y ejecución del Convenio quedarán sometidas al régimen establecido en la Ley Orgánica que Reserva al Estado la Industria y el Comercio de los Hidrocarburos, en razón de que su objeto se contrae al ejercicio de las actividades reservadas al Estado conforme al Artículo 1° de dicha Ley. En tal virtud, las referidas actividades, siendo además competencia del Poder Nacional, *no estarán sometidas al pago de los impuestos municipales ni estadales*. Sin embargo, y en atención a lo establecido en el artículo 136, ordinal 10° de la Constitución de la República de Venezuela, el Congreso de la República establecerá un sistema de beneficios económicos especiales con cargo al bono sobre la rentabilidad "PEG" y en favor de los Estados y Municipios en cuyos territorios se realicen las referidas actividades y a otros fines que considere conveniente". (Resaltado nuestro)

En criterio de los Accionantes, la Cláusula antes transcrita es violatoria de los Artículos 29, 31, Ordinal 3°, 162, 177 y 224 de la Constitución.

Indican los Accionantes que la "exención" tributaria establecida en la referida Cláusula trata de sustentarse en el Artículo 7°, último párrafo, de la Ley Orgánica que Reserva al Estado la Industria y el Comercio de los Hidrocarburos (en lo adelante "LOREICH"), según el cual: "Las empresas a que se refiere el artículo anterior [empresas propiedad del Estado]... no estarán sujetas a ninguna clase de impuestos estadales ni municipales" (Paréntesis nuestro).

En criterio de los Accionantes, las empresas que se creen conforme a los Convenios de Asociación:

"de ninguna manera pueden ser beneficiarias de esta exención tributaria, toda vez que no están comprendidas dentro de la figura del citado artículo 6° [de la LOREICH], esto es, como empresas propiedad del Estado".

Adicionalmente, para fundamentar la nulidad de la Cláusula Décima del Artículo 2° del Acuerdo del Congreso, los Accionantes indican:

"La Cláusula Décima del Acuerdo en cuestión, viola además de manera directa y flagrante, y así pedimos respetuosamente que lo declare esta Corte, la reserva legal establecida en el artículo 224 de la Constitución que, a la letra, dispone: *"No podrá cobrarse ningún impuesto u otra contribución que no estén establecidos por ley, ni concederse exenciones, ni exoneraciones de los mismos sino en los casos por ella previstos"*. Asimismo, vale agregar que sólo pueden entenderse por ley, los actos que sancionen las Cámaras como cuerpos co-legisladores (artículo 162 de la Constitución). Por su parte, el artículo 177 *ejusdem* dispone que *"las leyes sólo se derogan por otras leyes"* (cursivas y resaltado de los Accionantes).

Finalmente, para fundamentar la acción de nulidad por ilegalidad interpuesta contra la Cláusula Décima del Acuerdo del Congreso, los Accionantes alegan que la referida cláusula viola la reserva legal consagrada en el Artículo 4, Ordinal 2° del Código Orgánico Tributario según el cual sólo a la ley corresponde otorgar exenciones y rebajas de impuestos.

Los fundamentos expuestos por los Accionantes resultan absolutamente improcedentes por las siguientes consideraciones jurídicas:

I. La autonomía tributaria de los municipios es limitada. Los municipios no tienen potestad para gravar materias rentísticas de la competencia del Poder Nacional.

Aducen los Accionantes que la Cláusula Décima del Artículo 2° del Acuerdo del Congreso viola los Artículos 29 y 31, Ordinal 3°, de la Constitución. Tales normas señalan:

"Artículo 29.- La autonomía del Municipio comprende:

1°.- La elección de sus autoridades;

2°.- La libre gestión en las materias de su competencia; y

3°.- La creación, recaudación e inversión de sus ingresos.

Los actos de los Municipios no podrán ser impugnados sino por ante los órganos jurisdiccionales, de conformidad con esta Constitución y las leyes".

"Artículo 31.- Los Municipios tendrán los siguientes ingresos:

(Omissis)

3°.- Las patentes sobre industria, comercio y vehículos, y los impuestos sobre inmuebles urbanos y espectáculos públicos".

De las normas antes citadas se desprende que los municipios, como entidades político-territoriales autónomas, tienen potestad tributaria originaria establecida constitucionalmente. Sin embargo, se trata de una potestad tributaria que no puede ir más allá de lo que rectamente se desprenda de las normas del derecho positivo constitucional. De acuerdo con la Constitución, la autonomía municipal comprende la creación, recaudación e inversión de sus ingresos (Artículo 29 Ordinal 3° de la Constitución). Dentro de estos ingresos se encuentran las tasas por el uso de sus bienes o servicios (Artículo 31 Ordinal 2° de la Constitución), las patentes sobre industria, comercio y vehículos, los impuestos sobre inmuebles urbanos y espectáculos públicos (Artículo 31 Ordinal 3° de la Constitución) y los demás impuestos, tasas y contribuciones que se creen de conformidad con la ley (Artículo 31 Ordinal 6° de la Constitución). En razón de ello, los municipios pueden crear tributos mediante ordenanzas en las materias especialmente señaladas en los ordinales 2° y 3° del Artículo 31 de la Constitución, así como también en otras materias dentro del ámbito de su competencia (Ordinal 6° del Artículo 31), con las limitaciones que derivan de la Constitución y la ley. Como acertadamente lo señaló la extinta Corte Federal y de Casación en una sentencia del 2 de diciembre de 1937: "No se trata de un gobierno libre dentro del Estado, sino de un poder regulado por el constituyente y por el legislador" (Memoria de la Corte Federal y de Casación de 1938, Tomo I, pág. 359 y sgtes.)

En la misma sentencia, la Corte Federal y de Casación sostuvo que la autonomía municipal "restringida por la Ley Fundamental de la República a precisas y limitadas atribuciones, no puede ser absoluta sino muy relativa, en el sentido de que aun en el uso de las competencias y atribuciones que le han sido otorgadas, debe cuidarse muy bien [el Municipio] de no rivalizar con el poder federal, no debiendo sus actos tener trascendencia nacional sino local".

En una decisión de más reciente data, la Corte Suprema de Justicia en Pleno precisó que la intención de los redactores de la Constitución vigente, que quedó plasmada en las normas aprobadas por el Congreso Constituyente, no fue la de consagrar la autonomía municipal con carácter absoluto sino relativo, es decir, dentro del marco de los principios y limitaciones establecidos en la propia Constitución y en las leyes. Refiriéndose concretamente a la autonomía financiera y tributaria de los municipios, la Corte sostuvo que la Constitución se la atribuye a los municipios "dentro de los parámetros estrictamente señalados en el artículo 31, *con las limitaciones y prohibiciones prescritas en los artículos 18, 34 y 136 del mismo texto constitucional, derivadas de las competencias del Poder Nacional*" (Sentencia de la Corte Suprema de Justicia en Pleno de fecha 13 de noviembre de 1989, caso *Heberto Contreras Cuenca*. Consultada en original).

De lo expuesto puede afirmarse la exclusión del poder tributario municipal sobre las materias que, conforme al Artículo 136 de la Constitución, son competencia del Poder Nacional. De acuerdo con la doctrina de la Corte Suprema de Justicia, expuesta desde el fallo de 1937 supra citado, cuando el constituyente atribuye un determinado objeto de imposición a la competencia del Poder Nacional, lo hace en sentido genérico, para incluir así los aspectos materiales o principales y los accesorios o derivados. La Procuraduría General de la República ha señalado que cuando en el texto constitucional existen competencias señaladas de manera expresa a una determinada rama del poder público, "se entiende que tal señalamiento comporta igualmente todo aquello que sea consecuencia necesaria del mismo y la posibilidad de establecer –en forma excluyente, desde luego- la instrumentalidad necesaria para llevarla a efecto y siendo así, se entiende que ello crea para las otras potestades una doble limitación: la de orden formal referida a la competencia como título para las otras potestades una doble limitación: la de orden formal referida a la competencia como título para decidir y la imposibilidad de los otros poderes para crear directa o indirectamente situaciones que dejen sin efecto la competencia que al primero corresponda..." (Dictamen de la Procuraduría General de la República de fecha 15 de febrero de 1972, en *20 Años de Doctrina de la Procuraduría General de la República, 1961–1981*, Tomo III, Vol. II, Pág. 340).

Ciertamente, honorables Magistrados, en los casos de materias reservadas por el constituyente al Poder Nacional, debe entenderse el concepto de reserva en términos genéricos; no puede pensarse por tanto que está circunscrito a ciertos aspectos y a otros no, sino que es total. La sentencia de la Sala Político Administrativa de fecha 16 de julio de 1996 (caso: *Telcel Celular, C.A. vs. Municipio Maracaibo del Estado Zulia*) ratificó el criterio precedentemente expuesto al señalar que estando reservada al Poder Nacional la actividad de telecomunicaciones, toda su regulación, *"incluyendo la determinación del pago de tributos así como el régimen para su imposición"*, debe provenir del legislador nacional de conformidad con lo dispuesto en el Artículo 139 de la Constitución, según el cual:

"Corresponde al Congreso legislar sobre las materias de la competencia nacional..."

El principio anterior es perfectamente aplicable a la actividad de hidrocarburos. En efecto, el Artículo 136 de la Constitución, que establece una enumeración de las competencias del Poder Nacional, dispone:

Artículo 136: "Es de la competencia del Poder Nacional:

(Omissis)

Octavo: *La organización, recaudación y control* de los impuestos a la renta, al capital y a las sucesiones y donaciones; *de las contribuciones* que gravan la importación, las de registro y timbre fiscal, y las *que recaigan sobre la producción y el consumo de bienes que total o parcialmente la ley reserva al Poder Nacional, tales como* la de alcoholes, licores, cigarrillos, fósforos y salinas, las de minas e *hidrocarburos* y los demás impuestos, tasas y rentas no atribuidos a los estados y a los municipios, que con carácter de contribuciones nacionales cree la ley; (...)

Décimo: *El régimen y administración* de las minas e *hidrocarburos,* salinas, tierras baldías y ostrales de perlas; y la conservación, fomento y aprovechamiento de los montes, aguas y otras riquezas naturales del país".

De conformidad con la norma supra citada, la Constitución reserva al Poder Nacional el régimen y administración de las minas e hidrocarburos, así como una serie de materias impositivas, entre las cuales señala expresamente las contribuciones referidas a las minas e hidrocarburos y "los demás impuestos, tasas y rentas no atribuidos a los estados y a los municipios, que con carácter de contribuciones nacionales cree la ley". De modo que la reserva se refiere a las contribuciones y demás impuestos. El constituyente hace del término contribuciones un género que incluye los conceptos de impuesto, tasas, rentas y por supuesto la idea misma de contribuciones. En efecto, aun cuando en el orden teórico puedan formularse distinciones entre esos términos (contribuciones, impuestos, tasas, rentas), no cabe duda que la reserva los incluye a todos.

Por efecto de dicha reserva los municipios no pueden gravar la actividad de hidrocarburos, la cual incluye las actividades de exploración, explotación, tratamiento y transporte de hidrocarburos llevadas a cabo por las empresas constituidas bajo los Convenios de Asociación. La regulación a esta actividad debe exclusivamente provenir del legislador nacional, por aplicación del Ordinal 24 del Artículo 136 de la Constitución, en concordancia con el Artículo 139 ejusdem.

Por otra parte, es importante destacar que el Artículo 34 de la Constitución impone a los municipios las mismas limitaciones que el Artículo 18 de la Constitución prescribe para los Estados. Entre esas limitaciones está la prohibición de crear impuestos sobre las materias rentísticas de la competencia nacional. De ello resulta que al estar excluidos el Poder Estadal y el Poder Municipal de dicho poder tributario, el mismo corresponde sólo al Poder Nacional, ya que, como se sabe, la potestad tributaria residual corresponde en Venezuela sólo al Poder Nacional, por acordarlo así el Artículo 136, Ordinal 8° de la Constitución, que le reserva la organización, recaudación y control de los impuestos no atribuidos a los Estados ni a los Municipios. De acuerdo con un Dictamen de la Procuraduría General de la República:

"Al establecerse de tal modo la competencia residual quedó sentado el principio de subordinación material del sistema rentístico del municipio al propio del poder nacional, constituido éste a su vez por la suma exclusiva de materias que le fueron reservadas por los estados miembros del pacto y por las demás que, con el carácter de impuestos nacionales, cree la ley" (Dictamen de la Procuraduría General de la República de fecha 15 de febrero de 1972, en *20 Años de Doctrina de la Procuraduría General de la República, 1961-1981,* Tomo III, Vol. II, pág. 335).

En conclusión, la posibilidad de gravar las actividades de exploración, explotación, tratamiento y transporte de hidrocarburos llevadas a cabo por las empresas constituidas bajo los Convenios de Asociación es competencia exclusiva del Poder Nacional. Las normas antes señaladas relevan que la materia de hidrocarburos está reservada, incluido sus aspectos tributarios, al legislador nacional, por lo que los municipios no tienen potestad para gravar dicha actividad con el impuesto de patente de industria y comercio. Ello significa que si bien el municipio tiene la competencia para gravar determinadas actividades con el impuesto de patente de industria y comercio, esta imposición se encuentra limitada a las materias propias de la municipalidad y no se extiende a las actividades que la misma Constitución de la República reserve a otro nivel de gobierno. En otros términos, es la "actividad de minas e hidrocarburos" la que está reservada al Poder Nacional independientemente de que esta actividad se realice en la jurisdicción de una determinada municipalidad. El hecho que la actividad se realice en un municipio determinado no quiere decir que automáticamente sea gravable con el impuesto de patente de industria y comercio, pues el impuesto municipal no alcanza aquellas actividades reservadas al Poder Nacional.

La tesis de la exclusión del poder tributario municipal en las materias reservadas por el constituyente al Poder Nacional ha sido acogida por esta Corte Suprema de Justicia en diversos fallos.

(i) Caso *Municipio Raúl Leoni del Estado Bolívar contra Artículo 11 del Decreto N° 580 del Presidente de la República* (Sentencia de la Corte Suprema de Justicia en Pleno de fecha 16 de diciembre de 1997, Expediente N° 745, consultada en original).

Cabe destacar la decisión de esta Sala Plena dictada recientemente en el juicio iniciado con motivo de una demanda de nulidad por inconstitucionalidad ejercida por el Municipio Raúl Leoni del Estado Bolívar contra la primera parte del Artículo 11 del Decreto N° 580 de fecha 26 de noviembre de 1974, dictado por el Presidente de la República en Consejo de Ministros. La norma impugnada señala que la empresa o empresas que constituya la Corporación Venezolana de Guayana "pagarán al Fisco Nacional los impuestos, tasas y contribuciones nacionales, pero no estarán sujetas a ninguna clase de impuestos estadales o municipales". El Municipio accionante sostuvo que la "exención" impositiva establecida en la norma era violatoria de la autonomía municipal.

La Corte Suprema de Justicia en Pleno declaró sin lugar la demanda con fundamento en que la regulación de la actividad de minas e hidrocarburos corresponde con carácter excluyente al Poder Nacional, no sólo porque el Artículo 136, Ordinal 10, proclama la competencia del Poder Nacional sobre las minas e hidrocarburos, sino porque el Ordinal 8° del mismo artículo insiste en atribuir al Poder Nacional la organización recaudación y control de los tributos a las minas e hidrocarburos. De acuerdo con el fallo , *"por expreso mandato constitucional, todo lo relativo a las minas e hidrocarburos, en los aspectos de creación, organización, recaudación y control de los impuestos que se deriven de dichas actividades (exploración, explotación, transporte) son de la competencia del Poder Nacional"* y, por tanto... *no pueden gravarse mediante la fórmula normativa municipal de la Patente de Industria y Comercio"*. Las consideraciones jurídicas de la sentencia comentada son aplicables en su totalidad al caso que nos ocupa, por lo que nos permitimos transcribir parcialmente su contenido:

"El artículo 136 de la Constitución en sus veinticinco (25) ordinales, consagra la competencia del Poder Nacional, en la cual figuran dos ramos que conciernen al caso sub-indice, que son los siguientes: "la organización, recaudación y control de los impuestos a la renta, al capital y a las sucesiones y donaciones; de las contribuciones que gravan la importación, las de registro y timbre fiscal y las que recaigan sobre la producción y consumo de bienes que total o parcialmente la ley reserva al Poder Nacional, tales como las de alcoholes, licores, cigarrillos, fósforos y salinas; *las de minas e hidrocarburos* y los demás impuestos, tasas y rentas no atribuidos a los Estados y Municipios, que con carácter de contribuciones nacionales creare la ley (ordinal 8°); y *el régimen y administración de las minas e hidrocarburos,* salinas tierras baldías y ostrales de perlas y la conservación, fomento y aprovechamiento de los montes, aguas y otras riquezas naturales del país" (ordinal 10). (Subrayados de la Corte).

No todo el catálogo de competencias a que se refiere el artículo 136, constituyen atribuciones exclusivas del Poder Nacional, ya que muchas materias lo son en forma concurrente con otros niveles político-territoriales; en este orden de ideas, la centralización del ramo tributario puede ocurrir por vía de regulación legal, puesto que la ley nacional al regular una particular materia puede reservarse la tributación sobre la misma, tal como lo faculta el ordinal 8° del artículo 136 constitucional. Este sería el caso de la tributación sobre minas e hidrocarburos. A este respecto el Contexto Constitucional revela que la atribución sobre la materia en cuestión, fue considerada con carácter excluyente. No sólo el artículo 136, ordinal 10, proclama la competencia sobre las minas e hidrocarburos, sino que se insiste en el ordinal 8° del mismo artículo en atribuir al Poder Nacional la organización recaudación y control de los tributos a las minas e hidrocarburos. Asimismo, el artículo 97 Constitucional faculta al Poder Nacional para reservarse determinadas industrias, prestaciones o servicios de interés público por razones de conveniencia nacional. Este es el caso preciso de la Ley Orgánica que reserva al Estado la industria de los hidrocarburos, en que el Poder Nacional se reservó por razones de interés nacional todo lo relativo a la explotación, exploración y comercialización de petróleo, asfaltos y demás hidrocarburos, comercio interior y exterior de las sustancias explotadas y refinadas y las obras que su manejo requiera (Cfr. Romero-Muci. *Op. cit.*)".

Es de hacer notar que en la sentencia parcialmente transcrita supra, esta Sala Plena acogió el criterio sentado por la Sala Político Administrativa en el caso *Telcel Celular, C.A.* de fecha 16 de julio de 1996. Al respecto, la Corte en Pleno sostuvo que la doctrina establecida en la sentencia Telcel Celular, C.A. "tiene cabal aplicación en el caso de autos, en cuanto destaca que el Texto Constitucional (Art. 34) hizo extensiva a los entes municipales la prohibición de crear impuestos sobre las materias rentísticas de la competencia nacional previstas para los Estados; y en cuanto advierte sobre la estricta reserva a la ley nacional, del poder de gravar una actividad comprendida en el marco de competencia descrito en el artículo 136 de la Constitución, como lo es la cuestión sub-examine: el régimen tributario de la industria minera, en el caso concreto de la explotación del hierro, según los términos del artículo 11 del Decreto-Ley N° 580".

En la sentencia *Municipio Raúl Leoni del Estado Bolívar vs. Artículo 11 del Decreto N° 580 del Presidente de la República,* esta Corte igualmente declaró:

"...por expreso mandato constitucional, todo lo relativo a las minas e hidrocarburos, en los aspectos de creación, organización, recaudación y control de los impuestos que se deriven de dichas actividades (exploración, explotación, transporte) son de la competencia del Poder Nacional y, por tanto, el complejo económico de la industria del hierro y los proventos que ella genera, no pueden gravarse mediante la fórmula normativa municipal de la Patente de Industria y Comercio. Cabe a propósito, la opinión de Germán Acedo Payarez ("Derecho Tributario Municipal"), respecto a la clasificación de actividades en una Ordenanza tipo sobre Patentes de Industria y Comercio, que incluye la "Explotación de Minas y Canteras", expresada así: "Sin que con ello pretendamos de modo alguno, hacer un análisis de todas y cada una de las actividades codificadas en el anexo "A", es indudable que muchas de ellas escapan -totalmente- a la competencia de los Municipios, en razón de que se trata de manifiestas violaciones del principio de reserva legal sancionado por el constituyente a favor del Poder Nacional, en forma exclusiva y por demás excluyente".

La Sala Plena de la Corte concluyó afirmando que la norma impugnada "no quebranta la autonomía municipal ni invade indebidamente la esfera de la capacidad tributaria de los Municipios, descrita en los artículos 29, ordinal 3° y 31 eiusdem. La potestad tributaria municipal -se reitera- no es ilimitada o absoluta, puesto que las facultades que ella comprende, deben interpretarse en armonía con las otras normas pertinentes del ordenamiento constitucional, de las cuales devienen limitaciones y prohibiciones que circunscriben el concepto de la autonomía de los Municipios y fijan el alcance de la potestad tributaria asignada a estos entes territoriales".

(ii) Caso *Asociación de Industriales Procesadores de Aluvión de Río y Similares del Estado Miranda contra la Ordenanza sobre Exploración de Arenas, Piedras y Similares del Distrito Lander del Estado Miranda* (Sentencia de la Sala Político Administrativa de la Corte Suprema de Justicia de fecha 20 de julio de 1971, consultada en Gaceta Forense, Segunda Etapa, julio a septiembre de 1971, N° 73, pág. 41 y sgtes.).

Referida igualmente a la materia de minas e hidrocarburos es la sentencia de la Sala Político Administrativa de esta Corte de fecha 20 de julio de 1971, dictada con motivo de una demanda de nulidad interpuesta contra la Ordenanza sobre Exploración de Arenas, Piedras y Similares del Distrito Lander del Estado Miranda. La referida Ordenanza establecía las contribuciones que debían pagar quienes llevasen a cabo la actividad de explotación de arenas, piedras de construcción y de adorno, mármol y similares en el Distrito Lander del Estado Miranda. La Sala Político Administrativa declaró la nulidad total de la Ordenanza con base en el siguiente razonamiento:

"El artículo 136 de la Carta Fundamental, determina concretamente las materias que son competencia del Poder Nacional y entre ellas, en sus ordinales 8° y 10°, incluyó respectivamente, "La organización, recaudación y control de... las contribuciones... de minas..." y "El régimen y administración de las minas...". En consecuencia, *toda regulación que sobre dicha materia disponga el Poder Estadal o Municipal, viola las previsiones del citado artículo 136.*

(Omissis)

En el caso que se analiza, se observa claramente, que el Concejo Municipal del Distrito Lander del Estado Miranda, al reglamentar en la Ordenanza la explotación de arenas, piedras y las otras sustancias que especifica en el artículo 1°, y establecer sanciones por incumplimiento de sus normas, violó flagrantemente el ordinal 10° del artículo 136 de la Constitución de la República, pues no está facultado para ejercer tal atribución conferida al Poder Legislativo Nacional..." (Resaltado nuestro).

(iii) Caso *Ordenanza sobre Patentes de Vehículos Terrestres, Aéreos y Marítimos del Municipio Vargas del Distrito Federal* (Sentencia de la Corte Suprema de Justicia en Pleno de fecha 17 de abril de 1996, consultada en original).

En el referido caso la Corte Suprema de Justicia en Pleno declaró la nulidad de una Ordenanza del Municipio Vargas del Distrito Federal que pretendía establecer impuestos sobre la actividad de navegación y transporte, al estimar que se tales actividades son de la exclusiva competencia del Poder Nacional de acuerdo con el Artículo 136, Ordinal 20° de la Constitución. La Corte precisó que la autonomía municipal -dentro de cuyas manifestaciones se encuentra la tributaria- se limita al ejercicio efectivo de las materias de su competencia, por lo que no se trata de atribución constitucional que confiere cierto poder ilimitado a los entes menores.

Indicó el fallo de la Corte que los municipios pueden crear tributos, "pero deben hacerlo de conformidad con la potestad que la Constitución les asigna". Es decir, los municipios pueden tener como ingresos los expresamente señalados en el Artículo 31 del texto constitucional, a saber: las tasas por uso de sus bienes y servicios, las patentes sobre industria, comercio y vehículos, impuestos sobre inmuebles urbanos y espectáculos públicos. Aparte de ellos, los municipios pueden exigir los impuestos, tasas y contribuciones especiales "de conformidad con la Ley".

(iv) Caso *Telcel Celular, C.A. contra Municipio Maracaibo del Estado Zulia* (Sentencia de la Sala Político Administrativa de la Corte Suprema de Justicia de fecha 16 de julio de 1996, consultada en original).

La decisión de la Sala Político Administrativa se produjo con ocasión de la apelación de una acción de amparo constitucional interpuesta por Telcel Celular, C.A. contra las pretensiones del Municipio Maracaibo del Estado Zulia de gravar con el impuesto de patente de industria y comercio la actividad de telecomunicaciones llevada a cabo por la referida empresa a nivel nacional. La Sala estableció claramente que ninguna de las materias de la competencia del Poder Nacional puede ser regulada directa o indirectamente a través de textos normativos subalternos a la Ley, tales como ordenanzas municipales, de manera que no pueden los órganos legislativos municipales mediante sus actos invadir materias reservadas al órgano legislativo nacional. Por ende, no pueden los municipios establecer el pago de tributos sobre las actividades reservadas. La referida sentencia reza textualmente lo siguiente:

> "Entre las consecuencias de mayor trascendencia que derivan de la concepción federal recogida en el texto de la Constitución (artículo 2°), se encuentra, sin duda, la distribución del Poder Público entre las distintas personas territoriales que conforman la organización del Estado. Se habla así de una distribución vertical de un conjunto de potestades entre el Poder Nacional (República), los Estados y los Municipios, con una amplitud mayor o menor en cada caso.

Así, cabe observar en los artículos 17 (Estados), 25 (Municipios) y 136 (Poder Nacional), el elenco de atributos que la Constitución dispuso para ser ejercidos por cada uno de estos entes. Ahora bien, la actividad de prestación de servicios de Telecomunicaciones -desarrollada por la accionante- ha sido reservada al Poder Nacional, conforme a lo dispuesto en el numeral 24 del artículo 136. En efecto:

"Es de la competencia del Poder Nacional:

(Omissis)

…El Correo y las Telecomunicaciones" (Subrayado de la Sala).

Dicha actividad, *así como todas las enunciadas en el artículo que se comenta forman parte de la denominada reserva legal, y por tanto, de regulación exclusiva a través de la ley formal,* de conformidad con lo dispuesto en el artículo 139 del mismo texto, el cual señala:

> "Corresponde al Congreso legislar sobre las materias de la competencia nacional..."

Ratifica lo anterior igualmente el numeral 24 del artículo 136 constitucional al atribuir al poder nacional, y concretamente al Congreso, la legislación "relativa a todas las materias de la competencia nacional.

De lo anterior se desprende una primera conclusión y es que ni la actividad de telecomunicaciones, ni ninguna otra de las comprendidas dentro de las atribuciones del Poder Nacional puede admitir regulación directa o inmediata a través de textos normativos subalternos a la Ley. En otros términos, no pueden ni deben los órganos de la rama ejecutiva del Poder Público Nacional, ni los órganos ejecutivos y legislativos estadales o municipales mediante sus actos típicos y propios invadir tales esferas de actuación por haber sido éstas expresa y precisamente reservadas al órgano legislativo nacional. En el caso concreto, debe entenderse que, al formar parte de las telecomunicaciones, la emisión, transmisión o recepción de ondas radioeléctricas con tecnología celular, como un servicio con fines específicos en todo el territorio nacional, tal como se dispone en el contrato de concesión suscrito entre la accionante y la República, por órgano del Ministerio Transporte y Comunicaciones, es y debe ser regido, en todas sus implicaciones, -como por ejemplo, régimen de concesiones, tributarios, entre otros- por una Ley nacional.

Ahora bien, estando reservada la actividad antes mencionada al ámbito de la Ley y al Poder Nacional como también lo de la materia debatida, sería inexcusable que mediante un acto normativo distinto a la Ley nacional, -en este caso una Ordenanza de Patente de Industria y Comercio- se pretenda gravar la actividad a la que se ha hecho referencia, es decir, la emisión, transmisión o recepción de ondas radio eléctricas con tecnología celular, para ser prestada con fines específicos de telecomunicaciones en todo el territorio nacional" (Resaltado nuestro).

(v) Caso *Agencia Marítima de Representaciones, C.A. "AGEMAR"* (Sentencia de la Corte Suprema de Justicia en Pleno de fecha 2 de octubre de 1985, consultada en Jurisprudencia Venezolana de Ramírez y Garay, Tomo XCIII, 1985, Caracas, pág. 383 a 387).

En el caso en cuestión se había solicitado la nulidad, por razones de inconstitucionalidad y de ilegalidad, de una disposición contenida en la Ordenanza sobre Patente de Industria, Comercio y Servicios Conexos del Distrito Miranda del Estado Zulia, de fecha 16 de noviembre de 1985, mediante la cual se pretendía cobrar a las empresas mercantiles propietarias de buques o sus representantes y/o agentes la cantidad de Bs. 500 por cada arribo de sus unidades a puertos del Distrito Miranda. La Corte declaró la nulidad de la Ordenanza impugnada por considerar que el Distrito Miranda del Estado Zulia "legisló sobre materia atribuida al Poder Nacional como es la actividad de la navegación y violó consecuentemente los artículos 18, ordinal 1° en relación con el 31; y el 136, ordinales 8° y 20, todos de la Constitución Nacional". Textualmente el fallo indica:

"Es por lo tanto, como ha quedado dicho, competencia del Poder Nacional todo lo relacionado con la actividad de navegación, especialmente, y como lo dejó establecido la sentencia de la Corte Federal de fecha 22 de febrero de 1960 citada por el Fiscal del Ministerio Público que actúa sobre esta Sala Plena, la "creación, recaudación, inspección y fiscalización de los impuestos sobre naves y navegación, así como también el transporte terrestre, marítimo, aéreo, fluvial y lacustre"; decisión que, aun cuando fue dictada con arreglo a la Constitución anterior, como bien lo expresa la citada Fiscal, los principios sustanciales se mantienen idénticos en el actual y son aplicables al caso de autos." (Subrayado nuestro).

(vi) Caso *Nouhle Seguias* (Sentencia de la Corte Suprema de Justicia en Pleno de fecha 4 de mayo de 1988, consultada en Gaceta Forense, N° 140, Vol. I, Año 1988, pág. 7 a 13).

En la decisión señalada en el epígrafe la Corte Suprema de Justicia en Pleno declaró la nulidad parcial de la Ordenanzas sobre Industria, Comercio y Servicios de Actividades Similares del Distrito Cedeño del Estado Bolívar y de la Ordenanza sobre Patente de Industria y Comercio del Distrito Infante del Estado Guárico, las cuales establecían impuestos a las empresas de Ferries y Chalanas que operaban en el río Orinoco. La Corte fundamentó su decisión en el siguiente razonamiento:

"Ahora bien, el artículo 25 de la Constitución Nacional, consagra la autonomía del Municipio determinando que los Municipios constituyen la unidad política primaria y autónoma dentro de la Organización Nacional y dentro de esta autonomía está la creación, recaudación e inversión de sus ingresos, los cuales se especifican en los ordinales 2° y 3° del artículo 31 ejusdem que consiste en las Patentes Sobre Industria y Comercio y vehículos y los Impuestos Sobre Inmuebles Urbanos y Espectáculos Públicos. Sin embargo, el artículo 34 de la

Constitución que es objeto de análisis, prevé que los Municipios estarán sujetos a las limitaciones establecidas en el artículo 18 ejusdem, no pudiendo crear aduanas, ni impuestos de importación, de exportación o de tránsito sobre las demás materias rentísticas de la competencia nacional.

Por otra parte, el ordinal 20 del artículo 136 de la Constitución Nacional establece que lo relativo al transporte, navegación aérea, marítima, fluvial y lacustre, así como los muelles y demás obras portuarias, es de la competencia del Poder Nacional.

En consecuencia, las normas constitucionales antes señaladas establecen la competencia del Poder Nacional, en todo lo relativo a la navegación y creación del impuesto sobre la misma, por lo que establecer impuestos a las empresas de Ferries y Chalanas que operan en el río Orinoco, constituye una flagrante violación a las normas constitucionales antes analizadas y como consecuencia de ello legisla sobre una materia que es competencia exclusiva del Poder Nacional. La navegación es pues, materia atribuida al Poder Nacional y siendo el río Orinoco, propiedad del Estado venezolano, la navegación por él, es igualmente de la competencia del Poder Nacional, y así lo establece el artículo 4° de la Ley de Navegación."

De acuerdo con los principios expuestos por la Corte Suprema de Justicia en las decisiones parcialmente transcritas supra, hay tributos enunciados con nombre propio en la Constitución y sobre los cuales no puede presentarse duda alguna sobre la potestad de los municipios para exigirlos, y tributos que los municipios pueden crear si una ley se los permite, como lo hace, por ejemplo, la Ley Orgánica de Régimen Municipal y otras leyes especiales. No obstante, la posibilidad de extensión por vía legal de la potestad tributaria municipal también encuentra límites: la no invasión de la potestad tributaria de los otros niveles. Así está previsto en el Artículo 18 de la Constitución, conforme al cual los Estados (y los municipios, por expresa disposición del Artículo 34, ejusdem) no podrán crear aduanas, ni impuestos de importación, de exportación o de tránsito sobre bienes extranjeros o nacionales, o sobre las demás materias rentísticas de la competencia nacional.

Solicito a este Supremo Tribunal que al acoger los criterios jurisprudenciales expuestos, declare la validez de la Cláusula Décima del Artículo 2° del Acuerdo del Congreso, por tratarse la actividad de minas e hidrocarburos de una materia reservada exclusivamente a la competencia del Poder Nacional.

II. El Poder Tributario Nacional tiene supremacía sobre el poder de los Estados y Municipios.

El Estado venezolano está estructurado bajo un esquema de régimen federal, que encuentra su fundamento en el Artículo 2° de la Constitución de 1961, el cual dispone: "La República de Venezuela, es un estado federal, en los términos consagrados por esta Constitución". Por ser un estado federal supone la coexistencia dentro de la Nación-Estado de diferentes niveles de gobierno, incluyendo el nivel local o municipal, cada nivel con mayor o menor autonomía política que dependerá de la distribución de poderes realizada en la Federación. Nuestra Carta Fundamental nos habla de tres niveles político territoriales de gobierno, a saber, el Poder Nacional, el Poder Estatal y el Poder Municipal, a los cuales le atribuye determinadas competencias en sus artículos 136, 17 y 30, respectivamente, reservando al Poder Nacional "toda otra materia que la presente Constitución atribuya al Poder Nacional o que le corresponda por su índole o naturaleza" (Artículo 136 Ordinal 25 de la Constitución). De allí que pueda afirmarse el principio de prevalencia o supremacía del Poder Nacional sobre el poder de los Estados y Municipios.

De no admitirse en el presente caso la tesis de la supremacía del Poder Nacional, el efecto sería que el poder tributario municipal prevalecería sobre el poder tributario nacional, ocasionándose una merma del tributo nacional como recurso económico. En efecto, lo que es gravado por los municipios es deducible del impuesto sobre la renta, por tratarse de un gasto necesario para producir la renta objeto de imposición nacional. Por lo tanto, de admitirse la potestad tributaria municipal sobre la actividad de minas e hidrocarburos, el impuesto nacional sufriría una disminución o quebranto incompatible con las bases constitucionales del sistema tributario establecidas en el Artículo 223 de la Constitución conforme al cual: "El sistema tributario procurará la justa distribución de las cargas según la capacidad económica del contribuyente, atendiendo al principio de la progresividad, así como la protección de la economía nacional y la elevación del nivel de vida del pueblo".

De acuerdo con el principio de supremacía del Poder Nacional, si bien las competencias del Poder Nacional se encuentran limitadas por lo dispuesto en la respectiva Constitución de la Unión, no se agotan en las facultades expresamente concedidas en ella, pues existen poderes que son necesarios para el ejercicio efectivo de dichas facultades expresas. En este sentido se pronunció una famosa sentencia del Tribunal Supremo de los Estados Unidos en 1819 a raíz del caso *McCulloch vs Maryland* en donde se discutió la constitucionalidad de la creación, por parte del Congreso federal, en 1816, del Banco de los Estados Unidos, como Banco depositario de los fondos del Gobierno y con autoridad para imprimir billetes, que se utilizasen como medio de cambio y medida de valor. La Constitución norteamericana en ningún momento concede autoridad al gobierno federal para crear Bancos nacionales, pero tampoco había nada en dicho instrumento que excluyese poderes implícitos o tácitamente incluidos, ni que exigiera que todas las atribuciones estuviesen expresa y minuciosamente descritas en dicho texto.

Tanto la jurisprudencia de los Estados Unidos de América en el famoso caso *McCulloch v. Maryland* al que aludimos con anterioridad, como la doctrina, han señalado en un sentido uniforme, que efectivamente el Estado Federal tiene competencias que van más allá de las netamente señaladas en el ordenamiento jurídico constitucional. Al respecto, Karl Loewenstein afirma que las sentencias del *Supreme Court* bajo John Marshall entre 1809 y 1823 pusieron sello oficial a la nueva tendencia centralizadora y entre estos fallos figura la sentencia en el caso *McCulloch v. Maryland* (4 Wheat. 316/1819) que fue el hito más visible en el proceso de legalizar la ampliación de las competencias federales a costa de los estados miembros, con ayuda de la técnica de las "competencias implícitas" *(Teoría de la Constitución.* Ediciones Ariel. Barcelona, 1965, pág. 361).

Respecto al principio de supremacía del Poder Nacional, Bernard Schwartz sostiene:

"...Este principio impide que el Gobierno nacional quede subordinado a los Estados, como ocurrió con la Confederación de los trece Estados, formada tras la revolución americana. *El efecto de la cláusula de supremacía nacional es el de imposibilitar que los Estados puedan interferir en el funcionamiento del Gobierno federal..."Los Estados -declaraba el presidente del Tribunal Supremo, John Marshall- no pueden retardar, impedir, agravar o controlar de ninguna manera la actuación de las leyes constitucionales dictadas por el Congreso para llevar a cabo la ejecución de los poderes atribuidos al Gobierno general.* Esta es, a nuestro juicio, la consecuencia inevitable de la supremacía declarada por la Constitución" *(El Federalismo Norteamericano Actual.* Editorial Civitas, S.A,1984. Pág. 30. Subrayado nuestro).

Señala el mencionado autor que existen áreas en que los estados miembros son independientes de conformidad con la Constitución, y sin embargo, aun en estos casos no podrían actuar con plena libertad pues estarían limitados en todo caso por el poder del gobierno federal:

"Los Estados únicamente actúan independientemente y coordinadamente fuera de aquellas áreas en las que el Gobierno federal, de acuerdo con la Constitución, no puede adentrarse. Pero aún pudiendo los Estados actuar libremente dentro de tales áreas, su campo de acción está circunscrito por la regla básica de que todo lo dispuesto por el Gobierno central, dentro de los límites de su autoridad, es ley suprema, y, como tal, vincula tanto al legislativo, ejecutivo y judicial de cada Estado como a las autoridades de la nación. Si la acción de un Estado es incompatible con el ejercicio legítimo del poder por parte del Gobierno nacional, prevalece esta última... El efecto de la Constitución sobre este tipo de acción estatal figura reflejado en el famoso caso Giibbons v. Ogden, en el que el Tribunal Supremo de los Estados Unidos declaró nulas e inválidas, en su aplicación a barcos con licencia federal para el comercio de cabotaje, unas leyes del Estado de Nueva York que otorgaban ciertos derechos exclusivos para navegar a vapor en las aguas del Estado –señaló el juez Marshall- ...*En todos estos casos, tanto la ley del Congreso como el tratado son supremos y la ley del Estado de que se trata, aún la dictada en el ejercicio de poderes indiscutidos, debe ceder ante aquélla"* "(Bernard Schwartz. El *Federalismo Norteamericano Actual.* Editorial Civitas, S.A, 1984, pág. 31 y 32. Resaltado nuestro).

La tesis de la supremacía del Poder Federal sobre el de los estados miembros es acogida por Carl Schmitt, para quien "el carácter jurídico-político de toda Federación lleva a la consecuencia de que siempre que la Federación se enfrenta, en uso de sus facultades, con un Estado-miembro, aun cuando sea para un campo rigurosamente delimitado, el Derecho federal tiene la precedencia respecto del Derecho local" (Teoría de la Constitución. Editora Nacional, 1961, pág. 439).

Sobre el principio de supremacía también se han pronunciado autores patrios, entre ellos, Jorge Sánchez Meleán quien al referirse a las competencias del Poder Nacional señala: "...se observa cómo el espíritu de la Constitución de 1961, quizás por el momento histórico en que fue elaborada, da preeminencia al Poder Nacional sobre el resto del poder público".

Por su parte, el constitucionalista Carlos Ayala Corao se expresa en los siguientes términos:

"...nuestra Constitución establece el principio según el cual -además de las competencias expresas- serán igualmente competencias del Poder Nacional, toda otra materia que le corresponda por su "índole" o "naturaleza". *Esta doctrina de los poderes o competencias "implícitas" desarrollada tempranamente por la Corte Suprema de los Estados Unidos de América, ha servido de fundamento para que el Poder Federal (Nacional) ejerza aquellas competencias que resulten necesarias o adecuadas para hacer efectivas las facultades que expresamente le han sido asignadas por la Constitución. Pero nuestra cláusula de poderes implícitos por su "índole" o "naturaleza", en realidad está formulada expresamente en términos que incluso puede considerarse más amplios a los desarrollados por la doctrina norteamericana. Por lo cual, éste podría tener consecuencias fuertemente centralizantes contrarias al espíritu de la Constitución si no es interpretada adecuadamente. En efecto, no cualquier materia por el solo hecho de ser importante o relevante es necesariamente de índole o naturaleza nacional. Consideramos que para que una materia pueda, ser considerada por su índole o naturaleza de la competencia del Poder Nacional, es necesario que resulte afín con las competencias asignadas expresamente a éste."* (Carlos Ayala Corao. "Leyes para la Descentralización Política de la Federación". Editorial Jurídica Venezolana. Caracas, 1990, pág. 86. Subrayado nuestro).

En materia tributaria, un análisis conjunto de los Artículos 18, Ordinal 1°, 34, 136, Ordinal 25, y 223 de la Constitución, permiten sostener el principio de la supremacía del poder tributario nacional sobre el poder de los Estados y Municipios. Los mencionados Artículos disponen:

"Artículo 18.- Los Estados no podrán:

1°.- Crear aduanas ni impuestos de importación, de exportación o de tránsito sobre bienes extranjeros o nacionales, o sobre las demás materias rentísticas de la competencia nacional o municipal."

"Artículo 34.- Los municipios estarán sujetos a las limitaciones establecidas en el artículo 18 de esta Constitución..."

"Artículo 136.- Es de la competencia del Poder Nacional:

(Omissis)

25°.- Toda otra materia que la presente Constitución atribuya al Poder Nacional o que le corresponda por su índole o naturaleza."

"Artículo 223.- El sistema tributario procurará la justa distribución de las cargas según la capacidad económica del contribuyente, atendiendo al principio de la progresividad, así como la protección de la economía nacional y la elevación del nivel de vida del pueblo".

En opinión de Luis Casado Hidalgo, "el imperio del artículo 223 es en materia tributaria lo más importante y básico, y cualquier organización estadal o municipal en la materia tendrá que ser, por fuerza de esa misma realidad, secundaria y en la práctica condicionada; tendrá procedencia en derecho y será económicamente respetable en la medida en que no quebrante ni directa ni por vía de consecuencia, los efectos fiscales y de ordenamiento del sistema tributario nacional, es decir la competencia tributaria del Poder Nacional. Si como ha dicho la más antigua y respetable doctrina de la Corte Suprema de los Estados Unidos de América "el poder de imponer lleva consigo el poder de destruir", es lógico admitir y defender a todo riesgo -doctrinal y jurisprudencialmente se entiende- la primacía del Poder Nacional." ("Una presentación del sistema tributario venezolano en sus bases constitucionales y orgánicas", en 20 Años de Doctrina de la Procuraduría General de la República 1962 - 1981, Tomo V, pág. 325 y sgtes.).

En criterio del destacado tributarista venezolano:

"Una comparación de las normas constitucionales que nos han regido desde 1936, permite sostener la subordinación del sistema rentístico del municipio al propio del Poder Nacional... La limitación que ello implica, así como la interpretación que deben merecer los textos, tiene su fuente remota en un fallo de la Corte Federal y de Casación de 18-7-1876 (Memoria de 1877, págs. 143 a 145): "No es el nombre del impuesto el que debe tomarse en cuenta a objeto de juzgar si se aparta de las prohibiciones constitucionales, sino la naturaleza de la cosa la que fija y determina su modo intrínseco de ser". Pues bien, semejante pronunciamiento nos autoriza a sostener la existencia de orden material en el ejercicio por Estados y Municipalidades de su competencia tributaria; esto es, la restricción impuesta por el constituyente se refiere en grado principal - a la significación económica del impuesto creado por esas entidades y particularmente a su incidencia -también económica- en el conjunto de ingresos tributarios del Poder Nacional. (Omissis). *Es así como puede sostenerse que la distribución de competencias tributarias parte de un punto en el cual el sistema tributario nacional regula y excluye, o condiciona más bien, los alcances económicos de los sistemas subsidiarios o secundarios (Estados y Municipios), en todo aquello que signifique merma o quebranto del tributo nacional como recurso económico"* (Op. cit., pág. 360 y 361. Resaltado nuestro).

El tratadista mexicano Felipe Tena Ramírez, al exponer la doctrina constitucional sobre este punto, sostiene que si la Constitución otorga al Congreso la facultad exclusiva de legislar sobre determinada materia, el Congreso debe tener la facultad implícita de gravar esa materia con exclusión de los Estados, pues de otro modo éstos podrían hacer nugatoria aquella facultad al gravar con impuestos excesivos los bienes sobre los cuales se ejecuta." (Derecho Constitucional Mexicano, pág. 303 y 304).

Refiriéndose concretamente a la actividad de hidrocarburos, Casado Hidalgo sostiene: "La capacidad económica de la industria [petrolera] como sujeto pasivo de obligaciones tributarias se encuentra plenamente agotada por la imposición nacional, la única técnicamente dotada para cumplir ese cometido. La conocida tesis de los poderes implícitos analizada exhaustivamente por la jurisprudencia de la Corte Suprema de los Estados Unidos, encuentra de tal manera en nuestro país una aplicación preferente en la materia que nos ocupa pese a que, como ya hemos dicho, la actual Constitución ha creado - con mucho desacierto a nuestro juicio- una suerte de poder tributario originario para el municipio, cuyo uso inmoderado llega a quebrantar en la práctica la progresividad del sistema que es como dijimos, uno sólo aunque su ejecución esté confiada a diferentes potestades." (*Op. cit.*, pág. 341).

Cabe destacar que la Procuraduría General de la República ha enfatizado la supremacía del Poder Nacional en materia de hidrocarburos, excluyendo toda posibilidad de que los municipios puedan tener interferencia en dicha materia aun cuando esas actividades se lleven a cabo en su jurisdicción. En Dictamen de fecha 15 de febrero de 1972, sostuvo:

"El carácter supremo que tiene en Venezuela el Poder Nacional para regular todo lo relativo a las minas e hidrocarburos y al impuesto sobre la renta, impide a cualquier otra potestad tributaria, un ejercicio de poder que sea por su naturaleza o efectos, incompatible con el ejercicio pleno de aquella facultad, "porque un acto municipal incompatible con uno del Poder Nacional lo anula tan expresa y materialmente como si se hubieran usado términos expresos de abolición". Pues bien, no otra cosa sucede con el cobro de patentes que pretende hacerse a la industria petrolera: materialmente resulta anulado en buena parte y bien quebrantado en su totalidad o en el resto, el producido del impuesto sobre la renta, desde el momento mismo que toda contribución municipal es un gasto necesario para producir la renta objeto de imposición nacional y siendo así, es deducible y en definitiva, en el proceso económico -a cuyo progreso, repetimos, deba orientarse en conjunto al sistema tributario carga con ella el Fisco Nacional."

"...y si bien es cierto que puede escoger el medio que considere idóneo como base para el cálculo de la patente, no lo es menos que tal escogencia no puede, por ningún respecto, reflejarse económicamente sobre las materias reservadas al Poder Nacional (...). Si así no fuera, ...estarían actuando como alentadores nominales del tributo y entonces el sujeto incidido, *o sea, aquel que ve disminuido su ingreso a consecuencia del impuesto, sería sencillamente el Estado Venezolano, quien tiene entonces que aceptar, a título de gasto necesario, las deducciones que, por concepto de cargas municipales paguen las empresas del petróleo.* Semejante posición no se compadece con el principio constitucional de obligatorio cumplimiento de que el SISTEMA TRIBUTARIO (en conjunto) procuraría... la elevación del nivel de vida del pueblo, así como la PROTECCIÓN de la economía NACIONAL". Cierto que se quebranta sensiblemente la economía nacional cuando se introducen elementos de conflicto en la actividad económica de la cual deriva el país el grueso de sus ingresos fiscales." *(20 Años de Doctrina de la Procuraduría General de la República, 1962-1981,* Tomo III, Vol. II, pág. 344. Subrayado nuestro) .

Conforme a lo expuesto y siguiendo la opinión del tributarista venezolano Florencio Contreras Quintero, de admitirse la tesis de que los municipios tienen potestad tributaria sobre la actividad de hidrocarburos que se desarrolle conforme a los Convenios de Asociación, se derivarían consecuencias graves "que serían desastrosas para la estabilidad de la economía financiera del Estado Venezolano". El Fisco Nacional dejaría de percibir considerables ingresos ya que el impuesto municipal es deducible del impuesto sobre la renta. La Procuraduría General de la República ha sostenido, conforme a cálculos realizados por el Ministerio de Hacienda, que del monto de cada patente municipal pagada por las empresas petroleras, "el Fisco Nacional dejaría de percibir por concepto de impuesto sobre la renta, una suma equivalente al 60% de la misma" *(20 Años de Doctrina de la Procuraduría General de la República, 1962-1981,* Tomo III, Vol. II, pág. 370).

En conclusión, puede afirmarse que la competencia absorbente y por ende excluyente que en materia de minas e hidrocarburos defiere la Constitución al Poder Nacional, no puede ser mermada en sus efectos fiscales o extra-fiscales por cualquiera otra de las potestades tributarias en Venezuela, razón por la cual los municipios deben quedar excluidos de toda posibilidad de imposición sobre tales materias. Recientemente esta Corte en Pleno sostuvo, siguiendo la opinión de Romero-Muci que el interés local privativo del municipio, de ninguna manera puede atentar o considerarse preeminente cuando entra en juego el interés general de la Nación, en cuyo caso cualquier exceso que traspase el interés general, significaría una extralimitación. "No podría ser de otra forma, pues el interés peculiar de la entidad municipal es subalterno al nacional que resulta siempre preeminente." (Caso *Municipio Raúl Leoni del Estado Bolívar contra Artículo 11 del Decreto N° 580 del Presidente de la República*, Sentencia de la Corte Suprema de Justicia en Pleno de fecha 16 de diciembre de 1997, Expediente N° 745, consultada en original).

Ciudadanos Magistrados, el análisis efectuado demuestra que la no sujeción al pago de impuestos estadales y municipales prevista en el Acuerdo del Congreso en favor de las empresas constituidas bajo los Convenios de Asociación (mal llamada por los Accionantes "exención tributaria") tiene su fundamento directo en el propio texto de la Constitución. La Cláusula Décima del Artículo 2° del Acuerdo del Congreso sólo ratifica el principio constitucional de la exclusión del Poder Municipal en aquellas materias reservadas por el constituyente al Poder Nacional, por lo que resultan absolutamente improcedentes las denuncias de inconstitucionalidad e ilegalidad formuladas por los Accionantes.

Solicito a este Alto Tribunal ratifique el criterio jurisprudencial de la supremacía del poder tributario nacional sobre el correspondiente a los municipios y consecuentemente declare la validez de la Cláusula Décima del Artículo 2° del Acuerdo del Congreso que autorizó la celebración de los Convenios de Asociación.

Es justicia en Caracas, a los veintidós (22) días del mes de enero de mil novecientos noventa y ocho (1998).

2. *Informes de los representantes de los abogados del Congreso Carlos Leañez Sievert y Jesús María Casal*

Ciudadana
Presidenta y demás miembros de la Sala Plena
de la Corte Suprema de Justicia
Su Despacho

Nosotros, Carlos Leáñez Sievert y Jesús María Casal Hernández, abogados, de este domicilio, inscritos en el INPREABOGADO bajo los Nos. 3.508 y 31.328, titulares de las Cédulas de Identidad Nos. 921.701 y 9.120.434, respectivamente, en nuestro carácter de representantes judiciales del Congreso de la República, según consta en poder que reposa en autos, otorgado por los ciudadanos Cristóbal Fernández Daló y Ramón Guillermo Aveledo, Presidente y Vicepresidente del Congreso de la República, respectivamente, siendo la oportunidad legal para la presentación de nuestras conclusiones escritas, comparecemos ante este Supremo

Tribunal con el fin de reiterar nuestra solicitud de que sea declarada sin lugar la acción de nulidad por inconstitucionalidad del Acuerdo del Congreso de la República aprobado el 4 de julio de 1995, publicado en la Gaceta Oficial de la República No. 35.754, del 17 de julio de 1995, interpuesta por el ciudadano Simón Muñoz Armas y otros el 14 de diciembre de 1995, así como la acción de nulidad por ilegalidad que contra el mismo Acuerdo del Congreso de la República interpusieron dichos ciudadanos el 23 de enero de 1996, y que cursa por ante esta Corte en Pleno Accidental en virtud de la acumulación acordada el 2 de julio de 1996; declaratoria sin lugar que procede sobre la base de los fundamentos de hecho y de derecho siguientes:

I

INTRODUCCIÓN

Antes de entrar en el análisis de las concretas denuncias de inconstitucionalidad e ilegalidad formuladas, vamos a hacer una serie de consideraciones generales sobre los aspectos básicos del régimen constitucional y legal de la industria y el comercio de los hidrocarburos, que servirán de premisa para la afirmación de la entera conformidad a Derecho del Acuerdo parlamentario impugnado.

1. *La libertad económica y la reserva al Estado de la industria y el comercio de los hidrocarburos.*

Las libertades públicas han buscado mantener un equilibrio entre las atribuciones del Estado y la autonomía de las personas. El equilibrio reside, por un lado, en la sujeción al principio de legalidad y, por el otro, en que existan procedimientos jurídicos que permitan una protección suficiente contra el ejercicio arbitrario del Poder Público.

En el ordenamiento jurídico venezolano, el artículo 96 de la Constitución proclama expresamente la denominada "libertad de industria y comercio", así:

"Todos pueden dedicarse libremente a la actividad lucrativa de su preferencia, sin más limitaciones que las previstas en esta Constitución y las que establezcan las leyes por razones de seguridad, de sanidad u otras de interés social".

Esta libertad ha estado limitada por el intervencionismo estatal en la economía. En sus orígenes, se trataba sólo de limitaciones legales o autorizaciones que van condicionando el ejercicio de la libertad. Posteriormente, el progreso de las ciencias económicas, el cúmulo de las necesidades sociales, las crisis económicas, un mayor papel asignado al Estado, han ampliado su acción y llevado a diferentes fases de intervención, dirigismo económico y planificación.

En Venezuela y en general en el mundo del siglo XIX, la libertad de industria y comercio fue considerada como base fundamental del sistema socio-económico, como un derecho prácticamente irrestricto de los particulares y, por consiguiente, existía abstencionismo estatal en ese campo.

La evolución posterior en Venezuela marca un paso cuando la Constitución del año 1909 introduce la posibilidad de establecer limitaciones a la libre actividad económica, si bien restringida a razones de orden público, hasta la fórmula bastante amplia prevista en la Constitución del año 1961, donde se admiten limitaciones a la libre actividad económica de los particulares "por razones de seguridad, de sanidad u otras de interés social" (artículo 96). La configuración de la libertad económica como un derecho de carácter limitado se afirma cuando se permite al Estado dictar "medidas para planificar, racionalizar y fomentar la producción, y regular la circulación, distribución y consumo de la riqueza, a fin de impulsar el desarrollo económico del país" (artículo 98), esto es, la regulación de todas las fases del proceso económico.

En consecuencia, el fenómeno de la actuación del Estado en la economía, denominado doctrinariamente como "intervencionismo", recubre una gran diversidad de técnicas que van, desde la reglamentación de la condición de la actividad económica de los particulares, hasta la asunción de actividades económicas por parte del Estado.

Incluso, el ejercicio de la libertad de industria y comercio puede verse ya no limitado, sino incluso eliminado por la actuación del Estado en el proceso económico. Es así como cabe nacionalizar o socializar ciertos bienes o servicios, o erigir ciertas actividades económicas en servicios públicos originarios a cargo del Estado.

La Constitución de 1961, siguiendo la orientación de la del año 1936, estableció expresamente la posibilidad que tiene el Estado de "reservarse determinadas industrias, explotaciones o servicios de interés público por razones de conveniencia nacional" (artículo 97). Por tanto, es la posibilidad, no ya de que el Estado realice actividades empresariales, sino de que las realice en forma exclusiva y reservada.

En este orden de ideas, la reserva de actividades económicas por parte del Estado conlleva, en principio, una prohibición impuesta a los particulares de realizar actividades propias del sector reservado, lo que afecta tanto a aquellos particulares que venían realizando actividades, como a aquellos que pretenden realizarlas en el futuro.

Se trata, pues, de un instrumento concreto -entre otros- de que puede servirse el Estado para incidir en el derecho al libre ejercicio de la libertad económica. Pero la diferencia capital es que aquí no sólo hay una restricción a la libertad económica de un particular, sino que, además, el ejercicio de la libertad económica en el sector reservado queda condicionado a lo que el Estado determine. En efecto, en tal caso el Estado interviene a través de un mecanismo más radical en la libertad económica, al consagrarse la facultad para definir el ámbito de ejercicio de la libertad económica.

A.   *La reserva de la industria de los hidrocarburos.*

Aunque la Constitución reconoce el derecho a ejercer la actividad lucrativa lícita a todos los habitantes, es un principio admitido en Derecho Constitucional que el Estado puede reservarse para sí el monopolio de ciertas industrias o actividades sociales, fundado únicamente en la utilidad general o en el interés público, De modo que cuando toma a su cargo una industria, explotación o servicio, es porque ello es exigido y se justifica por razones de utilidad, conveniencia o necesidades públicas.

Fue así como en el denominado proceso de nacionalización de los hidrocarburos, o más propiamente, de su industria, el presupuesto jurídico de mayor trascendencia fue la utilización de la figura de la reserva al Estado de ciertas ramas de la actividad económica, prevista en el artículo 97 de la Constitución, que dice:

"No se permitirán monopolios. Sólo podrán otorgarse, en conformidad con la ley, concesiones con carácter de exclusividad, y por tiempo limitado, para el establecimiento y la explotación de obras y servicios de interés público.

El Estado podrá reservarse determinadas industrias, explotaciones o servicios de interés público por razones de conveniencia nacional, y propenderá a la creación y desarrollo de una industria básica pesada bajo su control.

La ley determinará lo concerniente a las industrias promovidas y dirigidas por el Estado".

Ahora bien, esta declaratoria de reserva, la cual es realizada por el Poder Legislativo a través de su potestad normativa genérica, produce los efectos inmediatos que se relacionan a continuación:

a) *Monopolio de derecho*

En primer lugar, establece a favor del Estado un monopolio de derecho. Esto es, la atribución al Estado de la posibilidad de realizar, con carácter de exclusividad, las actividades que entran dentro del sector reservado.

En tal sentido, la Ley Orgánica que Reserva al Estado la Industria y el comercio de los Hidrocarburos (Ley de Nacionalización) declaró la reserva integral de la industria de los hidrocarburos, es decir, que todas las fases de la misma serían realizadas, en principio, por el Estado. De esa manera se creó un verdadero monopolio de derecho sobre todo lo relacionado con la industria de los hidrocarburos en Venezuela.

Esto nos plantea lo relativo a la forma de gestión de las actividades económicas reservadas.

b) *Gestión pública*

Es sabido que la intervención del Estado reviste diversas modalidades. Así tenemos, en primer lugar, la intervención directiva. Es la intervención de orientación o de política económica estricta, también llamada "administración ordenadora", mediante los instrumentos o mecanismos estatales que tratan de encauzar el sistema económico hacia los fines fijados por el Estado. En este sentido, el artículo 35, ordinal 1°, de la Ley Orgánica de la Administración Central establece que corresponde al Ministerio de Energía y Minas la fijación y ejecución de políticas y el control de resultados de la industria petrolera nacional. En segundo lugar, la intervención directa o de ejecución, también llamada "administración prestacional", en la cual el Estado es un sujeto económico más que participa y dirige actividades económicas. Es una intervención estatal administrativa, pues generalmente se traduce en obras por medio de empresas públicas.

La intervención directa, a su vez, puede ser: por participación en situación de competencia, o por lo menos no sustitutiva de la actividad económica privada; o por sustitución de actividades económicas privadas. En la intervención directa, el Estado, de forma sistemática, participa (en competencia) o sustituye (en monopolio) a los particulares en el desarrollo, producción y distribución de bienes económicos. La intervención estatal directa requiere diversos modos de gestión pública, que se clasifican en directos (ejecución por el propio Estado) en indirectos (ejecución por terceros bajo la dirección y fiscalización del Estado). La elección de uno u otro modo de gestión es impuesta en ocasiones por imperativo político-legal. Pero en defecto de una norma constitucional o legal reglamentaria de esa competencia estatal, opera en principio de la discrecionalidad organizativa en la elección del modo de gestión pública que se estime más adecuado.

Cuando la gestión directa se efectúa en régimen de exclusividad, ella comprende la realizada por el Estado por sí, mediante los órganos de la Administración Central, o por medio de entes descentralizados que operan como filiales de la gestión e instrumentos al servicio de la competencia del Estado. Hay que distinguir, pues, dentro de la gestión directa, dos especies o modalidades: i) gestión directa centralizada y ii) gestión directa descentralizada. En el primer caso, la actividad es dirigida y ejecutada por la Administración Central por medio de sus órganos jerarquizados, con competencia especial o general, según los casos, carentes de personalidad jurídica y patrimonio propio, subordinados jerárquicamente a la autoridad superior de la Administración Central y sujetos a controles legales y técnicos por parte de aquélla.

En el supuesto de la gestión directa descentralizada, la actividad es dirigida y ejecutada por un ente gestor de personalidad jurídica y patrimonio propio, que actúa en cumplimiento de una "gestión instrumental", y no está sometido al control jerárquico. En tal sentido, la interpretación de los artículos 5° y 6° de la Ley de Nacionalización, nos permite sostener que no existe una competencia exclusiva y excluyente del Ejecutivo Nacional para gestionar las actividades reservadas, al permitírsele al Estado ejercerlas "por medio de entes de su propiedad".

Es evidente que la dirección de la economía por parte del Estado, a través de alguna de las modalidades de intervención, produce una serie de consecuencias técnico-jurídicas que van implicadas en la misma gestión estatal. Por lo pronto, en la estructura administrativa se impone la creación de entes públicos, estatales o no estatales con competencia específica para acelerar el desarrollo y la gestión del sector económico asignado, a fin de que cumplan una auténtica "administración de misión".

La Ley de Nacionalización siguió la tendencia dominante, consistente en separar de la Administración Pública la realización de actividades económicas reservadas, confiándolas a entes con personalidad jurídica diferente a la del Estado y sujetos en importante medida al Derecho Privado.

La intención de la Ley de Nacionalización fue estructurar una Administración Petrolera Nacional a través de empresas del Estado, no obstante la aparente posibilidad de que el Estado pudiera ejercer las actividades reservadas directamente por el Ejecutivo Nacional (vid. Brewer-Carías, Allan y Viloria V., Enrique; *El Holding Público*, Caracas, Editorial Jurídica Venezolana, 1986, p. 152).

B) *La exclusión de la industria y comercio de los hidrocarburos del ámbito de ejercicio de la libertad económica.*

La reserva establecida por la Ley de Nacionalización implica, en principio, la exclusión de las actividades económicas en cuestión del ámbito de ejercicio de la libertad de industria y comercio.

Importa, sin embargo, aclarar que tal reserva no tiene que producir como consecuencia necesaria la exclusión total de los particulares. En efecto, si bien el Constituyente considera que pueden existir sectores de la economía nacional sobre los cuales es conveniente que el Estado ejerza un control estricto y permanente, esa finalidad puede lograrse sin necesidad de excluir total y absolutamente la intervención de los particulares. En otras palabras, la intervención de los particulares es admisible si se circunscribe a actividades sometidas a un control riguroso.

De acuerdo con lo expuesto, le es dado al legislador elegir entre una reserva que le permita llegar hasta el absoluto monopolio de derecho, y fórmulas menos rígidas en que el Estado, asegurándose el control efectivo del sector, posibilite la participación del capital privado.

Puede sostenerse que si bien la declaratoria de reserva, en cuanto se refiere a la actividad, es integral, no acontece lo mismo con las formas de gestión de la referida reserva, pues se permite la intervención de los particulares, el menos con participación controlada del capital privado.

El artículo 1° de la Ley de Nacionalización hace una enumeración, de carácter taxativo, de aquellas actividades cuyo ejercicio se reserva el Estado y que abarcan las diferentes fases de la industria de hidrocarburos, "en los términos señalados por la ley". Esta fase adquiere fundamental importancia en cualquier interpretación, porque precisamente con ella se matiza la declaratoria de reserva y se abre la posibilidad de las excepciones que luego se precisan en el artículo 5° de la Ley de Nacionalización. Cuando se admite una posible asociación con particulares en el ejercicio de las actividades reservadas.

En efecto, el artículo 5° de la Ley de Nacionalización consta de dos partes, que se refieren a los convenios operativos y a los de asociación, que analizaremos de seguidas.

a) *Convenios operativos*

La Ley de Nacionalización contempló la posibilidad de que el Estado, a través de sus empresas, celebrara los "convenios operativos" necesarios para la realización de sus funciones, sin que en ningún caso los convenios de operación o de servicio afectaran la esencia misma de las actividades atribuidas.

No hay asociación propiamente dicha, simplemente la celebración de un contrato de obras, en su acepción más amplia, por ejemplo, la construcción de obras de características especiales o la presentación de algún servicio de carácter técnico.

Se trata, pues, de simples contratos de operación o de servicio indispensables y necesarios para la buena marcha de la labores de la industria.

b) *Convenios de asociación*

También la Ley de Nacionalización previó la posibilidad de que el Estado se asociara con los particulares, para realizar cualquiera de las actividades reservadas de la industria petrolera.

En cuanto al fundamento de la inclusión de los denominados "convenios de asociación", entre el Estado y los particulares, la Exposición de Motivos de esa ley señala que en razón de la importancia de la industria de hidrocarburos, sólo son procedentes "en casos especiales, y cuando así se justifique en razón de los más altos intereses nacionales", siempre que sean por tiempo determinado y el Estado conserve en todo caso el control de las decisiones que se adopten. Por su carácter de contratos de interés nacional, deberán ser sometidos a la aprobación de las Cámaras Legislativas en sesión conjunta.

En conclusión, el control integral por el Estado de la actividad reservada, que la reserva persigue, puede lograrse sin necesidad de excluir total y absolutamente la intervención de los particulares, si ésta se realiza, por supuesto, sometida a un estricto control. Si bien la declaratoria de reserva es integral en cuanto se refiere a la "actividad", no acontece lo mismo con las "formas de gestión" de la referida reserva, permitiéndose en ésta la intervención de los particulares.

II

DE LA IMPROCEDENCIA DE LAS DENUNCIAS DE
INCONSTITUCIONALIDAD E ILEGALIDAD

1.- *La Cláusula Segunda del artículo 2° del Acuerdo*

El acuerdo del Congreso de la República establece en su artículo 2°, Cláusula Segunda, lo siguiente:

"La filial llevará a cabo los procesos de licitación que sean necesarios par seleccionar a las empresas inversionistas privadas con las cuales celebrará Convenios de Asociación para realizar las actividades descritas en la Condición Primera, conforme al artículo 5° de la Ley Orgánica que reserva al Estado la Industria y Comercio de los Hidrocarburos."

A esta disposición se le imputa inconstitucionalidad e ilegalidad por violación de los artículos 163, 193 y 136, ordinal 10°, y 190, ordinal 15°, de la Constitución, y 35, ordinales 1° y 5°, de la Ley Orgánica de la Administración Central. Su inconstitucionalidad radicaría, según los accionantes, en que transfiere a filiales de PDVSA competencias reservadas al Ministerio de Energía y Minas o al Presidente de la República. Este alegato carece de consistencia por las razones que seguidamente expondremos:

A) El artículo 163 de la Constitución establece:

"Son leyes orgánicas las que así denomina esta constitución y las que sean investidas con tal carácter por la mayoría absoluta de los miembros de cada Cámara al iniciarse en ellas el respectivo proyecto de ley.

Las leyes que se dicten en materias reguladas por leyes orgánicas se someterán a las normas de éstas."

Por su parte, el artículo 193 remite a una ley orgánica la determinación del número, organización y competencia de los Ministerios.

La denuncia de violación del artículo 163 exige que se demuestre que una ley ordinaria contradice lo establecido en una ley orgánica, lo cual es absolutamente descartado en el caso concreto. En efecto, el Congreso, mediante el Acuerdo impugnado, no ha pretendido legislar contrariando lo establecido en una ley orgánica, sino que mediante un acto parlamentario sin forma de ley, ha ejercido la potestad que le confiere una ley orgánica como lo es la Ley de Nacionalización, la cual en su artículo 5° prevé expresamente que el "Estado ejercerá las actividades señaladas en el artículo 1° de la presente Ley directamente por el Ejecutivo Nacional o POR MEDIO DE ENTES DE SU PROPIEDAD" (mayúsculas nuestras), así como la posibilidad de celebrar asociaciones con particulares en materia petrolera, y asigna al Congreso la competencia para fijar las condiciones para la celebración de tales Convenios.

De manera que el Acuerdo impugnado no viola ley orgánica alguna, sino que, por el contrario, constituye el cumplimiento de una obligación que le establece la Ley de Nacionalización.

Los recurrentes denuncian igualmente la violación de los ordinales 1° y 5° del artículo 35 de la Ley Orgánica de la Administración Central, dictada en desarrollo del artículo 193 de la Constitución, los cuales disponen:

"Artículo 35.- Corresponde al Ministerio de Energía y Minas la planificación y la realización de las actividades del Ejecutivo Nacional en materia de minas, hidrocarburos y energía en general, que comprende lo relativo al desarrollo, aprovechamiento y control de los recursos naturales no renovables y de otros recursos energéticos, así como de las industrias mineras, petroleras, petroquímicas, y en particular, las siguientes actividades:

1°. La fijación y ejecución de la política de investigación, desarrollo, y fiscalización, control y conservación de los recursos energéticos, así como de las industrias petroleras, petroquímicas y mineras.

5°. El control de la administración de las explotaciones establecidas o que estableciere el Estado sobre yacimientos o industrias conexas con la minería o los hidrocarburos. Concertar los arreglos con el capital privado cuyo concurso sea necesario para dichas explotaciones."

No obstante, en reiterada jurisprudencia ha establecido nuestro máximo Tribunal que las normas que integran la Ley Orgánica de la Administración Central son "meramente distributivas y especificativas de la competencia administrativa del Estado", que: "sólo atribuyen competencias formales a los diversos despachos, y no competencias materiales, pues éstas provienen de los ordenamientos regulares de los diferentes asuntos encomendados por la norma organizativa a cada uno de aquellos Despachos" (Sentencias de la Corte Suprema de Justicia, en Sala Político-Administrativa, del 7 de julio de 1981, en Pleno, del 7 de octubre de 1992).

La aplicación de este criterio a la materia de los hidrocarburos conduce a precisar que las facultades otorgadas por el artículo 35 de la ley Orgánica de la Administración Central al Ministerio de Energía y Minas, no pueden ser interpretadas sino como potestades para cumplir con los cometidos que las leyes orgánicas de reserva asignan al Ejecutivo Nacional en la materia, básicamente el establecimiento de la política de hidrocarburos y el control para que los lineamientos se cumplan conforme son definidos.

La interpretación literal de este artículo, alejada de la sostenida por esta Corte Suprema de Justicia, llevaría a pensar, como parece ser el criterio de los demandantes, que el Ministerio de Energía y Minas es quien debe desarrollar, por ejemplo, la industria petrolera y no las empresas creadas conforme a la Ley de Nacionalización; así como controlar todos los proyectos y contratos de las operadoras, en lugar de la Casa Matriz creada precisamente para la coordinación, supervisión y control de esas empresas. En definitiva, conduciría a desconocer todo el sistema de administración de la industria petrolera nacionalizada contemplado en la Ley de Nacionalización. Esto resulta jurídicamente inaceptable, pues a la razón apuntada se suma el rango de ley orgánica y el carácter especial que ostenta la Ley de Nacionalización, por lo cual ésta prevalece incluso frente a la Ley Orgánica de la Administración Central, aun cuando ésta sea, como aducen los accionantes, posterior a aquella. (vid. Sentencia de la Corte Suprema de Justicia, en Sala Político-Administrativa, del 2 de agosto de 1972).

B) El artículo 136, ordinal 10°, cuya violación también se denuncia, establece:

"Artículo 136.- Es de la competencia del Poder Nacional: (*omissis*)

10°. El régimen y administración de las minas e hidrocarburos, salinas, tierras baldías y ostrales de perlas; y la conservación, fomento y aprovechamiento de los montes, aguas y otras riquezas naturales del país. El Ejecutivo nacional podrá, en conformidad con la ley, vender, arrendar o dar en adjudicación gratuita los terrenos baldíos; pero no podrá enajenar las salinas, ni otorgar concesiones mineras por tiempo indefinido.

La ley establecerá un sistema de asignaciones económicas especiales en beneficio de los Estados en cuyo territorio se encuentren situados los bienes que se mencionan en este ordinal; sin perjuicio de que también puedan establecerse asignaciones especiales en beneficio de otros Estados. En todo caso, dichas asignaciones estarán sujetas a las normas de coordinación previstas en el artículo 229 de esta Constitución. (*omissis*)."

La disposición constitucional transcrita reserva al Poder Nacional la función de legislar sobre todas y cada una de las materias comprendidas en esa norma y, por tanto, el establecimiento del régimen y administración de los hidrocarburos. La precitada Cláusula Segunda en modo alguno se opone a ese precepto. Por el contrario, en ejercicio de esa disposición constitucional, en concordancia con el artículo 139 de la misma Carta Magna, según el cual corresponde al Congreso legislar sobre las materias de la competencia nacional, éste estableció el régimen regulatorio de la Industria Petrolera mediante la Ley de Nacionalización, cuyo artículo 5° prescribe que el "Estado ejercerá las actividades señaladas en el artículo 1° directamente por el Ejecutivo Nacional o por MEDIO DE ENTES DE SU PROPIEDAD…" (mayúsculas nuestras), y prevé la celebración de Convenios de Asociación con particulares conforme a las condiciones que fije el congreso, que es justamente la materia del Acuerdo impugnado, todo lo cual revela lo infundado de los vicios que los demandantes imputan a dicho Acuerdo.

C) El artículo 190, ordinal 15°, cuya violación se denuncia establece:

"Artículo 190.- Son atribuciones y deberes del Presidente de la República:

(omissis)

15° Celebrar los contratos de interés nacional permitidos por esta constitución y las leyes;"

La interpretación debidamente concatenada de la disposición transcrita con el artículo 181 de la constitución, conduce a sostener que la competencia del Presidente de la República en la materia no es ni exclusiva ni excluyente, ya que la misma se refiere a los contratos que no están atribuidos por ley expresamente a otros funcionarios. Asimismo, el artículo 126 de la constitución consagra implícitamente la posibilidad de que los contratos de interés nacional puedan ser celebrados por la "Administración Pública", con lo cual otras personas jurídicas como los institutos autónomos y las empresas del Estado, conforme a una habilitación legal expresa, pueden celebrar y concluir contratos de interés nacional. (*vid.* Lares Martínez, Eloy, *Manual de Derecho Administrativo*, Caracas, Universidad Central de Venezuela, 1983, p. 507; Brewer-Carías, Allan, *Contratos Administrativos*, Caracas, Editorial Jurídica Venezolana, 1992, p. 28 y ss).

Ahora bien, la Ley de Nacionalización, como lo sostuviéramos más arriba, expresamente señala que los entes propiedad del Estado podrán "celebrar convenios de asociación con entes privados", bajo los términos y condiciones prescritos en el artículo 5°, *ejusdem*. Esta interpretación sobre la competencia y capacidad contractual de tales entes de la Administración Petrolera ha sido confirmada por este Alto Tribunal, en Pleno, al señalar que la Ley de Nacionalización "...regula también de una manera general los convenios que puedan celebrar los entes propiedad del Ejecutivo Nacional con los particulares en el ejercicio de la atribución que aquél les haga de las actividades reservadas" (Sentencia de la Corte Suprema de Justicia, en Pleno, del 23 de abril de 1991).

2.- *La Cláusula Cuarta del artículo 2° del Acuerdo*

Los demandantes consideran que el Acuerdo también viola los mencionados artículos 163, 193 y 136, ordinal 10° de la Constitución, así como los artículos 35, ordinales 1° y 5°, de la Ley Orgánica de la Administración Central y 5° de la Ley de Nacionalización, al establecer en la cláusula Cuarta del mismo artículo 2° lo siguiente:

"En cada Convenio las partes constituirán, antes de dar inicio a las actividades del Convenio, un comité (en lo adelante "Comité de Control"), conformado por igual número de miembros designados por los inversionistas y la Filial, que presidirá un miembro designado por esta última. Para la validez de sus deliberaciones y decisiones, se requerirá la presencia y el consentimiento de los miembros designados por la Filial, teniendo el Presidente doble voto para resolver los casos de empate.

Las partes someterán a la aprobación del Comité de Control las decisiones fundamentales de interés nacional relacionadas con la ejecución del Convenio."

Según los demandantes, esta disposición menoscaba las competencias que las leyes mencionadas, en desarrollo de las previsiones constitucionales, otorgan al Ministerio de Energía y Minas en orden al diseño de la política nacional de hidrocarburos y al control de esta actividad. Esta argumentación debe ser rechazada.

Junto a las razones antes invocadas relativas a la naturaleza y alcance de las normas contenidas en la Ley Orgánica de la Administración Central, concurre en esta ocasión la singularidad del control contemplado en el artículo 5° de la Ley de Nacionalización y en la precitada Cláusula Cuarta del artículo 2°. El control especial establecido en estas disposiciones, bajo ningún respecto puede considerarse que sustituye a los controles que conforme a las leyes corresponde ejercer al Ministerio de Energía y Minas en materia de hidrocarburos.

Lo que el artículo 5° de la Ley de Nacionalización y la Cláusula Cuarta del artículo 2° del Acuerdo persiguen es que en la celebración de los Convenios de Asociación haya una participación tal que garantice el control por parte del Estado. Tratándose de técnicas jurídicas sometidas al Derecho común, habrá que concluir que es la forma de participación la que debe garantizar este control estatal. En los Convenios de Asociación el control habrá de responder a su naturaleza, esto es, de carácter contractual, interno o corporativo, como lo es la propuesta de una intervención decisiva o determinante en la conducción y ejecución del mismo Convenio de Asociación. Esta intervención queda garantizada por tal Cláusula al prescribir que en cada Convenio de Asociación ha de preverse la constitución de un Comité de Control, a cuya aprobación deben someterse "las decisiones fundamentales de interés nacional relacionadas con la ejecución del Convenio". Dicho Comité ha de estar integrado paritariamente por miembros designados por la Filial y los inversionistas, pero será presidido por uno de los miembros designados por ésta, que gozará de voto de calidad para los casos de empate, todo lo cual asegura un control efectivo del Estado sobre las actividades inherentes al objeto de la asociación.

En conclusión, además de las actividades de control y fiscalización que ejerce el Estado venezolano en el sector de hidrocarburos, ya sea tanto a través del Ministerio de Energía y Minas, como de los Ministerios de Hacienda y del Ambiente, se ha diseñado una estructura contractual que tiene como objetivo dar cumplimiento al requisito de control "por parte del Estado en dichos convenios, conforme al artículo 5° de la Ley de Nacionalización, atendiendo a que, según lo afirma la propia Corte Suprema de Justicia", lo determinante es el control del convenio, que es una noción más jurídica que económica o patrimonial" (Sentencia de la Corte Suprema de Justicia, en Sala Político-Administrativa, del 23 de abril de 1991). Al colmar la exigencia contenida en ese precepto, la Cláusula Cuarta viene a *complementar,* en modo alguno a *desplazar,* las formas de control que pueda ejercer el Ministerio de Energía y Minas con arreglo a las leyes vigentes.

3.   *La Cláusula Décima del artículo 2° del Acuerdo*

El Acuerdo del Congreso de la República establece en su Artículo 2°, Cláusula Décima, lo siguiente:

"La celebración y ejecución del Convenio quedarán sometidas al régimen establecido en la Ley Orgánica que reserva al Estado la Industria y el Comercio de los Hidrocarburos, en razón de que su objeto se contrae al ejercicio de las actividades reservadas al Estado, conforme al artículo 1° de dicha Ley. En tal virtud las referidas actividades, siendo además de la competencia del Poder Nacional, no estarán sometidas al pago de impuestos municipales ni estadales. Sin embargo, y en atención a lo establecido en el artículo 136, ordinal 10° de la Constitución de la República de Venezuela, el Congreso de la República establecerá un sistema de beneficios económicos especiales con cargo al bono sobre la rentabilidad "PEG" y a favor de los Estados y Municipios en cuyos territorios se realicen las referidas actividades y a otros fines que consideren conveniente."

La demanda de nulidad bajo examen pretende la nulidad de la Cláusula Décima por considerar que dicha Cláusula contraviene los Artículos 29 y 31 de la Constitución, en materia de tributación municipal. Al respecto, en dicha demanda se lee: "En efecto, el artículo 29, establece ´La autonomía del municipio comprende: ...3° La creación, recaudación e inversión de sus ingresos. En consecuencia, la creación y recaudación de ingresos, es poder consustancial a la autonomía municipal. Sin tal potestad dicha autonomía sería inexistente. En concordancia con el mencionado Artículo 29, el Artículo 31 de la Constitución en su Ordinal 3°, establece: Los Municipios tendrán los siguientes ingresos... las patentes sobre industria, comercio y vehículos y los impuestos sobre inmuebles urbanos y espectáculos públicos´."

La referida denuncia de inconstitucionalidad por supuesta violación de los artículos 29 y 31 de la Constitución, no tiene en realidad fundamento alguno. Dicha denuncia de nulidad olvida lo dispuesto en el artículo 136, ordinal 10°, de la Constitución, conforme al cual es competencia del Poder Nacional: "El régimen y administración de las minas e hidrocarburos, salinas, tierras baldías y ostrales de perlas y la conversación, fomento y aprovechamiento de los montes, aguas y otras riquezas naturales del país."

En igual sentido, el ordinal 8° del artículo 136 dispone:

"Artículo 136.- Es de la competencia del Poder Nacional (omissis).

8° La organización, recaudación y control de los impuestos a la renta, al capital y a las sucesiones y donaciones; de las contribuciones que gravan la importación, las de registro y timbre fiscal y las que recaigan sobre la producción y consumo de bienes que total o parcialmente la ley reserva al Poder Nacional, tales como las de alcoholes, licores, cigarrillo, fósforos y salinas; las de minas e hidrocarburos y los demás impuestos, tasas y rentas no atribuidas a los Estados y a los Municipios, que con carácter de contribuciones nacionales creare la ley."

Es evidente, de toda evidencia, que el régimen y administración de los hidrocarburos y, por ende, la tributación en materia de hidrocarburos, es de la competencia exclusiva del Poder Nacional. En materia de tributación sobre hidrocarburos la misma Constitución impone una restricción ratione materiae al poder tributario de los Municipios.

En igual sentido se ha pronunciado reiteradamente esta Corte Suprema de Justicia, al aseverar, en relación con la tributación sobre las minas e hidrocarburos, que del Texto Fundamental se colige que: "*la atribución sobre la materia en cuestión, lo fue con carácter excluyente.* No sólo el artículo 136, ordinal 10°, proclama la competencia sobre las minas e hidrocarburos, sino que se insiste en el ordinal 8° del mismo artículo en atribuir al Poder Nacional la organización, recaudación y control de los tributos a las minas e hidrocarburos". Y añade, refiriéndose al asunto concreto sometido a su conocimiento, la tributación de la industria del hierro, que "por expreso mandato constitucional, *todo lo relativo a las minas e hidrocarburos*, en los supuestos de creación, organización recaudación y control de los impuestos que se deriven de dichas actividades (exploración, explotación, transporte) son *de la competencia del Poder Nacional* y, por tanto, el complejo económico de la industria del hierro y los proventos que ella genera, no pueden gravarse mediante la fórmula normativa municipal de la Patente de Industria y Comercio" (Sentencia de la Corte Suprema de Justicia, en Pleno, del 16 de diciembre de 1997 –cursivas nuestras; cfr., igualmente, sentencias de la Sala Político-Administrativa del 20 de julio de 1971 y del 16 de julio de 1996).

Por consiguiente, la Cláusula Décima del artículo 2° del Acuerdo, así como el artículo 7° de la Ley de Nacionalización, no han hecho más que reiterar uno de los límites al poder tributario de los Municipios que se desprenden del propio Texto Constitucional, por lo que la denuncia de los accionantes debe ser desestimada.

4.- *La Cláusula Decimaséptima del artículo 2° del Acuerdo*

En la demanda bajo examen se pretende impugnar la constitucionalidad de la Cláusula Decimaséptima, en la cual se establece:

> "El modo de resolver controversias en materias que no sean de la competencia del Comité de Control y que no puedan dirimirse por acuerdo entre las partes, será el arbitraje, el cual se realizará según las reglas de procedimiento de la Cámara Internacional de Comercio, vigentes al momento de la firma del Convenio."

Esta disposición, en criterio de los demandantes, contradice de manera flagrante el artículo 127 de la Constitución, el cual reza:

> "Artículo 127.- En los contratos de interés público, si no fuere improcedente de acuerdo con la naturaleza de los mismos, se considerará incorporada aun cuando no estuviese expresa, una cláusula según la cual las dudas y las controversias que puedan suscitarse sobre dichos contratos y que no llegaren a ser resueltos amigablemente por las partes contratantes serán decididas por los tribunales competentes de la República, en conformidad con sus leyes, sin que por ningún otro motivo ni causa puedan dar origen a reclamaciones extranjeras."

El transcrito artículo 127 de la Constitución plantea la cuestión de la determinación de los casos o supuestos en que la referida cláusula deba o no entenderse incluida en los contratos de interés público, habida cuenta de las circunstancias prácticas de cada negociación.

A este respecto, ha de tenerse en consideración que en las Constituciones de 1947 y de 1961 "se introduce una modificación, puesto que de una norma de alcance ilimitado que contempla la inmunidad de jurisdicción para todos los contratos de interés público, se evoluciona hacia una norma que permite excluir la cláusula, en aquellos contratos que por su "naturaleza" así lo exigen" (*20 Años de Doctrina de la Procuraduría General de la República* 1962-1981, Tomo IV, Vol. III, Caracas, 1984, p. 188).

Esta evolución constitucional está en consonancia con las transformaciones operadas en las relaciones internacionales, en virtud de las cuales el contexto jurídico-político internacional del artículo 127 es enteramente distinto al que imperaba en la época en que la Doctrina Drago y la Cláusula Calvo se originaron. Particularmente, en las últimas décadas se ha intensificado, en Venezuela y en el mundo, el proceso de expansión del comercio internacional y de apertura ante los intercambios económicos internacionales. En esta economía internacionalizada, el arbitraje comercial internacional, como mecanismo de resolución de controversias o disputas que puedan surgir de transacciones o negocios jurídicos de naturaleza mercantil, ha adquirido una gran importancia, constituyendo una práctica generalizada, toda vez que es una vía eficiente y rápida de solución de diferencias sin someterse a la jurisdicción de tribunales de otros países. Es a la luz de esta evolución que debe ser interpretada la inmunidad de jurisdicción que el artículo 127 de la Constitución establece.

La inmunidad de jurisdicción prevista en nuestra Constitución es *relativa*, por cuanto no se aplica a los contratos en que "fuere improcedente de acuerdo con la naturaleza de los mismos". Es, además, *restringida,* pues, a la vista de la evolución comentada, este supuesto de exclusión de la inmunidad de jurisdicción ha de ser entendido ampliamente, de modo que no se convierta en un obstáculo insalvable para la participación del Estado venezolano o de sus órganos en el comercio internacional.

Lo esencial, de acuerdo con la *ratio juris* de esa norma constitucional, es evitar que el sometimiento de diferencias surgidas con motivo de la ejecución de contratos de interés público a instancias internacionales o extranjeras ponga en serio peligro los altos intereses del Estado, y este objetivo resulta colmado por las previsiones del Acuerdo del Congreso impugnado.

En favor de la inaplicación de la regla de la inmunidad de jurisdicción a los Convenios de Asociación milita, en primer lugar, la naturaleza comercial del objeto del contrato y, en segundo lugar, la naturaleza del ente contratante: una empresa regida en principio por el Derecho Privado, aunque dependiente del Estado.

En todo caso, cualquier duda que a este respecto pudiera subsistir resultaría despejada por la rigurosidad con el Acuerdo del Congreso dejó a salvo los intereses supremos del Estado. Ciertamente, la Cláusula Decimaséptima de su artículo 2 dispone, en su encabezamiento, que "El Convenio se regirá e interpretará de conformidad con las leyes de la República de Venezuela." Y en el párrafo siguiente añade: "Las materias competencia del Comité de Control, no estarán sujetas a arbitraje." Las atribuciones del Comité de Control, según la Cláusula Cuarta, comprenden *"las decisiones fundamentales de interés nacional* relacionadas con la ejecución del Convenio", tales como las relativas a "los planes de exploración, evaluación y desarrollo..." (cursivas nuestras). De esta forma, el alcance del arbitraje previsto en el último párrafo de la Cláusula primeramente citada se ve reducido sustancialmente, quedando fuera de su órbita "las decisiones fundamentales de interés nacional."

5.- *La Cláusula Primera del artículo 2° del Acuerdo*

Los recurrentes denuncian la violación del artículo 5° de la Ley de Nacionalización por la Cláusula Primera, porque estiman que tal Cláusula permite asignar a los entes propiedad del Estado "derechos genéricos" para realizar la más amplia gama de actividades que comprende exploración, explotación, transporte, almacenamiento y comercialización de hidrocarburos, esto es, crudos livianos, pesados, extrapesados, gas natural asociado o libre, en áreas indeterminadas, toda vez que el Acuerdo publicado en la Gaceta Oficial N° 35.754 de fecha 14 de julio de 1995, si bien menciona un "Anexo B", no lo incorpora como parte constitutiva del mismo..." y que en consecuencia, nos encontramos ante un caso muy general como lo es el otorgamiento de derechos amplísimos en áreas no definidas". Además, aducen que según el artículo 5° de la Ley de Nacionalización los Convenios de Asociación tienen carácter excepcional, por lo que no pueden celebrarse para la realización de actividades que son "objeto normal y ordinario de los entes petroleros propiedad del Estado venezolano, y mucho menos hacerlo en forma global, amplia, general o comprensiva de una pluralidad de casos...."

Al respecto se observa que la Cláusula Primera señala que "El Ejecutivo Nacional, por órgano del Ministerio de Energía y Minas...determinará las áreas geográficas descritas en el Anexo ´B´.. a favor de una filial de Petróleos de Venezuela S.A..." Se trata, por tanto, de extensiones del territorio nacional definidas y precisas, sobre las cuales pueden realizarse, con base en la asociación que habrá de constituirse con la firma de cada convenio, "las actividades relacionadas con la exploración y explotación de yacimientos de hidrocarburos, con el transporte por vías especiales, almacenamiento y comercialización de la producción obtenida en las Areas, y con las obras que su manejo requiera".

La delimitación de tales áreas se deriva, por un lado, del Anexo "B" al que se refiere la cláusula precitada, el cual formó parte del Informe de la Comisión Bicameral del Congreso de la República que recomendó autorizar la celebración de los Convenios de Asociación *(Vid.* Informe de la Comisión Bicameral de Energía y Minas del Congreso de la República del 21 de junio de 1995, sobre los Convenios de Asociación para la Exploración a Riesgo de Nuevas Áreas y la Producción de Hidrocarburos bajo el esquema de Ganancias Compartidas, que cursa en autos) y, por otro lado, de los actos que según esa cláusula debe dictar el Ejecutivo Nacional para circunscribir dichas áreas, todo ello en concordancia con lo dispuesto en el artículo 21 de la Ley de Nacionalización, conforme al cual "El Ejecutivo Nacional, por órgano del Ministerio de Minas e Hidrocarburos, determinará las áreas geográficas en las cuales realizarán sus actividades las empresas que se crearen de conformidad con lo previsto en el artículo 6°..." Así lo hizo el actual Ministro de Energía y Minas mediante Resolución N° 002, del 16 de enero de 1996, publicada en la Gaceta Oficial N° 35.881, del 17 de enero de 1996.

En conclusión, la Cláusula Primera no contempla una autorización genérica sino que, por el contrario, se trata de áreas definidas claramente, cuya reseña superficial y alinderamiento aparecen en los Convenios de Asociación, sobre la base de las Resoluciones del Ministerio de Energía y Minas que fijan sus términos especiales.

Por otra parte, con relación a la denuncia de ilegalidad sobre la supuesta autorización para celebrar convenios en forma global, amplia, general y comprensiva de actividades que son objeto de la actividad normal y ordinaria de los entes de la Administración Petrolera, se observa que el Acuerdo se refiere a Convenios de Asociación que difieren sustancialmente, por su objeto, de los convenios normales que celebran los entes de la Administración Petrolera. Se trata de los "casos especiales" a que alude el artículo 5° de la Ley de Nacionalización, condición ésta para que el Congreso haya procedido a otorgar la autorización para que el Ejecutivo Nacional o los entes de la Administración Petrolera puedan celebrar Convenios de Asociación, los cuales se distinguen de las actividades y proyectos que comúnmente desarrolla la Administración Petrolera Nacional.

La especialidad radica, básicamente, en el objeto, la justificación y las características de los Convenios. Estos comprenden la exploración, descubrimiento, explotación y comercialización de nuevas reservas de hidrocarburos, particularmente de crudos livianos y medianos, lo que revela el singular alcance de la asociación con los entes privados.

La incorporación del capital privado a estas actividades se fundamenta, tal como lo afirma el Informe antes citado de la Comisión Bicameral de Energía y Minas del Congreso, en "la necesidad de acelerar la actividad exploratoria para precisar si esas reservas existen o no y, sobre una base más sólida desarrollar las estrategias de producción petrolera. Esta actividad podría ser completada por PDVSA en unos 35 años si lo hace exclusivamente por su cuenta, lapso que podría reducirse a unos 8 a 10 años con el aporte de socios"; además, gracias a la participación del capital privado extranjero es posible "importar tecnologías de avanzada, que permiten explotar y producir petróleo a menores costos y con la mayor eficiencia posible". De este modo Venezuela puede aumentar su producción petrolera y los recursos provenientes de su comercialización, en un momento en que la demanda respectiva está creciendo en el orden del 2% anual. Ello contribuye igualmente a la superación de la crisis económica que viene afectando al país desde hace ya varios años. El Estado ha concebido, pues, una estrategia de crecimiento de la producción petrolera venezolana, de tal forma que se aprovechen al máximo las oportunidades que presenta el mercado energético internacional, y se logre así aumentar significativamente los ingresos petroleros y propiciar un crecimiento sostenido de la economía venezolana.

En cuanto a las características de los Convenios, es digna de mención la peculiaridad de que el riesgo exploratorio recae únicamente sobre los inversionistas privados. Se quiso establecer, con inversionistas privados, una comunidad de intereses en un negocio de riesgos y oportunidades, en la que la participación de la industria petrolera en los riesgos del negocio quede minimizada y, en algunas fases, eliminada (p.ej. riesgo exploratorio), mientras que la participación de dicha industria y del Estado en las ganancias se maximice. De allí la idea de los convenios de asociación de exploración a riesgo de nuevas áreas y de producción compartida de hidrocarburos bajo el esquema de ganancias compartidas. En ellos, como su nombre lo indica, los inversionistas asumen el riesgo exploratorio de áreas cuyo conocimiento geológico es mínimo (áreas de alto riesgo), evitándose así que la industria petrolera asuma riesgos que podrían costarle inversiones significativas, las cuales deberían ser destinadas al desarrollo de sus operaciones más productivas. Muestra de la especialidad de los Convenios lo son también las modalidades de su implementación una vez que la exploración arroje resultados satisfactorios (*Vid.* Cláusulas Cuarta a Décima del artículo 2° del Acuerdo), todo lo cual confirma lo infundado del alegato aducido por los accionantes.

Los recurrentes denuncian igualmente la violación, por la Cláusula Primera, del artículo 1.142 del Código Civil, por estimar que la misma "autoriza la realización de convenios cuyo objeto resulta indeterminado o indeterminable".

Este argumento está desprovisto de fundamento. Al respecto, ratificamos una vez más que la Cláusula Primera alude al anexo en que se delimitaban las áreas objeto de los Convenios de Asociación, y prescribe que estas áreas sean determinadas por el Ejecutivo Nacional, lo cual se efectuó mediante Resolución N° 002, del 16 de enero de 1996, emanada del Ministerio de Energía y Minas, publicada en la Gaceta Oficial N° 35.881, del 17 de enero de 1996. Igualmente, el marco del contenido sustantivo de los Convenios se encuentra recogido en el texto del Acuerdo.

Por lo demás, no puede sostenerse racionalmente que el Acuerdo del Congreso de la República infringe el artículo 1.142 del Código Civil (*rectius* 1.141), puesto que ello presupondría la existencia de un contrato, y el Acuerdo del Congreso de la República es un acto parlamentario sin forma de Ley. como quedó establecido más arriba. De ser aplicable dicho artículo 1.141 del Código Civil, lo sería a los Convenios de Asociación. Sin embargo, no se configura el motivo de nulidad de la falta absoluta del objeto, por cuanto el objeto de las Convenios de Asociación es susceptible de determinarse al momento de la celebración de los mismos, conforme a lo dispuesto en la citada Resolución N° 002, de fecha 16-01-96, emanada del Ministerio de Energía y Minas.

En mérito a lo expuesto, no existe el motivo de nulidad denunciado, y así solicitamos sea declarado.

6.- *La Cláusula Sexta del artículo 2° del Acuerdo*

Los recurrentes denuncian que la Cláusula Sexta infringe el artículo 1.664 del Código Civil, porque ordena la inclusión de una cláusula leonina en los convenios, al prever que en la fase exploratoria el inversionista actuará a su exclusiva cuenta y riesgo, asumiendo la totalidad de las posibles pérdidas.

Es bastante discutible que, como aducen los accionantes, los Convenios de Asociación puedan ser considerados un contrato de sociedad en los términos de los artículos 1.649 y siguientes del Código Civil. En todo caso, tales Convenios no merecen, bajo ningún concepto, la calificación de leoninos, pues éstos no entrañan una vulneración del mínimo equilibrio contractual.

La veracidad de este aserto sólo puede ser captada si los Convenios de Asociación son valorados en su integridad, atendiendo a los distintos aspectos y fases del negocio propuesto y no sólo, como pretenden los accionantes, a la fase inicial de la exploración. Ciertamente, en esta primera fase el inversionista asume todos los riesgos, pero desde el momento mismo de la firma del Convenio ello va acompañado de obligaciones o "contraprestaciones" de la filial correspondiente (*Vid.* la Cláusula Quinta del artículo 2° del Acuerdo) y de la oportunidad de obtener grandes beneficios después de recuperar la inversión efectuada. Visto el Convenio de Asociación en su conjunto, la exploración a cuenta y riesgo del inversionista de las áreas asignadas menos aún puede implicar una desproporción entre las prestaciones recíprocas de los contratantes, ya que se ve compensada por las expectativas implícitas y por las garantías ofrecidas en las condiciones fijadas por el Acuerdo del Congreso respecto de la fase de producción y comercialización ulterior al descubrimiento de las reservas de hidrocarburos (*Vid.* Cláusulas Séptima a Décima del artículo 2° del Acuerdo), las cuales consistirán, fundamentalmente, en crudos livianos y medianos, los de mayor valor comercial.

El camino seguido por el Estado venezolano no fue, por lo demás, original. Su elección fue producto de la evaluación de los distintos esquemas contractuales de práctica común en el ámbito petrolero internacional, que pudieran adecuarse a las particularidades de nuestro ordenamiento jurídico en general y, al mismo tiempo, permitiesen el establecimiento de una relación comercial con los inversionistas *conforme a los estándares de la industria petrolera internacional.*

Por estas razones, la denuncia de violación del artículo 1.664 del Código Civil debe ser desestimada.

7. *La Cláusula Vigésima primera del artículo 2° del Acuerdo*

Por último, los recurrentes denuncian que la Cláusula Vigésima primera contraviene lo dispuesto en el parágrafo único del artículo 41, ordinal 1°, de la Ley de Hidrocarburos, al establecer la posibilidad de que la regalía petrolera, denominada impuesto de explotación, pueda ser reducida por el Ejecutivo Nacional desde el momento en que se inicia la explotación si se considera que el yacimiento en cuestión no es comercial.

Dicho parágrafo dispone que:

"Con el fin de prolongar la explotación económica de determinadas concesiones, queda facultado el Ejecutivo Nacional para rebajar el impuesto de explotación a que se refiere este ordinal en aquellos casos en que se demuestre a su satisfacción que el costo creciente de producción, incluido en éste el monto de los impuestos, haya llegado al límite que no permita la explotación comercial. Puede también el Ejecutivo Nacional elevar de nuevo el impuesto de explotación ya rebajado hasta restablecerlo en su monto original, cuando a su juicio se hayan modificado las causas que motivaron la rebaja."

Por su parte, la Cláusula Vigésima primera del Acuerdo establece:

"El Ejecutivo Nacional podrá establecer un régimen que permita ajustar el impuesto establecido en el artículo 41 de la Ley de Hidrocarburos, cuando se le demuestre, en cualquier momento, que no es posible alcanzar los márgenes mínimos de rentabilidad para la explotación comercial de una o más Áreas de Desarrollo durante la ejecución del Convenio. A tales efectos, la filial realizará las correspondientes comprobaciones de costos de producción por ante el Ministerio de Energía y Minas."

Según los accionantes, esta cláusula contraviene el precitado artículo 41, ordinal 1°, de la Ley de Hidrocarburos, pues permite que la reducción de la regalía petrolera se produzca incluso desde el inicio de la explotación, mientras que este precepto sólo autoriza tal reducción durante el desarrollo de la explotación, cuando el agotamiento de los yacimientos reste a ésta significación comercial.

El planteamiento de los accionantes es, a nuestro juicio, desacertado. Parten de una interpretación literalista del parágrafo único del artículo 41, ordinal 1°, que se apoya en el verbo "prolongar" empleado en la primera frase de ese parágrafo único. Esta interpretación prescinde de las reglas hermenéuticas generales del Derecho e, incluso, de estimarse que la regalía petrolera prevista en el artículo 41 de la Ley de Hidrocarburos es un verdadero impuesto, de las imperantes en el ámbito del Derecho Financiero o Tributario.

En este sentido, el reputado jurista argentino Héctor Villegas afirma que en la materia tributaria el intérprete puede y debe utilizar todos los métodos a su alcance: debe examinar la letra de la ley, necesita analizar cuál ha sido la intención del legislador, y tiene que adecuar ese pensamiento a la realidad circundante; debe coordinar la norma con todo el sistema jurídico, así como contemplar la realidad económica que se ha querido reglar y la finalidad perseguida (*Curso de Finanzas, Derecho Financiero y Tributario*, Buenos Aires, Depalma, 1980, p.161),

No existe, pues, motivo alguno que justifique un método interpretativo acantonado en la letra de la ley y, por lo tanto, limitante de las implicaciones significativas de un precepto. Tampoco hay razón para pensar que en este ámbito la interpretación de las normas legales ha de ser necesariamente restrictiva. Así, el artículo 6° del Código Orgánico Tributario, inspirándose en el artículo 5 del Modelo de Código Tributario para América Latina, prescribe que "Las normas tributarias se interpretarán con arreglo a todos los métodos admitidos en derecho, pudiéndose llegar a resultados restrictivos o extensivos de los términos contenidos en aquéllas. La disposición precedente es también aplicable a las exenciones, exoneraciones y otros beneficios."

En el caso que nos ocupa, la finalidad de la norma es *hacer viable* la explotación de ciertos yacimientos de hidrocarburos, mediante la reducción de la llamada regalía petrolera, cuando su disminución sea necesaria para preservar la rentabilidad de la explotación. Lo determinante no son las circunstancias por las cuales la explotación no resulta comercial (agotamiento del yacimiento u otras), ni el momento en que esta situación se produce (al inicio de la explotación o a lo largo de la misma), sino el hecho comprobado de que la explotación sin reducción de la regalía no es comercial. Por consiguiente, la alusión a la necesidad de "prolongar" la explotación contenida en el único aparte del artículo 41, ordinal 1°, comprende tanto los casos en que la explotación, desde que se decide emprenderla, no resulta rentable sin ajuste de la regalía, como los casos en que el transcurso de su desarrollo la explotación llega a perder rentabilidad.

Aún en el supuesto negado de que los argumentos expresados no sean acogidos, la denuncia de los accionantes tendría que ser rechazada, si se considera, como lo hace parte de la doctrina, que el llamado impuesto de explotación no es realmente un tributo, sino una renta o ingreso de la República correlativo a la atribución del derecho a explotar sus yacimientos (*Vid.* Duque Sánchez, José Román, *Manual de Derecho Minero Venezolano*, Caracas, UCAB, 1966, p. 302). En consecuencia, la República está facultada para la determinación y para la graduación o modulación del ingreso correspondiente al otorgamiento del derecho a la explotación del yacimiento, en función del interés público, sin estar sujeta al principio de legalidad tributaria consagrado en el artículo 224 de la Constitución.

Desde esta óptica, no es preciso acudir al artículo 41 de la Ley de Hidrocarburos para fundamentar la facultad que la Cláusula Vigesimaprimera del artículo 2° del Acuerdo del Congreso confiere al Ejecutivo Nacional, pues su basamento jurídico se encontraría en esta misma Cláusula, es decir, en el acto parlamentario sin forma de ley del que forma parte, dictado en conformidad con lo dispuesto en el artículo 5° de la Ley de Nacionalización, y en los propios Convenios de Asociación.

En virtud de lo expuesto, la denuncia de ilegalidad planteada por los accionantes debe ser descartada..

III

PETITORIO FINAL

Como conclusión de todo lo anteriormente expuesto y tomando en consideración los elementos de hecho y de derecho suficientemente explicados en el presente escrito, solicitamos respetuosamente a esta Corte Suprema de Justicia en Pleno que declare SIN LUGAR las acciones de nulidad por inconstitucionalidad e ilegalidad interpuesta por el ciudadano Simón Muñoz Armas y otros, contra el Acuerdo del Congreso de la República de fecha 4 de julio de 1995, publicado en la Gaceta Oficial de la República N° 35.754 del 17 de julio de 1995, que autorizó la celebración de los Convenios para la Exploración a Riesgo de Nuevas Áreas y la Producción de Hidrocarburos bajo el Esquema de Ganancias Compartidas.

Es justicia. En Caracas, a la fecha de su presentación.

3. *Informe de Leopoldo Martínez Nucete y Leonardo Palacios en representación de un grupo de parlamentarios*

Ciudadana
Presidente y demás Magistrados de la Corte Suprema
de Justicia en Corte en Pleno
Su Despacho.-

Quienes suscriben, *LEOPOLDO MARTÍNEZ NUCETE, LEONARDO PALACIOS MÁRQUEZ y JUAN CARLOS GARANTON BLANCO,* mayores de edad, domiciliados en la ciudad de Caracas, titulares de las cédulas de identidad Nros. V.- 6.911.185, V.- 5.530.995 y V.- 6.916.061, respectivamente, Abogados en ejercicio debidamente inscrito en el INPREABOGADO bajo los Nos. *28.086, 22.646 y 43.567*, respectivamente; actuando en nuestra condición de ciudadanos venezolanos, legitimados en este acto de conformidad con el artículo 112 de la Ley Orgánica de la Corte Suprema de Justicia y en representación del grupo de parlamentarios *RAMÓN JOSÉ MEDINA, CRISTÓBAL FERNÁNDEZ DALO, RAMÓN GUILLERMO AVELEDO, SIMÓN GARCÍA, JUAN PAÉZ ÁVILA, EDGAR VALLÉ VALLÉ, EDGAR FLORES, CARLOS MOROS GHERSI, OTTO PADRÓN GUEVARA, PEDRO CARDIER, LUIS ENRIQUE CARMONA CONCHA, EDGAR CELIS GONZÁLEZ, NELSÓN CHITTY LA ROCHE, GUSTAVO TARRE BRICEÑO, FRANCISCO I. GONZÁLEZ, LILIANA HERNÁNDEZ, JOSÉ GÓMEZ FEBRES, JOSÉ ANTONIO ADRIAN, SEGUNDO MELENDES, JOSÉ ANTONIO PADILLA, MIGUEL HENRIQUE OTERO, ARMANDO CAPRILES, ISBELIA URDANETA,*

ALIRIO FIGUEROA, CARMEN RODRÍGUEZ, ALCIBIADES CASTRO, OSWAL-
DO HERNÁNDEZ, MANUEL MARÍN, ERNESTO PARDI, JOSÉ R. FUENTES,
RAFAEL RODRÍGUEZ ACOSTA, ÁNGEL VERA, HÉCTOR WILLS, LUIS STE-
FANELLI, EDGAR BENARROCH, GONZALO PÉREZ HERNÁNDEZ, EMILIO
LÓPEZ, LUIS CARLOS SERRA CARMONA, FREDDY LEPAGE, OMAR BARBO-
ZA, ISOLDA HEREDIA DE SALVATIERRA, JUAN FRANCISCO SOSA MAURI,
ALFREDO UZCATEGUI, APOLINAR MARTINEZ, IBRAHIM SÁNCHEZ, REIN-
ALDO MONTIEL ORTEGA, PEDRO SOLOVEY y JORGE ROIG, todos ciudadanos venezolanos, mayores de edad y titulares de las cédulas de identidad N°
3.981.243, 4.268.347, 3.542.335, 2.506.055, 1.239.734, 783.657, 2.097.840,
610.516, 1.309.374, 676.720, 1.605.380, 2.506.833, 3.949.509, 3.183.649,
3.922.059, 5.307.665, 635.366, 2.330.266, 1.888.738, 76.814, 1.712.469,
5.311.556, 3.778.174, 2.378.477, 3.188.134, 3.924.815, 3.685.024, 5.173.968,
1.909.813, 1.561.249, 1.899.939, 4.988.092, 2.328.652, 7.003.258, 2.027.634,
970.946, 2.152.568, 5.215.797, 2.149.190, 3.379.102, 1.605.396, 3.581.101,
3.693.291, 1.384.252, 2.913.605, 9.304.112, 3.859.067 y 4.172.218, respectivamente, conforme se evidencia de poder que cursa en autos , así como en ejercicio
del derecho adquirido de intervenir y hacerse parte en la presente causa, aún hasta
el término fijado para la presentación de las conclusiones escritas, de conformidad
con los artículos 94 y 95 ejusdem, con el objeto de consignar escrito de informes
que recoge y desarrolla nuestra exposición oral mediante la cual defendemos la
constitucionalidad y legalidad del Acuerdo dictado en fecha 04 de julio de 1995
que autoriza la celebración de los Convenios de Asociación para la Exploración a
Riesgo de Nuevas Áreas y la Producción de Hidrocarburos bajo el Esquema de
Ganancias Compartidas publicado en Gaceta Oficial N° 35.754 del día 17 del
mismo mes y año por el Congreso de la República de Venezuela (en lo sucesivo
EL ACUERDO) y en base al cual se fijaron los términos legales de referencia
para proceder al proceso conocido como LA APERTURA PETROLERA mediante Asociaciones de Exploración a Riesgo Ganancias Compartidas entre el Estado
Venezolano, a través de PDVSA y sus filiales, y empresas de capital privado todo
según el artículo 5 de la Ley Orgánica que reserva al Estado la Industria y Comercio de los Hidrocarburos (LOREICH).

I

DE LA NATURALEZA DEL ACTO Y DE LA COMPETENCIA DEL ÓRGANO JURISDICCIONAL

La Sección Segunda, del Capítulo II, del Título V de la citada Ley Orgánica
de este Supremo Tribunal dispone el procedimiento a seguir con ocasión de la
iniciación de juicios de nulidad contra actos de efectos generales. La presente causa
ha sido iniciada con ocasión de la interposición de Recurso de Inconstitucionalidad
contra el artículo 2, cláusulas segunda, décima y décimo séptima de EL ACUERDO,
acción a la que ha sido acumulado Recurso de Nulidad por Ilegalidad ejercido por
ante la Sala Político Administrativa de esta Corte, por los mismos sujetos accionantes en la presente causa, adicionalmente contra las cláusulas segunda, cuarta, sexta,
décima y vigésima primera del citado artículo 2 del referido acuerdo.

De conformidad con lo dispuesto en el ordinal 1° del artículo 42 del compendio normativo que regula la estructura, competencias y funciones de esta Corte

Suprema de Justicia, en concordancia con el artículo 43 eiusdem, es de la competencia de la Corte Suprema de Justicia en Sala Plena:

1. *Declarar la nulidad total o parcial de las leyes y demás actos generales de los cuerpos legislativos nacionales, que colidan con la Constitución.*

Al referirse el transcrito numeral a los "demás actos generales de los cuerpos legislativos nacionales" está refiriéndose a la totalidad de los actos dictados por el Legislativo Nacional de carácter general en ejecución de la función legislativa, entre los que ubicamos los actos parlamentarios sin forma, pero con fuerza de ley, categoría a la que pertenecen los acuerdos del Congreso Nacional.

Los Acuerdos del Congreso son manifestaciones unívocas de voluntad del órgano parlamentario nacional, especie constitutiva del género de los actos parlamentarios sin forma de ley, ya que son derivados del Poder Legislativo Nacional, pero no revisten la categoría de leyes, pues no han sido objeto del proceso para la formación de las mismas. Son actos parlamentarios de contenido normativo, cuyo objetivo principal es autorizar al Poder Ejecutivo para el ejercicio de ciertas competencias que han sido sometidas a la condición suspensiva de la previa aprobación por parte del Poder Legislativo Nacional, sea por la propia Constitución o por una ley.

Podemos afirmar que estamos ante un figura jurídica, manifestación del control parlamentario sobre el Poder Ejecutivo Nacional, ello de conformidad con el artículo 139 de la Constitución de la República, disposición de conformidad con la cual dentro de las competencias genéricas del Poder Legislativo Nacional se ubica el control de la Administración Pública en su mismo estrato.

También podemos afirmar que en otros casos, los Acuerdos Parlamentarios con tal naturaleza son un ejercicio de la colaboración entre los poderes públicos (Art. 18 CRV) a efecto de fijar términos de referencia bajo los cuales se enmarcan actuaciones del Ejecutivo que concluirán en actos, contratos o decisiones públicas sometidas al control parlamentario. En este caso, el Congreso no legisla sino con un acto con fuerza pero sin forma de Ley ejerce una interpretación auténtica de las leyes bajo cuyos supuestos normativos debe enmarcarse la acción del Ejecutivo Nacional a efecto de contar oportunamente con la aprobación o autorización que de forma concreta debe dar el Congreso mismo al acto, contrato o decisión de interés público respectivo.

Es el supuesto de la Ley Orgánica que Reserva al Estado la Industria y el Comercio de los Hidrocarburos (LOREICH), compilación normativa que expresa en su artículo 5 la posibilidad de que el Ejecutivo Nacional o entes de su propiedad competentes para el ejercicio de las actividades de exploración y explotación en el territorio nacional de yacimientos de hidrocarburos, así como la refinación, transporte por vías especiales, almacenamiento y el comercio de las sustancias explotadas y refinadas, celebren convenios de asociación con entes privados para el ejercer la referida competencia, siempre que existan razones de interés público y previa autorización de las cámaras del Congreso en sesión conjunta. La citada disposición es del tenor siguiente:

Artículo 5.- El Estado ejercerá las actividades señaladas en el artículo 1 de la presente Ley directamente por el Ejecutivo Nacional o por medio de entes de su propiedad, pudiendo celebrar los convenios operativos necesarios para la mejor realización de sus funciones, sin que en ningún caso estas gestiones afecten la esencia misma de las actividades atribuidas.

En casos especiales y cuando así convenga al interés público, el Ejecutivo Nacional o lo referidos entes podrán; en el ejercicio de cualquiera de las señaladas actividades, celebrar convenios de asociación con entes privados, con una participación tal que garantice el control por parte del Estado y con una duración determinada. Para la celebración de tales convenios se requerirá la previa autorización de las Cámaras en sesión conjunta, dentro de las condiciones que fijen, una vez que hayan sido debidamente informadas por el Ejecutivo Nacional de todas las circunstancias pertinentes. (Subrayado nuestro).

Someter el ejercicio de tal potestad excepcional a la aprobación del Congreso Nacional obedece a la existencia de un Estado detentador de una capacidad empresarial en el desarrollo de actividades económicas como productor de bienes y servicios, las cuales desempeña en forma monopólica dada la existencia de razones de interés y conveniencia nacional (artículo 97 de la CRV). En vista de la importancia que reviste para el país el desarrollo de la industria de los hidrocarburos, la cual ha sido calificada dentro de las empresas básicas, la propia Constitución en el numeral décimo del artículo 136 reserva al Poder Nacional la competencia en materia de "régimen y administración" de los mismos. Respecto a lo que debe entenderse por régimen y administración de los hidrocarburos se ha pronunciado la doctrina nacional en los términos que se transcriben parcialmente a continuación:

"Esta reserva general, referida al régimen y administración de los hidrocarburos, debe entenderse como una competencia exclusiva que abarca todo lo relacionado con la legislación, reglamentación y ejecución, con exclusión de cualquier otra instancia o entidad pública de base territorial, las cuales, por tal reserva, se encuentran impedidas de ejercer cualquier tipo de regulación de naturaleza normativa o de control administrativo.

Los vocablos "régimen y administración", fueron empleados por el constituyente originario en la redacción del numeral 10° del artículo 136, en todo el sentido y extensión del vocablo "régimen". Ello abarca cualquier tipo de regulación y control administrativo, organizativo y de naturaleza tributaria." (ARAUJO MEDINA, Federico y PALACIOS MÁRQUEZ, Leonardo: "Análisis Constitucional del Poder Tributario en Materia de Hidrocarburos", editado por Torres, Plaz & Araujo, Caracas 1995, pág. 72).

No solo es necesaria la aprobación previa del Congreso para la celebración de los convenios de asociación como mecanismo de control de la actividad administrativa nacional, sino que adicionalmente, las Cámaras en sesión conjunta deben definir las condiciones generales dentro de las cuales se desarrollará la excepcional facultad para el ejercicio indirecto por el Ejecutivo Nacional de la competencia en referencia.

Son estas condiciones generales las que imprimen el carácter normativo al acuerdo, pues constituyen el marco regulatorio del contenido de los convenios de asociación, dentro del cual se definen las reglas de aplicación, destinadas a un número indeterminado de entes privados dispuestos a participar bajo el esquema de convenios de asociación para la exploración a riesgo de nuevas áreas y para la explotación de hidrocarburos bajo el esquema de ganancias compartidas. De manera que estamos ante un acto dictado en ejercicio de la función administrativa de control sobre los actos del Ejecutivo Nacional, por lo que reviste un carácter de acto administrativo pero solo desde el punto de vista formal, ya que materialmente es un acto regla, un acto creador de normas generales que se imponen a la propia Administración, que en su esencia implica una autorización para fijar los términos de referencia sobre cuya base actuará el Ejecutivo, razón por la cual está implícita en el acto una "interpretación auténtica", aquella hecha por el propio legislador de las distintas normas legales en base a las cuales se dicta EL ACUERDO.

Definidas las características de EL ACUERDO como acto general emanado del Congreso como cuerpo legislativo nacional, corresponde a este Corte Suprema de Justicia en Sala Plena conocer de la presente causa contentiva de acción de nulidad por inconstitucionalidad, actualmente acumulada a la acción por ilegalidad, de las cláusulas segunda, cuarta, sexta, décima y vigésima primera del referido acuerdo.

II
OPORTUNIDAD Y LEGITIMIDAD
DE LOS INTERVINIENTES

1. *Legitimidad de los intervinientes*

El artículo 137 de la Ley Orgánica de la Corte Suprema de Justicia dispone el principio general de legitimidad de las partes intervinientes en los juicios de nulidad incoados tanto contra actos de efectos generales como actos de efectos particulares. Es así como dispone "sólo podrán hacerse parte en los procedimientos a que se refieren las Secciones Segunda y Tercera de este Capítulo, las personas que reúnan las mismas condiciones exigidas para el accionante o recurrente".

El artículo 112 eiusdem dispone la necesidad de detentación de un interés simple para toda persona natural o jurídica que decida demandar la nulidad de algún acto de efectos generales emanado del Poder Legislativo en cualquiera de sus manifestaciones dentro de la estructura vertical de la división de poderes, o del Ejecutivo Nacional, sea por razones de inconstitucionalidad o de ilegalidad. Bajo este supuesto solo se exige al sujeto que activa el procedimiento ser plenamente capaz, de conformidad con las exigencias del Código Civil en su artículo 18 si se trata de personas naturales y del artículo 19 si se trata de personas jurídicas, y haber sido lesionado o afectado en sus derechos subjetivos o intereses por el acto objeto de la acción de inconstitucionalidad o ilegalidad.

En la presente causa, dada nuestra condición como ciudadanos venezolanos y la existencia de las disposiciones contenidas en los artículos 51 y 106 de la Constitución de la República consideramos ostentar la legitimación legalmente exigida para proceder a la intervención en el presente procedimiento.

2. *De la oportunidad*

Inicialmente el criterio detentado por esta Sala en aplicación del principio contenido en la Ley Orgánica de este Máximo Tribunal enunciaba que los terceros intervinientes en el procedimiento estaban sujetos a su comparecencia dentro del plazo fijado por el propio órgano jurisdiccional y contenido en el cartel por él emitido para su publicación como carga procesal del accionante en los juicios que así lo considere conveniente el Tribunal.

El referido principio imperaba tanto para los procedimientos iniciados contra actos de efectos generales ante la Sala Plena, como para los procedimientos accionados contra actos de efectos particulares por ante la Sala Político Administrativa de la Corte Suprema de Justicia. En fecha 26 de septiembre de 1991 la Sala Político Administrativa de esta Suprema Corte definió el ámbito de la intervención espontánea en juicio haciendo la distinción entre aquellos sujetos que participan en defensa de intereses propios en el procedimiento de aquellos intervinientes que se adhieren a la pretensión de una de las partes en respaldo de intereses ajenos. Con fundamento en esta distinción se determinan los parámetros su intervención en la causa afirmando:

> "...aquellas personas que pueden hacerse parte, distintas al accionante, en el procedimiento de anulación, por reunir las mismas condiciones exigidas para este, es decir, de interesado (titular de derechos subjetivos o de intereses legítimos), conforme a los artículos 137 y 121 de la Ley Orgánica de Justicia, no son terceros. Por ende, tales personas pueden comparecer válidamente en el proceso con posterioridad a la presentación de la respectiva demanda que es cuando comienzan los juicios (artículo 339 del Código de Procedimiento Civil) y no sólo durante el lapso de comparecencia, que se da para todo el que pudiera tener interés en las resultas del proceso, sino inclusive con posterioridad, aceptando en todo caso la causa en el estado en que se encuentra al intervenir en la misma, en razón del principio de la preclusión procesal. Por el contrario, quienes son terceros adhesivos simples, en los términos explicados, sólo pueden comparecer válidamente como coadyuvantes durante el lapso de comparecencia a que se contraen los artículos 125 y 126 de la Ley Orgánica de la Corte Suprema de Justicia. (Sentencia de la Corte Suprema de Justicia en Sala Político Administrativa de fecha 26 de septiembre de 1991, con ponencia del Magistrado Dr. Román José Duque Corredor, caso: Rómulo Villavicencio).

Así se define el criterio de los intervinientes en los juicios incoados contra actos de efectos particulares, el cual fue acogido por la Sala Plena de la Corte Suprema de Justicia para los juicios contra actos de efectos generales hasta sentencia de fecha 26 de marzo de 1996 donde se elimina el criterio de distinción de los intervinientes a los efectos de determinar la oportunidad de comparecencia de los mismos, al afirmar que cualquier sujeto distinto al accionante puede participar en el procedimiento en cualquier estado y grado del mismo, quedando bajo su responsabilidad asumirlo en la etapa en que se encuentre al momento de su intervención. Dicho pronunciamiento afirma:

> "El artículo 116 de la Ley Orgánica de la Corte Suprema de Justicia, no prevé plazo alguno para que los terceros se den por notificados en los juicios de nulidad de actos de efectos generales, a diferencia de lo que sucede en el caso de los de efectos particulares, en el cual se contempla la comparecencia dentro de las diez audiencias siguientes a la fecha de publicación del cartel.

> Por tanto, a juicio de esta Corte, no debe en un proceso contra un acto de efectos generales, limitarse la participación de los terceros a un período de-

terminado, pudiendo, por el contrario, comparecer en cualquier momento del proceso, aunque debe asumir el estado en que se encuentre tal como lo establecen los artículos 379 y 380 del Código de Procedimiento Civil. En tal virtud, la previsión del plazo de los diez días no es aplicable a los juicios como el de autos.

> ...basta con que la Corte, como hace en estos momentos, declare que la participación de los terceros puede hacerse válidamente en cualquier estado o grado de este proceso, así sea posterior al de los diez días previstos en el cartel que fue publicado. (Sentencia de la Corte Suprema de Justicia en Sala Plena de fecha 26 de marzo de 1996, con ponencia del Magistrado Dr. Humberto J. La Roche, caso: Alcaldía del Municipio Maracaibo demanda la nulidad del último aparte del parágrafo único del artículo 36 de la Ley Orgánica de Régimen Municipal, de los Decretos 2383 y 2384 y de las Resoluciones conjuntas del Ministerio de Fomento y Ministerio de Energía y Minas N° 2316-239 y 2438-417).

De esta manera, en consideración del criterio jurisprudencial que sienta el principio procesal de intervención de terceros interesados en cualquier estado o grado de la causa sin tomar como límite temporal el lapso de comparecencia contenido en el cartel de emplazamiento, la temporalidad y oportunidad de nuestra intervención en la presente causa debe ser apreciada por esta Sala.

III
LA ESPECIALIDAD DEL OBJETO DE EL ACUERDO COMO INSTRUMENTO CONFORMADOR DE LA POLÍTICA DE APERTURA PETROLERA

El citado artículo 5 de la LOREICH consagra la posibilidad de descentralizar el ejercicio de la competencia en materia de exploración y explotación de hidrocarburos, bajo los supuestos de que se trate de casos especiales, previa determinación de la conveniencia del interés público. Las razones que demandan la especialidad que determina la celebración de los convenios de asociación, previa autorización del Congreso Nacional, por medio de la figura del acuerdo, se concentran en los puntos que se exponen a continuación:

-Incremento en la demanda en los mercados mundiales de hidrocarburos del 2% mínimo anual.

-Incapacidad de la industria petrolera nacional de cubrir tal incremento.

-Posibilidad de encontrar nuevas reservas de petróleo liviano y mediano, de acuerdo con estudios geológicos recientes realizados por PDVSA.

-Necesidad en la aceleración de la actividad exploratoria.

-Necesidad del desarrollo de estrategias de producción petrolera.

-Conveniencia en la importación de tecnología avanzada a los fines de lograr desarrollar una mayor producción a menor costo.

-Necesidad de atraer divisas e inversionistas privados con el objeto de equilibrar la economía nacional.

-Amplia disponibilidad del recurso y rentabilidad del negocio.

-Necesidad de mantener un balance entre la demanda y la oferta que permita lograr un equilibrio en los precios.

-Carencia de los recursos necesarios por parte de la industria nacional, para definir la existencia de reservas y proceder a su posterior explotación a corto plazo y con una mínima inversión.

-La proyección de mercado para los productos de la industria de los hidrocarburos en el país supera el crecimiento proyectado por PDVSA.

-El petróleo representa directamente un 24% del producto interno bruto e indirectamente un aproximado de un 44% adicional.

Son estas las principales razones que hacen del supuesto que vive actualmente la industria petrolera nacional, un caso especial y de interés público, condiciones exigidas por la ley para la procedencia de la transferencia en el ejercicio de la competencia a esquemas de asociación con entes privados.

Bajo estas condiciones corresponde al Congreso Nacional definir lo que debe entenderse por un caso especial y de interés público, con apoyo en los informes presentados por el Ejecutivo Nacional de conformidad con la exigencia contenida en el único aparte del artículo 5 de la LOREICH el disponer la necesidad de previa autorización del Congreso "una vez que hayan sido debidamente informadas por el Ejecutivo Nacional todas las circunstancias pertinentes".

Dentro de las circunstancias pertinentes figura la determinación de las áreas en las cuales se pretende el desarrollo de las referidas actividades por parte de entes particulares, así lo dispone el artículo 21 de la citada Ley al establecer:

Artículo 21.- El Ejecutivo Nacional, por órgano del Ministerio de Minas e Hidrocarburos, determinará las áreas geográficas en las cuales realizarán sus actividades las empresas que creare conforme a lo previsto en el artículo 6° y les adscribirá o transferirá los bienes recibidos por el Estado conforme a esta Ley y a la Ley sobre Bienes Afectos a Reversión en las Concesiones de Hidrocarburos, incluidos aquellos que sean bienes inmuebles del dominio privado de la Nación. En cuanto fuere conveniente, las áreas antes mencionadas conservarán las mismas dimensiones, divisiones y demás especificaciones correspondientes a las concesiones extinguidas. (Subrayado nuestro).

Efectivamente, las áreas estaban determinadas y dicha determinación fue conocida por el Congreso Nacional en el informe que le fuere presentado por la Comisión Bicameral de Energía y Minas del Congreso Nacional, instalada el 22 de febrero de 1995 con le objeto de evaluar la solicitud del Ejecutivo Nacional, en su anexo "B" al que por error material se hace referencia en el texto del Acuerdo como si estuviese accesorio al mismo.

Es así como la extensión del territorio nacional que, de conformidad con los estudios manejados por la industria petrolera nacional, ha sido determinada como de altas probabilidades en los márgenes de existencia de reservas de petróleo mediano y liviano, ha sido dividida en 10 áreas para su exploración y subsiguiente explotación, designadas como Catatumbo, La Ceiba, Guanare, El Sombrero, Guarapiche, Golfo de Paria Oeste, Golfo de Paria Este, Punta Pescador y Delta Centro, las cuales a su vez están seccionadas en bloques a los efectos de lograr un mejor control y sectorización en la intervención de entes privados en desarrollo de la actividad en referencia.

Determinadas las áreas, y con independencia de las consideraciones sobre la extensión de las mismas, dado que la especialidad del supuesto no viene dada por la mayor o menor extensión de las zonas sometidas a exploración, sino por la probable existencia en las mismas de reservas de crudo mediano y liviano, el Congreso Nacional apreciando "las circunstancias pertinentes" entre las cuales se ubican las razones que determinan la especialidad del caso, las razones de interés público que suponen la descentralización en el ejercicio de la competencia, las áreas del país sometidas a la implementación de esta particular figura jurídica de los convenios de asociación para la exploración y explotación de hidrocarburos, decidió autorizar la celebración de los mismos, ya que se encontraban llenos los extremos de ley exigidos para la implementación de esta vía excepcional.

Vale la pena resaltar el hecho de que la especialidad no solo abarca las consideraciones particulares antes expuestas, sino que también se extiende a los derechos que le son otorgados a los entes privados para legitimar el ejercicio de la competencia expresamente reservada al Estado en cabeza del Ministerio de Energía y Minas. Es así como los particulares ostentan tantos derechos como sean necesarios para el correcto desarrollo de la actividad objeto de los contratos de asociación. Es por ello, que la Cláusula Primera del artículo 2 del Acuerdo del 04 de julio de 1995 al hacer referencia a las actividades a ser desarrolladas relacionadas con la competencia contenida en el artículo 1 de la LOREICH dispone:

"... para realizar las actividades relacionadas con la exploración y explotación de yacimientos de hidrocarburos, con el transporte por vías especiales, almacenamiento y comercialización de la producción obtenida en las Áreas, *y con las otras que para su manejo requiera* todo de conformidad con lo dispuesto en la Ley Orgánica que Reserva al Estado la Industria y el Comercio de los Hidrocarburos". (Subrayado nuestro).

El otorgamiento de los derechos o de la facultad para la realización de actividades designadas como propias para el ejercicio de la competencia en referencia, en ningún momento reviste generalidad o indeterminación en el objeto del acuerdo, simplemente constituye una transferencia de potestades al ente encargado de ejecutar la competencia en ocasión de la cual, la LOREICH ha consagrado ciertos derechos y actividades inherentes a la exploración y explotación de hidrocarburos. De manera que necesariamente el ente u órgano encargado de desarrollarlas tendrá que ostentar dichas potestades de manera de lograr un efectivo desempeño de sus obligaciones y responsabilidades con el Estado.

Es importante no confundir lo que constituye el objeto del acuerdo con aquello que se identifica como objeto de los convenios de asociación entre la filial de PDVSA y el inversionista seleccionado como parte del contrato. En efecto, de conformidad con el varias veces citado artículo 5 de la LOREICH, el Congreso Nacional debe autorizar la celebración de los convenios de asociación para que puede concretizarse el supuesto de ejecución de las actividades en él mencionadas por entes diversos a la República. Es así como el Acuerdo del Congreso Nacional del 04 de julio de 1996 tiene por objeto la *autorización* para la celebración de los convenios, previa consideración de las condiciones que determinan las especialidad del caso, adicionado a las razones de interés público que legitiman la intervención de entes privados.

Distinto es el objeto de los convenios de asociación, en este supuesto dicho elemento se concreta en la realización de actividades de exploración en determinado territorio, de acuerdo con el área determinada a la filial contratante, por cuenta y riesgo del inversionista y la posterior explotación de hidrocarburos bajo el esquema de ganancias compartidas, aquí si juega un papel determinante la estipulación expresa de la o las áreas sobre las cuales el ente privado ha adquirido los referidos derechos.

Esclarecida así la necesaria escisión existente entre el objeto del acuerdo como elemento finalístico, y el objeto de los convenios de asociación como elemento constitutivo de validez de los contratos, resulta forzoso concluir que el Congreso Nacional ha dado fiel cumplimiento a las exigencias de ley al considerar las condiciones por la LOREICH exigidas, haciendo un análisis de los documentos pertinentes consignados por el Ministerio de Energía y Minas conjuntamente con Petróleos de Venezuela, S.A., entre los que se encuentra el levantamiento de las áreas sometidas a tal actividad.

Es por ello, que cumplidos los supuestos de especialidad y definición del objeto del acuerdo en el texto del mismo sería equívoco afirmar la inconstitucionalidad o ilegalidad de la cláusula primera del acto parlamentario sometido a la revisión de esta Suprema Corte, pues los propios considerandos del Acuerdo justifican la procedencia de la autorización y en el texto del mismo se evidencia la particularidad tanto en su objeto como en los derechos ejercidos por las filiales y depositados para ser ejercidos por entes privados, así como la particularidad de las actividades consagradas en favor de éstos, ya que como se expusiera con anterioridad, son las necesarias para la concreción de la competencia reservada con carácter exclusivo, mas no excluyente al Estado venezolano.

IV

DE LA LEGITIMIDAD DE LAS FILIALES COMO INSTRUMENTO DEL ESTADO PARA EL DESARROLLO DE LA INDUSTRIA PETROLERA EN EL PROCESO DE APERTURA

Las empresas filiales de Petróleos de Venezuela, S.A. son compañías anónimas en las que PDVSA tiene una participación accionaria del cien por ciento (100%). A su vez Petróleos de Venezuela, S.A. es un instrumento del Estado para el desarrollo de la industria petrolera, en ejecución de las facultades de participación empresarial del Estado en el área de los hidrocarburos contenidas en el artículo 97 de la Constitución de la República a raíz de la nacionalización de la industria y comercio de los hidrocarburos y desarrolladas en los artículos 5 y 6 de la LO-REICH.

Petróleos de Venezuela, S.A. en su condición de sociedad anónima, persona jurídica con forma de derecho privado, propiedad en el cien por ciento (100%) de sus acciones de la República y en ejercicio de funciones públicas como lo es el desarrollo de "la política que dicte en materia de hidrocarburos el Ejecutivo Nacional", está sometida a un régimen legal mixto, tanto de derecho público como de derecho privado, ya que está sujeta, de conformidad con el artículo 7 de la LO-

REICH a esa ley, a las disposiciones que dicte el Ejecutivo Nacional por una parte y por otro lado a sus estatutos y a las normas de derecho común que le sean aplicables, es decir, el régimen de las sociedades anónimas.

Siendo un instrumento del Ejecutivo Nacional, específicamente del Ministerio de Energía y Minas, está sometida a su control, fiscalización, dirección y vigilancia, ya que ha sido creada para desarrollar la política pautada en materia de hidrocarburos por el Ejecutivo, además de estar sujeta a las decisiones adoptadas por la República como única accionista. De esta manera si bien podemos afirmar que de conformidad con el texto de la LOREICH, la reserva en materia de hidrocarburos hecha al Estado ha sido consagrada de manera tal que sea ejercida mediante la figura de la *descentralización funcional*, no es menos cierto que el propio texto legislativo ha previsto las disposiciones necesarias para que el Poder Ejecutivo, por intermedio del Ministerio de Energía y Minas, ejerza las más amplias facultades de dirección y control tanto administrativo como accionaria en la empresa.

No solamente por intermedio de PDVSA puede el Ministerio de Energía y Minas desarrollar la competencia en materia de industria y comercio de los hidrocarburos, de conformidad con la base primera del artículo 6 de la LOREICH, sino que en beneficio del proceso de administración de la industria petrolera nacionalizada se ha establecido un régimen de organización interna vertical integrada por PDVSA a la cabeza como especie de casa matriz, a cargo del cumplimiento y ejecución de la política pautada en materia de hidrocarburos, a cuya tutela se encuentran sometidas un conjunto de empresas filiales operativas, encargadas de la ejecución y puesta en práctica de los planes diseñados en el área, pues así lo dispone la base segunda del artículo 6 de la LOREICH. La citada disposición es del tenor siguiente:

Artículo 6.- A los fines indicados en el artículo anterior, el Ejecutivo Nacional organizará la administración y gestión de las actividades reservadas conforme a las siguientes bases:

Primera: creará, con las formas jurídicas que considere convenientes, las empresas que juzgue necesario para el desarrollo regular y eficiente de tales actividades, pudiendo atribuirles el ejercicio de una o mas de éstas, modificar su objeto, fusionarlas o asociarlas, extinguirlas y liquidarlas y aportar su capital a otras de esas mismas empresas. Estas empresas serán de la propiedad del Estado, sin perjuicio de los dispuesto en la base segunda de este artículo, y en caso de revestir la forma de sociedades anónimas, podrán ser constituidas con un solo socio. (Subrayado nuestro). (...)

En efecto, en ejecución de las potestades conferidas por ley, se constituyen un conjunto de sociedades anónimas que representan el brazo ejecutor de las actividades de exploración y explotación de hidrocarburos competencia del Ministerio de Energía y Minas, cuya coordinación, supervisión y control está cargo de Petróleos de Venezuela, S.A. Estas nuevas personas jurídicas constituidas bajo la forma de figuras de derecho privado, en cumplimiento de la obligación de mantenerse bajo la propiedad del Estado Venezolano, han sido ideadas en lo que a participación accionaria se refiere, con una estructura configurada por un solo socio, PDVSA, concretándose así una cadena intervencionista del Estado por intermedio de una sociedad anónima de la cual es a su vez único accionista.

La competencia de las filiales para la ejecución de las actividades contenidas en el artículo 1 de la LOREICH tiene su fundamento legal en el texto del transcrito artículo 5 de la citada ley al conferir al Estado el ejercicio de la referida competencia directamente por el Ejecutivo Nacional o por medio de entes de su propiedad. De manera que, con independencia de la figura jurídica que se adopte, el ejercicio y control de la actividad en materia de hidrocarburos siempre estará en manos de la República, en atención a la exigencia del artículo 6 del compendio legislativo en referencia, que dispone la necesidad de que el Estado venezolano ostente la propiedad de las empresas constituidas a tal efecto.

Las disposiciones normativas citadas están en concordancia con los ordinales 5 y 15 del artículo 35 de la Ley Orgánica de la Administración Central, pues es el Ministerio de Energía y Minas quien, de conformidad con el artículo 7 de la LOREICH, en concordancia con los Decreto N° 1.123 y 250, por medio del cual se crea PDVSA y se reforman sus estatutos, respectivamente (publicados en Gaceta Oficial Extraordinaria N° 1.770 de fecha 30 de agosto de 1975 y Gaceta Oficial N° 31.810 del 30 de agosto de 1979, respectivamente), define los lineamentos dentro de los cuales dicha empresa desarrollará o ejercitará la competencia en materia de explotación y exploración de hidrocarburos. Del texto del citado artículo y de las cláusulas segunda y tercera de los estatutos de la empresa, se evidencia que efectivamente, el régimen normativo está definido entre otras, por aquellas disposiciones dictadas por el Ejecutivo Nacional, por intermedio del Ministerio de Energía y Minas, lo que implica la necesaria sumisión a un régimen de derecho público y específicamente administrativo, ya que la manifestaciones de voluntad del Ejecutivo Nacional se materializan por vía de actos administrativos.

Consideramos conveniente transcribir parcialmente el cuerpo de las referidas disposiciones normativas a los fines de ilustrar la anterior afirmación.

Artículo 7.- *Las empresas a que se refiere el artículo anterior se regirán* por la presente ley y sus reglamentos, por sus propios estatutos, *por las disposiciones que dicte el Ejecutivo Nacional* y por las del derecho común que le fueren aplicables.

...(omissis)...

Decreto N° 1.123

Cláusula Tercera.- *La sociedad se regirá por* la Ley Orgánica que Reserva al Estado la Industria y el Comercio de los Hidrocarburos, por los reglamentos de ella, por estos Estatutos, *por las disposiciones que dicte el Ejecutivo Nacional* y por las del derecho común que le fueren aplicables.

ecreto N° 250

Cláusula Segunda.- La sociedad tendrá por objeto planificar, coordinar, y supervisar la acción de las sociedades de su propiedad, así como controlar que estas últimas en sus actividades de exploración, explotación, transporte, manufactura, refinación, almacenamiento, comercialización o cualquiera otra de su competencia en materia de petróleo y demás hidrocarburos ejecuten sus operaciones de manera regular y eficiente; adquirir, vender, enajenar y traspasar, por cuenta propia o de tercero, bienes muebles e inmuebles; emitir obligaciones; promover, como accionistas o no, otras sociedades civiles o mercantiles y asociarse con personas naturales o jurídicas, todo conforme a la ley, fusionar, reestructurar o liquidar empresas de su propiedad; otorgar créditos, financiamientos, fianzas, avales o garantías de cualquier tipo y, en general, realizar todas aquellas operaciones, contratos y actos comerciales que sean necesarios o convenientes para el cumplimiento del mencionado objeto.

El cumplimiento del objeto social deberá llevarse a cabo por la sociedad bajo los lineamientos y las políticas que el Ejecutivo Nacional a través del Ministerio de Energía y Mina establezca o acuerde en conformidad con la facultades que le confiere la ley.

Las actividades que realice la empresa a tal fin estarán sujetas a las normas de control que establezca dicho Ministerio en ejercicio de la competencia que le confiere el artículo 7° de la Ley Orgánica que Reserva al Estado la Industria y el Comercio de los Hidrocarburos.

En consecuencia, las filiales son personas jurídicas legitimadas en el ejercicio de la competencia atribuida al Estado por el artículo 1 de la LOREICH, ya que les ha sido asignado como objetivo de las mismas en justificación de su creación, la prestación de un servicio en el desarrollo "regular y eficiente" de la política de industria y comercio de los hidrocarburos instaurada por el Ministerio de Energía y Minas. Adicionalmente a esta manifestación de control administrativo, ya que las filiales, al igual que PDVSA, no son mas que instrumentos u órganos ejecutores propiedad del Estado; existe una manifestación directa de control y dirección por parte de Energía y Minas al determinar el régimen de las empresas y las directrices fijadas por el Ejecutivo Nacional en lo que a modalidades y formas de ejercicio de sus funciones se refiere.

Al efecto ha indicado este Supremo Tribunal:

"...Pero también, y como consecuencia de la referida reserva, sólo el Estado ejercerá las actividades reservas, "directamente por el Ejecutivo Nacional o por medio de entes de su propiedad, pudiendo celebrar los convenios operativos necesarios para la mejor realización de sus funciones, sin que en ningún caso estas gestiones afecten la esencia misma de las actividades atribuidas". O en "casos especiales y cuando así convenga al interés público, el Ejecutivo Nacional o los referidos entes podrán, en el ejercicio de *cualquiera de las señaladas actividades*, celebrar convenios de asociación con entes privados, con una participación tal que garantice el control por parte del Estado y con una duración determinada. (...). También, consecuencialmente a la declaratoria de la reserva estatal, se prevén, en el artículo 6° ejusdem, amplias facultades al Ejecutivo Nacional para organizar la administración y gestión de las actividades reservadas, y en concreto, para crear, con las formas jurídicas que considere más conveniente, "las empresas (de su propiedad) que juzgue necesario para el desarrollo regular y eficiente de tales actividades, *pudiendo atribuirles el ejercicio de una o más de éstas* (...)", y en el artículo 21 de la Ley citada, para "determinar las áreas geográficas en las cuales realizarán *sus actividades* las empresas que creare conforme a lo previsto en el artículo 6°, "y para adscribirles o transferirles "los bienes recibidos por el Estado conforme a esta Ley y a la Ley sobre Bienes Afectos a Reversión en las Concesiones de

Hidrocarburos, incluidos aquello que sean del dominio privado de la Nación (...)", donde caben los derechos reales de explorar y de explotar los yacimientos de hidrocarburos de la República.

De forma, que las consecuencias de la creación de la reserva de las actividades de hidrocarburos, relativas a su integridad (art. 1°.), a la ilimitación de las formas plurales de ejercicio, por parte del Ejecutivo Nacional, o de los entes de su propiedad, de cualquier de las actividades señaladas (art. 5°) y a la facultad de atribuir también ilimitadamente, todas o una de tales actividades, a las empresas creadas por el mismo Ejecutivo (art. 21), son todas incompatibles con las limitaciones impuestas dentro de un régimen de concesiones. Esta situación se pone de manifiesto, con el texto del artículo 7° de la Ley Orgánica que Reserva al Estado la Industria y el Comercio de los Hidrocarburos, cuando el legislador advirtió que las empresas creadas por el Ejecutivo Nacional para ejercer las actividades reservadas de hidrocarburos, se rigen prevalentemente por dicha Ley y sus reglamentos, mientras que sólo "en cuanto les sean aplicables (...)", "por las normas que respecto de las concesiones de hidrocarburos "se contengan en leyes, reglamentos, decretos, resoluciones, ordenanzas y circulares (...)". (Sentencia de la Corte Suprema de Justicia en Pleno, de fecha 23 de abril de 1991, con ponencia del Magistrado Román J. Duque Corredor, caso: Lagoven S.A.)

Es por ello, que no puede considerarse que existe usurpación de competencias por parte de las empresas del Estado (Petróleos de Venezuela, S.A. y sus filiales) en lo que al desarrollo de las actividades de exploración y explotación de hidrocarburos se refiere, por el contrario, lo que existen son políticas de colaboración y coordinación implementadas en ejecución de los lineamientos definidos por el propio Ministerio de Energía y Minas, haciendo uso de las atribuciones de ley (artículo 6 de la LOREICH), a los fines de dar cabal cumplimiento a la competencia reservada al Estado "por razones de conveniencia nacional" en el artículo 1 del citado texto legal.

Es evidente que quien actúa en las diferentes modalidades del ejercicio de la competencia en referencia es el Estado Venezolano, ya que es a través del Ejecutivo Nacional por órgano del Ministerio de Energía y Minas que detenta la titularidad de la competencia, por medio de PDVSA, sociedad anónima de la cual la República es única accionista, que ejercita la referida atribución desde un punto de vista administrativo-gerencial, de planificación y de control, y a través de las filiales, empresas propiedad en un cien por ciento de PDVSA, pone en ejercicio, pero desde una óptica operativa, las actividades reservadas al Estado y específicamente al Ejecutivo Nacional por el numeral 10° del artículo 136 de la Constitución de la República, por el numeral 1° de la LOREICH y por los numerales 5° y 15° del artículo 35 de la LOAC.

De conformidad con el planteamiento anteriormente desarrollado, resulta insostenible la tesis de ilegalidad de la cláusula segunda del acuerdo que autoriza la celebración de convenios para la exploración a riesgo de nuevas áreas y explotación de hidrocarburos bajo el esquema de ganancias compartidas, cuyo texto define a las filiales de Petróleos de Venezuela, S.A. como los sujetos competentes para llevar a cabo los procesos de licitación y celebrar los convenios de asociación con los privados que se encargarán del ejercicio de la referida actividad.

V

EL ACUERDO CUMPLE LO REQUERIDO POR EL ARTÍCULO 5 DE LA LEY DE NACIONALIZACIÓN EN CUANTO AL PODER DE CONTROL DEL ESTADO EN EL ESQUEMA DE APERTURA PETROLERA

Al Ejecutivo Nacional, como órgano de la República que detenta la competencia en materia de régimen y administración de los hidrocarburos detenta los más amplios poderes y potestades en el ejercicio de su competencia.

La teoría de los poderes o potestades jurídicas ha sido creada por la doctrina italiana encabezada por Santi Romano, quien afirma que tanto la potestad como los derechos subjetivos constituyen especies del género poder administrativo, condición atribuida por el ordenamiento jurídico al ente administrativo en relación con los bienes o intereses por él protegidos.

Una vez atribuida la competencia por ley, el órgano que la detenta podrá ejercerla con la mayor amplitud en el ámbito territorial, dentro del conjunto de actividades y funciones, dentro del grado determinado en la jerarquía y por el tiempo definido en el texto de la norma contentiva de la misma.

Por principio la competencia es de ejercicio obligatorio e improrrogable, es decir, no puede renunciarse ni restringirse a criterio del ente u órgano que la detenta, ni puede ser libremente delegada. Ahora bien, existe la posibilidad de que la propia ley otorgue cierta discrecionalidad a la Administración respecto al modo de ejercicio de la competencia, sea directa o indirectamente, o simplemente consagre la figura de la delegación.

Dentro de la discrecionalidad en el ejercicio de la competencia la propia ley dispone la existencia de diversas posibilidades o formas de ejercerla, es así, como dentro de los parámetros consagrados en el artículo 12 de la Ley Orgánica de Procedimientos administrativos, la entidad público-territorial local puede ejercer la competencia en la prestación de servicios públicos de manera directa o indirecta, sea por intermedio de órganos de la Administración Local, Estadal o Nacional o por la intervención de particulares (artículo 41 de la Ley Orgánica de Régimen Municipal).

Otra de las manifestaciones de la distribución en el ejercicio de competencias en razón del elemento discrecional es la existencia de razones de interés público o de utilidad pública que justifiquen el ejercicio de la misma por un sujeto de derecho diferente a aquel al cual le ha sido originariamente atribuida. En estas condiciones el ente u órgano competente está en la obligación de justificar el fundamento que determina la procedencia de la figura del interés o utilidad pública, como condición previa al ejercicio de la competencia por un ente u órgano distinto al originario. Al respecto se ha pronunciado nuestro más Alto Tribunal:

"La Administración no goza de discrecionalidad o de subjetividad por lo que respecta al punto de determinación concreta de la permisibilidad de cierta actividad, y no puede apartarse de las hipótesis normativas ni crear nuevos supuestos de actividades permisibles no previstas en la norma. La "Utilidad Pública" debe estar prevista en forma explícita o implícita en un instrumento de rango legal, por ser la regulación de dicha libertad, materia reservada a la competencia del legislador". (Sentencia de la Corte Suprema de Justicia en

Sala Político Administrativa, de fecha 26 de julio de 1984, con ponencia de la Magistrado Josefina Calcaño de Temeltas, caso: Despachos Los Teques).

En este sentido la Corte afirma la necesidad de que la utilidad pública, como manifestación del poder discrecional de la Administración Pública, esté consagrada en la propia disposición legislativa a los efectos de que pueda ser considerada como supuesto de procedencia de la actuación de la Administración. Es este el supuesto del transcrito artículo 5 de la Ley que reserva al Estado la Industria y Comercio de los Hidrocarburos, de conformidad con el cual es el Ejecutivo Nacional o entes de su propiedad los competentes en materia de exploración y explotación de los hidrocarburos y para ejercer las actividades derivadas de la principal.

Siendo el Ejecutivo Nacional y/o entes de su propiedad los sujetos a quienes originariamente la ley ha atribuido la competencia, son ellos quienes están en la capacidad de decidir en casos especiales la existencia de razones de interés o de utilidad pública que convengan al interés público y que determinen la procedencia de la celebración de convenios de asociación con entes privados para el ejercicio de las atribuciones contenidas en el artículo 1° de la citada Ley Orgánica.

En el supuesto sometido a consideración por esta Corte en la presente causa, el Ministerio de Energía y Minas conjuntamente con Petróleos de Venezuela, S.A. y sus empresas filiales, se ha tomado en cuenta la existencia de un caso especial en el área de la exploración y explotación de los hidrocarburos como actividad principal dentro del mercado nacional e internacional que sustenta la economía del país y determina su equilibrio patrimonial.

Efectivamente, el incremento del 2% anual en la demanda mundial de los hidrocarburos, el necesario crecimiento de la industria petrolera para la satisfacción de tales requerimientos, cubriendo así gran parte del mercado internacional, la posibilidad, fundada en estudios geológicos realizados en áreas no exploradas, de encontrar y explotar nuevas reservas aumentando la producción de barriles diarios de petróleo mediano y liviano, y dado el hecho de que la capacidad de nuestra industria petrolera está por debajo de los requerimientos del mercado, hacen del objeto del acuerdo un caso especial.

Las consideraciones que determinan la vinculación directa del "interés público" en la contratación con entes privados, para la exploración a riesgo de nuevas áreas y explotación de yacimientos bajo el esquema de ganancias compartidas, se reflejan en la necesidad que tiene el país de atraer inversiones privadas al área lo que genera consecuentemente, la entrada de divisas al país, la promoción de la actividad económica, el fortalecimiento del sector productivo nacional, la generación de empleos, la preparación de personal capacitado y principalmente, la exploración y producción de hidrocarburos a menor costo y con la mejor tecnología y eficiencia, aporte dado por los entes privados posible inversionistas, que entran dentro de la calificación de líderes en la empresa petrolera, pues reúnen tanto la capacidad financiera como tecnológica para el desarrollo a corto plazo (ocho años aproximadamente) de las metas de productividad petrolera a ser que cumpliría nuestra industria petrolera con el empleo exclusivo de sus medios, a lo largo de treinta años aproximadamente.

Expuestos como han sido los hechos que respaldan el proceder del Ejecutivo Nacional al someter a la aprobación del Congreso por medio de acuerdo, de la celebración de los contratos de asociación con entes privados, es necesario exponer la condición tanto del Ejecutivo Nacional, representado por el Ministerio de Energía y Minas, como de los entes propiedad de la República, *Petróleos de Venezuela, S.A. y sus empresas filiales.* titulares mas no ejercitantes en el supuesto de verificación de los contratos con entes privados, de la competencia contenida en el ya citado artículo 1 de la LOREICH.

El Ejecutivo Nacional y los entes de los que es propietario, como detentadores originarios de la competencia referida, gozan de un poder de fiscalización y control en el ejercicio de la competencia por parte de cualquier sujeto de derecho distinto a los mencionados, de manera de garantizar el correcto desempeño de la misma y la satisfacción de los objetivos en ella contenidos. Adicionalmente, la LOREICH dispone en el referido artículo 5 como una de las condiciones que deben estar contenidas en los convenios de asociación, la participación de los entes y órganos competentes dentro de los contratos de manera tal que se garantice el control por parte del Estado en el desarrollo de la competencia.

En ejecución de tal exigencia de ley el Acuerdo del Congreso de fecha 04 de julio de 1996 dispone en su cláusula cuarta la creación de un "Comité de Control", órgano que será el encargado de ejercer ese poder de fiscalización y vigilancia en el ejercicio de la competencia por parte de entes privados con ocasión de la celebración de los convenios de asociación. Es preciso destacar que las materias de exclusivo conocimiento de éste Comité de Control son, bajo los términos de EL ACUERDO, aquellos que tocan los altos intereses estratégicos de la nación en el negocio petrolero, de forma que queda así expresada una manifestación inequívoca de la soberanía económica de la República que se resguarda incluso al acudir a un esquema de Asociación con entre privados, sustrayendo de este la posibilidad de tomar decisiones enmarcadas en uno de dichos supuestos por los medios que ofrece en sociedad o Asociación el derecho común e independientemente de las participaciones minoritarias que en el capital tengan las filiales de PDVSA.

El referido Comité de Control llena las exigencias contenidas en la LOREICH, la cual exige "una participación tal que garantice el control por parte del Estado". De la citada frase se desprende que el objetivo fundamental es mantener activa la participación de la República por intermedio de los entes y órganos competentes, sea el Ministerio de Energía y Minas, sea Petróleos de Venezuela, S.A. como empresa del Estado o cualquiera de sus filiales, garantizando la verificación efectiva en el desarrollo del objeto de los contratos de asociación; en ningún momento se determina la forma como debe materializarse tal control, ni la necesidad de un sujeto específico encargado de tal función.

A satisfacción de los requerimientos legales, la referida cláusula dispone la conformación del Comité de Control y las competencias del mismo. A tal efecto, se establece que dicho órgano estará compuesto por igual número de miembros designados tanto por la filial de PDVSA, como empresa que actúa por parte de la República, como por los inversionistas, gozando la filial del derecho de designación del Presidente del Comité quien además goza del beneficio del doble voto a los efectos de tomar las decisiones en las que no exista acuerdo de los miembros del Comité, aprobándose las decisiones del Comité por la decisión de mayoría simple y del "derecho a veto" de conformidad con el cual todas las decisiones que nazcan del seno del referido organismo requerirán ser previamente discutidas y aprobadas por los miembros designados por la filial de PDVSA Las competencias del Comité de Control se concentran en la aprobación de las decisiones fundamentales de interés nacional relacionadas con la ejecución del convenio de asociación, disponiendo su consagración y descripción expresa en los contratos.

De esta manera, se garantiza el objetivo que se persigue con la necesidad de control por parte de la República como ente que ha dispuesto, por intermedio de uno de sus órganos el Ministerio de Energía y Minas, la protección de los intereses del Estado en el ejercicio de las actividades de exploración y explotación de los hidrocarburos en manos de particulares.

Adicionalmente al instrumento principal por medio del cual se ejerce el poder de control sobre la gestión y desarrollo de las actividades contenidas en el artículo 1° de la LOREICH, el texto del acuerdo establece dentro de la normativa regulatoria que necesariamente debe ser acogida por el texto de los convenios, otras manifestaciones de control como lo son el no sometimiento a arbitraje de las decisiones tomadas por el comité de control y la necesaria constitución de una empresa mixta entre la filial o la filial designada y el o los inversionistas cuyo objetivo principal será ejercer funciones de fiscalización y vigilancia en la fase exploratoria de los convenios.

Efectivamente, la cláusula décima séptima de EL ACUERDO dispone cual será el ordenamiento jurídico vigente a los efectos de definir el marco legal regulatorio de los convenios de asociación para al exploración a riesgo de nuevas áreas y la explotación de hidrocarburos bajo el esquema de ganancias compartidas. A tal respecto, se expresa que el régimen legal imperante será el de las leyes venezolanas, disponiendo supletoriamente la figura del arbitraje para los supuesto de materias que no son competencia del Comité de Control y que no puedan ser resueltas por acuerdo entre las partes.

La distinción que hace el Congreso a los efectos de definir cuales son las materias que pueden ser objeto de arbitraje, constituye una manifestación indirecta del poder de control en manos del Estado venezolano. Es así como al excluir expresamente las materias competencia del Comité de Control, se está asegurando en manos de la República, por intermedio de la filial de PDVSA a cargo de una determinada área, tomar la última palabra e imponer su posición y fijar su criterio en lo que se refiere a las decisiones que de manera determinante pueden comprometer el equilibrio económico dependiente del sector petrolero en el país, ya que este organismo quien toma las decisiones fundamentales relacionadas con la ejecución de los convenios.

Con independencia de la existencia del Comité de Control y sin menoscabo de sus competencias, el Acuerdo dispone en su cláusula quinta la necesaria creación de una empresa mixta, constituida en un 35% de su capital social por la filial o por la filial designada y en el 65% restante por el o los inversionistas. El objeto de esta sociedad anónima será "dirigir, coordinar y supervisar las actividades de exploración, producción, transporte y comercialización objeto del Convenio".

Ahora bien, la participación de la filial se ejerce a través de acciones doradas, las cuales le confieren un conjunto de prerrogativas que se traducen en un poder de veto para oponerse y rechazar las propuestas planteadas por la mayoría accionarial no acogidas por la filial, de manera que cuando el ejercicio de los privilegios concedidos por detentar acciones doradas genere controversias en el seno de la empresa mixta, ante el desacuerdo de las partes para la toma de una decisión, deberá intervenir el Comité de Control como órgano superior jerárquico, el cual adoptará la decisión final al respecto. Siendo el caso que la representación de la República en el citado Comité garantiza el control del Estado en las decisiones sometidas a su consideración, se impondrá siempre el criterio en resguardo de los intereses patrimoniales de la nación comprometidos en la ejecución de las políticas del Estado en lo que al ámbito de desarrollo de la industria petrolera se refiere.

En vista de las dudas que presenta en cabeza de los recurrentes la competencia de las empresas filiales de PDVSA, empresa del Estado, como sujetos activos en ejercicio de las competencias consagradas por el artículo 1° de la LOREICH, consideramos prudente exponer las consideraciones legales que respaldan el ejercicio de tal atribución y la consecuente legitimidad del Comité de Control, conformado en partes iguales por los inversionistas y la filial, aunque presidido por esta última quien además ostenta un doble derecho a voto.

Se ha pretendido alegar a favor de la tesis de incompetencia de las instrumentales filiales de PDVSA y de la ilegalidad de la existencia de un comité de control en el ejercicio de las funciones de fiscalización y supervisión del objeto de los convenios, la disposición contenida en el ordinal 5° del artículo 35 de la Ley Orgánica de la Administración Central según la cual corresponde al Ejecutivo Nacional, por intermedio del Ministerio de Energía y Minas:

> "5° El control de la administración de las explotaciones establecidas o que estableciere el Estado sobre yacimientos o industrias conexas con la minería o los hidrocarburos. Concertar los arreglos con el capital privado cuyo concurso sea necesario para dichas explotaciones."

Pretende fundamentarse la competencia exclusiva y excluyente del Ministerio de Energía y Minas para el ejercicio de este poder de control, en la existencia de una Ley Orgánica de ulterior data que así lo consagra, afirmando la inexistencia de normativa legal alguna que otorgue a PDVSA y a sus filiales el ejercicio del control sobre las actividades de exploración y explotación de hidrocarburos.

Si bien es cierto que (i) la Ley Orgánica de la Administración Central fue promulgada el treinta de diciembre de 1986, y su última reforma parcial ha sido publicada en Gaceta Oficial Extraordinaria N° 5.025 de fecha 20 de diciembre de 1995; (ii) la Ley de Hidrocarburos en su última reforma sancionada el fecha 20 de julio de 1967 dispone en su artículo 3 la forma de manifestación de la competencia de "explorar, con carácter exclusivo, explotar, manufacturar o refinar y transportar por vías especiales las sustancias a que se refiere el artículo 1° del referido texto legal bajo tres modalidades:

Directa y exclusivamente por el Ejecutivo Nacional.

Por Institutos Autónomos y Empresas propiedad exclusiva del Estado en las que conserve por Ley el control de las decisiones.

Por medio de concesiones, de conformidad con lo dispuesto en el artículo 126 de la Constitución.

También es cierto el hecho de que existe una Ley Orgánica Especial en materia de Hidrocarburos como lo es la Ley que Reserva al Estado la Industria y el

Comercio de los Hidrocarburos, compendio legislativo que aun cuando es de vigencia anterior a la Ley Orgánica de la Administración Central, la cual dispone de manera genérica las materias competencia del Ministerio de Energía y Minas como órgano representativo de la República en el ejercicio de la función ejecutiva; establece el régimen legal aplicable en dicha materia de manera especial, derogando expresamente las disposiciones de la Ley de Hidrocarburos que colidan con el articulado en ella contenido.

La Ley Orgánica que Reserva al Estado la Industria y el Comercio de los Hidrocarburos, con independencia de la existencia de una Ley Orgánica posterior como puede serlo la Ley Orgánica de la Administración Central, tiene preeminencia en la materia que ella regula por ser la especialidad; esta Ley Orgánica desarrolla en particular las competencias consagradas en forma genérica al Ministerio de Energía y Minas, ambas leyes regulan la misma materia pero una lo hace como parte del objeto de la ley, la organización y funcionamiento de la estructura del Ejecutivo Nacional, mientras en lo que respecta a la Ley Orgánica que Reserva al Estado la Industria y el Comercio de los Hidrocarburos, el objeto de la misma está constituido por el desarrollo de la competencia constitucionalmente consagrada al Ejecutivo Nacional como lo es el régimen y administración de los hidrocarburos (ordinal décimo del artículo 136 de la CRV), lo que involucra necesariamente la definición de los órganos competentes para el ejercicio de tal atribución.

Respecto a la aplicación preferente entre leyes orgánicas ha pronunciado nuestro más Alto Tribunal un criterio que puede ser perfectamente traspolado al establecer la prelación de la ley orgánica sobre la ley ordinaria, expresándose respecto a la preeminencia de la ley orgánica dependiendo de lo que constituya el objeto principal desarrollado en el texto de la misma. El referido pronunciamiento expresa parcialmente lo que se transcribe a continuación:

"...la preeminencia de la Ley Orgánica, solo abarca a las ramas específicas que ella regula, no cubriendo en consecuencia todas las cuestiones y disciplinas incidentalmente aludidas en el texto..." (Sentencia de la Corte Suprema de Justicia en Sala de Casación Civil, de fecha 22 de octubre de 1987, caso: Enrique Villaroel vs. Rafael E. Guzmán).

El referido criterio es aplicable a la prelación de las leyes orgánicas entre sí, ya que ante la existencia de dos leyes orgánicas que desarrollen un mismo aspecto tendrá aplicación preferente, no aquella de data posterior sino la que desarrolle como objeto principal la materia a la que se pretenda aplicar el determinado régimen legal, dejando de lado el compendio normativo que regule de manera incidental la referida materia, siendo este último el supuesto de la Ley Orgánica de la Administración Central respecto al régimen de los hidrocarburos. Adicionalmente, debemos expresar que no existe incompatibilidad alguna entre las mencionadas leyes orgánicas, por el contrario, son complementarias entre sí, la Ley Orgánica de la Administración Central consagra de manera general las competencias del Ejecutivo Nacional materializada en cada uno de los Ministerios y la Ley Orgánica que Reserva al Estado al Industria y el Comercio de los Hidrocarburos desarrolla de manera específica y particular el ejercicio de la competencia asignada constitucionalmente al Ejecutivo Nacional, por intermedio del Ministerio de Energía y Minas, de Petróleos de Venezuela, S.A. y sus empresas filiales.

En este sentido, es evidente que existe un respaldo legal que resguarde el apego al ordenamiento jurídico de la procedencia en la creación de la figura del Comité de Control como un medio o instrumento que garantiza las exigencias del artículo 5 de la LOREICH, pues la participación del Estado es tal que en definitiva el ejercicio de la competencia contenida en el artículo 1° ejusdem por parte de entes privados estará en cada una de sus manifestaciones, bajo la fiscalización y determinación final de la filial o de la filial designada, empresa cien por ciento propiedad de PDVSA, empresa a su vez propiedad del Estado; aunado a las demás manifestaciones de control concretadas en la empresa mixta, por intermedio de la titularidad de acciones doradas con un derecho a veto, y el necesario sometimiento de las decisiones en las que no se llegue a un acuerdo entre las partes en el seno de la empresa mixta, al Comité de Control donde necesariamente se impone la determinación tomada por la filial parte de cada Convenio de Asociación.

Adicionalmente, se hace imperativo destacar que la LOREICH en ninguno de sus artículos dispone la necesidad de que el control del Estado se manifieste de una manera determinada, ni mediante una figura jurídica preestablecida, ni por intermedio de un órgano o ente específico, es así como el artículo 5 del referido texto legislativo expresa textualmente "...celebrar convenios de asociación con una participación tal que garantice el control por parte del Estado...", de manera que deja al libre arbitrio del Ejecutivo Nacional o de los entes de su propiedad, la elección del medio a través del cual se cumpla con la precitada exigencia de control.

En tal sentido se ha expresado este alto tribunal en forma por demás clara en una decisión que constituyó un mito en la materia, al indicar que dentro de la figura asociativa escogida para ejecutar las actividades por medio de convenios de asociación con particulares podría escogerse cualquier mecanismo que garantice el control por parte del Estado venezolano. Expresa tal decisión:

...(omissis)...

Y en cuanto a la otra forma de contratación, se observa que el artículo 3° de la Ley de Hidrocarburos sólo contempla a las "empresas mixtas", de las cuales pueden formar parte los Institutos Autónomos y empresas de la propiedad exclusiva del Estado, mientras que el artículo 5° de la Ley Orgánica citada se refiere, por el contrario, de manera general, a "convenios de asociación con entes privados, con una participación tal que garantice el control por parte del Estado y con una duración determinada", en lugar de "empresas mixtas", que es una especie de asociación, pero no la única, y donde tradicionalmente su control se obtiene por la vía accionaria. Mientras, que de acuerdo con el artículo 5°, de la Ley Orgánica citada, lo determinante es el control del convenio, que es una noción más jurídica que económica o patrimonial, y por ello se refiere a "participación,

...(omissis)...

Adicionalmente, cualquier duda que pudiere haberse planteado en cuanto a la efectividad o cumplimiento del requisito de control en virtud de los términos en que se encuentra prevista la cláusula de la autorización legislativa y cuya nulidad se demanda, quedó resuelta en forma definitiva al analizar y autorizar el soberano Congreso de la República los textos de los correspondientes convenios de asociación (*Gaceta Oficial* N° 35.988 de fecha 26 de junio de 1996), en los que se prevén en forma precisa los mecanismos de control (vgr. Comité de control, empresa mixta y comité de desarrollo) y se evidencia la existencia de un control positivo por parte del Estado venezolano a través de su instrumentalidad la Corporación Venezolana de Petróleo, S.A. tanto en las decisiones fundamentales de interés público, como en cualesquiera decisiones relevantes a la marcha del convenio.

Es ésta una manifestación más del poder discrecional de la Administración Pública, limitada por los parámetros de proporcionalidad y adecuación que determina la necesidad de mantener el control del ejercicio de tal competencia en manos del Estado. Bajo este supuesto, el Ejecutivo Nacional o los entes de su propiedad, como es el caso de PDVSA y de sus empresas filiales, pueden adoptar la modalidad que consideren conveniente para concretizar tal exigencia legal, sin mas limitaciones que las contenidas en el texto del artículo 5 de la LOREICH. Es por ello, que siendo el Comité de Control, aunado a la constitución de una empresa mixta donde el estado tiene una participación en acciones doradas hasta un máximo del 35% y la exclusión de las decisiones del referido Comité del arbitraje, los medios ideados por el Congreso Nacional, con fundamento los análisis de la comisión bicameral de energía y minas, a través de los cuales está garantizado el control del Estado en el ejercicio del desarrollo de la exploración y explotación de hidrocarburos por particulares, se está dando cabal cumplimiento a las exigencias de ley contenidas en los artículos 35, numeral 5° de la Ley Orgánica de la Administración Central y 5 de la LOREICH.

En consideración de los argumentos anteriormente expuestos, resulta incongruente la afirmación de inexistencia de disposición legal alguna que faculte a un ente u órgano distinto al Ministerio de Energía y Minas a ejercer la competencia constitucionalmente atribuida al Ejecutivo Nacional de régimen y administración de los hidrocarburos, cuando es ley vigente el artículo 5 de la LOREICH, fundamento que respalda el procede de estos mismos entes propiedad del Estado al contratar con particulares el ejercicio de la referida competencia y consecuentemente a adoptar los medios que considere convenientes a los fines de garantizar el control en el ejercicio de tal actividad por el Estado venezolano.

VI

EL ACUERDO NO ES UN CONTRATO LEONINO NI AUTORIZA ALGUNA FORMA DE CONTRATACIÓN QUE PUEDA CONSIDERARSE COMO TAL

Uno de los argumentos que esgrime la parte recurrente en este proceso se concreta a la cláusula sexta del Artículo 2 de EL ACUERDO, y se basa en la afirmación de que este constituye un "Contrato Leonino" y por ende ilegal, en virtud de los dispuesto por el Artículo 1.664 del Código Civil Venezolano. Este argumento resulta verdaderamente sorprendente e improcedente por cuanto:

EL ACUERDO no es un contrato de sociedad en si mismo. No puede aplicarse para evaluar su legalidad como acto del poder legislativo del Estado Venezolano una norma específica de la contratación civil venezolana en materia de sociedades, que se refiere al supuesto de aquellos contratos sociales en los cuales una de las partes es excluida de los beneficios económicos o impuesto de las pérdidas sin beneficios o exonerada de las perdidas de y por sus aportes a la sociedad.

EL ACUERDO tampoco es un acto aprobatorio o autorizatorio de algún contrato de sociedad particular celebrado entre Petróleos de Venezuela, S.A. o alguna de sus filiales con un sujeto de derecho. Es, como se ha afirmado en este escrito, un marco de referencia, un ejercicio de interpretación autentica de las normas que rigen la posibilidad de contratación con el capital privado en materia petrolera y, en todo caso, una pauta normativa con propósitos de orientación establecida por el Congreso Nacional, a solicitud del Ministerio de Energía y Minas, para llevar a su fase ejecutiva una política de asociaciones estratégicas con el capital privado en ciertas áreas del negocio petrolero. Se dicta EL ACUERDO precisamente para facilitar el proceso de negociaciones y establecer parámetros relativos a la subsecuente aprobación que de acuerdo al artículo 5 de la LOREICH debe darse a cada contrato de asociación, en particular, en su oportuno momento. Se trata entonces de una actuación emitida por el Congreso en el marco de la separación orgánica de poderes, que supone colaboración en la realización de las tareas del Estado, que al fijar unas pautas sólo expone un criterio básico de interpretación que debe orientar las contrataciones que se celebren en particular, y por tanto, ni viene a constituirse como un acto autorizatorio de algún contrato, y *ni siquiera alcanza a constituirse en el contenido específico que deberá contener cada contrato. Por el contrario EL ACUERDO señala únicamente los aspectos o bases mínimas que deberán incluirse en los contratos de asociación que "a posteriori" se someterán para la aprobación del Congreso.*

El hecho de que una parte contratante en Convenios de Asociación como los propuestos asuma los gastos y riesgos de exploración, como uno de los aspectos específicos de la negociación cuyo objeto es establecer una sociedad, asociación o consorcio, no constituye ni remotamente lo que pretende prohibir con carácter de orden público para los contratos de sociedad nuestro legislador civil en el artículo 1.664. Sostener y aclarar este punto resulta innecesario una vez que se ha expuesto que EL ACUERDO no constituye un Contrato. Pero es importante a todo evento en esta oportunidad, sobre todo para desvirtuar sin lugar a dudas la pretensión de los recurrentes de que estos son (o serán, en todo caso) contratos leoninos, debido a que el Estado Venezolano no asume los costos y riesgos de los estudios y actividades de exploración.

En efecto, la pretensión de los recurrentes pone de manifiesto un absoluto desconocimiento del negocio petrolero en general, y en particular, del que se propone realizar en esta apertura petrolera, por una parte, y por la otra, de las propias normas y régimen jurídico que rige los negocios mercantiles, civiles y en particular las asociaciones o sociedades de objeto económico-comercial complejo. Más aún, se trata de una insólita pretensión, difícilmente acreditable a un grupo de ciudadanos interesados en proteger la soberanía e intereses nacionales, pues lejos de apoyar las buenas condiciones de negociación que deben alcanzarse en cada asociación, viene precisamente a debilitar la posición legitima del Estado Venezolano como parte que aporta a un negocio extractivo, precisamente, el recurso vital y medular del mismo, cual es la riqueza natural de los yacimientos petrolíferos presumiblemente ubicados en ciertas áreas de su territorio nacional.

Nadie puede pensar que alguien está recibiendo una exagerada carga, asumiendo obligaciones sin contraprestación alguna o quedando excluido de los beneficios, cuando bajo un esquema de asociación que implica varias fases, una parte aporta el derecho de explorar, hacer estudios y finalmente ubicar yacimientos en tierras de su propiedad y otro sujeto viene a realizar por su cuenta esa exploración a efecto de estructurar el negocio mismo, de cuyas pérdidas y beneficios participarán ambos bajo las condiciones de participación accionaria, aportes de capital y otras contribuciones, así como la administración y dirección de la empresa común, establecidas para la asociación o consorcio. Más aún, es lógico afirmar, en lo económico y en lo jurídico, que la asunción de todos los costos de exploración por parte de los potenciales socios de PDVSA y sus filiales en estos negocios es una elemental contraprestación, en esta fase del negocio, al derecho de acceder a dicha posibilidad y más aún, a hacerlo dentro de áreas geográficas concretas que preliminarmente se conocen como cuna de importantes yacimientos petrolíferos, con miras a entrar en una asociación con carácter exclusivo, al ubicarse de forma precisa los pozos y yacimientos.

Para abundar en este tema queremos traer a colación el artículo 1.664 del Código Civil y la mejor doctrina sobre el mismo. La disposición legal en cuestión contempla:

> "Artículo 1.664.- Es nula la cláusula que aplique a uno de los socios la totalidad de los beneficios, y también la que exima de toda parte en las pérdidas la cantidad o cosa aportadas por uno o más socios..."

¿Qué es un Contrato Leonino bajo estos precisos términos legales? Indaguemos la opinión de los tratadistas. Para hacerlo es preciso remontarse a la pedagógica distinción doctrinaria entre contratos aleatorios y contratos leoninos. El notable jurista Messineo explica lo que son los contratos aleatorios así:

> "Es contrato *aleatorio* (o de *suerte*) aquel en el que la entidad del sacrificio puesta en relación con la entidad de la ventaja -es decir, *la entidad del riesgo* al que *cada* contratante se expone- no puede ser conocida y valuable en el acto de la formación del contrato: tal entidad se revelará luego, según el curso de los acontecimientos. De esto se sigue que quien estipula un contrato aleatorio tal vez haga una cosa útil para él o perjudicial según las circunstancias...
>
> ...omissis...
>
> Por lo tanto la *causa* del contrato aleatorio consiste en el hecho de que para *cada una de las partes* es objetivamente *incierto* en el acto de la conclusión si le resultará una ventaja...
>
> Debe mencionarse también el contrato en el cual el riesgo está a cargo exclusivo de una de las partes en tanto que la otra tendría la certeza de obtener sólo ventajas (contrato leonino)." (Subrayado nuestro).

En la doctrina patria, nadie más calificado que el Doctor José Melich Orsini para abordar el tema, quien propone en su obra Doctrina General del Contrato lo siguiente:

"...El contrato es aleatorio cuando esa ventaja, en relación con el sacrificio que por ella se paga, *no resulta determinable en el momento de la celebración del contrato, sino que solo se revelará por el curso de los acontecimientos (Art. 1.136) para cada parte o al menos para una de ellas es pues objetivamente incierto en el momento de celebrar el contrato* si éste le reportará o no una ventaja en relación con el sacrificio que hace. De allí el nombre de "aleatorio", pues "álea" significa precisamente "suerte", "azar". Como ejemplo de contratos aleatorios para ambas partes se citan el juego (Art. 1.801) y el contrato de seguros (Art. 548 C. Com.); como ejemplo de contrato aleatorio en que el álea existe solo para quien debe pagar la renta, pero no para quien ya ha recibido el bien o capital mediante la cual se le constituye, se cita la constitución de renta vitalicia a título oneroso (Art. 1.788 y ss.)

(...)

Se ha observado que en realidad *el álea existe siempre para ambas partes*, que lo que puede haber será una diferencia en cuanto a la determinación de las recíprocas prestaciones de las partes, las cuales pueden ser ambas inicialmente indeterminadas en lo que será su cuantía definitiva o una plenamente determinada y la otra no, pero que un contrato en que el álea existiera solo para una de las partes sería un contrato ilícito, tal como ocurriría con el llamado *contrato leonino*.

La expresión [contrato leonino] *es una extensión de la sociedad leonina (aquella en que conforme a la fábula de Esopo una tiene la parte del león) de que hablaba Ulpiano para referirse a la nulidad que afecta a la pretendida sociedad en la que uno o más socios son excluidos de toda participación en la utilidad o en las pérdidas (Cfr. El Art. 1.664 C.C.)"*. (Subrayado y edición nuestra).

De todo lo anterior es indubitable colegir que el estudio de la sociedad y los contratos leoninos siempre está vinculado al estudio de los llamados contratos aleatorios, precisamente porque puede prestarse a confusión uno con el otro. Básicamente es aleatorio un contrato donde existe incertidumbre con relación a lo esperado del contrato a pesar de que quien tiene esa incertidumbre se encuentra haciendo un sacrificio, un aporte, una prestación. Existe incertidumbre sobre si el contrato reportará o no un beneficio, una incertidumbre objetiva, pero de darse los esperado, habrá beneficios. Por el contrario, no es la incertidumbre de una o ambas partes lo que hace a un contrato leonino. En este caso una de las partes queda ciertamente excluida de los beneficios o protegida de las pérdidas por sus aportes o contribuciones.

Ahora veamos que es lo que acordaran las partes, en su caso, al incluirse en cada contrato, como lo indica EL ACUERDO, un término contractual en el espíritu de lo contenido en la cláusula sexta del artículo 2 del precitado acto parlamentario.

En primer lugar, acordarían entrar en un acuerdo de asociación para ejecutar un negocio petrolero que como tal contempla primero una fase de exploración y luego la explotación y comercialización.

En segundo lugar, se conviene que de encontrarse petróleo en un área aportada para su exploración por PDVSA o sus filiales, la parte que ejecutará la exploración asume estos costos bajo la incertidumbre de si encontrará o no el recurso. En caso de haber petróleo, se llega a conformar la asociación o consorcio para continuar el negocio, bajo determinados aportes de capital, con recíproca participación en los beneficios según establezca cada contrato, y sin que nadie quede excluido de las perdidas.

Hay pues un negocio cuyo origen es una cláusula aleatoria, pero nunca leonina, porque de encontrarse petróleo en el área establecida, habrá una explotación en la que ambas parte harán aportes y obtendrán beneficios, con el riesgo de correr con pérdidas ambas partes. Más aún, como dijimos antes, el hecho de que una parte asuma los costos relativos a esa exploración no es leonino. No lo es de cara a la posible sociedad de ganancias compartidas que se estructura una vez encontrado el petróleo (que es lo aleatorio), ni frente al hecho de que esa exploración petrolera crea una expectativa de derecho, que por si sola tiene un valor económico, en áreas que facilita para tales fines la otra parte del acuerdo de asociación. Así las cosas, mal puede calificarse esta situación como leonina conforme a lo dispone nuestro régimen legal. De encontrarse petróleo en la exploración, bajo el régimen de exploración a riesgo y ganancias compartidas no se excluye a alguno de los socios de las ganancias, por el contrario se hace parte de estas a quien asumió el riesgo de exploración en una proporción mínima del sesenta y cinco por ciento (65%); ni se excluye a alguna de las partes de las perdidas (en efecto, de haber petróleo en el área explorada ambas partes asumen riesgos y perdidas en el negocio de explotación y comercialización).

Por otra parte, de no haber petróleo en el área explorada ambas compañías habrán perdido la posibilidad de hacer el negocio que precisamente se proponían bajo dicha contratación. En este caso, una parte perderá sus gastos y la otra realizará la pérdida implícita en la ausencia de valor económico de sus tierras para los fines de explotación petrolera que se pretendía llevar a cabo en caso de verificarse una exploración exitosa. En otras palabras, decir que la modalidad de asociación o contratación estudiada es leonina porque una empresa contratante asume obligaciones aleatorias, equiparando esto al supuesto del pacto leonino, sería igual a pensar que contratar un seguro es leonino porque de no ocurrir el siniestro cubierto por la póliza el asegurado habría perdido su prima, o sostener que es leonino un acuerdo donde el inventor que detenta una patente confiere la exclusividad de producción y comercialización a alguien que asumirá el costo de estudiar la factibilidad o viabilidad económica del producto, estudio de cuyos buenos resultados dependerá la decisión de emprender o no la inversión que dará origen a alguna forma de asociación o explotación con recíprocos beneficios para el inventor y el fabricante.

Nos parece, dicho lo anterior, que esta alta y honorable Corte debe desestimar por completo el argumento sostenido por los recurrentes de que estamos en presencia de un Acuerdo leonino que a su vez autoriza la celebración de convenios de asociación con éste mismo carácter, pretendiendo alegar como fundamento legal el contenido del artículo 1.664 del Código Civil.

VII

LA ACTIVIDAD DE HIDROCARBUROS NO CONSTITUYE MATERIA IMPONIBLE SUSCEPTIBLE DE ESTAR SOMETIDA AL PODER Y POTESTAD TRIBUTARIA DE LOS ESTADOS Y MUNICIPIOS POR ESTAR RESERVADA AL PODER NACIONAL DE MANERA EXCLUSIVA Y EXCLUYENTE CONFORME AL BLOQUE DE LA CONSTITUCIONALIDAD

Los recurrentes esgrimen la inconstitucionalidad e ilegalidad de EL ACUERDO al establecer que se contraviene los artículos 29 y 31 de la Constitución en materia de tributación municipal, al establecer una exención tributaria en su Cláusula Décima conforme la cual se establece una dispensa del pago del impuesto de patente de industria y comercio a "las nuevas empresas que se crearán como resultado de los Convenios de Asociación". Asimismo sostienen que la Cláusula Décima de EL ACUERDO viola la reserva legal consagrada en el artículo 224 de nuestra ley fundamental, puesto que otorga una dispensa del pago de impuesto que sólo es posible en virtud de una ley.

Las razones esgrimidas por los recurrentes son contrarias al bloque de la constitucionalidad, es decir, de la Constitución y de las leyes orgánicas y especiales que la ejecutan, así como de las nociones intrínsecas necesarias a su interpretación, tal como demostraremos a continuación:

El análisis y estudio que se emprenda para buscar soluciones claras a un problema tan importante como es la determinación del ámbito de competencia de las distintas entidades públicas de base territorial dimanantes de la distribución vertical del Poder Público en nuestro país o, bajo -criterio federativo- debe tener por norte el principio de la supremacía de la Constitución sobre el resto del ordenamiento jurídico. (Vid. Las Nociones intrínsecas a la Constitución como criterios de determinación de las competencias del Municipio en Venezuela, Boletín Torres, Plaz & Araujo, abril-mayo, 1997, pp. 6-13. Es la Constitución la norma u ordenamiento conforme al cual hay que interpretar todas las normas aplicables para resolver cualquier problema de distribución de competencia.

Cuando se presenten dudas sobre la esfera competencial que asuma o pretendan asumir una entidad pública territorial, no le queda otra alternativa al intérprete, con base a un sano principio de hermenéutica, que acudir al principio de primacía de la Constitución, todo lo cual conduce a que, por ejemplo, el sentido y alcance de la competencia que aparente o verdaderamente asuma una entidad local menor sólo quedará correctamente interpretada a la luz de lo que establezca la norma suprema del ordenamiento. Surge así la tendencia del constitucionalismo moderno y de la jurisdicción constitucional encargada de la interpretación y ejecución de la norma suprema en todo ordenamiento, en cuanto a que los problemas de la determinación de la esfera competencial de las entidades no puede plantearse a partir de datos extrínsecos, sino, en cuanto sea posible, a partir sólo de nociones intrínsecas a la propia Constitución (*Vid., Sentencia del Tribunal Constitucional Español Nº 58\1982, en Manual de Jurisprudencia Constitucional del Eliseo Aja y otros, Cívitas, Madrid, 1990)*; de tal manera que no existe ni podrá existir margen alguno de consideración subjetiva o libérrima sobre las interpretaciones que puedan ofrecerse dentro de lo que es la esfera competencial inmersa dentro de los principios básicos y generales que dimanan de la propia Constitución y de las leyes orgánicas o especiales que la ejecutan.

Entre las nociones intrínsecas a la Constitución, que deben ser tomadas como principio de hermenéutica, se encuentran el denominado «bloque de la constitucionalidad» y la «noción de intereses respectivos». El «bloque de la constitucionalidad», es la noción conforme a la cual la determinación de la constitucionalidad o no de una ley, debe hacerse no solamente tomando en consideración los preceptos constitucionales, sino las leyes que, dentro del marco constitucional, se hubieren dictado para delimitar las competencias del Estado en sus distintas manifestaciones. En el ámbito local, en lo que corresponde al reparto competencial en la prestación del servicio de distribución y venta de electricidad, el «bloque de la constitucionalidad» está formado por la propia Constitución y la Ley Orgánica de Régimen Municipal (en lo sucesivo LORM), la cual ha sido dictada en ejecución directa del artículo 26 de nuestra Suprema Ley. Esta noción intrínseca es el punto de partida para el criterio interpretativo o de hermenéutica, para compatibilizar la primacía de la Constitución y la voluntad del legislador.

La esencia de este criterio radica, como lo asientan Aja, Carrillo y Alberti, en la fuerza normativa de la Constitución. De acuerdo con ello;

> Todas las normas que la contradigan son nulas; sin embargo, los efectos de esta interpretación son la conservación de la ley aprobada por el parlamento.

> Es decir, se opta por el mantenimiento de la norma en el seno del ordenamiento jurídico vigente, siempre y cuando aquella pueda ser susceptible de ser interpretada en consonancia con el contenido de los preceptos constitucionales. De esta perspectiva, resulta relevante recordar la operatividad que ofrecen los valores y principios constitucionales que (...) poseen carácter normativo y vinculan a todos los poderes públicos. (Eliseo Aja, Marc Carrillo y Enoch Alberti, Manual de Jurisprudencia, Cívitas, Madrid, 1990, p. 42)

En función de esta noción intrínseca en que el «bloque de la constitucionalidad» consiste, se encuentra la distribución de competencia que efectúa el constituyente originario de 1961 en los artículos 17, 18, 29, 30, 34 y 136 de la Constitución, las cuales son desarrolladas por la normativa orgánica y especial que ejecuta.

La otra noción intrínseca es lo relativo a los «intereses respectivos» "propios", "comunes" o "peculiares" de cada entidad pública de base territorial que dimanan de la distribución vertical del Poder Público. Estas entidades públicas de base territoriales tienen como rasgo fundamental el estar dotados de una autonomía, la cual como veremos infra, no es ilimitada sino que por el contrario se encuentra constitucionalizado, es decir, que existe en la medida en que la Constitución le da un reconocimiento y le atribuye una esfera competencial para la satisfacción de un interés en particular, el cual no es más que aquel representativo de su base poblacional. En lo que corresponde al interés del Municipio, tenemos el "interés peculiar" o "propio" de la entidad tal como se desprende del artículo 30 Constitucional.

En tal sentido, debemos establecer paralelo al «bloque de la constitucionalidad» un «bloque de intereses públicos» el cual a su vez se subdivide en un núcleo central, que es el interés propio de la República de Venezuela, (como el Estado venezolano), un interés regional o estadal el cual está directamente vinculado a la esfera competencial que la Constitución y las leyes le han asignado a los Estados como integrantes de la unión federal y un interés menor, que es el atinente a las entidades locales (Municipio, Distrito Metropolitano y la Mancomunidad). Esta vinculación entre «bloque de la constitucionalidad» y «bloque de intereses públicos» impone que todos los órganos del Estado en el ejercicio de la función exclusiva y no excluyente, que le ha sido asignado, (función administrativa, la función jurisdiccional, la función legislativa y la función del Gobierno), tienen que estar siempre orientadas y dirigidas al interés del Estado, de manera que los órganos funcionalmente establecidos de acuerdo a la distribución horizontal del Poder Público, deben propugnar cada uno en su por la satisfacción del interés del correspondiente colectivo, sin que ello signifique que se va a colocar en una situación de supremacía el "interés peculiar" o "propio" de cada entidad sobre el interés general del Estado.

En otras palabras, por un lado tenemos un "interés general", que existe en plena identificación con el interés de Venezuela, de manera que sólo el de la Nación debe ser tenido como un interés general, en contraposición entre los "intereses respectivos", "intereses peculiares" o "intereses propios" de cada entidad menor (los Estados y los Municipios).

En consecuencia, la realidad imperativa de un Estado federal sui generis (un federalismo en la medida en que la Constitución lo establece conforme lo previsto en su artículo 2), exige al intérprete tener congruencia entre todos los preceptos constitucionales, que permitan armonizar las "nociones intrínsecas" a la Constitución, las previsiones del legislador y la delimitación de los intereses generales con los respectivos o peculiares de cada entidad, o viceversa.

En conclusión, la búsqueda de interpretar correctamente la ley, debe hacerse a partir de la Constitución y a través de las nociones intrínsecas del «bloque de legalidad», en función del reparto de competencias y el del interés general y los intereses respectivos o propios de cada entidad, lo cual supone una interpretación sistemática y funcional de la Constitución y de las leyes que la ejecutan («bloque de la constitucionalidad») para tratar de buscar siempre el mecanismo que propugne por la satisfacción del interés general del Estado o, por lo menos, de la armonización entre éste y los "intereses respectivos" o "peculiares de cada entidad", sin que ello signifique en forma alguna un menoscabo al ejercicio de la esfera competencial, que delimita la autonomía constitucionalizada que le es reconocida a cada entidad por el constituyente.

LA AUTONOMÍA MUNICIPAL. LA ESFERA COMPETENCIAL DEL MUNICIPIO Y LOS INTERESES PECULIARES DE LA ENTIDAD

El artículo 2 de la Constitución consagra que la República de Venezuela es un Estado Federal en los términos en que ella establece, lo cual evidencia la presencia de un Estado compuesto, donde existen distintos grados o niveles de descentralización territorial. Por tanto, es necesario tener en cuenta como se distribuye el Poder Público en función del «bloque de intereses públicos», de manera de delimitar la esfera competencial de cada entidad. La referida distribución deriva de la existencia de tres entidades públicas territoriales, representativas de cada nivel (nacional, estadal y municipal), cuya personería jurídica está representada en tres entes: la República, los Estados y los Municipios.

La existencia de estas entidades públicas territoriales se fundamenta en la forma autonómica en que han sido concebidas por el constituyente, y por tal razón tal autonomía no es ilimitada o absoluta, sino que por el contrario, es limitada, constitucionalizada. La autonomía no se garantiza por la Constitución a cada entidad para incidir de forma negativa sobre los intereses generales del Estado venezolano o en otros intereses distintos a aquellos propios o peculiares de cada entidad autónoma de que en cada caso se trate.

En efecto, nuestro máximo tribunal de manera inveterada ha sostenido que la autonomía municipal que consagra dentro del ordenamiento jurídico no es absoluta sino relativa, en el sentido de que la actividad administrativa de los Municipios no pueden tener transcendencia nacional, sino local. Así, en sentencia del 2 de diciembre de 1937, ratificada en sentencias del 13 de noviembre de 1989 y del 1996 la Corte ha sostenido lo siguiente:

Ya en el año 1937 este Alto Tribunal sentenció que no estaban vigentes los "criterios impregnados del concepto tradicional o histórico de autonomía Municipal que pudiéramos haber heredado de España; porque al implantarse desde nuestra emancipación política el régimen constitucional, las Municipalidades, como partes integrantes que son de los Estados Federales que han venido suscribiendo las Bases de la Unión, renunciaron implícitamente aquel concepto colonial de la autonomía de los Municipios y adoptaron de manera expresa el que surge de la Constitución, esto es, una autonomía que no puede ir más allá de lo que rectamente se desprenda de las normas del derecho positivo constitucional. O lo que es lo mismo, no se trata de un Gobierno libre dentro del Esta, sino de un Poder regulado por el Constituyente y por el Legislativo ordinario..." (por oposición al Legislativo Constituyente). Más adelante, advertirá la misma sentencia "...aunque desde el punto de vista sociológico puede afirmarse que la autonomía Municipal es emanación del pueblo, anterior a los preceptos constitucionales de cualquier país, se la considera como emanada exclusivamente de la Constitución, porque es ésta la que distribuye el Poder Público, entre el Poder Federal, el de los Estados y el Municipal (Art. 50) y les señala sus respectivos límites (Art. 41)..." (CFC-SPA 2-12-1937).

Es criterio de esta Corte, las afirmaciones consignadas en el fallo parcialmente transcrito conservan actualidad, a pesar de estar referidas a un ordenamiento constitucional derogado y no obstante el énfasis puesto por el constituyente de 1961 en las normas que consagran la autonomía de los Municipios.

En líneas generales, la autonomía podemos entenderla como "la facultad que poseen determinados entes para organizarse, darse sus propias normas de Gobierno y administrarse desde ya, dentro de prefijados límites legales (*Dardo Ruben Difalco, Algunas Consideraciones sobre el Municipio, La Plata, 1984, p. 28)*. Esta definición, denota lógicamente el carácter relativo de la autonomía en cuanto a que ha sido concebida dentro de límites legales, que en nuestro bloque de constitucionalidad, no es más que los prefijados por la Constitución y la LORM. Se configura la autonomía, como lo asiente Zuccherino, como la facultad ostentada por un ente a los fines de darse sus propias instituciones dentro de los marcos de sujeción jurídica natural, que lo obligan en relación con otro ente de gradación superior. (*Ricardo Miguel Zuccherino, Teoría y Práctica del Derecho Municipal, Depalma,* Buenos Aires, 1986 p. 108).

La autonomía así entendida, y siguiendo la redacción del artículo 29 de la Constitución, tiene el siguiente contenido:

a) Político (autonomía política). Este contenido refiere al autogobierno, y la posibilidad de que el Municipio organice sus instituciones del Poder Público con base a los principios constitucionales que informan al Estado, es decir, representatividad, responsabilidad y alternabilidad de la función pública (artículo 3 constitucional), todo lo cual se resume en la exigencia de un sistema democrático de Gobierno como lo impone el artículo 3 de la LORM.

b) Normativa (autonomía normativa). Este contenido autonómico refiere a la auto normación, que no es más que la facultad con que cuentan los Municipios y demás entidades locales de dictarse su ordenamiento dentro del esquema general del «bloque de la constitucionalidad», para regir los asuntos propios o peculiares de cada entidad.

En este orden de ideas, el artículo 4° de la LORM establece que los Municipios podrán sancionar los actos que tiendan a establecer las normas de aplicación general sobre asuntos específicos de interés local.

Complementa esta afirmación, la facultad que tienen los distintos órganos del Poder Público municipal conforme a su competencia de dictar reglamentos, decretos y resoluciones, instrumento que son de obligatorio cumplimiento por parte de los particulares, las autoridades nacionales, estadales y locales conforme a lo establecido en el artículo 9 de la citada ley orgánica.

La sujeción constitucional de esta normativa se materializa en la medida en que la misma se ejerza para regular intereses peculiares o propios de la entidad, que no pueden estar en contraposición con otros intereses respectivos ni contra los intereses generales del Estado.

c) Financiera (autonomía financiera). Este contenido autonómico debe estar referido en una doble vertiente, en lo que corresponde a los ingresos lo cual conduce a una subespecie de la autonomía, denominada, conforme a la cual los Municipios cuentan con un poder tributario originario para crear ciertas especies tributarias que, legitiman la detracción de la economía de los particulares para hacer frente a las necesidades del colectivo. Estos ingresos de fuente tributaria vienen acompañados con otros ingresos de naturaleza ordinaria o extraordinaria, como pueden ser, los de fuente patrimonial.

El otro subcontenido de la genérica autonomía financiera, es lo relativo a los gastos, donde el Municipio a través de la ejecución y organización de la actividad financiera puede asumir compromisos y efectuar egresos para mantener toda la actividad prestataria de servicios, su organización y ejecución. La moderna doctrina sostiene, que la real autonomía no se da en la vertiente del ingreso sino del gasto, lo cual la convierte en una garantía institucional para que el Municipio y demás entidades locales no puedan ser mediatizadas en la ejecución presupuestaria, que se traduce en un gasto corriente o de inversión.

d) Organizativa-Administrativa (Autonomía Administrativa). El artículo 30 constitucional establece que los Municipios tendrán competencia en todo lo atinente a la libre gestión de los intereses propios o peculiares de la entidad, lo cual refiere al contenido tradicional de la actividad administrativa, que representa la particularidad que las mismas van a estar condicionadas a lo estrictamente peculiar, particular de la vida local. En otras palabras, todo lo relacionado a la gestión que pueden emprender los Municipios en las competencias propias de la vida local, que de manera enunciativa establece el citado precepto constitucional, está limitado a la existencia de un interés respectivo frente al interés general, que no puede contrariar, contradecir o dejar sin efecto o eficacia alguna.

Como conclusión -preliminar debemos afirmar que el Municipio es un ente público de base territorial el cual ha sido dotado de una autonomía, que por su consagratoria constitucional resulta limitada, condicionada a la satisfacción de los intereses peculiares propios de la entidad y subordinada a los intereses supremos o generales del Estado. Tal autonomía tiene un contenido desde el punto de vista normativo, político, financiero y administrativo, que le permite al Municipio utilizando la expresión genérica del artículo 30 constitucional el gestionar los intereses propios o peculiares de cada entidad. El sentido y alcance de la autonomía municipal debe buscarse dentro de la interpretación constitucional orientada por las nociones intrínseca del "bloque de legalidad" y "bloque de intereses", lo cual viene dado en función del concepto de competencias que nos referiremos infra.

SISTEMA DE DETERMINACIÓN DE LA COMPETENCIA MUNICIPAL

En el Derecho Público, como lo expresa Sayagués Lazo, la competencia puede definirse como la aptitud de obrar de las personas públicas o de sus órganos (*Enrique Sayagués Lazo, Tratado de Derecho Administrativo,* Tomo I p. 1, Montevideo, 1959).

Este concepto en la forma prevista, tiene una simetría con el de capacidad de las personas en Derecho Privado, aunque se diferencian substancialmente, en virtud de que "mientras en el Derecho Privado la capacidad es la regla y la incapacidad la excepción, en Derecho Administrativo sucede todo lo contrario: la competencia es la excepción, la incompetencia la regla" (*Miguel F. Mareinhoff, Tratado de Derecho Administrativo,* T. II, p. 544, *Abeledo-Perrot,* Buenos Aires, 1965).

El concepto de competencia está íntimamente ligada al principio de la legalidad administrativa y su origen se circunscribe al moderno constitucionalismo, que al establecer la llamada división de poderes -en el caso de Venezuela es una división flexible conforme se infiere del artículo 117 y 118 de la Constitución- consagró simultáneamente la división de funciones, las cuales se encuentran formadas por los siguientes principios:

a) Debe surgir de una norma expresa, lo que se relaciona con la especialidad de las personas públicas y constituyen la principal diferencia con las personas en Derecho Privado.

b) Es improrrogable, porque es establecida en interés público y surge de una norma estatal, y no de la voluntad de los administrados ni de la voluntad del órgano en cuestión.

c) Pertenece al órgano, y no a la persona física titular de él (*Ibid., p. 542).*

Los elementos determinantes de la competencia, a juicio de Sayagués, son los siguientes:

a) El territorio, que es el ámbito espacial en que accionan las personas públicas y sus órganos.

b) La materia, pues cada persona pública tiene a su cargo determinadas actividades o tareas.

c) Los poderes jurídicos, que corresponden a las personas jurídicas y a sus órganos, para actuar en la materia y límites fijados y que son potestades de legislación, de administración o jurisdiccional (*Enrique Sayagués Lazo, op. cit. pp. 193-7*).

La competencia se determina, en consecuencia, como lo sostienen Tomás Fernández y García de Enterría.

Analíticamente, por las normas (no todos los órganos pueden lo mismo, porque entonces no se justificaría su pluralidad), siendo irrenunciable su ejercicio por el órgano "que la tenga atribuido como propia" (...), aunque la misma norma puede prever supuesto de dislocación competencial (*Eduardo García de Enterría y Tomás Ramón Fernández, Curso de Derecho Administrativo,* T. I, Cívitas, Madrid, 1989, p. 535).

Así, debemos insistir en la forma compuesta y sui generis de Estado que existe en Venezuela a partir de su conceptuación constitucional (artículo 2), que determina la existencia de tres entes públicos de base territorial y la existencia de entes descentralizados funcionalmente, que también tienen asignada competencia.

Esta circunstancia, que corresponde tanto al Estado unitario como al federal, asume especial transcendencia por la imperiosa necesidad de efectuar un preciso deslinde entre las competencias correspondientes a cada ente territorial para evitar las nocivas consecuencias de los conflictos entre las jurisdicciones o esfuerzos irracionales en la consecución de los fines públicos. (*Cfr.,* Antonio María Hernández, (H), *Derecho Municipal*, V. I. Buenos Aires, Depalma, 1984 p. 323).

Así las cosas, en un ente u órgano deben concluir todos los criterios o elementos determinativos de la competencia para que, en ejercicio de la misma pueda ejecutar válidamente sus intereses". Por ejemplo, en el caso específico de los Municipios la competencia debe surgir de (i) una norma expresa, dimanantes "del «bloque de la constitucionalidad»", es decir, del propio texto constitucional o de una ley orgánica que la ejecute, como es el caso específico de la LORM o de la Ley Orgánica de Ordenación Urbanística; (ii) la gestión debe estar referida a la materia que el «bloque de la constitucionalidad» le asigna, traducida en una serie de asuntos caracterizados por sujetos y contenido: y los poderes públicos que vayan a materializar la competencia de estar ceñida a los intereses respectivos, propios de la entidad conforme a lo establecido en el artículo 30 constitucional, que delimita las materias que le corresponden dentro de esa peculiaridad.

Siendo consecuentes con la metodología interpretativa esbozada, las nociones intrínsecas a la constitucionalidad deben estar presentes y anejas a los elementos o criterios determinante de la competencia, lo cual va a permitir definir a que ente u órgano del Estado le va a corresponder la ejecución o prestación de un determinado servicio. En otras palabras, sólo esa manera de interpretar el «bloque de la constitucionalidad» es lo que permite efectuar una correcta interpretación del marco regulatorio de las entidades locales, con sujeción plena a derecho, lo cual de suyo descarta cualquier criterio subjetivo sobre la bondad o perjuicio que puede causar la aplicación de uno u otro régimen, como lo puede sugerir el desconocimiento de las nociones intrínsecas constitucionales a que tantas veces se han hecho referencia o, por lo menos, una interpretación parcial o asistemática del texto constitucional y de la LORM.

CRITERIOS DE DETERMINACIÓN DE LA COMPETENCIA LOCAL

Una determinación genérica de las competencias municipales conduce en criterio de Zuccherino a entenderlas como las problemáticas de interés local y atinentes a la vida y a las necesidades del Municipio (*Ricardo Miguel Zuccherino, op. cit., p. 29*).

En el IV Congreso Hispano-Luso-Americano-Filipino del Municipio *(Cfr., Crónica del citado Congreso, Octubre de 1967, Barcelona, I.E.A.L, T. I, p. 1273 citado por Antonio María Hernández (h), op. cit., pp. 324-39)* se establecieron tres criterios o sistemas para la determinación de la competencia local: (i) el de la enumeración concreta, (ii) el de la cláusula general y (iii) el mixto (*El conocido municipalista Fernando Albi en su obra Derecho Municipal Comparado del Mundo Hispánico (Aguilar, Madrid, 1955, p. 76) sostiene que este régimen de numeración concreta o, de numerus clausus apuntamos nosotros, ha sido la orientación dada en las legislaciones de varios países americanos (Costa Rica, Bolivia, Colombia, Perú, Nicaragua, Uruguay, Chile y El Salvador), agregando que algunas provincias argentinas y algunos Estados venezolanos y mexicanos han adoptado este sistema. En relación a la mención de algunos Estados venezolanos pensamos que este estudio al estar referido a las normativas existentes en el país para la década de los 50, se refiere fundamentalmente a las leyes estadales, es decir, aquellas leyes del poder municipal que habían sido dictadas por las distintas asambleas legislativas de los Estados que conforman la República de Venezuela*).

(i)   La enumeración concreta, propio de los países anglosajones, consiste en que el Gobierno local sólo ejerce competencia en las materias indicadas por la Ley.

(ii)   La cláusula general es propio de la Europa Continental y de algunos países de América Latina, consiste en el reconocimiento de la universalidad de la competencia municipal. En el mundo hispanoamericano son utilizados diversos términos para darle contenido a esa cláusula general competencial: interés, necesidad, bienestar, prosperidad, mejoramiento, comodidad, conveniencia y progreso (*Cfr.,* Fernando Albi, *op. cit.* pp. 127 y ss*)*.

(iii)   El tercer sistema o criterio determinativo denominado mixto, consiste en una enumeración concreta efectuada por la ley, seguida por una cláusula general que amplía la competencia.

En igual sentido, debemos destacar una clasificación que se ha venido estableciendo con éxito en algunos países iberoamericanos y, Venezuela no escapa a esta tendencia, conforme a la cual las competencias municipales se clasifican en propias y concurrentes. Son competencias propias aquellas que constitucional y legalmente, *en principio y por regla general lo cual no es absoluto* , en forma exclusiva ejerce la municipalidad para servir y gestionar los intereses propios de la entidad local. El agregado de en "principio y por regla general", está íntimamente ligado a la existencia reconocida en algunas legislaciones y, dentro de ésta la LORM venezolana, de un *vaciamento* de la competencia local por otros órganos gubernamentales, tal como lo veremos infra. Las competencias concurrentes son aquellas que para atender las necesidades de la población y el territorio local, ejercen la República, los Estados y los Municipios en jurisdicción de ésta.

LOS CRITERIOS O SISTEMA DE DETERMINACIÓN DE LA COMPETENCIA LOCAL EN EL «BLOQUE DE LA CONSTITUCIONALIDAD» EN VENEZUELA

Siguiendo con el esquema trazado, resulta imperativo establecer para evitar lugar a equívocos e interpretaciones asistemáticas o parciales del «bloque de la constitucionalidad», el precisar la jerarquía de las fuentes normativa de la competencia local y, la clasificación que de éstas efectúa el legislador venezolano, conforme a los criterios determinativos elaborados a nivel doctrinal. Tal determinación constituye la base para determinar hasta que punto el vaciamiento de competencia, previsto en el ordenamiento jurídico venezolano y el alcance que el mismo se da para determinadas prestaciones de servicio, (lo cual no supone que centremos toda la discusión del contenido autonómico del Municipio en un criterio tan controvertido como el del servicio público).

La primera fuente normativa del «bloque de la constitucionalidad», como es lógico suponer, es el artículo 30 de la Constitución que establece una enumeración no taxativa de las materias que engloban la competencia local (construcción ratione materiae). Precepto que a texto expreso establece lo siguiente:

> *Artículo 30.-* Es de la competencia municipal el gobierno y administración de los intereses peculiares de la entidad, en particular cuanto tenga relación con sus bienes e ingresos y con las materias propias de la vida local, tales como urbanismo, abastos, circulación, cultura, salubridad, asistencia social, institutos populares de crédito, turismo y policía municipal.
>
> La ley podrá atribuir a los Municipios competencia exclusiva en determinadas materias, así como imponerles un mínimo obligatorio de servicios.

En un segundo nivel normativo, nos encontramos con el artículo 36 de la LORM, que precisa y establece un sistema mixto hasta el punto que autoriza a los Municipios en general, a promover toda clase de actividades y prestar cuanto servicios 30/05/2018 públicos contribuyen a satisfacer las necesidades y aspiraciones de la comunidad, para la gestión de sus intereses y en ámbito de su competencia, lo cual pudiera llevar a una extralimitación de los Municipios en el ejercicio del Poder Público y, específicamente, en la ejecución de las materias propias de la vida local.

El citado artículo 36 de la LORM adopta los dos criterios de determinación de la competencia municipal, en cuanto a que en su texto establece un sistema mixto materializado por una enumeración concreta en los 17 primeros ordinales y numerales del artículo y una cláusula general amplia de competencia, con las distorsiones que pudieran dimanar de tal conceptuación arriba señaladas, previstas en el encabezamiento del artículo y en el numeral 18 ("las demás que sean propias de la vida local y las que le atribuyan otras leyes").

Igualmente el legislador en el artículo 36 adopta el criterio de competencias propias y concurrentes, al establecer en el referido artículo como propias de la competencia municipal un conjunto de materias que son compartidas por otras entidades públicas territoriales, lo cual destaca el carácter relativo y limitado de la autonomía municipal.

En otro orden de ideas, conviene destacar la opinión de Brewer-Carías en relación al artículo 30 constitucional, causa inmediata del 36 de la LORM, autor que expresa lo siguiente:

A pesar de la enumeración de las materias propias de la vida local, la sola ejemplificación que la Constitución hace, *convierte en completamente relativa la autonomía normativa y administrativa del Municipio sobre ella* pues el propio texto constitucional atribuye estas mismas competencias al Poder Nacional. (.....)

En esta forma, en todas las materias propias de la vida local que la Constitución ha señalado como de la competencia de las Municipalidades, el propio texto fundamental ha establecido competencias concurrentes del Poder Nacional e inclusive de los Estados, que han producido que el ejercicio de las competencias municipales se encuentre triplemente limitado frente a los poderes residuales de los Estados, a los poderes implícitos del Poder Nacional y a los poderes concurrentes. A estas limitaciones debe agregarse la tendencia centralista del Poder Nacional, y *la complejidad de los problemas del desarrollo económico y social*, en particular los del desarrollo urbanístico, *que han hecho intervenir con más razón a los poderes nacionales. (Allan Brewer-Carías, Introducción General al Régimen Municipal en Ley Orgánica de Régimen Municipal 1989, (varios autores), Editorial Jurídico Venezolana, Caracas, 1990, pp. 42-3).*

Sin embargo, los criterios determinativos de la competencia municipal expuestos no resultan suficientes para determinar la constitucionalidad o no de una gestión, de un acto administrativo o de una prestación por parte de una entidad pública territorial. Adicionalmente, es necesario reunir al criterio territorial y de la noción intrínseca del "interés respectivo" o "propio" o "peculiar de la entidad". En efecto, siendo que el Municipio, es una *entidad pública de base territorial*, lo lógico es que el elemento determinante de la competencia, como lo es los poderes jurídicos, tengan un ámbito de eficacia en una jurisdicción territorial inherente y consustancial a la existencia del ente. No podemos hablar de competencias sin el territorio. No se puede ejercer el contenido autonómico en una materia ajena "al interés local" o "peculiar de la entidad" con un desconocimiento del ámbito espacial en que deben actuar las personas públicas territoriales. En este sentido, cabe recordar que los Municipios como entidad pública de base territorial tienen unos elementos existenciales, sin los cuales no se puede perfilar ni reconocer personalidad jurídica alguna a cualquier comunidad o sociedad organizada. Así, de acuerdo al artículo 18 de la LORM para la creación de un Municipio deben concurrir:

(i)   Una población no menor de diez mil (10.000) habitantes, o la existencia de un grupo social asentado establemente con vínculos de vecindad permanente.

(ii)   Un territorio determinado, que corresponda a cada Municipio y a las demás entidades locales territoriales en su jurisdicción conforme a lo previsto en la

Ley de División Político Territorial dictada por la Asamblea Legislativa del correspondiente Estado (artículo 17 LORM).

(iii)   Un centro de población no menor de dos mil quinientos (2.500) habitantes, que sirva de asiento a sus autoridades.

LA COMPETENCIA EXCLUSIVA O EL PODER DE IMPOSICIÓN DE LAS ACTIVIDADES DE EXPLORACIÓN, PRODUCCIÓN Y COMERCIALIZACIÓN DE HIDROCARBUROS CORRESPONDE ÚNICAMENTE AL PODER NACIONAL

La Constitución de la República al establecer y definir la estructura y organización del Estado Federal y, en consecuencia, las entidades públicas territoriales o de base territorial que lo conforman, de acuerdo a la distribución del Poder Público en base al criterio federativo o vertical -como lo señaláramos *supra*-, dedica una gran parte del articulado a la definición y atribución competencial del Poder Nacional, como potestad constitucional de la República, que representa la personería jurídica del nivel nacional y cuyos órganos fundamentales, de acuerdo al sistema de distribución horizontal o funcional del Poder Público, son: el Presidente de la República (Poder Ejecutivo), las Cámaras Legislativas (Poder Legislativo) y la Corte Suprema de Justicia y demás Tribunales que asigne la Ley (Poder Judicial).

Así las cosas, la Constitución reserva al Poder Nacional y, por tanto, a los órganos que lo ejercen, como lo asienta Brewer-Carías:

Una serie de competencias que se enumeran en el artículo 136, respecto a las cuales su regulación legislativa corresponde, por supuesto, a las Cámaras legislativas de acuerdo al artículo 139 de la Constitución. Además, la propia Constitución reserva otra serie de competencias al Poder Nacional, al establecer la reserva legal. Otras, incluso, les corresponde por el carácter concurrente de la enumeración o *por su índole o naturaleza." Allan Brewer Carías: "Instituciones Políticas y Constitucionales"*, Tomo I, Universidad Católica del Táchira, San Cristóbal, 1985, página 607.

Las competencias reservadas al Poder Nacional, en el artículo 136 de la Constitución de la República, pueden ser clasificadas de la siguiente manera:

a)   Competencias en cuanto a la legislación general.

b)   Competencias en relación a la Hacienda Pública Nacional, la cual está referida, tanto las competencias tributarias propiamente dichas, como las competencias en materia de bienes del Estado.

c)   Competencias en materia de política general del Estado.

d)   Competencias en materia económica.

e)   Competencias en materia social.

f)   Competencias en materia de desarrollo físico e infraestructura.

g)   Competencias derivadas de las materias reservadas a la Ley (reserva legal).

La reserva efectuada por la Constitución a favor del Poder Nacional en todo lo relativo al régimen de hidrocarburos entendido en el sentido más amplio del vocablo, se efectúa de la siguiente manera: (Vid. Federico Araujo Medina y Leonardo Palacios Márquez, Análisis Constitucional del Poder Tributario en Materia de Hidrocarburos, Publicaciones Torres, Plaz y Araujo, Caracas, 1995).

LA RESERVA CONSTITUCIONAL GENERAL EN MATERIA DE HIDROCARBUROS

El artículo 136 de la Constitución de la República, en su numeral 10° establece una reserva general, absoluta, materializada mediante la técnica constitucional de asignación de competencias exclusiva del Poder Nacional en todo lo referente al régimen y administración de los hidrocarburos.

En efecto, establece el numeral 10° del artículo 136 de la Constitución de la República, lo siguiente:

Artículo 136.- Es de la competencia del Poder Nacional:

...(OMISSIS)...

10° El régimen y administración de las minas e hidrocarburos, salinas, tierras baldías y ostrales de perlas; la conservación, fomento y aprovechamiento de los montes, aguas y otras riquezas naturales del país. El Ejecutivo Nacional podrá, en conformidad con la ley, vender, arrendar o dar en adjudicación gratuita los terrenos baldíos; pero no podrá enajenar las salinas, ni otorgar concesiones mineras por tiempo indefinido.

La ley establecerá un sistema de asignaciones económicas especiales en beneficio de los Estados en cuyo territorio se encuentren situados los bienes que se mencionan en este ordinal; sin perjuicio de que también puedan establecerse asignaciones especiales en beneficio de otros Estados. En todo caso, dichas asignaciones estarán sujetas a las normas de coordinación previstas en el artículo 229 de esta Constitución.

Los baldíos existentes en las islas marítimas, fluviales o lacustres no podrán enajenarse, y su aprovechamiento sólo podrá concederse en forma que no envuelva, directa ni indirectamente, la transferencia de la propiedad de la tierra.

Esta reserva general, referida al régimen y administración de los hidrocarburos, debe entenderse como una competencia exclusiva que abarca todo lo relacionado a la legislación, reglamentación y ejecución, con exclusión de cualquier otra instancia o entidad pública de base territorial, a las cuales por tal reserva, se encuentren impedidas de ejercer cualquier tipo de regulación de naturaleza normativa, o de control administrativo.

Los vocablos "régimen" y "administración", empleados por el constituyente originario en la redacción del numeral 10° del artículo 136, lo fueron en todo el sentido y extensión del significado del vocablo "régimen", lo cual abarca todo tipo de regulación y control administrativo, organizativo y de naturaleza tributaria.

La Constitución de 1961 establece, en consecuencia, una competencia exclusiva y un régimen de Derecho Administrativo y Tributario en beneficio del Poder Nacional, en todo lo que refiere a la materia de Hidrocarburos, de lo cual resulta una administración definida por referencia al régimen administrativo que a su vez define como el derecho común a las actividades del Estado y de las personas públicas (territoriales o no) y a un poder impositivo que refiere al Fisco Nacional, que lleva a que todo tributo (directo o indirecto) que repercuta o incida económicamente en las actividades de explotación, exploración y comercialización de hidrocarburos, estén reservadas al Poder Nacional.

La reserva absoluta, la competencia exclusiva en materia de Hidrocarburos prevista en el numeral 10° del artículo 136 -en nuestro criterio- no solamente está referida a "PETRÓLEOS DE VENEZUELA, S.A. (PDVSA)" y sus filiales, sino que además incluye y se extiende a todos los entes económicos o formas empresariales, sean éstas de sociedades mercantiles o no, tendentes a la ejecución de contratos asociativos o de asociación que, en definitiva, llegaran a constituirse, crearse o a probarse, dentro del contexto referencial de la reserva específica a que se refiere la LOREICH, entre las cuales, por supuesto, se encuentran los convenios de ganancia compartida (en lo sucesivo, PDVSA).

En definitiva, la Constitución de 1961 establece un régimen administrativo e y tributario que se extiende a todas las actividades que el Estado desarrolla a través de PDVSA y sus filiales o a través de cualquiera de las formas empresariales, asociativas o corporativas que se celebren, desarrollen o se creen de conformidad con la reserva específica prevista en la LOREICH.

La reserva general establecida en el numeral 10°, no sólo para lo correspondiente a Hidrocarburos ha sido objeto de interpretación de la Corte Suprema de Justicia, al tratar de salvaguardar la reserva específica al Poder Nacional cuando los Municipios han pretendido invadir la esfera competencial de este régimen absoluto, específicamente, en lo referente al régimen tributario; ratificando en todo momento la limitación y prohibición en el ejercicio del poder impositivo de los Estados o Municipios sobre las materias reservadas al Poder Nacional por el ordinal 10° del artículo 136 de la Constitución de la República.

Al respecto, estableció la Corte en las decisiones que se citan, lo siguiente:

a. *Reserva en Materia de Telecomunicaciones: (comunicaciones inalámbricas)*

Al respecto estableció la Corte en las decisiones que se citan:

Reservada a la competencia del Poder Federal todo lo relativo a Comunicaciones Inalámbricas, la Ley de Telecomunicaciones reglamenta su administración, inspección y vigilancia y las formalidades que deben cumplirse para el otorgamiento de permisos o concesiones sobre la materia a particulares. Quienes obtengan tales permisos o concesiones deben pagar el impuesto de uno por ciento (1%) del producto bruto de sus entradas, establecido en el aparte d) del artículo 15 de dicha Ley. Ahora bien, las precitadas Ordenanzas del Distrito Federal y del Distrito Valencia del Estado Carabobo sobre Patentes de Industria y Comercio, respectivamente, gravan a las radiodifusoras, así: con el tres por mil (3%) sobre sus ingresos brutos, y dos bolívares (Bs. 2,00) por mil anuales. Por modo que el problema consiste en esclarecer si ha sido o no gravada por las mencionadas Ordenanzas Municipales la misma actividad a que se refiere el impuesto de uno por ciento establecido por la Ley de Telecomunicaciones. En concepto de la Corte *es evidente la concurrencia de esos impuestos sobre una misma actividad*, desde luego que *tanto esa Ley nacional, como las dichas Ordenanzas Municipales establecen el impuesto a base de los ingresos de las radioemisoras, y por tanto, lo deben o no, según ejerzan o no su industria.* Es indudable por tanto, que la materia gravada por las Ordenanzas, es la misma sobre la cual pesa el impuesto nacional que establece la Ley de Telecomunicaciones.

Por tales razones, en nombre de la República y por autoridad de la Ley se declara la nulidad del impuesto que como Patente de Industria establecen sobre las radioemisoras comerciales el artículo 8° de la Ordenanza sobre Patentes de Industria y Comercio del Distrito Federal, y el artículo 15 de la Ordenanza sobre el Impuesto de Patentes de Industria y Comercio del Distrito Valencia del Estado Carabobo." (Sentencia de la Corte Federal del 12-06-53, Gaceta Forense II Etapa 1953, pág. 47).

b) *Reserva en Materia de Telecomunicaciones (telefonía móvil celular):*

Ahora bien, el Artículo 136 de la Constitución de la República de Venezuela dispone:

Es de la competencia del Poder Nacional.

Segundo. La defensa y suprema vigilancia de los intereses generales de la República, la conservación de la paz pública y la recta aplicación de las leyes en todo el territorio nacional: Octavo. La organización, recaudación y control de los impuestos a la renta, al capital y a las sucesiones y donaciones; de las contribuciones que gravan la importación, las de registro y timbre fiscal y las que recaigan sobre la producción y consumo de bienes que total o parcialmente la ley reserva al Poder Nacional, tales como las de alcoholes, licores, cigarrillos, fósforos y salinas; las de minas e hidrocarburos y los demás impuestos, tasas y rentas no atribuidos a los Estados y a los Municipios, que con carácter de contribuciones nacionales creará la ley; Vigesimosegundo. El correo y las telecomunicaciones." (Omisis).

Del análisis del Artículo anterior se deduce en primer lugar que la explotación de la concesión de telecomunicaciones no puede ser gravada por los Municipios a través de la Patente de Industria y Comercio, por cuanto la actividad de las Telecomunicaciones está establecido en el Numeral 8° y así lo ha previsto la Jurisprudencia de la Corte Suprema de Justicia, en Sentencia "Agencia Marítima de Representaciones" del 2 de octubre de 1.981, y de la Corte Primera de lo Contencioso Administrativo en fecha 31 de enero de 1.983. (TS5CT, sent. 14/06/94, exp. 797, sent. N° 258, consultada en original) ratificada por esta Corte en Pleno en Sentencia de fecha 16 de julio de 1996.

c) *Reserva en Materia de Navegación:*

El ordinal 20 del artículo 136 de la Constitución Nacional establece que lo relativo al Transporte, navegación aérea, marítima, fluvial y lacustre, así como los muelles y demás obras portuarias, es de la competencia del Poder Nacional.

En consecuencia, las normas constitucionales antes señaladas establecen la competencia del Poder Nacional, en todo lo relativo a la navegación y creación del impuesto sobre la misma, por lo que establecer impuestos a las empresas de Ferries y Chalanas que operan en el río Orinoco, constituye una flagrante violación de las normas constitucionales antes analizadas y como consecuencia de ello legisla sobre una materia que es competencia exclusiva del Poder Nacional. La navegación es pues, materia atribuida al Poder Nacional y siendo el río Orinoco, propiedad del Estado venezolano, la navegación por él, es igualmente de la competencia del Poder nacional, y así lo establece el artículo 4° de la Ley de Navegación.

La extinguida Corte Federal, en sentencia de fecha 22 de febrero de 1960, ha sostenido el criterio que ahora se ratifica cuando estableció que:

Al someter a control o vigilancia las entradas de buques a los fines del pago del impuesto municipal referido, está gravando con un impuesto la navegación y legislando sobre una materia de la exclusiva competencia del Poder Nacional; y tal facultad escapa a la acción legal del Poder Municipal, al que por órgano del Consejo Municipal, en el ejercicio de la autonomía que consagra la Carta Fundamental, concierne lo relativo al régimen fiscal, económico y administrativo de la Municipalidad, sin otras restricciones que las establecidas por la Constitución. Entre esas restricciones está la relativa a la navegación, por lo que el referido impuesto indudablemente colide con los numerales 15 y 26 del artículo 60 de la Constitución, por ser atribuciones del Poder Nacional, la creación, recaudación, inspección y fiscalización de los impuestos sobre naves y navegación, así como también, el transporte marítimo, aéreo, fluvial y lacustre". (G.F. N° 27, Vol. I-1960, pág. 109).

Por las razones expuestas, la Corte Suprema de Justicia en Pleno, administrando justicia en nombre de la República y por autoridad de la Ley, declara la Nulidad Parcial de las Ordenanzas sobre Industria, Comercio y Servicios de Actividades Similares del Distrito Cedeño del Estado Bolívar contenido en el anexo denominado Tabla "B", grupo XXV, Código 25-07, sancionada el 29 de agosto de 1983, y publicada en el número extraordinario de la Gaceta Municipal del Distrito Cedeño del Estado Bolívar correspondiente al mes de julio de 1983, y asimismo declara la Nulidad Parcial de la Ordenanza sobre Patente de Industria y Comercio del Distrito Infante del Estado Guárico, contenido en el grupo 11, código 11.5 del artículo 34, publicada en la Gaceta Municipal de abril de 1980, Extraordinario I". (Corte Suprema de Justicia, Sala Plena, 04-05-88, Gaceta Forense, Tercera Etapa, Año 1988 (Abril a Junio), Volumen I – N° 140).

d) *Reserva en Materia de Minas*

En este sentido, nuestra Corte Suprema de Justicia al analizar la inconstitucionalidad de una Ordenanza Municipal sobre Minería (v.gr. recordar que la materia minera recibe tratamiento constitucional idéntico al aplicable a la materia de hidrocarburos) ha sentado lo siguiente:

El artículo 136 de la Constitución de la República, específicamente determina las materias que son competencia del Poder Federal y dentro de ellas, en sus ordinales 8° y 10°, están incluidos respectivamente, "La organización, recaudación y control de las contribuciones ...de minas..." y "El régimen y administración de las minas". En consecuencia, toda regulación sobre tales materias por los Poderes Estadal y Municipal, violan lo previsto en el mencionado artículo 136.

(...omissis...)

En el caso bajo análisis, se observa claramente que la Municipalidad del Distrito Lander del estado Miranda, al regular en la Ordenanza de Arena, Piedras y otras substancias especificadas en su artículo 1°, y estableciendo sanciones por el incumplimiento de sus normas, violentó flagrantemente el ordinal 10° del artículo 136 de la Constitución de la República, por cuanto no está facultada para ejercer tal función conferida con exclusividad al Poder Legislativo Nacional, el cual, en el artículo 7 de la Ley de Minas reguló tal materia y al efecto establece: "Las piedras de construcción y decoración, o de cualquier otra clase, que no son piedras preciosas, mármol, porfirio, kaolin, magnesita, arenas, lodos, yeso, puzolanas, turbas, y sustancias terrenas y el guano, pertenecen al propietario de la tierra, quien las puede explotar sin especiales formalidades...".

Es idéntica la situación con relación al impuesto de explotación de los referidos minerales, prevista en el artículo 9° de la Ordenanza, el cual, en este caso viola el ordinal 8° del mismo artículo 136 de la Constitución de la República. Ambas violaciones ocasionan la nulidad de dicha Ordenanza de conformidad con el artículo 215, ordinal 4 ejusdem." (Corte Suprema de Justicia en Sala Político-Administrativa, sent. del 20/07/71, recurrente: A.I.P.A.R., consultada en original)

A la luz de las consideraciones precedentes, debemos concluir en lo siguiente:

i)   Que la atribución de competencia efectuada en materia de régimen y administración de Hidrocarburos es una asignación exclusiva, absoluta en beneficio del Poder Nacional.

ii)   Que tal asignación no solamente se refiere al régimen administrativo, de control sino que incluye el régimen tributario.

iii)   Que la asignación mediante la técnica de competencia exclusiva, impide a los Municipios y a los Estados incidir o gravar las actividades de Hidrocarburos, ya bien sea mediante las formas estatales descentralizadas de administración pública petrolera o mediante los acuerdos, convenios o sociedades mercantiles que se constituyan o se creen de conformidad con la reserva específica de la LO-REICH.

iv)   Que tal prohibición constituye una limitación explícita o directa al ejercicio del poder tributario estadal o municipal, que se traduce, más bien, en un deber de abstención o de no intervención en los asuntos propios del Poder Nacional, como se desprende de los artículos 18 al 34 de la Constitución de la República.

LA RESERVA ESPECÍFICA EN MATERIA DE HIDROCARBUROS

La Constitución de la República, además del establecimiento de las reservas genérica, de naturaleza exclusiva y excluyente en cuanto corresponde única y exclusivamente al Poder Nacional, también establece como principio general una reserva específica en las materias de la competencia del Poder Público Nacional. En efecto, el artículo 139 de la Constitución de la República prevé que *"...corresponde al Congreso legislar sobre las materias de la competencia nacional y sobre el funcionamiento de las distintas ramas del Poder Nacional...".*

La referida disposición constitucional se ratifica en el numeral 24 del artículo 136 al establecer que es competencia del Poder Nacional la legislación *"...relativa a todas las materias de la competencia nacional...".*

En tal sentido, se impone al Congreso de la República el establecer y regular legislativamente, mediante leyes (artículo 162 de la Constitución de la República), las materias que sean de la competencia del Poder Público Nacional. Estas materias no son otras que las competencias del Poder Nacional establecidas en el artículo 136 de la Constitución. Estas materias de la competencia del Poder Nacional, por consiguiente, son objeto de reserva legal, pues únicamente pueden ser reguladas mediante ley (por ejemplo: el sistema monetario, correos y telecomunicaciones, pesas y medidas, *impuestos, tasas y contribuciones especiales*, etc.) (Carlos Ayala Corao, *Consideraciones sobre el Desarrollo Legislativo inadecuado de Derechos y Garantías Constitucionales*, COPRE. Caracas, 1991, p. 260.)

En este orden de ideas, encontramos el ordinal 8° del artículo 136 de la Constitución de la República, el cual copiado a la letra establece lo siguiente:

Artículo 136.- Es de la competencia del Poder Nacional:

...(OMISSIS)...

8° La organización, recaudación y control de los impuestos a la renta, al capital y a las sucesiones y donaciones; de las contribuciones que gravan la importación, las de registro y timbre fiscal y las que recaigan sobre la producción y consumo de bienes que total o parcialmente la Ley reserva al Poder Nacional, tales como las de alcoholes, licores, cigarrillos, fósforos y salinas; las de minas e *hidrocarburos y los demás impuestos, tasas y ventas no atribuidos a los Estados y a los Municipios, que con carácter de contribuciones nacionales creare la Ley.*

La simple lectura del numeral 8° del artículo 136 pone de manifiesto que el constituyente originario reservó, en forma absoluta, bajo la técnica de competencia exclusiva, los tributos en materia de Hidrocarburos a la esfera competencial del Poder Nacional, sin necesidad de que una ley formal reserve total o parcialmente el Poder Nacional, la tributación sobre los hidrocarburos, a diferencia de lo que sucede con la materia de alcoholes, licores, cigarrillos, fósforos y salinas. La reserva en materia de Hidrocarburos, no solamente está referida a aquellos impuestos que graven la producción y el consumo, como en el caso de los bienes antes señalados, condicionando su existencia a la previsión de una ley, sino que la reserva a los tributos que inciden sobre los hidrocarburos, abarca cualquier manifestación rentística que pudiera agotar el ejercicio del poder tributario incluyendo, obviamente, la producción y el consumo de bienes.

En todo caso, resulta obvio que la existencia de ley está referida a la exacción del tributo y no a la reserva del mismo al Poder Nacional, la necesidad de ley es a los fines de dar cumplimiento al principio de legalidad tributaria consagrado en el artículo 224 de la Constitución de la República, que expresa el dictar una ley que establezca todos y cada uno de los elementos constitutivos (cualitativos y cuantitativos) del tributo de que se trate, sea éste indirecto o directo, que tenga como materia de imposición los Hidrocarburos. De tal manera que, la reserva constitucional tributaria, en lo que respecta a los hidrocarburos es inmediata y no necesita de su desarrollo en la ley, salvo en lo que respecta a la materialización del poder tributario por parte del órgano legislativo del Poder Nacional (Congreso de la República), necesario para la tipificación de los elementos integradores del tributo, lo cual, de suyo, excluye en forma absoluta e inmediata cualquier pretensión por parte de los Estados y de los Municipios, de incidir mediante exacciones las actividades económicas reservadas al Poder Nacional en materias de Hidrocarburos.

En este orden de ideas, debemos traer a colación lo expresado por el maestro Casado Hidalgo, quien expresa lo siguiente:

El ya citado ordinal 8° del artículo 136 constitucional, ha creado una fórmula de concurrencia de potestades diferidas para su desarrollo a la ley (al Congreso), cuando establece que ésta puede reservar total o parcialmente al Poder Nacional las contribuciones (impuestos y tasas) sobre producción y consumo de alcoholes, licores, cigarrillos, fósforos y salinas. *Ello significa que las ramas de ingreso citadas en los párrafos anteriores están excluidas de la potestad de la ley en cuanto a su atribución porque ésta es obra del constituyente.* En cambio, en la segunda fuente de competencia que venimos estudiando, el Congreso tiene la posibilidad de repartirla entre las diversas ramas del Poder Público (República, Estados, Municipios) y crear otros "sobre la producción y el consumo" e igualmente reservarlos total o parcialmente al Poder Nacional" (Luis R. Casado Hidalgo: *Una Presentación del sistema Tributario Venezolano en sus Bases constitucionales y Orgánicas, en 20 años de Doctrina de la Procuraduría General de la República,* T. V., Caracas, 1984, pp. 356-7).

LA RESERVA LEGISLATIVA COMPLEMENTARIA COMO FUENTE ATRIBUTIVA DE PODER TRIBUTARIO AL PODER NACIONAL EN MATERIA DE HIDROCARBUROS

Además de las otras fuentes atributivas de poder tributario, que hemos examinado en el presente estudio, debemos analizar la vía del mecanismo de atribución previsto en el primer aparte del artículo 97 de la Constitución de la República. El referido precepto constitucional establece lo siguiente:

*Artículo 97.- ...*OMISSIS...

El Estado podrá reservarse determinadas industrias, explotaciones o servicios de interés público por razones de conveniencia nacional, y propenderá a la creación y desarrollo de una industria básica pesada bajo su control.

De acuerdo a este mecanismo previsto en el referido artículo 97, el Poder Nacional, mediante la LOREICH se reservó por razones de conveniencia, todo lo relativo a la explotación del territorio nacional en busca de petróleo, asfalto y demás hidrocarburos, a la explotación de yacimientos de los mismos, a la manufactura o refinación, transporte por vías especiales de almacenamiento; al comercio interior y exterior de las sustancias explotadas y refinadas y a las obras que su manejo requiera (artículo 1°). Esta reserva de la industria y el comercio de hidrocarburos no solamente se refiere a la parte administrativa, operativa y de control sino incluso a la parte tributaria, que ratifica lo establecido en los ordinales 8° y 10° del artículo 136. En este sentido, el artículo 7 de la referida ley orgánica establece que las empresas a que se refiere el artículo 6°, constituidas por el Ejecutivo Nacional para organizar y administrar, gestionar las actividades reservadas *"...no estarán sujetas a ninguna clase de impuestos estadales o municipales..."*.

La referida consagratoria de un supuesto de no sujeción, no constituye única y exclusivamente una manifestación o establecimiento de la teoría de la inmunidad de los entes o instrumentos del Estado, sino que es una ratificatoria del poder de exclusión emanado *ex-constitutionae*. El supuesto de no incidencia, no quebranta o, en forma alguna, violenta la esfera constitucional, sino que por el contrario lo que hace es ratificar los ordinales 8° y 10°, haciendo uso del artículo 97 como reserva o mecanismo atributivo de poder tributario mediante el mecanismo de la reserva en los términos previstos en el artículo 97 de la Constitución de la República.

Así las cosas, todo lo relacionado al poder tributario nacional en cuanto a la materia de Hidrocarburos está estrictamente reservado al mismo por las disposiciones constitucionales establecidas en los artículos 8° y 10° ratificados a la reserva genérica prevista en el artículo 97 y en los artículos 1 y 7 de la LOREICH.

LA TEORÍA DE LOS PODERES IMPLÍCITOS COMO FUENTE DE PODER TRIBUTARIO NACIONAL

En el presente estudio hemos partido de la naturaleza *sui generis* de la estructura Federal del Estado Venezolano "la República de Venezuela es un Estado Federal, en los términos consagrados por esta Constitución" (artículo 2 Constitución de la República). Ello así, es la propia Constitución de la República la que establece el alcance de la descentralización político territorial del Estado Venezolano, siempre dentro de la concepción de su unicidad y estructura monolítica, estableciendo el reparto competencial -término genérico, que incluye el Poder Tributario- entre las distintas entidades públicas de base territorial, como contenido propio de la autonomía que le ha sido conferida para atender la respectiva colectividad y bloque de intereses públicos que le asigna la Carta Magna y las leyes que lo ejecutan.

El principio Federal, como lo asienta el profesor norteamericano Wheare, impone el que el Gobierno Nacional y los Gobiernos de los Estados son a la vez entes coordinados e independientes *(Wheare, Federal Government, citado por Bernard Schwartz, El Federalismo Norteamerica Actual*, Cuadernos Cívitas, Madrid, 1984, p. 21). En otras palabras, el Constituyente venezolano trata de fomentar "simultáneamente la unidad del todo y la realidad natural de las partes, con plena conciencia de que en los esfuerzos para conciliar la pluralidad con la unidad conviene tener en cuenta que ambas son momentos de la integración" *(Eduardo Yorezt, La Autonomía en la Integración Política, Madrid, 1932, p. VIII)*. Sobre estas bases no hay oposición entre "el propósito de mantener la independencia y la integridad territorial de la Nación, fortalecer su unidad, asegurar la libertad, la paz y la estabilidad de las instituciones" (Preámbulo de la Constitución de la República), la autonomía e igualdad de los Estados como entidades políticas, obligados a mantener la independencia e integridad de la Nación (artículo 16 de la Constitución de la República) y la concepción de que los Municipios "constituyen la unidad política, primaria y autónoma dentro de la organización nacional" (artículo 25 de la Constitución de la República).

Por lo mismo, tampoco la hay entre autonomía y soberanía, porque como lo asienta una sentencia del Tribunal Constitucional español, perfectamente aplicable a la realidad Constitucional venezolana.

Ante todo, resulta claro que la autonomía hace referencia a un poder limitado. En efecto, *autonomía no es soberanía* -y aún este poder tiene límites- y dado que *cada organización territorial dotada de autonomía es una parte del todo*, en ningún caso el principio de autonomía puede oponerse al de la unidad, sino que es precisamente dentro de éste donde alcanza su verdadero sentido, como expresa el artículo 2 de la Constitución española, (coincidente con el artículo N° 2 de la Constitución de la República*(Sentencia del Tribunal Constitucional Español N° 4/1981,* del 2 de febrero, FJ3 en el Liceo Aja, Mark Carrillo y Otros, *op. cit,*. pp. 715-22).

En definitiva, lo que se persigue con la estructura Federal en general y, la *sui generis* venezolana en particular, es que la relación entre el todo (la Nación constituida en Estado democrático, representativo, responsable y alternativo) artículo 3 de la Constitución de la República) y las partes (los Estados y los Municipios) no es ni puede ser nunca de antagonismo, sino de integración, tendiendo a la búsqueda de los objetivos y fines del Estado, que permiten mantener su integridad, su independencia y libertad en los términos expuestos en nuestra Carta Magna.

La Constitución de la República, establece que tanto la República como los Estados y los Municipios, tiene cada cual la esfera propia de su competencia que ella misma le señala. Los entes locales les ha sido atribuido un auto Gobierno, que no sólo es de carácter administrativo, como lo hemos expresado anteriormente, sino también político, porque a cada nivel responde a la voluntad de los ciudadanos -a través de los representantes elegidos- y tienen capacidad normativa y potestad de auto organización, así como un Poder Tributario que les permite contar con los ingresos financieros suficientes para satisfacer las necesidades propias a través de la actividad prestataria de servicios inherentes a sus intereses peculiares. La referencia Constitucional de "el Gobierno y administración de los intereses peculiares de la entidad", del artículo 30 no puede entenderse como equivalente de administración, puesto que ello va mucho más allá de la potestad organizativa y administrativa, sino que obviamente posee naturaleza política.

Sin embargo, de lo anteriormente expuesto no puede concluirse que la autoridad del Gobierno Federal (de la República), según la Constitución venezolana se encuentra limitada a lo que le ha sido literalmente conferida en dicho instrumento, ello en virtud de que aunque el Gobierno Federal es un Gobierno de poder taxativamente enumerados, su autoridad no está minuciosamente descrita, y por ello se estima que ostenta no sólo las facultades expresas y específicamente concedidas, sino también los poderes que sean necesarios y adecuados para el ejercicio efectivo de dichas facultades expresas *(Willoughby, Principles of the Constitucional Law of Unites States,* 1935, p. 54) Lo anteriormente expuesto, configura lo que la doctrina constitucional denomina la teoría de los poderes implícitos («Implied Powers»), que según el constitucionalista argentino Luqui, son aquellos concedidos al Congreso para poner en movimiento los poderes delegados y sin los cuales éstos serían letra muerta. Para que los poderes implícitos puedan tener aplicación Constitucional en un caso especial, tiene este caso que fundarse precisamente en alguno de los *poderes antecedentes.* Los poderes implícitos no tienen autonomía, dichos poderes coadyuvan en la ejecución de los poderes antecedentes. Son complementarios *(Juan Carlos Luqui, Derecho Constitucional Tributario,* Depalma, Argentina, 1993, p. 298).

La doctrina de los poderes o competencias "implícitas", fue acogida por el constituyente venezolano en el numeral 25 del artículo 136 según el cual, es competencia del poder nacional todo aquello que *"le corresponda por su índole o naturaleza".*

La cláusula de poderes implícitos por su "índole" o "naturaleza", está formulada en términos mucho más amplios a los desarrollados por la doctrina norteamericana, y algunos textos constitucionales iberoamericanos. En este orden de ideas, traemos a colación lo afirmado por el constitucionalista venezolano Ayala Corao, quien según el cual la cláusula de los poderes implícitos contenida en el numeral 25 artículo 136,

Podría tener consecuencias fuertemente centralizantes contraria al espíritu de la Constitución si no es interpretada adecuadamente. En efecto, no cualquier materia por el sólo hecho de ser importante o relevante es necesariamente de índole o naturaleza nacional. Consideramos que para que una materia pueda ser considerada por su índole o naturaleza de la competencia del poder nacional, *es necesario que resulte afín con las competencias asignadas expresamente a éste (Carlos Ayala Corao, Naturaleza y Alcance de la Descentralización Estadal en Leyes para la Descentralización Política de la Federación,* Editorial Jurídica Venezolana, Caracas, 1990, p. 86-6).

En relación al numeral 25 del artículo 136 de la Constitución de la República, consagratoria de la tesis de los poderes o competencias implícitas, que por su índole o naturaleza deben estar reservadas al poder nacional, Casado Hidalgo afirma que es una fuente de competencia tributaria de carácter residual en beneficio del Poder Nacional. En efecto, afirma el citado autor lo siguiente:

La última fuente de competencias radica en el ordinal 25 del artículo 136, en una disposición de carácter residual: *donde la índole o naturaleza de la materia a regular hace aneja la competencia del Poder Nacional* y en consecuencia si el impuesto a crear recae sobre materias y objetos que afectan de modo determinante la economía del país, o inciden sobre los propósitos que pretende cumplir el Estado según el preámbulo de la Constitución, no puede ser atribuido por el legislador sino únicamente al Poder Nacional *(Luis R. Casado Hidalgo, Op. Cit.* p. 358).

Resulta obvio, que la materia de hidrocarburos en su sentido amplio, que abarca *in extenso* lo relativo a la legislación, control, administración y tributación, constituye una materia que por su índole y naturaleza debe necesaria e ineluctablemente estar reservada al Poder Nacional. Un porcentaje determinante de los ingresos públicos ordinarios de fuente tributaria y patrimonial, que satisfacen el financiamiento del presupuesto nacional, provienen de la actividad de hidrocarburos. Si se analiza la importancia que reviste los hidrocarburos, como fuente generadora de ingresos públicos bajo la óptica de los principios de imposición presupuestarios y fiscales, debemos sostener que el *principio de suficiencia* de los ingresos tributarios, exige e impone que, por su índole y naturaleza, el sistema fiscal de nuestro país descanse sobre la imposición que recae sobre los hidrocarburos este reservada exclusivamente al Poder nacional, bajo el supuesto de un racional equilibrio financiero vertical, que se estructure cuantitativa y cualitativamente de manera tal que los ingresos tributarios permitan en todo nivel políticos, es decir, en cada una de los entes públicos de base territorial la cobertura duradera de los gastos que éste haya de financiar (*Cfr. Frits Neumark, Principios de la Imposición, Instituto de Estudios Fiscales,* Madrid, 1974, p. 85).

Así las cosas, todo el régimen financiero y hacendístico de los hidrocarburos, tanto en la vertiente de los ingresos patrimoniales como los de fuente tributaria, constituyen la fuente del Situado Constitucional, que permite efectuar mediante un régimen compensatorio una redistribución del ingreso proveniente de esta actividad para que todas las entidades político territoriales puedan acceder a recursos suficientes para hacer frente a las necesidades del correspondiente colectivo. No solamente los Estados como integrantes de la Federación, sino incluso los Municipios, derivan su mayor parte de ingresos de aquellos provenientes del situado Constitucional, que de acuerdo a los artículos 13 y 14 de la Ley Orgánica de Descentralización, Delimitación y Transferencia de Competencia del Poder Público, se conforma un sistema compensatorio de distribución en las leyes de presupuestos de los Estados, los cuales van a permitir un ingreso a todas aquellas entidades públicas de base territorial distintas a las Repúblicas acceder a los ingresos suficientes, rendidores de la actividad de hidrocarburos. De esta manera, se aseguran las funciones del sector público atinentes a (i) garantizar un uso eficiente de los recursos, (ii) establecer una distribución equitativa de la renta y (iii) mantener a la economía nacional en niveles altos de empleos con razonable estabilidad de precios. (Cfr. Wallace E. Oates, Federalismo Fiscal, *Instituto de Estudios de Administración local*, Madrid, 1977, p. 17).

Ello así, necesariamente por su índole y naturaleza todo el régimen de hidrocarburos,(tributación, organización, administración, control) debe ineluctablemente estar reservado al Poder Nacional, a objeto de lograr, no sólo la progresividad del sistema, ya no en la vertiente del ingreso tributario, en cuanto a la consulta de la capacidad contributiva en la configuración de las correspondientes exacciones, sino en la vertiente de los gastos, tendencia moderna de las finanzas públicas, que permite derivar con carácter suficiente los recursos para efectuar gastos en áreas socialmente prioritarias, que permita "el desarrollo de la economía" y "una elevación del nivel de vida del pueblo", en los términos del artículo 223 de la Constitución de la República.

En otro orden de ideas, debemos recordar que la tributación es un instrumento excelente de política fiscal, dirigida a acelerar el desarrollo económico y atender a determinadas normas sociales, por lo que el Sistema Tributario pueda adaptarse al objetivo de esa política, pero no puede desligarse, para garantizar su eficacia, del ambiente político e institucional (*Cfr. Víctor Urquidi, La Política Fiscal en el Desarrollo Económico de América Latina en Reforma Tributaria para América Latina, Problemas de Política Fiscal, OEA-OEA Vid., Cepal,* Chile, 1962, p. 12).

Así las cosas, todo lo relacionado al régimen de la actividad de hidrocarburos y a los recursos que puedan derivar de la ejecución de tales actividades económicas, constituyen la piedra angular sobre la cual se configura la política fiscal venezolana, entendida como la manipulación de diversos instrumentos tributarios, de gastos, cambiarios, de fijación de precio o tarifa, en forma tal que se produzcan suficientes incentivos para que el sector privado genere el volumen de ahorros requeridos para el desarrollo económico y efectúe las inversiones que le correspondan. Resulta pues, evidente una vez más, que la materia de hidrocarburos por su índole y naturaleza debe estar necesariamente reservada al Poder Nacional, por cuanto constituye la savia y aliciente para conformar una verdadera política de desarrollo entendida ésta como:

Un conjunto de decisiones públicas y privadas que tienden a afectar el monto y la composición de la demanda global, y en particular, a elevar la proporción del gasto destinada a inversión productiva, y si, además, dicha política es susceptible de expresarse en el marco de un plan o programa a mediano o a largo plazo -lo que supone la adopción de objetivos cuantitativos- la necesidad de un plan global de financiamiento que permita alcanzar esos fines resulta evidente. La política fiscal y financiera del sector público constituyen así la piedra angular de un plan general de financiamiento del desarrollo, no sólo por la forma en que se exprese en los ingresos, los gastos y el endeudamiento del propio sector público, sino también por la influencia que pueda tener en el sector privado (*Ibid.,* p. 8).

A la luz de las consideraciones precedentes resulta evidente que la materia de hidrocarburos, no sólo por la reserva general prevista en el numeral 10° del artículo 136 ni la específica en materia impositiva prevista en el numeral 8° ejusdem, sino que por la índole y naturaleza de lo que representa la actividad de hidrocarburo en los términos expresados, constituyen una materia que necesariamente debe estar reservadas al Poder Nacional con carácter exclusivo y excluyente o, como lo afirma Casado Hidalgo, como una competencia omnicomprensiva (*Luis R. Casado Hidalgo, op. cit. p. 356*), lo cual excluye toda pretensión de los Municipios y de los Estados de gravar la actividad de hidrocarburos, ya bien sea mediante tributación directa o indirecta, es decir, que está vedado y prohibido constitucionalmente efectuar cualquier tipo de ejercicio del Poder Tributario que incida sobre la actividad de hidrocarburos. Lo contrario, es legitimar una vía de erosión y corrosión de las bases de imposición en perjuicio de todas las entidades político territoriales menores, que por su ubicación geográfica y estructura geológica no pueden ser catalogados como estados o Municipios petroleros, es decir, que no pueden ni tienen en su jurisdicción la realización de actividades comercio industriales vinculados a la materia de hidrocarburos, no pudiendo acceder a las fuentes de financiamiento directo mediante el establecimiento de ingresos tributarios autonómicos. En tal sentido, se impone el estructurar, un sistema compensatorio como el situado coordinado o fondo de reestructuración fiscal, en los términos que veremos *infra,* para redistribuir el ingreso y lograr los fines de política fiscal y de desarrollo social que materializan los fines y objetivos del Estado plasmado en la Constitución de la República.

Este mecanismo compensatorio, consiste en la asignación por parte del Poder Nacional de cantidades correspondientes a la recaudación tributaria derivada de las actividades de hidrocarburos o, de la participación patrimonial de la República, en cualquiera de los mecanismos de integración empresarial o asociativa previstos en la LOREICH; mecanismo restrictivo y compensatorio que tiene su fundamento en el ordinal 10º del artículo 136 de la Constitución de la República, conforme al cual la Ley establecerá un sistema de asignaciones económicas especiales en beneficio de los Estados en cuyo territorio se encuentren situados los bienes destinados a las actividades económicas, entre otras, cuyo objeto sean las minas e hidrocarburos, sin perjuicio de que el referido sistema pueda establecerse en beneficio de otros Estados.

Es importante destacar, que de la redacción del precepto constitucional citado, se evidencia que corresponde al legislador establecer cuando se va a aplicar el referido esquema de asignación económica compensatoria, pudiéndose efectuar por intermedio de los Estados, asignaciones a las entidades locales. En otras palabras, el legislador nacional en ejecución directa de la Constitución y, a los fines de buscar instrumentos de armonización en las finanzas públicas y mecanismos retributivos, debe necesariamente designar a los Estados como las primeras entidades públicas de base territorial, beneficiaria de las asignaciones económicas sin que ello obste, a que en la misma ley especial de creación del instrumento compensatorio retributivo pueda establecer obligación a los Estados para que efectúe asimismo asignaciones a los Municipios.

Con fundamento en todas las disquisiciones efectuadas con apego a la doctrina y jurisprudencia, nacional e internacional, podemos afirmar sin lugar a equívoco, que todo lo referente a la tributación en materia de hidrocarburos, es competencia exclusiva y excluyente del Poder Nacional, estando prohibido a los Estados y Municipios el incidir, mediante la tributación la actividad, utilidad o resultado económico derivados de los hidrocarburos, mediante la Patente de Industria y Comercio o cualquier otra forma de tributación, que represente una invasión a la esfera competencial de la República.

EL ACUERDO NO CONTEMPLA EXENCIÓN ALGUNA DE IMPUESTO NI MODIFICACIÓN AL REPARTO COMPETENCIAL EFECTUADO POR LA CONSTITUCIÓN Y LAS LEYES. POR EL CONTRARIO ES UN INTERPRETACIÓN AUTENTICA DE NUESTRA LEY FUNDAMENTAL

Los recurrentes indican en forma errónea el que el Congreso en la autorización pretende equiparar a las asociaciones con las filiales de PDVSA a las cuales aplica la exención de impuestos estadales y municipales prevista en el artículo 7 de la Ley Orgánica que Reserva al Estado la Industria y el Comercio de los Hidrocarburos. En tal sentido, consideran que a través del acuerdo parlamentario se ha otorgado una exención de tales impuestos a las asociaciones.

Al efecto debe indicarse que no existe en el acuerdo expresión alguna a tal exención, siendo que de existir tal -que reiteramos no es el caso- sería evidentemente inconstitucionalidad.

Sin embargo, yerran los recurrentes por cuento no hace falta siquiera expresión alguna a la exclusión de impuestos municipales y estadales a entes públicos o privados que desarrollen actividades en materia petrolera por cuento ello resulta de la esencia de la actividad desarrollada a tenor de su reserva en términos de exclusividad al Poder Nacional.

Sobre este particular es bueno destacar que la referida limitación no deriva de EL ACUERDO, sino de una clara interpretación auténtica -de base eminentemente exegética- de las normas constitucionales y legales que rigen esta materia. Precisamente por eso el Congreso contempló en el marco de referencia establecido por EL ACUERDO para la ejecución de esta política de apertura petrolera, que los Estados podrán tener una participación fiscal especial sobre el bono sobre la rentabilidad neta del proyecto, llamado también "PEG", que corresponde a las filiales. Esto por supuesto responde a un deseo de armonización entre esta política de apertura petrolera y la de descentralización político- administrativa que se viene adelantando desde hace algunos años.

Visto todo lo anterior, resulta forzoso concluir en que el tratamiento tributario propuesto por EL ACUERDO para las Asociaciones o formas empresariales derivadas de lo previsto por el artículo 5° de la LOREICH es absolutamente constitucional y se ajusta de manera objetiva y precisa al estatuto tributario del contribuyente venezolano en materia de hidrocarburos. Esto es una conclusión a la que se llega examinado de arriba hacia abajo las potestades tributarias originarias que nuestro constituyente atribuyo a los entes político-territoriales del estado, e igualmente, cuando se acude al examen sistemático e integrador del ámbito jurídico económico de las potestades que específicamente pueden ejercer los municipios en materia de industria y comercio o los estados según el artículo 18 de la Constitución.

Todo lo anteriormente expuesto tiene su aval en el análisis sistemático y contundente de Nuestra Ley Fundamental, efectuado por esta Corte Suprema de Justicia en pleno en la sentencia dictada en fecha 16 de diciembre de 1997, al establecer de manera contundente que todo lo relativo al establecimiento de gravámenes que incida en las explotaciones económicas en materia de hidrocarburos es competencia absoluta y excluyente del Poder Nacional.

En efecto, en el citado fallo mediante el cual se declara sin lugar la demanda de inconstitucionalidad ejercida por el Municipio Raúl Leoni del Estado Bolívar se expresa lo siguiente:

"Ahora bien, las normas que regulan la organización y funcionamiento de los municipios y las que enuncian y garantizan la autonomía municipal, incluida la tributaria, están en concordancia con las disposiciones que contienen las limitaciones a esta autonomía, lo cual permite apreciar la legitimidad constitucional de la intervención del Poder Nacional en la conformación de marco jurídico de la actividad municipal..."

...(omisis)...

Los elementos que componen el concepto de la autonomía en nuestro ordenamiento jurídico, aparecen descritos en el artículo 29 de la Constitución y reproducidos en el artículo 10 de la Ley Orgánica de Régimen Municipal. Dentro de este concepto se encuentra la autonomía tributaria o de exacción, conforme a lo dispuesto en el artículo 31, ordinal 3° del texto fundamental, así: Los Municipios tendrán los siguientes ingresos: ...3°.- Las patentes sobre industria, comercio y vehículos y los impuestos sobre inmuebles urbanos y espectáculos públicos". El poder tributario municipal así concebido, está acotado por las limitaciones y prohibiciones señaladas en los artículos 18 y 34 de la propia Constitución, y por las que resultan de las garantías constitucionales que constituyen principios fundamentales del sistema fiscal nacional, del que la Hacienda Municipal forma parte subordinada. De aquí que los Municipios tienen una iniciativa tributaria propia, la cual está condicionada, solamente, por la Constitución y las leyes nacionales que organizan el ejercicio del poder normativo en materia tributaria.

El artículo 136 de la Constitución, en sus veinticinco (25) ordinales, consagra la competencia del Poder Nacional, en la cual figuran dos ramos que conciernen al caso sub-índice, que son los siguientes: "la organización, recaudación control de los impuestos a la renta, al capital y a las sucesiones y donaciones; las contribuciones que gravan la importación, las de registro y timbre fiscal y las que recaigan sobre la producción y consumo de bienes que total o parcialmente la ley reserva al Poder Nacional, tales como las de alcoholes, licores, cigarrillos, fósforos y salinas; *las de mimas e hidrocarburos* y los demás impuestos tasas y rentas no atribuidos a los Estados y Municipios, que con carácter de contribuciones nacionales creare la ley(ordinal 8°); *y el régimen y administración de las minas e hidrocarburos*, salinas, tierras baldías y ostrales de perlas y la conservación, fomento y aprovechamiento de los montes, aguas y otras riquezas naturales del país" (ordinal 10). (Subrayado de la Corte).

No todo el catálogo de competencias a que se refiere el artículo 136 constituyen atribuciones exclusivas del Poder Nacional, ya que muchas materias lo son en forma concurrente con otros niveles político-territoriales; en este orden de ideas, la centralización del ramo tributario puede ocurrir por vía de regulación legal, puesto que la ley nacional al regular una particular materia puede reservarse la tributación sobre la misma, tal como lo faculta el ordinal 8° del artículo 136 constitucional. Este sería el caso de la tributación sobre minas e hidrocarburos. A este respecto el Contexto Constitucional revela que la atribución sobre la materia en cuestión, fue considerada con carácter excluyente. No sólo el artículo 136, ordinal 10, proclama la competencia sobre las minas e hidrocarburos, sino que se insiste en el ordinal 8° del mismo artículo en atribuir el Poder Nacional la organización recaudación y control de los tributos a las minas e hidrocarburos. Así mismo, el artículo 97 Constitucional faculta al Poder Nacional para reservarse determinadas industrias, prestaciones o servicios de interés público por razones de conveniencia nacional. Este es el caso preciso de la Ley Orgánica que reserva al Estado la industria de los hidrocarburos, en que el Poder Nacional se reservó por razones de interés nacional todo lo relativo a la explotación, exploración y comercialización de petróleo, asfaltos y demás hidrocarburos, comercio interior y exterior de las sustancias explotadas y refinadas y las obras que su manejo requiera.

Más adelante afirma este máximo Tribunal lo siguiente:

"A juicio de este Alto Tribunal, la primera parte de esta disposición guarda absoluta correspondencia con lo preceptuado en los ordinales 8° y 10° del artículo 136 de la Constitución, en los cuales se describen como materias de la competencia del Poder Nacional, la organización, recaudación y control de las contribuciones sobre minas e hidrocarburos, así como el régimen y administración de los expresados recursos naturales no renovables. Estas actividades, como cualesquiera otras del ámbito de competencia del Poder Nacional, forman parte de la llamada reserva legal y por tanto, de exclusiva regulación a través de la ley formal. En este sentido se pronunció la Sala Político-Administrativa de la Corte, en sentencia de fecha 16 de julio de 1996, en estos términos:

"...no pueden no deben los órganos de la rama ejecutiva del Poder Público Nacional, ni los órganos ejecutivos y legislativos estadales o municipales mediante sus actos típicos y propios invadir tales esferas de actuación por haber sido éstas expresa y precisamente reservadas al órgano legislativo nacional".

Como corolario de lo anterior, debe entenderse que la industria de la explotación del hierro en todo el territorio nacional, es y debe ser regida en todas sus implicaciones -incluida la tributaria- por Ley Nacional. Al respecto se observa que mediante el Decreto-Ley 580, el Presidente de la República legisló sobre materia expresamente reservada al Poder Nacional y, por ende excluida la competencia tributaria de los Estados y los Municipios. Siendo así, el Decreto no viola los artículos 117 y 119 de la Constitución -como pretende el accionante- ya que no se incurrió en usurpación de funciones, sino que, con estricta sujeción a la legalidad, la norma cuestionada se refiere al sector de los impuestos, tasas y contribuciones nacionales, que derivan o se causan por el ejercicio de la actividad minera, concretamente de la industria de la explotación del hierro.

...(omisis)...

La doctrina establecida en la anterior sentencia, tiene cabal aplicación en el caso de autos, en cuanto destaca que el Texto Constitucional (Art. 34) hizo extensiva a los entes municipales la prohibición de crear impuestos sobre las materias rentísticas de la competencia nacional previstas para los Estados; y en cuanto advierte sobre la estricta reserva a la ley nacional, del poder de gravar una actividad comprendida en el marco de competencia descrito en el artículo 136 de la Constitución, como lo es la cuestión sub-examine: el régimen tributario de la industria minera en el caso concreto de la explotación del hierro, según los términos del artículo 11 del Decreto-Ley N° 580, cuya nulidad se ha demandado.

Los términos de la sentencia parcialmente transcrita son pertinentes para reiterar que, por expreso mandato constitucional, todo lo relativo a las minas e hidrocarburos, en los aspectos de creación, organización, recaudación y control de los impuestos que se deriven de dichas actividades (exploración, explotación, transporte) son de la competencia del Poder Nacional y, por tanto el complejo económico de la industria del hierro y los proventos que ella genera, no pueden gravarse mediante la fórmula normativa municipal de la Patente de Industria y Comercio. Cabe a propósito, la opinión de Germán Acedo Payarez ("Derecho Tributario Municipal"), respecto a la clasificación de actividades en una Ordenanza tipo sobre Patentes de Industria y Comercio, que incluye la "Explotación de Minas y Canteras", expresada así: "Sin que con ello pretendamos de modo alguno, hacer un análisis de todas y cada una de las actividades codificadas en el anexo "A", es indudable que muchas de ellas escapan -totalmente- a la competencia de los Municipios, en razón de que se trata de manifiestas violaciones del principio de reserva legal sancionado por el constituyente a favor del Poder Nacional, en forma exclusiva y por demás excluyente".

Como consecuencia de los anteriores criterios, la Corte pone de manifiesto que no le es dable al Municipio Raúl Leoni el Estado Bolívar, gravar con una Patente de Industria y Comercio, las labores lucrativas de extracción del mineral de hierro, que realiza en el territorio de dicho Municipio la empresa estatal C.V.G. Ferrominera del Orinoco, C.A., sobre la base imponible -como dice el accionante- del "monto de las ventas, los ingresos brutos, o el monto de las operaciones efectuadas por el contribuyente en el año anterior".

VIII

EL ACUERDO SOMETE A LA JURISDICCIÓN DE NUESTROS TRIBUNALES LOS ASUNTOS DE INTERÉS NACIONAL Y ES CONSTITUCIONAL LA FIGURA DEL ARBITRAJE EN LOS ASUNTOS COMERCIALES QUE DERIVEN DE LAS ASOCIACIONES PETROLERAS

La solicitud de declaratoria de inconstitucionalidad de la Cláusula Decimoséptima del Artículo 2° del Acuerdo es completamente improcedente. En primer lugar la solicitud de declaratoria de inconstitucionalidad debe responder a que el contenido de la cláusula disponga de algún presupuesto que sea contrario a lo establecido en el artículo 127 de la CN ("En los contratos, si no fuere improcedente de acuerdo con la naturaleza de los mismos, se considerará incorporada, aun cuando no estuviere expresa, una cláusula según la cual las dudas y controversias que pueden suscitarse sobre dichos contratos y que no llegaren a ser resueltas amigablemente por las partes contratantes serán decididas por los Tribunales competentes de la República, en conformidad con sus leyes, sin que por ningún motivo ni causa puedan dar origen a reclamaciones extranjeras."), es decir la cláusula aludida debería ser contraria o ir en contradicción a este [desarrollo o alusión de las reglas aplicables para basar una demanda de inconstitucionalidad de una disposición con la de la cláusula 17].

Entrando a analizar el aludido artículo 127, en él encontramos lo que históricamente se conoce como Cláusula Calvo [faltan antecedentes históricos]. De acuerdo al artículo en comento, está cláusula consiste en la presunción que todo contrato de interés publico, si no fuere improcedente de acuerdo con la naturaleza de los mismos, contiene una cláusula aunque no este incorporada, para que en caso de controversia si no pueden ser resueltas amigablemente por las partes, estas deben ser resueltas por los Tribunales competentes de la República de Venezuela, en conformidad con sus leyes, sin que por ningún motivo ni causa puedan dar origen a reclamaciones extranjeras.

Visto lo establecido en el arriba citado artículo, nos adentramos al análisis de los supuestos alegatos efectuados por los recurrentes en virtud de los cuales basan su solicitud de declaratoria de inconstitucionalidad de la cláusula 17.

1. "No es ocioso llamar la atención en torno a las competencias que se le atribuyen en la Cláusula Cuarta del Acuerdo, al llamado "Comité de Control", integrado por representantes de la respectiva filial, subsidiaria de Petróleos de Venezuela, S.A. que es una empresa de naturaleza comercial, y del inversionista seleccionado, particulares que participen en los convenios de asociación. En esto, es sencillamente absurdo que particulares, nacionales o extranjeros, tengan potestad para participar en asuntos de interés público, en contravención de lo pautado por la Constitución y las leyes."

El artículo 127 de la Constitución Nacional en ningún momento establece la prohibición de que en un contrato de interés nacional se estipule que exista un mecanismo para dirimir las controversias de manera amigable, es más el Constituyente en dicho artículo sólo contempla el supuesto de sometimiento de las controversias a los Tribunales competentes de la República cuando la solución de los conflictos no puedan ser dirimidos de forma amigable: "se considerará incorporada, aun cuando no estuviere expresa, una cláusula según la cual las dudas y controversias que puedan suscitarse sobre dichos contratos y *que no llegaren a ser resueltas amigablemente por las partes contratantes serán decididas por los Tribunales competentes de la República,...."* (lo subrayado es nuestro)

2. En este mismo orden de ideas, el artículo 127 contempla que la presunción de contenido de la Cláusula Calvo en los contratos de interés público, no es una regla general y dependerá de la misma naturaleza del contrato aunque sea calificado *ab initio* de interés público: "En los contratos de interés público, *si no fuere improcedente de acuerdo con la naturaleza de los mismos*, se considerará incorporada, aun cuando no estuviere expresa,...". Tenemos que el artículo contempla que pueden haber contratos de interés público en los cuales no tiene cabida la presunción de existencia de una la cláusula Calvo [a completar]. Al respecto los recurrentes, no hacen un análisis a este respecto y simplemente asumen que lo dispuesto en el artículo 127 es una regla general aplicable en toda circunstancia a cualquier tipo de contrato de interés público.

3. "En consecuencia de lo aquí expuesto, solicitamos respetuosamente de esta honorable Corte, la declaratoria de nulidad de la Cláusula Decimoséptima del Artículo 2° del Acuerdo del Congreso por establecer: ..." El modo de resolver controversias en materias que no sean de la competencia del Comité de Control y que no puedan dirimirse por acuerdo entre las partes, será el arbitraje, el cual se realizará según las reglas de procedimiento de la Cámara Internacional de Comercio, vigentes al momento de la firma del Convenio." Tal disposición es contravención flagrante del artículo 127 de la Constitución que no autoriza el sometimiento a normas jurídicas distintas a las venezolanas, y así pedimos respetuosamente que se declare."

Los recurrentes en su conclusión final solicitan la nulidad de la cláusula que nos ocupa, argumentando que el contemplar el arbitraje en materias que no sean de la competencia del Comité de control como medio alterno de resolución de conflictos, es contrario a lo establecido en el artículo 127 de la Constitución Nacional. Al respecto, queremos señalar punto por punto los errores de interpretación en que han caído los recurrentes al analizar tanto la cláusula 17 como el artículo 127.

a) Primero: El encabezado de la cláusula se establece claramente que el convenio se regirá e interpretará de conformidad con las leyes de la República de Venezuela, por lo tanto la afirmación de los recurrentes: "...Tal disposición es contravención flagrante del artículo 127 de la Constitución *que no autoriza el sometimiento a normas jurídicas distintas a las venezolanas,* y así pedimos respetuosamente que se declare", es una absoluta falacia.

b) Segundo: En la Cláusula se establece que las materias competencia del Comité de Control no estarán sujetas a arbitraje. Por lo tanto en ningún momento se ha excluido la jurisdicción de los Tribunales venezolanos en el caso de controversias que no puedan ser dirimidas por un órgano conciliatorio y amigable como lo sería el Comité Directivo.

c) Tercero: Con respecto al establecimiento del arbitraje como medio alterno para la solución de las controversias en materias que no sea de la competencia del Comité de Control y que no puedan dirimirse por acuerdo entre las partes, señalamos lo siguiente:

(i) Se establece que el arbitraje sólo podrá establecerse en materias que no sean de la competencia del Comité de Control, resaltamos entonces que estas materias son aquellas que por su naturaleza no fuera improcedente someterla a procedimiento arbitral, posibilidad contemplada en el artículo 127, al señalar: "En los contratos de interés público, *si no fuere improcedente de acuerdo con la naturaleza de los mismos,...*" (lo subrayado es nuestro). No obstante lo anterior, la Cláusula Calvo contenida en el artículo en comento, siempre podría ser alegada en el caso de que la materia a ser sometida a arbitraje su naturaleza fuera de absoluto interés público. Caso contrario, no existiría ningún impedimento en seguir un procedimiento arbitral debido a que Venezuela, a la presente fecha ha suscrito y ratificado las principales Convenciones Arbitrales Internacionales, las cuales son ley en Venezuela, a saber:

- Convención de Panamá: Ley Aprobatoria de la "Convención Interamericana sobre eficacia Extra-territorial de las Sentencias y Laudos Arbitrales Extranjeros", fue publicada en la Gaceta Oficial de la República de Venezuela N° 33.144 del 15 de enero de 1985.

- Convención de Nueva York: Ley Aprobatoria de la "Convención sobre el Reconocimiento y Ejecución para el reconocimiento y ejecución de las Sentencias Arbitrales Extranjeras", fue publicada en la Gaceta Oficial de la República de Venezuela N° 4.832 Extraordinario del 29 de diciembre de 1994.

- Convención de Washington: Ley Aprobatoria del Convenio Sobre Arreglo de Diferencias Relativas a Inversiones entre Estados y Nacionales de Otros Estados, publicada en la Gaceta Oficial de la República de Venezuela N° 35.685 del 3 de abril de 1995.

Además, el procedimiento arbitral está contemplado en nuestro Código de Procedimiento Civil vigente en el Libro Cuarto De los procedimientos especiales, Parte Primera De los procedimientos especiales contenciosos y Título I Del arbitramento, artículos 608 al 629.

d) Como lo señalamos anteriormente, en la Cláusula 17 se establece que la ley aplicable será la Venezolana, tenemos entonces que en caso de controversia sea tanto por vía judicial como por vía arbitral, siempre los jueces o los árbitros deberán decidir con apego a las Leyes de la República de Venezuela.

Con respecto a las normas escogidas para regular el procedimiento arbitral: La Reglas de la Cámara Internacional de Comercio, tenemos que estas reglas sólo son relativas al procedimiento en sí y no a la Ley aplicable. Al respecto, el artículo 618 del Código de Procedimiento Civil establece:

"Las partes pueden indicar a los árbitros de derecho, las formas y reglas de procedimiento que deban seguir y someter a los arbitradores a algunas reglas de procedimiento. A falta de esta indicación los árbitros de derecho observarán el procedimiento legal correspondiente..." (subrayado nuestro)

Tenemos entonces que en la cláusula 17 se contempla como reglas a aplicar la de la Cámara de Comercio Internacional, todo esto de conformidad con lo estipulado en el arriba citado artículo del Código de Procedimiento Civil.

De todo lo antes expuesto podemos concluir con toda seguridad que la cláusula 17 no contraviene de forma alguna el artículo 127 de la Constitución como lo afirman los recurrentes, sino todo lo contrario, está en perfecta concordancia tanto con la Constitución Venezolana como con las leyes.

IX

CONFORMIDAD A DERECHO DEL AJUSTE DE LA REGALÍA PETROLERA

Otro argumento de oposición de los recurrentes es la supuesta ilegalidad de la cláusula vigésima primera del artículo 2 de EL ACUERDO. Dicha norma o término de referencia para la negociación de las asociaciones petroleras bajo estudio se refiere al supuesto de ajuste en la regalía petrolera o impuesto de explotación, previsto en el artículo 41, numeral 1, parágrafo único de la Ley de Hidrocarburos.

Sostienen los recurrentes que el supuesto contemplado en el precitado artículo se refiere a los ajustes o rebajas en la regalía petrolera cuando el contribuyente o concesionario se encuentra frente a un pozo o yacimiento decadente o en fase de agotamiento, para lo cual afirman que la citada norma establece que dicha rebaja o ajuste procede a criterio del Ejecutivo Nacional "...Con el fin de prolongar la explotación de determinadas concesiones... cuando se demuestre que a su satisfacción que el costo creciente de producción, incluido en éste el monto de los impuestos, haya llegado al límite que no permita la explotación comercial". Contrastan los recurrentes este lenguaje de la ley con el de la cláusula bajo análisis que establece la posibilidad de dicha ajuste "... cuando se le demuestre, en cualquier momento, que no es posible alcanzar los márgenes mínimos de rentabilidad para la explotación comercial de una o más áreas de desarrollo durante la ejecución del convenio". Existe para los recurrentes una antinomia entre ambos textos, basados ellos en que la frase "prolongar la explotación" esta atada a la idea de un agotamiento de los yacimientos, cosa que no forma parte de manera expresa de la redacción del legislador de la Ley de Hidrocarburos. Es pues un ejercicio de interpretación teleológica por los recurrentes, sin fundamento en ningún debate parlamentario sobre la redacción de esta norma, que pretende afirmar que la intensión del legislador es o fue facilitar la explotación de pozos decadentes mediante la rebaja de la regalía o no hacerlo, dando origen en este caso a un incremento de las reservas petrolíferas nacionales por cesar la explotación o proceder a una nueva concesión o régimen de explotación. Sostienen los recurrentes que esa fue la práctica administrativa del ministerio de Energía y Minas en relación a este punto hasta los tiempos en que ocurre la nacionalización. Al efecto debe indicarse sin cortapisas que la intensión del legislador no puede presumirse ni ingerirse de actuaciones distintas de los debates y de la actividad parlamentaria, de la cual si puede verificarse la misma, pretender más sería simplemente sustituir la supuesta intención del legislador por la propia del intérprete.

Los recurrentes parten del erróneo supuesto de la aplicación directa y no limitada de los artículos de la Ley de Hidrocarburos, en particular el artículo 41 que prevé el supuesto de explotación o regalía petrolera, en las asociaciones resultantes del artículo 5 de la LOREICH.

Al respecto debemos insistir que la Ley Orgánica que Reserva al Estado la Industria y Comercio de los Hidrocarburos derogó parcialmente a partir de su entrada en vigor a la Ley de Hidrocarburos, así como que los supuestos previstos en la mayor parte del articulado de la última, y en particular el citado artículo 41, aplican conforme su redacción a los concesionarios de hidrocarburos, figura no prevista en nuestra legislación petrolera desde la entrada en vigor de la Ley de Reserva.

En tal sentido, la aplicación de la regalía petroba o impuesto de explotación, bajo el marco jurídico petrolero actual no resulta directa sino que su aplicación es el producto del reenvío que efectúe la legislación de hidrocarburos.

En efecto, el impuesto de explotación o regalía petrolera a que se contrae la controversia sólo resulta aplicable dentro del ámbito de reserva previsto en la Ley Orgánica que Reserva al Estado la Industrias y Comercio de Hidrocarburos en virtud y en los términos del artículo 7 ejusdem.

Así, el artículo 7 sólo extiende la aplicación de la regalía petrolera a las instrumentales previstas en el artículo 6 ejusdem, por lo que no resultará aplicable la misma en forma alguna a las asociaciones que se establezcan de conformidad con el artículo 5° ejusdem.

Ciertamente, no cabe considerar la aplicación directa del artículo 41 a las asociaciones como tampoco que el llamamiento o reenvío de la misma con base en el artículo 7 de la Ley Orgánica que Reserva al Estado la Industria y Comercio de los Hidrocarburos, por cuento el mismo sólo se refiere al artículo 6 de la LOREICH y no cabe el considerar una integración analógica independientemente de su tratamiento como impuesto (por disposición expresa del artículo 7 del Código Orgánico Tributario) o ingreso patrimonial del Estado (vgr. regalía o canon).

Así, sólo resulta la aplicación de la referida regalía en el entendido de su llamamiento por la autorización legislativa recurrida y por tal razón de su caracterización como ingreso patrimonial del Estado venezolano por lo que el legislador en las condiciones de autorización puede y debe fijar la posibilidad y extensión de aplicación del impuesto de explotación previsto en el artículo 41 de la Ley de Hidrocarburos.

Adicionalmente, en el supuesto negado de considerar la aplicación plena de la norma contenida en la Ley de Hidrocarburos a las asociaciones resultantes de la autorización legislativa, carece tal interpretación supuestamente finalista de la norma de un apoyo preciso y objetivo que permita exponer la tesis propuesta, y lo cierto es que el intérprete no debe especular sobre la intención del legislador sino derivar ésta del sentido propio de las palabras o de su conexión entre sí, en la medida de que esto fuere posible (artículo 4 del Código Civil Venezolano). Prolongar en el diccionario de la Real Academia significa "...hacer que dure una cosa más tiempo de lo regular...". La pregunta entonces es qué se entiende por el tiempo regular de un negocio de explotación petrolera, y esto no puede significar otra cosa que el supuesto de que el negocio de explotación "se ajuste a la regla" en materia de negocios, cual es que nadie puede producir por más tiempo cuando sus costos exceden del ingreso. Aplicando esto al supuesto que nos ocupa, la Ley de Hidrocarburos prevé casos como el del agotamiento del yacimiento en tanto que como consecuencia de ello los costos excedan de la rentabilidad mínima que hace comercial al negocio, pero el agotamiento no es per se el supuesto de hecho contemplado por la norma e incluso puede no dar lugar la rebaja de la regalía si por ejemplo el concesionario puede, a criterio del Ejecutivo y a pesar del agotamiento del yacimiento, explotar comercialmente y optimizar sus costos a través de alguna tecnología a su alcance o de cualquier otro industrial. De tal forma no es el agotamiento, que podría dar origen a la necesidad de prolongar la explotación lo que permite aplicar la rebaja, sino es el supuesto concreto y preciso de que "en cualquier momento" posterior a la contratación de la operación de explotación del yacimiento se produzca una situación de elevación del costo operativo, incluidos los impuestos, que impida prolongar la actividad comercial del explotante. Esto, en todo caso, es precisamente lo que vino a establecer EL ACUERDO sobre este tema de la regalía petrolera cuando sencillamente establece en auténtica interpretación legislativa que lo que quiere decir el artículo 41 es que procede conforme a derecho la rebaja o ajuste de la regalía petrolera cuando se demuestre, en cualquier momento, que no puede "prolongarse la explotación petrolera contratada bajo los términos de EL ACUERDO por ser imposible alcanzar los márgenes mínimos de rentabilidad que hacen al proyecto comercialmente viable.

Adicionalmente, llama poderosamente la atención que los recurrentes busquen la correcta interpretación de la Ley de Hidrocarburos en una especulación no documentada sobre la intensión del legislador, que no puede tener otra fuente que el propio Congreso de La República, cuando es precisamente este órgano del poder público quien está expresando su criterio interpretativo de la norma al dictar EL ACUERDO. Si lo que se pretende es buscar la intensión del legislador para abordar la interpretación del artículo 41 de la Ley de Hidrocarburos en cuanto al supuesto del ajuste o rebaja de la regalía petrolera, nada mejor que el Congreso mismo que es quien redactó la cláusula vigésimo primera del artículo 2 de EL ACUERDO.

Por todas las razones expuestas, igualmente, solicitamos a esta honorable Corte que deseche totalmente el argumento de ilegalidad de la Cláusula Vigésimo Primera del Artículo 2 de EL ACUERDO y confirme de esta forma que procede en derecho según esos términos la rebaja o ajuste de la regalía petrolera en las formas de explotación que surjan de la aplicación del artículo 5 de la LOREICH, cuando se compruebe a satisfacción del Ejecutivo Nacional que no puede continuar el proyecto por falta de rentabilidad mínima, que no es otra cosa que un supuesto que deriva de los excesivos costos, incluidos los impuestos de explotación, a que se refiere la Ley de Hidrocarburos en su artículo 41.

X
PETITORIO

En consideración de los alegatos desarrollados ut supra que desvirtúan las pretensiones expuestas en el texto de los recursos intentados por inconstitucionalidad y por ilegalidad del Acuerdo que autoriza la Exploración a Riesgo de Nuevas Áreas y la Producción de Hidrocarburos bajo el Esquema de Ganancias Compartidas, en sus cláusulas segunda, décima, décima séptima; y primera, segunda, cuarta, sexta, décima y vigésima primera, respectivamente; solicitamos respetuosamente de esta Corte Suprema de Justicia en Sala Plena, declare SIN LUGAR a derecho los medios de impugnación ejercidos y en consecuencia, refuerce la constitucionalidad y legalidad del referido acto parlamentario sin forma de ley.

QUINTA PARTE

CONCLUSIÓN: SENTENCIA DE LA CORTE SUPREMA DE JUSTICIA DECLARANDO SIN LUGAR LAS ACCIONES DE NULIDAD INTERPUESTAS (17-08-1999) Y LA CONSTITUCIONALIDAD Y LEGALIDAD DEL ACUERDO DEL CONGRESO

En fecha 17-08-99 la Corte Suprema de Justicia, con ponencia de la Presidente Dra. Cecilia Sosa Gómez, dictó sentencia en el juicio de nulidad del Acuerdo del Congreso de fecha 04-07-95, mediante el cual se autorizó la celebración de los Convenios de Asociación para la exploración a riesgo de nuevas áreas y la producción de hidrocarburos bajo el esquema de ganancias compartidas, declarando sin lugar las acciones intentadas, con lo que, en consecuencia, queda confirmada, en cuanto a su conformidad con la Constitución y las Leyes, el texto del mencionado Acuerdo.

El texto de la sentencia es el siguiente:

LA REPUBLICA DE VENEZUELA
EN SU NOMBRE,
LA CORTE SUPREMA DE JUSTICIA
EN SALA PLENA ACCIDENTAL

Por escrito de fecha 14 de diciembre de 1995, los ciudadanos SIMÓN MUÑOZ ARMAS, ELÍAS ELJURI ABRAHAM, TRINO ALCIDES DÍAZ, ALÍ RODRÍGUEZ ARAQUE, LUIS DELFÍN FUENMAYOR TORO, FRANCISCO LÓPEZ MIERES, ADINA BASTIDAS CASTILLO, RICARDO MENÉNDEZ, ITALO SANTAROMITA, FRANCISCO MADERA, LUIS FRANCISCO MARCANO GONZÁLEZ, JOSEFINA BALDO AYALA, ALFREDO CASTAÑEDA GIRAL, CAMILO FELIPE ARCAYA ARCAYA, GUILLERMO GARCÍA PONCE, CARLOS RAMÓN MENDOZA POTELLA, GONZALO RAMÍREZ CUBILLÁN, JOSÉ MARRERO HIDALGO, LUIS EMILIO MORÍN, JESÚS PAZO, LOLOLA HERNÁNDEZ, LUIS MANUEL RODRÍGUEZ, ANGELA SÁNCHEZ y GLADYS MARTÍNEZ, asistidos por los abogados *AGUSTÍN CALZADILLA, FREDDY BERMÚDEZ MACHADO y MIGUEL DÍAZ ZÁRRAGA,* presentaron escrito contentivo de acción de nulidad por inconstitucionalidad de las cláusulas décima, decimoséptima, segunda y cuarta del Artículo 2º del ACUERDO DEL CONGRESO DE LA REPÚBLICA aprobado en fecha 4 de julio de 1995, publicado en la Gaceta Oficial de la República de Venezuela Nº 35.754, de fecha 17 de julio de 1995, que

AUTORIZÓ LA CELEBRACIÓN DE LOS CONVENIOS DE ASOCIACIÓN PARA LA EXPLORACIÓN A RIESGO DE NUEVAS ÁREAS Y LA PRODUCCIÓN DE HIDROCARBUROS BAJO EL ESQUEMA DE GANANCIAS COMPARTIDAS.

El 16 de enero de 1996, mediante diligencia suscrita por la abogada Velma Soltero de Ruán, actuando en su carácter de Fiscal del Ministerio Público ante la Corte Suprema de Justicia en Pleno y ante la Sala Político-Administrativa, fue consignada comunicación de fecha 12 de enero del mismo año, remitida por el Consultor Jurídico de PETRÓLEOS DE VENEZUELA, S.A. (PDVSA) al Fiscal General de la República, mediante la cual, la referida empresa expone los argumentos de la Industria Petrolera Nacional, en cuanto a la inconstitucionalidad alegada por los recurrentes ante este Máximo Tribunal.

Se dio cuenta de las actuaciones en fecha 16 de enero de 1996, acordándose su remisión al Juzgado de Sustanciación de la Corte en Pleno.

Mediante escrito presentado el 17 de enero de 1996, los ciudadanos RONALD DEL SOCORRO ROMERO, RAMÓN ANTONIO YÉPEZ COVA, JONY ERNESTO RODRÍGUEZ, GERARDO ALFREDO ZAMBRANO, CARLOS ARCILA, ALEJANDRO JOSÉ PEREIRA, JOSÉ NICOLÁS PEREIRA RODRÍGUEZ, ALEXIS CAMPOS, EDITH MORAIMA FRANCO BARRIOS, FAVIOLA ELENA LUGO, JUAN ASCANIO, ISRAEL A. SOTILLO INFANTE y JESÚS MIGUEL RONDÓN GÓMEZ, se adhirieron a la presente acción de nulidad.

Por auto de fecha 23 de enero de 1996, el Juzgado de Sustanciación de esta Corte en Pleno, admitió la acción de nulidad incoada, de conformidad con lo establecido en el artículo 116 de la Ley Orgánica que rige sus funciones, ordenó librar las notificaciones correspondientes al Fiscal y Procurador General de la República, y, acordó en esa misma fecha expedir el cartel a que se refiere la indicada norma.

Asimismo, el 24 de enero de 1996, se libraron las notificaciones; y, por diligencia de fecha 1° de febrero de 1996, fue consignado a los autos el cartel publicado el 31 de enero de 1996.

El 6 de febrero de 1996, compareció el abogado Carlos Padrón Amaré, en su condición de representante de PETROLEOS DE VENEZUELA, S.A. (PDVSA), a darse por citado en nombre de su representada; y por auto del 8 de febrero de 1996 el Juzgado de Sustanciación de la Corte en Pleno, aceptó a la mencionada empresa como parte en el presente proceso.

Mediante diligencia del 13 de febrero de 1996, los abogados *Román José Duque Corredor y Allan R. Brewer Carías,* consignaron poder otorgado por PETROLEOS DE VENEZUELA, S.A.; y solicitaron a esta Corte la declaratoria de urgencia del caso y su tramitación como de mero derecho. Finalmente, solicitaron la acumulación a la causa cursante ante la Corte en Pleno del expediente N°. 12.348, contentivo de la "nulidad por ilegalidad intentada por los mismos accionantes" cursante en la Sala Político-Administrativa de la Corte Suprema de Justicia, dirigida contra "el mismo Acuerdo del Congreso de la República... en razón de la continencia o conexión..." existente entre dichas causas.

Por auto del 15 de febrero de 1996 el Juzgado de Sustanciación, acordó pasar dichas actuaciones a la Corte en Pleno a los fines del pronunciamiento correspondiente, designándose ponente a la Magistrada Josefina Calcaño de Temeltas para resolver las solicitudes previas.

Por escrito presentado el 26 de febrero de 1996, los ciudadanos JULIO PULIDO, HUMBERTO PÉREZ, EDGAR ANDRADE REYES, JUAN GUEVARA, NELSON LUIS PALMERO, JOSÉ CAMPOS, FILIBERTO MARTÍNEZ, JOSÉ E. GIL, ALEXIS CORREDOR, ALÍ BELLO, LUZ MUJICA, MERI DE MEDINA, MANUEL JOSÉ PÉREZ B., BENJAMÍN ALDANA, CRISTÓBAL SEQUERA, MARCIA ALVARENGA, JOSÉ RAMOS, COROMOTO BRAVO, PEDRO UGUETO, JOSÉ VICENTE GONZÁLEZ Y LUIS PADILLA REGNAULT, asistidos por el abogado Jesús Martínez, se adhirieron a la acción por inconstitucionalidad planteada, de lo cual se dio cuenta el 13 de marzo de 1996.

Declaradas con lugar las inhibiciones de los Magistrados Humberto J. La Roche y Héctor Grisanti Luciani; y constituida la Corte en Pleno Accidental, se dictó decisión publicada en fecha 2 de julio de 1996, declarándose PARCIALMENTE CON LUGAR el pedimento de los apoderados de PETROLEOS DE VENEZUELA, S.A. (PDVSA), en virtud de lo cual, se acordó la acumulación de la causa contenida en el expediente N° 812 a la que se sigue y tramita en el expediente No. 829, contentivo de la demanda de nulidad por ilegalidad de las cláusulas primera, segunda, décima y vigesimaprimera del artículo 2° del ACUERDO DEL CONGRESO DE LA REPÚBLICA aprobado en fecha 4 de julio de 1995, incoada el 23 de enero de 1996 por los ciudadanos SIMÓN MUÑOZ ARMAS, JOSÉ MARÍA CADENAS, ELÍAS ELJURI, ABRAHAM, ALIX GARCÍA, JUAN LISCANO y otros, ante la Sala Político-Administrativa, cuyo conocimiento había declinado esa Sala por auto del 27 de febrero de 1996.

Igualmente, la precitada decisión de la Corte desestimó la solicitud de mero derecho y declaró procedente la urgencia y reducción de los lapsos procesales.

Por diligencia de fecha 25 de julio de 1996, el abogado *Alfredo Bermúdez Machado*, solicitó aclaratoria de la decisión de fecha 2 de julio de 1996, misma que fue declarada inadmisible el 13 de agosto de 1996, por estimar que "no tiene el carácter de parte en el presente juicio sino que... fungió de abogado asistente de los accionantes y, porque además a la fecha de consignación de la referida diligencia había transcurrido sobradamente el lapso a que se refiere el artículo 252 del Código de Procedimiento Civil...".

En fecha 24 de septiembre de 1996, el ciudadano *Carlos Mendoza Potella*, asistido por abogado, en su condición de recurrente, presentó escrito mediante el cual promovió pruebas.

Por escrito de fecha 26 de septiembre de 1996, el abogado *Román Duque Corredor*, procediendo en su carácter de apoderado de PETRÓLEOS DE VENEZUELA, S.A. (PDVSA), promovió pruebas en el presente juicio.

En la misma fecha, el ciudadano Luis Manuel Rodríguez, asistido por el abogado *Alfredo Bermúdez Machado*, promovió pruebas en la presente causa.

El 1° de octubre de 1996, el abogado *Román J. Duque Corredor*, presentó escrito, mediante el cual se opuso a las pruebas presentadas por el ciudadano *Carlos Mendoza Potella*.

Por escrito de fecha 1° de octubre de 1996, el abogado Luis Vallenilla Meneses, actuando en su condición de Presidente de la Fundación Pro-Defensa del Patrimonio Nacional "FUNDAPATRIA", ratificó como suyos los argumentos para que se declaren con lugar las acciones por ilegalidad e inconstitucionalidad propuestas.

Por auto del 15 de octubre de 1996, se aceptó la intervención del ciudadano Luis Vallenilla Meneses, en su carácter de Presidente de la Fundación Pro-Defensa del Patrimonio Nacional "FUNDAPATRIA", en calidad de parte.

El abogado *Román J. Duque Corredor*, actuando en representación de PETROLEOS DE VENEZUELA, S.A., se opuso a las pruebas promovidas por el ciudadano Luis Manuel Rodríguez en fecha 26 de septiembre de 1996, por escrito que consignó en fecha 17 de octubre de 1996.

En fecha 17 de octubre de 1996, el ciudadano *Carlos Mendoza Potella*, debidamente asistido por abogado, presentó escrito complementario de pruebas, con sus respectivos anexos.

Por escrito de fecha 22 de octubre de 1996, el ciudadano Luis Vallenilla Meneses, actuando en su carácter de apoderado de FUNDAPATRIA, advirtió que su solicitud de adhesión se refirió a su condición de representante de la Fundación mencionada, y no a su persona en calidad de Presidente de aquélla; en virtud de lo cual, solicitó se entendiera como parte en el presente proceso, a la Fundación que preside.

En auto de fecha 22 de octubre de 1996, el Juzgado de Sustanciación se pronunció sobre la admisibilidad de las pruebas promovidas por las partes declarando inadmisibles las exhibiciones promovidas por el recurrente Carlos Ramón Mendoza Potella en el capítulo III (literales A y B), las indicadas en los capítulos IV, V, VI y VII, los informes solicitados en los literales b) y d) del capítulo IV, y las experticias contenidas en los capítulos V, VI, y VII. Las pruebas admitidas se refieren a las documentales contenidas en los literales A, B, C, D, E y F, indicadas en el capítulo II, así como las referidas a los informes solicitados en los literales a) y c) del capítulo IV. En lo que se refiere a las pruebas promovidas por el ciudadano Luis Manuel Rodríguez, el Juzgado de Sustanciación de esta Corte en Pleno Accidental inadmitió las referidas a las exhibiciones solicitadas en los literales A y B del capítulo III, los informes contenidos en los literales B y D del capítulo IV, las pruebas testimoniales promovidas en el capítulo V, y la experticia contenida en el capítulo VI del respectivo escrito de promoción, y se admitieron las documentales promovidas en los literales A, B, C, D E, F y G, contenidas en el capítulo II, y las referidas a los informes solicitados en los literales a) y c), del capítulo IV del respectivo escrito de promoción de pruebas.

Cursa al folio 265 de la pieza N° 829, escrito consignado por el abogado *Alfredo Bermúdez Machado*, presentando su adhesión al presente juicio de nulidad.

Mediante diligencia de fecha 24 de octubre de 1996 el ciudadano Luis Manuel Rodríguez, asistido por el abogado *Alfredo Bermúdez Machado*, apeló "de la declaratoria de inadmisibilidad de las pruebas".

Por decisión de fecha 24 de octubre de 1996 el Juzgado de sustanciación aceptó la intervención del ciudadano *Alfredo Bermúdez Machado*, como parte en el presente juicio.

En fecha 24 de octubre de 1996, el Juzgado de Sustanciación de la Corte en Pleno Accidental, declaró que la actuación del ciudadano Luis Vallenilla Meneses ha sido en nombre propio y no en representación de FUNDAPATRIA.

En escrito de fecha 30 de octubre de 1996, el ciudadano *Carlos Mendoza Potella*, actuando en su condición de recurrente en el presente juicio de nulidad, y asistido debidamente por abogado, apeló del auto que se pronunció sobre la admisibilidad de las pruebas por él promovidas, en lo atinente a las inadmisiones declaradas.

El 5 de noviembre de 1996, los ciudadanos Luis Vallenilla Meneses y Juan Liscano, actuando en su carácter de Presidente y Vice-Presidente de FUNDAPATRIA, presentaron escrito mediante el cual ratificaron el pedimento formulado en fecha 1° de octubre de 1996, referido a que la Fundación que representan se adhiere sin limitación alguna a las acciones que por inconstitucionalidad e ilegalidad han sido propuestas.

Por auto de fecha 6 de noviembre de 1996, el Juzgado de Sustanciación de la Corte en Pleno Accidental, admitió la incorporación a la presente causa de FUNDAPATRIA, en calidad de parte.

El abogado *Alfredo Bermúdez Machado* presentó escritos de fecha 5 de noviembre de 1996, mediante los cuales solicitó aclaratoria respecto de la aceptación como parte de los intervinientes, en lo que se refiere a la "determinación" del "carácter de cada una" -según expuso-; y exigió pronunciamiento respecto de "la procedencia o valor del secreto o confidencialidad de los escritos de promoción de pruebas" antes de su admisión. Asimismo, ratificó la apelación interpuesta contra el auto que se pronunció sobre la admisibilidad de las pruebas.

Se oyeron en ambos efectos las apelaciones propuestas por los ciudadanos Luís Manuel Rodríguez y *Carlos Mendoza Potella*, por auto de fecha 6 de noviembre de 1996, en consecuencia, se remitieron las actuaciones a la Corte en Pleno Accidental en la misma fecha, para cuya decisión, en fecha 20 de noviembre de 1996, se designó como ponente al Magistrado César Bustamante Pulido.

Por acta del 28 de enero de 1997 se reconstituyó la Sala Accidental, con la incorporación como Magistrado del doctor José Luis Bonnemaison, por renuncia del Magistrado Rafael Alfonzo Guzmán; y se ordenó la convocatoria del suplente correspondiente por auto de fecha 12 de febrero de 1997, por oficio, al Magistrado Hermann Petzold Pernía, en su condición de Quinto Suplente de esta Corte Suprema, convocándolo para constituir la Corte en Pleno Accidental en el presente asunto.

En fecha 16 de enero de 1997, comparecieron los ciudadanos SIMÓN GARCÍA, RAMÓN JOSÉ MEDINA, JUAN PÁEZ ÁVILA, EDGAR VALLÉ VALLÉ, EDGAR FLORES, CARLOS MOROS GHERSI, OTTO PADRÓN GUEVARA, PEDRO CARDIER, LUIS ENRIQUE CARMONA CONCHA, EDGAR CELIS GONZÁLEZ, NELSON CHITTI LA ROCHE, GUSTAVO TARRE BRICEÑO, FRANCISCO I. GONZÁLEZ, LILIANA HERNÁNDEZ, JOSÉ GÓMEZ FEBRES, JOSÉ ANTONIO ADRIÁN, SEGUNDO MELENDES, JOSÉ ANTONIO

PADILLA, MIGUEL ENRIQUE OTERO, ARMANDO CAPRILES, ISBELIA URDANETA, ALIRIO FIGUEROA, CARMEN RODRÍGUEZ, ALCIBÍADES CASTRO, OSWALDO HERNÁNDEZ, MANUEL MARÍN, ERNESTO PARDI, JOSÉ R. FUENTES, RAFAEL RODRÍGUEZ ACOSTA, ANGEL VERA, HÉCTOR WILLS, LUIS STEFANELLI, CRISTÓBAL FERNÁNDEZ DALÓ, RAMÓN GUILLERMO AVELEDO, EDGAR BENARROCH, EMILIO LÓPEZ, LUIS CARLOS SERRA CARMONA, FREDDY LEPAGE, OMAR BARBOZA, ISOLDA HEREDIA DE SALVATIERRA, JUAN FRANCISCO SOSA MAURI, ALFREDO UZCÁTEGUI, IBRAHIM SÁNCHEZ, PEDRO SOLOVEY y JORGE ROIG, en su condición de diputados y senadores al Congreso de la República, representados por el abogado Leopoldo Martínez, a objeto de incorporarse al presente juicio como parte opositora a la pretensión de los recurrentes.

En fecha 21 de enero de 1997, el ciudadano *Carlos Mendoza Potella*, asistido de abogado, consignó en copia simple oficio N° 4211, de fecha 19 de diciembre de 1996 dirigido por el Procurador General de la República al Ministro de Hacienda, contentivo de un dictamen relativo a los contratos sobre operaciones de crédito público; anexó, asimismo, publicaciones de prensa.

Por auto de la Presidencia de este Alto Tribunal, se ordenó la reconstitución de la Corte en Pleno Accidental incorporando como titular al Magistrado Nelson Rodríguez García, por falta absoluta producida por la Magistrada Carmen Beatriz Romero de Encinoso; convocándose el suplente correspondiente.

Se tomó el juramento al Magistrado suplente José Antonio Ramos Martínez y quedó constituida la Corte en Pleno Accidental en fecha 22 de julio de 1997, ratificándose al Magistrado César Bustamante Pulido como ponente, para decidir las apelaciones interpuestas contra el auto del Juzgado de Sustanciación de fecha 22 de octubre de 1996.

Por escrito de fecha 19 de junio de 1997, los recurrentes y los terceros (aceptados como partes en el presente juicio), solicitaron medida cautelar innominada, a los fines de obtener la paralización inmediata de la exploración y explotación de las empresas beneficiarias de los contratos, que operan en las áreas La Ceiba, Golfo de Paria Oeste, Guanare, Golfo de Paria Este, Guarapiche, San Carlos, Punta Pescador y Delta Centro, hasta que no se haya producido la sentencia definitiva.

En fecha 26 de junio de 1997, la representación de PETRÓLEOS DE VENEZUELA, S.A., solicitó se desestimara, por improcedente, la solicitud de medida cautelar innominada, propuesta por los recurrentes en fecha 19 de junio de 1997.

Por decisión de fecha 5 de agosto de 1997, se declaró parcialmente con lugar la apelación interpuesta por el ciudadano *Carlos Mendoza Potella*, contra el auto dictado en fecha 22 de octubre de 1996 por el Juzgado de Sustanciación de la Corte en Pleno, y admitió la prueba de informes solicitada en el capítulo IV, literal b, y negó la exhibición de documentos solicitada en el capítulo III, literales A y B, la prueba de informes solicitada en el capítulo IV, literales d y e, y la prueba de experticia solicitada en los capítulos V, VI y VII, todas del escrito de promoción. Asimismo, declaró parcialmente con lugar la apelación propuesta por los ciudadanos Luis Manuel Rodríguez y Alfredo Bermúdez Machado, en consecuencia, admitió los informes solicitados en el capítulo IV, literal B, y las testimoniales de los ciudadanos JESÚS PETIT DA COSTA, HUGO PÉREZ LA SALVIA, CRUZ

AGUILERA, GUSTAVO ROSSEN, ALBERTO QUIROZ, JUAN ZABO, HÉCTOR MALAVÉ MATA, LUIS SOSA PIETRI, EZEQUIEL MONSALVE CASADO, PEDRO BERROETA y TOMÁS CARRILLO BATALLA, contenidas en el capítulo V, y negó la exhibición de documentos solicitada en el capítulo III, literales A y B, los informes solicitados en el capítulo IV, literal D; las testimoniales del Presidente de la República, ciudadano RAFAEL CALDERA, y de los ciudadanos LUIS VALLENILLA y LUIS GIUSTI, promovida en el capítulo V, y la experticia solicitada en el capítulo VI, todas del escrito de promoción.

Por escrito de fecha 18 de noviembre de 1997, el Fiscal General de la República se opuso a la presente solicitud de nulidad.

En diligencia de fecha 19 de noviembre de 1997, el abogado Alfredo Bermúdez Machado, pidió a esta Corte dictara "auto para mejor proveer", a objeto de obtener del Ministerio de Energía y Minas copias certificadas del paquete o paquetes a que alude el documento "Venezuela, exploración y producción de nuevas áreas, 1995", pedimento que ratificó el 26 de noviembre de 1997.

El abogado Alfredo Bermúdez Machado, por escrito de fecha 7 de enero de 1998, participó su decisión de presentar informes orales, en virtud de lo cual se fijó el acto de informes para el 22 de enero de 1998.

Fueron tramitadas por cuadernos separados "1" y "2", incidencias por motivo de recusación en contra de la Magistrada Cecilia Sosa Gómez, propuestas por el abogado *Alfredo Bermúdez Machado*. Así, el cuaderno separado N° 1, se inició con la recusación, de fecha 7 de enero de 1998, fundamentada en la presunta manifestación pública ante organismos periodísticos de declaraciones, que a juicio del recusante constituían pronunciamientos sobre el fondo del asunto. Seguidamente, con fecha 8 de enero del mismo año, la Magistrada recusada, rindió el informe a que se refiere la disposición contenida en el artículo 92 del Código de Procedimiento Civil, considerando no estar incursa en la causal de recusación invocada en su contra por el abogado *Alfredo Bermúdez Machado*, todo lo cual fue resuelto en auto dictado por el Primer Vicepresidente, de fecha 14 de enero de 1998, mediante el cual declaró sin lugar la recusación formulada e impuso la multa correspondiente, al recusante.

En lo atinente al cuaderno separado N° 2, se inició asimismo con la diligencia de recusación de fecha 14 de enero de 1998, fundamentada en la causal 9° del artículo 92 ejusdem, referida a que la recusada prestó su patrocinio en favor de una de las partes, concretamente a favor de PDVSA, en declaraciones aparecidas en prensa, y por diligencia de fecha 15 de enero de 1998, la magistrada recusada expuso las razones por las cuales consideró no estar incursa en la causal de recusación propuesta, que fue decidida por auto del Primer Vicepresidente que declaró sin lugar la recusación propuesta e impuso la multa correspondiente.

En fecha 22 de enero de 1998 el abogado Alí Rodríguez Araque, asistido por el abogado *Alfredo Bermúdez Machado*, presentó diligencia consignando su escrito de informes y conclusiones.

Consta en acta de fecha 22 de enero de 1998, que tuvo lugar el acto de informes orales con la participación de los abogados Humberto Briceño León, actuando en su propio nombre, conforme lo permite el artículo 19 de la Ley de Abogados, el abogado *Alfredo Bermúdez Machado*, actuando en nombre propio y como apoderado de los recurrentes, el ciudadano *Carlos Mendoza Potella*, asistido por el abogado *Alfredo Bermúdez Machado*, los abogados Allan Brewer-Carías y Román J. Duque Corredor, en su condición de apoderados de la empresa PETRÓLEOS DE VENEZUELA, S.A. (PDVSA), los abogados *Carlos Leáñez Sievert* y *Jesús María Casal Hernández*, actuando como representantes del Congreso de la República, los abogados Leopoldo Martínez Nucete y Leonardo Palacios, en representación de un grupo de parlamentarios, todos los cuales consignaron posteriormente sus conclusiones por escrito.

Con fecha 5 de febrero de 1998, el abogado *Alfredo Bermúdez Machado*, presentó escrito complementario de conclusiones, junto con anexos.

En relación con los informes presentados, la Sala dijo "vistos" y remitió las presentes actuaciones a la ponente, quien con tal carácter firma el presente fallo.

I

Exponen los recurrentes razones por inconstitucionalidad e ilegalidad que, en su criterio, acarrean la nulidad de algunas cláusulas contenidas en el artículo 2° del ACUERDO DEL CONGRESO DE LA REPÚBLICA aprobado en fecha 4 de julio de 1995 y publicado en la Gaceta Oficial de la República de Venezuela N° 35.754, de fecha 17 de julio de 1995, que AUTORIZÓ LA CELEBRACIÓN DE LOS CONVENIOS DE ASOCIACIÓN PARA LA EXPLORACIÓN A RIESGO DE NUEVAS ÁREAS Y LA PRODUCCIÓN DE HIDROCARBUROS BAJO EL ESQUEMA DE GANANCIAS COMPARTIDAS. Las cláusulas cuestionadas son la PRIMERA, SEGUNDA, CUARTA, SEXTA, DÉCIMA, DECIMASÉPTIMA y la VIGÉSIMA PRIMERA.

Ahora bien, a los fines de establecer un orden lógico en el examen de los alegatos esgrimidos por los recurrentes y los expuestos por los intervinientes en este juicio, esta Corte en Pleno pasa a distinguir el contenido de dichas cláusulas y procede a sintetizar los alegatos de una y otra posición, en los términos siguientes:

1. *Nulidad por ilegalidad de la Cláusula Primera:*

En el texto de la Cláusula Primera se expresa:

"El Ejecutivo Nacional, por órgano del Ministerio de Energía y Minas, en uso de sus atribuciones legales, determinará las Áreas geográficas descritas en el Anexo 'B' (en lo adelante 'Áreas') a favor de una filial de PETRÓLEOS DE VENEZUELA, S.A. (en lo adelante 'Filial'), para realizar las actividades relacionadas con la exploración y explotación de yacimientos de hidrocarburos, con el transporte por vías especiales, almacenamiento y comercialización de la producción obtenida en las Áreas, y con las obras que su manejo requiera, todo de conformidad con lo dispuesto en la Ley Orgánica que Reserva al Estado la Industria y el Comercio de los Hidrocarburos".

En cuanto a esta cláusula, los recurrentes aseveran que viola lo dispuesto en el primer aparte del artículo 5° de la Ley Orgánica que Reserva al Estado la Industria y el Comercio de los Hidrocarburos y el contenido del artículo 1.141 del Código Civil.

En efecto, sostienen que, tal y como fue aprobada dicha Cláusula, se trata de asignar derechos genéricos para realizar la más amplia gama de actividades que comprende exploración, explotación, transporte, almacenamiento y comercialización de hidrocarburos, esto es, crudos medianos, livianos, pesados, extrapesados, gas natural asociado o libre, en áreas indeterminadas, toda vez que el Acuerdo publicado en la Gaceta Oficial N° 35.754 de fecha 17 de Julio de 1995, si bien menciona un 'Anexo B', no lo incorpora como parte constitutiva del mismo tal y como se hizo siempre desde la época concesionaria, hasta los Contratos de Servicio. Lo anterior, en su criterio contraría el artículo 5°, primer aparte de la Ley Orgánica que Reserva al Estado la Industria y el Comercio de los Hidrocarburos, por cuanto este sólo habilita realizar tales actividades *"En casos especiales"*, tratándose el presente de uno muy general, plural e indeterminado.

Por otra parte, ese carácter general de los convenios suscritos, sería violatorio del artículo 1.141 del Código Civil, que establece como un requisito esencial a la existencia de los contratos, la definición del objeto, pues, en su criterio, este Acuerdo del Congreso de la República de fecha 4 de julio de 1995, autoriza la realización de convenios cuyo objeto resulta indeterminado e indeterminable, al no aparecer publicadas y determinadas las áreas en las cuales se irían a realizar las actividades autorizadas, la definición del objeto de los convenios es de imposible realización.

Los intervinientes que defienden la constitucionalidad y legalidad del Acuerdo recurrido en nulidad parcial, exponen al respecto que el mismo no contiene, en la transferencia de los derechos, la generalidad o indeterminación en su objeto, y que simplemente constituye una transferencia de potestades al ente encargado de ejecutar la competencia, con motivo de lo cual la Ley Orgánica que Reserva al Estado la Industria y el Comercio de los Hidrocarburos ha consagrado algunos derechos que el ente u órgano encargado de desarrollarlas tendrá que ejercer, para así lograr la efectividad en el desempeño de sus obligaciones con el Estado.

Asimismo, afirman que la autorización dada por el Congreso de la República, se refiere a extensiones del territorio nacional definidas, sobre las cuales, según la cláusula tercera del artículo 2° del referido Acuerdo, puede realizar las actividades descritas en la cláusula primera. Se trata de "áreas geográficas descritas en el anexo 'B'", es decir, reseñadas en el Informe sobre Convenios de Asociación para la Exploración a Riesgo de Nuevas Areas y la Producción de Hidrocarburos bajo el Esquema de Ganancias Compartidas, elaborado por la Comisión Bicameral de Energía y Minas del Congreso, que sirvió de base para dictar el Acuerdo del 4 de julio de 1995.

También sostienen que no se trata de una habilitación discrecional para otorgar áreas en forma indefinida por el Ejecutivo Nacional sino regladas, sometidas a la legislación que regula esa atribución de otorgar áreas geográficas concretas a las filiales de PDVSA, para que efectúen las actividades reservadas.

En cuanto a la alegada infracción del artículo 1141 del Código Civil, señalan que el Acuerdo dictado por el Congreso no es ningún contrato sino un acto legislativo, contentivo de preceptos generales regulatorios de los Convenios de Asociación para la Exploración a Riesgo de Nuevas Áreas y la Producción de Hidrocarburos bajo el Esquema de Ganancias Compartidas. Añaden que tampoco se configura el motivo de nulidad absoluta de "falta de objeto de los contratos" a que hace referencia el artículo 1.141, pues conforme a la mejor doctrina civilista, el objeto de dichos convenios es susceptible de conseguirse por lo que se trata de un objeto posible; y además, por cuanto en la cláusula primera del artículo 2° del Acuerdo y en los artículo 6 y 21 de la Ley Orgánica que Reserva al Estado la Industria y el Comercio de los Hidrocarburos, existen los elementos necesarios para su determinación, circunstancia que se produjo al dictar el Ministerio de Energía y Minas su Resolución N° 002, del 16.1.96, que determinó el objeto de los futuros contratos.

2. *Nulidad por inconstitucionalidad e ilegalidad de la Cláusula Segunda:*

El contenido de la Cláusula Segunda establece:

> *"La Filial llevará a cabo los procesos de licitación que sean necesarios para seleccionar a las empresas inversionistas privadas con las cuales celebrará Convenios de Asociación para realizar las actividades descritas en la Condición Primera, conforme al artículo 5° de la Ley Orgánica que Reserva al Estado la Industria y el Comercio de los Hidrocarburos .*

> *Con base en los resultados de cada proceso de licitación, la Filial celebrará un Convenio de Asociación (en lo adelante 'Convenio') con o las empresas inversionistas que resulten favorecidas (en lo adelante 'los Inversionistas').*

> *Los Inversionistas podrán ofertar en relación con las actividades referidas en la Condición Primera, en todas las Áreas, pero sólo podrán ser seleccionadas, según los resultados del proceso de licitación llevado a cabo por la Filial, para celebrar Convenios hasta un máximo de cinco (5) Áreas, dependiendo de la clasificación de los inversionistas".*

En lo atinente a las razones de inconstitucionalidad, alegan:

Que se han violado los principios constitucionales de *especificidad* y de *lex superior* que establece el artículo 163 de la Constitución, para las leyes que se dictan en materias reguladas por leyes orgánicas, pues la Ley Orgánica de la Administración Central tiene tal rango por mandato del artículo 193 de la misma Constitución, y que conforme a la competencia que establece su artículo 136, ordinal 10, corresponde a la República el régimen y administración de hidrocarburos; concretamente, señalan, es una competencia legislativa que remite a la Ley Orgánica de la Administración Central, en los artículos indicados, cuya jerarquía debe interpretarse de acuerdo a lo sancionado en el artículo 163, por tratarse de una Ley Orgánica. De tal forma, que la dirección política en materia de hidrocarburos corresponde al Ministerio de Energía y Minas como órgano directo del Presidente de la República.

Señalan que, no obstante la meridiana claridad de los artículos 136, ordinal 10, y 163 de la Constitución con los cuales concuerda el artículo 35 de la Ley Orgánica de la Administración Central, el Acuerdo del Congreso, que tiene rango de ley (artículo 215, Ordinal 3° de la Constitución), pretende poner en manos de la 'Filial Designada', la dirección de la política de hidrocarburos, así como actos que son el resultado del ejercicio de tal dirección, según lo que se desprende de la redacción de la Cláusula Segunda denunciada.

Finalmente expresan que, en consecuencia cualquier contrato, convenio o asociación que se estableciere con particulares sin la intervención directa del Ministerio de Energía y Minas, es nulo de nulidad absoluta por colidir abiertamente con lo dispuesto en los artículos 163, 193 y 136, ordinal 10 de la Constitución de la República y el artículo 35, ordinales 1° y 5° de la Ley Orgánica de la Administración Central.

De otra parte, para desvirtuar la alegada inconstitucionalidad e ilegalidad de la cláusula segunda del artículo 2° del Acuerdo, se argumenta que:

El Congreso de la República no podría nunca violar el artículo 136 de la Constitución, al estarle atribuida en el artículo 139 ejusdem, la función de legislar sobre todas y cada una de las materias que por esa misma norma corresponden al Poder Nacional. Que además, no existe violación del ordinal 10 del artículo 136, por lo que los recurrentes llaman "Transferencia de competencias exclusivas y excluyentes del Ministerio de Energía y Minas a una filial de PDVSA", pues lo que trata la norma es de establecer un reparto de competencias entre el Poder Nacional, Estadal y Municipal, pero no específicamente de algún órgano dentro del Poder Nacional.

Que en principio al Ministro al que está atribuida la materia del contrato es a quien corresponde la competencia para su respectivo otorgamiento (artículo 20, ordinal 17 de la Ley Orgánica de Administración Central), salvo que expresamente corresponda a otro ente administrativo de su sector, en cuyo caso no podría hablarse de competencias exclusivas ni excluyentes.

Que la interpretación literal y racional del artículo 5° de la Ley Orgánica que Reserva al Estado la Industria y el Comercio de los Hidrocarburos y su integración con los ordinales 1° y 5° del artículo 35 de la Ley Orgánica de la Administración Central, permiten concluir que la celebración de los convenios operativos o de asociación a los efectos del ejercicio de las actividades de hidrocarburos reservadas al Estado, es de la competencia del Ejecutivo Nacional, y dentro de éste del Ministerio de Energía y Minas, cuando tales actividades se ejecuten directamente por el Ejecutivo Nacional, pero que también es de la competencia de las empresas de su propiedad, la celebración de dichos contratos bajo los términos y condiciones previstos en el mencionado artículo 5° cuando el Ejecutivo Nacional, al organizar la administración y gestión de las actividades reservadas, crea las empresas que juzgue necesario para el desarrollo regular y eficiente de esas actividades, y resuelve atribuirles el ejercicio de una o más de éstas, como lo prevé el artículo 6 ejusdem.

Los recurrentes exponen como motivos de ilegalidad de la cláusula segunda, que conforme a las condiciones establecidas en el Acuerdo del Congreso, se autoriza a la Filial de PETRÓLEOS DE VENEZUELA, S.A. a fin de que, de las áreas que le fueron 'determinadas' por el Ejecutivo Nacional, abra procesos de licitación para la exploración y explotación. Proceso de licitación que, en criterio de los recurrentes, obviamente, comporta actos de administración sobre bienes nacionales y ello da lugar a preguntarse si la filial de PETRÓLEOS DE VENEZUELA, S.A. tiene competencia para ejercer tales potestades.

Así expresan que ni PDVSA ni sus filiales pueden ejercer tales funciones que son de la competencia exclusiva y excluyente del Ejecutivo Nacional, tal y como lo establece el artículo 35 ordinal 5° de la Ley Orgánica de la Administración Central. Y que el encabezamiento del artículo 6° de la Ley Orgánica que Reserva al Estado la Industria y el Comercio de los Hidrocarburos, establece la obligación del Ejecutivo Nacional en relación con la organización de la administración y gestión de las actividades reservadas, siendo entonces el Ministerio de Energía y Minas el que puede concertar los arreglos con el capital privado cuyo concurso sea necesario para dichas explotaciones.

Ahora bien, sostienen, de acuerdo con esta Cláusula SEGUNDA, que sería una filial de PDVSA quien concertaría tales acuerdos a través de una licitación -tal y como lo ha venido haciendo la filial CVP- sobre la base de cuyos resultados celebraría' los Convenios de Asociación. Sin embargo, debe destacarse que la Ley Orgánica de la Administración Central fue de posterior promulgación a la Ley Orgánica que Reserva al Estado la Industria y el Comercio de los Hidrocarburos y que, por principio general del Derecho, *posterior prioribus derogant* (las disposiciones posteriores derogan las anteriores) la Ley Orgánica de la Administración Central fue promulgada el 30 de diciembre de 1986, y la Ley Orgánica que Reserva al Estado la Industria y el Comercio de los Hidrocarburos fue sancionada el 21 de agosto de 1975 con vigencia a partir del 1° de enero de 1976, cuando quedaron extinguidas las concesiones otorgadas por el Ejecutivo Nacional.

De lo que se colige -en su criterio- que, de acuerdo con el orden de aplicación de las leyes, obviamente es de preferente aplicación la Ley Orgánica de la Administración Central, por lo que no cabe la menor duda que la administración de los hidrocarburos es de la competencia exclusiva del Poder Nacional a través del Ministerio de Energía y Minas y no a través de la matriz PETROLEOS DE VENEZUELA, S.A. (PDVSA) o de las filiales de ésta, todas creadas en cumplimiento de la normativa contenida en la Ley Orgánica que Reserva al Estado la Industria y el Comercio de los Hidrocarburos.

De lo anterior, infieren que la Condición SEGUNDA del Acuerdo del Congreso Nacional de fecha 04-07-95, contraviene con rango de ilegalidad lo dispuesto en el mencionado ordinal 5° del Artículo 35 de la Ley Orgánica de la Administración Central.

3. *Nulidad por inconstitucionalidad e ilegalidad de la Cláusula Cuarta:*

El contenido de la Cláusula Cuarta es del tenor siguiente:

"En cada Convenio las Partes constituirán, antes de dar inicio a las actividades del Convenio, un comité (en lo adelante 'Comité de Control'), conformado por igual número de miembros designados por los inversionistas y la Filial, que presidirá un miembro designado por esta última. Para la validez de sus deliberaciones y decisiones, se requerirá la presencia y el consentimiento de los miembros designados por la Filial, teniendo el Presidente doble voto para resolver los casos de empate.

Las Partes someterán a la aprobación del Comité de Control las decisiones fundamentales de interés nacional relacionadas con la ejecución del Convenio.

Estas decisiones estarán descritas en el Convenio e incluirán, entre otras, la aprobación de los planes de exploración, evaluación y desarrollo, así como de cualquier modificación a tales planes, incluyendo la extensión de los lapsos de exploración y explotación, y la ejecución de reducciones en la producción de acuerdo con los compromisos internacionales de la República de Venezuela. A estos fines, se le informará al Comité de Control sobre todas las materias de importancia en la vida de la Asociación y se le someterán los recaudos y cuentas necesarios para poder realizar la fiscalización y auditoría por parte de los entes que el Comité de Control designe".

Los recurrentes, a objeto de fundamentar sus alegatos, sostuvieron como razones de inconstitucionalidad las siguientes:

Esta Cláusula, señalan los recurrentes, viola las disposiciones de los artículos 163, 193 y 136, ordinal 10° de la Constitución de la República, pues una simple revisión de lo que ha sido nuestra política petrolera lleva a la conclusión de que el control ha sido siempre un instrumento directo de política estatal para cumplir varios propósitos. A saber: 1) Influir, a través de los volúmenes de producción, en los precios de mercado y, en consecuencia, incrementar los ingresos. 2) Está en el interés fundamental del Estado, como administrador del recurso hidrocarburos, garantizar su explotación racional a fin de evitar su agotamiento precoz y en protección de lo que es el interés fundamental del inversionista, esto es, recuperar su inversión en el menor tiempo posible produciendo los mayores volúmenes sin atender al agotamiento; 3) El Estado, además, tiene el mayor interés en controlar las actividades a fin de garantizar que se cumplan fiel y exactamente las contribuciones contractuales y legales a las cuales está obligado el inversionista. Razones éstas por las cuales -en su criterio- la función del control, por mandato constitucional, recogido en las leyes orgánicas, resulta absolutamente intransferible, mucho menos cuando se trata de *'decisiones fundamentales de interés nacional'*, como lo pretende la Cláusula Cuarta que se denuncia por inconstitucional, toda vez que viola los principios constitucionales de *lex superior* y de *especificidad* consagrados en el artículo 163 de la Constitución de la República.

Como razones de ilegalidad se alega que:

Ninguna empresa o sociedad mercantil, como la filial PETRÓLEOS DE VENEZUELA, S.A. o cualquiera de sus filiales, puede ejercer la función del control de las actividades a las cuales se contrae la Cláusula PRIMERA del Acuerdo aquí impugnado parcialmente. Mucho menos puede ejercerlo un Comité de Control con participación de particulares, totalmente ajenos a las funciones definidas para el Estado en la forma que lo pretende la Cláusula Cuarta del artículo 2° del Acuerdo del Congreso de la República, de fecha 4 de julio de 1995.

Aducen que la Ley Orgánica que Reserva al Estado la Industria y el Comercio de los Hidrocarburos, sancionada el 30 de agosto de 1975, extinguió el régimen de concesiones. En consecuencia, quedan en plena vigencia dos figuras jurídicas, a saber: la asignación y la asociación, conservando siempre el Estado el estricto control, tal como lo dispone en el caso de las asociaciones el artículo 5° de la Ley Orgánica que Reserva al Estado la Industria y el Comercio de los Hidrocarburos y, en concordancia con el mismo, el artículo 35, ordinal 5° de la Ley Orgánica de la Administración Central.

A su decir, no existen disposiciones de nuestra vigente normativa en materia de hidrocarburos que otorguen potestad alguna a PDVSA o a alguna de sus filiales, para ejercer el control sobre esas actividades. Mucho menos puede el Congreso de la República, autorizar un control con participación de particulares.

Concluyen que la Cláusula CUARTA del Acuerdo viola el artículo 5° de la Ley Orgánica que Reserva al Estado la Industria y el Comercio de los Hidrocarburos y el ordinal 5° del artículo 35 de la Ley Orgánica de la Administración Central, así como los Decretos Constitutivos y Estatutarios de PDVSA, previstos en la misma Ley Orgánica que Reserva al Estado la Industria y el Comercio de los Hidrocarburos, al atribuirle la potestad de ejercer el control a un Comité integrado por particulares y miembros de una filial de PDVSA.

De otra parte, los alegatos de los oponentes al recurso de nulidad pueden resumirse en los siguientes puntos:

-Que la violación del mencionado artículo 136 de la Constitución sólo puede provenir de leyes estatales o de ordenanzas municipales, así como ratifican la naturaleza de la Ley Orgánica de la Administración Central como distributiva de competencias formales entre los diferentes ministerios y no de asignación de competencias materiales específicas.

-Que el control que se ejerce a través del convenio de asociación está basado precisamente en la participación predominante de la República por órgano del Ejecutivo Nacional o de sus entes, entendiéndose como un control contractual interno, y no de naturaleza administrativa como el que ejerce el Ministerio de Energía y Minas y, por ello, no puede afirmarse en forma absoluta, como lo hacen los recurrentes, que las filiales de PDVSA no pueden ejercer el control de las decisiones en los convenios de asociación en los que sea parte en nombre del Estado.

-Que es demostrativo de ese control la Cláusula 4ª del artículo Segundo del Acuerdo en el cual se dispone que para las disposiciones fundamentales de interés nacional relacionadas con la ejecución del Convenio, las partes acuerdan constituir, antes del inicio de las actividades, un Comité, denominado "Comité de control", conformado por igual número de miembros designados por los inversionistas y la filial de PDVSA, pero que será presidido por un miembro designado por esta última. Para asegurar el control según la cláusula citada, se requerirá la presencia y el consentimiento de los miembros designados por la filial, para la validez de las deliberaciones y decisiones, y su Presidente tiene doble voto para resolver los casos de empate. Según sus argumentos, no son los particulares quienes dominan el referido Comité ni corresponde a ellos la capacidad determinante en las decisiones fundamentales, sino a los representantes del ente estatal. Por ello, consideran, fundándose en una interpretación integral del artículo 5° de la Ley Orgánica que Reserva al Estado la Industria y el Comercio de los Hidrocarburos, que la Cláusula 4ª del Acuerdo en modo alguno arrebata al Ministerio de Energía y Minas sus competencias en materia del control externo de las actividades de hidrocarburos y mucho menos, su atribución de dirigir la política de hidrocarburos nacional, puesto que de lo que se trata es de definir el control o dominio que, con base en su participación dentro de la Asociación, ha de tener el ente estatal contratante.

No puede así considerarse que existe usurpación de funciones por parte de las filiales en lo que al desarrollo de las actividades de exploración y explotación de hidrocarburos se refiere, pues lo que existe son políticas de colaboración y coordinación implementadas en ejecución de los lineamientos definidos por el propio Ministerio de Energía y Minas, haciendo uso de las atribuciones de Ley (artículo 6 de la Ley Orgánica que Reserva al Estado la Industria y el Comercio de los Hidrocarburos).

4. *Nulidad por ilegalidad de la Cláusula Sexta.*

La Cláusula Sexta, establece lo siguiente:

"Dentro de los términos y condiciones de la Asociación pautados en el Convenio, se establecerá el compromiso de los Inversionistas de llevar a cabo las actividades exploratorias en el Área por su exclusiva cuenta y riesgo, con base a un plan allí establecido (en lo adelante el 'Plan de Exploración'). Cada Área estará dividida en sectores geográficos de igual superficie (cada sector un 'Bloque'). Cumplido el Plan de Exploración, la continuación del esfuerzo exploratorio deberá ser aprobada por el Comité de Control. Esta aprobación otorgará a los inversionistas el derecho a continuar la exploración por su exclusiva cuenta y riesgo en un número de Bloques determinado, en proporción al esfuerzo adicional propuesto por los inversionistas. Aquellos Bloques que no estén incluidos en el esfuerzo exploratorio adicional que fuese aprobado, o en un Área de Desarrollo (un Bloque o grupos de Bloques en el Área para el cual se apruebe un Plan de Desarrollo), quedarán excluidos del objeto del Convenio. Igualmente, al culminar el esfuerzo exploratorio adicional, quedarán excluidos de las previsiones del Convenio los Bloques que no sean objeto de un Área de Desarrollo. Los Bloques que queden excluidos del Convenio volverán a la Filial para su admisión directa. La aprobación por parte del Comité de Control estará supeditada al cumplimiento de ciertas condiciones que aseguren la idoneidad, racionalidad y eficiencia del esfuerzo adicional a ser ejecutadas por los inversionistas, a la luz de los objetivos perseguidos mediante el Convenio".

Ahora bien, los motivos de ilegalidad expuestos por los recurrentes, en lo que respecta a esta cláusula, se refieren a las siguientes consideraciones:

Que según el Acuerdo del Congreso el inversionista asume la totalidad de las posibles pérdidas durante la fase exploratoria, al establecer el compromiso de éstos de llevar a cabo las actividades exploratorias en el área por su exclusiva cuenta y riesgo con base a un "Plan de exploración", cumplido el cual, la continuación del esfuerzo exploratorio deberá ser aprobada por el Comité de Control.

A juicio de los recurrentes tal cláusula resulta nula de conformidad con lo dispuesto en el artículo 1664 del Código Civil, de allí que, ante una eventual declaratoria de nulidad de dicha Cláusula, los inversionistas -en su criterio- pudieran exigir a la nación venezolana que participe en las pérdidas sufridas en sus labores de exploración.

Se aduce, de otra parte, en favor de la legalidad de la citada cláusula, que el Acuerdo no es un contrato de sociedad en sí mismo por lo que no podría aplicársele una norma específica de la contratación civil en materia de sociedades, que se refiere a supuestos de aquellos contratos sociales en los cuales una de las partes es excluida de los beneficios económicos o impuesto de las pérdidas sin beneficios o exonerada de y por sus aportes a la sociedad. Se trata, más bien, de una pauta normativa para llevar a su fase ejecutiva una política de asociaciones estratégicas con el capital privado en áreas del negocio petrolero.

En igual sentido, sostienen que la calificación de "leoninos" no puede en modo alguno aplicarse a relaciones extrañas a las establecidas en virtud de una relación contractual, como es el caso de los Convenios de Asociación, los cuales, en su criterio, no se ajustan a los términos del artículo 1649 del Código Civil.

A su juicio, tampoco sería leonina la mencionada cláusula sino aleatoria, porque de encontrarse petróleo en el área establecida habrá una explotación en la que ambas partes harán aportes y obtendrán beneficios.

. *Nulidad por inconstitucionalidad e ilegalidad de la Cláusula Décima:*

Contenido de la Cláusula Décima:

> *"La celebración y ejecución del Convenio quedarán sometidas al régimen establecido en la Ley Orgánica que Reserva al Estado la Industria y el Comercio de los Hidrocarburos, en razón de que su objeto se contrae al ejercicio de las actividades reservadas al Estado, conforme al Artículo 1° de dicha Ley. En tal virtud, las referidas actividades, siendo además de la competencia del Poder Nacional, no estarán sometidas al pago de los impuestos municipales ni estatales. Sin embargo, y en atención a lo establecido en el artículo 136, ordinal 10° de la Constitución de la República de Venezuela, el Congreso de la República establecerá un sistema de beneficios económicos especiales con cargo al bono sobre la rentabilidad 'PEG' y a favor de los Estados y Municipios en cuyos territorios se realicen las referidas actividades y a otros fines que considere conveniente".*

Al respecto los recurrentes señalaron como razones de inconstitucionalidad:

> *"La Cláusula Décima del Acuerdo en cuestión, viola ...de manera directa y flagrante ... la reserva legal establecida en el artículo 224 de la Constitución que, a la letra, dispone: 'No podrá cobrarse ningún impuesto u otra contribución que no estén establecidos por ley, ni concederse exenciones, ni exoneraciones de los mismos sino en los casos por ella previstos'. Así mismo, vale agregar que sólo pueden entenderse por ley, los actos que sancionan las Cámaras como cuerpos colegisladores (artículo 162 de la Constitución). Por su parte, el artículo 177 ejusdem dispone que 'las leyes sólo se derogan por otras leyes'.*
>
> *En consecuencia de lo aquí expuesto, la Cláusula del Acuerdo aprobado por el Congreso de la República en fecha 04-07-95, viola los artículos 29, 31, ordinal 3°, 224 162 y 177 de la Constitución por lo cual pedimos respetuosamente a esta honorable Corte que así lo declare conjuntamente con su nulidad."*

De otra parte se aduce que la mencionada cláusula es ilegal con base en los siguientes razonamientos:

"Tal Cláusula viola la reserva legal consagrada en el artículo 40, Ordinal 20 del Código Orgánico Tributario que a la letra, dispone: 'Sólo a la ley corresponde regular con sujeción a las normas generales de este Código las siguientes materias:

1°...

2° Otorgar exenciones y rebajas de impuestos...'

Como puede observarse, la Cláusula Décima que aquí estamos impugnando contraviene flagrantemente, el mandato legal al establecer una exención en materia tributaria, mediante un Acuerdo que no cumple los requisitos de ley formal que exige el artículo 162 de la Constitución, razón ésta por la cual demandamos por ilegalidad esta Cláusula DÉCIMA del Acuerdo del Congreso de fecha 04-07-95, por violar de manera flagrante, el artículo 4°, Ordinal 2° del Código Orgánico Tributario".

En contra de lo expuesto por los recurrentes, quienes defienden la legalidad y constitucionalidad del Acuerdo dictado por el Congreso, alegaron:

Que la autonomía tributaria de los municipios es limitada pues estos no tienen potestad para gravar materias rentísticas de la competencia del Poder Nacional. En razón de ello, los Municipios pueden crear tributos mediante ordenanzas en las materias especialmente señaladas en los ordinales 2° y 3° del Artículo 31 de la Constitución, así como también en otras materias dentro del ámbito de su competencia (ordinal 6° del artículo 31), con las limitaciones que derivan de la Constitución y la ley.

Indican de esta forma que, de conformidad con los ordinales 8° y 10° del artículo 136 de la Constitución de la República, corresponde al Poder Ejecutivo el régimen y administración de los hidrocarburos, y ello constituye una reserva constitucional al Poder Nacional al otorgarle el régimen y administración de las minas e hidrocarburos, así como una serie de materias impositivas, entre las cuales señala expresamente las contribuciones referidas a las minas e hidrocarburos y *"los demás impuestos, tasas y rentas no atribuidos a los estados y a los municipios, que con carácter de contribuciones nacionales creare la ley"*.

Sostienen que esta reserva se refiere a las contribuciones y demás impuestos y que el constituyente hace del término contribuciones un género que incluye los conceptos de impuesto, tasas, rentas y por supuesto la idea misma de contribuciones, y que, en efecto, aun cuando en el orden teórico puedan formularse distinciones entre esos términos (contribuciones, impuestos, tasas, rentas), no cabe duda que la reserva los incluye a todos. Por efecto de dicha reserva los Municipios no pueden gravar la actividad de hidrocarburos, la cual incluye las actividades de exploración, explotación, tratamiento y transporte de hidrocarburos llevadas a cabo por las empresas constituidas bajo los Convenios de Asociación.

Consideran importante destacar, quienes defienden la constitucionalidad de esta cláusula, que el artículo 34 de la Constitución impone a los Municipios las mismas limitaciones que el artículo 18 de la Constitución prescribe para los Estados. Entre esas limitaciones está la prohibición de crear impuestos sobre las materias rentísticas de la competencia nacional. De ello resulta que al estar excluidos el Poder Estadal y el Poder Municipal de dicho poder tributario, el mismo corresponde sólo al Poder Nacional, ya que, como se sabe, la potestad tributaria residual corresponde en Venezuela sólo al Poder Nacional, por acordarlo así el artículo 136, ordinal 8° de la Constitución, que le reserva la organización, recaudación y control de los impuestos no atribuidos a los estados ni a los municipios.

A entender de los oponentes al recurso de nulidad, la jurisprudencia de este Máximo Tribunal ha sostenido el criterio de la inmunidad tributaria de los instrumentos de gestión o formas jurídicas utilizadas por la República para la mejor consecución de sus fines o de las actividades que asuma, bajo la política de intervención en la economía del país, tal como es el caso de las actividades de la industria y el comercio de los hidrocarburos, lo que permite afirmar que los entes públicos institucionales, Institutos Autónomos y Empresas del Estado, constituidas para desarrollar dichas actividades son instrumentos de la República y participan de su misma inmunidad fiscal, salvo que la ley expresamente los someta a un tratamiento fiscal distinto.

Se aduce además que ni el artículo 7 de la Ley Orgánica que Reserva al Estado la Industria y el Comercio de los Hidrocarburos ni la Cláusula Décima del artículo 2° del Acuerdo, pueden considerarse como exenciones tributarias, sino como la determinación del régimen de no sujeción a los tributos estadales y municipales respecto a las actividades de hidrocarburos, realizadas por las empresas nacionalizadas o con motivo de los Convenios de Asociación. No tratándose de una exención la establecida en dicha Cláusula para las actividades derivadas de los Convenios de Asociación, no resulta aplicable lo previsto en el artículo 224 de la Constitución ni en el artículo 4, ordinal 2° del Código Orgánico Tributario, los cuales a juicio de quienes defienden la constitucionalidad y legalidad del acto jurídico impugnado, no pueden considerarse violados por el Acuerdo.

Exponen que el establecimiento de un régimen de no sujeción a un tributo de determinadas actividades, corresponde a las Cámaras Legislativas como órganos del Poder Nacional con competencia para establecerla, sea como cuerpos colegisladores, mediante ley, o en "sesión conjunta respecto a determinadas contrataciones que se autoricen, mediante Acuerdo".

Consideran que las normas que se dicen vulneradas resultan inaplicables al caso regulado en la Cláusula Décima del artículo 2° del Acuerdo, por no tratarse de una exención tributaria, por lo que no podrían ser violadas; sino que el régimen de no sujeción respecto de las minas e hidrocarburos que se atribuye al Poder Nacional en el artículo 136, ordinal 10 de la Constitución, no requiere de una Ley (art. 162 de la Constitución), cuando las Cámaras Legislativas lo establecen al fijar las condiciones específicas y particularizadas de celebración de los Convenios de Asociación, conforme a sus competencias constitucionales y legales, como ha sucedido en este caso; de manera que mal podría alegarse violación del principio de legalidad tributaria regulado en los artículos 224 de la Constitución y 4, ordinal 2°, del Código Orgánico Tributario.

6. *Nulidad por inconstitucionalidad de la Cláusula Decimoséptima*

Establece el contenido de la Cláusula Decimoséptima en su segundo aparte:

"El modo de resolver las controversias en materias que no sean de la competencia del Comité de Control y que no puedan dirimirse por acuerdo

entre las partes, será el arbitraje, el cual se realizará según las reglas de procedimiento de la Cámara Internacional de Comercio, vigentes al momento de la firma del Convenio".

A este respecto, los recurrentes señalaron como motivos de inconstitucionalidad, lo siguiente:

Que esta disposición contradice de manera flagrante el artículo 127 de la Constitución que dice:

"En los contratos de interés público, si no fuere improcedente de acuerdo con la naturaleza de los mismos, se considerará incorporada, aun cuando no estuviere expresa, una cláusula según la cual las dudas y controversias que puedan suscitarse sobre dichos contratos y que no llegaren a ser resueltas amigablemente por las partes contratantes, serán decididas por los Tribunales competentes de la República, en conformidad con sus leyes, sin que por ningún motivo ni causa puedan dar origen a reclamaciones extranjeras"

Sostienen que la única excepción que establece el citado artículo, se refiere a los contratos celebrados entre dos Estados soberanos o entre un Estado soberano y los organismos de Derecho Internacional Público, por lo que la redacción del texto citado es suficientemente clara y categórica. En efecto, -sostienen- que estamos frente a contratos o convenios de asociación que revisten un incontrovertible interés público, tanto que, aun en el texto de la reforma de la Ley de Hidrocarburos de 1.967, se estableció: Artículo 3, Numeral 9: "En los convenios se insertará la siguiente cláusula: Las dudas y controversias de cualquier naturaleza que puedan suscitarse con motivo de este convenio y que no puedan ser resueltas amigablemente, serán decididas por los Tribunales competentes de Venezuela, de conformidad con sus leyes, sin que por ningún motivo ni causa puedan ser origen de reclamaciones extranjeras...".

Afirman de esta forma que es inocultable que los convenios versan sobre recursos naturales que se encuentran, por mandato constitucional, *bajo el régimen y administración del Poder Nacional*, esto es, del Estado (artículo 136, Ordinal 10). De manera que la naturaleza de los mismos reviste un interés público que compromete aspectos esenciales a la nación venezolana.

Concluyen así que esta Cláusula Decimoséptima del artículo 2° del Acuerdo del Congreso contiene una contradicción flagrante del artículo 127 de la Constitución que no autoriza el sometimiento a normas jurídicas distintas a las venezolanas.

Por su parte, quienes defienden la legalidad y constitucionalidad de la referida cláusula sostienen:

Que evidentemente los Convenios de Asociación autorizados en el Acuerdo de Congreso de 04-07-95, son contratos de interés público nacional conforme al artículo 127 de la Constitución, a los cuales, sin embargo, por su naturaleza industrial y comercial, se les aplica la excepción contenida en la misma norma respecto al principio de la inmunidad jurisdiccional; razón por la cual mal podría alegarse violación de dicha norma.

Que el texto del artículo 127 de la Constitución, desde el ángulo de la inmunidad jurisdiccional, se aparta del carácter absoluto tradicional que antes tenía, y encaja dentro de la llamada "inmunidad relativa de jurisdicción". En efecto la norma prescribe que esa cláusula debe estar presente en todos los contratos de interés público (nacional, estatal o municipal) "si no fuere improcedente de acuerdo con la naturaleza de los mismos", y la tendencia es a admitir la excepción al principio de la inmunidad basadas en el carácter comercial de las actividades que realice un Estado, sobre todo en el ámbito internacional, lo que ha provocado la admisión del principio de la inmunidad relativa de jurisdicción.

De esta manera, según su entender, los contratos de interés público, contenidos en los Convenios de Asociación en ejecución del artículo 5° de la Ley Orgánica que Reserva al Estado la Industria y el Comercio de los Hidrocarburos, por su naturaleza industrial y comercial, son de aquéllos que están dentro de las excepciones respecto del principio de inmunidad jurisdiccional del Estado. Por ello, en la Cláusula Décima Séptima del artículo 2° del Acuerdo de 04-07-95, y conforme al artículo 127 de la Constitución, si bien se ha previsto expresamente que se regirán e interpretarán de conformidad con las leyes de la República de Venezuela, se ha dispuesto la excepción respecto de la cláusula de inmunidad jurisdiccional del Estado, prescribiéndose que las partes contratantes, respecto de controversias que no sean de las materias competencia del Comité de Control, deben recurrir al arbitramento para su solución conforme al Código de Procedimiento Civil (arts. 2 y 608 CPC), lo cual es admisible en los contratos de interés público que no contengan obligatoriamente dicha cláusula.

Las limitaciones fundamentales con relación al recurso del arbitramento en los contratos de interés público, como los Convenios de Asociación, son las establecidas en el artículo 608 del Código de Procedimiento Civil, en el sentido de que no pueden comprometerse *"cuestiones sobre estado, sobre divorcio o separación de los cónyuges, ni sobre los demás asuntos en los que no cabe transacción"*.

Finalmente sostienen, que el recurso al arbitramento en los contratos de interés público donde no sea obligatoria la inclusión de la cláusula de inmunidad jurisdiccional, puede conducir inclusive a que los árbitros designados resuelvan en el exterior, conforme al artículo 2 del Código de Procedimiento Civil, sometido el compromiso arbitral, siempre, a las limitaciones antes mencionadas y adicionalmente a las previstas en dicho artículo en el sentido de que los arbitrajes que se resuelvan en el extranjero *"no pueden referirse a controversias para bienes inmuebles situados en el territorio de la República o sobre otras materias que interesen al orden público o a las buenas costumbres"*.

7. *Nulidad por ilegalidad de la Cláusula Vigésima primera.*

Dispone el contenido de la Cláusula Vigésimaprimera:

"El Ejecutivo Nacional podrá establecer un régimen que permita ajustar el impuesto establecido en el Artículo 41 de la Ley de Hidrocarburos, cuando se le demuestre, en cualquier momento, que no es posible alcanzar los márgenes mínimos de rentabilidad para la explotación comercial de una o más Areas de Desarrollo durante la ejecución del Convenio. A tales efectos, la Filial realizará las correspondientes comprobaciones de costos de producción por ante el Ministerio de Energía y Minas".

Los recurrentes cuestionan la legalidad de la cláusula que precede al considerar que:

> *"...Dispone, ...el Ordinal 1° artículo 41 de la Ley de Hidrocarburos vigente que todos los concesionarios indicados en el artículo 39 pagarán además:*
>
> *1. El impuesto de explotación que será igual al 16 2/3% medido en el campo de producción.*
>
> *PARÁGRAFO ÚNICO.- Con el fin de prolongar la explotación económica de determinadas concesiones queda facultado el Ejecutivo Federal para rebajar el impuesto de explotación a que se refiere este Ordinal en aquellos casos en que se demuestre a su satisfacción que el costo creciente de producción incluido en éste el monto de los impuestos haya llegado al límite que no permita la explotación comercial. Puede también el Ejecutivo Nacional elevar de nuevo el impuesto de explotación ya rebajado hasta restablecerlo en su monto original, cuando a su juicio se hayan modificado las causas que motivaron la rebaja."*

Al respecto señalan que es claro, según la excepción contenida en el Parágrafo Único antes transcrito, que la misma se refiere a un posible y lógico incremento de los costos de producción por agotamiento en los procesos de explotación del yacimiento. Esto significa -según entienden- que por razones de agotamiento del yacimiento, el costo de producción se haya elevado tanto que convierta en no comercial esa explotación. En tal caso, y por vía de excepción, el Ejecutivo puede establecer porcentajes inferiores a ese 16 2/3%. En cambio, en franca violación de lo estipulado en el citado ordinal 1° del artículo 41 de la Ley de Hidrocarburos vigente, en el Acuerdo del Congreso de la República de fecha 4 de julio de 1995 se establece la posibilidad de que esa regalía se reduzca, desde el mismo momento en que se inicia la explotación del yacimiento cuando se considera que el yacimiento en cuestión no es comercial.

Sostienen de esta forma que la recta aplicación de la ley conduce a que, si el inversionista no tiene interés en explotar el yacimiento descubierto, éste pase a incrementar el acervo de reservas probadas de la Nación que las podrá explotar directamente u otorgar bajo nuevos convenios, según su mejor criterio, tal y como fue la práctica de todos los gobiernos hasta los días de la nacionalización.

Por todo lo señalado, concluyen que es evidente que la Cláusula VIGÉSIMA PRIMERA del artículo 2° del Acuerdo en cuestión es nula por violar lo dispuesto en el artículo 41 de la vigente Ley de Hidrocarburos.

Los motivos contrarios a la argumentación de los recurrentes, son los siguientes:

Que del texto, aparece claramente una remisión directa al artículo 41 de la Ley de Hidrocarburos, el cual, como se sabe, rige para las empresas propiedad del Ejecutivo Nacional a las cuales se les hubiere encomendado el ejercicio de las actividades reservadas, como se desprende de la aplicación a dichas empresas del anterior régimen concesionario en materia de impuestos y contribuciones nacionales en atención al contenido del artículo 6° de la Ley Orgánica que Reserva al Estado la Industria y el Comercio de los Hidrocarburos . Ahora bien, dentro de ese régimen se halla el llamado "impuesto de explotación" conocido como "regalía petrolera", que conforme al ordinal 1° del artículo 41, antes citado, consiste en el pago del 16 y 2/3 por ciento del petróleo crudo extraído, medido en las instalaciones en que se efectúa la fiscalización. Asimismo, el artículo 41, en comento, prevé rebajas del señalado porcentaje o participación en el supuesto contemplado en el Parágrafo Único del ordinal 1° de dicho artículo.

Aparte de lo anterior -indican- que la previsión de la referida Cláusula Vigésimo Primera de permitir al Ejecutivo Nacional al establecer un régimen de rebajas para el pago del impuesto de explotación, bien puede ser dispuesta por el Congreso en la regulación que dicte de la explotación realizada por las empresas filiales de PDVSA, mediante Convenios de Asociación, como sucede en el presente caso, en razón de la amplia facultad que le otorgó el legislador en el artículo 5° de la Ley Orgánica que Reserva al Estado la Industria y el Comercio de los Hidrocarburos, de fijar las condiciones bajo las cuales han de celebrarse dichos Convenios, para así poder ser autorizados por las Cámaras Legislativas.

Señalan en este sentido, que dada la naturaleza del impuesto de explotación por tratarse de una participación que corresponde al Estado en la producción a cambio de la Asignación de los derechos de explotación en sus yacimientos que el Ejecutivo Nacional confiere a un tercero, sujeta a la condición aleatoria de que se encuentre el yacimiento de hidrocarburos y de que se explote, y que por cuanto además se puede pagar en especie y no sólo en dinero, se ha estimado que el referido impuesto de explotación no es un verdadero impuesto sino una renta o ingreso derivado de un bien propio de la República.

La anterior conclusión, conduce a admitir que para que proceda la rebaja de la regalía no es necesario que el yacimiento esté en explotación, lo cual se confirma con su elemento histórico, al analizarse sus precedentes como también se explicó.

Aducen que la finalidad de la rebaja tiene como fundamento económico el ordenamiento de la producción mediante un estímulo a las inversiones, que es la contrapartida a ese sacrificio fiscal (Vid, en este sentido Gerloff & Neumark, Editorial Ateneo, Buenos Aires, pág. 220). En efecto -indican--la rebaja de la regalía o impuesto de explotación, tiene como objetivo la extensión de la actividad de producción de hidrocarburos para que pueda generar riqueza y empleo en el país y para que pueda mantenerse como fuente generadora de recursos para la economía y para el Fisco Nacional, mediante la aplicación de los otros tributos que le resultan aplicables.

Concluyen señalando que la rebaja del impuesto de explotación del aparte único del artículo 41 de la Ley de Hidrocarburos puede ser otorgada incluso a aquellas explotaciones que no se hayan iniciado, y cuya viabilidad comercial depende del goce del beneficio allí establecido.

II

OPINIÓN DEL MINISTERIO PÚBLICO

El Ministerio Público presentó su opinión en relación con la presente solicitud de nulidad y al respecto expuso:

1) - En lo que se refiere a la solicitud de nulidad de la *Cláusula Primera* del Acuerdo del Congreso, sostiene el Representante del Ministerio Público, que en el

Decreto de creación de *PDVSA*, se estableció entre sus funciones: la planificación, coordinación y supervisión de los actos que realicen las filiales de su propiedad, por lo que, "aún en el supuesto de que éstas tengan derechos amplísimos para la asignación de las áreas siempre serán objeto de control por parte del ente matriz". Por otra parte, observa el Representante del Ministerio Público, que el segundo párrafo del artículo 5 de la Ley Orgánica que Reserva al Estado la Industria y el Comercio de los Hidrocarburos, no se limita a las filiales de *PDVSA*, ni a las actividades reservadas en el artículo 1° ejusdem, ni tampoco se hace limitación en cuanto los convenios de asociación.

Sostiene el Fiscal General de la República, que la aplicación del artículo 1.141 del Código Civil, en este tipo de negocios, resulta incompatible con "el régimen monopólico de la actividad reservada".

2) - En cuanto a la *Cláusula Segunda* del referido acuerdo del Congreso estima el Ministerio Público "que no se arrebata la competencia al Ministerio de Energía y Minas, pues, como órgano directo del Ejecutivo Nacional, es claro que su actuación está dirigida fundamentalmente a que la política petrolera, conforme a los lineamientos del máximo jerarca, sea realizada por las empresas estatales en la forma programada en el marco establecido por éste". Ello supone -en su criterio- que la actuación del Ministro se concreta a la actuación de los planes previstos por el Ejecutivo y al seguimiento de esa política, dejando su estructuración a *PDVSA* y a las filiales creadas para tal fin.

Rechaza asimismo, el alegato relacionado con la presunta colisión de la Ley Orgánica que Reserva al Estado la Industria y el Comercio de los Hidrocarburos con la Ley Orgánica de la Administración Central, pues se impone el principio de que ante la aplicación de dos leyes orgánicas prevalecerá la que contenga la materia que la regula. En el presente caso, tiene preeminencia la aplicación de la Ley Orgánica que Reserva al Estado la Industria y el Comercio de los Hidrocarburos, pues contiene la materia de hidrocarburos y la política petrolera.

3) - En lo que respecta a la *Cláusula Cuarta*, el Ministerio Público estima que de acuerdo con el artículo 5 de la Ley Orgánica que Reserva al Estado la Industria y el Comercio de los Hidrocarburos, el Ejecutivo a través de *PDVSA* y sus filiales, siempre retiene sobre la materia el control de la actividad que ésta desarrolla; la conformación del Comité de Control no incide en las facultades que tiene el Ejecutivo en la actividad que desarrolla el Estado, pues éste, mantiene el derecho de control para asegurar que la negociación se realice de acuerdo con los objetivos políticos propuestos en el convenio de asociación respectivo.

De esta manera sostiene que el fin es mantener el control sobre esas empresas a través de las filiales correspondientes, las que deberán rendir cuenta de su gestión a PDVSA. Todo ello independientemente de la fiscalización que realiza también la Contraloría General de la República, que se extiende hasta la empresas mixtas en la que el Estado tiene participación.

Concluye el Fiscal General de la República, sosteniendo que el Comité de Control creado al efecto "no obstaculiza las labores de control que tienen atribuido PETRÓLEOS DE VENEZUELA, S.A., el Ministerio de Energía y Minas, el Congreso y la Contraloría General de la República.

4)- En cuanto a la *Cláusula Sexta*, opina el Ministerio Público que no es cierto que esta cláusula resulte leonina y perjudicial como lo sostienen los solicitantes de la nulidad, pues en ella no se establece que en la fase exploratoria el inversionista asuma la totalidad de las posibles pérdidas, y que cumplido el plan exploratorio, la continuación del esfuerzo deberá ser aprobado por el Comité de Control. Considera el Ministerio Público, que no se trata de una cláusula leonina, puesto que en el convenio de asociación se encuentra revestido de las formalidades de un documento público y fue objeto de conocimiento en la esfera nacional e internacional, así como sentadas las bases del mismo, se convocó públicamente a todos aquellos interesados en participar en la apertura petrolera, participándoles el riesgo de la explotación y el capital necesario para invertir. No existe por tanto "la voluntad de engañar para inducir a error", por lo que no podría aplicarse el supuesto de hecho del artículo 1.146 del Código Civil, con relación a la nulidad de los contratos.

5) - Cláusula Décima: en criterio del Ministerio Público es "la propia Constitución la que le atribuye competencia al Poder Nacional para regular la materia de hidrocarburos", competencia ésta que se manifiesta en la Ley Orgánica que Reserva al Estado la Industria y el Comercio de los Hidrocarburos, en la cual se exceptúa de pagar impuestos estatales y municipales al sector petrolero. En esta Ley hay una clara "intención del Legislador de aplicar sólo los impuestos nacionales, sustrayendo de ellos los estatales y municipales", por lo que "no podría considerarse que el propio Legislador a quién está reservado la materia tributaria", contradiga los principios constitucionales que la orienta.

6) - Es del criterio del Ministerio Público que con la *Cláusula Décima Séptima* no se ha arrebatado la jurisdicción a los tribunales de Venezuela, pues los convenios de asociación *"se regirán e interpretaran de conformidad con las leyes de la República de Venezuela"; por lo tanto, "podría someterse solamente al arbitraje la materia propia del convenio, es decir, la ejecución del mismo, que no pueda dirimirse por acuerdo de las partes, y que no estén sometidas a la competencia del Comité de Control".*

Sostiene asimismo, "que no entran en estas consideraciones del arbitraje, materia propia de la actividad jurisdiccional al no tratarse de un organismo con estas características, sino más bien de orden administrativo, como se concibe universalmente a una Cámara de Comercio".

7) - *Cláusula Vigésima Primera*. Estima el Ministerio Público, que se requiere que a las empresas mixtas se les otorgue "flexibilidad en la tasa impositiva aplicable, como la que rige para PETRÓLEOS DE VENEZUELA y sus filiales".

Así expone que la regalía que se establezca debe ser objeto de análisis, "tomando en cuenta la conveniencia y el interés del Estado, en que se prolongue la exploración. El alivio de una carga financiera, representa un estímulo más para los inversionistas nacionales o extranjeros", lo que no significa una exoneración de la carga tributaria a las empresas que al efecto se crearen.

Concluye el Ministerio Público solicitando se declare sin lugar la solicitud de nulidad del Acuerdo que contiene la autorización de los "Convenios de Asociación para la Exploración a Riesgo de Nuevas Areas y la Producción de Hidrocarburos bajo el Esquema de Ganancias Compartidas", por estar conforme a la Constitución y las Leyes que rigen la materia.

III

MOTIVACIONES DE LA CORTE PARA DECIDIR

1. *Cláusula Primera:*

Se alega que la Cláusula Primera del Acuerdo emanado del Congreso es ilegal, por cuanto contradice el artículo 5° de la Ley Orgánica que Reserva al Estado la Industria y el Comercio de los Hidrocarburos, afirmándose básicamente que, a pesar que en la mencionada disposición se remite a un "Anexo B", a los fines de determinar las áreas geográficas donde se realizarán las actividades de exploración a riesgo de nuevas áreas y la producción de hidrocarburos bajo el esquema de ganancias compartidas, existe una indeterminación en su objeto y se trata en realidad de una transferencia de potestades, y por otro lado, que la Ley sólo faculta realizar tales convenios en casos especiales, tratándose el presente de uno muy general, plural e indeterminado.

Ahora bien, la norma que se dice vulnerada (artículo 5°) reza textualmente:

"El Estado ejercerá las actividades señaladas en el artículo 1 de la presente Ley directamente por el Ejecutivo Nacional o por medio de entes de su propiedad, pudiendo celebrar los convenios operativos necesarios para la mejor realización de sus funciones, sin que en ningún caso estas gestiones afecten la esencia misma de las actividades atribuidas.

En casos especiales y cuando así convenga al interés público, el Ejecutivo Nacional o los referidos entes podrán, en el ejercicio de cualquiera de las señaladas actividades, celebrar convenios de asociación con entes privados, con una participación tal que garantice el control por parte del Estado y con una duración determinada. Para la celebración de tales convenios se requerirá la previa autorización de las Cámaras en sesión conjunta, dentro de las condiciones que fijen, una vez que hayan sido debidamente informadas por el Ejecutivo Nacional de todas las circunstancias pertinentes"

De otra parte se observa que el artículo 21 de la misma Ley, dispone que el Ejecutivo Nacional, por órgano del Ministerio de Energía y Minas, determinará las áreas geográficas en las cuales realizarán sus actividades las empresas que creare. Se infiere de ambas normas que el legislador en la búsqueda de la optimización del aprovechamiento de esos recursos, flexibilizó el régimen de reserva facultando "para la mejor realización de sus funciones" ejercer esas actividades por medio de entes de su propiedad e incluso la celebración de convenios de asociación con entes privados.

Considerando lo anterior y siendo la regla general la reserva estatal de la actividad, así como proclamada la materia "de utilidad pública e interés social" (artículo 1° de la Ley), debe concluirse que si bien dimana del texto legal la intención de desconcentrar esa industria, -mayormente en otros entes estatales de marcada vocación pública-, en orden a optimizar la explotación de un recurso de notable incidencia en la vida nacional, ha de interpretarse esa desconcentración en un sentido limitado, esto es, preservando el control que por parte del Estado es inherente a esa industria.

De ahí entonces, el fundamento de la disposición contenida en el citado artículo 21 de la Ley Orgánica que Reserva al Estado la Industria y el Comercio de los Hidrocarburos, por lo que ciertamente los "Convenios de Asociación" que se permite al Ejecutivo nacional o empresas de su propiedad suscribir con entes privados, deben versar sobre zonas predeterminadas, pues se acentúa el carácter excepcional de esos mecanismos, al condicionarse a "casos especiales".

Debe entonces este Supremo Tribunal establecer si tal indicación resulta suficiente con la referencia a un Anexo, por el cual presuntamente se determinan las áreas a favor de una filial de PDVSA, para la realización de las actividades de exploración y explotación. En ese sentido, fue promovido, en copia certificada, por el apoderado de PDVSA el Informe de la Comisión Bicameral de Energía y Minas del Congreso de la República, sobre los Convenios de Asociación para la Exploración a Riesgo de Nuevas Areas y la Producción de Hidrocarburos Bajo el Esquema de Ganancias Compartidas, de cuyo examen aparece ciertamente incorporado el "Anexo B" a que hace mención la cláusula primera del artículo 2 del Acuerdo impugnado.

La revisión del mencionado Anexo revela, de otro lado, que el mismo es contentivo del señalamiento de la ubicación de las áreas geográficas que serán objeto de los Convenios de Asociación. Concretamente, comprende dicho documento levantamientos cartográficos correspondientes a esas áreas, denominadas Catatumbo, La Ceiba, Guanare, San Carlos, El Sombrero, Guarapiche, Golfo de Paria O., Golfo de Paria E., Punta Pescador y Delta Centro.

Por otra parte, también obra en autos, ejemplar de la Gaceta Oficial N° 35.881 del 17 de enero de 1996, promovido en su oportunidad por los recurrentes, donde aparece publicada la Resolución N° 002 del 16 de enero de 1996, emanada del Ministerio de Energía y Minas, por la que ese Despacho en atención a lo establecido en el artículo 21 de la Ley Orgánica que Reserva al Estado la Industria y el Comercio de los Hidrocarburos, determina las áreas geográficas en las cuales se realizarán las actividades, como se desprende de su texto:

"Por cuanto los ciudadanos doctores Néstor Carrillo Lugo y Orestes Parilli Pérez, en su carácter de Director y Representante Judicial de la Corporación Venezolana del Petróleo, S.A. (CVP), respectivamente, filial de Petróleo de Venezuela, S.A., autorizado según consta de ..., solicitan de este Ministerio conforme a lo dispuesto en el artículo 21 de la Ley Orgánica que Reserva al Estado la Industria y el Comercio de los Hidrocarburos, la determinación de las áreas geográficas en las cuales ejercerá sus actividades dicha sociedad; por cuanto el Congreso de la República, conforme a lo dispuesto en el Acuerdo del 4 de julio de 1995, publicado en la Gaceta Oficial de la República de Venezuela N° 35.754 de fecha 17 de julio de 1995, autoriza al Ejecutivo Nacional para la celebración de Convenios de Asociación para la exploración a riesgo de nuevas áreas y la producción de hidrocarburos bajo el esquema de ganancias compartidas, *cuya Cláusula Primera del Marco de Condiciones dispuso la determinación de las áreas geográficas a favor de la filial de PETRÓLEOS DE VENEZUELA, S.A.,* respectiva, para realizar las actividades relacionadas con la exploración y explotación de yacimientos de hidrocarburos, con el transporte por vías especiales, almacenamiento y comercialización de la producción obtenida en las áreas, y con las obras que su manejo requiera; por tanto, este Ministerio, órgano del Ejecutivo Nacional, dispone que la Corporación Venezolana del Petróleo, C.A. (CVP) ejercerá sus actividades en las siguientes nuevas áreas geográficas:

Área Guanare: Constante de 189.887,00 hectáreas, ubicada en el Municipio Guanare, Monseñor José V. de Unda, Ospino y Sucre del estado Portuguesa y el Municipio Morán del Estado Lara, la cual está enmarcada...

Área El Sombrero: Constante de 202.422,00 hectáreas, ubicada en los Municipios Mallado, Ortiz y Juan G. Roscio del Estado Guárico y el Municipio Urdaneta del Estado Aragua, la cual está enmarcada...

Área San Carlos: Constante de 177.128,00 hectáreas, ubicada en los Municipios Anzoátegui, Ricaurte, San Carlos y Rómulo Gallegos del Estado Cojedes y los Municipios Agua Blanca, Araure, Paéz, San Rafael de Onoto y Turén del Estado Portuguesa, la cual está enmarcada...

Área Delta Centro: Constante de 212.554,41 hectáreas ubicada en los Municipios Pedernales y Tucupita del Estado Delta Amacuro, la cual está enmarcada...

Área Punta Pescador Oeste: Constante de 198.377,88 hectáreas, ubicada en ...

Área Golfo de Paria Oeste : Constante de 113.581,17 hectáreas ubicada una parte en el Municipio Autónomo Maturín del Estado Monagas y la otra cubierta por aguas venezolanas cercana a la costa de los Estados Sucre, Monagas y Delta Amacuro, la cual está enmarcada...

Área Guarapiche; Constante de 197.057,45 hectáreas, ubicada en los Municipios Autónomo Maturín, Bolívar y Punceres del Estado Monagas..., la cual está enmarcada...

Área La Ceiba: Constante de 180.162,65 hectáreas, ubicada en los Municipios Justo Briceño, Julio Salas y Tulio Febres Cordero del Estado Mérida... la cual está enmarcada...

Área Catatumbo: Constante de 215.460,22 hectáreas, ubicada en los Municipios Alberto Adriani del Estado Mérida y Municipio Colón del Estado Zulia, la cual está enmarcada...

Área Golfo de Paria Este: Constante de 108.623,20 hectáreas, cubierta por agua venezolanas, cercana a las costas Sucre, Monagas y Delta Amacuro, la cual está enmarcada..."

De esta forma puede concluir este Alto Tribunal que la Cláusula Primera del Acuerdo impugnado, no viola lo establecido en el mencionado artículo 5º de la Ley Orgánica que Reserva al Estado la Industria y el Comercio de los Hidrocarburos, pues fueron determinadas suficientemente las áreas sobre las cuáles se celebrarían los Convenios de Asociación a que se refiere el Acuerdo del Congreso del 4 de julio de 1995. Por las mismas razones, se hace innecesario, por ser accesorio al punto ya resuelto, el examen sobre la infracción al artículo 1.1421 del Código Civil. Así se declara.

Resta por analizar el argumento conforme al cual los convenios de asociación a que se refiere el Acuerdo del Congreso ahora impugnado, no reúnen la condición de obedecer a "casos especiales" como exige el artículo 5° de la Ley Orgánica que Reserva al Estado la Industria y el Comercio de los Hidrocarburos y, al respecto, se observa que los considerandos que fundamentaron el Acuerdo tomado por el Congreso de la República, por el cual se autoriza la celebración de dichos convenios de asociación, se basan en que éstos "permitirán la exploración y en consecuencia el posible descubrimiento de nuevas reservas de hidrocarburos, especialmente de crudos livianos y medianos", así como atendiendo a que en los próximos diez (10) años se presentarán oportunidades de mercado que exigirán un aumento de la capacidad de producción de nuestro país y, finalmente, en que los nuevos convenios, contribuirán a la consolidación y al crecimiento de la industria petrolera nacional.

Se inscribe así la promoción de los convenios de asociación autorizados por el Congreso, dentro de las políticas y planificación de la industria petrolera nacional que busca una expansión, para lo cual se apela al capital privado, por lo que puede concluirse que el presente caso, sí se agrupa dentro de esos "casos especiales" que prevé el artículo 5° de la Ley en comento, pues se trata de la ampliación de las capacidades exploratorias y de producción de hidrocarburos, que permita al país la conservación de sus mercados en los próximos años, empresa que requiere, por sus altos costos y riesgos, un esquema que lo haga más viable, argumentos estos reflejados además en el Informe presentado por la Comisión Bicameral de Energía y Minas, en estos términos:

> "Tal como lo han expresado representantes del Ejecutivo Nacional y de la Industria Petrolera Nacional, la motivación de los Convenios de Asociación para la exploración a riesgo de nuevas áreas y la producción de hidrocarburos bajo el esquema de ganancias compartidas, está sustentada por la amplia base de recursos por descubrir y explorar, las oportunidades de mercado, la importancia de acelerar el esfuerzo exploratorio, la necesidad de atraer capitales privados y tecnologías de avanzada para mejorar la posición competitiva del país en materia petrolera, y la oportunidad para promover una mayor integración de la sociedad venezolana a su principal actividad económica..."

Así, puede concluirse que tampoco existe infracción en el sentido antes anotado al artículo 5° de la Ley por la Cláusula Primera del Acuerdo del Congreso de la República, pues obedece la autorización de celebración de convenios de asociación a circunstancias especiales y determinadas que se inscriben dentro de una planificación de la política petrolera nacional. Así se declara.

2. *Cláusula Segunda:*

Se argumenta, en síntesis, que la Cláusula Segunda del Acuerdo es inconstitucional e ilegal, ya que al establecer que la Filial (de PDVSA) llevará a cabo los procesos de licitación necesarios para seleccionar las empresas con las cuales celebrará Convenios de Asociación se estaría invadiendo la esfera de competencias del Ministerio de Energía y Minas, órgano al que corresponde la dirección en materia de política petrolera y, por tanto, contrariando lo prescrito en los artículos 163, 193 y 136, ordinal 10° de la Constitución y el artículo 35, ordinales 1° y 5° de la Ley Orgánica de la Administración Central.

Sin embargo, luego del examen de las citadas disposiciones, no encuentra la Corte que el texto de la cláusula bajo examen las vulnere de algún modo. En efecto, las normas aludidas consagran en términos generales como materia del Poder Nacional el régimen y administración de las minas e hidrocarburos (artículo 136, ordinal 10° Constitución), así como remiten a la Ley Orgánica respectiva (Ley Orgánica de la Administración Central) el marco de competencias atribuibles al Ministerio del ramo (artículos 163 y 193 ejusdem), Ministerio de Energía y Minas. A su vez, el artículo 20 de la citada ley orgánica fija como actividad preponderante de ese Despacho Ministerial, la planificación y realización de las actividades del Ejecutivo Nacional en materia de minas, hidrocarburos y energía general, detallándose a continuación en 17 ordinales, las tareas específicas que comprenden esa misión.

Pero, a la vez, la definición detallada de funciones que tiene atribuidas el ente ministerial tiene su lógico complemento, en lo que a materia de la Industria de Hidrocarburos se refiere, en la Ley Orgánica que Reserva al Estado la Industria y el Comercio de los Hidrocarburos. Interesa, primordialmente, a los efectos de resolver los planteamientos de los actores, hacer alusión a dos disposiciones de las ahí contenidas: el artículo 5 y el artículo 21 eiusdem. La primera de las mencionadas normas preceptúa, que el Estado ejercerá las actividades a que se refiere el artículo 1° de la Ley, esto es, la exploración y explotación de yacimientos y el comercio interior y exterior de esas sustancias, "directamente por el Ejecutivo Nacional o por medio de entes de su propiedad, *pudiendo celebrar los convenios operativos necesarios para la mejor realización de sus funciones...(omissis)*".

Sin embargo, dice también la norma en estudio que en casos especiales y cuando así convenga al interés público, "el Ejecutivo Nacional *o los referidos entes podrán, en el ejercicio de cualquiera de las señaladas actividades, celebrar convenios de asociación con entes privados con una participación tal que garantice el control por parte del Estado con una duración determinada*", previa autorización de las Cámaras en sesión conjunta, dentro de las condiciones que fijen, *una vez que hayan sido debidamente informadas por el Ejecutivo Nacional de todas las circunstancias pertinentes*.

El análisis detenido de esta disposición lleva ineludiblemente a concluir que sí están autorizadas las filiales petroleras, empresas "propiedad del Estado", para celebrar este tipo de asociaciones con entes privados con todo lo que ello implica, es decir, incluso, la selección de aquellas empresas que garanticen "la mejor realización", como establece la norma, de las actividades que les son encomendadas. Ello no significa como pretenden hacer ver los impugnantes, que se esté excluyendo al Ejecutivo Nacional de esta actividad e invadiendo su ámbito de atribuciones; por el contrario, la misma disposición trae un ejemplo de cómo, a pesar de estas delegaciones sigue presente esa labor de planificación y dirección sobre la explotación de los recursos de hidrocarburos; así, se infiere de la norma que tales convenios deben estar precedidos de la información que provea el Ejecutivo Nacional de todas las circunstancias pertinentes, lo que es demostrativo de una clara injerencia en todo lo relacionado con la celebración de los Convenios.

Del mismo modo, esta afirmación se ve corroborada por la lectura de la otra norma de la citada Ley Orgánica que Reserva al Estado la Industria y el Comercio de los Hidrocarburos, el artículo 21, en el que se dispone que el Ejecutivo Nacional, por órgano del Ministerio de Energía y Minas e Hidrocarburos, determinará las áreas geográficas en la cuales realizarán sus actividades las empresas que crea-re. Se vislumbra aquí también con meridiana claridad que esas asociaciones permi-tidas por la Ley con entes privados "con una participación tal que garantice el con-trol del Estado" (Cfr. Artículo 5° Ley Orgánica que Reserva al Estado la Industria y el Comercio de los Hidrocarburos) siguen estando bajo una fuerte presencia pública, que se manifiesta bien en el carácter preeminente de la participación estatal en el proyecto, o en la supervisión y planificación del mismo o, asimismo, a lo largo de su ejecución, por lo que no puede entenderse como una delegación ilimitada e indebida de los deberes que le son atribuidos al Ejecutivo legalmente, sino como inscrito de-ntro de los mecanismos dispuestos en los instrumentos normativos que regulan la actividad, llamado a mejorar, en pro del interés público involucrado, las tareas de exploración y explotación de la industria de los hidrocarburos.

En fin, que debe concluirse después del análisis de las disposiciones pertinen-tes que no existe entre la cláusula segunda, impugnada, y las normas constituciona-les y legales aludidas ninguna contradicción, y así se declara.

3. *Cláusula Cuarta:*

Denuncian los recurrentes que esta Cláusula, que prevé la creación de un "Comité de Control" es violatoria de los artículos, 163, 193 y 136, ordinal 10 de la Constitución de la República, al sostener que se ha vulnerado el principio según el cual el control del Estado para realizar sus fines debe ejercerlo directamente y no, como lo ha dispuesto el Acuerdo del Congreso, a través de entes distintos de aquél, lo que violenta por tanto, los principios de *lex superior* y de *especificidad* conteni-dos en el artículo 163 de la Constitución de la República. El alegato de ilegalidad está representado por la violación del artículo 5° de la Ley Orgánica que Reserva al Estado la Industria y el Comercio de los Hidrocarburos, pues -según explican-en él se dispone que el Estado conserve siempre el control, así como es también contrario al ordinal 5° del artículo 35 de la Ley Orgánica de la Administración Central.

El tema central del presente punto se circunscribe a dilucidar si el mecanismo de control dispuesto por el Acuerdo del Congreso en la Cláusula Cuarta, a través del "Comité de Control", lesiona al establecido por la legislación nacional o si, por el contrario, el control otorgado al Comité de Control más bien viene a fortalecer el que dispone el Estado según lo establecido en la normativa legal y constitucio-nal citada.

Ahora bien, en este mismo fallo, ya esta Corte destacó que los artículos 163, 193 y 136, ordinal 10° de la Constitución consagran en términos generales como materia del Poder Nacional, el régimen y administración de las minas e hidrocar-buros (artículo 136, ordinal 10° de la Constitución) remitiendo a la ley orgánica respectiva (en este caso a la Ley Orgánica de la Administración Central) las com-petencias del Ministerio del ramo (artículos 163 y 193 ejusdem). Esta competencia de que dispone el ente ministerial se complementa con la Ley Orgánica que Reser-va al Estado la Industria y el Comercio de los Hidrocarburos.

Es claro que la Ley Orgánica de la Administración Central tiene una naturale-za distributiva de competencias formales entre los órganos del Ejecutivo Nacional, por lo que no asignando materias específicas no podría violentársele en razón del argumento expuesto, así como el resto de la normativa señalada que distribuye potestades del Poder Nacional, en modo alguno se vulnerarían con la creación de un Comité de Control con participación de particulares en los Convenios de Asociación.

Por su parte, dispone el artículo 5° de la Ley que Reserva al Estado la Industria y el Comercio de los Hidrocarburos que el Estado ejercerá las actividades que se reservó en el artículo 1°, esto es, todas las relacionadas con la materia de hidrocarburos, *"directamente o por medio de entes de su propiedad"*. Dispone asimismo la posibilidad de celebrar convenios de asociación con entes privados, *"con una participación tal que garantice el control por parte del Estado"*.

Del texto se evidencia, en primer lugar, que las filiales de PDVSA sí pueden ejercer el control de las decisiones en los Convenios de Asociación, pues la norma otorga esta potestad al Estado quien podrá ejercerla directamente o por medio de entes de su propiedad, tal como con precisión se establece.

En segundo término, debe dilucidarse a la luz de los planteamientos de los recurrentes, si ese control lo pierde el Estado, cuando es ejercido a través de las filiales que son entes "de su propiedad", al permitir con la creación del Comité de Control que intervengan particulares.

A este respecto, al revisarse el contenido de la Cláusula Cuarta que exige la creación de este Comité de Control, se observa que éste debe estar conformado por igual número de miembros designados por los inversionistas y la filial de PDVSA, pero que será presidido por un miembro designado por esta última. Se requiere además la presencia y el consentimiento de los miembros designados por la filial, para la validez de las deliberaciones y decisiones, y su Presidente tiene doble voto para resolver los casos de empate.

Observa esta Corte que tales previsiones garantizan que el control que debe ejercer el Estado directamente o a través de entes de su propiedad (las filiales), está presente en cada Asociación que se pacte. Ello de ninguna manera menoscaba el control administrativo que debe seguir ejerciendo el Estado a través de los órganos correspondientes, sino que, por el contrario, asegura su presencia determinante dentro de la Asociación que se forme. Así pues, las condiciones que marcan la existencia del Comité de Control son reveladoras del estricto control que se pretende de las políticas en materia de hidrocarburos y en la toma de las decisiones fundamentales de la Asociación que repercutan en aquellas políticas. De esta forma, un Comité integrado paritariamente por representación de la filial y del inversionista, presidido por un representante de la filial con derecho a doble voto en casos de empate, son indudable garantía de la presencia del Estado en el destino de estas Asociaciones, no obstante que éste tiene una participación hasta del 35% del capital accionario.

Lo expuesto, descubre también que no es posible argüir, que la existencia del Comité de Control menoscaba las competencias que tiene el Estado en materia de control de hidrocarburos, por cuanto el control interno que detenta ese Comité robustece el externo que ejerce el Estado y que sigue incólume frente a ese órgano. Así se declara.

4. *Cláusula Sexta:*

Ha sido solicitada la nulidad de esta cláusula, por cuanto incurre, según exponen los denunciantes, en un vicio de ilegalidad que acarrearía su eventual nulidad. Esta ilegalidad deviene de la obligación que el inversionista asume en la totalidad de las posibles pérdidas durante la fase exploratoria, pues el Acuerdo del Congreso dispone el compromiso de estos inversionistas de llevar a cabo las actividades exploratorias en el área, por *su exclusiva cuenta y riesgo* con base a un "Plan de exploración", cumplido el cual, la continuación del esfuerzo exploratorio deberá ser aprobada por el Comité de Control.

En criterio de los recurrentes, se genera de esta forma un motivo de ilegalidad por cuanto, de conformidad con lo dispuesto en el artículo 1664 del Código Civil, resulta nula la cláusula que *"aplique a uno solo de los socios la totalidad de los beneficios y también la que exima de toda parte en las pérdidas la cantidad o cosa aportadas por uno o más socios".*

Esta circunstancia provocaría "una declaratoria de nulidad de dicha Cláusula", por lo que, "los inversionistas pudieran exigir a la nación venezolana que participe en las pérdidas sufridas en sus labores de explotación".

Al respecto observa esta Corte:

El Acuerdo dictado por el Congreso de la República fija las bases jurídicas mediante las cuales se desarrollarán los convenios en materia de hidrocarburos, esto es, establece el marco de condiciones conforme al cual habrá de contratar la República con los inversionistas seleccionados para la exploración y producción de hidrocarburos.

En el numeral 9 del capítulo IV del Informe presentado por la Comisión Bicameral que tuvo a su cargo la redacción del Acuerdo en cuestión, se señala el régimen legal aplicable a la *"celebración y ejecución de los Convenios de Asociación entre entes privados y PDVSA para la exploración a riesgo de nuevas áreas y la producción de hidrocarburos bajo el esquema de ganancias compartidas,"* al indicar que *"quedarán sometidas al régimen establecido en la Ley Orgánica que Reserva al Estado la Industria y el Comercio de los Hidrocarburos en razón de que su objeto se contrae al ejercicio de las actividades reservadas al Estado, conforme al artículo 1° de dicha ley",* que reza:

> *"Se reserva al Estado, por razones de conveniencia nacional, todo lo relativo a la exploración del territorio nacional en busca de petróleo, asfalto y demás hidrocarburos; a la explotación de yacimientos de los mismos, a la manufacturación o refinación, transporte por vías especiales y almacenamiento; al comercio interior y exterior de las sustancias explotadas y refinadas, y a las obras que su manejo requiera, en los términos señalados por esta Ley. Como consecuencia de lo dispuesto en este artículo, quedarán extinguidas las concesiones otorgadas por el Ejecutivo Nacional y la extinción se hará efectiva el día 31 de diciembre de mil novecientos setenta y cinco.*
>
> *Se declaran de utilidad pública y de interés social las actividades mencionadas en el presente artículo, así como las obras, trabajos y servicios que fueren necesarios para realizarlas.*

Lo referente a la industria del gas natural y el mercado interno de productos derivados de hidrocarburos, se regirá por lo dispuesto en la Ley que Reserva al Estado la Industria del Gas Natural y la Ley que Reserva al Estado la Explotación del Mercado Interno de los Productos Derivados de Hidrocarburos, respectivamente, en cuanto no colida con lo dispuesto en la presente Ley."

Este artículo 1° de la Ley Que Reserva al Estado la Industria y el Comercio de los Hidrocarburos es el dispositivo legal que concede rango de utilidad pública y de interés social, a todas las actividades relacionadas con la exploración, explotación, manufactura, transporte y comercio de los hidrocarburos, que ha reservado el Estado, por razones de conveniencia nacional.

Resulta evidente, y por demás obvio, que toda contratación o convenio que realice el Estado en ejecución de estas actividades están impregnadas de las características propias que la contratación administrativa le otorga.

Se infiere de la redacción de la norma citada que toda convención que disponga el Estado, para el cumplimiento de esta función que se le ha reservado por razones de conveniencia nacional, se inscribe entre aquellas que persiguen asegurar la efectividad del servicio público netamente involucrado en tales actividades. Es por ello que el Legislador, al declararlas de *utilidad pública e interés social*, ha procurado la protección inmediata del interés colectivo, estimando necesario blindarlo además, con una normativa que permita reconocer, sin más, en este tipo de contratación, la característica que inveteradamente ha acompañado la contratación administrativa: la prestación de un servicio público o utilidad involucrada.

Establecido entonces el carácter administrativo de este tipo de contratación, resulta indispensable recalcar lo que ha sido doctrina de este Máximo Tribunal, especialmente de su Sala Político Administrativa, en cuanto a los contratos administrativos se refiere, para poner de relieve las notas que los identifican y el régimen especial que regula su tratamiento jurídico, a objeto de resolver el planteamiento de autos.

Así pues, en abundante doctrina la Sala Político Administrativa de esta Corte ha resaltado la relevancia de los contratos administrativos por constituir un mecanismo de extraordinaria importancia que utiliza la Administración Pública para atender adecuadamente el interés colectivo; y, es ello lo que permite determinar que las notas esenciales de esta categoría de contratos sean la noción de *"servicio público"* y la consecuente incorporación en su texto -tácita o expresamente- de las *"cláusulas exorbitantes"*.

Estas cláusulas exorbitantes se presentan como disposiciones implícitas en el contrato administrativo, que recogen prerrogativas en favor de la Administración Pública, justificadas por el interés colectivo involucrado en esa contratación, y cuya proporción es de tal magnitud que en una relación contractual común resultan inaceptables.

Son pues las cláusulas exorbitantes, notas consustanciadas con la naturaleza misma de las contrataciones de carácter administrativo. Es precisamente esta desproporción que se patentiza entre los intereses del particular frente a los del colectivo, lo que define las cláusulas exorbitantes. Se trata así, de aquellas disposiciones que un particular no aceptaría insertar en un contrato con otro particular, porque son ellas las que en definitiva ponen de relieve o materializan en el negocio jurídico las potestades administrativas. Potestades no discutidas; y, por el contrario, recibidas por el particular contratante que entiende y acepta que no se trata de un capricho de la voluntad administrativa, sino una herramienta diseñada por el Derecho Público para garantizarle al colectivo, la protección de sus intereses encomendados a la Administración, concretándose con ella, la forma más eficaz de asegurar la salvaguarda del interés general, imposibilitado de controlarlo directamente y permanentemente.

Estos criterios han sido aceptados por gran parte de la doctrina extranjera y también venezolana, no obstante que aún existen estudiosos del tema que restan relevancia a la distinción que se hace de los contratos administrativos frente a los de derecho común, y que insisten en que la misma sólo ha obedecido a razones puramente pragmáticas, dirigidas a la determinación del órgano jurisdiccional competente para su conocimiento.

Sin embargo, esta Corte debe precisar que más que un mero ejercicio interpretativo para establecer la competencia en los asuntos relacionados con la contratación administrativa, su estudio sí tiene enorme relevancia desde el punto de vista científico, pues permite con él, hacer precisiones que tienden a despejar dudas como las que ha suscitado el planteamiento contenido en el recurso de nulidad que se examina.

Al efecto, es necesario destacar brevemente la evolución jurisprudencial de la doctrina de la Corte en esta materia, que desde 1944 (sentencia 5.12.44 Corte Federal y de Casación, caso N.V. Aannemerbedriff Voorhen T. Den Brejen Van Pen Bent) muestra su reconocimiento a la existencia de los contratos administrativos.

Esta doctrina fue ratificada por la Sala Político Administrativa insistiendo, esta vez, en que es la noción de servicio público la fórmula indicada para identificar un contrato administrativo, criterio recogido en sentencia del 14.06.83, mejor conocida como caso: "Acción Comercial". Se distancia así de la posición de algunos tratadistas, fundamentalmente tratadistas franceses (André De Láubedere, citado por Manuel Argañarás en su obra "Tratado de lo Contencioso Administrativo", página 107, Tipografía Editora Argentina, Buenos Aires 1955) que atribuían a las cláusulas exorbitantes la mejor forma para identificar la contratación administrativa, otorgándoles el carácter tácito que dimana de la obligación de considerarlas incorporadas en ella, no obstante no se les hubiese establecido expresamente, lo que revela, al decir de este autor, un derecho que "...generalmente previsto y organizado en el pliego de condiciones, existe de pleno derecho aún cuando no se haya hecho mención en el contrato".

En la referida decisión, la Sala Político-Administrativa, al revisar más profundamente la construcción conceptual del contrato administrativo atendiendo a su finalidad, se suma decididamente a quienes reconocían en éstos la noción de servicio público como nota esencial del contrato, criterio que ha sido reiterado posteriormente (Sentencia N° 690, de fecha 11.10.95 S.P.A., caso: Municipio Baruta del Estado Miranda, sentencia N° 371 de fecha 24.05.95 S.P.A., caso Constructora Agraténica y Pecuaria Mi Porvenir, C.A., sentencia N° 146 de fecha 12.03.98, S.P.A., caso Frigorífico Independencia, C.A. (Frideca), sentencia N° 724 de fecha 13.11.97, S.P.A., caso Termaisla, S.R.L., sentencia N° 176 de fecha 11.08.83 S.P.A., caso, Cervecería de Oriente, C.A., sentencia N° 335 de fecha 9.06.98, caso

Leyda Josefina Rojas Méndez y otros, sentencia 94 de fecha 4.03.93 S.P.A. caso: Juan José Mesa González).

Autores como Gastón Jéze (Les principes généraux de droit administratif, pág, 298, Tomo III, 3ª edición, 1925) van todavía más allá, después de señalar las reglas que según él sometían la contratación administrativa (relativas a la forma de los contratos, a los poderes de la Administración para proceder por requerimientos unilaterales la ejecución fiel y regular de la prestación convenida, ciertas facilidades dadas a los contratantes de la Administración para la ejecución de sus obligaciones y la competencia de los tribunales administrativos para conocer de las controversias que se susciten entre la Administración y el contratista) considerando que *"para que estas reglas especiales sean aplicables no basta que el contrato haya pasado entre la Administración y un particular para la prestación de un servicio, sino que es necesario que el contrato haya tenido por objeto asegurar el funcionamiento de un servicio público. Y aún este elemento puede no bastar: es indispensable que las partes contratantes hayan querido someterse a un régimen jurídico de derecho público"*, con lo cual alude naturalmente a la teoría de la voluntad como fuente obligatoria de todo contrato.

De esta forma la Sala Político Administrativa de esta Corte, ha concluido aceptando que las cláusulas exorbitantes -insertas expresa o tácitamente en el contrato- no lo definen como tal, por ser una consecuencia y no un elemento determinante de éste.

En este contexto, debe esta Corte precisar que si la característica que por antonomasia identifica un contrato administrativo es el servicio público que se pretende con él, el interés general o la utilidad pública perseguida, y si el que contenga cláusulas exorbitantes no es más que una consecuencia de esta necesaria y obligada protección de ese interés general, su incorporación en el texto no sólo está permitida sino que resulta una obligación de la Administración, tanto que, aunque no lo estén expresamente, así será considerado y debe quedar entendido entre los contratantes.

Todas las referencias jurisprudenciales y doctrinarias encuentran su acomodo en la necesidad para este fallo, de dejar evidenciada la legalidad que sostiene esta categoría de cláusulas en la contratación administrativa.

En el caso que nos ocupa, en la Cláusula Sexta del Acuerdo dictado por el Congreso de la República, se sientan las bases que deben observar los Convenios de Asociación Estratégica, los que -como se ha establecido- contienen per se la noción de servicio público, por tratarse de contrataciones que se postulan como aquellas que más claramente revelan su condición de administrativa. Por lo tanto, el Congreso de la República al disponer como condición para la celebración de estos convenios lo allí dispuesto, lo que está es preservando y protegiendo ese interés general contenido en estas contrataciones, estableciendo así que el riesgo en la exploración de hidrocarburos corresponda sólo al inversionista, otorgando con ello contenido y vida a la "cláusula exorbitante" necesaria en este tipo de contrataciones, sin las cuales se haría inocua la protección del interés colectivo, que es obligación y no elección de la Administración Pública.

De lo expuesto, cabe concluir a esta Corte, que no puede calificarse de "leonina" a la Cláusula Sexta y, consecuentemente, no viola el contenido del artículo

1664 del Código Civil -como así lo expresaron los recurrentes- pues este concepto no tiene aplicación alguna en el ámbito de la contratación administrativa, en la que el desequilibrio o desproporción entre los intereses de las partes, no solamente es permitido sino que resulta, además, indispensable, siempre que en él se salvaguarde el interés colectivo, como es el caso que nos ocupa. Así se declara.

Ciertamente, como fue expresado por los apoderados de PDVSA, son especiales las características que reviste este tipo de contratación, en la que el inversionista concurre con la filial de PDVSA en un tipo de sociedad, en la cual la filial contratante será accionista hasta de un 35% del capital social, y sin embargo, la inversionista comparte paritariamente con la filial el control interno de la misma, y aún más -como lo dispone la cláusula cuarta ya analizada en este fallo- con potestad de doble votación por parte del representante de la filial de PDVSA en caso de empate en las deliberaciones. Se trata efectivamente de "características especiales", porque en ellas van envueltas las cláusulas de que dispone la Administración para hacer eficaz la protección del interés general. Y así como el legislador, en el marco de condiciones de los convenios, ha diseñado características como las señaladas, también al disponer que la asunción del riesgo exploratorio va por la sola cuenta del inversionista, agrega a este marco normativo una condición más, cuyo origen sólo puede encontrarse en la potestad que tiene la Administración de establecer disposiciones comprometidas con la protección del interés general. Así se declara.

Desecha de esta forma la Corte, la argumentación de quienes han defendido la legalidad de la cláusula sexta, con fundamento en la calificación de contratos aleatorios otorgada a los convenios de asociación, ya que como se ha expuesto, éstos describen perfectamente las características inherentes a los de naturaleza administrativa, cuyo tratamiento jurídico responde a normas del Derecho Público. Y así se decide.

5. *Cláusula Décima:*

Se denuncia la violación del artículo 224 constitucional, al considerarse que la mencionada cláusula décima del Acuerdo constituye una exención de obligaciones tributarias, lo que según la norma indicada sólo es posible en los casos previstos en la Ley. En este orden de ideas resultarían también vulnerados los artículos 162 y 117 eiusdem, pues el Acuerdo no reúne los extremos que lo definen como acto de rango similar a la Ley. Además se estaría violando los artículos 29 y 31, relativos al ámbito de competencias municipales.

Al respecto, reitera esta Corte que entre las consecuencias de mayor trascendencia que derivan de la concepción federal recogida en el texto fundamental, se encuentra el tema de la distribución del Poder Público entre las distintas personas jurídico-territoriales que conforman la organización del Estado, y que se manifiesta en una distribución de un conjunto de potestades entre la República (Poder Nacional), los Estados y los Municipios. Así, el artículo 136 del Texto Fundamental, en su numeral décimo, recoge como competencia del Poder Nacional:

"*El régimen y administración de las minas e hidrocarburos*, salinas, tierras baldías y ostrales de perlas; la conservación, fomento y aprovechamiento de los montes, aguas y otras riquezas naturales del país..." (omisis)

Dicha disposición es complementada con el numeral 8 del mismo precepto, de acuerdo al cual también es materia del Poder Nacional:

"La organización, recaudación y control de los impuestos a la renta, al capital y a las sucesiones y donaciones; de las contribuciones que gravan la importación, las de registro y timbre fiscal y las que recaigan sobre la producción y consumo de bienes que total o parcialmente la ley reserva al Poder Nacional....(omissis)...; las de minas e hidrocarburos y los demás impuestos, tasas y rentas no atribuidos a los Estados y a los Municipios, que con carácter de contribuciones nacionales creare la Ley".

No existe duda entonces, en cuanto a que lo relacionado con el régimen y administración de las minas e hidrocarburos, es materia reservada al Poder Nacional, debiendo incluirse dentro de esa atribución lo relacionado al régimen tributario que les resulta aplicable, ya que si bien la primera de las normas citadas es en tal medida general que podría acarrear alguna duda acerca de si ese ámbito sólo debe comprender el plan de explotación de estos recursos, es lo cierto que la norma anteriormente citada, no deja dudas en cuanto a que esta reserva incorpora la regulación del régimen tributario aplicable a esas actividades.

Desde luego, lo antes anotado implica al unísono como conclusión, en seguimiento al artículo 139 eiusdem, que es al Congreso a quien corresponde legislar sobre estas materias, incluso en cuanto a la materia rentística aplicable al sector.

Y, conviene anotar, es la propia Constitución (artículo 97), la que prevé la posibilidad de que el "Estado", se reserve determinadas industrias, explotaciones o servicios de interés público por razones de conveniencia nacional, dejando a la Ley lo concerniente a la industria promovida y dirigida por él. Carácter que recoge y subraya el artículo 1º de la Ley Orgánica que Reserva al Estado la Industria y el Comercio de los Hidrocarburos, ya que dicho instrumento declara "de utilidad pública y de interés social" las actividades relacionadas con la exploración y explotación de Hidrocarburos.

Por lo demás, reservada la regulación sobre dicha industria en razón del interés nacional que reviste esa actividad al ser uno de los pilares fundamentales en que se sostiene nuestra economía, es lógico que la regulación en la materia esté también circunscrita al ámbito nacional por los mencionados numerales décimo y octavo del artículo 136. De este modo, es indefectible concluir que toda la regulación en la materia, lo que incluye desde luego su tratamiento fiscal, debe quedar plasmada en una Ley nacional y, por tanto dictada por el Congreso según los extremos dispuestos en el artículo 162 y siguientes de la Constitución.

En definitiva, no es posible que los Municipios extiendan su potestad tributaria a actividades que corresponden a materia rentística reservada al Poder Nacional. Por el contrario, y abundando en lo antes expuesto, el propio texto constitucional al definir los límites a que debe sujetarse esa unidad política -el Municipio- señala las materias rentísticas de la competencia nacional.

Así, no es que la cláusula décima cuya inconstitucionalidad se aduce, contemple una exención de obligaciones tributarias municipales a favor de las empresas asociadas en los respectivos convenios, pues lo que hace dicha cláusula es simplemente recoger los criterios distributivos de competencias antes analizados previstos en la ley constitucional, definiendo las competencias rentísticas que sólo al poder nacional caben en la materia y que, conforme se ha visto, no atañen al sistema de normas locales, ya que lo contrario -se insiste- implicaría una invasión del Municipio en la materia rentística reservada al Poder Nacional.

Confunden los actores lo que es un tema atinente a la distribución y organización de competencias entre personas territoriales con una extralimitación de atribuciones - el establecimiento de una exención, en este caso- lo que por principio supone, una competencia mínima en la materia por parte del Municipio, de la que carece por completo como quedó establecido. No existe pues, incumplimiento a las disposiciones constitucionales inicialmente señaladas y así se declara.

Por iguales razones, tampoco hay violación de las normas del Código Orgánico Tributario alegadas, es decir, el ordinal 2º del artículo 4 y el numeral 20 del artículo 40, pues como quedó asentado, no se contempla en la cláusula décima que se impugna, una exención de obligaciones tributarias municipales, y así también se declara.

6. *Cláusula Decimoséptima:*

Se ha alegado como motivo de impugnación de esta cláusula la violación del artículo 127 de la Constitución, que dispone la obligatoriedad de incorporar en todo contrato de interés público una cláusula según la cual las dudas y controversias que se susciten con relación a dichos contratos y que no llegaren a resolverse de forma amigable por las partes, serán decididas por los Tribunales de la República. Insistiendo, además, en la naturaleza de contratos de interés público que tienen los Convenios de Asociación, lo cual compromete aspectos esenciales de la Nación venezolana.

En contra del anterior alegato, quienes defienden la constitucionalidad y legalidad de la cláusula Decimoséptima del Acuerdo recurrido, que permite la incorporación del arbitraje en los convenios de asociación estratégica, han sostenido que la disposición constitucional del artículo 127 revela que efectivamente la cláusula que establece la inmunidad de la jurisdicción nacional es de obligatoria incorporación en toda contratación de interés público, pero que siendo ésta la regla, la excepción se produce, cuando "no fuere improcedente de acuerdo con la naturaleza de los mismos".

Para decidir, se observa:

Son tres los aspectos a dilucidar en la presente controversia:

En *primer lugar*, el referido a si los convenios de asociación debe reputárseles como contratos de interés público.

En *segundo término*, lo relacionado con la concepción adoptada por la Constitución de la República en su artículo 127, esto es, si acogió el sistema de inmunidad absoluta de jurisdicción o, por el contrario, el de inmunidad relativa, a través del cual se permitiría, dependiendo de la naturaleza del contrato, incorporar la cláusula arbitral.

Y, *por último*, debe dilucidarse a qué se ha referido el Constituyente de 1961 cuando estableció "si no fuera improcedente, de acuerdo con la naturaleza de los mismos".

Primero: Con relación al interés público del cual están revestidos los Convenios de Asociación a que se refiere el Acuerdo del Congreso impugnado, estima esta Corte que en el punto 4 de la motiva del presente fallo, referido a la Cláusula Sexta, se dejó claramente establecido que su naturaleza jurídica, es la de un contrato administrativo, o de interés público dadas las características allí extensamente analizadas.

Debe además, dejarse sentado en esta oportunidad, visto lo alegado por los recurrentes, que la contratación administrativa aludida se encuentra vinculada al interés público o colectivo, pues, como se ha dicho -y aquí se reitera- es precisamente este elemento el que mueve a la Administración a realizar este tipo de contratación. Así se declara.

Segundo: Por lo que se refiere a la concepción que adoptó el artículo 127 de la Constitución de la República, resulta a todas luces evidente para esta Corte, que la redacción de la citada norma no deja la menor duda de que el Constituyente al incorporar en los contratos de interés público la excepción "*si no fuera improcedente de acuerdo con la naturaleza de los mismos*" se acogió al sistema de inmunidad relativa que ya había establecido la Constitución de 1947. Sistema que, por lo demás, impera en los países desarrollados, que permanentemente someten sus controversias internacionales a los árbitros que elijan uno y otro Estado, buscando con ello evitar que la jurisdicción interna de alguno de ellos tienda -como pareciera inevitable- a favorecer a su país en la disputa de que se trate.

Ahora bien, resulta para este Alto Tribunal innecesario recalcar el fundamento de las precisiones doctrinarias que innumerables y muy reconocidos juristas nacionales y extranjeros han hecho en relación con la justificación para que los Estados acojan el sistema de inmunidad relativa, pues entiende la Corte, que el eje central de esta controversia no se circunscribe especialmente a este hecho, sino al alegado por los recurrentes en cuanto a que esta excepción que concibe -y así lo aceptan- el artículo 127, se encuentra sólo referida a los contratos celebrados "entre dos Estados soberanos o entre un Estado soberano y los organismos de Derecho Internacional Público", lo que les permite argüir, que el dispositivo constitucional no autoriza el sometimiento a normas distintas de las venezolanas fuera de estos casos.

No comparte la Corte lo expuesto por los impugnantes, toda vez que la redacción de la mencionada norma no permite, ni semántica ni conceptualmente, hacer tal distinción. En efecto, dispone el artículo 127 citado que : "*En los contratos de interés público,* **si no fuere improcedente de acuerdo con la naturaleza de los mismos**, *se considerará incorporada, aun cuando no estuviere expresa, una cláusula según la cual las dudas y controversias que puedan suscitarse sobre dichos contratos y que no llegaren a ser resueltas amigablemente por las parte contratantes, serán decididas por los Tribunales competentes de la República, en conformidad con sus leyes, sin que por ningún motivo ni causa puedan dar origen a reclamaciones extranjeras*". (Resaltado de la Corte). De tal redacción resulta ostensible que el Constituyente no precisó que la excepción allí contenida estuviese referida a los contratos celebrados entre dos Estados soberanos o entre un Estado soberano y los organismos de Derecho Internacional Público, como lo pretenden los recurrentes.

Rebasa el alegato de los demandantes la intención del Constituyente quien no hizo distinción alguna. De lo expuesto, cabe concluir que no se encuentran excluidos por la excepción contenida en el artículo 127 de la Constitución, los contratos de interés público distintos a los señalados por los recurrentes, pues entran en ella todos aquéllos cuya naturaleza haga procedente la incorporación de la cláusula arbitral. Así se declara.

Tercero: Ha quedado establecido tanto el carácter de interés público de los Convenios de Asociación autorizados por el Acuerdo del Congreso como la circunstancia de que la excepción contenida en el artículo 127 constitucional no se limita sólo a aquellos contratos que celebren dos Estados soberanos o un Estado soberano y los organismos de Derecho Internacional Público, y sólo resta por deducir si estos Convenios de Asociación -como lo afirman los opositores al presente recurso de nulidad- tienen la "naturaleza" a la que se refiere el texto constitucional.

En este sentido, son contestes los opositores al recurso en cuanto a que el término "naturaleza" al que alude el texto constitucional no puede estar referido a la esencia jurídica de los contratos, por cuanto queda claramente definida al señalar que se trata de contratos de "interés público", aceptados por la jurisprudencia como contratos administrativos. Por lo que, ha sostenido un sector de la doctrina que se trata del contenido práctico, lo que obligaría a la Administración a incluir la cláusula arbitral, pues sin ella podría no realizarse la operación contractual.

En un sentido más restringido, otros estudiosos del tema (Informe suscrito por el doctor José Melich Orsini, presentado al Consultor Jurídico de PDVSA donde recoge la opinión de reconocidos especialistas en la materia, el cual fue acompañado como documental por la Fiscal del Ministerio Público ante esta Corte y los opositores al recurso sostienen que, esa naturaleza no es más que la comercial o mercantil que identifica las contrataciones, que por razones de interés público, debe realizar la Administración.

Observa la Corte al respecto que, ciertamente la naturaleza determinada constitucionalmente no es la naturaleza jurídica del contrato, no es la que se refiere a los rasgos característicos de la contratación, esto es, no está vinculada a las notas que permitan incluirlo en una determinada clasificación el tipo de contratos, pues ella queda claramente evidenciada del señalamiento "de interés público" que hace la norma, y efectivamente, se trata de la gestión administrativa involucrada en la negociación, la que determinará la posibilidad de la excepción a la inmunidad jurisdiccional.

Considera esta Corte, además, que esa "naturaleza" a la que se refiere el artículo *in comento* no puede reducírsele única y exclusivamente a la de índole comercial, pues se incurriría en el error de excluir otro tipo de contrataciones que, no siendo de naturaleza mercantil, las circunstancias de la negociación también exijan o recomienden la inclusión de la cláusula arbitral. Esto conlleva a concluir, que la Administración puede y debe estimar la circunstancia específica del caso, y siempre que en ella esté involucrado el interés general, el interés público, en definitiva, la conveniencia del colectivo, la idoneidad del arbitraje como mecanismo que coadyuve al mejor cumplimiento de los fines perseguidos con la contratación, lo que de ninguna manera postula una discrecionalidad en sentido *lato*, pues, se preserva de ello el artículo 126 de la Constitución, cuando exige la aprobación del Congreso Nacional al tratarse de contratos de interés nacional.

Ahora bien, en cuanto a la cláusula de arbitraje autorizada por el Acuerdo aquí impugnado a fin de ser incorporada en los Convenios de Asociación cabe destacar que conforme a la misma Cláusula Decimoséptima, en el artículo 2 se expresa "El Convenio se regirá e interpretará de conformidad con las leyes de la República de Venezuela"; también establece que las materias sometidas a la competencia del Comité de Control no estarán sujetas a arbitraje. Y es sólo este Comité de Control (cuya mayor representación corresponde a representantes de la empresa filial) el que conocerá de las decisiones fundamentales de interés nacional relacionadas con la ejecución del Convenio, lo que permite deducir que las materias que conocería eventualmente la Comisión Arbitral no serían fundamentales para el interés nacional.

En razón de lo expuesto, estima esta Corte que, en el caso concreto de los Convenios de Asociación autorizados por el Acuerdo del Congreso de fecha 4 de julio de 1995, su naturaleza no solamente comercial sino de trascendencia para la consecución de las medidas económicas adoptadas por la Administración y validadas por el Congreso Nacional, se subsume en el supuesto previsto en la norma constitucional, por lo que al no infringirla debe declararse improcedente el alegato de inconstitucionalidad por esta causa y así se declara.

7.   Cláusula Vigésima primera

Por último, en cuanto a esta parte del Acuerdo del Congreso de fecha 4 de julio de 1995, se sostiene que el supuesto ahí contemplado, según el cual el Ejecutivo Nacional puede ajustar el impuesto establecido en el artículo 41 de la Ley de Hidrocarburos cuando se demuestre que no se pueden alcanzar los índices mínimos de rentabilidad para la explotación comercial del yacimiento, sería contrario a lo previsto en la referida norma, en tanto una interpretación correcta de la misma sólo permite dichas rebajas en aquellos casos en que el yacimiento ya se encuentra en explotación, pero sin que sea posible acordar esta rebaja desde antes de iniciarse ésta.

Tal apreciación de los accionantes en el presente juicio obedecería al hecho de que el mencionado artículo 41 de la Ley de Hidrocarburos tiene como finalidad el "prolongar la explotación económica de determinadas concesiones", lo que siempre implicaría para que pueda operar este tipo de incentivo, que se trate de un yacimiento que se encuentra ya en explotación y no, como establece la cláusula cuestionada un beneficio que puede acordarse desde el inicio.

No comparte la Corte tales razonamientos, pues atendiendo al verdadero sentido del artículo *in comento*, lo relevante a objeto de acordar la rebaja en los impuestos de explotación es sin duda el prolongar la explotación económica del recurso, es decir, permitir extender el beneficio económico que produce la actividad, de manera de obtener su máximo aprovechamiento. Lo anterior, necesariamente implica que la operación sea económicamente viable, de manera que se justifique la inversión requerida para su explotación.

Ahora bien, la determinación de la viabilidad del proyecto no requiere de manera indispensable que se encuentre en ejecución, pues resulta perfectamente posible, más aún con la moderna tecnología disponible a tales fines, hacer una determinación cercana de los costos que éste implica.

De otra parte, como lo prevé la indicada norma, el ajuste realizado por el Ejecutivo Nacional, puede ser revisado nuevamente restableciéndolo en su monto original de estimarse que se han modificado las causas que motivaron la rebaja. Por lo que concluye la Sala que la cláusula vigésima primera del Acuerdo del Congreso, en forma alguna resulta contraria a lo pautado en el artículo 41 de la Ley de Hidrocarburos, y así finalmente se declara.

IV

DISPOSITIVA

Con fuerza en los razonamientos expuestos, esta Corte Suprema de Justicia en Pleno, administrando justicia en nombre de la República y por autoridad de la Ley, declara SIN LUGAR el recurso de nulidad por inconstitucionalidad de las cláusulas primera, segunda, cuarta, sexta, décima, decimoséptima y vigésima primera del Artículo 2º del ACUERDO DEL CONGRESO DE LA REPÚBLICA aprobado en fecha 4 de julio de 1995, publicado en la Gaceta Oficial de la República de Venezuela N° 35.754, de fecha 17 de julio de 1995, que AUTORIZÓ LA CELEBRACIÓN DE LOS CONVENIOS DE ASOCIACIÓN PARA LA EXPLORACIÓN A RIESGO DE NUEVAS ÁREAS Y LA PRODUCCIÓN DE HIDROCARBUROS BAJO EL ESQUEMA DE GANANCIAS COMPARTIDAS, intentado por los ciudadanos SIMÓN MUÑOZ ARMAS, ELÍAS ELJURI ABRAHAM, TRINO ALCIDES DÍAZ, ALÍ RODRÍGUEZ ARAQUE, LUIS DELFÍN FUENMAYOR TORO, FRANCISCO LÓPEZ MIERES, ADINA BASTIDAS CASTILLO, RICARDO MENÉNDEZ, ITALO SANTAROMITA, FRANCISCO MADERA, LUIS FRANCISCO MARCANO GONZÁLEZ, JOSEFINA BALDO AYALA, ALFREDO CASTAÑEDA GIRAL, CAMILO FELIPE ARCAYA ARCAYA, GUILLERMO GARCÍA PONCE, CARLOS RAMÓN MENDOZA POTELLA, GONZALO RAMÍREZ CUBILLÁN, JOSÉ MARRERO HIDALGO, LUIS EMILIO MORÍN, JESÚS PAZO, LOLOLA HERNÁNDEZ, LUIS MANUEL RODRÍGUEZ, ANGELA SÁNCHEZ, GLADYS MARTÍNEZ, RONALD DEL SOCORRO ROMERO, RAMÓN ANTONIO YÉPEZ COVA, JONY ERNESTO RODRÍGUEZ, GERARDO ALFREDO ZAMBRANO CARLOS ARCILA, ALEJANDRO JOSÉ PEREIRA, JOSÉ NICOLÁS PEREIRA RODRÍGUEZ, ALEXIS CAMPOS, EDITH MORAIMA FRANCO BARRIOS, FAVIOLA ELENA LUGO, JUAN ASCANIO, ISRAEL A. SOTILLO INFANTE, JESÚS MIGUEL RONDÓN GÓMEZ, JULIO PULIDO, HUMBERTO PÉREZ, EDGAR ANDRADE REYES, JUAN GUEVARA, NÉLSON LUIS PALMERO, JOSÉ CAMPOS, FILIBERTO MARTÍNEZ, JOSÉ E. GIL, ALEXIS CORREDOR, ALÍ BELLO, LUZ MUJICA, MERI DE MEDINA, MANUEL JOSÉ PÉREZ B., BENJAMÍN ALDANA, CRISTÓBAL SEQUERA, MARCIA ALVARENGA, JOSÉ RAMOS, COROMOTO BRAVO, PEDRO UGUETO, JOSÉ VICENTE GONZÁLEZ Y LUIS PADILLA REGNAULT.

Publíquese, regístrese y comuníquese. Archívese el expediente.

Dado, firmado y sellado en el Salón Principal de Despacho de la Corte Suprema de Justicia en Pleno, en Caracas, a los diecisiete (17) días d el mes de agosto de mil novecientos noventa y nueve. Años: 189° de la Independencia y 140° de la Federación.

La Presidente-Ponente,

CECILIA SOSA GÓMEZ

El primer Vicepresidente,

ANIBAL JOSÉ RUEDA

El Segundo Vicepresidente,

IVAN RINCÓN URDANETA

Magistrados,

HILDEGARD RONDÓN DE SANSÓ

ALIRIO ABREU BURELLI

JOSÉ LUIS BONNEMAISON W.

NELSON RODRÍGUEZ GARCÍA

JOSÉ ERASMO PÉREZ-ESPAÑA

ÁNGEL EDECIO CARDENAS

JORGE ROSELL SENHENN

ANTONIO RAMÍREZ JIMÉNEZ

HERMES HARTING

HÉCTOR PARADISI LEÓN

HERMANN PETZOLD PERNIA

JOSÉ ANTONIO RAMOS MARTÍNEZ

El Secretario,

ENRIQUE SÁNCHEZ RISSO

Exp.N° 812-829

Voto Salvado

Quien suscribe, Hildegard Rondón de Sansó, quiere dejar constancia de su posición frente a la sentencia que antecede; de las disidencias que mantiene ante algunas de las conclusiones jurídicas que la misma adopta y, al mismo tiempo, del cuestionamiento del sistema de dirimir jurisdiccionalmente las controversias en los contratos de interés público, fundada en las realidades objetivas que en el caso estuvieron planteadas.

Pasa al efecto a analizar algunas de las cláusulas impugnadas del Acuerdo del Congreso de la República del 4 de julio de 1995, que autorizó la celebración de los Convenios de Asociación para la Exploración a Riesgo, de nuevas Areas y la Producción de Hidrocarburos bajo el Esquema de Ganancias Compartidas. Se recuerda al efecto que dos fueron los recursos interpuestos: uno en fecha 14 de diciembre de 1995, y el otro, el 23 de enero de 1996, ordenando la Corte en decisión de fecha 2 de julio de 1996 la acumulación de los expedientes. En tales recursos se efectuó la impugnación a siete (7) cláusulas, a saber: la Cláusula Primera, Segunda, Cuarta, Sexta, Décima, Decimoséptima y Vigésimo Primera. Al efecto, el examen que sigue a continuación, prescinde del orden antes señalado, por lo cual se inicia con el examen de la Cláusula Decimoséptima.

La Cláusula Décimo séptima es uno de los puntos en los cuales resulta con mayor evidencia la violación del orden jurídico. Al efecto dicha cláusula establece:

> "El Convenio se regirá e interpretará de conformidad con las leyes de la República de Venezuela.
>
> Las materias competencia del Comité de Control, no estarán sujetas a arbitraje.
>
> El modo de resolver controversias en materias que no sean de la competencia del Comité de Control y que no puedan dirimirse por acuerdo entre las partes, será el arbitraje, el cual se realizará según las reglas de procedimiento de la Cámara Internacional de Comercio, vigentes al momento de la firma del Convenio".

En este sentido, se ha señalado que la cláusula en cuestión contradice el artículo 127 de la Constitución que establece al efecto: "En los contratos de interés público, si no fuera improcedente de acuerdo con la naturaleza de los mismos, se considerará incorporada aun cuando no estuviere expresa una cláusula según la cual las dudas y controversias que puedan suscitarse sobre dichos contratos y que no llegaren a ser resueltos amigablemente por las partes contratantes, serán decididas por los tribunales competentes de la República, en conformidad con sus leyes, sin que por ningún motivo o causa puedan dar origen a reclamaciones extranjeras".

El artículo transcrito establece la tácita incorporación en todos los contratos de interés público de una cláusula que señale que las dudas y controversias que se susciten respecto a tales contratos, y que no pudieren ser resueltas amigablemente, sólo podrán ser planteadas ante los tribunales competentes de Venezuela.

Es cierto que el artículo 127 establece una excepción al principio de la jurisdicción venezolana respecto a los interés público, constituida por la frase "si no fuere improcedente de acuerdo con la naturaleza de los mismos". Esta excepción ha sido interpretada a lo largo del tiempo, con diferente alcance. Así, se ha estimado que alude a los contratos celebrados entre dos Estados soberanos o entre un Estado soberano y los organismos de Derecho Internacional Público. En otros casos, se ha considerado que la excepción se refiere a los contratos de naturaleza industrial y comercial. Cualquiera que sea la tesis con la cual se interprete el ámbito de la excepción, consideraron los oponentes al recurso que los convenios de asociación que se realizan en virtud del artículo 5° de la Ley Orgánica que Reserva al Estado la Industria y

Comercio de los Hidrocarburos, que han de ser sometidas al arbitraje, son las materias de aquellos que están fuera de la competencia del Comité de Control previsto en la Cláusula Cuarta, por lo cual están sujetas al arbitramento previsto en los artículos 2 y 608 del Código de Procedimiento Civil (y actualmente en la Ley de Arbitraje Comercial).

No puede menos que observarse que las materias sometidas al Comité de Control son *"las decisiones fundamentales de interés nacional relacionadas con la ejecución del Convenio"* las cuales han de estar descritas en el Convenio e incluyen, entre otras, la aprobación de los planes de exploración evaluación y desarrollo, así como de cualquier modificación a tales planes, incluyendo la extensión de los lapsos de exploración y explotación, y la ejecución de reducciones en la explotación, de acuerdo con los compromisos internacionales de Venezuela.

Para la sentencia de la Corte la cláusula de arbitramento será válida siempre y cuando en ella no esté involucrado el interés público. Asimismo, la Corte estima que el convenio se rige e interpreta de conformidad con las leyes de la República y que la materia sometida a arbitraje es aquella que está fuera de la competencia del Comité de Control.

Consideramos que en toda la materia relativa a la apertura petrolera, lo que se ventila es el otorgamiento de derechos de exploración, explotación, producción, transporte, almacenamiento y comercialización de nuestro recurso natural no renovable de mayor importancia, los hidrocarburos, lo cual es materia de interés público y en ninguno de sus aspectos pierde tal carácter, por lo que no existen en el mismo aspectos simplemente mercantiles. En efecto, los convenios versan sobre recursos naturales que se encuentran, según lo dispone el artículo 136 ordinal 10º de la Constitución, bajo el régimen y administración del Poder Nacional.

Viene al caso la expresión de Enrico Redenti cuando señalaba que *"...el negocio con que las partes encomiendan la decisión a los árbitros se considera acto de disposición y no puede consentírsele allí donde las mismas no tengan el derecho o la legitimación (posibilidad-facultad-poder) de disponer de él libremente".*

La norma del artículo 127 de la Constitución, justamente, estuvo destinada a someter a la jurisdicción venezolana, los altos intereses del país que no pueden ser dejados a reglas y procedimientos establecidos por una normativa de arbitraje comercial, como lo es la exhortada en la cláusula vigésimo séptima.

Pareciera un contrasentido que la Corte, por una parte califique al contrato objeto del acuerdo como contrato de interés nacional y, simultáneamente, permita que las controversias que el mismo suscite sean objeto de un arbitraje comercial. Baste recordar que la novísima Ley de Arbitraje Comercial excluye en forma expresa de su ámbito (artículo 3º literal "b") a las controversias *"directamente concernientes a las atribuciones o funciones de imperio del Estado o de personas o entes de derecho público".*

No puede dejar de observarse, tal como el mismo fallo lo señala, que el argumento fundamental en el cual se basó la inclusión de la cláusula decimoséptima, estuvo en una razón de conveniencia "práctica"; pero, a juicio de la disidente, la misma queda desvirtuada por el hecho de que el artículo 127 resulta ineludible, como lo expresa su propio texto, con lo cual lo que está planteado es un conflicto latente entre una cláusula expresa de naturaleza contractual y una tácita de naturaleza constitucional y de orden público. De allí que la solución práctica es, por el contrario, una fuente potencial de conflictos.

Es justamente por lo que atañe a ese argumento denominado "práctico" que considero necesario referirme, por cuanto el mismo es un elemento que está presente -algunas veces con razón y otras sin ella- en las decisiones fundamentales que se asumen en una materia como la presente que tiene un porcentaje paritario de consideraciones jurídicas y de consideraciones políticas.

Al respecto se observa que la inclusión de la cláusula aludida deriva fundamentalmente de la poca confiabilidad en el Poder Judicial Venezolano, no sólo en lo que respecta a su eventual parcialidad, en cierta forma natural, por cuanto debería decidir aspectos fundamentales de la vida económica del país, sino también por la inoperancia del sistema como tal. En efecto, quien estas notas suscribe observa que el 14 de diciembre de 1995 fue interpuesto el recurso de nulidad contra el Acuerdo del Congreso de la República del 4 de julio de 1995 que autorizó la celebración de los Convenios de Asociación para la Exploración a Riesgo de Nuevas Áreas y la Producción de Hidrocarburos, bajo el Esquema de Ganancias Compartidas, publicado en la Gaceta Oficial del 17 de julio de 1995, acuerdo este que se consideró fundamental para el desarrollo de la industria petrolera y para el nuevo enfoque de la economía nacional; no obstante, sólo en esta fecha, 17 de agosto de 1999, esto es, a más de 4 años de la publicación del Acuerdo, es cuando un organismo jurisdiccional venezolano se pronuncia sobre las imputaciones que se le hicieron a dicho texto de estar afectado de inconstitucionalidad e ilegalidad. La culpa, si la buscamos, no está ni en la tardanza de los impugnantes, ni en la decisión del recurso mismo, el cual, a través de múltiples incidencias, se fue desarrollando lentamente hasta que se dijo "Vistos". Ya en esa oportunidad la suerte estaba echada, ningún juez en sus cabales podía anular un acuerdo de la naturaleza del impugnado, cuando a tales alturas, una madeja de negociaciones, obligaciones, subcontratos, situaciones de la más variada índole, habían consolidado un estado de hecho de enormes proporciones para el país. Sólo una "revolución" capaz de jugarse el prestigio de la República y su estabilidad misma, sería capaz de echar por tierra el acuerdo como tal. Es esta reflexión la que nos lleva a considerar que, para que la cláusula de inmunidad de jurisdicción pueda operar eficazmente ante conflictos vinculados con nuestra industria fundamental, sería necesario que la norma constitucional que la prevé, estableciera un lapso perentorio y razonablemente breve para que se tuviera una decisión definitiva en casos como el presente en donde se debata cualquier controversia relativa a la industria petrolera, que es de estricto interés nacional, para que la misma pueda dilucidarse, señalando la posibilidad del establecimiento de jueces asociados escogidos libremente por las partes de una lista de juristas de alto prestigio internacional. Con esto último se mitigarían las dudas sobre la posibilidad de que el sentimiento nacionalista imperase sobre la *ratio* fundamental de un fallo definitivo, que no puede ser otro que la justicia.

Por lo que atañe a la Cláusula Décima, la cual versa sobre la exoneración, a las empresas que operan en el ámbito de los convenios de asociación, del pago de los impuestos municipales y estadales, la misma señala al efecto lo siguiente:

> *"La celebración y ejecución del Convenio quedarán sometidas al régimen establecido en la Ley Orgánica que Reserva al Estado la Industria y Comercio de los Hidrocarburos, en razón de que su objeto se contrae al ejerci-*

cio de las actividades reservadas al Estado conforme al artículo 1° de dicha Ley. En tal virtud, las referidas actividades, siendo además de la competencia del Poder Nacional, no estarán sometidas al pago de impuestos municipales ni estadales. Sin embargo, y en atención a lo establecido en el artículo 136, ordinal 10° de la Constitución de la República de Venezuela el Congreso de la República establecerá un sistema de beneficios económicos especiales con cargo al bono sobre la rentabilidad "PEG" y a favor de los Estados y Municipios en cuyos territorios se realicen las referidas actividades y a otros fines que considere conveniente".

Ante todo, se presenta objetable el texto mismo de la cláusula que establece que, por el hecho de que las actividades que han de ser realizadas en virtud del Convenio de Asociación, al ser de la competencia del Poder Nacional, no están sometidas al pago de impuestos municipales. Se observa que, la exoneración derivada de la Ley de Nacionalización alude a la actividad realizada en el ámbito reservado al Estado (industria y comercio de los hidrocarburos), lo cual hace surgir la interrogante de si tal exoneración incluye a cualquier ente que realice dichas actividades, o si sólo se refiere a los entes públicos creados por el Estado para la realización de las mismas. En efecto, recordemos que, si bien el sentido estricto de la nacionalización está dado por la exclusión del ejercicio de los particulares de la industria nacionalizada; sin embargo, el artículo 5 de la Ley Orgánica que Reserva al Estado la Industria y Comercio de los Hidrocarburos permitió la existencia de las empresas mixtas. Si la actividad es lo que crea la exoneración, habría que convenir que los particulares que eventualmente contrataran con las filiales, quedarían asimismo exonerados. Al efecto, hay que distinguir la *asociación* que se crea entre las filiales y los "inversionistas", la cual debería estar exenta de la carga impositiva y, la *simple contratación*, en la cual los "inversionistas" (llamados también operadores) serían terceros sometidos al pago de los impuestos de los entes territoriales menores.

A juicio de quien suscribe, el acuerdo del Congreso parece extender la exoneración del pago de los impuestos cobrados por entes territoriales menores a personas distintas de las creadas, a los efectos de la explotación petrolera, por el Ejecutivo Nacional o sus empresas; de forma tal que exonera a toda actividad relacionada con la materia de hidrocarburos, sin importar la persona que la ejerza (en este sentido: personas contratantes que como actividad lucrativa prestan servicios a la empresa petrolera). Pareciera que los impuestos normalmente cobrados por los entes territoriales menores (impuestos éstos previstos por la Constitución), como el denominado derecho de frente, patente de industria y comercio, patente de vehículos, etc., si bien no pueden ser cobrados a los *"inversionistas asociados"* a las empresas propiedad de la República, sí podrían serlo a los simples terceros contratantes, toda vez que el hecho imponible de su actividad no es la realización de las relacionadas con la explotación de los hidrocarburos que, en este caso, no es ejercida por éstos directamente, sino por cuenta de quien los contratare, sino la propiedad de inmuebles, la posesión de vehículos o la realización de actividades lucrativas en determinado territorio (sin importar la "materia" de tales actividades).

El Acuerdo se refiere a la celebración de Convenios de Asociación para la Exploración y Producción de Hidrocarburos, bajo el esquema de ganancias compartidas; en ese ámbito es cierto que no es posible, como lo afirma el Acuerdo y la Ley de Nacionalización, el cobro de impuestos por los entes territoriales menores;

sin embargo, en el esquema contractual de los que han sido llamados *"convenios operativos"*, al menos parcialmente, sí es posible el cobro de tributos estadales y municipales, ya que se establece una relación mercantil, a diferencia de las vínculos asociativos que se crean en el esquema de los convenios aprobados por el Congreso. Ahora bien, es posible, como lo indica tanto la ley como el acuerdo, que las actividades de explotación sean realizadas por terceros "operadores" quienes, en todo caso, participan de las mismas características descritas anteriormente para los convenios operativos, es decir, están sujetos al pago de impuestos municipales y estadales. La sentencia ratifica la exoneración general sin distinguir los distintos casos que pudieran presentarse.

Quien suscribe no puede menos que observar que buena parte de los argumentos planteados por los recurrentes estaban ajustados a derecho si la interpretación normativa se realiza en su forma más absoluta y escueta. Así, es cierto a juicio de quien disiente, que la competencia en el proceso de negociación es de la República y sólo de ella, bajo la vigencia de la Ley Orgánica que Reserva al Estado la Industria y Comercio de los Hidrocarburos; que, asimismo, desde el punto de vista de los intereses nacionales, es una realidad que el texto de los contratos no fue del conocimiento efectivo del Congreso y que, como lo señalara un informe de la Oficina de Asesoría Jurídica del Congreso de la República, el texto de alguno de los convenios autorizados por el acuerdo, no eran conocidos, ni estuvieron a la vista de los parlamentarios, y fueron elaborados en idioma extranjero y traducidos textualmente al idioma castellano.

Igualmente no puede dejar de anotarse que, de acuerdo con la Exposición de Motivos de la Ley de Hidrocarburos de 1943, el impuesto de explotación fue establecido en un mínimo de 16 2/3% sobre el valor del petróleo crudo extraído de ellas, por lo cual, la Cláusula Vigesimaprimera contrariaba tal regla al establecer la posibilidad, por parte del Ejecutivo Nacional de *"establecer un régimen que permita ajustar el impuesto establecido en el artículo 41 de la Ley de Hidrocarburos, cuando se le demuestre, en cualquier momento, que no es posible alcanzar los márgenes mínimos de rentabilidad para la explotación comercial de una o más Areas de Desarrollo durante la ejecución del Convenio. A tales efectos, la filial realizará las correspondientes comprobaciones de costos de producción por ante el Ministerio de Energía y Minas"*.

Las anteriores son las observaciones que nacen de inmediato del análisis de las cláusulas precedentemente examinadas, lo cual revela que el criterio del acuerdo no se ciñó al espíritu de la Ley de Nacionalización, y mucho menos a la normativa de la Ley de Hidrocarburos, sino que avanzó hacia un proceso de globalización sin corregir los contrastes que el mismo planteaba con el espíritu de tutela de nuestro fundamental recurso natural. Los señalamientos hechos no contradicen la necesidad de la llamada Apertura Petrolera, y de incursionar en nuevas y más sólidas fuentes de ingreso. Tales argumentos ponen en evidencia la debilidad que tuvo la posición negociadora venezolana frente a la necesidad de integrar la economía petrolera a la actividad de la población, rompiendo la idea de que la misma es un enclave que nos ha llevado a permanecer en una posición rentista.

Queda así expresado el criterio de la Magistrada disidente.

Caracas, en fecha ut supra.

La Presidente, CECILIA SOSA GÓMEZ

El Primer Vicepresidente,
ANIBAL JOSÉ RUEDA

El Segundo Vicepresidente,
IVAN RINCÓN URDANETA

Los Magistrados,
HILDEGARD RONDÓN DE SANSÓ

Magistrada Disidente
ALIRIO ABREU BURELLI
JOSÉ LUIS BONNEMAISON
NELSON RODRÍGUEZ GARCÍA
JOSÉ ERASMO PÉREZ-ESPAÑA
ÁNGEL EDECIO CÁRDENAS
JORGE ROSELL SENHENN
ANTONIO RAMÍREZ JIMÉNES
HERMES HARTING
HÉCTOR PARADISI LEÓN
HERMAN PETZOLD PERNÍA
JOSÉ ANTONIO RAMOS MARTINEZ

El Secretario,
ENRIQUE SÁNCHEZ RISSO

HRS/laat
EXP. 812-829

ÍNDICE GENERAL

QUINTA PARTE

SOBRE LA REFORMA DEL RÉGIMEN LEGAL DE LOS HIDROCARBUROS DE 2001 Y LAS BASES PARA LA DESNACIONALIZACIÓN DE LA INDUSTRIA PETROLERA EN EL MARCO DE LA CONSTITUCIÓN DE 1999 227

APÉNDICE:

www.ingramcontent.com/pod-product-compliance
Lightning Source LLC
Chambersburg PA
CBHW052128020426

42334CB00023B/2640